国家社科基金
后期资助项目

大数据名词多语种翻译研究（上）

A Study on Multilingual Translation of Big Data Nouns (Part I)

杜家利　于屏方　黄建华　等著

科学出版社
北　京

内 容 简 介

大数据作为新型生产要素，是数字经济高效发展的核心引擎。"数据二十条"搭建了中国特色数据产权制度框架，激活了数据要素价值，夯实了数据要素治理制度。本书从大数据理论、大数据战略、大数据技术、数字经济、数字金融、数据治理、大数据安全、数权法、大数据史九个部分对大数据名词条目进行了联合国工作语言的多语种翻译研究，提出了"以锚为准、轴为两翼、规范为主、兼顾描写"的系统性翻译原则，推进了数字中国、数字社会和数字生态等基础制度体系建设，有利于数据资源的整合、共享、开发和利用。

本书服务于语言学研究和大数据研究，可供语言学、术语学、大数据等研究领域的读者参考。

图书在版编目（CIP）数据

大数据名词多语种翻译研究：全2册/杜家利等著. —北京：科学出版社，2023.11
国家社科基金后期资助项目
ISBN 978-7-03-076311-2

Ⅰ. ①大… Ⅱ. ①杜… Ⅲ. ①数据处理—名词术语—翻译—研究 Ⅳ. ①H059 ②TP274

中国国家版本馆 CIP 数据核字（2023）第 171218 号

责任编辑：常春娥　张翠霞/责任校对：贾伟娟
责任印制：徐晓晨/封面设计：润一文化

科学出版社 出版
北京东黄城根北街16号
邮政编码：100717
http://www.sciencep.com

北京中石油彩色印刷有限责任公司 印刷
科学出版社发行　各地新华书店经销

*

2023年11月第 一 版　开本：720×1000　1/16
2023年11月第一次印刷　印张：72
字数：1 300 000

定价：398.00元（全二册）
（如有印装质量问题，我社负责调换）

国家社科基金后期资助项目
出版说明

  后期资助项目是国家社科基金设立的一类重要项目，旨在鼓励广大社科研究者潜心治学，支持基础研究多出优秀成果。它是经过严格评审，从接近完成的科研成果中遴选立项的。为扩大后期资助项目的影响，更好地推动学术发展，促进成果转化，全国哲学社会科学工作办公室按照"统一设计、统一标识、统一版式、形成系列"的总体要求，组织出版国家社科基金后期资助项目成果。

全国哲学社会科学工作办公室

序 一

在信息时代，科学技术的发展日新月异，新的信息、新的知识如雨后春笋般不断增加，出现了"信息爆炸"（information explosion）的局面。截至 2022 年 3 月 1 日，世界上出版的科技刊物达 165 000 种，平均每天有大约 2 万篇科技论文发表。专家估计：我们目前每天在互联网上传输的数据量，已经超过了 19 世纪的全部数据的总和；我们在 21 世纪所要处理的知识总量将大大地超过有文字记载以来的 2500 年历史长河中所积累起来的知识总量。

人类社会的大数据（big data）时代已经到来！

在计算机领域，一个二进制位称为一个比特（bit），一般用小写 b 表示；而 8 个二进制位称为一个字节（byte），用大写 B 表示。简言之：1B = 8b。

计算数据量或数据所需存储空间的大小时，习惯以字节为单位（用 B 表示）。数据换算如下：1KB = 1024B，1MB = 1024KB，1GB = 1024MB，1TB = 1024GB，1PB = 1024TB，1EB = 1024PB，1ZB = 1024EB。

也就是说，1EB 约等于 10 亿 GB，而 1ZB 约等于 1 万亿 GB。

那么，1ZB 的数据究竟有多大呢？假设我们把一首长为 3 分钟的歌曲录制成 MP3 文件，大小约为 8MB，那么 1ZB 的数据存储空间可存储这样的歌曲 140 万亿多首，如果全部听一遍，需要 8 亿多年。由此可见，这样的数据确实是非常大了！

IBM 公司建议用 3V 来表示大数据的特点。第一个 V 表示 volume（容量）：大数据的规模是很大的。第二个 V 表示 variety（多样）：大数据可以表现为多种多样的形式。第三个 V 表示 velocity（速度）：大数据的网络传输速率是非常高的。因此，大数据除了具有容量大的特点之外，还具有多样化和高速度的特点。

所谓"多样化"，是说大数据除了表现为文本数据之外，还有声音数据、图形数据，数据的表现形式是多样的。

所谓"高速度"，是说大数据有很高的网络传输速率。我们习惯上以比特每秒（b/s）为单位来计算网络传输速率。1Pb/s 和 1Gb/s 分别代表 1 秒传输的数据是 1Pb（1000 万亿比特）和 1Gb（10 亿比特）。在网络速率 1Gb/s 的情况下，下载一个 2GB 的电影，需要 16 秒；而在网络速率为 1Pb/s 的情况下,仅需要 0.016 毫秒。可见大数据的传输速率是很快的。

据统计,在大数据时代,全球每年数据量增长约 40%。全球信息量每两年可以翻番。2011 年全球新产生的数据量已经达到 1.8ZB(1ZB 约等于 100 万 PB 或 1 万亿 GB)。如果使用内存为 32GB 的 iPod 来存储 1.8ZB 的数据,则需要 500 多亿个 iPod。

大数据时代对语言学研究提出了新的要求,同时也激发了对翻译的需求,因为自然语言也是一种非常重要的数据。

在大数据时代,随着知识突飞猛进的增长,翻译市场供不应求的局面也就越来越严重了。根据国际权威机构对世界翻译市场的调查,全世界翻译市场的规模在 1999 年只是 104 亿美元,在 2003 年增加到 172 亿美元,而在 2005 年则达到了 227 亿美元。随着因特网应用范围的扩大和国际电子商务市场的日渐成熟,到 2007 年,只是网页的翻译业务就已经达到 17 亿美元的规模。全世界语言服务产业 2021 年规模相较于 2020 年增长约 11.75%,在 2021 年达到了约 266 亿美元的规模。

根据《2020 中国语言服务行业发展报告》的统计,2019 年全球语言服务产值首次接近 500 亿美元,中国含有语言服务的在营企业 403 095 家,语言服务为主营业务的在营企业 8928 家,语言服务总产值为 384 亿元,年增长 3.2%。由此可以看出大数据对语言服务行业的影响。

大数据时代也改变了自然语言本身的面貌,在自然语言中出现了大量与大数据相关的术语(term),对大数据术语的研究成为大数据时代语言学研究的一个引人注目的课题。

在蒸汽技术革命、电力技术革命和计算机信息技术革命推动人类科技进步之后,以大数据为代表的技术正在驱动第四次科技革命。新兴的大数据术语承载着特定领域的专业概念,大数据术语的中国元素也得到越来越广泛的关注,大数据术语的多语种翻译可以推动中国在大数据领域的国际化传播建设。

在大数据时代,我国语言规划部门和术语审定部门都与时俱进地调整了大数据研究的方向,各地区、各部门都成立了促进大数据发展的专属机构,这为大数据的快速发展奠定了基础。2023 年 10 月 25 日,国家数据局也正式揭牌。此外,基于大数据研究的国际交流也逐步增多,这样的国际交流为国家层面的大数据术语规范和管理提供了新的思路,也为大数据领域相关术语的标准化研究提供了丰富的参数,并最终推动国家层面在大数据领域的科技发展,产生更加显著的社会效益。

该书使用现代化的工具和手段,揭示大数据术语翻译研究中的新现象和新特点。该书提出的"以锚为准、轴为两翼，规范为主、兼顾描写"的研究方法具有创新性，是作者在多语种术语翻译过程中总结提炼而成的。

该书采用"对文则异，散文则通"的原则，对"大数据术语"和"大数据名词"的使用进行了限定。该书中很多具有中国特色的大数据领域的词语还没有达到严格的"术语"程度，但这些词语确实与普通词语有很大的不同，而且也需要在研究中与严格意义上的术语进行比较研究，所以该书采用更为宽泛的"名词"来统一指称严格意义上的术语和这类词语。作者将那些如语素类、单一名词类、双名词类和多名词类的名词，统称为"大数据名词"。

该书中的汉语大数据名词由全国科学技术名词审定委员会和北京国际城市发展研究院大数据战略重点实验室提供。大数据名词涉及大数据理论、大数据战略、大数据技术、数字经济、数字金融、数据治理、大数据安全、数权法、大数据史等内容，涵盖了大数据基础、战略、技术、经济、金融、治理、标准、安全、法律等许多方面，还涉及块数据、数权法、主权区块链等中国原生的大数据名词。该书所进行的大数据名词研究具有较为广泛的读者群，可为政府决策、政策研究、企业发展、机构合作等服务，其社会效益是十分显著的。

该书以汉语、英语、法语、俄语、西班牙语和阿拉伯语六种联合国工作语言为基准，在国际通用规则的框架下搭建多语种大数据名词的学术话语体系，有助于提升国家的大数据话语权和国际影响力。

相信该书的出版，将进一步提升我国大数据名词的学术研究和实际应用水平。

冯志伟

教育部语言文字应用研究所研究员

中国计算机学会 NLPCC 杰出贡献奖获得者

奥地利韦斯特奖获得者

2023 年 10 月

序 二

信息技术与经济社会的交汇融合引发了数据迅猛增长，数据已成为国家基础性战略资源。大数据是以容量大、类型多、存取速度快、应用价值高为主要特征的数据集合。大数据对人类的影响已经深入到政府、社会、经济、国家安全等诸多方面，全球正进入大数据时代。

2016年，贵阳市委市政府委托我们组织编纂多语种大数据名词词典。这项工作的难点在于，尽管大数据在经济社会中已经得到广泛应用，但该领域部分核心概念的边界仍然比较模糊，学科交叉严重，并且不少概念属于原创，在其他语言中还找不到可以直接对应的概念和词汇。正是在开展这一工作过程中，我们与杜家利教授建立了良好的合作关系，由杜家利教授及其团队承担了词典项目的部分翻译工作。如果说我们对该书有所贡献，我认为应该是杜家利教授及其他几位教授在承担此项工作当中，对相关理论问题和实践有所思考，进而才有了这部著作。若真如此，我们与有荣焉。

开展大数据名词多语种翻译研究对建构科技话语体系、提升国际科技话语权具有重要意义。在国与国的关系中，话语权象征着权力。随着社会的发展，知识已成为新的社会权力基础，而知识权力的核心即科技权力。站在国际话语权的角度来看，科技权力即国际科技话语权。在全面参与国际科技治理的全球背景下，在建设世界科技强国的实践要求下，提升我国的国际科技话语权已成为历史必然。发展大数据是我国实现超常规发展的战略举措，大数据领域是我国可能实现重大科技突破和世界可能发生重大科技事件的领域。开展大数据名词多语种翻译研究，对大数据领域的话语体系构建具有直接促进作用，对推动国际科技话语权建设具有重要启发意义。

开展大数据名词多语种翻译研究对科技翻译理论建设和相关实践同样具有重要意义。大数据名词多语种翻译研究工作涉及术语学、翻译学、数据科学与大数据技术等多个学科领域，相关研究成果对上述学科领域的理论建构和学科发展必然具有促进和增益作用。尤为特殊的是，大数据名词涉及大数据基础、战略、技术、经济、金融、治理、标准、安全、法律等诸多方面内容，更收录了块数据、数权法、主权区块链等诸多具有前瞻性、科学性、国际性、原创性的中国原创概念。对这部分原创概念进行有效翻译，是实践中需要重点考虑的内容之一。

显而易见，该书作者深刻认识到开展大数据名词多语种翻译研究的重要意义，对于多语种翻译汉英轴的确定、多语种翻译体例和方法的构建等实践工作也多有创新，内容安排上既体现了对翻译理论的思考，也有对实践经验的总结。因此有理由认为，该书是一部不可多得的学术著作，将在多个领域产生影响。

值得一提的是，该书作者之一的黄建华教授作为词典学研究方面的学术泰斗，如今已是 87 岁高龄，但仍然活跃在科研一线，让人可敬可佩。而且，黄建华教授和杜家利教授同时入选艾瑞深校友会"2023 中国高贡献学者"榜单，借此机会向两位教授致以衷心祝贺。同时向其他几位作者致以崇高敬意。

裴亚军

全国科学技术名词审定委员会事务中心专职副主任

2023 年 10 月

序　三

大数据，是一项技术，是一种思维，更是一个时代。大数据凝聚了新一代产业革命浪潮中涌现的新机遇和新挑战，成为时代发展的关键性要素。如今，"谁掌握了数据，谁就掌握了主动权"已成为全球共识。

大数据时代，术语正在成为科技竞争和争夺科技话语权的新高地。尤其是服务于前沿性基础研究、新科学领域、新科学体系的新概念、新术语、新名词，对于推动新技术的创新发展和科技领域规则的制定具有不可替代的特殊价值和意义。北京国际城市发展研究院大数据战略重点实验室（以下简称"大数据战略重点实验室"）作为中国大数据发展的高端智库，长期致力于大数据术语研究和大数据理论创新，以全球语境和未来视角对大数据知识体系进行全面梳理，并提出了大数据标准术语体系。大数据战略重点实验室还坚持专家选词和权威数据库选词相结合，聚焦科学引文索引（Science Citation Index，SCI）、社会科学引文索引（Social Science Citation Index，SSCI）、工程索引（Engineering Index，EI）、科学技术会议录索引（Index to Scientific and Technical Proceedings，ISTP）四大权威检索数据库，并结合中国知网（CNKI）知识发现网络平台和"大数据多语种语言服务全球共享平台"的大数据相关文献资料，构建了大数据名词基础语料库。大数据战略重点实验室还突出了大数据内容的前瞻性、创新性、专业性和词目规范性、科学性、实用性，以广泛收录全球通用的大数据概念为主，适当收录块数据、数权法、主权区块链等具有中国原创特色的新词。全国科学技术名词审定委员会组织专家从大数据战略重点实验室搭建的大数据名词基础语料库中选取了具有前沿性和代表性的108条术语，审定后已作为首批大数据新词发布试用，以推动大数据名词规范化事业的可持续发展，促进大数据知识的传播应用。

语言是打开交流之门和未来之门的钥匙。语言互通是科技发展、知识普及的重要前提。充分利用语言能推动国家地区之间、政府部门之间、企业组织之间的合作和交流，并能把握好数字化、网络化、智能化发展机遇，处理好大数据发展在法律、安全、政府治理等方面的挑战。为此，我们需要在各行业、各方面、各领域架起沟通的桥梁，其中构建大数据领域统一规范、符合国际通用规则的多语种术语体系尤为重要。

《大数据名词多语种翻译研究》是以大数据战略重点实验室提出的大数据标准术语体系前期研究成果为基础展开写作的。通过翻译软件回译法、语料库多元法、解析器剖析法、百度搜索指数等方法，该书全景构建了大数据关键名词语义场，并以2000余条大数据名词为实例开展了汉语、英语、法语、俄语、西班牙语和阿拉伯语六种联合国工作语言的对应性研究，提出了"以锚为准、轴为两翼，规范为主、兼顾描写"的系统性翻译策略。该书从国际视角深化了大数据标准术语研究，探索总结了多语种平行翻译的工作方法，为术语多语种翻译研究提供了方法论和经验参考。

大数据是一个前沿领域，大数据发展永无止境。以大数据标准术语体系为核心的大数据名词多语种研究在《大数据名词多语种翻译研究》涉及语种的基础上进一步扩充其他语言版本，已系统性提供了语际对应翻译，包括汉语与阿拉伯语、英语、法语、德语、意大利语、日语、韩语、葡萄牙语、俄语、西班牙语、柬埔寨语、希伯来语、印尼语、马来语、蒙古语、波斯语、塞尔维亚语、泰语、土耳其语和乌尔都语等21种语言文字。对应性翻译覆盖了汉藏语系、印欧语系、阿尔泰语系、南亚语系、亚非语系和南岛语系。语言使用范围覆盖了全球六大洲。通过构建一个融通中外的标准术语体系，我们可以在更大范围上推动大数据标准术语体系跨语、跨界传播，实现大数据引领性原创成果的重大突破。大数据名词多语种研究正在成为大数据发展的战略制高点和重要风向标，对提升中国大数据的国际话语权和规则制定权、促进中国乃至世界在大数据领域的高质量发展具有现实而深远的意义。

世界因多彩文明而生机勃勃，文明因交流互鉴而美美与共。大数据名词多语种研究将在实践过程中不断充实，积极创新，它像一把熊熊燃烧的数字文明火炬，照亮前行之路，助力"数字中国"建设，助推全球数字经济发展！

连玉明

全国政协委员

大数据战略重点实验室主任

北京国际城市发展研究院院长

2023年10月

前 言

大数据名词汉语版由国内权威机构审定。本书中的 2516 个汉语大数据名词由全国科学技术名词审定委员会和北京国际城市发展研究院大数据战略重点实验室提供。大数据名词涉及大数据理论、大数据战略、大数据技术、数字经济、数字金融、数据治理、大数据安全、数权法、大数据史九个部分。大数据名词研究具有较为广泛的读者群，可为政府决策、政策研究、企业发展、机构合作等服务。

大数据名词多语种翻译是跨学科研究。本书是基于大数据名词的语言学研究，是术语学的跨语种翻译研究，属于翻译和术语相交叉的范畴。研究中涉及大数据名词的词条审定、释义、示例等，这些均具有明显的术语学特点。我们在研究中将凸显大数据这一主题，从国内和国外两个角度综述术语学的发展，并结合理论进行大数据名词的实例翻译，同时进行英语、法语、俄语、西班牙语和阿拉伯语的对应性研究，最终实现联合国六种工作语言对大数据名词的对应性翻译。

本书共分八章。第 1 章介绍术语和术语翻译研究现状及大数据名词翻译的意义。近年来，科技的进步带来了术语学井喷式的发展，作为术语领域中新兴的大数据研究目前在国内外各领域也取得了较快发展。我们将在本章概括性分析术语研究的现状，同时讨论大数据名词多语种翻译的意义，包括学术价值、应用价值以及社会影响和效益等。第 2 章构建大数据名词多语种翻译理论。主要涉及多语种翻译汉英轴的确定、体例构建、方法构建、特色构建、目标构建等。第 3 章研究大数据名词汉英翻译。主要对大数据名词汉英翻译中的样例进行讨论，分析英语翻译中如何消除歧义，以及如何从多项翻译中择取最佳项。第 4 章研究大数据名词汉法翻译。主要讨论大数据名词汉法翻译对词典学的贡献、样例收释及方法、词典增收中收词规范和释义规范等问题。第 5 章研究大数据名词汉俄翻译。主要讨论俄语翻译的体例，以及在实例分析的基础上讨论俄语翻译中需要注意的问题。第 6 章研究大数据名词汉西翻译。主要讨论西班牙语翻译的概况、翻译原则、翻译策略等，并基于大数据名词进行样例说明，结合翻译实践指出了翻译中的不足以及后续研究的方向。第 7 章研究大数据名词汉阿翻译。主要讨论阿拉伯语翻译的现状，以及面向大数据名词实例翻译的阿拉伯语认知方法的运用。为更好地体现阿拉伯语翻译的颗粒度，该章细化了大数据名词的翻译类别，如约定俗成类、专有名词类、多译版本最优化、名词泛指、单复数选择、词性选择、近义词选择、动词选择、短语结构调整、音译与外文字符的保留、中国特色词的阿拉伯语表述、高频语素的系统化翻译以及新词迭代等。第 8 章讨论大数据名词多语种翻译的现有不足和对未来研究的展望。最后是结语。

本书由广东外语外贸大学汉语、英语、法语、俄语、西班牙语、阿拉伯语六个语种的专家学者合著而成。各语种负责人如下：杜家利教授（汉语和英语）、于屏方教授（汉语和英语）、黄建华教授（法语）、杨可教授（俄语）、吴凡教授（西班牙语）、牛子牧副教授（阿拉伯语）。各负责人分工如下：第 1 章、第 3 章（部分章节）、英语附录（部分）（于屏方教授，21 万字）；第 4 章、法语附录（黄建华教授，3.5 万字）；第 5 章、俄语附录（杨可教授，4.5 万字）；第 6 章、西班牙语附录（吴凡教授，6 万字）；第 7 章、阿拉伯语附录（牛子牧副教授，4.5 万字）；第 2 章、第 3 章（部分章节）、第 8 章、结语、英语附录以及其他部分由杜家利教授完成。

参与研究的国内多语种专家学者如下：温宾利教授（英语）、徐海教授（英语）、余秀梅副教授（法语）、黄芳副研究员（法语）、李昂副教授（俄语）、费俊慧副教授（俄语）、黄天德副教授（俄语）、林婧副教授（西班牙语）、刘柳博士（西班牙语）、陈星副教授（西班牙语）、蒋传瑛教授（阿拉伯语）、盖伟江博士（阿拉伯语）、庞博博士（阿拉伯语）等。

参与研究的术语学和词汇学领域专家学者如下：冯志伟研究员（教育部语言文字应用研究所）、王铁琨兼职研究员（教育部语言文字信息管理司）、谭景春研究员（中国社会科学院语言研究所）、魏向清教授（南京大学）、李志江副编审（中国社会科学院语言研究所）等。

参与研究的其他专家学者如下：李心广教授（计算机应用）、张卫国老师（非通用语），广东外语外贸大学 2022 级博士生董静文、2023 级博士生罗钰然、2021 级硕士生卫冰、2023 级硕士生孙敬文等。

参与大数据名词审定的相关专家如下：全国科学技术名词审定委员会事务中心裴亚军研究员（中心专职副主任）、代晓明编审（中心副主任）、王琪副编审（科研合作处处长）、王海副研究员（审定业务一处主任）、刘金婷编辑（大数据战略重点实验室全国科学技术名词审定委员会研究基地秘书长）、北京国际城市发展研究院院长连玉明教授等。

参与研究的国外多语种专家学者如下：李明琳博士（澳大利亚格里菲斯大学）、赫里斯蒂娜·亚历山德里斯（Christina Alexandris）教授（希腊雅典大学）、雷蒙德·罗彻（Raymond Rocher）副教授（广东外语外贸大学法语教师）、雅尼尔·沙拉夫季诺夫（Джанил Шарафутдинов）副教授（俄罗斯莫斯科大学）、拉斐尔·古兹曼·蒂拉多（Rafael Guzmán Tirado）教授（西班牙格拉纳达大学）、哈利德·萨维（Khalid Safi）博士（北京第二外国语学院阿拉伯语教师）等。

杜家利

2023 年 10 月

目 录

序一（冯志伟）
序二（裴亚军）
序三（连玉明）
前言
第1章 术语和术语翻译研究现状及大数据名词翻译的意义 ·········· 1
  1.1 关于术语的研究 ··· 4
    1.1.1 概念、术语与语言 ·· 4
    1.1.2 术语学研究的主要观点及其分类 ······························· 5
  1.2 关于术语翻译的研究 ··· 9
    1.2.1 翻译理论研究的可视化分析 ···································· 10
    1.2.2 翻译的通论性研究 ··· 18
    1.2.3 术语的汉译与外译研究 ··· 22
  1.3 大数据名词多语种翻译的意义 ······································· 33
    1.3.1 学术价值 ··· 34
    1.3.2 应用价值 ··· 35
    1.3.3 社会影响和效益 ·· 36
  小结 ··· 36
第2章 大数据名词多语种翻译的理论构建 ······························· 38
  2.1 翻译轴、翻译锚和翻译软件的确定 ································· 45
    2.1.1 基于汉语研究的翻译轴的确定 ································· 45
    2.1.2 基于英语特征的翻译轴的确定 ································· 50
    2.1.3 翻译锚的选定 ··· 50
    2.1.4 翻译软件的选定 ·· 53
  2.2 多语种翻译体例构建 ··· 54
    2.2.1 "*" 一级标记 ·· 55
    2.2.2 "#" 二级标记 ·· 58
    2.2.3 三级无标记 ·· 59
  2.3 多语种翻译方法构建 ··· 63
    2.3.1 "以锚为准" ·· 64
    2.3.2 "轴为两翼" ·· 66

	2.3.3 "规范为主"	71
	2.3.4 "兼顾描写"	73
	2.3.5 研究方法应用举例	74
2.4	多语种翻译特色构建	79
2.5	多语种翻译目标构建	81
	2.5.1 大数据名词语义场的构建	82
	2.5.2 基于释义的汉外对应性翻译	84
	2.5.3 "以锚为准、轴为两翼，规范为主、兼顾描写"的原则制定与主线确立	85
小结		87

第3章 大数据名词汉英翻译研究 … 89

3.1	汉英翻译中语素类研究	89
	3.1.1 "……法"的翻译	89
	3.1.2 "……权"的翻译	93
	3.1.3 "……省"的翻译	96
	3.1.4 "……省人民政府"的翻译	100
	3.1.5 "……省政府"的翻译	101
	3.1.6 "……市"的翻译	102
	3.1.7 "……市人民政府"的翻译	106
	3.1.8 "……市政府"的翻译	107
	3.1.9 "无人……"的翻译	109
	3.1.10 "……云"的翻译	109
3.2	汉英翻译中单一名词类研究	111
	3.2.1 "博客"的翻译	111
	3.2.2 "产业""工业""行业"的翻译	114
	3.2.3 "产业园"的翻译	126
	3.2.4 "发展"的翻译	128
	3.2.5 "法案"的翻译	129
	3.2.6 "方案"的翻译	130
	3.2.7 "纲要"的翻译	133
	3.2.8 "工程"的翻译	135
	3.2.9 "公示"的翻译	136
	3.2.10 "公益"的翻译	137
	3.2.11 "管理"的翻译	139
	3.2.12 "管理局"的翻译	147
	3.2.13 "规范"的翻译	150

3.2.14 "规划"的翻译 ·· 151
3.2.15 "规则""准则"的翻译 ······································ 155
3.2.16 "呼和浩特"的翻译 ·· 155
3.2.17 "货币"的翻译 ·· 156
3.2.18 "货车帮"的翻译 ·· 157
3.2.19 "机构"的翻译 ·· 157
3.2.20 "计划"的翻译 ·· 158
3.2.21 "驾驶"的翻译 ·· 162
3.2.22 "监察"的翻译 ·· 162
3.2.23 "监管"的翻译 ·· 163
3.2.24 "交易""贸易""交易所"的翻译 ···················· 163
3.2.25 "经济体""经济"的翻译 ································· 167
3.2.26 "控制"的翻译 ·· 169
3.2.27 "联盟"的翻译 ·· 169
3.2.28 "流数据"的翻译 ·· 173
3.2.29 "旅游"的翻译 ·· 174
3.2.30 "平台"的翻译 ·· 175
3.2.31 "普惠"的翻译 ·· 178
3.2.32 "国家""全国"的翻译 ····································· 178
3.2.33 "事件"的翻译 ·· 184
3.2.34 "数据流"的翻译 ·· 184
3.2.35 "数字化"的翻译 ·· 185
3.2.36 "搜狐网""新浪网"的翻译 ····························· 188
3.2.37 "体系""制度""系统"的翻译 ······················· 189
3.2.38 "推进""促进"的翻译 ····································· 195
3.2.39 "互联网"的翻译 ·· 198
3.2.40 "虚拟"的翻译 ·· 199
3.2.41 "战略"的翻译 ·· 200
3.2.42 "征集"的翻译 ·· 203
3.2.43 "指南"的翻译 ·· 204
3.2.44 "治理""管理"的翻译 ····································· 205
3.2.45 "智慧""智能"的翻译 ····································· 207
3.2.46 "中心"的翻译 ·· 213
3.2.47 "众创"的翻译 ·· 216
3.2.48 "资讯"的翻译 ·· 216
3.3 汉英翻译中双名词类研究 ·· 217

3.3.1 "电子政务"的翻译 ··· 217
3.3.2 "对等网络"的翻译 ··· 219
3.3.3 "反馈控制方法"的翻译 ·· 219
3.3.4 "腓尼基字母表"的翻译 ·· 221
3.3.5 "分布式共享"的翻译 ·· 221
3.3.6 "分组数据"的翻译 ··· 222
3.3.7 "服务平台"的翻译 ··· 223
3.3.8 "服务政府"的翻译 ··· 224
3.3.9 "工作方案"的翻译 ··· 225
3.3.10 "行动纲要"的翻译 ··· 226
3.3.11 "行政机关""行政法人"的翻译 ······································ 228
3.3.12 "交换共享"的翻译 ··· 229
3.3.13 "交通运输"的翻译 ··· 230
3.3.14 "金融决策"的翻译 ··· 231
3.3.15 "矩估计法"的翻译 ··· 231
3.3.16 "宽带中国"的翻译 ··· 232
3.3.17 "类脑机器人"的翻译 ·· 233
3.3.18 "量子霸权"的翻译 ··· 233
3.3.19 "领网权"的翻译 ··· 234
3.3.20 "门户网站"的翻译 ··· 235
3.3.21 "全局数据"的翻译 ··· 235
3.3.22 "群体极化"的翻译 ··· 236
3.3.23 "扰动补偿方法"的翻译 ·· 237
3.3.24 "容器技术"的翻译 ··· 238
3.3.25 "若干意见"的翻译 ··· 238
3.3.26 "若干政策"的翻译 ··· 239
3.3.27 "设备安全"的翻译 ··· 240
3.3.28 "身份认证"的翻译 ··· 246
3.3.29 "实施意见"的翻译 ··· 246
3.3.30 "数创公社"的翻译 ··· 247
3.3.31 "数据采集""数据收集"的翻译 ······································ 248
3.3.32 "数据代工"的翻译 ··· 249
3.3.33 "数据使用权"的翻译 ·· 249
3.3.34 "数据搜索"的翻译 ··· 250
3.3.35 "数据修改权"的翻译 ·· 252
3.3.36 "数据引力"的翻译 ··· 254

- 3.3.37 "数据资源"的翻译 ··············254
- 3.3.38 "网络暴力"的翻译 ··············256
- 3.3.39 "网络出版"的翻译 ··············256
- 3.3.40 "网络证券"的翻译 ··············261
- 3.3.41 "网络政治""网络政治学"的翻译 ··············262
- 3.3.42 "系统方法"的翻译 ··············262
- 3.3.43 "系统科学"的翻译 ··············263
- 3.3.44 "用户画像"的翻译 ··············264
- 3.3.45 "预测性分析"的翻译 ··············264
- 3.3.46 "原始数据"的翻译 ··············265
- 3.3.47 "运算安全"的翻译 ··············265
- 3.3.48 "运作模式"的翻译 ··············266
- 3.3.49 "整数规划""动态规划""多目标规划""线性规划"的翻译 ··············267
- 3.3.50 "知识推理"的翻译 ··············268
- 3.3.51 "指导意见"的翻译 ··············268
- 3.3.52 "智能商务"的翻译 ··············270
- 3.3.53 "专项政策"的翻译 ··············271
- 3.3.54 "综合平衡法"的翻译 ··············273
- 3.3.55 "综合治税"的翻译 ··············275

3.4 汉英翻译中多名词类研究 ··············275
- 3.4.1 "5G规模组网"的翻译 ··············275
- 3.4.2 "安全保护条例"的翻译 ··············276
- 3.4.3 "北京市公共服务一卡通平台"的翻译 ··············277
- 3.4.4 "标准化技术委员会"的翻译 ··············278
- 3.4.5 "超数据时代"的翻译 ··············279
- 3.4.6 "传统金融业务电子化"的翻译 ··············280
- 3.4.7 "大数据产业联盟"的翻译 ··············281
- 3.4.8 "大数据发展"的翻译 ··············283
- 3.4.9 "大数据反腐"的翻译 ··············287
- 3.4.10 "大数据国家技术标准创新基地"的翻译 ··············287
- 3.4.11 "大数据交易中心"的翻译 ··············287
- 3.4.12 "大数据科学与工程国际研究中心"的翻译 ··············288
- 3.4.13 "大数据流通与交易技术国家工程实验室"的翻译 ··············288
- 3.4.14 "大数据思维"的翻译 ··············289
- 3.4.15 "大数据应用"的翻译 ··············292

3.4.16　"德阳市长上网"的翻译 …………………………………… 294
3.4.17　"第四次工业革命——转型的力量"的翻译 …………… 294
3.4.18　"风险控制与监管"的翻译 ……………………………… 295
3.4.19　"公共部门内部业务流程再造"的翻译 ………………… 296
3.4.20　"公益数权制度"的翻译 ………………………………… 297
3.4.21　《关于个人数据自动处理的个人保护公约》的翻译 …… 298
3.4.22　"国家大数据专业委员会"的翻译 ……………………… 298
3.4.23　"国家大数据综合试验区"的翻译 ……………………… 299
3.4.24　"国土资源监管信息系统"的翻译 ……………………… 300
3.4.25　《海南省政务信息化管理办法》的翻译 ………………… 301
3.4.26　《吉林省地理信息公共服务办法》的翻译 ……………… 302
3.4.27　"国家电子政务内网建设和管理协调小组"的翻译 …… 306
3.4.28　《江苏省政府信息化服务管理办法》的翻译 …………… 306
3.4.29　"交通大数据"的翻译 …………………………………… 312
3.4.30　"金融风险监管政策文本"的翻译 ……………………… 313
3.4.31　"金融隐私权法"的翻译 ………………………………… 314
3.4.32　"开放数据授权协议"的翻译 …………………………… 315
3.4.33　"逻辑数据模型""物理数据模型"的翻译 …………… 315
3.4.34　"农业大数据"的翻译 …………………………………… 317
3.4.35　"全国电子商务产品质量大数据应用中心"的翻译 …… 318
3.4.36　"全国信安标委大数据安全标准特别工作组"的翻译 … 318
3.4.37　"全国音频、视频和多媒体标准化技术委员会"的翻译 … 319
3.4.38　"全国智能运输系统标准化技术委员会"的翻译 ……… 320
3.4.39　"全域窄带物联网试点城市"的翻译 …………………… 321
3.4.40　"软交所科技金融超市"的翻译 ………………………… 321
3.4.41　"厦门市民卡虚拟卡平台"的翻译 ……………………… 322
3.4.42　"上海数据交易中心数据互联规则"的翻译 …………… 322
3.4.43　"上海外滩拥挤踩踏事件"的翻译 ……………………… 323
3.4.44　"审查会设置法"的翻译 ………………………………… 323
3.4.45　"石家庄市关于加快推进'大智移云'的实施方案"
　　　　的翻译 ………………………………………………… 324
3.4.46　"石山物联网农业小镇"的翻译 ………………………… 324
3.4.47　"数据共享开放目录"的翻译 …………………………… 325
3.4.48　"数据政务应用"的翻译 ………………………………… 326
3.4.49　"腾讯政务云1分钱中标"的翻译 ……………………… 327
3.4.50　"脱敏人口信息资源"的翻译 …………………………… 327

3.4.51 "网络人身攻击"的翻译 327
3.4.52 "网络市场监管"的翻译 328
3.4.53 "无锡国家传感网创新示范区"的翻译 328
3.4.54 "物联网大田系统"的翻译 329
3.4.55 "扬雄周期原理"的翻译 329
3.4.56 "医疗大数据"的翻译 330
3.4.57 "隐私权保护法"的翻译 331
3.4.58 "用益数权制度"的翻译 332
3.4.59 "浙江省杭州市数据资源管理局"的翻译 332
3.4.60 "政府监管'伪共享'"的翻译 333
3.4.61 "治理数据化"的翻译 333
3.4.62 "中国共产党中央网络安全和信息化委员会"的翻译 334
3.4.63 "专家咨询委员会"的翻译 334
3.4.64 "准公共物品"的翻译 335
3.4.65 "组织模式变革"的翻译 335
小结 337

第4章 大数据名词汉法翻译研究 338
4.1 法语翻译综述的可视化分析 338
4.2 大数据名词汉法翻译对词典学的贡献 346
4.3 大数据名词汉法翻译收释及方法研究 347
 4.3.1 汉法翻译的收释研究 347
 4.3.2 汉法翻译的方法研究 349
4.4 大数据名词汉法翻译中词典增收问题 350
 4.4.1 收词规范性研究 350
 4.4.2 释义规范性研究 351
 4.4.3 大数据词汇增收原则 355
小结 367

第5章 大数据名词汉俄翻译研究 369
5.1 俄语翻译综述的可视化分析 369
5.2 大数据名词汉俄翻译的体例确定 377
 5.2.1 "*"一级标记词条 377
 5.2.2 "#"二级标记词条 380
 5.2.3 无标记三级词条 382
5.3 大数据名词汉俄翻译实例研究 383
 5.3.1 "产业"的翻译 383
 5.3.2 "大数据"的翻译 391

5.3.3 "法"（法律义类）、"方法"、"法"（方法义类）
      的翻译……………………………………………………392
5.3.4 《……法（案/律）》类的专有名词译法……………………396
5.3.5 "货车帮"的翻译………………………………………………398
5.3.6 "技术"的翻译…………………………………………………399
5.3.7 "交易""贸易"的翻译…………………………………………401
5.3.8 "平台"的翻译…………………………………………………403
5.3.9 "普惠"的翻译…………………………………………………405
5.3.10 "权"的翻译……………………………………………………406
5.3.11 "上海外滩拥挤踩踏事件"的翻译……………………………409
5.3.12 "数据"的翻译…………………………………………………409
5.3.13 "数字化"的翻译………………………………………………410
5.3.14 "条例"等的翻译………………………………………………411
5.3.15 "网络"的翻译…………………………………………………414
5.3.16 "云"的翻译……………………………………………………416
5.3.17 "智慧/智能"的翻译…………………………………………417
5.3.18 "众创"类的翻译………………………………………………419
5.3.19 "货币"类的翻译………………………………………………420
5.3.20 "信用"类的翻译………………………………………………420
5.3.21 关于互联网与社交媒体的翻译………………………………421
5.3.22 关于其他国家法律的翻译……………………………………422
5.3.23 关于英语缩写的翻译…………………………………………423
5.3.24 关于舆情事件类的翻译………………………………………424
小结………………………………………………………………………………424

第1章　术语和术语翻译研究现状及大数据名词翻译的意义

大数据是随数据生产方式的变化发展而出现的。现代社会已经进入到大数据时代。根据全国科学技术名词审定委员会"术语在线"计算机科学技术领域（2018）的界定，大数据指"具有数量巨大（无统一标准，一般认为在 T 级或 P 级以上，即 10^{12} 或 10^{15} 以上）、类型多样（既包括数值型数据，也包括文字、图形、图像、音频、视频等非数值型数据）、处理时效短、数据源可靠性保证度低等综合属性的海量数据集合"。与大数据作为第四次技术革命代表的地位相比，大数据的价值密度总体上比较低。本书中的大数据名词，指的是大数据领域内的关键术语或概念，还包括一些具有重大影响的人物、事件名以及法规。我们所研究的 2516 个大数据学科领域的术语和准术语，是基于我国现在的大数据参考体系结构而甄别、提取出来的重要名词术语和准术语，由全国科学技术名词审定委员会与大数据战略重点实验室联合提供。大数据战略重点实验室是中国大数据发展的高端智库，长期致力于大数据术语研究和大数据理论创新，提出了大数据标准术语体系。在大数据选词方面，大数据战略重点实验室坚持专家选词和权威数据库选词相结合，聚焦科学引文索引、社会科学引文索引、工程索引与科学技术会议录索引四大权威检索数据库，并结合"中国知网知识发现网络平台"和"大数据多语种语言服务全球共享平台"的大数据相关文献资料，突出了大数据内容的前瞻性、创新性、专业性和词目的规范性、科学性、实用性，广泛收录全球通用的大数据概念，适当收录块数据、数权法、主权区块链等具有中国原创特色的新词，构建了大数据名词基础语料库。

大数据是新兴科技领域，目前处于高速发展阶段。本研究中涉及的部分大数据领域的词语，目前没有达到严格意义上的"术语"标准。术语是指"在特定专业领域（special subject field）中指称知识单位（items of knowledge）的语言表达式（linguistic expressions）"（L'Homme，2019：5），是"通过语音或文字来表达或限定专业概念的约定性符号……可以是词，也可以是词组"（冯志伟，2011：29）。由于大数据科学为新兴学科领域，全国科学技术名词审定委员会与大数据战略重点实验室联合提供的大数据名词中，一些表达式没有达到严格意义上的术语的要求。但是，无论是在指称内容还是在表征形式上，这些表达式都与普通的语文词汇有较大差别，而且有明显的百科性、术语化倾向。对这些处在发展状态中的"准"大数据术语的研究，可以反映出术语发展、调整、变化的特点与趋势。因此，本书中的大数据名词，既包括严格意义上的术语，也包括处在发展过程中的准术语：从构成上看，包括单词型、双词型以及多词型三种；从来源看，既包括目前国际上通用的大数据名词，也包括本土原创型的大数据名词；从指称内容看，包括大数据理论、大数据战略、大数据技术、数字经济、数字金融、数据治理、大数据安全、数权法、大数据史；从覆盖的学科领域看，涵盖了大数据基础、战略、技术、经济、金融、治理、标准、安全、法律诸方面内容。

  本研究的总思路分为三个主要部分：提出问题、分析问题和解决问题。

  提出问题：我国面临百年未有之大变局，以人工智能为代表的大数据革命是继蒸汽技术革命、电力技术革命和计算机信息技术革命之后的又一次改变人类认知的科技革命。如何通过大数据名词多语种对外传播来提升我国的国际话语权是我们需要思考的重大问题。

  分析问题：大数据时代是人工智能引领的科技创新时代，也是科学技术术语和相关名词不断涌现的时代。在提升大数据领域国家实力方面，多语种研究具有对外传播得天独厚的条件，是讲好中国故事，传播好中国声音，展示真实、立体、全面的中国的语言保障，更是加强我国国际传播能力建设的重要桥梁。在对 2516 个大数据名词（具体编码见附录 1）进行研究时，我们采用"对文则异，散文则通"（具体阐释见节 2.4）的原则对这些词语进行了限定。在大数据名词多语种翻译域中，我们采用了权威术语知识服务平台"术语在线"和"百度百科"知识库两个翻译锚，查找术语在线和百度百科提供的翻译，并加以验证，由此形成较为有效的"以锚为准"的翻译内容和释义参照系。对确定翻译锚的具体阐释见第 2 章。

  解决问题：在大数据名词多语种翻译的具体实现中，我们设定了两个翻译轴（对应两种语言形式的标准轴）——汉语轴和英语轴，本书根据不同语境使用不同表述，"翻译轴""标准轴""汉英轴""汉语轴""英语轴"均指翻译轴。我们研究的是大数据名词的汉外翻译，汉语作为源语，是突显中国元素并确定中国话语的重要语言参数，所以，汉语是所有语言在翻译时必须参照的，最后形成的也是由汉语到其他语种的对应翻译，如汉英对照、汉法对照、汉俄对照、汉西对照、汉阿对照。但是，我们发现，在多语种翻译的具体实践中，汉语的国际化程度相对英语暂时处于弱势，这也意味着有些名词的多语种翻译参照英语可以获得更好的外译效果，英语轴的设定可发挥其国际特色并实现准确的多语对应。由此形成了基于汉英双轴的"轴为两翼"翻译语言形式的参照系。对确定汉英轴的具体阐释见第2章。多语种平行翻译时，我们还注意"规范为主、兼顾描写"，对于约定俗成的名词采取"名从主人"的翻译原则。以此推进我国大数据名词多语种对外传播，夯实我国在大数据领域规则制定权中的国际地位。研究总思路见图1-1。

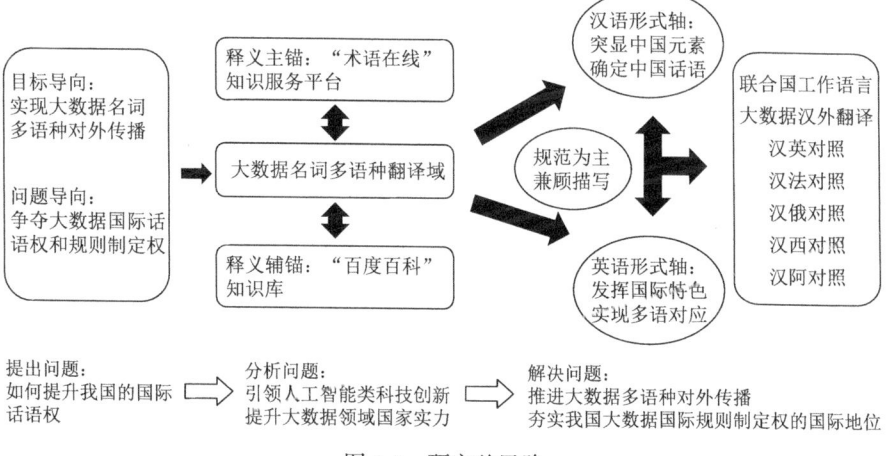

图1-1 研究总思路

本章主要讨论术语研究的现状以及大数据名词翻译的意义。术语研究随着科技发展取得了令人瞩目的研究成果。作为新兴的领域，术语领域中的大数据研究在国内外发展均较快。社会各领域在大数据应用方面既具有特点，又具有共性。作为术语研究领域的一部分，大数据名词多语种翻译研究也具有显著意义，在学术价值、应用价值以及社会影响和效益方面均得到体现。

没有术语就没有科学。无论是在本族语交际环境还是在双语或多语交际环境中，术语都是专业领域交流中的基本信息载体。术语研究因此成为语言学、术语学以及翻译学领域的共同研究对象，跨学科特点非常突出。

下面我们主要从术语研究以及术语翻译研究两个方面，对相关理论以及应用研究进行梳理，以期从学科史的角度对大数据名词的外译进行整体性的把握。

1.1 关于术语的研究

本节主要讨论概念、术语与语言的内在联系和区别性特征，以及术语学研究的主要观点及其分类，包括术语学研究中形成不同理论的方法分类和该理论形成时所处的不同地域分类。

1.1.1 概念、术语与语言

普通术语学（general terminology，GT）认为概念是一种独立于语言的存在。概念是一种抽象认知实体，可以用来代表客观事物。作为语言标签，术语与概念并不相同。术语是一种抽象符号，可以对真实世界中的概念进行指称。因此，普通术语学秉承的是概念优先的术语研究原则。

从语言与思维的关系来看，概念作为人类思维成果的载体和形式，有可能会先于语言而存在。实际上，心理语言学的相关研究成果表明：可能存在着前语言思维。概念可能以前语言思维的形式存在，但是概念在明晰化之后需要有一个固化的过程，固化则意味着命名，通过命名活动之后的概念才能在相应的交际系统中占据相应的位置，并且在交际领域（包括专业领域和通用交际领域）中得以传播、使用和理解。也就是说，思维成果必须经过"概念化"（conceptualization）的过程才能成为概念，概念需要经过"指称化"（designation）的过程才能成为术语。

兴起于 20 世纪 70 年代的加拿大的魁北克学派依然秉承术语学研究中的概念优先原则，但是，魁北克学派不再把术语视为概念的标签以及独立于语言之外的抽象实体，术语被认为是能指与所指的结合，这与结构语言学中语言符号具有双面性特点的论述如出一辙，这是从语言维度对术语进行研究的典型代表。自此，普通术语学研究者尽管依然强调概念优先，但认为术语表示的是具有专业性特点的概念系统，没有天然而独立的符号系统对此概念系统进行表征。

与普通术语学不同，描写术语学（descriptive terminology，DT）认为术语与普通语言一样，在使用过程中具有变异性，因此，术语与概念之间的意义对应关系并不总是成立的。描写术语学在其术语研究中植入了越来越多的社会、认知以及文化因素，术语研究从普通术语学的内部视角转为描写术语学中的外部视角。

理论上，对概念的命名存在两种可能：第一，创立一门全新的、迥异于人类现有交际系统的载体形式。但到目前为止，我们所接触到的人工语言,即使是数学、物理、化学领域的看起来高度形式化的公式,依然以人类现有的交际系统作为释义的表意基础。第二,以现有的人类语言为载体形式,利用其原有的语义、词汇以及语法结构,对概念进行命名。显然,人类社会对概念的命名选取的是第二种方式。

以社会通用的语言系统作为形式载体为概念命名就产生了现行的术语。并且,随着社会的进步和科技的发展,术语的命名活动一直在进行,而且在涵盖范围以及数量上都扩张得非常快。在十八九世纪,专家是对术语进行命名的主体。20世纪及以后,随着社会成员平均教育水平的提高,以及科技活动对日常交际领域的强力渗透,术语的命名范围不断扩大,命名主体除了各领域的专家,还包括各种官方机构,甚至民间团体。

按照术语形成的方式,目前术语的命名分为两类:第一类,学界利用人类交际系统的相应规则,创造出新的表达形式,对术语进行命名,包括创造出新的语言符号,如 entropy、lexeme、"熵"、"镉",也包括对原有的语言材料进行重新组合,形成新的词汇单位,比如 meta-language、alienation、linguistic turn、"生态语言学"、"元语言"、"异化"等。第二类是更为常见的一类。这类术语的形成采取旧瓶装新酒的术语使用方式,给一些通用交际领域使用的普通词汇赋予了专业意义,使其成为语文-百科两栖型词汇。比如在日常交际中经常使用的 futures、exchange、margin、delivery、clearing、hedging、basis、spread 以及 option 等,在股票期权市场分别表示"期货""交易所""保证金""交割""结算""套期保值""基差""套利""期权"。由于专业术语与通用语言之间相互转化的情况很普遍,语言系统的一些基本特征,比如语言的模糊性、民族性等,也在一定程度上对术语产生影响。

1.1.2 术语学研究的主要观点及其分类

术语学起源于20世纪30年代,其代表人物是奥地利的维斯特(E.Wüster)。其《在工程技术中(特别是在电工学中)的国际语言规范》(1931)成为术语学研究的开山之作,也是普通术语学理论的奠基之作。自此之后,术语学研究不断发展,日益完善。按照不同的分类参数,任何研究都会有不同的分类结果。本部分对术语学研究的分类,采取了两个分类参数:①研究理论;②该理论形成时所处的地域。

1.1.2.1 术语学研究中的方法分类

按照研究方法的不同,术语研究可以分为两大类:规范型术语研究与描写型术语研究。

规范型术语研究：以维斯特为代表的普通术语学学派，其首要目的就是实现术语的标准化，即术语的概念必须是确定的，指称必须是标准化的。围绕着这一重要目的，普通术语学建立了四个基本的原则：一是称名（onomasiology）原则，即术语学研究中须概念优先；二是概念划界（the clear nature of concepts）原则，即概念有明确的界限，并且在概念体系中有固定的位置；三是单一性（univocity）原则，即概念与术语之间具有一对一的关系；四是共时性（synchrony）原则，即只关注概念与术语的当前使用情况，并不关注它们的历时性演变。

普通术语学所倡导的术语标准化意味着必须要从一系列竞争性并存的术语中选取一个标准形式。选取的标准是语用标准，其中包括：标准术语的经济性（economy）原则，即术语要具有形式上的简约性，词形较短；标准术语的透明性（transparency）原则，即术语表意精准，不能模糊；标准术语的适切性（appropriateness）原则，即术语使用范围要广泛。

术语的标准化工作需要相应的国家或国际机构负责实施，因此普通术语学学派属于典型的规范型术语学派。

批评者认为，维斯特术语学研究的主要关注点在于消除术语的歧义，范围过于狭窄。维斯特的普通术语学理论对术语进行了规定，强调专业交际中的无歧义，不涉及术语的变异性和多元性（Cabre，2009）。一些维斯特忠实的支持者对维斯特的普通术语学理论进行了调整和修订。

描写型术语研究：术语不是存在于语言系统之外的、独立的抽象符号系统。术语在确立之后，在使用过程中同样会发生变异。因此，描写型术语更倾向于关注实际使用过程中术语的多元性、变异性（包括共时变异和历时变异两个部分）。并且，描写型术语研究对普通术语学理论研究中的明确的概念划界原则提出疑问，开始从原型理论的角度分析概念范畴内部的典型性与非典型性特征，秉承一种动态的范畴观。

"鉴于各类术语实践中暴露的现有术语界定的不足，冯志伟教授主张建立基于知识本体的术语观，将术语界定为'专门用途语言中专门知识的语言表达'。"（殷健和冯志伟，2019：132）

1.1.2.2 术语学研究的地域性分类

在术语学研究中，最具影响的四大术语学派是德国-奥地利学派、俄罗斯学派、捷克斯洛伐克学派和魁北克学派，其他国家（英国、法国、美国、中国等）学者所从事的研究形成了术语学的多元学派。

德国-奥地利学派观点以维斯特思想为代表，这一学派也被称为普通术语学学派。早期的普通术语学学派，以标准化为目标，坚持概念优先于术语，因而表现出鲜明的规定主义色彩。其主要观点包括以下几个方面。

第一，概念体系是术语的基础，概念的划分是名称划分的前提。普通术语学学派认为客体就是物质的、抽象的或者想象中的事物，概念是概念化的产物，一般由名词所指称，因而极少把名词以外的专业词汇纳入术语的范畴。

第二，不考虑术语的句法特征。术语仅仅被认为是一种抽象符号，用于指称存在于真实世界的概念；而且，术语多不纳入语言系列，其形态、句法和语义特征都不是术语学的考察对象。

第三，尽可能消除术语中的同义和多义现象。概念体系不以相关领域的关系为条件获得定义，而是由逻辑层级体系构成；概念与名称的单参照性排斥同义和多义的存在，奉行标准化的术语单义性，并以此保证术语定义的一致性。在普通术语学学派看来，多义现象和同义现象在普通语言中比比皆是，但是在专业语言中占主导地位的则是单义性和单参照性。术语学家出于为概念命名和正名的目的，往往在同义术语或术语的多个义项中进行取舍。

第四，排除术语的历时维度，只关心概念或概念体系的现状而不涉及概念或概念体系的发展变化。

第五，普通术语学学派侧重分类，认为应同时应用于全部术语和特定术语两个平面，并力促术语词典编纂方法的标准化。该学派的代表人物还有达尔伯格（I. Dahlberg）和沃尔西施（G. Wersig）等学者。

俄罗斯学派的核心人物是洛特（Д. С. Лотте）。苏联的术语审定和研究机构——专门委员会于1933年组建，自此拉开了俄罗斯学派术语研究的大幕；该委员会第一任主席的代理人是洛特，该委员会现在的名称是科学技术术语委员会。洛特认为，作为应用科学的术语学属于语言范畴，只能在语言学中找寻立足点；先于概念存在的专业领域的语言单位可用于构建概念体系；术语划分、概念定义、特性分析等受社会文化影响，与普通词和全部词汇的区别具有显著性。此外，俄罗斯学派的代表人物还有德列津（Э. К. Дрезин）、维诺库尔（Г. О. Винокур）、列福尔马茨基（А. А. Реформатский）等。

捷克斯洛伐克学派自成体系。捷克斯洛伐克学派以哈夫拉奈克（D. Havranek）、霍雷斯基（J. Horecky）、鲁登尼（M. Roudny）等为中坚。

术语的国际/国家标准化、术语的语言学范畴研究以及术语符号中概念与名称的关系研究成为该学派的主要研究方向。

魁北克学派的代表人物是隆多（G. Rondeau）。与前三大学派均起源于20世纪30年代不同，该学派开始于20世纪70年代初。这个年轻活跃的学派更多的是叙述、介绍、批判性地综合其他派别，认为术语工作应建立在概念层级体系基础上，术语标准化工作应从社会语言学角度进行（转引自冯志伟，2011）。

魁北克学派在术语学研究中仍然坚持概念优先的原则，但是不再把术语单纯看作是概念的标签，而是视概念为能指和所指的结合，这比奥地利学派所坚持的"概念是代表客观事物的抽象认知实体，而术语是其语言标签"的观点更符合术语使用的现实，也更具可操作性。基于严格的工作方法对术语新词研究的深入探讨构成了魁北克学派的新特点。除了隆多外，奥格（P. Auger）、科库莱克（R. Kocourek）、布兰杰（J. C. Boulanger）等学者也致力于该学派的理论建设。

多元学派学术思想较为广博，地域分布较广。该学派包括四大学派以外的其他研究者，有来自印欧语系的吉伯特（L. Guilbert）、瑞伊（A. Rey）、萨格尔（J. C. Sager）等，以及鲍克（L. Bowker）、马什曼（E. Marshman）、派克曼（M. Pecman）等。

这些多元学派的学者学术兴趣广泛。吉伯特对术语派生新词兴趣浓厚，瑞伊在术语讨论中融入了哲学和词汇学的内容，萨格尔关注语言学对术语学的标准化影响。其他学者还关注了术语研究的方方面面，包括日语和英语中复杂名词术语的构成特点、术语构成要素的频数分布以及术语研究的技术手段运用；秉承术语不是独立于语境的概念标签的理念，并反对从概念入手进行术语研究；强调运用语料库技术，在真实的语境中进行术语研究；分析术语库对词典编纂的推动作用，并构建基于术语库的概念层级；以详解-组配词汇学为理论基础，将机器翻译的方法引入术语研究，分析专业语料库中相关术语的聚合与组合关系；对比英法术语并建立有效的知识模式识别机制；引入术语认知观，并从语料库中识别和提取术语，以及在语料库中构建概念等。

中国学派正在崛起。近年来，中国学者在术语方面的研究正在形成独树一帜的显著性特征。汉藏语系的研究尤以我国基于汉语的术语学研究为主，取得了一些令人瞩目的成果。我国多年来致力于术语学中国学派的建设。在《重视本土特色，建立术语研究的中国学派》一文中，裴亚军（2018：卷首语）指出："为术语定名时，经常碰到的难题是如何选词，是直接借用表达其他概念的已有术语,还是使用少数基本单词构成词组型术语,又或者新造一个名词。"

冯志伟教授是我国较早从事术语学研究的学者,他在术语学方面著作等身,成为术语学中国学派的重要的领军人物之一。冯志伟教授指出:"中国的术语学研究应当列入世界术语学研究之林,毫无愧色地成为世界术语学研究的一个重要组成部分。""西方术语学派是在欧洲和加拿大形成的,在形成过程中,由于语言文字的隔阂,欧洲和加拿大的学者们对于中国几千年来进行的术语研究几乎没有了解,因而这些西方术语学派提出的各种理论和方法,很难满足中国术语学研究的实际要求。""与欧洲和加拿大的术语学研究相比较,中国的术语学研究具有如下八大特点:1. 语文独特……2. 历史悠久……3. 尊重传统……4. 体系成熟……5. 关注结构……6. 功能为本……7. 数据导向……8. 成果丰硕……"(冯志伟,2019:8-10)

冯志伟教授还认为:"基于中国术语工作及相关理论探索所取得的成就,倡导术语学实践与理论研究的'中国学派'","中国的术语工作实践源远流长,这是'中国学派'得以建构的现实基础","跨语性是贯穿其中的一个重要线索,也是'中国学派'的典型实践特征","如何基于术语与翻译的实践同一性与学理互补性进行系统的理论探索,是'中国学派'得以立足的关键"(转引自殷健等,2018:74)。

中国学派学者还包括巴特尔、邓耀臣、董琨、龚益、郭龙生、黄忠廉、李秀英、李学军、李宇明、李照国、李志江、梁爱林、刘海涛、刘青、陆雅海、马峥、潘书祥、乔永、邱碧华、屈文生、粟武宾、孙寰、佟立、王海涛、王华树、王克非、王铭玉、王晓光、魏向清、吴丽坤、伍军红、修刚、徐一平、叶其松、易绵竹、于喜海、张春泉、张家骅、张金忠、张绍杰、郑述谱、朱建平等(以上学者按照音序排列,其他研究术语的中国学者还有许多,限于篇幅,未一一列举)。

在国内外的术语研究中,术语的跨界使用矛盾日渐突出,术语翻译的研究方兴未艾。

1.2　关于术语翻译的研究

本节主要讨论了三个部分的内容,如图1-2所示。

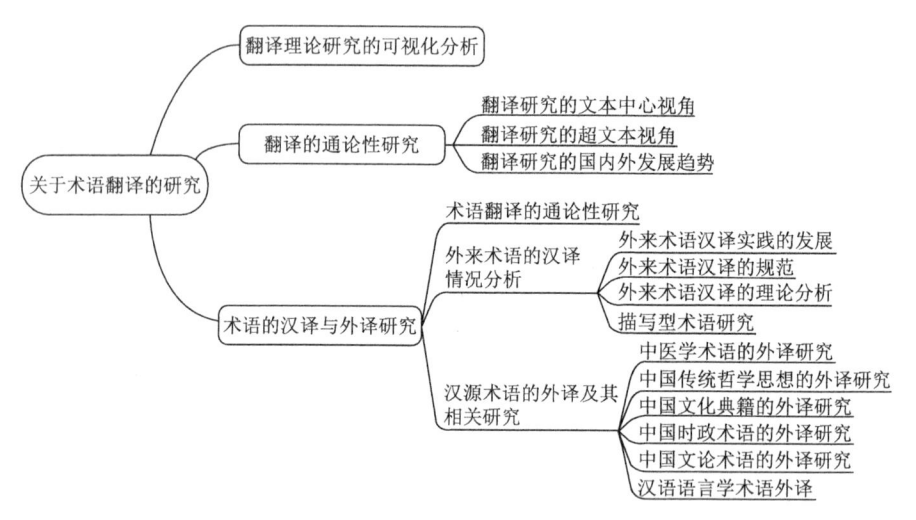

图 1-2 术语翻译研究思维导图

1.2.1 翻译理论研究的可视化分析

术语翻译是翻译众多子类型中的一种，术语翻译的理论、方法和标准都要受到常规翻译理论、方法与标准的影响。在本小节中，我们采取自上而下的综述模式，首先对翻译研究中涉及的相关研究进行梳理，在此基础上，回顾与反思国内外术语领域的翻译研究。

翻译理论是对翻译本质提纲挈领的研究，通常与翻译技巧和翻译历史相对。翻译理论是在翻译实践中总结而成的，对翻译操作具有指导功能。在大数据名词的多语种翻译中，首先需要了解国内翻译理论的概况。根据量化分析的封闭域原则，我们设定中国知网（CNKI）作为翻译理论的数据源，并根据"翻译理论"主题进行数据检索（检索截至 2022 年 12 月 30 日）。

在数据库提供的 28 302 条"翻译理论"检索项中，我们进行了可视性分析，具体包括：①主题论文发表数量年度趋势分析；②论文研究主题分布分析；③论文所属学科分布分析；④论文刊物来源分布分析；⑤论文作者分布分析；⑥论文作者机构分布分析；⑦核心关键词 CiteSpace 聚类分析。"翻译理论"主题论文发表数量年度趋势见图 1-3。

在图 1-3 的"翻译理论"主题论文发表数量年度趋势方面，我们发现"翻译理论"的主题研究自 1983 年以来呈现不断攀升的态势。特别在 2010 年我国超过日本成为世界第二大经济体之后，"翻译理论"的主题研究一直热度不减，到 2022 年仍处于稳定增长期。这说明随着我国 1978 年以来的改革开放，对外交流的快速发展推动翻译理论研究进入到新发展阶段。"翻译理论"类论文研究的细化主题分布见图 1-4。

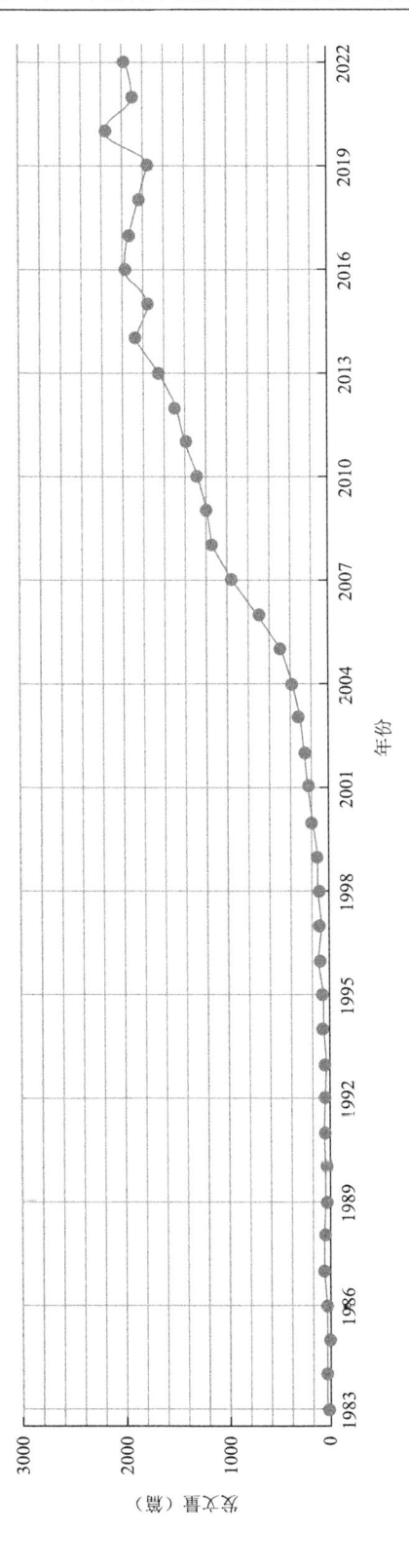

图 1-3 "翻译理论"主题论文发表数量年度趋势

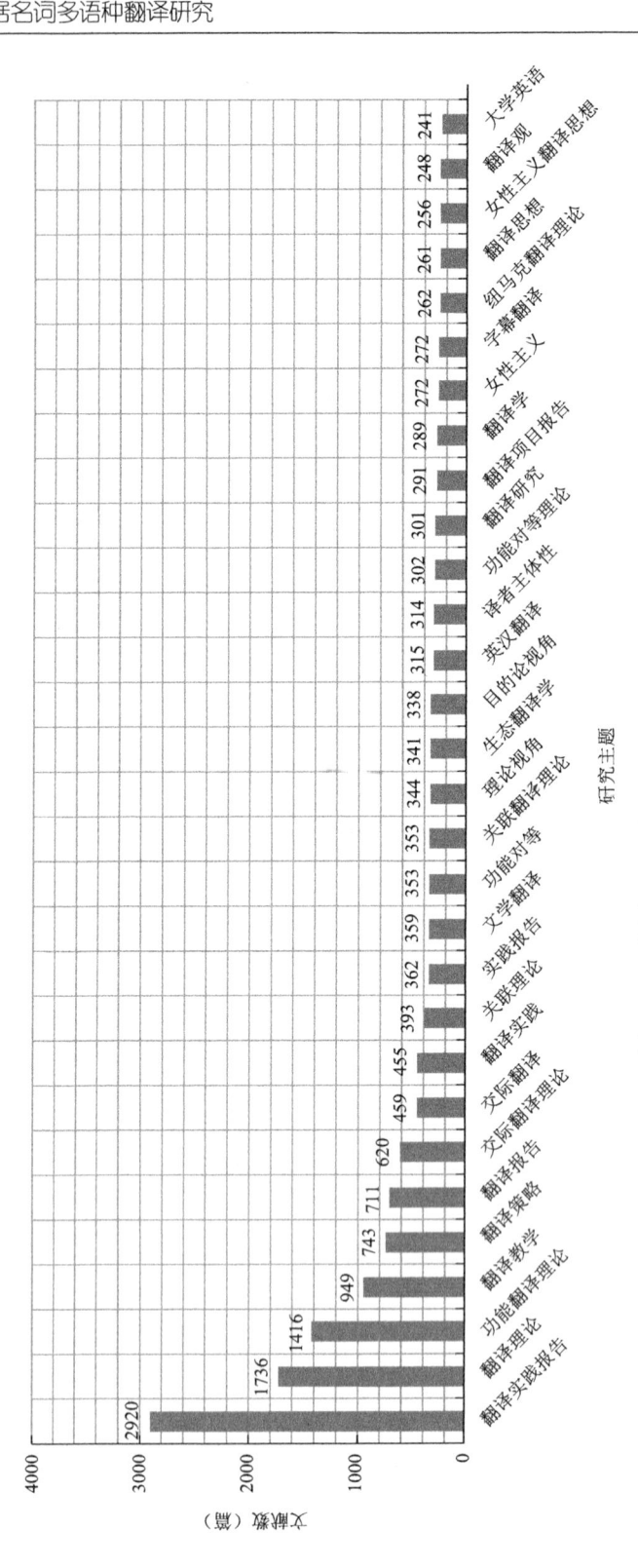

图 1-4 "翻译理论"类论文研究的细化主题分布

在图 1-4 的"翻译理论"类论文研究的细化主题分布方面，我们可以看出：翻译实践报告、翻译理论、功能翻译理论、翻译教学、翻译策略、翻译报告分别位于前六位。研究者讨论最集中的就是这六个主题。此外，研究者还讨论了交际翻译报告、交际翻译、翻译实践、关联理论、文学翻译、功能对等、生态翻译学、女性主义、字幕翻译、翻译思想等其他主题。"翻译理论"主题论文主要所属学科方向分布见图 1-5。

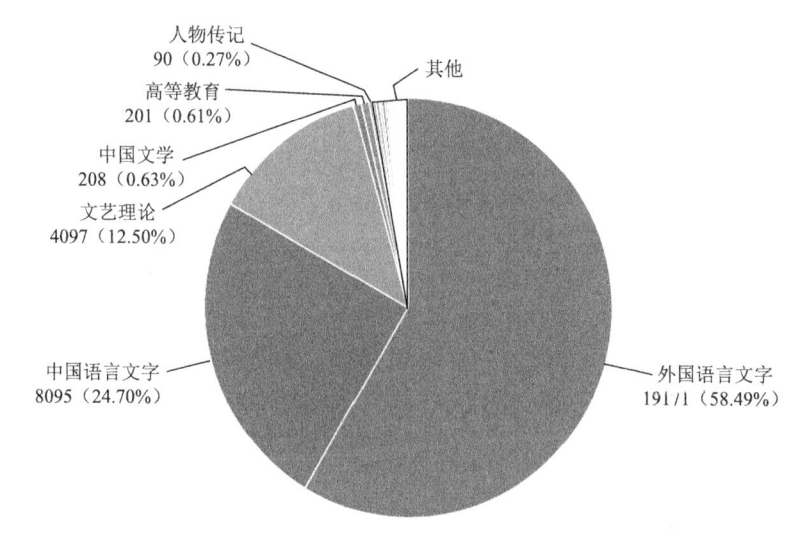

图 1-5　"翻译理论"主题论文主要所属学科方向分布

外国语言文字 19171（58.49%）
中国语言文字 8095（24.70%）
文艺理论 4097（12.50%）
中国文学 208（0.63%）
高等教育 201（0.61%）
人物传记 90（0.27%）
其他

注："8095（24.70%）"代表有 8095 篇，占比 24.70%，其余以此类推；此类饼状图用于分析排名靠前的项，"其他"不列出具体数字，余同

在图 1-5 的"翻译理论"主题论文主要所属学科方向分布方面，我们可以看出排名前六位的是外国语言文字（58.49%）、中国语言文字（24.70%）、文艺理论（12.50%）、中国文学（0.63%）、高等教育（0.61%）、人物传记（0.27%）。这说明进行"翻译理论"研究的主要学科方向是外国语言文字研究，其次是中国语言文字研究。这两个学科方向代表了译入和译出两个主流方向。如果以外语为源语，汉语为目标语，讨论的是外语译入过程中的翻译理论特点。相反，如果以汉语为源语而外语为目标语，侧重的则是译出翻译理论研究。"翻译理论"主题论文主要来源刊物/机构分布见图 1-6。

在图 1-6 的"翻译理论"主题论文主要来源刊物/机构分布方面，我们发现，讨论"翻译理论"比较多的是如下六个刊物/机构：《海外英语》（8.64%）、《中国翻译》（7.93%）、《校园英语》（5.87%）、《上海翻译》（5.37%）、四川外国语大学（学位论文）（5.10%）、黑龙江大学（学位论文）（4.88%）。"翻译理论"主题论文部分作者（附学校名）分布见图 1-7。

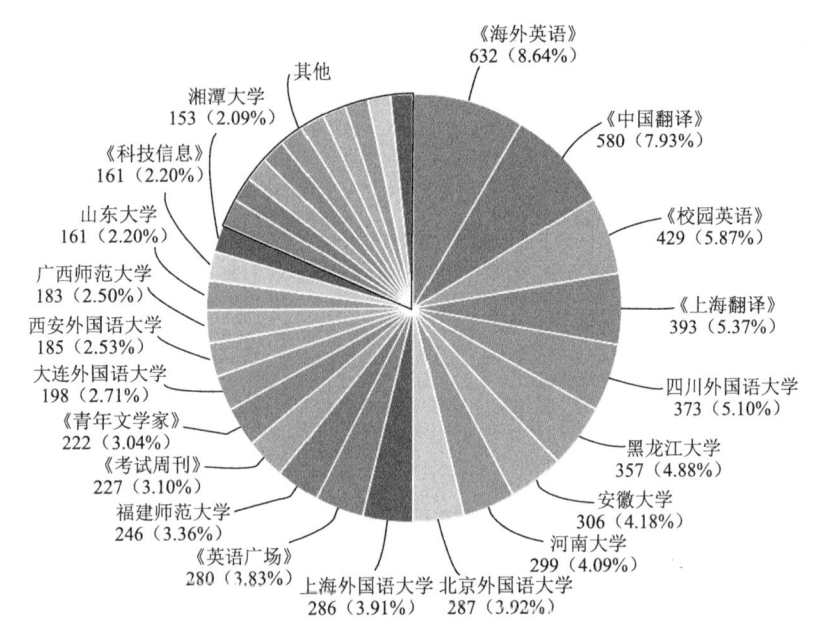

图 1-6　"翻译理论"主题论文主要来源刊物/机构分布

注："632（8.64%）"代表有 632 篇，占比 8.64%，其余以此类推。大学名字代表该大学的学位论文

从图 1-7 的"翻译理论"主题论文部分作者（附学校名）分布情况可以看出，以"翻译理论"为主题进行研究的学者具有明显的区分度。其中，排名前六的是穆雷（广东外语外贸大学）、许钧（浙江大学）、黄忠廉（广东外语外贸大学）、李田心（广东外语外贸大学）、方梦之（上海大学）、林克难（天津外国语大学）。排名靠前的几位学者在翻译理论研究方面比较有显示度。"翻译理论"主题论文部分作者所在机构分布见图 1-8。

从图 1-8 的"翻译理论"主题论文部分作者所在机构分布情况可以看出，上海外国语大学、黑龙江大学、四川外国语大学、北京外国语大学、河南大学、安徽大学、广东外语外贸大学排名位于前列。对比图 1-7，我们发现，在作者独立发表论文方面，广东外语外贸大学有三位学者的发文量分别位于第一位、第三位、第四位，具有较高的学者显示度。但是，在总体发文量方面，广东外语外贸大学偏少，排在第七位。下面分析翻译理论核心关键词（图 1-9）。

从图 1-9 的翻译理论核心关键词 CiteSpace 聚类分析情况可以看出，与"翻译理论"关联度较高的关键词包括翻译研究、翻译策略、外宣翻译、跨文化、语言变异、文学翻译、优化论、再叙事、叙事竞争、叙事学、叙事交流、体系建构、性质、大变局、文化自信、语言研究、文化空缺等。随着翻译理论研究的深入以及新生事物的不断涌现，新的关键词将不断进入

第1章 术语和术语翻译研究现状及大数据名词翻译的意义

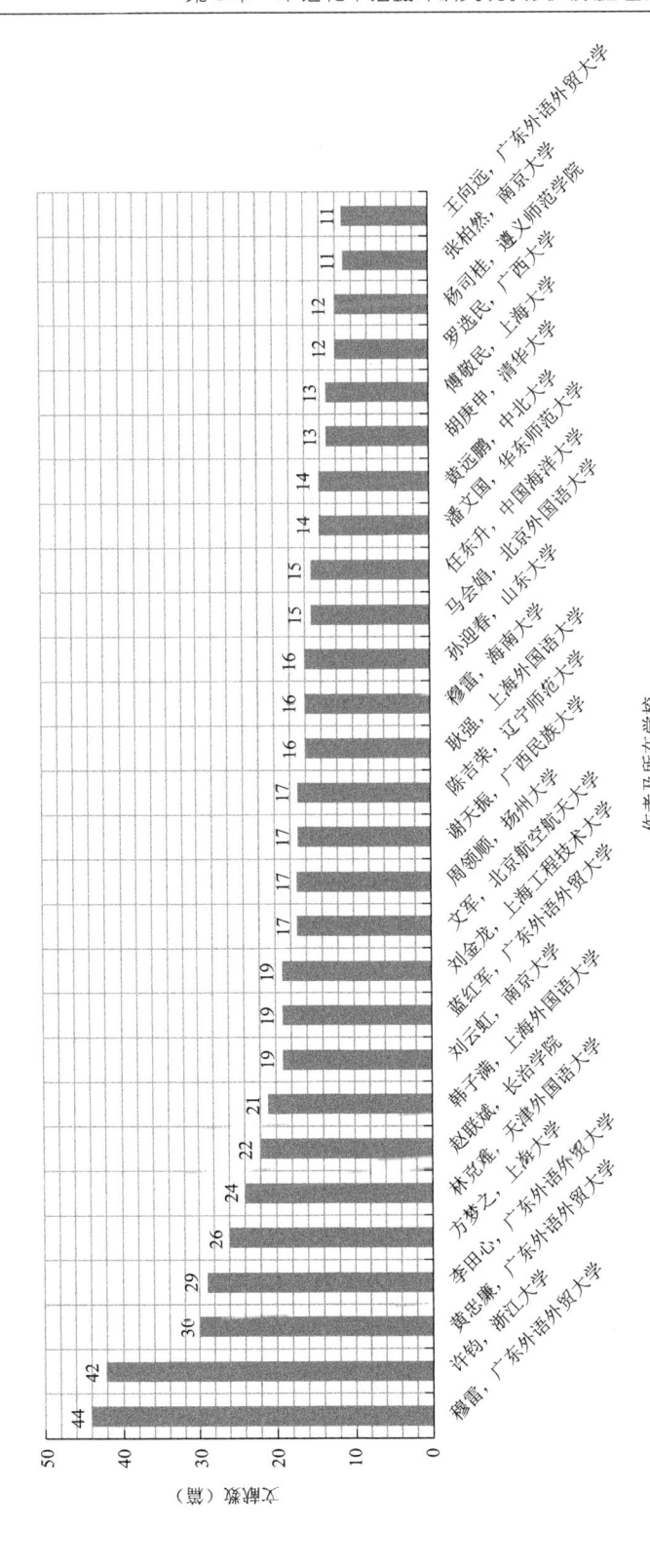

图1-7 "翻译理论"主题论文部分作者（附学校名）分布

注：同一作者任教于不同学校，所以出现同一作者出现在不同学校的情况

作者及所在学校	文献数（篇）
穆雷，广东外语外贸大学	44
许钧，浙江大学	42
黄忠廉，广东外语外贸大学	30
李田心，广东外语外贸大学	29
方梦之，上海大学	26
林克难，天津外国语大学	24
赵联斌，长治学院	22
韩子满，长治学院	21
刘云虹，南京大学	19
蓝红军，南京大学	19
刘金龙，上海工程技术大学	19
文军，北京航空航天大学	17
周领顺，扬州大学	17
谢天振，广西民族大学	17
陈吉荣，辽宁师范大学	16
耿强，上海外国语大学	16
穆雷，上海外国语大学	16
孙迎春，海南大学	15
马会娟，山东大学	15
任东升，北京外国语大学	14
潘文国，中国海洋大学	14
黄远鹏，华东师范大学	13
胡庚申，中北大学	13
傅敏民，清华大学	12
罗选民，上海大学	12
杨司桂，广西大学	11
张柏然，遵义师范学院	11
王向远，南京大学	11
，广东外语外贸大学	

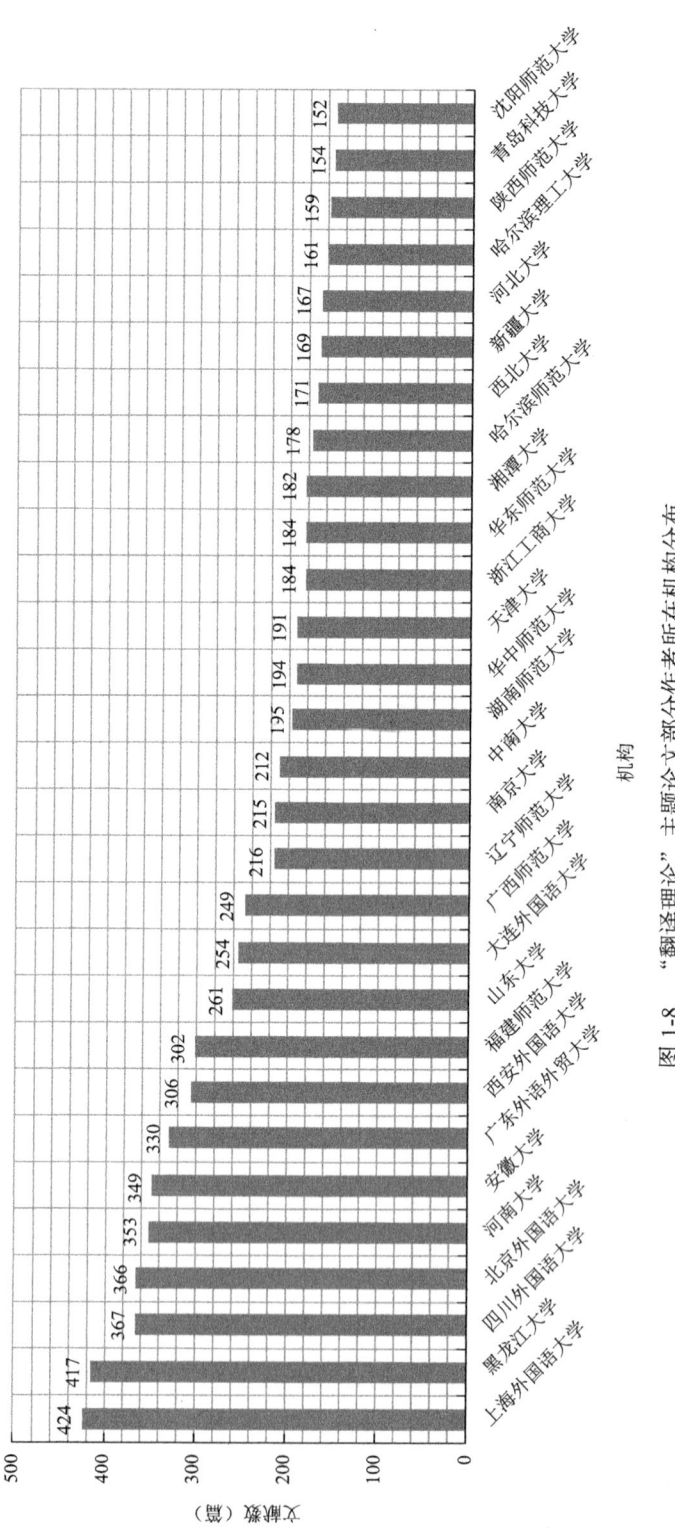

图 1-8 "翻译理论"主题论文部分作者所在机构分布

机构	文献数（篇）
上海外国语大学	424
黑龙江大学	417
四川外国语大学	367
北京外国语大学	366
河南大学	353
安徽大学	349
广东外语外贸大学	330
西安外国语大学	306
福建师范大学	302
山东大学	261
大连外国语大学	254
广西师范大学	249
辽宁师范大学	216
南京大学	215
中南大学	212
湖南师范大学	195
华中师范大学	194
天津大学	191
浙江工商大学	184
华东师范大学	184
湘潭大学	182
哈尔滨师范大学	178
西北大学	171
新疆大学	169
河北大学	167
哈尔滨理工大学	161
陕西师范大学	159
青岛科技大学	154
沈阳师范大学	152

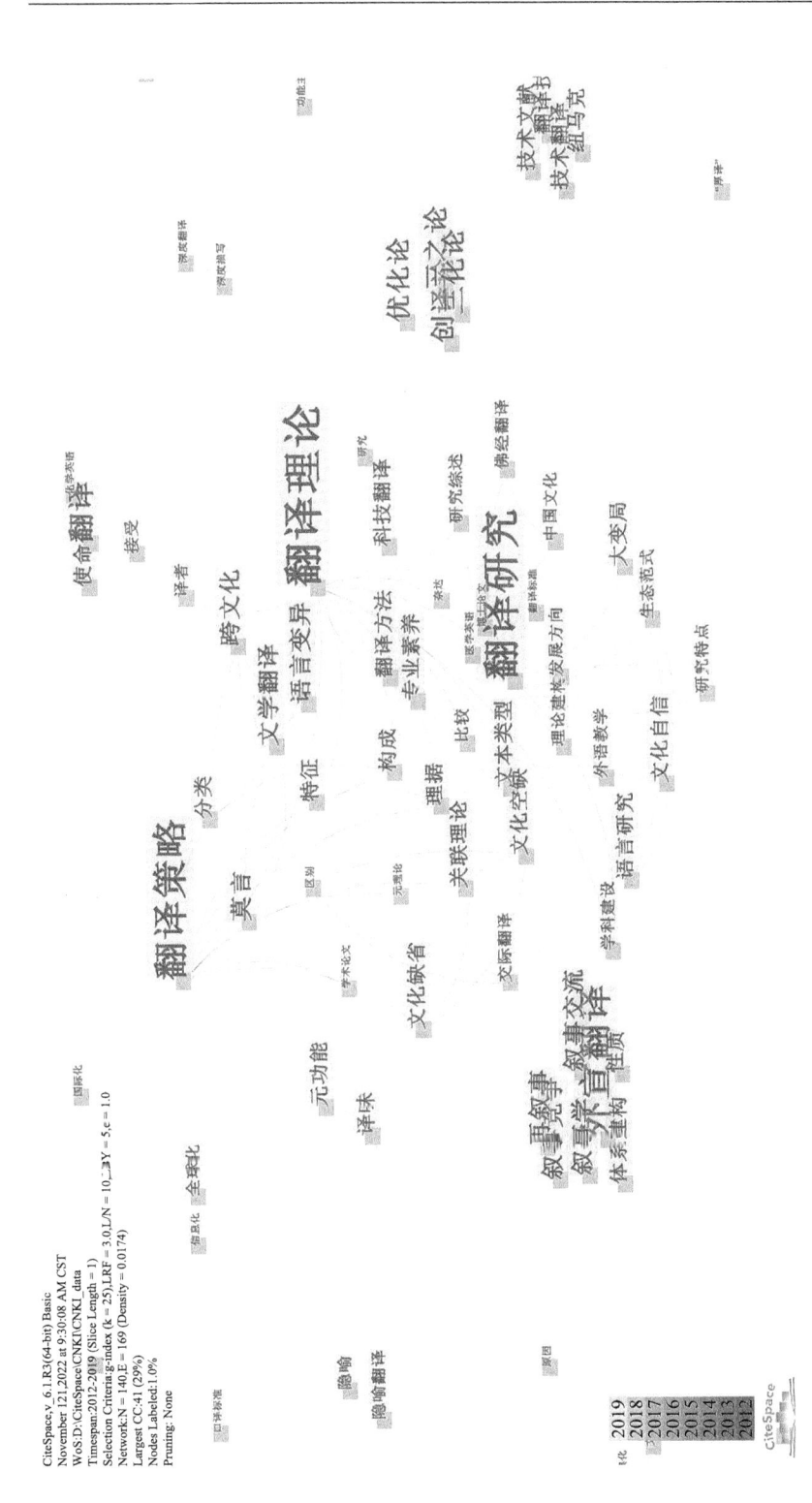

图 1-9 "翻译理论"核心关键词 CiteSpace 聚类分析

聚类研究中。大数据名词的多语种翻译就是随着大数据新生事物的出现而出现的，属于以汉语为源语，以英语、法语、俄语、西班牙语、阿拉伯语为目标语的译出研究。在我们前面讨论的可视化分析中，"大数据"由于其新生态势，鲜有学者涉及，这决定了我们的研究具有一定前沿性。同时，大数据名词的特殊性也决定了其翻译具有明显的术语翻译的特征。

1.2.2 翻译的通论性研究

随着语言社团之间交流的发展和繁荣，语际翻译成为不同语言社团之间进行交际的重要保证。人类翻译实践历史悠久，翻译研究也层出不穷，涉及范围极为广泛，对翻译的分类也层出不穷。从翻译中所涉及的对象来看，对翻译活动的分类涉及文本、过程和语境三个方面；从交际传播的角度看，翻译活动包括源语文本、目标语文本和译者三个方面。并且，翻译活动中任何一个方面本身即可以成为一个分类参数。比如，从文本的类型上进行区分，可以分为文学翻译、诗歌翻译以及科技翻译。科技翻译又可以分为法律翻译、商标翻译、医学翻译等。本书以文本为基准，将翻译研究分为文本中心视角和超文本视角两大类。

1.2.2.1 翻译研究的文本中心视角

在翻译研究中，长期以来研究者的关注重点是译出文本与译入文本之间的转换问题，表现出较为明显的文本中心特点。翻译研究的文本中心视角主要关注源语文本与目标语文本的对应、比较以及转化方面，涉及的范围很广。本部分只分析与术语研究紧密相关的翻译理论和翻译标准等方面的问题。

首先看翻译理论。翻译理论是学界着力最多的地方，也是招致批评最多的地方。各种翻译理论层出不穷，各有千秋，对翻译理论的分类结果也大相径庭（谭载喜，1991；Nida，1993；Gentzler，1993/2004；Hatim，2001）。当代翻译理论发展的总趋势是从翻译的语言研究走向翻译本体的研究（蒋童，2012）。按照翻译理论研究维度的不同，大致可以分为以下几种：第一，语言学维度的翻译研究（Jacobsen，1958；Catford，1965；Nida & Taber，2003；吴新祥和李宏安，1990；刘宓庆，1995；谭载喜，1991）。语言学维度的翻译研究关注的是源语与目标语如何在不同的语言层面，包括词、词组、小句以及段落甚至是篇章的层面实现语际信息的对等。第二，交际维度的翻译理论研究（Nida & Taber，2003；Nida，1993；谭载喜，1999）。该维度的翻译研究关注的是源语文本与目标语文本间交际功能的对等。第三，文艺学维度的翻译理论研究（Munday，2001）。文艺学维度的翻译理论研究注重翻译过程中的艺术性，对语言学意义上源语文本与目标语文本是否准确对应不关注，这种翻译方法并不适合术语翻译研究。第四，文化维度的翻译理论研究。该维度强调翻译活动中文化因素的制约作用（王佐良，1984；Munday，2001）。但是因为"文化"本身是一个较为宽泛且多元化的概念，因此翻译中的文化视角有时会失之过泛。但是在文化平等意识崛起的当时社会中，文化视角的翻译越来越得到重视，具有实操性的翻译范式也不断涌现。比如克瓦米·安东尼·阿皮亚（Kwame Anthony Appiah）提出的"深度翻译"（thick translation），倡导"通过注释和伴随的注解，将文本置于一个丰富的文化和语言的语境中"（Appiah，1993）。该翻译模式在术语翻译实践中已经得到采用。

除了上述接受度较高的翻译理论研究之外，其他的还包括多元系统维度的翻译理论研究（Toury，1980；Even-Zohar，1990）、解构主义维度的翻译理论研究（Gentzler，1993/2004）以及生态维度的翻译理论研究（胡庚申，2009）等。

对翻译标准的讨论，是翻译理论研究中的另一个重点。翻译是一门科学，同时也是一种艺术和技巧。因此，在对译出文本的评价中，涉及多个评价参数。仅就我国学者而言，历史上比较著名的观点包括：支谦提出的"文质说"，严复提出的"信、达、雅"说，鲁迅提出的"信顺说"等，傅雷提出的"神似说"以及钱锺书提出的"化境说"等。其中，引用率和接受度最高的是严复的"信、达、雅"说。

我们可以尝试通过分析翻译活动的最终目的，来分析翻译中最为关键的部分。奈达（Nida，1993）提出翻译就是交际（translation as communication）。巴兹尔·哈蒂姆（B. Hatim）和伊恩·梅森（I. Mason）（Hatim & Mason，1997）认为翻译过程中所有类型的行为实质上都是交际的行为。在人类交际活动中最根本的问题就是信息如何传递。最关键的部分是：说话者所表达出的信息最终是否能够被受话者所理解，从而实现特定的交际意图。从这个角度看，对作为交际活动中一种特殊类型的翻译而言，最关键的部分是源语文本所蕴含的信息，与目标语文本所最终表达传递出的信息是否一致，或者在多大程度上一致。沿用严复著名的翻译理论术语，翻译互动中最重要的部分就是"信"。这是最为核心的一个问题。也就是说，在翻译活动中，翻译者必须要面对的一个问题是：如何对源语文本进行翻译处理，是奉源语文本为圭臬，还是发挥译者的主体性，进行适当调整或大幅度增删。翻译学家的观点大致分为两类：一是认为翻译要最大限度地实现源语文本与目标语文本之间的信息对等。"全部翻译问题最终都归结到如何写出既传达原意又语言规范的目标语文本"（Newmark，2003），研究者用不同的术语表达"信"这一翻译标准，比如"勿失""不违""忠实""等值翻译""形式对等""功能对等""最佳近似度"等。这些术语的所指大致相同，只是"当代翻译理论家纷纷以推陈出新的方式使用'忠实'这个术语"（Shuttleworth & Cowie，2004：57），这应该也是术语失范的一个典型例子。二是认为"信"并不是绝对性的翻译标准。"'忠实'只不过是多种翻译策略中的一种……把它奉为唯一一种可能的、甚至唯一一种可容许的策略，是不切实际，徒劳无益的"（Lefevere，1992：51），因此"超额翻译"（overtranslation）、"欠额翻译"（undertranslation）的产生是在所难免的。

"三国时期支谦的《法句经序》是现存最早的有关翻译批评的文章。"（王福美，2011：77）在这篇序言中，支谦认为佛经翻译不要卖弄文采，不要添枝加叶。支谦强调的是佛经翻译中的"信"。自严复提出了著名的"信、达、雅"翻译标准之后，翻译中"信"的标准几乎被翻译学界奉为圭臬。祝朝伟（2010）指出，西方的翻译理论研究体现为"忠实性伦理"的多元嬗变，但就整体及一般要求而论，仍然没有摆脱忠实性伦理的窠臼。综上所述，完全无视源语文本的翻译本身就是一个悖论。

总的来看，国内外学界关于翻译理论以及翻译标准的讨论，层出不穷。尽管如此，在删繁就简之后，可以发现这些争鸣的背后有一个共同的关注点：译出文本与译入文本之间"信"的问题。翻译研究中的大多数问题是围绕着译出文本与译入文本之间要不要"信"来讨论的；如果要求"信"，在多大程度上可以做到"信"？通过什么手段可以做到"信"？除了"信"之外，还有哪些参数是需要注意的？等等。

从横向对比的视角看，在翻译研究中，国外学界注重翻译理论的构建，且翻译理论构建的体系性特点较为突出。与西方相比，国内学者并不长于对翻译理论的建构，长期以来，中国的翻译理论，主要以国外理论的引介为主。中国真正意义上的语际翻译活动始于西汉。但是在中国古代以及近现代的翻译活动中，研究者更长于对翻译实践的归纳，较少注重对翻译理论的演绎；主要表现为译学术语的数量较少，系统性较差。"我们若要在前人成就的基础上，进一步推进中国翻译理论的创新与发展，就必须首先要有相当的理论自信，而不是一味借外来之器盛中国之物。……推进中国的翻译理论创新与发展的自信至少可源于我们的三个传统，即文字文化传统、哲学思维传统与艺术表现传统。这三个传统也可同时构成中国译论应当在世界上独树一帜的理据。"（何刚强，2015：3）"要真正建立中国自己的翻译理论大厦,我们需要有明确的本、源、鉴三位一体的支撑。"(何刚强,2015:7)。

1.2.2.2 翻译研究的超文本视角

传统上,在翻译过程中,译者只是被视为一个信息传递者,其主要任务是以另一种语言为载体,将源语文本的意义原封不动地、忠实地传递到目标语文本之中。也是因为这一任务,翻译活动一度被认为是"戴着镣铐跳舞"。译者甚至被视为一个隐身人,在文本翻译中,译者只是一个信息的转换者和传递者,并不能发出自己的声音。

近年来,翻译活动中译者的主体性问题不断得到学界的关注。译者主体性指的是译者在翻译活动中表现出来的主观能动性。这种特性在克服客观制约性的过程中得到了淋漓尽致的体现。诸多因素影响到译者主体性的发挥,包括双语差异、文化差异和政治差异等。翻译中译者主体性观点的提出,凸显了译者对翻译结果的影响。从翻译实践的角度看,译者隐身是不可能实现的。在客观方面,译出文本的质量会受到译者对源语的理解水平、运用目标语写作的水平、自身的认知水平与学术背景因素的影响;在主观方面,译者会根据翻译生态环境,采取适当的翻译策略,对译出文本进行调整,以期使文本内容与特定目的相契合。

纽马克(P. Newmark)对译者的权限进行了放大。他认为,如果源语文本不符合翻译伦理(ethically unsound)并危及真理时,则译者既不应对源语作者忠实,也不应该对读者忠实,而应该首先对真理忠实。他还指出,如果源语文本是缺陷文本(a deficient text),译者就应该予以纠正。这种观点实际上颠覆了翻译学界一直以来所秉承的翻译的忠实性原则,引起了翻译学界关于翻译伦理的激烈争论(Newmark,1998,2001,2003)。

对翻译中译者主体性地位持有比较温和的观点的,是以赫曼斯(T. Hermans)、巴斯奈特(S. Bassnett)以及勒菲弗尔(A. Lefevere)为代表的"操纵学派"。他们认为,权力、意识形态、赞助人等因素都在一定程度上操纵着翻译活动。王东风(2004)指出,翻译是一种有目的的行为,尤其是意识形态,是一只看不见却对翻译实践具有操纵作用的大手。这样,翻译研究的关注点从以往的"客体"转向了译者"主体",译者应发挥主观能动性,选择相应的翻译策略,使用相应的翻译方法,以实现特定的翻译目标。不仅如此,超文本视角下的翻译研究还大大超出了译者的范围,从政治、经济、文化以及意识形态等维度,展开相应的分析。

1.2.2.3 翻译研究的国内外发展趋势

张继光（2016a）利用 CiteSpace 软件，对我国的 12 种外语类核心期刊所刊载的翻译类文章进行分析，认为 2005—2014 年间我国翻译研究的热点是翻译策略、文学翻译、翻译教学、翻译理论、翻译批评、英译等。上述所谓的热点问题，是研究较多的问题，都有比较长的研究历史。从研究视角的创新程度来看，一些研究属于重复性的低效甚至是无效研究。而且，国内的研究热点仍然集中在传统的翻译本体研究方面。近年来，国际翻译学界的热点研究问题包括：文学翻译中的意识形态研究、翻译伦理研究、翻译中的身份认同、全球化背景下的翻译研究以及文化翻译等（李红满，2014；冯佳等，2014）。总的看来，在国际学界的翻译研究中，翻译的非文本因素及其在翻译中的作用被给予了极大关注，翻译研究呈现出越来越明显的学科交叉性特点。

1.2.3 术语的汉译与外译研究

人类社会产生之后，因为社团内部交流的需要，产生了语言。随着人类生活范围的不断扩大，跨社团的交流越来越频繁，语言的翻译就应运而生。为了更好地进行语际交流，最早的双语词典表现为难词词集的形式，其中包含大量的术语。随着社会的发展、科技的进步以及全球化进程的加快，语际的科学技术交流日益频繁，术语的数量与日俱增，术语翻译工作成为关键的一步，与之相关的研究也日益发展。

翻译活动至少要涉及两种语言——源语与目标语。按照术语译入与译出方向的不同，我国术语翻译可以分为两类：外源术语的汉译和汉源术语的外译。下面我们以此为出发点，分别分析术语翻译的通论性研究、外来术语的汉译研究以及汉源术语的外译研究。

1.2.3.1 术语翻译的通论性研究

担任京师大学堂译书局总办的严复深谙术语翻译之难，他指出术语翻译主要存在如下问题：①过于强调汉语达意而曲解了译入语的本义；②只重视译入语的通达，而难以形成汉语的顺畅表达。严复将译名审定视为翻译的"权舆"。严复特别强调翻译中的术语正确性。只有进行术语译名的规范统一，才能避免以讹传讹（严复，1986c）。"严复的译文完全是按照中国人喜爱的表述方法来传译的。原文里的复合长句在译文中变成了若干个平列短句，主从关系不见了，读起来反而更流畅。"（陆道夫，1996：37）。在翻译方法的使用上，严复继承了佛经翻译中格义法的精髓，通过中西比附的方法,斟酌并使用我国传统的学术概念以及相关术语,来诠释西学术语。

姜望琪(2005)是严复"术语翻译准确性"观点的坚决拥趸。他认为术语翻译同其他翻译一样,首先需要考虑的就是准确性,只有解决了术语翻译的准确性问题,一个译名才能真正有效地传递信息,才能成为一个好的译名。在满足术语翻译准确性的前提下,术语翻译可以兼顾可读性、透明性以及约定俗成性等。除此之外,研究者还提出了其他的翻译标准,综合来说,包括通用性、准确性、清晰性、简洁性、系统性、区别性、单义性、科学性、习惯性、通俗性、国际性、透明性、一致性、规范性、忠实性、系统性等(王宗炎,1987;周亚祥,2001;张旭,2004;高淑芳,2005;刘法公,2000,2013;张彦,2008)。

1.2.3.2 外来术语的汉译情况分析

外来术语的汉译是我国翻译活动中的重点所在。在 21 世纪之前,就我国的术语翻译情况而言,译入文本的数量远远超过译出文本。在此之后,在个别的专业领域,比如时政类语篇的翻译中,译出的数量开始超过译入文本的数量。总体而言,术语的汉译一直占强势地位。造成这种术语译入量远超译出量的局面的原因是多方面的。首先是世界范围内科技发展的不平衡。科技强国显然会给世界输出更多的术语,在世界上主要的科技强国,要么以英语为母语,要么以英语为第二语言。其次是英语与汉语使用的扩散度不同。英语已经发展成为世界性的交际工具,大部分的科研成果通过英语传播,因此英语术语的总量非常大,进入汉语交际系统的概率更高。在这种情况下,英语术语的汉译必然占绝对优势。

1. 外来术语汉译实践的发展

我国实际意义上的语际术语翻译工作始于西汉。张骞出使西域,开辟了陆上丝绸之路,与西域各国开始了科技文化交流活动,并引介了 大批术语,其中一大批术语采用了音译形式,比如"苜蓿",也有的是通过添加语素的方法构成新词,比如"胡桃"。

自西汉至今,我国历史上出现了几次术语翻译大潮,分别是:汉唐佛经术语翻译,明清来华传教士对数学、天文以及宗教术语的翻译,清末民初名著术语翻译,改革开放之后科技术语的译入以及中华传统科学文化的译出等。下面分项陈述。

魏晋时期,佛经翻译者采用格义法进行佛经翻译。所谓格义,指的是用中国儒道传统思想中的学术概念去比附和解释佛学中的学术概念,目的是使读者容易理解(张景华,2013a)。到盛唐时期,我国政治、经济、文化发展极度繁荣，处于世界领先地位。而且唐朝对外政策非常开放，科技文化交流更为频繁，外来术语的种类更为多样。佛经的翻译成绩尤为卓著。佛经翻译中主要使用了两种方法：沿用旧名和构成新词。在具体的操作中，往往对照引入语的发音进行翻译，而在概念表达等方面，更多的是沿袭旧名。对于一些较难翻译的术语，或者发生了语义偏离等现象的术语，常出现旧名与新义不相吻合的情况，这就导致原来沿袭旧名的方法不再贴切。由此相对妥切的新词就应运而生。

在这一时期以及之前，外来术语的汉译工作主要是由我国学者完成，其目的是引介国外科学技术和文化。自明万历九年，也就是1581年开始，意大利传教士利玛窦（M. Ricci）来华传教。利玛窦的传教活动非常成功，这主要得益于两个方面：第一，利玛窦儒冠儒服，称引中国古代儒家经籍，极力向中华文化靠拢；第二，利玛窦充分利用西方国家在天文、数学等自然科学方面的先进成果，吸引了当时的决策者与一大批士大夫。在这之后，相当多的来华传教士，比如著名的意大利的龙华民（N. Longobardi）、艾儒略（G. Aleni）、罗雅各（G. Rho），德国的汤若望（A. Schall），以及比利时的南怀仁（F. Verbiest）等，都沿袭了利玛窦模式。西方传教士在华传教的二百年中，与中国的文人合作，著述、译介了大量的科学著作，其中尤以天文学和数学最为著名，引介了大量的相关术语。比如利玛窦与徐光启合译的《几何原本》，第一次创造性地翻译、使用了"点""线""平面""曲线""对角线""平行线"等术语。林则徐、魏源等利用传教士译介成果，编纂《四洲志》和《海国图志》。借此，一大批术语的汉译进入专业领域甚至是日常交际领域，比如"文学""法律""公司"等。

到清朝末年，清政府在一些大企业（比如江南机器制造总局、开平矿务局等），以及一些学堂（比如京师同文馆等）中设立翻译机构，组织翻译西学著作，其中尤以科技著作为多。1909年清政府成立了编订名词馆，严复任总纂。

在明末与清初，西学东渐存在诸多差异。首先，明末西方传教士引介西学，是出于功利性的目的，意图以先进的西学为诱饵，达到传播宗教的目的。清朝初年西学的引进，则是为了富国强民，因此偏重于对西学基础理论的传播。其次，西学的输入由明末的被动发展到清末的主动，引进渠道由教会增加到中国官方和民间。所输入的西学也超出了科学技术的内容（叶晓青，1983a）。中外学者联手翻译的著名西方科学著作包括《几何原本》《地学浅释》《化学鉴原》《天演论》等，在这些译著中确定了大量科技术语的中文译名，比如"四分仪""地球仪"等。

2. 外来术语汉译的规范

清末的科技翻译发展较快，术语汉译的定名工作显得尤为迫切。1902 年张百熙任京师大学堂主管大臣。第二年，他向清政府指出在术语汉译工作中存在的重要问题是，很多来自西洋的术语在国内出现了发音不一致、取字不一致、表义不一致的情况，并建议由京师译局制定统一的凡例，确定统一的规则和审定表，颁布于全国。再遇到审定表中的术语，均需要以表中所述为准，以此实现规范统一、避免混淆（黎难秋，1996）。

1909 年清政府在学部设立编订名词馆，成为我国第一个编纂和对科学技术名词进行统一规范的专门机构。该馆编订出版了《植物学名词中英对照表》《数学中英名词对照表》《心理学名词对照表》等外汉对应术语词表。在《京师大学堂译书局章程》中严复明确提出"译书遇有专名要义，无论译传其意，如议院、航路、金准等语，抑但写其音，如伯理玺天德、哀的美敦等语，既设译局，理宜订定一律，以免纷纭"（严复，1986b：128-131），明确提出术语翻译无论使用音译还是意译都可以，但其翻译结果必须统一，以免引起使用上的混乱。

自此，术语汉译的定名和译名统一工作就由官方权威机构负责研制和发布。民国期间，术语汉译的规范性工作由国立编译馆承担（参见李亚舒和黎难秋，2000）。1932 年南京国民政府建立了国立编译馆，着手进行译名统一的工作，同时成立了医学名词审查会、科学名词审查会、大学院译名统一委员会等机构，行使科技名词的审查与规范职能。

中华人民共和国成立之后，国家间的政治、经济以及文化交流高速发展，术语汉译的定名需求更为迫切。1950 年成立的中国科学院编译局负责译名审定，同年成立学术名词统一工作委员会。1985 年全国自然科学名词审定委员会成立，1996 年更名为全国科学技术名词审定委员会，负责术语的规划、译名的审定（参见潘书祥，1998）。在全国科学技术名词审定委员会公布的《科学技术名词审定的原则及方法》（讨论稿）中，详细阐述了包括总则、定名基本要求、选词、定义、编排体例、索引、审定程序等七方面的内容。其中，明确规定科技名词的定名要符合我国语言文字的构词规律，避免结构歧义；定名要贯彻一词一译的原则；定名要遵从科学性、系统性、简明性和约定俗成的原则。

3. 外来术语汉译的理论分析

随着外来术语汉译实践的日益发展壮大，外来术语汉译的理论分析也逐渐增多。早在盛唐时期，玄奘基于自身的翻译实践活动，特别强调佛经翻译中"正名"的重要性。玄奘还确立了佛经翻译中的"求真喻俗"[①]标准、"五不翻"原则[②]（马祖毅，1984），并提出了六种翻译方法[③]。玄奘的翻译理论对当代的术语翻译仍极具指导性。

明末清初，一些入华的传教士通过翻译实践活动也归纳出一些翻译理论。最著名的是英国学者傅兰雅（J. Fryer）。傅兰雅特别强调术语"正名"的重要性，认为译名是翻译过程中的第一要务。只有把译名做好，才可能保证使用者初次使用时处于比较稳妥的状态，后期使用时如需要改动也不必进行较大调整。这种对译名准确性和正确性的强调通常是事半功倍的。1890年，傅兰雅在上海的新教全国大会上做了《科技术语：当前的歧义与寻求统一的方法》的发言，总结了术语汉译中的七条重要原则，分别是：第一，尽可能意译而不音译。第二，如果不能意译，则尽量选用适当的汉字音译……要建立音译体系；基本词素音译字要固定，要用官话的语音进行音译。第三，新术语应尽可能同汉语固有的形式建构相一致。第四，译名要简练。第五，译名要予以准确的定义。第六，译名在各种场合都要符合原意，不致矛盾。第七，译名要有灵活性（转引自李亚舒和黎难秋，2000：283）。这些原则是在翻译实践基础上提出来的，具有很强的操作性，对当代术语的翻译仍然具有指导意义。

进入现代社会之后，随着科技的发展，术语翻译也越来越繁荣。从翻译过程中术语译入和译出的方向来看，国内学界对英语术语的汉译研究主要分为两类，即外源术语的汉译研究以及对特定研究领域内的术语汉译的微观研究。具体分析如下。

1）对外源术语汉译的相关理论、方法以及存在的问题进行的宏观研究

英语成为世界范围内的强势语言，大多数的科技著作使用英语进行写作和交流，相应地，大部分的术语也是以英语为载体在全球范围内传播。可以说，英语在术语输出方面占绝对强势地位。在我国与世界各国进行科技交流的过程中，英语术语的汉译就成为最基本的问题。

从学界对外源术语汉译的关注点来看，大致可以分为两类：一是术语翻译的语言维度；二是术语翻译的文化维度。需要注意的是，术语翻译的

---

① "求真"强调翻译的准确性，"喻俗"指被读者所理解。

② 即五种不宜采取意译而应采取音译的情况。第一是秘密故，多指隐语，如"陀罗尼"；第二是含多义故，指一个词有多个意义，如"薄伽"一词，在梵语中有六个意义，分别为"自在""炽盛""端严""名称""吉祥""尊贵"；第三是无此故，指的是文化空缺词，比如"阎浮"树，中国没有这种树木；第四是顺古故，指以前采取的就是音译法，因此建议沿袭此法，如"阿耨菩提"，不是不可翻译，而是因为自摩腾以来，一直用音译的方法；第五是生善故，指在弘扬佛法的庄严场合，使用音译法。

③ 指玄奘在佛经翻译中采用的补充法、省略法、变位法、分合法、译名假借法、代词还原法。

文化维度总是在术语翻译的语言维度的基础上展开的。

第一，术语翻译的语言维度研究。术语翻译的语言维度研究，关注点是翻译中的语言选择、使用以及表达效果问题，其中主要是关于术语翻译基本原则和翻译方法的讨论。王宗炎（1987）提出了术语翻译的六条原则，分别是通用、准确、明白、简洁、有系统性、有区别性。刘丹青和石汝杰（1993）则指出需要关注术语翻译规范化中的统一性与保真度问题。姜望琪（2005）认为术语翻译首先要遵循准确性原则，这是最重要的。其次要注意其语义透明性，在多种形式并存的情况下，还应该考虑到约定俗成原则。侯国金（2009）在姜望琪论说的基础上，认为在语言学术语的汉译中，需要贯彻系统可辨性原则，并论述了准确性、可读性、透明性、系统性以及可辨性之间的关系。罗天华（2012）结合自身翻译《语言共性和语言类型》的实例，认为准确性是术语翻译的第一要义，这与姜望琪的观点一致。罗天华进一步指出，要做到翻译准确，还应同时贯彻区别性（单义性）原则。

第二，术语翻译的文化维度研究。语言是文化和思维方式的反映，表达的是一种与之相对应的世界观（许钧，2009）。翻译活动的源语与目标语无疑都属于语言的范畴，必然也会带有文化因素。实际上，20世纪80年代以来，翻译研究中出现了"文化转向"的新进展，并由此增添了一个新的维度（Simon，1996）。

术语作为语言中的一种特定类型，科学性突出，一般被认为很少或根本不带有文化色彩，但这种说法并不符合实际情况。实际上，一部分术语，尤其是社科类术语，作为文化的重要组成部分，文化性特点极为突出。比如中国传统哲学中的"道""一""阴阳"等。魏向清和张柏然（2008）指出，通常的术语翻译多强调其科学性要素，较少或很少关注其人文性要素，多关注翻译的语义等值问题，忽略了术语翻译的文化特征。因此呼吁学界重视术语翻译中的文化视角。在一些文化特点突出的领域，术语翻译的文化维度更为重要。包通法（2007）指出，传统汉译英典籍翻译实践通常秉承的是结构语言学的方法，采用的是"语言自主实体"翻译认知范式。包通法认为，语言与思想形态互为表征，在中国文化典籍翻译中要加强"文化平等对话"意识，以创造式的异化方法翻译我国文化典籍中独有的术语。

2）对特定研究领域内的术语汉译的微观研究

这种研究属于局部性研究，所涉及的相关领域较为多样，主要包括下列语域：经贸术语汉译、法律术语汉译以及西方语言学术语汉译等。

关于经贸术语的汉译研究，刘法公（2000）强调商贸英语的汉译中需注意译名统一，以保证商务交流的正常进行。李海峰（2010）在论及经贸术语汉语译名时，采用了描写的视角，认为目前使用的不统一的译名并非都是错误的或不规范的，因为在其专业领域，同一概念本来就存在不同的表现形式。这其实是注意到了在术语使用过程中存在的术语变体形式。陈萍（2010）指出经贸术语汉译中，对"规范"与"统一"的界定不清，导致翻译标准的实操性不强，认为应该制定可行性标准，将规范原则具体化。

关于法律术语的汉译研究，王雨梅（2006）论述了英语法律术语汉译中的规范化问题。何家弘（2009）从统一和规范的视角，分析了证据法学翻译中存在的问题，认为在术语使用中，建立在实证基础上的"约定"比"俗成"更为重要。马炜娜（2011）强调法律术语汉译中，准确性是第一要义。张法连（2016）认为准确严谨是法律术语翻译最基本的原则。

关于西方语言学术语的汉译研究，于伟昌（2000）分析了汉译语言学术语标准化的必要性，并提出了术语标准化的基本原则；陈新仁（2003）以语用学术语为个案，指出语用学术语汉译过程中的差异性翻译，认为应该实现术语翻译的一致性。曾剑平和杨莉（2004）倡导现代语言学术语翻译应该实现标准化；赵忠德（2004）分析了外来语言学术语译名的统一问题，呼吁从语言规划的层面，实现其汉译的标准化。历平和贾正传（2010）以语言学术语 deixis 为例，从系统论的角度，指出外源性语言学术语的汉译应该实现系统化。

卡布雷（Cabre，2009）认为后续研究者对普通术语学的拓展主要体现在如下几个方面：第一，术语的国际标准化被认为是语言规划的一部分，承认术语系统中存在有限数量的同义术语，部分同义术语可以被接纳。第二，短语被纳入到术语单位之中。第三，新的术语不断加入，术语系统被认为是动态的。第四，术语系统中包括非层级性排列的概念体系等。

以上经过拓展的研究丰富了普通术语学的研究范围，被称为是扩展型的普通术语学。可以看出，扩展型的普通术语学部分承认了术语使用中的动态性和变异性，其规定性程度有所减弱，但术语规定性的性质不可能得到根本性的改变。也就是说，扩展型的普通术语学研究范围虽有所扩展，但仍和普通术语学一样，其根本性质仍属于规范性范畴。

4. 描写型术语研究

普通术语学研究关注术语的规定性与标准化。与之形成对照的是，社会术语学（socioterminology）则采取了描写主义的研究视角（参见 Gaudin，1993），尤其关注在真实语境中术语的语言行为。

社会术语学注意到：随着术语的发展，术语系统中出现了大量的同义或多义现象，这是普通术语学中的单一性原则和概念划界原则所不能解释的。而且，社会术语学同时也关注术语的演变，关注术语概念化以及命名的历时性研究。冯志伟认为，现实生活中存在大量的专业人士与半专业人士或非专业人士之间的交流。这两类群体的认知结构不同，而信息交流的需要又是客观存在的，完全采用标准化的术语的要求显然是不现实的。术语的使用场景和群体变化与客观存在的交际需要之间的矛盾呼唤理论上的突破。术语学和语言学的演化发展具有同构性，二者的总体发展趋势是：研究范围和对象的不断扩大，研究视角从静态和规定性逐步变为动态和描写性（殷健和冯志伟，2019）。

除了描写特征之外，认知维度也成为术语学的关注点。

认知维度是术语学研究中的又一个核心维度，其中最具代表性的是社会认知术语学（sociocognitive terminology）。社会认知术语学学派受认知语言学相关理论的影响，认为所有的知识都来自于体验。术语的意义不一定是确定的，术语可以表示模糊、动态的范畴，范畴内部的成员在原型性（prototypicality）程度上具有差异。该学派认为范畴和概念的边界是模糊的，具有原型结构，因此术语的内涵式定义并不是最佳的定义。除了描写特征和认知维度之外，描写术语学还有一个与规范型术语研究不同的维度，即交际维度。

术语研究的另一个重要维度是交际维度（communicative dimension）。交际术语学认为术语不是脱离语境的标签，术语应该在文本中被研究（Sager & L'Homme，1994）。后来发展形成的术语交际理论（Cabre，2009）在某种程度上是一种兼容型的多元学派理论，在该理论中，语言学、认知维度、交际维度统统被考虑在内。

1.2.3.3 汉源术语的外译及其相关研究

与外源性术语的汉译相比，汉源术语的外译在总体上数量较少，处于弱势地位。这主要是因为截至目前，我国在科学技术领域尚未占据主导性地位。尽管新中国成立之后百废俱兴，各行各业飞速发展并取得了令世界瞩目的成绩，但是从世界范围看，在科学技术领域，我国对世界的科技输出量虽在持续增长，但因为主要科学研究成果的工作语言以英语为主，我国所输出的汉源术语在数量上不占优势。科技文献的交流依然以译入为主。

汉源术语的外译具有非常明显的民族性特点，即外译的汉源术语主要集中在具有非常明显的中国特色的相关领域，比如中医学术语、中国传统哲学思想、中国文化典籍、中国时政术语、中国文论术语、汉语语言学术语等。下面我们对有关论述进行梳理分析。

1. 中医学术语的外译研究

世界医学界对中医的接受程度越来越高，对中医术语的外译成为学界关注的一个重点。中医药学界积极进行中医术语的推介工作，"在中医术语英译规范化过程中所倡导的'以我为主'的指导思想是值得称道和借鉴的"（魏向清和张柏然，2008：88）。关于中医学术语外译研究的论述也非常丰富，且涉及翻译方法、翻译策略、影响翻译的相关因素等方方面面。

李照国（1993）在《中医翻译导论》中系统地分析了中医语言特点、中医翻译的原则与方法，并且李照国（2008）提出了中医名词术语英译国际标准化的概念、原则与方法。高晓薇和赵玉闪（2011）从目的论、关联论、模糊理论等维度，分析了中医英译的相关策略和方法。李兆国（2017）在极为扎实的材料工作基础上，对中医基本术语，包括临床诊疗术语、中药方剂术语、阴阳五行学说术语、藏象学说术语、气血精津液术语、经络学说术语、形体官窍术语、病因病机术语、中医养生预防术语进行了全面的梳理与翻译。

王宝勤（2003）从中医术语的特点、语义和逻辑关系及词类结构入手，分析了中医术语中部分专业词汇和普通词汇（尤其是古代常用虚词）的翻译问题。顾建安（2008）分析了中医术语翻译中的文化因素与翻译策略，认为"如何保证原语文化信息传递的程度，同时保证原语文化信息传递的效度，这是中医文献翻译的关键"。汤思敏（2009）以传统的"信、达、雅"标准为参考，分析目前的中医术语翻译问题，认为在翻译过程中存在三种问题：一是大部分译者使用西医学术名词来表达传统中医概念，二者之间信息不对等；二是有些译者不考虑翻译规范化，而是按照自己的理解不断创造属于自己的翻译词汇；三是有些译者为了盲目追求译文的统一，使用同一个语言单位对表示不同概念的同一中医词汇进行翻译，没有进行差异化处理。

中医术语外译的翻译方法也是学界关注的一个问题，借译法、释意法、简化法、音译法、造词法、语境法、综合法等学界都有论述，关于归化与异化的讨论也极为常见。总体上，类似的研究创见不多，重复现象严重。

2. 中国传统哲学思想的外译研究

中国传统哲学中包括大量的本土化特点浓厚的术语。学界在外译过程中，通常都会强调进行概念的"二次构造"，即译者充分理解术语精神文化内涵，创造性地进行翻译（陈海燕，2015），或者关注如何实现中国传统哲学术语在目标语中的准确重构。比如柴改英（2010）以伽达默尔的阐释学理论为指导，分析如何通过"历史视域"和"当前视域"的融合以及"新的当前视域"和哲学体系的"接受视域"的融合,在中国传统哲学术语外译中实现多重视域融合。

3. 中国文化典籍的外译研究

中国文化典籍指的是体现中国传统的政治、经济、文化精髓的,经过时间考验的,在国内外具有较高接受度的古典文本,比如《周易》《论语》《大学》《中庸》《荀子》《孙子兵法》《道德经》《文心雕龙》等。对中国文化典籍的外译是中外译者普遍关心的问题。

中国典籍的外译,肇始于明末清初的传教士和汉学家,主要包括罗明坚(M. Ruggieri)、利玛窦、理雅各(J. Legge)、卫礼贤(R. Wilhelm)等。这些国外译者对中国文化典籍的翻译,目的性较为复杂。邱扬(2014)指出,大部分的耶稣会传教士以及新教传教士,其翻译中国儒家经典的目的并不是向西方国家推介中国文化,而是以翻译为手段,套用基督教教义解释甚至是刻意曲解儒家学说,从而实现基督教文化在中国受众中的传播,使中国人皈依西方宗教。其中最为世人所推崇的是理雅各对《论语》的翻译。理雅各采用了原文、译文、注释和解字的诠释、对照方法,以对源语文本的忠实严谨、语言表达的明白清晰而闻名。当然,理雅各的译文也在利用一切可能的机会和手段传播基督教。这可能是主观上的故意,也可能是受译者认知背景的影响而在文本中自然地表露出来。美国安乐哲的译本力图体现《论语》最本真的意义(the original meaning),努力从一个西方人的角度,确定他们在《论语》中认知到的他异性(the otherness)资源(安乐哲和罗思文,2003)。

国内学者对中华典籍的翻译,主要是为了向西方世界传播中国文明。陈季同、辜鸿铭、林语堂是较早的典籍外译者,翻译的对象以"四书"为主。其中,辜鸿铭于1898年正式出版了《论语》英译本。"辜鸿铭作为一个国学学养深厚的人,对《论语》义本的理解要高于传教士和汉学家等。同时,他运用英语语言的能力也相当娴熟,他以一种更适合西方读者阅读的翻译手法英译《论语》,受到了西方读者的接受与喜爱,其《论语》英译本在《论语》英语翻译史上是不可逾越的丰碑。"(陈潇,2018:摘要)王宏印和李宁(2009)全面剖析了中华典籍英译的策略,并指出其中存在的问题。张琳瑜和李彩霞(2011)以袁士槟与林茂荪所翻译的《孙子兵法》为比较对象,以其中涉及的"天""道""将""法""奇""正"等22个关键术语为个案,分析了袁本与林本在关键术语翻译上所分别侧重的"接受性"和"充分性"特点,证实了多元系统理论中赞助人这一文学外因素能够影响译者对翻译策略的选择这种观点。许萍(2011)从文化视角分析了

《论语》中"天""道""仁""义""君子"的英译情况。张琳和高秀雪（2013）指出，当前出现的以"保护文化精粹"之名采用拼音加注的典籍术语外译方法并不可取。译者应该尽量建立两种语言之间的术语对应关系。近年来，学界普遍认为中国文化典籍属于"厚重文本"（thick readings），强调对其进行深度翻译（thick translation）。

叶慧君和陈双新（2015）对截至 2015 年的中华典籍文献术语的外译情况进行了全面的梳理，指出典籍术语翻译中存在四大失衡现象，分别是：文化术语翻译研究与典籍翻译研究之间的不平衡；术语来源选择不平衡，主要集中在"四书"的译介上；外译目标语语种不平衡，以英文居多；文化术语翻译实践与理论研究不平衡，后者明显不足。叶慧君等的分析如实反映了我国典籍外译的现状。

4. 中国时政术语的外译研究

中国的时政话语是中国政府在运用政治、经济、文化等治理手段对本国政治、经济、文化进行管理时使用的权威、正式用语。时政术语体系体现了我国基本的施政方针，反映了意识形态与上层建筑的基本建构，极具政治性与严肃性。2011 年，中国的对外翻译量首次超过了将外文翻译成中文的对内翻译量，从一个输入型翻译市场转变成输出型翻译市场。相关学者（周明伟，2014b；王弄笙，2004；黄友义，2015；窦卫霖，2016）从不同角度分析中国时政术语的外译工作。他们所关注的核心问题是：如何利用相关理论和方法，将中国时政术语的汉译准确、有效地传达给海外受众。杨明星（2014）以中国外交新词语为例，指出在此类时政术语的翻译中需遵循政治等效、译名统一、专业表达和约定俗成四大原则。这四种原则并未体现出时政外宣术语的特点，套用在其他术语的翻译中也具有指导作用。

需要特别注意的是：一些中国时政术语翻译呈现出非常明显的"以我为主"的特点。最明显的例子是中国外文出版发行事业局和中国翻译研究院合力打造的"中国关键词"多语平台，选取党的十八大以来时政术语中的关键词汇，翻译成英语、法语、德语、俄语、西班牙语、阿拉伯语等多语种文本并公开发布，以期在国际舆论中抢占中国关键词的定义权、阐释权和翻译标准（窦卫霖，2016）。对中国时政术语外译过程中的自我定义和诠释，是此类翻译中的一个重要特色，是术语命名与翻译过程中"主体先用性"（author-pre-emptiveness）（侯国金，2009）原则的典型表现。

5. 中国文论术语的外译研究

钱锺书（1985）在对中国古代文论术语，比如"气""神""体"等的翻译过程中，运用了"译释并举"的阐释方法。在对相关术语中所蕴含的中西文化进行充分对比、辨析的基础上,分析中国古代文论术语所关联的文化,并指称其本源的意义。以此为基础,希望在目标语中找到最为契合的语言表达,以实现最大程度的近似对等。刘小群(2008)分析了中国学者杨国斌和美国学者宇文所安对中国古典文论中的关键术语"文""道""气""风骨""隐秀"等的翻译,指出对古典文论关键术语翻译的前提是:译者要具有深厚的古文造诣,且能够正确理解古典文献的真正内涵。在翻译理论策略的采纳上应当注重灵活性,综合运用各种翻译策略,异化、归化交替使用。

6. 汉语语言学术语的外译研究

学界对英语语言学术语的翻译论述较多(辜正坤,1998;姜望琪,2005;侯国金,2009;方梦之,2011;胡叶和魏向清,2014),关于汉语语言学术语外译的研究较为少见。海外汉学家白乐桑(J. Bellassen)和张朋朋(1990)指出,在法国的汉语教学中,需要使用某些指代汉语特殊语法现象的汉语语法术语,比如"把字句""被字句""名量词""动量词""结构助词""动态助词""语气助词"等。这些术语需要翻译成相应的法语。白乐桑指出,在汉-法语言学术语翻译中,需要遵循两条规则:一是语言学上的正确性;二是教学应用上的有效性。杨晓波(2015)分析了瑟恩(K. L. Thern)对《说文解字·叙》中"六书"及字体名称的翻译,并且根据译介对象的不同,对上述术语重新进行了深度翻译。杨晓波的翻译策略是基于译介对象以及相关术语的特点做出的选择,针对性较强。除此之外,周流溪(2015)通过举例的方法,示范如何对音韵学中的相关术语进行英译。

术语翻译要保持与科技发展与时俱进。从以上对术语翻译的讨论可以看出,术语翻译并不是简单的语际解读,不仅涉及源语和目标语的多重因素,还涉及译者的翻译素养问题。在科技发展的大数据时代,将中国特色的大数据名词借助多语言平台实现对外翻译,则是语言工作者不可推卸的责任。本书就是在这样的学术背景下开展大数据名词多语种翻译研究的。

1.3 大数据名词多语种翻译的意义

大数据领域的多语种研究是服务于第四次工业革命的理论和实践相结合的研究,具有涉及语种较多、专业特性较强、翻译要求较高的学术特性,具有较高的学术价值和应用价值。该研究不仅具有较强的社会影响力,还具有产生较高学术效益的可能。通过专业、规范、准确的大数据名词翻译和审校工作,我们可以实现语法、语义、语用维度下源语和目标语的对应性，保证对源语的忠实翻译，兼顾目标语的语言系统要求，避免出现语法、语义和语用等方面的错误。尽力实现在溯源考证的基础上完成中国特色大数据名词的多语种对应性翻译。

1.3.1 学术价值

大数据研究服务于第四次科技革命。大数据领域的术语或名词[①]研究是近年新兴的研究热点，在学术研究中占有不可或缺的地位。科技的发展带来相关术语的繁盛。特别是随着区块链等术语的兴起，大数据领域的研究也正当时。这种新兴的科技革命融合了基因、量子、虚拟等生物、物理和数字技术，形成了以科技为突破口的第四次革命，也是在蒸汽技术革命、电力技术革命和计算机信息技术革命之后的又一次改变人类认知的科技革命。

大数据名词是专业概念胶囊化的载体。大数据名词将大数据领域相关的科学概念高度压缩并使之胶囊化，其目的在于通过有限的语言符号来表达无限的学科概念。译者既需要紧跟大数据术语的时代步伐，译前对汉语词条进行充分释义，又需要对目标语对应语义和形式进行斟酌，避免所译术语词不达意，出现令人费解、误解甚至是曲解的情况，进而影响国内大数据术语在国际上的传播。所以说，准确性表达是对新兴术语或名词最根本的尊重，即将源语的语义内涵最大限度地译入目标语，实现语义颗粒度的对等，不扩大也不缩小语义指称范围。

大数据名词的中国元素在翻译中需要重点关注。大数据名词分两类：一类是国内外共享信息的术语，例如，"区块链*Blockchain""5G网络*5G Network""比特币*Bitcoin"等。这类术语的汉英翻译需要在术语缘起地找寻初始翻译，即对术语的起源要有充分的了解，然后根据术语特点进行分析并对应翻译，如果缘起语与目标语一致，通常直接采纳目标语为翻译结果，"区块链""比特币"等就属于借来式翻译。第二类是源于国内的大数据名词，即具有中国元素的大数据名词，例如，"数创公社*big data innovation commune""货车帮*Huochebang（Cargo-Truck-Helper Logistics Platform）"等。这类名词的特点是中国元素在翻译中占主导地位，行之有效的翻译必须对中国元素有效释义。此类名词是较为典型的汉源性术语，很少

---

① 本书中的"大数据术语"与"大数据名词"采用"对文则异，散文则通"的原则进行辨析。从严格意义来说，术语有较为严格的内涵和外延，其指称具有严格的界定，使用范围也相对较小。相对而言，名词则具有较为宽泛的指称。本书中讨论的汉语源语是术语和名词相混合的，为避免歧义，我们的研究不严格区分术语与名词，仅用术语或名词指称研究中涉及的大数据领域的汉语源词。

有跨语言等值术语。这种语际的不对应在一定程度上产生了术语国际性与本土性的语义冲突，也对译者如何在术语翻译中找寻较为合适的切入点提出了较高要求。例如"货车帮"并不是只关注"货车"，而关注的是"货"和"车"两部分，而且形成的是一个物流平台，所以最后的翻译为 Huochebang（Cargo-Truck-Helper Logistics Platform）。总之，对于已经具有国际性的第一类术语，要求译者在英语术语中寻找一个相应的语际对应词即可；对于纯粹本土化的第二类术语或准术语，则要求译者既需要凸显汉源术语在自身系统内的规约性意义，又需要处理好目标语与源语在语义和形式上的对应。这种对术语国际性与本土性之间的平衡度考量也是判定译文是否实现"信、达、雅"的一个重要标准。

所以，大数据领域名词术语研究是紧跟第四次科技革命的研究，也是将大数据科技概念形成胶囊化术语并实现多语种传播的研究，为具有中国元素的大数据概念借助术语在国际上进行传播提供了便利。

1.3.2　应用价值

大数据名词研究利于学科知识体系的完善，推动新兴科技领域的前沿性发展。作为第四次工业革命的引领者，量子研究、虚拟货币、5G 等前沿性大数据研究正以前所未有的速度开疆辟土，其发展不可谓不快，其影响不可谓不大。但是，这种急速的发展有时会引起术语的混乱，导致指称歧义，尤其在多语种大数据术语的对应翻译方面。我们的研究正是在这样的背景下展开的，目的是通过多语种术语研究为大数据术语发展提供新思路和新素材，厘清大数据术语的规范化、本土化和国际化问题。在大数据术语的约定俗成性、中外术语的文化共通性，以及语义颗粒度多元特异性等方面推动前沿术语的发展，更好地阐释大数据术语来源多样性，最终通过新兴术语循序渐进地完善术语学自身知识体系。

大数据名词研究利于语言规划部门根据科技发展要求制定术语规范政策。术语翻译研究在国际学术交流中占有重要位置。在术语审定时，国家级的术语规范部门需要把握不同领域的术语在外译时的语际信息是否等量，以保证我国术语外译时的术语准确性和术语自明性，不出现术语非对应性等问题。大数据领域的术语规范是科技快速发展对科学技术名词审定部门提出的要求。但是，术语审定并不是一刀切地要求术语翻译完全地整齐划一、没有变体。语言是一个复杂的系统，历时性和共时性糅合在一起，一定范围内的术语变体是不可避免的。这就要求审定部门高瞻远瞩，确定哪些术语变体具有优先权，哪些具有次优先权；既不能无视变体存在的事实,也不能夸大变体的影响,做到规范和描写的有效统一。大数据领域的术语或名词研究就是通过具体的词条翻译以及理论分析为审定部门提供大数据术语规范的新思路,为大数据术语的标准化研究开辟先河,最终从大数据术语研究领域为国家层面的科技发展规划提供理论支撑。

1.3.3 社会影响和效益

大数据名词的多语种研究梳理了我国的大数据知识体系,以全球语境和未来视角为基点提升了中国的话语权。经过研究,我们发现,大数据术语主要涵盖大数据理论、大数据战略、大数据技术、数字经济、数字金融、数据治理、大数据安全、数权法、大数据史九个部分,涉及块数据、数权法、主权区块链等中国原生大数据术语,在前瞻性、科学性、国际性、原创性等方面取得了显著的社会效益。

大数据名词的多语种研究构建了国际术语标准体系。我们的研究以汉语、英语、法语、俄语、西班牙语和阿拉伯语六个联合国工作语言为基准,努力借助多语种统一规范的大数据术语,在国际通用规则的框架下搭建学术话语体系,以期提升在大数据制定权方面的行业实力以及在大数据话语权方面的国家实力和国际影响力,并随着 5G 等大数据核心关键术语在全球的推广和普及,逐步实现中国大数据研究的主导化。

小　　结

本部分主要对术语翻译的国内外研究进行了综述,并提出术语翻译要与时俱进的观点。在大数据名词多语种翻译的意义方面,我们主要对研究的学术价值、应用价值、社会影响和效益等进行了讨论。

(1)大数据领域的研究是一次全新研究,是在蒸汽技术革命、电力技术革命和计算机信息技术革命成功推动人类科技进步之后的第四次技术革命。新兴的大数据名词往往承载着特定领域的专业概念,并具有高度浓缩的胶囊化特点。作为世界第二大经济体的中国,其大数据领域的研究近年也取得了较快发展,大数据名词中的中国元素也得到越来越广泛的关注。大数据名词的多语种翻译可推动中国本土大数据名词的国际化传播。

(2)大数据领域的深入研究可进一步完善我国相关领域的学科知识体系,更好地实现大数据技术在各领域的应用,体现新兴科技领域的前沿性和前瞻性,为我国在科技应用方面赶超或保持国际前沿奠定基础。例如,5G 领域的引领性快速发展就体现了我国在大数据应用方面的成功。5G 的成功得以在全球语境和未来视角下使中国的话语权得到进一步提升。近年，大数据科技的广泛应用，进一步加强了我国在大数据话语权方面的国家实力和国际影响力。

（3）大数据领域研究在语言规划和术语审定等方面具有深远的社会影响，其快速发展可带来较为明显的社会效益。近年来大数据发展也成为科技发展的引领者，国家负责语言规划、术语审定等的各部门均与时俱进地调整了大数据研究的方向，成立了促进大数据发展的专属机构，这为大数据的快速发展奠定了基础。基于大数据研究的国际交流也逐步增多，为国家层面的大数据术语规范和管理提供了新思路，也为大数据领域相关术语或名词的标准化研究提供了参考，并最终推动国家层面在大数据领域的科技发展，产生更为显著的社会效益。

（4）对本书所收录的2516个汉语大数据名词的审定按照语义场模式展开，共涉及九个大数据领域语义场，分别是：大数据理论、大数据战略、大数据技术、数字经济、数字金融、数据治理、大数据安全、数权法、大数据史。各个语义场遴选词汇是按照词频入选后层级展开，并由专家进行相关审定。在审定过程中，需要考虑大数据名词词汇语义学视角下的结构性特征。总体来说，名词分类分为平行和层级两种。各语义场之间形成的是平行的范畴化特征。层级式分类是在某一语义场内以基本层次范畴为基础、向上和向下进行递进式分类。因此，在大数据名词处理中，平行式分类与层级式分类是结构性特征首先需要面临的问题。平行关系是周遍性问题，妥善处理可保持各语义场之间的横向平衡度；层递关系还要考虑子范畴中大数据名词收录的延伸度问题，即需要分析各语义场下辖子范畴的颗粒度。总之，遴选后的大数据名词的结构性特征以基本层次为基准，向上、向下辐射的层级目前确定为3—4层，以期建立大数据名词语义场间相对平衡的、可以对照的框架体系。

第 2 章　大数据名词多语种翻译的理论构建

本章主要讨论在大数据名词多语种翻译中的理论构建。

首先，我们将讨论大数据名词多语种翻译研究的宏观理论模式；其次，讨论包括研究路径、对象、内容和方法在内的微观理论框架以及对全书结构布局的概述；最后，分析具体实施过程中的五个方面的问题。

新的历史时期，"一带一路"倡议的提出，促进了中国文化对外传播。以英语为主要媒介语的对外传播范式依然占强势地位，但是，通过多语种翻译，培育具有多元文化特质的多语种环境、打造中外融通的多元表述方式，有助于构建我国在国际交流中的话语体系，提升我国的国际话语权。

美国文化理论家克瓦米·安东尼·阿皮亚提出的"深度翻译"理论倡导的是将文本置于一个丰富的文化和语言的语境中（Appiah，1993）。该理论认为：为了填补在语际翻译中的因为文化差异或空缺导致的翻译理解偏差或失误，在翻译过程中需要丰富文化和语言背景知识，将目标词置于丰富的语言文化语境中，丰富目标语读者的文化场，引导其对源语文化信息的理解。

按照阿皮亚的深度翻译理论，深度翻译的重要部分是阐释性的文本材料，诸如显性注释、隐性注释、副文本增设等，主要出现在序言、按语、脚注、文内释义、文末引语、尾注、附录等部分，在目标语文本与源语文本之间构建起交互性语境。阐释性文本的位置可以是序言部分，即在序言部分提供简要的系统性文化场；也可以在翻译中进行注释，即对音译或意译形式添加文化信息，以进行文化补偿；阐释性文本也可以出现在翻译文本之后，即通过页后注、文末引语的方法，增补缺省的文化信息，以进行文化补偿。

大数据名词隶属专业术语范畴。通常而言，术语翻译强调的是专业性、单义性、国际性与简洁性。一般而言，术语翻译的主要目的是提供语际对应词或者短语，术语文化特征的呈现在传统的术语翻译中并不是必选项。本研究在对大数据名词的翻译中，着重考虑术语在语际翻译中的语际概念对等。因此，我们注重大数据术语背景知识的深度性，即关注大数据名词所联系的知识-文化框架的深度语境化（thick contextualization），关注术语之后所关联的术语系统以及术语知识库，从而选取贴合源语概念的输出形式，如"顺丰菜鸟大战"指的是二者之间的数据大战（data battle）等。考虑到术语翻译的简洁性要求，目标大数据名词所联系的知识-文化框架信息被提取、凝练成关键的修饰语或中心语，在译出形式中呈现。

大规模的多语种翻译必然会运用跨语言信息检索技术。跨语言信息检索技术主要分为查询表达式翻译（query translation）、文献翻译（document translation）、不翻译（no translation）以及中介语种转换（interlingual representation）。就大数据名词多语种翻译而言，主要涉及专业术语的翻译。术语是专业交流中的规约性表达，在术语翻译中，国际性、标准化是其翻译结果的重要衡量标准。在这一视角下，大数据名词翻译中的中介语种选择，实际上涉及对大数据名词翻译中翻译轴的确定。本研究中大数据名词的翻译是以汉语为源语的，因此汉语被确定为标准轴。在多语种术语翻译中，由于英语是目前国际交流的通用语，除英语之外的外语语种的术语翻译多对标的是英语术语，并以其作为参照标准进行术语的对译。也就是说，在以汉语作为源语的多语种翻译中，经常需要以英语作为中介语。因此，英语是除汉语标准轴之外的另一个中介轴。

翻译理论家纽马克（Newmark，1998，2001，2003）提出了交际和语义翻译理论。纽马克指出，交际翻译强调功能的对等，即原作对源语读者产生的效果，应该与译文对译语读者产生的效果是接近的，甚至是等同的。语义翻译强调译者在目的语的句法与语义规则下，力图再现原作者在源语的句法与语义中所表达出来的意义，所表达的内容须限制在原文的文化范围内，强调更忠实于源语文化与原作者。这两种翻译方法立足点不同，着眼点不同，关注的重点也有差异。

本书对大数据名词的汉语源语形式进行了语法和语义的分析。例如："新型数据冗余技术"，作为具有多层定语的偏正型短语，根据层次分析法，有两种分层结果，一是"新型数据||冗余技术"，二是"新型||数据冗余技术"。"数据冗余"本身即为规约性术语，因此第二种分层结果是对的，其相应的英语输出形式为 new data redundancy technology。将 new data redundancy technology 作为中介语翻译轴（标准轴），相应的法语、俄语、西班牙语、阿拉伯语的对应形式分别为 nouvelle technologie de redondance des données、технология резервирования нового типа данных、nueva tecnología de redundancia de datos 以及 الجديدة البيانات تكرار تكنولوجيا。

英语中介轴作为各语种参照系，在汉语源语术语与其他语种术语之间起到衔接甚至是锚定的作用。本研究所收录的大数据名词，汉语为其基本形式。但是，由于英语是国际交流中的主要媒介语，一些汉语术语是相对应的英语术语的音译形式。对于这种类型的大数据名词,其他语种参照英语形式进行翻译。

在大数据名词的译出形式上,本研究更注重的是功能对等。例如:"网络恐怖主义"在汉语中为短语形式,其英语对应语 cyberterrorism 为复合词,法语、俄语、西班牙语、阿拉伯语的对应语分别为 Cyber-terrorisme、Кибертерроризм、ciberterrorismo 以及 إرهاب الانترنت。上述译文对译语读者产生的效果,与源语名词术语对源语读者产生的效果相比,是相近甚至是相同的。

从宏观角度来看,在知识库的支撑下,深度翻译理论可主要分为功能翻译和语义翻译两大部分。在功能翻译中,重点关注的是等效性和交际性,实现以英语轴为核心的统领,并为多语种平行对应性翻译提供功能性指导,其间主要采用找译法进行处理。在语义翻译中,强调的是对结构的剖析和对语义的明确,并以汉语轴为核心实现结构语义分析,并为多语种平行对应性翻译提供结构语义指导,其间多使用创译法翻译,由此形成了"大数据名词多语种翻译宏观理论模式"(图 2-1)。

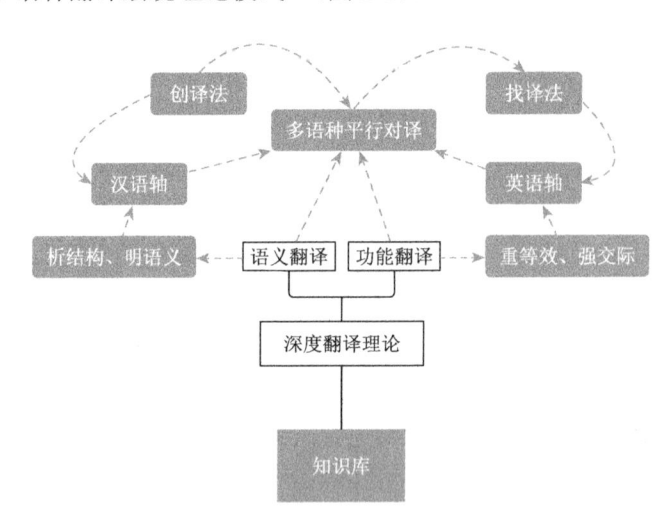

图 2-1 大数据名词多语种翻译宏观理论模式

从图 2-1 的宏观理论模式可以看出,深度翻译理论是大数据名词多语种翻译研究的顶层理论,具体涉及汉英、汉法、汉俄、汉西、汉阿的对应性翻译,形成了大数据名词多语种翻译微观理论框架(图 2-2)。

从图 2-2 中可以看出,大数据名词多语种翻译分为六个主要路径阶段:大数据名词整理和审定;翻译锚确定;汉语标准轴确定;英语标准轴确定;另外四个语种平行翻译;研究目标的实现与展望。

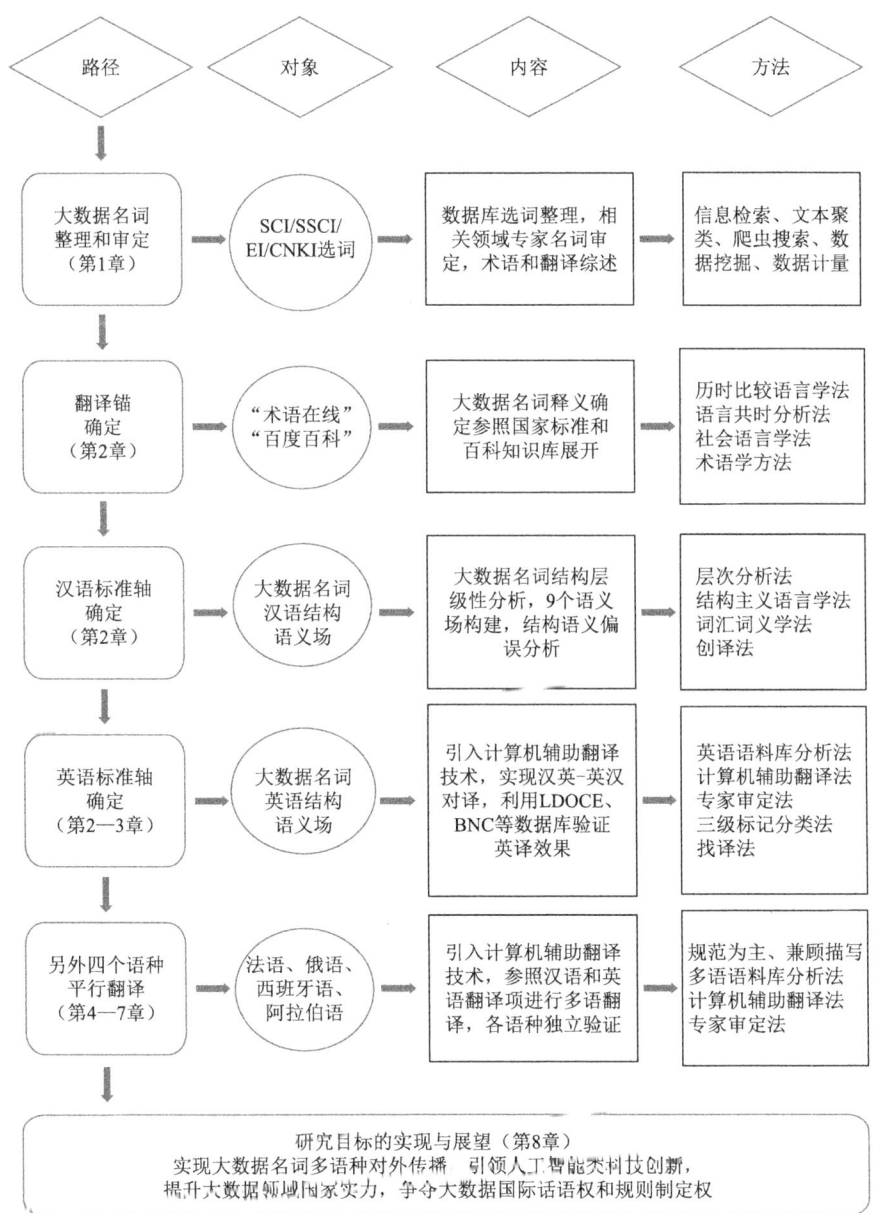

```
┌──────────┐  ┌──────────┐  ┌──────────┐  ┌──────────┐
   路径         对象          内容          方法
└────┬─────┘  └──────────┘  └──────────┘  └──────────┘
     ↓
┌──────────┐  ┌──────────┐  ┌──────────┐  ┌──────────┐
 大数据名词    SCI/SSCI/    数据库选词整理, 信息检索、文本聚
 整理和审定 →  EI/CNKI选词 → 相关领域专家名词→类、爬虫搜索、
  (第1章)                 审定, 术语和翻译 数据挖掘、数据计量
                          综述
└────┬─────┘
     ↓
┌──────────┐  ┌──────────┐  ┌──────────┐  ┌──────────┐
 翻译锚       "术语在线"   大数据名词释义确 历时比较语言学法
 确定      →  "百度百科" → 定参照国家标准和→语言共时分析法
 (第2章)                 百科知识库展开   社会语言学法
                                         术语学方法
└────┬─────┘
     ↓
┌──────────┐  ┌──────────┐  ┌──────────┐  ┌──────────┐
 汉语标准轴   大数据名词   大数据名词结构层 层次分析法
 确定      →  汉语结构   → 级性分析,9个语义→结构主义语言学法
 (第2章)     语义场       场构建,结构语义  词汇语义学法
                          偏误分析        创译法
└────┬─────┘
     ↓
┌──────────┐  ┌──────────┐  ┌──────────┐  ┌──────────┐
 英语标准轴   大数据名词   引入计算机辅助翻 英语语料库分析法
 确定      →  英语结构   → 译技术,实现汉英-→计算机辅助翻译法
 (第2—3章)   语义场       英汉对译,利用    专家审定法
                          LDOCE、BNC等数据 三级标记分类法
                          库验证英译效果   找译法
└────┬─────┘
     ↓
┌──────────┐  ┌──────────┐  ┌──────────┐  ┌──────────┐
 另外四个语种 法语、俄语、 引入计算机辅助翻 规范为主、兼顾描写
 平行翻译  →  西班牙语、 → 译技术,参照汉语 多语语料库分析法
 (第4—7章)   阿拉伯语     和英语翻译项进行→计算机辅助翻译法
                          多语翻译,各语种  专家审定法
                          独立验证
└────┬─────┘
     ↓
┌───────────────────────────────────────────────────┐
          研究目标的实现与展望(第8章)
   实现大数据名词多语种对外传播,引领人工智能类科技创新,
   提升大数据领域国家实力,争夺大数据国际话语权和规则制定权
└───────────────────────────────────────────────────┘
```

图 2-2 大数据名词多语种翻译微观理论框架

在大数据名词整理和审定阶段,共包括两部分工作:全国科学技术名词审定委员会的词条审定工作和我们进行的术语翻译的综述工作。

(1)在词条审定工作中,研究对象主要聚焦的是科学引文索引、社会科学引文索引、工程索引、科学技术会议录索引、"中国知网知识发现网络平台"和"大数据多语种语言服务全球共享平台"等国内外数据库中的大数据核心关键词，采用信息检索、文本聚类、爬虫搜索、数据挖掘、数据计量等方法进行了大规模选词，并据此构建了大数据名词审定初级语料库。在研究内容方面，全国科学技术名词审定委员会已经委托大数据领域的相关专家根据初级语料库的选词完成了大数据核心名词的遴选和审定，最终选出了2516个大数据名词。这部分工作主要由全国科学技术名词审定委员会完成。

（2）在术语翻译的综述工作中，我们认为大数据名词外译研究属于术语学和翻译学的交叉领域，我们在本阶段对术语研究和汉外翻译分别进行了综述，以避免"只见树木不见森林"。这部分形成了第1章的主要内容。

在翻译锚确定阶段，由于大数据名词是新兴领域，具体名词的内容和释义很多语料库都没有收录，这对我们分析研究具体名词的内容和释义提出了挑战。我们在本阶段采用历时比较语言学法、语言共时分析法、社会语言学法、术语学方法对大数据名词的内容和释义进行了分析。其中，研究中主要参照了权威术语知识服务平台"术语在线"和使用广泛度较高的"百度百科"知识库，这两个知识库的相互融合较好地满足了大数据名词多语种翻译过程中对新兴名词释义内容的要求。这个阶段"以锚为准"强调的是对"术语在线"和"百度百科"的释义参照。本阶段是翻译锚理论研究的一部分，出现在第2章内容中。

在汉语标准轴确定阶段，我们的研究对象是大数据名词汉语结构语义场，并利用层次分析法、结构主义语言学法、词汇词义学法和创译法，完成了对大数据名词的结构层级性分析，并对大数据名词建立了九个语义场，形成了语义聚类。聚类语义场分别是大数据理论、大数据战略、大数据技术、数字经济、数字金融、数据治理、大数据安全、数权法、大数据史。这些语义场构成了大数据名词框架语义体系（图2-3），成为整个研究的核心内容。后续的附录检索中我们也是采用这种较为新颖的语义框架体系展开的。此外，我们还利用三级标记分类体系对英语译项进行了外译标记示例。一级标记（*）为专有名词的保留原译符号，覆盖了比传统意义专有名词更宽泛的名词（书名、文件名、政策名、省市名、单位机构名等）。二级标记（#）为部分构词符号，指的是名词中部分成分已经得到广泛采用，可据此参照翻译。引入二级标记的目的是增加译文的读者熟悉度和可接受度。翻译时通常采纳约定俗成的部分作为构词成分。三级名词（通常无标记）指的是创新性翻译的名词，一般不包含约定俗成的成分，这类名词在我们研究中占主流。本阶段构成了全书研究的微观理论框架，形成了第2章理论分析的主要内容。

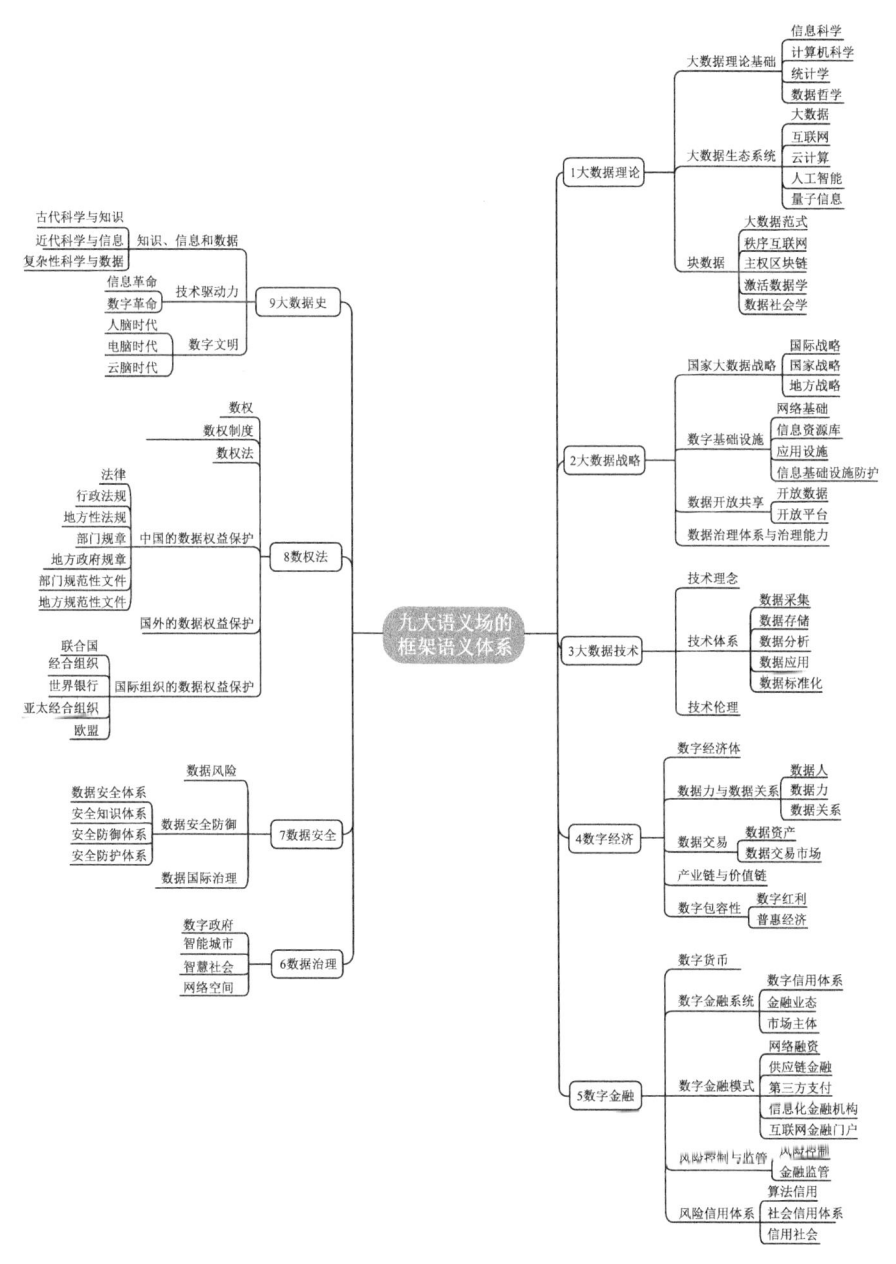

图 2-3　九大语义场的框架语义体系

在英语标准轴确定阶段，大数据名词英语结构语义场是研究的主要对象。我们采用英语语料库分析法进行研究，引入了英国国家语料库（British National Corpus，简称 BNC）（http://bncweb.lancs.ac.uk/cgi-binbncXML/BNCquery. pl?theQuery=search&urlTest=yes）这一目前世界上具有代表性的当代英语语料库以及《朗文当代英语词典》（*Longman Dictionary Of*

Contemporary English,*LDOCE*)在线数据库（https://www.ldoceonline.com/）进行词汇语义场的分析。我们还采用计算机辅助翻译法，并利用汉英-英汉回译的方法验证大数据名词的英译准确性。最后，我们采用专家审定法确定名词的最终英译项。本阶段的汉英对照具体实例研究形成了第 3 章的主要内容，英语标准轴确定的理论依据在本章进行了阐述。

在大数据名词多语种平行翻译阶段，我们的研究扩展到对大数据名词法语、俄语、西班牙语和阿拉伯语的翻译，采用"规范为主、兼顾描写"方法、多语语料库分析法、计算机辅助翻译法和专家审定法对大数据名词进行平行翻译。在具体翻译中，为最大限度缩小语际偏差，各语种需要引入计算机辅助翻译技术并同时参照汉语和英语翻译项进行翻译，通过各自语种的母语语料库进行翻译项的独立验证，最后由外国专家进行审定确认，以保证翻译的准确性、规范性、可接受性。本阶段的汉法、汉俄、汉西、汉阿对应性翻译分别构成了第 4、5、6、7 章的主要内容。

在研究目标的实现与展望阶段，我们认为大数据名词多语种翻译研究的主要目标是实现大数据名词多语种对外传播，引领人工智能类科技创新，提升大数据领域国家实力，并助力提升我国在大数据话语权和规则制定权方面的国际地位。这部分内容出现在第 8 章。

从前面的分析可以看出，全书主要分为八个部分：第 1 章是对术语和翻译的文献综述，第 2 章是以汉语轴为中心分析的理论构建，第 3 章是以英语轴为核心的汉英翻译，第 4—7 章是基于汉英轴的汉法翻译、汉俄翻译、汉西翻译和汉阿翻译，第 8 章是研究目标的实现与对未来研究的展望。这些大数据名词研究的路径、对象、内容、方法和全书结构布局构成了大数据名词多语种翻译的微观理论框架。下面，我们将分析理论研究的具体实施。

具体实施包括以下五个方面。

（1）多语种翻译中汉英轴的确定：汉语是源语，以其为放射原点，以此确定汉语轴；英语是除汉语外，与其他语种关联最为紧密的语种，其具有显著的国际性特征，以此确定英语轴。我们在研究中还引入"百度搜索指数"进行多元搜索验证，以期通过汉语、英语翻译轴为多语种翻译提供参数。

（2）大数据名词具有词源的层次性，不同层次的名词应采用不同的翻译模式。我们拟将大数据名词根据层级性原则分为三级，并通过特殊字符标识进行区分，以便达到在六个语种平行翻译中最大限度实现对应性。

（3）提出多语种翻译方法的系统性原则，包括"以锚为准、轴为两翼，规范为主、兼顾描写"等。

(4)在特色构建方面,本章主要讨论"同场同模式""名从主人""对文则异,散文则通""多元对比"等多语种翻译特色。

(5)在翻译目标的确定方面,我们认为本研究主要有三个目标:第一,希望在释义的基础上完成大数据关键名词语义场的全景构建;第二,完成六个语种的大数据名词平行翻译;第三,将我们的多语种翻译理念在翻译应用中加以实践。

2.1 翻译轴、翻译锚和翻译软件的确定

联合国工作语言具有很强的国际传播性。"联合国工作语言"和"联合国工作语文"是同义词,"联合国工作语文是联合国工作人员之间内部沟通所使用的语文。正式语文是联合国所有正式文件都需翻入的那些语文……联合国有六种正式语文——阿拉伯文、中文、英文、法文、俄文和西班牙文;英文和法文同时是联合国秘书处的工作语文。"[①]我们进行的大数据名词多语种翻译研究,就是基于这六种语言的从汉语到其他语种的平行翻译。

翻译轴的确定需要分析源语和目标语的语言特点。大数据名词的多语种翻译是从汉语到其他联合国工作语言(英语、法语、俄语、西班牙语、阿拉伯语)的对应性翻译。所以,作为源语的汉语是翻译基点,是整个多语种翻译的首个翻译轴。对汉语的研究是否到位、妥当,将影响其他语种的翻译质量和效果。

2.1.1 基于汉语研究的翻译轴的确定

汉语在全球使用广泛。除了在中国本土,汉语在东南亚地区和世界各地均有众多使用者。汉语被称为"使用人数最多的语言"[②]。1973年,联合国在第二十八届会议第3189号决议中确定了汉语的联合国工作语言地位。

汉语是多语种平行翻译的标准轴。汉语属汉藏语系的分析语。汉语的文字系统是一种意音文字系统,兼具表意和表音功能。不同于印欧语系的很多具有屈折变化的语言,汉语的词汇鲜有诸如复数、词性、词格、时态等屈折变化。汉语的语素绝大部分是单音节的,语素和语素可以组合成词。

---

① https://baike.baidu.com/item/%E8%81%94%E5%90%88%E5%9B%BD%E5%B7%A5%E4%BD%9C%E8%AF%AD%E6%96%87?fromtitle=%E8%81%94%E5%90%88%E5%9B%BD%E5%B7%A5%E4%BD%9C%E8%AF%AD%E8%A8%80&fromid=8420142&fromModule=lemma_search-box.

② https://baike.baidu.com/item/%E8%81%94%E5%90%88%E5%9B%BD%E5%B7%A5%E4%BD%9C%E8%AF%AD%E8%A8%80.

有的语素本身就是词，有的语素本身不是词，只能跟别的语素一起组成复合词。这些特征决定了对源语是汉语的词汇进行译前分析不仅是必要的，而且也是必须的。

大数据名词的有效溯源和释义可解决汉语的歧义问题。我们在进行汉语源词的溯源和释义时，采用了系统分析的语义场理论，对高浓度压缩的名词进行了穷尽式搜索和比对，以便为整个翻译团队扫除源语的障碍，防止整个翻译团队出现错误性倾向。

例如，我们对四个汉语源语"树权制度"（编号2096）、"群体激化"（编号1870）、"《关于个人数据自动处理的个人保护公约》"（编号2330）、"《个人数据自动化处理中的个人保护公约》"（编号2332）进行系统性对比和分析后发现了值得商榷的勘误。

2.1.1.1 "树权制度"的勘误

我们在溯源过程中怀疑该名词可能是输入性错误，整个大数据术语领域没有"树权制度"的表达。相反，汉语团队采用"数权制度"进行搜索，均能在网页中得到有效回应。而且，在可以提供术语溯源和释义的翻译锚中出现了有关"数权法"的独立词条。

《数权法1.0：数权的理论基础》是2018年12月社会科学文献出版社出版的图书，作者是连玉明、大数据战略重点实验室。《数权法1.0》是中国乃至世界第一本以数权法命名、以数权为研究对象的数权理论著作，它把基于"数据人"而衍生的权利称为数权，把基于数权而建构的秩序称为数权制度，把基于数据制度而形成的法律规范称为数权法，从而建构了"数权-数权制度-数权法"的法理架构。（百度百科"数权法1.0：数权的理论基础"词条）[①]

由于已经有"数权法Data Rights Law"的正式表达（连玉明，2018），所以，"数权data rights"应视为约定俗成，并采用复数形式。由此，汉语团队认为"数权制度"表达是符合大数据领域的最佳选择，"树权制度"应属于输入性错误。

2.1.1.2 "群体激化"的勘误

汉语团队在对"群体激化"的释义中发现，该名词鲜被关注，而且没

---

① 大数据网络内容实时变动，除特别说明外，其余引自术语在线、百度百科的内容截至2023年8月31日，存在问题的表述略有改动。

有相关网页进行释义。对此继续研究发现，在翻译锚中有"群体决策""群体极化"的释义。

> 群体决策可能使个人更加冒险，也可能使个人更加保守。大量的研究发现，群体决策比个体决策更容易走极端，即群体极化（group polarization）。群体讨论使群体成员所持观点变得更加极端，即原来保守的趋向于更加保守，原来冒险的趋向于更加冒险。（百度百科"群体决策"词条）

> 群体极化（group polarization），亦称"冒险转移"。指在群体决策中往往表现出一种极端化倾向，即或转向冒险一极，或转向保守一极。结果发现，被试者如原来选择比较冒险的一端，则在群体讨论后更加冒险；如果原来的选择比较保守，则在群体讨论后更加保守。对产生的原因有多种解释，其中有两种理论得到较多研究的支持。（1）说服论据理论，认为人们在听取别人支持自己原来立场的论据以后，会变得更相信自己的观点，从而采取更极端的立场。（2）社会比较理论，认为人们通过把自己与他人做比较来评估自己的观点。当人们在群体讨论中发现别人与自己的观点相似时，他们不愿停留在一般水平上，而倾向于采取极端立场，以表明自己比一般水平更高一些。（百度百科"群体极化"词条）

翻译锚术语在线和百度百科提供的"群体极化"的英译均为 group polarization，由"群体极化"的释义推断可知，该表述应该是大数据领域较好的翻译标的。汉语团队推断"群体激化"也是一处输入性错误，正确的英语翻译应该是 group polarization 而不是 group intensification。

2.1.1.3 《关于个人数据自动处理的个人保护公约》与《个人数据自动化处理中的个人保护公约》的勘误

对这两个名词的溯源和释义需要进行全景式分析。如果不进行必要的译前研究，仅仅对名词进行简单翻译，得到的结果是不一样的。我们用 Google 翻译、百度翻译、有道翻译和 DeepL 翻译这四个软件，分别进行翻译（不进行人工干预），其结果如下。

《关于个人数据自动处理的个人保护公约》：

Personal Protection Convention on Automatic Processing of Personal Data

（Google 翻译）

/Personal Protection Convention on Automatic Processing of Personal Data（百度翻译）

/Convention on the Protection of Individuals concerning the Automatic Processing of Personal Data（有道翻译）

/Convention for the Protection of Individuals with regard to Automatic Processing of Personal Data（DeepL 翻译）

在美国斯坦福解析器（https://nlp.stanford.edu/software/lex-parser.shtml）中进行结构分析和语义分析（不进行人工干预），结果如下。

(ROOT
　(FRAG
　　(NP（NNP 关于）(NNP 个人数据))
　　(NP（NNP 自动处理）(NNP 的))
　　(NP（NNP 个人）(NNP 保护）(NNP 公约))))
compound（个人数据-2，关于-1）
root（ROOT-0，个人数据-2）
compound（的-4，自动处理-3）
dep（个人数据-2，的-4）
compound（公约-7，个人-5）
compound（公约-7，保护-6）
dep（个人数据-2，公约-7）

《个人数据自动化处理中的个人保护公约》：

Convention on the Protection of Individuals in the Automated Processing of Personal Data（Google 翻译）

/Convention on the protection of individuals in the automated processing of personal data（百度翻译）

/Convention on The Protection of Individuals in the Automated Processing of Personal Data（有道翻译）

/Convention on the Protection of Individuals with regard to the Automated Processing of Personal Data（DeepL 翻译）

在美国斯坦福解析器中进行结构分析和语义分析（不进行人工干预），结果如下。

(ROOT
　(FRAG

（NP（NNP 个人数据）（NNP 自动化））
（NP（NNP 处理中）（NNP 的））
（NP（NNP 个人）（NNP 保护）（NNP 公约））））
compound（自动化-2，个人数据-1）
root（ROOT-0，自动化-2）
compound（的-4，处理中-3）
dep（自动化-2，的-4）
compound（公约-7，个人-5）
compound（公约-7，保护-6）
dep（自动化-2，公约-7）

从上面四个翻译软件对两个名词的翻译，以及斯坦福解析器对两个术语词串的分析可以看出，在不进行专家干预的情况下，两个术语的原生结构、原生语义分析、原生英语翻译是不一致的。所以，如果没有专业知识，仅仅进行简单的基于翻译软件的翻译的话，产生的翻译误差是"失之毫厘，谬以千里"的。

汉语团队通过查阅大量的汉语和英语网页，并分析相关术语的结构、语义特征，最后认定《关于个人数据自动处理的个人保护公约》与《个人数据自动化处理中的个人保护公约》中的核心结构、语义特征是一致的，即"（关于）个人数据自动（化）处理（中）的个人保护公约"。从括号中添加的词"关于""化""中"可以看出，这些词或是引领介词，或是词缀，或是虚词，并不改变两个术语的核心成分。所以，团队推断这两个术语应该也属于输入性错误。随后，汉语团队与英语团队配合，在网页中找寻到英语原版的政策性法规文件，"Consultative Committee of the Convention for the Protection of Individuals with regard to Automatic Processing of Personal Data（T-PD）"[①]。

由此，《关于个人数据自动处理的个人保护公约》与《个人数据自动化处理中的个人保护公约》的勘误结果为：①两个术语应该是同一术语的变体，由于输入性错误等原因导致出现变体；②该合并术语应该是约定俗成的专有名词，简写是 Convention 108，全称是 The Convention for the Protection of Individuals with regard to Automatic Processing of Personal Data。

大数据名词的汉语溯源性特征分析和释义性分析，决定了多语种翻译的基本方向。正是基于有效的汉语多维度分析，才能正确地展开英语、法

---

① https://rm.coe.int/consultative-committee-of-the-convention-for-the-protection-of-individ/1680694598.

语、俄语、西班牙语、阿拉伯语的平行翻译。我们在附录中对"树权制度""群体激化""《关于个人数据自动处理的个人保护公约》""《个人数据自动化处理中的个人保护公约》"中的前两个名词进行了调整，在编号不变的情况下，更改为"数权制度""群体极化"；对后两个名词则保持了初始状态，但在翻译中则采取了一致性处理模式。

从以上分析可以看出，汉语是多语种翻译的标准轴，这是由汉外翻译特征决定的。此外，英语则是汉语之外的另一个标准轴。

2.1.2 基于英语特征的翻译轴的确定

英语具有广泛的国际性。英语是联合国安理会五位常任理事国中英国和美国的通用语言，而且是英联邦成员国和曾经的殖民地国家（地区）的官方语言。英语的母语使用者总量超过 4 亿，而且英语学习者总量超过 10 亿，总共有 70 多个国家将英语确定为官方语言。英语被公认为全球最强势的语言[①]。

英语是除汉语外的另一个多语种平行翻译的标准轴。英语采用拉丁字母书写体系，并属于印欧语系，与其他欧洲语言交流频繁，并与多数语言之间有相互影响的关系。英语的这些特征决定了英语与西方的语言之间较汉语有着更亲密的语缘关系，这也是法语、西班牙语等语言在翻译中多参照英语的原因。

另外，汉语属于意合的语言，在表述中常省略语言成分；而英语等语言多属于形合的语言。在将汉语翻译成英语时，汉语表述中省略的成分要在英语中进行显性化处理。英语的这种语言特点为法语、俄语、西班牙语、阿拉伯语等语种在翻译时同时参考汉语和英语提供了条件。所以，将英语作为除汉语外的另一个标准轴也是由其自身语言特点决定的。

由此可知，英语团队在多语种翻译中也起到了关键作用。有效的汉语释义也必须配以准确的英语翻译，才能使汉语在后续的多语种平行翻译中起到标准轴的核心作用。

2.1.3 翻译锚的选定

确定了汉语和英语两个标准轴之后，我们需要确定术语的溯源锚，即选定一个恒定的知识库。由于大数据名词术语多具有不同于普通词汇的知识集约性，而具有浓缩的胶囊化特征的汉源术语在多语种翻译时必须进行

---

① https://baike.baidu.com/item/%E8%81%94%E5%90%88%E5%9B%BD%E5%B7%A5%E4%BD%9C%E8%AF%AD%E8%A8%80.

显性化处理，因此，找到一个能将术语浓缩性转变成外显性且能够稳定释义的权威知识库是成功翻译的关键。这个知识库至少应具有权威性、百科性、详释性、单一性、国际性、便利性等特征。

（1）权威性：知识库要具有使人信服的力量和威望，而且知识库内收录词条的准确性要符合国家标准。

（2）百科性：知识库要涵盖术语翻译过程中所需的天文地理、自然人文等多学科知识，以便给译者提供充足释义和所译名词的词源信息，为准确有效的翻译提供知识保障。

（3）详释性：知识库应对所收录的词条进行分类阐释，分类项包括中文名、英文名、术语起源、术语命名、术语历史、术语特征等模块。而且，知识库提供的术语条目要达到一定的规模。也就是说，知识库要实现质和量的高度合一。

（4）单一性：知识库中对术语有明确的指称，不存在歧义且有清晰的区分度。单一术语对应多个指称的情况较少出现。这种单一性为术语的有效传播提供了可能。

（5）国际性：知识库中的术语最好能提供多语种翻译，如果无法实现多语种至少要有英语的对应词，跨语种模块的存在体现了知识库的国际性。

（6）便利性：知识库最好具有网络检索的便利性和可复制性，这样可以加快研究的速度和验证审校的效率。

通过对以上特征的聚焦分析可知，各网站推出的网络百科模块能够满足这些特点。我们对百度百科、搜狗百科、互动百科、好搜百科、MBA 智库百科、百科在线等网络百科知识库进行穷尽性搜索和分析，我们认为百度百科是符合以上条件的，可以作为翻译锚确定下来。具体原因如下。

百度百科知识库符合翻译锚知识库特征。

（1）从权威性来说，百度百科与中国科学技术协会、最高人民法院、知名博物馆、书法家协会、卫健委、艺术院校、学术期刊、本科和专科院校等进行合作，具有较高的权威性。

（2）从百科性来说，百度百科是百度公司推出的一部内容开放、自由的网络百科全书，涵盖了知识检索的各个领域。

（3）从详释性来说，百度百科收词量惊人，截至 2023 年 8 月，百度百科已经收录了超 2700 万个词条[①]，而且，每个词条均提供了详细的释义模块，具有很好的释义特征。

---

① https://baike.baidu.com/

（4）从单一性来说，百度百科提供的英语翻译绝大部分情况下都是符合单义特征的，鲜有多义情况出现。

（5）从国际性来说，2007年4月19日，百度百科词条页面改版，在词条页面的底部增加了汉英词典解释，为百科词条的国际性传播铺平了道路。

（6）从便利性来说，百度百科依托百度搜索引擎，具有网络检索的便利性。所以，相对国内其他知识库和数据库来说，百度百科具有翻译锚知识库的领先优势。

全国科学技术名词审定委员会下辖的"术语在线"有权威性、国际性和便利性特点，可作为标准化的翻译锚。"术语在线"是全国科学技术名词审定委员会发布的术语查询平台，其中涵盖了大量的规范名词、名词对照以及工具书资源等。"总数据量近百万条，术语在线已成为全球中文术语资源最全、数据质量最高、功能系统性最强的一站式知识服务平台。"[①]"术语在线"的学科覆盖也很广泛，自然科学、人文社科、工程技术、医学研究、生命科学、军事研究等学科术语均有涉及。该平台具有翻译锚的以下特征。

（1）从权威性角度来说，"术语在线"是全国科学技术名词审定委员会下辖的规范术语"数据中心"，具有权威性。

（2）从国际性来说，"术语在线"实现了尽可能多的中英文对译，具有很好的国际性特征。

（3）从便利性来说，"术语在线"网络查询方便，更新速度快。其中的热词榜、术语标注与提取、新词征集、微信小程序等网络模块，在不断丰富术语内容，提高网络查询速度。而且，该平台审定的词条数量不断增多，截至2019年12月31日已经接近百万条，见表2-1。1988—2019年我们统计的该部门审定名词的数量，呈现波动增长的良好态势。

表2-1　全国科学技术名词审定委员会1988—2019年审定名词数量表

年份	数量	年份	数量	年份	数量	年份	数量
1988	1 398	1996	21 465	2004	5 084	2012	29 436
1989	3 779	1997	14 331	2005	15 049	2013	34 046
1990	1 898	1998	15 382	2006	7 502	2014	36 927
1991	—	1999	—	2007	9 314	2015	5 640
1992	1 673	2000	6 028	2008	37 343	2016	35 903
1993	23 881	2001		2009	22 834	2017	15 294
1994	7 761	2002	15 691	2010	25 449	2018	17 503
1995	7 412	2003	29 850	2011	16 077	2019	36 394

---

① https://www.termonline.cn/about.

基于以上分析，将术语在线和百度百科作为大数据名词多语种翻译的信息源类的翻译锚是可行的。

2.1.4 翻译软件的选定

联合国工作语言还包括法语、俄语、西班牙语和阿拉伯语。作为联合国安理会常任理事国的法国和俄罗斯，其对应的语言（法语和俄语）也自然成为联合国的工作语言。法语在欧洲、非洲、美洲、亚洲均被广泛使用，俄语则在前苏联地区成员国和东欧地区使用较多。西班牙语作为15、16世纪殖民地时期的强势语言，在欧洲和拉丁美洲诸多殖民地国家广泛使用，联合国早期的国联时期也一直将西班牙语作为工作语言使用。阿拉伯语则主要通行于中东和北非地区，在阿拉伯世界使用广泛。从使用的广泛性视角出发，联合国将西班牙语和阿拉伯语先后纳入工作语言系列。由此，以联合国安理会五大常任理事国（中国、英国、法国、美国、俄罗斯）的汉语、英语、法语、俄语为基础，外加使用广泛的西班牙语和阿拉伯语，这六种语言共同形成了联合国工作语言群。我们在本研究中的多语种翻译，就是基于这六种语言展开的。

汉英语先行，其他语种研究可平行推进。在翻译过程中，汉语和英语的标准轴确定之后，其他的联合国工作语言语种，即法语、俄语、西班牙语、阿拉伯语可以在参照翻译锚术语在线和百度百科并同时参照汉英轴的情况下，推进词条翻译工作。也就是说，作为标准轴的汉语和英语，必须先行处理好词条的结构性和系统性，并起到统领全外语语种的先锋作用。这种先行处理可以预先规范其他语种的翻译模式，将多语种术语翻译限定在一个可控的范围内。

多语种翻译中，翻译软件的选定不可或缺。目前网上的翻译软件较多，经过对比，我们选定了两个国外翻译软件和两个国内翻译软件，并以这些翻译软件为参考，协助我们的翻译工作。

国外英语翻译软件选定的是：①Google 翻译 https://translate.google.cn/；②DeepL 翻译 https://www.deepl.com/translator。这两个翻译软件主体都具有较好的英语背景。尤其是后者，以世界领先的神经网络技术为动力，提高了该领域的翻译标准，其翻译速度和精确度要比同类软件高出一些。

国内翻译软件选定的是：①百度翻译 https://fanyi.baidu.com/translate；②有道翻译 http://fanyi.youdao.com/。国内软件具有很好的汉语语义识别能力。在我们翻译完成后，有时候为验证翻译的准确性，我们需要将英语回译成汉语，在汉外翻译的同时实现外汉翻译的回译。这时候，对翻译软件的汉语识别要求则比较高。

经过实践,我们发现这四个软件能够有效地实现汉英-英汉的对应性翻译,各软件之间能够相互弥补不足。由此,妥当的汉英对应翻译可为其他语种的平行翻译提供参考。至此,开展多语言研究所需的翻译锚和翻译软件的准备工作就绪。

下面我们将对翻译体例的构建进行说明,以求事半功倍。

2.2 多语种翻译体例构建

词条的多语种翻译需要先行确定体例安排。词条分级处理可提高多语种翻译效率。多语种团队需要根据翻译轴全面了解汉语词条释义,并参照英语的词条分级进行各语种的预处理。词条的汉语分析和英语翻译,对其他语种翻译有指导性作用。根据汉、英标准轴处理结果可对词条进行三级分类。多语种团队翻译前需要分清词条所处的位置,分清约定俗成的深度和广度。一般情况下,对于英语的一、二级分类的词条,其他语种需根据约定俗成特性,在各种语种中找寻对应翻译。具体原则如下。

(1)如源语和目标语对应,以汉语对应的目标语翻译为首选。基于汉外翻译的需要,有一些词条已经完成了从汉语到其他语种的翻译,并形成了约定俗成的对应性翻译。这时候,以汉语对应的多语种翻译为准。如果出现对应的多语种翻译与英语不吻合,应以目标语为准,不受标准轴英语影响。这种对应性体现了汉语标准轴的作用。例如,汉法翻译时,如果汉语词条在法语中已经有了对应的翻译,应直接采用汉法对应,不需要借鉴英语轴的翻译。

(2)如源语和目标语不对应,汉语无对应的多语种翻译,但汉语却对应有英语翻译,这时候应同时参照汉语轴和英语轴进行翻译。目前,大多数西方国家相关文本都对应有英语翻译,这为其他语种在翻译中参照英语轴提供了便利。对于具有英语对应翻译的一、二级词条,需实现以汉语轴和英语轴为参照的翻译。例如,汉法翻译时,如果汉语词条在法语中没有对应的翻译,但是,却对应有英语的翻译,那么,应同时参照汉语翻译轴和英语轴进行翻译,借助英语这一桥梁语言实现汉法翻译。

(3)如源语和目标语不对应,且汉语也没有英语翻译对应,团队需创新性翻译。对于无法找到汉英语对应翻译的三级词条,各语种团队需要根据语种结构、语义等特点进行翻译,期间可以参考英语的三级词条翻译,并进行因地制宜的调整,处理好翻译的系统性与独立性之间的关系。例如,汉法翻译时，汉语词条在法语和英语中都没有约定俗成的对应性翻译，这时，需要法语团队自行进行翻译。不过，由于英语团队已经对三级词条形成了翻译模式，法语团队的翻译可以参照英语团队进行，并保留法语团队随时对三级词条调整的权利。

大数据名词呈现层次性特征。不同名词的产生背景不同，在大数据系统中的地位也不同。对名词（或词条）[①]进行分级标注可以将这种隐藏的层次性凸显出来，整个翻译团队可以根据经过标注的词条层次性进行有的放矢的翻译，降低了对已经实现了约定俗成特征的词条产生误译的概率。本系统[②]词条的翻译按照三级标记处理，具体如下。

2.2.1 "*"一级标记

2.2.1.1 "*"标记为专有名词符号

此处的专有名词比传统意义的专有名词（如中外地名、机构名、姓氏名等）要宽泛，特指书名、文件名、政策名、省市名、单位机构名等固定用法。本类词条在多语种翻译时需保留原译，不进行修改。对于容易引起歧义的词条，我们根据翻译锚的选定来解歧，也按照专有名词标准处理。星号标记的词条为了保持体例的一致性，除有特殊说明之外，首字母一般按照英语规定大写（介词、连词、冠词除外），这也与传统的专有名词处理有出入。我们对此进行预先约定。此为一级词条。

例如中文的书名，翻译成英语书名（或英语书名回译），均采用英语书名题目标准格式：首词首字母大写；中间词首字母大写（介词、连词、冠词除外）；斜体。例如，"《理想国》*The Republic*"。

翻译锚百度百科中部分词条可根据非原型化方式认定为专有名词。专有名词通常首字母大写。本系统词条的处理方式如下：由专人提出的术语，形成专有名词的，按照专有名词对待，首字母大写，通常出现缩略形式，例如，最早由美国的迈克尔·哈默（M. Hammer）和詹姆斯·尚皮（J. Champy）提出的"业务流程再造"（Business Process Reengineering, BPR）。这个词条出现了缩略形式 BPR，将其认定为专有名词是合适的。但是，在遇到和这个专有名词搭配使用形成新的词条的情况时，需要根据情况考虑是一级词条还是二级词条，部分词条可根据非原型化特征认定为专有名词（表 2-2）。

[①] 我们此处的称谓中对名词和词条不进行严格区分，均指称以词条形式提供的大数据名词。
[②] "本系统"指由本研究中 2516 个大数据领域的名词及其翻译组成的系统。

表 2-2　BPR 词条分析

BPR 词条	英语翻译
公共部门内部业务流程再造	*Business Process Reengineering（BPR）within the public sectors
跨部门业务流程再造	*intersectoral Business Process Reengineering（BPR）

从表 2-2 中可以看出，BPR 与其他成分搭配形成了两个新的词条。我们将两个词条都认定为专有名词，原因在于：

首先，"公共部门内部业务流程再造*Business Process Reengineering（BPR）within the public sectors"中涉及 BPR 的范围，即"公共部门内部"。如果不将其认定为专有名词，后续的法语、俄语、西班牙语、阿拉伯语均有可能因为词条级别降低而调整语言表达。为保证 BPR 表述的一致性，我们提高了词条级别。但是，我们这里的认定并不是专有名词的原型，其核心成分在于，Business Process Reengineering（BPR）虽然是专有名词，而附属的 within the public sectors 却不是专有名词，仅起到了限定作用。处理这样的专有名词时，为体现词条的不可调整性，我们添加"*"为专有名词；为体现该词条的非专有名词原型化，后续的附属成分首字母均不大写。

其次，处理"跨部门业务流程再造*intersectoral Business Process Reengineering（BPR）"时，我们参照了日本大数据专有名词的处理方式，例如"《智慧日本战略 2015》*i-Japan Strategy 2015"。对该日本专有名词处理时，为防止歧义的发生，将首字母"i-"作小写处理，避免了与后续的"Japan"连用，影响整体词条的理解。在"跨部门业务流程再造*intersectoral Business Process Reengineering（BPR）"词条处理中，BPR 的专有性毋庸置疑，如果将"跨部门 intersectoral"首字母进行大写，后续的缩略形式应该是 IBPR，但在现实中只有 BPR 缩写，不存在 IBPR 形式，将 intersectoral 首字母作大写处理容易产生误解。所以，我们借鉴"《智慧日本战略 2015》*i-Japan Strategy 2015"的处理模式，分体处理大小写问题。为保证 BPR 的专有性，我们认定"跨部门业务流程再造*intersectoral Business Process Reengineering（BPR）"为专有名词，并进行"*"标注，为了避免误解，"跨部门 intersectoral"首字母作小写处理。这也是一个专有名词非原型化的例子。

2.2.1.2　对于容易引发歧义和多语种翻译混淆的词条项，按照专有名词对待

这种处理方式便于后期审定时，由审定专家系统性核定首字母大小写等问题。这样处理的目的在于，经过标记的专有名词，审定过程中会得到

系统性筛选，既避免了其他语种出现翻译偏误问题（如果不将其认定为专有名词，其他平行语种有可能会自行更改翻译内容，加大偏离度），又可以将这些容易混淆的项从其他词条中分离出来，利于后期处理。

例如，根据翻译锚术语在线和百度百科，"差分机、分析机、图灵机"三个词条（术语在线只提供了"图灵机"词条的英译 Turing machine）虽然都有汉语"机器"的意思，而且中心词都是"机"，但却有不同的英语表达，而且在翻译锚百度百科中大小写不一致，这三个词条在百度百科中的英语翻译分别为 difference engine、Analytical Engine、Turing Machine，前两个词采用的是 engine，后一个词则是 machine。前一个词全部小写，后两个词则全部首字母大写。本书进行原文引用时，为尊重原译而保留原文大小写；但在后续行文陈述时根据语境进行调整。此处为保证其他语种在参照汉英翻译轴（标准轴）和翻译锚时不出现翻译偏差，我们在附录中将这三个词条均作为专有名词处理，首字母全部大写。

2.2.1.3 同场同模式的专有名词认定

所谓的"同场同模式"是指处在同一个术语翻译系统中，采用统一的翻译模式。具体来说，大数据名词限定域形成了一个系统。在这个系统中，尽可能实现"一对一"的翻译。除了常规的专名和姓氏认定为本系统的专有名词外，为保证满足多语种翻译一致性的需要，以下两种情况均认定为专有名词：第一种情况，国家部委对文件的中英文翻译，通常含有对外交流的需要，所以翻译较为普遍和统一，可认定为专有名词。例如："《互联网上网服务营业场所管理条例》*Regulations on the Administration of Business Premises of Internet Access Service"。第二种情况，国际会议主办方翻译的大会名称可认定为专有名词。例如："交通大数据开放合作国际论坛*International Forum on Transport Big Data Sharing & Collaboration"。

"名从主人"需遵守专有名词翻译原则。只要是专有名词翻译，都需要尊重原译，并做好星号标记，便于后期审定时进行分类审理。对于下列两种情况不列入专有名词范围：第一种情况，省市级别的文件多用于国内交流，名称鲜有统一的翻译，一般不认定为专有名词。例如："《内蒙古自治区大数据与产业深度融合行动计划（2018—2020年）》Action Plan of Inner Mongolia Autonomous Region for Deep Integration of Big Data and Industry（2018-2020）"。第二种情况，普通期刊网的英文翻译，由于翻译的内容、措辞、格式等具有不一致性，不宜作为专有名词认定依据。此类翻译按照本系统同场同模式原则进行统一。所翻译的词条进入三级词条模式处理。

2.2.2 "#"二级标记

该井号标记为二级词条标记。通常出现在百度术语、词典翻译、网络使用中,本类词条首字母一般不需要大写。其他语种参照翻译时,可以根据实际情况略作调整。此为二级词条。

二级标记避免"闭门造车"情况出现。在术语翻译过程中,我们参照了包括 Google 翻译、DeepL 翻译、百度翻译、有道翻译四个软件的译文,尽量避免出现"闭门造车"现象。此外,我们还需要通过网络查证翻译软件的译文,看译文是否在现实中得到了有效的使用。这样做的目的是把我们的译文向人们更为熟悉和接受的译文靠拢和接轨。如果网络验证成功,我们将标注"#",表示译文得到了广泛使用。如果验证不成功,我们将该译文下调为三级无标记词条,便于后期审定时分类进行审核(表 2-3)。

表 2-3 "原始数据"的翻译处理表

翻译出处	汉语	英译
术语在线	原始数据	original data
		raw data
百度百科	原始数据	raw data
Google 翻译	原始数据	Raw data
DeepL 翻译	原始数据	Raw data
		Original data
百度翻译	原始数据	raw data
		basic data
有道翻译	原始数据	original data
		primary data
		initial data
		raw data
		first-hand data

从表 2-3 中可以看出:①翻译锚术语在线出现了双式术语,original data 和 raw data 都予以审定通过;②在翻译锚百度百科中,"原始数据"翻译为 raw data;③在 Google 翻译软件中也翻译为唯一的 Raw data,但对第一个单词首字母进行了大写;④百度翻译软件也认定双式术语成立,raw data、basic data 都得到认可;⑤有道翻译软件提供了多个平行的翻译结果。

由此,"原始数据"从源语汉语到目标语的英语翻译基本可以限定在以上几种结果。

从翻译锚的处理来看，"原始数据"的共同翻译结果是 raw data。翻译锚提供了"原始数据"的释义。

> 原始数据是用户数据库中的数据，或者是终端用户所存储使用的各种数据，是未经过处理或简化的数据，这些数据可能是也可能不是机器可读形式。它构成了物理存在的数据。原始数据有多种存在形式，如文本数据、图像数据、音频数据或者几种数据混合存在。（百度百科 "原始数据"词条）

"原始数据 raw data"这一处理结果符合翻译的系统性、一致性原则。在翻译百度百科中，并没有进行首字母大写处理，即不认定该词条是专有名词。所以，我们认定"原始数据 raw data"为非专有名词的二级词条，也就是需要标记为"#"的二级词条。翻译锚百度百科的处理与 Google 翻译软件（不考虑第一个单词的首字母大写问题）的处理是一致的。而且，翻译锚百度百科的处理与翻译锚术语在线的处理是一致的，也从另一个侧面反映了 raw data 的权威性。

从双式或多式术语的处理来看，术语在线平台、百度翻译软件和有道翻译软件都提供了一个以上的翻译结果。从精确性角度来说，多种翻译结果同时提供这种处理方式是无可厚非的，因为平台为读者提供了更多的选择。从术语的翻译角度来看，非单一性的翻译结果会给其他后续语种的平行翻译以及后期的平台搭建带来较大的困扰。所以，我们强调单一有效的翻译模式是很重要的，应该在一定范围内排除语言非单一性所带来的困扰，有序推进多语种平行翻译。需要注意的是：虽然作为翻译锚，百度百科提供了丰富的词条释义和较为准确的英语翻译，但是，由于百度百科发展速度过快，有些词条在校对和审定时存在瑕疵，尤其在英语翻译时存在拼写错误和汉英对应不严谨等问题，对此，我们将在后续进行讨论和必要的标注。

总的来说，一级和二级词条区分时：①如果词条中出现人名等专有名词，一般按照专有名词对待，例如"香农理论 Shannon Theory"；②普通名词专有化的词条，按照专有名词对待，例如"博弈论 Game Theory"；③如果在百度百科中词条有缩写，通常将其认定为专有名词，例如"虚拟现实 Virtual Reality（VR）"。

2.2.3 三级无标记

三级无标记类词条为我们自行翻译的词条，没有在网络中形成约定俗成的对应性翻译，属于创新翻译范畴。此类词条通常参照一级和二级词条的特征进行翻译。对于没有形成约定俗成的三级词条，翻译时不采用首字母大写的方式，例如，"数字政府建设管理局 management bureau for digital government construction"从汉语的常理角度来说是专有名词，英语也应该是专有名词，并进行首字母大写处理。但是，由于该词条没有形成约定俗成的英语翻译，所以，我们不视其为专有名词，不进行特殊标注，仅作为三级词条处理。这种处理方法与我们传统的处理方式有出入，其目的是对词条进行分级处理，减少多语种翻译的歧义。

再例如，经过我们的研究，发现"电脑时代"和"云脑时代"没有约定俗成的翻译，我们需要自行翻译，翻译的结果属于三级无标记类。

在对"电脑时代"和"云脑时代"翻译时，首先需要区分"电脑""云脑"的语法结构。对于"电脑时代"来说，"电脑"已经形成了单一词汇computer。但是，对于"云脑"来说，该词尚未完成词汇化进程，需要翻译为"云+脑"，即 cloud brain。

在研究中，我们发现"电脑"和"计算机"的英译重合度很高。在对"电脑"和"计算机"进行处理，我们引入百度搜索指数，综合各项指标对语体进行处理（此处是同一英语指向不同汉语翻译的情况）。"电脑"和"计算机"近十年百度搜索指数趋势对照见图2-4。

在图2-4中我们发现，"电脑"和"计算机"在使用中呈现了一定的规律性。2011—2016年，使用"电脑"这一称谓的人群比使用"计算机"这一称谓的人群要多。从2016年至2021年，更多的搜索人群使用"计算机"而不是"电脑"。这两种语体的不同使用，可以通过百度搜索指数的年龄分布和性别分布得到进一步解释（图2-5）。

通过图2-5的年龄对比可以发现，30岁以上的使用者倾向于使用"电脑"这一较口语化的表达方式，30岁以下的年轻人则更倾向于使用专业的"计算机"这一称谓。从性别分布来看，几乎是一致的，也就是说，在"电脑"和"计算机"的使用方面性别属性不是区别性特征项，而年龄属性则具有一定的区别特征。我们推断，这可能与年轻一代更早使用计算机从而对专业称谓更有认同有关。

在以上对"电脑时代"和"云脑时代"中"时代"关键词翻译上，我们采用向专有名词靠近、尽量一致的"奥卡姆剃刀"系统化分析原则，即"如无必要，勿增实体"。我们统计了本系统中含关键词"时代"词条英译（表2-4），并归纳出一致性原则，最终用于对"电脑时代"和"云脑时代"的翻译。

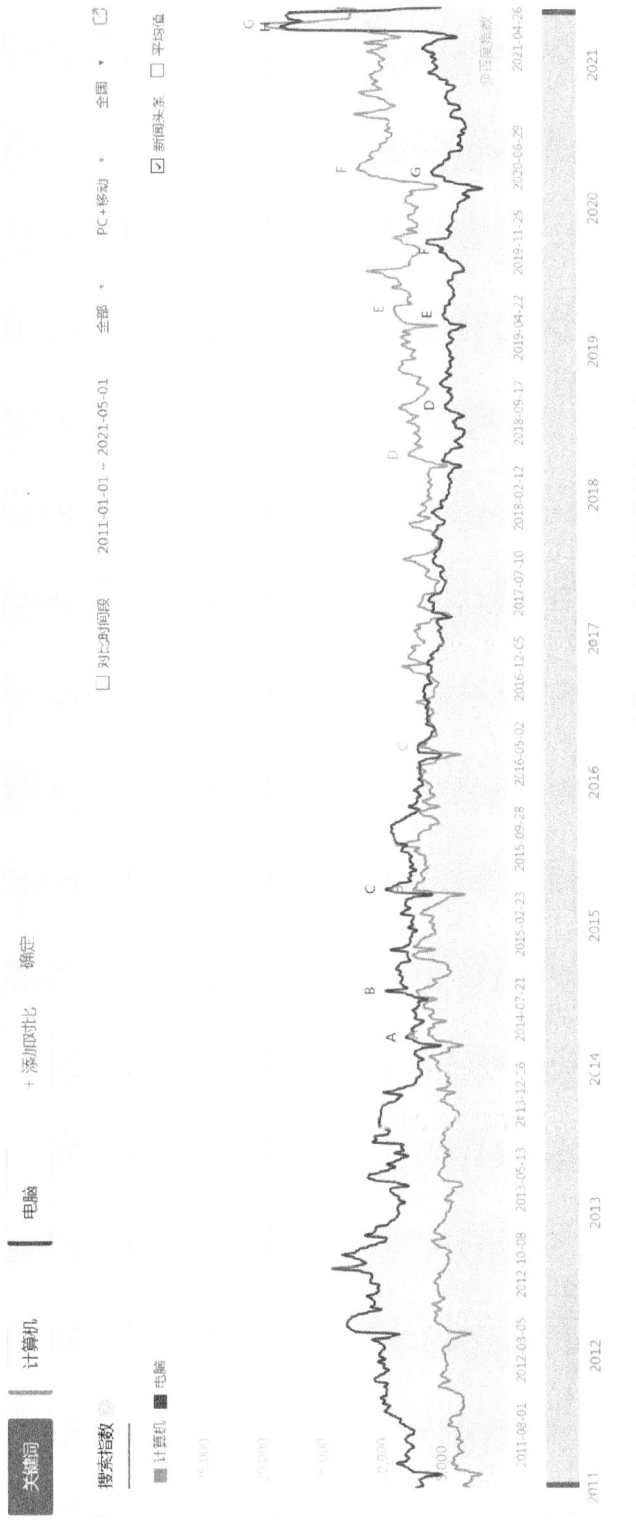

图 2-4　2011—2021 年 "电脑" 和 "计算机" 百度搜索指数趋势对照

图 2-5 "电脑"和"计算机"在百度搜索中的年龄分布与性别分布

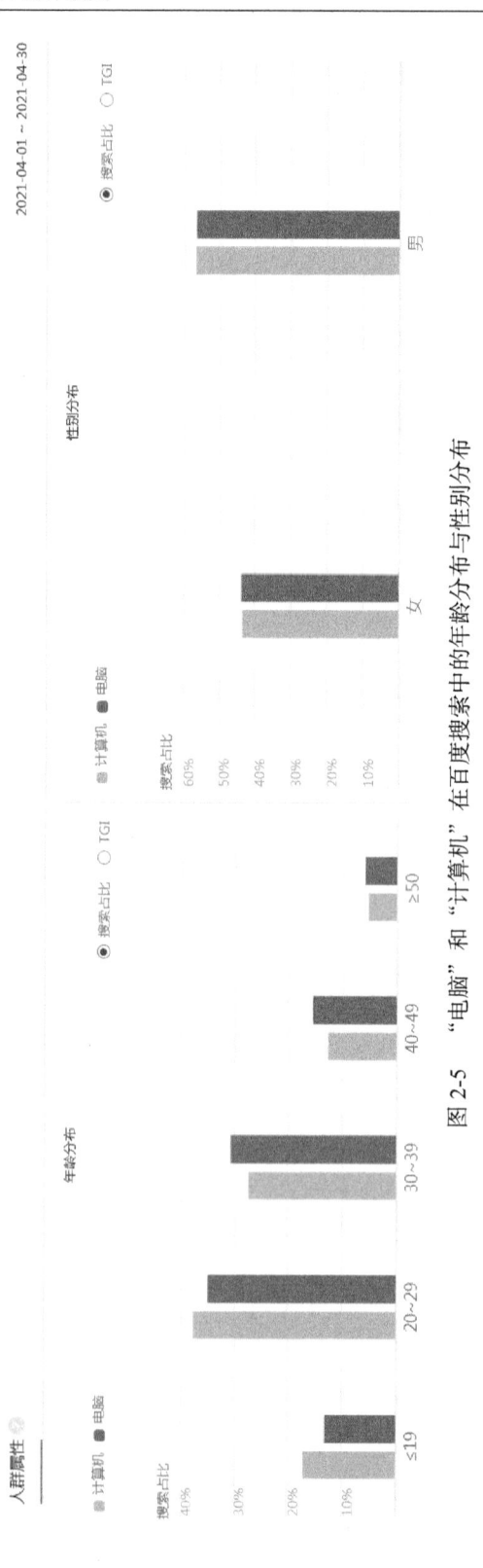

表 2-4 含关键词"时代"的词条英译

汉语	英译
DT 时代	*Data Technology Age
《人人时代》	*Here Comes Everybody
超数据时代	#hyperdata age
《算法时代》	*The Formula
《数字经济：智力互联时代的希望与风险》	*The Digital Economy: Promise and Peril in the Age of Networked Intelligence
《大数据时代——生活、工作与思维的大变革》	*Big Data: A Revolution That Will Transform How We Live, Work and Think
数字货币时代	digital currency age
《大数据时代》	*The Age of Big Data
人脑时代	human brain age

从统计中可以看出，"时代"的英语翻译有两种情况：①隐藏在语义中不进行翻译，如"《人人时代》""《算法时代》""《大数据时代——生活、工作与思维的大变革》"。此类多出现在英文原著引入国内过程中的英文翻译，多为意译而非直译。②翻译为 age，如"DT 时代""超数据时代""《数字经济：智力互联时代的希望与风险》""数字货币时代""《大数据时代》""人脑时代"。此类多将"时代"翻译为 age。

对照以上的条件可以看出，我们此处的"电脑时代"和"云脑时代"的翻译，更符合第二种情况，即"时代"应翻译为 age。

所以，我们认为"时代"翻译为 age 是一种系统性的主流翻译，如果词条没有形成约定俗成的对应性翻译，应该采用这种同场同模式的翻译模式，即"电脑时代"翻译为 computer age，"云脑时代"翻译为 cloud brain age。

2.3 多语种翻译方法构建

本研究的方法旨在通过较为新颖的工具和手段，揭示大数据名词翻译研究中的新现象和新特点，并探寻具有一致性的翻译规律。我们提出的"以锚为准、轴为两翼、规范为主、兼顾描写"的研究方法是我们在多语种术语翻译过程中总结提炼而成的。大数据名词是对新兴领域的特质性描述或阐释，具有认知前沿性和复杂性，所以，需要采用创新的方法进行相关研究。创新方法的探索是循序渐进的、与现有方法之间是相互结合影响、相互动态转化的，因此，方法的创新常对科学研究产生促进作用，并推动研究的有序开展。

2.3.1 "以锚为准"

大数据名词研究属于新兴领域研究，译前充分释义是实现翻译"信、达、雅"的关键。对于传统领域的术语翻译，由于译者对其释义已经有了基本的了解，所以，在进行汉外翻译时，可以较为完整地使汉源术语的意义借助形式得到有效的外译。但是，对于新兴的大数据术语，译前释义是翻译的首要工作，在没有充分理解术语意义的情况下贸然翻译，势必会产生语际偏差，最终词不达意。所以，预先设定可以提供术语释义内容且同时具有较为准确的术语条目的外语翻译知识库，并以此为翻译锚，可以为高质量汉外翻译提供坚实的基础。

百度百科作为翻译锚有其独特的使用理据。百度百科"测试版于2006年4月20日上线，正式版在2008年4月21日发布，截至2023年8月，百度百科已经收录了超2700万个词条，参与词条编辑的网友超过770万人，几乎涵盖了所有已知的知识领域"[①]。经过多年的编纂实践，百度百科的专业化、规范化程度进一步加强，形成了由词条名称、摘要、表格化的词条基本信息、目录、释义、参考注释、词条标签组成的稳定的词条微观结构。词条的迭代速度非常快，百度百科充分利用网络平台信息编辑与发布的便捷性，及时对新术语、新知识、新百科信息及其所关联的知识框架进行系统展示。与传统辞书相比，作为动态的网络辞书类百科知识库，百度百科在新词目的收录上极为迅速，其即时性特点与传统辞书收录内容的相对滞后性形成鲜明对比。在传播介质上，百度百科不受传统纸质辞书储存空间与表述空间的限制，所覆盖的专业领域、收词立目的数量、词目解释的广度和深度都不会因为承载空间而被迫压缩甚至是删减，并且经常延伸到传统辞书无法涵盖的领域，在很大程度上满足了现代社会中知识结构高度丰化、知识呈现急速发展的需求，呈现出开放性、即时性、交互性、多元化与共享性特点。近年来，百度百科联合全国科学技术名词审定委员会等专业部门，加强对规范科技名词的推广，以提高共享知识平台的科学性与专业性。我们认为，早期的百度百科提供的主要是信息，发展到现在，随着其知识性、科学性程度的不断提高，百度百科已经开始由信息库向知识库转化。目前，把百度百科作为主要信息库的相关研究也越来越多。

本研究着眼于百度百科信息收录的广泛性、即时性等特点。我们将百

---

① https://baike.baidu.com/item/%E7%99%BE%E5%BA%A6%E7%99%BE%E7%A7%91?fromModule=lemma_search-box.

度百科作为参考知识库,以获取大部分大数据名词的背景知识。作为发展中的在线百科辞书类知识库,百度百科无疑存在自身的不足。《牛津英语词典》(第三版)这种专家型权威辞书,通常由专业词典编纂人员组成专家团队并历时多年不断打磨而成。百度百科作为以大众为参与主体、众源编纂模式的新型网络百科辞书类知识库,编纂群体人员众多,其中不乏相关专业领域的专家,但也有非专业的词典或百科全书的编纂人员,总体上属于"协同编辑"的编纂范畴。词条的内容与质量在一定程度上受编纂者的专业水平以及表达能力的影响。尽管百度百科制定了专门的审核制度,但是在Web3.0技术的支持下,网络上百科词条的数量激增,其增长速度在一定程度上超过了正常审核程序所能承受的最大容量。因此,与传统的由专家团队编纂而成的工具书相比,百度百科被认为在专业性、准确性与权威性方面有一定的优化空间。但是,任何一部辞书或辞书类知识库,即使是传统工具书的典范《牛津英语词典》和《现代汉语词典》,也会存在知识性错误,这也是任何工具书在出版或发布后都需要不断修订的原因。

因此,我们既承认百度百科作为翻译锚的重要理据性,也同时强调百度百科信息存在潜在偏误的可能性。只有在全国科学技术名词审定委员会的权威术语知识服务平台"术语在线"这一翻译锚引领下,百度百科才可作为我们翻译研究的另一翻译锚。大数据名词多语种实践翻译已经证实了这点。另外,在这两个翻译锚共同作用的过程中,国外大数据发展中推出的前沿性文献也会作为我们重要的辅助与校验信息库,这可以保障大数据名词理解的准确性以及翻译过程中信息的等值性。例如,萨克尔(S. Sakr)、索马亚(A. Y. Zomaya)编纂的《大数据技术百科全书》(*Encyclopedia of Big Data Technologies*)也是其中一个重要的参考文献。

设定百度百科为大数据名词术语多语种翻译的锚,可以保证翻译的系统性和可重复性。百度百科作为汉外翻译的释义辅助平台,能帮助译者充分了解术语的内涵和外延,使其获得译前的第一手资料,提升译者的感性和理性认识,了解准确翻译所需要的百科知识,启发译者的多维翻译思维,并通过谨慎有效的翻译过程取得可以反复验证并回译正确的翻译结果。

百度百科知识库具有权威性、百科性、详释性、单一性、国际性、便利性等特征。从权威性来说,百度百科实现了与国内权威机构的联手,推出了核心术语的释义和解析,具有术语条目研究的确定性。从百科性来说,百度百科实现了跨领域、跨学科、跨时代的信息检索,百科内容在该知识库中得到了有序的体例编排和内容详解。从详释性来说,百度百科收词量在国内相关知识库中居于前列，涵盖各领域和学科，具有很好的释义功能。从单一性来说，百度百科虽然也偶有出现收条的歧义性和词条翻译的多义性，但总体而言，能够实现知识库中术语收条的单一性和术语条目释义的单义性，符合翻译锚选定的基本条件。从国际性来说，百度百科在 2007 年改版之后，充分认识到了海外传播的重要性，开始对术语条目添加英语翻译模块，提高了知识库平台的国际特色。从便利性来说，百度百科借助百度公司的百度搜索引擎实现了检索的无缝对接，百度搜索的国内外检索巨量也为百度百科的平台建设提供了网络便利，更好地推动了知识库的快速发展。

从以上分析可知，大数据名词具有百科术语的属性，只有在翻译锚的释义支撑下，译者才能充分了解所译术语产生的前因后果，以及术语的所指和能指，才能为高效准确的外译做好知识储备。所以，"以锚为准"是我们为保证大数据百科术语的翻译质量所提出的首要的创新性方法。

2.3.2 "轴为两翼"

大数据名词的多语种翻译需要确定汉语为第一标准轴。我们的研究是汉外翻译，即从汉语对应翻译为英语、法语、俄语、西班牙语和阿拉伯语。原始的大数据名词也是通过汉语的形式提供的。这就要求译者对汉语的语言体系和特征有较为深入的了解，同时对汉语的文字系统和语义分析具有较为敏锐的分析能力。译者必须在汉语使用方面没有障碍，汉语理解保持顺畅。因此，我们多语种翻译过程中邀请的外国专家都是在我们国内专家的引领下进行多语种翻译的，国内专家要保持与外国专家的有效沟通，这样翻译出来的名词才能更好地实现"信、达、雅"的初衷。

例如，"脱贫攻坚"是汉语独有的词条，也只有母语是汉语的专家才能明白这个关键词的意义。在对"《脱贫攻坚大数据平台建设实施方案》（广西）"的翻译过程中，每个语种的团队都需要对词条进行切分，形成翻译模块，即形成"脱贫攻坚""大数据""平台建设""实施方案"等关键词。"脱贫攻坚"有明确的英语翻译。在《中国日报》（*China Daily*）中"脱贫攻坚"作为一个统一的语义模块，翻译为 poverty alleviation[①]，准确表达了"脱贫攻坚"的汉语语义，所以，我们以此为准，并在后续术语翻译中采纳"脱贫攻坚 poverty alleviation"模式。百度搜索中"脱贫攻坚"的搜索指数见图 2-6。

---

① http://language.chinadaily.com.cn/a/201907/04/WS5d1d4f5ca3105895c2e7b94f.html.

图 2-6 "脱贫攻坚"百度搜索指数

从图 2-6 中可以看出,"脱贫攻坚"在 2016 年之前搜索量趋近零,从 2016 年 5 月某个时点开始不断攀升,2021 年达到了搜索指数的高位。这说明该名词的使用不断得到群体认可。因此,我们处理此类名词时,要找到具有规范化表达的权威机构翻译用法(我们这里采用的是 *China Daily* 的权威翻译),避免杜撰和强译的出现。

"《脱贫攻坚大数据平台建设实施方案》(广西)"的名词翻译还需要处理好其他模块的翻译。"大数据平台建设"多采用名词 construction of big data platform,"实施方案"翻译为 implementation program。经过汉语的语义分析,我们可知核心成分"实施方案"需要在英译时提前到词首,后续的关键词需要通过不同的介词进行引领。这样,名词"《脱贫攻坚大数据平台建设实施方案》(广西)"可翻译为"《脱贫攻坚大数据平台建设实施方案》(广西)Implementation Program for Construction of Big Data Platform for Poverty Alleviation(Guangxi)"。

除了汉语作为第一标准轴外,多语种翻译标准轴的另一翼为英语。作为联合国工作语言中的一员,英语在国际交流中充当了非常重要的角色。英语不仅与欧洲的法语、西班牙语具有语系亲缘关系,而且与俄语和阿拉伯语有着较为密切的语言接触。由此,英语可以作为汉语之外的第二标准轴。这样,在法语、俄语、西班牙语、阿拉伯语翻译时,需要同时参照汉语和英语这两个轴,为多语种翻译提供更为准确的参照系。尤其对源自英语且译入国内的大数据名词,再次译出时,需要搜寻原来的英语表达并同时搜寻与英语对应的其他语种表达,以求得多语种之间的翻译对应性,尽量减少语际偏差。

为了提高英语翻译的准确度,我们在英语翻译中引入回译制度,并通过国内外成熟的翻译软件进行重复验证,提高术语翻译的可重复性,减少不同译者对词条翻译的负影响。鉴于汉英两个标准轴的存在,在选定翻译软件时,我们选择国内外各两个翻译软件,以平衡两个轴的翻译结果。国外选定的翻译软件为 Google 翻译(https://translate.google.cn/)和 DeepL 翻译(https://www.deepl.com/translator);国内选定的翻译软件为百度翻译(https://fanyi.baidu.com/translate)和有道翻译(http://fanyi.youdao.com/)。如此,以英语知识库为背景的国外翻译软件与以汉语知识库为背景的国内翻译软件相互结合,形成了较为坚实有效的汉英翻译标准轴回译体系,为术语的高质量翻译奠定了基础。

例如,在"数据强国"的翻译中,"强"的词性决定词条的翻译模式。从网络词的使用广泛性可以发现,多数文档使用的是"从数据大国到数据强国"①。根据语义对称原则,"大国""强国"相对应,决定了"强"的形容词属性,而不是"使动用法",即不是"(数据)使国家强盛"。

以下是"我们要致力于成为数据强国"和"数据是强国之本"两个句子在自然语言处理解析器(Stanford Parser)中的比较分析②:

例句1:我们要致力于成为数据强国。

Tagging:我们/PN;要/VV;致力于/VV;成为/VV;数据/NN;强国/NN;。/PU

Parse
(ROOT
 (IP
  (NP(PN 我们))
  (VP(VV 要)
   (VP(VV 致力于)
    (IP
     (VP(VV 成为)
      (NP(NN 数据)(NN 强国))))))
  (PU 。)))

Universal dependencies

nsubj(致力于-3,我们-1);xcomp(致力于-3,要-2);root(ROOT-0,致力于-3);ccomp(致力于-3,成为-4);compound:nn(强国-6,数据-5);dobj(成为-4,强国-6);punct(致力于-3,。-7)。

例句2:数据是强国之本。

Tagging:数据/NN;是/VC;强国/JJ;之本/NN;。/PU

Parse
(ROOT
 (IP
  (NP(NN 数据))
  (VP(VC 是)
   (NP

---

① http://www.360doc.com/content/20/0407/16/55082197_904445031.shtml.
② http://nlp.stanford.edu:8080/parser/index.jsp.

（ADJP（JJ 强国））
　　（NP（NN 之本））))
（PU。)))
Universal dependencies
　　nsubj（之本-4，数据-1）；cop（之本-4，是-2）；amod（之本-4，强国-3）；
　　root（ROOT-0，之本-4）；punct（之本-4，。-5）。

从上面的分析可以看出，例句 1 形成的是"强国/NN"，例句 2 形成的是"强国/JJ"。两句的句法结构和依存语义关系也是不同的。这种不同在中外翻译软件的翻译中也得到体现（表 2-5）。

表 2-5 "数据强国"在翻译软件中的英译和回译结果对比

翻译软件	汉语	英语	回译
DeepL 翻译	数据强国	data powerhouse	数据强国
		Data Power	数据力量
Google 翻译	数据强国	Data powerhouser	数据强国
有道翻译	数据强国	Data power	数据的权力
			数据电源系统
百度翻译	数据强国	Data power	数据电源
			资料力
			数据电源系统

从表 2-5 中可以看出，"数据强国"翻译为 data power，回译时会产生歧义，与"数据强国"差距较大，而且国外的两个翻译软件回译效果也不一致。因此，我们放弃"强国"的词汇化选项 power，转而选择直译法。前面的分析已经可以确认"强"的形容词属性，我们只要找寻到"强国"的正确翻译，就可以解决"数据强国"的翻译问题。最后，我们翻译"数据强国"为"*Powerful Nation of Data"。我们在翻译软件中对该英语进行回译，Powerful Nation of Data 得到"数据强国"的中文翻译（有道翻译和百度翻译）。这说明这种译法是可行的。

综上分析，汉语和英语作为标准轴的两翼，为法语、俄语、西班牙语、阿拉伯语的顺利翻译提供了汉英双语的结构性和系统性，为其他语种提供借鉴功能和预处理功能，最大限度地减少了术语内生歧义的产生，并将语际误差率控制在较小范围内。

2.3.3 "规范为主"

术语的规范是科学技术发展所要遵循的基本要求。在科学研究过程中，术语的产生过程是随科学工作者认知的不断提升而不断完善的动态的过程，这个过程是符合科学发展观的。术语规范是学术规范中重要的一环，对良好的学术氛围的形成和完善具有重要意义。

术语规范过程既是自然科学研究的范围，也是人文社科的研究领域。新术语的形成是科学技术发展的产物，从来源这个角度来说，术语源于自然科学。但是，术语的命名和规范由于涉及语言学的方法和规律，术语研究又需要遵循人文社科的一些基本原则。术语在产生过程中，往往借助自然科学领域的实验归纳法、实证检验法等论证方法，秉承的是实事求是的唯物辩证观点，"求真""求实"是术语产生阶段的核心要求。术语的命名和规范阶段借助的则是人文社科领域的系统性、主体性、原创性特点，强调的是语言传播的有效性和信息传达的主流性。所以，术语规范通常是跨学科的研究，需要平衡自然科学领域的专业性和人文社科领域的语言性，这样，经过审定规范的术语才有可能在最有效传递自然科学信息的同时实现语言的有效交流。

大数据领域的名词需要进行规范化研究。虽然该领域术语新兴不久，但其数量增长却是爆发性的。不同的译者从不同角度对大数据名词表达了不同的观点，这就形成了对同一事物的不同翻译模式。这对术语的发展是不利的，容易产生语内歧义和语际偏差，也不利于科技健康发展和相关术语的知识普及。所以，在大数据名词的汉外翻译时，也需要进行规范性研究。

例如，本系统中对"大纲/纲要"的翻译进行了规范，详见"大纲"和"纲要"2011—2021年在百度搜索指数中的趋势表现（图2-7）。

从图2-7中可以看出，"大纲"和"纲要"的搜索量比较接近，"大纲"相对略高于"纲要"，但尚未达到区别特征的程度，这说明两个名词是同义词。在翻译处理时，我们既要关注到两个名词的同义特征，也要在翻译词的选择上保持一定的区分度。

英语翻译时需要尽量区分"大纲"和"纲要"。通过网络广泛性的查询，以及翻译软件的对比分析，我们发现"大纲"和"纲要"的主流翻译都为outline。这个结果与百度搜索指数提供的搜索量比较接近的描述是一致的。为区别两者，我们把单复数形式作为区别性特征，即："纲要"多侧重不可数状态，采用outline单数模式；"大纲"多强调可数状态，采用outlines复数模式。这样，我们就可以在保留两者同义关系的基础上，通过单复数形态变化对它们进行区分了。

图 2-7　2011—2021 年"纲要"和"大纲"百度搜索指数趋势

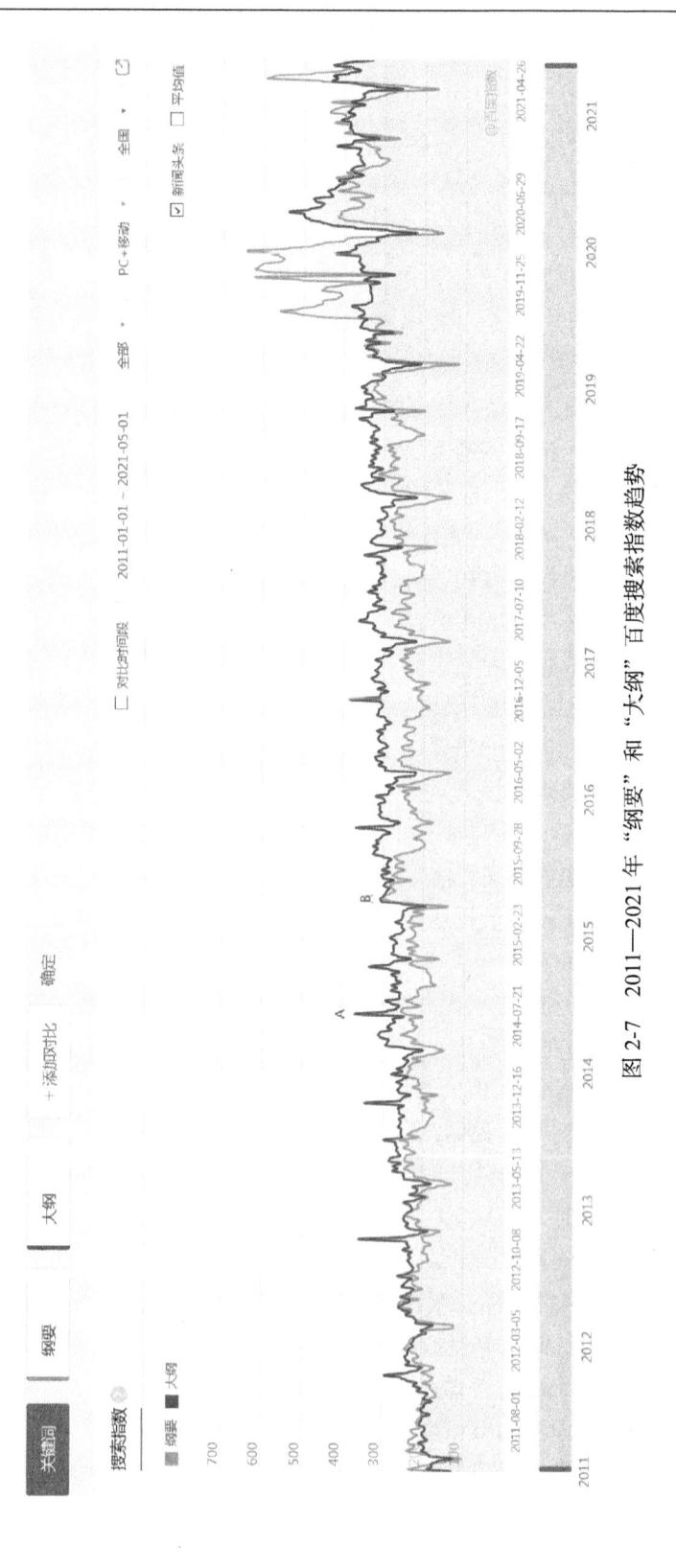

"大纲"和"纲要"实践翻译体现了我们"如无必要，勿增实体"的翻译原则。根据前面的分析，"《个人数据保护基本法制大纲》"翻译为 Outlines of Basic Legal System for Personal Data Protection。"《促进大数据发展行动纲要》"翻译为"*Action Outline on Promoting the Development of Big Data"。其他的相关翻译还包括"《国家信息化发展战略纲要》*Outline of National IT Development Strategy""《国家创新驱动发展战略纲要》*Outline of the National Strategy of Innovation-Driven Development""《国家中长期人才发展规划纲要（2010—2020 年）》*Outline of National Medium- and Long-Term Program for Talent Development（2010-2020）""《数字浙江建设规划纲要（2003—2007 年）》Planning Outline for Digital Zhejiang Construction（2003-2007）"。通过采用单复数形式区分"大纲"（outlines）和"纲要"（outline），我们在本系统中对同义关键词进行了规范性研究。

从以上的分析可以看出，规范性研究是术语研究的主流，这种区别性的排他研究确保了术语语义传递的非歧义性。

2.3.4 "兼顾描写"

大数据名词的汉外翻译是术语的跨语言再次命名，具有明显的语言特征，这一特点也决定了在研究方法上将无可避免地出现语言描写特性。

科学的研究方法可以产生科学的研究结果。研究方法的应用水平和综合程度会产生不同的研究效果和效能。从某种程度上说，术语理论的研究很多是依托研究方法展开的研究，坚实有效的研究方法会推进术语学发展。因此，我们在对大数据领域名词进行汉外翻译时，需要在关注"规范为主"的研究方法时，也关注"兼顾描写"的语言特征，使我们对大数据术语的描述更加清晰，翻译更加准确，逻辑性分析更加严密，最终让我们的术语研究内容更广泛，研究视角更新颖，研究思想更有深度。

术语翻译的描写特性通常是对约定俗成的语言特例的尊重。这种描写性研究方法是对现有语言现象的描述和叙述，并尝试从语言特例中解释语言共时和历时变化特点，更好地为语言的系统性服务。

名词翻译时，我们尽力避免拼音模式的使用，这种模式常导致语义传达的零效力。在英语传播中，如果为了翻译的便利性或简洁性，采用拼音模式未尝不可，但需要通过括号等形式将拼音未能传达的潜在语义进行显性化释义，以避免无效翻译的产生。"达意"是双语翻译的最基本原则。名词的翻译处理应该具有描写的特征，让读者能够从名词翻译中大体读懂该名词的大致意义。

从上述分析可以看出，研究方法的创新与否，以及创新综合程度高低，都会影响到研究的效果、效率和效能。我们提出的"以锚为准、轴为两翼，规范为主、兼顾描写"的研究方法是大数据名词汉外多语种翻译领域的一种创新。这种方法既关注了释义锚的选定，也关注了标准轴的规划；既强调了术语规范的重要性，也强调了规范之外描写特性的合理性。正如蒸汽技术研究方法代表的是第一次工业革命、电力技术研究方法代表的是第二次工业革命、计算机技术研究方法代表的是第三次工业革命一样，大数据领域的研究方法代表的是第四次工业革命。我们期待这种"以锚为准、轴为两翼，规范为主、兼顾描写"的研究方法继续推动大数据领域的发展，为科技进步和学术规范做出贡献。下面我们举例说明这种研究方法的应用。

2.3.5 研究方法应用举例

有效的研究方法只有在实践中得到检验才可能在科学研究中起到重要作用。我们提出的"以锚为准、轴为两翼，规范为主、兼顾描写"的研究方法可以在翻译实践中进行检验。

例如，"总体方案"和"规划"的翻译过程可以用来说明方法流程：①确定翻译锚和标准轴，进行释义和翻译选项的译前准备；②进行规范约定和描写分析，对术语进行译后统计和总结；③最后确定翻译结果。

由于名词的特性不同，我们下面分析"总体方案"翻译中的"以锚为准、轴为两翼"方法实践，分析"规划"翻译中的"规范为主、兼顾描写"方法实践。

2.3.5.1 "以锚为准"方法的应用举例

翻译锚没有提供"总体方案"的释义，但提供了"方案"的释义。

> 方案是从目的、要求、方式、方法、进度等都部署具体、周密，并有很强可操作性的计划。（百度百科"方案"词条）
>
> 方案是计划中内容最为复杂的一种。由于一些具有某种职能的具体工作比较复杂，不作全面部署不足以说明问题，因而公文内容构成势必繁琐一些，一般有指导思想、主要目标、工作重点、实施步骤、政策措施、具体要求等项目。（百度百科"方案"词条）

从释义可以看出，"方案"与"计划""项目"有着密切的联系。我们从翻译锚百度百科中得到了较为准确的释义信息，这些都帮助我们在后续的翻译中形成有效的翻译认知。"方案""计划""项目"近十年在百度检索指数中的趋势表现如图 2-8 所示。

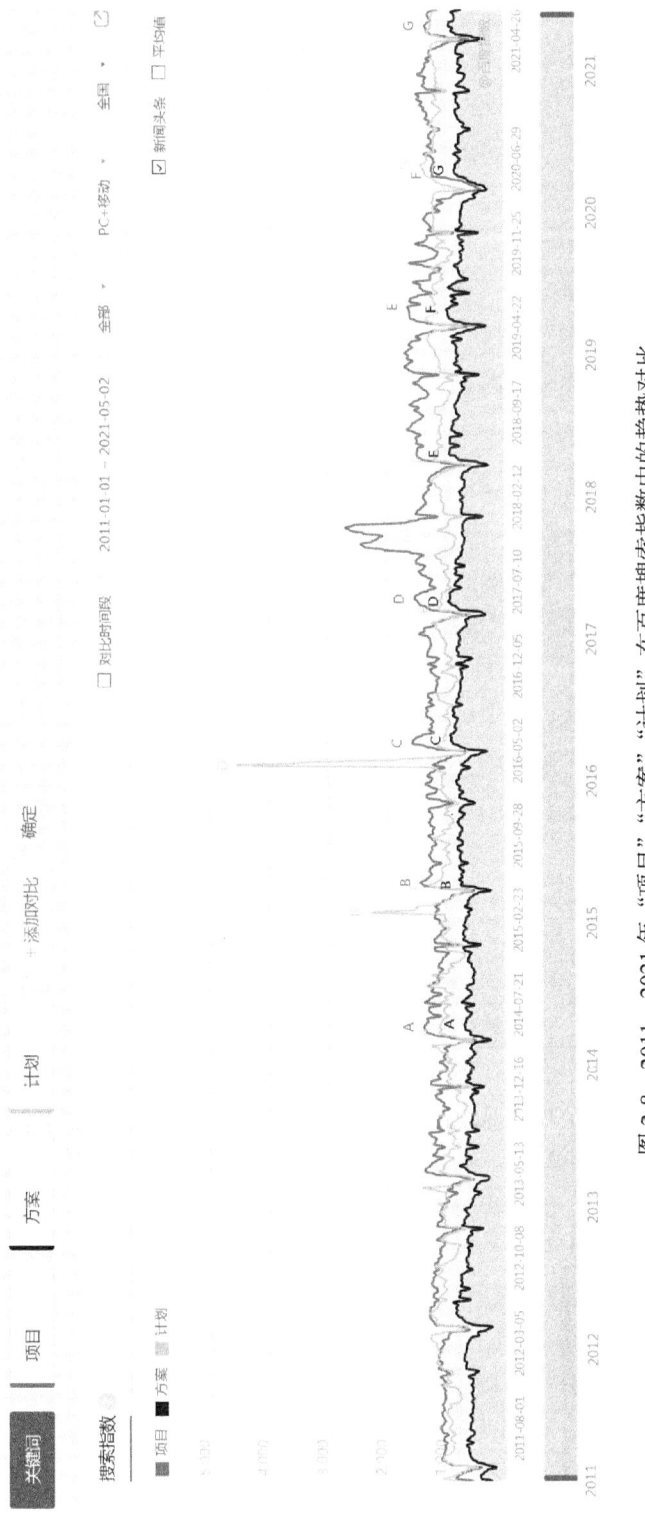

图 2-8 2011—2021 年 "项目" "方案" "计划" 在百度搜索指数中的趋势对比

从图 2-8 中可以看出,"计划"在 2015 年 2 月和 2016 年 4 月期间取得了显著的网络搜索量,之后都回落到均值以下。"项目"搜索量则在 2017 年年末有显著性增加。总体来看,近十年来"项目"在网络中的搜索量均稳居前列,"计划"搜索量居中,而"方案"的搜索量则一直处于较低水平。这说明"方案"在三个名词中偏向于专业词汇,网络使用率相对较低。

"总体方案"是对"方案"的进一步限定。我们在翻译"总体方案"时,需要考虑"方案"这一核心成分的选定。如何更准确地翻译,需要进入汉英标准轴中进行选定。

2.3.5.2 "轴为两翼"方法的应用举例

国内外翻译软件可以帮助汉英双语标准轴确定有效的翻译项。翻译软件的双向翻译可提升术语翻译的可验证性。例如,四个翻译软件的"总体方案"汉英翻译是不一致的(表 2-6),Google 翻译和百度翻译选项是 Overall plan,有道翻译为 The overall plan,DeepL 翻译为 Overall program。将所有的英语在同一软件中回译。Overall plan 在 Google 翻译和百度翻译回译后均为"总体规划",而且在百度翻译中随屏出现的还有"总体计划"的翻译。The overall plan 在有道翻译回译后为"总体计划"。Overall program 在 DeepL 翻译回译后为"总体方案"。

表 2-6 "总体方案"在翻译软件中的英译和回译结果对比

翻译软件	汉语	英译	回译
Google 翻译	总体方案	Overall plan	总体规划
百度翻译	总体方案	Overall plan	总体规划/总体计划
有道翻译	总体方案	The overall plan	总体计划
DeepL 翻译	总体方案	Overall program	总体方案

从表 2-6 中可以看出,回译方法的使用提升了翻译的可验证性。首先,"总体"的翻译是 overall,四个软件取得了一致性结果,值得采纳。其次,"计划""规划"通常翻译为 plan,这说明,将 plan 再确定为"方案"的英语翻译是不恰当的,容易增加歧义性,所以排除"方案 plan"这一选项。最后,DeepL 翻译软件将"方案"翻译为 program,是否恰当需要我们进一步研究。

从上面的分析可以看出,"总体方案"翻译过程的细致化研究采用的就是"以锚为准、轴为两翼"的有效流程,先后进行了翻译锚的释义查询、翻译软件的回译等分析。

2.3.5.3 "规范为主"方法的应用举例

通过前面提到的相似的"规划"译前分析方法,本系统甄别和验证了四个主要的同义词 plan、planning、program、programme。根据翻译系统的同场同模式原则,我们在本系统中规范了各个关键词的汉英翻译模式,四个英汉对照分别为"planning 规划""plan 计划""programme 节目""program 方案"。

这个根据同场同模式原则设定翻译模式的过程就是采用的"规范为主"的研究方法。这种规范设定是否符合规范,还要进入本系统中进行统计分析。我们以"规范"为例分析如何借助统计方法实现"规范为主、兼顾描写"。本系统中含关键词"规划"的词条英译统计见表 2-7。

表 2-7 含关键词"规划"的词条英译

汉语	英译
规划论	#programming theory
线性规划	#linear programming
整数规划	#integer programming
多目标规划	#multi-objective programming
动态规划	#dynamic programming
《英国数据能力发展战略规划》	*UK Strategic Plan for Data Capability Development
《大数据产业发展规划（2016—2020 年)》	Development Planning for Big Data Industry（2016-2020)
《智能制造发展规划（2016—2020 年)》	*Intelligent Manufacturing Development Plan（2016-2020)
《新一代人工智能发展规划》	*New Generation Artificial Intelligence Development Plan
《国家中长期人才发展规划纲要（2010—2020 年)》	*Outline of National Medium- and Long- Term Program for Talent Development（2010-2020)
《山西省大数据发展规划（2017—2020 年)》	Development Planning of Shanxi Province for Big Data（2017-2020)
《内蒙古自治区大数据发展总体规划（2017—2020 年)》	Overall Planning of Inner Mongolia Autonomous Region for Big Data Development（2017-2020)
《内蒙古自治区健康医疗大数据应用发展规划（2016—2020 年)》	Development Planning of Inner Mongolia Autonomous Region for Big Data Application in Health and Medical Care（2016-2020)
《数字浙江建设规划纲要（2003—2007 年)》	Planning Outline for Digital Zhejiang Construction（2003-2007)
《杭州城市数据大脑规划》	Planning of Hangzhou for City Data Brain
《"数字杭州"发展规划》	Development Planning for "Digital Hangzhou"
《安徽省"十三五"软件和大数据产业发展规划》	Development Planning of Anhui Province for "13th Five-Year" Software and Big Data Industry

续表

汉语	英译
《福建省"十三五"数字福建专项规划》	Special Planning of Fujian Province for "13th Five-Year" Digital Fujian
《厦门市大数据应用与产业发展规划（2015—2020年）》	Development Planning of Xiamen City for Big Data Application and Industry （2015-2020）
《河南省云计算和大数据"十三五"发展规划》	Development Planning of Henan Province for Cloud Computing and Big Data "13th Five-Year"
《湖北省云计算大数据发展"十三五"规划》	The 13th Five-Year Planning of Hubei Province for Cloud Computing and Big Data Development
《南宁市大数据建设发展规划（2016—2020）》	Development Planning of Nanning City for Big Data Construction （2016-2020）
《成都市大数据产业发展规划（2017—2025年）》	Development Planning of Chengdu City for Big Data Industry （2017-2025）
《贵州省大数据产业发展应用规划纲要（2014—2020年）》	Planning Outline of Guizhou Province for Big Data Industry Development and Application （2014-2020）
《贵州省数字经济发展规划（2017—2020年）》	Development Planning of Guizhou Province for Digital Economy （2017-2020）
《智能贵州发展规划（2017—2020年）》	Development Planning for Intelligent Guizhou （2017-2020）
《新疆维吾尔自治区云计算与大数据产业"十三五"发展专项规划》	Special Planning of Xinjiang Uygur Autonomous Region for "13th Five-Year" Development of Cloud Computing and Big Data Industry
【规划与标准】①	planning and standard
《"十三五"国家政务信息化工程建设规划》	Construction Planning for "13th Five-Year" National Government Affairs Informatization Project
《"十三五"国家战略性新兴产业发展规划》	Development Planning for "13th Five-Year" National Strategic Emerging Industry

从统计结果（表 2-7）可以看出，虽然我们规范设定了同义词的使用，但是，语言的社会性决定了翻译很难实现绝对的单一性，很多约定俗成的翻译项并没有使用我们预先规范设定的"规划 planning"。翻译模式的选择有时候是一种概率选择。后面我们将具体分析不同翻译项之间的分类表达。

对于已经约定俗成的翻译，我们遵从"名从主人"的翻译原则，此类词条通常是一级或二级词条。这种尊重原译的非规范性方法，就是"兼顾描写"的研究方法。

2.3.5.4 "兼顾描写"方法的应用举例

从上面的统计结果可以看出，对于尚未约定俗成的翻译，采用的是"规

---

① 方括号代表了一个主要分类，后续可能还有具体的同名名词，方括号表示上位的分类，而不是下位的具体名词。这是该词在词表中的原始状态。

范为主"的系统性约定,尽量从概率角度保证术语的单义性。但是,已经约定俗成的翻译项,需要兼顾描写特性,具体情况具体分析。总的来说,本书大数据名词域中汉语"规划"出现了四种主要的英语翻译模式,有规范性的也有描写性的:①"规划论、线性规划、整数规划、多目标规划、动态规划"等 5 个词条已约定俗成,描写特征明显,翻译模式为"规划 programming";②"《英国数据能力发展战略规划》《智能制造发展规划(2016—2020 年)》《新一代人工智能发展规划》"也是具有描写特征的翻译项,采用的翻译模式是"规划 plan";③"《国家中长期人才发展规划纲要(2010—2020 年)》"是政府机关提供的双语翻译,对"规划"的翻译是约定俗成的,符合语言描写特征,采用的是"规划 program";④除了以上三种情况,其他主流词条中采用的是规范约定,即符合我们先期对同义词的区分,将"规划"翻译为 planning。

通过上面"以锚为准、轴为两翼,规范为主、兼顾描写"研究方法的分析可知,术语研究是兼跨自然科学和人文科学的研究。充分释义是准确翻译的前提,汉英双翻译轴对应可避免语际偏差。术语单义性是主流规范模式,同时语言描写特性也需要兼顾。

2.4　多语种翻译特色构建

大数据名词汉外翻译研究是我国鲜有的涉及联合国六个工作语言的针对大数据领域名词的多语种研究,所形成的平行翻译特色也是近年来不多见的术语翻译研究,具有较为鲜明的突出特色。大数据名词具有释义的复杂性,部分中国特色的名词翻译也具有开创性。通过秉承尊重原译、系统分析、勿增实体等原则,本研究突出了四个主要的研究特色,包括"同场同模式""名从主人""对文则异,散文则通""多元对比"。

"同场同模式"是指在本书大数据名词翻译这个语义场中,相同的词条通常需要采用相同的翻译模式。为体现这一翻译特色,我们在进行术语翻译时,一般需要把词条进行切分,然后在本系统中进行统计分析,并根据概率情况选定符合要求的选项。如果没有已约定俗成的翻译项,我们就采用概率较大的选项。这个翻译特色,保证了翻译模式处于与主流一致的轨道中。如果不采用同场同模式,在翻译中很可能会出现纰漏。例如,我们在一本书中发现,"国家信息安全漏洞共享平台"(编号 84519)翻译为 China National Vulnerability Database(CNNVD)platform,而 "国家信息安全漏洞库"(编号 84518)翻译为 China National Vulnerability Database(CNVD),

这两个词条翻译就不符合同场同模式原则，翻译就出现了问题：①首先，编号 84519 中的"国家信息安全漏洞"与编号 84518 中的"国家信息安全漏洞库"不完全一致，后者多了"库"这一关键词，但是英语翻译却完全一致，均为 China National Vulnerability Database；②两个词条的英语一致，但缩略语却不同，China National Vulnerability Database 在编号 84519 中缩略为 CNNVD，而在编号 84518 中缩略为 CNVD；③编号 84519 中"共享平台"仅完成了"平台"的翻译，对"共享"没有译出。

"名从主人"是我们术语翻译中强调的第二个特色。术语命名或翻译不是纯粹的自然科学研究，也不是真值与否的对立研究，更不是对与错相对的研究，不能采取"一刀切"的方式，这种语言化的描写特色决定了术语需要尊重约定俗成的翻译选项。例如，在对部分国家机构的名称翻译中，我们发现很多机关提供了英语翻译，虽然从语言翻译角度来说，英语与汉语并没有实现高质量的对应，但是机构命名已经将汉语和英语进行了约定，对任何一方的调整都会导致所指的变化，也会导致交际失败。例如，"国家互联网信息办公室"非对应性翻译为 Cyberspace Administration of China。所以，"名从主人"是我们研究的又一特色。这一特色背后隐含的是译者为大量的网络搜索所付出的辛苦劳动。

"对文则异，散文则通"是我们研究的第三个特色。由于译者视角不同，翻译常在目标语中产生一定的同义现象。对于这种情况，我们采取的方法是"将同义词相比对并需要对其进行区分时，采用有区别性的翻译项；如果只是笼统地指称同义区间，不需要明确区分同义项，则不对同义词进行区分"，这种观点就是"对文则异，散文则通"。该特色观点的引进符合语言省力原则，便于不同语言使用者顺畅交流。例如，我们在 2020 年 7 月 23 日全国科学技术名词审定委员会推出的"第一批 108 条大数据新词"中发现，"数据产权"翻译为 data property right，其中，"权利 right"采用的是单数形式。但是，同时发布的这 108 个新词，其他的"权利"几乎无一例外地采用的是"权利 rights"复数形式。我们认为全国科学技术名词审定委员会采取的应该是"散文则通"的原则，即不区分"权利"的单复数情况，不将单复数作为区别性特征处理。我们在本系统中处理"权利"这一关键词时，如"数权主体 subject of data rights""数权客体 object of data rights""数据共享权 data sharing rights""数据财产权#data property rights"等均采用的是复数形式。但是，对于"《金融隐私权法》"这一约定俗成项的翻译，我们采用的就是"对文则异"，仍采用英语原文 Right to Financial Privacy Act。

"多元对比"是指我们的翻译不拘泥于一种方式或一种渠道，通过多元对比等手段筛选最为合适的翻译选项。例如，在"数据脱敏"的翻译过程中，我们就采用了多种渠道。

首先，我们从翻译锚中获取了"数据脱敏"的释义。

> 数据脱敏是指对某些敏感信息通过脱敏规则进行数据的变形，实现敏感隐私数据的可靠保护。在涉及客户安全数据或者一些商业性敏感数据的情况下，在不违反系统规则条件下，对真实数据进行改造并提供测试使用，如身份证号、手机号、卡号、客户号等个人信息都需要进行数据脱敏。（百度百科"数据脱敏"词条）

其次，我们进入英语网站查询了"数据脱敏"的释义"Data desensitization is used for removing personal privacy data in many fields, such as government, finance and electric power."，并通过原文发现"数据脱敏"在英语原译中为 data desensitization。

最后，我们将该英语翻译进入四大翻译软件中进行回译，产生了较好的回译效果。所以，将"数据脱敏"翻译为 data desensitization 是比较到位的翻译模式。

综上所述，我们所进行的大数据名词的多语种翻译研究具有较为鲜明的研究特色，主要包括：①同一关键词在同一语义场中应采取尽量相同的"同场同模式"翻译模式；②术语翻译的对应性原则服从"名从主人"的约定俗成原则；③秉承语言节省原则，对不构成显著区别特征的同义或近义翻译项不进行区分，即"散文则通"，对于具有显著区别特征的同义或近义翻译项则明确区分，即"对文则异"；④采用多渠道、多模式、多对照的多元翻译方式，确保翻译的准确性，即"多元对比"。

2.5 多语种翻译目标构建

我们在大数据名词的多语种翻译过程中完成了三个方面的主要任务：①通过大数据名词的全景式翻译，构建了大数据名词语义场；②完成了基于释义的大数据名词汉英、汉法、汉俄、汉西、汉阿对应性翻译；③制定了"以锚为准、轴为两翼"的翻译原则，并确立了"规范为主、兼顾描写"的翻译主线。

2.5.1 大数据名词语义场的构建

我们的术语翻译研究是有目的、有计划、有系统的。我们通过对大数据名词的分析综合和比较归纳，形成了特有的语义场。这种语义场构建模式便于我们对本系统中含同一关键词的词条进行分析和总结，对比翻译项的准确性，厘清源语与目标语的关系，把握跨语言翻译的本质，揭示多语种翻译的规律。

例如，含关键词"数字"的词条构建形成了特定的语义场，本系统中这个语义场的词条英译统计见表2-8。

表 2-8 含关键词"数字"的词条英译

汉语	英译	汉语	英译
"数字公民"试点	#"Digital Citizenship" pilot（project）	数字	digit
《数字经济》	#Digital Economy	数字认证	digital authentication
数字经济	#digital economy	数字中国	digital China
数字政府	#digital government	数字公民	digital citizen
数字劳动	#digital labor	数字信用体系	digital credit system
数字本体论	#digital ontology	数字货币时代	digital currency age
数字丝绸之路	#digital silk road	数字鸿沟	digital divide
数字社会	#digital society	数字红利	digital dividend
数字化虚拟人	#digitized virtual human	数字经济体	digital economies
法定数字货币	#legal digital currency	数字经济	digital economy
《数字单一市场战略》	*（EU）Digital Single Market Strategy	数字圈地	digital enclosure
英国政府数字服务小组	*（UK）Government Digital Service（GDS）Group	数字剥削	digital exploitation
21世纪数字丝绸之路	*21st Century Digital Silk Road	数字工厂项目	digital factory project
文字数字	*Alphanumeric（Character）	数字金融	digital finance
数字化生存	*Being Digital	数字金融模式	digital financial mode
《中国数字经济如何引领全球新趋势》	*China's Digital Economy: A Leading Global Force	数字金融系统	digital financial system
《数字议程（2014—2017年）》	*Digital Agenda 2014-2017	数字福建	digital Fujian
数字货币	*Digital Currency（DIGICCY）	数字福建（长乐）产业园	digital Fujian（Changle）industrial park
数字中国建设峰会	*Digital China Construction Summit	数字政府	digital government
《数字英国》	*Digital Britain	无酬数字劳动	unpaid digital labor

续表

汉语	英译	汉语	英译
《数字化密度指数》	*Digital Density Index	数字包容性	digital inclusion
《数字命运》	*Digital Destiny	数字产业	digital industry
《数字经济展望2017》	*Digital Economy Outlook 2017	数字化产业	digital industry
《数字经济战略（2015—2018年）》	*Digital Economy Strategy (2015-2018)	数字基础设施	digital infrastructure
《数字德国2015》	*Digital Germany 2015	数字素养	digital literacy
《数字政府》	*Digital Government	数字素养项目	digital literacy project
《数字（化）战略2025》	*Digital Strategy 2025	数字化记忆	digital memory
《数字化路线图》	*Digital Transformation Roadmap	数字原住民	digital native
《免费劳动：为数字经济生产文化》	*Free Labor: Producing Culture for the Digital Economy	数字扶贫	digital poverty alleviation
从数字鸿沟走向数字机遇	*From Digital Divide to Digital Opportunity	【数字人才】	digital talents
《二十国集团数字经济发展与合作倡议》	*G20 Digital Economy Development and Cooperation Initiative	数字轨迹	digital trajectory
《G20数字化路线图》	*G20 Roadmap for Digitalization	数字化转型	digital transformation
《数字（化）议程》	*The Digital Agenda	产业数字化	industrial digitization
《数字经济：智力互联时代的希望与风险》	*The Digital Economy: Promise and Peril in the Age of Networked Intelligence	数字能力	numerical ability
《数字经济2010年法案》	*Digital Economy Act 2010	《数字浙江建设规划纲要（2003—2007年）》	Planning Outline for Digital Zhejiang Construction (2003-2007)
《新兴的数字经济》	*The Emerging Digital Economy	《数字经济下的就业与人才研究报告》	Research Report on Employment and Talents in the Digital Economy
数字中国智库联盟	*Think Tank Alliance of Digital China	主权数字货币	sovereign digital currency
《英国数字战略2017》	*UK Digital Strategy 2017	主权数字政府	sovereign digital government
《填平数字鸿沟》	Bridging the Digital Divide	《福建省"十三五"数字福建专项规划》	Special Planning of Fujian Province for "13th Five-Year" Digital Fujian
《"数字杭州"发展规划》	Development Planning for "Digital Hangzhou"	符号数字	symbolic digit
《贵州省数字经济发展规划（2017—2020年）》	Development Planning of Guizhou Province for Digital Economy (2017-2020)	—	—

对表 2-8 进行分析可知，"数字"的翻译可以分为以下几类：①隐含在意义中，不直接译出，如专有名词"文字数字*Alphanumeric（Character）"，就通过词根-numeric 表达了数字的概念。②如果表示"可数的数字""系统的数概念""数系、数制"，则采用以 number 为词根的词。例如，"数字能力 numerical ability"，上例中的"数字"采用的也是这个词根。③表示"数字化的"，采用 digit-词根，如表 2-8 中主流的翻译都采用这种表示方法。由此可以看出，语义场分析方法可以系统性区分同义词，并通过概率筛选翻译项，提高了翻译的质量和准确度。

2.5.2 基于释义的汉外对应性翻译

术语翻译需具有二次甚至是多次翻译的可验证性。为保证多语种翻译的可复制性和可验证性，我们首先设定了以术语在线和百度百科为可提供释义的翻译锚，为可靠的释义提供了基础。其次，按照规范选定汉语和英语为两个翻译标准轴，其他语种参照执行。但是，语言的特点决定了翻译难以做到绝对的一致性。一种源语对应的目标语翻译可能有多个。这种一对多的翻译结果会造成源语和目标语的非对称性。这对术语翻译来说，应该极力避免。为了将这种非对称性降至最低，我们需要建立一个翻译规范，把本系统中的术语翻译纳入到这个翻译规范系统中，实现二次甚至是多次翻译的可验证性。

大数据名词翻译的系统性可保证翻译的一致性。系统性翻译可在审定或使用出现偏差时，保证这种偏差是系统性可回溯的，便于重新进行处理，避免了由于翻译的非系统性导致诸多翻译项的不可用。

此外，我们将充分利用网络词典（权威的，为科研人员认可且具有广泛使用性的词典）的便利性，在出现歧义或出现一对多术语翻译结果时，启动回译验证程序，从而实现源语和目标语的双向验证，并根据概率指向选定最后的翻译结果。如果在翻译过程中没有采用这种对应性翻译，可能会导致语际偏差。例如，我们在一本书中发现，编号为 84323 的"适度防范原则"翻译为 rightsizing（适化；规模优化；调整；裁员；系统的规模优化①），这种处理模式在释义与名词的对应性翻译方面值得商榷。相似的还有编号为 84320 的"数字证书认证中心"翻译为 certificate authority center，在英语翻译中缺失了"数字"的意义。

---

① https://fanyi.baidu.com/?aldtype=85&keyfrom=alading#en/zh/rightsizing.

2.5.3 "以锚为准、轴为两翼,规范为主、兼顾描写"的原则制定与主线确立

在前面的讨论中我们已经阐释了这种研究方法的创新性。正是基于这种方法,我们取得了较好的研究效果,实现了翻译模式的系统化,对较长词串的翻译制定了一致性原则。

例如,在政策文件的翻译中,特有的表达方式"若干意见""指导意见""总体方案"等需要提前确定下来,以免分散于本系统各处的类似表达出现不同翻译模式的情况,以保持同场同模式的系统性。

在大数据名词域中,"《关于运用大数据加强对市场主体服务和监管的若干意见》《郑州市人民政府关于促进大数据产业发展的若干意见》《关于推进公共信息资源开放的若干意见》"等都出现了"若干意见"的表述。对含"若干意见"的词条的翻译需要考虑系统一致性,本系统中含关键词"若干意见"的词条英译统计见表2-9。

表2-9 含关键词"若干意见"的词条英译

汉语	英译
《郑州市人民政府关于促进大数据产业发展的若干意见》	Several Opinions of Zhengzhou Municipal People's Government on Promoting Big Data Industry Development
《关于推进公共信息资源开放的若干意见》	Several Opinions on Promoting Public Information Resources Opening
《关于运用大数据加强对市场主体服务和监管的若干意见》	Several Opinions on Using Big Data to Strengthen Service and Supervision of Market Entities

从表2-9中可以看出,"若干意见"的翻译模式分成两部分:①"关于……的若干意见",翻译为Several Opinions on doing ...;②"……政府关于……的若干意见",翻译为Several Opinions of ... Government on doing ..."。

如果后续有类似的"若干意见"加入到本系统中,均可以采取类似的翻译模式。这种处理体现了翻译的系统性。

此外,在文件政策类的翻译中,"若干意见"和"指导意见"是有区别的。我们在系统性翻译时也将进行相应调整,相关的词条包括"《关于促进和规范健康医疗大数据应用发展的指导意见》《河南省人民政府关于推进云计算大数据开放合作的指导意见》《电子商务消费者保护指导意见》"等。本系统中含关键词"指导意见"的词条英译统计见表2-10。

表 2-10 含关键词"指导意见"的词条英译

汉语	英译
《电子商务消费者保护指导意见》	*The Guidelines for Consumer Protection in the Context of Electronic Commerce
《关于促进和规范健康医疗大数据应用发展的指导意见》	*Guiding Opinions on Promoting and Regulating the Application and Development of Big Data in Health and Medical Care
《关于推进水利大数据发展的指导意见》	Guiding Opinions on Promoting the Development of Water Conservancy Big Data
《国务院关于积极推进"互联网+"行动的指导意见》	*Guiding Opinions of the State Council on Actively Promoting the "Internet Plus" Action
《国务院关于深化"互联网+先进制造业"发展工业互联网的指导意见》	*Guidelines of the State Council of the People's Republic of China and the State Council on Deepening the "Internet + Advanced Manufacturing Industry" to Develop the Industrial Internet
《关于加快发展"大智移云"的指导意见》（河北）	Guiding Opinions on Accelerating the Development of "Great Wisdom Cloud Transfer"（Hebei）
《河南省人民政府关于推进云计算大数据开放合作的指导意见》	Guiding Opinions of Henan Provincial People's Government on Promoting Open Cooperation of Cloud Computing and Big Data
《云南省人民政府办公厅关于重点行业和领域大数据开放开发工作的指导意见》	Guiding Opinions of the General Office of Yunnan Provincial People's Government on Opening and Developing of Big Data in Key Industries and Fields
《关于促进互联网金融健康发展的指导意见》	*Guiding Opinions on Promoting the Healthy Development of Internet Finance
《关于加强非金融企业投资金融机构监管的指导意见》	*Guiding Opinions on Strengthening the Regulation of Investment of Non-Financial Enterprises in Financial Institutions

从表 2-10 的翻译模式系统性设定可以看出：①国外网站中的英语被翻译成中文时，"指导意见"通常是意译的，而不是直译的，这种模式是特例，一般不具有系统性，如在"《电子商务消费者保护指导意见》*The Guidelines for Consumer Protection in the Context of Electronic Commerce"中，"指导意见"采用的是 Guidelines；②"关于……的指导意见"翻译为 Guiding Opinions on doing …，如"《关于加强非金融企业投资金融机构监管的指导意见》*Guiding Opinions on Strengthening the Regulation of Investment of Non-Financial Enterprises in Financial Institutions"；③"……关于……的若干意见"翻译为 Guiding Opinions of … on doing …，如"《国务院关于积极推进'互联网+'行动的指导意见》*Guiding Opinions of the State Council on Actively Promoting the 'Internet Plus' Action"。所以，在确定"指导意见"的翻译模式时，我们选定概率更大的 Guiding Opinions 而没有使用 Guidelines。

在制定了"以锚为准、轴为两翼"翻译原则，并确立了"规范为主、兼顾描写"翻译主线之后，系统性翻译模式可以无限扩展。对于政策法规类名词来说，字符串越长，翻译时难度系数越大，不同的译者通常会有不同的翻译模式和侧重。这就要求我们在选定系统性模式时，尽量向有规范特征的专有名词靠拢。无法完全靠近时，参照翻译锚的释义和标准轴的对比，采纳概率较大的选项，最终确定更加准确的翻译项。

小　　结

本章主要对大数据名词多语种翻译的理论构建进行了讨论，强调了翻译的层次性、可验证性和系统性。

我们的研究是从汉语向其他五个联合国工作语言辐射的翻译研究，最后形成的是汉英、汉法、汉俄、汉西、汉阿的对应性翻译。所以，汉语是多语种翻译的首个翻译标准轴。汉语研究如果实现了有效的名词溯源和释义，则可以对后期多语种的平行翻译提供详析，利于其他语种参照翻译，避免出现理解性偏误。

英语的国际性和语系特性决定了其作为多语种翻译的第二个翻译标准轴。汉英标准轴的选定，为后续其他语种参照汉语和英语展开工作奠定了基础。汉英翻译过程中，结合汉语的释义，根据权威性、百科性、详释性、单一性、国际性、便利性等特征选定了术语在线和百度百科作为汉英翻译的知识库。同时，为了实现翻译的可验证性，辅助英语翻译，我们参考了国外的 Google 翻译软件和 DeepL 翻译软件，以及国内的百度翻译软件和有道翻译软件。

在大数据名词层次性处理方面，我们认为：在多语种翻译过程中，可根据各名词自身特性，将其划分为不同的名词层级。

星号 "*" 标记的名词为一级，专指已经形成约定俗成翻译模式的名词，在翻译中通常不对翻译项进行调整，采用"名从主人"原则，例如书名、文件名、政策名、省市名、单位机构名等。此类名词在英译时一般按照语法规则进行首字母大写。其他语种参照汉语和英语进行多语种翻译处理，原则上尊重原译并根据各自语种进行平行翻译。

井号 "#" 标记的名词为二级，这类名词的翻译项通常出现在词典翻译和网络使用中，虽然没有达到约定俗成的程度，但已形成了基本固定的翻译模式，本类名词翻译时首字母一般不需要大写。其他语种参照翻译时，可以根据实际情况略作调整。此为二级词条。

没有进行标记的名词为三级，该类名词既没有约定俗成的翻译模式，也没有在大众使用中得到基本确认，往往需要我们创新性翻译。处理此类名词时，我们需要参照一级和二级标记名词的翻译项，尽量做到系统性和一致性，向既有名词翻译项靠拢。

在多语种翻译方法的构建中，我们提出了"以锚为准、轴为两翼，规范为主、兼顾描写"的系统性翻译原则，并通过翻译实例采用翻译软件回译法、语料库多元法、解析器剖析法、百度搜索指数等方法进行了阐释。

在多语种翻译特色方面，"同场同模式""名从主人""对文则异，散文则通""多元对比"等为实现我们的翻译目标奠定了基础。具体目标包括：实现大数据关键名词语义场的全景构建；实现六个语种的大数据名词平行翻译；实现多语种翻译理念在翻译应用中的实践。

第3章 大数据名词汉英翻译研究

本章主要讨论大数据名词的汉英翻译，对翻译过程中需要特殊解释的名词进行系统性分析，并对存有多个翻译项的名词进行基于概率的选择。大数据名词在翻译过程中，涉及的项也具有层次性，根据汉语源语涉及项的结构我们可以将其分为语素类、单一名词类、双名词类和多名词类四个类别。下面我们将分别对不同类别中的特殊项进行分析和研究。为便于对应性查找，我们将讨论的名词按照音序排列，并同时为所有的大数据名词提供了附录1"大数据名词编码对照"，读者可以按照汉语音序在附录中查找到对应的编码，再通过编码查找到该名词在英语中的翻译（也可以通过该方法查找到其他语种翻译）。

3.1 汉英翻译中语素类研究

大数据名词的语素类研究是指对翻译过程中涉及的语素进行系统研究，限定语素翻译项，便于其他成分与语素相互结合，形成新的翻译项。对于不符合系统性原则且已具有约定俗成翻译的语素，则尊重原译。在大数据名词的语素研究中，我们对"语素"的划定是相对宽泛的，其目的是讨论大数据名词的构成成分，便于形成对构词成分的统一有效的翻译，这与语言学领域严格意义的"语素"定义有所不同。

例如，大数据名词涉及很多省市的管理机构名称，虽然我们看到的汉语语素是相同的，但是英译中采用的翻译项却是不同的，所以对"……市""……市政府""……市人民政府"等的翻译也不是简单的对应性翻译，我们需要根据英语表达习惯来斟酌和筛选用词。下面我们主要对"……法""……权""……省""……省人民政府""……省政府""……市""……市人民政府""……市政府""无人……""……云"进行讨论。

3.1.1 "……法"的翻译

"法（法律）"和"法案"的英语翻译有重合处。"法案act"是绝大多数国外原文使用的翻译项。在系统性翻译时，我们发现，从国外译入国内的一级专有名词的"法"和"法案"具有很高的重合度。本系统中"……法"词条英译统计见表3-1。

表 3-1　"……法"词条英译

汉语	英译	汉语	英译
《关键基础设施信息保护法》	*Critical Infrastructure Information Act	《个人信息保护法》（瑞典）	Personal Information Protection Act（Sweden）
《中华人民共和国统计法》	*Statistics Law of the People's Republic of China	《个人数据法》（瑞典）	*Personal Data Act（Sweden）
《中华人民共和国国家安全法》	*National Security Law of the People's Republic of China	《隐私法》	*Privacy Act
《中华人民共和国电子签名法》	*Electronic Signature Law of the People's Republic of China	《个人控制的电子健康记录法》	*Personally Controlled Electronic Health Records Act
《中华人民共和国网络安全法》	*Cybersecurity Law of the People's Republic of China	《个人信息保护和电子文件法》	*Personal Information Protection and Electronic Documents Act（PIPEDA）
《信息自由法》	*The Freedom of Information Act	《行政机关电子计算机自动化处理个人数据保护法》	Act of Administrative Authorities on Personal Data Protection in the Automatic Processing of Electronic Computers
《公平信用报告法》	*The Fair Credit Reporting Act	《关于行政机关所持有之个人信息保护审查会设置法》	Act on the Review Committee Establishment on the Protection of Personal Information Held by Administrative Authorities
《金融隐私权法》	*Right to Financial Privacy Act	《信息公开与个人信息保护审查会设置法》	Act on the Inspection Committee Establishment for the Information Disclosure and Personal Information Protection
《电子通信隐私法》	*Electronic Communications Privacy Act	《个人信息保护法》（日本）	*Act on the Protection of Personal Information（Japan）
《隐私权保护法》	*Privacy Protection Act	《个人号码法》	*Common Number Bill
《爱国者法》	*USA Patriot Act	《个人信息保护法》（韩国）	*Personal Information Protection Act（Korea）①
《联邦信息安全管理法》	*Federal Information Security Management Act（FISMA）	《信息通信促进法》	*Act on the Promotion of Information and Communications
《电报通信政策法》	*Cable Communications Policy Act	《信用信息利用和保护法》	*Credit Information Use and Protection Act
《录像隐私保护法》	*Video Privacy Protection Act	《位置信息使用与保护法》	*Act on the Protection, Use, etc. of Location Information

① Korea 是从网络检索的原文，"韩国"的规范英文为 Republic of Korea。

续表

汉语	英译	汉语	英译
《驾驶员隐私保护法》	*Driver's Privacy Protection Act	《政府机关个人信息保护法》	Personal Information Protection Act of Government Agencies
《健康保险携带和责任法》	*Health Insurance Portability and Accountability Act（HIPAA）	《信息通信网络利用和信息保护法》	*Act on the Promotion of Information and Communications Network Utilization and Information Protection
《儿童网上隐私保护法》	*Children's Online Privacy Protection Act	《金融实名往来和秘密保障法》	Act on Real-Name Financial Exchanges and Secret Protection
《计算机欺诈与滥用法》	*Computer Fraud and Abuse Act（CFAA）	《2000年信息技术法》	*Information Technology Act 2000
《数字千年著作权法》	*Digital Millennium Copyright Act（DMCA）	《1993年公共记录法》	*Public Records Act 1993
《信息、信息技术和信息保护法》	*Information, Information Technology and Information Protection Law	《征信公司法》	*Credit Information Companies（Regulation）Act 2005（CICRA）
《数据保护法》	*Data Protection Act	《网络治理法》	#Network Governance Act
《个人数据保护法》（英国）	*Data Protection Bill（UK）	《个人数据法》（瑞士）	*Personal Data Act（Switzerland）
《数据处理、数据文件及个人自由法》	*Data Processing, Data Files and Individual Liberties	《个人数据保护法》（马来西亚）	*Personal Data Protection Act（Malaysia）
《关于个人数据处理的个人保护法》	Personal Protection Act on the Processing of Personal Data	—	—

从表3-1中可以发现，本系统中"……法"的词条英译共有47个，主要分为四种形式：①act翻译项为39个，表3-1中绝大多数属于此类；②law翻译项为5个，包括"《信息、信息技术和信息保护法》*Information, Information Technology and Information Protection Law""《中华人民共和国网络安全法》*Cybersecurity Law of the People's Republic of China""《中华人民共和国电子签名法》*Electronic Signature Law of the People's Republic of China""《中华人民共和国国家安全法》*National Security Law of the People's Republic of China""《中华人民共和国统计法》*Statistics Law of the People's Republic of China"；③bill翻译项为2个，包括"《个人数据保护法》（英国）*Data Protection Bill（UK）""《个人号码法》*Common Number Bill"；④空位翻译项为1个，包括"《数据处理、数据文件及个人自由法》

*Data Processing，Data Files and Individual Liberties"。

卡方检验用于分析分类的正态分布状况,"法"的翻译项可通过统计学方法进行分析。卡方检验是自由分布统计,非正态分布时的非参数检验可以根据频数数据进行分析。非正态分布时,方差都是非齐性或者类似的。卡方检验可以很好地根据频数测定统计中是否存在偏好,即选择的分组项是否出现了较大的偏差。我们需要确定表 3-1 中"法"的四个分类是否具有显著性差异。如果具有显著性差异,则证明最优选的项是统计学意义上的优选项,在多语种平行翻译时,"法"就应该以此为首选。如果不具有显著性差异,翻译选择时则需要重新分析权重。卡方检验此处用于讨论分类是否呈正态分布。根据数值判断,非正态分布的卡方值会远超临界值,即分组具有显著性差异。

卡方检验需要考虑随机预期数量和实际观察数量的差异。从逻辑上来说,如果"法"的这四个翻译分类理论频数和实际得到的频数之间没有差异,那么,卡方值就是 0,"法"的四个翻译项就是相同的权重。相反,如果以"法 act"为主导的分类项频数达到或超过了卡方检验临界值,那么,这种频数分布是有倾向的,即"法 act"就是最可能的翻译优选项。具体的卡方统计公式见式(3-1):

$$\chi^2=\sum\frac{(O-E)^2}{E} \qquad (3\text{-}1)$$

式中,χ^2 为卡方值;$\sum$ 为连加求和符号;O 为观察频数;E 为预期频数。

根据式(3-1)我们可以看出:频数的计算是分类的,我们把"法"的翻译项分成四类,act/law/bill/zero,总频数是 47,分类频数分别是 39/5/2/1。每一个翻译项归类是排他的,只能选择一类。如果卡方检验证明频数不是随机分布且存在偏好模型,就说明存在翻译的优选项。"法"翻译项卡方检验见表 3-2。

表 3-2 "法"翻译项卡方检验

类别	act	law	bill	zero
O	39	5	2	1
E	11.75	11.75	11.75	11.75
$O-E$	27.25	−6.75	−9.75	−10.75
$(O-E)^2$	742.56	45.56	95.06	115.56
$(O-E)^2/E$	63.20	3.88	8.09	9.84
χ^2	85 ($p<0.05$)			

备注:在 0.05 水平下,$df=3$,临界值 7.82
结论:"法 act"具有显著差异

由表 3-2 可知，卡方值远远超出临界值，这说明分类是有明显偏好模型的，即经过统计学验证的"法 act"是翻译的优选项。这个结论与我们前期认为"法"和"法案"多有重合的分析是一致的。

此外，这 47 个翻译项还有如下特征：①我国国内权威翻译的"法"专有名词多使用 law，例如国家级的网络安全法、电子签名法、国家安全法、信息保护法、统计法等。国外译入我国的"法"专有名词多使用 act，例如瑞士等国的翻译等。②部分国家的"法"不区分 act、bill。例如，英国先后推出的两个数据保护法，采用了不同的词 act 和 bill 进行版本区分，专有名词分别是"《数据保护法》*Data Protection Act""《个人数据保护法》（英国）*Data Protection Bill（UK）"。

统计学支撑的"法 act"可用于相应翻译项的选择。从上面的分析可知，在国内原生的术语中，用于表示国家级的"法"才采用 law。大多数情况下行政类的"法"采用 act。这种用法与英语原生术语"法"是一致的。由此，我们认为，按照同场同模式原则，在同一系统内，应尊重该原则。对于非专有名词的行政类的"法"或"法（律）"宜采用 act。例如，"《关于保护行政机关所持有之个人信息的法律》Act on the Protection of Personal Information Held by Administrative Authorities""《关于保护独立行政法人等所持有之个人信息的法律》Act on the Protection of Personal Information Held by Independent Administrative Legal Persons"，这里的"法（律）"就是据此确定使用核心词 act 的。

3.1.2 "……权"的翻译

"……权"在本系统中有词汇化和非词汇化两种翻译模式。

首先，对于已经实现了词汇化的"权"，翻译中多不体现，往往采用隐含的方式处理。"权"可以是权利、权威、权限。经查询网络，"规则制定权"中的"权"多指称"权威"，国外翻译为 rule-making authority，形成"规则制定权 rules-making authority"。有时可以指"权限"，例如"账号权限管理及审批制度 account authority management and approval system"。在本系统中也有很多形成词汇化特征的翻译项。例如，"加权平均法#weighted averages method""量子霸权#quantum supremacy""国家数据主权 national data sovereignty""主权区块链*Sovereign Blockchain""主权数字政府 sovereign digital government""主权数字货币 sovereign digital currency""《权力的终结》*The End of Power""开放授权*Open Authorization（OAuth）""欧盟隐私权管理平台*EU Privacy Management Platform（PMP）""主权货

币#sovereign currency""超主权货币#super-sovereign currency""股权众筹#equity-based crowdfunding""债权众筹#lending-based crowdfunding""网络主权*Internet Sovereignty""领网权 territorial cyberspace sovereignty""域名主权*Domain Name Sovereignty""规则制定权#rules-making authority""美国无授权窃听计划 U.S. unauthorized eavesdropping plan""数据侵权 data infringement"等,对"权"的处理都是隐含的,形成了独有的词汇,如加权、霸权、主权、股权、授权、侵权等。

对于尚未实现词汇化的"权",在处理中需要翻译为"权利 rights/right"。对于 rights/right 单复数的选定,我们通过概率统计,并根据同场同模式原则分析,多数专有名词使用复数,少数使用单数,所以,多语种翻译时我们也大都采用复数形式,少数约定俗成的保留单数,例如"数据权#data rights""数权共享 data rights sharing""数据确权 data confirmation rights""数据版权管理*Data Right Management（DRM）""跨境流通数据资讯隐私权保护自律模式 self-discipline mode for privacy rights protection of cross-border circulation data information""数权法*Data Rights Law""数权 data rights""《金融隐私权法》*Right to Financial Privacy Act""《隐私权保护法》*Privacy Protection Act""《消费者隐私权法案》*The Consumer Privacy Bill of Rights""《数字千年著作权法》*Digital Millennium Copyright Act（DMCA）""数权主体 subject of data rights""数权客体 object of data rights""数据共享权 data sharing rights""数据财产权#data property rights""数据知情权#data rights to know""数据采集权 data collection rights""数据使用权#data rights of use""数据修改权 data modification rights""数据被遗忘权 data rights to be forgotten""删除权（data）rights to be deleted""数权法定制度 legal system of data rights""应然权利#idealistic rights""实然权利#actual rights""法定权利#legal rights""主权利#principal rights""从权利#secondary rights""公益数权制度 public interests system of data rights"等。本系统中 "……权"词条英译统计见表 3-3。

表 3-3 "……权"词条英译

汉语	英译	汉语	英译
加权平均法	#weighted averages method	数权主体	subject of data rights
量子霸权	#quantum supremacy	数权客体	object of data rights
数据权	#data rights	数据主权（法律）	data sovereignty（law）
数权共享	data rights sharing	数据共享权	data sharing rights

续表

汉语	英译	汉语	英译
国家数据主权	national data sovereignty	数据财产权	#data property rights
主权区块链	*Sovereign Blockchain	数据知情权	#data rights to know
主权数字政府	sovereign digital government	数据采集权	data collection rights
主权数字货币	sovereign digital currency	数据使用权	#data rights of use
《权力的终结》	*The End of Power	数据修改权	data modification rights
开放授权	*Open Authorization（OAuth）	数据被遗忘权	data rights to be forgotten
欧盟隐私权管理平台	*EU Privacy Management Platform（PMP）	删除权	(data) rights to be deleted
数据确权	data confirmation rights	数权制度	#data rights system
《贵阳大数据交易所数据确权暂行管理办法》	Interim Administrative Measures for Data Rights Confirmation in (Guiyang) Global Big Data Exchange	数权法定制度	legal system of data rights
主权货币	#sovereign currency	应然权利	#idealistic rights
超主权货币	#super-sovereign currency	实然权利	#actual rights
股权众筹	#equity-based crowdfunding	法定权利	#legal rights
债权众筹	#lending-based crowdfunding	数据所有权制度	#data ownership system
网络主权	*Internet Sovereignty	用益数权制度	usufructuary system of data rights
领网权	territorial cyberspace sovereignty	主权利	#principal rights
域名主权	*Domain Name Sovereignty	从权利	#secondary rights
规则制定权	#rules-making authority	公益数权制度	public interests system of data rights
美国无授权窃听计划	U.S. unauthorized eavesdropping plan	【数权法】	*Data Rights Law
数据侵权	data infringement	授权	#authorization
数据版权管理	*Data Right Management（DRM）	【中国的数据权益保护】	data rights and interests protection in China
账号权限管理及审批制度	account authority management and approval system	《信息网络传播权保护条例》	*Regulations on Protection of the Rights of Communication through Information Network
数据主权（政治）	data sovereignty（Politics）	【国外的数据权益保护】	data rights and interests protection abroad
数据霸权主义	data hegemonism	《金融隐私权法》	*Right to Financial Privacy Act
数字主权	digital sovereignty	《隐私权保护法》	*Privacy Protection Act
跨境流通数据资讯隐私权保护自律模式	self-discipline mode for privacy rights protection of cross-border circulation data information	《消费者隐私权法案》	*The Consumer Privacy Bill of Rights

续表

汉语	英译	汉语	英译
数权法	*Data Rights Law	《数字千年著作权法》	*Digital Millennium Copyright Act（DMCA）
数权	data rights	【国际组织的数据权益保护】	protection of data rights and interests of international organizations

从表 3-3 中可以看出：①对于在已经约定俗成的专有名词中使用的单数形式，尊重原译，不变更为复数，例如，"《金融隐私权法》*Right to Financial Privacy Act"；②已经词汇化的含"权"的词，已经发生了语义变化，不翻译为 right/rights，例如，"主权 sovereignty""霸权主义 hegemonism""授权#authorization""侵权 infringement"等。

3.1.3 "……省"的翻译

本系统涉及很多省份的翻译，但"……省""……省人民政府""……省政府"对"……省"的英语表达习惯是不同的。所以，我们需要根据情况提前设定对"……省"的翻译模式。这种先期分析并确定翻译模式的方法，后续还会在"……市... city""……市人民政府... Municipal People's Government""……市政府... Municipal Government"等翻译模式中体现。

以"山东省"为例，翻译软件对"山东省"英译和回译结果对比见表 3-4。

表 3-4 "山东省"在翻译软件中英译和回译结果对比

翻译软件	汉语	英译	回译
DeepL 翻译	山东省	Shandong Province	山东省
Google 翻译	山东省	Shandong Province	山东省
有道翻译	山东省	Shandong Province	山东
百度翻译	山东省	Shandong Province	山东省；山东省；省份；齐鲁大地

从表 3-4 中的翻译可以看出，"山东省"作为专有名词，首字母应该大写，而且，翻译为 Shandong Province 也是正确的。由此可知，"……省... Province"模式是符合系统性要求的。本系统中"……省"词条（不包括"……省人民政府""……省政府"词条）英译统计见表 3-5。

表 3-5 "……省"词条（不包括"……省人民政府""……省政府"词条）英译

汉语	英译
《河北省大数据产业创新发展三年行动计划（2018—2020 年）》	Three-Year Action Plan of Hebei Province for Big Data Industry Innovation and Development（2018-2020）
《山西省大数据发展规划（2017—2020 年）》	Development Planning of Shanxi Province for Big Data（2017-2020）
《山西省促进大数据发展应用的若干政策》	Several Policies of Shanxi Province on Promoting Big Data Development and Application
《江苏省大数据发展行动计划》	Action Plan of Jiangsu Province for Big Data Development
《江苏省云计算与大数据发展行动计划》	Action Plan of Jiangsu Province for Cloud Computing and Big Data Development
《浙江省促进大数据发展实施计划》	Implementation Plan of Zhejiang Province for Promoting Big Data Development
《安徽省"十三五"软件和大数据产业发展规划》	Development Planning of Anhui Province for "13th Five-Year" Software and Big Data Industry
《福建省促进大数据发展实施方案（2016—2020 年）》	Implementation Program of Fujian Province for Promoting Big Data Development（2016-2020）
《福建省"十三五"数字福建专项规划》	Special Planning of Fujian Province for "13th Five-Year" Digital Fujian
《江西省大数据发展行动计划》	Action Plan of Jiangxi Province for Big Data Development
《关于促进山东省大数据产业加快发展的意见》	Opinions of Shandong Province on Promoting and Accelerating Big Data Industry Development
《山东省推进农业大数据运用实施方案（2016—2020 年）》	Implementation Program of Shandong Province for Promoting the Use of Big Data in Agriculture（2016-2020）
《河南省云计算和大数据"十三五"发展规划》	Development Planning of Henan Province for Cloud Computing and Big Data "13th Five-Year"
《河南省大数据产业发展三年行动计划（2018—2020 年）》	Three-Year Action Plan of Henan Province for Big Data Industry Development（2018-2020）
《湖北省大数据发展行动计划（2016—2020 年）》	Action Plan of Hubei Province for Big Data Development（2016-2020）
《湖北省云计算大数据发展"十三五"规划》	The 13th Five-Year Planning of Hubei Province for Cloud Computing and Big Data Development
《广东省促进大数据发展行动计划（2016—2020 年）》	Action Plan of Guangdong Province for Promoting Big Data Development（2016-2020）
《海南省促进大数据发展实施方案》	Implementation Program of Hainan Province for Promoting Big Data Development
《四川省促进大数据发展工作方案》	Work Plan of Sichuan Province for Promoting Big Data Development
《贵州省大数据产业发展应用规划纲要（2014—2020 年）》	Planning Outline of Guizhou Province for Big Data Industry Development and Application（2014-2020）
《贵州省发展农业大数据助推脱贫攻坚三年行动方案（2017—2019 年）》	Three-Year Action Plan of Guizhou Province for Developing Big Data in Agriculture to Promote Poverty Alleviation（2017-2019）
《贵州省数字经济发展规划（2017—2020 年）》	Development Planning of Guizhou Province for Digital Economy（2017-2020）

续表

汉语	英译
陕西省西咸区创建软件和信息服务（大数据）示范基地	demonstration base of Xixian District of Shaanxi Province for software creation and information service（big data）
《陕西省大数据与云计算产业示范工程实施方案》	Implementation Program of Shaanxi Province for Demonstration Project of Big Data and Cloud Computing Industry
《甘肃省促进大数据发展三年行动计划（2017—2019年）》	Three-Year Action Plan of Gansu Province for Promoting Big Data Development（2017-2019）
辽宁省沈阳市大数据管理局	*Shenyang Municipal Bureau of Big Data（Liaoning Province）
浙江省数据管理中心	data management center of Zhejiang Province
浙江省宁波市大数据管理局	big data management bureau of Ningbo City，Zhejiang Province
浙江省杭州市数据资源管理局	data resources management bureau of Hangzhou City，Zhejiang Province
安徽省合肥市数据资源局	data resources bureau of Hefei City，Anhui Province
湖北省黄石市大数据管理局	big data management bureau of Huangshi City，Hubei Province
广东省大数据管理局	big data management bureau of Guangdong Province
广东省佛山市南海区数据统筹局	data statistics and planning bureau of Nanhai District，Foshan City，Guangdong Province
广东省广州市大数据管理局	big data management bureau of Guangzhou City，Guangdong Province
四川省成都市大数据管理局	big data management bureau of Chengdu City，Sichuan Province
贵州省大数据发展管理局	*Big Data Development Administration of Guizhou Province
贵州省贵阳市大数据发展管理委员会	big data development management committee of Guiyang City，Guizhou Province
云南省保山市大数据管理局	big data management bureau of Baoshan City，Yunnan Province
云南省昆明市大数据管理局	big data management bureau of Kunming City，Yunnan Province
陕西省咸阳市大数据管理局	big data management bureau of Xianyang City，Shaanxi Province
甘肃省兰州市大数据社会服务管理局	*Lanzhou Big Data Social Service Management Bureau in Gansu Province
甘肃省酒泉市大数据管理局	big data management bureau of Jiuquan City，Gansu Province
贵州省大数据产业专家咨询委员会	big data industry expert advisory committee of Guizhou Province
贵州省大数据标准化技术委员会	technical committee of Guizhou Province for big data standardization
山西省大数据发展联盟	*The Big Data Development Alliance of Shanxi Province
黑龙江省大数据产业联盟	*Heilongjiang Big Data Industrial Alliance
浙江省大数据应用技术产业联盟	big data application technology industry alliance of Zhejiang Province
安徽省大数据产业联盟	big data industry alliance of Anhui Province
陕西省大数据产业联盟	big data industry alliance of Shaanxi Province

续表

汉语	英译
甘肃省大数据产业技术创新联盟	big data industry technology innovation alliance of Gansu Province
河北省京津冀大数据产业协会	*Hebei Provincial Beijing-Tianjin-Hebei Association of Big Data Industry
山西省大数据产业协会	*Shanxi Big Data Industry Association（SXBIA）
浙江省大数据科技协会	*Zhejiang Big Data Technology Association（ZDTA）
广东省大数据协会	big data association of Guangdong Province
《山西省计算机信息系统安全保护条例》	Regulations of Shanxi Province on Computer Information System Safety Protection
《辽宁省计算机信息系统安全管理条例》	Regulations of Liaoning Province on the Management of Computer Information System Safety
《辽宁省信息技术标准化监督管理条例》	Regulations of Liaoning Province on the Supervision and Management of Information Technology Standardization
《黑龙江省经济信息市场管理条例》	Regulations of Heilongjiang Province on the Management of Economic Information Market
《湖南省经济信息市场管理条例》	Regulations of Hunan Province on the Management of Economic Information Market
《广东省企业信用信息公开条例》	Regulations of Guangdong Province on Enterprise Credit Information Disclosure
《广东省计算机信息系统安全保护条例》	Regulations of Guangdong Province on Computer Information System Safety Protection
《贵州省信息基础设施条例》	Regulations of Guizhou Province on Information Infrastructure
《贵州省大数据发展应用促进条例》	Regulations of Guizhou Province on Big Data Development and Application Promotion
《陕西省公共信用信息条例》	Regulations of Shaanxi Province on Public Credit Information
《河北省地理信息交换共享管理办法》	Administrative Measures of Hebei Province for Geographic Information Exchange and Sharing
《河北省政务信息资源共享管理规定》	Administrative Provisions of Hebei Province on Government Affairs Information Resources Sharing
《吉林省地理信息公共服务办法》	Measures of Jilin Province for Geographic Information Public Service
《江苏省测绘地理信息成果管理规定》	Administrative Provisions of Jiangsu Province on Surveying and Mapping Geographic Information Achievements
《浙江省地理空间数据交换和共享管理办法》	Administrative Measures of Zhejiang Province for Geo-Spatial Data Exchange and Sharing
《浙江省公共数据和电子政务管理办法》	Administrative Measures of Zhejiang Province for Public Data and E-Government Affairs
《福建省政务数据管理办法》	Administrative Measures of Fujian Province for Government Affairs Data
《湖南省地理空间数据管理办法》	Administrative Measures of Hunan Province for Geo-Spatial Data
《海南省政务信息化管理办法》	Administrative Measures of Hainan Province for Government Affairs Informatization

续表

汉语	英译
《四川省地理信息交换共享管理办法》	Administrative Measures of Sichuan Province for Geographic Information Exchange and Sharing
《青海省地理空间数据交换和共享管理办法》	Administrative Measures of Qinghai Province for Geo-Spatial Data Exchange and Sharing
《辽宁省政务信息资源共享管理暂行办法》	Administrative Interim Measures of Liaoning Province for Government Affairs Information Resources Sharing
《安徽省政务信息资源共享管理暂行办法》	Administrative Interim Measures of Anhui Province for Government Affairs Information Resources Sharing
《福建省政务信息共享管理办法》	Administrative Measures of Fujian Province for Government Affairs Information Sharing
《山东省政务信息资源共享管理办法》	Administrative Measures of Shandong Province for Government Affairs Information Resources Sharing
《湖北省地理空间信息数据交换和共享管理暂行办法》	Administrative Interim Measures of Hubei Province for Geo-Spatial Information Data Exchange and Sharing
《湖南省政务领域信用信息记录征集管理暂行办法》	Administrative Interim Measures of Hunan Province for Recording, Expropriating and Collecting of Government Affairs Domain Credit Information
《贵州省政务数据资源管理暂行办法》	Administrative Interim Measures of Guizhou Province for Government Affairs Data Resources

表 3-5 对"……省"(不包括"……省人民政府""……省政府"中的"省")进行了一致性翻译,多数情况下都翻译为... Province。但是,也有例外情况存在。一般来说,对于已经约定俗成的翻译项的机构名称,即使出现了与系统翻译不吻合的情况,也需要尊重原译。由于各个省的命名没有重合,所以,即使不添加"省",在使用时也不会出现歧义。这就导致部分语言使用的部门或机构省略了"省"字,或者采用 province 的形容词态 provincial 进行语义表达。这种情况包括"河北省京津冀大数据产业协会*Hebei Provincial Beijing-Tianjin-Hebei Association of Big Data Industry""山西省大数据产业协会*Shanxi Big Data Industry Association(SXBIA)""浙江省大数据科技协会*Zhejiang Big Data Technology Association(ZDTA)""黑龙江省大数据产业联盟*Heilongjiang Big Data Industrial Alliance"。

所以,"……省"(不包括"……省人民政府""……省政府"中的"……省")主要翻译为... Province;部分约定俗成的名词项对"省"省略不翻译。我们在多语种翻译时,不采用省略法,尽量实现翻译的"信、达、雅"。

3.1.4 "……省人民政府"的翻译

关键词"……省人民政府"的翻译模式需要先行确定。以"山东省人民政府"为例,翻译软件英译和回译结果见表 3-6。

表 3-6 "山东省人民政府"在翻译软件中的英译和回译结果对比

翻译软件	汉语	英译	回译
DeepL 翻译	山东省人民政府	People's Government of Shandong Province	山东省人民政府
Google 翻译	山东省人民政府	Shandong Provincial People's Government	山东省人民政府
有道翻译	山东省人民政府	People's Government of Shandong Province	山东省人民政府
百度翻译	山东省人民政府	Shandong Provincial People's Government	山东省人民政府

从表 3-6 中可以看出,"山东省人民政府"的英译和回译指向性比较明显,有一半翻译为 Shandong Provincial People's Government,由于是专有名词,均进行了首字母大写。

我们的大数据名词域中"……省人民政府"的翻译项经统计共有三项:"《山东省人民政府关于促进大数据发展的意见》Opinions of Shandong Provincial People's Government on Promoting Big Data Development""《河南省人民政府关于推进云计算大数据开放合作的指导意见》Guiding Opinions of Henan Provincial People's Government on Promoting Open Cooperation of Cloud Computing and Big Data""《云南省人民政府办公厅关于重点行业和领域大数据开放开发工作的指导意见》Guiding Opinions of the General Office of Yunnan Provincial People's Government on Opening and Developing of Big Data in Key Industries and Fields"。本系统中的翻译也都体现了一致性原则,均采用"……省人民政府... Provincial People's Government"的翻译模式。

综上,"……省人民政府"翻译为... Provincial People's Government。

3.1.5 "……省政府"的翻译

我们前面已经区分了"……省人民政府... Provincial People's Government""……省... Province",下面对"……省政府"进行分析。我们仍以"山东省政府"为例,"山东省政府"英译和回译结果对比见表 3-7。

表 3-7 "山东省政府"在翻译软件中的英译和回译结果对比

翻译软件	汉语	英译	回译
DeepL 翻译	山东省政府	Shandong Provincial Government	山东省政府
Google 翻译	山东省政府	Shandong Provincial Government	山东省政府
有道翻译	山东省政府	Shandong Provincial Government	山东省政府
百度翻译	山东省政府	Shandong Provincial Government	山东省政府

在表 3-7 英译和回译中,"……省政府"翻译较为一致地指向...Provincial Government。这种情况与后续我们要讨论的"……市人民政府...Municipal People's Government""……市政府... Municipal Government"的区分是一致的。可以看出,"……省人民政府... Provincial People's Government"与"……省政府... Provincial Government"有一定区分,而与"……省... Province"也有不同。

在本系统中,"……省政府"词条共有两个,包括"贵州省政府数据开放平台 platform of Guizhou Provincial Government for data opening""《江苏省政府信息化服务管理办法》Administrative Measures of Jiangsu Provincial Government for Informatization Service"。在名词"贵州省政府数据开放平台"中"贵州省政府"是专有名词,所以进行了首字母大写,其他部分是常规翻译,所以进行了小写处理。

3.1.6 "……市"的翻译

需要提前设定对"……市"的翻译模式。

翻译锚在释义中虽然没有提供英译,但对"市"的解释是非常清楚的。

> 市,是中国行政区划之一,通常根据行政地位的不同,分为属省级行政区的直辖市、属地级行政区的地级市、属县级行政区的县级市。2014 年 8 月 25 日立法修正案草案提请十二届全国人大常委会第十次会议审议,过去 49 个较大的市才享有的地方立法权,草案扩大至 282 个设区的市。截至 2020 年底,中国共计 685 个市,包括 4 个直辖市、293 个地级市、388 个县级市。(百度百科"市"词条)

"市"在翻译软件中提供了多个表达方式。我们以"青岛市"为例,找寻翻译的一致性。四个翻译软件主要提供了 Qingdao、The City of Qingdao、Qingdao Municipality、Qingdao City 这几个表达方式。

首先,我们认为采用隐含的方式,不翻译"市"是不妥切的。否则,"青岛"和"青岛市"在词条中就不具有差异性,不进行区分不符合我们词条翻译的一致性原则。我们需要根据汉语的变动增添或删减英语的对应词,即不采用"青岛市 Qingdao"模式。

其次,The City of Qingdao 这种模式适合单独指称"青岛市",如果放到"……市"的词头表述中,这种模式词串较长,使用便利性较差。

最后，municipality多指称的是"直辖市""自治市"，与我们普通情况下对"……市"的理解具有语义上的偏差，即municipality比city语义指称范围要小。

所以，我们认为"青岛市Qingdao City"较为妥切，既能够实现对"市"的翻译，也能较好地广泛性指称"……市"，而且，也为用于词头表达提供了便利，即单独的"……市"我们翻译为... City。

本系统中含"……市"（不含"……市人民政府"）的名词的英译统计见表3-8。

表3-8　"……市"词条英译

汉语	英译
《北京市大数据和云计算发展行动计划（2016—2020年）》	Action Plan of Beijing City for Development of Big Data and Cloud Computing（2016-2020）
《石家庄市关于加快推进"大智移云"的实施方案》	Implementation Program of Shijiazhuang City for Accelerating and Promoting "Great Wisdom Cloud Transfer"
《呼和浩特市促进大数据发展应用若干政策》	Several Policies of Huhhot City on Promoting Big Data Development and Application
《沈阳市促进大数据发展三年行动计划（2016—2018年）》	Three-Year Action Plan of Shenyang City for Promoting Big Data Development（2016-2018）
【上海市】	*Shanghai City
《上海市大数据发展实施意见》	Implementation Opinions of Shanghai City on Big Data Development
《南京市促进大数据发展三年行动计划（2016—2018年）》	Three-Year Action Plan of Nanjing City for Promoting Big Data Development（2016-2018）
《杭州市建设全国云计算和大数据产业中心三年行动计划（2015—2017年）》	Three-Year Action Plan of Hangzhou City for Building National Cloud Computing and Big Data Industry Center（2015-2017）
《合肥市大数据发展行动纲要（2016—2020年）》	Action Outline of Hefei City for Big Data Development（2016-2020）
《厦门市促进大数据发展工作实施方案》	Work Implementation Program of Xiamen City for Promoting Big Data Development
《厦门市大数据应用与产业发展规划（2015—2020年）》	Development Planning of Xiamen City for Big Data Application and Industry（2015-2020）
《济南市数创公社2020发展行动计划》	Development Action Plan of Jinan City for Big Data Innovation Commune 2020
《郑州市促进大数据发展行动计划》	Action Plan of Zhengzhou City for Promoting Big Data Development
《武汉市大数据产业发展行动计划（2014—2018年）》	Action Plan of Wuhan City for Big Data Industry Development（2014-2018）
《长沙市加快发展大数据产业（2017—2020年）行动计划》	Action Plan of Changsha City for Accelerating and Developing Big Data Industry（2017-2020）
《深圳市促进大数据发展行动计划（2016—2018年）》	Action Plan of Shenzhen City for Promoting Big Data Development（2016-2018）

续表

汉语	英译
《南宁市大数据建设发展规划（2016—2020）》	Development Planning of Nanning City for Big Data Construction（2016-2020）
《钦州市加快云计算及大数据产业发展的实施方案》	Implementation Program of Qinzhou City for Accelerating Cloud Computing and Big Data Industry Development
【重庆市】	*Chongqing City
《重庆市大数据行动计划》	Action Plan of Chongqing City for Big Data
《成都市大数据产业发展规划（2017—2025年)》	Development Planning of Chengdu City for Big Data Industry（2017-2025）
《成都市促进大数据产业发展专项政策》	Special Policies of Chengdu City for Promoting Big Data Industry Development
《贵阳市大数据标准建设实施方案》	Implementation Program of Guiyang City for Big Data Standard Construction
《西安市大数据产业发展实施方案（2017—2021年)》	Implementation Program of Xi'an City for Big Data Industry Development（2017-2021）
《西安市发展硬科技产业十条措施》	Ten Measures of Xi'an City for Developing Hard and Core Technologies Industry
北京市政务数据资源网	network of Beijing City for government affairs data resources
武汉市政务公开数据服务网	network of Wuhan City for government affairs data opening service
佛山市数据开放平台	platform of Foshan City for data opening
浙江省宁波市大数据管理局	big data management bureau of Ningbo City，Zhejiang Province
浙江省杭州市数据资源管理局	data resources management bureau of Hangzhou City，Zhejiang Province
安徽省合肥市数据资源局	data resources bureau of Hefei City，Anhui Province
湖北省黄石市大数据管理局	big data management bureau of Huangshi City，Hubei Province
广东省佛山市南海区数据统筹局	data statistics and planning bureau of Nanhai District，Foshan City，Guangdong Province
广东省广州市大数据管理局	big data management bureau of Guangzhou City，Guangdong Province
四川省成都市大数据管理局	big data management bureau of Chengdu City，Sichuan Province
贵州省贵阳市大数据发展管理委员会	big data development management committee of Guiyang City，Guizhou Province
云南省保山市大数据管理局	big data management bureau of Baoshan City，Yunnan Province
云南省昆明市大数据管理局	big data management bureau of Kunming City，Yunnan Province
陕西省咸阳市大数据管理局	big data management bureau of Xianyang City，Shaanxi Province
甘肃省兰州市大数据社会服务管理局	*Lanzhou Big Data Social Service Management Bureau in Gansu Province
甘肃省酒泉市大数据管理局	big data management bureau of Jiuquan City，Gansu Province
宁夏回族自治区银川市大数据管理服务局	big data management service bureau of Yinchuan City，Ningxia Hui Autonomous Region

续表

宁夏回族自治区中卫市云计算和大数据发展服务局	cloud computing and big data development service bureau of Zhongwei City, Ningxia Hui Autonomous Region
天津市大数据联盟	big data alliance of Tianjin City
杭州市云计算与大数据协会	*Hangzhou Cloud Computing & Big Data Association
深圳市大数据产业协会	*Association of Big Data（Shenzhen）（SZ-ABD）
深圳市大数据研究与应用协会	*Shenzhen Big Data Research and Development Association
东莞市大数据协会	big data association of Dongguan City
佛山市云计算大数据协会	cloud computing and big data association of Foshan City
重庆市云计算和大数据产业协会	*Chongqing Cloud Computing and Big Data Industry Association
深圳市大数据研究院	*Shenzhen Research Institute of Big Data
北京市公共服务一卡通平台	*Beijing City Social Services Card（Beijing Card）Platform
《重庆市计算机信息系统安全保护条例》	Regulations of Chongqing City on Computer Information System Safety Protection
《贵阳市大数据安全管理条例》	Regulations of Guiyang City on the Management of Big Data Security
《重庆市地理信息公共服务管理办法》	Administrative Measures of Chongqing City for Geographic Information Public Service
《上海市政务数据资源共享管理办法》	Administrative Measures of Shanghai City for Government Affairs Data Resources Sharing
《上海市法人信息共享与应用系统管理办法》	Administrative Measures of Shanghai City for Legal Person Information Sharing and Application System
《杭州市政务数据资源共享管理暂行办法》	Administrative Interim Measures of Hangzhou City for Government Affairs Data Resources Sharing
《福州市政务数据资源管理暂行办法》	Administrative Interim Measures of Fuzhou City for Government Affairs Data Resources
《武汉市政务数据资源共享管理暂行办法》	Administrative Interim Measures of Wuhan City for Government Affairs Data Resources Sharing

表 3-8 中可见，"……市"多数情况下都是翻译为… City，符合我们前面分析的翻译模式。

但是，在语言的实际应用中，也出现了其他的约定俗成翻译。对于这种已经约定俗成的表达方式，需要尊重原译。例如，在"杭州市云计算与大数据协会*Hangzhou Cloud Computing & Big Data Association""深圳市大数据产业协会*Association of Big Data（Shenzhen）（SZ-ABD）""深圳市大数据研究与应用协会*Shenzhen Big Data Research and Development Association""重庆市云计算和大数据产业协会*Chongqing Cloud Computing and Big Data Industry Association""深圳市大数据研究院*Shenzhen Research Institute of Big Data"这些词条中，"市"采用隐含意义的方法进

行翻译，翻译项中没有出现"市"的对应性翻译。我们尊重这些专有名词的命名原译，不进行修改。

综上所述，我们采用"……市/... City"的翻译模式。

3.1.7 "……市人民政府"的翻译

需要提前设定"……市人民政府"的翻译模式。

我们在翻译词条时发现，本系统中存在大量的"……市人民政府"的表达，例如"青岛市人民政府""石家庄市人民政府""宁波市人民政府"等。为保证系统翻译的一致性，我们需要对这种模式进行设定，以符合"同场同模式"原则，避免出现相同表达采用不同翻译结果的情况。我们先来对比一下翻译软件中"青岛市人民政府"的英译和回译结果（表3-9）。

表3-9 "青岛市人民政府"在翻译软件中的英译和回译结果对比

翻译软件	汉语	英译	回译
DeepL 翻译	青岛市人民政府	Qingdao Municipal People's Government	青岛市人民政府
		People's Government of Qingdao City	青岛市人民政府
		Qingdao Municipal Government	青岛市政府
Google 翻译	青岛市人民政府	Qingdao Municipal People's Government	青岛市人民政府
有道翻译	青岛市人民政府	Qingdao Municipal People's Government	青岛市人民政府
百度翻译	青岛市人民政府	Qingdao Municipal People's Government	青岛市人民政府

表3-9中，"青岛市人民政府"的英译和回译基本上取得了一致性结果，即 Qingdao Municipal People's Government，由于该词条是专有名词，四个软件都进行了首字母大写。从这个翻译可以看出"市"对应的是 Municipal（市政的），而没有采用 City。"青岛市"和"青岛市人民政府"虽然都有"市"这个关键词，但由于语境不同，英译是不同的。本系统中"……市人民政府"词条的英译统计见表3-10。

表3-10 "……市人民政府"词条的英译

汉语	英译
《石家庄市人民政府关于推进大数据发展的实施意见》	Implementation Opinions of Shijiazhuang Municipal People's Government on Promoting Big Data Development
《宁波市人民政府关于推进大数据发展的实施意见》	Implementation Opinions of Ningbo Municipal People's Government on Promoting Big Data Development
《青岛市人民政府关于促进大数据发展的实施意见》	Implementation Opinions of Qingdao Municipal People's Government on Promoting Big Data Development

续表

汉语	英译
《郑州市人民政府关于促进大数据产业发展的若干意见》	Several Opinions of Zhengzhou Municipal People's Government on Promoting Big Data Industry Development
《武汉市人民政府关于加快大数据推广应用促进大数据产业发展的意见》	Opinions of Wuhan Municipal People's Government on Accelerating Spread and Application of Big Data and Promoting Big Data Industry Development
《广州市人民政府办公厅关于促进大数据发展的实施意见》	Implementation Opinions of the General Office of Guangzhou Municipal People's Government on Promoting Big Data Development
《泸州市人民政府关于加快大数据产业发展的实施意见》	Implementation Opinions of Luzhou Municipal People's Government on Accelerating Big Data Industry Development
《中共贵阳市委 贵阳市人民政府关于加快建成"中国数谷"的实施意见》	Implementation Opinions of Guiyang Municipal Committee of the CPC & Guiyang Municipal People's Government on Accelerating the Construction of "China Data Valley"
《兰州市人民政府关于促进大数据发展的实施意见》	Implementation Opinions of Lanzhou Municipal People's Government on Promoting Big Data Development

从表 3-10 中可以看出,"石家庄市人民政府 Shijiazhuang Municipal People's Government""宁波市人民政府 Ningbo Municipal People's Government""青岛市人民政府 Qingdao Municipal People's Government""郑州市人民政府 Zhengzhou Municipal People's Government""武汉市人民政府 Wuhan Municipal People's Government""广州市人民政府 Guangzhou Municipal People's Government""泸州市人民政府 Luzhou Municipal People's Government""贵阳市人民政府 Guiyang Municipal People's Government""兰州市人民政府 Lanzhou Municipal People's Government"都采用了一致性的翻译结果,形成了"……市人民政府... Municipal People's Government"的翻译模式。这种模式符合系统性翻译原则,是可行、有效的。

综上,"……市人民政府"翻译为... Municipal People's Government。

3.1.8 "……市政府"的翻译

不同的关键词对应不同的翻译模式。前面我们讨论了"……市人民政府... Municipal People's Government""……市... City"的翻译模式,虽然都含有"市",但是在不同的表达中翻译选项也是不同的。与这两个关键词类似的另一个是"……市政府"的翻译。为便于与"青岛市人民政府""青岛市"翻译项进行对比,我们仍以"青岛市政府"为例进行讨论,翻译软件中"青岛市政府"英译和回译结果对比见表 3-11。

表 3-11 "青岛市政府"在翻译软件中的英译和回译结果对比

翻译软件	汉语	英译	回译
DeepL 翻译	青岛市政府	Qingdao Municipal Government	青岛市政府
		Qingdao City Government	青岛市政府
		Qingdao City Hall	青岛市政府
Google 翻译	青岛市政府	Qingdao Municipal Government	青岛市政府
有道翻译	青岛市政府	Qingdao Municipal Government	青岛市政府
百度翻译	青岛市政府	Qingdao Municipal Government	青岛市政府

从表 3-11 中可见,"青岛市政府"的翻译是一致的,都翻译为 Qingdao Municipal Government,而且作为专有名词,首字母都进行了大写处理。在本系统的一致性翻译中,也都采用这一翻译模式。本系统中"……市政府"词条的英译统计见表 3-12。

表 3-12 "……市政府"词条的英译

汉语	英译
哈尔滨市政府数据开放平台	platform of Harbin Municipal Government for data opening
上海市政府数据服务网	network of Shanghai Municipal Government for data service
无锡市政府数据服务网	network of Wuxi Municipal Government for data service
广州市政府数据统一开放平台	#open Guangzhou Municipal Government platform for government data
深圳市政府数据开放平台	platform of Shenzhen Municipal Government for data opening
肇庆市政府数据开放平台	platform of Zhaoqing Municipal Government for data opening
贵阳市政府数据开放平台	platform of Guiyang Municipal Government for data opening
《贵阳市政府数据共享开放条例》	Regulations of Guiyang Municipal Government on Data Sharing and Opening
《贵阳市政府数据资源管理办法》	Administrative Measures of Guiyang Municipal Government for Data Resources

表 3-12 的翻译中,各个"……市政府"都采取了"同场同模式"的翻译… Municipal Government,符合术语翻译原则,体现了系统性特征,我们在后续翻译中采用该模式。

从前面对"……市人民政府… Municipal People's Government""……市… City""……市政府… Municipal Government"的分析可以看出,对术语的翻译不是简单的直译,而需要考虑本系统中关键词翻译项的一致性。一个新的术语加入系统,如果不是约定俗成的专有名词,其翻译都应该遵守一致性原则,避免出现前后翻译相互掣肘的情况。

至此,我们系统性地区分了"省政府""市政府""市人民政府"这三者的翻译:①"……省政府… Provincial Government""……市政府…

Municipal Government"；②"……省人民政府... Provincial People's Government""……市人民政府... Municipal People's Government"；③"……省... Province""……市... City"。这种区分为本系统关键词的翻译提供了可参考的模式，符合"同场同模式"翻译原则。同时，我们也要关注标注为一级词条的专有名词，对其采用"名从主人"原则，尊重原译。这种规范与描写的有效结合，既达到了语言规范化翻译的要求，也实现了语言描写的顺承性。

3.1.9 "无人……"的翻译

"无人"在本系统中有三种不同的翻译：①采用形容词态，翻译为 unmanned，例如，"无人零售*Unmanned Retail"。该翻译源自书名的英语翻译，即机械工业出版社 2018 年版的《无人零售：技术驱动商业变革》。②采用名词态，翻译为 self service。来自翻译锚百度百科中对"自动银行"的英译 self service bank 和网络中对"无人超市"的常用英译 self service supermarket。自动银行"是指不需要银行职员帮助、顾客通过电子计算机设备实现自我服务的银行"（百度百科"自动银行"词条）；无人超市中"负责收钱的不是营业员，而是一个保险箱或者投币盒。顾客选购商品后，按照上面的标价把钱投到保险箱或者投币盒，一笔生意就完成了"（百度百科"无人超市"词条）。③采用形容词态，翻译为 pilotless。"无人驾驶"在网络中有广泛的使用，翻译项也相对较多，其中，"无人驾驶#pilotless driving"是使用较多的一个选项。

从翻译结果可以看出，"无人"的三种翻译各有侧重：①服务类的如银行或超市，采用表示自助的 self service；②自动驾驶，强调的是没有驾驶员的状态，采用 pilotless 这一形容词态；③自动零售，使用的是没有人类参与这样的表述，采用 unmanned 这一形容词态。

3.1.10 "……云"的翻译

翻译锚提供了多个"云"类别的释义，包括"私有云""社区云""公共云""公有云计算""混合云"等。

> 私有云（Private Clouds）是为一个客户单独使用而构建的，因而提供对数据、安全性和服务质量的最有效控制……私有云可部署在企业数据中心的防火墙内，也可以将它们部署在一个安全的主机托管场所，私有云的核心属性是专有资源。（百度百科"私

有云"词条）

　　社群云（Community cloud），也称社区云，是由几个组织共享的云端基础设施，它们支持特定的社群，有共同的关切事项，例如使命任务、安全需求、策略与法规遵循考量等。（百度百科"社区云"词条以"社群云"开头）

　　公共云（public cloud）是基于标准云计算（cloud computing）的一个模式，在其中，服务供应商创造资源，如应用和存储，公众可以通过网络获取这些资源。（2022年10月之前百度百科"公共云"词条）

　　公有云计算是指由一些公司运营和拥有，这些公司使用这种云为其他组织和个人提供对价格合理的计算资源的快速访问。使用公共云服务，用户无需购买硬件、软件或支持基础架构，这些都是由提供商拥有并管理的。（百度百科"公共云"词条后来更新为"公有云计算"，"公共云"成为其同义词）

　　混合云（Hybrid Cloud）融合了公有云和私有云，是近年来云计算的主要模式和发展方向……它将公有云和私有云进行混合和匹配，以获得最佳的效果，这种个性化的解决方案，达到了既省钱又安全的目的。（百度百科"混合云"词条）

　　从上面的释义可以看出，翻译锚中，"社区云（Community cloud）""公共云（public cloud）""混合云（Hybrid Cloud）"采用的都是单数，而"私有云（Private Clouds）"采用的是复数，且它们大小写不一。考虑到本系统的同场同模式原则，且此语义场复数和单数区别意义不大、大小写区别意义也不大，所以，我们调整复数为单数，统一调整为小写，即"社区云（community cloud）""公共云（public cloud）""混合云（hybrid cloud）""私有云 private cloud"。

　　综上，本系统中通常将"云"翻译为 cloud，单数形式。

　　通过以上的"……法""……权""……省""……省人民政府""……省政府""……市""……市人民政府""……市政府""无人……""……云"等语素类研究可以看出，大数据名词的构成有时涉及一些频繁出现的语素，对这些语素类表述的系统性研究，会更好地保证翻译的质量，并保持翻译的一致性。除了语素类表述，大数据名词中单一名词也经常用于长词的构成，所以，对单一名词类的翻译研究也会进一步提升多语种翻译的质量。

3.2 汉英翻译中单一名词类研究

在大数据名词汉英翻译中对单一名词进行分类研究可以提高翻译质量。我们重点对翻译过程中需要说明的名词进行了研究，具体包括："博客""产业""产业园""发展""法案""方案""纲要""工程""公示""公益""管理""管理局""规范""规划""规则""呼和浩特""货币""货车帮""机构""计划""驾驶""监察""监管""交易""经济体""控制""联盟""流数据""旅游""平台""普惠""全国""事件""数据流""数字化""搜狐网""体系""推进""网际网络""虚拟""战略""征集""指南""治理""智慧""中心""众创""资讯"。

3.2.1 "博客"的翻译

翻译锚中有"博客"的释义。

> 由个人管理、不定期张贴新的文章及其他内容的网页，用来抒发情感或分享信息。内容按照时间顺序由近及远排列，并且不断更新。是一种网络个人出版形式。（术语在线 2019 年公布的图书馆·情报与文献学名词"博客"，英译为 blog）
>
> 最早期的万维网 2.0 版服务之一。可使任何参与者拥有自己的专栏、成为网络内容产生源，进而形成微媒体，为网络提供文字、图片、声音或视频信息。（术语在线 2018 年公布的计算机科学技术名词"博客"，英译为 Web blog）
>
> 一种以传播个人思想为主，内容不断更新的，能够按时间顺序展示个人知识集合的沟通交流平台。（术语在线 2022 年公布的编辑与出版学名词"博客"，英译为 blog）

blog 的英语释义为"a web page containing information or opinions from a particular person or about a particular subject, to which new information is added regularly"（LDOCE），此英文释义符合"博客"的中文释义"博客"2011—2021 年百度指数趋势见图 3-1。

从图 3-1 中可以看出，2011—2021 年"博客"的搜索指数呈现递减态势，这说明该交际工具的使用量出现了下滑，近年来搜索量比十年前有了较大的回落。

图 3-1 2011—2021 年 "博客" 百度指数趋势图

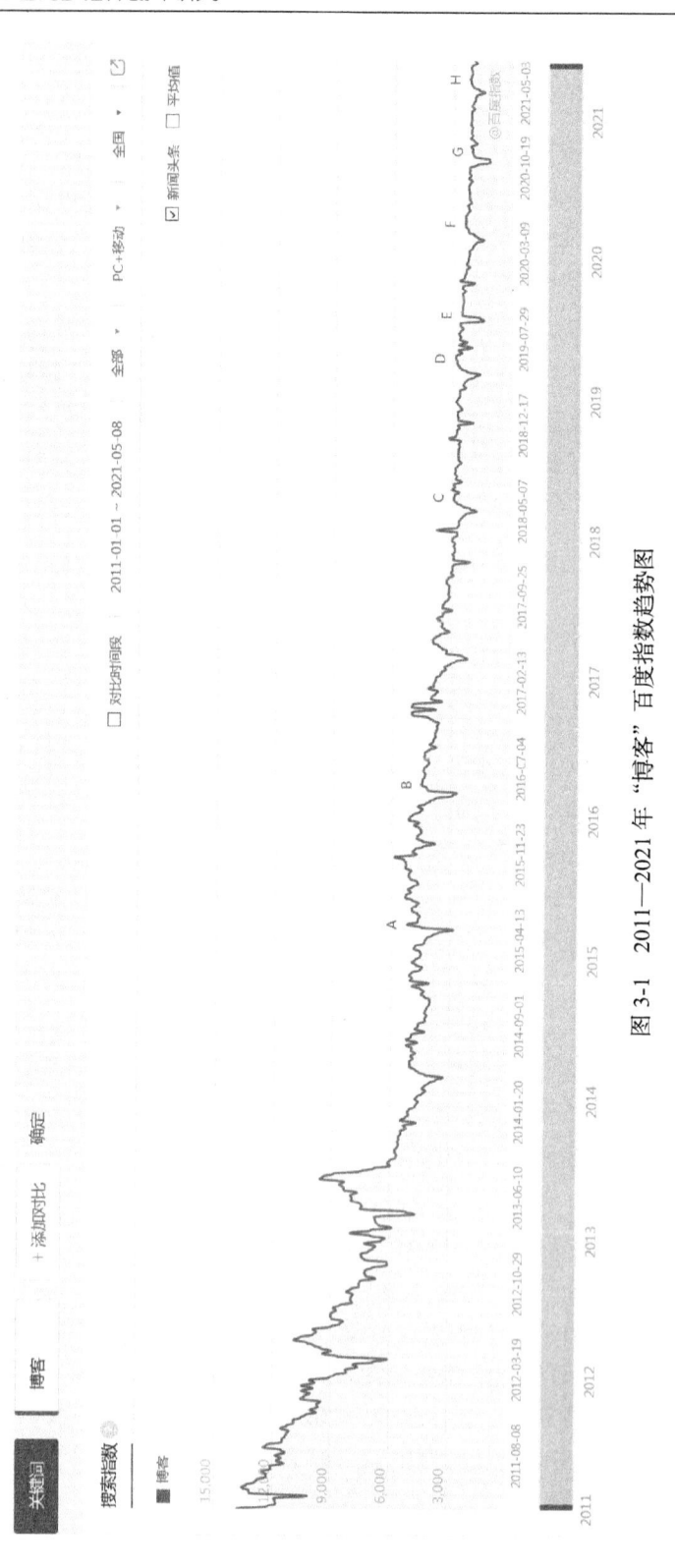

图 3-2 "博客"百度指数中的人群属性和性别分布

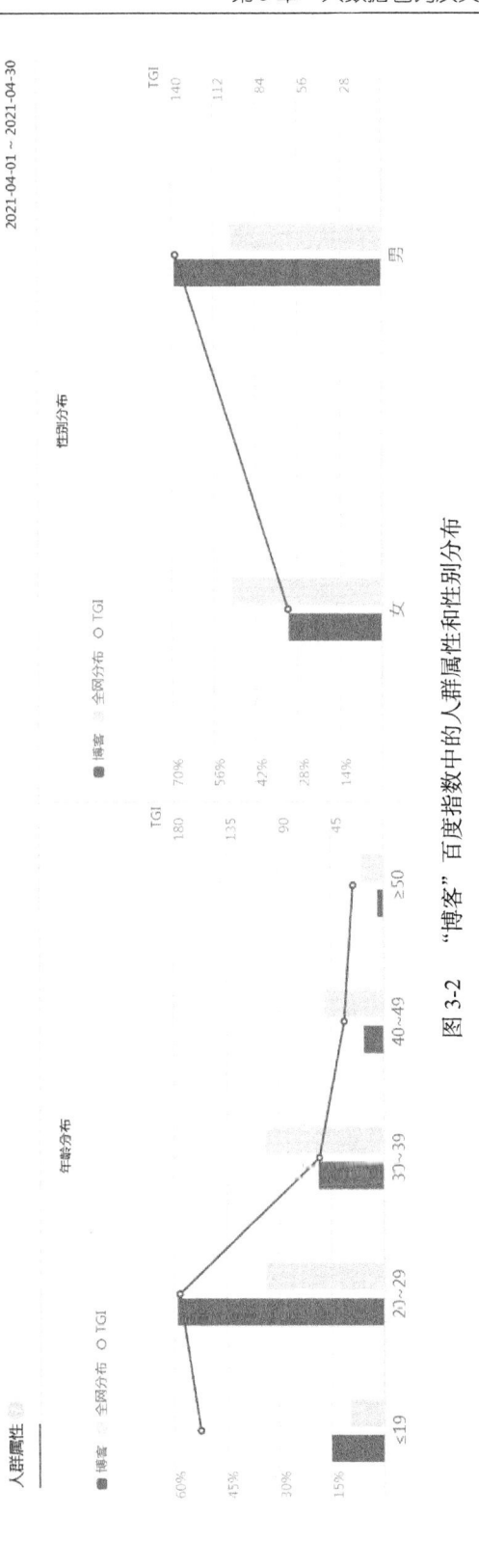

在图 3-2 百度指数中，我们可以看到"博客"的搜索人群属性有着明显的年龄倾向。大约 60%的使用者集中在 20—29 岁这个年龄段，其次是 30—39 岁年龄段、小于等于 19 岁的年龄段，以及 40—49 岁年龄段，50 岁及以上的年龄段占比最低。这说明，"博客"这个词在青年一代中使用频率最高。性别分布方面，接近 70%的搜索者是男性，该比例远远超过女性。

从上面的分析可以看出，"博客/Blog"获得了广泛的推广和使用。所以，我们使用 Blog 这一翻译模式表达"博客"，并认定为专有名词。

3.2.2 "产业""工业""行业"的翻译

翻译锚术语在线提供的"产业"的英译是 industry。
翻译锚中有"产业""工业""行业"的释义。

> 产业（industry）是社会分工和生产力不断发展的产物。产业是社会分工的产物，它随着社会分工的产生而产生，并随着社会分工的发展而发展。在远古时代，人类共同劳动，共同生活。（百度百科"产业"词条）
>
> 工业（industry）主要是指原料采集与产品加工制造的产业或工程……工业是社会分工发展的产物，经过手工业、机器工业几个发展阶段。工业是第二产业的主要组成部分，分为轻工业和重工业两类。（百度百科"工业"词条）
>
> 行业（industry）是指从事国民经济中同性质的生产、服务或其他经济社会的经营单位或者个体的组织结构体系，又称产业（sector）。但从严格定义，产业概念范畴比行业要大，一个产业可以跨越（包含）几个行业。（百度百科"行业"词条）

从上面的英译可以看出，"产业""工业""行业"在翻译锚百度百科中不具有区别性特征，三个词共享 industry 的翻译。翻译锚提供的这一翻译项是否具有网络使用的广泛性，我们需要进行验证。四个翻译软件对"产业""工业"这两个词的英译及回译情况见表 3-13。

表 3-13 "产业"和"工业"在翻译软件中英译和回译结果对比

翻译软件	汉语	英译	回译
DeepL 翻译	产业	property	财产
		estate	遗产
		industry	产业

续表

翻译软件	汉语	英译	回译
DeepL 翻译	产业	industries	工业
	工业	industry	产业
		industries	工业
		industrial	工业
Google 翻译	产业	property	属性
		estate	房地产
		industry	行业
	工业	industry	行业
有道翻译	产业	estate	房地产
		industry	行业
		industrial	工业
	工业	industrial	工业
		industrial engineering	工业工程
百度翻译	产业	property	财产
		estate	房地产
		industry	工业
		industrial	工业的
	工业	Industry	工业

从表 3-13 中可以看出,"产业"和"工业"在翻译软件中的区分度比较有限。在回译一致的选项中,只有 industry 为主的词根项比较接近"产业"和"工业",并且具备如下特点:①通过 industry 的单复数区分"产业"和"工业";②通过 industry 首字母大小写来区分"产业"和"工业";③"行业"也具有与"产业"和"工业"共享 industry 的特点。

"产业""工业""行业"百度指数 2011—2021 年搜索趋势、百度指数需求图谱、百度指数人群属性和性别分布分别见图 3-3、图 3-4 和图 3-5。

从图 3-3—图 3-5 中可以看出,"行业"的使用频率总体上是最高的,其次是"工业",搜索频率最低的是"产业"。在需求相关度研究中,"产业"与"行业"相关度较强,与"工业"相关度较弱。在这三个词的使用上,20—29 岁年龄段网友使用频率最高,其次是 30—39 岁年龄段,年龄在 50 岁及以上使用这三个词的检索频率显著下降。总体使用上,男性使用这三个词要远高于女性。

图 3-3 "产业""工业""行业"百度指数 2011—2021 年搜索趋势

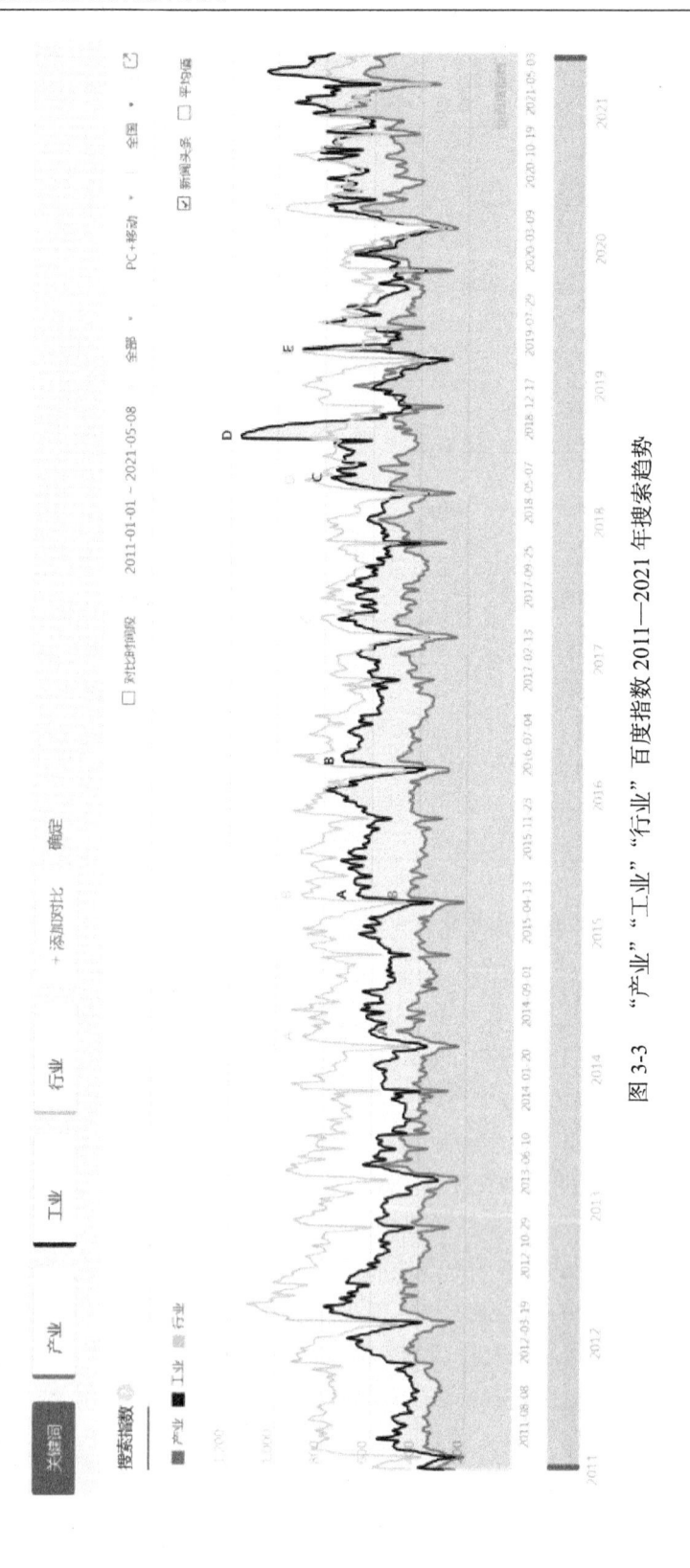

图 3-4 "产业""工业""行业"百度指数需求图谱

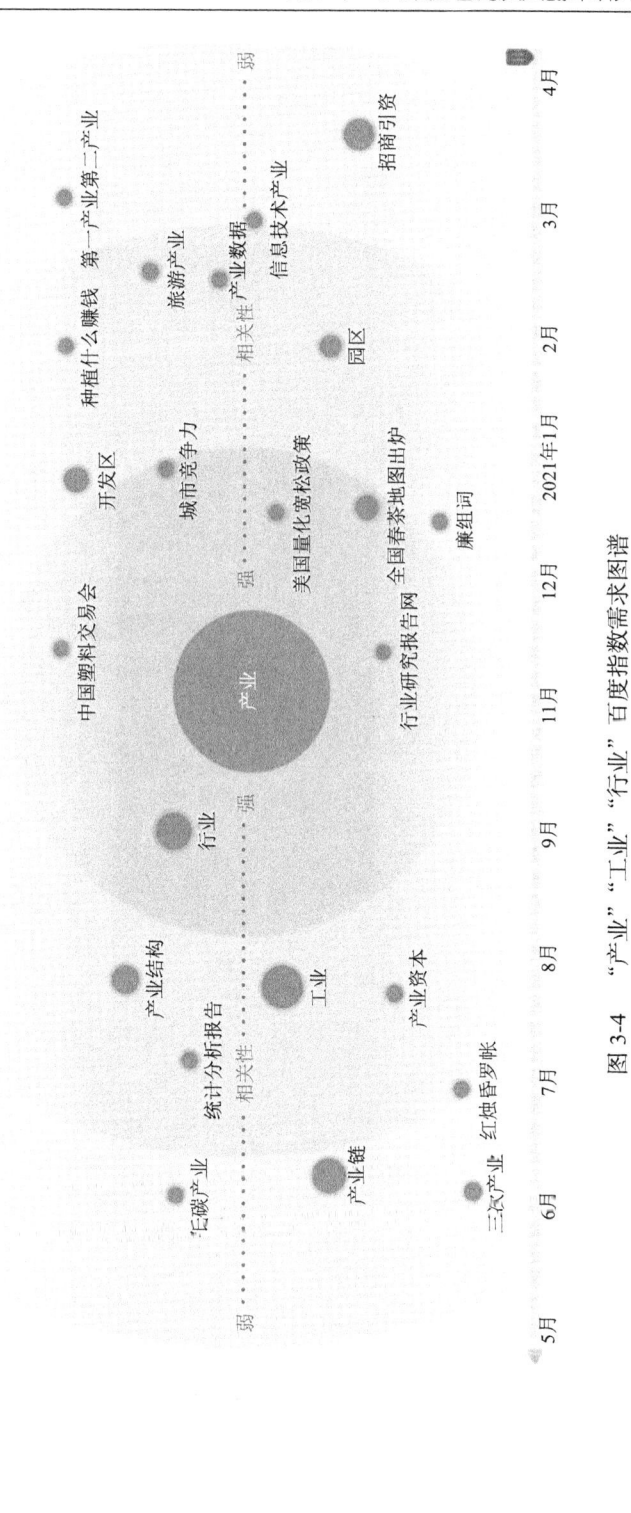

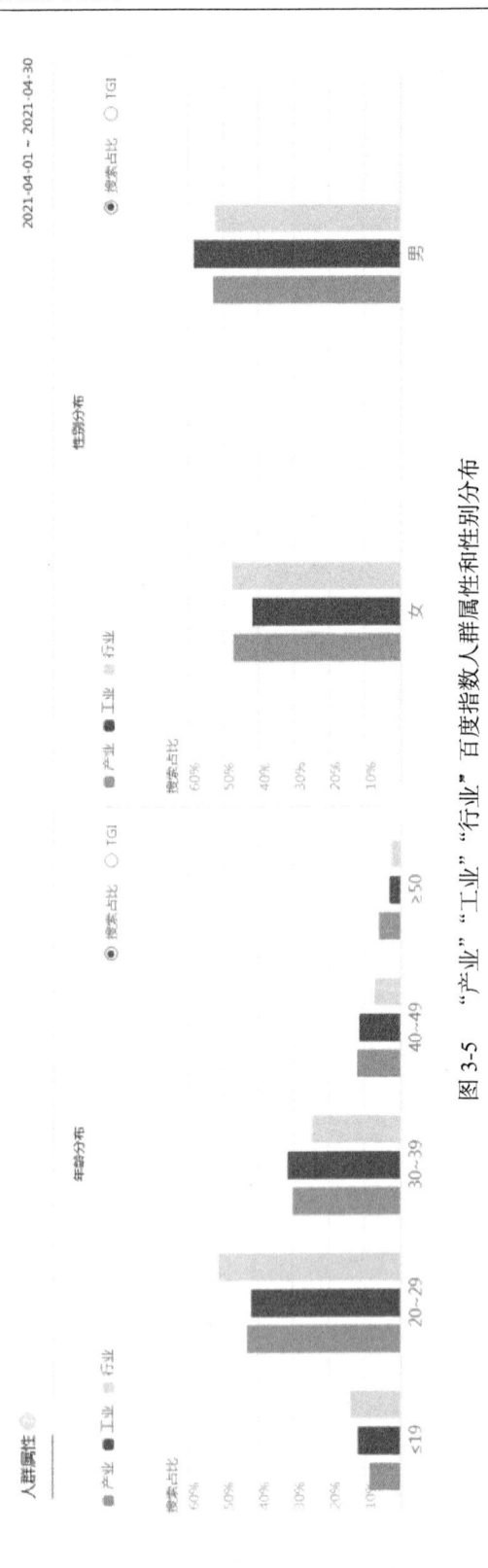

图 3-5 "产业""工业""行业"百度指数人群属性和性别分布

我们根据同场同模式原则区分"产业、工业、行业"。首先，由于"行业"使用频率最高，语义颗粒度小，所以需要对"行业"进行独立划分。相对来说，"工业"和"产业"语义颗粒度较为接近，从语言省力原则出发，可不区分两者。其次，由于专有名词通常是通过首字母大写来区分的，所以首字母大小写不适合用于作为区别性特征项。最后，"行业"更常见的是复数 industries，所以，引入单复数来区分是可行的，即单数表示"产业、工业"，复数表示"行业"。这样便形成了"产业/工业 industry""行业 industries"这一约定的翻译。本系统中含关键词"行业"的词条的英译统计见表 3-14。

表 3-14 含关键词"行业"的词条的英译

汉语	英译
《云南省人民政府办公厅关于重点行业和领域大数据开放开发工作的指导意见》	Guiding Opinions of the General Office of Yunnan Provincial People's Government on Opening and Developing of Big Data in Key Industries and Fields
小额信贷行业信用信息共享服务平台	#service platform for credit information sharing of micro-credit industries

从表 3-14 中可知，本系统中共有两个含关键词"行业"的词条。我们采用了 industries 形式表示"行业"，形成了"重点行业和领域 key industries and fields"以及"小额信贷行业 micro-credit industries"的翻译项。"《云南省人民政府办公厅关于重点行业和领域大数据开放开发工作的指导意见》"最后翻译为 Guiding Opinions of the General Office of Yunnan Provincial People's Government on Opening and Developing of Big Data in Key Industries and Fields。

本系统中含关键词"工业"的词条的英译统计见表 3-15。

表 3-15 含关键词"工业"的词条的英译

汉语	英译
工业大数据	#big data in industry
工业互联网	*Industrial Internet
工业云	industry cloud
《第四次工业革命——转型的力量》	*The Fourth Industrial Revolution（The Power of Transformation）
"未来工业"计划	*Plan for "The Industries of the Future"
信息化与工业化融合	integration of informatization and industrialization
《国务院关于深化"互联网+先进制造业"发展工业互联网的指导意见》	*Guidelines of the State Council of the People's Republic of China and the State Council on Deepening the "Internet + Advanced Manufacturing Industry" to Develop the Industrial Internet

续表

汉语	英译
《工业互联网发展行动计划（2018—2020 年）》	*Action Plan for the Development of Industrial Internet（2018-2020）
工业大数据应用联盟	*Industrial Big Data Alliance
工业大数据应用技术国家工程实验室	*National Engineering Laboratory of Industrial Big Data Application Technology
《单向度的人——发达工业社会意识形态研究》	*One-Dimensional Man：Studies in the Ideology of Advanced Industrial Society

本系统中共有 11 个含关键词"工业"的词条。

（1）专有名词（专著/文件类）标注项共有 4 项，包括"《第四次工业革命——转型的力量》*The Fourth Industrial Revolution（The Power of Transformation）""《国务院关于深化'互联网＋先进制造业'发展工业互联网的指导意见》*Guidelines of the State Council of the People's Republic of China and the State Council on Deepening the 'Internet＋Advanced Manufacturing Industry' to Develop the Industrial Internet""《工业互联网发展行动计划（2018—2020 年）》*Action Plan for the Development of Industrial Internet（2018-2020）""《单向度的人——发达工业社会意识形态研究》*One-Dimensional Man：Studies in the Ideology of Advanced Industrial Society"。这 4 项中的"工业 industrial"作为定语出现，形成了"工业革命 industrial revolution""工业互联网 industrial internet""发达工业社会 advanced industrial society"等关键词。在"互联网＋先进制造业 internet＋advanced manufacturing industry"的翻译中，我们发现"工业"隐含在"制造业"中，形成的是"制造（工）业 manufacturing industry"。

（2）专有名词（约定俗成类）标注项也有 4 项，包括"工业互联网*Industrial Internet""'未来工业'计划*Plan for 'The Industries of the Future'""工业大数据应用联盟*Industrial Big Data Alliance""工业大数据应用技术国家工程实验室*National Engineering Laboratory of Industrial Big Data Application Technology"。这 4 项中，有 3 项采用的是作为附属定语的 industrial，如"工业（的）互联网 industrial internet""工业（的）大数据 industrial big data"，有 1 项采用核心主语"未来（的）工业 the industries of the future"。按照翻译系统一致性原则，"工业"的翻译采取单数形式"industry"而非复数形式。遵循翻译系统一致性原则的同时需要兼顾描写性，对于已经约定俗成的一级和二级词条，需要尊重原译。

（3）二级词条类有 1 项。"工业大数据#big data in industry"属于在网络中已经广泛使用的词条项，所以我们没有采用 industrial big data 的翻译，而是尊重术语描写性特征。

（4）三级词条有 2 项。"工业云 industry cloud"和"信息化与工业化融合 integration of informatization and industrialization"是按照本系统规则进行的常规翻译。"工业化 industrialization"也由词根 industrial-和词缀-（i）zation 合成而成。

本系统中含关键词"产业"的词条（专有名词-专著文件名类）英译统计见表 3-16。

表 3-16　含关键词"产业"的词条英译（专有名词-专著文件名类）

汉语	英译
《"十三五"国家战略性新兴产业发展规划》	Development Planning for "13th Five-Year" National Strategic Emerging Industry
《安徽省"十三五"软件和大数据产业发展规划》	Development Planning of Anhui Province for "13th Five-Year" Software and Big Data Industry
《成都市促进大数据产业发展专项政策》	Special Policies of Chengdu City for Promoting Big Data Industry Development
《成都市大数据产业发展规划（2017—2025 年）》	Development Planning of Chengdu City for Big Data Industry（2017-2025）
《大数据产业发展规划（2016—2020 年）》	Development Planning for Big Data Industry（2016-2020）
《关于促进山东省大数据产业加快发展的意见》	Opinions of Shandong Province on Promoting and Accelerating Big Data Industry Development
《关于促进云计算发展培育大数据产业实施意见》（青海）	Implementation Opinions on Promoting Cloud Computing Development and Cultivating Big Data Industry（Qinghai）
《关于加快大数据、云平台建设促进信息产业发展的实施方案》	Implementation Program for Accelerating Construction of Big Data and Cloud Platform to Promote Information Industry Development
《关于加快大数据产业发展的意见》（南京）	Opinions on Accelerating Big Data Industry Development（Nanjing）
《关于加快大数据产业发展应用若干政策的意见》（贵州）	Opinions on Several Policies on Accelerating Development and Application of Big Data Industry（Guizhou）
《关于加快发展大数据产业的实施意见》（贵阳）	Implementation Opinions on Accelerating Development of Big Data Industry（Guiyang）
《贵阳大数据产业行动计划》	Action Plan of Guiyang for Big Data Industry
《贵州大数据+产业深度融合 2017 年行动计划》	2017 Action Plan of Guizhou for Deep Integration of Big Data plus Industry
《贵州省大数据产业发展应用规划纲要（2014—2020 年）》	Planning Outline of Guizhou Province for Big Data Industry Development and Application（2014-2020）
《杭州市建设全国云计算和大数据产业中心三年行动计划（2015—2017 年）》	Three-Year Action Plan of Hangzhou City for Building National Cloud Computing and Big Data Industry Center（2015-2017）

续表

汉语	英译
《河北省大数据产业创新发展三年行动计划（2018—2020年）》	Three-Year Action Plan of Hebei Province for Big Data Industry Innovation and Development（2018-2020）
《河南省大数据产业发展三年行动计划（2018—2020年）》	Three-Year Action Plan of Henan Province for Big Data Industry Development（2018-2020）
《泸州市人民政府关于加快大数据产业发展的实施意见》	Implementation Opinions of Luzhou Municipal People's Government on Accelerating Big Data Industry Development
《内蒙古自治区大数据与产业深度融合行动计划（2018—2020年）》	Action Plan of Inner Mongolia Autonomous Region for Deep Integration of Big Data and Industry（2018-2020）
《钦州市加快云计算及大数据产业发展的实施方案》	Implementation Program of Qinzhou City for Accelerating Cloud Computing and Big Data Industry Development
《厦门市大数据应用与产业发展规划（2015—2020年）》	Development Planning of Xiamen City for Big Data Application and Industry（2015-2020）
《陕西省大数据与云计算产业示范工程实施方案》	Implementation Program of Shaanxi Province for Demonstration Project of Big Data and Cloud Computing Industry
《武汉市大数据产业发展行动计划（2014—2018年）》	Action Plan of Wuhan City for Big Data Industry Development（2014-2018）
《武汉市人民政府关于加快大数据推广应用促进大数据产业发展的意见》	Opinions of Wuhan Municipal People's Government on Accelerating Spread and Application of Big Data and Promoting Big Data Industry Development
《西安市大数据产业发展实施方案（2017—2021年）》	Implementation Program of Xi'an City for Big Data Industry Development（2017-2021）
《西安市发展硬科技产业十条措施》	Ten Measures of Xi'an City for Developing Hard and Core Technologies Industry
《新疆维吾尔自治区云计算与大数据产业"十三五"发展专项规划》	Special Planning of Xinjiang Uygur Autonomous Region for "13th Five-Year" Development of Cloud Computing and Big Data Industry
《长沙市加快发展大数据产业（2017-2020年）行动计划》	Action Plan of Changsha City for Accelerating and Developing Big Data Industry（2017-2020）
《郑州市人民政府关于促进大数据产业发展的若干意见》	Several Opinions of Zhengzhou Municipal People's Government on Promoting Big Data Industry Development

表3-16中含"产业"的词条（专有名词-专著文件名类）共有29项。形成了"新兴产业 emerging industry""大数据产业 big data industry""信息产业 information industry""大数据+产业 big data plus industry""大数据与产业 big data and industry""大数据应用与产业 big data application and industry""云计算产业 cloud computing industry""硬科技产业 hard and core technologies industry""大数据产业发展 big data industry development"等核心关键词。从这29个词条翻译项中可以看出，"产业 industry"得到一致性应用，符合同场同模式原则。

本系统中含关键词"产业"的词条英译（联盟类）统计见表 3-17。

表 3-17　含关键词"产业"的词条英译（联盟类）

汉语	英译
安徽省大数据产业联盟	big data industry alliance of Anhui Province
东北大数据产业联盟	*DongBei Big Data Industry Alliance
甘肃省大数据产业技术创新联盟	big data industry technology innovation alliance of Gansu Province
广州大数据产业协同创新联盟	big data industry collaborative innovation alliance of Guangzhou
贵州大数据产业联盟	big data industry alliance of Guizhou
河南云计算大数据产业联盟	cloud computing and big data industry alliance of Henan Province
黑龙江省大数据产业联盟	*Heilongjiang Big Data Industrial Alliance
昆明大数据产业联盟	big data industry alliance of Kunming
山东大数据产业创新联盟	big data industry innovation alliance of Shandong Province
陕西省大数据产业联盟	big data industry alliance of Shaanxi Province
石家庄大数据产业联盟	big data industry alliance of Shijiazhuang
四川大数据产业联盟	*Sichuan Big Data Industry Federation
苏州大数据产业联盟	*Big Data Industrial Alliance of Suzhou
浙江省大数据应用技术产业联盟	big data application technology industry alliance of Zhejiang Province
中关村大数据产业联盟	*Zhongguancun Big Data Industry Alliance
中国大数据产业生态联盟	*Big Data Industry Ecological Alliance of China
中国光谷大数据产业联盟	big data industry alliance of China Optics Valley
中国网络安全产业联盟	*China Cybersecurity Industry Alliance
重庆大数据产业技术创新联盟	big data industry technology innovation alliance of Chongqing

表 3-17 中涉及"产业"的词条英译（联盟类）共有 19 项。

（1）专有名词项有 7 项，包括"东北大数据产业联盟*DongBei Big Data Industry Alliance""黑龙江省大数据产业联盟*Heilongjiang Big Data Industrial Alliance""四川大数据产业联盟*Sichuan Big Data Industry Federation""苏州大数据产业联盟*Big Data Industrial Alliance of Suzhou""中关村大数据产业联盟*Zhongguancun Big Data Industry Alliance""中国大数据产业生态联盟*Big Data Industry Ecological Alliance of China""中国网络安全产业联盟* China Cybersecurity Industry Alliance"。这些词条都是各联盟已经对外公布的名字，已约定俗成，形成了"产业联盟 Industry Alliance""产业联盟 Industrial Alliance""产业联盟 Industry Federation""产业生态联盟 Industry

Ecological Alliance"等关键词翻译项。根据"名从主人"原则，这些联盟的名称以公布的为准。需要注意的是，由于各联盟命名时是独立无序非系统的，所以英译中限定词的位置并不统一："联盟"的限定词在"东北、黑龙江、四川、中国（网络）、中关村"这5项中出现在"联盟"之前，而在"苏州、中国（大数据）"这2项中则以of介词短语的形式放在了"联盟"之后。这种无序状况在翻译三级词条时需要尽力避免。

（2）三级词条项12个。根据我们的系统性原则，三级词条关键词的翻译需要靠近一级和二级词条。由于是三级词条，首字母全部小写，而且不需要斜体。形成了"产业联盟 industry alliance""产业技术创新联盟 industry technology innovation alliance""产业协同创新联盟 industry collaborative innovation alliance""产业创新联盟 industry innovation alliance"等关键词翻译项。在限定词的首位/末位位置的选择上，我们根据本系统中限定词通常具有末位的原则，将联盟类的限定词也放到末位。

由此，我们从这19个联盟类的限定词位置可以看出词条分级的重要性。将7项标注为专有名词的词条分为不可译的一级词条，可以避免后期对其他语种进行平行翻译时，可能出现的限定词位置错乱的情况。

本系统中含关键词"产业"的词条英译（产业园和协会类）统计见表3-18。

表3-18 含关键词"产业"的词条英译（产业园和协会类）

汉语	英译
江苏南通国际数据中心产业园	*（International）Data Center Campus Cooperation of Nantong in Jiangsu Province
数字福建（长乐）产业园	digital Fujian（Changle）industrial park
盐城大数据产业园	*Big Data Industrial Park of Yancheng
张北云计算产业园	cloud computing industrial park of Zhangbei
中关村大数据产业园	big data industrial park of Zhongguancun
河北省京津冀大数据产业协会	*Hebei Provincial Beijing-Tianjin-Hebei Association of Big Data Industry
山西省大数据产业协会	*Shanxi Big Data Industry Association（SXBIA）
深圳市大数据产业协会	*Association of Big Data（Shenzhen）（SZ-ABD）
重庆市云计算和大数据产业协会	*Chongqing Cloud Computing and Big Data Industry Association

表3-18中涉及"产业"的词条英译（产业园和协会类）共有9项。

（1）含"产业园"的词条有5个，其中2个是专有名词。"江苏南通国际数据中心产业园*（International）Data Center Campus Cooperation of

Nantong in Jiangsu Province"作为约定俗成的命名,形成的是"产业园 Campus Cooperation"。另一个是"盐城大数据产业园*Big Data Industrial Park of Yancheng","产业园"翻译为 Industrial Park。由于"产业园 Industrial Park"的翻译较"产业园 Campus Cooperation"更为妥切,我们采用该关键词翻译项,最后形成了 3 个其他类别词条,包括"数字福建(长乐)产业园 digital Fujian(Changle)industrial park""张北云计算产业园 cloud computing industrial park of Zhangbei""中关村大数据产业园 big data industrial park of Zhongguancun"。由于其他类的三级词条尚未形成约定俗成的翻译,我们首字母不进行大写处理,也不进行标注。而且,为保持系统性,限定词采用 of 引领的末位形式。

(2)含"产业协会"的词条有 4 个,均为约定俗成的专有名词。各个协会根据自己的理解完成了各自协会的命名,形成了"大数据产业协会 Association of Big Data Industry""大数据产业协会 Big Data Industry Association""大数据产业协会 Association of Big Data"等关键词翻译项。从这些项的选择可以看出,"协会 Association"位置的先后,以及"产业 Industry"的显性化或隐性化都起到了区别性的作用。

本系统中含关键词"产业"的词条英译(其他类)统计见表 3-19。

表 3-19　含关键词"产业"的词条英译(其他类)

汉语	英译
【传统产业升级】	#traditional industry upgrading
产业互联网	industry internet
产业链与价值链	industrial chain and value chain
产业数字化	industrial digitization
贵阳·贵安大数据产业发展集聚示范区	Cluster Demonstration Area of Gui'an of Guiyang for Big Data Industry Development
贵州省大数据产业专家咨询委员会	big data industry expert advisory committee of Guizhou Province
和林格尔新区大数据特色产业基地	big data special industrial base in Horinger New District
数字产业	digital industry
数字化产业	digital industry
网络安全产业	#network security industry
网络信息技术产业	*(Network)Information Technology Industry
信息产业	information industry
虚拟产业	#virtual industry
战略性新兴产业	strategic emerging industry
中国电子信息产业发展研究院	*China Center for Information Industry Development(CCID)
中国国际大数据产业博览会	*China International Big Data Industry Expo(Big Data Expo)

表 3-19 中涉及"产业"的词条英译（其他类）共有 16 项。从分类来说，"产业"的翻译主要分成了两类。

（1）作为名词的"产业 industry"。这一类有"传统产业 traditional industry""产业互联网 industry internet""大数据产业 Big Data Industry""数字产业 digital industry""网络安全产业 network security industry""网络信息技术产业*（Network）Information Technology Industry""信息产业 information industry""虚拟产业#virtual industry""新兴产业 emerging industry""信息产业 Information Industry"等关键词翻译项。

（2）作为形容词性的"产业 industrial"。这一类有"产业链 industrial chain""产业数字化 industrial digitization""产业基地 industrial base""数字产业 digital industry""数字化产业 digital industry"等关键词翻译项。需要注意的是，我们在此没有对"数字产业 digital industry"和"数字化产业 digital industry"进行区分，主要原因在于我们在对出现的词条进行概率统计时，发现两者的相互替代的比率非常高，甚至出现了"数字（化）产业"之类的表达方式。而且，如果按照我们系统翻译的要求，"数字化产业"应直译为 digitization industry 或者 industry of digitization，但这两种翻译项均没有在现实中得到广泛使用。所以，基于统计结果，我们不区分"数字产业 digital industry""数字化产业 digital industry"，将两者采用同一英语形式进行表达。这种情况在本系统中较少出现，这种情况属于"双式术语"。

综上，我们采取"产业/工业 industry"的翻译模式，不区分"产业、工业"；而将"行业"翻译为 industries。

3.2.3 "产业园"的翻译

翻译锚中有"产业园"的释义。

> 产业园（Industrial park）是指由政府或企业为实现产业发展目标而创立的特殊区位环境。它的类型十分丰富，包括高新技术开发区、经济技术开发区、科技园、工业区、金融后台、文化创意产业园区、物流产业园区等以及近来各地陆续提出的产业新城、科技新城等。（百度百科 "产业园"词条）

翻译锚百度百科只将 Industrial park 的首词采取了首字母大写，并没有将该词条列为专有名词。"产业园"在翻译软件中的英译和回译结果对比见表 3-20。

表 3-20 "产业园"在翻译软件中的英译和回译结果对比

翻译软件	汉语	英译	回译
DeepL 翻译	产业园	industrial park	工业园区，工业园，工业区
Google 翻译	产业园	Industrial Park	工业园
有道翻译	产业园	Industrial park	工业园区
百度翻译	产业园	Industrial Park	工业园区

从表 3-20 的翻译可以看出，"产业园""工业园区""工业园""工业区"没有取得一致性的英译和回译结果，主要原因在于 industrial 既可翻译为"产业"又可翻译为"工业"。

翻译锚中有"工业园"的释义。

> 位于都市边缘的一块相对独立管理的土地，其中安排若干商业与工业，并常对租用者提供特殊服务和设施。（术语在线 2006 年公布的地理学名词"工业园"，英译为 industrial park）
>
> 为适应生产专业化发展要求和为在城市建立以彼此的副产品或废料进行生产、实施零排放而建设的共生工业建筑群体。（术语在线 2014 年公布的建筑学名词"工业园"，英译为 industrial park）
>
> 工业园（industrial park），是建立在一块固定地域上的由制造企业和服务企业形成的企业社区。在该社区内，各成员单位通过共同管理环境事宜和经济事宜来获取更大的环境效益、经济效益和社会效益……在园区规划方面，作为工业发展的一种有效手段，工业园区在降低基础设施成本，刺激地区经济发展，向社区提供各种效益的同时，也给人类的生存环境带来了巨大的威胁。（百度百科"工业园"词条）

从上面的释义可以看出，翻译锚对"产业园""工业园"采用的是同一个英语翻译 industrial park，只是首字母大小写不一致，这也从侧面验证了翻译软件对这两个词条的英译和回译存在趋同的可能。

本系统采用"产业园 industrial park"这一翻译项。在本系统中，没有含"工业园"的词条，仅存在含关键词"产业园"的词条，所以本书不需要做消除"产业园""工业园"歧义的工作。

本系统中含关键词"产业园"的词条包括"张北云计算产业园 cloud computing industrial park of Zhangbei""中关村大数据产业园 big data industrial park of Zhongguancun""盐城大数据产业园*Big Data Industrial Park of Yancheng""数字福建（长乐）产业园 digital Fujian（Changle）industrial park"，其中"产业园"的翻译总体具有一致性。但是，也有约定俗成的"江苏南通国际数据中心产业园*（International）Data Center Campus Cooperation of Nantong in Jiangsu Province"，其中，"产业园"没有翻译为 industrial park，而是翻译为 campus。这说明，语言的使用往往不是绝对一致的，通常是概率上的一致。从概率上来说采用"产业园 industrial park"翻译模式是可行的。

综上，"产业园"翻译为 industrial park。

3.2.4 "发展"的翻译

"发展"的翻译涉及"发展规划""大数据发展总体规划"等的语义分析和翻译模式研究。

"发展"出现在词条中，既可承前也可启后，对其进行语义域分析对正确翻译有指导作用。在"《北京市大数据和云计算发展行动计划（2016—2020 年）》"中，我们需要确定"发展"是联结"大数据"和"云计算"，还是仅仅联结位置靠近的"云计算"。我们认为发展是双方面的，所以应该是"大数据（发展）和云计算发展"，翻译应该是 Development of Big Data and Cloud Computing，而不能是 Big Data and Cloud Computing Development，最后形成的翻译应该是"《北京市大数据和云计算发展行动计划（2016—2020 年）》Action Plan of Beijing City for Development of Big Data and Cloud Computing（2016-2020）"。

在前面的讨论中，我们已经约定了"计划 plan""规划 planning"，在翻译"发展规划"时，我们可以根据原来的约定进行，将"《贵州省数字经济发展规划（2017—2020 年）》"翻译为 Development Planning of Guizhou Province for Digital Economy（2017-2020）。

关键词"大数据发展总体规划"的语义切分有两种情况：①"大数据发展 Big Data Development＋总体规划 Overall Planning"；②"大数据 Big Data＋发展总体规划 Development Overall Planning"。从语义韵律角度来说，前者更妥切。而且，在核心词"规划 planning"前缀一个修饰词，符合本系统的"副＋主"模式，所以采取"大数据发展总体规划 Overall Planning for Big Data Development"这一翻译，如基于此翻译形成的词条翻译"《内蒙古自治区大数据发展总体规划（2017–2020 年）》Overall Planning of Inner Mongolia Autonomous Region for Big Data Development（2017-2020）"。

与"总体规划"的翻译相似,"专项规划"翻译为 special planning。例如,在词条"《福建省'十三五'数字福建专项规划》"中,"十三五"由于是专有名词,采用的是 13th Five-Year。在本系统中,对于明确提出"'十三五'规划"的,我们尊重专有名词的原译,采用 plan,即 The Thirteenth Five-Year Plan,对于只提到"十三五"的,我们采用 13th Five-Year。这样做的目的在于减少本系统中歧义的出现。我们在对本系统中"计划 plan"和"规划 planning"这两个关键词进行统计的基础上区分了二者的英译。由于约定俗成的"'十三五'规划"中对"规划"的翻译与本系统中主流翻译不一致(即采用了 plan 而没有使用 planning),为了避免读者混淆两者,对于翻译中仅出现"十三五"的表述,不添加 plan。由此,"《福建省'十三五'数字福建专项规划》"翻译为 Special Planning of Fujian Province for "13th Five-Year" Digital Fujian,"《新疆维吾尔自治区云计算与大数据产业'十三五'发展专项规划》"翻译为 Special Planning of Xinjiang Uygur Autonomous Region for "13th Five-Year" Development of Cloud Computing and Big Data Industry。

3.2.5 "法案"的翻译

在翻译锚中有法案的释义。

> 法案是指有提案权的主体向有立法权的国家机关所提出的有关制定、修改和废止规范性法律文件的建议,包括法律案、行政法规案、地方性法规案、规章案等。法案一般包括有关草案,其中法律案应当包括法律草案。也就是说,在全国人民代表大会上,提出法律案的人必须提出有关的法律草案。法律草案修改稿和表决稿都属于法案。提出法案的主体称为提案人。法案有时候称为议案。(百度百科"法案"词条,英译为 bill)

约定俗成的专有名词中"法案"有固定翻译。本系统中含"法案"的词条统计见表 3-21,通过分析表 3-21 发现,"法案"多是外译而来的专有名词,多数需要标注"*"。而且,9 个翻译项中,只有 1 个使用了翻译锚百度百科使用的英语 bill,其他国外原文均采用的是 act。由此,我们认为应该"名从主人",尊重原文的翻译,认定"法案 act"是更为妥切的翻译,而不采纳翻译锚百度百科的"法案 bill"。

本系统中含关键词"法案"的词条英译统计见表 3-21。

表 3-21　含关键词"法案"的词条英译

汉语	英译
《数字经济 2010 年法案》	*Digital Economy Act 2010
《电信法案》	*Telecommunications Act
《隐私法案》	*Privacy Act
《个人数据通知和保护法案》	*Personal Data Notification and Protection Act
《金融服务现代化法案》	*The Financial Services Modernization Act（Gramm-Leach-Bliley Act）（GLBA）
《消费者隐私权法案》	*The Consumer Privacy Bill of Rights
《澄清域外合法使用数据法案》	*The Clarifying Lawful Overseas Use of Data（CLOUD）Act
《个人数据保护法案》	Personal Data Protection Act
《个人信息保护法案》	*Personal Data Protection Act

3.2.6　"方案"的翻译

翻译锚中有"方案"的释义。

"进行工作的具体计划或对某一问题制定的规划。"（术语在线 2016 年公布的管理科学技术名词）

在案前得出的方法，将方法呈于案前，即为"方案"。（百度百科"方案"词条，英译为 plan）

另外，我们查到翻译锚术语在线和百度百科将"计划"也英译为 plan。这与我们尽力避免双式术语或者歧义的翻译原则有出入，所以将"方案"翻译为 plan 是不妥切的。我们在翻译软件中查询"方案"的翻译项是否形成了一致性（表 3-22）。

表 3-22　"方案"在翻译软件中的英译和回译结果对比

翻译软件	汉语	英译	回译
DeepL 翻译	方案	Solutions	解决方案
		program	节目，程序，方案，计划
		Programs	节目，节目单，节目内容，节目介绍
		programme	计划，节目单，方案，节目
Google 翻译	方案	Program	程序
有道翻译	方案	plan	计划
		scheme	计划
		precept	格言
		project	项目

续表

翻译软件	汉语	英译	回译
百度翻译	方案	programme	程序
		scheme	计划
		plan	计划
		project	项目

从表 3-22 的翻译结果可以看出，四个翻译软件难以形成对"方案"英译和回译的一致性结果。但总体来说，"方案"一般翻译为 program、plan 等。翻译软件的结果提示与本系统中的统计结果（表 3-23）有相似之处。

表 3-23 含关键词"方案"的词条英译

汉语	英译
RSA 方案	*Rivest-Shamir-Adleman Algorithm
BB84 方案	*Bennett-Brassard 1984 Protocol
E91 方案	*Ekert 1991 QKD（Quantum Key Distribution）Protocol
《生态环境大数据建设总体方案》	Overall Program for Big Data Construction of Ecological Environment
《农业农村大数据试点方案》	Pilot Program for Agricultural and Rural Big Data
《石家庄市关于加快推进"大智移云"的实施方案》	Implementation Program of Shijiazhuang City for Accelerating and Promoting "Great Wisdom Cloud Transfer"
《福建省促进大数据发展实施方案（2016—2020 年）》	Implementation Program of Fujian Province for Promoting Big Data Development（2016-2020）
《厦门市促进大数据发展工作实施方案》	Work Implementation Program of Xiamen City for Promoting Big Data Development
《促进大数据发展实施方案》（江西）	Implementation Program for Promoting Big Data Development（Jiangxi）
《山东省推进农业大数据运用实施方案（2016—2020 年）》	Implementation Program of Shandong Province for Promoting the Use of Big Data in Agriculture（2016-2020）
《促进大数据发展的行动方案》（广西）	Action Plan for Promoting Big Data Development（Guangxi）
《脱贫攻坚大数据平台建设实施方案》（广西）	Implementation Program for Construction of Big Data Platform for Poverty Alleviation（Guangxi）
《钦州市加快云计算及大数据产业发展的实施方案》	Implementation Program of Qinzhou City for Accelerating Cloud Computing and Big Data Industry Development
《海南省促进大数据发展实施方案》	Implementation Program of Hainan Province for Promoting Big Data Development
《四川省促进大数据发展工作方案》	Work Plan of Sichuan Province for Promoting Big Data Development
《贵州省发展农业大数据助推脱贫攻坚三年行动方案（2017—2019 年）》	Three-Year Action Plan of Guizhou Province for Developing Big Data in Agriculture to Promote Poverty Alleviation（2017-2019）

续表

汉语	英译
《贵阳市大数据标准建设实施方案》	Implementation Program of Guiyang City for Big Data Standard Construction
《陕西省大数据与云计算产业示范工程实施方案》	Implementation Program of Shaanxi Province for Demonstration Project of Big Data and Cloud Computing Industry
《西安市大数据产业发展实施方案（2017—2021年)》	Implementation Program of Xi'an City for Big Data Industry Development（2017-2021）
《关于加快大数据、云平台建设促进信息产业发展的实施方案》	Implementation Program for Accelerating Construction of Big Data and Cloud Platform to Promote Information Industry Development
《关于运用大数据开展综合治税工作实施方案》（宁夏）	Implementation Program for Carrying Out Comprehensive Tax Administration by Using Big Data（Ningxia）
《政务信息系统整合共享实施方案》	Implementation Program for Integrating and Sharing of Government Affairs Information System
《公共信息资源开放试点工作方案》	*Work Plan for the Pilot Program of Opening of Public Information Resources
《推进"互联网＋政务服务"开展信息惠民试点实施方案》	Pilot Implementation Program for Promoting "Internet Plus Government Affairs Service" and Developing Information to Benefit the People

对表 3-23 的翻译结果进行统计后发现，"方案"在本系统中的翻译主要分为如下几种情况。

（1）多数情况下"方案"翻译为 program。从涉及词条的广泛性来说，这种翻译处理是原型的，符合认知的。这也是本系统中的主流翻译匹配。本系统中尤其以"实施方案 implementation program"的搭配使用为主。

（2）少数情况下"方案"在专有名词中隐含表达，不译出。例如"RSA 方案"实际上是"RSA 算法（方案）"，在网络使用中，多省略"方案"。但在英汉翻译时，省略了"算法"，补足了"方案"。我们回译到英语中时，则需要反向处理，最后形成"RSA 方案*Rivest-Shamir-Adleman Algorithm"，标注为一级专有名词。这种处理方式也是尊重英语原译的一种方法。

（3）在专有名词中"方案"翻译为 protocol。部分英语原译中使用 protocol 表示"方案、协议、协约"等，例如"BB84 方案*Bennett-Brassard 1984 Protocol""E91 方案*Ekert 1991 QKD（Quantum Key Distribution）Protocol"。这通常是由英语的专有名词译为汉语时汉语选词偏差等原因造成的。本系统是从汉语译回英语，需要找到英语原文，不能按照汉语的翻译进行直译，所以，尊重原译，译回英语的 protocol 是妥切的。

（4）"行动方案""工作方案"形成了较为广泛的准固定搭配。在语言使用中，"行动方案"多翻译为 action plan，"工作方案"多翻译为 work plan，这些已经形成了共识，在国外英语网络中使用广泛。直译的"行动方案 action program"和"工作方案 work program"在国外网络中找到匹配项的概率相对小很多。鉴于在本系统中这类词汇只有四个，尊重这种语言现象也不足以改变"方案 program"的主流翻译，我们拟保持这四个词条的搭配翻译，不进行硬译，即保留"《促进大数据发展的行动方案》（广西）Action Plan for Promoting Big Data Development（Guangxi）""《四川省促进大数据发展工作方案》Work Plan of Sichuan Province for Promoting Big Data Development""《贵州省发展农业大数据助推脱贫攻坚三年行动方案（2017—2019 年）》Three-Year Action Plan of Guizhou Province for Developing Big Data in Agriculture to Promote Poverty Alleviation（2017-2019）""《公共信息资源开放试点工作方案》*Work Plan for the Pilot Program of Opening of Public Information Resources"这四个翻译。

综上，"方案"的主流翻译是 program。

3.2.7 "纲要"的翻译

翻译锚提供了"纲要"的释义。

> 纲要是汉语词汇，拼音是 gāng yào，本义是指网上的大绳。汉代郑玄《诗谱序》中说："举一纲而万目张。"又引申为事物的关键部主持，如大纲。"要"是重要的意思，与"纲"有异曲同工之意，又有"要点"之别。"纲""要"并用，即为：提纲挈领的要点，亦即一本书、一个规划、一个宣言、一个文本的等结构性的、主要的、核心的和实质性内容的总结、概述和介绍。（百度百科"纲要"词条）

翻译锚百度百科提供了"纲要"的四个英语翻译：sketch、outline、essential、compendium。由于系统翻译的需要，我们要从这些选项中遴选出最为合适的一项。"纲要"在翻译软件中的英译和回译结果见表 3-24。

表 3-24 "纲要"在翻译软件中的英译和回译结果对比

翻译软件	汉语	英译	回译
DeepL 翻译	纲要	Outline	概要，纲要，概述，大纲
Google 翻译	纲要	Outline	大纲
有道翻译	纲要	The outline	大纲
		essentials	生活必需品

续表

翻译软件	汉语	英译	回译
有道翻译	纲要	outline	大纲
		sketch	草图
百度翻译	纲要	outline	概述
		sketch	素描
		essentials	要素
		compendium	汇编

表 3-24 中的翻译结果显示，翻译锚百度百科提供的四个选项 sketch、outline、essential、compendium 也出现在了翻译软件提供的英译结果中，国外的两个软件指向性比较清楚，均指向 outline，国内的两个软件指向性较多。我们对本系统中含关键词"纲要"的词条英译进行了统计（表 3-25），并采用向约定俗成的专有名词靠拢的原则，寻找更为妥切的表达方式，并最终确定合适的选项。

表 3-25 含关键词"纲要"的词条英译

汉语	英译
《促进大数据发展行动纲要》	*Action Outline on Promoting the Development of Big Data
《国家信息化发展战略纲要》	*Outline of National IT Development Strategy
《国家创新驱动发展战略纲要》	*Outline of the National Strategy of Innovation-Driven Development
《国家中长期人才发展规划纲要（2010—2020 年)》	*Outline of National Medium- and Long-Term Program for Talent Development（2010-2020)
《数字浙江建设规划纲要（2003—2007 年)》	Planning Outline for Digital Zhejiang Construction（2003-2007)
《合肥市大数据发展行动纲要（2016—2020 年)》	Action Outline of Hefei City for Big Data Development（2016-2020)
《贵州省大数据产业发展应用规划纲要（2014—2020 年)》	Planning Outline of Guizhou Province for Big Data Industry Development and Application（2014-2020)

在表 3-25 的专有名词翻译中，"纲要"都一致性地翻译为 outline，这说明"纲要 outline"这一翻译对应性模式得到了较为广泛的使用。在其他类别词条中，这一模式也无一例外地得到了运用。由此，我们认为使用 outline 作为"纲要"的英译是合适的，也是符合翻译锚和翻译软件选项的。这个结果是众多选项中的优选，所以我们采用"纲要 outline"这一翻译，并在后续系统翻译中遵照执行。

3.2.8 "工程"的翻译

翻译锚提供了"工程"的释义。

  人类为了特定的目的，应用科学技术把各种资源最佳地转化为产品或服务，有组织地改造世界的活动。（术语在线 2016 年公布的管理科学技术名词"工程"，英译为 engineering）

  工程是指以某组设想的目标为依据，应用有关的科学知识和技术手段，通过有组织的一群人将某个（或某些）现有实体（自然的或人造的）转化为具有预期使用价值的人造产品过程。（百度百科"工程"词条，英译为 engineering）

翻译锚提供的英译 engineering 是否适合本系统，还需要看本系统中含关键词"工程"的词条英译的统计结果（表 3-26）。

表 3-26 含关键词"工程"的词条英译

汉语	英译
系统工程	#systems engineering
工程控制	#engineering control
《陕西省大数据与云计算产业示范工程实施方案》	Implementation Program of Shaanxi Province for Demonstration Project of Big Data and Cloud Computing Industry
国家数据共享交换工程	national data sharing and interchange project
国家政务信息化工程	project of informatization for national government affairs
信息惠民工程	information project for the benefit of the people
《"十三五"国家政务信息化工程建设规划》	Construction Planning for "13th Five-Year" National Government Affairs Informatization Project
网络安全应急技术国家工程实验室	*National Engineering Laboratory of Cybersecurity Emergency Response Technology（NELCERT）
大数据科学与工程国际研究中心	international research center for big data science and engineering
提升政府治理能力大数据应用技术国家工程实验室	*National Engineering Laboratory for Big Data Application on Improving Government Governance Capabilities
教育大数据应用技术国家工程实验室	*National Engineering Laboratory for Educational Big Data
大数据系统计算技术国家工程实验室	*National Engineering Laboratory for Big Data System Computing Technology
大数据系统软件国家工程实验室	*National Engineering Laboratory for Big Data System Software
大数据分析与应用技术国家工程实验室	*National Engineering Laboratory for Big Data Analysis and Applications
大数据流通与交易技术国家工程实验室	* National Engineering Laboratory for Big Data Distribution and Exchange Technologies

续表

汉语	英译
大数据协同安全技术国家工程实验室	*National Engineering Laboratory for Big Data Collaborative Security Technology
医疗大数据应用技术国家工程实验室	*National Engineering Laboratory for Medical Big Data Application Technology
综合交通大数据应用技术国家工程实验室	*National Engineering Laboratory of Application Technology of Integrated Transportation Big Data
社会安全风险感知与防控大数据应用国家工程实验室	*National Engineering Laboratory for Big Data Application on Social Security Risks Sensing，Prevention & Control
工业大数据应用技术国家工程实验室	*National Engineering Laboratory of Industrial Big Data Application Technology
空天地海一体化大数据应用技术国家工程实验室	*National Engineering Laboratory for Integrated Aero-Space-Ground-Ocean Big Data Application Technology
数据工程国际会议	*International Conference on Data Engineering（ICDE）
天网工程	*Skynet Project

从表 3-26 的统计可知，"工程"的翻译模式主要分成两类。

（1）表示与应用和技术相关的，通常翻译为 engineering，例如"国家工程实验室 National Engineering Laboratory""数据工程 Data Engineering""科学与工程 science and engineering"等。

（2）表示与项目规划或建设计划相关的，通常翻译为 project，例如《陕西省大数据与云计算产业示范工程实施方案》Implementation Program of Shaanxi Province for Demonstration Project of Big Data and Cloud Computing Industry""国家数据共享交换工程 national data sharing and interchange project""国家政务信息化工程 project of informatization for national government affairs""信息惠民工程 information project for the benefit of the people""《'十三五'国家政务信息化工程建设规划》Construction Planning for '13th Five-Year' National Government Affairs Informatization Project""天网工程*Skynet Project"。

综上，"工程"的翻译涉及两个英语单词：如果与技术应用相关，常翻译为 engineering；如果与项目规划相关，常翻译为 project。

3.2.9 "公示"的翻译

"公示"和"公开"在本系统中出现了多次，现根据统计区分如下。

"公示"多翻译为 publicity 或 disclosure。例如，在"全国公共信用信息公示系统#China's public credit information publicity system""企业信用信

息公示系统*（National）Enterprise Credit Information Publicity System"中"公示"翻译为publicity；在"《企业信息公示暂行条例》*Interim Regulation on Enterprise Information Disclosure"中"公示"翻译为disclosure。

"公开"多翻译为disclosure。在"信息公开#information disclosure"中翻译为disclosure，例如，"政府信息公开#government information disclosure""《广东省企业信用信息公开条例》Regulations of Guangdong Province on Enterprise Credit Information Disclosure"。在"公开披露#public disclosure"中也翻译为disclosure。

"公开"有时翻译为open或opening。例如，在约定俗成的"《中华人民共和国政府信息公开条例》*Regulations of the People's Republic of China on Open Government Information"中，"公开"翻译为open，意为"公开的、开放的"。在词条"武汉市政务公开数据服务网network of Wuhan City for government affairs data opening service"中"公开"翻译为opening。

通过以上分析可知，"公示"与"公开"在英语翻译为disclosure时，语义多有重合。"公示"还可翻译为publicity，"公开"还可翻译为open或opening。具体用词需要根据整体词条的语义指向进行选择。

3.2.10 "公益"的翻译

"公益"的翻译需要首先确定该词条的词汇化程度。如果认定该词条已经完成了词汇化进程，形成的就是意义集合的词条，不可以进行形式上的拆分。相反，如果认为词汇化程度尚不足以达到意义集合的程度，处理时就需要对词条进行拆分后再进行翻译。

翻译锚提供了"公益"的释义。

> 公益是公共利益事业的简称。这是为人民服务不求回报的一种通俗讲法。指有关社会公众的福祉和利益。（百度百科"公益"词条，英译为Public Welfare）

我们在四个翻译软件中验证了翻译锚提供的"公益"的翻译结果。在不考虑首字母大小写的情况下，软件翻译结果均一致性地指向public welfare。但是，将英语public welfare在翻译软件中进行回译时，我们发现四个翻译软件没有一个成功将public welfare回译为"公益"的。这说明，将"公益"翻译为public welfare存在风险。

"公益"的翻译如果按照非词汇化形式处理，可形成三级词汇。如果认定"公益"词汇化程度不深，翻译时通常需要拆分理解，即理解为"公共利益"。这种处理模式是三级词条的范畴。我们发现翻译锚百度百科中没有"公共利益"这一词条。再通过四个翻译软件进行英译和回译处理，结果显示将"公共利益"翻译成 public interests 是可行的，而且回译一致性效果也很好。因此，我们认为"公益"在翻译时采用非词汇化的三级词汇模式更为妥切。"公益"的词汇化处理（翻译模式为 public welfare）、非词汇化处理（翻译模式为 public interests）以及各自回译结果见表 3-27。

表 3-27 "公益"词汇化处理与非词汇化处理

翻译软件	词汇化处理			非词汇化处理		
	汉语	英译	回译	汉语	英译	回译
百度百科	公益	Public Welfare	无	无词条	无	无
Google 翻译	公益	Public welfare	公益	公共利益	Public Interest	公共利益
DeepL 翻译	公益	public welfare	公益事业	公共利益	public interest	公众利益
					Public interests	公共利益
百度翻译	公益	public welfare	公共福利	公共利益	public interest	公共利益
			公众福利			公众利益
有道翻译	公益	Public welfare	公共福利	公共利益	The public interest	公共利益
			公用福利设施		public advantages	公共的优势
			社会福利			
		public benefit	公共利益		public interest	公共利益
			公益			

从表 3-27 的分析可知，当采用单数时，public interest 回译后有两个不一致的解释"公共利益、公众利益"。这说明单数形式可能不是最有效的选项。

我们采用 public interests 复数形式重新进行多翻译软件的对比分析，结果发现一致的回译结果为"公共利益"，没有歧义出现。因此，我们最终认定"公益"为三级词汇，采用无标记处理，且采用 interests 复数形式。

综上，本系统中采用"公益 public interests"的翻译模式。本系统含关键词"公益"的词条英译统计见表 3-28。

表 3-28 含关键词"公益"的词条英译

汉语	英译
公益众筹	public interests crowdfunding
公益数权制度	public interests system of data rights
公益数据	public interests data

3.2.11 "管理"的翻译

翻译锚中有"管理"的释义。

管理者在特定的环境下,对组织的各类资源进行有效的计划、组织、领导和控制,以实现组织目标的活动过程。(术语在线2016年公布的管理科学技术名词"管理",英译为 management)

管理(management)是指一定组织中的管理者,通过实施计划、组织、领导、协调、控制等职能来协调他人的活动,使别人同自己一起实现既定目标的活动过程。是人类各种组织活动中最普通和最重要的一种活动。(百度百科"管理"词条,英译为 management)

翻译锚提供的"管理"的英译均为 management。在实际应用中,由于同义词的存在,且英语的搭配习惯不同,以"管理"为关键词的词条英译不同。本系统中含关键词"管理"的词条英译统计见表 3-29。

表 3-29 含关键词"管理"的词条英译

汉语	英译	检索项
【安全管理机制】	security management mechanism	安全管理
数据版权管理	*Data Right Management(DRM)	版权管理
数据分级分类管理	data grading and classification management	分类管理
公共资产负债管理智能云平台	intelligent cloud platform for public asset and liability management	负债管理
密钥管理	#key management	管理
《非金融机构支付服务管理办法》	*Non-Financial Institution Payment Service Management Measures	管理办法
《互联网信息服务管理办法》	*Measures on the Administration of Internet Information Services	管理办法
《科学数据管理办法》	*Measures for the Management of Scientific Data	管理办法
《电子银行业务管理办法》	*The Measures Governing Electronic Bank	管理办法
《互联网医疗保健信息服务管理办法》	*Measures for the Administration of Internet Medical and Health Care Information Services	管理办法
《计算机信息网络国际联网安全保护管理办法》	*Computer Information Network and Internet Security Protection and Management	管理办法
《气象信息服务管理办法》	*Measures for the Administration of Meteorological Information Service	管理办法
《互联网域名管理办法》	*Measures for the Administration of Internet Domain Names	管理办法

续表

汉语	英译	检索项
《电信业务经营许可管理办法》	*Administrative Measures for the Licensing of Telecommunication Business Operations	管理办法
《互联网药品信息服务管理办法》	*The Measures Regarding the Administration of Drug Information Service over the Internet	管理办法
《河北省地理信息交换共享管理办法》	Administrative Measures of Hebei Province for Geographic Information Exchange and Sharing	管理办法
《江苏省政府信息化服务管理办法》	Administrative Measures of Jiangsu Provincial Government for Informatization Service	管理办法
《浙江省地理空间数据交换和共享管理办法》	Administrative Measures of Zhejiang Province for Geo-Spatial Data Exchange and Sharing	管理办法
《浙江省公共数据和电子政务管理办法》	Administrative Measures of Zhejiang Province for Public Data and E-Government Affairs	管理办法
《福建省政务数据管理办法》	Administrative Measures of Fujian Province for Government Affairs Data	管理办法
《湖南省地理空间数据管理办法》	Administrative Measures of Hunan Province for Geo-Spatial Data	管理办法
《海南省政务信息化管理办法》	Administrative Measures of Hainan Province for Government Affairs Informatization	管理办法
《重庆市地理信息公共服务管理办法》	Administrative Measures of Chongqing City for Geographic Information Public Service	管理办法
《四川省地理信息交换共享管理办法》	Administrative Measures of Sichuan Province for Geographic Information Exchange and Sharing	管理办法
《贵阳市政府数据资源管理办法》	Administrative Measures of Guiyang Municipal Government for Data Resources	管理办法
《青海省地理空间数据交换和共享管理办法》	Administrative Measures of Qinghai Province for Geo-Spatial Data Exchange and Sharing	管理办法
《教育部科技基础资源数据平台建设管理办法》	Administrative Measures of Ministry of Education for Construction of Science and Technology Basic Resources Data Platform	管理办法
《信息安全等级保护管理办法》	*Administrative Measures for the Graded Protection of Information Security	管理办法
《中国极地科学考察样品和数据管理办法》	Administrative Measures for Samples and Data from China Polar Scientific Expeditions	管理办法
《非银行支付机构网络支付业务管理办法》	*Administrative Measures for the Online Payment Business of Non-Banking Payment Institutions	管理办法
《网络表演经营活动管理办法》	*Measures for the Administration of Cyber Performance Business Operations	管理办法
《交通运输政务信息资源共享管理办法》	Administrative Measures of Communications and Transportation for Government Affairs Information Resources Sharing	管理办法
《上海市政务数据资源共享管理办法》	Administrative Measures of Shanghai City for Government Affairs Data Resources Sharing	管理办法

续表

汉语	英译	检索项
《上海市法人信息共享与应用系统管理办法》	Administrative Measures of Shanghai City for Legal Person Information Sharing and Application System	管理办法
《福建省政务信息共享管理办法》	Administrative Measures of Fujian Province for Government Affairs Information Sharing	管理办法
《山东省政务信息资源共享管理办法》	Administrative Measures of Shandong Province for Government Affairs Information Resources Sharing	管理办法
Data.gov 项目管理办公室	Data.gov Project Management Office（PMO）	项目管理办公室
数据跨境流动分级分类管理标准	management standards for grading and classifying of cross-border data flow	管理标准
《联邦信息安全管理法》	*Federal Information Security Management Act（FISMA）	管理法
宁夏回族自治区银川市大数据管理服务局	big data management service bureau of Yinchuan City, Ningxia Hui Autonomous Region	管理服务局
信息系统管理工程师	#information system management engineer	管理工程师
《海南经济特区公共信息标志标准化管理规定》	Administrative Provisions of Hainan Special Economic Zone on Public Information Marks Standardization	管理规定
《互联网视听节目服务管理规定》	*Administrative Provisions for the Internet Audio-Video Program Service	管理规定
《网络出版服务管理规定》	*Provisions on the Administration of Online Publishing Services	管理规定
《河北省政务信息资源共享管理规定》	Administrative Provisions of Hebei Province on Government Affairs Information Resources Sharing	管理规定
《江苏省测绘地理信息成果管理规定》	Administrative Provisions of Jiangsu Province on Surveying and Mapping Geographic Information Achievements	管理规定
《互联网服务及互联网在线内容管理、提供、利用规定》	Provisions on the Management, Provision and Utilization of Internet Service and Internet Online Content	管理规定
政府数据管理机构	government data management authority	管理机构
【管理机构与协调机制】	management authority and coordination mechanism	管理机构
DPI 带宽管理技术	#DPI bandwidth management technology	管理技术
DFI 带宽管理技术	#DFI bandwidth management technology	管理技术
混合存储管理技术	hybrid storage management technology	管理技术
【管理监督】	#administration and supervision	管理监督
内蒙古自治区大数据发展管理局	management bureau of Inner Mongolia Autonomous Region for big data development	管理局
辽宁省沈阳市大数据管理局	*Shenyang Municipal Bureau of Big Data（Liaoning Province）	管理局
浙江省宁波市大数据管理局	big data management bureau of Ningbo City, Zhejiang Province	管理局

续表

汉语	英译	检索项
浙江省杭州市数据资源管理局	data resources management bureau of Hangzhou City, Zhejiang Province	管理局
湖北省黄石市大数据管理局	big data management bureau of Huangshi City, Hubei Province	管理局
广东省大数据管理局	big data management bureau of Guangdong Province	管理局
广东省广州市大数据管理局	big data management bureau of Guangzhou City, Guangdong Province	管理局
四川省成都市大数据管理局	big data management bureau of Chengdu City, Sichuan Province	管理局
贵州省大数据发展管理局	*Big Data Development Administration of Guizhou Province	管理局
云南省保山市大数据管理局	big data management bureau of Baoshan City, Yunnan Province	管理局
云南省昆明市大数据管理局	big data management bureau of Kunming City, Yunnan Province	管理局
陕西省咸阳市大数据管理局	big data management bureau of Xianyang City, Shaanxi Province	管理局
甘肃省兰州市大数据社会服务管理局	*Lanzhou Big Data Social Service Management Bureau in Gansu Province	管理局
甘肃省酒泉市大数据管理局	big data management bureau of Jiuquan City, Gansu Province	管理局
中国人民银行征信管理局	*Credit Information System Bureau of the People's Bank of China	管理局
数字政府建设管理局	management bureau for digital government construction	管理局
欧盟隐私权管理平台	*EU Privacy Management Platform（PMP）	管理平台
《中华人民共和国无线电管理条例》	*Regulations of the People's Republic of China on the Management of Radio Operation	管理条例
《辽宁省计算机信息系统安全管理条例》	Regulations of Liaoning Province on the Management of Computer Information System Safety	管理条例
《辽宁省信息技术标准化监督管理条例》	Regulations of Liaoning Province on the Supervision and Management of Information Technology Standardization	管理条例
《黑龙江省经济信息市场管理条例》	Regulations of Heilongjiang Province on the Management of Economic Information Market	管理条例
《湖南省经济信息市场管理条例》	Regulations of Hunan Province on the Management of Economic Information Market	管理条例
《贵阳市大数据安全管理条例》	Regulations of Guiyang City on the Management of Big Data Security	管理条例
《互联网上网服务营业场所管理条例》	*Regulations on the Administration of Business Premises of Internet Access Service	管理条例
贵州省贵阳市大数据发展管理委员会	big data development management committee of Guiyang City, Guizhou Province	管理委员会

续表

汉语	英译	检索项
中国银行保险监督管理委员会	*China Banking and Insurance Regulatory Commission	管理委员会
中国证券监督管理委员会	*China Securities Regulatory Commission	管理委员会
供水管网信息管理系统	#information management system of water supply network	管理系统
管理信息系统	*Management Information System（MIS）	管理系统
大数据技术伦理数据管理协议	data management protocol of big data technology ethics	管理协议
《网络借贷信息中介机构业务活动管理暂行办法》	Administrative Interim Measures for Business Activities of Internet Borrowing and Lending Information Intermediaries	管理暂行办法
《政务信息资源共享管理暂行办法》	*Interim Measures for the Administration of Sharing of Government Information Resources	管理暂行办法
《个人信用信息基础数据库管理暂行办法》	*Interim Measures for the Administration of the Basic Data of Individual Credit Information	管理暂行办法
《国土资源数据管理暂行办法》	*Interim Measures for the Administration of Land and Resources Data	管理暂行办法
《人力资源社会保障部政务信息资源共享管理暂行办法》	Administrative Interim Measures of the Ministry of Human Resources and Social Security for Government Affairs Information Resources Sharing	管理暂行办法
《辽宁省政务信息资源共享管理暂行办法》	Administrative Interim Measures of Liaoning Province for Government Affairs Information Resources Sharing	管理暂行办法
《浙江政务服务网信息资源共享管理暂行办法》	Administrative Interim Measures of Zhejiang for Government Affairs Service Network Information Resources Sharing	管理暂行办法
《杭州市政务数据资源共享管理暂行办法》	Administrative Interim Measures of Hangzhou City for Government Affairs Data Resources Sharing	管理暂行办法
《安徽省政务信息资源共享管理暂行办法》	Administrative Interim Measures of Anhui Province for Government Affairs Information Resources Sharing	管理暂行办法
《福州市政务数据资源管理暂行办法》	Administrative Interim Measures of Fuzhou City for Government Affairs Data Resources	管理暂行办法
《湖北省地理空间信息数据交换和共享管理暂行办法》	Administrative Interim Measures of Hubei Province for Geo-Spatial Information Data Exchange and Sharing	管理暂行办法
《湖南省政务领域信用信息记录征集管理暂行办法》	Administrative Interim Measures of Hunan Province for Recording, Expropriating and Collecting of Government Affairs Domain Credit Information	管理暂行办法
《武汉市政务数据资源共享管理暂行办法》	Administrative Interim Measures of Wuhan City for Government Affairs Data Resources Sharing	管理暂行办法
《广西政务信息资源共享管理暂行办法》	Administrative Interim Measures of Guangxi for Government Affairs Information Resources Sharing	管理暂行办法
《贵州省政务数据资源管理暂行办法》	Administrative Interim Measures of Guizhou Province for Government Affairs Data Resources	管理暂行办法
《中华人民共和国计算机信息网络国际联网管理暂行规定》	*Provisional Regulations of the Administration of International Networking of Computer Information in the People's Republic of China	管理暂行规定

续表

汉语	英译	检索项
浙江省数据管理中心	data management center of Zhejiang Province	管理中心
《电子计算机处理数据保护管理准则》	Guidelines for Data Protection and Management of Electronic Computer Processing	管理准则
数据安全管理组织	data security management organization	管理组织
国家电子政务内网建设和管理协调小组	coordination group for construction and management of National E-Government Intranet	建设和管理
《互联网信息内容管理行政执法程序规定》	*Provisions on the Administrative Law Enforcement Procedures for Internet Information Content Management	内容管理
账号权限管理及审批制度	account authority management and approval system	权限管理
数据管理国际会议	*International Conference on Big Data Management（ICBDM）	数据管理
【数据质量和数据管理】	data quality and data management	数据管理
数据管理能力成熟度评估模型	#data management capability maturity assessment model	数据管理
数据管理	data management	数据管理
人民法院大数据管理和服务平台	big data management and service platform of the People's court	数据管理
精细化网格管理	refined grid management	网格管理
智慧物业管理	*Smart Facility Management（Smart FM）	物业管理
《贵阳大数据交易所数据确权暂行管理办法》	Interim Administrative Measures for Data Rights Confirmation in（Guiyang）Global Big Data Exchange	暂行管理办法
大数据资产管理标准化应用	standardized application of big data assets management	资产管理
数据资产管理	*Data Asset Management（DAM）	资产管理

从表3-29中对含关键词"管理"的词条英译的分析可知：常规的"管理"翻译为management，例如，"安全管理 security management""版权管理 right management""分类管理 classification management""负债管理 liability management""密钥管理#key management""项目管理 project management""管理标准 management standards""数据管理 data management""管理工程师 management engineer""管理局 management bureau""管理平台 management platform""管理系统 management system""管理协议 management protocol"等。

此外，含关键词"管理"的词条英译还有其他一些特征。

（1）"管理办法"的翻译有多个模式，主流模式是 Administrative Measures of ... Ministry/Province/City for ...。例如，"《山东省政务信息资源共享管理办法》Administrative Measures of Shandong Province for

Government Affairs Information Resources Sharing""《上海市法人信息共享与应用系统管理办法》Administrative Measures of Shanghai City for Legal Person Information Sharing and Application System"中均采用了 Administrative Measures of ... Ministry/Province/City for ...模式。

语言的描写特性决定了"管理办法"存在部分约定俗成的翻译模式，属于特例，主要包括如下几种：第一种模式，"《非金融机构支付服务管理办法》*Non-Financial Institution Payment Service Management Measures"采用"管理办法 Management Measures"；第二种模式，"《互联网信息服务管理办法》*Measures on the Administration of Internet Information Services""《互联网医疗保健信息服务管理办法》*Measures for the Administration of Internet Medical and Health Care Information Services""《互联网药品信息服务管理办法》*The Measures Regarding the Administration of Drug Information Service over the Internet"采用"管理办法（The）Measures on/for/regarding the Administration of ..."；第三种模式，"《科学数据管理办法》*Measures for the Management of Scientific Data"采用"管理办法 Measures for the Management of ..."；第四种模式，"《电子银行业务管理办法》*The Measures Governing Electronic Bank"采用"管理办法 The Measures Governing ..."；第五种模式，"《计算机信息网络国际联网安全保护管理办法》*Computer Information Network and Internet Security Protection and Management"采用隐含式表达，只出现"管理"而不出现"办法"。

从上面对"管理办法"翻译模式的翻译可知，对于已经约定俗成的命名，尊重原译，不进行调整。对于没有固化的命名，建议采用系统性一致的主流翻译模式。

（2）"管理规定"的主流翻译模式为 Administrative Provisions，例如"《海南经济特区公共信息标志标准化管理规定》Administrative Provisions of Hainan Special Economic Zone on Public Information Marks Standardization"。"管理规定"也存在其他约定俗成的翻译模式，具体如下：第一种模式，"《网络出版服务管理规定》*Provisions on the Administration of Online Publishing Services"采用"管理规定 Provisions on the Administration of ... "；第二种模式，"《互联网服务及互联网在线内容管理、提供、利用规定》Provisions on the Management, Provision and Utilization of Internet Service and Internet Online Content"采用"管理规定 Provisions on the Management of ..."。

（3）"管理机构"的翻译模式为 management authority，例如"政府数据管理机构 government data management authority"【管理机构与协调机制】

management authority and coordination mechanism"。

（4）"管理技术"的翻译模式为 management technology，例如"DPI 带宽管理技术#DPI bandwidth management technology""DFI 带宽管理技术#DFI bandwidth management technology""混合存储管理技术 hybrid storage management technology"。

（5）"管理条例"的翻译模式为*Regulations of ... Province/City on the Management of ...，例如"《中华人民共和国无线电管理条例》*Regulations of the People's Republic of China on the Management of Radio Operation""《辽宁省计算机信息系统安全管理条例》Regulations of Liaoning Province on the Management of Computer Information System Safety""《辽宁省信息技术标准化监督管理条例》Regulations of Liaoning Province on the Supervision and Management of Information Technology Standardization""《黑龙江省经济信息市场管理条例》Regulations of Heilongjiang Province on the Management of Economic Information Market""《湖南省经济信息市场管理条例》Regulations of Hunan Province on the Management of Economic Information Market""《贵阳市大数据安全管理条例》Regulations of Guiyang City on the Management of Big Data Security"。

此外，"管理条例"的另一约定俗成的翻译模式为 Regulations on the Administration of...，例如"《互联网上网服务营业场所管理条例》*Regulations on the Administration of Business Premises of Internet Access Service"。

（6）"管理委员会"的翻译模式为 Regulatory Commission，例如"中国银行保险监督管理委员会*China Banking and Insurance Regulatory Commission""中国证券监督管理委员会*China Securities Regulatory Commission"。这两个词条是约定俗成的命名，"管理委员会"采用的是 Regulatory Commission。另一个翻译模式是 management committee，例如"贵州省贵阳市大数据发展管理委员会 big data development management committee of Guiyang City，Guizhou Province"。

（7）"管理暂行办法"的翻译模式主要有两个，第一个是主流模式，具有系统的一致性特性，第二个是约定俗成的另一模式。

第一种模式，Administrative Interim Measures of ... Ministry/Province/City ... for ...，例如"《人力资源社会保障部政务信息资源共享管理暂行办法》Administrative Interim Measures of the Ministry of Human Resources and Social Security for Government Affairs Information Resources Sharing"，该模式为主流模式，具有翻译的系统性。

第二种模式，Interim Measures for the Administration of …，例如"《政务信息资源共享管理暂行办法》*Interim Measures for the Administration of Sharing of Government Information Resources""《个人信用信息基础数据库管理暂行办法》*Interim Measures for the Administration of the Basic Data of Individual Credit Information""《国土资源数据管理暂行办法》*Interim Measures for the Administration of Land and Resources Data"。该模式在实践中也有较为广泛的使用，并形成了约定俗成的命名。对于该模式的使用，尊重原译，不进行调整。

从上述的分析可知，含关键词"管理"的词条较多。一般情况下，"管理"名词态翻译为 management、regulation 等，形容词态翻译为 administrative、regulatory 等。对于具体的词条翻译，由于语言搭配关系的存在，虽然汉语表述是一致的，但在英语中常使用不同的词汇或句式进行表达。一般情况下，我们需要遵循同场同模式的一致性原则进行词条翻译，但是，对于已经约定俗成的命名，需要"名从主人"。

3.2.12 "管理局"的翻译

翻译锚术语在线和百度百科中没有"管理局"的释义。我们需要在翻译软件中查询"管理局"的翻译。通常情况下，"管理局"会有两种情况出现：①词条已经词汇化，由一个英语单词表示汉语的"管理局"；②词条尚未词汇化，由两个或以上英语单词合成表示汉语的"管理局"，即"管理+局"。翻译软件对"管理局"的英译及回译情况见表 3-30。

表 3-30 "管理局"在翻译软件中的英译和回译结果对比

翻译软件	汉语	英译	回译
DeepL 翻译	管理局	Authority	权力
			权利机关
			权利机构
			职权
Google 翻译	管理局	Authority	权威
		administration bureau	管理局
		conservancy	保育院
有道翻译	管理局	administration	政府
		authority	权威
百度翻译	管理局	administration	管理
		management（office）	管理（办公室）
		government agency in charge of the administration of railways/ highways/forestry/etc.	负责铁路/公路/林业等管理的政府机构

对表 3-30 的分析如下。

(1)"管理局"的翻译如果视为完成了词汇化,就翻译为 authority,但是,词汇化后的 authority 语义包罗万象,无法回译到"管理局"这一原发汉语,且多译为"权力、权威、权利机构、权利机关、职权"等。另一个词汇化的词 administration 也出现了相似的情况,即可以从"管理局"译成 administration,但回译后则变成了"政府、管理"。所以,词汇化的 authority、administration 用于指称"管理局"有翻译风险。

(2)将"管理局"视为非词汇化的合成词,翻译较为妥切一些,回译也较为对等。从限定词的使用角度来看,administration/management + bureau/office 合成模式是可行的。根据"名从主人"向专有名词靠近的原则,我们需要在分析本系统中含"管理局"的专有名词的基础上来确定"管理局"如何翻译。本系统中含关键词"管理局"的专有名词英译统计见表 3-31。

表 3-31 含关键词"管理局"的专有名词英译

汉语	英译
贵州省大数据发展管理局	*Big Data Development Administration of Guizhou Province
中国人民银行征信管理局	*Credit Information System Bureau of the People's Bank of China
甘肃省兰州市大数据社会服务管理局	*Lanzhou Big Data Social Service Management Bureau in Gansu Province
辽宁省沈阳市大数据管理局	*Shenyang Municipal Bureau of Big Data(Liaoning Province)

从表 3-31 中已经约定俗成的四个专有名词项可以看出,"管理局 Administration""管理局 Bureau""管理局 Management Bureau"都在专有名词中得到了应用。虽然我们不能对这些已经得到广泛命名的机构名称进行更改,但我们可以通过其在国内外翻译软件中的英译和回译结果对比(表 3-32)的方式比较这四个机构名称哪个更妥切。

表 3-32 含关键词"管理局"的专有名词英译和回译结果对比

翻译软件	汉语	英译	回译
DeepL 翻译	贵州省大数据发展管理局	*Big Data Development Administration of Guizhou Province	贵州省大数据发展管理局
Google 翻译			贵州省大数据发展管理局
有道翻译			贵州省大数据发展管理局
百度翻译			贵州省大数据发展管理局
DeepL 翻译	中国人民银行征信管理局	*Credit Information System Bureau of the People's Bank of China	中国人民银行征信系统局
Google 翻译			中国人民银行征信系统局
有道翻译			中国人民银行征信系统局
百度翻译			中国人民银行征信系统局

续表

翻译软件	汉语	英译	回译
DeepL 翻译	甘肃省兰州市大数据社会服务管理局	*Lanzhou Big Data Social Service Management Bureau in Gansu Province	甘肃省兰州市大数据社会服务管理局
Google 翻译			甘肃省兰州市大数据社会服务管理局
有道翻译			甘肃省兰州市大数据社会服务管理局
百度翻译			甘肃省兰州市大数据社会服务管理局
DeepL 翻译	辽宁省沈阳市大数据管理局	*Shenyang Municipal Bureau of Big Data（Liaoning Province）	沈阳市大数据局（辽宁省）
Google 翻译			沈阳市大数据局（辽宁省）
有道翻译			沈阳市大数据局（辽宁省）
百度翻译			沈阳市大数据局（辽宁省）

从表 3-32 的"汉语—英译—回译"的专有名词翻译对比可知,"管理局 Administration""管理局 Bureau""管理局 Management Bureau"这三个选项中,最为妥切的翻译是"管理局 Management Bureau"。这种分析也符合先前分析的限定词使用 administration/management + bureau/office 的合成模式。根据专有名词使用情况和国内外翻译软件多重回译结果,我们将"管理局"翻译为 management bureau,对非专有名词的翻译项作小写处理。本系统中含"管理局"的三级词条英译统计见表 3-33。

表 3-33 含"管理局"的三级词条英译

汉语	英译
云南省保山市大数据管理局	big data management bureau of Baoshan City, Yunnan Province
四川省成都市大数据管理局	big data management bureau of Chengdu City, Sichuan Province
广东省大数据管理局	big data management bureau of Guangdong Province
广东省广州市大数据管理局	big data management bureau of Guangzhou City, Guangdong Province
湖北省黄石市大数据管理局	big data management bureau of Huangshi City, Hubei Province
甘肃省酒泉市大数据管理局	big data management bureau of Jiuquan City, Gansu Province
云南省昆明市大数据管理局	big data management bureau of Kunming City, Yunnan Province
浙江省宁波市大数据管理局	big data management bureau of Ningbo City, Zhejiang Province
陕西省咸阳市大数据管理局	big data management bureau of Xianyang City, Shaanxi Province
浙江省杭州市数据资源管理局	data resources management bureau of Hangzhou City, Zhejiang Province
数字政府建设管理局	management bureau for digital government construction
内蒙古自治区大数据发展管理局	management bureau of Inner Mongolia Autonomous Region for big data development

表 3-33 统计了本系统中含"管理局"的三级词条英译,共计 12 项,并具有如下特征。

(1)从翻译的统一模式来看,主要形成了"大数据管理局 big data management bureau""数据资源管理局 data resources management bureau""管理局 management bureau"三个主要关键词翻译项。

(2)形成了"省-市-局 bureau of ... City, ... Province"的翻译模式。这种处理方式在本系统中用于管理单位表达。其他成分可以根据需要编入到所陈述的"省-市-局"中。例如:"浙江省宁波市大数据管理局 big data management bureau of Ningbo City, Zhejiang Province"。

(3)"数字政府建设管理局"切分为"数字政府建设+管理局",并由 for 引领"管理局"目的,翻译为 management bureau for digital government construction。

(4)"内蒙古自治区大数据发展管理局"切分为"内蒙古自治区+大数据发展+管理局",并分别由 of 表达"管理局"的领属关系,即 management bureau of Inner Mongolia Autonomous Region,并再由 for 表达"管理局"的目的关系,即 for big data development,最后形成"内蒙古自治区大数据发展管理局 management bureau of Inner Mongolia Autonomous Region for big data development"。

3.2.13 "规范"的翻译

在本系统中,"规范"的名词翻译为 specification。例如,在专有名词"《社会治安综合治理基础数据规范》国家标准(GB/T 31000—2015)*Data Specification for Comprehensive Management of Public Security""《流通领域电子数据交换规范》#Specification for Electronic Data Interchange(EDI)in Circulation"中,"规范"均翻译为 specification。

"规范"的动词翻译为 regulate。例如,"《关于促进和规范健康医疗大数据应用发展的指导意见》*Guiding Opinions on Promoting and Regulating the Application and Development of Big Data in Health and Medical Care"中采用了动名词 promoting and regulating 来表达"促进和规范"。类似的还有"《规范互联网信息服务市场秩序若干规定》*Several Provisions on Regulating the Market Order of Internet Information Services"。

综上,本系统中"规范"的名词态多翻译为 specification,动词态多翻译为 regulate。

3.2.14 "规划"的翻译

翻译锚提供了"规划"的英译和释义。

确定未来发展目标,制定实现目标的行动纲领以及不断付诸实施的整个过程。(术语在线 2021 年公布的城乡规划学名词"规划",英译为 planning)

规划,意思就是个人或组织制定的比较全面长远的发展计划,是对未来整体性、长期性、基本性问题的思考和考量,设计未来整套行动的方案。规划是融合多要素、多人士看法的某一特定领域的发展愿景。提及规划,部分政府部门的工作同志及学者都会视其为城乡建设规划,把规划与建设紧密联系在一起。其实,这是对规划概念以偏概全的理解。(百度百科"规划"词条,英译为 program)

"规划"在翻译软件中的英译和回译结果见表 3-34。

表 3-34 "规划"在翻译软件中的英译和回译结果对比

翻译软件	汉语	英译	回译
DeepL 翻译	规划	plan	计划
		planning	规划
		plans	计划
		Plan(for the future)	筹划
Google 翻译	规划	planning	规划
有道翻译	规划	planning	规划
百度翻译	规划	plan	计划
		planning	规划
		programming	程序设计
		project	项目
		schematization	图式化

表 3-34 中,"规划"英译和回译保持一致性的结果是 planning。我们前面认定了"计划 plan",同时"规划"和"计划"有同义关系,采取 planning 符合这种意义相近的选择,加之翻译锚术语在线给出的英译为 planning,所以,我们采用"规划 planning"翻译模式。本系统中含关键词"规划"的词条英译统计见表 3-35。

表 3-35　含关键词"规划"的词条英译

汉语	英译
规划论	#programming theory
线性规划	#linear programming
整数规划	#integer programming
多目标规划	#multi-objective programming
动态规划	#dynamic programming
《英国数据能力发展战略规划》	*UK Strategic Plan for Data Capability Development
《大数据产业发展规划（2016—2020年）》	Development Planning for Big Data Industry（2016-2020）
《智能制造发展规划（2016—2020年）》	*Intelligent Manufacturing Development Plan（2016-2020）
《新一代人工智能发展规划》	*New Generation Artificial Intelligence Development Plan
《国家中长期人才发展规划纲要（2010—2020年）》	*Outline of National Medium- and Long-Term Program for Talent Development（2010-2020）
《山西省大数据发展规划（2017—2020年）》	Development Planning of Shanxi Province for Big Data（2017-2020）
《内蒙古自治区大数据发展总体规划（2017—2020年）》	Overall Planning of Inner Mongolia Autonomous Region for Big Data Development（2017-2020）
《内蒙古自治区健康医疗大数据应用发展规划（2016—2020年）》	Development Planning of Inner Mongolia Autonomous Region for Big Data Application in Health and Medical Care（2016-2020）
《数字浙江建设规划纲要（2003—2007年）》	Planning Outline for Digital Zhejiang Construction（2003-2007）
《杭州城市数据大脑规划》	Planning of Hangzhou for City Data Brain
《"数字杭州"发展规划》	Development Planning for "Digital Hangzhou"
《安徽省"十三五"软件和大数据产业发展规划》	Development Planning of Anhui Province for "13th Five-Year" Software and Big Data Industry
《福建省"十三五"数字福建专项规划》	Special Planning of Fujian Province for "13th Five-Year" Digital Fujian
《厦门市大数据应用与产业发展规划（2015—2020年）》	Development Planning of Xiamen City for Big Data Application and Industry（2015-2020）
《河南省云计算和大数据"十三五"发展规划》	Development Planning of Henan Province for Cloud Computing and Big Data "13th Five-Year"
《湖北省云计算大数据发展"十三五"规划》	The 13th Five-Year Planning of Hubei Province for Cloud Computing and Big Data Development
《南宁市大数据建设发展规划（2016—2020）》	Development Planning of Nanning City for Big Data Construction（2016-2020）
《成都市大数据产业发展规划（2017—2025年）》	Development Planning of Chengdu City for Big Data Industry（2017-2025）
《贵州省大数据产业发展应用规划纲要（2014—2020年）》	Planning Outline of Guizhou Province for Big Data Industry Development and Application（2014-2020）
《贵州省数字经济发展规划（2017—2020年）》	Development Planning of Guizhou Province for Digital Economy（2017-2020）

续表

汉语	英译
《智能贵州发展规划（2017—2020年）》	Development Planning for Intelligent Guizhou（2017-2020）
《新疆维吾尔自治区云计算与大数据产业"十三五"发展专项规划》	Special Planning of Xinjiang Uygur Autonomous Region for "13th Five-Year" Development of Cloud Computing and Big Data Industry
【规划与标准】	planning and standard
《"十三五"国家政务信息化工程建设规划》	Construction Planning for "13th Five-Year" National Government Affairs Informatization Project
《"十三五"国家战略性新兴产业发展规划》	Development Planning for "13th Five-Year" National Strategic Emerging Industry

表3-35中"规划"的翻译具有如下特点。

（1）已经约定俗成的翻译为 programming。翻译锚中提供了多个涉及"规划"的词条的释义。

规划论（programming theory），又称为"数学规划"，是运筹学的一个分支。是研究对现有资源进行统一分配、合理安排、合理调度和最优设计以取得最大经济效果的数学理论方法。如某项确定的任务，怎样以最少的人力、物力去完成；或是对给定的人力、物力要求能最大限度地发挥作用从而能够完成尽可能多的任务。（百度百科"规划论"词条）

线性规划（Linear programming，简称LP），是运筹学中研究较早、发展较快、应用广泛、方法较成熟的一个重要分支，是辅助人们进行科学管理的一种数学方法，是研究线性约束条件下线性目标函数的极值问题的数学理论和方法。（百度百科"线性规划"词条）

整数规划（integer programming）是指规划中的变量（全部或部分）限制为整数，若在线性模型中，变量限制为整数，则称为整数线性规划。所流行的求解整数规划的方法往往只适用于整数线性规划。（百度百科"整数规划"词条）

多目标规划（multi-objective programming）的概念是1961年由美国数学家查尔斯和库柏首先提出的。多目标最优化思想，最早是在1896年由法国经济学家V.帕雷托提出来的。他从政治经济学的角度考虑把本质上是不可比较的许多目标化成单个目标的最优化问题，从而涉及了多目标规划问题和多目标的概念。（百度

百科"多目标规划"词条）

动态规划（Dynamic Programming，DP）是运筹学的一个分支，是求解决策过程最优化的过程。20世纪50年代初，美国数学家贝尔曼（R. Bellman）等人在研究多阶段决策过程的优化问题时，提出了著名的最优化原理，从而创立了动态规划。（百度百科"动态规划"词条）

上面翻译锚中的"规划论#programming theory""线性规划#linear programming""整数规划#integer programming""多目标规划#multi-objective programming""动态规划#dynamic programming"等都形成了约定俗成的翻译，且都是有独立释义的词条项，均翻译为programming。我们需要尊重原译，不进行修改，标注为二级词条。

（2）在专有名词中翻译为plan。由于汉语"计划""规划"之间，以及英语plan、planning之间在语义上多有重合，部分专有名词也使用plan表达"规划"意义，例如"《英国数据能力发展战略规划》*UK Strategic Plan for Data Capability Development""《智能制造发展规划（2016—2020年）》*Intelligent Manufacturing Development Plan（2016-2020）""《新一代人工智能发展规划》*New Generation Artificial Intelligence Development Plan"。对于此类专有名词，按照"名从主人"原则，不进行调整，并标注为一级词条。

（3）在专有名词中翻译为program。语言使用者由于背景不同、侧重不同、风格不同，所以在语言翻译时也会产生一定的偏差。例如，"《国家中长期人才发展规划纲要（2010—2020年）》*Outline of National Medium- and Long-Term Program for Talent Development（2010-2020）"在相关部门向外界提供双语翻译时，英语中"规划"使用的是program。该词条是政府机关对外宣传时提供的双语翻译，所以，我们尊重原译，并按照专有名词标注为一级词条。

（4）常规情况下"规划"翻译为planning。从表3-35中可以看出，除了约定俗成的翻译和特殊指称之外，系统性翻译是采用"规划planning"这一双语匹配模式的。这个模式与前面讨论的"计划plan"形成了有序的区分和有效的指称，既关注到了同义词的语义交叉部分，也界定了同义词的区别性特征。所以，"规划planning""计划plan"是一对认定较好的区别对儿，后续翻译中可予以采纳。

3.2.15 "规则""准则"的翻译

"规则"翻译为 rules（of），例如"《浙江大数据交易中心交易规则》#Trading Rules of Zhejiang Big Data Trading Center""大数据交易规则#trading rules of big data""规则制定权#rules-making authority"。在单复数的使用上，遵循同场同模式的原则，均采用复数形式，以便与专有名词相对应。本系统中，此类专有名词还包括"《上海数据交易中心数据互联规则》*Data Interconnection Rules of Shanghai Data Exchange"等。

"准则"的翻译需要综合考虑。由于在本系统中含关键词"准则"的词条只有一例，而且"准则"在多个翻译软件中与"指南"的翻译一致，在网络使用中两者区分度较小，英语均为 guidelines，所以在处理"准则"和"指南"时采用同一英语词汇。例如，我们将"《电子计算机处理数据保护管理准则》"翻译为 Guidelines for Data Protection and Management of Electronic Computer Processing。

3.2.16 "呼和浩特"的翻译

该词条的英译有多个，我们需要最终确定一种最为合适的翻译项。翻译锚中有"呼和浩特"的释义。

> 呼和浩特是国家历史文化名城，是华夏文明的发祥地之一，有着悠久的历史和光辉灿烂的文化。先秦时期，赵武灵王在此设云中郡，故址在今呼市西南托克托县境。民国时期为绥远省省会，蒙绥合并后，呼和浩特成为内蒙古自治区首府。呼市中心城区本是由归化城与绥远城两座城市在清末民国合并而成，故名归绥。1954 年改名为呼和浩特，蒙古语意为"青色的城"。（百度百科"呼和浩特"词条，英译为 Hohhot）

呼和浩特市政府官网提供了另外的英语译名。在官网 http://www.huhhot.gov.cn/中，其蒙古文对应的英语翻译为 Huhhot，这个结果与翻译锚百度百科提供的 Hohhot 不同。

尊重原译是我们选择翻译项的原则。由于"呼和浩特"源于蒙古文，对于蒙古文翻译更为准确的政府官网是原译的根本，所以我们拟采用官网的翻译 Huhhot，并将此翻译结果用于其他词条翻译，例如，"《呼和浩特市促进大数据发展应用若干政策》"翻译为 Several Policies of Huhhot City on

Promoting Big Data Development and Application。

综上,"呼和浩特"翻译为 Huhhot。

3.2.17 "货币"的翻译

本系统中"货币"的英译有三个,包括 tender、money 和 currency。翻译锚提供了有关"货币"的几个约定俗成的释义。

> 没有内在价值,由于政府法令而作为通货使用的货币。(术语在线 2020 年公布的经济学名词"法定货币")
> 法定货币(Legal tender),是指不代表实质商品或货物,发行者亦没有将货币兑现为实物义务;只依靠政府的法令使其成为合法通货的货币。法定货币的价值来自拥有者相信货币将来能维持其购买力。货币本身并无内在价值(Intrinsic value),也就是说,当纸币产生之后,法定货币实质上就是法律规定的可以流通的纸币。(百度百科"法定货币"词条)
> 由国家法律规定的,强制流通不以任何贵金属为基础的独立发挥货币职能的货币。(术语在线 2020 年公布的经济学名词"信用货币")
> 信用货币(credit money)是由国家法律规定的,强制流通不以任何贵金属为基础的独立发挥货币职能的货币。世界各国发行的货币,基本都属于信用货币。信用货币是由银行提供的信用流通工具。其本身价值远远低于其货币价值,而且与代用货币不同,它与贵金属完全脱钩,不再直接代表任何贵金属。(百度百科"信用货币"词条)
> 数字货币(Digital Currency)是一种不受管制的、数字化的货币,通常由开发者发行和管理,被特定虚拟社区的成员所接受和使用。欧洲银行业管理局将虚拟货币定义为:价值的数字化表示,不由央行或当局发行,也不与法币挂钩,但由于被公众所接受,所以可作为支付手段,也可以电子形式转移、存储或交易。(百度百科"数字货币"词条)

术语在线提供了这三个关键词的英译"法定货币 fiat money、lawful money、legal money、lawful currency、legal currency""信用货币 credit money、fiduciary currency""数字货币 Digital Currency",两个翻译锚对

以上"货币"采取了不同的英译。对于约定俗成项,具体翻译按照"尊重原译、尽量一致"的同场同模式原则进行:首先,尊重约定俗成的"法定货币 legal tender""信用货币 credit money""数字货币 digital currency"等表述;其次,根据翻译软件的多重回译结果,我们确定"货币"的主流翻译为 currency;最后,系统一致性原则决定了非约定俗成项均采用"货币 currency",例如"法定数字货币#legal digital currency""主权货币 sovereign currency""网络货币 network currency"等。

与"货币"相关的词条翻译,也需要先确定是否为约定俗成项。例如,词条"货币本质观"的翻译也需要先溯源。"货币本质观"主要讨论的是卡尔·马克思(Karl Marx)《资本论》(*Capital*)的"Theory of Money"中的观点,所以,对"货币"的翻译应采用 money 而非 currency。本系统中的"货币"一般翻译为 currency,为提醒此处的翻译源自马克思的著作,我们在翻译中通过添加"(Marx's)"来标示。由上,本系统将"货币本质观"翻译为"#(Marx's)view of essence of money"。

综上所述,本系统中"货币"的主流翻译模式是 currency,其他约定俗成的翻译模式还包括 money 和 tender 等,根据"尊重原译、尽量一致"的同场同模式原则进行翻译。

3.2.18 "货车帮"的翻译

翻译锚百度百科只介绍了作为汽车服务品牌的"货车帮",没有阐释"货车帮"的具体意思。

通过对网络进行检索和分析得出,"货车帮"意思为"货物-卡车-帮办",其在网络上得到了广泛使用。"货车帮"是一个物流平台,是撮合货物和卡车司机的网络中介,在翻译时,我们既需要通过使用汉语拼音来翻译约定俗成的专有名词,又需要把潜在的意义通过括号表达出来。由此,我们翻译为"*Huochebang(Cargo-Truck-Helper Logistics Platform)",并认定其为一级专有名词,以便于后续多语种翻译叶保持一致性。

3.2.19 "机构"的翻译

"机构"在本系统中有多个翻译模式。我们遵循"尊重原译、尽量一致"的同场同模式翻译原则。

第一,"机构"主要翻译为 institution/institutions。翻译锚提供了与本系统中的"机构"处于同一场域的词条之一"金融机构 Financial Institution"的释义。

> 金融机构，是指国务院金融管理部门监督管理的从事金融业务的机构。涵盖行业有银行、证券、保险等。（百度百科"金融机构"词条）

翻译锚将"金融机构"中的"机构"翻译为 institution，本系统中类似的翻译还包括"《关于加强非金融企业投资金融机构监管的指导意见》*Guiding Opinions on Strengthening the Regulation of Investment of Non-Financial Enterprises in Financial Institutions""《非金融机构支付服务管理办法》*Non-Financial Institution Payment Service Management Measures""《非银行支付机构网络支付业务管理办法》*Administrative Measures for the Online Payment Business of Non-Banking Payment Institutions"等。

第二，"机构"隐含表示，不译出。例如，"《网络借贷信息中介机构业务活动管理暂行办法》Administrative Interim Measures for Business Activities of Internet Borrowing and Lending Information Intermediaries"中，"信息中介机构"只译出了 information intermediaries，"机构"没有译出。

第三，"机构"翻译为 corporation。例如，"互联网名称与数字地址分配机构*The Internet Corporation for Assigned Names and Numbers"。

第三，"机构"翻译为 body。例如，"大数据标准机构 big data standards body"。

第四，"机构"翻译为 regulator。例如，"金融风险监管机构 financial risk regulator"。

第五，"机构"翻译为 authority。例如，"政府数据管理机构 government data management authority"。

机构的语义域比较广，涉及政府管理机构、金融服务机构、金融监管结构、企业运行机构、标准机构等，对应的"机构"翻译分别为 authority、institution、regulator、corporation、body。总的来说，与管理和权利相关的政府机构采用 authority，金融领域的普通机构陈述用 institution，涉及权利的金融监管用 regulator，企业机构多用 corporation，其他标准机构主要用 body。

3.2.20 "计划"的翻译

"计划"在翻译锚中有释义。

> 概括了如何实现目标的文件。包括资源分配、日程安排以及

其他实现目标的必要行动。(术语在线 2016 年公布的管理科学技术名词"计划",英译为 plan)

拆解开"计划"的两个汉字来看,"计"的表意是计算,"划"的表意是分割,"计划"从属于目标达成而存在,"计划"的表意定义:计划是分析计算如何达成目标,并将目标分解成子目标的过程及结论。(百度百科"计划"词条,英译为 plan)

翻译锚提供的英译为 plan。本系统中含关键词"计划"的词条英译统计见表 3-36。

表 3-36　含关键词"计划"的词条英译

汉语	英译
全球脉动计划	*Global Pulse
《数据价值链战略计划》	The Strategic Plan for Data Value Chain
《美国国家宽带计划》	*(U.S.) National Broadband Plan
《美国大数据研究和开发计划》	*(U.S.) Big Data Research and Development Initiative
《美国开放数据行动计划》	*U.S. Open Data Action Plan
《网络安全国家行动计划》	*Cybersecurity National Action Plan
《联邦大数据研究和发展战略计划》	*The Federal Big Data Research and Development Strategic Plan
《国家人工智能研究与发展战略计划》	*National Artificial Intelligence Research and Development Strategic Plan
《云计算行动计划》	*Cloud Computing Action Programme
《法国机器人发展计划》	*French Robot Development Plan
《法国大数据五项支持计划》	*French Five-Part Support Plan for Big Data
"未来工业"计划	*Plan for "The Industries of the Future"
"智慧首尔 2015"计划	*Plan for "Smart Seoul 2015"
《气象大数据行动计划(2017—2020 年)》	*Action Plan for Meteorological Big Data (2017-2020)
《云计算发展三年行动计划(2017—2019 年)》	*Three-Year Action Plan for Cloud Computing Development (2017-2019)
《工业互联网发展行动计划(2018—2020 年)》	*Action Plan for the Development of Industrial Internet (2018-2020)
《北京市大数据和云计算发展行动计划(2016—2020 年)》	Action Plan of Beijing City for Development of Big Data and Cloud Computing (2016-2020)
《河北省大数据产业创新发展三年行动计划(2018—2020 年)》	Three-Year Action Plan of Hebei Province for Big Data Industry Innovation and Development (2018-2020)
《内蒙古自治区大数据与产业深度融合行动计划(2018—2020 年)》	Action Plan of Inner Mongolia Autonomous Region for Deep Integration of Big Data and Industry (2018-2020)
《沈阳市促进大数据发展三年行动计划(2016—2018 年)》	Three-Year Action Plan of Shenyang City for Promoting Big Data Development (2016-2018)
《上海推进大数据研究与发展三年行动计划(2013—2015 年)》	Three-Year Action Plan of Shanghai for Promoting Big Data Research and Development (2013-2015)

续表

汉语	英译
《江苏省大数据发展行动计划》	Action Plan of Jiangsu Province for Big Data Development
《江苏省云计算与大数据发展行动计划》	Action Plan of Jiangsu Province for Cloud Computing and Big Data Development
《南京市促进大数据发展三年行动计划（2016—2018 年）》	Three-Year Action Plan of Nanjing City for Promoting Big Data Development（2016-2018）
《浙江省促进大数据发展实施计划》	Implementation Plan of Zhejiang Province for Promoting Big Data Development
《杭州市建设全国云计算和大数据产业中心三年行动计划（2015—2017 年）》	Three-Year Action Plan of Hangzhou City for Building National Cloud Computing and Big Data Industry Center（2015-2017）
《江西省大数据发展行动计划》	Action Plan of Jiangxi Province for Big Data Development
《济南市数创公社 2020 发展行动计划》	Development Action Plan of Jinan City for Big Data Innovation Commune 2020
《河南省大数据产业发展三年行动计划（2018—2020 年）》	Three-Year Action Plan of Henan Province for Big Data Industry Development（2018-2020）
《郑州市促进大数据发展行动计划》	Action Plan of Zhengzhou City for Promoting Big Data Development
《湖北省大数据发展行动计划（2016—2020 年）》	Action Plan of Hubei Province for Big Data Development（2016-2020）
《武汉市大数据产业发展行动计划（2014—2018 年）》	Action Plan of Wuhan City for Big Data Industry Development（2014-2018）
《长沙市加快发展大数据产业（2017—2020 年）行动计划》	Action Plan of Changsha City for Accelerating and Developing Big Data Industry（2017-2020）
《广东省促进大数据发展行动计划（2016—2020 年）》	Action Plan of Guangdong Province for Promoting Big Data Development（2016-2020）
《深圳市促进大数据发展行动计划（2016—2018 年）》	Action Plan of Shenzhen City for Promoting Big Data Development（2016-2018）
《重庆市大数据行动计划》	Action Plan of Chongqing City for Big Data
《贵州大数据＋产业深度融合 2017 年行动计划》	2017 Action Plan of Guizhou for Deep Integration of Big Data plus Industry
《贵阳大数据产业行动计划》	Action Plan of Guiyang for Big Data Industry
《甘肃省促进大数据发展三年行动计划（2017—2019 年）》	Three-Year Action Plan of Gansu Province for Promoting Big Data Development（2017-2019）
老年人连通计划	senior citizen program for data interconnection and synchronization
教育与培训 2010 计划	*Education and Training 2010 Work Programme
"智信城市"计划	"smart and trustworthy city" plan
广州 IAB 计划	Guangzhou IAB（Information technology，Artificial intelligence，Biologic pharmacy）Plan
美国无授权窃听计划	U.S. unauthorized eavesdropping plan
《跨境隐私执行计划》	*Cross-Border Privacy Enforcement Arrangement（CPEA）
《数据科学：拓展统计学的技术领域的行动计划》	*Data Science：An Action Plan for Expanding the Technical Areas of the Field of Statistics

从表 3-36 中"计划"的翻译可以看出，本系统中"计划"的翻译模式主要分为如下几种情况。

(1)"计划"翻译为 plan。绝大多数情况下，不管是专有名词还是其他名词，通常都接受"计划 plan"的汉英搭配模式。

(2) 省略"计划"字样，采用隐含意义模式。这种情况多出现在专有名词翻译中，属于将英语原有表达译入国内的情况，英译汉时添加了"计划"这个词。对此，我们需要尊重原译，不进行修改。例如，"全球脉动计划*Global Pulse"。

(3)"计划"翻译为 arrangement。名词 arrangement 有"安排、计划"等意义，部分英语原有表达采用这个词表示"计划"。我们在译入时，将 arrangement 翻译为"计划"。从字面意义来说，该英语单词翻译为"安排"更妥切一些。考虑到汉语词条"《跨境隐私执行计划》"是无法更改的选项，我们"名从主人"，将该中文翻译回译到英语原文*Cross-Border Privacy Enforcement Arrangement（CPEA）。

(4)"计划"翻译为 initiative。专有名词"*（U.S.）Big Data Research and Development Initiative"译为汉语时，形成了译文"《美国大数据研究和开发计划》"。现回译到英语，形成了匹配翻译"《美国大数据研究和开发计划》*（U.S.）Big Data Research and Development Initiative"。因此，我们尊重原译，不进行调整。

(5)"计划"翻译为 programme。这种翻译也出现在专有名词中，例如"《云计算行动计划》*Cloud Computing Action Programme""教育与培训 2010 计划*Education and Training 2010 Work Programme"。由于汉语和英语语义颗粒度的呈现不同，以及词汇语义覆盖度的交叉重叠，出现了翻译上的不一致。对于已经约定俗成的表达，不进行修改。

(6)"计划"翻译为 program。在本系统中，我们区分了"计划 plan"和"方案 program"。"老年人连通计划"中的"计划"应该更多地指称"实施方案"，而不是"行动计划"。"老年人连通计划"词条中的"计划"并不是原型，而应该归属"实施方案"类别。所以，我们采用"方案"的翻译 program 来替代 plan，形成"老年人连通计划 senior citizen program for data interconnection and synchronization"，并将其认定为三级词条。

3.2.21 "驾驶"的翻译

"驾驶"和"行车"在本系统中涉及词条较少,不具有语义上的显著性差异。本系统中含关键词"驾驶"的词条有两个,含关键词"行车"的词条有一个。例如,在"无人驾驶#pilotless driving"中,"驾驶"翻译为 driving;在"自动驾驶汽车*Autonomous Vehicles"中,"驾驶"作为隐含项,没有译出;在"广东'互联网+行车服务'Guangdong 'internet plus driving service'"中,"行车"也翻译为 driving。所以,"驾驶"一般翻译为 driving。

3.2.22 "监察"的翻译

翻译锚提供了相关词条"电子监察系统"的释义。

> 电子监察系统是指行政监察机关运用网络技术,对行政审批服务事项实施监控、监督的系统。电子监察系统将行政审批、行政处罚、行政征收和工程交易、产权交易、土地招拍挂、政府采购等公共资源交易活动全部纳入监察范围,具有实时监控、预警纠错、绩效评估、统计分析、信息服务的功能。(百度百科"电子监察系统"词条)

但是,翻译锚没有提供"电子监察系统"的英译,我们需要自行对"监察"进行翻译。

四个翻译软件对"监察(系统)"的英语翻译大都包括 monitoring (system),但是,四个翻译软件的回译结果大都为"监控(系统)"。两者不一致,无法匹配。由此,我们不采用"监察"词汇化的翻译方式。

翻译锚提供的"电子监察系统"的释义中指出"电子监察系统"是行政监察机关使用的,翻译锚提供了"行政监察"的释义。

> 行政监察是指国家行政机构内专门行使监督职权的机关依法对国家行政机关及其公务员行使行政权力的行为进行的监视和督察。(百度百科"行政监察"词条)

用直译法翻译"监察"效果较好。"行政监察"的释义将"监察"解释为"监视和督察","监视"翻译为 monitoring,"督察"翻译为 supervision,合成后翻译为 monitoring and supervision。

英语 monitoring and supervision 在百度翻译中已经形成了约定俗成项，这说明该翻译具有使用的广泛性，作为"监察（系统）"的翻译是可行的。例如，在"政务服务平台电子监察系统 system of electronic monitoring and supervision for government affairs service platform"中，"政务"翻译为 government affairs，"服务平台"翻译为 service platform，"政务服务平台"翻译为 government affairs service platform，"电子监察"翻译为 electronic monitoring and supervision，"系统"翻译为 system。最后整体翻译时，将核心成分 system 前置，以避免英语词头过于冗长，并借助 of 和 for 体现限定关系，形成了英译 system of electronic monitoring and supervision + for + government affairs service platform。

综上所述，将"监察"翻译为 monitoring and supervision 是符合系统要求的。

3.2.23 "监管"的翻译

区分"管理/监管"同义词需要从语用方面展开。总的来说，"管理"和"监管"主要适用于三种不同的语用范围：

（1）行政管理方面，包括 administrative、regulations、management 等几种具有不同用法的模式，例如"管理办法 administrative measures""《重庆市地理信息公共服务管理办法》Administrative Measures of Chongqing City for Geographic Information Public Service""管理条例 Regulations of ... on the Management of ...""《辽宁省计算机信息系统安全管理条例》Regulations of Liaoning Province on the Management of Computer Information System Safety""管理局 management bureau""数字政府建设管理局 management bureau for digital government construction"。

（2）金融方面，"监管 regulation"使用广泛，例如"金融风险监管政策文本 policy texts for financial risk and regulation""风险控制与监管 risk control and regulation"。

（3）信息网络方面，多使用"监管 supervision"或共享词根 supervisor，例如"大数据监管 big data supervision""欧盟数据保护监管局*European Data Protection Supervisor（EDPS）"等。

3.2.24 "交易""贸易""交易所"的翻译

翻译锚提供了"交易""贸易""交易所"的英译和释义。

参与市场活动者资产所有权在一定条件下的经济转移行为。（术语在线 2016 年公布的管理科学技术名词"交易"，英译为 transaction）

交易（deal），又称贸易、交换，是买卖双方对有价物品及服务进行互通有无的行为。它可以是以货币为交易媒介的一种过程，也可以是以物易物，例如一只黄牛交换三只猪。（百度百科"交易"词条）

贸易（Trade），是买卖或交易行为的总称，通常指以货币为媒介的一切交换活动或行为。其活动范围，不仅包括商业所从事的商品交换活动，还包括商品生产者或他人所组织的商品买卖活动；不仅包括国内贸易，还包括国与国之间的国际贸易。在古代市场上，不仅有物质商品贸易，还有奴隶贸易。在现代市场上，除了有形的商品贸易外，还有技术、资金、信息、劳务，以及保险、旅游等无形的贸易活动。（百度百科"贸易"词条）

金融资产按照标准化的程序进行集中交易的场所。（术语在线 2016 年公布的管理科学技术名词"交易所"，英译为 exchange）

进行交易某种信息及物品等的信息平台，所需要用的一个固定的地点叫交易所。交易所，借助信息平台，实现产权信息共享、异地交易，统一协调，产权交易市场及各种条款来平衡。（百度百科"交易所"词条，英译为 exchange house）

从翻译锚的释义可知，"交易""贸易""交易所"中的"交易"分别翻译为 transaction/deal、trade、exchange。在选择英语表达时，我们需要知道这几个单词在英语中的细微差异，以便从同义词中找到合适的词。

deal 强调的是相互之间的协议，其英语释义为"an agreement or arrangement, especially in business or politics, that helps both sides involved"（*LDOCE*），这个释义指向双方或多方相互之间达成的协议。

transaction 强调的是"过程"或"实例"，其英语释义为"a business deal or action, such as buying or selling something""the process of doing business"（*LDOCE*）。

trade 侧重的是服务或货物的买卖，其英语释义为 "the activity of buying, selling, or exchanging goods within a country or between countries"（*LDOCE*）。可以看出，trade 不讨论协议的有无，而是侧重买卖的行为，或买或卖。

exchange 关注的主要是同种类同价值物品的互换，其英语释义为 "the act of giving someone something and receiving something else from them"（*LDOCE*）。可以看出，该单词强调的是付出某样东西之后，获取等价或等类的物品。

通过对四个词进行词源分析和对本系统中含相关关键词的词条英译进行分析可知，协议类多用 deal，买卖类多用 trade，交换类多用 exchange。所以，对于强调"买卖"的词条"数据交易市场"采用 data trading market，而不采用 data exchange market 或 data deal market。

再如，"贵阳大数据交易所"在翻译锚中有释义。

> 贵阳大数据交易所是经贵州省人民政府批准成立的全国第一家以大数据命名的交易所，2015 年 4 月 14 日正式挂牌运营，在全国率先探索数据流通交易价值和交易模式，2022 年进入优化提升阶段，抢抓数据价值化新机遇，探索数据要素资源化、资产化、资本化改革新路径，大力培育数据要素流通产业生态。（百度百科"贵阳大数据交易所"词条）

"大数据交易所"在翻译锚百度百科中的释义有如下一句："全国首家大数据交易所——贵阳大数据交易所（英文名：Global Big Data Exchange，简写：GBDEx）"。"Global Big Data Exchange（GBDEx）"已经形成了专有名词，且有缩略，所以，具有约定俗成特性，不得随意更改。但为了避免后续多语种翻译时出现歧义，我们通过括号的形式将省略隐含的"贵阳（Guiyang）"在翻译中补全。之所以采用括号，也是为了尊重原译，不改变原译的翻译模式，即采用"贵阳大数据交易所（Guiyang）Global Big Data Exchange（GBDEx）"。这里的交易所是交换，类似股票交易所的英语翻译（"芝加哥股票交易所 Chicago Stock Exchange"），约定俗成，所以对"交易所"的翻译采用 Exchange。

"交易市场"的翻译采用 trading market。在市场中，如果不涉及协议，不涉及互换，通常采用 trade。所以，"交易市场"多翻译为 trading market，"交易服务中心"多翻译为 trading service center，其中"服务中心 service center"是既定词条，例如"广州数据交易服务中心 Guangzhou data trading service center"等。本系统中含关键词"交易"的词条英译统计见表 3-37。

表 3-37 含关键词"交易"的词条英译

汉语	英译
银联交易系统	*China UnionPay System（CUPS）
大数据流通与交易技术国家工程实验室	* National Engineering Laboratory for Big Data Distribution and Exchange Technologies
数据程序化交易	data-based program trading
高频交易	#high frequency trading
数据交易	data trading
数据交易市场	#data trading market
数据资产交易市场	#data asset trading market
大数据交易所	#Big Data Exchange
北京大数据交易服务平台	Beijing big data trading service platform
河北京津冀数据交易中心	data trading center of Beijing-Tianjin-Hebei in Hebei Province
上海数据交易中心	*Shanghai Data Exchange
江苏大数据交易中心	Jiangsu big data trading center
安徽大数据交易中心	Anhui big data trading center
华中大数据交易所	*Central China Big Data Exchange
西咸新区大数据交易所	#Xixian New Area Big Data Exchange
哈尔滨数据交易中心	Harbin data trading center
杭州钱塘大数据交易中心	Hangzhou Qiantang big data trading center
合肥大数据交易中心	Hefei big data trading center
青岛大数据交易中心	Qingdao big data trading center
武汉东湖大数据交易平台	*Wuhan East Lake Trading Platform for Big Data
武汉长江大数据交易所	#Wuhan Yangtze River Big Data Exchange
广州数据交易服务中心	Guangzhou data trading service center
成都大数据交易平台	Chengdu big data trading platform
贵阳大数据交易所	*（Guiyang）Global Big Data Exchange（GBDEx）
大数据交易规则	#trading rules of big data
《浙江大数据交易中心交易规则》	#Trading Rules of Zhejiang Big Data Trading Center
《浙江大数据交易中心资金结算制度》	#Fund Settlement System of Zhejiang Big Data Trading Center
《上海数据交易中心数据互联规则》	*Data Interconnection Rules of Shanghai Data Exchange
《贵阳大数据交易所 702 公约》	*（Guiyang）Global Big Data Exchange 702 Convention
《贵阳大数据交易所数据确权暂行管理办法》	Interim Administrative Measures for Data Rights Confirmation in（Guiyang）Global Big Data Exchange
《贵阳大数据交易所数据交易结算制度》	Data Transaction and Settlement System of（Guiyang）Global Big Data Exchange
《贵阳大数据交易观山湖公约》	Guanshanhu Convention of Guiyang on Big Data Trading
在线交易	#online trading
金融交易数据库	financial transaction database
网络交易大数据监管	big data supervision for network transaction

从表 3-37 中可看出，本系统中的"交易"主要有 trade、exchange、transaction 三种翻译。trade 多指"买卖"；exchange 多指"交换"；transaction 强调的是"过程"或"实例"，即"交易的过程"或"交易的实例"，例如"金融交易数据库 financial transaction database"（强调个体）、"网络交易大数据监管 big data supervision for network transaction"（强调过程）。

另外，我们需要区分"大数据交易所"和"贵阳大数据交易所"。

（1）根据上文，后者采用"贵阳大数据交易所*（Guiyang）Global Big Data Exchange（GBDEx）"。"贵阳"作为交易所的限定成分隐含处理，不作为独立字节处理，和其他词串并行时不前置。由于该翻译字段较长，相关政策法规出现时，将"贵阳大数据交易所（Guiyang）Global Big Data Exchange"后置，介词用 of，例如"《贵阳大数据交易所数据交易结算制度》Data Transaction and Settlement System of（Guiyang）Global Big Data Exchange"。

（2）翻译锚百度百科在处理"大数据交易所"和"贵阳大数据交易所"时出现了歧义。首先，百度百科以"大数据交易所"为词条名称题头，但后续的释义却陈述的是"贵阳大数据交易所"相关内容，这是不妥切的。同时，这也为我们区分两者带来了困难。一般来说，"大数据交易所"为上位词，而"贵阳大数据交易所"为下位词。混淆两者带来的是上下位语义关系的混淆。鉴于后者已经约定俗成，我们需要更改前者的翻译。

（3）从"贵阳大数据交易所"的翻译（Guiyang）Global Big Data Exchange 中可以看出，"大"出现了羡余现象，同时使用了 Global 和 Big。这两个英语词汇都表示"大"，同时使用的概率较小，或许"贵阳大数据交易所"采用这种方法是为了强调交易所的"宏大"之势。回归到"大数据"的翻译本真，我们认为采用 big data 就可以表达，所以"大数据交易所"的常规翻译为"#Big Data Exchange"。"大数据交易所"词条不属于一级词条专有名词，但已广泛使用，属于二级词条。

3.2.25 "经济体""经济"的翻译

翻译锚中有"经济体"的释义。

> 经济体是指对某个区域的经济组成进行统称和划分。经济体可以指一个地区，如中国台湾地区，或地区内的国家群体，如欧盟、东盟等。（百度百科"经济体"词条，英译为 economy）

如果按照翻译锚的翻译认定"经济体 economy"，我们面临的问题是：

本系统中有很多词条包含"经济",例如"数字经济""新经济""知识经济""信息经济""网络经济""虚拟经济""互联网经济""平台经济""智慧经济""社群经济""粉丝经济""云经济"等,这些词条如何区分"经济 economy"和"经济体 economy"?这种歧义势必会对后期的回译产生较大困扰。所以,我们认为"经济体"应该与"经济"有所区别。

翻译锚提供了"经济"的释义。

> 社会物质资料的生产和再生产过程。包括物质资料的直接生产过程以及由它决定的交换、分配和消费过程,其内容包括生产力和生产关系两个方面。(术语在线 2020 年公布的经济学名词"经济",英译为 economy)

> 经济(Economy)是价值的创造、转化与实现。人类经济活动就是创造、转化、实现价值,满足人类物质文化生活需要的活动。(百度百科"经济"词条)

从翻译锚对"经济体 economy"和"经济 Economy"的处理可以看出,仅仅把首字母是否大写作为区别性特征来区分两者,是不妥切也是不充分的。这意味着我们不能对翻译锚的内容进行直接引用,而应该根据网络使用的广泛度找寻更好的方式来区分"经济体"和"经济"。四个翻译软件对"经济体"和"经济"的英译和回译情况见表 3-38。

表 3-38 "经济体"和"经济"在翻译软件中的英译和回译结果对比

翻译软件	汉语	英译	回译
DeepL 翻译	经济体	economies	经济体
	经济	economic	经济
Google 翻译	经济体	Economy	经济
	经济	economic	经济
有道翻译	经济体	economies	经济体
		economic entity	经济实体
	经济	economic	经济
百度翻译	经济体	Economy	经济
		economy	经济
		Economies	经济体
		Member Economy	成员经济
	经济	economy	经济

从表 3-38 中可知：①首字母大小写不是区分"经济体"和"经济"的区别性特征；②部分软件通过单复数来区分"经济体"和"经济"，economy 为"经济"，economies 为"经济体"；③各翻译软件无法在"经济体"和"经济"的翻译中形成一致性意见，而且"经济"的翻译约有一半采用形容词态，也不符合我们核心词语是名词态的要求。

从翻译软件的处理结果可以看出，单纯依靠翻译锚或翻译软件都无法实现我们区分"经济体"和"经济"的目标，我们需要自行限定两个关键词的用词。

经济体多是超过一个经济单位的集合，所以，采用复数形式是妥切的。再者，"经济体"和"经济"两个关键词非常接近，采用同一个词根进行翻译也是妥切的。我们在这里借鉴翻译软件的处理方法，利用单复数的形式区分两者。这种区别性特征在词汇学中有先例存在，类似于"习俗 custom"和"海关 customs"等。

所以，在本系统中，"经济"翻译为 economy，"经济体"翻译为 economies。

3.2.26 "控制"的翻译

简单词条的翻译需要限定语域。在翻译"控制"这一词条时，如果仅凭单独的一个词，不划定语用领域，翻译的多样性很难实现术语单一性要求。为缩小语域，又不影响整体翻译，我们根据上下文补全限定词，同时用括号标明。鉴于本系统的翻译多集中在大数据领域，出现频率最高的是"控制（论）"，所以，在翻译"控制"时，提供括号项，即"控制 control（system）"。此类处理还包括"要素 elements（system）"等。

3.2.27 "联盟"的翻译

"联盟"在翻译中有多个选项，可通过系统翻译的同场同模式原则进行确定。汉语"联盟"在英语中对应项比较多，包括 union、alliance、league、coalition 等。这种翻译的多元性在软件中得到体现。翻译软件不具有指称一致性的时候，我们可以参照系统中对"联盟"的翻译，尤其是参照专有名词的翻译模式，来最终确定"联盟"的翻译。翻译软件对"联盟"的英译和回译结果见表 3-39。

表 3-39 "联盟"在翻译软件中的英译和回译结果对比

翻译软件	汉语	英译	回译
DeepL 翻译	联盟	union	联盟
		alliances	联盟
		alliance	联盟

续表

翻译软件	汉语	英译	回译
Google 翻译	联盟	alliance	联盟
有道翻译	联盟	union	联盟
		alliance	联盟
		league	联盟
		coalition	联盟
百度翻译	联盟	union	联盟
		alliance	联盟
		league	联盟
		coalition	联盟

从表 3-39 中翻译软件的英译和回译结果来看，涉及的词都具有较好的回译效果。由于翻译软件中"联盟"具有多个指称，这种歧义性不能在术语翻译中得到认可。因此，我们需要继续缩小指称范围，选定更为妥切的表达。

根据同场同模式原则，我们需要统计本系统中含关键词"联盟"的词条的英译，以选定合适的翻译，本系统中含关键词"联盟"的词条英译统计见表 3-40。

表 3-40 含关键词"联盟"的词条英译

汉语	英译
联盟链	#consortium blockchain
【联盟与协会】	alliance and association
数字中国智库联盟	*Think Tank Alliance of Digital China
中国网络安全产业联盟	*China Cybersecurity Industry Alliance
中国 IT 技术联盟	China IT Technology Alliance
中国信息化推进联盟	*China Federation of IT Promotion（CFIP）
数据中心联盟	*Data Center Alliance（DCA）
中国大数据技术与应用联盟	*China Big Data Technology and Application Alliance（BDTAA）
中国企业大数据联盟	*China Big Data Union（BDU）
工业大数据应用联盟	*Industrial Big Data Alliance
国家大数据创新联盟	*National Big Data Innovation Alliance
首席数据官联盟	*Chief Data Officer Alliance（CDOA）
全国高校大数据教育联盟	*National University Big Data Education Alliance
中国大数据产业生态联盟	*Big Data Industry Ecological Alliance of China

续表

汉语	英译
中国大数据应用（西北）联盟	China big data application（Northwest）alliance
中关村大数据产业联盟	*Zhongguancun Big Data Industry Alliance
天津市大数据联盟	big data alliance of Tianjin City
石家庄大数据产业联盟	big data industry alliance of Shijiazhuang
山西省大数据发展联盟	*The Big Data Development Alliance of Shanxi Province
东北大数据产业联盟	*DongBei Big Data Industry Alliance
黑龙江省大数据产业联盟	*Heilongjiang Big Data Industrial Alliance
上海大数据联盟	*Shanghai Big Data Alliance
苏州大数据产业联盟	*Big Data Industrial Alliance of Suzhou
浙江省大数据应用技术产业联盟	big data application technology industry alliance of Zhejiang Province
安徽省大数据产业联盟	big data industry alliance of Anhui Province
山东大数据产业创新联盟	big data industry innovation alliance of Shandong Province
河南云计算大数据产业联盟	cloud computing and big data industry alliance of Henan Province
广州大数据产业协同创新联盟	big data industry collaborative innovation alliance of Guangzhou
重庆大数据产业技术创新联盟	big data industry technology innovation alliance of Chongqing
四川大数据产业联盟	*Sichuan Big Data Industry Federation
贵州大数据产业联盟	big data industry alliance of Guizhou
昆明大数据产业联盟	big data industry alliance of Kunming
中国光谷大数据产业联盟	big data industry alliance of China Optics Valley
陕西省大数据产业联盟	big data industry alliance of Shaanxi Province
甘肃省大数据产业技术创新联盟	big data industry technology innovation alliance of Gansu Province
信用证区块链联盟	*L/C（Letter of Credit）Blockchain Alliance

对表 3-40 的分析结果如下。

（1）绝大多数的"联盟"翻译项，包括多数约定俗成的专有名词翻译项，均为 alliance。这说明在本系统中"联盟 alliance"翻译模式是符合英语认知和主流特征的。

（2）在没有采用"联盟 alliance"翻译模式的约定俗成选项中，有的采用了 federation，例如"中国信息化推进联盟*China Federation of IT Promotion（CFIP）""四川大数据产业联盟*Sichuan Big Data Industry Federation"。这两个机构命名已经形成约定俗成的翻译项，我们需要尊重原译的翻译模式，不进行修改。

（3）有的采用"联盟union"模式。例如，"中国企业大数据联盟*China Big Data Union（BDU）"采用的是"联盟union"。这也是约定俗成的一级词条。

（4）"联盟"翻译有时采用比喻义 consortium。"联盟链#consortium blockchain"是有明确指称的"联盟区块链"。在区块链中，这种"联盟"是一种比喻义。由于这种比喻义的"联盟"不同于常规"联盟"，而且"区块链"是一个比较新的概念，所以，很多译者对此指称意义把握不准确。这种翻译的偏误也体现在翻译锚中。

翻译锚提供了"公有链""联盟链""私有链"的释义。

> 公有链（Public blockchains）是指全世界任何人都可读取、发送交易且交易能获得有效确认的、也可以参与其中共识过程的区块链。（百度百科"公有链"词条）
> 联盟链（alliance chain），只针对某个特定群体的成员和有限的第三方，其内部指定多个预选节点为记账人，每个块的生成由所有的预选节点共同决定。（百度百科"联盟链"词条）
> 区块链分为以下三类："公有链"（Public blockchain）、"私有链"（Private blockchain）与"联盟链"（Consortium blockchain）。其中，私有链指的是对单独的个人或实体开放。（百度百科"私有链"词条是以"区块链"开头的）

以上首词首字母大写是百度百科为了系统处理需要进行的体例编排，不涉及区别性特征，此处在对百度百科进行原文引用时保留原文大小写格式。但在后续行文陈述时，不进行词首字母大写。星号标记的一级词条大小写按照一级词条体例处理。

对翻译锚提供的"公有链""联盟链""私有链"的翻译分析如下。

（1）三者的英译单复数形式不统一："公有链"在独立释义时采用的是复数 blockchains，其他项独立释义时采用单数。

（2）"联盟链"翻译出现歧义。单独翻译时采用直译 alliance chain，而在与"公有链""私有链"比较翻译时，则采用约定俗成的"联盟区块链"，并翻译为 consortium blockchain。

（3）我们认为，在直译翻译项 alliance chain 和约定俗成项 consortium blockchain 之间，更为妥切的应该是后者。直译方法只是简单陈述完成了"联盟+链"的表达，而实际上这种"联盟"与常规"联盟"指称并不相同。

"联盟链"实际上是"联盟区块链",所以,简单地直译为 alliance chain 是不够准确的,"联盟链 consortium blockchain"是更好的专业表达。

以上对含关键词"联盟"的词条英译的多元分析证实了"联盟"的英译有多种。在不同的语用中采用不同的英语表述。虽然本系统中"联盟"翻译采用了 union、federation、consortium 等,但是,将"联盟"翻译为 alliance 是常规的主流情况。所以,不是约定俗成项或具有特别指称时,我们拟采用"联盟 alliance"翻译模式。

3.2.28 "流数据"的翻译

"流数据"在翻译锚术语在线中的英译为 stream data,而在翻译锚百度百科中的英译为 Data stream。

"流数据"在翻译锚中有释义。

> 流数据是一组顺序、大量、快速、连续到达的数据序列,一般情况下,数据流可被视为一个随时间延续而无限增长的动态数据集合。应用于网络监控、传感器网络、航空航天、气象测控和金融服务等领域。(百度百科"流数据"词条)

"流数据"在翻译锚百度百科中的英语翻译 data stream 在翻译软件中无法得到良好的回译结果。具体如下:①DeepL 翻译结果为"数据流、资料流";②Google 翻译结果为"数据流";③有道翻译结果为"数据流";④百度翻译结果为"数据流"。

从上面的翻译可以看出,data stream 翻译为"数据流"是妥切的。"流数据"不应该采用 data stream。本系统中关键词"流数据"在翻译软件中的英译和回译结果见表 3-41。

表 3-41 "流数据"在翻译软件中的英译和回译结果对比

翻译软件	汉语	英译	回译
DeepL 翻译	流数据	streaming data	流数据
			流式数据
			数据流
			流媒体数据
Google 翻译	流数据	streaming data	流数据
			流动数据
			流动资料

续表

翻译软件	汉语	英译	回译
有道翻译	流数据	Streaming data	流数据
			流动数据
			流动资料
百度翻译	流数据	Streaming data	流数据
		streaming data	流式数据；流数据；串流数据；流动数据
		stream	流动
		stream data	流数据；数据流
		data stream	数据流

从表 3-41 中可看出,"流数据"有两个较为妥切的翻译:streaming data 和 stream data。从对应性翻译来看,后者在回译中具有较好的对应性,而且翻译锚术语在线提供的翻译也是 stream data。所以,我们认定"流数据 stream data"是最妥切的,并认定该词条为二级词条。

3.2.29 "旅游"的翻译

翻译锚提供了"旅游""智慧旅游"的释义。

> "旅"是旅行,外出,即为了实现某一目的而在空间上从甲地到乙地的行进过程;"游"是外出游览、观光、娱乐,即为达到这些目的所作的旅行。二者合起来即旅游。所以,旅行偏重于行,旅游不但有"行",且有观光、娱乐含义。(百度百科"旅游"词条)

> 智慧旅游,也被称为智能旅游。就是利用云计算、物联网等新技术,通过互联网/移动互联网,借助便携的终端上网设备,主动感知旅游资源、旅游经济、旅游活动、旅游者等方面的信息,及时发布,让人们能够及时了解这些信息,及时安排和调整工作与旅游计划,从而达到对各类旅游信息的智能感知、方便利用的效果。智慧旅游的建设与发展最终将体现在旅游管理、旅游服务和旅游营销的三个层面。(百度百科"智慧旅游"词条)

翻译锚提供的"旅游"的英译为 travel、"智慧旅游"的英译为 Smart Tourism,分析这两个英译可以发现,不同词的侧重点是不同的,再看这两个词在 *LDOCE* 中的英语释义。

travel:"the activity of going from one place to another, or to several different places, by air, road, rail etc"。

tourism:"the business of providing things for people to do, places for them to stay etc while they are on holiday"。

从上面的英语释义可以看出:travel 侧重的是"行",即从一个地方移动到另一个地方;tourism 强调的是"旅游业",即为"旅游"提供相应的服务。本系统中涉及的是大数据领域对"旅游"服务的多元素讨论,所以更倾向于后者。例如,词条处理模式多为"旅游云#tourism cloud""虚拟旅游*Virtual Tourism""国家智慧旅游公共服务平台#national smart tourism public service platform"等。

综上,在本系统中,我们将"旅游"翻译为 tourism。

3.2.30 "平台"的翻译

翻译软件形成了对"平台"较为一致的翻译项,"平台"的英译和回译结果见表 3-42。

表 3-42 "平台"在翻译软件中的英译和回译结果对比

翻译软件	汉语	英译	回译
DeepL 翻译	平台	platforms	平台
		flat-roofed building	平顶楼
		platform	平台
		terrace	阳台
Google 翻译	平台	platform	平台
有道翻译	平台	platform	平台
		terrace	阳台
百度翻译	平台	platform	平台
		terrace	梯田

表 3-42 中较为一致的翻译项是 platform。本系统中含关键词"平台"的词条英译统计见表 3-43。

表 3-43 含关键词"平台"的词条英译

汉语	英译
互联网平台	#internet platform
"IBM Q"量子计算平台	*"International Business Machines Corporation(IBM)Qiskit" quantum computing platform
国家互联网大数据平台	national internet big data platform

续表

汉语	英译
智慧城市时空信息云平台建设试点	construction pilot（project）of smart city for spatio-temporal information cloud platform
《脱贫攻坚大数据平台建设实施方案》（广西）	Implementation Program for Construction of Big Data Platform for Poverty Alleviation（Guangxi）
《关于加快大数据、云平台建设促进信息产业发展的实施方案》	Implementation Program for Accelerating Construction of Big Data and Cloud Platform to Promote Information Industry Development
一体化政务数据平台	integrative data platform for government affairs
公共应用服务平台	#public application service platform
数据开放统一平台	data open unified platform
开放平台	#open platform
国家政府数据统一开放平台	#open national platform for government data
哈尔滨市政府数据开放平台	platform of Harbin Municipal Government for data opening
海曙区数据开放平台（宁波）	platform of Haishu District for data opening（Ningbo）
长沙数据开放平台	platform of Changsha for data opening
广州市政府数据统一开放平台	#open Guangzhou Municipal Government platform for government data
佛山市数据开放平台	platform of Foshan City for data opening
深圳市政府数据开放平台	platform of Shenzhen Municipal Government for data opening
深圳坪山区数据开放平台	platform of Pingshan District of Shenzhen for data opening
肇庆市政府数据开放平台	platform of Zhaoqing Municipal Government for data opening
梅州政府数据开放平台	platform of Meizhou Municipal Government for data opening
贵州省政府数据开放平台	platform of Guizhou Provincial Government for data opening
贵阳市政府数据开放平台	platform of Guiyang Municipal Government for data opening
"云上贵州"系统平台	*"Guizhou-Cloud Big Data" system platform
【交流平台】	#communication platform
Chukwa 数据收集平台	*Chukwa Data Collection Platform
政府数据开放平台	#government data open platform
欧盟隐私权管理平台	*EU Privacy Management Platform（PMP）
平台经济	*Platform Economics
北京大数据交易服务平台	Beijing big data trading service platform
武汉东湖大数据交易平台	*Wuhan East Lake Trading Platform for Big Data
成都大数据交易平台	Chengdu big data trading platform
电子商务平台	#e-commerce platform
电子世界贸易平台	*Electronic World Trade Platform（e-WTP）
互联网金融平台	#internet finance platform

续表

汉语	英译
【众筹平台集资模式】	fund-raising mode of crowdfunding platform
【众筹平台运作模式】	operation mode of crowdfunding platform
【供应链金融平台模式】	Supply Chain Finance（SCF）platform mode
【第三方支付商业平台】	third-party payment business platform
建行"善融商务"电子商务金融服务平台	CCB e-commerce financial service platform of "Good Financial Business"
泰康人寿保险电商平台	Taikang Life Insurance e-commerce platform
第三方资讯平台	#third party information platform
垂直搜索平台	#vertical search platform
金融风险监控平台	#financial risk monitoring platform
第三方信用信息共享平台	third party credit information sharing platform
公共信用信息服务平台	public credit information service platform
互联网大数据征信平台	internet big data credit reference platform
小额信贷行业信用信息共享服务平台	#service platform for credit information sharing of micro-credit industries
中国（人民）银行征信中心个人信用信息服务平台	*service platform of Credit Reference Center of（The People's）Bank of China for personal credit information
信用城市大数据平台	#big data platform of credit city
信用信息共享交换平台	credit information sharing and exchange platform
项目并联审批平台	project parallel connection examination and approval platform
公共资产负债管理智能云平台	intelligent cloud platform for public asset and liability management
政务服务平台电子监察系统	system of electronic monitoring and supervision for government affairs service platform
人民法院大数据管理和服务平台	big data management and service platform of the People's court
综合交通出行大数据开放云平台	big data open cloud platform for comprehensive transportation and travel
教育云平台	education cloud platform
国家智慧旅游公共服务平台	#national smart tourism public service platform
北京市公共服务一卡通平台	*Beijing City Social Services Card（Beijing Card）Platform
厦门市民卡虚拟卡平台	virtual card platform of Xiamen for citizen card
《教育部科技基础资源数据平台建设管理办法》	Administrative Measures of Ministry of Education for Construction of Science and Technology Basic Resources Data Platform

表 3-43 中一级、二级、三级词条均对"平台"进行了翻译，采用了 platform，这个结果与前面分析的翻译软件结果是吻合的，所以我们认同"平台 platform"这一模式。

3.2.31 "普惠"的翻译

翻译锚术语在线提供了含关键词"普惠"的词条的英译,如"普惠信贷服务 inclusive credit service""普惠经济 inclusive economy"。翻译锚百度百科提供了涉及"普惠"的词条"普惠金融体系"的释义。

> 普惠金融体系这个概念来源于英文"inclusive financial system",是联合国系统率先在宣传 2005 小额信贷年时广泛运用的词汇。其基本含义是:能有效、全方位地为社会所有阶层和群体提供服务的金融体系。目前的金融体系并没有为社会所有的人群提供有效的服务,联合国希望通过小额信贷(或微型金融)的发展,促进这样的金融体系的建立。(百度百科"普惠金融体系"词条)

在翻译锚术语在线和百度百科涉及"普惠"的词条中,形容词性的"普惠"被翻译为 inclusive。这一翻译模式在本系统中得到采纳,并形成了诸多含关键词"普惠"的词条英译,例如,"普惠贸易 inclusive trade""普惠科技 inclusive technology""普惠金融 inclusive finance"等。

3.2.32 "国家""全国"的翻译

在本系统中,我们要确定"全国"和"国家"是否形成了显著性区别特征,并以此来判定两个词的英语用词。本系统中含关键词"国家"的名词英译统计见表 3-44。

表 3-44 含关键词"国家"的词条英译

汉语	英译
国家数据主权	national data sovereignty
国家大数据战略	#national big data strategy
《美国国家宽带计划》	*(U.S.) National Broadband Plan
《信息共享与信息安全国家战略》	*National Strategy for Information Sharing and Safeguarding
《美国国家创新战略》	*(U.S.) Strategy for American Innovation
《网络安全国家行动计划》	*Cybersecurity National Action Plan
《国家人工智能研究与发展战略计划》	*National Artificial Intelligence Research and Development Strategic Plan
智慧国家 2025	*Intelligent Nation 2025(iN2025)
国家战略	national strategy

续表

汉语	英译
国家信息化发展战略	*National IT Application Development Strategy
国家互联网大数据平台	national internet big data platform
国家信息化体系	national informatization system
创新型国家	#innovative country
国家创新体系	*National Innovation System（NIS）
《国家信息化发展战略纲要》	*Outline of National IT Development Strategy
《国家创新驱动发展战略纲要》	*Outline of the National Strategy of Innovation-Driven Development
《国家中长期人才发展规划纲要（2010—2020年）》	*Outline of National Medium- and Long-Term Program for Talent Development（2010-2020）
京津冀国家大数据综合试验区	*National Big Data Comprehensive Pilot Zone in Beijing, Tianjin and Hebei
内蒙古国家大数据综合试验区	*National Big Data Comprehensive Pilot Zone in Inner Mongolia Autonomous Region
沈阳国家大数据综合试验区	*National Big Data Comprehensive Pilot Zone in Shenyang
上海国家大数据综合试验区	*National Big Data Comprehensive Pilot Zone in Shanghai
无锡国家传感网创新示范区	*National-Level Innovative Demonstration Area of Sensor Networks in Wuxi
河南国家大数据综合试验区	*National Big Data Comprehensive Pilot Zone in Henan
珠江三角洲国家大数据综合试验区	*National Big Data Comprehensive Pilot Zone in Pearl River Delta
重庆国家大数据综合试验区	*National Big Data Comprehensive Pilot Zone in Chongqing
国家大数据（贵州）综合试验区	*National Big Data（Guizhou）Comprehensive Pilot Zone
国家空间数据基础设施	*National Spatial Data Infrastructure（NSDI）
国家电子政务网络	*National E-Government Network（NEGN）
国家政务数据中心	national government affairs data center
国家数据共享交换工程	national data sharing and interchange project
国家公共数据开放网站	national public data open website
国家数据开放体系	#national data open system
《社会治安综合治理基础数据规范》国家标准（GB/T 31000—2015）	*Data Specification for Comprehensive Management of Public Security
国家政府数据统一开放平台	#open national platform for government data
国家政务信息化工程	project of informatization for national government affairs
全国一体化的国家大数据中心	*National Big Data Center
国家电子政务内网	*National E-Government Intranet
国家电子政务外网	National E-Government Extranet

续表

汉语	英译
《"十三五"国家政务信息化工程建设规划》	Construction Planning for "13th Five-Year" National Government Affairs Informatization Project
中央国家安全领导小组	*Central Leading Group for National Security Affairs（CLGNSA）
国家互联网信息办公室	*Cyberspace Administration of China
国家信息中心	*State Information Center
国家互联网应急中心	*National Internet Emergency Center
国家电子政务内网建设和管理协调小组	coordination group for construction and management of National E-Government Intranet
国家互联网金融安全技术专家委员会	*National Committee of Experts on the Internet Financial Security Technology
国家大数据专业委员会	*National Big Data Special Committee（NBDSC）
国家大数据专家咨询委员会	#national big data expert advisory committee
国家大数据创新联盟	*National Big Data Innovation Alliance
网络安全应急技术国家工程实验室	*National Engineering Laboratory of Cybersecurity Emergency Response Technology（NELCERT）
国家信息技术安全研究中心	*National Research Center for Information Technology Security
提升政府治理能力大数据应用技术国家工程实验室	*National Engineering Laboratory for Big Data Application on Improving Government Governance Capabilities
教育大数据应用技术国家工程实验室	*National Engineering Laboratory for Educational Big Data
大数据系统计算技术国家工程实验室	*National Engineering Laboratory for Big Data System Computing Technology
大数据系统软件国家工程实验室	*National Engineering Laboratory for Big Data System Software
大数据分析与应用技术国家工程实验室	*National Engineering Laboratory for Big Data Analysis and Applications
大数据流通与交易技术国家工程实验室	* National Engineering Laboratory for Big Data Distribution and Exchange Technologies
大数据协同安全技术国家工程实验室	*National Engineering Laboratory for Big Data Collaborative Security Technology
医疗大数据应用技术国家工程实验室	*National Engineering Laboratory for Medical Big Data Application Technology
综合交通大数据应用技术国家工程实验室	*National Engineering Laboratory of Application Technology of Integrated Transportation Big Data
社会安全风险感知与防控大数据应用国家工程实验室	*National Engineering Laboratory for Big Data Application on Social Security Risks Sensing, Prevention & Control
工业大数据应用技术国家工程实验室	*National Engineering Laboratory of Industrial Big Data Application Technology
空天地海一体化大数据应用技术国家工程实验室	*National Engineering Laboratory for Integrated Aero-Space-Ground-Ocean Big Data Application Technology
大数据国家技术标准创新基地	*（Big Data）National Technical Standard Innovation Base

续表

汉语	英译
《"十三五"国家战略性新兴产业发展规划》	Development Planning for "13th Five-Year" National Strategic Emerging Industry
国家电子政务综合试点	comprehensive pilot zone of national e-government affairs
国家智慧旅游公共服务平台	#national smart tourism public service platform
国家和地区代码顶级域名	Top Level Domain（TLD）for country and region codes
《国家网络空间安全战略》	*National Cyberspace Security Strategy
《中华人民共和国国家安全法》	*National Security Law of the People's Republic of China

从表3-44的统计可以看出，绝大多数的"国家"都采用的nation/national词根，并根据翻译的需要选择名词态或者形容词态。只有如下几种情况采用了其他模式。

（1）侧重领土等地理位置时采用country，例如"创新型国家#innovative country""国家和地区代码顶级域名 Top Level Domain（TLD）for country and region codes"。

（2）"国家"被具体名称代替时隐含处理，例如"《美国国家创新战略》*（U.S.）Strategy for American Innovation""国家互联网信息办公室*Cyberspace Administration of China"。

（3）"国家"翻译为state，例如"国家信息中心*State Information Center"。

（4）其他情况。例如"《社会治安综合治理基础数据规范》国家标准（GB/T 31000—2015）*Data Specification for Comprehensive Management of Public Security"是国家相关部门约定俗成的对应翻译，汉语中的"国家标准（GB/T 31000—2015）"并没有在英语对应翻译中体现出来。

从上面的分析可知，"国家"一般采用nation/national词根进行翻译。

本系统中含关键词"全国"的词条英译统计见表3-45。

表3-45 含关键词"全国"的词条英译

汉语	英译
《杭州市建设全国云计算和大数据产业中心三年行动计划（2015—2017年）》	Three-Year Action Plan of Hangzhou City for Building National Cloud Computing and Big Data Industry Center （2015-2017）
全国公共信用信息公示系统	#China's public credit information publicity system
全国一体化大数据中心	*National Big Data Center
全国政务信息资源目录体系	catalogue system of national government affairs information resources

续表

汉语	英译
全国政务信息共享网站	website for national government affairs information sharing
全国一体化的国家大数据中心	*National Big Data Center
全国电子商务产品质量大数据应用中心	national big data application center for electronic commerce product quality
全国高校大数据教育联盟	*National University Big Data Education Alliance
全国信息技术标准化技术委员会	*China National Information Technology Standardization Technical Committee
全国信安标委大数据安全标准特别工作组	*Special Working Group-Big Data Security（SWG-BDS）for National Information Security Standardization Technical Committee
全国自动化系统与集成标准化技术委员会	*China National Technical Committee for Automation Systems and Integration Standardization
全国音频、视频和多媒体标准化技术委员会	China national technical committee for audio, video and multimedia standardization
全国智能运输系统标准化技术委员会	*National Technical Committee on Intelligent Transport Systems of Standardization Administration of China
全国中小企业股份转让系统	*National Equities Exchange and Quotations（NEEQ）
全国互联网金融工作委员会	*Countrywide Internet Finance Committee
全国电子商务监测中心	national monitoring center for e-commerce
异地就医全国一卡通	national all-in-one-card for medical treatment in different places

对含关键词"全国"的词条英译统计结果（表3-45）的分析见下。

（1）"全国"的翻译与"国家"的翻译出现了吻合，均采用nation/national词根进行翻译，这说明这两个词在本系统中的英语应用处于非显著性区别状态。英语的用词相同，说明"全国"与"国家"在译出后，细微的语义颗粒度无法在英语中找寻到对应的词进行对等翻译，因此才会出现两个汉语词语共用一个英语词的情况。

（2）与"国家"在翻译时可能被具体国家名称所替代的方式一样（例如"国家互联网信息办公室*Cyberspace Administration of China"），"全国"的翻译也出现了使用具体国家名称进行指称的情况，例如"全国公共信用信息公示系统#China's public credit information publicity system"。

（3）"全国"翻译有时采用"具体国家名称"+"国家"的羡余表达方式。汉语中，"国家"强调的是民族共同体，是政治地理学名词。"全国"侧重的是覆盖面的广博，即包括所有涉及国家的元素。在中国境内，"全国"指的就是"中华人民共和国"这一"国家"。我们需要分析"国家"和"全国"的汉语释义。

由一个民族或多个民族组成并且具有或多或少确定的领土和一个政府的人民的共同体。(《汉典》对"国家"的释义)

国家(State、Country)是由领土、人民(民族,居民)、文化和政府四个要素组成的,国家是政治地理学名词。从广义的角度,国家是指拥有共同的语言、文化、种族、领土、政府或者历史的社会群体。从狭义的角度,国家是一定范围内的人群所形成的共同体形式。(百度百科"国家"词条)

整个国家。(《汉典》对"全国"的释义)

整个国家(指一个国家全部资源,如人民、领土),译自nation,双音节词,偏正结构,来自日语的原语汉字借词,形容词。(百度百科"全国"词条)

从上面的释义可以看出,本系统中采用的汉语"国家"概念是偏向"全国nation"的,所以,在本系统多采用"国家nation"而不是"国家State"或"国家Country"翻译模式,虽然后两种表达也偶或用到。这种语义上的偏离导致译者在翻译时会采用羡余的方式来凸显这种"具有广博性特征的民族共同体",即既采用具体的国家名称China又采用nation/national词根。这种表达方式多出现在国家权威机构的约定命名中。例如,"全国信息技术标准化技术委员会*China National Information Technology Standardization Technical Committee""全国自动化系统与集成标准化技术委员会*China National Technical Committee for Automation Systems and Integration Standardization""全国音频、视频和多媒体标准化技术委员会China national technical committee for audio, video and multimedia standardization""全国智能运输系统标准化技术委员会*National Technical Committee on Intelligent Transport Systems of Standardization Administration of China"。

(4)其他方式。除了上面讨论的"全国"翻译模式,也有约定俗成的词条将"全国"翻译为Countrywide,用于表示"国家范围的"这种语义。本系统中这种翻译模式较少,例如"全国互联网金融工作委员会*Countrywide Internet Finance Committee"。

综上所述,我们对"国家"和"全国"的翻译模式进行了分析,最后得出的结论为:汉语中"国家"是一个政治地理学名词,本系统中多指称"统一的民族共同体";"全国"是"整个国家"的统称,强调的是覆盖范围的全面性。从本系统中"国家"约定俗成的机构命名特点可以看出,"国家"语义是偏向"全国"这一语义的,所以出现了英语词语色彩从state/country

向 nation 偏移。因此，从翻译的用词统计来看，本系统中"国家"和"全国"英语翻译多采用的是 nation/national 词根，并根据词条使用特点选择使用名词态或形容词态。

3.2.33 "事件"的翻译

"事件"具有多个翻译项，需要根据词条内容区分相关背景知识，然后选定合适的翻译。

（1）导致损失严重的舆情事件，通常采用 incident，例如"'网络 911'事件"是笔者团队获得的大数据学科领域术语表中的原始表述，网络内容是不断更新的，据 2023 年 4 月 9 日的百度百科，它实际上指"10·21 美国网络瘫痪事件"，该事件发生于 2016 年 10 月 21 日。所以需要采用直译并括注意译的方式进行翻译，翻译为"'Cyber September 11 Attacks' Incident (incident of network congestion collapse in the United States on October 21, 2016)"。此类是政府机构由于受损严重所产生的舆情事件。

（2）由于知名人物、公司等处理事情不当所产生的负面舆情，或者由于国家政权组织隐秘事件曝光产生的负面舆情等，通常采用 scandal，在中文翻译中常出现"……门"，以表示负面舆论，例如"朴槿惠闺蜜'干政'事件 Park Geun-hye's Best Friend Forever（BFF）'Interference in Politics' Scandal""'邮件门'事件 'Hillary Clinton's Email Controversy' Scandal""'棱镜门'事件 'Prism' Scandal""窃听海底光缆事件 eavesdropping on submarine optical cables scandal""iCloud 泄露门事件*iCloud Leak Scandal""脸书信息泄露事件*Facebook Data Breach Scandal""京东数据泄露门事件 Jingdong data breach scandal""酒店客户隐私泄露事件 hotel guest privacy breach scandal"等。

（3）由于意外事故导致的严重社会舆论，通常采用 accident 或者直接用事故原因进行解释。例如，百度百科中专有名词"上海外滩拥挤踩踏事件 2014 Shanghai Stampede"就采用了事故原因。

（4）法律事件，多采用现有词条的固定用法，即"法律事件 Legal Events"。

综上，"事件"根据涉及词条内容的不同，可以翻译为 incident、scandal、accident、events。

3.2.34 "数据流"的翻译

翻译锚术语在线提供了"数据流"的英译 data stream、dataflow、

data flow。

翻译锚中有"数据流"的释义。

> 数据流(data stream)是一组有序,有起点和终点的字节的数据序列。包括输入流和输出流。数据流最初是通信领域使用的概念,代表传输中所使用的信息的数字编码信号序列。这个概念最初在 1998 年由 Henzinger 在文献中提出,他将数据流定义为"只能以事先规定好的顺序被读取一次的数据的一个序列"。(百度百科"数据流"词条)

翻译锚术语在线和百度百科中都有 data stream,要验证"数据流"的翻译是否准确,我们需要在翻译软件中进行回译,结果如表 3-46 所示。

表 3-46 "数据流"在翻译软件中的英译和回译结果对比

翻译软件	汉语	英译	回译
DeepL 翻译	数据流	data stream	数据流
		stream	溪流
		stream of data	数据流;资料流
		data streams	数据流
Google 翻译	数据流	data flow	数据流
有道翻译	数据流	data flow	数据流
		data stream	数据流
百度翻译	数据流	data flow	数据流
		data stream	数据流

从表 3-46 回译结果看,两个英语翻译 data stream、data flow 均符合"数据流"翻译要求。而且,我们查询国外网站后发现两个翻译均获得较广泛使用。考虑到百度百科中已经建立了"数据流 data stream"的术语释义,且 data stream 是翻译锚术语在线和百度百科的共同项,我们采用"数据流 data stream",并将其认定为二级词条。

3.2.35 "数字化"的翻译

翻译锚术语在线提供了"数字化"的英译 digitization。

翻译锚中有"数字化"的释义。

数字化（digitalization），是指将任何连续变化的输入如图画的线条转化为一串分离的单元，在计算机中用 0 和 1 表示。通常用模数转换器执行这个转换。数字化，即是将许多复杂多变的信息转变为可以度量的数字、数据，再以这些数字、数据建立起适当的数字化模型，把它们转变为一系列二进制代码，引入计算机内部，进行统一处理，这就是数字化的基本过程。（百度百科"数字化"词条）

翻译锚提供的英译 digitization 和 digitalization 是否符合使用的广泛性，我们通过翻译软件进行求证（表 3-47）。

表 3-47 "数字化"在翻译软件中的英译和回译结果对比

翻译软件	汉语	英译	回译
DeepL 翻译	数字化	digitisation	数字化
		digitalization	数码化
		digitize	数字化
		digitalise	
Google 翻译	数字化	Digitizing	数字化
有道翻译	数字化	digital	数字
		digitization（[计]）	数字化
			数码化
			数位化
百度翻译	数字化	digitization	数字化
			数码化
			数位化
		digitalize	数码化
		digitizing	数字化
		quantization	量化

对表 3-47 的分析如下。

（1）"数字化 digitization/digitisation"的翻译得到较大范围认可，且中文意义"数字化、数码化、数位化"与翻译锚百度百科中的释义相一致。

（2）"数字化 digitization"的翻译是计算机领域的既有词条。

（3）-sation 与 -zation 只是英式英语和美式英语形式上的区分，不产生意义上的区别性特征。因此,"数字化 digitization/digitisation"的指称是一致的。本系统统一采用-zation 的模式,即确定"数字化 digitization"可行。

翻译锚提供的英译 digitalization、digitization"哪个更适合,需进一步确定。目前,这两种翻译都适合"数字化"的翻译,前者是翻译锚百度百科认定的译项,后者是术语在线认定过且同时通过回译等方法认定的译项。通常情况下,双式术语也要有个优先序列,便于多语种翻译时做好顺序性翻译。

下面我们将翻译锚百度百科译项 digitalization 输入软件进行汉语回译,看是否与"数字化"出现语义偏差。四个翻译软件对 digitalization 的回译结果如下:①DeepL 翻译软件回译结果为"数字化";②Google 翻译软件回译结果为"数字化";③有道翻译软件回译结果为"数字化;洋地黄疗法;洋地黄丸";④百度翻译软件回译结果为"数字化;洋地黄疗法;洋地黄丸"。

通过回译可知,翻译锚百度百科译项"数字化 digitalization"在国外两个翻译软件中没有出现语义偏差。但是,在国内两个翻译软件中,语义偏差较大,出现了医学内科的术语"洋地黄丸 digitalization"。也就是说,在国内,digitalization 既可以是"数字化"也可以是中医的"洋地黄丸"。如果该歧义不能够消除,英语使用者将产生困惑。我们的术语外译需要尽力避免这种情况发生。

综上所述,我们不采用翻译锚百度百科提供的"数字化 digitalization",而采用术语在线提供的且具有广泛使用性的"数字化 digitization"。本系统中含关键词"数字化"的词条英译统计见表 3-48。

表 3-48 含关键词"数字化"的词条英译

汉语	英译
《数字化路线图》	*Digital Transformation Roadmap
数字化转型	digital transformation
产业数字化	industrial digitization
数字化产业	digital industry
《数字化密度指数》	*Digital Density Index
数字化记忆	digital memory
数字化虚拟人	#digitized virtual human
《G20 数字化路线图》	*G20 Roadmap for Digitalization
《数字化生存》	*Being Digital

从表 3-48 中可以看出,"数字化"的翻译共有如下四种情况:①当"数

字化"作为修饰核心成分的形容词状态或作为核心成分的形容词状态时,"数字化"多翻译为 digital;②当"数字化"意为"使……数字化"时,多使用动词变化而来的 digitized;③当"数字化"处于核心名词位置时,多为 digitization;④当含有"数字化"的专有名词从国外译入国内时,多采用 Digitalization。

语义颗粒度的不同需要我们关注汉译英和英译汉的不同用词。从上述分析可知,当缘起于国外的术语译入国内时,我们需要遵从"名从主人"的原则,不能修改原文(例如"《G20 数字化路线图》*G20 Roadmap for Digitalization"),汉语的用词只要能顺畅表达国外术语的意义就可以。但是,当我们翻译缘起于汉语的术语时,需要考虑译入国的语义颗粒度,避免在译入国出现歧义现象。由于在汉语中"数字化""洋地黄丸"共享同一英语翻译 digitalization,所以,该英语翻译不适合作为"数字化"的翻译选项。术语翻译绝不是简单的词汇翻译,除了需要考虑语法之外,还需要考虑不同词语在译入国和译出国的语义差异和语用差异。

综上,"数字化"翻译为 digitization。

3.2.36 "搜狐网""新浪网"的翻译

翻译锚提供了"搜狐""新浪"的释义。

> 搜狐公司是中国的新媒体、通信及移动增值服务公司,互联网企业……搜狐是一个新闻中心、联动娱乐市场,跨界经营的娱乐中心、体育中心、时尚文化中心,2008 北京奥运会互联网内容服务赞助商……(百度百科"搜狐"词条)
>
> 新浪(NASDAQ:SINA),即新浪公司,是一家服务于中国及全球华人社群的网络媒体公司,成立于 1998 年 12 月……服务大中华地区与海外华人,新浪拥有多家地区性网站。(百度百科"新浪"词条)

从上面的释义可以看出,"搜狐""新浪"分别是"搜狐公司""新浪公司"的缩写,两个公司分别经营的网站是"搜狐网""新浪网",英语分别翻译为 SOHU、SINA。

在本翻译系统[①]中,专有名词通常是通过首字母大写、其他字母小写

---

① "本翻译系统"指本研究的 2516 个大数据领域名词的翻译组成的系统。

的方式进行专有名词形式处理的，而且，在翻译时，一般不采用隐含表达方式，即尽量将汉语词条在英语中进行对应性翻译，实现"信、达、雅"。所以，我们拟将"搜狐网""新浪网"分别翻译为"#Sohu（Net）""#Sina（Net）"，其中，首字母大写，"网络net"通过括号添加，既补充了隐含成分，又尊重了翻译锚的原译。

3.2.37 "体系""制度""系统"的翻译

翻译锚术语在线提供的含"体系""制度""系统"的词条英译中一般都有system。

翻译锚百度百科对"体系""制度""系统"这三个词条提供了释义，但是否适合语用范围，还需要加以验证。

> 体系（structure），泛指一定范围内或同类的事物按照一定的秩序和内部联系组合而成的整体，是不同系统组成的系统。自然界的体系遵循自然的法则，而人类社会的体系则要复杂得多。影响这个体系的因素除人性的自然发展之外，还有人类社会对自身认识的发展。（百度百科"体系"词条）
>
> 用社会科学的角度来理解，制度（institution）泛指以规则或运作模式，规范个体行动的一种社会结构。（百度百科"制度"词条）
>
> 系统一词来源于英文system的音译，即若干部分相互联系、相互作用，形成的具有某些功能的整体。系统是由相互作用相互依赖的若干组成部分结合而成的，具有特定功能的有机整体，而且这个有机整体又是它从属的更大系统的组成部分。（百度百科"系统"词条）

从上面的释义可以看出，"体系structure"、"制度institution"和"系统system"虽然在语义上有各自明确的所指，但在指称上却存在部分重合的可能。本系统中含关键词"体系"的词条英译统计见表3-49。

表3-49 含关键词"体系"的词条英译

汉语	英译
数据价值体系	data value system
【战略体系】	strategy system
国家信息化体系	national informatization system

续表

汉语	英译
互联网全球治理体系	#global internet governance system
国家创新体系	*National Innovation System（NIS）
"四张清单一张网"智慧政府体系	#"Four Lists and One Net" system of smart government
国家数据开放体系	#national data open system
全国政务信息资源目录体系	catalogue system of national government affairs information resources
数据治理体系与治理能力	data governance system and governance capacity
一体化政务治理体系	governance system for integrated government affairs
网络综合治理体系	network comprehensive governance system
《"互联网+政务服务"技术体系建设指南》	Construction Guidelines for "Internet Plus Government Affairs Service" Technology System
技术体系	technical system
大数据标准体系	#big data standards system
大数据伦理规则体系	#system of big data ethics rules
创新体系	#innovation system
【政策体系】	policy system
普惠金融体系	#inclusive financial system
中央对手清算业务体系	*Central Counter Party Links and Clearing System
大数据金融风险控制体系	big data financial risk control system
数字信用体系	digital credit system
社会信用体系	#social credit system
【信用体系】	#credit system
公共信用体系	public credit system
企业信用体系	#enterprise credit system
个人信用体系	#personal credit system
数据安全体系	data security system
安全知识体系	#safety knowledge system
国际信息安全测评认证体系	*International Information Systems Security Certification
中国信息安全测评认证体系	*China Information Security Certification（System）
大数据安全保障体系	big data security system
国际互联网治理体系	#international internet governance system

从表3-49中的统计可知,"体系"没有采用翻译锚百度百科的 structure,而是根据语言的使用情况翻译为 system,一般为单数形式。对于强调复数状态的,则采用 systems,例如"国际信息安全测评认证体系*International

Information Systems Security Certification"。

本系统中含关键词"制度"的词条英译统计见表3-50。

表3-50 含关键词"制度"的词条英译

汉语	英译
制度信任	institution-based trust
关键信息基础设施安全保护制度	*Critical Information Infrastructures Protection System
美国关键信息基础设施保护制度	#U.S. Critical Information Infrastructures Protection System
"促进大数据发展部际联席会议"制度	system of "inter-ministerial joint meeting for promoting big data development"
《浙江大数据交易中心资金结算制度》	#Fund Settlement System of Zhejiang Big Data Trading Center
《贵阳大数据交易所数据交易结算制度》	Data Transaction and Settlement System of (Guiyang) Global Big Data Exchange
统一社会信用代码制度	#unified social credit code system
信用社会制度	#credit social system
守信联合激励制度	joint incentive system for trust
失信联合惩戒制度	joint disciplinary system for breach of trust
制度安全	system security
账号权限管理及审批制度	account authority management and approval system
数权制度	#data rights system
数权法定制度	legal system of data rights
数据所有权制度	#data ownership system
用益数权制度	usufructuary system of data rights
公益数权制度	public interests system of data rights
共享制度	sharing system
《跨境隐私制度》	*APEC Cross-Border Privacy Rules（CBPR）

从表3-50的"制度"翻译可以看出，常规的翻译为system。只有两个词条的翻译使用了别的词汇，分别是"制度信任 institution-based trust"和"《跨境隐私制度》*APEC Cross-Border Privacy Rules（CBPR）"。下面我们将对这两个与其他翻译项不同的选词进行分析，分析系统性翻译之外的特例，为同一中文表述采取不同的翻译提供理论支撑。

在"制度信任"翻译中，由于"制度"是本体论范畴，所以，将其翻译为institution，这与翻译锚百度百科的释义是一致的。由于"制度信任"中的"制度"是形容词态，可以将"制度信任"补充为"（基于）制度（的）信任"，从而得出对应性翻译institution-based trust。

"《跨境隐私制度》*APEC Cross-Border Privacy Rules（CBPR）"由于是英语原译，我们尊重原译。

在对"《跨境隐私制度》*APEC Cross-Border Privacy Rules（CBPR）"进行分析时，有如下几点需要注意：①这是英语原译，在回译过程中我们发现，汉语的翻译也许是秉承节俭原则，省略了 APEC，只保留了"亚太经济合作组织 Asia-Pacific Economic Cooperation"；②译者在"*APEC Cross-Border Privacy Rules（CBPR）"中将 rules 翻译为"制度"是不妥切的，我们回译时尊重约定俗成的英语原译，将"制度"译回 rules。

本系统中含关键词"系统"的词条英译统计见表 3-51。

表 3-51 含关键词"系统"的词条英译

汉语	英译
系统论	*Systems Theory
系统结构	#system structure
系统功能	#system function
系统层次	#system hierarchy
系统整体性原理	system principle of holism
系统相关性原理	system principle of relevance
系统方法	#system method
系统预测法	#system prediction method
大系统理论	#largescale systems
模糊系统理论	#fuzzy systems theory
系统工程	#systems engineering
系统科学	system science
系统哲学	*Systems Philosophy
系统响应	#system response
自动控制系统	#automatic control system
恒值自动调节系统	#automatic constant regulation system
程序自动控制系统	#programmed automatic control system
随动系统	#follow-up system
系统模型	#system model
控制系统校正	#correction methods of control system
多变量控制系统	#multivariable control system
线性离散控制系统	#linear discrete-time control system
非线性系统控制	#nonlinear system control
系统识别	#system identification

续表

汉语	英译
专家系统	*Expert System（ES）
系统思维	#systematic thinking
大数据生态系统	big data ecosystem
公钥密码系统	#public key cryptography system
复杂适应系统	*Complex Adaptive Systems（CAS）
现代技术系统	modern technology system
国土资源监管信息系统	#land and resources supervision information system
全国公共信用信息公示系统	#China's public credit information publicity system
【重要领域信息系统】	information system in critical fields
北斗卫星导航系统	*BeiDou Navigation Satellite System（BDS）
核岛控制系统	#nuclear island control system
银联交易系统	*China UnionPay System（CUPS）
智能交通系统	*Intelligent Traffic System（ITS）
供水管网信息管理系统	#information management system of water supply network
社保信息系统	#social security information system
数据开放生态系统	#data open ecosystem
《政务信息系统整合共享实施方案》	Implementation Program for Integrating and Sharing of Government Affairs Information System
"云上贵州"系统平台	*"Guizhou-Cloud Big Data" system platform
大数据系统计算技术国家工程实验室	*National Engineering Laboratory for Big Data System Computing Technology
大数据系统软件国家工程实验室	*National Engineering Laboratory for Big Data System Software
自创生系统	*Autopoiesis System
系统日志采集	system log acquisition
Flume 分布式日志系统	Flume distributed log system
Scribe 数据（日志）收集系统	Scribe data（log）collection system
Kafka 分布式消息系统	#Kafka distributed message system
Zipkin 分布式跟踪系统	#Zipkin distributed tracking system
信息技术大数据系统通用规范	*Information Technology-General Specification for Big Data System
全国自动化系统与集成标准化技术委员会	*China National Technical Committee for Automation Systems and Integration Standardization
全国智能运输系统标准化技术委员会	*National Technical Committee on Intelligent Transport Systems of Standardization Administration of China
系统工程师	system engineer
信息系统管理工程师	#information system management engineer

续表

汉语	英译
数字金融系统	digital financial system
互联网金融风险信息共享系统	internet financial risk information sharing system
全国中小企业股份转让系统	*National Equities Exchange and Quotations（NEEQ）
支付系统	*Payment System
票据支付系统	*Bill Payment System
银行卡支付系统	bank card payment system
互联网支付系统	internet payment system
中央证券存管系统	*Central Securities Depository（CSD）System
点对点分布式系统	#point-to-point distributed system
分布式网络记账系统	distributed network accounting system
FICO 信用评分系统	#Fair Isaac Company（FICO）credit scoring system
全社会征信系统	credit reference service system for whole society
管理信息系统	*Management Information System（MIS）
自动化办公系统	*Office Automation System（OAS）
企业信用信息公示系统	*（National）Enterprise Credit Information Publicity System
政务服务平台电子监察系统	system of electronic monitoring and supervision for government affairs service platform
智慧交通系统	*Intelligent Traffic System（ITS）
道路传感系统	road sensing system
GPS 数据系统	*Global Positioning System（GPS）Data System
交通诱导系统	*Traffic Guidance System（TGS）
电子收费系统	*Electronic Toll Collection（ETC）System
临床决策系统	*Clinical Decision Support System（CDSS）
家庭健康系统	family health system
智能办公室自动化系统	*Intelligence Office Automatic System（IOAS）
物联网大田系统	#internet of things for system of land for growing field crops
系统安全	*System Safety
安全系统论	#security system theory
《中华人民共和国计算机信息系统安全保护条例》	*Regulations of the People's Republic of China for Safety Protection of Computer Information Systems
《山西省计算机信息系统安全保护条例》	Regulations of Shanxi Province on Computer Information System Safety Protection
《辽宁省计算机信息系统安全管理条例》	Regulations of Liaoning Province on the Management of Computer Information System Safety
《广东省计算机信息系统安全保护条例》	Regulations of Guangdong Province on Computer Information System Safety Protection

续表

汉语	英译
《重庆市计算机信息系统安全保护条例》	Regulations of Chongqing City on Computer Information System Safety Protection
《宁夏回族自治区计算机信息系统安全保护条例》	Regulations of Ningxia Hui Autonomous Region on Computer Information System Safety Protection
《上海市法人信息共享与应用系统管理办法》	Administrative Measures of Shanghai City for Legal Person Information Sharing and Application System
软系统方法论	*Soft Systems Methodology
开放复杂巨系统	*Open Complex Giant Systems
IDS（入侵检测系统）	*Intrusion Detection System
Hadoop 分布式文件系统	*Hadoop Distributed File System（HDFS）

从表 3-51 的统计结果可以发现，"系统"通常情况下都翻译为 system/systems，并根据整体词条性质和要求选用单复数。

此外，表 3-51 中的 systematic、ecosystem 共享了词根 system。例如，在"系统思维#systematic thinking"中"系统"是形容词性的，相当于"系统（的）"，翻译为 systematic；在"大数据生态系统 big data ecosystem"中，"生态系统"为名词性，翻译为 ecosystem。

还有两个词条采用了隐含方法，"系统"不译出，例如"全国中小企业股份转让系统*National Equities Exchange and Quotations（NEEQ）"。对于隐含不译的词条来说，通常是约定俗成的，也存在无法对等的情况。翻译锚中有"全国中小企业股份转让系统"的释义。

> 全国中小企业股份转让系统（简称"全国股转系统"，俗称"新三板"）是经国务院批准，依据证券法设立的继上交所、深交所之后第三家全国性证券交易场所，也是我国第一家公司制运营的证券交易场所，其运营机构为全国中小企业股份转让系统有限责任公司（简称"全国股转公司"）（百度百科"全国中小企业股份转让系统"词条）

通过对"体系""制度""系统"的分析可知，三个关键词在译为英语时存在较大的语义重合度，因此，三个汉语词语的语义颗粒度在英语中出现趋同倾向，存在使用同一单词 system 表达核心语义的可能。

3.2.38 "推进""促进"的翻译

系统翻译时需要关注最小语义对的存在。我们在翻译时遇到了多个最小语义对，例如"推进/促进"。本系统中含关键词"推进"的词条英译统计见表 3-52。

表 3-52　含关键词"推进"的词条英译

汉语	英译
《农业部关于推进农业农村大数据发展的实施意见》	Implementation Opinions of the Ministry of Agriculture on Promoting Big Data Development in Agriculture and Rural Areas
《关于推进水利大数据发展的指导意见》	Guiding Opinions on Promoting the Development of Water Conservancy Big Data
《国务院关于积极推进"互联网+"行动的指导意见》	*Guiding Opinions of the State Council on Actively Promoting the "Internet Plus" Action
《石家庄市人民政府关于推进大数据发展的实施意见》	Implementation Opinions of Shijiazhuang Municipal People's Government on Promoting Big Data Development
《石家庄市关于加快推进"大智移云"的实施方案》	Implementation Program of Shijiazhuang City for Accelerating and Promoting "Great Wisdom Cloud Transfer"
《上海推进大数据研究与发展三年行动计划（2013—2015 年）》	Three-Year Action Plan of Shanghai for Promoting Big Data Research and Development（2013-2015）
《宁波市人民政府关于推进大数据发展的实施意见》	Implementation Opinions of Ningbo Municipal People's Government on Promoting Big Data Development
《山东省推进农业大数据运用实施方案（2016—2020 年）》	Implementation Program of Shandong Province for Promoting the Use of Big Data in Agriculture（2016-2020）
《河南省人民政府关于推进云计算大数据开放合作的指导意见》	Guiding Opinions of Henan Provincial People's Government on Promoting Open Cooperation of Cloud Computing and Big Data
《关于推进公共信息资源开放的若干意见》	Several Opinions on Promoting Public Information Resources Opening
《推进"互联网＋政务服务"开展信息惠民试点实施方案》	Pilot Implementation Program for Promoting "Internet Plus Government Affairs Service" and Developing Information to Benefit the People
中国信息化推进联盟	*China Federation of IT Promotion（CFIP）

从表 3-52 对"推进"的统计可以看出，本系统中动名词采用的是 promoting，名词采用的 promotion，前者是翻译的主流。

我们再来分析本系统中含关键词"促进"的词条英译（表 3-53）。

表 3-53　含关键词"促进"的词条英译

汉语	英译
《促进大数据发展行动纲要》	*Action Outline on Promoting the Development of Big Data
《关于促进和规范健康医疗大数据应用发展的指导意见》	*Guiding Opinions on Promoting and Regulating the Application and Development of Big Data in Health and Medical Care
《关于促进国土资源大数据应用发展的实施意见》	Implementation Opinions on Promoting Application and Development of Land and Resources Big Data

续表

汉语	英译
《山西省促进大数据发展应用的若干政策》	Several Policies of Shanxi Province on Promoting Big Data Development and Application
《内蒙古自治区促进大数据发展应用的若干政策》	Several Policies of Inner Mongolia Autonomous Region on Promoting Big Data Development and Application
《呼和浩特市促进大数据发展应用若干政策》	Several Policies of Huhhot City on Promoting Big Data Development and Application
《沈阳市促进大数据发展三年行动计划（2016—2018 年）》	Three-Year Action Plan of Shenyang City for Promoting Big Data Development（2016-2018）
《南京市促进大数据发展三年行动计划（2016—2018 年）》	Three-Year Action Plan of Nanjing City for Promoting Big Data Development（2016-2018）
《浙江省促进大数据发展实施计划》	Implementation Plan of Zhejiang Province for Promoting Big Data Development
《福建省促进大数据发展实施方案（2016—2020 年）》	Implementation Program of Fujian Province for Promoting Big Data Development（2016-2020）
《厦门市促进大数据发展工作实施方案》	Work Implementation Program of Xiamen City for Promoting Big Data Development
《促进大数据发展实施方案》（江西）	Implementation Program for Promoting Big Data Development（Jiangxi）
《山东省人民政府关于促进大数据发展的意见》	Opinions of Shandong Provincial People's Government on Promoting Big Data Development
《关于促进山东省大数据产业加快发展的意见》	Opinions of Shandong Province on Promoting and Accelerating Big Data Industry Development
《青岛市人民政府关于促进大数据发展的实施意见》	Implementation Opinions of Qingdao Municipal People's Government on Promoting Big Data Development
《郑州市促进大数据发展行动计划》	Action Plan of Zhengzhou City for Promoting Big Data Development
《郑州市人民政府关于促进大数据产业发展的若干意见》	Several Opinions of Zhengzhou Municipal People's Government on Promoting Big Data Industry Development
《武汉市人民政府关于加快大数据推广应用促进大数据产业发展的意见》	Opinions of Wuhan Municipal People's Government on Accelerating Spread and Application of Big Data and Promoting Big Data Industry Development
《广东省促进大数据发展行动计划（2016—2020 年）》	Action Plan of Guangdong Province for Promoting Big Data Development（2016-2020）
《广州市人民政府办公厅关于促进大数据发展的实施意见》	Implementation Opinions of the General Office of Guangzhou Municipal People's Government on Promoting Big Data Development
《深圳市促进大数据发展行动计划（2016—2018 年）》	Action Plan of Shenzhen City for Promoting Big Data Development（2016-2018）
《促进大数据发展的行动方案》（广西）	Action Plan for Promoting Big Data Development（Guangxi）
《海南省促进大数据发展实施方案》	Implementation Program of Hainan Province for Promoting Big Data Development
《四川省促进大数据发展工作方案》	Work Plan of Sichuan Province for Promoting Big Data Development

续表

汉语	英译
《成都市促进大数据产业发展专项政策》	Special Policies of Chengdu City for Promoting Big Data Industry Development
《关于加快大数据、云平台建设促进信息产业发展的实施方案》	Implementation Program for Accelerating Construction of Big Data and Cloud Platform to Promote Information Industry Development
《甘肃省促进大数据发展三年行动计划（2017—2019年）》	Three-Year Action Plan of Gansu Province for Promoting Big Data Development（2017-2019）
《兰州市人民政府关于促进大数据发展的实施意见》	Implementation Opinions of Lanzhou Municipal People's Government on Promoting Big Data Development
《关于促进云计算发展培育大数据产业实施意见》（青海）	Implementation Opinions on Promoting Cloud Computing Development and Cultivating Big Data Industry（Qinghai）
"促进大数据发展部际联席会议"制度	system of "inter-ministerial joint meeting for promoting big data development"
大数据发展促进委员会	*China Big Data Council（BDC）
《关于促进互联网金融健康发展的指导意见》	*Guiding Opinions on Promoting the Healthy Development of Internet Finance
《贵州省大数据发展应用促进条例》	Regulations of Guizhou Province on Big Data Development and Application Promotion
《信息通信促进法》	*Act on the Promotion of Information and Communications

从表3-53可以看出，"促进"和"推进"的翻译模式是一致的，主流翻译为动名词态采用promoting，名词态则采用promotion。偶有隐含表达模式，例如"大数据发展促进委员会*China Big Data Council（BDC）"中"发展促进"没有在英语翻译中体现。

总之，从语义颗粒度角度来说，"推进"和"促进"形成了最小语义对，在本系统中达不到区别性条件，其翻译相同。

3.2.39 "互联网"的翻译

翻译锚中有"互联网"和与其紧密相关词条"网际网络"的英译和释义。

互相连接的一组网络。（术语在线2018年公布的计算机科学技术名词"互联网"，英译为internet、inter-network）

由多个计算机网络相互连接而成，而不论采用何种协议与技术的网络。（术语在线2007年公布的通信科学技术名词"互联网"，英译为internet）

互联网（internet），又称国际网络，指的是网络与网络之间所串连成的庞大网络，这些网络以一组通用的协议相连，形成逻辑上的单一巨大国际网络。互联网始于 1969 年美国的阿帕网。通常 internet 泛指互联网，而 Internet 则特指因特网。这种将计算机网络互相联接在一起的方法可称作"网络互联"，在这基础上发展出覆盖全世界的全球性互联网络称互联网，即是互相连接一起的网络结构。（百度百科"互联网"词条）

网际网络（Internet）是指在广域网与广域网之间互相连接的网络，包括不同类型的协议的网络的互联，比如 TCp/IP 网络和 X.25 网络的互联。（百度百科"网际网络"词条）

从上面的释义可以看出，翻译锚中"互联网"的英译中都有 internet；而翻译锚中"互联网"和"网际网络"的英译都为 internet，并通过首字母的大小写进行区分，即将首字母是否大写作为区别性特征，Internet 指称"网际网络"，internet 指称"互联网"。

在本翻译系统中，由于涉及词条的分级处理，首字母大小写仅作为专有名词与非专有名词的形式化处理的手段，而不作为词汇的区别性特征。这就要求我们对翻译锚的翻译进行调整，避免在本系统中出现歧义而导致误解。

网络广泛度查询可用于确定词条的翻译模式。通过网络，我们发现，相较于"网际网络 Internet"，"互联网 internet"的接受度更高。这说明，保留"互联网 internet"模式，调整"网际网络 Internet"是比较合适的操作。

经过比较分析，我们发现词条"网际网络"与词条"国际网络"是一脉相承且共享语义的，两者共享同一英语翻译不会影响理解；另外，网际网络指在广域网与广域网之间互相连接的网络，而广域网连接形成国际性的远程网络，所以，原用于"国际网络"的英语翻译 international network 也可以用于"网际网络"的翻译。

综上，在本系统中，"互联网"翻译为 internet，"网际网路"翻译为 international network。

3.2.40 "虚拟"的翻译

"虚拟"在本系统中有 virtual 和 fictitious 这两个英译。翻译锚术语在线智能聚合模式提供的"虚拟"的英译为 virtual。翻译锚提供了涉及"虚拟"的词条"虚拟经济"的释义。

虚拟经济（Fictitious Economy）是相对实体经济而言的，是经济虚拟化（西方称之为"金融深化"Financial deepening）的必然产物。经济的本质是一套价值系统，包括物质价格系统和资产价格系统。与由成本和技术支撑定价的物质价格系统不同，资产价格系统是以资本化定价方式为基础的一套特定的价格体系，这也就是虚拟经济。（百度百科"虚拟经济"词条）

从"虚拟经济 Fictitious Economy"中可以看出，"虚拟（的）"翻译为 fictitious。本系统中其他的含关键词"虚拟"的词条英译是否也都采用了同一模式？我们对本系统中含关键词"虚拟"的词条英译进行了统计（表 3-54）。

表 3-54 含关键词"虚拟"的词条英译

汉语	英译
数字化虚拟人	#digitized virtual human
组织虚拟化	#organization virtualization
虚拟产业	#virtual industry
虚拟政府	#virtual government
虚拟旅游	*Virtual Tourism
厦门市民卡虚拟卡平台	virtual card platform of Xiamen for citizen card
虚拟试衣间	#virtual fitting room
虚拟物流	#virtual logistics
虚拟政治学	*Virtual Politics
虚拟现实	*Virtual Reality（VR）
虚拟社会	#virtual society
虚拟组织	#virtual organization

基于翻译锚和表 3-54 的统计结果，"虚拟"翻译为 virtual 或相关词根是主流翻译模式，"虚拟（的）"翻译为 fictitious 是较少出现的约定俗成的情况。

综上，"虚拟"的形容词态一般翻译为 virtual。

3.2.41 "战略"的翻译

翻译锚术语在线智能聚合模式提供的"战略"的英译为 strategy。
翻译锚中有"战略"的释义。

战略（strategy）就是设计用来开发核心竞争力、获取竞争优势的一系列综合的、协调的约定和行动。如果选择了一种战略，公司即在不同的竞争方式中作出了选择。从这个意义上来说，战略选择表明了这家公司打算做什么，以及不做什么。（百度百科"战略"词条）

"战略"英译为 strategy。我们在翻译软件中查看回译结果（表 3-55）是否符合要求。

表 3-55 "战略"在翻译软件中的英译和回译结果对比

翻译软件	汉语	英译	回译
DeepL 翻译	战略	strategic	战略性；策略性；战略；策略
Google 翻译	战略	strategy	战略
有道翻译	战略	strategic	战略
		strategy	策略
		tactic	策略
		stratagem	战略
百度翻译	战略	strategy	策略

从表 3-55 中可知，"战略"和"策略"是同义词，两者共享词根。翻译锚将"战略"翻译为 strategy，具有可行性。本系统中含关键词"战略"的词条英译统计见表 3-56。

表 3-56 含关键词"战略"的词条英译

汉语	英译
大数据战略	big data strategy
国家大数据战略	#national big data strategy
国际战略	#international strategy
《云计算发展战略及三大关键行动建议》	The Development Strategy of Cloud Computing and Suggestions on Three Key Actions
《数据驱动经济战略》	The Data-Driven Economy Strategy
《数据价值链战略计划》	The Strategic Plan for Data Value Chain
《信息共享与信息安全国家战略》	*National Strategy for Information Sharing and Safeguarding
《美国国家创新战略》	*（U.S.）Strategy for American Innovation
《联邦大数据研究和发展战略计划》	*The Federal Big Data Research and Development Strategic Plan
《国家人工智能研究与发展战略计划》	*National Artificial Intelligence Research and Development Strategic Plan
《德国 2020 高技术战略》	*2020 High-Tech Strategy for German: Idea·Innovatio·Growth

续表

汉语	英译
《数字（化）战略2025》	*Digital Strategy 2025
《英国数据能力发展战略规划》	*UK Strategic Plan for Data Capability Development
《数字经济战略（2015—2018年）》	*Digital Economy Strategy（2015-2018）
《英国数字战略2017》	*UK Digital Strategy 2017
《澳大利亚公共服务信息通信技术发展战略（2012—2015年）》	*Australian Public Service Information and Communications Technology Strategy 2012-2015（ICT Strategy）
《澳大利亚云计算战略》	*Australian Government Cloud Computing Policy
《澳大利亚公共服务大数据战略》	*The Australian Public Service Big Data Strategy
《IT韩国未来战略》	*Korean IT Strategy for the Future[①]
《智慧日本战略2015》	*i-Japan Strategy 2015
《机器人新战略》	*Japan's Robot Strategy
国家战略	national strategy
【战略体系】	strategy system
国家信息化发展战略	*National IT Application Development Strategy
网络强国战略	*Cyber Power Strategy
创新驱动发展战略	#innovation-driven development strategy
制造强国战略	*Manufacturing Power Strategy
科教兴国战略	*Strategy of Invigorating China through Science and Education
人才强国战略	*Strategy of Strengthening China through Human Resource Development
军民融合发展战略	*Strategy of Military-Civilian Integration
【战略文本】	strategic texts
《国家信息化发展战略纲要》	*Outline of National IT Development Strategy
《国家创新驱动发展战略纲要》	*Outline of the National Strategy of Innovation-Driven Development
地方战略	local strategy
中国科学技术发展战略研究院	*Chinese Academy of Science and Technology for Development
大数据战略重点实验室	*Key Laboratory of Big Data Strategy
《数字单一市场战略》	*（EU）Digital Single Market Strategy
战略性新兴产业	strategic emerging industry
《"十三五"国家战略性新兴产业发展规划》	Development Planning for "13th Five-Year" National Strategic Emerging Industry
战略安全	strategic security
【数据安全战略】	data security strategy
《国家网络空间安全战略》	*National Cyberspace Security Strategy

---

① Korean是从网络检索的原文，不是规范的英文表述，规范表述应作ROK's。

表 3-56 中"战略"的翻译具有共性。总的来说，翻译项共享的是相同的词根，名词项翻译为 strategy，形容词项翻译为 strategic，体现了较好的系统一致性。这个结果与我们前面分析的翻译锚结果以及翻译软件处理结果是一致的。语言的描写特性决定了这种一致性往往不是绝对的，而是概率上的绝对，也会有个别从描写角度出发而游离于主流之外的选项。例如，"中国科学技术发展战略研究院*Chinese Academy of Science and Technology for Development"这一机构名称便没有采用对等翻译，而是将"战略"隐含在"发展"中，英译没有体现"战略"的翻译。另一例是"《澳大利亚云计算战略》*Australian Government Cloud Computing Policy"，英文原文中是 policy，但中文翻译是"战略"。该文件英文名是澳大利亚的原文，译入国内时，翻译者或许认为"战略"比"政策"更能体现澳大利亚政府发展云计算的强烈愿望，所以才把常规"政策 policy"翻译成"战略 policy"，这是语言具有描写特性的一个佐证。

综合以上分析，我们采取"战略 strategy"这一匹配模式。

3.2.42 "征集"的翻译

翻译锚中有"征集"的释义。

> 向特定的受众群体收集特定目标意见、意愿的行为。比如征集 LOGO、征集广告语、征集吉祥物、征集征文、征集宣传语等。（百度百科"征集"词条）

翻译锚百度百科提供了两个英译：collect 和 recruit。首先，我们认为，这两个英语单词不足以准确表达征集的语义。前者的英语释义为"to get things of the same type from different places and bring them together"（*LDOCE*），即汉语的"收集"。后者的英语释义为"to find new people to work in a company, join an organization, do a job etc"（*LDOCE*），即汉语的"招募"。我们认为，"征集"更确切的意思应该是"征用和收集"。

词条"《湖南省政务领域信用信息记录征集管理暂行办法》"中的"记录征集"应该是三个动词的集合，即"记录、征用和收集"，为保证处理的一致性，我们均按照动名词处理，即"recording, expropriating and collecting"。根据前面的分析，该词条的核心成分为"管理暂行办法 Administrative Interim Measures"，该核心成分需要前置。"政务领域"翻译为 Government Affairs Domain。最后形成该词条的翻译"《湖南省政务领域信用信息记录征集管理暂行办法》Administrative Interim Measures of Hunan Province for Recording, Expropriating and Collecting of Government Affairs Domain Credit Information"。

3.2.43 "指南"的翻译

翻译锚术语在线智能聚合模式提供的"指南"的英译有 guide、guideline、handbook、manual、guide book。

翻译锚提供了"指南"的释义。

> 指南，汉语词语，拼音是：zhǐ nán，意思是指导，辨别方向的依据。（百度百科"指南"词条）

翻译锚百度百科还提供了具体解释：①原意指向南方，引申为指导等含义；②为人们提供指导性资料或情况的东西（如旅游指南、操作手册）；③比喻辨别方向的依据；④比喻指导或指导者。

翻译锚提供的"指南"的英译有多个。要获得该词条的准确表达，还需要借助约定俗成的词条翻译。本系统中含关键词"指南"的词条英译统计见表 3-57。

表 3-57 含关键词"指南"的词条英译

汉语	英译
《政务信息资源目录编制指南（试行）》	Guidelines for the Catalogue Compilation of Government Affairs Information Resources（Trial）
《"互联网＋政务服务"技术体系建设指南》	Construction Guidelines for "Internet Plus Government Affairs Service" Technology System
《个人身份信息保护指南》	*Protection of Personal Information
《个人数据保护指南》（联合国）	Guidelines for the Protection of Personal Data（UN）
《关于自动资料档案中个人资料的指南》	*Guide of the Personal Documents in the Automatic Files
《关于隐私保护与个人数据跨境流动指南》	*Guidelines on the Protection of Privacy and Transborder Flows of Personal Data
《个人数据保护指南》（经合组织）	*Guidelines on Data Protection（OECD）
《关于隐私保护和个人数据跨境流动指南》	*Guidelines on the Protection of Privacy and Transborder Flows of Personal Data
《APEC 个人隐私工作指南》	Work Guidelines for APEC Personal Privacy
《亚太经合组织隐私指南》	*APEC Privacy Principles

从表 3-57 的统计可以发现，"指南"的翻译有如下几种情况：①约定

俗成的主流翻译为 guidelines，例如"《关于隐私保护和个人数据跨境流动指南》*Guidelines on the Protection of Privacy and Transborder Flows of Personal Data""《个人数据保护指南》（经合组织）*Guidelines on Data Protection（OECD）"；②有的翻译为 guide，例如"《关于自动资料档案中个人资料的指南》*Guide of the Personal Documents in the Automatic Files"；③有的翻译为 principles，例如"《亚太经合组织隐私指南》*APEC Privacy Principles"；④隐含处理，不直接译出，例如"《个人身份信息保护指南》*Protection of Personal Information"。

约定俗成的主流翻译 guidelines 和翻译锚术语在线提供的 guideline 词根相同，guidelines 的英文释义为"instructions on how people should do or deal with something"（*LDOCE*），英译和回译匹配。我们认为"指南"的翻译较为妥切的是约定俗成的主流翻译模式，即"指南 guidelines"。后续翻译时，我们将采用这种模式。

3.2.44 "治理""管理"的翻译

翻译锚提供了"治理""管理"的释义和英译。

> 管理者在特定的环境下，对组织的各类资源进行有效的计划、组织、领导和控制，以实现组织目标的活动过程。（术语在线 2016 年公布的管理科学技术名词"管理"，英译为 management）
> 治理（manage）是政府的治理工具，是指政府的行为方式，以及通过某些途径用以调节政府行为的机制。（百度百科"治理"词条）
> 管理是指一定组织中的管理者，通过实施计划、组织、领导、协调、控制等职能来协调他人的活动，使别人同自己一起实现既定目标的活动过程。是人类各种组织活动中最普通和最重要的一种活动。（百度百科"管理"词条，英译为 management）

翻译锚百度百科对"治理"的进一步解释是："管理；统治；得到管理、统治。指理政的成绩。治理政务的道理。处理；整修。如：治理黄河。"

从两个词条的英译可以看出，翻译锚百度百科通过采用英语动词和名词的形式对"治理"和"管理"进行了区分。但是，如果"治理"也需要名词的话，将无法区分 management 指称的是"治理"还是"管理"。我们在翻译软件中对"治理""管理"进行对比性翻译，我们将两个词条以

"治理和管理"的汉语形式进行查证,翻译软件英译和回译结果如表 3-58 所示。

表 3-58 "治理和管理"在翻译软件中英译和回译结果对比

翻译软件	汉语	英译	回译
DeepL 翻译	治理和管理	Governance and management	治理和管理
Google 翻译	治理和管理	Governance and management	治理与管理
有道翻译	治理和管理	Governance and management	治理和管理
百度翻译	治理和管理	Governance and management	治理和管理

从表 3-58 中我们可以看到,各翻译软件对"治理 governance"和"管理 management"的区别性翻译具有一致性特征,而且,回译也达到了很好的效果。翻译锚术语在线提供的"管理"的英译也为 management。由此,我们认为将"治理"翻译为 governance,同时将"管理"翻译为 management 是妥切的处理结果。本系统中含关键词"治理"的词条英译统计见表 3-59。

表 3-59 含关键词"治理"的词条英译

汉语	英译
互联网治理	#internet governance
互联网全球治理体系	#global internet governance system
《社会治安综合治理基础数据规范》国家标准(GB/T 31000—2015)	*Data Specification for Comprehensive Management of Public Security
数据治理体系与治理能力	data governance system and governance capacity
【治理数据化】	datalized governance
一体化政务治理体系	governance system for integrated government affairs
网络综合治理体系	network comprehensive governance system
提升政府治理能力大数据应用技术国家工程实验室	*National Engineering Laboratory for Big Data Application on Improving Government Governance Capabilities
大数据技术伦理治理	governance of big data technology ethics
数据治理	data governance
数据治理决策域	data governance decision domain
电子治理	*E-governance
参与式治理	#participatory governance
广州"云治理"	"cloud governance" in Guangzhou
国际互联网治理	#international internet governance
全球网络空间治理	#global cyberspace governance
联合国互联网治理论坛	*(UN) Internet Governance Forum (IGF)

续表

汉语	英译
互联网治理工作组	*Working Group on Internet Governance（WGIG）
数据国际治理	data international governance
数据安全治理观	outlook of data security governance
国际互联网治理体系	#international internet governance system
《网络治理法》	#Network Governance Act

从表 3-59 可知，"治理 governance"得到一致性使用：①专有名词绝大多数使用了"治理 governance"。这与我们前期的翻译认定是一致的。②专有名词有的仍采用"治理 management"。表 3-59 中的"《社会治安综合治理基础数据规范》国家标准（GB/T 31000—2015）*Data Specification for Comprehensive Management of Public Security"是一个专有名词项，已经约定俗成。该词的中英文语义并不对等，汉语中的"国家标准（GB/T 31000—2015）"没有对应性翻译，而且该翻译没有区分"治理"和"管理"，将"综合治理"翻译为 comprehensive management。由于是约定俗成的专有名词，我们需要尊重原译，不对其进行修改。③其他"治理"翻译项符合系统性要求，都一致性地区别了"管理"和"治理"，并将"治理"翻译为 governance。

综上，"治理"翻译为 governance，"管理"翻译为 management。

3.2.45 "智慧""智能"的翻译

"智慧/智能"是一对关系较为紧密的语义对。由于同义关系，两者交叉程度较高。这就对英语翻译的准确性提出了很高的要求。首先，我们要辨别两者在汉语方面的细微差异。将这两个词条的释义进行对比。

> 智慧指"辨析判断、发明创造的能力"（《汉典》"智慧"词条）。
> "智慧（wisdom）是生命所具有的基于生理和心理器官的一种高级创造思维能力，包含对自然与人文的感知、记忆、理解、分析、判断、升华等所有能力。智慧与智力不同，智慧表达智力器官的综合终极功能"（百度百科"智慧"词条）。
> 智能"指人的智慧和行动能力"（《汉典》"智能"词条）。
> "智能（Intelligence），是智慧和能力的总称，中国古代思想家一般把智与能看做是两个相对独立的概念。也有不少思想家把二者结合起来作为一个整体看待。"（百度百科"智能"词条）

从以上释义可知：①"智慧"强调的是"聪明"，"智能"不仅要"聪明"更要"能干"，能付诸实施。②从英语的用词来看，"智慧"是名词，翻译锚百度百科用 wisdom 指称。由于 wisdom 只具有名词特征，如果是形容词态的"智慧（的）"，则需要另寻其他英译，英语 smart 可用于形容词指称。③"智能"的名词 intelligence 和形容词 intelligent 共享词根，可以在需要的时候进行转换。

本系统中含关键词"智慧"的词条英译统计见表 3-60。

表 3-60　含关键词"智慧"的词条英译

汉语	英译
智慧法庭	smart tribunal
智慧国 2015	*Intelligent Nation 2015（iN2015）
智慧国家 2025	*Intelligent Nation 2025（iN2025）
"智慧首尔 2015"计划	*Plan for "Smart Seoul 2015"
《智慧日本战略 2015》	*i-Japan Strategy 2015
"四张清单一张网"智慧政府体系	#"Four Lists and One Net" system of smart government
智慧新城	smart new city
智慧城市时空信息云平台建设试点	construction pilot（project）of smart city for spatio-temporal information cloud platform
中国大数据和智慧城市研究院	*The Institute of Big-Data & Smart-City of China
智慧课堂	*Smart Class
智慧经济	*Intellectual Economy
智慧型组织	*Intelligent Organization
智慧法院	#smart court
智慧侦查	#smart crime-investigation
智慧检务	*Intelligent Procuratorial Work
新型智慧城市	#new smart city
《新型智慧城市评价指标》	*Evaluation Indicators for New-Type Smart Cities
智慧交通	*Intelligent Transport
智慧交通系统	*Intelligent Traffic System（ITS）
智慧医疗	*Wise Information Technology of 120（WIT120）
智慧教育	*Smart Education
智慧校园	*Smart Campus
智慧旅游	*Smart Tourism
智慧景区	*Wisdom Scenic Spot
国家智慧旅游公共服务平台	#national smart tourism public service platform

续表

汉语	英译
智慧社会	#smart society
智慧社区	*Intelligent Community
智慧街道	*Wise Community
智慧物业管理	*Smart Facility Management（Smart FM）
智慧养老	#smart old-age care
智慧就业	*Intelligent Employment
智慧农业	*Smart Agriculture
智慧物流	*Intelligent Logistics System（ILS）
群体智慧	*Collective Intelligence

从表 3-60 可以看出语言的规范性和描写性共存：一方面对于"智慧"采用了较为统一的翻译，另一方面又存在约定俗成的特例。这种现象的发生，主要由于"智慧"和"智能"同义成分吻合度较高，翻译差异性较小，导致了较为普遍的翻译杂合现象。这在术语翻译中是不多见的。总体来说，形容词性"智慧（的）"翻译为 smart 是较为主流的处理模式。例如，"智慧校园 smart campus"出现在 2018 年 6 月 7 日国家标准《智慧校园总体框架》（Smart campus overall framework）中。"智慧城市"在翻译锚术语在线和百度百科的英译都为 smart city（忽略大小写），我们借鉴此翻译得出了词条"中国智慧城市产业联盟 China Smart City Industry Alliance（CSCITY）"的翻译。本系统关键词"智慧旅游""智慧政府"的英译分别借鉴翻译锚百度百科提供的 Smart Tourism 和 smart government。

"智慧教育"的翻译也符合系统性原则。通过网络词源查找，"智慧教育"至少可以追溯到 20 世纪 90 年代末马来西亚实施的智慧学校（smart school）计划[①]。根据同场同模式原则，"智慧教育"应翻译为"*Smart Education"，按照一级词条的专有名词处理。

"智慧校园"的英译在国家标准和翻译锚中都出现了。2018 年 6 月 7 日，《智慧校园总体框架》（Smart campus overall framework）（GB/T 36342—2018）国家标准发布了。其中，"智慧"翻译为 smart，"智慧校园"翻译为 smart campus。翻译锚百度百科也将"智慧校园"英译为 smart campus 因

---

① https://www.igi-global.com/dictionary/effect-of-administration-support-on-teachers-ict-utilization-in-the-malaysian-context/82294#:~:text=Refers%20to%20learning%20institutions%20that%20has%20been%20established,innovative%20education%20delivery%20system%20to%20support%20advanced%20curriculum.

此,"智慧校园"英译采用 smart campus,"智慧"对应的英译为 smart。

对不符合"智慧 smart"翻译模式但属于约定俗成的词条,尊重原译,基于语言的描写特性,不能硬性寻求翻译的绝对一致性。例如,"智慧国 2015 Intelligent Nation 2015（iN2015）""智慧经济*Intellectual Economy"中的"智慧"没有采用 smart,而分别采用了 intelligent 和 intellectual,我们需要尊重专有名词约定俗成的翻译。再如,"智慧医疗"中的"智慧"翻译为 wise,"智慧医疗"在翻译锚中有释义。

> 智慧医疗英文简称 WITMED,是最近兴起的专有医疗名词,通过打造健康档案区域医疗信息平台,利用最先进的物联网技术,实现患者与医务人员、医疗机构、医疗设备之间的互动,逐步达到信息化。（百度百科"智慧医疗"词条）

综上,"智能"的英译形容词态多采用 intelligent,名词态多采用 intelligence;"智慧"的英译形容词态多采用 smart,名词态多采用 wisdom。

由于"智慧"和"智能"是同义词,可能出现混用的情况。除了前文中"智慧"的英译中混用了"智能"的英译外,"智能"的英译中也混用了"智慧"的英译。本系统中含关键词"智能"的词条英译统计见表 3-61。

表 3-61　含关键词"智能"的词条英译

汉语	英译
人工智能方法	#artificial intelligence method
智能控制方法	#intelligent control method
智能控制	#intelligent control
商业智能	*Business Intelligence（BI）
人工智能	*Artificial Intelligence（AI）
智能计算	#intelligent computing
群体智能	#swarm intelligence
【智能场景】	#intelligent scene
智能经济	*Smart Economy
智能农业	#intelligent agriculture
智能物流	#intelligent logistics
智能商务	#intelligent business
智能金融	*AiFinance
智能教育	#intelligent education

续表

汉语	英译
智能医疗	*Smart Healthcare
智能政务	#intelligent government affairs
智能交通	*Intelligent Traffic（System）（ITS）
智能环保	intelligent environmental protection
智能合约	*Smart Contract
智能碰撞	intelligent collision
《智能革命》	**The Intelligence Revolution*
《国家人工智能研究与发展战略计划》	*National Artificial Intelligence Research and Development Strategic Plan
《智能制造发展规划（2016—2020年）》	*Intelligent Manufacturing Development Plan（2016-2020）
《新一代人工智能发展规划》	*New Generation Artificial Intelligence Development Plan
"智能上海（AI@SH）"行动	"Artificial Intelligence @ Shanghai（AI@SH）" Action
《智能贵州发展规划（2017—2020年）》	Development Planning for Intelligent Guizhou（2017-2020）
智能交通系统	*Intelligent Traffic System（ITS）
世界智能大会	*World Intelligence Congress
全国智能运输系统标准化技术委员会	*National Technical Committee on Intelligent Transport Systems of Standardization Administration of China
智能生命体	#intelligent life body
智能制造	*Intelligent Manufacturing
智能化合约	*Smart Contract
公共资产负债管理智能云平台	intelligent cloud platform for public asset and liability management
政府领域智能客服机器人	intelligent customer service robot in the field of government
智能防控	#intelligent prevention and control
智能城市	*Intelligent City
智能交通云	*Intelligent Traffic Cloud
智能公交	*Intelligent Bus
智能停车	*Intelligent Parking (System)
智能车辆	*Intelligent Vehicles
智能看护	#intelligent care
智能小区	#intelligent residential district
智能生活	#intelligent life
智能家居	*Smart Home
智能照明	*Intelligent Lighting

续表

汉语	英译
智能影音	*Smart Player
智能办公	#intelligence office
智能办公自动化系统	*Intelligence Office Automatic System（IOAS）
智能建筑	*Intelligent Building（IB）
智能购物	#intelligent shopping（system）
智能购物机器人	intelligent shopping robot
智能社交	intelligent social communication（system）
智能仓储	#intelligent storage

从表 3-61 中的翻译项可以看出，总体上来说，名词"智能"翻译为 intelligence，形容词性的"智能（的）"翻译为 intelligent，这与我们前面的讨论结果是一致的。但是，例外的约定俗成的翻译也有不少，举例如下。

（1）"智能"未翻译为 intelligent，而是翻译为 smart，如"智能影音 *Smart Player""智能家居 *Smart Home""智能化合约 *Smart Contract""智能合约 *Smart Contract""智能经济 *Smart Economy""智能医疗 *Smart Healthcare"。

（2）"智能化合约 *Smart Contract""智能合约 *Smart Contract"是两个语义差异非常小的词条，在英语翻译中无法形成显著性差异，所以采用相同的英译。

（3）"智能家居"在翻译锚术语在线和百度百科中的英译均为 Smart Home，其在百度百科中的释义为"是以住宅为平台，利用综合布线技术、网络通信技术、安全防范技术、自动控制技术、音视频技术将家居生活有关的设施集成，构建高效的住宅设施与家庭日程事务的管理系统，提升家居安全性、便利性、舒适性、艺术性，并实现环保节能的居住环境"。

（4）智能经济（Smart Economy）是百度创始人、董事长兼 CEO 李彦宏在"2019 年第六届世界互联网大会"上提到的概念。"他表示，数字经济在经历了从 PC 的发明和普及，到 PC 物联网，再到移动互联网，今天已经进入了以人工智能为核心驱动力的智能经济的新阶段。智能经济将给全球经济带来新的活力，是拉动全球经济重新向上的核心引擎。"[①]

考虑到这些是约定俗成的翻译，我们将其认定为一级词条，对其首字

---

① https://baike.baidu.com/item/%E6%99%BA%E8%83%BD%E7%BB%8F%E6%B5%8E/24018271.

母进行大写处理，便于后续多语种翻译时按照此认定进行翻译。

这些 smart 替代 intelligent 的"智能"翻译是约定俗成的：它们或者在网页中得到广泛使用，不便于更改使用者的习惯；或者在翻译锚中已经有固定释义和英语翻译，不便于对此进行重新约定。所以，区分词条的分类级别并最终确定翻译模式是很重要的。

综上所述，翻译时除了考虑系统性原则，还需要注意语言的描写性特征，对于"智慧/智能"的翻译，两词条语义差异的细微性常导致翻译出现混同的情况。总体来说，"智慧（的）"常翻译为 smart，"智能（的）"常翻译为 intelligent。"智慧"常用于表示"聪明、聪慧"；"智能"除了表示"聪明、聪慧"之外，还强调了"有能力"并可将聪明想法实践化的特征。

3.2.46 "中心"的翻译

"中心"的英译有美式英语 center 和英式英语 centre，需要进行区分。

由于很多专有名词采用美式英语表达方式，例如"国家信息中心 *State Information Center"中的"中心"翻译为美式的 center 而不是英式的 centre，其他的翻译项也多采用这一模式，所以我们拟系统性统一采用美式英语表达模式。类似的还包括后缀采用美式-zation 而不是英式-sation（虽然英式的有时也采用-zation）。本系统统一采用美式英语形式。

本系统中含关键词"中心"的词条英译统计见表 3-62。

表 3-62　含关键词"中心"的词条英译

汉语	英译
江苏南通国际数据中心产业园	*(International) Data Center Campus Cooperation of Nantong in Jiangsu Province
《杭州市建设全国云计算和大数据产业中心三年行动计划（2015—2017 年)》	Three-Year Action Plan of Hangzhou City for Building National Cloud Computing and Big Data Industry Center（2015-2017）
国家政务数据中心	national government affairs data center
全国一体化大数据中心	*National Big Data Center
全国电子商务产品质量大数据应用中心	national big data application center for electronic commerce product quality
国家信息中心	*State Information Center
国家互联网应急中心	*National Internet Emergency Center
浙江省数据管理中心	data management center of Zhejiang Province
开放数据中心委员会	open data center committee
数据中心联盟	*Data Center Alliance（DCA）
国家信息技术安全研究中心	*National Research Center for Information Technology Security
信息网络安全技术研发中心	*Center for Cybersecurity Research and Development

续表

汉语	英译
大数据科学与工程国际研究中心	international research center for big data science and engineering
中国国际经贸大数据研究中心	China international big data center for economy and trade research
电子科技大学大数据研究中心	*Big Data Research Center, University of Electronic Science and Technology of China
开放数据中心峰会	*Open Data Center Summit
河北京津冀数据交易中心	data trading center of Beijing-Tianjin-Hebei in Hebei Province
上海数据交易中心	*Shanghai Data Exchange
安徽大数据交易中心	Anhui big data trading center
江苏大数据交易中心	Jiangsu big data trading center
哈尔滨数据交易中心	Harbin data trading center
杭州钱塘大数据交易中心	Hangzhou Qiantang big data trading center
合肥大数据交易中心	Hefei big data trading center
青岛大数据交易中心	Qingdao big data trading center
广州数据交易服务中心	Guangzhou data trading service center
《浙江大数据交易中心交易规则》	#Trading Rules of Zhejiang Big Data Trading Center
《浙江大数据交易中心资金结算制度》	#Fund Settlement System of Zhejiang Big Data Trading Center
中国人民银行征信中心	*Credit Reference Center of the People's Bank of China
中国人民银行金融信息中心	*Financial Information Center of the People's Bank of China
中国人民银行清算总中心	*National Clearing Center of the People's Bank of China
中国（人民）银行征信中心个人信用信息服务平台	*service platform of Credit Reference Center of（The People's）Bank of China for personal credit information
全国电子商务监测中心	national monitoring center for e-commerce
灾难备份中心	disaster backup center
人类中心主义	#human centered doctrine

从表 3-62 的统计中可以看出，"中心"翻译采用的都是美式表达方式 center。这种英语表达形式的一致性原则（统一采用美式英语）在尾缀中也有体现。本系统中对英译含尾缀-zation 的词条进行了统计（表 3-63）。

表 3-63 英译含尾缀-zation 的词条

汉语	英译
最优化方法	#optimization method
自组织	#self-organization
块数据组织	block data organization

续表

汉语	英译
虚拟组织	#virtual organization
信息化	informatization
国家信息化体系	national informatization system
网络安全和信息化	network security and informatization
信息化与工业化融合	integration of informatization and industrialization
脱敏人口信息资源	population information resources of (data) desensitization
开放授权	*Open Authorization (OAuth)
国家政务信息化工程	project of informatization for national government affairs
《"十三五"国家政务信息化工程建设规划》	Construction Planning for "13th Five-Year" National Government Affairs Informatization Project
贵州省大数据标准化技术委员会	technical committee of Guizhou Province for big data standardization
中国电子技术标准化研究院	*China Electronics Standardization Institute
可视化分析	#visualization analysis
分层可视化技术	tiered visualization technology
基于图标可视化技术	icon-based visualization technology
基于图形可视化技术	graph-based visualization technology
数据活化	#data vitalization
数据标准化	*Data Normalization
IOC 标准化技术参考模型	reference model for IOC standardization technology
大数据标准化技术委员会	technical committee for big data standardization
全国信息技术标准化技术委员会	*China National Information Technology Standardization Technical Committee
全国信安标委大数据安全标准特别工作组	*Special Working Group-Big Data Security (SWG-BDS) for National Information Security Standardization Technical Committee
全国自动化系统与集成标准化技术委员会	*China National Technical Committee for Automation Systems and Integration Standardization
全国音频、视频和多媒体标准化技术委员会	China national technical committee for audio, video and multimedia standardization

从表 3-63 中对 -zation 的统计可以看出，本系统一致性地采用美式模式。这种一致性模式，也包括采纳美式 labor，而不是英式 labour，例如，"劳动价值论#labor theory of value""数字劳动#digital labor"；还包括采纳美式 license 而不是英式 licence，例如，"广西'证照分离'改革 Guangxi 'separation of business certificate and operation license' reform""一址多照 one address used to register multiple business licenses"等。

总之，本系统在美式和英式英语的分类选择中，通常采用美式英语表达方式，体现在采用"中心 center""劳动 labor""执照 license"等。

3.2.47 "众创"的翻译

"众创、众包、众扶、众筹"均为《人民日报》现有术语。这些术语分别翻译为 crowd innovation、crowdsourcing、crowd support、crowdfunding。在利用这些术语进行其他词条的翻译时，需要根据具体情况选定具体模式。下面分析"众创空间"的翻译模式。

"众创空间"在翻译锚百度百科中有多个英译，包括 makerspace、hackerspace、hackspace、hacklab、creative space 等。词条翻译的唯一性需要我们筛选出最为妥切的一个。从这几个英译来看，makerspace 直译为"创客空间"，hackerspace、hackspace 直译为"黑客空间"，hacklab 直译为"黑客实验室"，creative space 直译为"创意空间"。我们在网络、多部网络词典和翻译软件中查询"众创空间"的英译，发现在有道翻译中有现有词条"众创空间 maker space"，百度翻译中也有专有词条"众创空间 maker space"，而且它们在可查询英语词在本族语者中使用广泛性的网站（https://nysci.org/search/results?q=maker+space）中认可度很高。所以，maker+space 具有较好的广泛性需求。

分析"众创空间"其他选项，我们可以看出：首先，"黑客空间"缩小了"众创空间"的语义范围，黑客只是众人中的一个特殊群体，所以对 hackerspace、hackspace、hacklab 不予采纳；其次，"创意空间"更多强调的是思维和认知，与"众创空间"潜在意义"众（人）创（造）"有指向性差异，所以 creative space 不予采纳。

综上所述，我们采纳的翻译结果为"众创空间*Makerspace"。为区别如"黑客空间""创意空间"等近似翻译，此处按照专有名词处理。

3.2.48 "资讯"的翻译

翻译锚有"资讯"的英译和释义。

资讯是用户因为及时地获得它并利用它而能够在相对短的时间内给自己带来价值的信息。资讯有时效性和地域性，它必须被消费者利用。并且"提供—使用（阅读或利用）—反馈"之间能够形成一个长期稳定的消费链，具有这些特点的消息才可以称之为资讯（百度百科"资讯"词条，英译为 information）。

information 在翻译锚百度百科中也是"信息"的英译，翻译锚百度百科没有区分"资讯"和"信息"的英译。我们将 information 在翻译软件中进行了验证，回译一致性效果良好，"资讯"和"信息"都可翻译为 information。在本系统中，涉及"资讯"的词条共有三个，我们对此进行了统计分析。这三个词条中，一级词条、二级词条和三级词条各有一个。在一级和二级词条中，"资讯"的翻译都是 information。

综上，"资讯"翻译为 information。本系统中含关键词"资讯"的词条英译统计见表 3-64。

表 3-64 含关键词"资讯"的词条英译

汉语	英译
第三方资讯平台	#third party information platform
跨境流通数据资讯隐私权保护自律模式	self-discipline mode for privacy rights protection of cross-border circulation data information
万得资讯	*Wind Information

3.3 汉英翻译中双名词类研究

3.3.1 "电子政务"的翻译

翻译锚提供了"电子政务"的英译和释义。

政府机构在其管理和服务职能中运用现代信息技术向市民提供政府信息与服务的工作模式。电子政务可以帮助实现政府组织结构和工作流程的重组优化，超越时间、空间和部门分隔的制约，建设精简、高效、廉洁、公平的政府。它包含多方面的内容，如政府办公自动化、政府部门间的信息共建共享、政府实时信息发布、各级政府间的远程视频会议、公民网上查询政府信息、电子化民意调查和社会经济统计等。（术语在线 2019 年公布的图书馆·情报与文献学名词"电子政务"，英译为 electronic government）

应用信息技术将管理和服务通过网络进行集成，在互联网上实现组织结构和工作流程的优化重组，向社会提供优质和全方位的、规范而透明的、符合国际水准的管理和服务。（术语在线 2018 年公布的计算机科学技术名词"电子政务"，英译为 electronic government、e-government）

自20世纪90年代电子政务产生以来,关于电子政务(Electronic Government)的定义有很多,并且随着实践的发展而不断更新。电子政务是指国家机关在政务活动中,全面应用现代信息技术、网络技术以及办公自动化技术等进行办公、管理和为社会提供公共服务的一种全新的管理模式。(百度百科"电子政务"词条)

从"电子政务"的英译 electronic government 中可以看出,"政务"的"务(事务)affairs"是隐含的,与原有的非约定俗成的"政务 government affairs"有出入。

"对文则异,散文则通。"在处理"电子政务"和"政务"的英译 electronic government 和 government affairs 的关系上,我们采取"对文则异,散文则通"的原则。如果是专有名词涉及"电子政务",则采用 Electronic Government。除了专有名词之外,非专有名词中涉及"政务",我们采用系统一致性原则,补足隐含部分"务(事务)affairs",翻译为 e-government affairs,以寻求全系统翻译的对应性。本系统中含关键词"电子政务"的词条英译统计见表 3-65。

表 3-65　含关键词"电子政务"的词条英译

汉语	英译
国家电子政务网络	*National E-Government Network（NEGN）
国家电子政务内网	*National E-Government Intranet
国家电子政务外网	National E-Government Extranet
国家电子政务内网建设和管理协调小组	coordination group for construction and management of National E-Government Intranet
电子政务	*Electronic Government（E-Government）
国家电子政务综合试点	comprehensive pilot zone of national e-government affairs
《浙江省公共数据和电子政务管理办法》	Administrative Measures of Zhejiang Province for Public Data and E-Government Affairs

表 3-65 中有三个英译比较接近的词条:"国家电子政务网络*National E-Government Network（NEGN）""国家电子政务内网*National E-Government Intranet""国家电子政务外网 National E-Government Extranet"。这三个词条的处理与翻译锚百度百科的约定不一致:翻译锚百度百科给出的"国家电子政务外网"的英译为 National E-Government Network。翻译锚百度百科对"国家电子政务外网"中"外网"的翻译并不准确,National E-Government Network 对应的汉语实际上是"国家电子政务网络",如果接受翻译锚百度百科的翻译,"National E-Government Network"将同时作为"国家电子政

务外网""国家电子政务网络"的英语翻译,产生歧义,需要统筹区分这三个词条,而"网络 Network""内网 Intranet""外网 Extranet"是区分三个词条的关键词。

所以,"国家电子政务网络"翻译为"*National E-Government Network（NEGN）","国家电子政务内网"翻译为"*National E-Government Intranet",这两个术语作为专有名词处理。"国家电子政务外网"翻译为"National E-Government Extranet",按照三级词条处理。

3.3.2 "对等网络"的翻译

翻译锚提供了"对等网络"的英译和释义。

> 在一个计算机网络,每台计算机相对于在网络上的其他计算机都可以充当一个客户端或服务器,计算机之间允许共享访问而不需要中央文件和外设服务器。(术语在线 2018 年公布的计算机科学技术名词"对等网络",英译为 peer-to-peer、P2P)

> 仅包含与其控制和运行能力等效的节点的计算机网络。(术语在线 2007 年公布的通信科学技术名词"对等网络",英译为 peer-to-peer network)

> 对等网络,即对等计算机网络,是一种在对等者(Peer)之间分配任务和工作负载的分布式应用架构,是对等计算模型在应用层形成的一种组网或网络形式。"Peer"在英语里有"对等者、伙伴、对端"的意义。因此,从字面上,P2P 可以理解为对等计算或对等网络。国内一些媒体将 P2P 翻译成"点对点"或者"端对端",学术界则统一称为对等网络(Peer-to-peer networking)或对等计算(Peer-to-peer computing)。(百度百科"对等网络"词条,于 2019 年引自中国科学院计算技术研究所)

翻译先遵循行业规范,我们拟采用学术界统称的 peer-to-peer networking,我们在翻译软件中查询 peer-to-peer networking 的回译情况,回译效果良好,可以作为"对等网络"的翻译。

综上,我们采用"对等网络 peer-to-peer networking"翻译模式。

3.3.3 "反馈控制方法"的翻译

翻译锚提供了"反馈控制""反馈系统"的英译和释义。

根据反馈信息调节被控对象的行为，使之保持预定状态的控制过程。（术语在线 2021 年公布的机械工程名词"反馈控制"，英译为 feedback control）

将系统的输出信息返送到输入端，与输入信息进行比较，并利用二者的偏差进行控制的过程。（术语在线 2018 年公布的计算机科学技术名词"反馈控制"，英译为 feedback control）

在一项管理工作结束或管理行为发生之后所实施的控制。（术语在线 2016 年公布的管理科学技术名词"反馈控制"，英译为 feed back control、post action control）

反馈控制是指在某一行动和任务完成之后，将实际结果进行比较，从而对下一步行动的进行产生影响，起到控制的作用。其特点是：对计划决策在实施过程中的每一步骤所引起的客观效果，能够及时做出反应，并据此调整、修改下一步的实施方案，使计划决策的实施与原计划本身在动态中达到协调。（百度百科"反馈控制"词条）

反馈系统（feedback system）是基于反馈原理建立的自动控制系统。所谓反馈，就是根据系统输出变化的信息来进行控制，即通过比较系统行为（输出）与期望行为之间的偏差，并消除偏差以获得预期的系统性能。在反馈控制系统中，既存在由输入到输出的信号前向通路，也包含从输出端到输入端的信号反馈通路，两者组成一个闭合的回路。因此，反馈系统又称为闭环控制系统。（百度百科"反馈系统"词条）

可以综合以上信息来翻译"反馈控制方法"。"反馈系统 feedback system"是约定俗成的词条。基于翻译锚术语在线提供的英译，另外通过查询网络和翻译软件，"反馈控制"的翻译结果主要指向 feedback control。翻译软件对"反馈控制"的处理结果统计如下：①DeepL 翻译结果为 feedback control。②Google 翻译结果为 feedback control。③有道翻译结果为 feedback control，并提供了"[自] feedback control"，即认定该词条为自动化领域的术语。④百度翻译结果为 feedback control，并提供了"反馈控制 feedback control"的标音词条项，点击进入可得到该词条英式和美式英语的发音标注，以及"反馈控制；回馈控制"的中文翻译。综上，我们采用"反馈控制 feedback control"的翻译。

通过综合"反馈系统 feedback system"和"反馈控制 feedback control"

信息，可形成"反馈控制系统 feedback control system"翻译项。这个结果在翻译软件有道翻译中得到确认。"方法 method"取代"系统 system"后形成"反馈控制方法 feedback control method"，并认定该词条为二级词条，标注"#"。

3.3.4 "腓尼基字母表"的翻译

"腓尼基字母表"在网络翻译中多采用 Phoenician alphabet。翻译锚中有该词的释义。

> 腓尼基字母是腓尼基人在埃及圣书体象形文字基础上将原来的几十个简单的象形字字母化形成。字母文字，几乎都可追溯到腓尼基字母，如希伯来字母、阿拉伯字母、希腊字母、拉丁字母等。腓尼基字母是辅音字母，没有代表元音的字母或符号，字母的读音须由上下文推断。（百度百科"腓尼基字母"词条）

具体翻译中，我们直接采纳"腓尼基字母表 Phoenician alphabet"这一翻译对。由于 Phoenician 是专有名词，首字母大写；alphabet 是常规名词，小写处理，并认定为二级词条。

3.3.5 "分布式共享"的翻译

我们在翻译锚中检索到了"分布式共享"相关词条"分布式共享存储器""分布式共享内存""分布式共享存储系统"的英译和释义。

> 由分布在多个处理机上的主存储器构成逻辑上单一地址空间的共享存储系统。（术语在线 2018 年公布的计算机科学技术名词"分布式共享存储器"，英译为 distributed shared memory）
>
> 分布式共享内存（distributed shared memory）是并行处理发展中出现的一种重要技术。提供给程序员一个逻辑上统一的地址空间，任何一台处理机都可以对这一地址空间直接进行读写操作。具有分布式内存结构可扩充性的优点，也具有共享内存结构通用性好、可移植性、编程容易的优点。（百度百科"分布式共享内存"词条）
>
> 分布式共享存储系统是将分散的存储系统通过网络连接起来的系统，兼有紧密耦合分布式系统容易编程和松散耦合分布式系

统容易扩充规模的优点，程序设计人员不必考虑数据分配，编程工作是单机情况的简单扩充，进程迁移和动态分配实现简单，而且，可以和松散耦合一样扩大系统规模，当增加处理器的数目时不必考虑 CPU 之间的通信。（百度百科"分布式共享存储系统"词条）

网络统计显示，"分布式共享"与"内存""存储系统"共率较高，与"内存"的共现率相对高得多。这说明，虽然本词条"分布式共享"没有出现"内存"等核心成分，但很高的共现概率指向"分布式共享"与"内存"等省略成分的紧密搭配。我们认为，"分布式共享"更大可能是省略了"内存"或"存储系统"的。换句话说，"分布式共享"中"共享 shared"的形容词态比"共享 sharing"名词态更为妥切。为体现这种统计概率，我们通过括号形式补足可能省略的部分，以表示该词条为形容词态，即翻译为"分布式共享 distributed shared（memory）"。由于"分布式共享"并没有形成一个独立的专有名词，而仅仅形成的是部分的约定俗成项，所以，我们认定该词条为二级词条。

3.3.6 "分组数据"的翻译

翻译锚中有"分组数据"的英译和释义。

> 数据分组是根据统计研究的需要，将原始数据按照某种标准划分成不同的组别，分组后的数据称为分组数据。数据分组的方法有单变量值分组和组距分组两种。数据分组的主要目的是观察数据的分布特征，在进行数据分组后再计算出各组中数据出现的频数，就形成了一张频数分布表。（百度百科"分组数据"词条，百度百科显示分组数据一般指数据分组，英译为 data grouping）

我们认为"分组数据"与"数据分组"是不同的语义结构，翻译不应一致。"分组数据"的核心词是"数据"，"数据分组"的核心词是"分组"。翻译锚百度百科对"数据分组"的翻译 data grouping 是准确的。但是，data grouping 不适合作为"分组数据"的翻译。翻译软件对"分组数据"的英译和回译结果见表 3-66。

表 3-66 "分组数据"在翻译软件中的英译和回译结果对比

翻译软件	汉语	英译	回译
DeepL 翻译	分组数据	Subgroup data	分组数据
			子组数据
			亚组数据
			子群数据
Google 翻译	分组数据	packet data	封包数据
有道翻译	分组数据	grouped data	分组数据
			分类资料
		integrated data	集成数据
			综合数据
百度翻译	分组数据	Grouping data	分组数据
		Grouped Data	分组数据
		Packet Data	数据包数据

从表 3-66 的翻译结果可以看出,"分组数据"有 grouped data 和 packet data 两个较为妥切的翻译。但从回译的结果来看,前者更倾向于组的概念,后者倾向于包的概念。而且,grouped 的形式更妥切一些(试比较"组数据 group data")。"分组数据 grouped data"在现实中已经有较为广泛的使用,所以,我们认定该词条为二级词条。

3.3.7 "服务平台"的翻译

翻译锚中有"信息服务平台""知识服务平台""公共服务平台"的英译和释义。

> 通过连接用户所需要的各类信息,为提供网络化信息服务而建立的一种基础性信息服务体系结构。(术语在线 2019 年公布的图书馆·情报与文献学名词"信息服务平台",英译为 information service platform)为了开展知识服务,利用各种现代信息技术和网络技术所搭建的知识服务的工具系统,是知识管理系统的一种子系统。(术语在线 2016 年公布的管理科学技术名词"知识服务平台",英译为 knowledge service platform)
>
> 公共服务平台(public service platform)是为了区域经济和文化的发展,针对某类用户群体一定时期的公共需求,通过组织整合、集成优化各类资源,提供可共享共用的基础设施、设备和信

息资源共享的各类渠道，以期为此类用户群体的公共需求提供统一的辅助解决方案，达到减少重复投入、提高资源效率、加强信息共享的目的。（百度百科"公共服务平台"词条）

从该词条的英译可知，"服务平台"翻译为 service platform，其中"服务 service"采用的是单数形式。

本系统中，名词通常采用单数形式。例如，在处理词条"数据资产"时，英语翻译有两种结果：data assets 和 data asset。两者都表示"数据资产"。根据同场同模式原则，如无必要，则采用单数形式，所以"数据资产"翻译为 data asset 是符合系统性原则的。含关键词"数据资产"的词条的英译也采用相同模式，例如，"数据资产交易市场"翻译为 data asset trading market。

这种情况与"服务平台"的处理是一样的。前面的分析中，"公共服务平台 public service platform"中 service 使用单数表达"服务"义项。本系统中含此关键词的其他词条也采用单数形式，例如"北京大数据交易服务平台 Beijing big data trading service platform""公共信用信息服务平台 public credit information service platform""建行'善融商务'电子商务金融服务平台 CCB e-commerce financial service platform of 'Good Financial Business'""小额信贷行业信用信息共享服务平台#service platform for credit information sharing of micro-credit industries""中国（人民）银行征信中心个人信用信息服务平台*service platform of Credit Reference Center of (The People's) Bank of China for personal credit information""政务服务平台电子监察系统 system of electronic monitoring and supervision for government affairs service platform"等。

综上，"服务平台"翻译为 service platform。

3.3.8 "服务政府"的翻译

翻译锚百度百科中"服务政府"是一本专著的名字，英语命名为 *Service-Oriented Government*。由于汉语词条"服务政府"并没有采用书名号的形式处理，也就是说该词条不应该是书名，需要进入网络查询后确定是否借鉴该英语翻译。

翻译软件中提供了"服务政府"的独立词条。从汉语分析可知，"服务"可以是动词，也可以是形容词（服务型的）。首先，在词条翻译中，鲜有动词性词条，而多为名词性词条，所以，以服务为动词的翻译项 serve the government 不予采纳。其次，和书名翻译类似的 service-oriented government 也存在，但考虑到"基于服务的政府"与"服务政府"比较，语义上有较为明显的差异，也不采纳。最后，在百度翻译中，"服务政府"的独立词条为 service government，其中，名词 service 作为名词限定成分出现，修饰"政府"，语义上源语与目标语相吻合，予以采纳。

本系统在"服务"的名词态 service/services 选择上，多采用单数形式，例如《互联网视听节目服务管理规定》*Administrative Provisions for the Internet Audio-Video Program Service"。但对于约定俗成已经有专有名词翻译的，尊重原有翻译，采用复数，例如《网络出版服务管理规定》*Provisions on the Administration of Online Publishing Services"。对于特殊的不对应翻译，尊重约定俗成的翻译。例如，"《释放欧洲云计算服务潜力》*Unleashing the Potential of Cloud Computing in Europe"是欧盟原译专有名词，并没有"服务"二字。

综上所述，"服务政府"采用主流翻译模式 "#service government"是妥切的。

3.3.9 "工作方案"的翻译

翻译锚提供了"工作方案"的释义。

> 工作方案是对未来要做的重要工作做了最佳安排，并具有较强的方向性、导性粗线条的筹划，是应用写作的计划性文体之一，在现代领导科学中，为达到某一特定效果，要求决策助理人员高瞻远瞩，深思熟虑，进行周密思考，从不同角度设计出多种工作方案，供领导参考。（百度百科"工作方案"词条）

百度百科没有提供详细的英语翻译。约定俗成的专有名词翻译提供了"工作方案"的翻译：在国家部委文件的翻译中，"《公共信息资源开放试点工作方案》"采用的翻译为"*Work Plan for the Pilot Program of Opening of Public Information Resources"，其中，"工作方案"翻译为 work plan。由于这是国家部委认定的英语翻译，我们尊重原译。对于词条"《四川省促进大数据发展工作方案》"中的"工作方案"也采纳 work plan，翻译为 Work Plan of Sichuan Province for Promoting Big Data Development。

"方案"的翻译仍沿用系统一致性原则。在前面的讨论中，我们根据使用的广泛性约定了"方案"翻译为 program。这样，我们约定的"方案

program"与少量的约定俗成专有名词"工作方案 work plan"中的"方案 plan"出现了不同。

我们的处理原则是：约定俗成项尊重原译；非约定俗成项仍采用"方案 program"模式。例如，"实施方案"一般翻译为 implementation program。类似的词条包括"《贵阳市大数据标准建设实施方案》Implementation Program of Guiyang City for Big Data Standard Construction""《陕西省大数据与云计算产业示范工程实施方案》Implementation Program of Shaanxi Province for Demonstration Project of Big Data and Cloud Computing Industry""《西安市大数据产业发展实施方案（2017—2021 年）》Implementation Program of Xi'an City for Big Data Industry Development（2017-2021）""《关于加快大数据、云平台建设促进信息产业发展的实施方案》Implementation Program for Accelerating Construction of Big Data and Cloud Platform to Promote Information Industry Development"。

所以，"工作方案"一般翻译为 work plan，"实施方案"一般翻译为 implementation program。

3.3.10 "行动纲要"的翻译

"行动纲要"语义上可切分为"行动"+"纲要"。我们对"纲要 outline"进行了研究，并确认了该翻译模式。"行动"的翻译要综合考虑在本系统中的一致性表达。如果在本系统中"行动"的翻译得到一致性验证，"行动纲要"的翻译也就水到渠成。本系统中含关键词"行动"的词条英译见表 3-67。

表 3-67 含关键词"行动"的词条英译

汉语	英译
《云计算发展战略及三大关键行动建议》	The Development Strategy of Cloud Computing and Suggestions on Three Key Actions
《美国开放数据行动计划》	*U.S. Open Data Action Plan
《网络安全国家行动计划》	*Cybersecurity National Action Plan
《云计算行动计划》	*Cloud Computing Action Programme
《气象大数据行动计划（2017—2020 年）》	*Action Plan for Meteorological Big Data（2017-2020）
《国务院关于积极推进"互联网+"行动的指导意见》	*Guiding Opinions of the State Council on Actively Promoting the "Internet Plus" Action
《云计算发展三年行动计划（2017—2019 年）》	*Three-Year Action Plan for Cloud Computing Development（2017-2019）
《工业互联网发展行动计划（2018—2020 年）》	*Action Plan for the Development of Industrial Internet（2018-2020）

续表

汉语	英译
《北京市大数据和云计算发展行动计划（2016—2020年）》	Action Plan of Beijing City for Development of Big Data and Cloud Computing（2016-2020）
《河北省大数据产业创新发展三年行动计划（2018—2020年）》	Three-Year Action Plan of Hebei Province for Big Data Industry Innovation and Development（2018-2020）
《内蒙古自治区大数据与产业深度融合行动计划（2018—2020年）》	Action Plan of Inner Mongolia Autonomous Region for Deep Integration of Big Data and Industry（2018-2020）
《沈阳市促进大数据发展三年行动计划（2016—2018年）》	Three-Year Action Plan of Shenyang City for Promoting Big Data Development（2016-2018）
"智能上海（AI@SH）"行动	"Artificial Intelligence @ Shanghai（AI@SH）" Action
《上海推进大数据研究与发展三年行动计划（2013—2015年）》	Three-Year Action Plan of Shanghai for Promoting Big Data Research and Development（2013-2015）
《江苏省大数据发展行动计划》	Action Plan of Jiangsu Province for Big Data Development
《江苏省云计算与大数据发展行动计划》	Action Plan of Jiangsu Province for Cloud Computing and Big Data Development
《南京市促进大数据发展三年行动计划（2016—2018年）》	Three-Year Action Plan of Nanjing City for Promoting Big Data Development（2016-2018）
《杭州市建设全国云计算和大数据产业中心三年行动计划（2015—2017年）》	Three-Year Action Plan of Hangzhou City for Building National Cloud Computing and Big Data Industry Center（2015-2017）
《江西省大数据发展行动计划》	Action Plan of Jiangxi Province for Big Data Development
《济南市数创公社2020发展行动计划》	Development Action Plan of Jinan City for Big Data Innovation Commune 2020
《河南省大数据产业发展三年行动计划（2018—2020年）》	Three-Year Action Plan of Henan Province for Big Data Industry Development（2018-2020）
《郑州市促进大数据发展行动计划》	Action Plan of Zhengzhou City for Promoting Big Data Development
《湖北省大数据发展行动计划（2016—2020年）》	Action Plan of Hubei Province for Big Data Development（2016-2020）
《武汉市大数据产业发展行动计划（2014—2018年）》	Action Plan of Wuhan City for Big Data Industry Development（2014-2018）
《长沙市加快发展大数据产业（2017—2020年）行动计划》	Action Plan of Changsha City for Accelerating and Developing Big Data Industry（2017-2020）
《广东省促进大数据发展行动计划（2016—2020年）》	Action Plan of Guangdong Province for Promoting Big Data Development（2016-2020）
《深圳市促进大数据发展行动计划（2016—2018年）》	Action Plan of Shenzhen City for Promoting Big Data Development（2016-2018）
《促进大数据发展的行动方案》（广西）	Action Plan for Promoting Big Data Development（Guangxi）
《重庆市大数据行动计划》	Action Plan of Chongqing City for Big Data
《贵州省发展农业大数据助推脱贫攻坚三年行动方案（2017—2019年）》	Three-Year Action Plan of Guizhou Province for Developing Big Data in Agriculture to Promote Poverty Alleviation（2017-2019）

续表

汉语	英译
《贵州大数据+产业深度融合2017年行动计划》	2017 Action Plan of Guizhou for Deep Integration of Big Data plus Industry
《贵阳大数据产业行动计划》	Action Plan of Guiyang for Big Data Industry
《甘肃省促进大数据发展三年行动计划（2017—2019年）》	Three-Year Action Plan of Gansu Province for Promoting Big Data Development（2017-2019）
《数据科学：拓展统计学的技术领域的行动计划》	*Data Science：An Action Plan for Expanding the Technical Areas of the Field of Statistics

从表 3-67 中可知，"行动"的翻译获得了一致性验证，均翻译为 action。这样，"行动纲要"可以翻译为 action outline。

本系统中有两个含关键词"行动纲要"的词条，具体包括"《促进大数据发展行动纲要》*Action Outline on Promoting the Development of Big Data""《合肥市大数据发展行动纲要（2016—2020年）》Action Outline of Hefei City for Big Data Development（2016-2020）"。

综上，"行动纲要 action outline"符合翻译的系统性原则，采纳此翻译。

3.3.11 "行政机关""行政法人"的翻译

"行政机关"中"行政"与"管理"语义相近。通过网络查询和 DeepL 翻译软件分析，"行政机关"采用翻译 administrative authority。类似的翻译还包括"管理规定 administrative provisions""管理办法 administrative measures"等。"行政法人"中的"行政"也翻译为 administrative，总体翻译为 administrative legal persons。例如，"《关于保护独立行政法人等所持有之个人信息的法律》"词条翻译为 Act on the Protection of Personal Information Held by Independent Administrative Legal Persons。

较长词串翻译首先需要进行网络搜索。在对长词条"《行政机关电子计算机自动化处理个人数据保护法》"的翻译中，我们发现这个日本法律较为准确的日本原文是：行政機関の保有する電子計算機処理に係わる個人情報の保護に関する法律。由于网络没有提供英文版本，只提供了日语版，我们需要利用翻译软件将日语翻译为英语，DeepL 具体翻译为 Act on the Protection of Computer Processed Personal Data Held by Administrative Organs。翻译软件具有直译性特点，往往需要人工干预，才能形成较为正确和流畅的翻译。这种源于日语的词条，通常都需要找到源语，并对应性翻译为英语，最后才可以根据掌握的英语关键词等信息进行最终翻译。这种分析方法可以最大限度地减小误译的可能性。

系统性翻译模式可用于长词条翻译。通过前面的分析，我们确定了系统性的翻译模式，即"行政机关……法 act of administrative authorities on ..."。其他的关键词翻译项为"电子计算机 electronic computers""自动化处理 automatic processing""个人数据保护 personal data protection"，各个关键词项根据英语语法特征添加不同的介词进行引领。最后，我们将"《行政机关电子计算机自动化处理个人数据保护法》"翻译为 Act of Administrative Authorities on Personal Data Protection in the Automatic Processing of Electronic Computers。

由以上分析可知，"行政机关""行政法人"中的"行政"均翻译为 administrative，最后形成 administrative authorities 和 administrative legal persons。

3.3.12 "交换共享"的翻译

需要先行确定"交换共享"是否已经词汇化。根据术语翻译的基本原则，对于已词汇化的术语，需要按照语法规则，采纳词汇化之后的翻译；而对于没有词汇化的词条，按照常规的直译法翻译即可。所以，先行确定词条的词汇化程度是比较重要的步骤。

翻译锚中有"信息共享"的英译和释义。

> 信息、信息产品或信息服务在不同层次、不同部门、不同地域的信息系统（包括该系统的用户）的交流与共用。是提高信息资源利用率，避免在信息采集、存储和管理上重复浪费的一个重要手段。（术语在线 2019 年公布的图书馆·情报与文献学名词"信息共享"，英译为 information sharing）

> 不同层次、不同部门信息系统间的信息和信息产品的交流与共用。（术语在线 2016 年公布的管理科学技术名词"信息共享"，英译为 information sharing）

> 地理信息提供给广大用户和部门使用的一种机制。（术语在线 2012 年公布的地理信息系统名词"信息共享"，英译为 information sharing）

> 信息共享（Information Sharing）指不同层次、不同部门信息系统间，信息和信息产品的交流与共用，就是把信息这一种在互联网时代中重要性越趋明显的资源与其他人共同分享，以便更加

合理地达到资源配置，节约社会成本，创造更多财富的目的。是提高信息资源利用率，避免在信息采集、存贮和管理上重复浪费的一个重要手段。（百度百科"信息共享"词条）

从上面的翻译可以看出，模式一致的"信息共享"已词汇化。由于词汇化特征明显，"信息共享"并没有采用 information and sharing，直接使用的是没有 and 参与的单一词汇模式，例如"《上海市法人信息共享与应用系统管理办法》Administrative Measures of Shanghai City for Legal Person Information Sharing and Application System"。

"交换共享"没有词汇化，且蕴含两个动作的连贯性，需要直译处理。从语义上来说，"交换"和"共享"是相互关联的两个动作，"交换"在前，"共享"在后。所以，两个名词之间需要添加 and 进行处理，形成 exchange and sharing，例如"《河北省地理信息交换共享管理办法》Administrative Measures of Hebei Province for Geographic Information Exchange and Sharing"。

3.3.13 "交通运输"的翻译

"交通运输"在网络使用中形成了固定翻译 communications and transportation，百度翻译软件中提供了"交通运输 communications and transportation"这一固有词条的翻译，而且提供了英式和美式的专有发音。其他的三个翻译软件都将"交通运输"翻译为 transportation，而且在回译时，只有百度翻译的选项 communications and transportation 获得了"交通运输"的一致性翻译项，而其他软件在 transportation 回译时获得的是"运输"。准确性较好的是百度翻译的处理结果。在本系统中，涉及"交通运输"的词条有"《交通运输政务信息资源共享管理办法》"，对其翻译需要考虑其他翻译子项的确定。

翻译子项"信息资源共享"在翻译锚中有释义。

> 信息资源共享（information resources sharing）是指图书馆在自愿、平等、互惠的基础上，通过建立图书馆与图书馆之间和图书馆与其他机构之间的各种合作、协作、相互协调关系，利用各种技术、方法和途径，开展共同提示、共同建设和共同利用信息资源，以最大限度地满足用户信息资源需求的全部活动。（百度百科"信息资源共享"词条）

综上,"交通运输"采用翻译 Communications and Transportation,最后形成词条英译"《交通运输政务信息资源共享管理办法》Administrative Measures of Communications and Transportation for Government Affairs Information Resources Sharing"。

3.3.14 "金融决策"的翻译

翻译锚提供了"金融决策"的释义。

> 金融决策是指在金融业务和金融管理活动中,为实现预定目标,用科学的理论和方法,系统地分析主客观条件,提出各种预选方案,并从中选择最优方案的运筹过程。(百度百科"金融决策"词条)

但是,百度百科没有提供该词条的英译。我们可以从英语源语中找寻该词条的翻译。

英语原著有"金融决策"关键词翻译。小乔纳森·F. 英格索尔曾出版了《金融决策理论》(*Theory of Financial Decision Making*)。其中,"金融决策"翻译为 financial decision making。

翻译锚百度百科的释义和英语原著的翻译形成了"金融决策"的翻译模式,即"金融决策 financial decision making"。本系统中类似的翻译还包括"金融决策机构 financial decision-making institution",其中,decision-making 添加连字符形成了形容词态,符合词条翻译的句法特征。

综上,"金融决策"翻译为 financial decision making。

3.3.15 "矩估计法"的翻译

翻译锚提供了"矩估计法"的释义。

> 矩估计法(estimation by the method of mo-menu)亦称数字特征法。求估计量的一种常用方法。以样本矩的某一函数代替总体矩的同一函数来构造估计量的方法称为矩估计法。因为样本可确定一个经验分布函数,由这个经验分布函数可确定样本的各阶矩。而样本又是从总体中随机抽取的,样本的分布及其各阶矩都在一定程度上反映了总体参数的特征,当样本容量 n 无限增大时,样本矩与相应的总体矩任意接近的概率趋于 1,因而可用样本矩代

替总体矩构造一个含有未知参数的方程或方程组，方程的解就给出总体参数的估计量。（百度百科"矩估计法"词条）

经查询，百度百科提供的英译 estimation by the method of mo-menu 是不妥切的，错误出现在 mo-menu，正确的单词应该是"矩 moment"。所以，最后调整翻译为"矩估计法 estimation by the method of moment"。

3.3.16 "宽带中国"的翻译

翻译锚中有该词条的英译和释义。

> 2013年8月17日，中国国务院发布了"宽带中国"战略实施方案，部署未来8年宽带发展目标及路径，意味着"宽带战略"从部门行动上升为国家战略，宽带首次成为国家战略性公共基础设施。作为最重要的信息基础设施，宽带支撑着物联网、云计算等高新技术产业的发展，工信部未来将进一步加大"宽带中国"战略的实施力度。（百度百科"宽带中国"词条，英译为 Broadband Chinese）

网络广泛度查询和翻译软件查询均不接受翻译锚百度百科的处理。我们在网上搜索"宽带中国"，并在翻译软件中进行回译处理，其结果均指向 Broadband China，而不是 Broadband Chinese。而且，国家主要对外媒体使用的均是 Broadband China 用法，如网页 http://www.chinadaily.com.cn/opinion/2015-05/13/content_20700331.htm 所示。所以，"宽带中国"翻译为 Broadband China。

与"宽带中国"类似的词条还有"宽带乡村""宽带城市"。"宽带中国"形成的是专有名词的国家战略，具有约定俗成的不可译特征。但是，"宽带乡村""宽带城市"尚未达到如此高的约定性，所以，为了实现翻译的"信、达、雅"，不能采用简单的 Broadband Countryside、Broadband City 模式，而应该采用 broadband-equipped countryside、broadband-equipped city 模式，并按照三级词条处理。

所以，我们将"宽带中国"翻译为"*Broadband China"，将其认定为一级专有名词。其他未约定俗成的"宽带乡村""宽带城市"则采用 broadband-equipped countryside、broadband-equipped city 模式。

3.3.17 "类脑机器人"的翻译

翻译锚中有"类脑机器人"的释义。

> 类脑智能机器人是融合了视觉、听觉、思考和执行等能力的综合智能机器人,它能够以类似于人脑工作的方式运行。它是紧跟随第三代机器人的发展潮流而提出的。(百度百科"类脑机器人"词条)

我们可以将"类脑"作为关键词采用语义查找法进行相似词条搜索。在翻译锚百度百科中,"类脑智能技术及应用国家工程实验室"是专有名词,其中对"类脑"的翻译可为我们提供借鉴。

> 类脑智能技术及应用国家工程实验室(英文名称为"National Engineering Laboratory for Brain-inspired Intelligence Technology and Application",英文缩写为"NEL-BITA")由中华人民共和国国家发展和改革委员会批复,中国科学技术大学牵头筹建的国家工程实验室。该实验室是合肥综合性国家科学中心的重要建设内容,由中国科学院、复旦大学、微软、百度、科大讯飞等科研院所和企业共同承建。2017年5月13日,类脑智能技术及应用国家工程实验室在安徽合肥成立,是中国类脑智能领域唯一的国家级工程实验室。(百度百科"类脑"词条)

在翻译锚百度百科对"类脑智能技术及应用国家工程实验室"的英译中,"类脑"这一关键词翻译为brain-inspired,形成的是形容词态。我们借鉴该实验室命名中对"类脑"的翻译,并用于词条"类脑机器人"。这样,我们可以将"类脑机器人"翻译为"#brain-inspired robot"。由于关键词取自专有名词,所以将其认定为二级词条。

3.3.18 "量子霸权"的翻译

翻译锚中有"量子霸权"的英译和释义。

> 量子霸权,代表量子计算装置在特定测试案例上表现出超越所有经典计算机的计算能力,实现量子霸权是量子计算发展的重

要里程碑。评测称霸标准，需要高效的、运行于经典计算机的量子计算模拟器。在后量子霸权时代，这种模拟器还会成为加速量子计算科学研究的重要工具。（百度百科"量子霸权"词条，英译为 quantum supremacy）

从以上释义可知，"量子霸权"是已经实现了术语化的词条。翻译锚百度百科将该词条视为二级词条，而不是专有名词首字母大写的一级词条。我们尊重翻译锚处理结果，标注"#"。

综上，"量子霸权"翻译为"#quantum supremacy"。

3.3.19 "领网权"的翻译

翻译锚中没有"领网权"的释义，但其他网络模块提供了相关解释。我们在网络中输入"领网权"，得到了较为翔实的解释。在文章《"网络主权"应当以各主权国家的"领网权"为效力边界》（王春晖，2016）中，作者做了相关解释。

> 2010 年 6 月中国国务院新闻办发布的《中国互联网状况》白皮书指出，互联网是国家重要基础设施，中华人民共和国境内的互联网属于中国主权管辖范围，中国的互联网主权应受到尊重和维护。中国提出"互联网主权"这一概念之后，美国学者克里斯于 2012 年才撰文提出"网络主权"（Cyberspace Sovereignty），他主张网络空间是一个独立的空间，可以帮助国家领导人确立网络空间的主权意识……互联网是 20 世纪最伟大的发明之一，给人们的生产生活带来巨大变化，对很多领域的创新发展起到很强带动作用。互联网时代，国家主权也从原来的领陆、领空、领海等领域拓展到了网络空间，形成了基于国家主权的"领网权"。"领网权"是国家主权在网络空间的继承和延伸，应当得到国际法的确认和国际社会的认可。（王春晖，2016）

从上面的文章可以看出，"领网权"应该是网络空间的"领土主权"，即领土的网络主权。由于"网络主权 Cyberspace Sovereignty"是原译，我们可以添加"领土的"进行限定，最后形成"领网权 territorial cyberspace sovereignty"，并按照三级词条作首字母小写处理。

3.3.20 "门户网站"的翻译

翻译锚中有"门户网站"的英译和释义。

> 提供某类综合性互联网信息资源并提供有关信息服务的应用系统。广义上的门户网站是指将各种应用系统和互联网资源集成到一个信息平台之上，并以统一的用户界面提供给用户的互联网服务框架。特指某一区域或者某一领域重要的、出入必须经过的网站。（术语在线 2022 年公布的编辑与出版学名词"门户网站"，英译为 portal web）

> 所谓门户网站（Portal Web 或 Directindustry Web），是指提供某类综合性互联网信息资源并提供有关信息服务的应用系统。（百度百科"门户网站"词条）

从英语的翻译可知，"门户网站"采用了双式术语，用两个英语翻译模式指称同一汉语。这种情况在术语翻译中应该尽力避免。

网络使用广泛度差异有助于翻译模式的优化排序。我们在翻译软件中查询 Portal Web 和 Directindustry Web 的回译情况，并同时在网络中查阅这两个英译使用的广泛度，结果显示，Portal Web 的网络使用广泛度和回译精准度要远高于 Directindustry Web，也就是说将"门户网站"翻译为 Portal Web 更为妥切。

3.3.21 "全局数据"的翻译

翻译锚术语在线中有"全局数据"相关词条"全局数据库"的英译 global data base。

翻译锚百度百科没有"全局数据"的词条，但对"全局变量""全局数据库"进行了释义。

> 全局变量（Global variables）是编程术语中的一种，源自于变量之分。变量分为局部与全局，局部变量又可称之为内部变量。由某对象或某个函数所创建的变量通常都是局部变量，只能被内部引用，而无法被其他对象或函数引用。全局变量既可以是某对象函数创建，也可以是在本程序任何地方创建。全局变量是可以被本程序所有对象或函数引用。（百度百科"全局变量"词条）

全局数据库，是指在分布式数据库系统中，在其管理系统控制下，为用户提供一个统一的数据视图和操作接口。通过这个接口，用户可以使用整个系统的数据，而不管数据的具体位置，如同在一个单一的集中数据库操作一样。这个单一集中的数据库即为全局数据库。（百度百科"全局数据库"词条，英译为 global data base）

翻译锚术语在线和百度百科提供的"全局数据库"的英译均为 global data base。"全局数据"的翻译核心在于"全局"。从翻译锚对"全局变量 global variables""全局数据库 global data base"的翻译可以看出，将"全局"翻译为 global 是妥切的，即"全局数据"可以翻译为 global data。为验证该词条的翻译效果，我们在翻译软件中进行回译验证（表 3-68）。

表 3-68 "全局数据"在翻译软件中的英译和回译结果对比

翻译软件	汉语	英译	回译
DeepL 翻译	全局数据	Global Data	全球数据，全球的数据，全球资料，全球性的数据
Google 翻译	全局数据	Global data	全球数据
有道翻译	全局数据	Global data	全局数据
百度翻译	全局数据	Global data	全局数据
		Globe Data	全球数据

表 3-68 中现有"全局数据 globe data"和"全局数据 global data"两个翻译（不考虑软件的大小写的系统设置），回译时，"全局数据 globe data"表示"全球数据"，不妥切，所以，"全局数据 global data"是较为合适的翻译选项。这个结果和我们前面根据"全局变量 global variables""全局数据库 global data base"推导出的翻译结果相一致。继续在网上进行查询，发现该翻译已经得到广泛应用。所以，我们采纳"全局数据 global data"，并认定其为二级词条。

3.3.22 "群体极化"的翻译

翻译锚中有"群体极化"的英译和释义。

群体进行决策时往往会比个人决策时更倾向于冒险或保守，向某一个极端偏斜，从而背离最佳决策的倾向。（术语在线 2016 年公布的管理科学技术名词，英译为 group polarization）

翻译锚百度百科中的释义有"群体极化，亦称'冒险转移'"一句，通过对比网络中的其他检索项，我们发现"群体极化"具有广泛的使用度，而我们收到的大数据名词表中的"群体激化"却鲜有讨论。所以，我们推断，该名词正确的表述可能不是"群体激化"，而应该是"群体极化*Group Polarization"，并认定为专有名词。

综上，"群体激化"即"群体极化"，翻译为"*Group Polarization"。

3.3.23 "扰动补偿方法"的翻译

翻译锚中没有"扰动补偿方法"的释义，但有"补偿控制"的英译和释义。

> 基于不变性原理组成的自动控制称为补偿控制，它实现了系统对全部干扰或部分干扰的补偿。按其结构的不同，补偿控制系统一般有前馈控制系统和大迟延过程系统两种。补偿控制系统广泛应用于工业生产过程、医学、心理学、军事、电机、计算机等领域。（百度百科"补偿控制"词条，英译为 compensating control）

这里的"补偿"作为定语，采用的是 compensating。

这种将"补偿"翻译为 compensating 的翻译方法是否适用于"扰动补偿方法"中的关键词"补偿"翻译？我们在四个翻译软件中比较"扰动补偿方法"的翻译结果：①DeepL 翻译结果为 Disturbance compensation methods；②Google 翻译结果为 Disturbance Compensation Method；③有道翻译结果为 disturbance compensation method；④百度翻译结果为 Disturbance compensation method。

以上翻译结果支持定语"补偿"采用与 compensating 共享词根的 compensation，而且四个翻译软件的处理结果总体是一致的（大小写和单复数不予考虑）。通过进一步网络查询，我们发现国外网页的翻译中名词词性 compensation 比动名词词性 compensating 与 disturbance 搭配概率更大，这与翻译软件的结果也是一致的。

由于本系统对非约定俗成的词条的翻译一般情况下采用单数形式，采用"方法 method"这个单数形式。综上，我们采用"扰动补偿方法#disturbance compensation method"翻译模式，并认定其为二级词条。

3.3.24 "容器技术"的翻译

翻译锚中有"容器技术"的英译和释义。

> 有效地将单个操作系统的资源划分到孤立的组中,以便更好地在孤立的组之间平衡有冲突的资源使用需求,这种技术就是容器技术。最为重要的是,容器技术可以同时将操作系统镜像和应用程序加载到内存当中。还可以从网络磁盘进行加载,因为同时启动几十台镜像不会对网络和存储带来很大负载。之后的镜像创建过程只需要指向通用镜像,大大减少了所需内存。(百度百科"容器技术"词条,英译为 Container)

通过对比翻译锚百度百科的英译和网络中对"容器技术"的使用,我们发现,"技术"一词在百度百科的翻译中是隐性存在的,是一种对应性的隐性存在。因此,在"容器技术"的翻译中,我们首先将 Container 作为专有名词处理。其次,我们通过括号补足"技术"一词,最后形成的翻译模式为"容器技术*Container(technology)"。

3.3.25 "若干意见"的翻译

前面"若干政策 several policies"的"若干"采用的是 several,我们这里保持一致。对于"意见"的翻译,我们有几个选项进行选择,见表 3-69。

表 3-69 "意见"在翻译软件中的英译和回译结果对比

翻译软件	汉语	英译	回译
DeepL 翻译	意见	opinion	意见
		view	观点
		comment	评论
		views	观点
Google 翻译	意见	opinion	意见
有道翻译	意见	opinion	意见
		idea	想法
百度翻译	意见	opinion	意见
		idea	主意
		view	看法
		suggestion	建议

从表 3-69 中可以看出，"意见"翻译成 opinion 具有较好的回译效果，我们拟采用该翻译模式。考虑到"意见"的可数性，我们采用复数形式 opinions。由此，"若干意见"翻译为 several opinions。这种翻译模式与前面讨论的"实施意见 implementation opinions""若干政策 several policies"形成了较好的对应关系。

本系统中含关键词"若干意见"的词条还包括《关于运用大数据加强对市场主体服务和监管的若干意见》Several Opinions on Using Big Data to Strengthen Service and Supervision of Market Entities"《郑州市人民政府关于促进大数据产业发展的若干意见》Several Opinions of Zhengzhou Municipal People's Government on Promoting Big Data Industry Development"《关于推进公共信息资源开放的若干意见》Several Opinions on Promoting Public Information Resources Opening"等。这些词条采取的翻译模式有如下共性：①"若干意见"翻译为 Several Opinions；②Opinions 后接动名词，且使用介词 on 进行引领；③对于"省市"等限定成分，采取系统性原则，通过介词 of 进行引领。当"省市"等限定成分和提出意见的方面同时出现时，则采用 of 和 on，例如 Several Opinions of Zhengzhou Municipal People's Government on Promoting Big Data Industry Development。

综上，"若干意见"翻译为 several opinions 符合系统性原则。

3.3.26 "若干政策"的翻译

"若干政策"在翻译中有一定的规律可循。在我们的系统翻译中，"若干政策"是作为核心成分出现的。这意味着当词串较长时，在汉语中居于最后的核心成分，在英语翻译时则通常以转变为核心成分前置的方式进行处理，这就要求对居于词首位置的"若干政策"的翻译要精准到位。"若干政策"英译和回译结果对比见表 3-70。

表 3-70 "若干政策"在翻译软件中的英译和回译结果对比

翻译软件	汉语	英译	回译
DeepL 翻译	若干政策	Several policies	若干政策，一些政策，几项政策，几种政策
		Some policies	一些政策，有些政策，某些政策，部分政策
Google 翻译	若干政策	Several policies	几项政策
有道翻译	若干政策	Some Policies	一些政策
百度翻译	若干政策	Several policies	若干政策

从表 3-70 中可以看出，翻译软件对"若干"尚未形成英译和回译一致

性的结果。每个翻译软件所侧重的不同，所以产生的翻译结果也不同。下面我们讨论如何选定"若干"的英译。

（1）从经济性原则来说，词条翻译时尽可能采用既经济且表达精准的词语，所以，词串较长的 a number of 不予采用。

（2）selected 通常表示"精选的、选拔的、挑选的"，这个词在英语母语使用中较少和"政策 policy"进行搭配。我们进入英国国家语料库（http://bncweb.lancs.ac.uk/）进行查询，发现 selected policies 没有选项。该搭配不予采用。

（3）several 和 some 的区别在于量的多少。从上面的分析可知，适合"若干"翻译的选项有 several 和 some。前者表示"几个"，后者表示"许多、一些"。在《汉典》中，"若干"的汉语释义为："比两个多但比许多要少的一个不定数目。"也就是说，some 通常在汉语中表示"许多"，与"若干"相比，表达的意义容易"过量"，而 several 用于表示"若干"在量上是比较合适的。

综上，several 无论在词条节约性原则、语义非指向性原则还是指称量适度原则上都适合作为"若干"的翻译项，我们采用"若干政策 several policies"的翻译项。

本系统中含关键词"若干政策"的词条英译统计见表 3-71。

表 3-71　含关键词"若干政策"的词条英译

汉语	英译
《山西省促进大数据发展应用的若干政策》	Several Policies of Shanxi Province on Promoting Big Data Development and Application
《内蒙古自治区促进大数据发展应用的若干政策》	Several Policies of Inner Mongolia Autonomous Region on Promoting Big Data Development and Application
《呼和浩特市促进大数据发展应用若干政策》	Several Policies of Huhhot City on Promoting Big Data Development and Application
《关于加快大数据产业发展应用若干政策的意见》（贵州）	Opinions on Several Policies on Accelerating Development and Application of Big Data Industry（Guizhou）

由表 3-71 中对"若干政策"的翻译可知，该关键词是核心成分，从汉语后置转变为了英语前置，而且均翻译为 several policies，符合系统一致性原则。

3.3.27　"设备安全"的翻译

翻译锚术语在线中有"设备安全"相关词条"设备安全评估"的英译 equipment safety assessment。

翻译锚提供了"安全设备"的英译和释义。

安全设备（Safety equipment）是指企业（单位）在生产经营活动中，将危险、有害因素控制在安全范围内，以及减少、预防和消除危害所配备的装置（设备）和采取的设备。在人类高度城市化的现代，安全设备对于保护人类活动的安全尤为重要。福岛核泄漏事故把安全设备的重要性提高到一个空前的高度。在安全设备的一个微小瑕疵就可能引发一场空前的人类灾难。（百度百科"安全设备"词条）

从英语的释义可以看出，"安全设备"翻译为safety equipment。那么，是否"设备安全"就可以翻译为equipment safety？我们在本系统中进行统计，看词汇的匹配度和词汇使用的系统一致性。从"设备安全"的切词可以看出，该词主要分成两个关键词。"设备"通常鲜有歧义，可以参照翻译锚翻译为equipment，"安全"则有两个选项safety和security。本系统中含关键词"安全"的词条英译统计见表3-72。

表3-72 含关键词"安全"的词条英译

汉语	英译
安全大数据	big data in security
安全规制	security regulation
《信息共享与信息安全国家战略》	*National Strategy for Information Sharing and Safeguarding
《网络安全国家行动计划》	*Cybersecurity National Action Plan
网络安全和信息化	network security and informatization
关键信息基础设施安全保护制度	*Critical Information Infrastructures Protection System
中国共产党中央网络安全和信息化委员会	*（CPC）The Central Cyberspace Affairs Commission
中央国家安全领导小组	*Central Leading Group for National Security Affairs（CLGNSA）
国家互联网金融安全技术专家委员会	*National Committee of Experts on the Internet Financial Security Technology
大数据安全专家委员会	#big data security expert committee
中国网络安全产业联盟	*China Cybersecurity Industry Alliance
网络安全应急技术国家工程实验室	*National Engineering Laboratory of Cybersecurity Emergency Response Technology（NELCERT）
国家信息技术安全研究中心	*National Research Center for Information Technology Security
信息网络安全技术研发中心	*Center for Cybersecurity Research and Development
大数据协同安全技术国家工程实验室	*National Engineering Laboratory for Big Data Collaborative Security Technology
大数据安全访问控制类标准	standard for security access control of big data

续表

汉语	英译
全国信安标委大数据安全标准特别工作组	*Special Working Group-Big Data Security（SWG-BDS）for National Information Security Standardization Technical Committee
网络安全产业	#network security industry
数据安全	#data security
数据安全防御	data security defense
数据安全体系	data security system
信息安全	information security
物理安全	physical security
设备安全	equipment security
系统安全	*System Safety
运算安全	computing security
存储安全	#storage security
传输层安全	*Transport Layer Security（TLS）
产品和服务安全	product and service security
网络安全	internet security
应用安全	application security
战略安全	strategic security
制度安全	system security
技术安全	technology security
个人隐私安全	personal privacy security
安全知识体系	#safety knowledge system
【安全理论】	#security theory
安全系统论	#security system theory
安全博弈论	security game theory
安全控制论	*Safety Cybernetics
哥本哈根学派安全化理论	*Copenhagen School Securitization Theory
威尔士学派安全理论	Welsh school security theory
巴黎学派安全研究理论	Paris school security research theory
【安全模型】	security model
安全博弈模型	security game model
安全防御技术	#security defense technology
信息安全密码技术	#information security and cryptography
网络安全协议	#network security protocol

续表

汉语	英译
网络安全应急响应	network security emergency response
无线局域网安全防护	*security protection of Wireless Local Area Networks（WLAN）
安全防御机制	#security protection mechanism
【安全测评】	security evaluation
数据安全风险评估	data security risk assessment
国际信息安全测评认证体系	*International Information Systems Security Certification
中国信息安全测评认证体系	*China Information Security Certification（System）
【安全管理机制】	security management mechanism
网络信息安全等级保护机制	classified protection mechanism for network information security
大数据安全保障体系	big data security system
【数据安全战略】	data security strategy
《国家网络空间安全战略》	*National Cyberspace Security Strategy
数据资源安全网络	data resources security network
网络安全观	outlook of network security
数据安全治理观	outlook of data security governance
数据安全管理组织	data security management organization
大数据隐私保护安全墙	big data security wall for privacy protection
数据安全新秩序	new order of data security
【数据安全会议】	data security conferences
网络空间安全科学国际会议	*International Conference on Science of Cyber Security
慕尼黑安全政策会议	*Munich Security Conference
国际云计算大数据安全学术会议	*International Conference on Big Data Security on Cloud
中国数据安全峰会	China data security summit
中国密码学与数据安全学术会议	China cryptography and data security conference
《中华人民共和国国家安全法》	*National Security Law of the People's Republic of China
《中华人民共和国网络安全法》	*Cybersecurity Law of the People's Republic of China
《中华人民共和国计算机信息系统安全保护条例》	*Regulations of the People's Republic of China for Safety Protection of Computer Information Systems
《山西省计算机信息系统安全保护条例》	Regulations of Shanxi Province on Computer Information System Safety Protection
《辽宁省计算机信息系统安全管理条例》	Regulations of Liaoning Province on the Management of Computer Information System Safety
《广东省计算机信息系统安全保护条例》	Regulations of Guangdong Province on Computer Information System Safety Protection

续表

汉语	英译
《重庆市计算机信息系统安全保护条例》	Regulations of Chongqing City on Computer Information System Safety Protection
《贵阳市大数据安全管理条例》	Regulations of Guiyang City on the Management of Big Data Security
《宁夏回族自治区计算机信息系统安全保护条例》	Regulations of Ningxia Hui Autonomous Region on Computer Information System Safety Protection
《计算机信息网络国际联网安全保护管理办法》	*Computer Information Network and Internet Security Protection and Management
《信息安全等级保护管理办法》	*Administrative Measures for the Graded Protection of Information Security
《互联网网络安全信息通报实施办法》	*Implementation Method for Interact Network Security Information Circulation
《公共互联网网络安全威胁监测与处置办法》	Measures for Monitoring and Disposing Security Threats to Public Internet Network
《联邦信息安全管理法》	*Federal Information Security Management Act（FISMA）
《最低网络安全标准》	*The Minimum Cyber Security Standard
《关于保护个人民管数据或信息的合理安全举措的规定》	Provisions on Reasonable Security Measures to Protect Individuals' Administration Data or Information
《"美国-欧盟安全港"框架》	*""U.S.-EU Safe Harbor" Framework

对表 3-72 的分析如下。

（1）"安全"通常情况下都翻译为 security，或形成以 security 为词根的翻译项（如"网络安全 cybersecurity""哥本哈根学派安全化理论 *Copenhagen School Securitization Theory"）。这种表达是主流的翻译，凸显了本系统翻译的领域是以信息安全为主的大数据领域，约定俗成的选项多采用"安全 security"模式。

（2）"安全"有时翻译为 safeguarding，例如，"《信息共享与信息安全国家战略》*National Strategy for Information Sharing and Safeguarding"是一个约定俗成的表达，尊重原译。

（3）"安全"隐含处理，不译出。例如，"关键信息基础设施安全保护制度*Critical Information Infrastructures Protection System""中国共产党中央网络安全和信息化委员会*（CPC）The Central Cyberspace Affairs Commission"均是约定俗成的表达，尊重原译。

（4）"安全"翻译为 safety。例如，"系统安全*System Safety""安全知识体系#safety knowledge system""安全控制论*Safety Cybernetics""《中华人民共和国计算机信息系统安全保护条例》*Regulations of the People's

Republic of China for Safety Protection of Computer Information Systems"这4个词条都是在网络中得到广泛使用的表达方式，采纳得到广泛性使用的翻译而不另外开辟新的翻译，符合"奥卡姆剃刀""如无必要，勿增实体"的翻译原则。翻译锚中有"系统安全"的英译和释义。

> 系统安全（System Safety）是指在系统生命周期内应用系统安全工程和系统安全管理方法，辨识系统中的隐患，并采取有效的控制措施使其危险性最小，从而使系统在规定的性能、时间和成本范围内达到最佳的安全程度。系统安全是人们为解决复杂系统的安全性问题而开发、研究出来的安全理论、方法体系，是系统工程与安全工程结合的完美体现。（百度百科"系统安全"词条）

在本系统中，含"系统安全"的词条英译都采用了 System Safety，体现了同场同模式的一致性原则，包括《山西省计算机信息系统安全保护条例》Regulations of Shanxi Province on Computer Information System Safety Protection""《辽宁省计算机信息系统安全管理条例》Regulations of Liaoning Province on the Management of Computer Information System Safety""《广东省计算机信息系统安全保护条例》Regulations of Guangdong Province on Computer Information System Safety Protection""《重庆市计算机信息系统安全保护条例》Regulations of Chongqing City on Computer Information System Safety Protection""《宁夏回族自治区计算机信息系统安全保护条例》Regulations of Ningxia Hui Autonomous Region on Computer Information System Safety Protection"。

（5）其他翻译项。"《'美国-欧盟安全港'框架》*'U.S.-EU Safe Harbor' Framework"中的"安全"是形容词态，翻译为 safe，不同于名词态的 safety 和 security。

综上所述，本系统词条属于大数据信息领域，常规情况下"安全"均翻译为 security 而不采用 safety（约定俗成项除外）。虽然翻译锚百度百科中"安全设备"已经形成了专有词条并翻译为 safety equipment，但这种翻译多适用于工矿企业等安全防护领域，对于大数据领域的"安全"在语用范围上是不匹配的，所以，"设备安全"不能简单地翻译成 equipment safety，翻译为 equipment security 较为妥切。

3.3.28 "身份认证"的翻译

翻译锚中有"身份认证"的英译和释义。

> 通过验证被认证对象的属性来确认被认证对象是否真实有效。被认证对象的属性可以是口令、问题解答或指纹、声音等生理特征。常用的身份认证技术有口令、标记法和生物特征法。(术语在线 2016 年公布的管理科学技术名词"身份认证",英译为 identity authentication)

identity authentication 在翻译软件中得到了较好的回译一致性效果,采用"身份认证*Identity Authentication"专有名词模式。

3.3.29 "实施意见"的翻译

翻译锚中没有"实施意见"的释义。我们需要从翻译软件和本系统专有名词的用词中找寻"实施意见"的选项。本系统中关键词"实施意见"在翻译软件中的英译和回译结果见表 3-73。

表 3-73 "实施意见"在翻译软件中的英译和回译结果对比

翻译软件	汉语	英译	回译
DeepL 翻译	实施意见	Implementing comments	实施意见
		Implementation Opinions	实施意见
		Implementing Opinions	实施意见
Google 翻译	实施意见	Implementation Opinion	实施意见
有道翻译	实施意见	Implementation opinions	实施意见
百度翻译	实施意见	Implementation Opinions	实施意见
		Implementing Opinion	实施意见

表 3-73 中"实施意见"的选项(不考虑大小写)多指向 implementation opinion 和 implementation opinions。如果选择 opinion,采用的是不可数名词的用法,表示的是一种抽象表达。如果采用的是 opinions 可数名词,则表示具体的意见陈述,而且这种陈述往往是数量多、成系统的。

本系统中含关键词"实施意见"的词条英译统计见表 3-74。

表 3-74 含关键词"实施意见"的词条英译

汉语	英译
《关于促进国土资源大数据应用发展的实施意见》	Implementation Opinions on Promoting Application and Development of Land and Resources Big Data

续表

汉语	英译
《农业部关于推进农业农村大数据发展的实施意见》	Implementation Opinions of the Ministry of Agriculture on Promoting Big Data Development in Agriculture and Rural Areas
《石家庄市人民政府关于推进大数据发展的实施意见》	Implementation Opinions of Shijiazhuang Municipal People's Government on Promoting Big Data Development
《上海市大数据发展实施意见》	Implementation Opinions of Shanghai City on Big Data Development
《宁波市人民政府关于推进大数据发展的实施意见》	Implementation Opinions of Ningbo Municipal People's Government on Promoting Big Data Development
《青岛市人民政府关于促进大数据发展的实施意见》	Implementation Opinions of Qingdao Municipal People's Government on Promoting Big Data Development
《广州市人民政府办公厅关于促进大数据发展的实施意见》	Implementation Opinions of the General Office of Guangzhou Municipal People's Government on Promoting Big Data Development
《泸州市人民政府关于加快大数据产业发展的实施意见》	Implementation Opinions of Luzhou Municipal People's Government on Accelerating Big Data Industry Development
《关于加快发展大数据产业的实施意见》（贵阳）	Implementation Opinions on Accelerating Development of Big Data Industry（Guiyang）
《中共贵阳市委 贵阳市人民政府关于加快建成"中国数谷"的实施意见》	Implementation Opinions of Guiyang Municipal Committee of the CPC & Guiyang Municipal People's Government on Accelerating the Construction of "China Data Valley"
《兰州市人民政府关于促进大数据发展的实施意见》	Implementation Opinions of Lanzhou Municipal People's Government on Promoting Big Data Development
《关于促进云计算发展培育大数据产业实施意见》（青海）	Implementation Opinions on Promoting Cloud Computing Development and Cultivating Big Data Industry（Qinghai）

表 3-74 中的"实施意见"采用的是 opinions 的复数形式，较好地体现了系统翻译的一致性原则。我们根据同场同模式原则采用该选项。

综上，"实施意见"翻译为 implementation opinions。

3.3.30 "数创公社"的翻译

"数创公社"即"大数据的创新公社"，关键词为"大数据""创新""公社"。在英语翻译时，顺次翻译为 big data innovation commune。例如，在词条"《济南市数创公社 2020 发展行动计划》"中，"济南市"翻译为 Jinan City，"数创公社"翻译为 big data innovation commune，"发展行动计划"翻译为 development action plan，分别用介词 of、for 引领相关项。最后形成的翻译为"《济南市数创公社 2020 发展行动计划》Development Action Plan of Jinan City for Big Data Innovation Commune 2020"。

3.3.31 "数据采集""数据收集"的翻译

"数据采集"在翻译锚中有释义,是专有名词,其在两个翻译锚中的英译均为 data acquisition。

> 从数据源中选择和收集针对某种特定需要的数据。(术语在线 2018 年公布的计算机科学技术名词"数据采集")
> 数据采集(DAQ),是指从传感器和其他待测设备等模拟和数字被测单元中自动采集非电量或者电量信号,送到上位机中进行分析,处理。数据采集系统是结合基于计算机或者其他专用测试平台的测量软硬件产品来实现灵活的、用户自定义的测量系统。(百度百科"数据采集"词条)

翻译锚百度百科将"数据采集"和"数据收集"做了区分。"数据收集"多译为 data collection。

> 数据收集是指根据系统自身的需求和用户的需要收集相关的数据。(百度百科"数据收集"词条)

从以上的释义可以看出,"数据采集"和"数据收集"是两个不同的术语,采用了不同的翻译模式。这种区分可用于涉及"采集/收集"的其他词条翻译项。

例如,在词条"Scribe 数据(日志)收集系统"的翻译中,"收集"采用的是 collection,整个词条翻译为"Scribe data (log) collection system"。

再例如,在词条"Logstash 日志搜集处理框架"翻译时,需要先进行语义剖析。我们认为"搜集"应该是"搜索和收集"。这样,就形成了"搜索、收集和处理"三个主要的动作,相对应的翻译为"searching, collecting and processing"。所以,词条"Logstash 日志搜集处理框架"应该翻译为"Logstash log searching, collecting and processing framework"。

总之,本系统对"数据采集"和"数据收集"进行区分,前者为专有名词并翻译为 Data Acquisition(DAQ),后者翻译为 data collection。对于常规的非专有名词"数据采集",首字母不需要大写处理,可翻译为 data acquisition。例如,在词条"数据采集方法#data acquisition method""网络数据采集#network data acquisition"等翻译中就采用的非首字母大写的

data acquisition。

但是,对于在网络中得到广泛使用的表达方式,仍需要按照"名从主人、约定俗成"的原则处理。例如,在词条"数据采集能力"的翻译中,"数据采集"就没有采用 data acquisition,而是根据网络使用的广泛性翻译为 data collection,"数据采集能力"翻译为 data collection capability。类似情况还包括"数据采集权"的翻译 data collection rights 等。

语言的描写性和规范性是一个事物的两个方面,难以做到一刀切。我们遵循"尊重原译、尽量一致"的同场同模式原则。

综上,一般情况下,"数据采集"翻译为 data acquisition,"数据收集"翻译为 data collection。不排除约定俗成项采用其他翻译模式的情况。

3.3.32 "数据代工"的翻译

翻译锚中有"数据代工"相关词条"代工"的英译和释义。

> 代工,即代为生产。也就是初始设备制造商(=original equipment manufacturer),或称定牌加工,即 OEM 来生产,而再贴上其他公司的品牌来销售。(百度百科"代工"词条)

翻译软件对 original equipment manufacturer 的回译一致性效果良好,采用此翻译。

综上,"数据代工"翻译为 data OEM(original equipment manufacturer)。

3.3.33 "数据使用权"的翻译

翻译锚中没有"数据使用权"的释义。我们可以进入网络进行搜索。

在翻译软件的翻译结果中,我们发现"数据使用权"的翻译处理略有差异。"数据使用权"英译和回译情况如下:①data access rights(DeepL 翻译),回译结果为"数据访问权";②Right to use data(Google 翻译),回译结果为"数据使用权";③Data use right(有道翻译),回译结果为"数据使用权";④Data usage rights(百度翻译),回译结果为"数据使用权限"。"使用"作为动词时,"数据使用权"可根据语义切分为"数据使用+权",即"使用数据的权利"。我们认为 Right to use data 翻译结果较为妥切,即"数据使用权 Right to use data"。由于本系统"权利 rights"多采用复数形式,而且对于非专有名词多采用首字母小写方式,所以我们认为"数据使用权 rights to use data"是可选的模式。由于该词条是由独立翻译所形成的词条,非约定俗成，所以约定为三级。

"使用"作为名词时，"数据使用权"可根据语义切分为"数据+使用权"。这种切分方法与前面分析的"数据使用+权"的语义切分产生完全不同的翻译结果。首先，翻译锚术语在线和百度百科给出的英译大都是 right of use（不区分单复数），翻译锚百度百科给出了"使用权"的释义。

> 使用权（rights of use）意思是不改变财产的所有权而依法加以利用的权利。通常由所有人行使，但也可依法律、政策或所有人之意愿而转移给他人。如我国国家财产的所有权属于中华人民共和国，而国家机关、国有企业和事业单位根据国家的授权，对其所经营管理的国家财产有使用权。（百度百科"使用权"词条）

因此，"数据使用权"翻译为 data rights of use。该翻译结果在翻译软件中的回译结果均指向"数据使用权"。由于"使用权 rights of use"是翻译锚的既有词条，该词条在添加了"数据 data"之后形成二级词条，并标注"#"。

翻译结果以翻译锚为准。通过上面的分析可知，"数据使用权"并没有独立词条出现，翻译锚中也没有特定约定。如果我们采用三级独立翻译的结果，则为"数据使用权 rights to use data"。如果采用二级标准，则认定翻译为"数据使用权 data rights of use"。我们以翻译锚的翻译为准，所以，最后认定"数据使用权#data rights of use"翻译模式成立。

综上所述，"数据使用权"有两种翻译结果：三级词条的 rights to use data 或二级词条的 data rights of use。从翻译的广泛性视角来看，翻译锚提供的处理结果是较为妥切的。所以，"数据使用权"翻译为 data rights of use 更可行。

3.3.34 "数据搜索"的翻译

翻译锚中没有"数据搜索"的释义，但有相关的词条释义。"数据查找""数据检索""搜索引擎"能在翻译锚中找到释义。

> 数据查找（data search）是根据查询要求从一个计算机文件或数据库中提取所需要的数据的技术，这是数据处理的基本技术之一。如果要查找的数据全部放在计算机内存储器中，这种查找即称为内查找；若要查找的数据不在内存而在外存储器中，这种查

找便称为外查找。(百度百科"数据查找"词条)

数据检索(data retrieval)即把数据库中存储的数据根据用户的需求提取出来。数据检索的结果会生成一个数据表,既可以放回数据库,也可以作为进一步处理的对象。(百度百科"数据检索"词条)

一种帮助用户在因特网上查询信息的系统。它收集和整理因特网上的信息,允许用户基于关键字查询,并对结果排序。(术语在线 2018 年公布的计算机科学技术名词"搜索引擎",英译为 search engine)

所谓搜索引擎(search engine),就是根据用户需求与一定算法,运用特定策略从互联网检索出指定信息反馈给用户的一门检索技术。搜索引擎依托于多种技术,如网络爬虫技术、检索排序技术、网页处理技术、大数据处理技术、自然语言处理技术等,为信息检索用户提供快速、高相关性的信息服务。搜索引擎技术的核心模块一般包括爬虫、索引、检索和排序等,同时可添加其他一系列辅助模块,以为用户创造更好的网络使用环境。(百度百科"搜索引擎"词条)

翻译锚术语用词不一致。从上面的分析可知,"数据检索 data retrieval"的释义与"数据搜索"偏离度较大,而"数据查找""搜索引擎"与其关系较为紧密。

"搜索引擎 search engine"中"搜索"翻译为 search,而在"数据查找 data search"中 search 对应的不是"搜索"而是"查找"。虽然两个汉语词是同义词,但是本着严谨的原则,不可采用类推法根据"搜索引擎 search engine"的"搜索 search"是搭配有效的选项,然后就认定"数据搜索"为 data search,或者根据"数据查找 data search"的释义,仅凭"查找、搜索"的同义词关系就直接采纳"数据搜索 data search"模式。我们需要以网络查询结果或者国内外翻译软件的相关处理结果为理据,以找寻可能具有的区别性特征。"数据搜索"英译和回译结果见表 3-75。

表 3-75 "数据搜索"在翻译软件中的英译和回译结果对比

翻译软件	汉语	英译	回译
DeepL 翻译	数据搜索	Data Search	数据搜索
		Data Searches	数据搜索;数据检索;数据查询;资料搜索
		Data Searching	数据搜索;数据检索;数据查询;搜索数据

续表

翻译软件	汉语	英译	回译
Google 翻译	数据搜索	data search	资料搜寻
有道翻译	数据搜索	Data search	数据搜索；资料检索；数据查询；数据查找
百度翻译	数据搜索	Data search	数据检索；资料查询
		Search for data	数据搜索

从表 3-75 中可以看出，不考虑各软件首字母处理的不同的系统安排，仅从意义来看，data search 和 search for data 两种翻译均一定程度上符合"数据搜索"的匹配要求。

data search 顺序性地表达了"数据搜索"的释义，而 search for data 则强调了"数据搜索"的目的性。在各软件的翻译结果中，只有百度翻译中区别性地对 search for data 和 data search 进行了注音。search for data 翻译为"数据搜索"，而 data search 翻译为"数据检索；资料查询"。这说明在四个翻译软件中，百度翻译均认同 search for data 和 data search 的约定俗成翻译项，并且认为两者存在区别性特征，从翻译的准确性来说，"数据搜索 search for data"具有匹配优先性。所以，我们认为"数据搜索"应该翻译为 search for data，而"数据查找"应该尊重翻译锚结果，翻译为 data search，以此区分两个词条。

综上，"数据搜索"翻译为 search for data。

3.3.35 "数据修改权"的翻译

翻译锚中没有"数据修改权"的释义，但有"修改权"的释义。

> 修改或者授权他人修改作品的权利。（术语在线 2022 年公布的编辑与出版学名词"修改权"，英译为 right of alteration）。
>
> 修改权（The right of revision）是指作者依法所有享有的自己或授权他人修改其创作的作品的权利。修改，通常是对已完成的作品形式进行改变的行为，既包括由于作者思想观点和情感倾向的改变而导致的对作品形式的改变，也包括在思想与情感不变的前提下对纯表现形式的改变，还包括局部的或全部的修改。（百度百科"修改权"词条）

由释义可知，翻译锚百度百科中的"修改权"是对作品等的修改，而不是对数据等的修改。中文的"修改"与英语的"修改"可能对应的并不是同一个词。我们需要在英语中查找"修改"所对应的各种词的语义，以找寻妥切的翻译。

我们分析了 alteration、revision 英语释义"small change that makes someone or something slightly different, or the process of this change"（*LDOCE*）、"the process of changing something in order to improve it by correcting it or including new information or ideas"（*LDOCE*）。"修改 alteration"侧重的是改变，未体现变得更好。"修改 revision"语用领域多为作品的修改润色，与数据的修改使用有区别。另外，我们查找了 revision 的同义词 modify，其释义为"to make small changes to something in order to improve it and make it more suitable or effective"（*LDOCE*）。从释义可知，"修改"的英译 revision、modify 有不同的语用域。

为求证我们的判断，可将"数据修改权"输入四个翻译软件进行翻译，结果如下：①DeepL 翻译结果为 Right to modify data；②Google 翻译结果为 Right to modify data；③有道翻译结果为 Data modification rights；④百度翻译结果为 Data modification right。

翻译软件的翻译结果证明"修改 modify"适用于数据修改。从上述翻译结果可以看出，与 data 搭配使用的是 modify 或 modification，两者的词根是一致的。也就是说，revision 是不能和 data 搭配使用的。"数据修改权"中的"修改权"不能简单借用翻译锚提供的，即不能使用"修改 revision"而应该使用更为妥切的"修改 modify"。上述四个翻译均可能作为我们的翻译结果。对此，我们需对原文回译进行筛选，形成的轨迹为"数据修改权—英语翻译结果—英语翻译回译结果"，由此我们可以根据回译结果与源语的差异性来判断翻译软件的英译和回译效果。具体如下：①DeepL 翻译 Right to modify data 回译结果为"修改数据的权利"；②Google 翻译 Right to modify data 回译结果为"修改数据的权利"；③有道翻译 Data modification rights 回译结果为"数据修改的权利"；④百度翻译 Data modification right 回译结果为"数据修改权"。

通过以上分析可知，翻译锚百度翻译将 modify 处理为名词 modification 具有对应翻译的优势。根据我们系统处理的一致性原则，非专有名词首字母小写，而且"权利 rights"采用复数，所以，最后形成"数据修改权 data modification rights"。

继续进入网络查找，发现"数据修改 data modification"多有使用，但整体词条"数据修改权"鲜有出现。我们将词条"数据修改权 data modification rights"认定为三级词条，不进行标注。

3.3.36 "数据引力"的翻译

翻译锚中没有"数据引力"的释义。我们在翻译软件中查询,看可否找到具有一致性特征的翻译项,结果如表 3-76 所示。

表 3-76 "数据引力"在翻译软件中的英译和回译结果对比

翻译软件	汉语	英译	回译
DeepL 翻译	数据引力	Data Gravity	数据引力;数据重力;数据万有引力;重力数据
		Data gravitation	数据引力
Google 翻译	数据引力	Data gravity	数据引力
有道翻译	数据引力	The data of gravity	重力数据
百度翻译	数据引力	Data gravity	数据重力

表 3-76 中的翻译表明,"重力"和"引力"是两个非常接近的同义词,只有找到 gravity 和 gravitation 的区别性特征,才能确定翻译的最后选项。采用对照翻译方法,将 gravity and gravitation 进行软件回译,结果如表 3-77 所示。

表 3-77 gravity and gravitation 回译结果对比

翻译软件	英译	回译
DeepL 翻译	gravity and gravitation	重力和引力
Google 翻译	gravity and gravitation	重力和引力
有道翻译	gravity and gravitation	重力和万有引力
百度翻译	gravity and gravitation	重力与引力

从表 3-77 中可以看出,对应性翻译时"重力"通常翻译为 gravity,"引力"通常翻译为 gravitation,所以采纳"引力 gravitation"是妥切的。"数据引力"更准确的翻译应该是 data gravitation。

3.3.37 "数据资源"的翻译

翻译锚中有"数据资源"相关词条"数据资源管理"的英译和释义。

早期的数据资源管理采用文件处理方法。在这种方法中,数据根据特定的组织应用程序的处理要求被组织成特定的数据记录文件,只能以特定的方式进行访问。这种方法在为现代企业提供流程管理、组织管理信息时显得过于麻烦，成本过高并且不够灵活。因此出现了数据库管理方法，它可以解决文件处理系统存在的问题。数据资源管理（data resource management）是应用数据库管理、数据仓库等信息系统技术和其他数据管理工具，完成组织数据资源管理任务，满足企业股东信息需求的管理活动。（百度百科"数据资源管理"词条）

从释义中可以看出，"数据资源"翻译为 data resource。我们在翻译软件中进行验证，发现"数据资源"可以翻译为 data resource 或 data resources，而且两种翻译都有较好的回译一致性效果。我们需要统计本系统中"数据资源"英译单复数的使用情况，以确定哪种模式更为合适，统计结果见表 3-78。在对统计结果进行分析时需要注意翻译项的单复数区别项。

表 3-78 含关键词"数据资源"的词条英译

汉语	英译
公共数据资源开放	opening of public data resources
数据资源清单	*Bill of Resource（BOR）for data
北京市政务数据资源网	network of Beijing City for government affairs data resources
浙江省杭州市数据资源管理局	data resources management bureau of Hangzhou City, Zhejiang Province
安徽省合肥市数据资源局	data resources bureau of Hefei City, Anhui Province
政务数据资源	data resources for government affairs
网上审批大数据资源库	big data repository of online examination and approval
数据资源安全网络	data resources security network
《贵阳市政府数据资源管理办法》	Administrative Measures of Guiyang Municipal Government for Data Resources
《上海市政务数据资源共享管理办法》	Administrative Measures of Shanghai City for Government Affairs Data Resources Sharing
《杭州市政务数据资源共享管理暂行办法》	Administrative Interim Measures of Hangzhou City for Government Affairs Data Resources Sharing
《福州市政务数据资源管理暂行办法》	Administrative Interim Measures of Fuzhou City for Government Affairs Data Resources
《武汉市政务数据资源共享管理暂行办法》	Administrative Interim Measures of Wuhan City for Government Affairs Data Resources Sharing
《贵州省政务数据资源管理暂行办法》	Administrative Interim Measures of Guizhou Province for Government Affairs Data Resources

从表 3-78 的统计可以看出，"数据资源"多翻译为 data resources 的复数形式。此外，"数据资源清单*Bill of Resource（BOR）for data"中"资

源清单 Bill of Resource（BOR）"是作为专有名词进行翻译的。另外，在"网上审批大数据资源库"的翻译中，"大数据 big data"与"资源库 repository"作为两个词语进行处理，形成的约定俗成翻译为"网上审批大数据资源库 big data repository of online examination and approval"。

综上，我们采用"数据资源 data resources"翻译模式。

3.3.38 "网络暴力"的翻译

翻译锚中有"网络暴力"的英译和释义。

> 网络技术风险与网下社会风险经由网络行为主体的交互行动而发生交叠，继而可能致使当事人的名誉权、隐私权等人格权益受损的一系列网络失范行为。（术语在线 2022 年公布的行为医学名词"网络暴力"，英译为 cyberbullying）

> 网络暴力，简称网暴，并非一个法律概念，在现有的法律法规和规范性文件、指导性文件中缺乏对网络暴力概念内涵和外延的规定，亦缺乏列举性的规范方式。（百度百科"网络暴力"词条，英译为 Cyber violence）

cyberbullying 的英语释义为"the activity of sending Internet or text messages that threaten or insult someone"（*LDOCE*），符合"网络暴力"的中文释义。

violence 的英语释义为"behaviour that is intended to hurt other people physically"（*LDOCE*），即对其他人进行身体攻击的行为。

从上面分析可知，"网络暴力"翻译为 cyberbullying 是妥切的，本系统将其认定为一级词条。

综上，我们采纳"网络暴力*Cyberbullying"这一翻译模式。

3.3.39 "网络出版"的翻译

翻译锚中有"网络出版"的英译和释义。

> 又称"互联网出版""在线出版"。互联网信息服务提供者将自己或他人创作的作品经过选择和编辑加工登载在互联网上或者通过互联网发送到用户端，供公众浏览、使用或下载的在线传播行为。（术语在线 2022 年公布的编辑与出版学名词"网络出版"，

英译为 internet publishing、online publishing）

互联网出版，也叫网络出版（Online Publishing、e-Publishing、Net Publishing），是伴随着因特网技术的发展而出现的一种新型的电子出版形式，中国政府对从事互联网出版的单位实施许可制度，归口主管单位为新闻出版总署。（百度百科"网络出版"词条）

本系统中涉及"网络出版"的词条为"《网络出版服务管理规定》*Provisions on the Administration of Online Publishing Services"。该词条是约定俗成的文件政策，所以，首字母按照英语规定进行了大写。"网络出版 Online Publishing"的翻译也符合翻译锚模式。但是，我们需要注意，"网络"在系统翻译中对应的并不是 online，只是因为"网络出版"是一个约定俗成的表达。"网络"的对应词需要根据统计结果来确定。本系统中含关键词"网络"的词条英译统计见表 3-79。

表 3-79 含关键词"网络"的词条英译

汉语	英译
网络分析法	#network analysis method
神经网络控制	#neural network control
神经网络	*Neural Networks（NNs）
BP 神经网络	*Back Propagation Neural Network
卷积神经网络	*Convolutional Neural Network（CNN）
循环神经网络	*Recurrent Neural Network（RNN）
网络思维	#internet thinking
网络拓扑	*Network Topology
贝叶斯网络分析	#Bayesian network analysis
网际网络	international network
5G 网络	*5G Network
网络恐怖主义	*Cyberterrorism
对等网络	#peer-to-peer networking
《网络安全国家行动计划》	*Cybersecurity National Action Plan
网络强国战略	*Cyber Power Strategy
网络安全和信息化	network security and informatization
网络空间命运共同体	#community with a shared future in cyberspace
网络基础	#network infrastructure
天地一体化信息网络	*Space-Earth Integration Network

续表

汉语	英译
国家电子政务网络	*National E-Government Network（NEGN）
内容分发网络	*Content Delivery Network（CDN）
网络综合治理体系	network comprehensive governance system
中国共产党中央网络安全和信息化委员会	*（CPC）The Central Cyberspace Affairs Commission
中国网络安全产业联盟	*China Cybersecurity Industry Alliance
网络安全应急技术国家工程实验室	*National Engineering Laboratory of Cybersecurity Emergency Response Technology（NELCERT）
信息网络安全技术研发中心	*Center for Cybersecurity Research and Development
网络数据采集	#network data acquisition
Arachnid 网络爬虫	#Arachnid web crawler
网络存储技术	#network storage technology
网络连接存储	*Network Attached Storage（NAS）
存储区域网络	*Storage Area Network（SAN）
网络化操作技术	#network operating technology
网络经济	#network economy
网络式组织	#network organization
网络信息技术产业	*（Network）Information Technology Industry
网络安全产业	#network security industry
网络化制造	*Networked Manufacturing
网络购物	*Online Shopping
网络货币	#network currency
网络融资	*Network Financing
P2P 网络借贷	#peer-to-peer lending platform
网络证券	*Internet Securities
《网络借贷信息中介机构业务活动管理暂行办法》	Administrative Interim Measures for Business Activities of Internet Borrowing and Lending Information Intermediaries
分布式网络记账系统	distributed network accounting system
网络市场监管	network market supervision
网络交易大数据监管	big data supervision for network transaction
网络教育	#network education
网络空间	#cyberspace
网络社会	#network society
网络组织	network organization
点对点网络	#point-to-point network

续表

汉语	英译
议题网络	#issue network
网络社区	*Virtual Community
网络论坛	*Bulletin Board System（BBS）
网络意见领袖	#network opinion leader
网络去中心化	network decentralization
网络群体传播	*Computer-Mediated Colony Communication（CMCC）
网络公关	*PRonline
网络舆论	network consensus
网络舆情	#network public opinion
网络政治动员	network political mobilization
网络暴力	*Cyberbullying
网络成瘾	#internet addiction disorder
网络内容	network content
网络表演	network performance
网络直播	#live webcast
网络新闻	#network news
网络二次创作	network re-creation
网络小说	*Internet Novel
网络游戏	*Online Game
网络中立	*Network Neutrality
网络人身攻击	network personal attack
网络信息诽谤	*Internet Defamation
网络犯罪	#network crime
电信网络新型犯罪	#new telecommunication and network-related crimes
大数据天眼盯紧网络广告	eyeing on and censoring web advertisement with big data
全球网络空间治理	#global cyberspace governance
网络政治	*Politics on the Net
网络政治学	*Cyberpolitics
网络执政	network governance
网络主权	*Internet Sovereignty
海外网络传播	#overseas network communication
跨政府网络	#trans-government network
跨国倡议网络	#trans-national initiative network

续表

汉语	英译
网络自由主义	network liberalism
网络保守主义	network conservatism
网络攻击	*Cyber Attacks
"网络911"事件	"Cyber September 11 Attacks" Incident（incident of network congestion collapse in the United States on October 21, 2016）
清华教授遭网络诈骗案	Internet fraud victim Tsinghua professor case
网络安全	internet security
网络安全协议	#network security protocol
网络安全应急响应	network security emergency response
网络信息安全等级保护机制	classified protection mechanism for network information security
《国家网络空间安全战略》	*National Cyberspace Security Strategy
数据资源安全网络	data resources security network
网络安全观	outlook of network security
网络空间安全科学国际会议	*International Conference on Science of Cyber Security
首尔网络空间国际会议	*Seoul Conference on Cyberspace
《中华人民共和国网络安全法》	*Cybersecurity Law of the People's Republic of China
《中华人民共和国计算机信息网络国际联网管理暂行规定》	*Provisional Regulations of the Administration of International Networking of Computer Information in the People's Republic of China
《信息网络传播权保护条例》	*Regulations on Protection of the Rights of Communication through Information Network
《新疆维吾尔自治区防范和惩治网络传播虚假信息条例》	Regulations of Xinjiang Uygur Autonomous Region on Preventing and Punishing the Spread of False Information over the Internet
《计算机信息网络国际联网安全保护管理办法》	*Computer Information Network and Internet Security Protection and Management
《互联网网络安全信息通报实施办法》	*Implementation Method for Interact Network Security Information Circulation
《非银行支付机构网络支付业务管理办法》	*Administrative Measures for the Online Payment Business of Non-Banking Payment Institutions
《网络表演经营活动管理办法》	*Measures for the Administration of Cyber Performance Business Operations
《公共互联网网络安全威胁监测与处置办法》	Measures for Monitoring and Disposing Security Threats to Public Internet Network
《最低网络安全标准》	*The Minimum Cyber Security Standard
《信息通信网络利用和信息保护法》	*Act on the Promotion of Information and Communications Network Utilization and Information Protection
《网络治理法》	#Network Governance Act

对"网络"翻译（结合表 3-79）的分析如下。

（1）"网络"通常翻译为 network/networks，并根据词条语义需要进行单复数的选择。这是一种主流翻译模式。

（2）"网络"翻译采用 network 词根，采用变体形式，例如，"对等网络#peer-to-peer networking""网络化制造*Networked Manufacturing"等。

（3）"网络"翻译为 online，例如，"网络购物*Online Shopping""网络公关*PRonline""网络游戏*Online Game"等。

（4）"网络"翻译为 cyber 或者采用 cyber-前缀，例如，"网络恐怖主义*Cyberterrorism""《网络安全国家行动计划》*Cybersecurity National Action Plan""网络空间命运共同体#community with a shared future in cyberspace""中国共产党中央网络安全和信息化委员会*（CPC）The Central Cyberspace Affairs Commission"等。

（5）利用"互联网 internet"指称"网络"，例如，"网络思维#internet thinking""网络证券*Internet Securities""网络成瘾#internet addiction disorder""网络小说*Internet Novel""网络信息诽谤*Internet Defamation"等。

（6）"网络"翻译为 web，例如"Arachnid 网络爬虫#Arachnid web crawler""网络直播#live webcast"等。

（7）采用隐含模式，"网络"不译出，例如"P2P 网络借贷#peer-to-peer lending platform""网络论坛*Bulletin Board System（BBS）""网络群体传播*Computer-Mediated Colony Communication（CMCC）"等。

由上述的统计分析可知，"网络"一般翻译为 network，其他约定俗成的表达也有的使用 internet、online 等翻译模式。为了在本系统中保证词汇歧义的最小化，我们按照常规规范来区分三个英语单词的汉语表达，即"网络 network""互联网 internet""在线 online"。对于已约定俗成的用词，尊重原译，其他涉及这三个用词的翻译，按照此标准进行选词。

3.3.40 "网络证券"的翻译

翻译锚术语在线中有"证券"的英译 security，翻译锚百度百科中有"网络证券"的英译和释义。

> 网络证券（Internet securities）亦称网上证券，是电子商务条件下的证券业务的创新，网上证券服务是证券业以因特网等信息网络为媒介，为客户提供的一种全新商业服务。网上证券包括有偿证券投资资讯（国内外经济信息、政府政策、证券行情）、网上

证券投资顾问、股票网上发行、买卖与推广等多种投资理财服务。（百度百科"网络证券"词条）

从释义中可以看出，该词条是专有名词，采用原译即可，结合本系统名词一般采用复数的原则，采用"网络证券*Internet Securities"的翻译。

3.3.41 "网络政治""网络政治学"的翻译

翻译锚中有"网络政治"的释义，同时提供了"网络民主"的释义，并在后者的解释中给出了"网络政治学"的翻译。

> 政治网络是网络信息技术给政治制度、政府管理、国际关系等领域所带来的新型政治现象、政治载体、政治格局和政治特点的总和。（百度百科"网络政治"词条）
>
> 网络民主（Cyberdemocracy），又称"赛博民主"，也同时呈现在世界政治舞台。网络经济学的产生与发展，也对网络政治学的建立提出了迫切的要求。在这种背景下，研究网络社会政治现象和政治规律的网络政治学（Cyberpolitics）就应运而生，并为传统的政治学提供了一个新的范式。（百度百科"网络民主"词条）

翻译锚百度百科在"词条来源"中将"网络政治"翻译为 Politics on the Net，在行文中则采用英语 Cyberdemocracy，与"网络民主"的翻译一样，根据词义可知，Cyberdemocracy 译为"网络民主"是正确的，译为"网络政治"则有些牵强。翻译锚百度百科将"网络政治"同时翻译为 Politics on the Net 和 Cyberdemocracy 是值得商榷的。我们认为将"网络政治"翻译为 Politics on the Net、将"网络政治学"翻译为 Cyberpolitics 是妥切的。

综上，我们借鉴翻译锚百度百科的翻译，并按照专有名词对待，即"网络政治"翻译为 Politics on the Net，"网络政治学"翻译为 Cyberpolitics。

3.3.42 "系统方法"的翻译

翻译锚中有"系统方法"的释义。

> 利用系统思维把研究对象作为一个系统进行系统研究的方法。包括分析、设计、优化、决策等多种具体方法。（术语在线 2016 年

公布的管理科学技术名词"系统方法",英译为 system method)

系统方法是一种满足整体、统筹全局、把整体与部分辩证地统一起来的科学方法,它将分析和综合有机地结合,并运用数学语言定量地、精确地描述研究对象的运动状态和规律。系统方法是以对系统的基本认识为依据,应用系统科学、系统思维、系统理论、系统工程与系统分析等方法,用以指导人们研究和处理科学技术问题的一种科学方法。(百度百科"系统方法"词条)

我们用翻译软件对"系统方法*system method"进行验证并回译,取得了较好的一致性回译效果。其他语种平行翻译时,可参照该翻译模式进行。

综上,"系统方法"翻译为"*system method"。

3.3.43 "系统科学"的翻译

翻译锚中有"系统科学"的英译和释义。

以系统及其机理为对象,研究系统的类型、行为、一般性质和运动规律的一门学科。(术语在线 2016 年公布的管理科学技术名词"系统科学",英译为 system science)

系统科学是研究系统的结构与功能关系、演化和调控规律的科学,是一门新兴的综合性、交叉性学科。它以不同领域的复杂系统为研究对象,从系统和整体的角度,探讨复杂系统的性质和演化规律,目的是揭示各种系统的共性以及演化过程中所遵循的共同规律,发展优化和调控系统的方法,并进而为系统科学在科学技术、社会、经济、军事、生物等领域的应用提供理论依据。(百度百科"系统科学"词条)

我们用翻译软件对"系统科学*system science"进行验证并回译,取得了较好的一致性回译效果。在本系统中,和"系统科学"紧密相关的还有"系统论",翻译锚提供了"系统论"的英译 Systems theory,我们用翻译软件进行验证并回译,取得了较好的回译一致性效果,根据本系统的一致性原则,采纳 Systems Theory 这一翻译。

综上,我们采用"系统科学*system science"翻译模式。对于"系统论"的英译则采用 Systems Theory。

3.3.44 "用户画像"的翻译

翻译锚中有"用户画像"的英译 Persona 和释义。

> 又称"用户角色"。是一种勾画数字出版产品目标用户特征（如属性、行为等），并将用户诉求与产品设计方向有效结合的工具，形成的用户画像能够代表产品的主要受众和目标群体。（术语在线 2022 年公布的编辑与出版学名词"用户画像"）
>
> 用户画像又称用户角色，作为一种勾画目标用户、联系用户诉求与设计方向的有效工具，用户画像在各领域得到了广泛的应用。我们在实际操作的过程中往往会以最为浅显和贴近生活的话语将用户的属性、行为与期待的数据转化联结起来。作为实际用户的虚拟代表，用户画像所形成的用户角色并不是脱离产品和市场之外所构建出来的，形成的用户角色需要有代表性，能代表产品的主要受众和目标群体。（百度百科"用户画像"词条）

我们在网络中验证专有名词 Persona。将该专有名词进入词典查询，其释义为 "the way you behave when you are with other people or in a particular situation, which gives people a particular idea about your character"（*LDOCE*），符合"画像"的中文释义。

综上，我们将"用户画像"翻译为 "*User Persona"，按照专有名词处理。

3.3.45 "预测性分析"的翻译

翻译锚中有此词条的英译 predictive analysis 和释义。

> 按照特定的原则和程序，运用专门方法进行经营预测的过程。其特征包括依据的客观性、时间的相对性、结论的可检验性、方法的灵活性。预测性分析的方法包括定量分析法和定性分析法。（术语在线 2019 年公布的图书馆·情报与文献学名词"预测性分析"）

翻译锚百度百科"预测性分析"词条下面给出的则是"预测分析"的释义。

翻译锚术语在线将该词条翻译为 predictive analysis，并作为专有名词处理，我们采纳此翻译。

综上，"预测性分析"翻译为"*Predictive Analysis"，按照专有名词处理。

3.3.46 "原始数据"的翻译

翻译锚术语在线和百度百科中有"原始数据"的释义和英译 raw data、original data。

我们采纳"原始数据 raw data"这一翻译，并将该词条级别提升至二级，以提示其他语种翻译遵照此译文进行。

3.3.47 "运算安全"的翻译

翻译锚没有提供"运算安全"的释义。我们需要在翻译软件中查询"运算安全"的英译和回译结果（表 3-80）。

表 3-80　"运算安全"在翻译软件中的英译和回译结果对比

翻译软件	汉语	英译	回译
DeepL 翻译	运算安全	Operational security	运行安全；业务安全；行动安全；运作安全
Google 翻译	运算安全	Computational security	计算安全
有道翻译	运算安全	Operational safety	操作安全
百度翻译	运算安全	Computational security	计算安全性

从表 3-80 中"运算安全"的英译和回译结果可以看出，翻译项不具有一致性。operational security 等翻译结果回译后的结果与"运算安全"的语义相去甚远。

网络搜索可以查询"运算安全"的翻译项。我们进入网络查询"安全 security"的前行搭配，发现 computing 与 security 搭配较为广泛，而且多处出现 cloud computing security 的表达方式。这说明 computing 与 security 的联合使用具有一定的广泛性。在汉语中，"运算"与"计算"虽然语义上有差异，但两者属于同义词，与"操作"的差距相比较，前者更接近一些。

所以，我们认为"运算安全"尚未在英语中形成约定俗成的翻译项，从翻译回译的角度，以及网络使用广泛性来看，将"运算安全"翻译为 computing security 在英语中具有表达的妥切性。

3.3.48 "运作模式"的翻译

翻译锚中有"运作模式"的释义。

运作模式就是反复运行和操作,指一项进行中的工作状态,我们可以分运作和模式来理解。(百度百科"运作模式"词条)

翻译锚没有提供统一的英译。我们在网络搜索时,发现网络提供的翻译为 operation mode。

翻译锚提供了多个与金融平台相关的运作模式的英译和释义。

(众筹)翻译自国外 crowdfunding 一词,即大众筹资或群众筹资,香港译作"群众集资",台湾译作"群众募资"。由发起人、跟投人、平台构成。具有低门槛、多样性、依靠大众力量、注重创意的特征,是指一种向群众募资,以支持发起的个人或组织的行为。一般而言是透过网络上的平台连结起赞助者与提案者。(百度百科"众筹"词条)

天使汇成立于 2011 年 11 月,由现任中国基金业协会天使投资专业委员会秘书长兰宁羽创立,是专注于早期创投服务的天使合投平台。(百度百科"天使汇"词条,英译为 AngelCrunch)

贷帮网是深圳贷帮投资有限公司打造的第三方信贷信息服务平台,通过收集小微企业、个体工商户、农户等借方的借款需求,经专业分析和评级后,推荐给有投资需求的都市白领为主体的贷方,并通过贷帮网站撮合。(百度百科"贷帮网"词条)

追梦网是一个分享创意,推动梦想的 Kickstarter 筹资平台,在这里你可以发起,支持不同的创意梦想项目,也可以浏览他人的梦想故事,参与不定期的线下活动与其他的追梦人进行交流。追梦网的目标是推动国内的科技及文化创新,让有梦想有创意的年轻人都可以创造最想要的自己。(百度百科"追梦网"词条,英译为 DREAMORE)

人人投是国内首家实体店铺私募股权融资平台,于 2014 年 2 月 15 日上线。(百度百科"人人投"词条,英译为 renrentou)

大家投于 2012 年 10 月正式上线,专注于股权众筹融资项目,为创业者和投资人提供高效的众筹服务。从平台性质来看，大家投就像一个供创业公司卖股权的"天猫商城"，天猫上卖东西，大家投上卖股权。（百度百科"大家投"词条）

"贷帮网"翻译锚没有提供英译，我们将其翻译为 Loan Help Network。"大家投"翻译锚也没有提供英语。在翻译"大家投"时，我们考虑到本系统中其他金融平台命名的规范性和翻译的一致性，没有选择将汉语句子形式"大家投"照搬到英语中，而是选择将其翻译为名词形式，使用 all 表示"大家、所有人"，"投资"选择名词 investment，最终翻译为 All Investment。

这样，我们就完成了对多个运作模式的翻译，包括"【众筹平台运作模式】operation mode of crowdfunding platform""贷帮网运作模式 operation mode of Loan Help Network""天使汇运作模式#operation mode of AngelCrunch""大家投运作模式 operation mode of All Investment""追梦网运作模式#operation mode of Dreamore""人人投运作模式#operation mode of Renrentou"。

3.3.49 "整数规划""动态规划""多目标规划""线性规划"的翻译

翻译锚术语在线和百度百科提供了"整数规划""动态规划""多目标规划""线性规划"的释义和英译 integer programming、dynamic programming、multi-objective programming、linear programming。

百度百科在处理这四个词条的释义时，出现了形式上的不一致：首字母大小写不一致，是否有缩略语不一致。这种处理的不一致，影响我们对该类词汇群的等级认定。

通常情况下，如我们先前所述，翻译锚提供了术语缩略形式的，我们一般认定为一级的专有名词，首字母进行大写处理，没有提供缩略形式的认定为二级或三级词条，首字母小写处理。考虑到翻译锚中处理模式的不一致，我们不能将"整数规划""动态规划""多目标规划""线性规划"的英语翻译认定为首字母大写处理的专有名词。认定这四个词条为二级词条，首字母统一小写处理，以实现同场同模式。

综上，我们采纳"整数规划#integer programming""动态规划#dynamic programming""多目标规划#multi-objective programming""线性规划#linear programming"的翻译模式。

3.3.50 "知识推理"的翻译

翻译锚中有"知识推理"的英译和释义。

> 利用已知的知识通过推理得出结论的过程。(术语在线 2018 年公布的计算机科学技术名词"知识推理",英译为 knowledge reasoning)

knowledge reasoning 在翻译软件中回译一致性效果良好,因此,我们采纳"知识推理#knowledge reasoning"翻译模式,因其为术语在线的专有名词,将其认定为二级词条。

3.3.51 "指导意见"的翻译

翻译锚没有该词条的释义,我们需要自行进行翻译。考虑到在本系统中,我们前面已经认定了"若干意见 several opinions""实施意见 implementation opinions"中的"意见 opinions",所以,从系统的一致性原则出发,我们倾向于将"指导意见"翻译为 guiding opinions。

翻译软件对 guiding opinions 回译取得了很好的一致性效果。在四个翻译软件中,英语 guiding opinions 均回译为"指导意见"。而且,在有道翻译的专有名词一栏,形成了 Guiding Opinions 独立词条项,这说明将"指导意见"翻译为 guiding opinions 是妥切的。

由于翻译的系统性,我们不将"指导意见"的英译 guiding opinions 认定为专有名词,首字母仍采取小写处理。但在文件名中,则按照英语大小写规则进行首字母大写处理。

本系统中含关键词"指导意见"的词条英译统计见表 3-81。

表 3-81 含关键词"指导意见"的词条英译

汉语	英译
《关于促进和规范健康医疗大数据应用发展的指导意见》	*Guiding Opinions on Promoting and Regulating the Application and Development of Big Data in Health and Medical Care
《关于推进水利大数据发展的指导意见》	Guiding Opinions on Promoting the Development of Water Conservancy Big Data
《国务院关于积极推进"互联网+"行动的指导意见》	*Guiding Opinions of the State Council on Actively Promoting the "Internet Plus" Action
《国务院关于深化"互联网+先进制造业"发展工业互联网的指导意见》	*Guidelines of the State Council of the People's Republic of China on Deepening the "Internet + Advanced Manufacturing Industry" to Develop the Industrial Internet

续表

汉语	英译
《关于加快发展"大智移云"的指导意见》（河北）	Guiding Opinions on Accelerating the Development of "Great Wisdom Cloud Transfer"（Hebei）
《河南省人民政府关于推进云计算大数据开放合作的指导意见》	Guiding Opinions of Henan Provincial People's Government on Promoting Open Cooperation of Cloud Computing and Big Data
《云南省人民政府办公厅关于重点行业和领域大数据开放开发工作的指导意见》	Guiding Opinions of the General Office of Yunnan Provincial People's Government on Opening and Developing of Big Data in Key Industries and Fields
《关于促进互联网金融健康发展的指导意见》	*Guiding Opinions on Promoting the Healthy Development of Internet Finance
《关于加强非金融企业投资金融机构监管的指导意见》	*Guiding Opinions on Strengthening the Regulation of Investment of Non-Financial Enterprises in Financial Institutions
《电子商务消费者保护指导意见》	*The Guidelines for Consumer Protection in the Context of Electronic Commerce

表 3-81 中统计的本系统的"指导意见"的翻译主要有如下几个特点。

（1）"指导意见"主流翻译为 guiding opinions，部分词条约定俗成翻译为 guidelines，例如"《国务院关于深化'互联网+先进制造业'发展工业互联网的指导意见》*Guidelines of the State Council of the People's Republic of China on Deepening the 'Internet + Advanced Manufacturing Industry' to Develop the Industrial Internet""《电子商务消费者保护指导意见》*The Guidelines for Consumer Protection in the Context of Electronic Commerce"。

（2）"指导意见 guiding opinions"后接动名词，且通过 on 进行引领，例如"《云南省人民政府办公厅关于重点行业和领域大数据开放开发工作的指导意见》Guiding Opinions of the General Office of Yunnan Provincial People's Government on Opening and Developing of Big Data in Key Industries and Fields"。

（3）"指导意见 Guiding Opinions"有"省市"等限定成分时被后置，且通过 of 引领，如后接动名词，则再添加 on 引领，并形成"Guiding Opinions of ... Province/City... on doing ..."翻译模式，例如"《河南省人民政府关于推进云计算大数据开放合作的指导意见》Guiding Opinions of Henan Provincial People's Government on Promoting Open Cooperation of Cloud Computing and Big Data"。

综上，"指导意见 guiding opinions"是有效的翻译模式。

3.3.52 "智能商务"的翻译

翻译锚中有"智能商务系统""智能化商务管理"的释义。

> 智能商务系统是电脑互联网 WEB 网站、移动手机网站 WAP 及移动 WAP 短信群发三合一系统,使用同一域名进步访问。在网站统一管理后台可以自定义公司 WEB、WAP 形象网站(主页、首页页面模板样式选择及自定义),添加编写企业相关资料(例如公司简介、产品展示等),简单易操作,二者只用一个后台统一管理,信息发布同步。(百度百科"智能商务系统"词条)
>
> IBM 是 Intelligent Business Management(智能化商务管理)的简称,IBM 课程引用世界先进的职业教育课程理念,通过职业化与信息化、全球化的完美结合,致力培养复合型、高素质的管理人才。(百度百科"智能化商务管理"词条)

从上面的释义可以看出,"智能商务系统"和"智能化商务管理"有语义相吻合之处。翻译锚对前者没有提供翻译,后者中"智能化商务"翻译为 intelligent business。汉语中的"智能商务"和"智能化商务"所指相同,所以我们借鉴百度百科 intelligent business 这一关键词翻译模式。

本系统中"智能……"的翻译体现了系统性,例如"智能计算#intelligent computing""【智能场景】#intelligent scene""智能农业#intelligent agriculture""智能物流#intelligent logistics""智能商务#intelligent business""智能教育#intelligent education""智能政务#intelligent government affairs"。所以,"智能"翻译为 intelligent。

对于已经约定俗成的专有名词,仍以原译为主。翻译锚百度百科中有些含有"智能"关键词的词条翻译是约定俗成的,如"智能医疗""智能金融""人工智能驱动下的智能经济"等的翻译。

> 智能医疗(Smart Healthcare)是通过打造健康档案区域医疗信息平台,利用最先进的物联网技术,实现患者与医务人员、医疗机构、医疗设备之间的互动,逐步达到信息化。(百度百科"智能医疗"词条,"智能"翻译为 smart)
>
> 智能金融(AiFinance)即人工智能与金融的全面融合,以人工智能、大数据、云计算、区块链等高新科技为核心要素,全面

赋能金融机构，提升金融机构的服务效率，拓展金融服务的广度和深度，使得全社会都能获得平等、高效、专业的金融服务，实现金融服务的智能化、个性化、定制化。（百度百科"智能金融"词条，"智能"借助 Ai-实现了翻译）

人工智能驱动下的智能经济（Smart Economy）将在三个层面带来重大的变革和影响。首先是人机交互方式的变革；其次，智能经济也会给 IT 的基础设施层面带来巨大的改变；最后，智能经济会催生很多新的业态。交通、医疗、城市安全、教育等等，各个行业正在快速地实现智能化。（百度百科"人工智能驱动下的智能经济"词条，"智能"翻译为 smart）

在这三个释义中的"智能"没有翻译为 intelligent，而是采用了不同的翻译模式。对于约定俗成项，我们尊重原译，并按照专有名词认定为一级词条，以区别于主流翻译模式 intelligent 的使用。

综上，我们采纳"智能商务#intelligent business"的翻译模式。

3.3.53 "专项政策"的翻译

"专项政策"在翻译软件中具有翻译的一致性。翻译软件的英译和回译结果见表 3-82。

表 3-82 "专项政策"在翻译软件中的英译和回译结果对比

翻译软件	汉语	英译	回译
DeepL 翻译	专项政策	special policy	特别政策；特殊政策
		specific policies	具体政策；特定政策；特殊政策；具体的政策
		Specialised policies	专门政策；专业政策；特殊政策；专项政策
Google 翻译	专项政策	Special policy	特别政策
有道翻译	专项政策	The special policy	特殊的政策
百度翻译	专项政策	Special policies	特殊政策；特种保险

从表 3-82 中可见，忽略单复数，"专项政策"主要翻译为 specific policy 或 special policy。如果我们能够区分 specific 和 special 的语义区别，则能够判定这两个词哪个更合适。specific 的英语释义为"a specific thing, person, or group is one particular thing, person, or group"（LDOCE），指特定的事

物、人物或群体；special 的英语释义为"not ordinary or usual, but different in some way and often better or more important"（LDOCE），指不平常、不一样，但在某些方面有所不同，通常更好或更重要。specific 更多地指称"特定"，而 special 除了具有"不同于平常"之外，还有"更好或更重要"之意。这说明，后者蕴含了改良和进步的意义。在汉语的使用中，"专项政策"通常是对"普通政策"的补充或改良，将原来"普通政策"没有考虑到或没有重点突出的部分，单独出台新的"专项"计划，拨付新的"专项"资金，这种对原政策进行补充改良的意义可在"专项计划""专项资金"的释义中得到体现。

> 专项计划（Special plan）是人们为完成某种特定的任务而制定的行为规划。专项计划和普通计划有所不同，具有较强的目的性、专业性和针对性，常由专业人士来完成，常常是业务主管，行政工作人员或者是科研学者主持制定。（百度百科"专项计划"词条）
>
> 所谓专项资金，是国家或有关部门或上级部门下拨行政事业单位具有专门指定用途或特殊用途的资金。这种资金都会要求进行单独核算，专款专用，不能挪作他用。并需要单独报账结算的资金。在当前各种制度和规定中，专项资金有着不同的名称，如专项支出、项目支出、专款等，并且在包括的具体内容上也有一定的差别。但从总体看，其含义又是基本一致的。（百度百科"专项资金"词条）

上面的"专项计划"和"专项资金"均表明了"专项"是对原计划和原拨付资金的更专业的安排。这种寓意与我们前面对"专项"的分析是一致的，也就是说"专项"更倾向于"不同平常且呈现改良状态"的 special。而且，翻译锚百度百科中"专项计划"已经明确翻译为 special plan。这为我们遵循同场同模式原则，将"专项政策"翻译为 special policy 提供了借鉴。这些特点是 specific 所不具有的。

综上，无论从语义内涵角度来说，还是从翻译锚借鉴角度来说，"专项政策 special policy"翻译模式都是可行的。在《成都市促进大数据产业发展专项政策》"的词条翻译中，考虑到"政策"通常不是单一的，我们采用复数形式，最后形成 Special Policies of Chengdu City for Promoting Big Data Industry Development。

3.3.54 "综合平衡法"的翻译

翻译锚中没有该词条的英译但有该词条的释义。

> 综合平衡法是从国民经济总体出发，按照统筹兼顾，适当安排的方针，从数量上协调社会再生产各环节、国民经济各部门和各地区的联系，以实现国民经济按比例发展的一种方法。在国民经济计划方法体系中，综合平衡法是基本的方法。（百度百科"综合平衡法"词条）

"平衡法"在翻译锚中有释义和英译。

> 平衡法（Balance Method）是指在同一时期内，设立一个与受险货币币种相同、数量相同、方向相反的交易，以避免外汇风险的方法。但是很难做到币种相同或相关、金额相等。因此对于中小进出口企业很难适用。（百度百科"平衡法"词条）

"平衡法 Balance Method"是翻译锚认定的词条，多适用于外汇领域。

在不同领域该词条有不同的翻译。通过对"综合平衡法"的网上搜索，我们发现其他网站存在该词条的英语翻译，例如 comprehensive equilibrium method（汽车工程领域）、integrated balance method（土木建筑工程领域）。信息领域尚未形成固有词条。

综合各信息后可以认定"综合平衡法"的翻译模式。通过翻译锚对"平衡法 Balance Method"的翻译可知，该词条是得到广泛使用的词条，应该在"综合平衡法"的翻译中起到关键作用。这样，就形成"综合+平衡法"的中文结构。在"平衡法 Balance Method"中英文首字母的大小写处理方面，我们认为其在"综合平衡法"的处理中不作为专有名词存在，即首字母按照常规小写处理。我们采用"综合 comprehensive"与"平衡法 balance method"，最后形成"综合平衡法 comprehensive balance method"，并认定为三级词条。本系统中 "方法"的翻译，除专有名词或约定俗成的现有术语外，均翻译为 method，以保持系统性。本系统中含关键词"方法"的词条英译统计见表 3-83。

表 3-83 含关键词"方法"的词条英译

汉语	英译	汉语	英译
系统方法	#system method	智能控制方法	#intelligent control method
最优化方法	#optimization method	优化方法	optimal method
模型化方法	modeling method	黑箱方法	#black box method
反馈控制方法	#feedback control method	【数据采集方法】	#data acquisition method
扰动补偿方法	#disturbance compensation method	软系统方法论	*Soft Systems Methodology
人工智能方法	#artificial intelligence method	《计算机方法的简明调查》	*Concise Survey of Computer Methods

从表 3-83 中可以看出，本系统中"方法 method"是翻译主流。"方法论 methodology"已经词汇化，不在"方法 method"翻译之列。专有名词"《计算机方法的简明调查》"是书名的直接借用，作者采用的是 methods 复数形式。"方法 method"在翻译系统性方面处理得比较好。此处只讨论作为"方法"意义的"法"，"法（法律）"的讨论见前面的分析。本系统中含关键词"法（方法）"的词条英译统计见表 3-84。

表 3-84 含关键词"法（方法）"的词条英译

汉语	英译	汉语	英译
网络分析法	#network analysis method	最大似然法	*Maximum Likelihood Estimate（MLE）
系统预测法	#system prediction method	最小二乘法	*Least Squares
时域分析法	#time-domain analysis	KNN 法	*K-Nearest Neighbor（Algorithm）
频域分析法	#frequency domain analysis	加权平均法	#weighted averages method
牛顿法	#Newton's method	理想模型法	ideal model method
梯度下降法	#gradient descent method	归纳法	inductive method
矩估计法	#estimation by the method of moment	演绎法	deductive method
顺序统计量法	#order statistic method	三段论法	syllogism

"法（方法）"的英译（结合表 3-84）有如下几种情况。

（1）method 翻译，此种翻译符合我们的系统规定，是主流翻译。

（2）已词汇化的翻译，例如"三段论法 syllogism"形式上未体现"方法 method"。

（3）语义吸收的隐含式翻译。例如，"时域分析法#time-domain analysis""频域分析法#frequency domain analysis"已经在网络世界形成了既有的表达方式，形式化的"方法 method"已被吸收在词条中。

（4）专有名词的特殊表达需要。例如，"最小二乘法*Least Squares""最大似然法*Maximum Likelihood Estimate（MLE）"都是翻译锚中的专有名词，我们尊重原译。

（5）"算法"的缩略，也就是说这里的"法"实际上是"算法"，而不是"方法"。例如"KNN 法*K-Nearest Neighbor（Algorithm）"是专有名词。缩略的"算法 algorithm"通过括号形式添加，以限定语义域并避免出现误译。

综上，通过以上分析，我们认为"综合平衡法"翻译为 comprehensive balance method。

3.3.55 "综合治税"的翻译

"综合治税"在英语中有两种翻译：①carry out comprehensive tax administration；②carry out comprehensive tax control。

这两个翻译核心的不同在于 administration 和 control，前者表示"管理"，后者表示"控制"。从语义分析可以看出，如果"治税"是"控"，选择 control 较好；如果是"管理"，选择 administration 较好。

我们认为："综合治税"核心部分不是控税，而应该是进行税务管理，补交税款等，更倾向于"管理"。所以，我们认为采用 administration 更妥切。例如，在词条《关于运用大数据开展综合治税工作实施方案》（宁夏）"的翻译中，Implementation Program for Carrying Out Comprehensive Tax Administration by Using Big Data（Ningxia）是可行的。

3.4 汉英翻译中多名词类研究

本节主要对疑难词条或需要解释的多名词类词条进行阐释。本书的多语种翻译涉及 2516 个大数据领域名词。其中，相当比例的名词属于多个翻译项集合形成的多名词类。所以，对这部分名词的深入研究是大数据名词翻译的核心。

为体现整体翻译的系统性原则，我们将大数据名词多个翻译项进行系统性分析，并进行多元对照，最后根据统计结果确定最优的名词翻译项。翻译项分析顺序按照音序顺序进行，通常以首字母或首词音序排列，字母在前。

3.4.1 "5G 规模组网"的翻译

在对"5G 规模组网"词条的网络搜索中，我们发现："组网"通常和

"建设"搭配。考虑到"5G 规模组网"虽然没有给出"建设"的字面意义，但是语义里蕴含了"建设"的深层意义。所以，我们通过括号补足的形式限定语域，并补充英语中的搭配项，最后翻译为"5G 规模组网 5G scale networking（construction）"。

3.4.2 "安全保护条例"的翻译

语义切分是该词条正确翻译的关键。根据同场同模式原则，我们需要在本系统中统计分析"安全保护条例"关键词翻译项的搭配和限定情况，并以此类推该词条的翻译模式，即需要确定采用词汇一体化的"安全保护条例"模式还是采用"安全保护＋条例"模式。

我们以"安全保护"为关键词进行统计，统计结果中主要出现了"安全保护制度""安全保护管理办法""安全保护条例"三个关键词。

（1）在"关键信息基础设施安全保护制度*Critical Information Infrastructures Protection System"中，虽然出现了"安全保护制度"，但是该约定俗成的表达却隐去了"安全"，只出现了 Protection System 的翻译结果，即认同的是"安全保护制度 Protection System"这一模式。对于约定俗成的词条，我们需要尊重原译，但是在自行翻译时，最好的翻译原则不是隐含处理关键词，该词条翻译不符合我们的借鉴原则，不采用该模式。

（2）在"《计算机信息网络国际联网安全保护管理办法》*Computer Information Network and Internet Security Protection and Management"中，"安全保护管理办法 Security Protection and Management"是匹配的翻译模式，也隐去了"办法"这一关键词的翻译。我们分析，译者大概是在翻译英语原文时，为了中国读者理解的便利，添加了成分"办法"。在回译到英语时，只能尊重原译，把添加的成分去除，导致了源语和目标语翻译的不对应性。所以，隐去关键词的翻译模式也不是我们采用的模式。

（3）除了上面出现的"安全保护制度""安全保护管理办法"的两种翻译情况外，本系统中涉及"安全保护条例"的翻译项，具体包括"《山西省计算机信息系统安全保护条例》Regulations of Shanxi Province on Computer Information System Safety Protection""《广东省计算机信息系统安全保护条例》Regulations of Guangdong Province on Computer Information System Safety Protection""《重庆市计算机信息系统安全保护条例》Regulations of Chongqing City on Computer Information System Safety Protection""《宁夏回族自治区计算机信息系统安全保护条例》Regulations of Ningxia Hui Autonomous Region on Computer Information System Safety Protection""《中

华人民共和国计算机信息系统安全保护条例》*Regulations of the People's Republic of China for Safety Protection of Computer Information Systems"。从这些词条的翻译可以看出,"安全保护"与"条例"的语义结合并不是紧密不可分的,即"条例"是翻译中最小的核心成分,"安全保护"通常不随最小核心成分前置。也就是说,本系统中更多地采用"安全保护+条例"模式,对"条例"进行前置词首处理。

"条例"翻译为 regulations 既是约定俗成词条的借鉴,也是网络使用广泛性的查询结果。前面我们曾对专有名词项进行过选词分析。"《中华人民共和国政府信息公开条例》"是专有名词,有其固定的翻译"*Regulations of the People's Republic of China on Open Government Information"。其中,中心语 regulations 前置,其后续介词 on 引领"政府信息公开 Open Government Information"。其翻译模式采用的是 regulations of ... Province/City on ...模式。类似模式的使用还包括"《陕西省公共信用信息条例》Regulations of Shaanxi Province on Public Credit Information"。

综上,本系统中以"安全保护条例"为关键词的主流翻译模式是 Regulations of ... Safety Protection,例如,"《山西省计算机信息系统安全保护条例》Regulations of Shanxi Province on Computer Information System Safety Protection"。

3.4.3 "北京市公共服务一卡通平台"的翻译

该词条翻译需要查询网络的使用情况,而不能单纯依靠翻译软件进行翻译,以避免出现词不达意的情况。

北京市质量技术监督局提供了该词条的关键词翻译。在网络搜索中,我们发现北京市质量技术监督局发布了一个质量标准,其中提到该词条的中英文翻译情况:"北京市社会服务一卡通(北京通)Beijing City Social Services Card(Beijing card)。"在北京市质量技术监督局的关键词翻译项基础上,我们可以对该词条进行最后的翻译确认。

"北京市社会服务一卡通"和"北京市公共服务一卡通平台"中有两个地方不一致:①"社会""公共"不一致;②"平台"的有无。

在汉语的陈述中,我们认为汉语词条的编写者更注重的是对"北京通"的采用,对"社会"和"公共"的区别性特征并没有特别强调,即这两个词在词条中更可能是具有相同语义颗粒度的。"北京市社会服务一卡通"和"北京市公共服务一卡通"可以采用同一种英语翻译。对于"平台"缺失的词条,添加 platform 这一确定项即可,没有歧义产生。

综上，我们认为"北京市公共服务一卡通平台"应该属于约定俗成的专有名词，采纳"北京市公共服务一卡通平台*Beijing City Social Services Card（Beijing Card）Platform"的翻译模式。

3.4.4 "标准化技术委员会"的翻译

专有名词的翻译对后续翻译有指导作用。翻译锚提供了"全国信息技术标准化技术委员会"和"全国信息安全标准化技术委员会"的英译和释义。

全国信息技术标准化技术委员会（以下简称"信标委"），原全国计算机与信息处理标准化技术委员会，成立于1983年，是在国家标准化管理委员会和工业和信息化部的共同领导下，从事全国信息技术领域标准化工作的技术组织。（百度百科"全国信息技术标准化技术委员会"词条，英译为 China National Information Technology Standardization Network）

经国家标准化管理委员会批准，全国信息安全标准化技术委员会（简称信息安全标委会，TC260）于2002年4月15日在北京正式成立。委员会是在信息安全技术专业领域内，从事信息安全标准化工作的技术工作组织。（百度百科"全国信息安全标准化技术委员会"词条，英译为 National Information Security Standardization Technical Committee）

"标准化技术委员会"在这两个词条中翻译并不一致，分别为 standardization network 和 standardization technical committee。此外，我们在网络搜索中发现了第三种翻译模式 technical committee for standardization。

第三种翻译模式源于"全国标准化技术委员会 national technical committee for standardization"在网络中的广泛应用。在网页 http://dict.youdao.com/中，我们发现"全国标准化技术委员会"具有专有名词的独立地位。这说明 technical committee for standardization 翻译模式是符合认知的。

对比"标准化技术委员会"的三种翻译模式 standardization network、standardization technical committee 和 technical committee for standardization 可以看出，第一种没有把汉语的关键词翻译出来，是不妥切的；后两种翻译核心是一致的，第二种是关键词后置，第三种是关键词前置，这两种翻译模式哪个更适合，在具体翻译中需要根据词条特征进行综合考虑。本系统中"贵州省大数据标准化技术委员会"的翻译需要考虑两个问题：①"贵州省"是前置，还是 of 引领后置？②词条结构是"大数据 + 标准化技术委员会"还是"大数据标准化 + 技术委员会"？

根据系统性原则，"省市"在本系统中一般是采用 of 引领后置的，而且，从语言的对称角度来说，"大数据标准化 + 技术委员会"要比"大数据 + 标准化技术委员会"妥切。也就是说，我们倾向于将"技术委员会 technical committee"作为核心成分将其进行位置提前的处理。

综上，"贵州省大数据标准化技术委员会"的语义切分应该是"贵州省 + 大数据标准化 + 技术委员会"，翻译为 technical committee of Guizhou Province for big data standardization 是妥切的。

3.4.5 "超数据时代"的翻译

翻译锚中没有"超数据时代"的释义。我们需要根据词条的关键词选项分别进行翻译。其中，最为核心的翻译是"时代"。

"时代 age"得到系统性确认。在本系统中，根据专有名词用词情况，以及选词范围，我们认定 age 比 era 更适合作为本系统"时代"的关键词翻译。本系统中含关键词"时代"的词条英译统计见表 3-85。

表 3-85 含关键词"时代"的词条英译

汉语	英译
DT 时代	*Data Technology Age
《人人时代》	*Here Comes Everybody
云脑时代	#cloud brain age
《算法时代》	*The Formula
《数字经济：智力互联时代的希望与风险》	*The Digital Economy: Promise and Peril in the Age of Networked Intelligence
《大数据时代——生活、工作与思维的大变革》	*Big Data: A Revolution That Will Transform How We Live, Work and Think
数字货币时代	digital currency age
《大数据时代》	*The Age of Big Data
【人脑时代】	human brain age
【电脑时代】	computer age

"时代"的翻译（结合表 3-85）具有如下特征。

（1）"时代"大多数翻译为 age，而没有使用 era，这与我们的先期认定是一致的。

（2）纪录片或书名中，age 翻译为"时代"，例如"《数字经济：智力互联时代的希望与风险》*The Digital Economy: Promise and Peril in the Age of Networked Intelligence*""《大数据时代》*The Age of Big Data*"等。

（3）不直接翻译，隐含意义。"《人人时代》*Here Comes Everybody*""《算法时代》*The Formula*""《大数据时代——生活、工作与思维的大变革》*Big Data: A Revolution That Will Transform How We Live, Work and Think*"这三本英文原著，中文名称是翻译而来的，"时代"在中文中是作为意义补足成分出现的，原文并没有出现"时代"字样。书名翻译时为了表达准确，中文填补了"时代"这两个字。

"时代"确定翻译为 age 之后，下面需要翻译"超数据"。

英语中"超"的意义表达需要综合考虑。英语中的前缀 hyper-和单词 super 均可用于表示"超"的意义，即 hyperdata 和 super data 都可以接受。为了细致性对照两者的差异，我们将两个英语表达对应性放到一起形成 hyperdata and super data，然后回到翻译软件中进行回译，以此确定最为准确的表达，回译结果见表 3-86。

表 3-86 hyperdata and super data 回译结果对比

翻译软件	"超数据"英译组合	回译
DeepL 翻译	hyperdata and super data	超数据和超级数据
Google 翻译	hyperdata and super data	超数据和超级数据
有道翻译	hyperdata and super data	超数据和超级数据
百度翻译	hyperdata and super data	超数据和超数据

从表 3-86 中的对应性翻译可以看出，hyperdata 多翻译为"超数据"，super data 多翻译为"超级数据"。所以，"超数据"翻译为 hyperdata 是更为妥切的处理结果。

综上，"超数据时代"可以翻译为 hyperdata age。为保证后续其他语种翻译的一致性，我们将该词条的级别提升为二级。

3.4.6 "传统金融业务电子化"的翻译

翻译锚提供了"传统金融"的英译和释义。

> 传统金融（the traditional financial），主要是指只具备存款、贷款和结算三大传统业务的金融活动。广义的寿命周期成本还包

括消费者购买后发生的使用成本、废弃成本等。简单来说,金融就是资金的融通。(百度百科"传统金融"词条)

对于"业务"的翻译,部分采用的是隐含模式,即名词"业务"是隐含不译的。例如《电子银行业务管理办法》*The Measures Governing Electronic Bank"中,"业务"没有出现在英语的翻译中。但是,对于主流的翻译,"业务"仍采用business。

"传统金融业务电子化"中涉及的关键词,已经完成了"传统金融""业务"的翻译,"电子化"则可以翻译为electronization。

综上,"传统金融业务电子化"形成的翻译为electronization of traditional financial business。

3.4.7 "大数据产业联盟"的翻译

翻译组合项在译前需要进行核心成分划定并确定表达的顺序性。

前面已界定了"产业industry"和"联盟alliance"的翻译模式,而"大数据big data"是没有歧义的翻译项,所以,如果顺序直译的话,"大数据产业联盟"的翻译是big data industry/industrial alliance。其中,industry/industrial采用的是"产业"同词根的名词或形容词作为附属修饰成分的。

如果不采用顺序直译的方法,而采用中心语前置的方法,"大数据产业联盟"的翻译则是industry/industrial alliance for/of big data。由此可以看出,如果需要进行翻译的一致性限定,确定表达的顺序性是第一位的,即需要先行确定是采用核心成分后置的顺序直译的方法,还是核心成分前置的非顺序直译方法。

根据我们系统翻译的原则,对于本系统中约定俗成的翻译项,我们采用"名从主人"的原则,尊重原译。如果本翻译系统中大量的约定俗成翻译指向性明显,均指向某一特定翻译,根据"奥卡姆剃刀"原则,我们如无必要,不能增加新的实体,而应该尽量向同一翻译模式靠近,形成一致性的系统翻译。所以,根据统计概率来最终确定翻译项,是一种较为有效的方法。

本系统中含关键词"大数据产业联盟"的词条英译统计见表3-87。

表3-87 含关键词"大数据产业联盟"的词条英译

汉语	英译
中关村大数据产业联盟	*Zhongguancun Big Data Industry Alliance
石家庄大数据产业联盟	big data industry alliance of Shijiazhuang
东北大数据产业联盟	*DongBei Big Data Industry Alliance

续表

汉语	英译
黑龙江省大数据产业联盟	*Heilongjiang Big Data Industrial Alliance
苏州大数据产业联盟	*Big Data Industrial Alliance of Suzhou
安徽省大数据产业联盟	big data industry alliance of Anhui Province
河南云计算大数据产业联盟	cloud computing and big data industry alliance of Henan Province
贵州大数据产业联盟	big data industry alliance of Guizhou
昆明大数据产业联盟	big data industry alliance of Kunming
中国光谷大数据产业联盟	big data industry alliance of China Optics Valley
陕西省大数据产业联盟	big data industry alliance of Shaanxi Province

对表 3-87 的系统翻译统计分析如下。

（1）"大数据产业联盟"采用的是核心成分后置的顺次性直译模式，而没有采用核心成分前置的翻译方法。

（2）"产业"的翻译多采用名词 industry 作为附属修饰成分，但也不排斥使用形容词 industrial 作为 alliance 的修饰成分，例如"黑龙江省大数据产业联盟*Heilongjiang Big Data Industrial Alliance""苏州大数据产业联盟*Big Data Industrial Alliance of Suzhou"。

（3）"大数据产业联盟"前置的修饰成分出现时，例如，添加了"黑龙江省、苏州、陕西省、贵州"等限定成分时，会有两种处理方法：一种是将限定成分直接添加在"大数据产业联盟"前，形成"*Zhongguancun Big Data Industry Alliance""*DongBei Big Data Industry Alliance""*Heilongjiang Big Data Industrial Alliance"等翻译模式。这种处理方法强调的是翻译的顺次性。另一种是将限定成分后置，并通过引导词 of 进行引领，其目的是突出核心成分"大数据产业联盟"，例如"big data industry alliance of Shijiazhuang""*Big Data Industrial Alliance of Suzhou""big data industry alliance of Shaanxi Province"等。

两种翻译模式均符合翻译要求，但限定成分后置更符合英语表达方式。从"大数据产业联盟"限定成分"……（省）"的处理可以看出，无论前置还是后置都是可以准确表达语义的。从汉语和英语的表达习惯来说，汉语倾向于限定成分在前核心成分在后，英语则相反。所以，本翻译系统约定，除了已经约定俗成的翻译项，其他都遵循英语翻译模式，一般将限定成分后置。例如，"《安徽省'十三五'软件和大数据产业发展规划》Development Planning of Anhui Province for '13th Five-Year' Software and Big Data

Industry""《合肥市大数据发展行动纲要（2016—2020 年）》Action Outline of Hefei City for Big Data Development（2016-2020）"在处理"……省（市）……"这种限定成分时，都是采用后置处理方式的，这也是符合英语使用习惯的。

因此，我们在处理"大数据产业联盟"前的限定"……省（市）……"时，也采用一致性原则，只要不是一级词条，均将"……省（市）……"后置处理，并通过引导词 of 进行引领。

综上所述，我们采用"大数据产业联盟 big data industry alliance"翻译模式。有前置限定成分时，一般情况下采用限定成分后置的翻译模式，例如，"昆明大数据产业联盟 big data industry alliance of Kunming"。

3.4.8　"大数据发展"的翻译

"大数据发展"在翻译软件中取得了一致性翻译。在常规翻译中，我们有两种翻译方法，一种是核心成分后置的顺次性翻译方法，"发展"在"大数据"之后，形成 big data development；另一种是核心成分前置的翻译方法，"发展"前移，并添加引导词 of，形成"（the）development of big data"。"大数据发展"在翻译软件中的英译和回译结果见表 3-88。

表 3-88　"大数据发展"在翻译软件中的英译和回译结果对比

翻译软件	汉语	英译	回译
DeepL 翻译	大数据发展	Big data development	大数据开发
Google 翻译	大数据发展	Big data development	大数据开发
有道翻译	大数据发展	Big data development	大数据发展
百度翻译	大数据发展	Big data development	大数据开发

从表 3-88 的翻译可以看出，"大数据发展"翻译均指向 big data development，由于系统处理的需要，词首字母进行了大写，不代表这是专有名词。在回译时，由于 development 常翻译为"发展、开发"，而且两者没有区别性特征，所以出现了回译结果是"大数据发展""大数据开发"两种情况。由于不区分"发展、开发"，所以我们认为翻译软件的翻译指向性和回译是一致的。从句法结构来说，翻译软件采用的是顺次翻译核心成分后置的方法。

本系统中含关键词"大数据发展"的词条英译统计见表 3-89。

表 3-89　含关键词"大数据发展"的词条英译

汉语	英译
《促进大数据发展行动纲要》	*Action Outline on Promoting the Development of Big Data
《关于推进水利大数据发展的指导意见》	Guiding Opinions on Promoting the Development of Water Conservancy Big Data
《农业部关于推进农业农村大数据发展的实施意见》	Implementation Opinions of the Ministry of Agriculture on Promoting Big Data Development in Agriculture and Rural Areas
《石家庄市人民政府关于推进大数据发展的实施意见》	Implementation Opinions of Shijiazhuang Municipal People's Government on Promoting Big Data Development
《山西省大数据发展规划（2017—2020年）》	Development Planning of Shanxi Province for Big Data (2017-2020)
《山西省促进大数据发展应用的若干政策》	Several Policies of Shanxi Province on Promoting Big Data Development and Application
《内蒙古自治区大数据发展总体规划（2017—2020年）》	Overall Planning of Inner Mongolia Autonomous Region for Big Data Development (2017-2020)
《内蒙古自治区促进大数据发展应用的若干政策》	Several Policies of Inner Mongolia Autonomous Region on Promoting Big Data Development and Application
《呼和浩特市促进大数据发展应用若干政策》	Several Policies of Huhhot City on Promoting Big Data Development and Application
《沈阳市促进大数据发展三年行动计划（2016—2018年）》	Three-Year Action Plan of Shenyang City for Promoting Big Data Development (2016-2018)
《上海市大数据发展实施意见》	Implementation Opinions of Shanghai City on Big Data Development
《江苏省大数据发展行动计划》	Action Plan of Jiangsu Province for Big Data Development
《江苏省云计算与大数据发展行动计划》	Action Plan of Jiangsu Province for Cloud Computing and Big Data Development
《南京市促进大数据发展三年行动计划（2016—2018年）》	Three-Year Action Plan of Nanjing City for Promoting Big Data Development (2016-2018)
《浙江省促进大数据发展实施计划》	Implementation Plan of Zhejiang Province for Promoting Big Data Development
《宁波市人民政府关于推进大数据发展的实施意见》	Implementation Opinions of Ningbo Municipal People's Government on Promoting Big Data Development
《合肥市大数据发展行动纲要（2016—2020年）》	Action Outline of Hefei City for Big Data Development (2016-2020)
《福建省促进大数据发展实施方案（2016—2020年）》	Implementation Program of Fujian Province for Promoting Big Data Development (2016-2020)
《厦门市促进大数据发展工作实施方案》	Work Implementation Program of Xiamen City for Promoting Big Data Development
《促进大数据发展实施方案》（江西）	Implementation Program for Promoting Big Data Development (Jiangxi)
《江西省大数据发展行动计划》	Action Plan of Jiangxi Province for Big Data Development
《山东省人民政府关于促进大数据发展的意见》	Opinions of Shandong Provincial People's Government on Promoting Big Data Development

续表

汉语	英译
《青岛市人民政府关于促进大数据发展的实施意见》	Implementation Opinions of Qingdao Municipal People's Government on Promoting Big Data Development
《郑州市促进大数据发展行动计划》	Action Plan of Zhengzhou City for Promoting Big Data Development
《湖北省大数据发展行动计划（2016—2020年）》	Action Plan of Hubei Province for Big Data Development（2016-2020）
《湖北省云计算大数据发展"十三五"规划》	The 13th Five-Year Planning of Hubei Province for Cloud Computing and Big Data Development
《广东省促进大数据发展行动计划（2016—2020年）》	Action Plan of Guangdong Province for Promoting Big Data Development（2016-2020）
《广州市人民政府办公厅关于促进大数据发展的实施意见》	Implementation Opinions of the General Office of Guangzhou Municipal People's Government on Promoting Big Data Development
《深圳市促进大数据发展行动计划（2016—2018年）》	Action Plan of Shenzhen City for Promoting Big Data Development（2016-2018）
《促进大数据发展的行动方案》（广西）	Action Plan for Promoting Big Data Development（Guangxi）
《海南省促进大数据发展实施方案》	Implementation Program of Hainan Province for Promoting Big Data Development
《四川省促进大数据发展工作方案》	Work Plan of Sichuan Province for Promoting Big Data Development
《甘肃省促进大数据发展三年行动计划（2017—2019年）》	Three-Year Action Plan of Gansu Province for Promoting Big Data Development（2017-2019）
《兰州市人民政府关于促进大数据发展的实施意见》	Implementation Opinions of Lanzhou Municipal People's Government on Promoting Big Data Development
"促进大数据发展部际联席会议"制度	system of "inter-ministerial joint meeting for promoting big data development"
内蒙古自治区大数据发展管理局	management bureau of Inner Mongolia Autonomous Region for big data development
贵州省大数据发展管理局	*Big Data Development Administration of Guizhou Province
贵州省贵阳市大数据发展管理委员会	big data development management committee of Guiyang City, Guizhou Province
宁夏回族自治区中卫市云计算和大数据发展服务局	cloud computing and big data development service bureau of Zhongwei City, Ningxia Hui Autonomous Region
大数据发展促进委员会	*China Big Data Council（BDC）
山西省大数据发展联盟	*The Big Data Development Alliance of Shanxi Province
《贵州省大数据发展应用促进条例》	Regulations of Guizhou Province on Big Data Development and Application Promotion

对"大数据发展"的翻译结果（结合表3-89）分析如下。

（1）本系统中主流的"大数据发展"都翻译为big data development。

从词条的分布来说，专有名词的一级词条也符合这一翻译特征。

（2）部分已经约定俗成的专有名词翻译隐含了"发展"，翻译中无 development。例如"大数据发展促进委员会*China Big Data Council（BDC）"，虽然汉语出现了"发展促进"字样，但在英译中却没有译出，而且，"中国"在汉语行文中没有出现，但在英译中却进行了添加。由于该机构命名具有约定俗成的特点，"名从主人"，尊重原译。

（3）"大数据发展"中语义断离，"大数据"不修饰"发展"。例如《山西省大数据发展规划（2017—2020 年）》Development Planning of Shanxi Province for Big Data（2017-2020）"中，"发展"切分具有歧义。我们在北京大学现代汉语语料库（http://ccl.pku.edu.cn：8080/ccl_corpus/）中进行匹配查询，发现"发展规划"的搭配项是 3552 项，"大数据发展"的搭配项为 0 项。在北京语言大学语料库（http://bcc.blcu.edu.cn/）的查询结果中，"发展规划"的搭配项为 9113 项，"大数据发展"的搭配项也为 0 项。北京大学和北京语言大学的两个语料库在我国相关领域居于领先地位，"大数据发展"和"发展规划"这两个词同时出现时，根据共现统计概率会自动将"发展"与"规划"进行匹配，形成"大数据 + 发展规划"的切分，而不是"大数据发展 + 规划"。这就为后续的翻译提供了理论支撑。"山西省大数据发展规划"形成的模式就是"山西省 + 大数据 + 发展规划"，并添加引导词后形成"《山西省大数据发展规划（2017—2020 年）》Development Planning of Shanxi Province for Big Data（2017-2020）"。该翻译中，big data 和 development 就没有匹配，而是将 big data 作为目的出现，由引导词 for 引导。

（4）"大数据发展"采用核心成分前置的处理方式。在前面对核心成分前置或后置的讨论中，翻译软件和系统翻译中均指向核心成分后置的处理方式，即"大数据发展"翻译为 big data development。但是，语言具有描写性，在规范特征明显的时候，也会出现与此不同的处理结果。"大数据发展"有时候采用的翻译模式为核心成分前置方式。例如"《促进大数据发展行动纲要》*Action Outline on Promoting the Development of Big Data"中，"大数据发展"采用的就是 the Development of Big Data，将核心成分"发展"进行了前移。

再例如"《关于推进水利大数据发展的指导意见》Guiding Opinions on Promoting the Development of Water Conservancy Big Data"中，"推进水利大数据发展"翻译为 Promoting the Development of Water Conservancy Big Data，英语动词"推进 promote"之后直接接后续核心成分"发展 development"。

这种处理方式考虑的是"水利"出现在"大数据"之前，如果顺次翻译并后置核心成分，复数成分偏多将使结构变得松散。

综上，"大数据发展"主流翻译为 big data development。

3.4.9 "大数据反腐"的翻译

对该词条进行正确的语义分析是正确翻译的条件。

在"大数据反腐"中，"反腐"应该是"利用大数据进行反腐"，而不是"对大数据进行反腐"。试比较"技术反腐"和"职务反腐"："技术反腐"是"利用技术进行反腐"，"技术"是工具；"职务反腐"是目的，即"对职务犯罪进行反腐"。

对比"技术反腐"和"职务反腐"的语义分析，我们认为"大数据反腐"应该是工具，而不是目的，产生的语义关系应该类似于"技术反腐"，而不同于"职务反腐"。

所以，该词条是"（利用）大数据（进行）反腐"，我们采纳"大数据反腐 anti-corruption with big data"的翻译。

3.4.10 "大数据国家技术标准创新基地"的翻译

该词条在《中国日报》等网页有对应翻译。

我们将"大数据国家技术标准创新基地"输入网页进行查询，得到较为统一的翻译 National Technical Standard Innovation Base。尤其在中国日报网贵州频道的英文翻译中，也采用了该翻译，即"大数据国家技术标准创新基地"翻译为 National Technical Standard Innovation Base。从对应性翻译可以看出，"大数据"在英文中没有体现。为保证翻译的对应性，我们需要通过添加括号的方式满足中英文对齐的要求，即采纳"大数据国家技术标准创新基地*（Big Data）National Technical Standard Innovation Base"的翻译。

3.4.11 "大数据交易中心"的翻译

"大数据交易中心"在本系统中形成了一致性翻译。前面我们已经讨论了"交易所""交易中心"的关键词翻译模式。本系统中的多个词条英译体现了翻译的系统性，例如，"江苏大数据交易中心 Jiangsu big data trading center""安徽大数据交易中心 Anhui big data trading center""杭州钱塘大数据交易中心 Hangzhou Qiantang big data trading center""合肥大数据交易中心 Hefei big data trading center""青岛大数据交易中心 Qingdao big data trading center"。这些词条的核心成分都翻译为 big data trading center。而且，"省市"出现时均作前置处理，实现了翻译模式的一致性，即... Province/City big data trading center。

3.4.12 "大数据科学与工程国际研究中心"的翻译

翻译锚中有该词条的英译和释义。

> 大数据科学与工程国际研究中心成立于 2012 年 9 月，由中国北京航空航天大学、香港科技大学与英国爱丁堡大学、利兹大学，美国宾夕法尼亚大学、亚利桑那州立大学，加拿大渥太华大学等共同组建，是北航国际交叉研究院的重要组成部分，它以当前互联网和大数据时代新型信息技术为牵引，通过高校和互联网企业的强强联合、优势互补，整合利用国际优秀计算机研究、教育和企业资源，逐步建设成引领"大数据科学与工程"领域科技发展、具有重大国际影响的学术高地。（百度百科"大数据科学与工程国际研究中心"词条，英译为 International Workshop on Big Data Science & Engineering）

翻译软件回译法可用于鉴定英语翻译的准确与否。我们将英语 International Workshop on Big Data Science & Engineering 输入不同的翻译软件进行回译，得到的结果显示，workshop 更多的翻译是"研讨会"，不具有"研究中心"的中文意义。所以，翻译锚百度百科的英译是不妥切的，我们需要对词条"大数据科学与工程国际研究中心"重新进行翻译。

"大数据科学与工程国际研究中心"的相关关键词可分别进行翻译。"大数据科学与工程"参照翻译锚百度百科翻译为 big data science and engineering，"国际研究中心"翻译为 international research center，根据系统性原则，我们参照专有名词翻译"国家信息技术安全研究中心*National Research Center for Information Technology Security"中的介词 for 的用法，也在"大数据科学与工程国际研究中心"翻译中进行借鉴。最后，形成的翻译为"大数据科学与工程国际研究中心 international research center for big data science and engineering"，按照三级词条处理。

3.4.13 "大数据流通与交易技术国家工程实验室"的翻译

翻译锚中有该词条的英译和释义。

> 大数据流通与交易技术国家工程实验室是由中华人民共和国国家发展和改革委员会批复，上海数据交易中心有限公司牵头承担的国家工程实验室。浪潮软件集团作为参与单位，偕同中国联合网络通信集团有限公司、中国互联网络信息中心、复旦大学、华东理工大学、华东政法大学、合肥工业大学、中国信息通信研究院等单位联合共建。实验室将通过首批建设 13 个研究中心，实现对数据共享流通、数据资产管理、数据质量评估、流通技术标准、数据安全与隐私保护、商业智能、政策法律等方向的研究。（百度百科"大数据流通与交易技术国家工程实验室"词条，英译为 National Engineering Laboratory for Big Data Distribution and Exchange Technologies）

我们采纳翻译锚的翻译并将其认定为专有名词，即采纳"大数据流通与交易技术国家工程实验室*National Engineering Laboratory for Big Data Distribution and Exchange Technologies"的翻译。

3.4.14 "大数据思维"的翻译

翻译锚中没有"大数据思维"这一词条。但是，翻译锚中有"思维"的英译和释义。

> 人脑将感觉和知觉获得的映像进行分析、综合、比较、抽象和概括等感知觉信息加工，形成概念的整个过程。是以记忆中的知识为媒介，反映事物的本质和内部联系。（术语在线 2022 年公布的睡眠医学名词"思维"，英译为 thinking）

> 思维最初是人脑借助于语言对事物的概括和间接的反映过程。思维以感知为基础又超越感知的界限。通常意义上的思维，涉及所有的认知或智力活动。它探索与发现事物的内部本质联系和规律性，是认识过程的高级阶段。思维对事物的间接反映，是指它通过其他媒介作用认识客观事物，及借助于已有的知识和经验，已知的条件推测未知的事物。（百度百科"思维"词条，英译为 thinking）

百度百科还提供了"思想"的英译和释义。

> 思想是汉语词汇，拼音是：sī xiǎng，本义是客观存在反映

在人的意识中经过思维活动而产生的结果或形成的观点及观念体系。（百度百科"思想"词条，英译为 idea、thought、thinking）

从上面的分析可知，翻译锚对"思维""思想"的区分并不是特别清晰。特别是"思想"中的翻译没有提供对应性结果。为验证翻译软件对两者的区分，我们把"思维""思想"并列成"思维和思想"进行翻译求证，通过软件翻译观察两者的区分度（表 3-90）。

表 3-90　"思维和思想"在翻译软件中的英译和回译结果对比

翻译软件	汉语	英译	回译
DeepL 翻译	思维和思想	Thoughts and Ideas	思想和理念
Google 翻译	思维和思想	Thoughts and thoughts	想法和想法
有道翻译	思维和思想	Thoughts and thoughts	的想法和思想
百度翻译	思维和思想	Thinking and thinking	思考和思考

表 3-90 的分析结果与翻译锚的结果大同小异，四个翻译软件对"思维""思想"的区分也无法达成一致。也就是说，无论是翻译锚还是翻译软件，都无法给出"思维""思想"的令人折服的翻译。

约定俗成的系统性翻译可提供有效的翻译模式。我们运用翻译的系统性原则来确定"思维"的翻译。

翻译锚中有"思维"相关词条"计算思维""逻辑思维""互联网思维"的英译和释义。

2006 年 3 月，美国卡内基·梅隆大学计算机科学系主任周以真（Jeannette M. Wing）教授在美国计算机权威期刊 *Communications of the ACM* 杂志上给出，并定义的计算思维（Computational Thinking）。周教授认为：计算思维是运用计算机科学的基础概念进行问题求解、系统设计，以及人类行为理解等涵盖计算机科学之广度的一系列思维活动。（百度百科"计算思维"词条，英译为 Computational Thinking）

逻辑思维是指将思维内容联结、组织在一起的方式或形式。思维是以概念、范畴为工具去反映认识对象的。这些概念和范畴是以某种框架形式存在于人的大脑之中，即思维结构。这些框架能够把不同的范畴、概念组织在一起，从而形成一个相对完整的思想，加以理解和掌握，达到认识的目的。因此，思维结构既是人的一种认知结构,又是人运用范畴、概念去把握客体的能力结构。(百度百科"逻辑思维"词条,英译为 Logical thinking)

互联网思维,就是在(移动)互联网+、大数据、云计算等科技不断发展的背景下,对市场、用户、产品、企业价值链乃至对整个商业生态进行重新审视的思考方式。提出互联网思维的是百度公司创始人李彦宏。(百度百科"互联网思维"词条,英译为 Internet thinking)

"互联网思维"中"互联网"的英译为 Internet,Internet 也可翻译为"网络",这样"互联网"和"网络"没有形成区别性特征,两个同义词可以相互指称,而且"互联网思维"已经得到广泛应用,所以,我们认为"网络思维"一般与"互联网思维"意义重合。

除了上面"计算思维""逻辑思维""互联网思维"中将"思维"翻译为 thinking 之外,本系统中其他涉及"思维"的关键词都近乎一致地指向 thinking。本系统中含关键词"思维"的词条英译统计见表 3-91。

表 3-91　含关键词"思维"的词条英译

汉语	英译
计算思维	#computational thinking
逻辑思维	#logical thinking
算法思维	#algorithmic thinking
网络思维	#internet thinking
系统思维	#systematic thinking
《大数据时代——生活、工作与思维的大变革》	*Big Data: A Revolution That Will Transform How We Live, Work and Think
象数思维	image and number thinking
思维科学	noetic science

表 3-91 中,多数情况下"思维"都翻译为 thinking(虽然有词条已约定俗成,但我们认为"思维"仅是二级词条范围,不属于专有名词,所以,我们在系统处理时全部进行首字母小写,标注二级词条"#")。只有两种情况例外。

(1)"《大数据时代——生活、工作与思维的大变革》 *Big Data: A

Revolution That Will Transform How We Live, Work and Think"中使用的是"思维"的动词 think。从这本英语原著命名可以看出,作者寻求的是语言的对应,即"生活、工作与思维"使用的都是动词,即"live, work and think"。这与我们上面讨论的名词"思维"使用范围不一致。

(2)"思维科学"在翻译锚中是独立词条。翻译锚中有详细释义。

> 思维科学(noetic science),研究思维活动规律和形式的科学。要研究思维的自然属性和社会属性、思维的物质基础、语言及其对思维的作用、思维的历史发展及动物"思维"与机器"思维"等,还包括应用方面的研究。对思维科学体系分类尚无一致看法。一般认为,思维科学基础研究内容包括:社会思维、逻辑思维、形象思维和灵感思维。还有的认为,应包括哲学世界观与研究主体人脑生理结构方面的学科。其研究方法大致有:通过对大脑的研究认识思维机制,从研究思维过程及其历史发展,通过语言来研究思维,由内省法研究思维,据对思维的模拟研究思维的模式,以及在方法论层次上的历史和逻辑相一致的方法、系统方法、综合方法等。(百度百科"思维科学"词条)

由此可知,"思维科学 noetic science"的翻译对应性已经约定俗成。

综上,在翻译锚和翻译软件对"思想"和"思维"的区分中尚不足以找寻到两者的区别性特征。但是,根据同场同模式的系统性原则,我们发现其他类似的翻译中均采纳"思维 thinking"模式,所以我们认为"大数据思维"翻译为 big data thinking 是妥切的。由于该词条未在翻译锚和网络中得到广泛使用,我们将其认定为三级词条。

3.4.15 "大数据应用"的翻译

翻译锚中有"大数据应用"的释义。

> 大数据应用,是指大数据价值创造的关键在于大数据的应用,随着大数据技术飞速发展,大数据应用已经融入各行各业。(百度百科"大数据应用"词条)

但是,翻译锚没有提供"大数据应用"的英译。我们需要根据翻译软件来确定英译结果。"大数据应用"英译和回译结果见表 3-92。

表 3-92 "大数据应用"在翻译软件中的英译和回译结果对比

翻译软件	汉语	英译	回译
DeepL 翻译	大数据应用	Big Data Applications	大数据应用；大数据的应用；大数据应用程序；海量数据应用
Google 翻译	大数据应用	Big data applications	大数据应用
有道翻译	大数据应用	Big data application	大数据应用；大数据的应用程序；大数据机
百度翻译	大数据应用	Big data application	大数据应用

从表 3-92 中我们发现，big data application 和 big data applications 两种翻译均有使用，而且翻译软件单复数均正确，尚未出现约定俗成的使用方式。在网页搜索时，这两种翻译也都得到广泛使用。对此类单复数均可的翻译，我们约定本系统中统一采用单数形式，以符合"同场同模式"原则，即采用"大数据应用 big data application"，并认定为二级词条。

本系统中含关键词"大数据应用"的词条英译统计见表 3-93。

表 3-93 含关键词"大数据应用"的词条英译

汉语	英译
【大数据应用】	#big data application
《内蒙古自治区健康医疗大数据应用发展规划（2016—2020 年)》	Development Planning of Inner Mongolia Autonomous Region for Big Data Application in Health and Medical Care（2016-2020）
《厦门市大数据应用与产业发展规划（2015—2020 年)》	Development Planning of Xiamen City for Big Data Application and Industry（2015-2020）
全国电子商务产品质量大数据应用中心	national big data application center for electronic commerce product quality
工业大数据应用联盟	*Industrial Big Data Alliance
中国大数据应用（西北）联盟	China big data application（Northwest）alliance
浙江省大数据应用技术产业联盟	big data application technology industry alliance of Zhejiang Province
提升政府治理能力大数据应用技术国家工程实验室	*National Engineering Laboratory for Big Data Application on Improving Government Governance Capabilities
教育大数据应用技术国家工程实验室	*National Engineering Laboratory for Educational Big Data
医疗大数据应用技术国家工程实验室	*National Engineering Laboratory for Medical Big Data Application Technology
综合交通大数据应用技术国家工程实验室	*National Engineering Laboratory of Application Technology of Integrated Transportation Big Data
社会安全风险感知与防控大数据应用国家工程实验室	*National Engineering Laboratory for Big Data Application on Social Security Risks Sensing，Prevention & Control
工业大数据应用技术国家工程实验室	*National Engineering Laboratory of Industrial Big Data Application Technology
空天地海一体化大数据应用技术国家工程实验室	*National Engineering Laboratory for Integrated Aero-Space-Ground-Ocean Big Data Application Technology

对"大数据应用"翻译的分析结果（结合表 3-93）如下。

（1）"大数据应用"在多数情况下翻译为 big data application，包括一些专有名词的翻译。这与我们先期的分析是一致的。

（2）"大数据应用"在少数情况下省略了"应用"，仅翻译为 big data。本系统中出现了两个这样的专有名词："工业大数据应用联盟*Industrial Big Data Alliance""教育大数据应用技术国家工程实验室*National Engineering Laboratory for Educational Big Data"。由于这两个机构名称已经形成了约定俗成的翻译项，不能进行修改，需要"名从主人"。

（3）"大数据应用 big data applications"复数形式没有在本系统中出现。

综上，"大数据应用"翻译为 big data application。

3.4.16　"德阳市长上网"的翻译

词条"德阳市长上网"的翻译需要查询网络并了解详细内容后才能进入翻译程序，不能简单地使用翻译软件进行翻译，以免词不达意，产生误解。

网络提供了"德阳市长上网"的详情。查询可知，德阳市长采取网上注册办公的方式，进行民生管理，具有网络执政的前沿性，其目的是进行有效的执政管理。从语义分析来说，"德阳市长上网"在汉语中形成的是一个句子，与术语翻译的名词态不符。如果汉语调整为"在线的德阳市长"更为妥切，既表达了市长在线办公的手段，又明确了具体的地理方位。后续的补充信息可通过括号进行添加。

综上，我们将"德阳市长上网"翻译为"*Online Mayor of Deyang（The Mayor of Deyang City who proceeds to enroll and authenticate to the Sina Weibo service for public governance）"。

3.4.17　"第四次工业革命——转型的力量"的翻译

网络中提供了"第四次工业革命"的释义。

> 第四次工业革命，是以石墨烯、基因、虚拟现实、量子信息技术、可控核聚变、清洁能源以及生物技术为技术突破口的工业革命。第四次工业革命基于网络物理系统的出现。网络物理系统将通信的数字技术与软件、传感器和纳米技术相结合。与此同时，生物、物理和数字技术的融合将改变我们今天所知的世界。[1]

---

[1] https://www.sohu.com/a/371092828_100272654.

翻译锚百度百科提供的英译为 Industry 4.0。

英语原著提供了"第四次工业革命"的翻译。在网络中可以查询到英语专著的书名为《第四次工业革命——转型的力量》，作者是德国的克劳斯·施瓦布（Klaus Schwab），英语书名为 *The Fourth Industrial Revolution*，由中信出版社出版。我们通过英语 "Klaus Schwab + *The Fourth Industrial Revolution*" 继续进行网络搜索，仍无法查询到汉语词条中的副标题"转型的力量"。这样，我们面临两种选择：①放弃对汉语词条副标题的翻译，直接采用不对称翻译，即"第四次工业革命——转型的力量"对应为著作的书名 *The Fourth Industrial Revolution*；②通过括号添加副标题的翻译，其他采用英语原译，即 "*The Fourth Industrial Revolution*（*The Power of Transformation*）"。这种方法避免了翻译的不对称，又通过括号标明了副标题并未在原著书名中出现的事实，是较好的选择。

所以，我们根据向专有名词翻译靠近的原则，不采纳翻译锚的翻译，而采纳原著翻译。并将该词条的翻译模式确定为"《第四次工业革命——转型的力量》**The Fourth Industrial Revolution*（*The Power of Transformation*）"。

3.4.18 "风险控制与监管"的翻译

翻译锚提供了"风险控制与监管"的相关词条"风险控制""风险管理""风险性监管"的英译和释义。

> 风险管理者采取各种措施和方法，消灭或减少风险事件发生的各种可能性，或者减少风险事件发生时造成的损失。通常的风险控制措施和方法有风险回避、风险降低（减轻）、风险抵消、风险分离、风险分散、风险转移和风险自留等。（术语在线 2016 年公布的管理科学技术名词"风险控制"，英译为 risk control）

> 风险控制（Risk management）是指风险管理者采取各种措施和方法，消火或减少风险事件发生的各种可能性，或风险控制者减少风险事件发生时造成的损失。总会有些事情是不能控制的，风险总是存在的。作为管理者会采取各种措施减小风险事件发生的可能性，或者把可能的损失控制在一定的范围内，以避免在风险事件发生时带来的难以承担的损失。风险控制的四种基本方法是：风险回避、损失控制、风险转移和风险保留。（百度百科"风险控制"词条）

> 对项目风险进行管理。包括对风险的定义、度量、评估和制

定应对风险的策略。其目的是将可避免的风险的影响降到最小。（术语在线 2018 年公布的计算机科学技术名词"风险管理"，英译为 risk management）

风险管理（Risk management）是指如何在项目或者企业一个肯定有风险的环境里把风险可能造成的不良影响减至最低的管理过程。风险管理对现代企业而言十分重要。当企业面临市场开放、法规解禁、产品创新，均使变化波动程度提高，连带增加经营的风险性。良好的风险管理有助于降低决策错误几率、避免损失可能、相对提高企业本身附加价值。（百度百科"风险管理"词条）

风险性监管（Risk-based Supervision）是指监管当局根据对银行风险评估的结果，采取相应的监管措施，确保银行建立健全的风险管理系统来鉴别、衡量、监测及控制风险的监管方法。风险监管是通过对风险的识别、衡量与控制，以最少的成本将风险导致的各种不利后果减少到最低限度的科学管理方法。其主要通过风险识别（risk identification）、风险衡量（risk evaluation）、风险控制（risk control）和风险决策（risk decision）四个阶段来达到"以尽量小的机会成本保证处于足够安全的状态"的目标。（百度百科"风险性监管"词条）

由上可知"风险 risk""控制 control"是确定的。"风险控制""风险管理"在翻译锚百度百科中的英译均为 risk management，这是不妥切的，所以我们在后续的翻译中不采纳该模式，而是采用翻译锚术语在线的"风险控制 risk control"。此处出现的金融领域"监管"应翻译为 regulation，"风险控制与监管"翻译为 risk control and regulation。

3.4.19 "公共部门内部业务流程再造"的翻译

翻译锚中有"公共部门内部业务流程再造"的相关词条"政府流程再造""业务流程重组"的英译和释义。

引入现代企业业务流程再造的理念和方法，以公众需求为核心，对政府部门原有的组织机构、服务流程进行重组的活动。（术语在线 2016 年公布的管理科学技术名词"政府流程再造"，英译为 government reengineering）

政务流程再造（Government Process Reengineering，GPR）运

用现代公共行政学理论和信息技术手段，对政府部门的业务流程作根本性的思考和彻底重建，其目的是在办事效率、行政效能、行政成本、行政能力和公共服务等方面取得显著的进步，使得政府部门能最大限度地适应行政管理体制改革的要求。（百度百科"政府流程再造"词条）

业务流程重组（Business Process Reengineering，BPR）最早由美国的 Michael Hammer 和 James Champy 提出，在 20 世纪 90 年代达到了全盛的一种管理思想。通常定义为通过对企业战略、增值运营流程以及支撑它们的系统、政策、组织和结构的重组与优化，达到工作流程和生产力最优化的目的。（百度百科"业务流程重组"词条）

从这两个关键词的翻译可以看出，"重组"在语义上与"再造"相吻合，"业务流程重组"与"业务流程再造"可以共享，即均可翻译为"Business Process Reengineering（BPR）"。对整个词条，我们切分词串为"公共部门内部+业务流程再造"。在对"部门"进行翻译时，我们一般采用 sector。本系统中遇到与"部门"相关的关键词，也倾向于采用 sector 词根。例如，在"跨部门业务流程再造 intersectoral Business Process Reengineering（BPR）"中，"跨部门"采用的是 intersectoral。对于"公共部门内部"，可以翻译为 within the public sector。

综上，采纳翻译模式"公共部门内部业务流程再造 Business Process Reengineering（BPR）within the public sectors"。前部分的首字母大写和缩略表示"业务流程再造"是专有名词。

3.4.20 "公益数权制度"的翻译

翻译锚未提供词条释义。从词条的结构可以看出，"公益数权制度"和"用益数权制度"具有模式结构的一致性。在翻译模式上，usufructuary system of data rights 可以用于"公益数权制度"的翻译，即借鉴... system of data rights 模式。

"公益"的翻译将决定整个词条的翻译结果。在前面的分析中，"公益"已经有了认定，翻译为 public interests。总的来说，"公益"语义上应该与"公共利益""公众利益"吻合，翻译锚百度翻译提供了约定俗成的翻译 public interests，而且，由于该词条已经得到广泛使用，翻译软件甚至提供了英式和美式英语的发音，从侧面验证了"公益 public interests"的有效性。

将英语 public interests 在翻译软件中进行回译,结果均一致指向"公共利益",即"公益"。

从上述的分析可知,"公益数权制度"可以翻译为 public interests system of data rights。将该词条认定为三级词条,以便其他语种翻译时自行调整。

3.4.21 《关于个人数据自动处理的个人保护公约》的翻译

欧洲理事会中的《关于个人数据自动处理的个人保护公约》和欧洲委员会中的《个人数据自动化处理中的个人保护公约》有重合的可能。

在这两个词条的汉语用词方面,我们通过占位对比进行如下分析,不同的部分用括号表示,括号内没有内容的采用空集(Φ):

(关于)个人数据自动(Φ)处理(Φ)的个人保护公约
(Φ)个人数据自动(化)处理(中)的个人保护公约。

其中括号部分是两个词条不一致的部分。"关于""化""中"是两个词条不一致的地方,且都有虚词特征。这说明两个汉语词条核心部分或实词部分是吻合的。由于汉语和英语语义颗粒度的不同,我们很难采用英语中的不同词语来凸显汉语两个词条的不同虚词,所以采用相同的英语翻译是大概率的事件。

网络提供了词条的原译。"《关于个人数据自动处理的个人保护公约》*The Convention for the Protection of Individuals with regard to Automatic Processing of Personal Data",我们将其认定为专有名词。同时,根据以上分析,此英语翻译共享给"《个人数据自动化处理中的个人保护公约》"。

所以,"《关于个人数据自动处理的个人保护公约》"翻译为"*The Convention for the Protection of Individuals with regard to Automatic Processing of Personal Data"。

3.4.22 "国家大数据专业委员会"的翻译

翻译锚没有提供"国家大数据专业委员会"的释义,但提供了"专业委员会"的释义。

> 专业委员会,是指某一学科专业,根据学科专业及相关领域的研究、开发及应用的发展需要,由全国总学会设立的分支机构,是全国总学会开展学术活动和科技活动的主体。(百度百科"专业委员会"词条)

虽然翻译锚没有提供"国家大数据专业委员会"的释义，但网络中却可以搜索到该词条的释义。

国家大数据专业委员会（NBDSC）专注于国家大数据战略研究，与各级政府、非政府组织、个人、企业、研究机构多方合作共同推进大数据技术领域的创新，从而为国家大数据的顶层设计和可持续性发展提供支持和保障。国家大数据专业委员会（NBDSC）是经中共中央宣传部批准成立的、在民政部注册登记的协作性、公益性、非营利性的社会团体组织。①

网络对"国家大数据专业委员会"进行了较为详细的解释，但是美中不足的是，该释义仅提供了机构名称的缩略词 NBDSC，却没有提供全称。我们需要根据相关知识推导出缩略语所代表的英语词汇。

翻译软件对"国家大数据专业委员会"具有一致性翻译结果。在我们选取的四个翻译软件中，在不考虑首字母大小写的情况下，"国家大数据专业委员会"均翻译为 National Big Data Professional Committee。如果我们采用这种翻译结果，缩略语应该是 NBDPC 而不应该是 NBDSC。这说明，翻译软件的结果不完全是该机构的真正名称。仔细分析可以发现，缩略语中 NBD-C 是吻合的，只有 NBDSC 中的 S 无法确定是哪个单词的缩写，即形成的是 National Big Data X Committee。我们需要找出 X 的所指。

网络提供了"专门委员会（全国人民代表大会）（中国）"的英语翻译。在网站 http://www.dictall.com/indu52/12/52129334D6E.htm 中，我们搜索到了一系列的对"专门委员会"的翻译：special committee [National People's Congress] [China]。根据"专业委员会""专门委员会"的同义推断，以及"国家大数据专业委员会"缩略词 NBDSC，我们判定该机构的全名应该是 National Big Data Special Committee（NBDSC），在翻译软件中进行验证，得到的结果具有一致性。该翻译按照专有名词处理，首字母大写。

所以，"国家大数据专业委员会"翻译为"*National Big Data Special Committee（NBDSC）"。

3.4.23 "国家大数据综合试验区"的翻译

"国家大数据综合试验区"是一个专有名词。在新华社的对外翻译中，

---

① http://www.fjzol.com/internet/20181018/7705.html.略有改动。

"国家大数据综合试验区"翻译为 National Big Data Comprehensive Pilot Zone。

翻译锚中有"新华通讯社"的释义。

> 新华社总部设在北京,在全国除台湾省以外的各省、自治区、直辖市以及香港特别行政区、澳门特别行政区设有 33 个分社,在台湾省派有驻点记者,在一些重点大中城市设有支社或记者站,在中国人民解放军、中国人民武装警察部队设有分支机构,在境外设有 140 多个分支机构,建立了比较健全、覆盖全球的新闻信息采集网络,形成了多语种、多媒体、多渠道、多层次、多功能的新闻发布体系,每天 24 小时不间断用中文、英文、法文、俄文、西班牙文、阿拉伯文、葡萄牙文和日文 8 种文字,向世界各类用户提供文字、图片、图表、音频、视频、网络、手机短信等各类新闻和经济信息产品。(百度百科"新华通讯社"词条)

由此可见,新华社的译文具有权威性,我们拟采用"国家大数据综合试验区 National Big Data Comprehensive Pilot Zone"这一翻译模式。

本系统中含关键词"国家大数据综合试验区"的词条英译统计见表 3-94。

表 3-94 含关键词"国家大数据综合试验区"的词条英译

汉语	英译
京津冀国家大数据综合试验区	*National Big Data Comprehensive Pilot Zone in Beijing, Tianjin and Hebei
内蒙古国家大数据综合试验区	*National Big Data Comprehensive Pilot Zone in Inner Mongolia Autonomous Region
沈阳国家大数据综合试验区	*National Big Data Comprehensive Pilot Zone in Shenyang
上海国家大数据综合试验区	*National Big Data Comprehensive Pilot Zone in Shanghai
河南国家大数据综合试验区	*National Big Data Comprehensive Pilot Zone in Henan
珠江三角洲国家大数据综合试验区	*National Big Data Comprehensive Pilot Zone in Pearl River Delta
重庆国家大数据综合试验区	*National Big Data Comprehensive Pilot Zone in Chongqing

3.4.24 "国土资源监管信息系统"的翻译

翻译锚提供了"国土资源信息系统"的英译和释义。

国土资源信息系统（Land Resources Information System，简称 LRIS）是以采集、存储、管理、描述和分析国土空间和地理分布有关的资源数据的信息系统。它是以地理空间数据库为基础，在计算机软硬件环境的支持下，对空间相关数据进行采集、管理、操作、分析、模拟和显示，并采用一定的分析、决策模型，适时提供多种空间和动态的资源数据信息，为资源研究、综合评价、管理、定量分析和决策服务而建立起来的一种计算机应用系统。（百度百科"国土资源信息系统"词条）

其中，"国土资源"翻译为 Land Resources。

国家部委提供了专有名词翻译。在词条"《国土资源数据管理暂行办法》"的英语翻译"*Interim Measures for the Administration of Land and Resources Data"中，"国土资源数据"翻译为 land and resources data，"管理暂行办法"翻译为 interim measures for the administration。其中，"国土资源"翻译为 land and resources。

从上面两处的英语翻译可以看出，"国土资源"都使用了英语词汇 land 和 resources，唯一的差异在于是否使用连词 and。此外，其他的有关翻译为"国土资源 territorial resources""陆（土）地资源 land resources""国土资源 territorial natural resources"等。考虑到国家部委的翻译是国土资源局的专家翻译，专业性更强，所以我们拟采用该部委的翻译，即"国土资源"翻译为 land and resources。

词条"国土资源监管信息系统"中的"监管"是信息网络领域的，不是金融领域。如前面所讨论的，在信息网络领域中"监管"多翻译为 supervision。借用现有词条模式，添加"监管 supervision"可完成相应翻译。

所以，"国土资源监管信息系统"翻译为 land and resources supervision information system。

3.4.25　《海南省政务信息化管理办法》的翻译

该词条的翻译涉及几个关键词的模式化融合。"海南省 Hainan Province""政务 government affairs""信息化 informatization""管理办法 administrative measures"都是前面讨论过的关键词选项。如何将这些关键词融合到一起，需要进行语义分析。

首先，该词条核心成分是"管理办法 Administrative Measures"，按照英语翻译规范，需要将其前置词首。of 介词用于引领限定成分，形成"海南省的管理办法"这一模式,即 Administrative Measures of Hainan Province。在选定"管理办法"的目标或目的时,需要添加介词 for,形成"为了政务信息化"的模式,即 for Government Affairs Informatization。最后得出词条的整体语义结构"(为了实现)政务信息化(而制定的)海南省的管理办法"。

综上,《海南省政务信息化管理办法》翻译为 Administrative Measures of Hainan Province for Government Affairs Informatization。

3.4.26 《吉林省地理信息公共服务办法》的翻译

长词串的翻译需要先进行语义切分。《吉林省地理信息公共服务办法》主要有两种切分方式:①"吉林省+地理信息+公共服务+办法",这种切分方式凸显的是核心成分"办法",由于词串短小,在英语翻译中,常把短词核心成分前置,将"办法"提前到词条之首;②"吉林省+地理信息+公共服务办法",这种切分方式将限定成分"公共服务"作为整体处理,一并置于"办法"前,形成统一的核心成分模块"公共服务办法"。

翻译软件对"吉林省地理信息公共服务办法"的英译和回译结果见表 3-95。

表 3-95 "吉林省地理信息公共服务办法"在翻译软件中的英译和回译结果对比

翻译软件	汉语	英译	回译
DeepL 翻译	吉林省地理信息公共服务办法	Jilin Province geographic information public service approach	吉林省地理信息公共服务办法
Google 翻译	吉林省地理信息公共服务办法	Jilin Province Geographic Information Public Service Measures	吉林省地理信息公共服务办法
有道翻译	吉林省地理信息公共服务办法	Measures of Jilin Province for Geographic Information Public Service	吉林省地理信息公共服务办法
百度翻译	吉林省地理信息公共服务办法	Measures of Jilin Province on geographic information public service	吉林省地理信息公共服务措施

对表 3-95 的分析如下。

(1)国内的有道翻译和百度翻译把"办法"切分为最小的核心成分,而且将该成分前置到词条首位,以凸显核心成分的重要性,即采用的语义模式为"吉林省+地理信息+公共服务+办法"。

(2)国外的 DeepL 翻译和 Google 翻译视"公共服务办法"为核心成分,并采用顺次性翻译且核心成分后置的翻译原则。

在翻译软件无法达成一致性结果的情况下,我们需要在本系统中进行统计,并根据关键词的翻译概率确定合适的翻译项。总之,两种翻译模式的取舍还需要看本系统中其他约定俗成各项的翻译情况，尽量遵守系统的一致性原则。

本系统中含关键词"办法"的词条英译统计见表3-96。

表3-96 含关键词"办法"的词条英译

汉语	英译
《贵阳大数据交易所数据确权暂行管理办法》	Interim Administrative Measures for Data Rights Confirmation in（Guiyang）Global Big Data Exchange
《网络借贷信息中介机构业务活动管理暂行办法》	Administrative Interim Measures for Business Activities of Internet Borrowing and Lending Information Intermediaries
《非金融机构支付服务管理办法》	*Non-Financial Institution Payment Service Management Measures
《互联网保险业务监管暂行办法》	*Interim Measures for the Supervision of the Internet Insurance Business
《互联网信息服务管理办法》	*Measures on the Administration of Internet Information Services
《政务信息资源共享管理暂行办法》	*Interim Measures for the Administration of Sharing of Government Information Resources
《科学数据管理办法》	*Measures for the Management of Scientific Data
《个人信用信息基础数据库管理暂行办法》	*Interim Measures for the Administration of the Basic Data of Individual Credit Information
《电子银行业务管理办法》	*The Measures Governing Electronic Bank
《互联网医疗保健信息服务管理办法》	*Measures for the Administration of Internet Medical and Health Care Information Services
《计算机信息网络国际联网安全保护管理办法》	*Computer Information Network and Internet Security Protection and Management
《气象信息服务管理办法》	*Measures for the Administration of Meteorological Information Service
《互联网域名管理办法》	*Measures for the Administration of Internet Domain Names
《电信业务经营许可管理办法》	*Administrative Measures for the Licensing of Telecommunication Business Operations
《互联网药品信息服务管理办法》	*The Measures Regarding the Administration of Drug Information Service over the Internet
《河北省地理信息交换共享管理办法》	Administrative Measures of Hebei Province for Geographic Information Exchange and Sharing
《江苏省政府信息化服务管理办法》	Administrative Measures of Jiangsu Provincial Government for Informatization Service
《浙江省地理空间数据交换和共享管理办法》	Administrative Measures of Zhejiang Province for Geo-Spatial Data Exchange and Sharing
《浙江省公共数据和电子政务管理办法》	Administrative Measures of Zhejiang Province for Public Data and E-Government Affairs
《福建省政务数据管理办法》	Administrative Measures of Fujian Province for Government Affairs Data
《湖南省地理空间数据管理办法》	Administrative Measures of Hunan Province for Geo-Spatial Data

续表

汉语	英译
《海南省政务信息化管理办法》	Administrative Measures of Hainan Province for Government Affairs Informatization
《重庆市地理信息公共服务管理办法》	Administrative Measures of Chongqing City for Geographic Information Public Service
《四川省地理信息交换共享管理办法》	Administrative Measures of Sichuan Province for Geographic Information Exchange and Sharing
《贵阳市政府数据资源管理办法》	Administrative Measures of Guiyang Municipal Government for Data Resources
《青海省地理空间数据交换和共享管理办法》	Administrative Measures of Qinghai Province for Geo-Spatial Data Exchange and Sharing
《教育部科技基础资源数据平台建设管理办法》	Administrative Measures of Ministry of Education for Construction of Science and Technology Basic Resources Data Platform
《信息安全等级保护管理办法》	*Administrative Measures for the Graded Protection of Information Security
《互联网网络安全信息通报实施办法》	*Implementation Method for Interact Network Security Information Circulation
《国土资源数据管理暂行办法》	*Interim Measures for the Administration of Land and Resources Data
《中国极地科学考察样品和数据管理办法》	Administrative Measures for Samples and Data from China Polar Scientific Expeditions
《非银行支付机构网络支付业务管理办法》	*Administrative Measures for the Online Payment Business of Non-Banking Payment Institutions
《网络表演经营活动管理办法》	*Measures for the Administration of Cyber Performance Business Operations
《人力资源社会保障部政务信息资源共享管理暂行办法》	Administrative Interim Measures of the Ministry of Human Resources and Social Security for Government Affairs Information Resources Sharing
《交通运输政务信息资源共享管理办法》	Administrative Measures of Communications and Transportation for Government Affairs Information Resources Sharing
《公共互联网网络安全威胁监测与处置办法》	Measures for Monitoring and Disposing Security Threats to Public Internet Network
《辽宁省政务信息资源共享管理暂行办法》	Administrative Interim Measures of Liaoning Province for Government Affairs Information Resources Sharing
《上海市政务数据资源共享管理办法》	Administrative Measures of Shanghai City for Government Affairs Data Resources Sharing
《上海市法人信息共享与应用系统管理办法》	Administrative Measures of Shanghai City for Legal Person Information Sharing and Application System
《浙江政务服务网信息资源共享管理暂行办法》	Administrative Interim Measures of Zhejiang for Government Affairs Service Network Information Resources Sharing
《杭州市政务数据资源共享管理暂行办法》	Administrative Interim Measures of Hangzhou City for Government Affairs Data Resources Sharing
《安徽省政务信息资源共享管理暂行办法》	Administrative Interim Measures of Anhui Province for Government Affairs Information Resources Sharing

续表

汉语	英译
《福建省政务信息共享管理办法》	Administrative Measures of Fujian Province for Government Affairs Information Sharing
《福州市政务数据资源管理暂行办法》	Administrative Interim Measures of Fuzhou City for Government Affairs Data Resources
《山东省政务信息资源共享管理办法》	Administrative Measures of Shandong Province for Government Affairs Information Resources Sharing
《湖北省地理空间信息数据交换和共享管理暂行办法》	Administrative Interim Measures of Hubei Province for Geo-Spatial Information Data Exchange and Sharing
《湖南省政务领域信用信息记录征集管理暂行办法》	Administrative Interim Measures of Hunan Province for Recording, Expropriating and Collecting of Government Affairs Domain Credit Information
《武汉市政务数据资源共享管理暂行办法》	Administrative Interim Measures of Wuhan City for Government Affairs Data Resources Sharing
《广西政务信息资源共享管理暂行办法》	Administrative Interim Measures of Guangxi for Government Affairs Information Resources Sharing
《贵州省政务数据资源管理暂行办法》	Administrative Interim Measures of Guizhou Province for Government Affairs Data Resources

对含关键词"办法"的词条英译（结合表3-96）分析如下。

（1）"办法"一般翻译为measures，且采用复数形式，体现了方法策略的可数特性。

（2）部分"办法"翻译为method。例如，"《互联网网络安全信息通报实施办法》*Implementation Method for Interact Network Security Information Circulation"。该文件命名形成了约定俗成的翻译项，为一级词条。尊重原译。

（3）部分"办法"隐含不译。例如，"《计算机信息网络国际联网安全保护管理办法》*Computer Information Network and Internet Security Protection and Management"。该政策中"办法"隐含在"保护管理"当中，没有译出，但不影响理解。"名从主人"，尊重原译。

（4）多数采用核心成分前置的处理模式。"办法"在各个词条中均为核心成分，虽然与其紧密结合的限定成分不同，如"管理暂行办法""暂行办法""管理办法""办法"等，但"办法"在英语翻译中均提前到词条首位，凸显英语核心成分的前置特点。

（5）部分采用顺次性翻译方法，"办法"后置处理，例如"《非金融机构支付服务管理办法》*Non-Financial Institution Payment Service Management Measures"。

（6）"省市"等限定成分的处理形成了... measures of ... Province/City ... for/on ...模式。例如，"《福州市政务数据资源管理暂行办法》Administrative

Interim Measures of Fuzhou City for Government Affairs Data Resources"中的"福州市……办法... Measures of Fuzhou City for ..."。在 measures 后续的介词使用上，多数采用的是 for，个别约定俗成的词条采用了 on，例如"《互联网信息服务管理办法》*Measures on the Administration of Internet Information Services"。一般情况下，我们在 measures 之后使用介词 for。这种系统处理的一致性原则在后续词条的处理中具有指导作用。

综上，"吉林省地理信息公共服务办法"翻译为 Measures of Jilin Province for Geographic Information Public Service。

3.4.27 "国家电子政务内网建设和管理协调小组"的翻译

在词条"国家电子政务内网建设和管理协调小组"的翻译中，需要先行确定各关键词的翻译。"国家电子政务内网"是约定俗成的 National E-Government Intranet，"建设和管理"采用名词翻译 construction and management，"协调小组"翻译为 coordination group。整个词条的语义分析中，"协调小组"是核心成分，在翻译成英语时，需要根据目标语的特点进行前置。在引领介词的选择上，我们强调两点：①"建设和管理"是"协调小组"的目的或目标，for 的使用是妥切的；②"国家电子政务内网"是对"建设和管理"的限定，即对内网的建设和管理，采用介词 of 比较合适。

由此可以形成该词条的翻译模式："国家电子政务内网建设和管理协调小组 coordination group for construction and management of National E-Government Intranet"。

3.4.28 《江苏省政府信息化服务管理办法》的翻译

该词条字符串较长，译前需要进行语义切分。

《江苏省政府信息化服务管理办法》主要有三种语义切分方式：①"江苏省政府＋信息化服务＋管理办法"；②"江苏省＋政府信息化服务＋管理＋办法"；③"江苏省政府＋信息化服务管理＋办法"。根据不同的切分，翻译软件会产生不同的处理结果，该词条的英译和回译结果见表 3-97。

表 3-97 "江苏省政府信息化服务管理办法"在翻译软件中的英译和回译结果对比

翻译软件	汉语	英译	回译
DeepL 翻译	江苏省政府信息化服务管理办法	Jiangsu government information services management approach	江苏省政府信息服务管理办法
Google 翻译	江苏省政府信息化服务管理办法	Jiangsu Provincial Government Information Service Management Measures	江苏省政府信息服务管理办法

续表

翻译软件	汉语	英译	回译
有道翻译	江苏省政府信息化服务管理办法	Measures of Jiangsu Province for the Administration of Government Information Services	江苏省政府信息服务管理办法
百度翻译	江苏省政府信息化服务管理办法	Measures for the Administration of Informatization Services of Jiangsu Provincial Government	江苏省政府信息化服务管理办法

对表 3-97 的分析结果如下。

（1）DeepL 的英译结果未体现"省"的翻译，可能导致目标语读者不明所指。

（2）Google 翻译的英译结果为顺次性翻译，体现了 Google 翻译软件采用的是"江苏省政府+信息化服务+管理办法"的语义切分模式，其匹配翻译为"江苏省政府 Jiangsu Provincial Government+信息化服务 Information Service+管理办法 Management Measures"。从匹配翻译中可以看出，"江苏省政府"翻译为 Jiangsu Provincial Government，符合我们的系统性原则。"信息化"翻译为 Information，采用的是较为笼统的翻译，对"-化"的体现是隐含的而不是凸显的，这从回译中将 Information 译回为"信息"而不是"信息化"可以看出。另外，Government 既有"政府"的意思，也有"政务"的潜在表达，软件采取了这两个结果。

（3）有道翻译处理结果有独到之处。Measures of Jiangsu Province for the Administration of Government Information Services 这种核心成分提前的模式凸显了该软件的翻译重点。"江苏省+政府信息化服务+管理+办法"是本软件对词条的语义切分模式，对应性翻译（不考虑引导词）为"江苏省 Jiangsu Province+政府信息化服务 Government Information Services+管理 Administration+办法 Measures"。其中最核心的成分是"办法 Measures"，软件以符合英语翻译特点的方式直接将其作前置处理。与前面两个软件对"信息化"的翻译模式一致，此处也翻译为 information，而且回译时也重新译回到"信息"而不是"信息化"。此处不采用"江苏省政府"的语义切分，而使用"江苏省"，"政府"语义后移。而"江苏省"翻译为 Jiangsu Province，符合我们的系统性原则。对于 government 的回译采用的是"政府"。有一点需要指出，该软件对"管理"的用词不同于前面两个软件，采用的是同义词 Administration 而不是 Management。

（4）百度翻译处理结果与有道翻译有相似之处。从百度翻译的英语译文可以看出，百度翻译与有道翻译一样，将核心成分 Measures 前置到词条首位,凸显了该词条的意义重点。不同之处在于,该软件采用的语义切分模式为"江苏省政府+信息化服务管理+办法",形成的匹配模式(不考虑引导词)为"江苏省政府 Jiangsu Provincial Government+信息化服务管理 Administration of Informatization Services+办法 Measures"。"江苏省政府"翻译为 Jiangsu Provincial Government,符合本书的系统性翻译原则。"信息化"翻译为 Informatization,"管理"采用的英译是 Administration。

从上面的软件翻译结果可以得出如下结论。

(1)"江苏省政府+信息化服务+管理办法"的语义切分是比较符合我们的认知的,后续翻译时采用这种语义切分模式是合适的。

(2)汉译英采用核心成分前置处理是合适的。这是汉译英中常用的表达方式,以强调英语句法和汉语句法的不同。通常情况下,汉语句法是核心成分后置的,前面会有很多的修饰成分,而英语句法中是核心成分前置的,修饰成分通过引导词后移到核心成分之后,所以翻译软件中将核心成分前置是较好的汉译英方法。

(3)将"信息化"翻译明晰化,把隐含的"-化"通过词汇形态变化体现出来。

翻译软件对"信息化"和"管理办法"的一致性翻译结果对确定该词条的翻译很重要。从前面的分析可知,"江苏省政府+信息化服务+管理办法"中,没有歧义的关键词为"江苏省政府 Jiangsu Provincial Government""服务 service""办法 measures",接下来需要确定关键词"信息化"和"管理"的翻译。下面我们先统计了含关键词"信息化"的词条英译(表 3-98),以保证最终的翻译符合"同场同模式"特征。

表 3-98 含关键词"信息化"的词条英译

汉语	英译
国家信息化发展战略	*National IT Application Development Strategy
信息化	informatization
国家信息化体系	national informatization system
网络安全和信息化	network security and informatization
信息化与工业化融合	integration of informatization and industrialization
《国家信息化发展战略纲要》	* Outline of National IT Development Strategy
国家政务信息化工程	project of informatization for national government affairs
《"十三五"国家政务信息化工程建设规划》	Construction Planning for "13th Five-Year" National Government Affairs Informatization Project

汉语	英译
中国共产党中央网络安全和信息化委员会	*（CPC）The Central Cyberspace Affairs Commission
英国信息化基础设施领导委员会	*E-Infrastructure Leadership Council（UK-ELC）
中国信息化推进联盟	*China Federation of IT Promotion（CFIP）
信息化金融机构	informationalized financial institution
《海南省政务信息化管理办法》	Administrative Measures of Hainan Province for Government Affairs Informatization

表 3-98 中的"信息化"处理分析如下。

（1）常规主流的翻译为 informatization，这个英译和翻译锚百度百科提供的英译是一致的，翻译锚术语在线英译主要有 informatization、informationization。

（2）将"信息化"翻译为 IT。这种处理方法多见于约定俗成的专有名词，包括"国家信息化发展战略*National IT Application Development Strategy""《国家信息化发展战略纲要》* Outline of National IT Development Strategy""中国信息化推进联盟*China Federation of IT Promotion（CFIP）"。

（3）将"信息化"隐含处理，不进行翻译。常出现在约定俗成的机构命名中，包括"中国共产党中央网络安全和信息化委员会*（CPC）The Central Cyberspace Affairs Commission""英国信息化基础设施领导委员会*E-Infrastructure Leadership Council（UK-ELC）"。

（4）将"信息化"的英语翻译进行变形处理，例如"信息化金融机构 informationalized financial institution"。当"信息化"作为附属成分修饰核心成分时，需要变形为形容词态，以适应语法的需要。

由此，我们认为可以采用"信息化 informatization"翻译模式。下面来查询"管理办法"的一致性翻译。我们又统计了本系统中含关键词"管理办法"的词条英译（表 3-99）。

表 3-99 含关键词"管理办法"的词条英译

汉语	英译
《贵阳大数据交易所数据确权暂行管理办法》	Interim Administrative Measures for Data Rights Confirmation in（Guiyang）Global Big Data Exchange
《非金融机构支付服务管理办法》	*Non-Financial Institution Payment Service Management Measures
《互联网信息服务管理办法》	*Measures on the Administration of Internet Information Services
《科学数据管理办法》	*Measures for the Management of Scientific Data

续表

汉语	英译
《电子银行业务管理办法》	*The Measures Governing Electronic Bank
《互联网医疗保健信息服务管理办法》	*Measures for the Administration of Internet Medical and Health Care Information Services
《计算机信息网络国际联网安全保护管理办法》	*Computer Information Network and Internet Security Protection and Management
《气象信息服务管理办法》	*Measures for the Administration of Meteorological Information Service
《互联网域名管理办法》	*Measures for the Administration of Internet Domain Names
《电信业务经营许可管理办法》	*Administrative Measures for the Licensing of Telecommunication Business Operations
《互联网药品信息服务管理办法》	*The Measures Regarding the Administration of Drug Information Service over the Internet
《河北省地理信息交换共享管理办法》	Administrative Measures of Hebei Province for Geographic Information Exchange and Sharing
《江苏省政府信息化服务管理办法》	Administrative Measures of Jiangsu Provincial Government for Informatization Service
《浙江省地理空间数据交换和共享管理办法》	Administrative Measures of Zhejiang Province for Geo-Spatial Data Exchange and Sharing
《浙江省公共数据和电子政务管理办法》	Administrative Measures of Zhejiang Province for Public Data and E-Government Affairs
《福建省政务数据管理办法》	Administrative Measures of Fujian Province for Government Affairs Data
《湖南省地理空间数据管理办法》	Administrative Measures of Hunan Province for Geo-Spatial Data
《海南省政务信息化管理办法》	Administrative Measures of Hainan Province for Government Affairs Informatization
《重庆市地理信息公共服务管理办法》	Administrative Measures of Chongqing City for Geographic Information Public Service
《四川省地理信息交换共享管理办法》	Administrative Measures of Sichuan Province for Geographic Information Exchange and Sharing
《贵阳市政府数据资源管理办法》	Administrative Measures of Guiyang Municipal Government for Data Resources
《青海省地理空间数据交换和共享管理办法》	Administrative Measures of Qinghai Province for Geo-Spatial Data Exchange and Sharing
《教育部科技基础资源数据平台建设管理办法》	Administrative Measures of Ministry of Education for Construction of Science and Technology Basic Resources Data Platform
《信息安全等级保护管理办法》	*Administrative Measures for the Graded Protection of Information Security
《中国极地科学考察样品和数据管理办法》	Administrative Measures for Samples and Data from China Polar Scientific Expeditions
《非银行支付机构网络支付业务管理办法》	*Administrative Measures for the Online Payment Business of Non-Banking Payment Institutions
《网络表演经营活动管理办法》	*Measures for the Administration of Cyber Performance Business Operations

续表

汉语	英译
《交通运输政务信息资源共享管理办法》	Administrative Measures of Communications and Transportation for Government Affairs Information Resources Sharing
《上海市政务数据资源共享管理办法》	Administrative Measures of Shanghai City for Government Affairs Data Resources Sharing
《上海市法人信息共享与应用系统管理办法》	Administrative Measures of Shanghai City for Legal Person Information Sharing and Application System
《福建省政务信息共享管理办法》	Administrative Measures of Fujian Province for Government Affairs Information Sharing
《山东省政务信息资源共享管理办法》	Administrative Measures of Shandong Province for Government Affairs Information Resources Sharing

表3-99中"管理办法"的翻译呈现多元的特征。

（1）主流翻译采用的是"管理办法 administrative measures"。这种翻译方法将"管理"翻译为 administrative，体现了行政管理的特点，"办法"翻译为 measures，也符合我们前面翻译软件对关键词的翻译。该翻译模式在专有名词中也已约定俗成，例如"《非银行支付机构网络支付业务管理办法》*Administrative Measures for the Online Payment Business of Non-Banking Payment Institutions""《信息安全等级保护管理办法》*Administrative Measures for the Graded Protection of Information Security""《电信业务经营许可管理办法》*Administrative Measures for the Licensing of Telecommunication Business Operations"。

（2）采用（The）Measures for/on/regarding the Administration/Management of ... 模式，例如"《网络表演经营活动管理办法》*Measures for the Administration of Cyber Performance Business Operations""《互联网信息服务管理办法》*Measures on the Administration of Internet Information Services""《互联网医疗保健信息服务管理办法》*Measures for the Administration of Internet Medical and Health Care Information Services""《气象信息服务管理办法》*Measures for the Administration of Meteorological Information Service""《互联网域名管理办法》*Measures for the Administration of Internet Domain Names""《科学数据管理办法》*Measures for the Management of Scientific Data""《互联网药品信息服务管理办法》*The Measures Regarding the Administration of Drug Information Service over the Internet"。这种翻译模式是将"管理办法"切分为"管理+办法"，即"管理……的办法"，与"管理办法 Administrative Measures"所强调的"管理（的）办法"语义上是有区分的。

（3）其他类别翻译。这部分约定俗成的词条对"管理办法"的翻译没有形成范式，往往有各自的特点。例如，"《非金融机构支付服务管理办法》*Non-Financial Institution Payment Service Management Measures"将"管理办法"翻译为 Management Measures 并后置于词尾；"《电子银行业务管理办法》*The Measures Governing Electronic Bank"将"管理"翻译成 Governing 动词态；"《计算机信息网络国际联网安全保护管理办法》*Computer Information Network and Internet Security Protection and Management"将"管理办法"翻译为 Management，隐含了"办法"。

由"管理办法"的系统性翻译可见，"管理办法 administrative measures"这种模式是主流的翻译模式，可以在后续的翻译中采用。

综上，我们完成了对"江苏省政府信息化服务管理办法"的切分部分的翻译，即"江苏省政府 Jiangsu Provincial Government""信息化服务 Informatization Service""管理办法 Administrative Measures"，按照句法要求进行引导词添加，最后形成此词条的翻译"《江苏省政府信息化服务管理办法》Administrative Measures of Jiangsu Provincial Government for Informatization Service"，首字母依约进行大写。

3.4.29 "交通大数据"的翻译

翻译锚中没有"交通大数据"的词条。我们需要查看翻译软件的英译和回译结果（表 3-100）。

表 3-100 "交通大数据"在翻译软件中的英译和回译结果对比

翻译软件	汉语	英译	回译
DeepL 翻译	交通大数据	Traffic Big Data	交通大数据
Google 翻译	交通大数据	Traffic Big Data	流量大数据
有道翻译	交通大数据	Traffic big data	交通大数据
百度翻译	交通大数据	Traffic big data	交通大数据

从翻译软件的处理结果可以看出，"交通大数据"对应的是 traffic big data。

我们尝试 big data in transportation 和 big data in traffic 两种翻译。将这两个结果输入到软件中进行回译。回译时发现"交通 transportation"模式和"流量 traffic"模式接受度较高，也就是说 big data in transportation 翻译为"交通大数据"是可行的。

根据同场同模式原则，决定将"交通大数据"翻译为 big data in

transportation。在本系统中"大数据应用"部分涉及多个以"大数据"为关键词的翻译项，而且，除了得到广泛应用的"时空大数据#spatio-temporal big data"采用"形容词 + big data"模式外，绝大部分词条都采用的是"big data in + 名词"形式。"名词 + 大数据"类词条英译项计见表 3-101。

表 3-101 "名词 + 大数据"类词条英译

汉语	英译
医疗大数据	#big data in health and medical care
教育大数据	#big data in education
文化大数据	#big data in culture
旅游大数据	#big data in tourism
交通大数据	big data in transportation
农业大数据	big data in agriculture
工业大数据	#big data in industry
安全大数据	big data in security
电子商务大数据	big data in electronic commerce
科学大数据	big data in science
时空大数据	#spatio-temporal big data
组学大数据	#big data in omics

所以，从同场同模式的系统性角度来说，采用"交通大数据 big data in transportation"是符合一致性原则的。该词条在翻译软件中没有得到一致性翻译，网络中也没有对应性翻译，我们根据系统性原则认定其属于三级词条，不进行标注。

所以，"交通大数据"翻译为 big data in transportation。

3.4.30 "金融风险监管政策文本"的翻译

母词条的翻译需要综合子词条的翻译进行。"金融风险监管政策文本"是一个母词条，内含"金融风险""（金融）监管""政策文本"三个子词条。由于"金融风险监管政策文本"没有在翻译锚中建立独立词条，所以对其翻译需要综合子词条的翻译进行。

翻译锚中有"金融风险"的英译和释义。

> 多种金融类型风险的总称。包括公司贷款违约等所有下行风险的潜在经济损失。（术语在线 2018 年公布的计算机科学技术名词"金融风险"，英译为 financial risk）

金融风险（financial risk）指的是与金融有关的风险，如金融市场风险、金融产品风险、金融机构风险等。一家金融机构发生的风险所带来的后果，往往超过对其自身的影响。金融机构在具体的金融交易活动中出现的风险，有可能对该金融机构的生存构成威胁；具体的一家金融机构因经营不善而出现危机，有可能对整个金融体系的稳健运行构成威胁；一旦发生系统风险，金融体系运转失灵，必然会导致全社会经济秩序的混乱，甚至引发严重的政治危机。（百度百科"金融风险"词条）

翻译锚中有"金融监管"的英译和释义。

政府通过特定机构（如中央银行）对金融业的限制、管理和监督。主要内容是按照法律和货币政策对各金融机构的市场准入、市场经营流程和市场退出实施严格管理，通过行政手段严格控制各金融机构设置和其资金营运的方式、方向、结构，甚至严格规定金融业人员资格。（术语在线 2016 年公布的计算机科学技术名词"金融监管"，英译为 financial regulation）

金融监管（financial regulation）是政府通过特定的机构，如中央银行、证券交易委员会等对金融交易行为主体作的某种限制或规定。本质上是一种具有特定内涵和特征的政府规制行为。金融监管可以分成金融监督与金融管理。金融监督指金融主管当局对金融机构实施的全面性、经常性的检查和督促，并以此促进金融机构依法稳健地经营和发展。金融管理指金融主管当局依法对金融机构及其经营活动实施的领导、组织、协调和控制等一系列的活动。（百度百科"金融监管"词条）

"政策文本 policy text"为现有词条。网络中对该词条的使用较为广泛，其翻译可用于子词条的翻译。考虑到本系统中用到的文本呈现多样性，采用复数形式更为妥切，我们将英语翻译调整为 policy texts。

综上所述，三个子词条完成之后，我们可以将母词条"金融风险监管政策文本"翻译为 policy texts for financial risk and regulation。

3.4.31 "金融隐私权法"的翻译

对专有名词的翻译采用借用原则。该词条是专有名词，专指 1978 年美国通过的 Right to Financial Privacy Act。由于汉语提供的词条中没有提到年代 1978 年，我们在英语翻译时，也相应隐去年代，按照专有名词对待，所以翻译为"《金融隐私权法》*Right to Financial Privacy Act"。尊重原译，此处"权利"采用单数，不进行更改。

3.4.32 "开放数据授权协议"的翻译

翻译锚百度百科提供了"开放数据协议"的释义。我们在进行系统翻译时，需要查询词条的来源，这对标注词条的等级是至关重要的。如果是一级或二级词条，说明词条已经形成了约定俗成的翻译项，特别是一级词条，是不能够进行自行翻译的。如果在网络使用或约定中没有相关陈述，我们则进行自行翻译，并认定鲜有使用的词条为三级词条。在处理词条分类时，我们采用"尽量一致"原则，如果有英语原译，即使汉语的表述有细微差异，仍会采用原译，而不对原译进行调整。在"开放数据授权协议"的翻译中，我们发现百度百科提供了"开放数据协议"的释义，这个专有名词源于英语原译，从汉语表达来说，两个词条差异在于"授权"。从语义分析可知，先有"协议"而后有"授权"，后者是蕴含在前者中的，也就是说，"授权协议"和"协议"语义重合度要远大于语义差异度，所以，在英语传入中国时，译者有可能补全了隐含的"授权"。这样，我们回译回英语时，可以再次把"授权"隐入"协议"中不译，即接受"开放数据授权协议"与"开放数据协议"的一致表达。翻译锚提供了"开放数据协议"的英译和释义。

> 开放数据协议（Open Data Protocol，简称 OData）是由微软于 2007 年发起的开放协议。当时的开发代号叫"Project Astoria"。于 2009 年更名为 Open Data Protocol。开放数据协议在微软内部演进了三个主要的版本，分别是 1.0（2007 年），2.0（2009 年）和 3.0（2009 年以后）。2014 年 3 月 17 日，开放数据协议经由 OASIS 批准，正式成为开放工业标准。（百度百科"开放数据协议"词条）

所以，我们采用一级分类的专有名词"*Open Data Protocol（OData）"作为"开放数据授权协议"的翻译模式，而不采用直译的三级分类 Open Data Authorization Protocol。

3.4.33 "逻辑数据模型""物理数据模型"的翻译

翻译锚中有"逻辑数据模型"的英译和释义。

描述概念数据模型中空间实体和现象及其关系的逻辑结构。是计算机系统对空间认知和抽象的中间层。(术语在线 2020 年公布的测绘学名词"逻辑数据模型",英译为 logical data model)

逻辑数据模型(Logic Data Model,LDM)是一种图形化的展现方式,一般采用面向对象的设计方法,有效组织来源多样的各种业务数据,使用统一的逻辑语言描述业务。借助相对抽象、逻辑统一且结构稳健的结构,实现数据仓库系统所要求的数据存储目标,支持大量的分析应用,是实现业务智能的重要基础,同时也是数据管理分析的工具和交流的有效手段。(百度百科"逻辑数据模型"词条)

此外,有道翻译也对"逻辑数据模型"进行了释义。

逻辑数据模型(Logical Data Model)是指全企业或某一子系统所有逻辑数据库的列表。逻辑数据模型能更科学准确地反映用户的信息需求。(有道翻译)

由此,我们得到两个英语翻译,即"逻辑"名词态翻译和"逻辑"形容词态翻译。

"逻辑数据模型 Logic Data Model"和"逻辑数据模型 Logical Data Model"翻译有区别。翻译软件对"逻辑数据模型"的英译和回译结果见表 3-102。

表 3-102 "逻辑数据模型"在翻译软件中的英译和回译结果对比

翻译软件	汉语	英译	回译
DeepL 翻译	逻辑数据模型	Logical Data Model	逻辑数据模型,逻辑性数据模型,理论数据模型,逻辑数据模式
		Logical Data Models	逻辑数据模型,逻辑性数据模型,逻辑的数据模型,逻辑数据模式
Google 翻译	逻辑数据模型	Logical data model	逻辑数据模型
有道翻译	逻辑数据模型	Logical Data Model	逻辑数据模型,逻辑资料模型,模型设计
百度翻译	逻辑数据模型	Logical Data Model	逻辑数据模型

从表 3-102 中可以看出,符合回译一致性结果的翻译是"逻辑数据模型 logical data model"。有道翻译和百度翻译将"Logical Data Model,LDM"认定为专有名词,并对已约定俗成翻译项的词条标注了英式和美式英语的

发音。而且 Google 翻译软件进行回译时，其系统默认"逻辑数据模型"的翻译是 logical data model；当我们输入 logic data model 时，其系统自动提示"您是不是要找 logical data model？"，这说明在英语使用中，logical data model 更适合。

相似结构"物理数据模型"的翻译可类推"逻辑数据模型"的结果，其在翻译锚中有英译和释义。

> 概念数据模型在计算机内部具体的存储形式和操作机制，属于对空间认知和抽象的最底层次。（术语在线 2020 年公布的测绘学名词"物理数据模型"，英译为 physical data model）
>
> 物理数据模型（Physical Data Model，PDM），是指提供系统初始设计所需要的基础元素，以及相关元素之间的关系。即用于存储结构和访问机制的更高层描述，描述数据是如何在计算机中存储的，如何表达记录结构、记录顺序和访问路径等信息。（百度百科"物理数据模型"词条）

"物理数据模型"在四个翻译软件中也都翻译为 Physical Data Model，而且回译结果也一致。所以，从系统一致性原则来说，"逻辑数据模型 Logical Data Model，LDM"与"物理数据模型 Physical Data Model，PDM"较为匹配。

综上所述，我们采纳"逻辑数据模型*Logical Data Model（LDM）""物理数据模型*Physical Data Model（PDM）"的翻译结果，并将这两个词条认定为专有名词。

3.4.34 "农业大数据"的翻译

翻译锚提供了该词条的释义。

> 农业大数据是融合了农业地域性、季节性、多样性、周期性等自身特征后产生的来源广泛、类型多样、结构复杂、具有潜在价值，并难以应用通常方法处理和分析的数据集合。（百度百科"农业大数据"词条）

该释义没有提供相应的英语翻译。

"农业大数据"具有多个翻译可能。软件翻译和网络查询结果显示该词条主要的翻译模式为两个:"农业"形容词态的 agricultural big data 和"农业"名词态的 big data in agriculture。两种翻译模式的选择还需要在本系统中进行模式确认,以便符合同场同模式原则。

本系统多采用"……大数据 big data in ..."模式,统计见表 3-103。

表 3-103 "big data in..."模式统计

汉语	英译
医疗大数据	#big data in health and medical care
教育大数据	#big data in education
文化大数据	#big data in culture
旅游大数据	#big data in tourism
交通大数据	big data in transportation
工业大数据	#big data in industry
安全大数据	big data in security
电子商务大数据	big data in electronic commerce
科学大数据	big data in science
时空大数据	#spatio-temporal big data
组学大数据	#big data in omics

根据同场同模式原则,big data in agriculture 翻译模式更适合本系统的一致性原则,所以我们将"农业大数据"翻译为 big data in agriculture。

3.4.35 "全国电子商务产品质量大数据应用中心"的翻译

该词条的词串较长,需要先行进行语义分析。关键词切分为"全国""电子商务""产品质量""大数据""应用中心"。其中,较为紧密的语义关系为"全国+电子商务产品质量+大数据应用中心"。

网络中"全国大数据应用中心 national big data application center"得到广泛应用,我们只需要将"电子商务产品质量"翻译完成即可。在核心成分认定上,"全国大数据应用中心"是需要前置处理的首要成分,"电子商务产品质量"表达"中心"的任务目的或目标,可以使用介词 for 引导。

所以,"全国电子商务产品质量大数据应用中心"可翻译为 national big data application center for electronic commerce product quality。

3.4.36 "全国信安标委大数据安全标准特别工作组"的翻译

词条翻译的译前处理很重要。该词条是一个合成词条,由一个专有名词和待定名词组成。专有名词是"全国信安标委（全国信息安全标准化技术委员会）National Information Security Standardization Technical Committee"，待定名词是"大数据安全标准特别工作组"。翻译的困难是待定名词的翻译具有不确定性。

网络提供了"大数据安全标准特别工作组"的缩略词。在网页（https://blog.csdn.net/tmb8z9vdm66wh68vx1/article/details/106066017）中可以看到："全国信息安全标准化技术委员会（TC260）（以下简称：委员会）大数据安全标准特别工作组（SWG-BDS）2020 年首次全体会议即将在 5 月 13-15 日召开，会议由清华大学组织开展，工作组 320 多家成员单位代表将会在本次会议上参与讨论。"由此可见"大数据安全标准特别工作组"的缩略词为 SWG-BDS。"大数据安全"可翻译为 Big Data Security（BDS），"特别工作组"可翻译为 Special Working Group（SWG），所以，我们推断"大数据安全标准特别工作组"应该翻译为 Special Working Group-Big Data Security。

所以，我们通过介词 for 连接上述两个成分，最后翻译为"全国信安标委大数据安全标准特别工作组 Special Working Group-Big Data Security（SWG-BDS）for National Information Security Standardization Technical Committee"。

3.4.37 "全国音频、视频和多媒体标准化技术委员会"的翻译

"标准化技术委员会"的翻译模式可用于后续词条的借鉴。翻译锚未提供"全国音频、视频和多媒体标准化技术委员会"的释义。但我们在中国电子技术标准化研究院官网查询了释义。

> 全国音频、视频及多媒体系统与设备标准化技术委员会于 1999 年由原国家质量技术监督局和信息产业部批准成立。负责全国音视频及多媒体技术专业领域标准化工作，是在音频、视频及多媒体系统与设备领域内从事全国性标准化工作的技术组织。[①]

但是，网页没有提供英语翻译。根据前面的翻译模式可知，"标准化技术委员会... Technical Committee for ... Standardization"是可行的。

"全国自动化系统与集成标准化技术委员会"的翻译可供借鉴，该词条在翻译锚中有英译和释义。

---

① http://www.cesi.cn/201701/1785.html.

全国自动化系统与集成标准化技术委员会（China National Technical Committee for Automation Systems and Integration Standardization）是由国家质检总局[①]、国家标准化管理委员会领导，全国性标准化技术工作组织（编号 SAC/TC159），主要负责产品设计、采购、制造和运输、支持、维护、销售过程及相关服务的自动化系统与集成领域的标准化工作，包括信息系统、工业及特定非工业环境中的固定和移动机器人技术、自动化技术、控制软件技术及系统集成技术。（百度百科"全国自动化系统与集成标准化技术委员会"词条）

该词条的英译再次验证了"标准化技术委员会... Technical Committee for ... Standardization"翻译模式是妥切的。

所以，根据前面的分析，我们将"全国音频、视频和多媒体标准化技术委员会"翻译为 China National Technical Committee for Audio，Video and Multimedia Standardization。

3.4.38 "全国智能运输系统标准化技术委员会"的翻译

翻译锚提供了英译和释义。

全国智能运输系统标准化技术委员会（以下简称标委会）（*National Technical Committee on Intelligent Transport Systems of Standardization Administration of China）将由国家标准化管理委员会直接管理，具体从事全国性智能运输系统标准化工作的技术组织工作，负责智能运输系统领域的标准化技术归口工作。其主要工作范围包括：地面交通和运输领域的先进交通管理系统、先进交通信息服务系统、先进公共运输系统、电子收费与支付系统、货运车辆和车队管理系统、智能公路及先进的车辆控制系统、交通专用短程通信和信息交换，以及交通基础设施管理信息系统中的技术和设备标准化。（百度百科"全国智能运输系统标准化技术委员会"词条）

从翻译模式来说，该词条也符合我们"标准化技术委员会... Technical Committee for ... Standardization"翻译模式，唯一不同的是介词 for 替换成了 on，整体翻译没有大的改变。该词条英语翻译是约定俗成的一级词

[①] 后合并入"国家市场监督管理总局"。

条，尊重原译。

所以，"全国智能运输系统标准化技术委员会"翻译为*National Technical Committee on Intelligent Transport Systems of Standardization Administration of China。

3.4.39 "全域窄带物联网试点城市"的翻译

翻译锚提供了"窄带物联网"的英译和释义。

> 窄带物联网（Narrow Band Internet of Things，NB-IoT）成为万物互联网络的一个重要分支。NB-IoT 构建于蜂窝网络，只消耗大约 180kHz 的带宽，可直接部署于 GSM 网络、UMTS 网络或 LTE 网络，以降低部署成本、实现平滑升级。（百度百科"窄带物联网"词条）

"全域"是"全域（覆盖的）"的缩略形式。在翻译时，有 with full coverage 和 global 两种模式，前者为词组，后者为单词。在对两种方式进行选择时，从经济性原则出发，在语义差异不大的情况下，我们采纳 global 模式。

"试点城市"中的"试点"通常翻译为 pilot。在本系统中，"试点"关键词有一致性的翻译，例如，"《农业农村大数据试点方案》Pilot Program for Agricultural and Rural Big Data""'数字公民'试点# 'Digital Citizenship' pilot（project）""智慧城市时空信息云平台建设试点 construction pilot（project）of smart city for spatio-temporal information cloud platform""《公共信息资源开放试点工作方案》*Work Plan for the Pilot Program of Opening of Public Information Resources""《推进'互联网＋政务服务'开展信息惠民试点实施方案》Pilot Implementation Program for Promoting 'Internet Plus Government Affairs Service' and Developing Information to Benefit the People""国家电子政务综合试点 comprehensive pilot zone of national e-government affairs"。所以，"试点城市"翻译为 pilot city 是可行的。

综上所述，"全域窄带物联网试点城市"翻译为"*Pilot City for Global Narrow Band Internet of Things（NB-IoT）"，按照约定俗成的一级词条处理。

3.4.40 "软交所科技金融超市"的翻译

该词条翻译涉及"软交所""科技""金融超市"三个关键词。

"软交所"是专有名词,翻译为 Software and Information Services Exchange。

"金融超市"是约定俗成且已经词汇化的词条,翻译为 FinSupermarket。

"科技"的翻译为 Science and Technology。

在语义分析上,我们认为"金融超市"是核心成分,"软交所"是限定成分,"科技"是目的,最后形成的翻译模式为"软交所科技金融超市 *FinSupermarket of Software and Information Services Exchange for Science and Technology"。

3.4.41 "厦门市民卡虚拟卡平台"的翻译

"厦门市民卡虚拟卡平台"无法在网络中找寻到对应性英语翻译。

词条翻译需要先进行语义切分。"厦门市民卡"应该切分为"厦门+市民卡"而不应是"厦门市+民卡",其他两项切分为"虚拟卡+平台",最后形成的切分词项为"厦门""市民卡""虚拟卡""平台"。整个词条的核心成分为"虚拟卡平台"。根据汉译英的翻译原则,核心成分需要前置处理。

最后形成的翻译模式为"厦门市民卡虚拟卡平台 virtual card platform of Xiamen for citizen card"。

3.4.42 "上海数据交易中心数据互联规则"的翻译

"上海数据交易中心 Shanghai Data Exchange"是约定俗成的专有名词。在翻译"上海数据交易中心数据互联规则"时,我们需要分别找寻关键词翻译项。"上海数据交易中心"是一个既定机构,其命名提供了英语翻译,我们尊重原译。

"数据互联"在网络上有广泛使用。该词条在网络上的主要翻译有两个:Data Exchange 或 crossflow。分析这两个翻译,我们发现,前者是直译法,后者是词汇化法;前者多译为"数据互联",后者多译为"互联数据"。我们决定采纳前者,代入后形成"上海数据交易中心数据互联规则 Data Exchange Rules of Shanghai Data Exchange"。

翻译软件回译方法可以用于评判翻译效果。我们在各翻译软件中对 Data Exchange Rules of Shanghai Data Exchange 进行回译,发现结果与汉语相去甚远。根本原因在于先后两次出现的 exchange 使用了差异较大的语义义项,第一个使用了"交换",第二个使用了"交易中心",先后两个 exchange 所指不同,导致部分软件出现较大翻译错误。所以,我们决定不采用 data exchange。由于 crossflow 已经在翻译锚百度百科中释义为"互联数据"(互联数据是指连接客户端和服务器之间的网络光纤所承载的全量、双向的通信数据），也不便作为"数据互联"翻译项。我们需要自行翻译"互联"。

用"互联 interconnection"替代"交换 exchange"，回译效果较好。通过网络查询"互联"和翻译软件筛选，"互联"可以翻译为 interconnection。最后形成翻译"《上海数据交易中心数据互联规则》*Data Interconnection Rules of Shanghai Data Exchange"，由于"上海数据交易中心"是专有名词，此词条按照一级词汇处理。

3.4.43 "上海外滩拥挤踩踏事件"的翻译

翻译锚提供了该词条的释义。

　　2014年12月31日23时35分，正值跨年夜活动，因很多游客市民聚集在上海外滩迎接新年，上海市黄浦区外滩陈毅广场东南角通往黄浦江观景平台的人行通道阶梯处底部有人失衡跌倒，继而引发多人摔倒、叠压，致使拥挤踩踏事件发生，造成36人死亡，49人受伤。2015年1月21日，上海市公布12·31外滩拥挤踩踏事件调查报告，认定这是一起对群众性活动预防准备不足、现场管理不力、应对处置不当而引发的拥挤踩踏并造成重大伤亡和严重后果的公共安全责任事件。黄浦区政府和相关部门对这起事件负有不可推卸的责任。（百度百科"12·31上海外滩踩踏事件"[①]词条）

翻译锚百度百科提供了该词条的英语翻译"*2014 Shanghai Stampede"，我们加以借鉴，并按照专有名词对待。

3.4.44 "审查会设置法"的翻译

翻译该词条需要对其进行语义切分。有两种模式可以选择："审查会设置+法"或"审查会+设置法"。前者核心词是"法"，后者则为"设置法"。经过网络搜索和查询，我们发现最小化核心词的"审查会设置+法"是较为妥切的翻译模式，"审查会设置"多翻译为 Inspection Committee Establishment，"法"多翻译为 act，例如，"《信息公开与个人信息保护审查会设置法》"翻译为 Act on the Inspection Committee Establishment for the Information Disclosure and Personal Information Protection。

[①]百度百科原词条为"上海外滩拥挤踩踏事件"，后更改为"12·31上海外滩踩踏事件"。

所以，本系统中"审查会设置法"采用 Act on the Inspection Committee Establishment for ... 的翻译模式。

3.4.45 "石家庄市关于加快推进'大智移云'的实施方案"的翻译

该词条是多成分合成词条，需要对子词条进行分解翻译。

（1）"石家庄市"作为独立名词出现，采用 Shijiazhuang City（如果是"石家庄市政府"则采用 Shijiazhuang Municipal Government，前面已经区分了 municipal 和 city）。

（2）此处的"大智移云"中的"移云"为"云转移"，固有翻译为 cloud transfer，"大智"为"大智慧 great wisdom"，所以"大智移云"翻译为 great wisdom cloud transfer。

（3）"实施方案"翻译为 implementation program。

综上，整个词条可翻译为"Implementation Program of Shijiazhuang City for Accelerating and Promoting 'Great Wisdom Cloud Transfer'"。

3.4.46 "石山物联网农业小镇"的翻译

翻译锚提供了与该词条相关词条"物联网""农业物联网""互联网小镇"的英译和释义。

> 通过感知设备，按照约定协议，连接物、人、系统和信息资源，实现对物理和虚拟世界的信息处理并作出反应的智能服务系统。（术语在线 2022 年公布的编辑与出版学名词"物联网"，英译为 internet of things）
>
> 物联网（英文：Internet of Things，缩写：IoT）起源于传媒领域，是信息科技产业的第三次革命。物联网是指通过信息传感设备，按约定的协议，将任何物体与网络相连接，物体通过信息传播媒介进行信息交换和通信，以实现智能化识别、定位、跟踪、监管等功能。（百度百科"物联网"词条）
>
> 农业物联网一般应用是将大量的传感器节点构成监控网络，通过各种传感器采集信息，以帮助农民及时发现问题，并且准确地确定发生问题的位置，这样农业将逐渐地从以人力为中心、依赖于孤立机械的生产模式转向以信息和软件为中心的生产模式，从而大量使用各种自动化、智能化、远程控制的生产设备。（百度

百科"农业物联网"词条，英译为 Internet of Agriculture，缩写为IoA）

2015年7月下发的《国务院关于积极推进"互联网+"行动的指导意见》，直接加速了各种形态的互联网小镇建设，譬如互联网＋金融特色小镇，互联网＋电商产业小镇，互联网＋云商模式小镇，互联网＋农业生态小镇等等。（百度百科"互联网小镇"词条，英译为 Internet town）

由此，我们对"石山物联网农业小镇"翻译所需的关键词翻译项有所掌握，即"石山"是地名，翻译为 Shishan，"农业小镇"翻译为 agricultural town，"物联网"翻译为 internet of things。整个词条"石山物联网农业小镇"的语义分析为"物联网的石山农业小镇"，所以，最后的翻译为 Shishan agricultural town for internet of things，认定为三级词条。

3.4.47 "数据共享开放目录"的翻译

关键词"共享"的翻译准确性将决定该词条的翻译效果。本系统中"共享"的英文翻译主要分两种：shared 和 sharing。

对 shared 和 sharing 的语域角度的分析如下。

（1）shared 多使用在权利、资源的分享和再分配的翻译中。我们在翻译锚中查到了一系列"共享"关键词的英译和释义。

共享出行（Shared Mobility），网络流行词，是指人们无需拥有车辆所有权，以共享和合乘方式与其他人共享车辆，按照自己的出行要求付出相应的使用费的一种新兴交通方式。包括以打车软件、共享单车为代表的一大批创新模式。（百度百科"共享出行"词条）

共享充电宝（Shared charging point），是指企业提供的充电租赁设备，用户使用移动设备扫描设备屏幕上的二维码交付押金，即可租借一个充电宝，充电宝成功归还后，押金可随时提现并退回账户。（百度百科"共享充电宝"词条）

亚历杭德罗·托莱多在《共享型社会》（*The Shared Society*）一书中为实现理想中的共享型社会勾画了蓝图，不仅拉美人民整体会更富裕，40%穷人和社会边缘人群会成为新兴的中产阶级，民主制度的效率会提高，拉美特殊的生态系统将得到保护。托莱

多认为，拉美领导人必须具备非凡的视野、决心和胆识，带领拉美民众走上可持续发展之路。(百度百科"共享型社会"词条)

（2）sharing 多使用在政策的推广和信息的传达的翻译中，约定俗成的政策文件中多涉及 sharing 的使用，例如，"《信息共享与信息安全国家战略》*National Strategy for Information Sharing and Safeguarding""数据共享伦理*Ethics in Data Sharing""《政务信息资源共享管理暂行办法》*Interim Measures for the Administration of Sharing of Government Information Resources"等。

"数据共享开放目录"有两种语义切分方法：①"数据共享开放＋目录"；②"数据共享＋开放目录"。基于同场同模式的语义场理论，我们查询了本系统中含"数据共享开放 data sharing and opening"的词条，其采用的是既定翻译模式。所以，参照该模式，"数据共享开放＋目录"是较为妥切的翻译模式。其中，"目录"翻译为 catalogue。

最后，形成的词条翻译项包括"政府数据共享开放目录 catalogue of government data sharing and opening""《贵阳市政府数据共享开放条例》Regulations of Guiyang Municipal Government on Data Sharing and Opening"。

3.4.48 "数据政务应用"的翻译

翻译词条前需要进行语义分析。翻译锚中没有"数据政务应用"的释义。我们需要对其进行分析后自行翻译。

"数据政务应用"语义分析包括三种模式："数据政务＋应用""数据＋政务应用""（应用于）政务的数据应用"。在这些关键词的区分中，我们发现"政务""数据应用"是应用广泛的两个关键词，其在翻译软件中的英译和回译结果见表 3-104。

表 3-104 "数据应用""政务"在翻译软件中的英译和回译结果对比

翻译软件	汉语	英译	回译
DeepL 翻译	数据应用	data application	数据应用
	政务	government affairs	政务
Google 翻译	数据应用	Data application	数据应用
	政务	government affairs	政务
有道翻译	数据应用	Data applications	数据应用
	政务	Government affairs	政府事务
百度翻译	数据应用	Data application	数据应用
	政务	government affairs	政府事务

由表 3-104 可以看出,"数据应用""政务"基本形成了一致性翻译。这说明"(应用于)政务的数据应用"的语义切分翻译模式是最优化选项。

由于"政府事务"通常缩略为"政务",所以,有道翻译和百度翻译的"政府事务"回译与 DeepL 翻译和 Google 翻译的"政务"回译是一致的,这两个词条获得了一致性翻译结果。"政务"翻译为 government affairs。

综上,"数据政务应用"翻译为 data application for government affairs。

3.4.49 "腾讯政务云 1 分钱中标"的翻译

对该词条的翻译需要先掌握相关的综合知识。

首先,"腾讯政务云 Tencent Government Cloud"是专有名词,翻译时尊重原译。

其次,"中标"在网络中得到较为广泛的使用,英语翻译为 win the bidding。

再次,我们需要确定关键词"1 分钱"是中标的目的还是费用。如果是"用 1 分钱"就用介词 with,如果是"为了 1 分钱"就用介词 for。只有分析清楚内在的语义关系,才能确定介词的使用。通过网络查询该词条的出处,我们发现,这个事件是腾讯公司为了占领市场,1400 页标书只为了 1 分钱标的,所以我们用介词 for。

最后,根据关键词翻译项,综合背景知识,我们将"腾讯政务云 1 分钱中标"翻译为 Tencent Government Cloud winning the bidding for one cent。

3.4.50 "脱敏人口信息资源"的翻译

翻译锚百度百科提供了"数据脱敏"的释义。"数据脱敏"在英语原译中为 data desensitization。

通过对词条"脱敏人口信息资源"的语义分析可知,该词条是对人口信息资源进行脱敏处理,即"(经过)数据脱敏的人口信息资源"。其中,"人口信息资源"翻译为 population information resources,"数据脱敏"翻译为 data desensitization。

最后,形成"脱敏人口信息资源 population information resources of (data) desensitization"翻译模式。"数据"作为括号补充成分出现,以限定语域。

3.4.51 "网络人身攻击"的翻译

翻译锚提供了"人身攻击"的释义。

人身攻击，是指公然使用暴力侮辱他人人格或捏造并散布某种虚构的事实或以其他方法破坏他人名誉的行为。人身攻击主要是对他人良好名誉和人格尊严的侵害，使被攻击人遭受心理或精神上的压力和痛苦。（百度百科"人身攻击"词条）

百度百科提供的英译为 personal attack。在这个翻译中，"人身攻击"采用了意译法，即"（针对）个人（的）攻击"。通过添加"网络 network"，可形成"网络人身攻击"的翻译。

因此，"网络人身攻击"翻译为 network personal attack。

3.4.52 "网络市场监管"的翻译

"监管"关键词的翻译需要根据系统统计来确定。"网络市场监管"中，"网络 network"和"市场 market"都是确定项，但是，在"监管"的选择上有 regulation 和 supervision 两个选项。如何选择，需要在本系统中进行统计以确定选择概率。

"监管"在不同领域有不同的翻译倾向。通过对本系统中的词条进行统计，我们发现：①"监管"在金融领域中多翻译为 regulation，例如，"金融风险监管政策文本"翻译为 policy texts for financial risk and regulation；②"监管"在网络信息领域中多翻译为 supervision，例如，"关于运用大数据加强对市场主体服务和监管的若干意见"翻译为 Several Opinions on Using Big Data to Strengthen Service and Supervision of Market Entities，"欧盟数据保护监管局*European Data Protection Supervisor（EDPS）"中也采用的是与 supervision 共享词根的 supervisor。

综合以上信息，"网络市场监管"属于网络信息领域，"监管"应该翻译为 supervision，所以我们将"网络市场监管"翻译为 network market supervision。

3.4.53 "无锡国家传感网创新示范区"的翻译

词条翻译可借鉴国家批示公文中的英语翻译。术语的翻译通常需要先行搜索约定性，确定词条是否形成了约定俗成特性。这个查找的过程虽费时费力但不可缺少，尤其对于国家重量级示范区或实验室的机构，错误的译名常导致"失之毫厘、谬以千里"的情况出现。

在"无锡国家传感网创新示范区"的网络搜索中，我们无法找到该示范区的英文表达，但是在对外宣传中，我们找到了相关陈述。

China's State Council approved the building of a national-level innovative demonstration area of sensor networks in Wuxi.

所以，我们认为该词条应该是专有名词，即"无锡国家传感网创新示范区*National-Level Innovative Demonstration Area of Sensor Networks in Wuxi"。由此，我们也确定了"示范区"的翻译，即 demonstration area。

本书的大数据领域名词含"示范区 demonstration area"的词条还包括"'感知中国'示范区#'Experiencing China' Demonstration Area""贵阳·贵安大数据产业发展集聚示范区 Cluster Demonstration Area of Gui'an of Guiyang for Big Data Industry Development"。

所以，我们借鉴对外宣传中的英语陈述，采纳"无锡国家传感网创新示范区*National-Level Innovative Demonstration Area of Sensor Networks in Wuxi"翻译模式。

3.4.54 "物联网大田系统"的翻译

该词条的关键词分为"物联网""大田""系统"。翻译锚术语在线和百度百科提供了"物联网"的英译 Internet of Things 和释义。"大田"在网络中广泛使用，英译多为 land for growing field crops。"系统"翻译为 system。

"物联网大田系统"的语义关系应该是"为大田系统（服务）的物联网"，即"物联网"是技术手段，"大田系统"是服务根本，形成的翻译应为 internet of things for system of land for growing field crops。

3.4.55 "扬雄周期原理"的翻译

翻译锚没有提供"扬雄周期原理"的释义，但我们找到了相关词条的英译和释义。

> 循环周期理论认为事物的发展有一个从小到大和从大到小的过程，这种循环发展的规律在证券市场也存在。循环周期理论认为，无论什么样的价格活动，都不会向一个方向永远走下去。价格的波动过程必然产生局部的高点和低点，这些高低点的出现，在时间上有一定的规律。我们可以选择低点出现的时间入市，高点出现的时间离市。（百度百科"循环周期理论"词条，英译为 Cycle principle）
>
> 经济周期（Business Cycle）：也称商业周期、景气循环，经

济周期一般是指经济活动沿着经济发展的总体趋势所经历的有规律的扩张和收缩。是国民总产出、总收入和总就业的波动,是国民收入或总体经济活动扩张与紧缩的交替或周期性波动变化。过去把它分为繁荣、衰退、萧条和复苏四个阶段,表现在图形上叫衰退、谷底、扩张和顶峰更为形象,也是现在普遍使用的名称。(百度百科"经济周期"词条)

从上面两个词条释义可以看出,"周期"翻译为 cycle,这是确定性的。在"循环周期理论 Cycle principle"中,principle 更确切的翻译是"原理"而不是"理论",正确的 Cycle principle 也应该翻译为"(循环)周期原理"。

下面分析"扬雄"的翻译,我们在翻译锚查到了"扬雄"的释义。

扬雄(前53年—18年),又作杨雄,字子云,蜀郡成都(今四川成都)人。名士严君平弟子,庐江太守扬季五世孙。中国西汉末年哲学家、文学家、辞赋家、思想家。扬雄少年好学,不为章句之学而博览多识,沉默好思。40岁后始游京师,以辞赋而闻名。得到汉成帝的重视,任给事黄门郎,结交王莽。扬雄历成、哀、平三世,不能升迁。王莽篡位后,扬雄校书天禄阁,因符命案受牵连,被迫投阁,未死。后复召为大夫。天凤五年(18年),去世,时年七十一岁。(百度百科"扬雄"词条)

综上所述,"扬雄周期原理"中,"扬雄"是人名,采用拼音模式 Yangxiong,"周期"翻译为 cycle,"原理"翻译为 principle。最后,形成"扬雄周期原理 Yangxiong's cycle principle"。

3.4.56 "医疗大数据"的翻译

翻译锚提供了"医疗"的英译和释义。

医疗是一个汉语词语,有医治和疾病的治疗两个含义。(百度百科"医疗"词条,英译为 medical)

翻译锚术语在线和百度百科均将"医疗"英译为 medical。

国家机构提供了"医疗"的英译。在北大法律英文网上,相关词条"《国务院办公厅关于促进和规范健康医疗大数据应用发展的指导意见》"

提供了完整的英语翻译"*Guiding Opinions of the General Office of the State Council on Promoting and Regulating the Application and Development of Big Data in Health and Medical Care",其中,"医疗"翻译为 health and medical care①。

通过比较翻译锚和北大法律英文网对"医疗"的翻译可以看出,health and medical care 与"医治和疾病的治疗"两个语义是最贴近的。翻译锚的 medical 采用的是词汇化表达,而且作为"医疗(的)"解释时,常用于形容词,如果作为名词解释,则为"体格检查"。相对来说,术语的翻译较多倾向于名词,而且翻译时尽量避免歧义的产生,所以将"医疗"翻译为 health and medical care 较好一些。

综上,我们将"医疗大数据"翻译为 big data in health and medical care。本系统中含"医疗大数据 big data in health and medical care"的词条还有《内蒙古自治区健康医疗大数据应用发展规划(2016—2020年)》Development Planning of Inner Mongolia Autonomous Region for Big Data Application in Health and Medical Care(2016-2020)"。

3.4.57 "隐私权保护法"的翻译

"法 act"的前期认定可用于后续词条的翻译借鉴。我们前面已经验证了"法(法律)"在本系统中翻译为 act,这种用法在国外的很多约定俗成的专有名词中得到应用,例如,美国的"《隐私法案》*Privacy Act""《网上儿童隐私权保护法》*Children's Online Privacy Protection Act""《金融隐私权法》*Right to Financial Privacy Act"等。

美国《隐私权保护法》的翻译源于同模式词条的翻译。我们在网上搜寻美国《隐私权保护法》,无法找寻到相关翻译。但在搜索过程中,我们找寻到美国《网上儿童隐私权保护法》的翻译为 Children's Online Privacy Protection Act,该词条与《隐私权保护法》相比只增加了"网上儿童"这一关键词。我们推断,美国《隐私权保护法》的翻译可以通过删除词条 Children's Online Privacy Protection Act 中的"网上儿童 Children's Online"来实现。

综上,我们认为美国的"《隐私权保护法》"翻译为"*Privacy Protection Act"。

---

① http://lawinfochina.com/display.aspx?id=26003&lib=law&EncodingName=gb2312.

3.4.58 "用益数权制度"的翻译

"用益权"在翻译锚中有释义。

> 用益权是对他人所有之物享有的使用和收益的权利。源于罗马法，后为大陆法系民法所承受。按法国和德国民法典的规定，用益权依法律规定或当事人的意思设定。权利一经设定，财产的占有，使用和收益权即移转于用益权人。对消耗物，用益权人即为物之所有人，有权进行处分，对非消耗物，用益权人在维持其原来经济用途的前提下，有权按通常的经营方式或与所有人商定的方式处理。（百度百科"用益权"词条）

翻译锚只提供了释义，没有提供英译。

翻译软件提供了"用益权"和"用益权的"翻译，分别翻译为 usufruct、usufructuary。我们需要切分词条语义，并确定使用名词还是形容词。

"用益数权制度"的语义可切分为"用益＋数权＋制度"。整个词条的核心成分是"制度"，所以采用形容词 usufructuary 修饰"制度"是较为妥切，而且现有词条"数权 data rights"前面已认定，所以"用益数权制度"最后翻译为 usufructuary system of data rights。

3.4.59 "浙江省杭州市数据资源管理局"的翻译

该词条的翻译主要是确定"……省……市……局"的翻译模式。词条中"浙江省""杭州市""数据资源""管理局"都有确定的英语翻译。由于涉及三级机构"……省……市……局"，需要确定使用哪些介词和介词的位置，以形成系统性。根据我们前面的讨论，英语中最小的成分"局"需要前置处理，并通过 of 引领限定成分，"市"需要前置于"省"但后置于"局"，中间可以用逗号进行间隔。最后，形成 ... bureau of ... City, ... Province 模式，即"浙江省杭州市数据资源管理局 data resources management bureau of Hangzhou City, Zhejiang Province"。类似的还有"安徽省合肥市数据资源局 data resources bureau of Hefei City, Anhui Province""湖北省黄石市大数据管理局[①]big data management bureau of Huangshi City, Hubei Province""广东省佛山市南海区数据统筹局 data statistics and planning bureau of Nanhai District, Foshan City,

---

[①] 本书的大数据名词提供给笔者的时间是 2018 年，有的机构或事件名等后期或有更改。有的机构名称是对具有某职能的机构的概称，不是指固定的机构名。

Guangdong Province""广东省广州市大数据管理局 big data management bureau of Guangzhou City, Guangdong Province""四川省成都市大数据管理局 big data management bureau of Chengdu City, Sichuan Province"等。

3.4.60 "政府监管'伪共享'"的翻译

该词条的正确翻译需要确定两点。

（1）该词条形成的不应该是句子形式，而应该是一个词组形式，否则不符合术语名词翻译的规范。也就是说，形成的结构应该是"对'伪共享'的政府监管"，核心成分是"监管"，并通过 of 来体现领属关系。

（2）如前面在"网络市场监管"中所讨论的，"监管"有两个选项regulation 和 supervision，在金融领域中多翻译为 regulation，在网络信息领域中多翻译为 supervision。这种"政府监管"是信息网络领域的，不是金融领域的，选择 supervision 而不是 regulation。

所以，"政府监管'伪共享'"可翻译为"government supervision of 'false-sharing'"。

3.4.61 "治理数据化"的翻译

"治理"在翻译前需要确定词性。从"治理"这个词语的特征可知，该词既可以是动词态，后续宾语成分，形成如"治理荒山""治理沙漠"等结构；也可以是名词态，将"数据化"前置，形成如"数据化的治理"形式。

"治理"作为动词时的后续名词多蕴含负面信息。在语料库（http://bcc.blcu.edu.cn/zh/search/1/%E6%B2%BB%E7%90%86）中，我们对"治理"进行了统计，后接的名词包括"超标机动车、荒水、荒地、存安全隐患电梯、沙化土地、沙漠、沙地、落后村庄、荒沟、退化的草原、小流域、污染问题、滑坡、通货膨胀"等。从这些搭配词的特点可以看出，"治理"作为动词时，后接的名词是有语义色彩意义的，而且通常都是具有"灰色"语义特征的。在"治理数据化"的词条翻译中，如果将"治理"视为动词，后接的"数据"应该指向的是"不良数据"或"污损数据"，但是，我们查询了本系统中的相关文本，"治理数据化"中的"数据"是中性的，讨论的是互联网政务体系构建等，没有特别指出是具有"灰色"语义特征的"不良数据"。所以，从语义配义角度来说，"治理数据化"中的"治理"不应该是动词态。

"治理"名词态符合词条翻译要求。当"治理"动词态被淘汰后，其名词态被认定是符合条件的，形成的是"数据化的治理"翻译模式。这种处理模式说明，"治理"后接的是手段而不是宾语，"数据化（的）"采用的应该是形容词态。

综上,"治理数据化"形成的是"数据化(的)治理"这一语义表达,妥切的翻译应该是"治理数据化 datalized governance"。

3.4.62 "中国共产党中央网络安全和信息化委员会"的翻译

词条翻译要尊重原译,对于专有名词,需要标注为一级词条。对于"中国共产党中央网络安全和信息化委员会"的翻译,我们首先进入网页搜索,查证该词条是否是约定俗成的命名。经查证,该词条是一个中央机构的命名,而且在网站①上有非常明确的英语译名 The Central Cyberspace Affairs Commission。这里应该"名从主人",不能自行翻译机构名称。但是,考虑到该词条的限定词"中国共产党"没有在英语译名中得到体现,词条翻译的对等原则无法得到体现,我们拟添加缩略词 CPC 作为补充。由于原文不能更改,通过括号的方式补充了限定成分。最后形成了"中国共产党中央网络安全和信息化委员会*(CPC)The Central Cyberspace Affairs Commission"。其中,CPC 意指"中国共产党"(the Communist Party of China)。

3.4.63 "专家咨询委员会"的翻译

翻译锚没有提供"专家咨询委员会"的释义,但相关词条提供了类似翻译,例如"公共政策专家咨询委员会"中提供了"专家咨询委员会"的翻译。若嵌套在长词串中的"专家咨询委员会"符合语义和语用条件,可以借鉴使用。

翻译锚中有"公共政策专家咨询委员会"的释义。

> 来自经济学、社会学、管理学、法学、人口学、卫生政策研究等领域的 36 位知名专家,2014 年 1 月 16 日被国家卫生计生委聘为公共政策专家咨询委员会(Public Policy Expert Advisory Committee)成员。卫生计生工作正处在深化改革、转型发展的关键时期,迫切需要广泛听取各方意见,凝聚各领域和全社会的智慧。期待专家咨询委员会在理论创新、制度创新、破解难点问题、厘清思路和路径等方面发挥重要作用。(百度百科"公共政策专家咨询委员会"词条)

---

① https://www.uschina.org/sites/default/files/2021._04.15_-_cac.pdf.

从上面的释义可以看出,"专家咨询委员会"翻译成 Expert Advisory Committee。我们将英译 Expert Advisory Committee 输入翻译软件进行验证性分析,均得到一致性结果。所以,我们可以采用此翻译。

本系统中含"专家咨询委员会"的词条有两项,分别是"国家大数据专家咨询委员会#national big data expert advisory committee""贵州省大数据产业专家咨询委员会 big data industry expert advisory committee of Guizhou Province"。这两项的翻译都采用了"专家咨询委员会 expert advisory committee"的翻译模式。这两个词条均不属于我们约定的一级词条,所以对首字母作小写处理。

"国家大数据专家咨询委员会#national big data expert advisory committee"由于在网络中已经得到广泛使用,我们将其认定为二级词条,其限定成分 national 是前置的。

对于"贵州省大数据产业专家咨询委员会 big data industry expert advisory committee of Guizhou Province"中限定成分"贵州省"的处理,按照我们一致性的"省市"后置的原则进行安排,并通过限定词 of 引领。"产业 industry"根据前面讨论的翻译模式,将其添加到相应位置,最后形成了三级词条"贵州省大数据产业专家咨询委员会 big data industry expert advisory committee of Guizhou Province"。

3.4.64 "准公共物品"的翻译

翻译锚中有该词条的英译和释义。

> 准公共产品是指具有有限的非竞争性或有限的非排他性的公共产品,它介于纯公共产品和私人产品之间,如教育、政府兴建的公园、拥挤的公路等都属于准公共产品。对于准公共产品的供给,在理论上应采取政府和市场共同分担的原则。(百度百科"准公共物品"词条,英译为 Quasi Public Good)

我们认为"产品"翻译为 good 是不妥切的,goods 表示"物品、产品"才更准确,而且英语前缀使用连字符较符合规范。所以,我们将"准公共物品"翻译为 quasi-public goods,并认定为二级词条。

3.4.65 "组织模式变革"的翻译

翻译锚中有"组织变革"的英译和释义。

对组织结构、组织规模、沟通渠道、角色任务、组织间关系等进行有目的、有系统的调整与革新的过程。(术语在线 2016 年公布的管理科学技术名词"组织变革",英译为 organizational change)

组织变革(Organizational Change)是指组织根据内外环境变化,及时对组织中的要素(如组织的管理理念、工作方式、组织结构、人员配备、组织文化及技术等)进行调整、改进和革新的过程。组织变革的中坚力量是企业的中层团队,这一团队对变革的认知程度、参与热情、参与的质量,在很大程度上决定了一次变革的成功与否。(百度百科"组织变革"词条)

网络中提供了相关关键词。从翻译锚的释义中可以看出,"组织变革 organizational change"是一个既定的翻译模式。网络中对"模式"提供了 model 和 mode 两种翻译。具体以哪个为准,需要在本系统中分析含关键词"模式"的词条英译(表 3-105)后确定。

表 3-105　含关键词"模式"的词条英译

汉语	英译
批处理模式	#batch mode
交互式计算模式	#interactive computation mode
个人计算模式	personal computation mode
图形用户界面模式	*Graphic User Interface(GUI)Mode
多媒体计算模式	multimedia computation mode
便携式计算模式	portable-type computation mode
互联网计算模式	internet computation mode
移动互联网计算模式	#mobile internet computation mode
【服务模式】	service mode
创新模式	#innovation mode
数字金融模式	digital financial mode
【众筹平台集资模式】	fund-raising mode of crowdfunding platform
【众筹平台运作模式】	operation mode of crowdfunding platform
贷帮网运作模式	operation mode of Loan Help Network
天使汇运作模式	#operation mode of AngelCrunch
大家投运作模式	operation mode of All Investment
追梦网运作模式	#operation mode of Dreamore
人人投运作模式	#operation mode of Renrentou
【供应链金融融资模式】	Supply Chain Finance(SCF)financing mode

从表 3-105 可以看出，"模式"在本系统中主要翻译为 mode。根据同场同模式的翻译原则，我们认为"组织模式变革"中的"模式"也应翻译为 mode。参照"组织变革 organizational change"，最后形成"组织模式变革"的翻译，即 organizational mode change。因为是调整后的自行翻译，按照三级标准处理，首字母小写。

小　　结

本章主要讨论了四个类别的大数据名词的英语翻译，具体包括语素类、单一名词类、双名词类和多名词类。为便于讨论，我们对各个类别的大数据名词分类采取的是一种较为宽泛的区分，各类别之间可能会有交叉。我们的初衷不是为分类而分类，而是为了将英语翻译中需要说明的大数据名词根据涉及的名词多寡进行讨论，并通过同场同模式原则从多翻译项中做出最佳选择，以实现翻译的系统性和一致性。

大数据名词的翻译项具有层次性，不同类别的名词在英译处理时需要考虑系统性和一致性。对于在英译中出现翻译项前后不一致的情况，需要首先判定该名词是否已经形成了约定俗成的翻译项。如果已经约定俗成，遵循"名从主人"的原则，保持名词的原译。否则，需要统一各名词项的翻译，并对可能存在的多个翻译项按照概率特征进行归类分析，以便读者清晰地了解大数据名词的英译情况。在英语翻译过程中，我们还制定了《大数据名词编码对照》（附录 1）和《大数据名词汉英对照》（附录 2）。编码对照表按照音序进行排序，为读者检索提供了便利。读者可以先按照汉语的音序在《大数据名词编码对照》中查找汉语名词对应的编码，再通过编码在《大数据名词汉英对照》中查找到该名词在英语中的翻译。

第 4 章　大数据名词汉法翻译研究

第 4 章研究大数据名词汉法翻译。主要讨论大数据名词汉法翻译对词典学的贡献、样例收释及方法、收词规范和释义规范等问题。

科技术语是大型综合性语文词典不可或缺的部分，科技术语主要以词目、内词条、例证、参见、图表、专栏或附录等形式存在于汉外词典中。我们在总结大数据词汇编纂实践经验的基础上，对大型综合性词典《汉法大词典》科技术语的收录情况进行考察和分析，探讨科技术语增收工作中遇到的具体问题，并基于这些问题提出大型综合性汉外词典应遵循至少两个基本原则，即系统性原则、一致性原则。同时，基于具体的重点样例，对这两个原则进行了详细的说明和阐释。这些原则为大型汉外词典科技词汇的增收提供了可资借鉴的方法论。

4.1　法语翻译综述的可视化分析

根据本章的结构布局，我们绘制了大数据名词汉法翻译研究的思维导图（图 4-1）。从图 4-1 中可以看出，大数据名词汉法翻译研究共由四个部分组成：①在法语翻译综述的可视化分析方面，我们将利用可视化手段从宏观角度对法语翻译研究进行综述，具体包括法语翻译论文发表数量年度趋势、论文研究主题分布、论文所属学科分布、刊物来源分布、论文作者分布、作者机构分布和关键词 CiteSpace 聚类分析等；②在大数据名词汉法翻译对词典学的贡献方面，我们将所讨论的大数据名词作为新词新义新示例收录在《汉法大词典》的词典学理据中；③在大数据名词汉法翻译收释及方法研究方面，我们将考察和分析大数据名词在《汉法大词典》的收释研究，以及汉法翻译的方法研究；④在大数据名词汉法翻译中词典增收问题讨论中，我们将关注《汉法大词典》的收词规范性、释义规范性和大数据词汇增收原则。

法语翻译研究自 20 世纪 50 年代以来，发文量一直保持攀升态势。在知网（CNKI）的封闭域研究中，我们以"法语翻译"为主题词，共检索到 299 个项（检索截至 2022 年 12 月 30 日）。下面我们分别进行不同角度的量化研究。

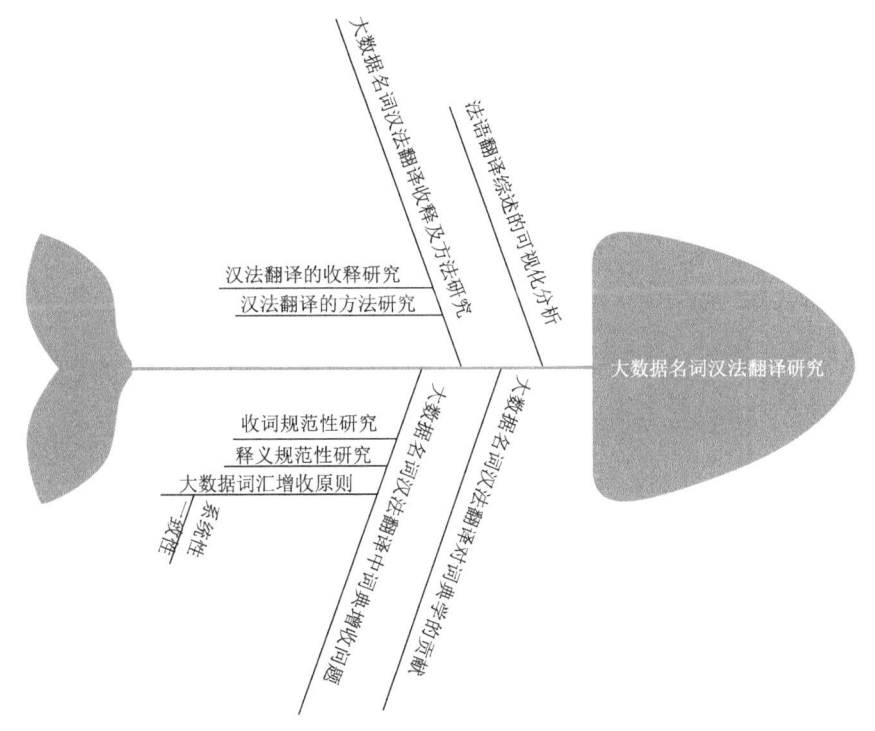

图 4-1　大数据名词汉法翻译研究思维导图

从法语翻译论文发表数量年度趋势（图 4-2）中可以看出，法语翻译的研究总趋势是不断增长的。在改革开放之前，该研究相对较少。1978 年之后略有增长。从 2010 年中国成为世界第二大经济体以后，法语社会需求的增量带来法语翻译研究论文发表数量的快速上升。

从法语翻译论文研究主题分布（图 4-3）中可以看出，法语社会需求更多侧重实践方面，排名前六的主题分别是法语翻译、翻译策略、法语文学、翻译教学、法语教学、法语专业。与前面我们讨论的"翻译理论"研究更多集中在英语有所不同，作为小语种的法语，在国内的普及率相对英语要低很多，很多大学法语专业还处于起步或初创阶段，发表的文章多集中在法语专业建设、法语课程建设以及法语教学方面。法语研究尚处于理论相对较弱的阶段。

从法语翻译论文所属学科分布（图 4-4）中可以看出，外国语言文字、文艺理论、中国语言文字、人物传记、贸易经济、高等教育是排名靠前的学科。与前面我们对法语翻译趋势的分析相一致，相对英语发展而言较为弱势的法语研究更偏重实践类学科，对传记、经济和教育等给予了更多关注。

图 4-2 法语翻译论文发表数量年度趋势

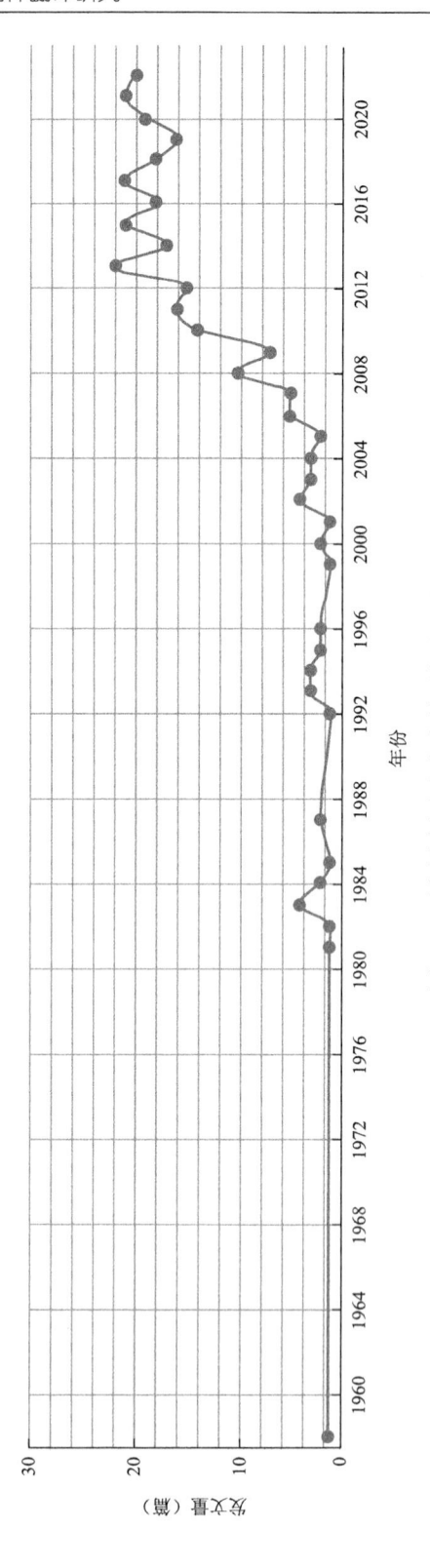

第 4 章 大数据名词汉法翻译研究

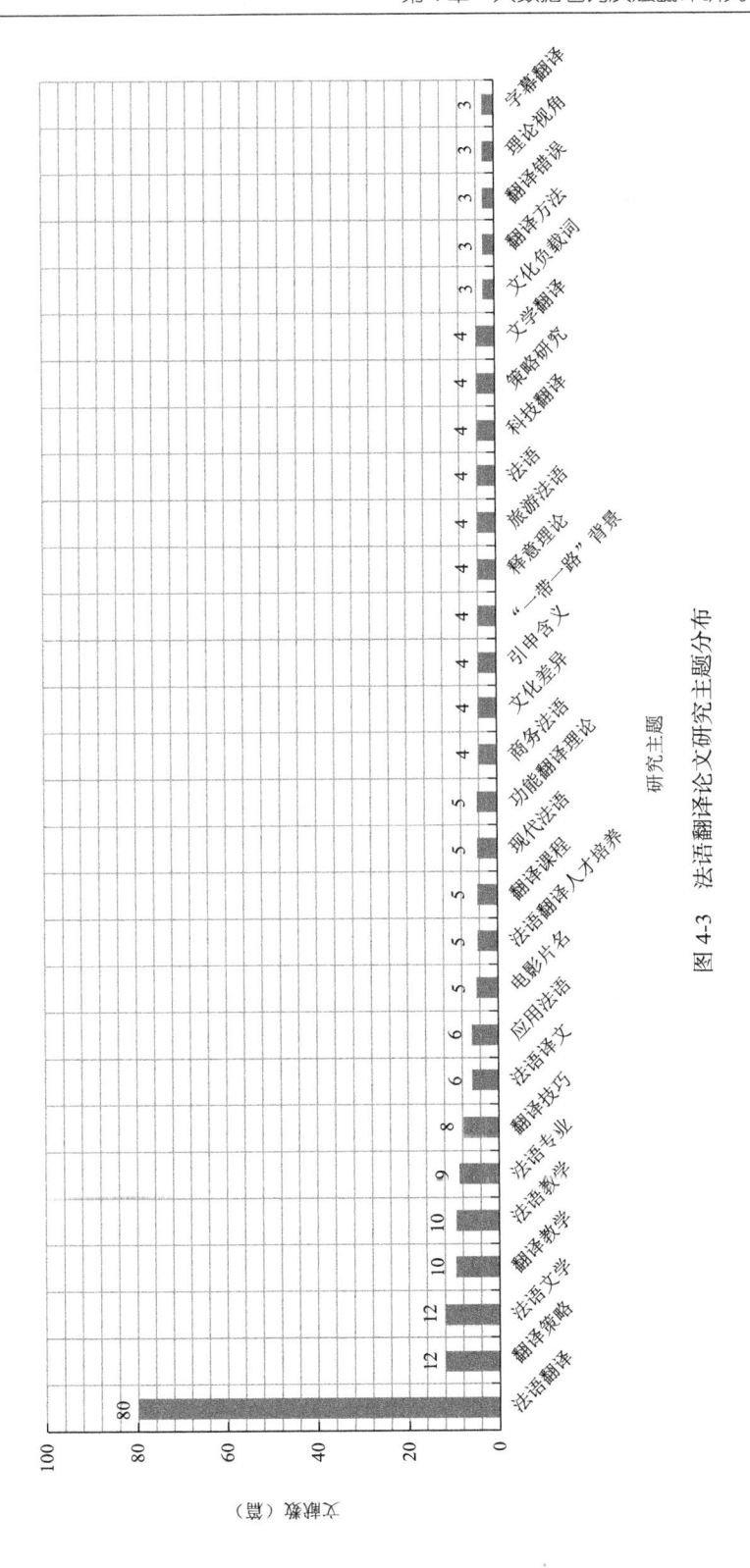

图 4-3 法语翻译论文研究主题分布

研究主题分布（篇数）：
- 法语翻译：80
- 翻译策略：12
- 法语文学：12
- 翻译教学：10
- 法语教学：10
- 法语专业：9
- 翻译技巧：8
- 法语译文：6
- 应用法语：6
- 电影片名：5
- 法语翻译人才培养：5
- 翻译课程：5
- 现代法语：5
- 功能翻译理论：4
- 商务法语：4
- 文化差异：4
- 引申含义：4
- "一带一路"背景：4
- 释意理论：4
- 旅游法语：4
- 法语：4
- 科技翻译：4
- 策略研究：4
- 文学翻译：3
- 文化负载词：3
- 翻译方法：3
- 翻译错误：3
- 理论视角：3
- 字幕翻译：3

出版
4（1.12%）

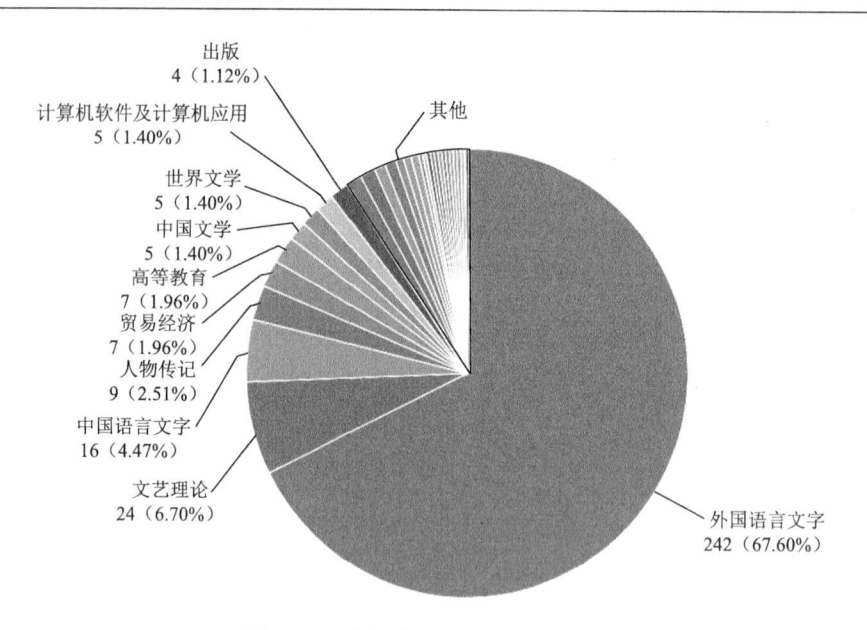

计算机软件及计算机应用
5（1.40%）

其他

世界文学
5（1.40%）

中国文学
5（1.40%）

高等教育
7（1.96%）

贸易经济
7（1.96%）

人物传记
9（2.51%）

中国语言文字
16（4.47%）

文艺理论
24（6.70%）

外国语言文字
242（67.60%）

图 4-4　法语翻译论文所属学科分布

从"法语翻译"主题的发文刊物或学位论文单位分布（图 4-5）中可以看出，《法语国家与地区研究》、《法国研究》、《中国法语专业教学研究》、四川外国语大学、《明日风尚》、《考试周刊》是"法语翻译"主题发文量最多的六个刊物（或学位论文单位）。这些刊物或学位论文单位已经形成了较为浓厚的"法语翻译"研究氛围。

其他

《黑河学刊》
3（2.31%）

《中国新闻出版广电报》
3（2.31%）

《知识文库》
3（2.31%）

《当代旅游》
3（2.31%）

《才智》
3（2.31%）

《南京大学》
3（2.31%）

《佳木斯职业学院学报》
4（3.08%）

上海外国语大学
4（3.08%）

《文教资料》
4（3.08%）

《青年文学家》
4（3.08%）

《中国翻译》
4（3.08%）

《中国科技翻译》
4（3.08%）

《考试周刊》
5（3.85%）

《明日风尚》
6（4.62%）

四川外国语大学
6（4.62%）

《中国法语专业教学研究》
8（6.15%）

《法语研究》
11（8.46%）

《法语国家与地区研究》
28（21.54%）

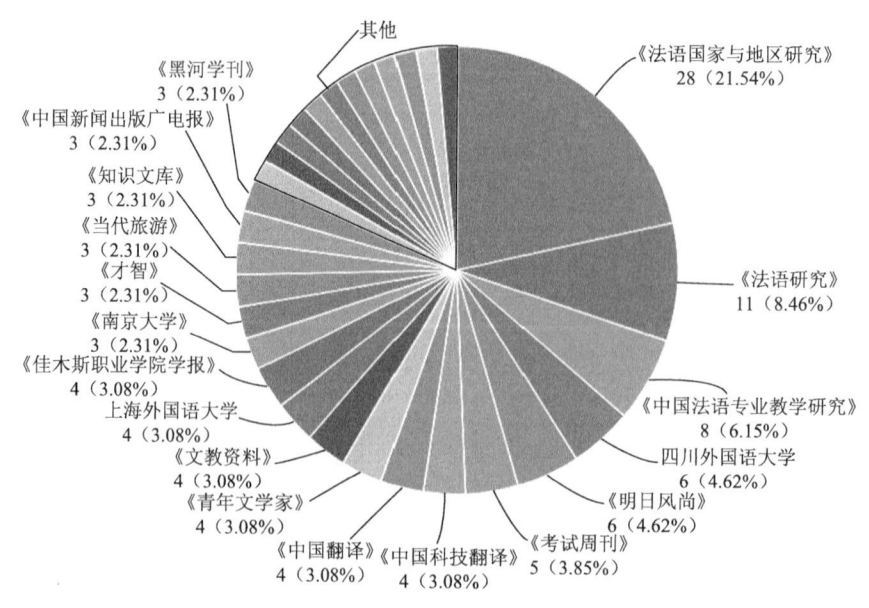

图 4-5　"法语翻译"主题的发文刊物或学位论文单位分布

从法语翻译论文作者分布（图 4-6）中可以看出，单作者论文发表的数量相对偏低，排名前六位的作者分别是王南颖（桂林旅游学院）、李娟（西安翻译学院）、王娜（盐城师范学院）、宋欣（江西理工大学）、许钧（浙江大学）、段贝（广东技术师范学院）。旅游学院、翻译学院、师范学院等作者发文量偏高，也从一个侧面说明了法语翻译目前在国内多集中在实用性方面。

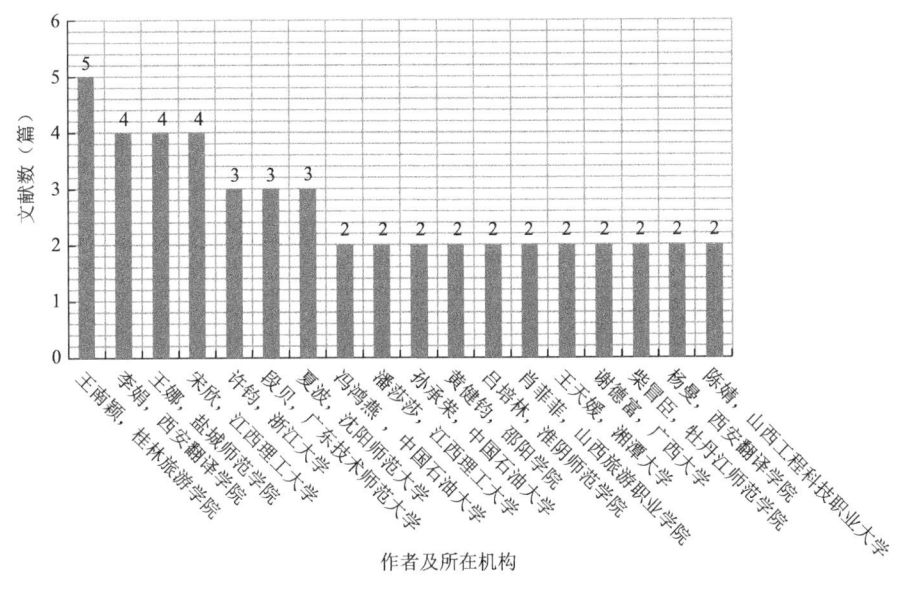

图 4-6　法语翻译论文作者分布

从法语翻译论文作者机构分布（图 4-7）中可以看出，法语翻译发文量居前的六个机构分别是沈阳师范大学、西安翻译学院、南京大学、四川外国语大学、首都师范大学、上海外国语大学。法语研究在这些机构中获得了较好的发展，科研人员或学位申请人为各机构的法语翻译研究做出了贡献。

从法语翻译核心关键词 CiteSpace 聚类分析（图 4-8）中可以看出，法语研究的关键词多集中在法语翻译、翻译策略、法律翻译、功能对等、文化差异、翻译教学、商务法语、文化、法语教学、归化、异化、法律语言、功能翻译、教学法等方面。大数据研究是新兴领域，但在法语翻译的关键词聚类中没有发现对大数据相关研究的讨论。

大数据名词汉法翻译属于大数据研究的范畴，具有一定的学术前沿性。通过以上法语翻译的可视性量化分析，我们可以看到：法语翻译研究论文的发表数量随着我国与法国国际交流的加强呈现逐年递增的态势；研究主

图 4-7 法语翻译论文作者机构分布

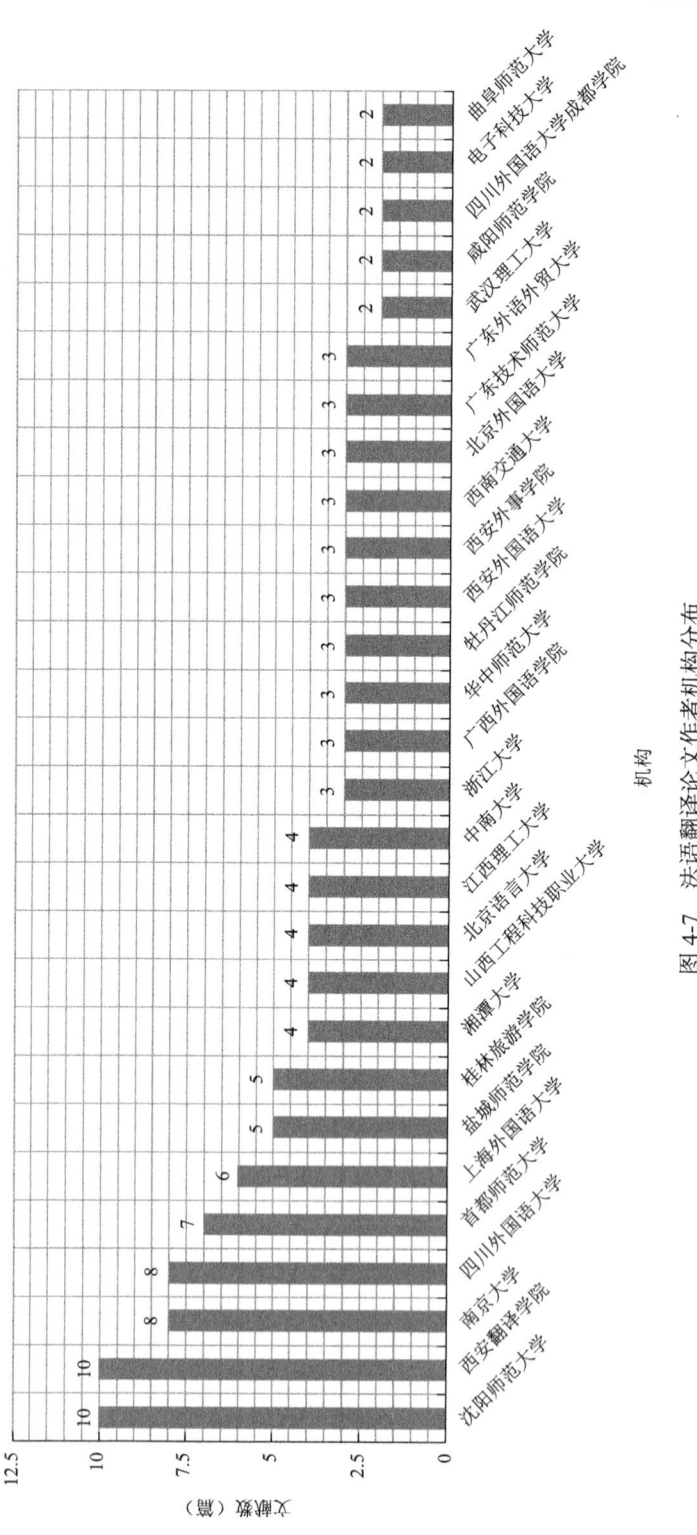

图 4-8 法语翻译核心关键词 CiteSpace 聚类分析

题多集中在以法语实践为主的翻译教学等方向；法语翻译研究论文所属学科以外国语言文字、文艺理论、中国语言文字为焦点；"法语翻译"主题的发文刊物或学位论文单位主要是《法语国家与地区研究》《法国研究》《中国法语专业教学研究》等；论文发文量居前的王南颖、李娟、王娜、宋欣分属于旅游学院、翻译学院、师范学院和理工大学等类学校；在法语翻译研究关键词 CiteSpace 聚类分析中，大数据研究呈现缺项特征，这为我们团队尝试进行大数据名词的汉法翻译留下了理论创新和实践开拓的空间。下面，我们将重点从词典学角度分析大数据名词研究在实践方面对汉法翻译的推动和在理论方面对汉法翻译的学术贡献。

4.2　大数据名词汉法翻译对词典学的贡献

由词典学家黄建华教授主编的《汉法大词典》[①]是我国自主研编的大型汉外词典，该书于 2014 年出版，2016 年出重印版，具有时代性、精确性、实用性和关联性，是一部求新、求精、求实的词典，在收词和释义上能很好地满足国内外词典用户的查询需求。2018 年该词典获得了第四届中国出版政府奖图书奖。

信息时代，科技发展异常迅猛，词汇作为科技信息的语言载体也在不断更新。为了让词典紧跟时代，与时俱进。词典出版不久，法语团队即对《汉法大词典》开展了紧锣密鼓的增订工作。除了对整部词典的形式和内容进行查漏补缺之外，法语团队还增收了初版未来得及收录的新概念、新事物的新词新义，补充了漏收的词条和义项，为已有或新增词条添加了实用恰当的例证。在这些工作中，一项重要内容就是对科技词汇的增收。

科技词汇是新词增收的主要来源之一，是大型综合性语文词典不可或缺的一部分。语文词典收录科技词汇是词典编纂的传统和趋势。随着科学文化日新月异的发展和新技术革命的开展，科技词条在语文词典中的比重日益增加，这是世界各国语文性词典面临的必然趋势。相对于语词词义的缓慢演变，科技术语更具有鲜明的时代性。很多科技词汇日渐走入老百姓生活中，部分科技词汇已进入共同语词汇，如网络、计算机、平板、手提、鼠标、高清等。可见，计算机的广泛应用产生了大量的计算机词汇。科技词汇是科技知识交流、传播和发展的载体，对科技发展和社会进步起着十分重要的作用。常用科技词汇的收录不仅有利于查考和翻译工作，也能满

[①] 《汉法大词典》2014 年由外语教学与研究出版社出版发行。

足中外学习者的日常交际需要。

然而科技词汇作为专科词汇的一部分,在大型综合性词典中所占的比例却是有限的。综合性语文词典主要收录普通词汇,兼收部分科技等专科词汇。语文性词典的典范《现代汉语词典》历版收录科技词汇占总词条的比例较低,其他语文性词典科技词汇的收录比例亦较低。因此,科技词汇的收录并非越多越好,增收什么词,增收多少,常常是词典修订工作者需要首先考虑的主要问题。

此外,如何为科技条目选择准确合适的译文,在释译时如何多维呈现科技条目的特征,同一条目的译文以及同类条目之间如何实现关联照应,亦是双语词典工作者在修订时要考虑的问题。

如何合理地吸纳一定的术语词目,使日常广泛应用的普通词语与现代科学常用的术语融合呈现,以适应广大读者的需求,是我们努力的方向。《汉法大词典》修订组对大数据名词的修订实践工作进行描述、分析和总结,并以大数据名词为例,结合语料库和多种网络资源对目前综合性汉外词典科技词汇研究存在的问题进行剖析,着力探讨大数据名词在综合性大型汉外词典中的增收问题,并给出实际的收释样例,以期为汉外词典科技词汇增收提供研究和参考的素材。

4.3 大数据名词汉法翻译收释及方法研究

科技词汇属于专科术语。科技词汇和普通词汇不同,其收释也存在特别之处。综合性语文词典尤其是双语词典中科技词条的收录和注释要处理得当并非易事。学界不同学者针对科技词汇进行了研究,并提出了不同的收录和释义理论。

4.3.1 汉法翻译的收释研究

从科技词汇收录的角度来说,不同学者对语文词典科技词汇的收录进行了考察和分析,他们大多基于词典编纂的实践进行剖析,肯定了语文词典收录科技词汇的重要性,并提出其收录所占的合适比例。科技术语的收录不仅要考虑增新,也要注意删旧,从而体现辞书的时代性。除此之外,还需考虑到科技条目自身的特殊性,遵从国家科技术语的规范。学者们基于辞书的考察和实践研究提出科技词汇收录的方法和原则,包括规范性、平衡性、常用性、系统性、时代性、全面性、关联性等原则。

从释义的角度来说,单语词典科技词汇的释义主要考虑的是一致性、科学性、通俗性和知识性原则,而双语词典科技词条的释译除了上述原则之外,还需考虑目标语对应术语的准确性问题。一些学者认为术语翻译的重要环节是概念对等,"忠实性"是科技词汇翻译得当的基础,只有对原文采取忠实的态度,才可能在翻译中得到准确性结果。这就要求科技翻译工作者首先要对原文有充分的理解,因为只有准确无误地理解了术语的原意,才能正确翻译好术语。

然而,科技术语的"对等"研究仅局限于概念对等研究是远远不够的。由于双语语言的不同构性,概念错位的情况时常出现,要做到双语间概念的对等并非易事,因而科技术语的翻译常常会出现错译和漏译问题。目前术语翻译混乱的原因从技术层面上说是译者采取了异化或归化的不同策略,但其根本原因是译者不同的翻译观。

此外,术语混乱现象亦是造成翻译混乱的主要原因。术语混乱包括概念界定不清、一词多义、多个术语指向同一概念、术语分类不清等现象。除此之外,译者的翻译态度、策略和方法也会导致术语翻译出现问题,如死译、同名异译(不同领域的混译)、似是而非、意义缺失、义项缺漏等。

针对误译产生的原因,学界认为,不能仅局限于术语的对等研究,双语词典的编者不应仅致力于"求同",更要努力揭示"同"中之异。双语词典译义的目的不应该局限于译出单个孤立静止的对应词汇单位,更需要考虑构建一个网络形状的动态对应系统。不少学者提出翻译补偿策略或方法以期对术语的翻译研究尤其是减少误译现象有所助益,如找译和创译、归化和异化等等。科技术语的翻译需要遵从的原则有名从主人原则、约定俗成原则、一致性原则等。亦有学者提出科技翻译应根据不同的场域使用音译、释译、图译的方法等。

对科技条目的增订研究既要充分利用辞书学界的科学研究成果,力求保证词汇体系的科学性,又要结合双语词典读者的需要予以调整。我们认为,科技条目的收释不仅要立足汉语,同时也需要对法语对应词进行细致的考察、分析和查找。在充分借鉴现有双语词典成果和科技条目翻译实践的基础上,我们还需要根据汉语和法语的特点对条目进行细致分析,有针对性地对其进行补充或增订。

我们在总结学界对科技术语收释研究和经验的基础上,基于数据库和网络资源对大数据名词在《汉法大词典》中的收释进行了考察和分析。具体表现在翻译和收释时哪些原则更加实用,哪些原则需要调整和补充,哪些方法需要遵循等。我们希望在总结经验的基础上,为科技术语的收释提供借鉴和参考。

我们法语团队在大数据名词的法语翻译中，主要关注的是汉语名词与法语译词的对应性问题以及这些名词条目如何增收入《汉法大词典》中的问题。大数据名词翻译工作涉及大数据相关领域的研究。为体现整体翻译的系统性原则，我们把目标语法语译词搭建成一个大数据名词关键词语义场并纳入到整个多语种系统中进行横向和纵向多元对照，并根据统计结果确定翻译项。

总体来说，我们法语团队遇到的困难在于：较之英语，法语工具书严重缺乏，获取足量的法语相关资讯比较困难。我们的优势在于可以利用大学中法语外籍教师这一资源对大数据名词进行探讨分析，还在于可以借助外籍教师通过海外渠道获得信息。这些都为我们重质保量地完成大数据名词的法语翻译提供了条件。

4.3.2　汉法翻译的方法研究

我们在大数据名词汉法翻译过程中总结了一些有效的翻译方法，包括文献资料法、多资源及语料库研究法、个案研究法、经验归纳总结法等。

4.3.2.1　文献资料法

我们通过图书馆、资料室以及自购的大量相关资料，对大数据名词相关文献进行了搜索和整理，充分了解了国内外研究的前沿动态和研究现状，同时对各类综合性语文词典（如《现代汉语词典》、《现代汉语规范词典》、*Le Petit Robert* 和 *Le Petit Larousse*，以及各类汉外、外汉双语词典）中的科技词汇收录情况进行了考察，对规范性科技词典（如《汉英科技大词典》等）中有关综合语文词典科技词汇的收释研究进行了梳理，对大数据名词的规范有了较充分的把握。这些都为我们进行大数据名词的汉法翻译提供了有力支撑。

4.3.2.2　多资源及语料库研究法

传统的观点认为，术语表或术语词典可由相关领域的专家自上而下地进行编纂。随着语料库和网络技术的发展，词典编纂者可以更便利地利用语料库分析和归纳科技术语，更全面地描述其语义属性。这为更多的编者自下而上地参与编纂提供了便利。我们在实践中利用多语种语料库和网络资源，包括 word sketch engine 中多语种语料库、BCC 语料库、百度翻译、必应翻译、google 翻译等资源，对大数据名词的对应性翻译进行了查找和借鉴，并确定了最优选的对应译语。我们经研究而确定的大数据名词汉法翻译就是对自下而上词条编纂的实践。事实证明，借助语料库等资源进行编纂不仅可能而且可信，这种方法的推广将为词典编撰进入专家与读者共创阶段提供新思路。

4.3.2.3 个案研究法

对于具有多种译法的大数据名词，如"网络""管理""方法""计划"等，我们按照系统性原则进行了统一的个案考察。在法语翻译中，我们发现散落于各处的关键性名词具有翻译的系统性特征，如果没有在整个语义场范围内考察核心关键名词的翻译，势必会出现前后翻译不一致的情况，破坏多语种翻译的一致性，导致术语翻译的前后不一，影响术语的推广。所以，我们的个案研究一定是放在系统论中的个案研究，既有整体也有个体，不会出现"一叶障目"的翻译窘境。

4.3.2.4 经验归纳总结法

我们根据以往的词典编纂经验，并结合在大数据名词翻译过程中的实践，采取边考察、边总结，适时进行理论分析的方式展开研究。如果只注重实践而不重视理论，必然会导致我们的研究散落于各处，形成不了系统性，也难以对后续的研究提供理论支撑。只注重理论不重视实践，也会产生具体翻译实例效果不佳的不良后果。理论和实践的相互结合，可以更好地进行经验总结和归纳，并取得令人满意的翻译效果。

4.4 大数据名词汉法翻译中词典增收问题

4.4.1 收词规范性研究

在综合性语文词典中要收录专科词条，必须考虑到词条的常用性、系统性、规范性等问题。因此，我们并非一味将所有的大数据名词全部收录入《汉法大词典》中，而是经过了严格的筛选。

首先，我们必须考虑词条的规范性问题，即确定该名词是国家规范术语，还是别名或异形词。这在词条收录的时候应该区别对待，并非什么都收，主要收规范词形，非规范词形不予考虑，尤其是异形词。将规范术语作为主词条收录，而别名、异形词等作为次词条或参见条目出现。其次，我们还应考虑名词的常用性问题，即必须将大数据名词放入汉语单语语料库中进行考察，如果其使用频率较高，则考虑收录，如果过于生僻和过于专业，则不考虑收录。最后，我们还应考虑名词的系统性问题，即同一范畴词汇的关联词条应尽量考虑收录，注意收录的闭环性和语义场的最大关联。同时，大数据名词大多以短语方式呈现，需要从短语中抽取关键词作为词条或例证收录。在实际的考察过程中，我们发现，抽取的术语关键词有时为常用普通词，如"权""管理"等，但在短语中则以专名形式呈现。这类词及短语该如何在《汉法大词典》中合适地呈现，亦是我们遇到的主要难题之一。

4.4.2 释义规范性研究

释义是双语词典编纂的核心问题。双语词典释义主要是释译，即既释又译。目前，在大数据名词翻译过程中，我们遇到了一词多译、语词的多义性和语词歧义问题、文化问题、直译和意译问题、多语差异性和不同语种之间译名的协调和一致性问题等。

4.4.2.1 一词多译问题

一个汉语词条存在多种英文译名和法文译名，包括同义词译名、同族词译名、不同词类译名等。同时，依据对应的英文译名，又存在更复杂多样的译名。另外，还存在英文译名和法文译名同时并存的现象，有时难于取舍。例如，根据《汉法大词典》，"网络"一词在法语中存在三个义项，每个义项分别对应多个法语对译词。

例 【网络】❶ maille *f*; réseau *m* ▷立体～maille cubique ‖ 有源～réseau actif ❷ réseau *m* ▷公路～réseau routier ‖ 销售～réseau de vente ‖ 经济～réseau économique ❸ réseau *m*; Internet *m*; Net *m*; cyber- *préf* ▷～冲浪 surfer sur Internet ‖ ～攻击 attaque de réseau ◆～空间 cyberespace *m* ‖ ～安全 sécurité *f* des réseaux ‖ ～钓鱼 hameçonnage [appâtage] *m* par courriel ‖ ～适配器 carte *f*（d'interface）réseau; adaptateur *m*（de）réseau ‖ ～接入点 point [nœud, centre] *m* d'interconnexion Internet ‖ ～拓扑 topologie *f* de réseau ‖ 运行中心 centre *m* d'exploitation du réseau ‖ ～终端 terminal *m* de réseau ‖ ～语言 langage *m* d'Internet；cyber（-）langage *m*（黄建华等，2014：1621）

归纳起来，"网络"的对译词共有 5 个：maille；réseau；Internet；Net；cyber-。在大数据名词翻译时，我们应该从哪个义项提取对应词？除了词典给出的对应词之外，大数据名词的翻译是否存在特殊性？还有没有其他对译词可以提供补充？除了对译方式外，专名是否可采用省译法或其他语境翻译法？这些均是我们遇到的一词多译时需要解决的难题。又如，"控制"一词在大数据名词的翻译中主要采用 contrôle 一词进行对译，但也存在其他两种词族对译方式——contrôlé（e）、contrôleur，以及一种和其他词条关联后的对译法——Cybernétique（控制论）。是统一采用某一种译法或某一词类译法，或根据不同的情形进行翻译，还是尽量根据英语的译法保持词类翻译的一致性？以下举例分析。

例 【控制】❶ dominer v.t；contrôler v.t；maîtriser v.t；commander（à）v.t/v.t.ind～▷～一个地区 contrôler une zone～‖～自己的情绪 gouverner [contenir] ses sentiments‖～自己怒火 maîtriser sa colère‖这个炮兵阵地居高临下地～着整个平原。'Cette position d'artillerie domine toute la plaine.‖～局势 dominer la situation；maintenir sous son contrôle la situation‖～物价上涨 enrayer la hausse des prix‖～病情发展 enrayer les progrès d'une maladie；juguler une maladie ❷ maîtrise f；contrôle m；commande f；mainmise f ▷自动～commande [contrôle] automatique‖程序～ commande à programme；contrôle programmé‖～台 pupitre de commande‖预算～ contrôle budgétaire‖摆脱大国的～ s'affranchir de la mainmise des grandes puissances‖～数字 chiffre de contrôle（黄建华等，2014：881）

此外，为了保持多语种译名的一致性，法语的翻译紧跟英文翻译，尽量与英译保持一致。例如"办法"，英文译为 measures，法语则译为 mesures，英文译为 method 时，法语则译为 méthode。但很多情况下，由于英语和法语的不同构性，无法对单语每个词条的翻译均保持语种高度一致。这时修订组就要绞尽脑汁，思考在尽量保持一致的前提下，就具体语例以追求准确性为目标进行移译。

4.4.2.2 语词的多义性和语词歧义

词的多义性是语言中的常见现象。翻译至少涉及两种语言，因此，译出语言与译入语言的多义性都是译者必须考虑的问题。本研究中的大数据名词涉及三个与"无人"相关的表达——"无人银行""无人超市""无人驾驶"。通过语义分析可知，"无人银行""无人超市"指的是没有服务人员的自助型网点或服务机构；"无人驾驶"指的是自动驾驶技术。可见"无人"在不同的语境中的意义也有差异。因此，"无人银行"的法语翻译为 banque en libre service，"无人超市"翻译为 supermarché en libre-service，而"无人驾驶"翻译为 conduite sans pilote。再比如"方案"，在大数据名词中有"RSA 方案""BB84 方案""E91 方案"等表述。按照深度翻译理论，翻译的过程也是厚语境的过程，译者对翻译单位所关联的社会、文化以及知识框架的了解非常重要。在大数据领域，RSA 方案指的是 1977 年由罗纳德·李维斯特（Ronald L. Rivest）、阿迪·萨莫尔（Adi Shamir）和伦纳德·阿德曼

（Leonard M. Adleman）一起提出的一种非对称加密算法；BB84 方案指的是查尔斯·班尼特（Charles H. Bennett）和吉尔斯·布拉萨尔（Gilles Brassard）在 1984 年提出的量子密码学中第一个密钥分发协议，也是使用和实验最多的量子密钥分发方案之一；E91 方案指的是 1991 年阿图尔·埃克特（Artur Ekert）提出的一种基于纠缠态的量子密钥分发方案。在将上述三个大数据名词译为法语时，"RSA 方案""BB84 方案""E91 方案"分别译为 Algorithme de Rivest-Shamir-Adleman、Protocole Bennett-Brassard 1984 和 Protocole Ekert 1991（distribution des clés quantiques），第一个翻译形式使用的是 Algorithme（算法），第二、第三个翻译使用的是 Protocole（协议）。

4.4.2.3 大数据名词翻译中的文化信息植入

大数据名词中的一些术语具有高度浓缩性，所表征的概念与独特的民族文化背景联系紧密。比如"河图洛书"，这是远古时代我国人民按照星象排布出的时间、方向和季节的辨别系统，蕴含着极为丰富与深奥的文化信息。在对"河图洛书"进行法语翻译中，除了直译与意译，还采用了深度翻译的方法，即在括注中简要描写所关联的关键信息，"河图洛书"的法语对应形式为"diagramme d'astrologie（Hetu）et diagramme des veines（Luoshu）（deux diagrammes mystiques utilisés dans la Chine ancienne pour décrire le contexte spatialement changeant du ciel et de la terre）"。

除了历史文化词汇之外，大数据名词中收录的舆情事件也涉及较多的社会文化信息。现代社会中的一些热点事件，所联系的背景框架比较复杂。比如本研究中的大数据名词"'网络911'事件"，关联着丰富的背景信息。相应的法语翻译除了对其中的专有名词进行直译之外，还通过括注指出该事件的主要内容，即"Incident des « cyberattaques du 11 septembre »（Incident de congestion du réseau aux États-Unis le 21 octobre 2016）"。这种括注加译的翻译方法，是深度翻译理论的表现形式之一。

4.4.2.4 大数据名词的直译和意译

一些大数据名词在国际上已经具有通用性和规约性的英语表达，对此类大数据名词以及与之有关的短语型术语的翻译，可以采用直译的方法。最典型的直译是借形翻译法。比如，"深蓝"（Deep Blue）作为国际象棋专家系统，在 1997 年人机大战中击败了世界冠军加里·卡斯帕罗夫（Garry Kasparov），是人工智能发展史上的一个重要里程碑。AlphaGo 是第一个击败人类职业围棋选手、第一个战胜围棋世界冠军的人工智能机器人，其棋力超过了人类职业围棋手的顶尖水平。在法语、西班牙语、俄语中，Deep

Blue 和 AlphaGo 都直接采用的是借形法——书写形式完全相同，但在读音上会受到本族语语音系统的影响。

更常见的直译是以汉语或英语大数据术语为源术语，展开法语的相关翻译。表 4-1 统计了大数据名词语义聚类的子类"量子计算"类术语的相关法语翻译，其中"量子"（quantum）为关键词。从表 4-1 中可见，本系统中含关键词"量子"的词条法译都直接采用 quantum 的法语对应词 quantique 及其相关形式。

表 4-1 含关键词"量子"的词条汉、英、法对应形式

汉语	英译	法译
【量子计算】	#quantum computation	calcul quantique
量子比特	#quantum bit	bit quantique
量子计算模型	#quantum computing model	modèle de calcul quantique
量子门	#quantum gate	porte quantique
量子搜索	#quantum search	recherche quantique
量子傅里叶变换	*Quantum Fourier Transform（QFT）	Transformée de Fourier quantique
量子相位估计	#quantum phase estimation	estimation de phase quantique
量子计算机	#quantum computer	ordinateur quantique
量子算法	#quantum algorithm	algorithme quantique
量子线路	#quantum circuit	circuit quantique
量子纠缠	#quantum entanglement	intrication quantique
量子霸权	#quantum supremacy	suprématie quantique

4.4.2.5　多语差异性与不同语种之间译名的协调一致问题

在语言的谱系分类方面，汉语为汉藏语系，英语、法语、俄语、西班牙语为印欧语系，阿拉伯语属于亚非语系（也叫闪含语系）。进一步进行类型区分，英语为印欧语系中的日耳曼语族，法语与西班牙语为罗曼语族，俄语为斯拉夫语族。在多语种平行对译中，不同语言之间的差异会导致术语翻译的差异，而同一术语的平行对译则需要尽量满足术语翻译形式之间的协调一致。以大数据名词"iCloud 泄露门事件"为例。在英语中-gate 作为后缀，常与人名或地名构成名词，表示"与所提到的人或地方有关的政治丑闻"。由上面的分析可见，根据英语的构词法，"iCloud 泄露门事件"可以采用创译法，翻译成复合型的术语"iCoud leakgate"。考虑不同语种之中翻译的平行对应性，在本研究中，"iCloud 泄露门事件"

在英语翻译中采用了意译的方法,译为 iCloud Leak Scandal。以英语中介语为翻译标准轴,法语、西班牙语、俄语、阿拉伯语的翻译分别为 scandale de la fuite d'iCloud、Escándalo de la Fuga de Datos de iCloud、Скандал с утечкой iCloud、iCloud فضيحة تسرب الصور على。其中的中心语都是"丑闻"。

4.4.3 大数据词汇增收原则

我们根据大数据名词语义场研究确定了词汇增收的系统性和一致性原则。

4.4.3.1 系统性

系统性原则包括前后一致、词汇关联、词条及义项全面收录等。

语词总是处于关系之中,包括同反义关系、上下位关系、整体局部关系等。系统性原则要求词典收词不能仅考虑单个语词,而是要考察语词间的相互关系,对处于同一聚合关系的词语进行系统整体的考察和处理。《汉法大词典》的设计特色之一是将条目视作一个相互关联的整体,通过"静态呼应"与"动态交代"把按音序排列相距甚远的词语联系起来。因此,在对该词典进行修订时依旧遵循这一系统性原则。在科技术语收录处理时,系统性原则主要指对同类关联词汇在收词立目、释义上保持一致,义项收录尽量全面,尽量避免同类范畴词收录和释义的缺漏和不一致。同类词汇在编纂方法和手段上要保持一致,前后处理相同。

对于词典中已有的词条,我们主要考虑系统性的问题,即该词条是否和其关联词条前后互相呼应,是否形成系统完备的关联语义场,是否可以补充新的对译词、义项或例证,以保证词条收释的完整性和一致性。以大数据名词"纲要"为例,翻译锚提供了释义。由于系统翻译的需要,我们要从这些选项中遴选出最为合适的一项。通过对比分析,我们发现:"纲要"词在《汉法大词典》中的第二个义项的对译词是 comprendium m; précis m; programme m[utilisé souvent comme titre](黄建华等,2014:506)。大数据名词翻译时还大量出现了另一对译词的译法:schéma。因此,在这种情况下,从词典编纂角度来说,需要为第一个义项增添新的对译词,同时在例证中补充各对译词的语境用法。

除了考虑将哪些义项纳入词典之外,我们还细致分析了"纲要"在整个大数据语义场中的多个法语翻译项。含关键词"纲要"的词条法译(附英译)统计见表 4-2。

表 4-2　含关键词"纲要"的词条法译（附英译）

汉语	英译	法译
《促进大数据发展行动纲要》	*Action Outline on Promoting the Development of Big Data	Schéma d'action sur la promotion du développement du Big Data
《贵州省大数据产业发展应用规划纲要（2014—2020年）》	Planning Outline of Guizhou Province for Big Data Industry Development and Application（2014-2020）	Schéma de planification de la province du Guizhou pour le développement et l'application de l'industrie du Big Data（2014-2020）
《国家创新驱动发展战略纲要》	*Outline of the National Strategy of Innovation-Driven Development	Schéma de stratégie nationale sur le développement par l'innovation
《国家中长期人才发展规划纲要（2010—2020年）》	*Outline of National Medium- and Long-Term Program for Talent Development（2010-2020）	Schéma du plan national de développement des talents à moyen et à long terme（2010-2020）
《合肥市大数据发展行动纲要（2016—2020年）》	Action Outline of Hefei City for Big Data Development（2016-2020）	Schéma d'action de la ville de Hefei pour le développement du Big Data（2016-2020）
《数字浙江建设规划纲要（2003—2007年）》	Planning Outline for Digital Zhejiang Construction（2003-2007）	Schéma de planification pour la construction du Zhejiang numérique（2003-2007）

【纲要】❶ grandes lignes *f.pl*；abrégé *m*；programme *m*；sommaire *m*；canevas *m* ▷论文纲要 le canevas d'une thèse ❷ [utilisé souvent comme titre] compendium *m*；précis *m*；programme *m*▷辩证法纲要 compendium de la dialectique ‖《中国史纲要》*Précis d'histoire chinoise*

再比如，大数据名词"网络"外译中出现了几种不同的译法，我们参照英语进行了法语的对照性研究。英语的译法如下：①通常翻译为 network/networks；②翻译采用 network 词根，采用变体形式；③翻译为 online；④翻译为 cyber 或者采用 cyber-前缀；⑤利用"互联网 internet"指称"网络"；⑥"网络"翻译为 web；⑦采用隐含模式，"网络"不译出。可见，大数据名词英译提供了六个对应词（network、networks、internet、online、cyber-、web）和一个隐含译法。《汉法大词典》在英译的基础上对法语的对应词进行了深入分析。我们在大数据名词翻译时也采用了对译方式，具体如下。

不同的译名分别对应"网络"的不同义项：①réseau（x）；②cyber，web，internet，réseau；③en ligne；④ordinateur。本系统中含关键词"网络"的词条法译（附英译）统计见表 4-3。

表 4-3　含关键词"网络"的词条法译（附英译）

汉语	英译	法译
网络分析法	#network analysis method	méthode de l'analyse de réseau
神经网络控制	#neural network control	contrôle de réseau neuronal

续表

汉语	英译	法译
神经网络	*Neural Networks（NNs）	Réseau neuronal
BP 神经网络	*Back Propagation Neural Network	Réseau de neurones à rétropropagation
卷积神经网络	*Convolutional Neural Network（CNN）	Réseau neuronal convolutif
循环神经网络	*Recurrent Neural Network（RNN）	Réseau neuronal bouclé
网络思维	#internet thinking	pensée de réseau
网络拓扑	*Network Topology	Topologie de réseau
贝叶斯网络分析	#Bayesian network analysis	analyse de réseau bayésien
网络	#network	réseau
网际网络	international network	réseau international
5G 网络	*5G Network	réseau 5G
网络恐怖主义	*Cyberterrorism	Cyber-terrorisme；terrorisme sur Internet
对等网络	#peer-to-peer networking	réseau d'égal à égal
《网络安全国家行动计划》	*Cybersecurity National Action Plan	Plan d'action national pour la cybersécurité
网络强国战略	*Cyber Power Strategy	Stratégie en matière de cyberpuissance
网络安全和信息化	network security and informatization	sécurité du réseau et informatisation
网络空间命运共同体	#community with a shared future in cyberspace	communauté avec un avenir partagé dans le cyberespace
网络基础	#network infrastructure	infrastructure de réseau
天地一体化信息网络	*Space-Earth Integration Network	Réseau d'intégration espace-terre
国家电子政务网络	*National E-Government Network（NEGN）	Réseau national de gouvernement électronique
内容分发网络	*Content Delivery Network（CDN）	Réseau de distribution de contenu
网络综合治理体系	network comprehensive governance system	système de contrôle complet des réseaux
中国共产党中央网络安全和信息化委员会	*（CPC）The Central Cyberspace Affairs Commission	（PCC）La Commission centrale des affaires du cyberespace
中国网络安全产业联盟	*China Cybersecurity Industry Alliance	Alliance chinoise de l'industrie de la cybersécurité
网络安全应急技术国家工程实验室	*National Engineering Laboratory of Cybersecurity Emergency Response Technology（NELCERT）	Laboratoire national d'ingénierie des technologies d'intervention d'urgence en matière de cybersécurité
信息网络安全技术研发中心	*Center for Cybersecurity Research and Development	Centre de recherche et développement en cybersécurité
网络数据采集	#network data acquisition	acquisition de données de réseau

续表

汉语	英译	法译
Arachnid 网络爬虫	#Arachnid web crawler	le webcrawler Arachnid，l'inforobot Arachnid
网络存储技术	#network storage technology	technologie de stockage en réseau
网络连接存储	*Network Attached Storage（NAS）	Stockage connecté au réseau
存储区域网络	*Storage Area Network（SAN）	Réseau de zones de stockage
网络化操作技术	#network operating technology	technologie d'exploitation des réseaux
网络式组织	#network organization	organisation en réseau
网络信息技术产业	*（Network）Information Technology Industry	（Réseau）Industrie des technologies de l'information
网络安全产业	#network security industry	industrie de la sécurité des réseaux
网络化制造	*Networked Manufacturing	Fabrication en réseau
网络购物	*Online Shopping	Achats en ligne
网络货币	#network currency	monnaie du réseau
网络融资	*Network Financing	Financement réseau
P2P 网络借贷	#peer-to-peer lending platform	plate-forme de prêt de particulier à particulier
网络证券	*Internet Securities	titres sur Internet
《网络借贷信息中介机构业务活动管理暂行办法》	Administrative Interim Measures for Business Activities of Internet Borrowing and Lending Information Intermediaries	Mesures administratives provisoires pour les activités commerciales des intermédiaires d'information sur les emprunts et les prêts sur Internet
分布式网络记账系统	distributed network accounting system	système de comptabilité en réseau distribué
网络市场监管	network market supervision	surveillance du marché des réseaux
网络交易大数据监管	big data supervision for network transaction	supervision du Big Data pour les transactions de réseau
网络教育	#network education	éducation en réseau
网络空间	#cyberspace	cyberespace
网络社会	#network society	société en réseau
网络组织	network organization	organisation de réseaux
点对点网络	#point-to-point network	réseau point à point
议题网络	#issue network	réseau de problèmes; réseau d'enjeux
网络社区	*Virtual Community	communauté en ligne
网络论坛	*Bulletin Board System（BBS）	Système de babillard
网络意见领袖	#network opinion leader	leader d'opinion en ligne
网络去中心化	network decentralization	décentralisation des réseaux
网络群体传播	*Computer-Mediated Colony Communication（CMCC）	Communication entre colonies par ordinateur

续表

汉语	英译	法译
网络公关	*PRonline	Relations publiques en ligne
网络舆论	network consensus	consensus sur Internet
网络舆情	#network public opinion	opinions publiques en réseau
网络政治动员	network political mobilization	mobilisation politique en réseau
网络暴力	*Cyberbullying	Cyberintimidation
网络成瘾	#internet addiction disorder	trouble de dépendance à l'égard de l'Internet
网络内容	network content	contenu en réseau
网络表演	network performance	performance du réseau
网络直播	#live webcast	diffusion en direct sur le web
网络新闻	#network news	nouvelles sur Internet
网络二次创作	network re-creation	re-création du réseau
网络小说	*Internet Novel	roman sur Internet
网络游戏	*Online Game	jeu en ligne
网络中立	*Network Neutrality	neutralité en réseau
网络人身攻击	network personal attack	attaques personnelles en réseau
网络信息诽谤	*Internet Defamation	diffamation sur Internet
网络犯罪	#network crime	crime en réseau
电信网络新型犯罪	#new telecommunication and network-related crimes	nouveaux crimes liés aux télé-communications et aux réseaux
大数据天眼盯紧网络广告	eyeing on and censoring web advertisement with big data	surveiller et censurer la publicité sur le web à l'aide du Big Data
全球网络空间治理	#global cyberspace governance	gouvernance mondiale du cyberespace
网络政治	*Politics on the Net	La politique sur Internet
网络政治学	*Cyberpolitics	Cyber-politologie，Cyberpolitique
网络执政	network governance	gouvernance du réseau
网络主权	*Internet Sovereignty	Souveraineté sur Internet
海外网络传播	#overseas network communication	communication de réseau à l'étranger
跨政府网络	#trans-government network	réseau trans-gouvernemental
跨国倡议网络	#trans-national initiative network	réseau d'initiatives transnationales
网络自由主义	network liberalism	libéralisme des réseaux
网络保守主义	network conservatism	conservatisme des réseaux
网络攻击	*Cyber Attacks	Cyber(-)attaque; attaque cybernétique

续表

汉语	英译	法译
"网络911"事件	"Cyber September 11 Attacks" Incident（incident of network congestion collapse in the United States on October 21, 2016）	Incident des "cyberattaques du 11 septembre"（Incident de congestion du réseau aux États - Unis le 21 octobre 2016）
清华教授遭网络诈骗案	Internet fraud victim Tsinghua professor case	L'affaire du professeur de Tsinghua, victime d'une fraude sur Internet
网络安全	internet security	sécurité sur Internet
网络安全协议	#network security protocol	protocole de sécurité du réseau
网络安全应急响应	network security emergency response	intervention d'urgence en matière de sécurité du réseau
网络信息安全等级保护机制	classified protection mechanism for network information security	mécanisme de protection classifié pour la sécurité des informations de réseau
《国家网络空间安全战略》	*National Cyberspace Security Strategy	Stratégie nationale de sécurité du cyberespace
数据资源安全网络	data resources security network	réseau de sécurité des ressources de données
网络安全观	outlook of network security	perspectives de la sécurité du réseau
网络空间安全科学国际会议	*International Conference on Science of Cyber Security	Conférence internationale sur la science de la cybersécurité
首尔网络空间国际会议	*Seoul Conference on Cyberspace	Conférence de Séoul sur le cyberespace
《中华人民共和国网络安全法》	*Cybersecurity Law of the People's Republic of China	Loi sur la cybersécurité de la République populaire de Chine
《中华人民共和国计算机信息网络国际联网管理暂行规定》	*Provisional Regulations of the Administration of International Networking of Computer Information in the People's Republic of China	Règlement provisoire de l'administration des réseaux internationaux d'information informatique en République populaire de Chine
《新疆维吾尔自治区防范和惩治网络传播虚假信息条例》	Regulations of Xinjiang Uygur Autonomous Region on Preventing and Punishing the Spread of False Information over the Internet	Règlements de la région autonome ouïgoure du Xinjiang sur la prévention et la punition des fausses informations diffusées sur Internet
《计算机信息网络国际联网安全保护管理办法》	*Computer Information Network and Internet Security Protection and Management	Protection et gestion de la sécurité des réseaux informatiques et de l'Internet
《网络出版服务管理规定》	*Provisions on the Administration of Online Publishing Services	Dispositions relatives à l'administration des services de publication en ligne
《互联网网络安全信息通报实施办法》	*Implementation Method for Interact Network Security Information Circulation	Méthode de mise en œuvre pour la circulation des informations relatives à la sécurité des réseaux
《非银行支付机构网络支付业务管理办法》	*Administrative Measures for the Online Payment Business of Non-Banking Payment Institutions	Mesures administratives pour les activités de paiement en ligne des établissements de paiement non bancaires
《网络表演经营活动管理办法》	*Measures for the Administration of Cyber Performance Business Operations	Mesures pour l'administration des opérations commerciales de cyber-performance

续表

汉语	英译	法译
《公共互联网网络安全威胁监测与处置办法》	Measures for Monitoring and Disposing Security Threats to Public Internet Network	Mesures de surveillance et d'élimination des menaces à la sécurité du réseau de l'Internet public
《最低网络安全标准》	*The Minimum Cyber Security Standard	La norme minimale de cyber-sécurité
《信息通信网络利用和信息保护法》	*Act on the Promotion of Information and Communications Network Utilization and Information Protection	Loi sur la promotion de l'utilisation des réseaux d'information et de communication et la protection de l'information
《网络治理法》	#Network Governance Act	Loi sur la gouvernance des réseaux

大数据名词法语翻译以英语轴为参照，并尽量与之保持一致（如上述"办法"等名词的翻译就采用此种策略）。但是，在具体的翻译中如涉及法语中已有的对应术语，则以法语原译为主，不考虑英语的译法，并在释义层面尽量选取法语中最典型的表达。通过前面"纲要"的翻译可知，法语对译词大多根据英语 outline 而译为 schéma，也有个别名词采用语境对译法并非常典型地翻译为 ligne，例如"《国家信息化发展战略纲要》Les grandes lignes de la stratégie nationale de développement des applications informatiques"。

4.4.3.2 一致性

辞书收词和释义均要遵循"一致性"原则。从收词立目的角度来说，一致性指的是在类似专名这样的同类词语中根据一定的指标（如常用性、重要性等）制定相应标准。凡不符合标准的词语一律不收，而符合标准的就要力求收齐，否则就会令读者查检困难，也谈不上辞书立条的科学性。

从释译的角度来说，译名统一也是双语词典的基本要求之一，若不统一，很可能出现译名"各自为政"、相互矛盾的情况，最终使同一个名词在同一个语义场中出现不统一、不一致的结果，影响学界对同一名词使用的规范性。

在我们的研究中，科技词汇收释的一致性主要指语种之间翻译的一致。这是我们在翻译和收释过程中确立的一条基本原则，目的是保持术语翻译的统一性和规范性。

语种翻译的一致性指的是各语种之间同一关键词条的翻译尽量对应，体现语种之间的一致性，避免混淆和错误。

从前面的分析可知，我们的研究是多语种的对应性翻译研究，除了两个标准轴汉语和英语之外，还涉及联合国工作语言的其他四个语种，也就是说法语、俄语、西班牙语和阿拉伯语是紧随汉语和英语之后的平行翻译项。这就要求各语种的译者有团队意识,尽量保持翻译的平行性。就法语而言,就是尽量保持与英语翻译的一致性,减少偏差。

例如"方法"一词(表 4-4),英语中主要译为 method、methods 和 methodology,法语的翻译亦遵从英语翻译,依次译为 méthode、méthodes 和 méthodologie。

表 4-4 含关键词"方法"的词条法译(附英译)

汉语	英译	法译
系统方法	#system method	méthode systématique
最优化方法	#optimization method	méthode d'optimisation
模型化方法	modeling method	méthode de modélisation
反馈控制方法	#feedback control method	méthode de contrôle par rétroaction
扰动补偿方法	#disturbance compensation method	méthode de compensation des perturbations
人工智能方法	#artificial intelligence method	méthode de l'intelligence artificielle
智能控制方法	#intelligent control method	méthode de contrôle intelligent
优化方法	optimal method	méthode optimale
黑箱方法	#black box method	méthode de la boîte noire
【数据采集方法】	#data acquisition method	méthode d'acquisition des données
软系统方法论	*Soft Systems Methodology	méthodologie de système souple
《计算机方法的简明调查》	*Concise Survey of Computer Methods	Enquête concise sur les méthodes informatiques

再以"办法"为例,法语的译法亦尽量和英语译法靠拢。

(1)绝大多数"办法"翻译为 mesures(英语为 measures),而且采用的是复数形式,体现了方法策略的可数特性。

(2)部分"办法"翻译为 méthode(英语为 method)。例如,"《互联网网络安全信息通报实施办法》"译为 Méthode de mise en œuvre pour la circulation des informations relatives à la sécurité des réseaux(英文为"*Implementation Method for Interact Network Security Information Circulation")。该文件命名形成了约定俗成的翻译项,为一级词条。尊重原译。

(3)部分"办法"隐含不译。例如,"《计算机信息网络国际联网安全保护管理办法》"译为 Protection et gestion de la sécurité des réseaux informatiques et de l'Internet(英文译法为"*Computer Information Network and Internet Security Protection and Management")。该政策中"办法"隐含

在"保护管理"当中,没有译出,但不影响理解。"名从主人",尊重原译。

(4)核心成分的前置模式可为一种处理模式。例如,"办法"是核心成分的话,可以在具体翻译中前置,实现与其他限定成分的组合。这种情况在"管理暂行办法""暂行办法""管理办法"等词条中得到体现。

(5)"省市"等限定成分的处理形成了... measures of ... Province/City ... for/on ...模式,法语则采用... mesures ... de ... Province/Ville ... pour/sur ...。例如,《福州市政务数据资源管理暂行办法》翻译为 Mesures administratives provisoires de la ville de Fuzhou pour le partage des ressources de données sur les affaires gouvernementales。其中,英语轴翻译为 Administrative Interim Measures of Fuzhou City for Government Affairs Data Resources。通过对比可以发现,法语翻译中"福州市……办法"采用了 Mesures ... de la ville de Fuzhou pour ...模式。

在 mesures 后续的介词使用上,多数采用的是 pour,个别约定俗成的词条采用了 sur,英语对照的是 on。例如《互联网信息服务管理办法》Mesures relatives à l'administration des services d'information sur Internet"在英语对译中则是"*Measures on the Administration of Internet Information Services"。

一般情况下,我们在 mesures 之后采用概率最大的介词 pour。这种系统处理的统一性原则在后续词条的处理中具有指导作用。

同义词对的翻译也是我们法语翻译中需要重点关注的一项。同义词对的翻译必须要格外谨慎,既要关注它们的相似之处,更要关注两者的不同之处。通过选词辨析,最大限度地实现源语到目标语的等量输出。我们针对不同的情况采用了不同的对策。

本系统中含关键词"促进"的词条法译(附英译)(表 4-5)和含关键词"推进"的词条法译(附英译)(表 4-6)。

表 4-5 含关键词"促进"的词条法译(附英译)

汉语	英译	法译
《促进大数据发展行动纲要》	*Action Outline on Promoting the Development of Big Data	Schéma d'action sur la promotion du développement du Big Data
《关于促进和规范健康医疗大数据应用发展的指导意见》	*Guiding Opinions on Promoting and Regulating the Application and Development of Big Data in Health and Medical Care	Avis d'orientation sur la promotion et la réglementation de l'application et du développement du Big Data dans le domaine de la santé et des soins médicaux
《关于促进国土资源大数据应用发展的实施意见》	Implementation Opinions on Promoting Application and Development of Land and Resources Big Data	Avis de mise en oeuvre sur la promotion de l'application et du développement du Big Data relatif aux ressources territoriales

续表

汉语	英译	法译
《山西省促进大数据发展应用的若干政策》	Several Policies of Shanxi Province on Promoting Big Data Development and Application	Plusieurs politiques de la province du Shanxi visant à promouvoir le développement et l'application du Big Data
《内蒙古自治区促进大数据发展应用的若干政策》	Several Policies of Inner Mongolia Autonomous Region on Promoting Big Data Development and Application	Plusieurs politiques de la région autonome de Mongolie intérieure sur la promotion du développement et de l'application du Big Data
《呼和浩特市促进大数据发展应用若干政策》	Several Policies of Huhhot City on Promoting Big Data Development and Application	Plusieurs politiques de la ville de Hohhot sur la promotion du développement et de l'application du Big Data
《沈阳市促进大数据发展三年行动计划（2016—2018年）》	Three-Year Action Plan of Shenyang City for Promoting Big Data Development（2016-2018）	Plan d'action triennal de la ville de Shenyang pour promouvoir le développement du Big Data（2016-2018）
《南京市促进大数据发展三年行动计划（2016—2018年）》	Three-Year Action Plan of Nanjing City for Promoting Big Data Development（2016-2018）	Plan d'action triennal de la ville de Nanjing pour promouvoir le développement du Big Data（2016-2018）
《浙江省促进大数据发展实施计划》	Implementation Plan of Zhejiang Province for Promoting Big Data Development	Plan d'implémentaion de la province du Zhejiang pour promouvoir le développement du Big Data
《福建省促进大数据发展实施方案（2016—2020年）》	Implementation Program of Fujian Province for Promoting Big Data Development（2016-2020）	Programme d'implémentation de la province du Fujian pour la promotion du développement du Big Data（2016-2020）
《厦门市促进大数据发展工作实施方案》	Work Implementation Program of Xiamen City for Promoting Big Data Development	Plan d'implémentation de Xiamen pour promouvoir le développement du Big Data
《促进大数据发展实施方案》（江西）	Implementation Program for Promoting Big Data Development（Jiangxi）	Programme d'implémentation pour promouvoir le développement du Big Data（Jiangxi）
《山东省人民政府关于促进大数据发展的意见》	Opinions of Shandong Provincial People's Government on Promoting Big Data Development	Opinions du Gouvernement populaire de la province du Shandong sur la promotion du développement du Big Data
《关于促进山东省大数据产业加快发展的意见》	Opinions of Shandong Province on Promoting and Accelerating Big Data Industry Development	Opinions de la province de Shandong sur la promotion et l'accélération du développement de l'industrie du Big Data
《青岛市人民政府关于促进大数据发展的实施意见》	Implementation Opinions of Qingdao Municipal People's Government on Promoting Big Data Development	Avis d'implémentation du gouvernement populaire de la municipalité de Qingdao sur la promotion du développement du Big Data
《郑州市促进大数据发展行动计划》	Action Plan of Zhengzhou City for Promoting Big Data Development	Plan d'action de Zhengzhou pour promouvoir le développement du Big Data
《郑州市人民政府关于促进大数据产业发展的若干意见》	Several Opinions of Zhengzhou Municipal People's Government on Promoting Big Data Industry Development	Plusieurs avis du gouvernement populaire municipal de Zhengzhou sur la promotion du développement de l'industrie du Big Data

续表

汉语	英译	法译
《武汉市人民政府关于加快大数据推广应用促进大数据产业发展的意见》	Opinions of Wuhan Municipal People's Government on Accelerating Spread and Application of Big Data and Promoting Big Data Industry Development	Opinions du Gouvernement populaire municipal de Wuhan sur l'accélération de la diffusion et de l'application du Big Data et la promotion du développement de l'industrie du Big Data
《广东省促进大数据发展行动计划（2016—2020年)》	Action Plan of Guangdong Province for Promoting Big Data Development（2016-2020）	Plan d'action de la province du Guangdong pour la promotion du développement du Big Data（2016-2020）
《广州市人民政府办公厅关于促进大数据发展的实施意见》	Implementation Opinions of the General Office of Guangzhou Municipal People's Government on Promoting Big Data Development	Avis d'implémentation du Bureau général du Gouvernement populaire municipal de Guangzhou sur la promotion du développement du Big Data
《深圳市促进大数据发展行动计划（2016—2018年)》	Action Plan of Shenzhen City for Promoting Big Data Development（2016-2018）	Plan d'action de la ville de Shenzhen pour promouvoir le développement du Big Data（2016-2018）
《促进大数据发展的行动方案》（广西）	Action Plan for Promoting Big Data Development（Guangxi）	Plan d'action pour promouvoir le développement du Big Data（Guangxi）
《四川省促进大数据发展工作方案》	Work Plan of Sichuan Province for Promoting Big Data Development	Plan de travail de la province du Sichuan pour promouvoir le développement du Big Data
《成都市促进大数据产业发展专项政策》	Special Policies of Chengdu City for Promoting Big Data Industry Development	Politique spéciale de la ville de Chengdu pour promouvoir le développement de l'industrie du Big Data
《关于加快大数据、云平台建设促进信息产业发展的实施方案》	Implementation Program for Accelerating Construction of Big Data and Cloud Platform to Promote Information Industry Development	Programme d'implémentation pour accélérer la construction de la plate-forme de Big Data et de Cloud computing afin de promouvoir le développement de l'industrie de l'information
《兰州市人民政府关于促进大数据发展的实施意见》	Implementation Opinions of Lanzhou Municipal People's Government on Promoting Big Data Development	Avis d'implémentation du Gouvernement populaire municipal de Lanzhou sur la promotion du développement du Big Data
"促进大数据发展部际联席会议"制度	system of "inter-ministerial joint meeting for promoting big data development"	système de «réunion interministérielle conjointe pour la promotion du développement de Big Data»
大数据发展促进委员会	*China Big Data Council（BDC）	Conseil chinois du Big Data
《贵州省大数据发展应用促进条例》	Regulations of Guizhou Province on Big Data Development and Application Promotion	Règlements de la province du Guizhou sur la promotion du développement et de l'application du Big Data
《信息通信促进法》	*Act on the Promotion of Information and Communications	Loi sur la promotion de l'information et des communications

表 4-6 含关键词"推进"的词条法译（附英译）

汉语	英译	法译
《关于推进水利大数据发展的指导意见》	Guiding Opinions on Promoting the Development of Water Conservancy Big Data	Directives sur la promotion du développement du Big Data lié à la conservation de l'eau
《国务院关于积极推进"互联网+"行动的指导意见》	*Guiding Opinions of the State Council on Actively Promoting the "Internet Plus" Action	Directives du Conseil des Affaires d'Etat sur la promotion active de l'action d'«Internet plus»
《石家庄市关于加快推进"大智移云"的实施方案》	Implementation Program of Shijiazhuang City for Accelerating and Promoting "Great Wisdom Cloud Transfer"	Programme d'implémentation de la ville de Shijiazhuang pour accélérer et promouvoir le «transfert du grand nuage de sagesse»
《山东省推进农业大数据运用实施方案（2016—2020年）》	Implementation Program of Shandong Province for Promoting the Use of Big Data in Agriculture（2016-2020）	Programme d'implémentation de la province du Shandong pour promouvoir l'utilisation du Big Data dans l'agriculture（2016-2020）
《河南省人民政府关于推进云计算大数据开放合作的指导意见》	Guiding Opinions of Henan Provincial People's Government on Promoting Open Cooperation of Cloud Computing and Big Data	Opinions directrices du gouvernement populaire de la province du Henan sur la promotion d'une coopération ouverte en matière de Cloud Computing et de Big Data
《关于推进公共信息资源开放的若干意见》	Several Opinions on Promoting Public Information Resources Opening	Plusieurs avis sur la promotion de l'ouverture des ressources d'information publique
《推进"互联网+政务服务"开展信息惠民试点实施方案》	Pilot Implementation Program for Promoting "Internet Plus Government Affairs Service" and Developing Information to Benefit the People	Programme pilote d'implémentation pour promouvoir le «Service des affaires gouvernementales de l'Internet plus» et développer l'information au bénéfice du peuple
中国信息化推进联盟	*China Federation of IT Promotion（CFIP）	Fédération chinoise de promotion des technologies informatiques

从表 4-5 和表 4-6 的统计结果可以看出，英语和法语在系统性翻译方面取得了较好的效果，英语系统性地将动名词模式翻译为 promoting，将名词模式翻译为 promotion，并引导法语采取类似的系统性翻译。法语参照英语进行了较为准确的翻译。

例如，大数据名词"《推进'互联网+政务服务'开展信息惠民试点实施方案》"中，英语翻译为"Pilot Implementation Program for Promoting 'Internet Plus Government Affairs Service' and Developing Information to Benefit the People"，法语对照英语翻译为"Programme pilote d'implémentation pour promouvoir le «Service des affaires gouvernementales de l'Internet plus» et développer l'information au bénéfice du peuple"。

总之，从语义颗粒度角度来说，"推进"和"促进"在英语和法语中都形成了最小语义对，法语的翻译将参照英语翻译保持对应性。

小　结

从以上分析可知，我们对大数据名词的法语翻译进行了理论探讨和实践操作，并将研究成果应用于《汉法大词典》的增订工作中。总的来说，实际产出与理论探索的有机融合是法语团队的特色和创新之处。法语团队以汉语轴和英汉轴为参照，解决了法语翻译中的参照轴问题。但是，我们也遇到了一些无法避免的困难，具体包括以下几个方面。

（1）同一术语有多种表达法，例如"原始数据"英语可以译成 base data、firsthand data、initial data、initial numerical data、original data、preliminary data、primary data、raw data（见《汉英科技大词典》，科学技术文献出版社）。在研究中，"原始数据"英语的定名为 raw data，法语以其为参照轴，不可随便改动，有时为了丰富表达法，也可多提供一个译词，但不宜随意扩充，不然有违术语尽量一词一名的原则。这样，根据"原始数据"，我们就提供如下法语的译语：données brutes；données initiales。

（2）大数据的英语术语，有些成了国际词，法语照搬即可，有时甚至不必移译，遇到这种情况，我们的处理办法是，第一次交代法译文，随后即不再重复，如"大数据理论"（big data theory），法语译为"théorie du big data（des mégadonnées, des données massives）"。后面的"大数据理论基础"（theoretical foundation of big data），法译文即径直写为 les bases théoriques du big data。

（3）"大数据标准术语体系"的《数典》已经出版。我们发现，《数典》中的英语和我们团队的英语译名有出入。例如，"众创""众扶""数据孤岛"，《数典》的英译名分别为 mass innovation、collective support、data island，而我们英语团队英译名是 crowd innovation、crowd support 和 isolated data island。法语团队如果沿用《数典》的法译名，则会出现离我们英语团队英译太远之弊。因此，法语的译名跟随我们英语团队的翻译，采用 innovation de foule、soutien de la foule、îlot isolé de données，而不袭用《数典》的法译。

（4）我们认为，大数据名词的多语种翻译，应该保持标准化和规范化，应该组织专家对现有名词进行审定，已有文献中符合标准的译名应尽量从之，不宜另立一套。

（5）对于已有文献中可改进的地方，我们仍应该提供新译。以"数据孤岛"为例，我们英语团队的英译（isolated data island）、法译（îlot isolé de données）就比市场上部分文献的翻译（data island、îlot de données）更贴近中文原义。新译名在推出前必须经过仔细推敲，慎重为之。

（6）我们的多语种翻译研究是几种语言平行翻译的研究。如果只讨论单独的两种语言，翻译项可能比较对应。但是，其他的语言并入进来，就可能出现较明显的因翻译角度不同而导致翻译项的详略差异问题，给读者一种突兀或欠缺和谐的印象。我们已经意识到了这个问题，但受时间、精力和能力所限，目前来看，短时间内很难有较显著的提升。为减少因平行翻译不平衡导致的矛盾，我们在附录中提供汉英、汉法、汉俄、汉西、汉阿的双语对照，并提供了一个总的编码对照表，便于读者按照对照表在其他双语对照中找寻相关项。这种方法可以让读者更关注汉语到目标语的对应性翻译，如果还有查询其他语种的需要，则可以根据编码对照表到相应语种中查询。

（7）法语团队已把大数据的常用术语分两个层次纳入《汉法大词典》中：第一个层次作为新词目，例如"电商"（commerce électronique）、"区块链"（chaîne de blocs）、"微服务"（microservice）、"众筹"（financement par la foule; financement participatif）、"网购（网络购物）"（achats en ligne）等等；第二个层次作为词例，纳入原有的词目下，例如"物流……虚拟物流"（logistique virtuelle）、"咨询……在线咨询"（consultation en ligne）、"恐怖主义……网络恐怖主义"（cyber-terrorisme; terrorisme sur Internet）、"工程师……软件工程师"（ingénieur logiciel）、"支付……移动支付"（paiement mobile）等等。

第一个层次在大型的综合汉外词典中增加关于大数据常用术语词目，有利于大数据知识的普及，也有利于国人对外传播我国在这方面取得的成就。第二个层次在原词目下添加涉及大数据的用语，有利于实际运用和推广，丰富相关的表达法。上述两个重要增补，已陆续提交《汉法大词典》的出版方，并已得到对方的认可。

第5章 大数据名词汉俄翻译研究

本章研究大数据名词汉俄翻译。主要讨论俄语翻译的体例，以及在实例分析的基础上俄语翻译中需要注意的问题。

5.1 俄语翻译综述的可视化分析

俄语是联合国工作语言之一。由于历史原因，俄语的研究很早就已经在国内展开，尤其在与俄国接壤的东三省地区。在知网中以"俄语翻译"为主题，我们可获得823条检索项。以其为封闭域可获得如下分析结果（检索截至2022年12月30日）。

在俄语翻译论文发表数量年度趋势（图5-1）中，我们发现俄语研究从1983年至2017年期间一直处于攀升态势。这说明从改革开放以来，我国对科技发展的需求推动了对俄语翻译研究的发展。后期俄语研究发文量的衰减可能与语言目标国经济衰退有关。通常情况下，经济基础决定上层建筑，强势经济国一般会吸引更多的语言学习者。

在俄语翻译论文研究主题分布（图5-2）中可以看出，俄语翻译、翻译技巧、俄语专业、翻译方法、翻译策略、翻译教学是排名靠前的研究主题。俄语的很多研究都集中在以翻译为核心的主题内容中。

在俄语翻译论文所属学科分布（图5-3）中，我们可以看到外国语言文字、中国语言文字、文艺理论、人物传记、贸易经济、教育理论与教育管理、高等教育是相对集中的学科领域。这种分布体现了俄语翻译的互译特点，以及国内对俄国文学、传记研究、俄中贸易和俄语教学的关注。

在俄语翻译论文刊物（或学位论文单位）分布（图5-4）中，《中国俄语教学》、黑龙江大学、新疆大学、《现代交际》、《俄语学习》、《边疆经济与文化》是俄语研究发文量最多的刊物或学位单位。这体现了俄语研究的区域性特征、中俄经贸发展和文化交流的特征。

在俄语翻译论文作者分布（图5-5）中，荣飞（黑龙江省佳木斯市边境管理支队）、杨慧（吉林师范大学）、陈红（牡丹江医学院）、马建（吉林师范大学博达学院）、丛亚平（山东大学）、许丹凌（牡丹江医学院）、周长雨（哈尔滨商业大学）是具有发文显示度的作者。其中，除了山东大学的丛亚平，其他作者均来自东三省，突显了俄语研究在东三省的广泛性。

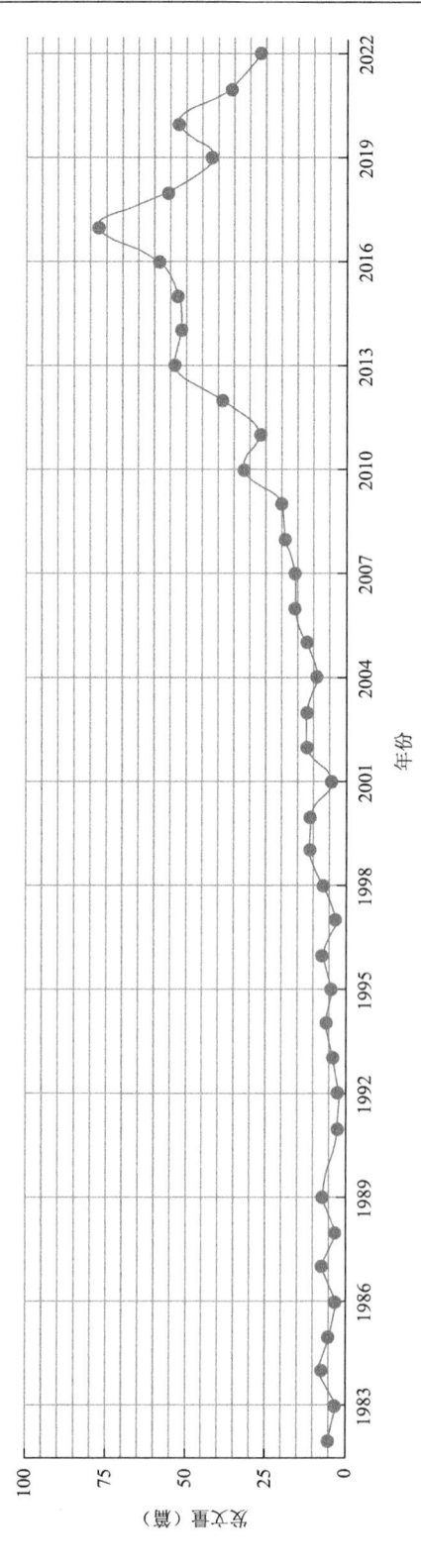

图 5-1　俄语翻译论文发表数量年度趋势

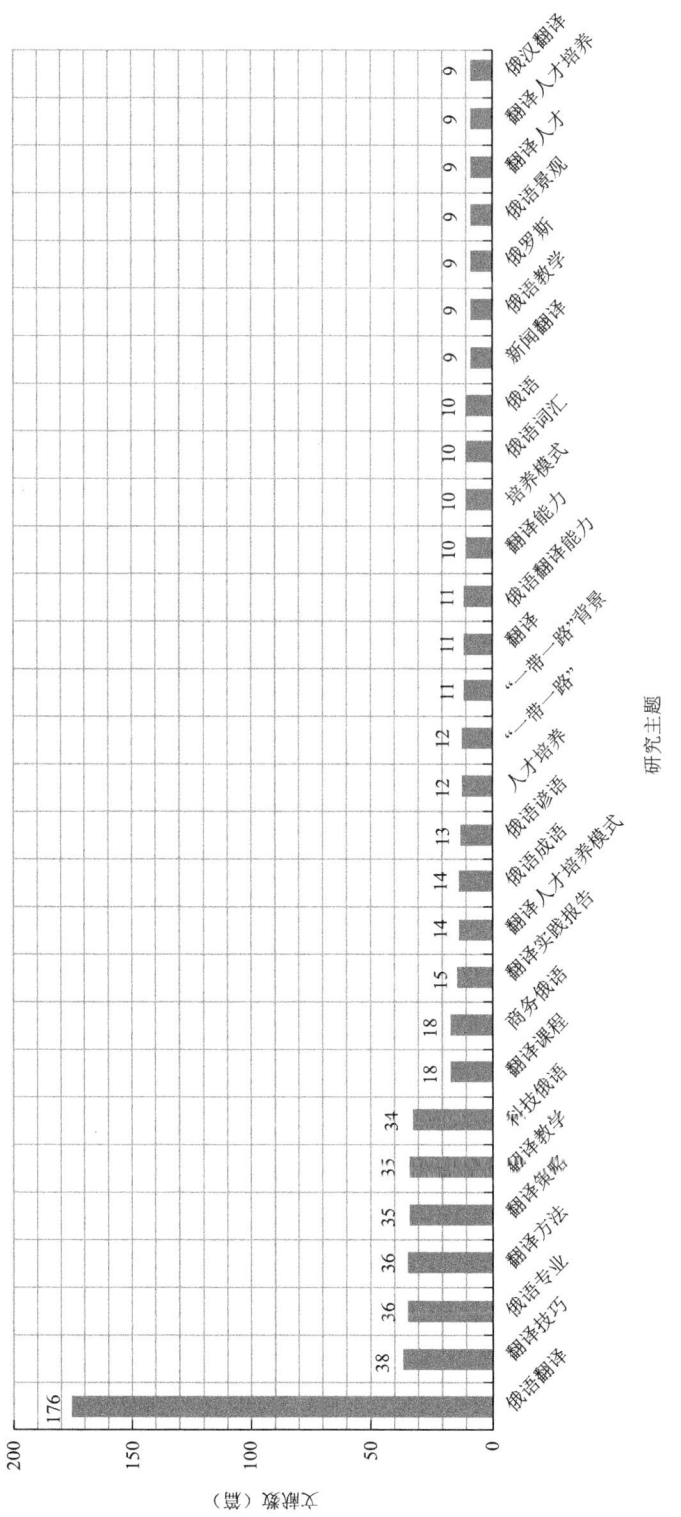

图 5-2 俄语翻译论文研究主题分布

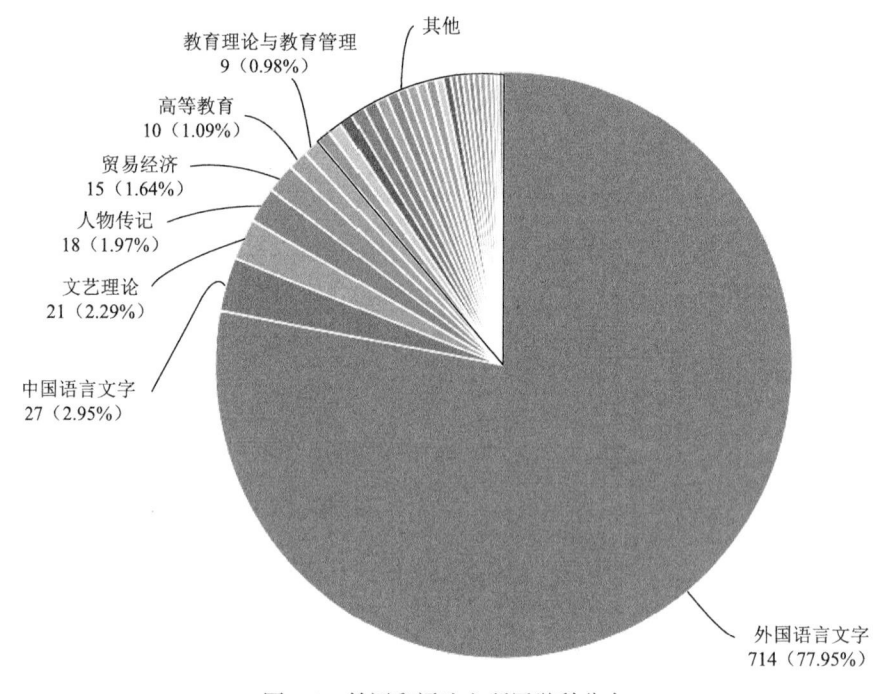

图 5-3 俄语翻译论文所属学科分布

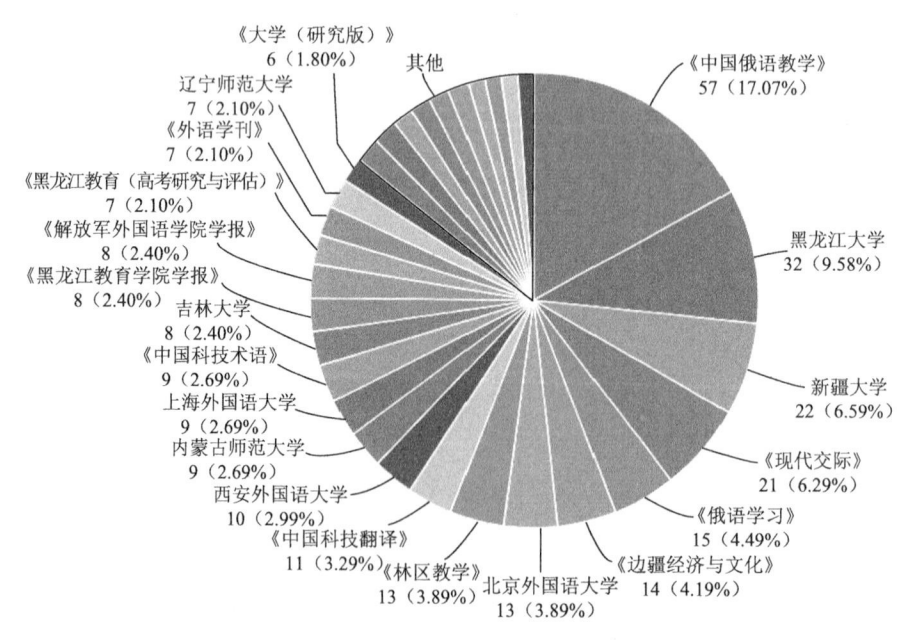

图 5-4 俄语翻译论文刊物（或学位论文单位）分布

图 5-5 俄语翻译论文作者分布

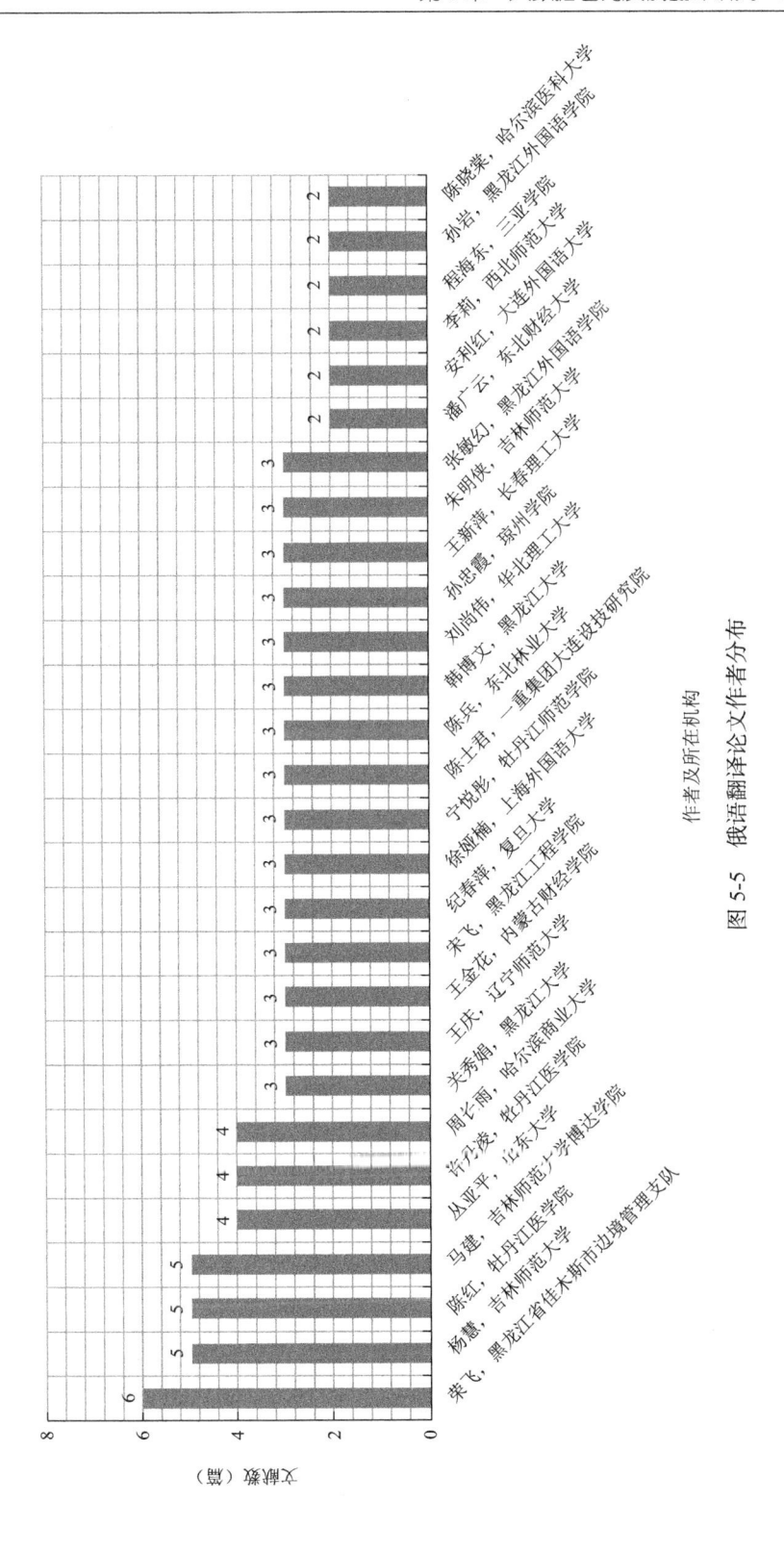

从论文作者机构分布（图 5-6）中可以看出，黑龙江大学、哈尔滨师范大学、新疆大学、吉林师范大学、北京外国语大学、沈阳师范大学是排名前六的俄语研究单位。分布表明：紧邻俄国的黑龙江省具有天时地利人和的语言研究、经贸往来、俄语教学的优势，所以黑龙江大学和哈尔滨师范大学拥有最充实的俄语研究队伍。吉林师范大学和沈阳师范大学也是东三省著名的俄语教学和研究基地。此外，新疆大学和北京外国语大学的俄语研究力量也在不断加强。

从论文的基金资助分布（图 5-7）可以看出，除了国家社会科学基金论文排名第一之外，其他的基金论议均集中在东三省，尤其以黑龙江省的资助最为集中。这个分析结果与前面所讨论的黑龙江省具有俄语研究的天时地利人和相一致。

在核心关键词聚类分析（图 5-8）中，我们可以看出俄语翻译、翻译策略、翻译方法、翻译技巧、科技俄语、商务俄语、人才培养、中俄贸易、一带一路、中医理论、中医术语、俄语谚语等都是研究中的关键词。在分布中主要分为三部分：译入、译出和语言接触。在俄国语言文化的译入中，多集中在翻译策略技巧分析、语言特点分析、俄语人才培养等方面。在中国语言文化的译出中，多集中在俄国关注的中医文化、中医理论和中医术语等方面。在语言接触过程中，两国贸易、新闻互通、科技往来是讨论的焦点。

从以上的分析可以看出，由于历史原因，俄语研究在我国具有深厚的语言土壤。黑龙江、吉林和辽宁三个省份都具有俄语研究的中坚力量，尤其以黑龙江大学和哈尔滨师范大学为典型。国家社会科学基金和黑龙江省级社会科学基金成为资助俄语研究的主流。《中国俄语教学》《现代交际》《俄语学习》等期刊占据发文量的前列。在学科领域方面主要集中在外国语言文字、中国语言文字、文艺理论、人物传记、贸易经济、高等教育等方面。在俄语研究的趋势方面，我们发现改革开放到 2017 年左右，俄语研究处于稳步上升阶段。从 2017 年开始，俄语研究出现明显下滑趋势。但是，作为联合国安理会常任理事国的俄国，其语言研究仍具有非常重要的国际地位。目前，在俄语翻译的 CiteSpace 关键词聚类中，尚未发现新兴领域大数据的研究，所以我们以此为突破点展开相关研究。

俄语团队的翻译涉及大数据理论、大数据战略、大数据技术、数字经济、数字金融、数据治理、大数据安全、数权法和大数据史九大板块的内容，词条数量多，内容涉及面广，且其中不少名词表示的均为新生事物，在理解上和翻译上均有难度。这首先需要我们认真准确理解、领会原文词

第 5 章 大数据名词汉俄翻译研究

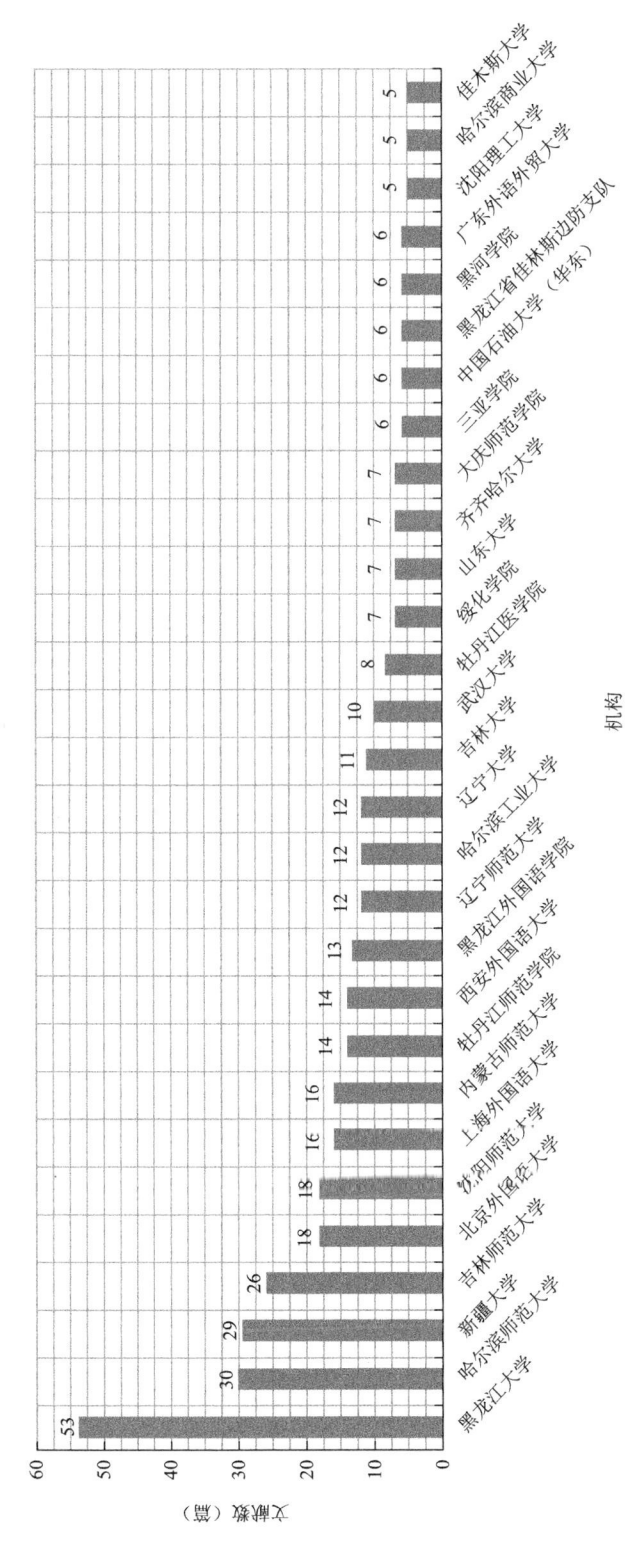

图 5-6 俄语翻译论文作者机构分布

图 5-7 俄语翻译论文的基金资助分布

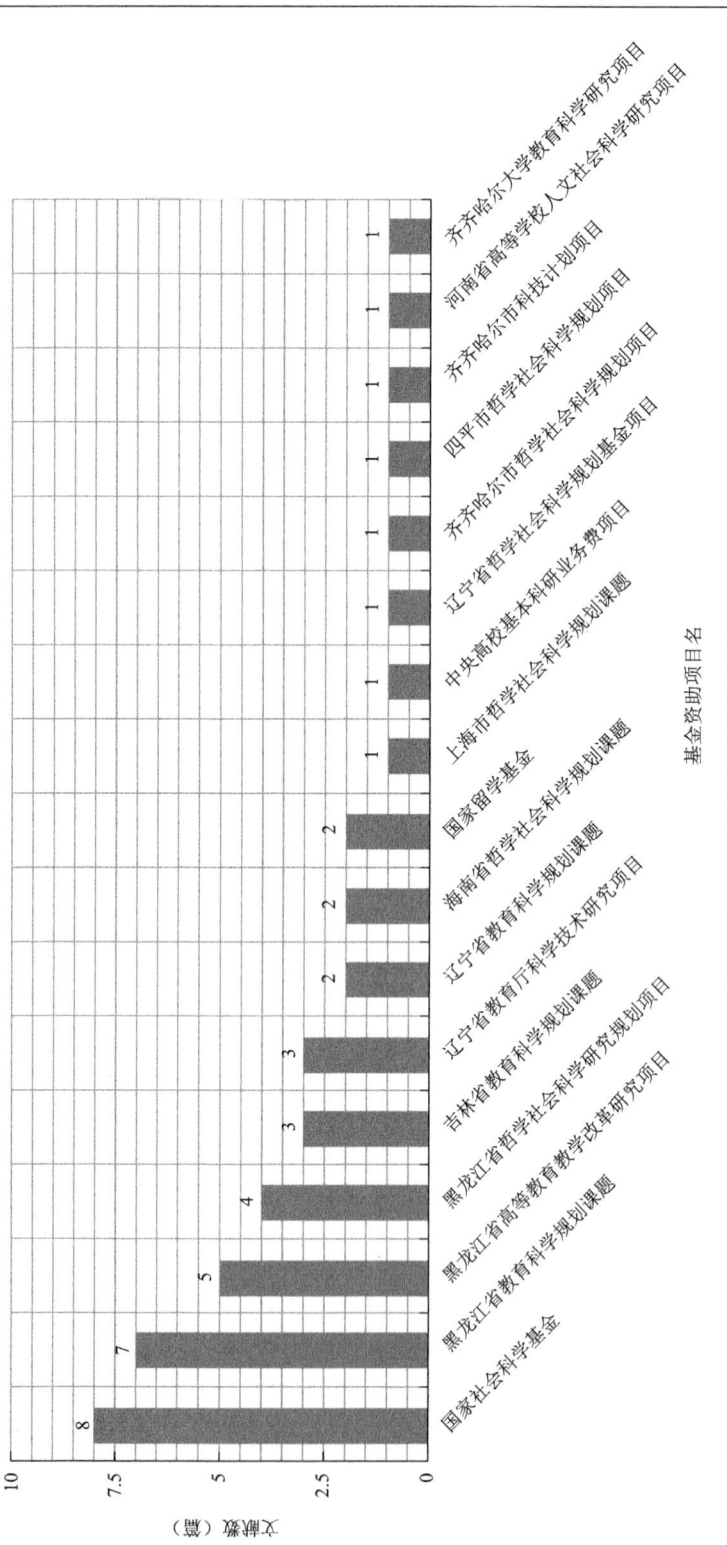

基金资助项目名	文献数（篇）
国家社会科学基金	8
黑龙江省教育科学规划课题	7
黑龙江省高等教育教学改革研究项目	5
吉林省教育科学研究规划项目	4
辽宁省教育科学规划课题	3
辽宁省教育厅科学技术研究项目	3
海南省哲学社会科学规划课题	2
国家留学基金	2
上海市哲学社会科学规划课题	2
中央高校基本科研业务费项目	1
辽宁省哲学社会科学规划课题	1
齐齐哈尔市哲学社会科学规划基金项目	1
四平市哲学社会科学规划项目	1
齐齐哈尔市科技计划项目	1
河南省高等学校人文社会科学研究项目	1
齐齐哈尔大学教育科学研究项目	1

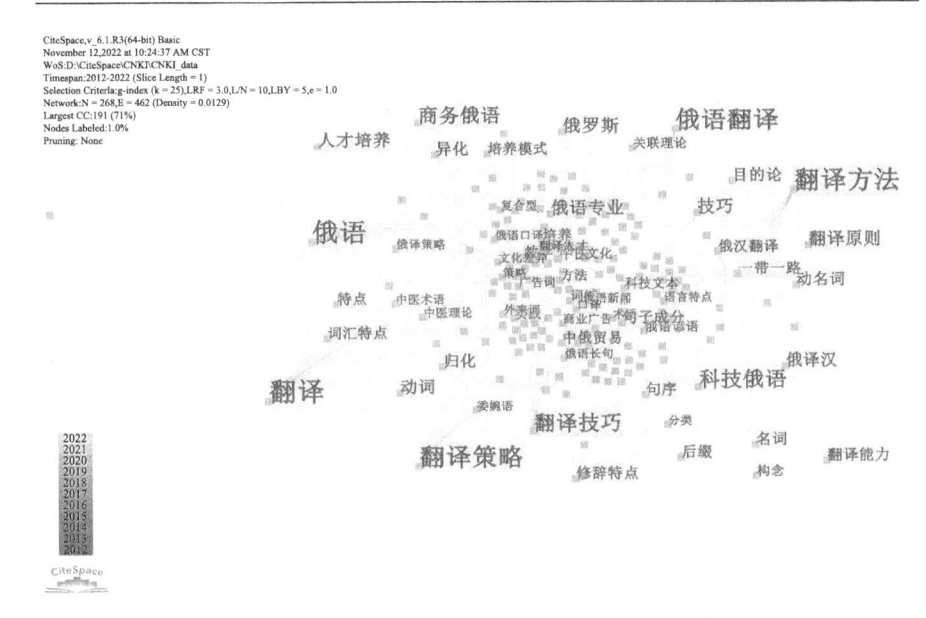

图 5-8　俄语翻译核心关键词 CiteSpace 聚类分析

语的意义,在此基础上确定基本的翻译步骤、翻译原则和具体的翻译方法,保持整体上的一致性,充分考虑俄语的特殊性。根据汉英轴的多语种约定,我们以大数据名词英译为参照开展俄译工作。下面,我们在翻译实践的基础上对俄语团队的翻译工作进行归纳和总结。

5.2　大数据名词汉俄翻译的体例确定

本研究涉及汉语、英语、法语、俄语、西班牙语、阿拉伯语等六个语种,具有多语种特性,因此大数据名词的翻译需要先行确定体例。

英语团队充分考虑了研究的多语种特性,将层次性确定为体例的总特征,并对此进行了较详细的论述。我们依照英语团队的翻译原则,制定俄语团队的翻译策略。根据词条的层次性特征,我们按照三级标记处理本系统词条的翻译:"*"一级标记词条;"#"二级标记词条;无标记三级词条。具体情况如下。

5.2.1　"*"一级标记词条

(1) 该标记为专有名词。根据前面英语团队的分析,俄语翻译团队采用同样的翻译原则:对中外地名、机构名、姓氏名、书名、文件名、政策名、省市名、单位机构名等视为固定用法,此类词条在俄译时需保持原译,不进行修改。对于容易引起歧义的词条，在参照汉语释义和英语翻译的情况下，按照专有名词标准处理。星号标记的词条为了保持体例的一致性，首字母大写等要求按照俄语行文处理。对于有英语缩写形式的专有名词，我们在俄语专有名词全译之后添加了英语缩写形式，便于俄语使用者对照使用。

例如，我们参照汉语和英语进行俄语的专有名词翻译："信息论*Information Theory—Теория информации""系统哲学*Systems Philosophy—Системная философия""布尔逻辑*Boolean Logic—Булева логика""谓词逻辑*Predicate Logic—Предикатная логика"等。

其他情况还包括以下几个方面。

有英语缩写形式的专有名词，在其俄译后添加了英语缩写形式，例如"专家系统*Expert System（ES）—Экспертная система（ES）""计算机科学*Computer Science（CS）—Компьютерная наука（CS）""虚拟现实*Virtual Reality（VR）—Виртуальная реальность（VR）""机器学习*Machine Learning（ML）—Машинное обучение（ML）""强化学习*Reinforcement Learning（RL）—Обучение с подкреплением（RL）"等。

汉语的书名翻译秉承俄语行文特点处理：目前俄语中已有现成的相应书籍的译法时，照搬现成译法，例如《九章算术》*The Nine Chapters on the Mathematical Art—«Математика в девяти книгах»"《三体》*The Three-Body Problem—«Задача трех тел»"等。

英语书名回译需符合俄语语言特点。这种情形又分为两种类型。其一，如果目前俄语已有相应书籍的现成译法，我们照搬现成的译法。此时，译法有时采用的是直译，有时采用的是意译，不论其俄译具体采用的是哪种翻译方法，我们都尊重俄语现存的译法。其二，如果目前俄语无现成的译法，我们参照英语的译法翻译成俄语。

第一种情况的例子："《零边际成本社会》*The Zero Marginal Cost Society—«Общество с нулевой маржинальной стоимостью»""《人人时代》*Here Comes Everybody—«Здесь все»""《金刚经》*The Diamond Sutra—«Алмазная сутра»""《古兰经》*The Koran—«Коран»""《理想国》*The Republic—«Государство»"等。第二种情况的例子："《大数据开发：机遇与挑战》*Big Data for Development: Opportunities and Challenges—«Развитие больших данных: возможности и вызовы»""《为什么要保护自然界的变动性》*Why Preserve Natural Variety?—«Почему нужно защищать изменчивость природы?»""《数据科学：拓展统计学的技术领

域的行动计划》*Data Science: An Action Plan for Expanding the Technical Areas of the Field of Statistics*—«Наука о данных: План действий по расширению технических отраслей для применения статистики»""无人零售*Unmanned Retail*—Беспилотные магазины""《填平数字鸿沟》*Bridging the Digital Divide*—«Заравнивание цифровой пропасти»"等。

（2）根据多语种翻译的总原则，对于容易引发歧义和多语种翻译混淆的词条项，按照专有名词对待。例如，根据翻译锚，"差分机、分析机、图灵机"三个词条中心词都是"机"，但却有不同的表达，而且在翻译锚中大小写不一致。译成俄语时，也遵照英语的处理，全部大写："差分机 Машина различий""分析机 Аналитическая машина""图灵机 Машина Тьюринга"。需要注意的是，俄语翻译时未全部照搬英文的译法，而是根据俄语的表达习惯进行翻译处理，"机"都译成了 машина，分别译为"差分机 Машина различий""分析机 Аналитическая машина""图灵机 Машина Тьюринга"。

（3）根据同场同模式的专有名词认定的原则，除了常规的专名和姓氏认定为本系统的专有名词外，为了保证多语种翻译的一致性，我们在俄语翻译时重点关注了以下两种情况。

第一种情况：国家部委文件翻译需要具有普遍性和统一性，俄译时可认定为专有名词，例如"《国务院关于深化'互联网+先进制造业'发展工业互联网的指导意见》«Руководящие положения Государственного совета по углублению 'Интернет+передовая обрабатывающая промышленность' для развития промышленного Интернета»""《国务院关于积极推进'互联网+'行动的指导意见》«Руководящие положения Государственного совета по активному продвижению акции 'Интернет плюс'»"等。

第二种情况：国际会议主办方翻译的大会名称可认定为专有名词，例如"开放数据和创新：愿景与实践"国际研讨会 Международный симпозиум "Открытые данные и инновации: видение и практика"。"名从主人"的专有名词翻译原则在俄译时也是我们要遵从的原则。

此外，下列情况不列入专有名词范围。

省市级别的文件多用于国内交流，俄译时一般不认定为专有名词，例如"《郑州市促进大数据发展行动计划》 «План действий города Чжэнчжоупо содействию развитию больших данных»""《北京市大数据和云计算发展行动计划（2016—2020年）》 «План действий города Пекин по развитию больших данных и облачных вычислений (2016-2020)»"等。

对于普通期刊网的术语翻译规范，俄语翻译时不作为专有名词认定依据。此类俄语翻译根据英语的处理模式处理，并按照本系统同场同模式原则进行统一。俄译时，对于不作为专有名词认定的名词归类到三级模式处理，此类情况遵照英语要求展开。

5.2.2 "#"二级标记词条

根据多语种翻译的总要求，俄语翻译时将井号标记视为二级标记。这类标记通常用于记录已经在使用中的名词，此类名词首字母一般不需要大写。俄语在参照英语翻译的基础上，根据实际情况进行了适当的调整，参照有标记的英语翻译进行翻译，并采用便利性俄语翻译原则不进行标记，即俄译时参照标记展开，但对翻译结果不进行特别标记。例如：

系统结构#system structure—структура системы

系统功能#system function—системная функция

系统层次#system hierarchy—системный уровень

三个词条共享同一结构，其英译也保持了同一结构，但根据其语义和俄语表达习惯，俄译时稍有调整，分别采用了两种不同的表达形式："形容词+名词"的限定结构，如"系统功能 системная функция""系统层次 системный уровень"；名词第二格的限定结构，如"系统结构 структура системы"。

为了尽量确保翻译的准确性，在所有术语翻译过程中，俄译时主要参照了Google翻译、DeepL翻译、百度翻译、有道翻译等软件的译法。此外，我们将英译文用Google翻译软件译成俄语译文，以进一步检验俄语翻译的准确性。在此基础上，我们还将完成的译文在俄语互联网上进行检查，如在Yandex中进行查证，一是检查译文的准确度，二是看译文是否在俄语现实交际实践中得到了有效的使用。这样做旨在使我们的译文更接近人们熟悉和已经接受的译文。在俄译时，网络验证成功后，如果需要则将该词条标注"#"，表示该译法在实践中得到了广泛使用。如果验证不成功，则将该译文下调为三级无标记词条。"原始数据"在翻译软件中的俄译结果见表5-1。

表5-1 "原始数据"在翻译软件中的俄译

翻译软件	汉语	俄译
Google 翻译	原始数据	необработанные данные сырые данные исходные данные
DeepL 翻译	原始数据	исходные данные предварительные данные необработанные данные первичные данные сырые данные

续表

翻译软件	汉语	俄译
DeepL 翻译	原始数据	первоначальные данные базовые данные неоконченные данные неочищенные данные неоспоримые данные полученные данные свежие данные 等 22 种之多
百度翻译	原始数据	исходные данные
有道翻译	原始数据	исходные данные

对"原始数据"翻译结果（结合表 5-1）分析如下：①Google 翻译软件提供了三个并行的翻译结果，在 необработанные данные 和 сырые данные 的回译结果是"原始数据"，исходные данные 的回译结果是"初始数据"。②DeepL 翻译软件提供了 22 个并行的翻译结果。③百度翻译软件和有道翻译软件得出的俄译相同。④用 Google 翻译软件将英译 raw data 翻译为俄语，得出的俄译是 необработанные данные、сырые данные。

翻译锚术语在线和百度百科对"原始数据"提供了重要的释义。释义中首先强调的是"未经过处理"之意。Google 翻译软件提供的三种方案中，сырый 强调天然性，исходный 强调初始性，необработанный 强调未经过处理之意。DeepL 翻译软件给出的 22 个不同的译法中，исходные、необработанные、сырые 三种译法与 Google 翻译软件的相同，其余的语义各有侧重，比如，предварительный 强调初步性，первоначальный 强调初始性，базовый 强调基础性，свежий 强调新鲜性，неоконченный 强调未完结性，等等。有道翻译软件和百度翻译软件提供的是同一种译法 исходные данные。我们再将英语表述 raw data 译成俄语，得出 необработанные данные 和 сырые данные 两种译法。综合分析上述翻译软件的译法，结合词条"原始数据"的释义，考虑上述俄语译法的语义，我们认为其中 необработанные данные 这一译法最准确。

虽然 Google 翻译软件和 DeepL 翻译软件都提供了一个以上的翻译结果，从精确性角度来说，多种翻译结果同时提供这种处理方式是很自然也是很合理的，因为平台为读者提供了更多的选择。但是，从术语的翻译角度来看，从汉语翻译成英语时我们就已经考虑到非单一性的翻译结果会给其他后续语种的平行翻译以及后期的平台搭建带来较大的困扰这一因素，所以，我们强调单一有效的翻译模式原则，在一定范围内排除语言非单一性所带来的困扰,有序推进多语种平行翻译的进行。这一原则在将术语译成其他语种时也是应该坚持和遵循的。因此,我们在俄译时,在多项方案中选择了最准确的一项,以"原始数据"为例,最后将其译成俄语的необработанные данные。

对于一级和二级词条的区分,我们按照如下原则进行:①如果词条中出现人名等专有名词,一般按照专有名词对待,例如"香农理论*Shannon Theory—Теория Шеннона";②普通名词专有化的词条,按照专有名词对待,例如"博弈论*Game Theory—Теория игр";③如果在百度百科中词条有缩写,通常认定该词条为专有名词,例如"虚拟现实*Virtual Reality(VR)—Виртуальная реальность(VR)"。

5.2.3 无标记三级词条

该类词条没有在使用中形成固定的翻译模式。俄语翻译时首先参照英语示例处理。例如,"数字政府建设管理局 management bureau for digital government construction",该名词没有形成约定俗成的英语翻译,所以俄语翻译时也统一按照三级词条处理。如果三级词条在参照英语翻译项处理时出现了与俄语语言习惯不一致的情况,需要以目标语俄语的标准为准,而不受英语翻译项影响。例如,在对"数字政府建设管理局"这一名词处理时,俄译没有按照英译进行调整而是遵照了俄语的习惯,译法为"数字政府建设管理局 Управление по развитию цифрового правительства"。

三级名词的处理需要体现俄语语言特征。例如,"电脑"在俄语中已经形成了单一词汇 компьютер。但是,对于尚未完成词汇化的"云脑"则翻译为 облачный мозг。由此,俄语中将"电脑时代"和"云脑时代"翻译为 компьютерная эпоха 和 эпоха облачного мозга,即采用了不同的语法结构方式,前者用的是"形容词+名词"的结构,后者用的是"形容词+名词词组"的第二格限定形式。

俄语在处理"时代"关键词翻译项时,尽量采用向专有名词靠近并保持译文一致的原则。本系统中含关键词"时代"的词条俄译统计见表 5-2。

表 5-2 含关键词"时代"的词条俄译

汉语	俄译
DT 时代	эпоха DT
《人人时代》	«Здесь все»
超数据时代	гиперданные эпохи

续表

汉语	俄译
《算法时代》	«Эпоха алгоритма»
《数字经济：智力互联时代的希望与风险》	«Цифровая экономика: надежды и риски в эпоху интеллектуального Интернета»
《大数据时代——生活、工作与思维的大变革》	«Эпоха больших данных - масштабные перемены в жизни, труде и мышлении»
数字货币时代	эпоха цифровой валюты
《大数据时代》	«Большие данные»
人脑时代	эпоха человеческого мозга

从统计中可以看出，"时代"的俄语翻译有两种情况。

（1）隐藏在语义中不进行翻译，如"《人人时代》《Здесь все》""《大数据时代》《Большие данные》"。此类多出现在英文原著引入俄罗斯过程中的翻译，多为意译，而非直译。

（2）翻译为эпоха，如"DT时代 эпоха DT""超数据时代 гиперданные эпохи""《算法时代》«Эпоха алгоритма»""《数字经济：智力互联时代的希望与风险》«Цифровая экономика: надежды и риски в эпоху интеллектуального Интернета»""数字货币时代 эпоха цифровой валюты""人脑时代 эпоха человеческого мозга"等。此类多将"时代"翻译为эпоха或其复数形式эпохи，比如"超数据时代 гиперданные эпохи"。

对照以上的条件可以看出，"时代"翻译为эпоха更符合俄语的语言规范，而将"时代"翻译为эпоха也是翻译系统性的体现。

5.3 大数据名词汉俄翻译实例研究

俄语、汉语和英语属于不同的语系，语言特征有着较为明显的不同。这就要求我们在俄译时处理好释义基础上的翻译系统性，并对翻译项进行横向和纵向研究，实现与翻译锚准确有效的平行翻译。以下是部分相关关键词翻译项的分析。

5.3.1 "产业"的翻译

根据前面英译处理时的区分原则，"产业、工业、行业"形成了系统性约定，单数表示"产业、工业"，复数表示"行业"，即"产业/工业 industry""行业 industries"，源自英语的俄语对应词 индустрия 表示"行业""工业""产业"。

俄语中另有一词 отрасль 也可以表"行业""工业""产业",用于科学、知识、生产等独立领域。其意义更接近汉语的"行业",因此,俄译时"产业/工业 industry"一般用 индустрия,"行业 industries"一般用 отрасль。本系统中含关键词"行业"的词条俄译统计见表 5-3。

表 5-3　含关键词"行业"的词条俄译

汉语	俄译
《云南省人民政府办公厅关于重点行业和领域大数据开放开发工作的指导意见》	«Руководящие положения Главного управления Народного правительства провинции Юньнань по открытию и развитию больших данных в ключевых отраслях и сферах»

如表 5-3 所示,对于本系统中关键词"行业"的俄译,我们采用 отрасль 形式。

本系统中含关键词"工业"的词条俄译统计见表 5-4。

表 5-4　含关键词"工业"的词条俄译

汉语	俄译
工业互联网	Индустриальный Интернет
《第四次工业革命——转型的力量》	«Четвёртая промышленная революция - сила трансформации»
"未来工业"计划	План "Индустрии будущего"
信息化与工业化融合	интеграция информатизации и индустриализации
《国务院关于深化"互联网+先进制造业"发展工业互联网的指导意见》	«Руководящие положения Государственного совета по углублению "Интернет+передовая обрабатывающая промышленность" для развития индустриального Интернета»
《工业互联网发展行动计划（2018—2020 年）》	«План действий по развитию промышленного Интернета (2018-2020)»
工业大数据应用技术国家工程实验室	Национальная инженерная лаборатория промышленных прикладных технологий больших данных
《单向度的人——发达工业社会意识形态研究》	«Одновекторный человек – исследование общественной идеологии развитой промышленности»

本系统中有 8 个含"工业"词条。

（1）专有名词（专著/文件类）标注项有 3 项,包括"《第四次工业革命——转型的力量》"«Четвёртая промышленная революция - сила трансформации»""《国务院关于深化'互联网+先进制造业'发展工业互联网的指导意见》"«Руководящие положения Государственного совета по углублению 'Интернет+передовая обрабатывающая промышленность' для развития индустриального Интернета》"《单向度的人——发达工业社会意识形态研究》«Одновекторный человек–исследование общественной идеологии развитой промышленности»"。这 3 项中的"工业"翻译为 промышленный 或 промышленность，"ндустриальный 作为定语出现，形成了形容词+名词的形式——"工业革命 промышленная революция，工业互联网 индустриальный Интернет"和名词第二格形式——"发达工业社会意识形态 общественная идеология развитой промышленности"。其中"工业互联网"有 индустриальный Интернет 和 промышленный Интернет 两种翻译模式，俄语中两种说法都通行，但在网上搜索 промышленный Интернет 时，首先出现的是 индустриальный Интернет，对该词条加以解释时用括号补足解释，则形成翻译 "Индустриальный Интернет（индустриальный Интернет вещей，промышленныйИнтернет）- концепция построения инфокоммуникационных инфраструктур, подразумевающая подключение к сети Интернет любых небытовых устройств …"，因此，我们最终采用相关译法。

（2）专有名词（约定俗成类）标注项也有多项，包括"工业互联网 индустриальный Интернет""'未来工业'计划 план 'Индустрии будущего'""工业大数据应用技术国家工程实验室 Национальная инженерная лаборатория промышленных прикладных технологий больших данных"。其中，有的采用作为附属定语的 промышленный、индустриальный，如"工业（的）互联网 индустриальный Интернет"，有的采用核心主语"未来（的）工业 Индустрия будущего"。

（3）三级词条类有 2 项。"工业云 облако промышленности"和"信息化与工业化融合 интеграция информатизации и индустриализации"是按照我们系统规则进行的常规翻译。"工业化 индустриализация"也采用词根 индустрия- 和词缀 -зация 组合而成。

（4）英语中的 industry、industrial 一般译成 индустрия、индустриальный，俄语中若有固定表达则遵照俄语已有的固定表达法，如"第四次工业革命 четвёртая промышленная революция"等。

含关键词"产业"的词条俄译（专有名词-专著文件名类）统计见表 5-5。

表 5-5　含关键词"产业"的词条俄译（专有名词-专著文件名类）

汉语	俄译
《"十三五"国家战略性新兴产业发展规划》	«План развития стратегически новых государственных отраслей Тринадцатой пятилетки»

续表

汉语	俄译
《安徽省"十三五"软件和大数据产业发展规划》	«Планирование провинции Аньхой по развитию индустрии программного обеспечения и больших данных в течение 13-й пятилетки»
《成都市促进大数据产业发展专项政策》	«Специальная политика города Чэнду по содействию развитию индустрии больших данных»
《成都市大数据产业发展规划（2017—2025年）》	«Планирование города Чэнду по развитию индустрии больших данных（2017-2025）»
《大数据产业发展规划（2016—2020年）》	«Планирование развития индустрии больших данных（2016-2020）»
《关于促进山东省大数据产业加快发展的意见》	«Мнения провинции Шаньдун о содействии ускорению развития индустрии больших данных»
《关于促进云计算发展培育大数据产业实施意见》（青海）	«Мнения о реализации содействия развитию облачных вычислений и индустрии больших данных»（Цинхай）
《关于加快大数据、云平台建设促进信息产业发展的实施方案》	«Программа реализации ускорения создания платформы больших данных и облачных вычислений для содействия развитию информационной индустрии»
《关于加快大数据产业发展的意见》（南京）	«Руководство по ускорению развития индустрии больших данных»（Нанкин）
《关于加快大数据产业发展应用若干政策的意见》（贵州）	«Мнения о различных направлениях политики по ускорению развития и применения индустрии больших данных»（Гуйчжоу）
《关于加快发展大数据产业的实施意见》（贵阳）	«Мнения о реализации ускорения развития индустрии больших данных»（Гуйян）
《贵阳大数据产业行动计划》	«План действий города Гуйян в отношении индустрии больших данных»
《贵州大数据+产业深度融合2017年行动计划》	«План действий провинции Гуйчжоу по глубокой интеграции больших данных плюс промышленность в 2017 году»
《贵州省大数据产业发展应用规划纲要（2014—2020年）》	«Программа планирования провинции Гуйчжоу по развитию и применению индустрии больших данных（2014-2020）»
《杭州市建设全国云计算和大数据产业中心三年行动计划（2015—2017年）》	«Трехлетний план действий города Ханчжоу по созданию Национального центра облачных вычислений и индустрии больших данных（2015-2017）»
《河北省大数据产业创新发展三年行动计划（2018—2020年）》	«Трехлетний план действий провинции Хэбэй по инновациям и развитию индустрии больших данных（2018-2020）»
《河南省大数据产业发展三年行动计划（2018—2020年）》	«Трехлетний план действий провинции Хэнань по развитию индустрии больших данных（2018-2020）»
《泸州市人民政府关于加快大数据产业发展的实施意见》	«Мнения муниципального народного правительства Лучжоу о реализации ускорения развития индустрии больших данных»
《内蒙古自治区大数据与产业深度融合行动计划（2018—2020年）》	«План действий Автономного района Внутренняя Монголия по глубокой интеграции больших данных и промышленности（2018-2020）»

续表

汉语	俄译
《钦州市加快云计算及大数据产业发展的实施方案》	«Программа города Циньчжоу по реализации ускорения развития облачных вычислений и индустрии больших данных»
《厦门市大数据应用与产业发展规划（2015—2020年）》	«Планирование города Сямынь по использованию больших данных и развитию индустрии (2015-2020)»
《陕西省大数据与云计算产业示范工程实施方案》	«Программа провинции Шэньси по реализации демонстрационного проекта индустрии больших данных и облачных вычислений»
《武汉市大数据产业发展行动计划（2014—2018年）》	«План действий города Ухань по развитию индустрии больших данных (2014-2018)»
《武汉市人民政府关于加快大数据推广应用促进大数据产业发展的意见》	«Мнения муниципального народного правительства Уханя об ускорении распространения и применения больших данных и содействию развитию индустрии больших данных»
《西安市大数据产业发展实施方案（2017—2021年）》	«Программа города Сиань по реализации развития индустрии больших данных (2017-2021)»
《西安市发展硬科技产业十条措施》	«Десять мер города Сиань по развитию индустрии жетских наук и технологий»
《新疆维吾尔自治区云计算与大数据产业"十三五"发展专项规划》	«Специальное планирование Синьцзян-Уйгурского автономного района по развитию индустрии облачных вычислений и больших данных в течение 13-й пятилетки»
《长沙市加快发展大数据产业（2017—2020年）行动计划》	«План действий города Чанша по ускорению развития индустрии больших данных (2017-2020)»
《郑州市人民政府关于促进大数据产业发展的若干意见》	«Несколько мнений муниципального народного правительства Чжэньчжоу о содействии развитию индустрии больших данных»

表 5-5 中含关键词"产业"的词条（专有名词-专著文件名类）共有 29 项。其中 26 项形成了"大数据产业 индустрия больших данных""信息产业 информационная индустрия""云计算产业 индустрия облачных вычислений""硬科技产业 индустрия жетских наук и технологий""大数据产业发展 развитие индустрии больших данных"等核心关键词。从这 29 个翻译项中可以看出，"产业 индустрия"基本上得到一致性应用，符合同场同模式规则。但是"战略性产业 стратегические отрасли"是俄语中的固定搭配，且 Google 翻译软件英译俄时提供的也是这种译法，所以我们最终选择该译法，"战略性新兴产业"的译法就是"стратегически новых отраслей"，相应的"新兴产业"的俄译就是"новые отрасли"；"大数据+产业 большие данные плюс промышленность""大数据与产业 большие данные и промышленность"目前俄语中没有固定译法，Google 翻译软件英译俄时提供的方案是 промышленность，而不是 индустрия，所以我们最

终使用 промышленность 这种译法。

含关键词"产业"的词条俄译（专有名词-联盟类）统计见表5-6。

表5-6 含关键词"产业"的词条俄译（专有名词-联盟类）

汉语	俄译
安徽省大数据产业联盟	альянс индустрии больших данных провинции Аньхой
东北大数据产业联盟	Дунбэй альянс индустрии больших данных
甘肃省大数据产业技术创新联盟	иинновационно-технологический альянс индустрии больших данных провинции Ганьсу
广州大数据产业协同创新联盟	коллаборативный инновационный альянс индустрии больших данных Гуанчжоу
贵州大数据产业联盟	альянс индустрии больших данных Гуйчжоу
河南云计算大数据产业联盟	альянс облачных вычислений и индустрии больших данных провинции Хэнань
黑龙江省大数据产业联盟	Альянс индустрии больших данных провинции Хэйлунцзян
昆明大数据产业联盟	альянс индустрии больших данных Куньмина
山东大数据产业创新联盟	инновационный альянс индустрии больших данных провинции Шаньдун
陕西省大数据产业联盟	альянс индустрии больших данных провинции Шэньси
石家庄大数据产业联盟	Альянс индустрии больших данных Шицзячжуана
四川大数据产业联盟	Федерация индустрии больших данных провинции Сычуань
苏州大数据产业联盟	Альянс индустрии больших данных Сучжоу
浙江省大数据应用技术产业联盟	альянс индустрии приложений для больших данных провинции Чжэцзян
中关村大数据产业联盟	Альянс индустрии больших данных Чжунгуаньцуня
中国大数据产业生态联盟	Экологический альянс индустрии больших данных Китая
中国光谷大数据产业联盟	альянс индустрии больших данных Китайской долины оптики
中国网络安全产业联盟	Альянс индустрии кибербезопасности Китая
重庆大数据产业技术创新联盟	иинновационно-технологический альянс индустрии больших данных Чунцина

表 5-6 中含关键词"产业"的词条俄译（专有名词-联盟类）共有 19 项。

（1）专有名词标注的有 7 项，包括"东北大数据产业联盟 Дунбэй альянс индустрии больших данных""黑龙江省大数据产业联盟 Альянс индустрии больших данных провинции Хэйлунцзян""四川大数据产业联盟 Федерация индустрии больших данных провинции Сычуань""苏州大数据产业联盟 Альянс индустрии больших данных Сучжоу""中关村大数据产

业联盟 Альянс индустрии больших данных Чжунгуаньцюня""中国大数据产业生态联盟 Экологический альянс индустрии больших данных Китая""中国网络安全产业联盟 Альянс индустрии кибербезопасности Китая"。这些翻译项都是各联盟已经对外公布的名字，具有不可翻译性，形成了"产业联盟 альянс индустрии""产业联盟 федерация индустрии""产业生态联盟 экологический альянс индустрии"等关键词翻译项。根据"名从主人"原则，这些联盟的名称不进行改动。

（2）限定词的翻译。汉语中有"××省"字的情况，俄译时同样将"省 провинция"字翻译出来，根据俄语的语法习惯，用第二格表限定、所属关系，比如"浙江省 провинции Чжэцзян"等，未出现"省""市"字样的情况，俄译中同样不出现 провинция、город，而是直接用地名的第二格形式表示限定、所属关系，如"重庆大数据产业技术创新联盟 иинновационно-технологический альянс индустрии больших данных Чунцина""苏州大数据产业联盟 Альянс индустрии больших данных Сучжоу"等。

本系统中含关键词"产业"词条（产业园和协会类）俄译统计见表 5-7。

表 5-7　含关键词"产业"的词条（产业园和协会类）俄译

汉语	俄译
江苏南通国际数据中心产业园	Международный индустриальный парк международного центра данных города Наньтун провинции Цзянсу
数字福建（长乐）产业园	Индустриальный парк Цифрового Фуцзяня （Чанлэ）
盐城大数据产业园	Индустриальный парк больших данных города Яньчэн
张北云计算产业园	Индустриальный парк облачных вычислений в Чжанбэе
中关村大数据产业园	Индустриальный парк больших данных в Чжунгуаньцуне
河北省京津冀大数据产业协会	Ассоциация индустрии больших данных Пекина-Тяньцзиня-Хэбэя в провинции Хэбэй
山西省大数据产业协会	Ассоциация индустрии больших данных провинции Шаньси（SXBIA）
深圳市大数据产业协会	Ассоциация больших данных （Шэньчжэнь）（SZ-ABD）
重庆市云计算和大数据产业协会	Ассоциация облачных вычислений и индустрии больших данных города Чунцин

表 5-7 中含关键词"产业"的词条（产业园和协会类）共有 9 项。

含关键词"产业园"的词条有 5 个，其中 2 个是专有名词："江苏南通国际数据中心产业园 Международный индустриальный парк международного центра данных города Наньтун провинции Цзянсу"作为约定俗成的命名，

英译时用了"产业园 Campus Cooperation";"盐城大数据产业园 Индустриальный парк больших данных города Яньчэн"。"产业园"的翻译有 индустриальный парк、промышленный парк,后者一般对应汉语的"工业园"。由于"产业园 индустриальный парк"的翻译更为妥切,我们采用 индустриальный парк,最后形成了含"产业园 индустриальный парк"的其他3个词条的翻译,包括"数字福建(长乐)产业园 Индустриальный парк Цифрового Фуцзяня(Чанлэ)""张北云计算产业园 Индустриальный парк облачных вычислений в Чжанбэе""中关村大数据产业园 Индустриальный парк больших данных в Чжунгуаньцуне"。而且,为保持系统性,俄语中用"в+第六格"的形式表示处所,如"张北云 в Чжанбэе""中关村 в Чжунгуаньцуне"。

含"产业协会"的词条有4个,均为约定俗成的专有名词。各个协会根据自己的理解完成了各自协会的命名,形成了"大数据产业协会 ассоциация индустрии больших данных""大数据产业协会 ассоциация больших данных"等关键词翻译项。

本系统中含关键词"产业"的词条(其他类)俄语统计见表5-8。

表5-8 含关键词"产业"的词条(其他类)俄译

汉语	俄译
传统产业升级	повышение уровня традиционных отраслей
产业互联网	интернет-индустрия
产业数字化	отраслевая цифровизация
贵阳·贵安大数据产业发展集聚示范区	Кластерная демонстрационная зона развития индустрии больших данных города Гуйань провинции Гуйян
数字产业	цифровая индустрия
数字化产业	цифровая индустрия
网络安全产业	индустрия кибербезопасности
网络信息技术产业	Индустрия сетевой информационной технологии
信息产业	информационная индустрия
虚拟产业	виртуальная индустрия
战略性新兴产业	стратегически новая индустрия
中国电子信息产业发展研究院	Центр развития информационной индустрии Китая(CCID)
中国国际大数据产业博览会	Китайская международная выставка индустрии больших данных

表5-8中含关键词"产业"的词条(其他类)共有13项。从分类来说,

含关键词"产业"的词条（其他类）的翻译主要分成了两类。

（1）作为核心词的"产业 индустрия"，形成了"产业互联网 интернет-индустрия""大数据产业 индустрия больших данных""数字产业 цифровая индустрия""网络安全产业 индустрия кибербезопасности""网络信息技术产业 Индустрия сетевой информационной технологии""信息产业 информационная индустрия""虚拟产业 виртуальная индустрия""战略性新兴产业 стратегически новая индустрия""信息产业 информационная индустрия"等关键词翻译项。

（2）作为修饰词的"产业 отраслевый"形成了"产业数字化 отраслевая цифровизация""产业基地 отраслевая база"。

我们此处没有对"数字产业 цифровая индустрия"和"数字化产业 цифровая индустрия"进行区分，主要原因在于我们对出现的相关名词进行了概率统计，发现两者的相互替代率非常高，语义颗粒度比较接近。而且，英语翻译项也采用了类似模式进行处理，我们参照执行。我们把"数字化产业"直译为 индустрия оцифровки 或 промышленность оцифровки，这两种翻译均没有在现实中得到广泛使用。尊重统计结果，我们不区分"数字产业 цифровая индустрия""数字化产业 цифровая индустрия"，将两者采用同一俄语形式进行表达，这也是参考英译的结果。这种情况在本系统中较少出现，这是"双式术语"的一种变体。综上，我们采纳"产业/工业 индустрия"的翻译模式，不区分"产业、工业"。但是，对于"行业"，翻译为 отрасль，这是俄语中已有的固定表达。

5.3.2 "大数据"的翻译

大数据又称巨量资料。"数据"一词的俄译为 данные，"大数据"一词的俄译为 большие данные，与英语的 big data 一一对应。随着信息化的发展，近年来很多国家都在积极推进大数据进程，大数据可以解决海量数据和非结构化数据的挑战，在医疗、教育、旅游、交通、农业、工业等众多领域进行应用从而对社会发展产生十分重要的积极推动作用。

医疗大数据、教育大数据、文化大数据、交通大数据、农业大数据、工业大数据、安全大数据、电子商务大数据等大数据名词采用的都是俄语二格限定形式。例如，"医疗大数据"译为 большие данные здравоохранения。здравоохранение 为"医疗、卫生"之意。语法形式为单数一格，在译文中为单数二格，作为所属格，限定"大数据"（большие данные）这一词组。类似的情况还包括如下翻译（表5-9）。

表 5-9 含关键词"大数据"的词条俄译

汉语	俄译
医疗大数据	большие данные здравоохранения
教育大数据	большие данные образования
文化大数据	большие данные культуры
旅游大数据	большие данные туризма
交通大数据	большие данные дорожного движения
农业大数据	большие данные сельского хозяйства
工业大数据	большие данные промышленности
安全大数据	большие данные безопасности
电子商务大数据	большие данные электронной торговли
科学大数据	большие данные науки
时空大数据	большие данные пространства-времени
组学大数据	большие данные омика

5.3.3 "法"(法律义类)、"方法"、"法"(方法义类)的翻译

我们参照英语对"法(法律)"和"法案"的理解进行俄译。"法案 act"是绝大多数国外原文使用的英语翻译项。在俄语翻译时,我们完成了系统性翻译。本系统中含关键词"法"的词条(法律义类)俄译统计见表 5-10。

表 5-10 含关键词"法"的词条(法律义类)俄译

汉语	俄译	汉语	俄译
《关键基础设施信息保护法》	«Закон о защите критических информационных инфраструктур»	《个人信息保护法》(瑞典)	Закон «О защите персональных данных» (Швеция)
《中华人民共和国统计法》	Закон КНР «О статистике»	《个人数据法》(瑞典)	Закон «О персональных данных» (Швеция)
《中华人民共和国国家安全法》	Закон КНР «О государственной безопасности»	《隐私法案》	Закон «О неприкосновенности частной жизни»
《中华人民共和国电子签名法》	Закон КНР «Об электронной цифровой подписи»	《个人控制的电子健康记录法》	Закон «О лично контролируемых электронных записях о состоянии здоровья»
《中华人民共和国网络安全法》	Закон КНР «О кибербезопасности»	《个人信息保护和电子文件法》	Закон «О защите персональной информации и электронных документов» (PIPEDA)
《信息自由法》	Закон «О свободе информации»	《行政机关电子计算机自动化处理个人数据保护法》	Закон «О защите компьютерных и персональных данных, находящихся в ведении административных органов власти»

续表

汉语	俄译	汉语	俄译
《公平信用报告法》	Закон «О точной отчётности по кредитам»	《信息公开与个人信息保护审查会设置法》	Закон «О создании ревизионной комиссии по раскрытию информации и защите личной информации»
《金融隐私权法》	Закон «О праве на финансовую тайну»	《个人信息保护法》（日本）	Закон «О защите персональной информации» (Япония)
《电子通信隐私法》	Закон «О конфиденциальности электронных коммуникаций»	《个人号码法》	Закон «О личном идентификационном номере»
《隐私权保护法》	Закон «О защите неприкосновенности частной жизни»	《个人信息保护法》（韩国）	Закон «О защите персональной информации» (Корея)①
《爱国者法》	«Патриотический акт»	《信息通信促进法》	Закон «О продвижении информации и коммуникаций»
《联邦信息安全管理法》	Федеральный закон «Об управлении информационной безопасностью» (FISMA)	《信用信息利用和保护法》	Закон «Об использовании и защите кредитной информации»
《电报通信政策法》	Закон «О кабельной связи»	《位置信息使用与保护法》	Закон «Об использовании и защите информации о местоположении»
《录像隐私保护法》	Закон «О защите видео конфиденциальности»	《政府机关个人信息保护法》	Закон «О защите государственными учреждениями персональных данных»
《驾驶员隐私保护法》	Закон «О защите частной жизни водителей»	《信息通信网络利用和信息保护法》	Закон «Об использовании информационно-коммуникационных сетей и защите информации»
《健康保险携带和责任法》	Закон «О мобильности и подотчётности медицинского страхования» (HIPAA)	《金融实名往来和秘密保障法》	Закон «О финансовых обменах с использованием реальных имён защите секретной информации»
《儿童网上隐私保护法》	Закон «О защите конфиденциальности детей в Интернете»	《2000年信息技术法》	Закон 2000 «Об информационных технологиях»
《计算机欺诈与滥用法》	Закон «О компьютерном мошенничестве и злоупотреблении»	《1993年公共记录法》	Закон 1993 «О публичных отчётах»
《数字千年著作权法》	Закон «Об авторском праве в цифровую эпоху» (DMCA)	《征信公司法》	Закон 2005 «О регулировании кредитной информации компаний» (CICRA)
《信息、信息技术和信息保护法》	Закон «Об информации, информатизации и защите информации»	《个人数据法》（瑞士）	Закон «О персональных данных» (Швейцария)
《数据保护法》	Закон «О защите данных»	《个人数据保护法》（马来西亚）	Закон «О защите персональных данных» (Малайзия)
《个人数据保护法》（英国）	Закон «О защите персональных данных» (Великобритания)	《数据处理、数据文件及个人自由法》	Закон «Об обработке данных, файлах данных и индивидуальных свободах»

① Корея 为网络检索的原文，非规范表达。

从表 5-10 可以发现，本系统中含关键词"法"（法律义类）的词条共有 44 个，主要分为两种形式。

（1）Закон 翻译项为 43 个，英译中的 law 和 act，俄译时均采用 закон+«о (об)...»的形式，即"关于……的法律"。用 law 翻译的情况，包括"《信息、信息技术和信息保护法》*Information, Information Technology and Information Protection Law—Закон «Об информации, информатизации и защите информации»""《中华人民共和国网络安全法》*Cybersecurity Law of the People's Republic of China—Закон КНР «О кибербезопасности»""《中华人民共和国电子签名法》*Electronic Signature Law of the People's Republic of China—Закон КНР «Об электронной цифровой подписи»""《中华人民共和国统计法》*Statistics Law of the People's Republic of China—Закон КНР «О статистике»"。俄译时采用了 закон 一词来翻译，因此上述法律法规名俄译分别为 "Закон «Об информации, информатизации и защите информации»""Закон КНР «О кибербезопасности»""Закон КНР «Об электронной цифровой подписи»""Закон КНР «О статистике»"。

（2）唯有"《爱国者法》*USA Patriot Act"例外，用了 акт 一词来对应英语中的 act，译为«Патриотический акт»。这是因为该译法为俄语中已有的现成译法，所以我们尊重俄语现成的译法。从前面的分析可以看出，俄语译词与汉语源语或英语源语在对应性方面存在一定的关联性，但是这种关联性是相对的而不是绝对的。当俄语译词已经出现了俄语约定俗成的表达方式时，这种关联性就会弱化。

本系统中含关键词"方法"的词条俄译统计见表 5-11。

表 5-11　含关键词"方法"的词条俄译

汉语	俄译	汉语	俄译
系统方法	системный метод	智能控制方法	методы интеллектуального управления
最优化方法	метод оптимизации	优化方法	оптимизационный метод
模型化方法	метод моделирования	黑箱方法	метод черного ящика
反馈控制方法	методы контроля с обратной связью	数据采集方法	методы сбора данных
扰动补偿方法	методы компенсации помех	软系统方法论	методология мягких систем
人工智能方法	методы искусственного интеллекта	《计算机方法的简明调查》	«Краткий обзор компьютерных методов»

从表 5-11 中可以看出，"方法 method"在俄译中采用"方法 метод"。

"方法论 methodology"已经词汇化，俄语中也有相应的词汇 методология，不在"方法 метод"翻译之列。

专有名词"《计算机方法的简明调查》"英译时是书名的直接借用，俄语中无现成的对应翻译，我们的译法是在参考英语书名基础上分析得出的《Краткий обзор компьютерных методов》。与英译不同之处在于，俄译时"方法 метод"单数和"方法 методы"复数形式均有使用，原则是一般情况下用单数形式，俄语中已经固定用复数形式表达的，按俄语中的现有习惯表达。下面讨论作为"方法"意义的"法"。

本系统中含关键词"法"（方法义类）的词条俄译统计见表 5-12。

表 5-12　含关键词"法"（方法义类）的词条俄译

汉语	俄译	汉语	俄译
网络分析法	методы анализа сети	最大似然法	Метод Максимального Правдоподобия（MLE）
系统预测法	методы системного прогнозирования	最小二乘法	Метод Наименьших Квадратов
时域分析法	анализ во временной области	KNN 法	Метод К-ближайших Соседей
频域分析法	анализ в частотной области	加权平均法	средневзвешенный метод
牛顿法	метод Ньютона	理想模型法	метод идеальной модели
梯度下降法	метод градиентного спуска	归纳法	индуктивный метод
矩估计法	метод моментов	演绎法	дедуктивный метод
顺序统计量法	порядковая статистика	三段论法	силлогизм

从表 5-12 分析可知，"法"（方法义类）的翻译有如下几种情况。

（1）译为 метод（单数）或 методы（复数），此种翻译符合我们的系统规定，是主流翻译。

（2）形成词汇化的翻译，例如"三段论法 силлогизм"，形式上却没有"方法 метод"出现。

（3）语义吸收的隐含式翻译，例如"时域分析法 анализ во временной области""频域分析法 анализ в частотной области"已经在网络世界形成了既有的表达方式，形式化的"方法 метод"已经吸收在词条中了，采用的多是隐含方式。

（4）专有名词"最小二乘法*Least Squares—Метод Наименьших Квадратов""最大似然法*Maximum Likelihood Estimate（MLE）—Метод Максимального Правдоподобия（MLE）"英译中尊重原译，不进行改动和

添加，俄译时同样尊重俄语原译，保留了关键词 метод，而未按照英译处理（英译中均未出现 method 一词），即"最小二乘法 Метод Наименьших Квадратов""最大似然法 Метод Максимального Правдоподобия（MLE）"。

（5）在翻译专有名词"KNN 法"时，英译采用了 K-Nearest Neighbor（Algorithm）的形式，缩略的"算法 algorithm"通过括号形式添加，以限定语义域并避免出现误译，与英译的处理不同，俄译为 метод k-ближайших соседей，此译法为俄语中现成的译法，也就是说这里的"法"俄语中还是理解为"方法"。

5.3.4 《……法（案/律）》类的专有名词译法

Закон 翻译成汉语为"法律"，但汉语中的"法律"翻译成俄语时，根据不同情况翻译为 закон、право、законодательство 等。经参阅相关俄语法律文件，我们将法律名称的专有名词《……法（案/律）》翻译为俄语名词 закон，并用单数形式。法律条款《……法（案/律）》专有名词译法的格式一般情况下全部采用俄语法律条款的固定表达 Закон «О(б)...»，将 Закон 放在最前面，后面用«О（б）...»的格式。

（1）如果在法律条款前面带有所属，比如"中华人民共和国""联邦"等等，则根据俄语规则，用该所属作为一致定语 Федеральный 或非一致定语 КНР 修饰名词 закон。例如，《中华人民共和国国家安全法》译为 Закон КНР «О государственной безопасности»，《联邦信息安全管理法》译为 Федеральный закон «Об управлении информационной безопасностью»。

（2）如果在法律条款前面带有年份，比如"2000 年""1993 年"等，则根据俄语规则，将年份作为非一致定语修饰名词 закон。例如，《2000 年信息技术法》译为 Закон 2000 «Об информационных технологиях»。汉语的词条《征信公司法》并没有出现年份，但是俄语网站上的固定翻译均带年份，经查阅汉语资料，该法律确定为 2005 年颁布，故该词条译法采用俄语的固定翻译，添上年份，译为 Закон 2005 «О регулировании кредитной информации компаний»。

（3）特殊情况，即某专有名词在 Yandex 上已有固定俄语译法，故采用网上的固定译法。例如，《爱国者法》译为«Патриотический акт»，俄译中没有汉语"法"字的对应翻译。 本系统中《……法（案/律）》类的专有名词俄译统计见表 5-13。

表 5-13 《……法（案/律）》类的专有名词俄译

汉语	俄译
《中华人民共和国统计法》	Закон КНР «О статистике»
《中华人民共和国国家安全法》	Закон КНР «О государственной безопасности»
《中华人民共和国电子签名法》	Закон КНР «Об электронной цифровой подписи»
《中华人民共和国网络安全法》	Закон КНР «О кибербезопасности»
《信息自由法》	Закон «О свободе информации»
《公平信用报告法》	Закон «О точной отчётности по кредитам»
《金融隐私权法》	Закон «О праве на финансовую тайну»
《电子通信隐私法》	Закон «О конфиденциальности электронных коммуникаций»
《电信法案》	Закон «О телекоммуникациях»
《隐私法案》	Закон «О неприкосновенности частной жизни»
《隐私权保护法》	Закон «О защите неприкосновенности частной жизни»
《爱国者法》	«Патриотический акт»
《联邦信息安全管理法》	Федеральный закон «Об управлении информационной безопасностью» (FISMA)
《个人数据通知和保护法案》	Закон «Об уведомлении лиц и о защите персональных данных»
《电报通信政策法》	Закон «О кабельной связи»
《录像隐私保护法》	Закон «О защите видео конфиденциальности»
《驾驶员隐私保护法》	Закон «О защите частной жизни водителей»
《健康保险携带和责任法》	Закон «О мобильности и подотчётности медицинского страхования» (HIPAA)
《金融服务现代化法案》	Закон «О финансовой модернизации» (Закон «Грэмма — Лича — Блайли») (GLBA)
《儿童网上隐私保护法》	Закон «О защите конфиденциальности детей в Интернете»
《个人身份信息保护指南》	«Свод правил для защиты идентифицирующей персональной информации»
《计算机欺诈与滥用法》	Закон «О компьютерном мошенничестве и злоупотреблении»
《数字千年著作权法》	Закон «Об авторском праве в цифровую эпоху» (DMCA)
《信息、信息技术和信息保护法》	Закон «Об информации, информатизации и защите информации»
《数据保护法》	Закон «О защите данных»
《个人数据保护法》（英国）	Закон «О защите персональных данных» (Великобритания)
《联邦数据保护法》	Федеральный закон «О защите данных»
《个人信息保护法》（德国）	Закон «О защите персональных данных» (Германия)
《数据处理、数据文件及个人自由法》	Закон «Об обработке данных, файлов данных и индивидуальных свободах»
《关于个人数据处理的个人保护法》	Закон «О защите данных субъектов при обработке данных личного характера»

续表

汉语	俄译
《个人信息保护法》（瑞典）	Закон «О защите персональных данных» （Швеция）
《个人数据法》（瑞典）	Закон «О персональных данных» （Швеция）
《个人信息保护和电子文件法》	Закон «О защите персональной информации и электронных документов» （PIPEDA）
《行政机关电子计算机自动化处理个人数据保护法》	Закон «О защите компьютерных и персональных данных, находящихся в ведении административных органов власти»
《信息公开与个人信息保护审查会设置法》	Закон «О создании ревизионной комиссии по раскрытию информации и защите личной информации»
《个人数据保护基本法制大纲》	Закон «О защите персональной информации»
《个人数据保护法案》	Закон «О защите персональных данных»
《个人信息保护法》（日本）	Закон «О защите персональной информации» （Япония）
《个人号码法》	закон «О личном идентификационном номере»
《信息通信促进法》	Закон «О продвижении информации и коммуникаций»
《信用信息利用和保护法》	Закон «Об использовании и защите кредитной информации»
《位置信息使用与保护法》	Закон «Об использовании и защите информации о местоположении»
《政府机关个人信息保护法》	Закон «О защите государственными учреждениями персональных данных»
《信息通信网络利用和信息保护法》	Закон «Об использовании информационно-коммуникационных сетей и защите информации»
《金融实名往来和秘密保障法》	Закон «О финансовых обменах с использованием реальных имён и защите секретной информации»
《2000 年信息技术法》	Закон 2000 «Об информационных технологиях»
《1993 年公共记录法》	Закон 1993 «О публичных отчётах»
《个人数据保护法》（马来西亚）	Закон «О защите персональных данных» （Малайзия）

5.3.5 "货车帮"的翻译

俄语翻译时，我们需要先参照汉语和英语的释义。从释义情况来看，"货车帮"是成都运力科技有限公司旗下品牌，于2011年定名，是一个物流平台，是撮合货物和卡车司机的网络中介。这种对名词释义的梳理帮助我们在较短的时间内掌握名词的内涵和外延。通过网络搜索，我们发现该名词已经在网络中较为广泛地使用。因此，在俄语翻译时，我们需要考虑既有的翻译和释义内涵。我们将之翻译为：Цифровая Транспортно-логистическая Платформа под Названием "Хочэбан"。

5.3.6 "技术"的翻译

"技术"一词的俄译有两种形式：техника 和 технология，例如"科学技术 наука и техника""存储技术 технология хранения"等。俄语中的 технология 具有"技术""工艺"的意思，是指具体化了的每一项技术工艺，而 техника 一词是宏观的、广义上的、抽象的"技术"。本系统中含关键词"技术"词条俄译统计见表 5-14。

表 5-14 含关键词"技术"的词条俄译

汉语	俄译
普惠科技	инклюзивная наука и техника
对象存储技术	Технология предметного хранения
分布式存储技术	Технология распределённого хранения
云存储技术	Технология хранения в "облаке"
新型数据冗余技术	технология резервирования нового типа данных
大容量混合内存技术	технология смешанной памяти большого объема
高密度混合存储技术	технология смешанной памяти высокой плотности
混合存储管理技术	технология управления смешанной памятью
几何投影技术	технология геометрической проекции
面向像素技术	технология, ориентированная на элементы изображения
分层可视化技术	видеотехнология деламинации
基于图标可视化技术	видеотехнология, основанная на изобразительных знаках
基于图形可视化技术	видеотехнология, основанная на картинах
在线重构技术	технология повторной структуризации онлайн
适应决策技术	технология адаптации решений
网络化操作技术	технология сетевой операции
信息技术大数据系统通用规范	Распространённые нормы системы больших данных информационных технологий
大数据技术标准规范	Стандартные нормы технологии больших данных
大数据技术评估标准	Стандарты оценки технологии больших данных
网络信息技术产业	Индустрия сетевой информационной технологии
技术经济范式	техно-экономическая парадигма
技术范式	технологическая парадигма
大数据技术浮夸陷阱	ловушка технологического апофеоза больших данных
大数据技术伦理	технологическая этика больших данных
大数据技术伦理算法	алгоритм технологической этики больших данных

续表

汉语	俄译
大数据技术伦理治理	управление технологической этикой больших данных
大数据技术伦理机制	механизм технологической этики больших данных
大数据技术伦理数据管理协议	Соглашение об управлении технологической этикой больших данных
技术伦理	технологическая этика
技术统治论	технократия
技术决定论	технологический детерминизм
技术批判论	технологический критицизм
大数据国家技术标准创新基地	Инновационная база государственных технических стандартов больших данных
大数据标准化技术委员会	Комиссия по стандартизации технологии больших данных
全国信息技术标准化技术委员会	Всекитайская комиссия по стандартизации информационной технологии
全国信安标委大数据安全标准特别工作组	Специальная рабочая группа по стандартам безопасности больших данных при Всекитайской комиссии по стандартизации информационных технологий
全国自动化系统与集成标准化技术委员会	Всекитайская комиссия по автоматизации и стандартизации технологии системы интеграции
全国音频、视频和多媒体标准化技术委员会	Всекитайская комиссия по стандартизации аудио-видео-анимационных технологий
全国智能运输系统标准化技术委员会	Всекитайская комиссия по стандартизации технологии системы интеллектуальной транспортировки

表 5-14 中含关键词"技术"的词条有多项。"技术"的翻译主要分成以下两类。

（1）作为名词的"技术"，俄语对应词为 технология，英语对应词为 technology，形成了"对象存储技术 Технология предметного хранения""分布式存储技术 Технология распределённого хранения""云存储技术 Технология хранения в 'облаке'""新型数据冗余技术 технология резервирования нового типа данных""大容量混合内存技术 технология смешанной памяти большого объёма"等俄译形式。

（2）作为形容词的"技术"，俄语对应词为 технологический，英语对应词为 technology，形成了"技术伦理 технологическая этика""大数据技术伦理 технологическая этика больших данных""大数据技术伦理算法 алгоритм технологической этики больших данных""大数据技术伦理治理 управление технологической этикой больших данных""大数据技术伦理机

制 механизм технологической этики больших данных"等俄译形式。根据俄语构词模式，"俄汉的 русско-китайский""科学技术的 научно-технический"都有既定的翻译模式。我们将"技术经济的"译为техно-экономический，因此，"技术经济范式"的俄译为 техно-экономическая парадигма。

"技术统治论"在俄语中有专门的对应词 технократия，英语中也有专门的对应词 technocracy，因此将该词条直接翻译成 технократия。

5.3.7 "交易""贸易"的翻译

俄语团队在处理大数据名词的翻译时，发现存在"交易""交易所""交易市场""交易中心"等与"交易"有关的名词若干，如何一致性地处理这个核心名词需要俄语团队从俄语特征出发进行考虑。

"交易"作为名词可以俄译为 сделка 和 торговля，"交易"作为形容词可以俄译为 торговый。这样，在处理"交易市场""交易中心"时，采用 рынок торговли/торговый рынок 和 торговый центр。需要注意的是，торговля 还有"贸易"的意思。

俄语中"交易所"有固定的翻译 биржа。这样，在处理"贵阳大数据交易所"这一名词时，则采用 Гуйянская биржа больших данных。 本系统中含关键词"交易""贸易"的词条俄译统计见表 5-15。

表 5-15 含关键词"交易""贸易"的词条俄译

汉语	俄译
数据交易市场	рынок торговли данными
银联交易系统	Китайская платежная система UnionPay（CUPS）
大数据流通与交易技术国家工程实验室	Национальная инженерная лаборатория технологий распространения и обмена большими данными
数据程序化交易	программированная торговля данными
高频交易	многочастотная торговля
数据交易	торговля данными
数据资产交易市场	рынок торговли активами данных
大数据交易所	Биржа больших данных
北京大数据交易服务平台	Пекинская торгово-сервисная платформа больших данных
河北京津冀数据交易中心	Хэбэйский торговый центр данных Пекина-Тяньцзиня-Провинции Хэбэй
上海数据交易中心	Шанхайский торговый центр данных

续表

汉语	俄译
江苏大数据交易中心	Цзянсуский торговый центр больших данных
安徽大数据交易中心	Аньхойский торговый центр больших данных
华中大数据交易所	Биржа больших данных Центрального Китая
西咸新区大数据交易所	Биржа больших данных Нового района Сисянь
哈尔滨数据交易中心	Харбинский торговый центр данных
杭州钱塘大数据交易中心	Цяньтанский торговый центр данных в городе Ханчжоу
合肥大数据交易中心	Хэфэйский торговый центр данных
青岛大数据交易中心	Циндаоский торговый центр данных
武汉长江大数据交易所	Уханьская биржа больших данных «Янцзы»
广州数据交易服务中心	Гуанчжоуский торгово-сервисный центр данных
贵阳大数据交易所	Гуйянская биржа больших данных
大数据交易规则	правила торговли большими данными
《浙江大数据交易中心交易规则》	«Правила Чжэцзянского торгового центра больших данных»
《浙江大数据交易中心资金结算制度》	«Режим финансовых расчетов Чжэцзянского торгового центра больших данных»
《上海数据交易中心数据互联规则》	«Правила взаимного предоставления данных Шанхайского торгового центра данных»
《贵阳大数据交易所702公约》	«Конвенция № 702 Гуйянской биржи больших данных»
《贵阳大数据交易所数据确权暂行管理办法》	«Временные административные меры по определению прав на данные Гуйянской биржи больших данных»
《贵阳大数据交易所数据交易结算制度》	«Режим транзакции и расчетов данных Гуйянской биржи больших данных»
《贵阳大数据交易观山湖公约》	«Конвенция озера Гуаньшань Гуйянской биржи больших данных»
普惠贸易	инклюзивная торговля
金融交易数据库	база данных по финансовой транзакции
网络交易大数据监管	регулирование больших данных интернет-транзакций

从表 5-15 中可以看出，"交易""贸易"的俄译和英译对应，主要有 trade—торговля、exchange—обмен、transaction—трансакция 三种翻译。前两者与前面的讨论一致，торговля 多指"买卖"，обмен 多指"交换"。трансакция 强调的是"过程"或"实例"，即"交易的过程"或"交易的实例"，例如"金融交易数据库 база данных по финансовой транзакции"（强调个体）、"网络交易大数据监管 регулирование больших данных интернет-трансакций"（强调过程）。

从分类角度来看，俄语中"交易""贸易"翻译主要具有如下几个特点。

（1）作为名词的"交易""贸易"，俄语对应词为торговля，形成了"普惠贸易 инклюзивная торговля""大数据交易规则 правила торговли большими данными""数据资产交易市场 рынок торговли активами данных""数据交易市场 рынок торговли данными"等译法。

（2）作为形容词的"交易"，俄语对应词为торговый，形成了"《浙江大数据交易中心交易规则》 Правила Чжэцзянского торгового центра больших данных»""《浙江大数据交易中心资金结算制度》 Режим финансовых расчетов Чжэцзянского торгового центра больших данных»""《上海数据交易中心数据互联规则》 Правила взаимного предоставления данных Шанхайского торгового центра данных»""合肥大数据交易中心 Хэфэйский торговый центр данных""青岛大数据交易中心 Циндаоский торговый центр данных"等译法。

根据汉语的语义及俄语的表达习惯，将"交易服务的"译成 торгово-сервисный，形成了"北京大数据交易服务平台 Пекинская торгово-сервисная платформа больших данных""广州数据交易服务中心 Гуанчжоуский торгово-сервисный центр данных"等译法。

（3）"银联交易系统"已有现成译法 Китайская платежная система UnionPay（CUPS），因此照搬俄语现有表述。

（4）"交易所"已词汇化，俄语为биржа，因此形成了"大数据交易所 Биржа больших данных""华中大数据交易所 Биржа больших данных Центрального Китая""西咸新区大数据交易所 Биржа больших данных Нового района Сисянь""武汉长江大数据交易所 Уханьская биржа больших данных «Янцзы»""贵阳大数据交易所 Гуйянская биржа больших данных"等形式。

翻译"大数据流通与交易技术国家工程实验室"时，参考英语的译法 National Engineering Laboratory for Big Data Distribution and Exchange Technologies — Национальная инженерная лаборатория технологий распространения и обмена большими данными，"交易"一词处理为обмен，与英语的 exchange 一词对应。

5.3.8 "平台"的翻译

俄语和英语翻译软件形成了对"平台"较为一致的翻译项，即"платформа, platform"。这说明国内外的翻译软件形成了比较集中的共识，即接受"平台"一词统一的翻译模式。本系统中含关键词"平台"的词条俄译统计见表 5-16。

表 5-16 含关键词"平台"的词条俄译

汉语	俄译
垂直搜索平台	вертикальная поисковая платформа
互联网平台	интернет-платформа
"IBM Q"量子计算平台	Платформа квантовых вычислений IBM Q
国家互联网大数据平台	национальная интернет-платформа для больших данных
智慧城市时空信息云平台建设试点	пилотный проект по строительству пространственно-временной информационной облачной платформы умного города
《脱贫攻坚大数据平台建设实施方案》（广西）	«Программа реализации проекта по созданию платформы больших данных для борьбы с бедностью» (Гуанси)
《关于加快大数据、云平台建设促进信息产业发展的实施方案》	«Программа реализации ускорения создания платформы больших данных и облачных вычислений для содействия развитию информационной индустрии»
一体化政务数据平台	интегрированная платформа данных по государственным службам
公共应用服务平台	платформа публичных приложений
数据开放统一平台	единая платформа открытых данных
开放平台	открытая платформа
国家政府数据统一开放平台	открытая национальная платформа для правительственных данных
哈尔滨市政府数据开放平台	платформа открытия правительственных данных муниципального правительства Харбина
海曙区数据开放平台（宁波）	платформа открытия данных района Хайшу (Нинбо)
长沙数据开放平台	платформа открытия данных Чанша
广州市政府数据统一开放平台	открытая платформа для правительственных данных муниципального правительства Гуанчжоу
深圳市政府数据开放平台	платформа открытия правительственных данных муниципального правительства Шэньчжэня
深圳坪山区数据开放平台	платформа открытия данных района Пиншань города Шэньчжэнь
肇庆市政府数据开放平台	платформа открытия правительственных данных муниципального правительства города Чжаоцин
梅州政府数据开放平台	платформа открытия правительственных данных муниципального правительства Мэйчжоу
贵州省政府数据开放平台	платформа открытия правительственных данных правительства провинции Гуйчжоу
贵阳市政府数据开放平台	платформа открытия правительственных данных муниципального правительства Гуйяна
"云上贵州"系统平台	Системная платформа «Гуйчжоу-Облако больших данных»
Chukwa 数据收集平台	Платформа сбора данных «Chukwa»
政府数据开放平台	открытая платформа правительственных данных

续表

汉语	俄译
欧盟隐私权管理平台	Платформа ЕС по управлению правами на личную тайну（PMP）
平台经济	Экономика платформ
北京大数据交易服务平台	Пекинская торгово-сервисная платформа больших данных
武汉东湖大数据交易平台	Уханьская торгово-сервисная платформа больших данных «Восточное озеро»
成都大数据交易平台	Чэндуская торгово-сервисная платформа больших данных
电子商务平台	платформа электронной коммерции
电子世界贸易平台	Торговая платформа электронного мира（e-WTP）
互联网金融平台	финансовая интернет-платформа
众筹平台集资模式	модель аккумулирования средств на платформе краудфандинга
众筹平台运作模式	модель эксплуатации краудфандинговой платформы
供应链金融平台模式	Модель платформы финансов в цепи поставки
第三方支付商业平台	коммерческая платформа оплаты третьей стороны
建行"善融商务"电子商务金融服务平台	Финансовая сервисная платформа электронной коммерции Строительного Банка Китая «Успешный финансовый бизнес»
泰康人寿保险电商平台	Платформа электронной коммерции компании по страхованию жизни Тайкан
第三方资讯平台	информационная платформа третьей стороны
金融风险监控平台	платформа мониторинга финансовых рисков
第三方信用信息共享平台	платформа общего пользования кредитной информации третьей стороны
公共信用信息服务平台	сервисная платформа общественной кредитной информации
互联网大数据征信平台	платформа кредитной референции больших данных в Интернете
小额信贷行业信用信息共享服务平台	сервисная платформа общего пользования кредитной информации микрофинансовой индустрии
中国（人民）银行征信中心个人信用信息服务平台	сервисная платформа индивидуальной кредитной информации Центра кредитной референции Банка Китая

表 5-16 中对"平台"的俄语翻译采用了 платформа，这个结果与前面分析的翻译软件结果是吻合的，所以我们认同"平台 платформа"这一模式。

5.3.9 "普惠"的翻译

"普惠"一词的俄译均以英译名 inclusive 为基础直接借译为 инклюзивная。本系统中含关键词"普惠"的词条俄译统计见表 5-17。

表 5-17　含关键词"普惠"的词条俄译

汉语	俄译
普惠金融体系	инклюзивная финансовая система
普惠贸易	инклюзивная торговля
普惠科技	инклюзивная наука и техника
普惠经济	инклюзивная экономика
普惠金融	инклюзивные финансы

5.3.10 "权"的翻译

"权"在俄语翻译中有词汇化和非词汇化两种模式。

在俄语翻译中，词汇化的"权"采用隐含的翻译方式处理。"权"的释义有多个，包括权利、权威、权限等。例如，"规则制定权"中的"权"经查询网络，多指称"权威"，英文翻译为 rules-making authority，俄语翻译为 нормотворческая власть。

其他类似的翻译包括"加权平均法 средневзвешенный метод""量子霸权 квантовая гегемония""国家数据主权 национальный суверенитет данных""主权区块链 Суверенная цепочка блоков""主权数字政府 суверенное цифровое правительство""主权数字货币 суверенная цифровая валюта""《权力的终结》«Конец власти»""开放授权 Открытая авторизация（OAuth）""欧盟隐私权管理平台 Платформа ЕС по управлению правами на личную тайну（PMP）""主权货币 суверенная валюта""超主权货币 сверхсуверенная валюта""股权众筹 краудфандинг на основе прав акционера""债权众筹 краудфандинг на основе прав кредитора""网络主权 Сетевой суверенитет""领网权 суверенитет в киберпространстве""域名主权 Суверенитет в доменных именах""美国无授权窃听计划 Программа несанкционированного прослушивания в США""数据侵权 нарушение данных"等，上述翻译对"权"的处理都是隐含的，形成了独有的词汇，如加权、霸权、主权、股权、授权、侵权等。

在俄语翻译中，尚未词汇化的"权"可处理为"权利 rights/right—права/право"。对于 rights/right 单复数的选定，俄译时，我们根据俄语表达习惯，有几种不同的处理方式：首先单复数形式 права/право 均有使用，例如"数权共享 обмен цифровыми правами""数据确权 определение права на данные""数据版权管理 Управление авторскими правами на данные（DRM）""数权法 Закон о правах на данные""数权 право данных""《金融隐私权法》 Закон «О праве на финансовую тайну»""《数字千年著作权法》Закон «Об авторском праве в цифровую эпоху»（DMCA）""数权主体 субъект права данных""数权客体 объект права данных""数据共享权 право на совместное использование данных""数据知情权 право на информацию о данных""数据使用权 право на использование данных""数据修改权 право на изменение данных""数据被遗忘权 право на забвение данных""删除权 право на удаление данных""数权法定制度 правопорядок данных""应然权利 идеальные права""实然权利 фактические права""法定权利 законные права""主权利 основные права""从权利 вторичные права""公益数权制度 система прав на данные для общественных интересов"等。

另外，对于俄语中已有的固定表达，虽然未出现"权 право"一词，但已经蕴含了"权"的释义，例如"跨境流通数据资讯隐私权保护自律模式 режим самодисциплины защиты конфиденциальности информации о трансграничном потоке данных""《隐私权保护法》Закон «О защите неприкосновенности частной жизни»"。我们在俄译时尊重俄语已有的表达形式。本系统中含关键词"权"的词条俄译统计见表 5-18。

表 5-18 含关键词"权"的词条俄译

汉语	俄译	汉语	俄译
加权平均法	средневзвешенный метод	数权主体	субъект права данных
量子霸权	квантовая гегемония	数权客体	объект права данных
数据权	право на данные	数据主权（法律）	суверенное право данных（закон）
数权共享	обмен цифровыми правами	数据共享权	право на совместное использование данных
国家数据主权	национальный суверенитет данных	数据财产权	право на владение данными
主权区块链	Суверенная цепочка блоков	数据知情权	право на информацию о данных
主权数字政府	суверенное цифровое правительство	数据采集权	права на сбор данных
主权数字货币	суверенная цифровая валюта	数据使用权	право на использование данных
《权力的终结》	«Конец власти»	数据修改权	право на изменение данных
开放授权	Открытая авторизация（OAuth）	数据被遗忘权	право на забвение данных

续表

汉语	俄译	汉语	俄译
欧盟隐私权管理平台	Платформа ЕС по управлению правами на личную тайну（PMP）	删除权	право на удаление данных
数据确权	определение права на данные	数权制度	регламент прав на данные
《贵阳大数据交易所数据确权暂行管理办法》	«Временные административные меры по определению прав на данные Гуйянской биржи больших данных»	数权法定制度	правопорядок данных
主权货币	суверенная валюта	应然权利	идеальные права
超主权货币	сверхсуверенная валюта	实然权利	фактические права
股权众筹	краудфандинг на основе прав акционера	法定权利	законные права
债权众筹	краудфандинг на основе прав кредитора	数据所有权制度	система прав владения данными
网络主权	Сетевой суверенитет	用益数权制度	система узуфрукта в правах на данные
领网权	суверенитет в киберпространстве	主权利	основные права
域名主权	Суверенитет в доменных именах	从权利	вторичные права
美国无授权窃听计划	программа несанкционированного прослушивания в США	公益数权制度	система прав на данные для общественных интересов
数据侵权	нарушение данных	数权法	Закон о правах на данные
数据版权管理	Управление авторскими правами на данные（DRM）	授权	уполномочивание
数据霸权主义	гегемонизм данных	中国的数据权益保护	защита прав на данные в Китае
数字主权	цифровой суверенитет	《信息网络传播权保护条例》	Положение «О защите прав на распространение информации в Интернете»
跨境流通数据资讯隐私权保护自律模式	режим самодисциплины защиты конфиденциальности информации о трансграничном потоке данных	国外的数据权益保护	обеспечение прав данных за рубежом
数权法	Закон о правах данных	《金融隐私权法》	Закон «О праве на финансовую тайну»
数权	право данных	《隐私权保护法》	Закон «О защите неприкосновенности частной жизни»
《数字千年著作权法》	Закон «Об авторском праве в цифровую эпоху»（DMCA）	《消费者隐私权法案》	«Билль о праве потребителей на конфиденциальность»
国际组织的数据权益保护	обеспечение прав на данные международными организациями	—	—

对表 5-18 的分析如下。

（1）俄语翻译中对于约定俗成的专有名词，在单复数形式处理中尊重原译，例如"《金融隐私权法》 Закон «О праве на финансовую тайну»""《数字千年著作权法 Закон «Об авторском праве в цифровую эпоху»（DMCA）"等。

（2）俄语翻译中对于已经发生了语义变化的"权"，不翻译为 right/rights，而是按照俄语特征进行处理，例如"主权 суверенитет""霸权主义 гегемонизм""授权 авторизация""侵权 нарушение"等。

5.3.11 "上海外滩拥挤踩踏事件"的翻译

俄语翻译时，我们借助 Yandex 进行搜索。在俄语网页中，我们发现了大量的对该事件的新闻报道，且表述一致，均为 Давка в Шанхае 2014 года。为遵循"先入为主"的翻译原则，且避免重新逐词翻译出现的前后表述不一致，翻译时我们去掉了汉语中的具体地点"外滩"，因为去掉该词不会改变外国人对该事件的认知，并且事件发生的时间 2014 年已对该事件进行了认知强化。经过比对，我们发现英语的译法与俄语如出一辙，最后，确定该词条的俄语翻译为 Давка в Шанхае 2014 года。

5.3.12 "数据"的翻译

随着信息技术、移动互联网、物联网等技术的发展，数据呈现出指数增长趋势。大数据的技术及应用得到了高度的关注和重视，甚至被列入了国家的战略。数据的种类很多，分类方式也有很多种。具体包括：①政务数据、行业数据、个人数据；②结构化数据、半结构化数据；③冷数据、温数据、热数据等。

以上的数据分类呈现了不同的视角特征，体现了不同领域中数据的结构化特点。例如，数据的"冷、热、温"实际上与温度没有关系，但借助语义表征进行了移就。我们整个翻译团队在翻译时，需要对此类用法给予关注。在俄语中可以将相关的大数据名词翻译为 холодные данные（冷数据）、горячие данные（热数据）和 тёплые данные（温数据）。在不同的表达中，我们可以看到作为核心成分的"数据"在俄语译词中是相对稳定的，但是遇到俄语中已约定俗成或者表达方式较为固定的译词时，我们需要尊重俄语的选择。本系统中含关键词"数据"的词条俄译统计见表 5-19。

表 5-19 含关键词"数据"的词条俄译

汉语	俄译
流数据	поток данных
静态数据	статические данные
热数据	горячие данные
冷数据	холодные данные
图数据	графики данных
主数据	основные данные
全局数据	глобальные данные
数据模型	модель данных

5.3.13 "数字化"的翻译

"数字化 цифровизация"的翻译是计算机领域的既有词条。在俄语中，当"数字化"处于核心名词位置时，цифровизация 就是"数字化"的明确翻译，不会产生歧义，俄语使用者不会产生困惑。类似的术语俄译相对容易，例如"标准化 стандартизация""信息化 информатизация""工业化 индустриализация""电子化 электронизация""自动化 автоматизация"等。当"数字化"作为修饰核心成分的形容词态时，"数字化"多翻译为цифровой。此外，цифровой 一词还有"数字的""数码的"等意思。本系统中含关键词"数字化"的词条俄译统计见表 5-20。

表 5-20 含关键词"数字化"的词条俄译

汉语	俄译
《数字化路线图》	«Дорожная карта цифровой трансформации»
数字化转型	цифровая реструктуризация
产业数字化	отраслевая цифровизация
数字化产业	цифровая индустрия
《数字化密度指数》	«Показатели плотности цифровизации»
数字化记忆	цифровая память
数字化虚拟人	цифровой виртуальный человек
《G20 数字化路线图》	«Схема цифровизации Большой двадцатки»
《数字化生存》	«Быть цифровым»

从表 5-20 中可以看出，俄语"数字化"翻译共有如下两种情况。

（1）当"数字化"作为修饰核心成分的形容词时，"数字化"多翻译为 цифровой，与英语的 digital 对应，因此形成了"《数字化路线图》《Дорожная карта цифровой трансформации》""数字化转型 цифровая реструктуризация""数字化产业 цифровая индустрия""数字化记忆 цифровая память""数字化虚拟人 цифровой виртуальный человек""《数字化生存》《Быть цифровым》"等译法。

（2）当"数字化"处于核心名词位置时，俄语多为 цифровизация，与英语的 digitization 对应，因此形成了"产业数字化 отраслевая цифровизация""《数字化密度指数》《Показатели плотности цифровизации》""《G20 数字化路线图》《Схема цифровизации Большой двадцатки》"等译法。

5.3.14 "条例"等的翻译

目前国内俄汉-汉俄法律专业词典较少，比较全面的俄汉法律词典有黄东晶编纂的《俄语常用法律术语词典》（2010 年）和林春泽、莫奇卡洛娃编纂的《俄汉法律常用语词典》（2012 年）。汉语中关于法律和行政条例、条款的称谓较多，比如"条例""办法""规定"，在《汉俄大词典》中以上几个词也没有相对固定的释义，一般都用 закон、правило、положение 等词进行释义。俄语团队经参阅以上几本词典，对相关俄语网站、中俄法律网以及相关外事网站上的现有翻译进行综合比对，并采用尽量区分的原则，将汉语"条例"统一译为 положение，用单数形式，大写，同时采用俄语的固定表达形式 Положение «О（б）...»，Положение 后使用书名号，О（б）大写。如果有限定，将其作为非一致定语修饰 Положение 放在书名号外，"公开""保护""促进""管理"等修饰"条例"的定语翻译时放在书名号内的 О（б）之后。例如，《广东省计算机信息系统安全保护条例》译为 Положение провинции Гуандун «Об обеспечении безопасности компьютерной информационной системы»；"办法"和"规定"译为 правила，用复数形式，大写，同时采用俄语的固定表达形式全部放在书名号里《Правила ...》。根据俄语的表述习惯，"暂行"一词处理方式不同，译为 временный，用作一致定语，故"暂行条例"译为 временное положение，"暂行办法"和"暂行规定"译为 временные правила，《企业信息公示暂行条例》译为 Временное положение «О публичности информации предприятий»。本系统中含关键词"条例""办法""规定"的词条俄译统计见表 5-21。

表 5-21　含关键词"条例""办法""规定"的词条俄译

汉语	俄译
《中华人民共和国政府信息公开条例》	Положение КНР «О раскрытии правительственной информации»
《中华人民共和国计算机信息系统安全保护条例》	Положение КНР «Об обеспечении безопасности компьютерной информационной системы»
《信息网络传播权保护条例》	Положение «О защите прав на распространение информации в Интернете»
《企业信息公示暂行条例》	Временное положение «О публичности информации предприятий»
《中华人民共和国电信条例》	Положение КНР «О телекоммуникациях»
《政务信息资源共享管理暂行办法》	«Временные правила управления совместным пользованием государственными информационными ресурсами»
《中华人民共和国无线电管理条例》	Положение КНР «О радиоуправлении»
《山西省计算机信息系统安全保护条例》	Положение провинции Шаньси «Об обеспечении безопасности компьютерной информационной системы»
《辽宁省计算机信息系统安全管理条例》	Положение провинции Ляонин «Об управлении безопасностью компьютерной информационной системы»
《黑龙江省经济信息市场管理条例》	Положение провинции Хэйлунцзян «Об управлении рынком экономической информации»
《湖南省经济信息市场管理条例》	Положение провинции Хунань «Об управлении рынком экономической информации»
《广东省企业信用信息公开条例》	Положение провинции Гуандун «О раскрытии кредитной информации предприятий»
《广东省计算机信息系统安全保护条例》	Положение провинции Гуандун «Об обеспечении безопасности компьютерной информационной системы»
《海南经济特区公共信息标志标准化管理规定》	Положение специальной экономической зоны Хайнань «Об управлении стандартизацией знаков общественной информации»
《重庆市计算机信息系统安全保护条例》	Положение города Чунцин «Об обеспечении безопасности компьютерной информационной системы»
《贵州省信息基础设施条例》	Положение провинции Гуйчжоу «О информационной инфраструктуре»
《贵州省大数据发展应用促进条例》	Положение провинции Гуйчжоу «О содействии развитию и применению больших данных»
《贵阳市大数据安全管理条例》	Положение города Гуйян «Об управлении безопасностью больших данных»
《陕西省公共信用信息条例》	Положение провинции Шэньси «Об общественной кредитной информации»
《宁夏回族自治区计算机信息系统安全保护条例》	Положение Нинся-Хуэйского автономного района «Об обеспечении безопасности компьютерной информационной системы»
《电子银行业务管理办法》	«Правила управления электронными банковскими услугами»
《互联网视听节目服务管理规定》	«Правила управления аудиовизуальными сервисами в Интернете»
《互联网医疗保健信息服务管理办法》	«Правила управления информационными сервисами здравоохранения в Интернете»

续表

汉语	俄译
《规范互联网信息服务市场秩序若干规定》	«Правила регулирования порядка интернет-рынка информационных услуг»
《电信和互联网用户个人信息保护规定》	«Правила защиты персональной информации пользователей телекоммуникаций и Интернета»
《气象信息服务管理办法》	«Правила управления сервисамиметеорологической информации»
《互联网新闻信息服务管理规定》	«Правила управления сервисами для СМИ в Интернете»
《互联网信息内容管理行政执法程序规定》	«Правила административной правоприменительной процедурыуправлению информацией в Интернет»
《互联网域名管理办法》	«Правила управления доменными именами в Интернете»
《电信业务经营许可管理办法》	«Правила управления лицензированием предпринимательства в сфере телекоммуникационных услуг»
《河北省地理信息交换共享管理办法》	«Правила управления обменом и совместным пользованием географической информацией провинции Хэбэй»
《河北省政务信息资源共享管理规定》	«Правила управления совместным пользованием государственными информационными ресурсами провинции Хэбэй»
《吉林省地理信息公共服务办法》	«Правила общественными услугами географической информации провинции Цзилинь»
《江苏省政府信息化服务管理办法》	«Правила управления информационными услугами правительства провинции Цзянсу»
《浙江省地理空间数据交换和共享管理办法》	«Правила управления обменом и совместным пользованием геопространственными данными провинции Чжэцзян»
《福建省政务数据管理办法》	«Правила управления данными государственных службпровинции Фуцзянь»
《湖南省地理空间数据管理办法》	«Правила управления геопространственными данными провинции Хунань»
《海南省政务信息化管理办法》	«Правила управления информатизацией государственных дел провинции Хайнань»
《四川省地理信息交换共享管理办法》	«Правила управления обменом и совместным пользованием географической информацией провинции Сычуань»
《贵阳市政府数据资源管理办法》	«Правила управления ресурсами правительственных данных города Гуйян»
《青海省地理空间数据交换和共享管理办法》	«Правила управления обменом и совместным пользованием геопространственными данными провинции Цинхай»
《教育部科技基础资源数据平台建设管理办法》	«Правила управления построением информационной платформы по основным ресурсам науки и техники Министерства образования»
《信息安全等级保护管理办法》	«Правила управления уровнем защиты информационной безопасности»
《互联网网络安全信息通报实施办法》	«Правила применения информационного бюллетеня по сетевой безопасности»
《中国极地科学考察样品和数据管理办法》	«Правила управления образцами и данными полярной научной экспедиции Китая»

续表

汉语	俄译
《非银行支付机构网络支付业务管理办法》	«Правила управления электронными платёжными сервисами платёжной небанковской кредитной организации»
《网络表演经营活动管理办法》	«Правила управления интернет-предпринимательством»
《人力资源社会保障部政务信息资源共享管理暂行办法》	«Временные правила управления совместным пользованием государственными информационными ресурсами Министерства трудовых ресурсов и социального обеспечения»
《交通运输政务信息资源共享管理办法》	«Правила управления совместным пользованием транспортными государственными информационными ресурсами»
《辽宁省政务信息资源共享管理暂行办法》	«Временные правила управления совместным пользованием государственными информационными ресурсами провинции Ляонин»
《上海市政务数据资源共享管理办法》	«Правила управления совместным пользованием ресурсами данных государственных дел Шанхая»
《上海市法人信息共享与应用系统管理办法》	«Правила управления совместным пользованием информацией юридических лиц и прикладной системой Шанхая»
《浙江政务服务网信息资源共享管理暂行办法》	«Временные правила управления совместным пользованием информационными ресурсами на сайте государственных услуг провинции Чжэцзян»
《安徽省政务信息资源共享管理暂行办法》	«Временные правила управления совместным пользованием государственными информационными ресурсами провинции Аньхой»
《福建省政务信息共享管理办法》	«Правила управления совместным пользованием государственной информацией провинции Фуцзянь»
《福州市政务数据资源管理暂行办法》	«Временные правила управления ресурсами данных государственных служб города Фучжоу»
《山东省政务信息资源共享管理办法》	«Правила управления совместным пользованием государственными информационными ресурсами провинции Шаньдун»
《湖北省地理空间信息数据交换和共享管理暂行办法》	«Временные правила управления обменом и совместным пользованием геопространственными информационными данными провинции Хубэй»
《广西政务信息资源共享管理暂行办法》	«Временные правила управления совместным пользованием государственными информационными ресурсами Гуанси-Чжуанского автономного района»
《贵州省政务数据资源管理暂行办法》	«Временные правила управления ресурсами данных государственных дел провинции Гуйчжоу»

5.3.15 "网络"的翻译

我们在俄语翻译中发现，大数据名词中存在"××网（络）××"之类的结构，其主要意义包括"互联网""网页""在网上（在线）""通过网络"等，因此在俄语翻译过程中需要根据词条的实际意义对"网络"一词进行释义后再译。从俄语语言特征角度出发，我们认为对于不同的释义可分别采用 интернет、компьютер、сеть、веб、онлайн 等词进行翻译，然后再在 Yandex 中搜索检测校对。本系统中含关键词"网络"的词条俄译统计见表 5-22。

表 5-22 含关键词"网络"的词条俄译

汉语	俄译
网络市场监管	Регулирование интернет-рынка
网络交易大数据监管	Регулирование больших данных интернет-трансакций
网络空间	Сетевое пространство
网络社会	Сетевое общество
网络组织	Сетевая организация
点对点网络	Одноранговая сеть
议题网络	Тематическая сеть
网络社区	Интернет-сообщество
网络论坛	Веб-форум（BBS）
网络意见领袖	Лидер онлайн мнений
网络去中心化	Децентрализованная сеть
网络群体传播	Компьютерно-опосредованная групповая коммуникация（CMCC）
网络公关	Связи с общественностью в Интернете
网络舆论	Общественное мнение в Интернете
网络舆情	Консенсус в интернете
网络政治动员	Сетевая политическая мобилизация
网络暴力	Интернет-насилие
网络成瘾	Интернет-зависимость
网络内容	Веб-контент
网络表演	Производительность сети
网络直播	Онлайн прямая трансляция
网络新闻	Сетевые новости
网络二次创作	Вторичное творчество в Интернете
网络小说	Интернет-роман
网络游戏	Онлайн игры
网络中立	Сетевой нейтралитет
网络人身攻击	Сетевая атака на личность
网络信息诽谤	Информационная клевета в Интернете
网络犯罪	киберпреступность
电信网络新型犯罪	Новые виды преступлений, совершаемые в телекоммуникационных сетях

5.3.16 "云"的翻译

俄语翻译中可参照英语的处理模式对相关名词进行处理。例如,"云"在英语中译为 Cloud。云时代互联网技术中所指的"云"可以看作是一个黑色不透明的盒子,我们看不清楚其内部的结构,但却可以从外部了解其内部功能,可以从里面获得想要的信息资源,这就是一个网络"云",如私有云、公共云、政务云等。类似的名词包括"公共服务云",其释义可定位为由政府主导,整合公共资源,为公民和企业的直接需求提供云服务的创新型服务平台。在分类方面,"公共服务云"可细分为医疗云、社保云、园区云等,并整合各种公共资源部署到公有云中。

翻译锚提供了电子政务云的英译和释义。

> 属于政府云,结合了云计算技术的特点,对政府管理和服务职能进行精简、优化、整合,并通过信息化手段在政务上实现各种业务流程办理和职能服务,为政府各级部门提供可靠的基础 IT 服务平台。(百度百科"电子政务云"词条,英译为 E-government cloud)

电子政务云的应用构架如图 5-9 所示。

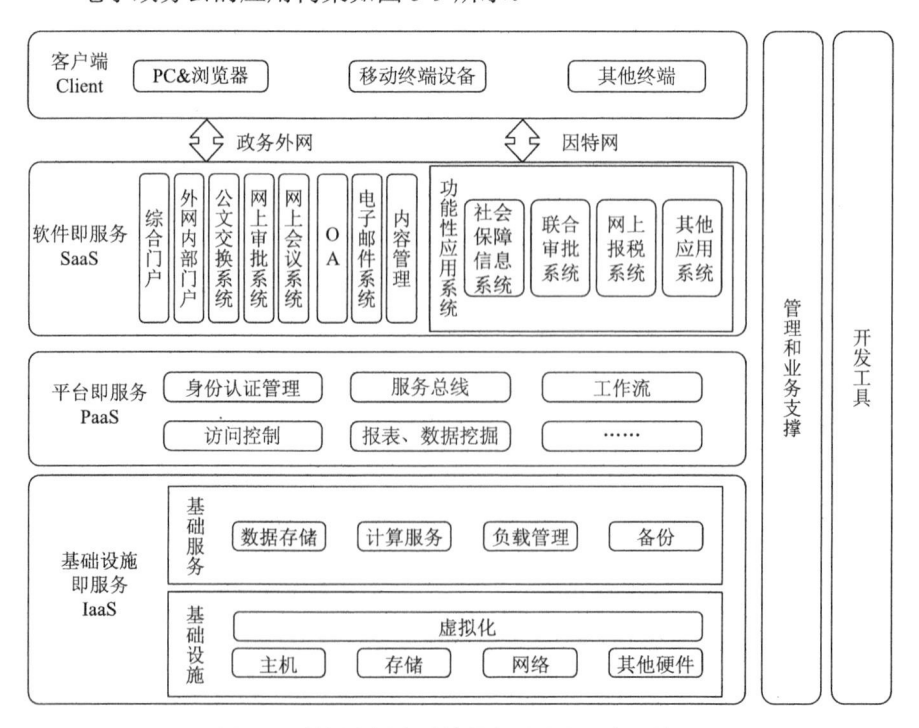

图 5-9 俄语翻译中采纳的电子政务云应用构架

俄语中的 облако 与英语的 Cloud 对应。根据上述对网络"云"的认识，译者使用俄罗斯著名搜索引擎 Yandex 输入 облако 进行相关云电子术语词条的查阅。根据查阅结果，在翻译相关电子"云"时，可使用俄语对等词 облако。本系统中含关键词"云"的词条俄译统计见表 5-23。

表 5-23 含关键词"云"的词条俄译

汉语	俄译
私有云	частное облако
社区云	облако сообщества
公共云	общественное облако
政务云	правительственное облако
医疗云	облако здравоохранения
教育云	облако образования
交通云	облако дорожного движения
金融云	облако финансов
环保云	облако защиты окружающей среды
旅游云	облако туризма
语音云	речевое облако

5.3.17 "智慧/智能"的翻译

俄语翻译中的"智慧/智能"是一对语义关系紧密的大数据名词。由于同义关系，两者交叉程度较高。这就对俄语翻译的准确性提出了很高的要求。在词典的释义中，"智慧"对应 ум/разум，"智能"对应 интеллект，但这两个词在词条中作为修饰语修饰后面的名词时，"智慧"和"智能"的语义重合程度较高，俄语均可以翻译成 умный/разумный 或者 интеллектуальный。因此，在翻译时我们首先将作为修饰语的"智慧/智能"译成 умный/разумный 和 интеллектуальный 两种方案，然后将整个词放在 Yandex 中搜索检测其使用频率，根据俄语的搭配习惯，将使用频率高的一种定为最后译文。本系统中含关键词"智慧/智能"的词条俄译统计见表 5-24。

表 5-24 含关键词"智慧/智能"的词条俄译

汉语	俄译
智慧法院	Умный суд
智慧侦查	Разумная разведка
智慧检务	Умные Государственные Услуги Прокуратуры

续表

汉语	俄译
智能城市	Интеллектуальный Город
新型智慧城市	Новый интеллектуальный город
《新型智慧城市评价指标》	«Оценочные показатели нового интеллектуального города»
智慧交通	Интеллектуальный Транспорт
智慧交通系统	Интеллектуальная Транспортная Система (ITS)
智能交通云	Интеллектуальное Облако Управления Движением
智能公交	Интеллектуальный Автобус
智能停车	Умная Парковка
智能车辆	Интеллектуальный Автомобиль
智慧医疗	Умное Здравоохранение (WIT120)
智能看护	интеллектуальный уход за больными
智慧教育	Умное Образование
智慧校园	Умный Кампус
智慧旅游	Умный Туризм
智慧景区	Умная Туристическая Зона
国家智慧旅游公共服务平台	платформа национального общественного обслуживания умного туризма
智慧社会	умное общество
智慧社区	Умный Жилой Комплекс
智慧街道	Умный Квартал
智慧物业管理	Умное Управление Недвижимостью
智慧养老	умная система помощи пожилым людям
智能小区	умный микрорайон
智慧就业	Умное Трудоустройство
智能生活	интеллектуальная жизнь
智能家居	Умный Дом
智能照明	Интеллектуальное Освещение
智能影音	Умное Видео
智能办公	Умный Офис
智能办公自动化系统	Интеллектуальные Автоматизированные Системы Делопроизводства (IOAS)
智能建筑	Умное Здание (IB)
智能购物	умные покупки
智能购物机器人	умный торговый робот

续表

汉语	俄译
智能社交	интеллектуальная коммуникация
智慧农业	Умное Сельское Хозяйство
智慧物流	Умная Логистика（ILS）
智能仓储	умный склад

5.3.18 "众创"类的翻译

俄语翻译中的"众创、众包、众扶、众筹"等名词可以溯源到《人民日报》。从释义来看，这些名词的翻译处理已经形成了既有模式。在俄语翻译时，我们采用两种方式：一种是基于英译名的俄译；另一种是解释性翻译，即顾名思义，建议此类术语的翻译使用俄语与解释性翻译相结合的方法。例如"众创 crowd innovation=массовые инновации""众包 crowdsourcing=краудсорсинг（массовое сотрудничество）""众扶 crowd support = массовая помощь""众筹 crowdfunding=краудфандинг（массовый сбор）"。"众创空间"的俄译我们认为进行解释性翻译较为合理，故而译成"Пространство для массовых инноваций"。本系统中含"众创"类关键词的词条俄译统计见表 5-25。

表 5-25　含"众创"类关键词的词条俄译

汉语	俄译
众包	краудсорсинг（массовое сотрудничество）
众创	массовые инновации
众创空间	Пространство для массовых инноваций
众筹	краудфандинг（массовый сбор）
众扶	массовая помощь
众筹平台集资模式	модель аккумулирования средств на платформе краудфандинга
股权众筹	краудфандинг на основе прав акционера
债权众筹	краудфандинг на основе прав кредитора
回报众筹	возвратный краудфандинг
公益众筹	краудфандинг для общего блага
众筹平台运作模式	модель эксплуатации краудфандинговой платформы

5.3.19 "货币"类的翻译

"货币"不论是在法定货币（legal tender）、信用货币（credit money），抑或是在数字货币（digital currency）中，俄语都翻译为валюта。词条中的各个币种的翻译均以英译名为基础直接进行俄语翻译。本系统中含"货币"类关键词的词条俄译统计见表5-26。

表 5-26　含"货币"类关键词的词条俄译

汉语	俄译
数字货币	Цифровая валюта
货币	валюта
货币本质观	взгляд на сущность валюты
法定货币	официальная валюта
法定数字货币	официальная цифровая валюта
信用货币	Кредитная валюта
主权货币	суверенная валюта
超主权货币	сверхсуверенная валюта
加密货币	Криптовалюта
比特币	Биткойн
莱特币	Лайткойн
瑞波币	Риплкойн
以太坊	Эфириум
竞争币	Альткойн
电子货币	Электронная валюта
网络货币	сетевая валюта
数字货币时代	эпоха цифровой валюты

5.3.20 "信用"类的翻译

俄语翻译中，我们发现含"信用"类关键词的词条有两种不同的翻译模式：第一种翻译为кредитный和надежный，例如"信用社会 кредитное общество"和"信用中国 Надежный Китай"等；另一种翻译是在"守信联合激励制度"和"失信联合惩戒制度"中将"守信"翻译成законопослушные，"失信"翻译成нарушители。本系统中含"信用"类关键词的词条俄译统计见表5-27。

表 5-27　含"信用"类关键词的词条俄译

汉语	俄译
社会信用体系	социальная кредитная система
公共信用体系	общественная кредитная система
企业信用体系	кредитная система предприятий
个人信用体系	кредитная система персонала
FICO 信用评分系统	кредитный скоринг（система оценки кредитоспособности лица）FICO
全社会征信系统	система кредитной референции для всего общества
统一社会信用代码制度	режим единого социального кредитного кода
第三方信用信息共享平台	платформа общего пользования кредитной информации третьей стороны
公共信用信息服务平台	сервисная платформа общественной кредитной информации
互联网大数据征信平台	платформа кредитной референции больших данных в Интернете
小额信贷行业信用信息共享服务平台	сервисная платформа общего пользования кредитной информации микрофинансовой индустрии
中国（人民）银行征信中心个人信用信息服务平台	сервисная платформа индивидуальной кредитной информации Центра кредитной референции Банка Китая
信用社会	кредитное общество
信用中国	Надежный Китай
信用城市	Надежный Город
信用社会制度	надежная социальная система
守信联合激励制度	система совместного поощрения законопослушных
失信联合惩戒制度	система совместного порицания нарушителей
信用城市大数据平台	платформа больших данных надежного города
信用云	кредитное облако

5.3.21　关于互联网与社交媒体的翻译

中国的互联网网联区域很广，网民人数众多。科技和互联网产业的发展催生出许多门户网站和社交媒体，如新浪网、搜狐网、网易、博客中国、新浪微博、人人网等。

"网络"（internet）一词来源于美国，起初是美国国防部高级研究计划局（Defense Advanced Research Projects Agency，DARPA）用于军事目的的通信网络，经过不断发展最终形成互联网。网络的俄文一般为интернет，来自英语 internet。

"网络"一词在俄语中除了 интернет 还有 сеть。要弄清楚使用哪个词，应先了解其区别。两者之间最大的区别在于它们的定义：сеть 可以是在关联环境中的一台或多台计算机的连接，而 internet 是全球各地计算机的连接。最庞大的计算机网络就是 internet，它由非常多的计算机网络通过许多路由器互联而成。通俗地说，сеть 网络可大可小，internet 则是全球范围的。因此，我们把"……网"俄译为 сеть ...。

例如：新浪（Sina）的俄译为 Сина，在俄文搜索引擎通过输入 сеть Сина 可获得如下关于新浪公司的介绍：Sina（**«Сина»**）— китайская технологическая компания, основанная Ваном Чжидуном в декабре 1998 года. В ноябре 2012 года число зарегистрированных пользователей превысило 400 миллионов человек. С помощью своих интернет-порталов Sina.com，Sina Mobile и социальной сети Sina Weibo，Sina помогает многим пользователям компьютеров и мобильных устройств получать профессиональный информационный контент и пользовательские мультимедиа，а также делиться своими увлечениями с друзьями。我们还查到了关于新浪微博的介绍：**Сеть микроблогов Sina Weibo** часто называют "китайским Twitter"，это некий симбиоз этой популярной американской соцсети и его не менее влиятельного собрата Facebook. Сегодня Вейбо пользуется несколько сотен миллионов человек по всему миру, однако, ее функционал представлен исключительно на китайском и английском языках.

基于以上分析，我们可进行相关互联网与社交媒体的俄译，本系统中有关互联网与社交媒体的词条俄译统计见表 5-28。

表 5-28　有关互联网与社交媒体的词条俄译

汉语	俄译
新浪网	Сеть Сина
搜狐网	Сеть Сохо
网易	Сеть Ван И
博客中国	блог китай
新浪微博	Микроблог Сина
人人网	Сеть Жэньжэнь

5.3.22　关于其他国家法律的翻译

俄语翻译中，对于国家法律类的大数据名词，可采用两种译法。第一种译法是直接套用俄语网上的表述。首先将该专有名词的关键词在 Yandex 上进行搜索和筛选对比，如俄语网络上出现过相关文章/报道等，则采用该译法。第二种译法是若俄语网络上查不到相关文章/报道等，进行自译，此类情况相对较少。进行自译时以已经确认正确的类似的专有名词为蓝本进行修改加工。比如《隐私法案》和《驾驶员隐私保护法》在网上已找到确定的译法，分别为 Закон «О неприкосновенности частной жизни» 和 Закон «О защите частной жизни водителей»，因此《隐私权保护法》结合两者意思，译为 Закон «О защите неприкосновенности частной жизни»。

5.3.23 关于英语缩写的翻译

俄语翻译时，对于英语缩写类的大数据名词，我们首先需要了解该名词的构成、内容及其功能，以便从全局角度进行翻译。例如，前述的"电子政务云"这一大数据名词就是由客户端、SaaS、PaaS、IaaS 四部分组成，并通过管理和业务支撑、开发工具进行联通。翻译锚提供了相关英译和释义。

> SaaS（Software as a Service），为"软件即服务"，即通过网络提供软件服务。（百度百科"SaaS"词条）
> PaaS（Platform as a Service），是指"平台即服务"，是把服务器平台作为一种服务提供的商业模式。（百度百科"PaaS"词条）
> IaaS（Infrastructure as a Service），即"基础设施即服务"。指把 IT 基础设施作为一种服务通过网络对外提供，并根据用户对资源的实际使用量或占用量进行计费的一种服务模式。（百度百科"IaaS"词条）

简言之，IaaS 是云服务的最底层，主要提供一些基础资源。SaaS 通过网络提供程序/软件等服务，而云计算时代相应的服务器平台或者开发环境作为服务被提供给使用者就成了 PaaS。

IaaS（Infrastructure as a Service）俄译为 Инфраструктура Как Услуга。инфраструктура 为"基础设施"之意，услуга 为"服务"之意。Инфраструктура Как Услуга 为"基础设施即服务"，与英语的 Infrastructure as a Service 一一对应。

PaaS（Platform as a Service）俄译为 Платформа Как Услуга。платформа 译为"平台"，与英语的 Platform 对应。Платформа Как Услуга（平台即服

务）与英语的 Platform as a Service 一一对应。

SaaS（Software as a Service）俄译为 Программное Обеспечение Как Услуга。

5.3.24 关于舆情事件类的翻译

俄语翻译中，对于"舆情事件"类的大数据名词通常采用以下翻译流程：先期基于翻译锚术语在线和百度百科掌握中文的释义，俄译和英译尽量一致。对于俄译的具体操作则先在 Yandex 中搜索该事件的关键词，如果在俄语网页中出现过相关报道，经过比对后按照"先入为主"的原则处理；如果在俄语网页中未出现过相关报道，完全是一个新词，则采取自译的方式，翻译原则与英语译法保持一致。我们重点对"'网络911'事件"等俄译进行了分析。相应的俄语翻译先与汉语轴和英语轴进行比对，然后得出最终的俄语翻译。这些都体现了"以锚为准，轴为两翼，规范为主，兼顾描写"的翻译理念。

小　结

本章主要进行了大数据名词俄语翻译研究。俄语的翻译需要参照汉语和英语这两个翻译轴进行，并对翻译项的释义进行溯源性分析，以便使俄语翻译符合俄语的语言特征。对于已经在俄语中词汇化的名词，我们遵照俄语习惯，直接采用。对于尚未词汇化的名词，需要在全面分析名词构成、释义内容及其前后词位功能的情况下进行综合性翻译。

在大数据名词的多语种翻译过程中，名词的英语翻译为后续语种翻译提供了重要参考。所以，我们在进行俄语翻译时，多与英语翻译对照展开。在重点讨论了"产业""大数据""货车帮""交易"等大数据名词的俄语翻译之后，我们还分类讨论了互联网与社交媒体的俄译、其他国家法律的俄译、英语缩写的俄语处理以及舆情事件类的俄译等内容。

大数据名词多语种
翻译研究（下）

A Study on Multilingual Translation of Big Data Nouns (Part II)

杜家利　于屏方　黄建华　等著

科学出版社
北京

内 容 简 介

大数据作为新型生产要素,是数字经济高效发展的核心引擎。"数据二十条"搭建了中国特色数据产权制度框架,激活了数据要素价值,夯实了数据要素治理制度。本书从大数据理论、大数据战略、大数据技术、数字经济、数字金融、数据治理、大数据安全、数权法、大数据史九个部分对大数据名词条目进行了联合国工作语言的多语种翻译研究,提出了"以锚为准、轴为两翼,规范为主、兼顾描写"的系统性翻译原则,推进了数字中国、数字社会和数字生态等基础制度体系建设,有利于数据资源的整合、共享、开发和利用。

本书服务于语言学研究和大数据研究,可供语言学、术语学、大数据等研究领域的读者参考。

图书在版编目(CIP)数据

大数据名词多语种翻译研究:全2册/杜家利等著.—北京:科学出版社,2023.11

国家社科基金后期资助项目
ISBN 978-7-03-076311-2

Ⅰ. ①大… Ⅱ. ①杜… Ⅲ. ①数据处理—名词术语—翻译—研究 Ⅳ. ①H059 ②TP274

中国国家版本馆 CIP 数据核字(2023)第 171218 号

责任编辑:常春娥 张翠霞/责任校对:贾伟娟
责任印制:徐晓晨/封面设计:润一文化

科学出版社 出版

北京东黄城根北街 16 号
邮政编码:100717
http://www.sciencep.com

北京中石油彩色印刷有限责任公司 印刷
科学出版社发行 各地新华书店经销

*

2023 年 11 月第 一 版　开本:720×1000　1/16
2023 年 11 月第一次印刷　印张:72
字数:1 300 000

定价:398.00 元(全二册)
(如有印装质量问题,我社负责调换)

目 录

第6章 大数据名词汉西翻译研究 ·· 425
  6.1 西班牙语翻译综述的可视化分析 ································· 425
  6.2 西班牙语翻译研究概况 ··· 432
  6.3 西班牙语翻译原则与翻译策略 ···································· 434
  6.4 大数据名词汉西翻译实例研究 ···································· 435
    6.4.1 "方案"的翻译 ·· 435
    6.4.2 "纲要"的翻译 ·· 438
    6.4.3 "工程"的翻译 ·· 439
    6.4.4 "管理"等的翻译 ··· 441
    6.4.5 "管理规定"的翻译 ·· 445
    6.4.6 "管理机构"的翻译 ·· 446
    6.4.7 "管理技术"的翻译 ·· 446
    6.4.8 "管理条例"的翻译 ·· 446
    6.4.9 "管理委员会"的翻译 ······································· 447
    6.4.10 "管理暂行办法"的翻译 ·································· 448
    6.4.11 "管理局"的翻译 ·· 450
    6.4.12 "规划"的翻译 ··· 452
    6.4.13 "国家大数据综合试验区"的翻译 ····················· 455
    6.4.14 "计划"的翻译 ··· 455
    6.4.15 "联盟"的翻译 ··· 459
    6.4.16 "平台"的翻译 ··· 461
    6.4.17 "权"的翻译 ·· 463
    6.4.18 "……省人民政府"的翻译 ······························ 466
    6.4.19 "……省政府"的翻译 ···································· 467
    6.4.20 "实施意见"的翻译 ·· 468
    6.4.21 "……市人民政府"的翻译 ······························ 469
    6.4.22 "……市政府"的翻译 ···································· 471
    6.4.23 "事件"的翻译 ··· 472
    6.4.24 "指导意见"的翻译 ·· 474
    6.4.25 "指南"的翻译 ··· 475

  6.4.26 "治理"的翻译·········476
 6.5 大数据名词汉西翻译研究的价值和不足·········478
  6.5.1 研究价值·········478
  6.5.2 研究不足与展望·········481
 小结·········482

第7章 大数据名词汉阿翻译研究·········483
 7.1 阿拉伯语科技术语研究的现状·········483
  7.1.1 阿拉伯语本土研究现状·········483
  7.1.2 国内阿拉伯语研究现状·········484
  7.1.3 阿拉伯语翻译综述的可视化分析·········485
 7.2 大数据名词阿拉伯语翻译方法与原则·········491
  7.2.1 认知科学与认知语言学方法·········494
  7.2.2 认知术语学方法·········494
  7.2.3 概念整合理论·········495
 7.3 大数据名词汉阿翻译实例研究·········496
  7.3.1 约定俗成翻译实例·········498
  7.3.2 基于原文的专有名词翻译实例·········500
  7.3.3 多译版本的最优化·········502
  7.3.4 译入语名词泛确指选择·········503
  7.3.5 译入语名词单复数选择·········504
  7.3.6 译入语词性选择·········506
  7.3.7 译入语近义词选择·········507
  7.3.8 译入语动词选择·········508
  7.3.9 短语结构调整规范·········508
  7.3.10 音译与外文字符的保留·········512
  7.3.11 中国特色词的阿拉伯语表述·········515
  7.3.12 高频语素的系统化翻译·········516
  7.3.13 新词迭代·········520
  7.3.14 特殊名词处理·········523
 小结·········524

第8章 大数据名词多语种翻译的不足与展望·········526
 8.1 成果不足或欠缺·········526
  8.1.1 翻译锚存在偏差·········527
  8.1.2 汉语词条存在偏差·········528
  8.1.3 英语词条存在偏差·········529
 8.2 尚需研究问题·········531

结语	533
参考文献	537
附录和索引检索说明	562
附录1　大数据名词编码对照	566
附录2　大数据名词汉英对照	642
附录3　大数据名词汉法对照	727
附录4　大数据名词汉俄对照	816
附录5　大数据名词汉西对照	907
附录6　大数据名词汉阿对照	996
索引	1078
后记	1117

第 6 章　大数据名词汉西翻译研究

　　本章研究大数据名词汉西翻译。主要讨论国内西班牙语翻译的概况、翻译原则、翻译策略等，同时将理论应用到大数据名词的西班牙语翻译实践中。我们以《新汉西词典》为重要的参考源，采用定性和定量分析相结合的方法，对比分析汉语和西班牙语翻译中的差异性，进而分析大数据名词的翻译方法和策略，规范西班牙语翻译，为西班牙术语翻译实践提供理论支撑。此外，我们还将在研究中指出西班牙语翻译的不足以及后续研究的方向。

　　为了对国内西班牙语翻译现状做进一步的可视化分析，我们以"西班牙语翻译"为主题，在中国知网中进行了多元量化分析，包括论文发表数量趋势性研究、研究主题分布、所属学科分布、刊物来源分布、论文作者分布、作者机构分布、核心关键词 CiteSpace 聚类分析等。

6.1　西班牙语翻译综述的可视化分析

　　西班牙语研究目前处于快速上升期。相对英语、法语和俄语来说，西班牙语在我国的研究广泛度尚处于相对较弱的阶段。但是，西班牙语使用者在全球人口中的占比不断攀升，带来了国内学者对西班牙语研究的持续关注。我们在中国知网中以"西班牙语翻译"为主题进行查询，共检索到 521 篇论文（检索截至 2022 年 12 月 30 日），图 6-1 显示了论文发表数量的年度趋势。

　　从论文发表数量年度趋势来看，西班牙语翻译研究在 2010 年（我国于 2010 年成为世界第二大经济体）之前没有出现显著性增长。2010 年以来的十余年间，西班牙语研究发表数量明显增多，这种递增式趋势保持至今。这说明国内对西班牙语研究依然保持着延续性热度。

　　从西班牙语翻译论文研究主题分布（图 6-2）可见，西班牙语、翻译实践报告、偏误分析、翻译报告、翻译教学、西班牙语翻译是学者研究较为集中的主题。相对于英语而言，西班牙语在国内的研究起步较晚，研究多是有关语言偏误分析和教学实践等，这与前面西班牙语研究发展趋势图的提示相一致。

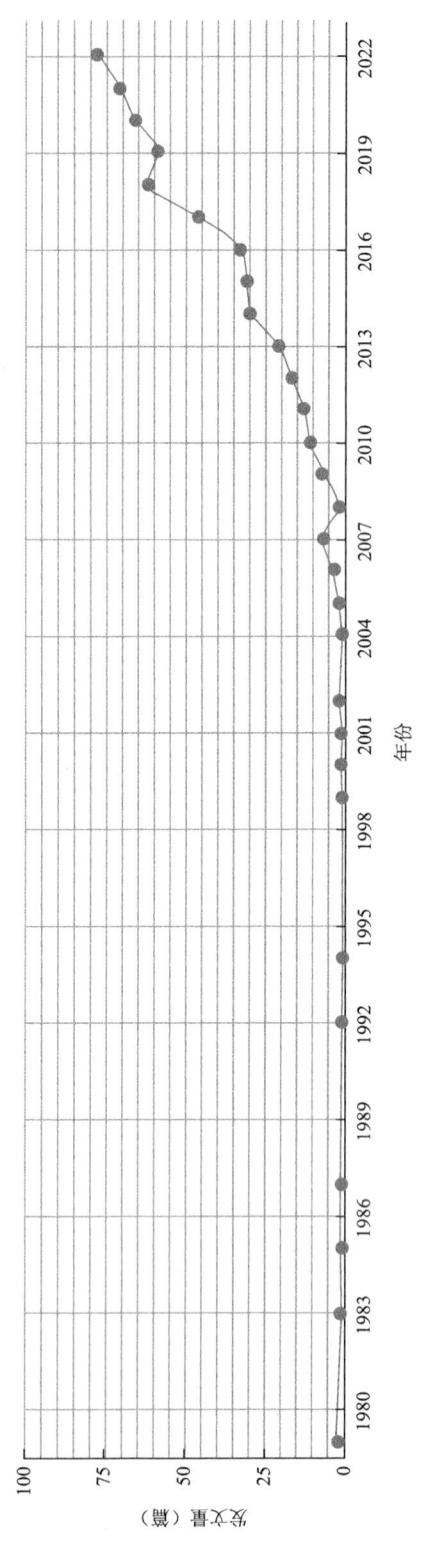

图 6-1 西班牙语翻译论文发表数量年度趋势

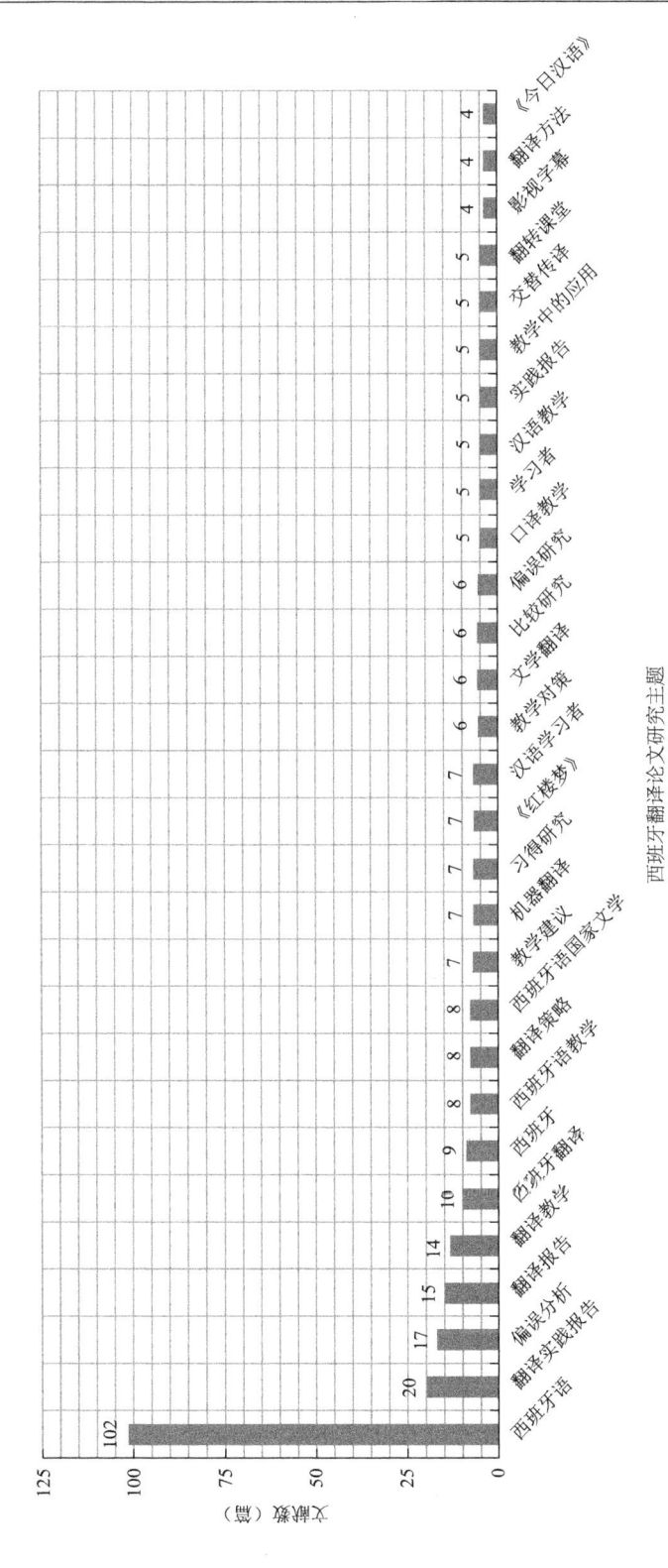

图 6-2　西班牙语翻译论文研究主题分布

从西班牙语翻译论文所属学科分布（图 6-3）中可以看出，排名在前的学科包括外国语言文字、中国语言文字、文艺理论、计算机软件及计算机应用、教育理论与教育管理、出版。中外语言文字研究多涉及西班牙语的双向翻译和语言本体研究，文艺理论研究多涉及西班牙语的艺术作品和批评研究，其他主要是教育、出版、语言分析类的技术研究。

从西班牙语翻译学位论文来源或期刊文章来源分布看（图 6-4），西班牙语研究更多来自高等学府的学位论文，其次才是学术期刊。具有高显示度的学位论文来源是北京外国语大学、上海外国语大学、广东外语外贸大学、西安外国语大学、《中国翻译》、南京大学。

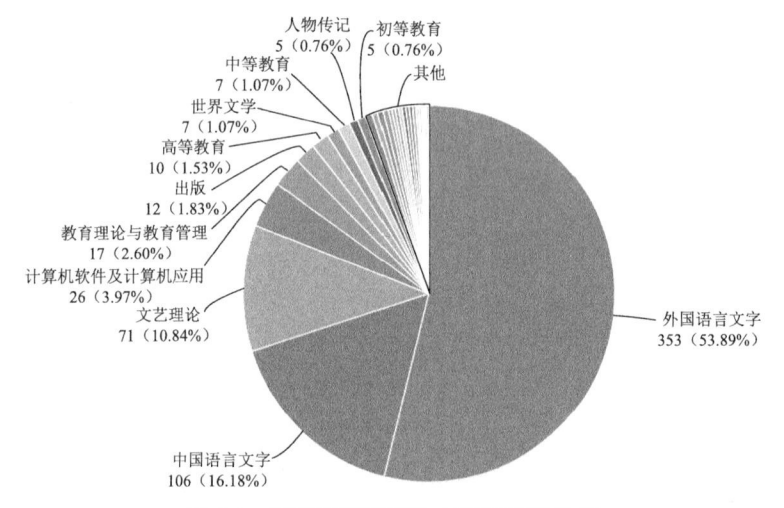

图 6-3　西班牙语翻译论文所属学科分布

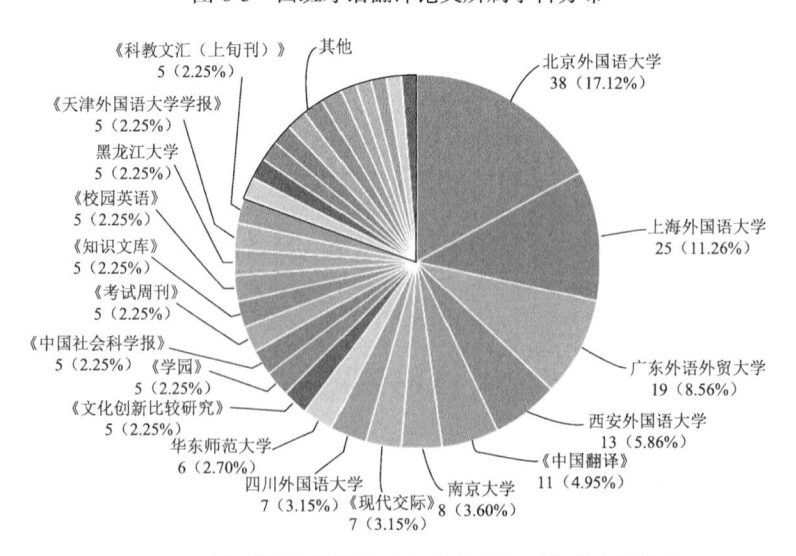

图 6-4　西班牙语翻译学位论文来源或期刊文章来源分布

从西班牙语翻译论文作者分布（图6-5）看，排名靠前的是高羽（大连外国语大学）、魏淑华（北京城市学院）、赵振江（北京大学）、侯健（常州大学）、李翠蓉（贵州财经大学）、解林红（河北传媒学院）。其中，高羽的西班牙语研究发文量达到7篇，显示度比较高。

从西班牙语翻译论文作者机构分布（图6-6）来看，由于西班牙语在我国起步较晚，研究广泛度相对较弱，所以进行西班牙语研究的作者主要来自大学。北京外国语大学、上海外国语大学、西安外国语大学、广东外语外贸大学、大连外国语大学等外国语大学担当了在国内推广普及西班牙语研究的重任。

从核心关键词CiteSpace聚类分析（图6-7）中可以看出，西班牙语翻译研究的关键词包括西班牙语、翻译、翻译策略、翻译方法、偏误分析、汉西对比、教学对策、功能对等、关联理论、剧场翻译、交际翻译、翻译教学、字幕翻译、外语教育、广告学等。

综上所述，西班牙语作为六种联合国工作语言之一，在西班牙和拉丁美洲具有广泛的使用度。西班牙语翻译论文数量在我国的规模性增长出现在我国成为世界第二大经济体之后的2010年。此后，这种递增式趋势一直保持至今。从研究主题来看，西班牙语言本体研究、翻译实践和教学学科是主要的研究方向。排名在前的学科主要集中在外国语言文字和中国语言文字方面，体现了西班牙语的语言研究特点。西班牙语翻译学位论文来源或期刊文章来源分布显示论文主要是北京外国语大学、上海外国语大学、广东外语外贸大学等外国语大学的学术论文，以及来自《中国翻译》的语言翻译类期刊论文。在论文作者机构分布中，我们可以看到以北京外国语大学为代表的国内多个外国语大学推动了西班牙语翻译研究的发展。经过十几年的快速发展，西班牙语翻译研究关键词覆盖了翻译理论、教学实践等多个方面。但是，近年刚刚进入研究领域的新兴大数据没有出现在西班牙语研究关键词中。这说明大数据名词的西班牙语翻译具有研究的前沿性。下面我们将从西班牙语翻译研究概况、西班牙语翻译原则与翻译策略、大数据名词汉西翻译实例研究，以及大数据名词汉西翻译研究的价值和不足等方面进行探讨。

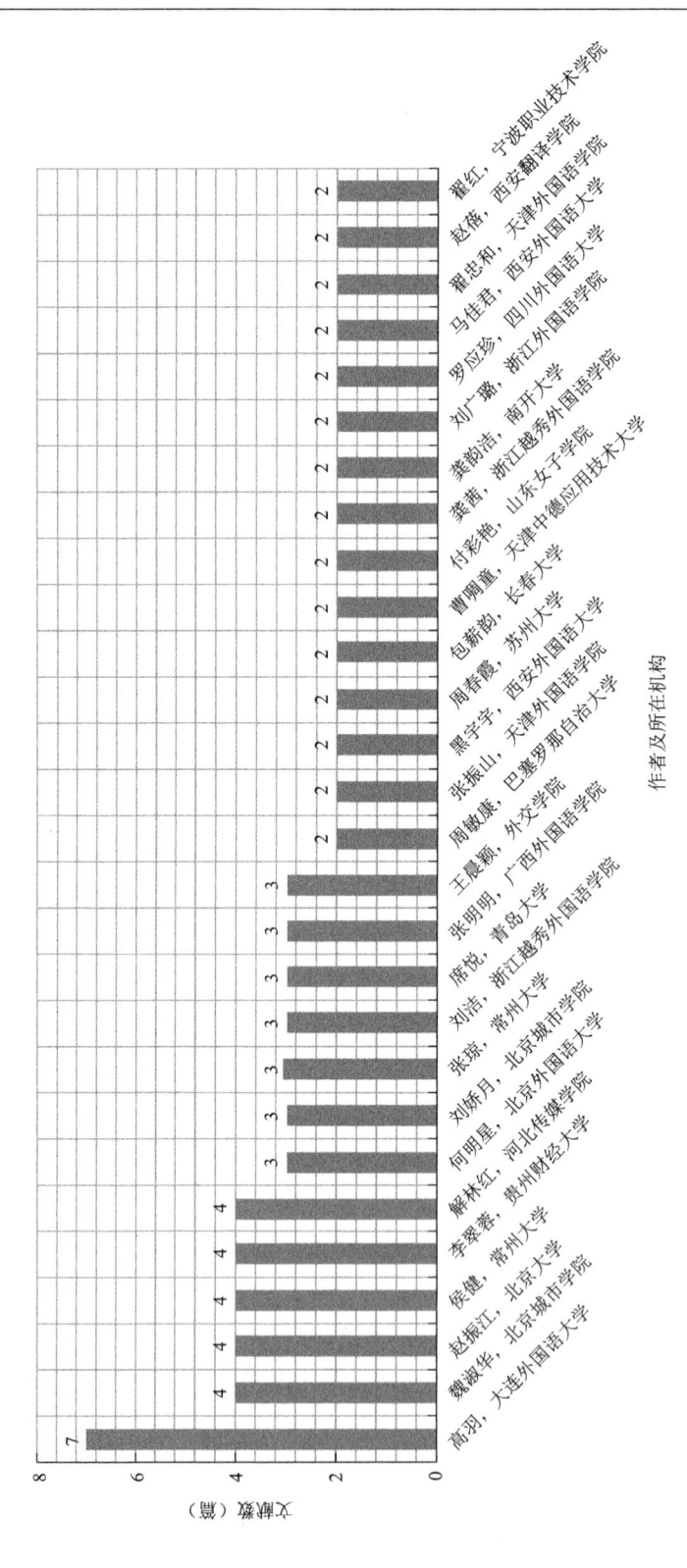

图 6-5　西班牙语翻译论文作者分布

图 6-6　西班牙语翻译论文作者机构分布

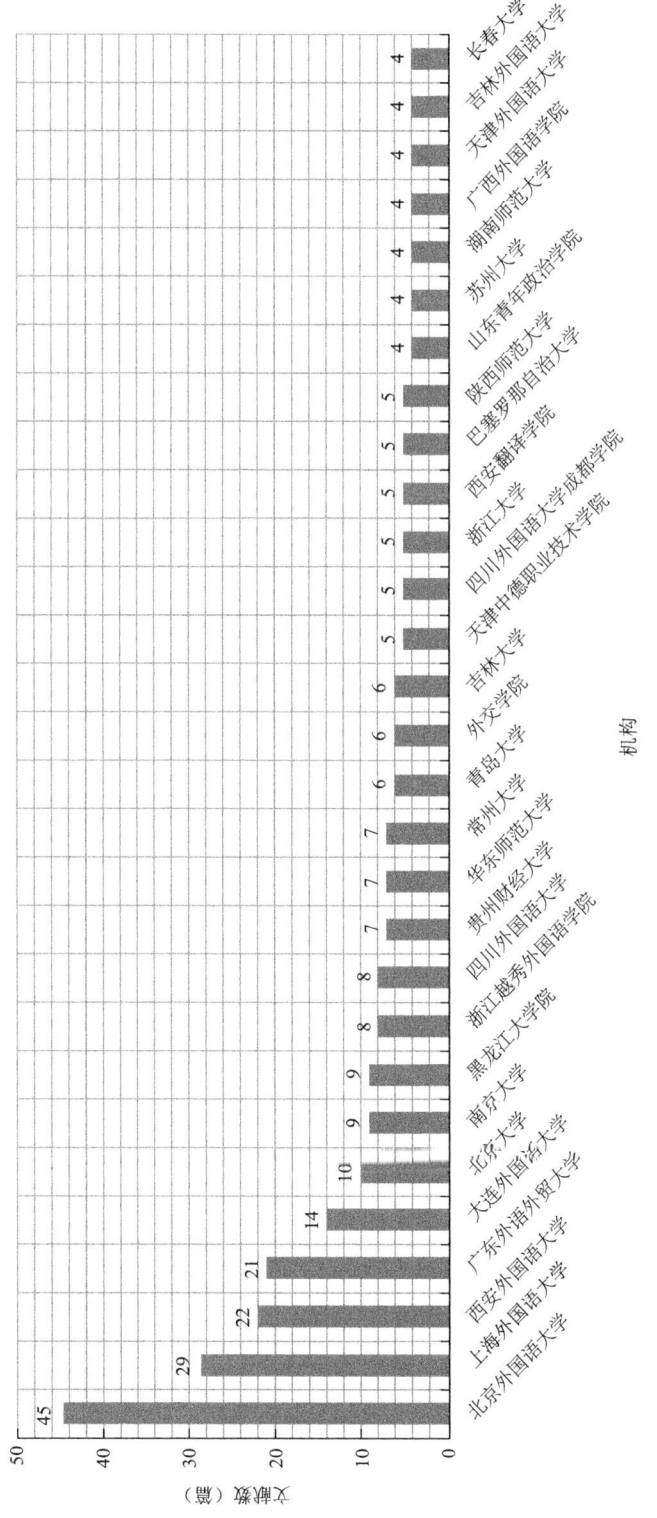

机构	文献数（篇）
北京外国语大学	45
上海外国语大学	29
西安外国语大学	22
广东外语外贸大学	21
大连外国语大学	14
北京外国语大学	10
南京大学	9
黑龙江大学	9
浙江越秀外国语学院	8
四川外国语外国语学院	8
贵州财经大学	7
华东师范大学	7
常州大学	7
青岛大学	6
外交学院	6
吉林大学	6
天津中德职业技术学院	5
四川外国语职业技术学院	5
浙江大学	5
西安外国语大学成都学院	5
西安翻译学院	5
巴塞罗那自治大学	5
陕西师范大学	4
山东青年政治学院	4
苏州大学	4
湖南师范大学	4
广西外国语大学	4
天津外国语学院	4
吉林外国语大学	4
长春大学	4

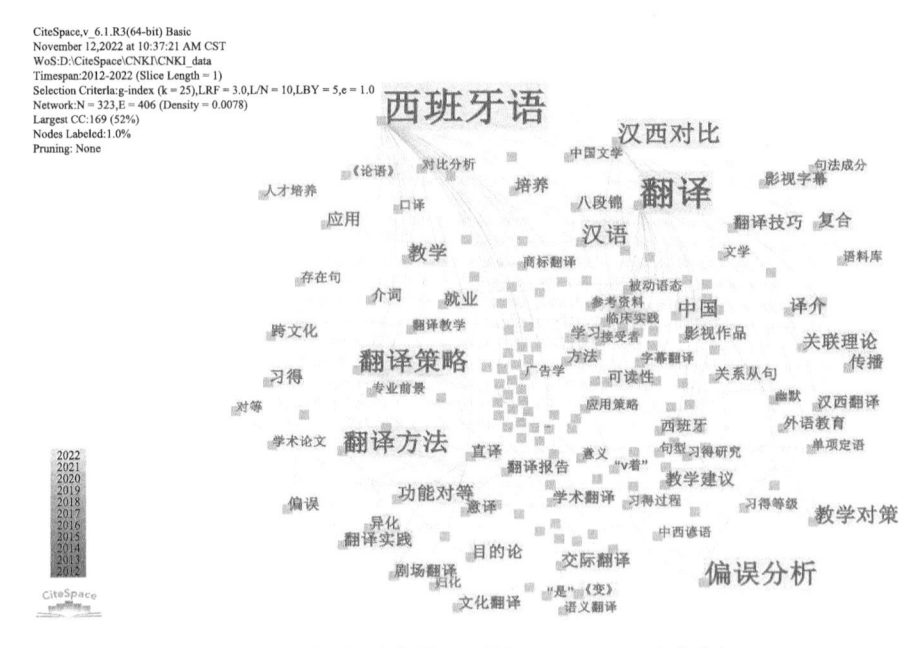

图 6-7　西班牙语翻译核心关键词 CiteSpace 聚类分析

6.2　西班牙语翻译研究概况

我国历史上的三次翻译高潮中均出现过关于术语翻译的研究，主要涉及术语翻译方法、术语翻译原则、译名统一与规范等方面的论述，对今天的术语翻译研究仍大有裨益。21 世纪以来，我国学者对术语翻译的研究成果可谓不胜枚举，形成了各种术语翻译的核心观点，具体包括：术语翻译准确性第一，可读性和透明性不能以牺牲准确性为代价；应该从文字学、语言学、术语学和翻译学角度出发考察术语全译的策略系统，包括直译策略和意译策略；译者必须具有较强的术语意识，充分了解相关学科背景及其研究特点；翻译应从元语言及语用学视角考察问题和方法，实现"从他、从众、从己"等策略（姜望琪，2005；魏向清，2010a；侯国金，2011；黄忠廉，2013）。

西班牙的术语研究于 20 世纪 80 年代开始迅速发展。1985—1997 年，先后成立了加泰罗尼亚术语研究中心（Termcat）、巴斯克术语研究中心（Euskalterm）和加利西亚术语服务中心（Termigal）。1997 年，在术语学专家和机构的推动下，马德里成立了西班牙术语学协会（Asociación Española de Terminología），旨在推动西班牙术语研究机构的学术争辩，为西班牙术语学的发展建立一个合理模式。由此，西班牙术语学研究进入一个全新阶段，各个级别和范围的术语学研究中心或网络研究机构纷纷成立。自1991年起，术语学研究和教学开始步入大学课堂，成为口译和笔译方向的主干课程。西班牙术语学研究领域最突出的成果是西班牙皇家精密科学、物理科学和自然科学研究院出版的两部官方权威术语词典 *Vocabulario científico y técnico*（科技词汇大词典，1983）和 *Diccionario esencial de las ciencias*（科学基础词典，1999），这两部词典确认并修正了科技术语，结束了西班牙科技术语混乱的局面。另外，值得一提的是西班牙术语学理论研究代表人物特蕾莎·卡布雷（Teresa C. Castellví）博士，她在传统术语学流派的"术语基本理论（TGT）"的基础上提出了一个多维术语理论——"交际术语学理论（TCT）"，将术语学研究置于更广阔的视域之下，确定了术语学的研究范畴，包括术语辞书编纂、术语新词研究、术语规划、术语提取、术语和篇章、术语翻译、术语变体、术语检索软件开发等诸多领域。

西班牙语学界在术语翻译领域的研究成果较多，一般涉及西法、西英、西德等对应性研究，包括经济、政治、法律、医学、哲学、科技、能源、农业、艺术、计算机、足球等范畴的术语对比与翻译研究等。

然而，汉西术语互译的研究尚处于起步阶段，与此相关的研究主要包括如下这些。

（1）《略谈古建筑术语的西班牙语翻译》（谷佳维，2015），作者以纽马克的文本功能理论为理论基础，对古建筑术语汉西翻译原则进行探讨，并总结出三种翻译古建筑术语的有效方法（"拼音+注释""意译+注释""综合法"）。

（2）《西班牙美洲殖民地贸易行政机构及其术语翻译研究》（李蕴，2017）运用现代术语翻译理论，遵循专业性和等价性原则，对西班牙殖民拉丁美洲时期贸易行政机构专有名词进行直译或意译。

（3）《对推广中医汉西翻译国际标准的必要性的分析》（伊海，2018）以《中医诊断学》及其西译本为语料来源，对其中术语词汇的西班牙语翻译进行分析比较，以推动中医基本术语汉西翻译标准化。

综上所述，汉西术语对比和翻译研究正逐渐步入两国语言研究者的视野，但是还存在以下问题：首先，现有研究大都为探讨某一专业领域术语的具体译法，虽然针对性强，但是缺乏普遍性；其次，汉西术语互译研究尚未形成体系，不同学者针对不同术语，借助不同理论，选择了不同的翻译策略和方法，看似全面，但缺乏内在的逻辑联系；最后，值得一提的是，国内术语研究一般集中在英语、俄语、德语等外语术语汉译，较少关注汉语术语外译，尤其是汉语术语西译研究成果更为少见，我们的大数据名词汉西翻译不仅符合我国提升本国文化软实力的国家战略，也为西班牙语研究者提供了较大的研究空间和较新的研究思路。

6.3 西班牙语翻译原则与翻译策略

国内外术语研究者对术语翻译的原则做过探讨和归纳，主要包括专业性、简练性、一致性和约定俗成性：①专业性是指各个领域都有各自的专业词汇来表达一定的概念，字面翻译有可能会造成误译；其次，不同专业领域在表达同一个意思时有不同的专业词汇，不能用其他专业领域的词汇代替。②简练性原则指的是语言简洁明了，使译入语读者在最短时间内获取最大量信息，例如，可以利用后缀翻译，采用缩略词，或者在语境明显的情况下，省略某些不必要的信息，而不需要逐字翻译。③一致性原则除了指拼写形式保持一致之外，还指同一个概念采用同一种翻译模式，不变换词语。在汉外翻译中，汉语一种表述对外语多种表述是常态，然而，一旦确定用其中一种翻译，就不能随意更换。④约定俗成性原则是指某个专业领域共同接受的特殊用法，这种用法通常不符合语言常用规范，但是需要尊重原译，一般不更改。

为了提高我国术语翻译的准确性，徐嵩龄（2010）提出了八个方面的建议：应当区分概念性术语与非概念性术语；应当坚持对概念性术语的"专词专译"；正确处理术语翻译中的"一词多译"问题；正确处理"同义词翻译"；正确地表达"词组型术语"的构成；保护音译术语的文化意义；在术语翻译中应当精于炼字；建立有助于提高我国术语准确性的术语管理体制。

针对以上八个方面，我们对汉语术语西译实例进行了讨论。在大数据名词的实际翻译中，我们构建了一个小型语料库。由于西班牙语的语言特征，一个汉语词可对应的西班牙语单词可能出现"一词多译"现象。在这种情况下，为了避免错译或偏译，我们需要根据西班牙语的使用语境，在一组近义词中选择不同的翻译。例如，"管理"一词需根据其涉及的学术领域或不同的使用场景来选择不同的用词，具体情况我们将在后文中讨论。

就术语翻译处理原则而言，可将术语划分为已规范术语和未规范术语两类：在翻译已规范的术语时，规范意识至关重要，最高原则是"照翻无误"，对于"不是可以由译者随便处理的，遣词也好，用字也好，一定要查之有据"；对于未规范术语归纳总结出四种翻译方法——"不译法""试译法""定义法""连缀法"（郑述谱，2012a）。此外，其他术语翻译研究者还提出了其他的翻译方法，包括音译、意译、音译兼意译、形译加意译等。

在大数据名词的西班牙语翻译中，我们发现对于不存在语义颗粒度对应性的名词翻译，音译是一种不得已而为之的翻译方法。我们认为，这种方法主要用于语间差异较大，且存在语义空白的情况。根据这个原则，我们对大数据名词中的人名、地名和一些新概念的词采用音译法。

意译不同于音译，往往适用于较为复杂的合成词或派生词。在翻译过程中，需要综合源语的释义，考虑目标语的构词要素特征，并按照译入语的构词法则进行术语翻译。在运用这种策略时，还可同时使用增词、减词或转换等技巧。

此外，对于音译或意译都不能清楚表达源语意义的名词，我们可以采用以音译为主、兼顾意译的方法来进行处理。翻译时，对源语构词成分一部分音译，另一部分意译，然后将二者组合成一个词语，并最终完成对源语所指的对应性表达。

我们在大数据名词的西班牙语翻译实践中，对于未规范名词将根据其构成特点，正确理解其组成部分之间的语法和修辞关系，并采用恰当的翻译方法。

6.4 大数据名词汉西翻译实例研究

在大数据名词的西班牙语的翻译过程中，我们将选择一些比较有代表性的大数据名词进行研究，区分概念性术语与非概念性术语，辨析同义词，并划定词组型名词翻译的内涵和外延。

我们将在西班牙语翻译中遵循前面提到的以汉语和英语为标准轴的翻译策略，并在参考翻译锚术语在线和百度百科汉语释义的基础上，关注西班牙语的语言特色。我们还将参考《新汉西词典》并查询大数据名词中关键构词成分的西班牙语对应成分，为准确性翻译提供条件。

在翻译软件的选择上，我们遵循与英语一致的原则，引入 DeepL 翻译、Google 翻译、有道翻译和百度翻译四个软件，配合西班牙语翻译及回译。综合考虑翻译锚、《新汉西词典》、四个中外翻译软件以及相关西班牙语网站的翻译结果后，我们最后根据上下文语境和西班牙语的语言特征从翻译项中选择最恰当的翻译。

6.4.1 "方案"的翻译

在进行西班牙语翻译前，我们在翻译锚中对该名词的释义进行了查询，释义结果显示，方案一般指的是一种具有可操作性的计划，在涉及要素方面，包括目的、要求、方式、方法、进度等。此外，方案还有将方法呈于案前的意思。我们进一步使用翻译软件查询,"方案"的翻译和回译结果(表 6-1)基本一致。

表 6-1　"方案"在翻译软件中的西班牙语翻译和回译结果对比

翻译软件	汉语	西班牙语翻译	回译
DeepL 翻译	方案	Programa	方案,计划,节目,纲领
Google 翻译	方案	esquema	方案
有道翻译	方案	El programa	方案
百度翻译	方案	Programa	方案

从上面的翻译结果可以看出,四个翻译软件对"方案"的翻译和回译表现出 programa 的选择倾向。本系统中含关键词"方案"的词条西班牙语翻译统计见表 6-2。

表 6-2　含关键词"方案"的词条西班牙语翻译

汉语	西班牙语翻译
RSA 方案	Algoritmo RSA (Rivest-Shamir-Adleman)
BB84 方案	Protocolo BB84 (Protocolo de Bennett-Brassard 1984)
E91 方案	Protocolo E91 (Protocolo de Ekert 1991)
《生态环境大数据建设总体方案》	Plan General para la Construcción de los Macrodatos del Medio Ambiente Ecológico
《农业农村大数据试点方案》	Programa Piloto de los Macrodatos Agrícolas y Rurales
《石家庄市关于加快推进"大智移云"的实施方案》	Programa de Implementación de la Ciudad de Shijiazhuang para la Aceleración y la Promoción de "Da Zhi Yi Yun (macrodatos, inteligencia, red móvil y computación en la nube)"
《福建省促进大数据发展实施方案（2016—2020 年)》	Programa de Implementación de la Provincia de Fujian para la Promoción del Desarrollo de los Macrodatos (2016-2020)
《厦门市促进大数据发展工作实施方案》	Programa de Implementación de Trabajo de Xiamen para la Promoción del Desarrollo de los Macrodatos
《促进大数据发展实施方案》（江西)	Programa de Implementación para la Promoción del Desarrollo de los Macrodatos (Jiangxi)
《山东省推进农业大数据运用实施方案（2016—2020 年)》	Programa de Implementación de la Provincia de Shandong para la Promoción del Uso de los Macrodatos Agrícolas (2016-2020)
《促进大数据发展的行动方案》（广西)	Plan de Acción para la Promoción del Desarrollo de los Macrodatos (Guangxi)
《脱贫攻坚大数据平台建设实施方案》（广西)	Programa de Aplicación para la Construcción e Implementación de la Plataforma de los Macrodatos para el Alivio de la Pobreza (Guangxi)
《钦州市加快云计算及大数据产业发展的实施方案》	Programa de Implementación de la Ciudad de Qinzhou para la Aceleración del Desarrollo de la Industria de la Computación en la Nube y los Macrodatos
《海南省促进大数据发展实施方案》	Programa de Implementación de la Provincia de Hainan para la Promoción del Desarrollo de los Macrodatos

续表

汉语	西班牙语翻译
《四川省促进大数据发展工作方案》	Plan de Trabajo de la Provincia de Sichuan para Promover el Desarrollo de los Macrodatos
《贵州省发展农业大数据助推脱贫攻坚三年行动方案（2017—2019 年）》	Plan de Acción Trienal de la Provincia de Guizhou para el Desarrollo de los Macrodatos en la Agricultura para la Erradicación de la Pobreza (2017-2019)
《贵阳市大数据标准建设实施方案》	Programa de Implementación de la Ciudad de Guiyang para el Establecimiento de la Normalización de los Macrodatos
《陕西省大数据与云计算产业示范工程实施方案》	Programa de Implementación de la Provincia de Shaanxi del Proyecto de Demostración de la Industria de los Macrodatos y la Computación en la Nube
《西安市大数据产业发展实施方案（2017—2021 年）》	Programa de Implementación de la Ciudad de Xi'an para el Desarrollo de la Industria de los Macrodatos (2017-2021)
《关于加快大数据、云平台建设促进信息产业发展的实施方案》	Programa de Implementación sobre Cómo Acelerar la Construcción de los Macrodatos y la Plataforma en la Nube para Promover el Desarrollo de la Industria de la Información
《关于运用大数据开展综合治税工作实施方案》（宁夏）	Programa de Implementación sobre el Desarrollo de la Administración Tributaria Integral Mediante el Uso de los Macrodatos (Ningxia)
《政务信息系统整合共享实施方案》	Programa de Implementación de Integración e Intercambio de los Sistemas de Información de los Asuntos Gubernamentales
《公共信息资源开放试点工作方案》	Plan de Trabajo del Programa Piloto de Apertura de los Recursos de Información Pública
《推进"互联网+政务服务"开展信息惠民试点实施方案》	Programa Piloto de Implementación para la Promoción de "Internet + Asuntos Gubernamentales" y el Desarrollo de la Información en Beneficio del Pueblo

表 6-2 中含关键词"方案"的词条西班牙语翻译主要分为如下几种情况。

（1）总体来说，"方案"的西班牙语翻译为 programa。这种翻译处理是符合认知的，也是系统翻译中的主流翻译匹配。本系统中以"实施方案 Programa de Implementación"的搭配使用为主。

（2）在少数情况下，在专有名词中采用隐含"方案"字样，不译出。例如，"RSA 方案"实际上是"RSA 算法（方案）"，在网络使用中，多省略"方案"。我们在西班牙语网站上搜索到该词条对应的西班牙语是 Algoritmo RSA (Rivest-Shamir-Adleman)。

（3）专有名词中"方案"的西班牙语翻译为 protocolo。西班牙语中 protocolo 表示"方案、草案、条约、协约"等。我们在西班牙语网站搜索到部分词条采用了"方案 protocolo"模式。这种处理通常是由英语的专有名词译入时汉语选词偏差等原因造成的，所以不能按照汉语的翻译进行直译。因此，我们在翻译成西班牙语之前，首先参照其英语原文，然后按照原有的英语词条搜索西班牙语网站找到与其对应的西班牙语，例如"BB84

方案 Protocolo BB84 (Protocolo de Bennett-Brassard 1984)""E91 方案 Protocolo E91 (Protocolo de Ekert 1991)"。

（4）部分"方案"的西班牙语翻译为 plan。本系统词条中的"行动方案"和"工作方案"形成了较为广泛的准固定搭配。在西班牙语的常规用法中，"行动方案"多翻译为 plan de acción，"工作方案"多翻译为 plan de trabajo，在国外西班牙语网络中已经形成较为固定的模式。相反，如果直译"行动方案 programa de acción"和"工作方案 programa de trabajo"，则在国外网络中找到匹配项的概率相对小很多。因此，我们保持"行动方案 plan de acción"和"工作方案 plan de trabajo"的翻译模式，例如"《促进大数据发展的行动方案》（广西）Plan de Acción para la Promoción del Desarrollo de los Macrodatos (Guangxi)""《四川省促进大数据发展工作方案》Plan de Trabajo de la Provincia de Sichuan para Promover el Desarrollo de los Macrodatos""《贵州省发展农业大数据助推脱贫攻坚三年行动方案（2017—2019年）》Plan de Acción Trienal de la Provincia de Guizhou para el Desarrollo de los Macrodatos en la Agricultura para la Erradicación de la Pobreza (2017-2019)""《公共信息资源开放试点工作方案》Plan de Trabajo del Programa Piloto de Apertura de los Recursos de Información Pública"等。

（5）根据西班牙语约定俗成的用法，"试点实施方案"通常译为 Programa Piloto de Implementación，所以，我们将"《推进'互联网+政务服务'开展信息惠民试点实施方案》"翻译为"Programa Piloto de Implementación para la Promoción de 'Internet + Asuntos Gubernamentales' y el Desarrollo de la Información en Beneficio del Pueblo"。

6.4.2 "纲要"的翻译

该名词在翻译锚中有释义。简单来说，"纲"原指网上的大绳，可以引申为事物的关键部位，"要"可理解为重要。所以，"纲要"指的是核心的和实质性的总结、概述和介绍。我们进一步用翻译软件查询其西班牙语翻译和回译结果（表 6-3）。

表 6-3 "纲要"在翻译软件中的西班牙语翻译和回译结果对比

翻译软件	汉语	西班牙语翻译	回译
DeepL 翻译	纲要	Esquema	计划，方案，计划书
Google 翻译	纲要	contorno	轮廓
有道翻译	纲要	La plataforma	平台
百度翻译	纲要	Esquema	大纲

表 6-3 中的翻译结果显示，翻译软件提供了 Esquema、contorno、La plataforma 这三个翻译。我们采用向约定俗成的专有名词靠近的原则以最终确定合适的选项。本系统中含关键词"纲要"的词条西班牙语翻译见表 6-4。

表 6-4 含关键词"纲要"的词条西班牙语翻译

汉语	西班牙语翻译
《促进大数据发展行动纲要》	Esquema de Acción para la Promoción del Desarrollo de los Macrodatos
《国家信息化发展战略纲要》	Esquema de la Estrategia Nacional de Desarrollo de las Aplicaciones Informatizadas
《国家创新驱动发展战略纲要》	Esquema de la Estrategia Nacional de Desarrollo Impulsado por la Innovación
《国家中长期人才发展规划纲要（2010—2020 年）》	Esquema del Plan Nacional de Desarrollo de Talentos a Medio y Largo Plazo (2010-2020)
《数字浙江建设规划纲要（2003—2007 年）》	Esquema de Planificación para la Construcción de Zhejiang Digital (2003-2007)
《合肥市大数据发展行动纲要（2016—2020 年）》	Esquema de Acción de la Ciudad de Hefei para el Desarrollo de los Macrodatos (2016-2020)
《贵州省大数据产业发展应用规划纲要（2014—2020 年）》	Esquema de Planificación de la Provincia de Guizhou para el Desarrollo y la Aplicación de la Industria de los Macrodatos (2014-2020)

在表 6-4 的专有名词翻译中，"纲要"均翻译为 esquema，这说明"纲要 esquema"这一翻译对应性模式得到了较为广泛的使用。在其他类别词条中，这一模式也无一例外地得到了运用。由此，我们认为 esquema 是"纲要"的最佳翻译选项。所以，我们采用"纲要 esquema"这一翻译，并在后续系统翻译中遵照执行。

6.4.3 "工程"的翻译

翻译锚中有"工程"的英译和释义。

人类为了特定的目的，应用科学技术把各种资源最佳地转化为产品或服务，有组织地改造世界的活动。（术语在线 2016 年公布的管理科学技术名词"工程"，英译为 engineering）

工程是指以某组设想的目标为依据，应用有关的科学知识和技术手段，通过有组织的一群人将某个（或某些）现有实体（自然的或人造的）转化为具有预期使用价值的人造产品过程。工程的主要依据是数学、物理学、化学，以及由此产生的材料科学、

固体力学、流体力学、热力学、输运过程和系统分析等。(百度百科"工程"词条)

本系统中含该关键词的词条西班牙语翻译统计见表6-5。

表6-5 含关键词"工程"的词条西班牙语翻译

汉语	西班牙语翻译
系统工程	ingeniería de sistemas
工程控制	control de ingeniería
《陕西省大数据与云计算产业示范工程实施方案》	Programa de Implementación de la Provincia de Shaanxi del Proyecto de Demostración de la Industria de los Macrodatos y la Computación en la Nube
国家数据共享交换工程	Proyecto nacional de compartición e intercambio de datos
信息惠民工程	Proyecto de información en beneficio del pueblo
《"十三五"国家政务信息化工程建设规划》	Planificación de la Construcción del Proyecto Nacional de Informatización de los Asuntos Gubernamentales en el 13º Plan Quinquenal
网络安全应急技术国家工程实验室	Laboratorio Nacional de Ingeniería en Tecnología de Respuesta a Emergencias de Ciberseguridad (NELCERT)
大数据科学与工程国际研究中心	Centro Internacional de Investigación en Ciencia e Ingeniería de los Macrodatos
提升政府治理能力大数据应用技术国家工程实验室	Laboratorio Nacional de Ingeniería en Tecnología de Aplicación de los Macrodatos para Mejorar las Capacidades Administrativas del Gobierno
教育大数据应用技术国家工程实验室	Laboratorio Nacional de Ingeniería en Tecnología de Aplicación de los Macrodatos en la Educación
大数据系统计算技术国家工程实验室	Laboratorio Nacional de Ingeniería en Tecnología de Computación de Sistemas de Macrodatos
大数据系统软件国家工程实验室	Laboratorio Nacional de Ingeniería de Software de los Macrodatos
大数据分析与应用技术国家工程实验室	Laboratorio Nacional de Ingeniería para el Análisis de los Macrodatos y la Tecnología de Aplicaciones
大数据流通与交易技术国家工程实验室	Laboratorio Nacional de Ingeniería en Tecnología de Distribución e Intercambio de los Macrodatos
大数据协同安全技术国家工程实验室	Laboratorio Nacional de Ingeniería en Tecnología de Seguridad Colaborativa de los Macrodatos
医疗大数据应用技术国家工程实验室	Laboratorio Nacional de Ingeniería en Tecnología de Aplicación de los Macrodatos en la Atención Médica
综合交通大数据应用技术国家工程实验室	Laboratorio Nacional de Ingeniería en Tecnología de Aplicación de los Macrodatos en el Transporte Integrado
社会安全风险感知与防控大数据应用国家工程实验室	Laboratorio Nacional de Ingeniería de Ingeniería de Aplicación de los Macrodatos en la Detección, Prevención y Control del Riesgo de la Seguridad de la Sociedad
工业大数据应用技术国家工程实验室	Laboratorio Nacional de Ingeniería en Tecnología de Aplicación de los Macrodatos en la Industria

续表

汉语	西班牙语翻译
空天地海一体化大数据应用技术国家工程实验室	Laboratorio Nacional de Ingeniería en Tecnología Integrada de Aplicación de los Macrodatos Aeroespaciales, Terrestres y Oceánicos
数据工程国际会议	Conferencia Internacional sobre Ingeniería de Datos (ICDE)
天网工程	Proyecto Skynet

从表 6-5 的统计可知，本系统中"工程"的西班牙语翻译模式主要分成三类。

（1）"工程"翻译为 ingeniería。表示与应用和技术相关的词条通常采用这种模式，例如"国家工程实验室 laboratorio nacional de ingeniería""数据工程 ingeniería de datos""科学与工程 ciencia e ingeniería"等。

（2）"工程"翻译为 proyecto。表示与项目规划或建设计划相关的通常采用这种翻译模式，例如"《陕西省大数据与云计算产业示范工程实施方案》Programa de Implementación de la Provincia de Shaanxi del Proyecto de Demostración de la Industria de los Macrodatos y la Computación en la Nube""国家数据共享交换工程 Proyecto nacional de compartición e intercambio de datos""信息惠民工程 Proyecto de información en beneficio del pueblo""《'十三五'国家政务信息化工程建设规划》Planificación de la Construcción del Proyecto Nacional de Informatización de los Asuntos Gubernamentales en el 13º Plan Quinquenal"等。

（3）"天网工程（Skynet Project）"网络翻译为 Proyecto Skynet。这是约定俗成的翻译结果，直接借用。

综上所述，"工程"的翻译涉及三类，与技术应用相关的名词采用"工程 ingeniería"翻译模式，与项目规划相关的名词采用"工程 proyecto"翻译模式，约定俗成的翻译项则遵循"名从主人"翻译原则。

6.4.4 "管理"等的翻译

翻译锚提供了与"管理"相关的几个释义。

管理者在特定的环境下，对组织的各类资源进行有效的计划、组织、领导和控制，以实现组织目标的活动过程。（术语在线 2016 年公布的管理科学技术名词"管理"，英译为 management）

管理是指一定组织中的管理者，通过实施计划、组织、领导、协调、控制等职能来协调他人的活动，使别人同自己一起实现既定目标的活动过程。是人类各种组织活动中最普通和最重要的一种活动。（百度百科"管理"词条，英译为 management）

管理办法是一种管理规定，通常用来约束和规范市场行为、特殊活动的一种规章制度。它具有法律的效力，是根据宪法和法律制定的，是从属于法律的规范性文件，人人必须遵守。（百度百科"管理办法"词条）

管理制度是组织、机构、单位管理的工具，对一定的管理机制、管理原则、管理方法以及管理机构设置的规范。它是实施一定的管理行为的依据，是社会再生产过程顺利进行的保证。合理的管理制度可以简化管理过程，提高管理效率。（百度百科"管理制度"词条）

根据以上释义，与"管理"最直接对应的西班牙语单词是 gestión 或 administración，例如"安全管理 gestión de la seguridad""版权管理 gestión de derechos de autor""分类管理 gestión de la calificación""密钥管理 gestión de claves""项目管理 gestión de proyectos ""管理标准 normas de gestión""数据管理 gestión de datos""管理工程师 ingeniero de gestión""管理平台 plataforma de gestión""管理系统 sistema de gestión""管理协议 protocolo de gestión"等。然而，在实际应用中，由于词语搭配习惯不同，本系统中含关键词"管理"的词条采用了不同的翻译模式，具体情况如下。

"管理办法"中的"办法"在《新汉西词典》中对应多个翻译项。翻译软件形成了对"管理"一致的翻译项，但对"办法"的译法各异（表 6-6）。

表 6-6 "管理办法"在翻译软件中的西班牙语翻译和回译结果对比

翻译软件	汉语	西班牙语翻译	回译
DeepL 翻译	管理办法	Enfoque de gestión	管理方法，管理办法，管理方式，管理方针
Google 翻译	管理办法	Medidas de gestión	管理措施
有道翻译	管理办法	Enfoque de gestión	管理方法
百度翻译	管理办法	Medidas de gestión	管理措施

由表 6-6 可以看出，四个翻译软件提供的结果不太一致。虽然"管理"统一翻译为"gestión"，但是"办法"的翻译却不相同。根据这个单词的常规用法，Medidas 与"办法"可形成语义对等。我们先看本系统中含关键词"管理办法"的词条西班牙语翻译（表 6-7）。

表 6-7　含关键词"管理办法"的词条西班牙语翻译

汉语	西班牙语翻译
《贵阳大数据交易所数据确权暂行管理办法》	Medidas Administrativas Provisionales para la Confirmación de Derechos de Datos en la Bolsa de Macrodatos de Guiyang
《非金融机构支付服务管理办法》	Medidas de Gestión del Servicio de Pago de Instituciones No Financieras
《互联网信息服务管理办法》	Medidas sobre la Administración de los Servicios de Información en Internet
《科学数据管理办法》	Medidas para la Gestión de los Datos Científicos
《电子银行业务管理办法》	Medidas Administrativas para la Banca Electrónica
《互联网医疗保健信息服务管理办法》	Medidas para la Administración de los Servicios de Información Médica y de Atención de la Salud en Internet
《计算机信息网络国际联网安全保护管理办法》	Medidas para la Administración de la Protección de la Seguridad de la Red Internacional de Redes de Información Computarizada
《气象信息服务管理办法》	Medidas para la Administración de los Servicios de Información Meteorológica
《互联网域名管理办法》	Medidas Relativas a la Administración de los Nombres de Dominio de Internet
《电信业务经营许可管理办法》	Medidas Relativas a la Administración de Licencias de Operaciones Comerciales de Telecomunicaciones
《互联网药品信息服务管理办法》	Medidas Relativas a la Administración del Servicio de Información sobre Medicamentos en Internet
《河北省地理信息交换共享管理办法》	Medidas Administrativas de la Provincia de Hebei para el Intercambio y la Compartición de Información Geográfica
《江苏省政府信息化服务管理办法》	Medidas Administrativas del Gobierno de la Provincia de Jiangsu para el Servicio de Informatización
《浙江省地理空间数据交换和共享管理办法》	Medidas Administrativas de la Provincia de Zhejiang para el Intercambio y la Compartición de Datos Geoespaciales
《浙江省公共数据和电子政务管理办法》	Medidas Administrativas de la Provincia de Zhejiang en Materia de Datos Públicos y Asuntos de Gobierno Electrónico
《福建省政务数据管理办法》	Medidas Administrativas de la Provincia de Fujian en Materia de Datos de Asuntos Gubernamentales
《湖南省地理空间数据管理办法》	Medidas Administrativas de la Provincia de Hunan en Materia de Datos Geoespaciales
《海南省政务信息化管理办法》	Medidas Administrativas de la Provincia de Hainan para la Informatización de los Asuntos Gubernamentales
《重庆市地理信息公共服务管理办法》	Medidas Administrativas de la Ciudad de Chongqing para el Servicio Público de Información Geográfica
《四川省地理信息交换共享管理办法》	Medidas Administrativas de la Provincia de Sichuan para el Intercambio y la Compartición de Información Geográfica
《贵阳市政府数据资源管理办法》	Medidas Administrativas del Gobierno Municipal de Guiyang en Materia de Recursos de Datos
《青海省地理空间数据交换和共享管理办法》	Medidas Administrativas de la Provincia de Qinghai para el Intercambio y la Compartición de Datos Geoespaciales
《教育部科技基础资源数据平台建设管理办法》	Medidas Administrativas del Ministerio de Educación para la Construcción de una Plataforma de Datos de Recursos Básicos de Ciencia y Tecnología

续表

汉语	西班牙语翻译
《信息安全等级保护管理办法》	Medidas Administrativas para la Protección Gradual de la Seguridad de la Información
《非银行支付机构网络支付业务管理办法》	Medidas Administrativas para el Negocio de Pago en Línea de las Instituciones de Pago no Bancarias
《网络表演经营活动管理办法》	Medidas para la Administración de las Operaciones Comerciales de Rendimiento Cibernético
《交通运输政务信息资源共享管理办法》	Medidas Administrativas sobre el Intercambio de Recursos de Información de los Asuntos Gubernamentales en Materia de Comunicación y Transporte
《上海市政务数据资源共享管理办法》	Medidas Administrativas de la Ciudad de Shanghái para el Intercambio de Recursos de Datos de Asuntos Gubernamentales
《上海市法人信息共享与应用系统管理办法》	Medidas Administrativas de la Ciudad de Shanghái para el Sistema de Intercambio y Uso de la Información de Personas Jurídicas
《福建省政务信息共享管理办法》	Medidas Administrativas de la Provincia de Fujian para el Intercambio de Información sobre Asuntos Gubernamentales
《山东省政务信息资源共享管理办法》	Medidas Administrativas de la Provincia de Shandong para el Intercambio de Recursos de Información sobre Asuntos Gubernamentales

表6-7中"管理办法"的翻译呈现出一致性的特征。

（1）本系统基本采用"管理办法 medidas administrativas"的常规翻译方法。这种翻译方法，将"管理"翻译为 administrativo，与同义词 gestión 相比较，更加突出了"行政管理"的语义特点；"办法"翻译为 medidas，符合译入语的使用习惯，也符合我们前面翻译软件对关键词的翻译。

（2）部分词条采用 Medidas para/sobre/relativas a la Administración/Gestión de …模式。这种翻译模式是将"管理办法"切分为"管理+办法"，即"管理……的办法"，例如《互联网信息服务管理办法》Medidas sobre la Administración de los Servicios de Información en Internet""《互联网医疗保健信息服务管理办法》Medidas para la Administración de los Servicios de Información Médica y de Atención de la Salud en Internet""《气象信息服务管理办法》Medidas para la Administración de los Servicios de Información Meteorológica""《互联网域名管理办法》Medidas Relativas a la Administración de los Nombres de Dominio de Internet""《科学数据管理办法》Medidas para la Gestión de los Datos Científicos""《互联网药品信息服务管理办法》Medidas Relativas a la Administración del Servicio de Información sobre Medicamentos en Internet""《网络表演经营活动管理办法》Medidas para la Administración de las Operaciones Comerciales de Rendimiento Cibernético"。

(3）另一种常见模式是将"管理办法"翻译为 Medidas para la Gestión de ...，例如"《科学数据管理办法》Medidas para la Gestión de los Datos Científicos"。

(4）"管理办法"翻译为 Métodos de Gestión de ...。在这种情况下，我们依据词条既定的英语命名进行翻译，例如"《非金融机构支付服务管理办法》Medidas de Gestión del Servicio de Pago de Instituciones No Financieras"。

(5）不直接译出"办法"，采用隐含意义模式。例如，"《计算机信息网络国际联网安全保护管理办法》（*Computer Information Network and Internet Security Protection and Management）"将"管理办法"翻译为 Gestión，我们依照该词条已有的英语名称，同时结合西班牙语的使用习惯，将它翻译为 Medidas para la Administración de la Protección de la Seguridad de la Red Internacional de Redes de Información Computarizada。

从对"管理办法"的系统性翻译可见，"管理办法 medidas administrativas"这种模式是主流的翻译模式，可以在后续的翻译中采用。按照西班牙语正字法规则，文件名中每个实词的首字母均须大写。

6.4.5 "管理规定"的翻译

"规定"在《新汉西词典》中有多个翻译项。根据系统的统计结果，我们认为"管理规定"可以约定俗成地翻译为 disposiciones administrativas。本系统中含关键词"管理规定"的词条西班牙语翻译见表 6-8。

表 6-8 含关键词"管理规定"的词条西班牙语翻译

汉语	西班牙语翻译
《海南经济特区公共信息标志标准化管理规定》	Disposiciones Administrativas de la Zona Económica Especial de Hainan sobre la Normalización de la Señalización de Información Pública
《互联网视听节目服务管理规定》	Disposiciones Administrativas para el Servicio de Programas de Audio y Vídeo en Internet
《网络出版服务管理规定》	Disposiciones Relativas a la Administración de los Servicios de Publicación en Línea
《互联网新闻信息服务管理规定》	Disposiciones Relativas a la Administración de los Servicios de Información de Noticias de Internet
《河北省政务信息资源共享管理规定》	Disposiciones Administrativas de la Provincia de Hebei sobre la Compartición de Recursos de Información sobre Asuntos Gubernamentales
《江苏省测绘地理信息成果管理规定》	Disposiciones Administrativas de la Provincia de Jiangsu sobre los Logros en Materia de Topografía y Cartografía de Geográfica
《互联网服务及互联网在线内容管理、提供、利用规定》	Disposiciones para la Gestión, Prestación y Utilización de Servicios de Internet y el Contenido en Línea
《中华人民共和国计算机信息网络国际联网管理暂行规定》	Reglamento Provisional para la Administración de Redes Internacionales de Información Computadorizada en la República Popular China

"管理规定"的主流翻译模式为 disposiciones administrativas，例如"《海南经济特区公共信息标志标准化管理规定》Disposiciones Administrativas de la Zona Económica Especial de Hainan sobre la Normalización de la Señalización de Información Pública"。"管理规定"也存有其他约定俗成的翻译模式。

（1）部分词条采用的翻译模式是"管理规定 Disposiciones Relativas a la administración de ..."，例如"《网络出版服务管理规定》Disposiciones Relativas a la Administración de los Servicios de Publicación en Línea"。

（2）另外一部分词条采用的翻译模式是"管理规定 Disposiciones para la gestión de ..."，例如"《互联网服务及互联网在线内容管理、提供、利用规定》Disposiciones para la Gestión, Prestación y Utilización del Servicio de Internet y el Contenido en Línea"。

（3）根据西班牙语常规用法，"管理暂行规定"惯常译为 Reglamento Provisional para la Administración de ...，所以我们采用"《中华人民共和国计算机信息网络国际联网管理暂行规定》Reglamento Provisional para la Administración de Redes Internacionales de Información Computadorizada en la República Popular China"翻译模式。

6.4.6 "管理机构"的翻译

"机构"一词在《新汉西词典》中有不同的对应翻译项。考虑到西班牙语约定俗成的使用习惯，我们采用"管理机构 organismo de gestión"的翻译模式，例如"政府数据管理机构 Organismo de gestión de datos gubernamentales""【管理机构与协调机制】Organismo de gestión y mecanismo de coordinación"。

6.4.7 "管理技术"的翻译

"管理技术"翻译为 tecnología de gestión，例如"DPI 带宽管理技术 Tecnología de gestión de ancho de banda DPI""DFI 带宽管理技术 Tecnología de gestión de ancho de banda DFI""混合存储管理技术 Tecnología de gestión de almacenamiento híbrido"。

6.4.8 "管理条例"的翻译

"条例"在《新汉西词典》中有对应的翻译项，这些翻译项体现在了本系统中含关键词"管理条例"的词条的西班牙语翻译中（表6-9）。

表6-9　含关键词"管理条例"的词条西班牙语翻译

汉语	西班牙语翻译
《互联网上网服务营业场所管理条例》	Reglamento sobre la Administración de Locales Comerciales con Servicios de Acceso a Internet
《中华人民共和国无线电管理条例》	Reglamento de la República Popular de China sobre la Gestión de las Operaciones de Radio
《辽宁省计算机信息系统安全管理条例》	Reglamento de la Provincia de Liaoning sobre la Gestión de la Seguridad de los Sistemas Informáticos
《辽宁省信息技术标准化监督管理条例》	Reglamento de la Provincia de Liaoning sobre la Supervisión y Gestión de la Normalización de la Tecnología de la Información
《黑龙江省经济信息市场管理条例》	Reglamento de la Provincia de Heilongjiang sobre la Gestión del Mercado de Información Económica
《湖南省经济信息市场管理条例》	Reglamento de la Provincia de Hunan sobre la Gestión del Mercado de Información Económica
《贵阳市大数据安全管理条例》	Reglamento de la Ciudad de Guiyang sobre la Gestión de la Seguridad de los Macrodatos

上述词条中关键词"管理条例"有两种翻译模式。

（1）"管理条例"的翻译模式为"Reglamento de ... sobre la (…) Gestión de ..."，例如"《中华人民共和国无线电管理条例》Reglamento de la República Popular de China sobre la Gestión de las Operaciones de Radio""《辽宁省计算机信息系统安全管理条例》Reglamento de la Provincia de Liaoning sobre la Gestión de la Seguridad de los Sistemas Informáticos""《辽宁省信息技术标准化监督管理条例》Reglamento de la Provincia de Liaoning sobre la Supervisión y Gestión de la Normalización de la Tecnología de la Información""《黑龙江省经济信息市场管理条例》Reglamento de la Provincia de Heilongjiang sobre la Gestión del Mercado de Información Económica""《湖南省经济信息市场管理条例》Reglamento de la Provincia de Hunan sobre la Gestión del Mercado de Información Económica""《贵阳市大数据安全管理条例》Reglamento de la Ciudad de Guiyang sobre la Gestión de la Seguridad de los Macrodatos"。

（2）"管理条例"另一种约定俗成的翻译模式为 Reglamento sobre la administración de ...，例如"《互联网上网服务营业场所管理条例》Reglamento sobre la Administración de Locales Comerciales con Servicios de Acceso a Internet"。

6.4.9　"管理委员会"的翻译

"委员会"在《新汉西词典》中有不同的翻译项，具体使用可以根据上下文和约定俗成的情况来决定。本系统中含关键词"管理委员会"的词条西班牙语翻译见表 6-10。

表 6-10　含关键词"管理委员会"的词条西班牙语翻译

汉语	西班牙语翻译
贵州省贵阳市大数据发展管理委员会	Comité de Gestión del Desarrollo de los Macrodatos de la Ciudad de Guiyang de la Provincia de Guizhou
中国银行保险监督管理委员会	Comisión Reguladora de Banca y Seguros de China
中国证券监督管理委员会	Comisión Reguladora de Valores de China

"管理委员会"的西班牙语常规对应表达有两种：第一种翻译模式为 Comité de Gestión，例如"贵州省贵阳市大数据发展管理委员会 Comité de Gestión del Desarrollo de los Macrodatos de la Ciudad de Guiyang de la Provincia de Guizhou"。第二种翻译模式为 Comisión Reguladora。鉴于部分汉语词条已有固定的英语命名，我们依据其英语名称翻译为西班牙语，例如"中国银行保险监督管理委员会 Comisión Reguladora de Banca y Seguros de China""中国证券监督管理委员会 Comisión Reguladora de Valores de China"。

6.4.10　"管理暂行办法"的翻译

我们在前面已经确认了"管理办法 medidas administrativas"翻译模式，遵循一致性原则，我们在本系统中一般统一使用该模式（约定俗成的除外）（表 6-11）。

表 6-11　含关键词"管理暂行办法"的词条西班牙语翻译

汉语	西班牙语翻译
《网络借贷信息中介机构业务活动管理暂行办法》	Medidas Provisionales para la Administración de las Actividades Comerciales de las Instituciones Intermediarias de Información sobre Préstamos en Línea
《政务信息资源共享管理暂行办法》	Medidas Provisionales para la Administración del Intercambio de los Recursos de Información Gubernamentales
《个人信用信息基础数据库管理暂行办法》	Medidas Provisionales para la Administración de los Datos Básicos de la Información Crediticia Individual
《国土资源数据管理暂行办法》	Medidas Provisionales para la Administración de los Datos sobre los Recursos Terrestres
《辽宁省政务信息资源共享管理暂行办法》	Medidas Administrativas Provisionales de la Provincia de Liaoning para el Intercambio de Recursos de Información de Asuntos Gubernamentales
《杭州市政务数据资源共享管理暂行办法》	Medidas Administrativas Provisionales de la Ciudad de Hangzhou para el Intercambio de Recursos de Datos de Asuntos Gubernamentales

续表

汉语	西班牙语翻译
《安徽省政务信息资源共享管理暂行办法》	Medidas Administrativas Provisionales de la Provincia de Anhui para el Intercambio de Recursos de Información sobre Asuntos Gubernamentales
《福州市政务数据资源管理暂行办法》	Medidas Administrativas Provisionales de la Ciudad de Fuzhou en Materia de Recursos de datos de Asuntos Gubernamentales
《湖南省政务领域信用信息记录征集管理暂行办法》	Medidas Administrativas Provisionales de la Provincia de Hunan para la Recopilación de Registros de Información Crediticia en el Ámbito de los Asuntos Gubernamentales
《广西政务信息资源共享管理暂行办法》	Medidas Administrativas Provisionales de Guangxi para el Intercambio de Recursos de Información de Asuntos Gubernamentales
《贵州省政务数据资源管理暂行办法》	Medidas Administrativas Provisionales de la Provincia de Guizhou en Materia de Recursos de Datos de los Asuntos Gubernamentales
《贵阳大数据交易所数据确权暂行管理办法》	Medidas Administrativas Provisionales para la Confirmación de Derechos de Datos en la Bolsa de Macrodatos de Guiyang

由表 6-11 可以看出，"管理暂行办法"的翻译模式主要有两种，一种是主流模式，另一种是约定俗成的模式。

（1）第一种主流翻译模式是"管理暂行办法 Medidas Administrativas Provisionales del Ministerio/de la Provinccia/de la Ciudad ... para ..."，例如"《辽宁省政务信息资源共享管理暂行办法》 Medidas Administrativas Provisionales de la Provincia de Liaoning para el Intercambio de Recursos de Información de Asuntos Gubernamentales"，该模式为主流模式，具有翻译的系统性。

（2）"管理暂行办法"翻译为 Medidas Provisionales para la Administración de (del) ...，该模式在实践中也是常用模式之一，例如"《政务信息资源共享管理暂行办法》Medidas Provisionales para la Administración del Intercambio de los Recursos de Información Gubernamentales""《个人信用信息基础数据库管理暂行办法》Medidas Provisionales para la Administración de los Datos Básicos de la Información Crediticia Individual""《国土资源数据管理暂行办法》Medidas Provisionales para la Administración de los Datos sobre los Recursos Terrestres"。

综上所述，本系统中含关键词"管理"的词条较多，一般情况下，"管理"名词态翻译为 gestión、administración、regulación 等，形容词态翻译为 administrativo、regulador 等。在翻译具体的词条时，由于词语搭配、译文韵律等原因，虽然汉语表述一致，但是翻译成西班牙语的过程中却使用不同的词汇或句式进行表达。一般情况下，我们进行词条翻译时遵循一致性原则。

6.4.11 "管理局"的翻译

《新汉西词典》中没有提供"管理局"的西班牙语对应单词。我们需要在翻译软件中查询"管理局"的翻译。"管理局"的西班牙语翻译一般有两种情况：由一个西班牙语单词表示汉语的"管理局"；由两个或以上西班牙语单词共同表示汉语的"管理局"，即"管理+局"。

翻译软件对"管理局"的西班牙语翻译及回译情况见表 6-12。

表 6-12 "管理局"在翻译软件中的西班牙语翻译和回译结果对比

翻译软件	汉语	西班牙语翻译	回译
DeepL 翻译	管理局	Autoridad	权力
			权力机构
			管理局
			职权
Google 翻译	管理局	Autoridad	柄
有道翻译	管理局	autoridad	权威
百度翻译	管理局	Autoridad	权威

从表 6-12 中的翻译可以看出，将"管理局"翻译为 autoridad 并不贴切。首先是因为 autoridad 语义丰富，无法准确回译到"管理局"这一原发汉语；其次，autoridad 语义笼统，不够具体，多译为"权力、权威、权力机构"等，且在实际用法中，多用作指代词，或者表示"当局"。

此外，我们也可根据"管理+局"将其翻译为 Oficina de Gestión，但是，无论是翻译还是回译，结果都一致性地出现"管理办公室"，无法与"管理局"产生对等。另外，oficina 也无法与"局"对等，《新汉西词典》提供的翻译可供借鉴。

另一个未在翻译软件中出现但是可对应的西班牙语单词是 administración，即可将"管理局"译成 administración。

翻译软件回译的结果包括"行政""管理""行政部门""行政管理"等。我们推断 administración 可用于指称"管理局"。"管理局"在翻译软件中的回译情况见表 6-13。

表 6-13 "管理局"在翻译软件中的西班牙语翻译和回译结果对比

翻译软件	汉语	西班牙语翻译	回译
DeepL 翻译	内蒙古自治区大数据发展管理局	Administración del Desarrollo de los Macrodatos de la Región Autónoma de Mongolia Interior	内蒙古自治区宏观数据发展管理局
Google 翻译			内蒙古自治区大数据发展管理局
有道翻译			内蒙古自治区大数据开发管理
百度翻译			内蒙古自治区大数据开发管理局
DeepL 翻译	辽宁省沈阳市大数据管理局	Administración Municipal de Shenyang de los Macrodatos (Provincia de Liaoning)	沈阳市宏观数据管理局（辽宁省）
Google 翻译			沈阳市大数据管理局（辽宁省）
有道翻译			沈阳市大数据管理局（辽宁省）
百度翻译			沈阳市海量数据管理局（辽宁省）
DeepL 翻译	浙江省宁波市大数据管理局	Administración Municipal de los Macrodatos de Ningbo de la Provincia de Zhejiang	浙江省宁波市宏观数据管理局
Google 翻译			浙江省宁波市大数据管理局
有道翻译			浙江省宁波市大数据管理局
百度翻译			浙江省宁波市大数据管理局
DeepL 翻译	广东省大数据管理局	Administración Provincial de los Macrodatos de Guangdong	广东省宏观数据管理局，广东省宏观数据管理中心，广东省宏观数据管理部门，广东省宏观数据局
Google 翻译			广东省大数据管理局
有道翻译			广东省大数据管理局
百度翻译			广东省大数据管理局
DeepL 翻译	贵州省大数据发展管理局	Administración Provincial de Desarrollo de los Macrodatos de Guizhou	贵州省宏观数据发展管理局
Google 翻译			贵州省大数据发展管理局
有道翻译			贵州省大数据开发局
百度翻译			贵州省大数据开发管理局
DeepL 翻译	中国人民银行征信管理局	Administración del Sistema de Información Crediticia del Banco Popular de China	中国人民银行征信系统管理局
Google 翻译			中国人民银行信用信息系统管理
有道翻译			中国人民银行信用信息系统管理
百度翻译			中国人民银行信贷信息系统管理
DeepL 翻译	数字政府建设管理局	Administración de la Construcción del Gobierno Digital	数字政府建设管埋，数字化政府建设管理，数字政府的建设管理，数字化政府的建设管理
Google 翻译			数字政府建设管理
有道翻译			数字政府建设管埋
百度翻译			数字政府建设管理

如表 6-13 所示，词条的翻译和回译结果基本一致。根据译入语专有名词的使用习惯，以及翻译软件翻译和回译的结果，我们选择采用"管理局

Administración"的翻译模式,并将"……市管理局"译为 Administración Municipal ...,将"……省管理局"译为 Administración Provincial ...。

6.4.12 "规划"的翻译

翻译锚提供了"规划"的英译和释义(见 3.2.41)。

"规划"在翻译软件中的西班牙语翻译和回译结果见表 6-14。

表 6-14 "规划"在翻译软件中的西班牙语翻译和回译结果对比

翻译软件	汉语	西班牙语翻译	回译
DeepL 翻译	规划	Planificación	规划,计划,计划中,计划性
Google 翻译	规划	planificación	规划
有道翻译	规划	planificación	规划
百度翻译	规划	Planificación	规划

表 6-14 中,"规划"的西班牙语翻译和回译具有一致性的结果是 planificación,符合西班牙语的常规用法。另外,我们前面认定了"计划 plan",所以我们采用"规划 planificación"翻译模式。本系统中含关键词"规划"的词条西班牙语翻译和回译结果见表 6-15。

表 6-15 含关键词"规划"的词条西班牙语翻译

汉语	西班牙语翻译
规划论	teoría de la programación
线性规划	programación lineal
整数规划	programación en enteros
多目标规划	programación multiobjetivo
动态规划	programación dinámica
《英国数据能力发展战略规划》	Plan Estratégico del Reino Unido para el Desarrollo de la Capacidad de Datos
《大数据产业发展规划(2016—2020 年)》	Plan de Desarrollo de la Industria de los Macrodatos (2016-2020)
《智能制造发展规划(2016—2020 年)》	Plan de Desarrollo de la Fabricación Inteligente(2016-2020)
《新一代人工智能发展规划》	Plan de Desarrollo de la Inteligencia Artificial de Nueva Generación
《国家中长期人才发展规划纲要(2010—2020 年)》	Esquema del Plan Nacional de Desarrollo de Talentos a Medio y Largo Plazo (2010-2020)
《山西省大数据发展规划(2017—2020 年)》	Plan de Desarrollo de los Macrodatos de la Provincia de Shanxi (2017-2020)
《内蒙古自治区大数据发展总体规划(2017—2020 年)》	Plan General para el Desarrollo de los Macrodatos en la Región Autónoma de Mongolia Interior (2017-2020)

续表

汉语	西班牙语翻译
《内蒙古自治区健康医疗大数据应用发展规划（2016—2020年）》	Plan de Desarrollo para la Aplicación de los Macrodatos en la Salud y la Atención Médica en la Región Autónoma de Mongolia Interior (2016-2020)
《数字浙江建设规划纲要（2003—2007年）》	Esquema de Planificación para la Construcción de Zhejiang Digital (2003-2007)
《杭州城市数据大脑规划》	Planificación del Cerebro de Datos de la Ciudad de Hangzhou
《"数字杭州"发展规划》	Planificación del Desarrollo de "Hangzhou Digital"
《安徽省"十三五"软件和大数据产业发展规划》	Planificación del Desarrollo de la Industria del Software y de los Macrodatos de la Provincia de Anhui en el 13º Plan Quinquenal
《福建省"十三五"数字福建专项规划》	Planificación Especial de "Fujian Digital" de la Provincia de Fujian en el 13º Plan Quinquenal
《厦门市大数据应用与产业发展规划（2015—2020年）》	Planificación para el Desarrollo de la Aplicación y la Industria de los Macrodatos de la Ciudad de Xiamen (2015-2020)
《河南省云计算和大数据"十三五"发展规划》	Planificación del Desarrollo de la Computación en la Nube y los Macrodatos de la Provincia de Henan en el 13º Plan Quinquenal
《湖北省云计算大数据发展"十三五"规划》	Planificación del Desarrollo de la Computación en la Nube y los Macrodatos de la Provincia de Hubei en el 13º Plan Quinquenal
《南宁市大数据建设发展规划（2016—2020）》	Planificación del Desarrollo de la Ciudad de Nanning para la Construcción de Macrodatos (2016-2020)
《成都市大数据产业发展规划（2017—2025年）》	Planificación de la Ciudad de Chengdu para la Promover del Desarrollo de la Industria de los Macrodatos (2017-2025)
《贵州省大数据产业发展应用规划纲要（2014—2020年）》	Esquema de Planificación de la Provincia de Guizhou para el Desarrollo y la Aplicación de la Industria de los Macrodatos (2014-2020)
《贵州省数字经济发展规划（2017—2020年）》	Planificación del Desarrollo de la Economía Digital de la Provincia de Guizhou (2017-2020)
《智能贵州发展规划（2017—2020年）》	Planificación del Desarrollo de Guizhou Inteligente (2017-2020)
《新疆维吾尔自治区云计算与大数据产业"十三五"发展专项规划》	Planificación Especial del Desarrollo de la Industria de la Computación en la Nube y los Macrodatos de la Región Autónoma Uigur de Xinjiang en el 13º Plan Quinquenal
【规划与标准】	planificación y normas
《"十三五"国家政务信息化工程建设规划》	Planificación de la Construcción del Proyecto Nacional de Informatización de los Asuntos Gubernamentales en el 13º Plan Quinquenal
《"十三五"国家战略性新兴产业发展规划》	Planificación Nacional del Desarrollo de Industrias Emergentes Estratégicas en 13º Plan Quinquenal

表6-15中"规划"的西班牙语翻译具有以下特点。

（1）本系统中多个与数学理论相关的包含"规划"的词条对应的西班牙语为programación。翻译锚提供了"规划论"的英译和释义（见3.2.41

表 3-35 下面）。在西班牙语网站搜索到的"规划"的对应表达有 teoría de la programación 和 teoría de programación 两个，两者的区别在于前者带定冠词 la，而后者省略了定冠词 la。通过在西班牙语语料库进一步搜索，发现前者出现的频率远远高于后者，因此，我们选择前者 teoría de la programación 作为其对应项。

　　本系统中有以下与数学理论相关的词条，翻译锚提供了其英译和释义（见 3.2.41 表 3-35 下面），我们在西班牙语语料库中搜索到对应的表达并选择妥切的翻译。①对于"线性规划"，我们在西班牙语语料库中搜索到的对应表达是 programación lineal。②对于"整数规划"，在西班牙语语料库中搜索到的对应表达有两个：programación en enteros 和 programación entera。由于前者表达更为精准，而后者容易引起歧义，且前者在西班牙语语料库中出现的频率远高于后者，所以我们选择"整数规划 programación en enteros"。③"多目标规划"在西班牙语语料库中的对应表达是 programación multiobjetivo。④"动态规划"对应的西班牙语是 programación dinámica。

　　上面的"规划论 teoría de la programación""线性规划 programación lineal""整数规划 programación en enteros""多目标规划 programación multiobjetivo""动态规划 programación dinámica"等都形成了约定俗成的翻译模式，且都是有独立释义的词条项，其中的"规划"一词对应的西班牙语为 programación。

　　（2）在专有名词中翻译为 plan。由于"计划""规划"之间，以及 plan、planificación 之间在语义上多有重合，部分专有名词也使用 plan 表达"规划"意义，如"战略规划 plan estratégico""发展规划 plan de desarrollo""'十三五'规划 el 13º plan quinquenal""总体规划 plan general""《英国数据能力发展战略规划》Plan Estratégico del Reino Unido para el Desarrollo de la Capacidad de Datos""《大数据产业发展规划（2016－2020 年）》Plan de Desarrollo de la Industria de los Macrodatos (2016-2020)""《智能制造发展规划（2016－2020 年）》Plan de Desarrollo de la Fabricación Inteligente (2016-2020)""《新一代人工智能发展规划》Plan de Desarrollo de la Inteligencia Artificial de Nueva Generación""《内蒙古自治区大数据发展总体规划（2017－2020 年）》Plan General para el Desarrollo de los Macrodatos en la Región Autónoma de Mongolia Interior (2017-2020)"等。

　　（3）常规情况下，"规划"翻译为 planificación。除了约定俗成的用法和特殊指称之外，系统性翻译采用了"规划 planificación"这一模式。这个模式与前面讨论的"计划 plan"形成了有序的区分和有效的指称，既关注到了同义词的语义交叉部分，也界定了同义词的区别性特征。所以，"规划 planificación"和"计划 plan"两组翻译模式基本固定，我们在后续翻译中可继续使用。

6.4.13 "国家大数据综合试验区"的翻译

"国家大数据综合试验区"是一个专有名词。虽然英语表达 big data 在西班牙语国家专业领域用途很广，但是该词语并未收录进西班牙皇家语言学院西班牙语词典中，因此，我们拟以该模式为基础，加入 big data 的西班牙语对应词 macrodatos，由此生成"国家大数据综合试验区 Zona Piloto Integral Nacional de los Macrodatos"翻译模式。本系统中含关键词"国家大数据综合试验区"的词条西班牙语翻译如表 6-16 所示。

表 6-16　含关键词"国家大数据综合试验区"的词条西班牙语翻译

汉语	西班牙语翻译
京津冀国家大数据综合试验区	Zona Piloto Integral Nacional de los Macrodatos de Beijing, Tianjin y Hebei
内蒙古国家大数据综合试验区	Zona Piloto Integral Nacional de los Macrodatos de la Región Autónoma de Mongolia Interior
沈阳国家大数据综合试验区	Zona Piloto Integral Nacional de los Macrodatos de Shenyang
上海国家大数据综合试验区	Zona Piloto Integral Nacional de los Macrodatos de Shanghái
河南国家大数据综合试验区	Zona Piloto Integral Nacional de los Macrodatos de Henan
珠江三角洲国家大数据综合试验区	Zona Piloto Integral Nacional de los Macrodatos del Delta del Río de Perla
重庆国家大数据综合试验区	Zona Piloto Integral Nacional de los Macrodatos de Chongqing

6.4.14 "计划"的翻译

"计划"在翻译锚中有释义，其西班牙语表达视具体语境而定，例如"《数据价值链战略计划》Plan Estratégico para la Cadena de Valor de los Datos""《美国国家宽带计划》Plan Nacional de Banda Ancha de Estados Unidos""《美国大数据研究和开发计划》Iniciativa de Investigación y Desarrollo de los Macrodatos de los EE.UU.""《网络安全国家行动计划》Plan de Acción Nacional de Ciberseguridad""《联邦大数据研究和发展战略计划》Plan Estratégico Federal de Investigación y Desarrollo de los Macrodatos""《法国机器人发展计划》Plan de Desarrollo de la Robótica en Francia""美国无授权窃听计划 Programa clandestino de vigilancia electrónica de Estados Unidos"等。

本系统中含关键词"计划"的词条西班牙语翻译统计见表 6-17。

表 6-17　含关键词"计划"的词条西班牙语翻译

汉语	西班牙语翻译
全球脉动计划	Iniciativa Pulso Mundial
《数据价值链战略计划》	Plan Estratégico para la Cadena de Valor de los Datos
《美国国家宽带计划》	Plan Nacional de Banda Ancha de Estados Unidos
《美国大数据研究和开发计划》	Iniciativa de Investigación y Desarrollo de los Macrodatos de los EE.UU.
《美国开放数据行动计划》	Plan de Acción de Datos Abiertos de Estados Unidos
《网络安全国家行动计划》	Plan de Acción Nacional de Ciberseguridad
《联邦大数据研究和发展战略计划》	Plan Estratégico Federal de Investigación y Desarrollo de los Macrodatos
《国家人工智能研究与发展战略计划》	Plan Estratégico Nacional de Investigación y Desarrollo de la Inteligencia Artificial
《云计算行动计划》	Programa de Acción de Computación en la Nube
《法国机器人发展计划》	Plan de Desarrollo de la Robótica en Francia
《法国大数据五项支持计划》	Cinco Programas de Apoyo para los Macrodatos en Francia
"未来工业"计划	Programa "Industria del Futuro"
"智慧首尔 2015"计划	Plan "Seúl Inteligente 2015"
《气象大数据行动计划（2017—2020 年）》	Plan de Acción de los Macrodatos Metereológicos (2017-2020)
《云计算发展三年行动计划（2017—2019 年）》	Plan de Acción Trienal para el Desarrollo de la Computación en la Nube (2017-2019)
《工业互联网发展行动计划（2018—2020 年）》	Plan de Acción para el Desarrollo de la Internet Industrial (2018-2020)
《北京市大数据和云计算发展行动计划（2016—2020 年）》	Plan de Acción de la Ciudad de Beijing para el Desarrollo de los Macrodatos y la Computación en la Nube (2016-2020)
《河北省大数据产业创新发展三年行动计划（2018—2020 年）》	Plan de Acción Trienal de la Provincia de Hebei para la Innovación y el Desarrollo de la Industria de los Macrodatos (2018-2020)
《内蒙古自治区大数据与产业深度融合行动计划（2018—2020 年）》	Plan de Acción para la Integración Profunda de los Macrodatos y la Industria en la Región Autónoma de Mongolia Interior (2018-2020)
《沈阳市促进大数据发展三年行动计划（2016—2018 年）》	Plan de Acción Trienal para la Promoción del Desarrollo de los Macrodatos en la Ciudad de Shenyang (2016-2018)
《上海推进大数据研究与发展三年行动计划（2013—2015 年）》	Plan de Acción Trienal para la Promoción de la Investigación y el Desarrollo de los Macrodatos en Shanghái (2013-2015)
《江苏省大数据发展行动计划》	Plan de Acción de la Provincia de Jiangsu para el Desarrollo de los Macrodatos
《江苏省云计算与大数据发展行动计划》	Plan de Acción de la Provincia de Jiangsu para el Desarrollo de la Computación en la Nube　y los Macrodatos
《南京市促进大数据发展三年行动计划（2016—2018 年）》	Plan de Acción Trienal de la Ciudad de Nanjing para la Promoción del Desarrollo de los Macrodatos (2016-2018)
《浙江省促进大数据发展实施计划》	Plan de Implementación de la Provincia de Zhejiang para la Promoción del Desarrollo de los Macrodatos

续表

汉语	西班牙语翻译
《杭州市建设全国云计算和大数据产业中心三年行动计划（2015—2017 年）》	Plan de Acción Trienal de la ciudad de Hangzhou para la Construcción de un Centro Nacional de la Industria de la Computación en la Nube y los Macrodatos (2015-2017)
《江西省大数据发展行动计划》	Plan de Acción de la Provincia de Jiangxi para el Desarrollo de los Macrodatos
《济南市数创公社 2020 发展行动计划》	Plan de Acción de la Ciudad de Jinan para el Desarrollo de la Comuna de Innovación de los Macrodatos en 2020
《河南省大数据产业发展三年行动计划（2018—2020 年）》	Plan de Acción Trienal de la Provincia de Henan para la Promoción del Desarrollo de la Industria de los Macrodatos (2018-2020)
《郑州市促进大数据发展行动计划》	Plan de Acción de la Ciudad de Zhenzhou para la Promoción del Desarrollo de los Macrodatos
《湖北省大数据发展行动计划（2016—2020 年）》	Plan de Acción de la Provincia de Hubei para el Desarrollo de los Macrodatos (2016-2020)
《武汉市大数据产业发展行动计划（2014—2018 年）》	Plan de Acción de la Ciudad de Wuhan para el Desarrollo de la Industria de los Macrodatos (2014-2018)
《长沙市加快发展大数据产业（2017—2020 年）行动计划》	Plan de Acción de la Ciudad de Chansha para la Aceleración del Desarrollo de la Industria de los Macrodatos (2017-2020)
《广东省促进大数据发展行动计划（2016—2020 年）》	Plan de Acción de la Provincia de Guangdong para la Promoción del Desarrollo de los Macrodatos (2016-2020)
《深圳市促进大数据发展行动计划（2016—2018 年）》	Plan de Acción de la Ciudad de Shenzhen para la Promoción del Desarrollo de los Macrodatos (2016-2018)
《重庆市大数据行动计划》	Plan de Acción de los Macrodatos de la Ciudad de Chongqing
《贵州大数据＋产业深度融合 2017 年行动计划》	Plan de Acción de Guizhou para la Integración Profunda de los Macrodatos y la Industria en 2017
《贵阳大数据产业行动计划》	Plan de Acción de Guiyang para la Industria de los Macrodatos
《甘肃省促进大数据发展三年行动计划（2017—2019 年）》	Plan de Acción Trienal de la Provincia de Gansu para la Promoción del Desarrollo de los Macrodatos (2017-2019)
老年人连通计划	Plan de conectividad para la tercera edad
教育与培训 2010 计划	Programa de Educación y Formación 2010
"智信城市"计划	Plan de "Ciudad Inteligente y confiable"
广州 IAB 计划	Plan IAB de Guangzhou (Tecnología de la Información, Inteligencia Artificial, Farmacia Biológica)
美国无授权窃听计划	Programa clandestino de vigilancia electrónica de Estados Unidos
《跨境隐私执行计划》	Acuerdo de Aplicación Transfronterizo de Privacidad del CPEA
《数据科学：拓展统计学的技术领域的行动计划》	Ciencia de datos: un plan de acción para expandir las áreas técnicas del campo de la estadística

本系统中"计划"的西班牙语翻译模式（结合表 6-17）主要分为如下几种情况。

（1）"计划"翻译为plan。绝大多数情况下，不管是专有名词还是其他名词，通常都接受"计划 plan"的汉西搭配模式。特别是"行动计划"和"战略计划"，搜索到的常用西班牙语对应表达分别是plan de acción 和 plan estratégico。

（2）省略"计划"字样，采用隐含意义模式。这种情况多出现在专有名词翻译中，属于英语原有表达译入国内的情况，英译汉时添加了"计划"这个词。因此，我们按照英语词条的原文内容将其翻译为西班牙语，例如"全球脉动计划(*Global Pulse) iniciativa Pulso Mundial"。

（3）"计划"翻译为acuerdo。从字面意思来看，名词acuerdo的意思是"协议、决议、契约"，与"计划"并不形成对等。但是，考虑到汉语词条《跨境隐私执行计划》"是无法更改的选项，而我们找到已存在的西班牙语翻译是Acuerdo de Aplicación Transfronterizo de Privacidad del CPEA，所以出现了将acuerdo翻译为"计划"这种词义不对等的情况，我们尊重原译，不作修改。

（4）"计划"翻译为iniciativa。英语专有名词"*(U.S.) Big Data Research and Development Initiative"译为汉语时，形成了译文"《美国大数据研究和开发计划》"。该词条中"计划"的西班牙语对应表达可以是 programa 或 iniciativa，我们搜索到的西班牙语翻译也有不同的表达，我们选择更为本土化的"Iniciativa de Investigación y Desarrollo de los Macrodatos de los EE.UU."这一译法。

（5）"计划"翻译为programa。名词programa有"计划""方案""计划表"等意义，部分西班牙语词条原有表达采用这个词表示"计划"。这种翻译也出现在专有名词中。例如，词条《云计算行动计划》（Cloud Computing Action Programme）"在西班牙语网站搜索到的对应西班牙语翻译有Programa de Acción de Computación en la Nube 和 Programa en Cloud Computin，我们选择了第一种更为本土化的译法。

（6）我们在区分"计划 plan"和"计划、方案 programa"时，注意到plan指基本政治指导方针的一般决定，表示如何采取某种行动，更多用于"行动计划"；而programa则多用于"实施方案"，指的是在一组具有相似性质的相关或协调项目中一系列有组织、协调一致的活动、服务或流程。因此，在一些词条中，我们采用programa替代plan来翻译"方案"。此类汉西对应性翻译包括"《法国大数据五项支持计划》Cinco Programas de Apoyo para los Macrodatos en Francia""《法国机器人发展计划》Plan de Desarrollo de la Robótica en Francia""教育与培训2010计划Programa de Educación y Formación 2010"等。

6.4.15 "联盟"的翻译

"联盟"在西班牙语中对应项比较多,包括 alianza、unión、federación、coalición、consorcio、liga 等。翻译软件对"联盟"的处理见表 6-18。

表 6-18 "联盟"在翻译软件中的西班牙语翻译和回译结果对比

翻译软件	汉语	西班牙语翻译	回译
DeepL 翻译	联盟	Alianza	联盟,联盟简介,联盟的
Google 翻译	联盟	coalición	联盟
有道翻译	联盟	La unión	联盟
百度翻译	联盟	Alianza	联盟

表 6-18 翻译软件对"联盟"的西班牙语翻译和回译结果显示,翻译软件提供的翻译有 alianza/coalición/unión。我们可以进一步参照本系统中"联盟"的翻译,尤其是参照专有名词的翻译模式,来选定更为贴切的表达。

根据同场同模式原则,我们需要分析本系统中含关键词"联盟"的词条的西班牙语翻译(表 6-19),并最终选定合适的翻译项。

表 6-19 含关键词"联盟"的词条西班牙语翻译

汉语	西班牙语翻译
联盟链	Cadena de bloques del consorcio
【联盟与协会】	Alianzas y asociaciones
数字中国智库联盟	Alianza de Think Tank de China Digital
中国 IT 技术联盟	Alianza de Tecnología de la Información de China
数据中心联盟	Alianza del Centro de Datos (DCA)
中国大数据技术与应用联盟	Alianza de Tecnología y Aplicación de los Macrodatos de China (BDTAA)
中国企业大数据联盟	Unión de Macrodatos de China (BDU)
工业大数据应用联盟	Alianza de Macrodatos Industriales
国家大数据创新联盟	Alianza Nacional para la Innovación en Macrodatos
首席数据官联盟	Alianza de Directores de Datos (CDOA)
中国大数据产业生态联盟	Alianza Ecológica de la Industria de los Macrodatos de China
中国大数据应用(西北)联盟	Alianza para la Aplicación de los Macrodatos (del Noroeste) de China
中关村大数据产业联盟	Alianza de la Industria de los Macrodatos de Zhongguancun
天津市大数据联盟	Alianza de los Macrodatos de la Ciudad de Tianjin
石家庄大数据产业联盟	Alianza de la Industria de los Macrodatos de Shijiazhuang
中国信息化推进联盟	Federación China de Promoción de la Tecnología de la Información (CFIP)
山西省大数据发展联盟	Alianza para el Desarrollo de los Macrodatos de la Provincia de Shanxi

续表

汉语	西班牙语翻译
中国信息化推进联盟	Federación China de Promoción de la Tecnología de la Información (CFIP)
东北大数据产业联盟	Alianza de la Industria de los Macrodatos de DongBei
黑龙江省大数据产业联盟	Alianza de la Industria de los Macrodatos de la Provincia de Heilongjiang
上海大数据联盟	Alianza de los Macrodatos de Shanghái
苏州大数据产业联盟	Alianza de la Industria de los Macrodatos de Suzhou
浙江省大数据应用技术产业联盟	Alianza de la Industrial de Tecnogía de Aplicación de los Macrodatos de la Provincia de Zhejiang
安徽省大数据产业联盟	Alianza de la Industria de los Macrodatos de la Provincia de Anhui
山东大数据产业创新联盟	Alianza para la Innovación en la Industria de los Macrodatos de Shandong
河南云计算大数据产业联盟	Alianza de la Industria de la Computación en la Nube y los Macrodatos de Henan
广州大数据产业协同创新联盟	Alianza para la Innovación Colaborativa en la Industria de los Macrodatos de Guangzhou
重庆大数据产业技术创新联盟	Alianza para la Innovación Tecnológica en la Industria de los Macrodatos de Chongqing
四川大数据产业联盟	Alianza de la Industria de los Macrodatos de Sichuan
贵州大数据产业联盟	Alianza de la Industria de los Macrodatos de Guizhou
昆明大数据产业联盟	Alianza de la Industria de los Macrodatos de Kunming
中国光谷大数据产业联盟	Alianza de la Industria de los Macrodatos del Valle Óptico de China
陕西省大数据产业联盟	Alianza de la Industria de los Macrodatos de la Provincia de Shaanxi
甘肃省大数据产业技术创新联盟	Alianza para la Innovación Tecnológica en la Industria de los Macrodatos de la Provincia de Gansu
信用证区块链联盟	alianza de la cadena de bloques para cartas de crédito

"联盟"一词西班牙语翻译的分析结果（结合表6-19）如下。

（1）绝大多数含"联盟"的词条（特别是多数约定俗成的专有名词）西班牙语翻译均为alianza。这说明在本系统中"联盟alianza"翻译模式是符合西班牙语认知和语义特征的。

（2）"联盟"翻译为unión或federación。对于译入语约定俗成的词汇搭配和语言习惯，不采用"联盟alianza"的翻译模式，例如"中国企业大数据联盟Unión de Macrodatos de China (BDU)""中国信息化推进联盟Federación China de Promoción de la Tecnología de la Información (CFIP)"。

（3）"联盟"的翻译有时采用其喻义consorcio。例如，"联盟链Cadena de bloques del consorcio"是"联盟区块链"的简称。在区块链中，这种"联盟"是一种比喻，不同于常规的"联盟"，为避免对该指称意义把握不准确导致误译，我们参考了本系统的英语翻译"联盟链 consortium blockchain"，并在西班牙语语料库中找到其对应词条 Cadena de bloques del consorcio。

6.4.16 "平台"的翻译

《新汉西词典》和翻译软件对"平台"的翻译项较为一致，"平台"在四个翻译软件中的西班牙语翻译和回译结果见表 6-20。

表 6-20 "平台"在翻译软件中的西班牙语翻译和回译结果对比

翻译软件	汉语	西班牙语翻译	回译
DeepL 翻译	平台	Plataforma	平台，平台简介，平台介绍，平台上
Google 翻译	平台	plataforma	平台
有道翻译	平台	La plataforma	平台
百度翻译	平台	Plataforma	平台

由表 6-20 可以看出，忽略大小写和定冠词，翻译项一致为 plataforma，我们接受"平台 plataforma"的翻译模式。本系统中含关键词"平台"的词条西班牙语翻译统计见表 6-21。

表 6-21 含关键词"平台"的词条西班牙语翻译

汉语	西班牙语翻译
互联网平台	Plataforma de internet
"IBM Q" 量子计算平台	Plataforma de computación cuántica "IBM Q"
国家互联网大数据平台	Plataforma nacional de macrodatos en internet
智慧城市时空信息云平台建设试点	Proyecto piloto de construcción de la plataforma de nube de información de tiempo y espacio de la ciudad inteligente
《脱贫攻坚大数据平台建设实施方案》（广西）	Programa de Aplicación para la Construcción e Implementación de la Plataforma de los Macrodatos para el Alivio de la Pobreza (Guangxi)
《关于加快大数据、云平台建设促进信息产业发展的实施方案》	Programa de Implementación sobre Cómo Acelerar la Construcción de los Macrodatos y la Plataforma en la Nube para Promover el Desarrollo de la Industria de la Información
一体化政务数据平台	plataforma integrada de datos deasuntos gubernamentales
公共应用服务平台	Plataforma de servicio de aplicación pública
数据开放统一平台	plataforma unificada de datos abiertos
开放平台	Plataforma abierta
国家政府数据统一开放平台	plataforma nacional abierta unificada de datos gubernamentales
哈尔滨市政府数据开放平台	Plataforma abierta de datos del gobierno municipal de Harbin
海曙区数据开放平台（宁波）	Plataforma abierta de datos del distrito Haishu (Ningbo)

续表

汉语	西班牙语翻译
长沙数据开放平台	Plataforma abierta de datos de Changsha
广州市政府数据统一开放平台	Plataforma abierta unificada de datos del gobierno municipal de Guangzhou
佛山市数据开放平台	Plataforma abierta de datos de Foshan
深圳市政府数据开放平台	Plataforma abierta de datos del gobierno municipal de Shenzhen
深圳坪山区数据开放平台	Plataforma abierta de datos del distrito Pingshan de Shenzhen
肇庆市政府数据开放平台	plataforma abierta de datos del gobierno municipal de Zhaoqing
梅州政府数据开放平台	plataforma abierta de datos del gobierno municipal de Meizhou
贵州省政府数据开放平台	plataforma abierta de datos del gobierno provincial de Guizhou
贵阳市政府数据开放平台	plataforma abierta de datos del gobierno municipal de Guiyang
"云上贵州"系统平台	plataforma del sistema "Guizhou en la Nube"
【交流平台】	plataforma de comunicación
Chukwa 数据收集平台	plataforma de recopilación de datos Chukwa
政府数据开放平台	plataforma de datos abiertos del gobierno
欧盟隐私权管理平台	plataforma de gestión de privacidad de la Unión Europea (PMP)
平台经济	economía de plataformas
北京大数据交易服务平台	plataforma de servicios de comercio de macrodatos de Beijing
武汉东湖大数据交易平台	plataforma de comercio de macrodatos del lago este de Wuhan
成都大数据交易平台	plataforma de comercio de macrodatos de Chengdu
电子商务平台	plataforma de comercio electrónico
电子世界贸易平台	plataforma de comercio electrónico mundial (e-wtp)
互联网金融平台	plataforma financiación de internet
【众筹平台集资模式】	modelo de recaudación de fondos de las plataformas de micromecenazgo
【众筹平台运作模式】	modo de funcionamiento de las plataformas de micromecenazgo
【供应链金融平台模式】	modelo de plataforma de financiación de la cadena de suministro
【第三方支付商业平台】	plataforma de pago comercial de terceros
建行"善融商务"电子商务金融服务平台	plataforma de servicios financieros de comercio electrónico "buen negocio financiero" del banco de construcción de china
泰康人寿保险电商平台	plataforma de comercio electrónico de taikang life insurance (compañía de seguros de vida)
第三方资讯平台	plataforma de información de terceros
垂直搜索平台	plataforma de búsqueda vertical
金融风险监控平台	plataforma de seguimiento de riesgos financieros
第三方信用信息共享平台	plataforma de intercambio de información crediticia de terceros

续表

汉语	西班牙语翻译
公共信用信息服务平台	plataforma de servicio de información de crédito público
互联网大数据征信平台	plataforma de referencia de crédito de macrodatos de internet
小额信贷行业信用信息共享服务平台	Plataforma de servicios de intercambio de información crediticia de la industria del microcrédito
中国银行征信中心个人信用信息服务平台	Plataforma de servicios del Centro de Referencia de Crédito del Banco de China para información de crédito personal
信用城市大数据平台	plataforma de macrodatos de la ciudad del crédito
信用信息共享交换平台	plataforma para compartir e intercambiar información crediticia
项目并联审批平台	proyecto de plataforma de examen y aprobación de la conexión paralela
公共资产负债管理智能云平台	plataforma de nube inteligente de gestión de activos y pasivos públicos
政务服务平台电子监察系统	Sistema de supervisión electrónica de la plataforma de servicios de los asuntos gubernamentales
人民法院大数据管理和服务平台	plataforma de servicio y gestión de los macrodatos del Tribunal Popular
综合交通出行大数据开放云平台	plataforma de la nube abierta de macrodatos de los viajes de transporte integral
教育云平台	plataforma de educación en la nube
国家智慧旅游公共服务平台	plataforma nacional de servicio público de turismo inteligente
北京市公共服务一卡通平台	Plataforma de la Tarjeta de Servicios Sociales de la Ciudad de Beijing
厦门市民卡虚拟卡平台	plataforma de tarjeta virtual para ciudadano de Xiamen
《教育部科技基础资源数据平台建设管理办法》	Medidas Administrativas del Ministerio de Educación para la Construcción de una Plataforma de Datos de Recursos Básicos de Ciencia y Tecnología

表 6-21 中的词条均将"平台"翻译为 plataforma，这个结果与前面分析的翻译软件结果是吻合的，我们根据译入语的使用习惯选择使用单数或是复数。综上，我们采用"平台 plataforma"这一翻译模式。

6.4.17 "权"的翻译

在《新汉西词典》中，含字"权"的汉语词语如"授权""霸权""权术""权威"等对应的西班牙语分别是 autorización、hegemonía、estratagema、autoridad 等。

本系统中"权"有词汇化和非词汇化两种翻译模式。首先，系统中有很多具有词汇化特征的翻译项，也就是说，"权"的固定词汇含义包罗万象，有权利、权力、权威、加权、霸权、主权、股权、债权、制定权、所有权、授权、侵权等，例如"加权平均法 Método de promedio ponderado""量子霸权 Hegemonía cuántica""数据主权（法律）(ley de) soberanía de los datos""国家数据主权 Soberanía nacional de los datos""主权区块链 Cadena de bloques soberana""主权数字政府 Gobierno digital soberano""主权数字货币 Moneda digital soberana""《权力的终结》*El fin del poder*""数据确权 Validación de datos""开放授权 Autorización Abierta (OAuth)""欧盟隐私权管理平台 Plataforma de gestión de privacidad de la Unión Europea (PMP)""主权货币 Moneda soberana""超主权货币 Moneda super soberana""股权众筹 Micromecenazgo de equidad""债权众筹 Micromecenazgo de préstamo""网络主权 Soberanía de la red""领网权 Soberanía territorial del ciberespacio""域名主权 Soberanía de los nombres de dominio""规则制定权 Autoridad para elaborar normas""美国无授权窃听计划 Programa clandestino de vigilancia electrónica de Estados Unidos""数据侵权 Infracción de datos""数据所有权制度 Sistema de propiedad de los datos"等。

其次，对于尚未实现词汇化进程的"权"，在处理中需要翻译为"权利 derecho"。对于 derecho/derechos 单复数的选定，我们通过概率统计，多数专有名词使用复数，所以我们也采用复数形式，例如"数权共享 Compartición de derechos de datos""数据版权管理 Gestión de Derechos Digitales(GDD)""【数权法】Ley de Derechos de Datos""数权 derechos de datos""数权主体 Sujeto de los derechos de datos""数权客体 objeto de derechos de datos""数据共享权 derechos de intercambio de datos""数权法定制度 sistema legal de los derechos de datos""应然权利 derechos idealistas""实然权利 derechos reales""法定权利 derechos legales""用益数权制度 sistema de usufructo de los derechos de datos""主权利 derechos principales""从权利 derechos secundarios""公益数权制度 sistema de derechos de datos de interés público""数权法 Ley de derechos de datos""中国的数据权益保护 protección de los derechos e intereses de los datos en China""《数字千年著作权法》Ley de Derechos de Autor del Milenio Digital (DMCA)"等。

本系统中含关键词"权"的词条西班牙语翻译见表 6-22。

表 6-22　含关键词"权"的词条西班牙语翻译

汉语	西班牙语翻译	汉语	西班牙语翻译
加权平均法	método de promedio ponderado	数权主体	sujeto de los derechos de datos
量子霸权	hegemonía cuántica	数权客体	objeto de derechos de datos
数据权	derecho a los datos	数据主权（法律）	(ley de) soberanía de los datos

续表

汉语	西班牙语翻译	汉语	西班牙语翻译
数权共享	compartición de derechos de datos	数据共享权	derechos de intercambio de datos
国家数据主权	soberanía nacional de los datos	数据财产权	derecho a la propiedad de datos
主权区块链	cadena de bloques soberana	数据知情权	derecho a conocer los datos
主权数字政府	gobierno digital soberano	数据采集权	derechos de recopilación de datos
主权数字货币	moneda digital soberana	数据使用权	derecho de uso de datos
《权力的终结》	*El fin del poder*	数据修改权	derecho de rectificación de datos
开放授权	Autorización Abierta (OAuth)	数据被遗忘权	derecho al olvido de datos
欧盟隐私权管理平台	Plataforma de Gestión de Privacidad de la Unión Europea (PMP)	删除权	derecho de supresión de datos
数据确权	Validación de datos	数权制度	sistema de derechos de datos
《贵阳大数据交易所数据确权暂行管理办法》	Medidas Administrativas Provisionales para la Confirmación de Derechos de Datos en la Bolsa de Macrodatos de Guiyang	数权法定制度	sistema legal de los derechos de datos
主权货币	moneda soberana	应然权利	derechos idealistas
超主权货币	Moneda super soberana	实然权利	derechos reales
股权众筹	micromecenazgo de equidad	法定权利	derechos legales
债权众筹	micromecenazgo de préstamo	数据所有权制度	sistema de propiedad de los datos
网络主权	soberanía de la red	用益数权制度	sistema de usufructo de los derechos de datos
领网权	soberanía territorial del ciberespacio	主权利	derechos principales
域名主权	soberanía de los nombres de dominio	从权利	derechos secundarios
规则制定权	autoridad para elaborar normas	公益数权制度	sistema de derechos de datos de interés público
美国无授权窃听计划	Programa clandestino de vigilancia electrónica de Estados Unidos	【数权法】	ley de derechos de datos
数据侵权	Infracción de datos	授权	autorización
数据版权管理	Gestión de Derechos Digitales(GDD)	【中国的数据权益保护】	protección de los derechos e intereses de los datos en China
账号权限管理及审批制度	sistema de gestión y aprobación de la autoridad de cuentas	《信息网络传播权保护条例》	Reglamento sobre la Protección de los Derechos de la Comunicación a través de la Red de Información
数据主权（政治）	soberanía de los datos (política)	【国外的数据权益保护】	protección de los derechos e intereses de los datos en el extranjero
数据霸权主义	hegemonía de los datos	《金融隐私权法》	Ley de Derecho a la Privacidad Financiera

续表

汉语	西班牙语翻译	汉语	西班牙语翻译
数字主权	soberanía digital	《隐私权保护法》	Ley de Protección de la Privacidad
跨境流通数据资讯隐私权保护自律模式	Modo de autorregulación para la protección de la privacidad de datos en la circulación transfronteriza	《消费者隐私权法案》	Proyecto de Ley de Privacidad del Consumidor
数权法	Ley de Derechos de Datos	《数字千年著作权法》	Ley de Derechos de Autor del Milenio Digital (DMCA)
数权	derechos de datos	【国际组织的数据权益保护】	Protección de los derechos e intereses de los datos de las organizaciones internacionales

"权"的西班牙语翻译（结合表6-22）分析如下。

（1）derecho/derechos 在已约定俗成的专有名词中使用单数形式，我们尊重原译，不变更为复数，例如"数据权 derecho a los datos""数据知情权 derecho a conocer los datos""数据采集权 derechos de recopilación de datos""数据使用权 derecho de uso de datos""数据修改权 derecho de rectificación de datos""数据被遗忘权 derecho al olvido de datos""删除权 derecho de supresión de datos""《金融隐私权法》Ley de Derecho a la Privacidad Financiera"。

（2）已经词汇化的"权"已经发生了语义变化，不翻译为 derecho，例如"主权 soberanía""霸权主义 hegemonía""授权 autorización""侵权 infracción"等。

（3）"隐私权"一词通常译为 derecho a la privacidad，例如"《金融隐私权法》Ley de Derecho a la Privacidad Financiera"；然而，鉴于西班牙语约定俗成的使用习惯，部分词条对应的西班牙语省略了"权 derecho/derechos"字样，采用隐含意义模式，例如"《隐私权保护法》Ley de Protección de la Privacidad""跨境流通数据资讯隐私权保护自律模式 Modo de autorregulación para la protección de la privacidad de datos en la circulación transfronteriza"。

6.4.18 "……省人民政府"的翻译

关键词"省人民政府"的翻译模式需要先行确定。我们在前面讨论并确定了"……市人民政府 Gobierno Popular Municipal de ..."和"……市政府 Gobierno Municipal de ..."翻译模式。在翻译"……省人民政府"词条时，我们也需要先行确定翻译模式。以"山东省人民政府"为例，翻译软件处理结果如表 6-23 所示。

表 6-23 "山东省人民政府"在翻译软件中的西班牙语翻译和回译结果对比

翻译软件	汉语	西班牙语翻译	回译
DeepL 翻译	山东省人民政府	Gobierno Popular Provincial de Shandong	山东省人民政府
Google 翻译	山东省人民政府	Gobierno Popular de la Provincia de Shandong	山东省人民政府
有道翻译	山东省人民政府	Gobierno del pueblo de shandong	山东人民政府
百度翻译	山东省人民政府	Gobierno Popular de la provincia de Shandong	山东省人民政府

"山东省人民政府"的西班牙语翻译和回译指向性比较明显，可翻译为 Gobierno Popular de la provincia de Shandong 或 Gobierno Popular Provincial de Shandong，为了保持一致性，我们选择后者作为统一翻译模式，另外，由于是专有名词，应采用首字母大写形式。

本系统中"……省人民政府"词条共有三项："《山东省人民政府关于促进大数据发展的意见》Opiniones del Gobierno Popular Provincial de Shandong sobre la Promoción del Desarrollo de los Macrodatos""《河南省人民政府关于推进云计算大数据开放合作的指导意见》Opiniones Orientadoras del Gobierno Popular Provincial de Henan sobre la Promoción de Cooperación Abierta en la Computación en la Nube y los Macrodatos""《云南省人民政府办公厅关于重点行业和领域大数据开放开发工作的指导意见》Opiniones Orientadoras de la Oficina General del Gobierno Popular de la Provincia de Yunnan sobre la Apertura y el Desarrollo de los Macrodatos en Industrias y Áreas Clave"。

所以，本系统采用"……省人民政府 Gobierno Popular Provincial de ..."翻译模式。

6.4.19 "……省政府"的翻译

涉及"省"的翻译在不同的词条中也有不同的模式。例如，"……省""……省政府""……省人民政府"都包含"省"这个关键词，但这三种情况都有既定的翻译模式，并不采用同一表达。我们以"山东省政府"为例（相关统计见表 6-24）。

表 6-24 "山东省政府"在翻译软件中的西班牙语翻译和回译结果对比

翻译软件	汉语	西班牙语翻译	回译
DeepL 翻译	山东省政府	Gobierno Provincial de Shandong	山东省政府；山东省人民政府；山东省委省政府
Google 翻译	山东省政府	Gobierno provincial de Shandong	山东省政府
有道翻译	山东省政府	Gobierno provincial de Shandong	山东省政府
百度翻译	山东省政府	Gobierno provincial de Shandong	山东省政府

在表 6-24 的西班牙语翻译和回译中,"……省政府"较为一致地翻译为 gobierno provincial de ...。这种情况与"……市人民政府 Gobierno Popular Municipal de ..."和"……市政府 gobierno municipal de ..."的区别是一致的。我们可以看出,"……省人民政府 Gobierno Popular Provincial de ..."、"……省政府 gobierno provincial de ..."和"……省 provincia de ..."的表达和大小写都有所不同。

前面我们系统性地区分了以下翻译:①"……省政府 gobierno provincial de ...""……市政府 gobierno municipal de ...";②"……省人民政府 Gobierno Popular Provincial de ...""……市人民政府 Gobierno Popular Municipal de ...";③"……省 provincia de ...""……市 ciudad de ..."。这种区分让我们的关键词翻译有了相应的模式可以参考,体现了"同场同模式"的翻译原则。

6.4.20 "实施意见"的翻译

《新汉西词典》没有提供"实施意见"的翻译项。我们需要从翻译软件和本系统专有名词的用词中找寻"实施意见"的西班牙语翻译(相关统计见表 6-25)。

表 6-25 "实施意见"在翻译软件中的西班牙语翻译和回译结果对比

翻译软件	汉语	西班牙语翻译	回译
DeepL 翻译	实施意见	Consejos de aplicación	应用提示,申请提示,应用技巧,应用建议
Google 翻译	实施意见	Dictámenes de aplicación	施行之
有道翻译	实施意见	Implementación de comentarios	注释的实现
百度翻译	实施意见	Observaciones sobre la aplicación	对执行情况的评论

结合表 6-25 中"实施意见"的翻译和西班牙语的常规用法,我们确定"实施意见"的翻译模式。本系统中含关键词"实施意见"的词条西班牙语翻译见表 6-26。

表 6-26　含关键词"实施意见"的词条西班牙语翻译

汉语	西班牙语翻译
《关于促进国土资源大数据应用发展的实施意见》	Opiniones de Implementación sobre la Promoción de la Aplicación y el Desarrollo de los Macrodatos en los Recursos Terrestres
《农业部关于推进农业农村大数据发展的实施意见》	Opiniones de Implementación del Ministerio de Agricultura sobre la Promoción del Desarrollo de los Macrodatos en la Agricultura y en las Zonas Rurales
《石家庄市人民政府关于推进大数据发展的实施意见》	Opiniones de Implementación del Gobierno Popular Municipal de Shijiazhuang sobre la Promoción del Desarrollo de los Macrodatos
《上海市大数据发展实施意见》	Opiniones de Implementación sobre el Desarrollo de los Macrodatos en la Ciudad de Shanghái
《宁波市人民政府关于推进大数据发展的实施意见》	Opiniones de Implementación del Gobierno Popular Municipal de Ningbo sobre la Promoción del Desarrollo de los Macrodatos
《青岛市人民政府关于促进大数据发展的实施意见》	Opiniones de Implementación del Gobierno Popular Municipal de Qingdao sobre la Promoción del Desarrollo de los Macrodatos
《广州市人民政府办公厅关于促进大数据发展的实施意见》	Opiniones de Implementación de la Oficina General del Gobierno Popular Municipal de Guangzhou sobre la Promoción del Desarrollo de los Macrodatos
《泸州市人民政府关于加快大数据产业发展的实施意见》	Opiniones de Implementación del Gobierno Popular Municipal de Luzhou para la Aceleración del Desarrollo de la Industria de los Macrodatos
《关于加快发展大数据产业的实施意见》（贵阳）	Opiniones de Implementación sobre la Aceleración del Desarrollo de la Industria de los Macrodatos (Guiyang)
《中共贵阳市委 贵阳市人民政府关于加快建成"中国数谷"的实施意见》	Opiniones de Implementación del Comité Municipal de Guiyang del Partido Comunista de China y del Gobierno Popular Municipal de Guiyang sobre la Aceleración de la Construcción del "Valle de los Datos de China"
《兰州市人民政府关于促进大数据发展的实施意见》	Opiniones de Implementación del Gobierno Popular Municipal de Lanzhou sobre la Promoción del Desarrollo de los Macrodatos
《关于促进云计算发展培育大数据产业实施意见》（青海）	Opiniones de Implementación sobre la Promoción del Desarrollo de la Computación en la Nube y el Fomento de la Industria de los Macrodatos (Qinghai)

6.4.21　"……市人民政府"的翻译

本系统中存在大量的"……市人民政府"的词条，例如"青岛市人民政府""石家庄市人民政府""宁波市人民政府"等，"……市人民政府"对应的西班牙语可以是 Gobierno Popular Municipal de …或者 Gobierno Popular de la Ciudad de …。为保证系统翻译的一致性，我们需要对这种模式进行设定，避免出现相同表达翻译结果却不一致的情况。我们先来对比一下翻译软件中"青岛市人民政府"的西班牙语翻译和回译情况（表 6-27）。

表 6-27 "青岛市人民政府"在翻译软件中的西班牙语翻译和回译结果对比

翻译软件	汉语	西班牙语翻译	回译
DeepL 翻译	青岛市人民政府	Gobierno Popular Municipal de Qingdao	青岛市人民政府，青岛市政府，青岛市人民代表大会常务委员会，青岛市人民代表大会
Google 翻译	青岛市人民政府	Gobierno Popular Municipal de Qingdao	青岛市人民政府
有道翻译	青岛市人民政府	Gobierno popular de qingdao	青岛人民政府
百度翻译	青岛市人民政府	Gobierno Popular Municipal de Qingdao	青岛市人民政府

从表 6-27 中可以看出，"青岛市人民政府"的翻译对应的是 Gobierno Popular Municipal de Qingdao，而有道翻译省略了 municipal（城市的，市政的），导致译文语义不完整。由于该词条是专有名词，首字母均需大写。从这个翻译可以看出，"青岛市"和"青岛市人民政府"虽然都有"市"这个关键词，但由于语境不同，使用的西班牙语词汇也不同。本系统中"……市人民政府"的词条西班牙语翻译统计见表 6-28。

表 6-28 "……市人民政府"的词条西班牙语翻译

汉语	西班牙语翻译
《石家庄市人民政府关于推进大数据发展的实施意见》	Opiniones de Implementación del Gobierno Popular Municipal de Shijiazhuang sobre la Promoción del Desarrollo de los Macrodatos
《宁波市人民政府关于推进大数据发展的实施意见》	Opiniones de Implementación del Gobierno Popular Municipal de Ningbo sobre la Promoción del Desarrollo de los Macrodatos
《青岛市人民政府关于促进大数据发展的实施意见》	Opiniones de Implementación del Gobierno Popular Municipal de Qingdao sobre la Promoción del Desarrollo de los Macrodatos
《郑州市人民政府关于促进大数据产业发展的若干意见》	Varias Opiniones del Gobierno Popular Municipal de Zhengzhou sobre la Promoción del Desarrollo de la Industria de los Macrodatos
《武汉市人民政府关于加快大数据推广应用和促进大数据产业发展的意见》	Opiniones del Gobierno Popular Municipal de Wuhan sobre la Aceleración de la Difusión y la Aplicación de los Macrodatos y la Promoción del Desarrollo de la Industria de los Macrodatos
《广州市人民政府办公厅关于促进大数据发展的实施意见》	Opiniones de Implementación de la Oficina General del Gobierno Popular Municipal de Guangzhou sobre la Promoción del Desarrollo de los Macrodatos
《泸州市人民政府关于加快大数据产业发展的实施意见》	Opiniones de Implementación del Gobierno Popular Municipal de Luzhou para la Aceleración del Desarrollo de la Industria de los Macrodatos
《中共贵阳市委 贵阳市人民政府关于加快建成"中国数谷"的实施意见》	Opiniones de Implementación del Comité Municipal de Guiyang del Partido Comunista de China y del Gobierno Popular Municipal de Guiyang sobre la Aceleración de la Construcción del "Valle de los Datos de China"
《兰州市人民政府关于促进大数据发展的实施意见》	Opiniones de Implementación del Gobierno Popular Municipal de Lanzhou sobre la Promoción del Desarrollo de los Macrodatos

从表 6-28 中可以看出,"石家庄市人民政府 Gobierno Popular Municipal de Shijiazhuang""宁波市人民政府 Gobierno Popular Municipal de Ningbo" "青岛市人民政府 Gobierno Popular Municipal de Qingdao""郑州市人民政府 Gobierno Popular Municipal de Zhengzhou""武汉市人民政府 Gobierno Popular Municipal de Wuhan""广州市人民政府 Gobierno Popular Municipal de Guangzhou""泸州市人民政府 Gobierno Popular Municipal de Luzhou" "贵阳市人民政府 Gobierno Popular Municipal de Guiyang""兰州市人民政府 Gobierno Popular Municipal de Lanzhou"都采用了一致性的翻译结果,形成了"……市人民政府 Gobierno Popular Municipal de ..."的翻译模式。这种模式符合系统性翻译原则,是可行有效的。所以,本系统中"……市人民政府"翻译为 Gobierno Popular Municipal de ...。

6.4.22 "……市政府"的翻译

前面我们讨论了"……市人民政府 Gobierno Popular Municipal de ..."和"……市 ciudad de ..."的翻译模式,虽然都含有关键词"市",但是在不同的表达中翻译选项也不一样。与这两个关键词类似的另一个是"……市政府"的翻译。为便于与"青岛市人民政府""青岛市"翻译项进行对比,我们以"青岛市政府"为例进行讨论(相关统计见表 6-29)。

表 6-29 "青岛市政府"在翻译软件中的西班牙语翻译和回译结果对比

翻译软件	汉语	西班牙语翻译	回译
DeepL 翻译	青岛市政府	Gobierno Municipal de Qingdao	青岛市政府,青岛市人民政府,青岛市委市政府
Google 翻译	青岛市政府	Gobierno municipal de Qingdao	青岛市政府
有道翻译	青岛市政府	Gobierno municipal de qingdao	青岛市政府
百度翻译	青岛市政府	Gobierno Municipal de Qingdao	青岛市政府

"青岛市政府"的西班牙语翻译项(结合表 6-29)是专有名词,所以单词首字母需要大写。我们进一步在"中国网"中搜索到的结果是"……市政府 gobierno municipal de ...",所以我们统一采用这种翻译模式。本系统中"……市政府"的词条西班牙语翻译统计见表 6-30。

表 6-30 "……市政府"的词条西班牙语翻译

汉语	西班牙语翻译
哈尔滨市政府数据开放平台	Plataforma abierta de datos del gobierno municipal de Harbin
上海市政府数据服务网	Red de servicios de datos del gobierno municipal de Shanghái

续表

汉语	西班牙语翻译
无锡市政府数据服务网	Red de servicios de datos del gobierno municipal de Wuxi
广州市政府数据统一开放平台	Plataforma abierta unificada de datos del gobierno municipal de Guangzhou
深圳市政府数据开放平台	Plataforma abierta de datos del gobierno municipal de Shenzhen
肇庆市政府数据开放平台	Plataforma abierta de datos del gobierno municipal de Zhaoqing
贵阳市政府数据开放平台	Plataforma abierta de datos del gobierno municipal de Guiyang
《贵阳市政府数据共享开放条例》	Reglamento del Gobierno Municipal de Guiyang sobre el Intercambio y la Apertura de Datos
《贵阳市政府数据资源管理办法》	Medidas Administrativas del Gobierno Municipal de Guiyang en Materia de Recursos de Datos

表 6-30 的翻译中,各个"……市政府"都一致性地翻译为 gobierno municipal de …,符合术语翻译原则,体现了系统性特征,我们在后续翻译中采用该模式。从前面对"……市人民政府 Gobierno Popular Municipal de …""……市 ciudad de …""……市政府 gobierno municipal de …"的分析可以看出,术语的翻译不是简单的直译,而需要考虑整个系统中关键词翻译项的一致性。一个新术语加入本系统,如果不是约定俗成的专有名词,其翻译都应遵循一致性原则,避免出现翻译前后矛盾的情况。

6.4.23 "事件"的翻译

《新汉西词典》中关键词"事件"具有多个翻译项。除了《新汉西词典》中提供的西班牙语翻译,根据涉及内容的不同,也可以翻译为 escándalo、accidente。我们在确定西班牙语翻译项之前,需要根据词条内容区分背景知识,然后选定合适的翻译项,例如"舆情事件 evento de opinión pública""朴槿惠闺蜜'干政'事件 escándalo de 'interferencia en la política' del mejor amigo de Park Geun-hye"等。本系统中含关键词"事件"的词条西班牙语翻译统计见表 6-31。

表 6-31 含关键词"事件"的词条西班牙语翻译

汉语	西班牙语翻译
【舆情事件】	evento de opinión pública
上海外滩拥挤踩踏事件	Incidente de la Avalancha en el Bund de Shanghái el 31 de Diciembre 2014
朴槿惠闺蜜"干政"事件	escándalo de "interferencia en la política" del mejor amigo de Park Geun-hye
"邮件门"事件	Escándalo "Email Gate"

续表

汉语	西班牙语翻译
"棱镜门"事件	incidente del "Prism Gate"
窃听海底光缆事件	escándalo de las escuchas clandestinas en los cables submarinos de fibra óptica
"网络911"事件	incidente de los "ciberataques del 11 de septiembre" (colapso de la red en EE. UU. el 21 de octubre de 2016)
iCloud泄露门事件	escándalo de la Fuga de Datos de iCloud
脸书信息泄露事件	escándalo de la filtración de datos de Facebook
京东数据泄露门事件	escándalo de la filtración de datos de Jingdong
酒店客户隐私泄露事件	escándalo de la violación de privacidad de los huéspedes de los hoteles
【法律事件】	Eventos Legales

从表6-31中"事件"的翻译可以看出，在本系统中其翻译模式主要分为如下几种情况。

（1）由普通人特殊境遇导致的舆情事件，通常采用incidente。例如"'网络911'事件 incidente de los 'ciberataques del 11 de septiembre' (colapso de la red en EE. UU. el 21 de octubre de 2016)""上海外滩拥挤踩踏事件 Incidente de la Avalancha en el Bund de Shanghái el 31 de Diciembre 2014"等。此类都是普通人物或政府机构因舆情而瞬间成为舆论焦点进而所产生的舆情事件。

（2）因涉嫌违反道德或社会常规产生负面舆论或激起公愤的事件，或者由于国家政权组织隐秘事件曝光而产生的负面舆情等，西班牙语通常采用escándalo，而汉语翻译中常用"……门"，以表示负面舆论，例如"'邮件门'事件 Escándalo 'Email Gate'""窃听海底光缆事件 escándalo de las escuchas clandestinas en los cables submarinos de fibra óptica""iCloud泄露门事件 Escándalo de la Fuga de Datos de iCloud""脸书信息泄露事件 escándalo de la filtración de datos de Facebook""京东数据泄露门事件 escándalo de la filtración de datos de Jingdong""酒店客户隐私泄露事件 escándalo de la violación de privacidad de los huéspedes de los hoteles"等。

除上述词条之外，"'棱镜门'事件"在西班牙主流媒体中被译为"Incidente del 'Prism Gate'"，我们尊重原译，不进行修改。

（3）由于意外事故对人或事物造成损害，从而导致严重社会舆论的事件，可以用accidente或者incidente进行翻译，也可以直接用事故原因进行解释。在西班牙主流媒体网站上"上海外滩拥挤踩踏事件"被译为

Incidente de la Avalancha en el Bund de Shanghái el 31 de Diciembre 2014，不仅采用 incidente，同时也解释了该事故的原因和时间，我们尊重原译，不进行修改。

（4）各类不可预见的或者重大的事件一般译为 evento，如"舆情事件"和"法律事件"，采用现有词条的固定用法，即 Evento de opinión pública 和 Eventos Legales。

6.4.24 "指导意见"的翻译

《新汉西词典》没有提供"指导意见"的翻译项，我们需要自行翻译。我们遵循西班牙语的使用习惯，将"指导意见"翻译为 opiniones orientadoras。翻译软件对 opiniones orientadoras 的回译结果比较具有一致性。本系统中含关键词"指导意见"的词条西班牙语翻译统计见表 6-32。

表 6-32　含关键词"指导意见"的词条西班牙语翻译

汉语	西班牙语翻译
《关于促进和规范健康医疗大数据应用发展的指导意见》	Opiniones Orientadoras sobre la Promoción y Regulación de la Aplicación y el Desarrollo de los Macrodatos en la Salud y la Atención Médica
《关于推进水利大数据发展的指导意见》	Opiniones Orientadoras sobre la Promoción del Desarrollo de los Macrodatos para la Conservación del Agua
《国务院关于积极推进"互联网+"行动的指导意见》	Opiniones Orientadoras del Consejo de Estado sobre la Promoción Activa de la Acción "Internet +"
《国务院关于深化"互联网+先进制造业"发展工业互联网的指导意见》	Directrices del Consejo de Estado de la República Popular China sobre la Profundización de "Internet + Industria Manufacturera Avanzada" para el Desarrollo de la Internet Industrial
《关于加快发展"大智移云"的指导意见》（河北）	Opiniones Orientadoras sobre la Aceleración del Desarrollo de "Da Zhi Yi Yun (macrodatos, inteligencia, red móvil y computación en la nube)" (Hebei)
《河南省人民政府关于推进云计算大数据开放合作的指导意见》	Opiniones Orientadoras del Gobierno Popular Provincial de Henan sobre la Promoción de Cooperación Abierta en la Computación en la Nube y los Macrodatos
《云南省人民政府办公厅关于重点行业和领域大数据开放开发工作的指导意见》	Opiniones Orientadoras de la Oficina General del Gobierno Popular de la Provincia de Yunnan sobre la Apertura y el Desarrollo de los Macrodatos en Industrias y Áreas Clave
《关于促进互联网金融健康发展的指导意见》	Opiniones Orientadoras sobre la Promoción del Desarrollo Saludable de las Finanzas en Internet
《关于加强非金融企业投资金融机构监管的指导意见》	Opiniones Orientadoras sobre el Fortalecimiento de la Regulación de la Inversión de Empresas No Financieras en las Instituciones Financieras
《电子商务消费者保护指导意见》	Lineamientos para la Protección del Consumidor en el Contexto del Comercio Electrónico

本系统中"指导意见"的西班牙语翻译（结合表 6-32）主要有如下几

个特点。

（1）"指导意见"的有效翻译模式为 opiniones orientadoras，有"省市"等限定成分后置时通过 de 引领，后续名词/动词原形通过 sobre/para 引领，形成 Opiniones Orientadoras ... de ... sobre/para ...翻译模式，例如"《河南省人民政府关于推进云计算大数据开放合作的指导意见》Opiniones Orientadoras del Gobierno Popular Provincial de Henan sobre la Promoción de Cooperación Abierta en la Computación en la Nube y los Macrodatos"。

（2）"指导意见"翻译为 directrices，其释义是"指导方针、准则、纲领"。例如，词条"《国务院关于深化'互联网+先进制造业'发展工业互联网的指导意见》*Guidelines of the State Council of the People's Republic of China and the State Council on Deepening the 'Internet+Advanced Manufacturing Industry' to Develop the Industrial Internet"，我们依据该词条已有的英语对应将其翻译为"Directrices del Consejo de Estado de la República Popular China sobre la Profundización de 'Internet+Industria Manufacturera Avanzada' para el Desarrollo de la Internet Industrial"。

（3）"指导意见"翻译为 lineamiento。例如，词条"《电子商务消费者保护指导意见》"约定俗成的翻译为 Lineamientos para la Protección del Consumidor en el Contexto del Comercio Electrónico。

6.4.25 "指南"的翻译

翻译锚提供了"指南"的释义（见 3.2.70）。本系统中包含该关键词的词条与大数据文件政策相关。为了找到该词条的准确表达，我们先看本系统中含关键词"指南"的词条西班牙语翻译统计（表 6-33）。

表 6-33 含关键词"指南"的词条西班牙语翻译

汉语	西班牙语翻译
《政务信息资源目录编制指南（试行）》	Directrices para la Elaboración de un Catálogo de Recursos de Información de Asuntos Gubernamentales (Versión de prueba)
《"互联网+政务服务"技术体系建设指南》	Directrices para la Construcción del Sistema Tecnológico de "Internet+Servicio de Asuntos Gubernamentales"
《个人身份信息保护指南》	Guía para la Protección de la Información de Identificación Personal
《个人数据保护指南》（联合国）	Directrices para la protección de datos personales (ONU)
《关于自动资料档案中个人资料的指南》	Guía de los Documentos Personales en los Archivos Automatizados
《关于隐私保护与个人数据跨境流动指南》	Directrices sobre la Protección de la Privacidad y los Flujos Transfronterizos de Datos Personales
《个人数据保护指南》（经合组织）	Guía sobre la protección de datos personales (OCDE)

续表

汉语	西班牙语翻译
《关于隐私保护和个人数据跨境流动指南》	Directrices sobre la Protección de la Privacidad y los Flujos Transfronterizos de Datos Personales
《APEC 个人隐私工作指南》	Guía de Trabajo para la Privacidad Personal de la APEC
《亚太经合组织隐私指南》	Principios de Privacidad de APEC

"指南"的翻译（结合表 6-33）有以下几种情况。

（1）常规翻译为 directrices，例如"《个人数据保护指南》（联合国）Directrices para la protección de datos personales (ONU)"等。

（2）"指南"翻译为 guía，例如"《关于自动资料档案中个人资料的指南》Guía de los Documentos Personales en los Archivos Automatizados""《APEC 个人隐私工作指南》Guía de Trabajo para la Privacidad Personal de la APEC"等。

（3）"指南"翻译为 principios。这种情况下，我们根据词条的英语名称，结合西班牙语的使用习惯，将"《亚太经合组织隐私指南》"翻译为 Principios de Privacidad de APEC。

综上所述，本系统采纳"指南 directrices"的常规翻译模式。

6.4.26 "治理"的翻译

首先，我们要区分"治理"和"管理"两个概念。翻译锚提供了"治理"的释义（见 3.2.71）。

在《新汉西词典》中，"治理"和"管理"对应的西班牙语都是动词。然而，这两个词在常规用法中，分别翻译为 gobernanza/administración/gobierno 和 gestión/administración。由此可以看出，gobernanza 和 administración 词义很接近，似乎没有区别，因为这两个概念都与控制组织运行以实现已设定目标有关，在实际运用中，也有很多交替使用这两个词的情况。两者虽然词义接近，但是存在细微的差别。

西班牙语 gobernanza 一词来源于"政府 gobierno"，主要含义是确保在组织内部遵守规则和规定，并在政策上进行必要的调整，以避免组织内部发生冲突；而 administración 仅限于资源分配和组织运营的日常维护，以确保组织按照理事机构所选择的方向正常运作。因此，本系统中倾向性地使用了"治理 gobernanza"的翻译模式，例如"互联网治理 gobernanza de internet""互联网全球治理体系 sistema de gobernanza global de internet""数据治理体系与治理能力 sistema de gobernanza de datos y capacidad de gobernanza""治理数据化 datalización de la gobernanza""大数据技术伦理治理 gobernanza de la ética de la tecnología de los macrodatos""联合国互联网治理论坛 Foro para la Gobernanza de Internet (FGI) de las Naciones Unidas""互联网治理工作组 Grupo de Trabajo sobre la Gobernanza de Internet (WGIG)""国际互联网治理体系 sistema internacional de gobernanza de internet"等。本系统中含关键词"治理"的词条西班牙语翻译统计见表 6-34。

表 6-34 含关键词"治理"的词条西班牙语翻译

汉语	西班牙语翻译
互联网治理	gobernanza de internet
互联网全球治理体系	sistema de gobernanza global de internet
《社会治安综合治理基础数据规范》国家标准（GB/T 31000—2015）	Especificación de Datos para la Gestión Integral de la Seguridad Pública (GB/T 31000—2015)
数据治理体系与治理能力	sistema de gobernanza de datos y capacidad de gobernanza
【治理数据化】	datalización de la gobernanza
一体化政务治理体系	sistema integrado de gobernanza de los asuntos gubernamentales
网络综合治理体系	sistema de gestión integral de la red
提升政府治理能力大数据应用技术国家工程实验室	Laboratorio Nacional de Ingeniería en Tecnología de Aplicación de Macrodatos para Mejorar la Capacidad de Gobernanza
大数据技术伦理治理	gobernanza de la ética de la tecnología de los macrodatos
数据治理	gobernanza de datos
数据治理决策域	dominio de decisión de la gobernanza de datos
电子治理	Gobernanza Electrónica (E-Gobernaza)
参与式治理	gobernanza participativa
广州"云治理"	"gobernanza en la nube" de Guangzhou
国际互联网治理	gobernanza internacional de internet
全球网络空间治理	gobernanza global del ciberespacio
联合国互联网治理论坛	Foro para la Gobernanza de Internet (FGI) de las Naciones Unidas
互联网治理工作组	Grupo de Trabajo sobre la Gobernanza de Internet (WGIG)
数据国际治理	gobernanza internacional de los datos
数据安全治理观	perspectivas de la gobernanza de la seguridad de datos
国际互联网治理体系	sistema internacional de gobernanza de internet
《网络治理法》	Ley de Gobernanza de la Red

本系统中"治理"的西班牙语翻译（结合表 6-34）分析如下。

（1）在本系统中，除两个词条外，其他词条中"治理"都一致翻译为 gobernanza。

（2）"治理"翻译为 gestión。我们将 gobernanza integral 输入西班牙语语料库和 Google 网页查询，未能搜索到结果，因此，我们采用西班牙语约定俗成的用法 gestión integral，例如《社会治安综合治理基础数据规范》国家标准（GB/T 31000—2015）Especificación de Datos para la Gestión Integral de la Seguridad Pública (GB/T 31000—2015)""网络综合治理体系 Sistema de gestión integral de la red"。

本系统之外，西班牙语中"治理"还翻译为 gobierno。西班牙皇家语言学院西班牙语词典中，gobierno 有"治理、统治"的含义。西班牙语中有"……'云治理'…'gobierno en la nube'"的译法，但我们采取更准确的 gobernanza en la nube 的译法。

6.5 大数据名词汉西翻译研究的价值和不足

大数据名词翻译涉及大数据理论、大数据战略、大数据技术、数字经济、数字金融、数据治理、大数据安全、数权法、大数据史九个部分。由于大数据名词是新生事物，我们在翻译过程中遇到的专业词汇往往超出了我们的认知范围，这增加了翻译的难度。有时候为了翻译一个陌生的大数据名词，我们甚至需要向一些从业人员进行咨询，这些人员有的来自政府政策的制定与执行部门，有的来自研究机构和企事业单位中的大数据专业岗位。事实证明这项工作是有很大价值的。

6.5.1 研究价值

鉴于本系统中以汉语为源语的名词具有较为鲜明的中国特色，初步翻译工作首先由中国教师负责完成，然后将有翻译难度、一词多译或词义不明确且需要母语是西班牙语专家协助翻译的名词单独列出。我们通过与负责协助翻译的外籍教师和外籍专家从其母语的角度结合术语的语境进行讨论，选择最恰当的词汇意义及最合适的词语搭配，最终确定名词的翻译。在翻译过程中，我们查阅了汉西词典和西班牙语原文词典，包括《新汉西词典》（商务印书馆出版）、《新时代西汉大词典》（商务印书馆出版）、*Diccionario de la lengua española*（Real Academia Española 出版）等。此外，我们还使用了各种专业搜索引擎，如百度、必应、Google 等，从而提高了查找名词含义和提取相关信息的效率。对于某些特定的名词，为了避免误读，我们在查阅和检验的基础上参照并沿用约定俗成的译法；而对于一些新名词，我们在译前则在了解相关领域知识和专业概念的基础上应用音译法和构词法等处理方法和手段，并结合文本本土化的语境，在甄别和求真的基础上创新表达并给出更适用的术语译名。

大数据的出现带来了很多新的名词，有些名词往往比较难以理解。我们在西班牙语翻译中从科普和专业角度收集了很多大数据的核心名词。从翻译层面来说，这些名词一方面为汉西翻译研究者在大数据领域的翻译工作提供了重要参考和规范化翻译样本，另一方面也为中西两国专业人员进行跨文化和跨语言专业技术交流提供了帮助。从科技文化交流层面来说，这些名词有助于西班牙语国家了解我国在大数据领域的成就和成果，推进双方的科学交流和科学发展，同时推动汉语术语西班牙语翻译规范化和标准化，促进我国文化走出去。

经济日益全球化的今天，语言翻译在国际文化、经济交流中成为必不可少的一部分，各国政府以及跨国公司都在把语言无障碍化列为重要发展战略。在跨语言和跨文化交流中，作为专业人士准确交流的工具，术语在当今信息社会的各个领域发挥着不可或缺的重要作用。"没有术语，就没有知识"，"没有专业术语，就没有可信赖的专业信息"。上述话语无不说明术语的重要性和无可替代性。术语是专业语言，用来表达特定的概念。没有术语就没有专业的交流，没有专业的交流就没有知识的传播和智力的发展，也就没有了科学的进步。为了促进前沿科技各个领域的专家学者交流思想，分享现代化的科技成果，很多跨学科术语应运而生，这些术语极大地补充了科技术语在相关领域的空白。

大数据名词涵盖科技信息领域的部分核心名词。我们在对术语信息进行理解、分析和整理的过程中，发现西班牙语版译文在翻译处理上既采取了异化也考虑了归化的方法和策略，力争做到严谨、求实、精确和简练。

术语的产生可以促进新知识和新概念的形成，专门用语对语言应用及思维模式提升有很大帮助。术语翻译为新知识和新概念的传播和发展起到了巨大的作用。从学术角度来看，研究的价值在于：①为不同语种在科技领域的术语翻译工作提供了一定的借鉴和参考，为术语翻译实践提供新的思路；②丰富西班牙语科技术语语料库建设的信息和内容，方便建构专门的多语术语集，实现对科技术语语料库的有效管理；③有助于实现大数据科技领域术语使用的一致性；④可有效地促进该领域术语译本的一体化整合以及术语知识的本土化和全球化；⑤为科技领域的术语工具书和专业书籍的词条收录和汇编提供了必不可少的条件和基础；⑥补充特定术语词条，能够有效地支持技术转移和传播，有助于语际的顺畅沟通。

另外，从教学角度来看，我们的研究为科技专题领域的西班牙语教学提供了基本的术语储备，可帮助提高教师对新术语的把握和处理能力，还能够丰富翻译课程的素材，使学生在掌握语言实践知识的同时，了解与科技术语相关的语言外信息，促使学生对翻译转换类型、翻译策略和原则进行思考和积累。

在信息全球化不断深入和科技日新月异的背景下，科技翻译工作者肩负的责任越来越重，翻译任务也与日俱增。术语翻译成果可为译者节省大量的时间和精力，避免术语使用的混乱和不统一性，确保术语翻译的流畅度、准确度和质量，从而提高翻译的工作效率和水平。

由此可见，随着术语研究的不断深入以及术语学学科体系的建立，我们对术语的认识也逐步加深，大数据名词的翻译及汇编对译者具有十分重要的现实意义和应用价值。在建立科技自信的过程中，科技术语体系的建设是其中重要的环节之一。它的构建与共享性促进了国与国、科研工作者与合作者之间的对话与沟通。随着中国和西班牙语国家的友好关系的进一步加深，双方战略合作关系不断巩固和加强。类似的研究将为双方在科技与经济方面的合作创造有利的条件，为彼此在大数据领域的顺畅交流发挥极其重要的作用。

通过以上的翻译实例分析，我们更深层次地体验了术语翻译过程中要注意的各类问题。术语翻译是一个涉及多种学科的研究领域，需要关注的不仅是语言转换和翻译方法的问题，还要考虑语言外跨文化转换因素，因为它不仅受语言内在特点和翻译规律的制约，同时也受社会文化环境的影响。在术语翻译实践中，首先，我们应当区分已规范的术语和未规范的术语。翻译已规范术语时要遵循已存在的标准，通过查阅词典、权威网站和语料库等方式查找等值术语译名，在出现多种译名的情况下，则需根据语境和相关背景知识确定最佳译名。翻译未规范术语时，我们应该通过研究术语的功能和翻译原则，根据术语的构成选择不同的翻译策略和翻译方法，从而准确译出原文内容。其次，翻译前对术语背景知识的准备也至关重要，译者需要查阅相关书籍和网络信息，还必须了解并掌握与源语文本内容相关的知识，考虑源语和译语的语境，挖掘术语翻译背后深层次的文化原因，并掌握标准化组织对术语工作的要求等。最后，在不断加强汉语修养并提高西班牙语专业水平的同时，保持认真严谨和精益求精的翻译态度，也是译者应该具备的品质。

6.5.2 研究不足与展望

我们的西班牙语翻译研究虽然取得了令人较为满意的效果,但是仍存在一些无法克服的不足,主要体现在如下几个方面。

(1) 本系统的词条显示出一定的新颖性,且涉及范围较广、专业性较强,多数词条来源于汉语或英语,能够通过网络或西班牙语语料库搜索到的西班牙语参考译文数量非常有限,很多情况下项目组需要创新翻译。

(2) 西班牙语具备多样性。西班牙本土的西班牙语和拉丁美洲的西班牙语在词汇层面上存在一定的差异,从而决定了少量汉语名词的西班牙语翻译在不同的西班牙语国家的译法也会有所不同。我们的外籍教师和外籍专家都来自西班牙本土,因此术语的翻译基本遵循西班牙本土的西班牙语词汇使用规范,可能会出现与拉丁美洲西班牙语译文不一致的情况。

(3) 西班牙语翻译具有跨学科的特点,研究不仅需要整个团队的密切协作与配合,还需要团队成员具备不同的专业知识、技能和经验。然而,由于条件限制,很难邀请到其他领域的外籍专家,团队成员的研究方向也不一致,从而加大了翻译此类科技术语的难度。

在后续研究中,我们认为需要关注如下几个方面。

(1) 我们的研究以大数据名词翻译为主,具有很强的实践性。科技类文本是科技环境中不可或缺的一类。这类名词用词简洁准确,语法结构严谨,具有正式性、客观性、逻辑性和专业性特点。翻译不仅是一个简单的语言转换过程,还是具有较高价值的研究过程。因此,我们研究的意义不仅限于为大数据名词提供高质量的西班牙语翻译,还在于能把同类型名词翻译进行总结提炼并上升至理论层面。这是后期研究值得关注的部分。

(2) 科技的发展日新月异,随着信息技术的蓬勃发展,特别是 5G 时代的到来,新的科技也将层出不穷,术语也必将更新迭代。西班牙语的多样性常导致新兴名词的翻译在不同的国家可能会有不同的理解,有时甚至会引起误读。因此,汉西术语翻译的标准化以及构建汉西术语翻译方法论是我们后期研究的方向。

总之,术语翻译的难点在于术语本身所具有的特性,在意义上以单义性为主,而在存在形式上则多表现为独立性。这个内在特性对翻译的释义把握要求极高。我们应当重视术语的翻译工作,尤其需要在规范性和统一性的基础上,尽量实现"单词单义单译"的原则。尽管在翻译实践中实现这种"三单"原则有一定的难度,但其对术语与概念的统一、歧义的消解,以及交际障碍的消除有极大帮助。因此,本着精益求精的学术精神,我们应在实践过程中不断积累，打好坚实的基础，以便在后续相关翻译研究和实践中寻求更可行、更合理的汉西术语翻译原则和翻译策略。

小　　结

西班牙的术语研究在 20 世纪 80 年代得到快速发展。无论是加泰罗尼亚术语研究中心、巴斯克术语研究中心，还是加利西亚术语服务中心都是这个时期术语研究的代表。在 1997 年成立的西班牙术语学协会更提升了西班牙术语学在国际上的地位。自 1991 年起，西班牙境内开始在大学开设术语学主干课程。科研成果方面，西班牙皇家精密科学、物理科学和自然科学研究院出版了两部官方权威术语词典：*Vocabulario científico y técnico*（科技词汇大词典，1983）和 *Diccionario esencial de las ciencias*（科学基础词典，1999），这些都引领了国际西班牙术语学的研究。

我们从事的大数据名词西班牙语的翻译隶属于术语研究的范畴。在术语翻译过程中，我们从西班牙语的术语研究中汲取了丰富的营养，为大数据名词准确有效的翻译奠定了基础。鉴于西班牙语语言特征不同于汉语和英语，我们在翻译过程中采取了目标语定向的方法，将翻译项限定在符合西班牙语语言习惯的范畴内。主要对"方案""纲要""工程""管理""管理局""国家大数据综合试验区""计划""联盟""平台""权""……省人民政府""……省政府""实施意见""……市人民政府""……市政府""事件""指导意见""指南""治理"等名词进行了综合性的翻译研究，厘清了翻译思路，给出了最优化的翻译结果。

在大数据名词的西班牙语翻译过程中，我们发现很多大数据名词中国特色鲜明，无论国外还是国内均鲜有学者涉猎。由于缺少可以参考的资料，翻译团队只能在探索中前行，在增加了翻译难度的同时，也带来了创新性翻译的满足感。同时，我们在与西班牙语外籍教师和外籍专家就大数据名词翻译问题进行探讨时，加深了从目标语语境进行翻译的认知。

第 7 章 大数据名词汉阿翻译研究

本章研究大数据名词汉阿翻译，主要讨论国内阿拉伯语翻译的现状，以及面向大数据名词实例翻译的阿拉伯语认知方法的运用。为更好地体现阿拉伯语翻译的颗粒度，本章细化了大数据名词的翻译类别，如约定俗成类、专有名词类、多译版本最优化、名词泛指、单复数选择、词性选择、近义词选择、动词选择、短语结构调整、音译与外文字符的保留、中国特色词的阿拉伯语表述、高频语素的系统化翻译以及新词迭代等。

7.1　阿拉伯语科技术语研究的现状

与当今世界大多数语言相比，现代标准阿拉伯语（Modern Standard Arabic）就其发展历程而言，有一个显著的特性，即语言形式的保存受到了比较明显的人为干预。标准阿拉伯语与伊斯兰教密切关联。为了保证世世代代的穆斯林都能够顺利阅读《古兰经》原文，一千多年来，标准阿拉伯语在词法、句法等方面相较《古兰经》的古语均未产生明显的偏离，这与我们更为熟悉的汉语、英语等其他语言历时变化尤为不同。也正因如此，现代标准阿拉伯语呈现出类似古典拉丁语的较为烦琐的古词汇变化特征。这种复杂的语法规则客观上降低了标准语的实用性，使之近似成为一种庙堂性的语言，不仅远离了阿拉伯群众的日常口头交流的需要，而且在当代阿拉伯的高等院校和学术机构中也日渐式微。在自然科学和工程类专业，英语、法语等西方语言反而成了阿拉伯师生和学者开展教学与研究的主要媒介。

近年来，阿拉伯语在非人文学科的"缺席"日益引发其本土学者的关注和忧思，不少学者发出"阿拉伯语是否还有未来"的诘问，甚至有人提出"阿拉伯语已死"的消极论断。如何使这门古老的语言在承载其厚重文化遗产的同时，能够具备对新时代和新兴事物的阐释力，将是阿拉伯语研究者面临的挑战。

7.1.1　阿拉伯语本土研究现状

本研究在资料整理和翻译筹备的阶段，曾经在旅美埃及青年学者赛义德·伊萨博士①的协助下，尝试对当前阿拉伯各国的科技术语词典进行汇总，以期形成本研究的参考书目。在本研究开展的过程中，我们发现，正式出版的科技类阿拉伯语辞书十分有限，经过多方搜寻，找到 pdf 格式的词典两部：①《计算机术语词典》（英阿对照），利雅得，出版社名称不详，1988；②《信息词汇表》（英阿对照），叙利亚阿拉伯语学会，2017。

此外，埃及 Al-mawrid 词典也含有部分科技词汇的内容。由于成书出版的有关文献很有限，赛义德博士向我们提供了他们行业内部交流的未成书出版的 Excel 格式的词汇表两份。

然而，以上参考文献虽可以反映阿拉伯语科技术语的发展现状，但其中可以为本研究翻译直接提供参考的内容并不多，因此本研究还大量参考了网络的内容，主要包括以下权威网站：①维基百科阿拉伯语版 https://www.marefa.org/%D9%88%D9%8A%D9%83%D9%8A%E2%80%8C%D9%BE%D9%8A%D8%AF%D9%8A%D8%A7；②科学网-新闻（阿拉伯语）https://sci-ne.com/；③半岛新闻网 https://www.aljazeera.net/news；④NASA（阿拉伯语）https://nasainarabic.net/main。

我们在翻译中还参考了大量科技类新闻和文章，从中借用的约定俗成表述均标明了出处，故其网站链接不在此处一一列举。

常规词典也是必不可少的工具书，本研究使用的词典主要有：①在线阿阿、阿英、英阿词典 www.almaany.com；②《阿拉伯语汉语词典》，北京大学出版社，2008；③《汉语阿拉伯语常用词分类词典》，外文出版社，2007。

7.1.2　国内阿拉伯语研究现状

我国学界对阿拉伯语科技术语鲜有研究，但对阿拉伯语普通词汇的研究却成果丰硕。其中，词汇部分还出现了向认知语言学发展的趋势，这为阿拉伯语科技术语的翻译研究打下了良好基础。

我国学者对阿拉伯语普通词汇的关注由来已久，已出版专著若干，其中影响较大的有国少华著《阿拉伯语词汇学》（外语教学与研究出版社，1998）。该书借助各派词汇理论对阿拉伯语普通词汇的构成方法——派生法、合成法、复合法、缩略法、阿拉伯化外来词等进行了梳理，对阿拉伯语词意义的种类、发展变化、习语构成、文化渊源等作了尽可能深入的研究。作者力图探索其中的规律，并将其用于指导学生进行词汇学习和词汇运用，作者提出的学习方法有助于提高阿拉伯语学生学习词汇的效率。此

---

① 赛义德·伊萨博士，埃及人，美国亚利桑那大学青年学者，研究领域包括阿拉伯语语言学、阿英翻译人工智能研发、人类语言技术。

外，该书还介绍了阿拉伯语词典编纂的历史、方法和著名的词典等。

另一本值得一提的是陈中耀著的《阿拉伯语词汇学》（上海外语教育出版社，2002），该书对学界也有较大影响。作者在书中运用当代语言学理论并结合阿拉伯语实际对阿拉伯语各种词汇现象进行了全面的探索。除叙述词的各种基本概念、词的本质与分类外，作者还着重讲解了阿拉伯语词的主要词式和意义、六种构词手段、借用外来词的方法等。作者还讨论了阿拉伯语词汇构成的义素、语义场、词与词之间的语义关系、词义的演变等；同时，书中举例分析了当代阿拉伯语使用中存在的一些常见错误，还介绍了阿拉伯语词典的功用、分类、结构及编撰史略等。这本书对国内阿拉伯语研究起到了较大作用。

近年来，阿拉伯语认知语言学研究正成为新兴研究。在《阿拉伯语正偏式复合词研究》中，作者庞博选择了阿拉伯语中使用频率最高的正偏式复合词为研究对象，运用概念整合理论对其认知过程、构词类型、语义关系及成因进行分析，从认知语言学的角度对阿拉伯语正偏式复合词进行了解释。

此外，概念整合理论的出现极大地推动了认知语言学的发展，其解释力强大，可广泛运用于翻译、语用、话语功能、词语搭配、句法、诗学和修辞等方面的研究，为解决语言问题提供了新的研究途径。

综上可见，学界对认知语言学和概念整合理论有较为详尽的理论梳理。但在该视角下的研究多局限于汉语、英语等通用程度较大的语言，从阿拉伯语视角展开的研究相对较少。而且，研究对象多取自文学作品和非文学文本等篇章性语料，对科技术语的关注尚不多见。阿拉伯语科技名词的翻译研究目前在国内尚属于起步阶段，我们的大数据名词阿拉伯语翻译就属于此范畴。相信随着科技的进步和发展，会有越来越多的阿拉伯语研究者参与到科技术语翻译中来。

为了更形象地展现阿拉伯语翻译在国内的发展趋势和语言研究特点，我们以"阿拉伯语翻译"为主题设定了中国知网的封闭域（检索截至2022年12月30日），提供了如下的量化数据的可视性分析。

7.1.3　阿拉伯语翻译综述的可视化分析

阿拉伯语是六种联合国工作语言之一，在阿拉伯国家和地区具有广泛的使用率。我国的阿拉伯语研究相对于英语、法语、俄语、西班牙语研究而言，属于普及率较低的小语种研究。虽然阿拉伯语在我国使用率较低，但是阿拉伯国家的国际地位随着国际能源需要的攀升出现了较大幅度的提升,阿拉伯语研究在我国近年来也获得了稳步增长。下面,我们将对国内阿拉伯语研究进行总体量化分析,深化对阿拉伯语研究发展规律的认知,最终促进我国阿拉伯语研究的发展。

我们在中国知网中设定了检索主题"阿拉伯语翻译",系统呈现了636篇相关研究项。通过量化分析,我们得到如下结果。

从阿拉伯语翻译论文发表年度趋势(图7-1)可以看出,阿拉伯语研究一直处于相对低迷的状态。第一次高潮(超过25篇/年)出现在2008年,这一年是我国的奥运年,特殊的体育竞技语言需求激发了阿拉伯语研究的快速发展。从2010年我国成为世界第二大经济体之后,阿拉伯语研究迎来了稳步发展,这种态势一直持续至今。依照趋势图推断,这种攀升趋势仍将延续下去。

在阿拉伯语翻译论文研究主题分布(图7-2)方面,阿拉伯语、阿拉伯、翻译实践报告、阿拉伯语教学、伊斯兰教、《古兰经》、翻译运动、阿拉伯国家、阿拉伯语新闻听力等是较为集中的研究主题。除了翻译和教学实践之外,伊斯兰教和《古兰经》是阿拉伯语研究的核心主题。伊斯兰教是世界性宗教,信徒众多。《古兰经》是伊斯兰教的根本经典。阿拉伯语研究围绕伊斯兰教和《古兰经》展开的学术研究体现了该语言和宗教的密切相关性。

在阿拉伯语翻译论文所属学科分布(图7-3)方面,外国语言文字、中国语言文字、宗教、人物传记、文艺理论、世界历史是排名居前的学科领域。通过对比我们可以发现,与英语、法语、俄语、西班牙语的研究论文所属学科不同,阿拉伯语研究与宗教紧密联系在一起,这体现了阿拉伯语非常独特的研究特点。

从阿拉伯语翻译论文刊物/单位来源分布(图7-4)看,有四个期刊发文量具有显示度,分别是《阿拉伯世界研究》《中国穆斯林》《回族研究》《阿拉伯研究论丛》。学位论文发表最多的是上海外国语大学和北京外国语大学。我们可以看到,与穆斯林研究和回族研究相关的刊物是发表阿拉伯语研究的重要领地。这也与前面所分析的阿拉伯语言研究和宗教紧密相连的判断相一致。

从阿拉伯语翻译论文发文量作者分布(图7-5)来看,排名靠前的作者包括丁士仁(西北民族大学)、朱威烈(埃及阿拉伯语科学院)、金忠杰(宁夏大学)、敏俊卿(《中国穆斯林》)、王根明(南京理工大学)、何璇(西北民族大学)。根据阿拉伯语研究特点可以看出,少数民族聚集区的民族大学和相关穆斯林研究刊物成为阿拉伯语研究的核心力量。

图 7-1　阿拉伯语翻译论文发表年度趋势

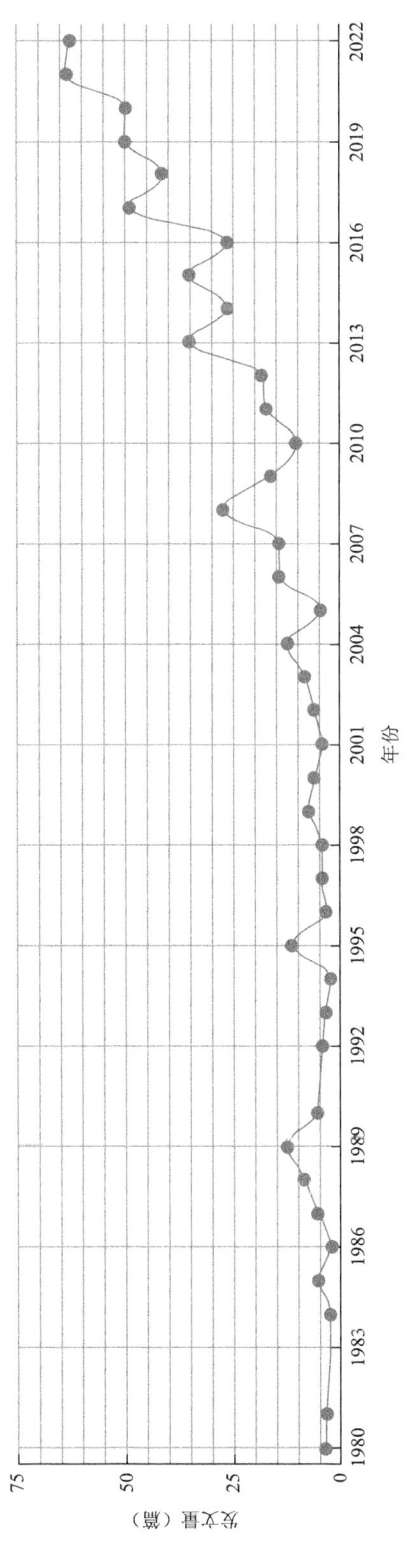

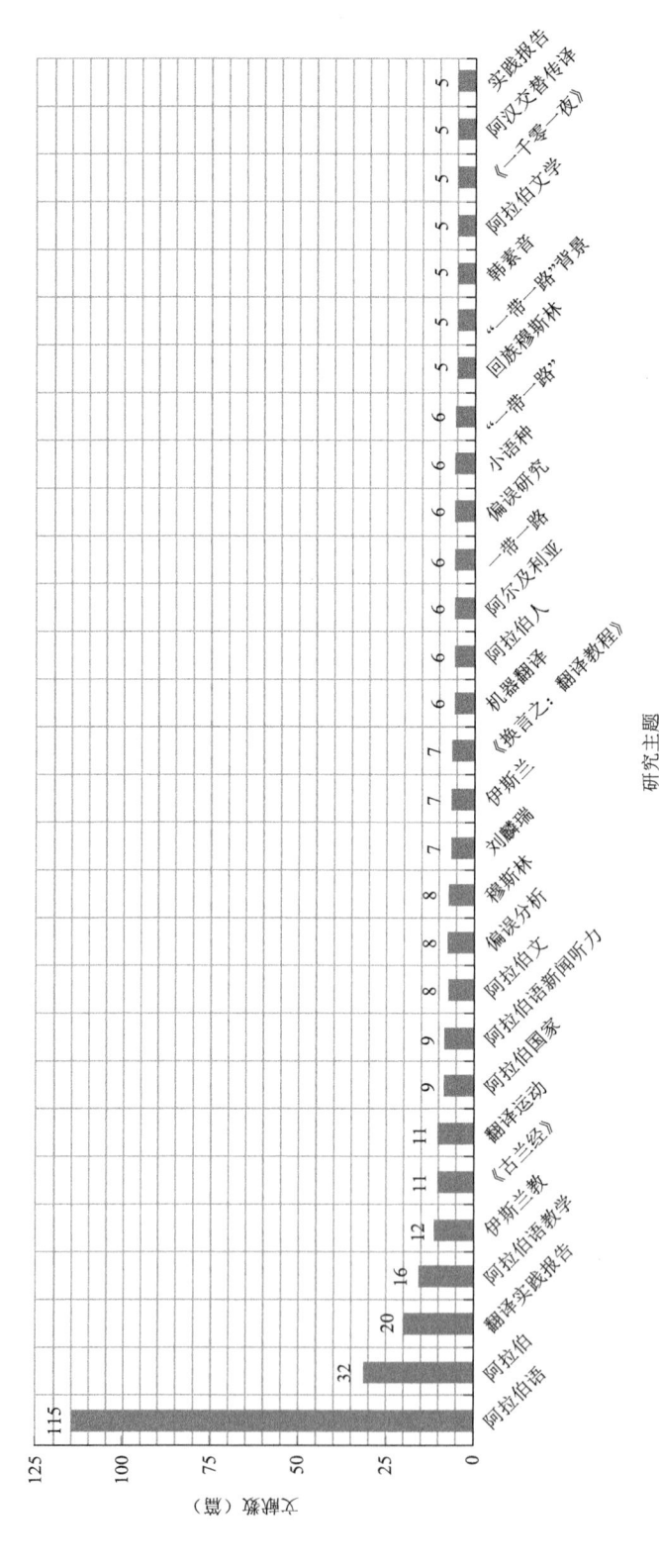

图 7-2 阿拉伯语翻译论文研究主题分布

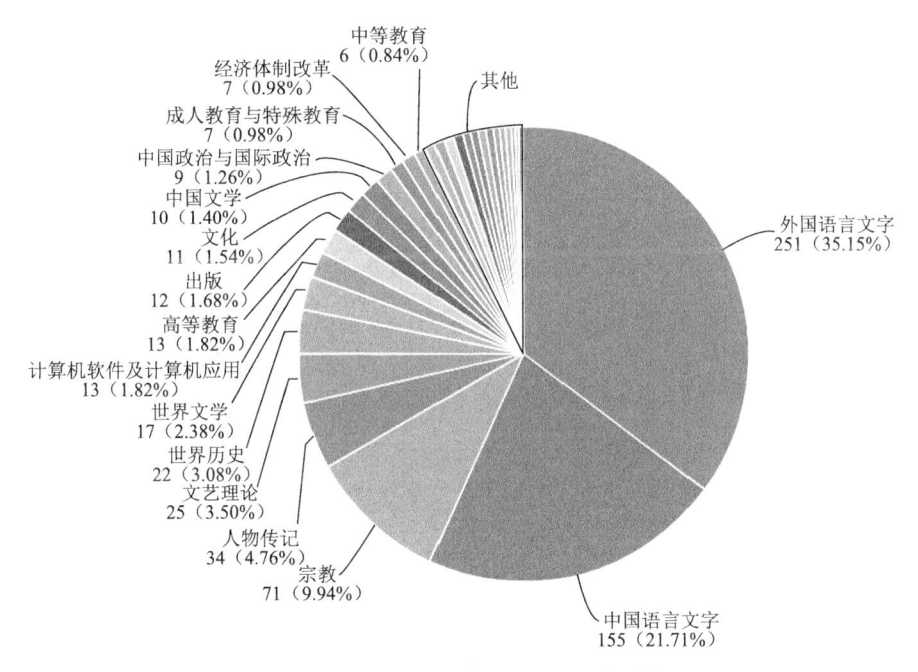

图 7-3　阿拉伯语翻译论文所属学科分布

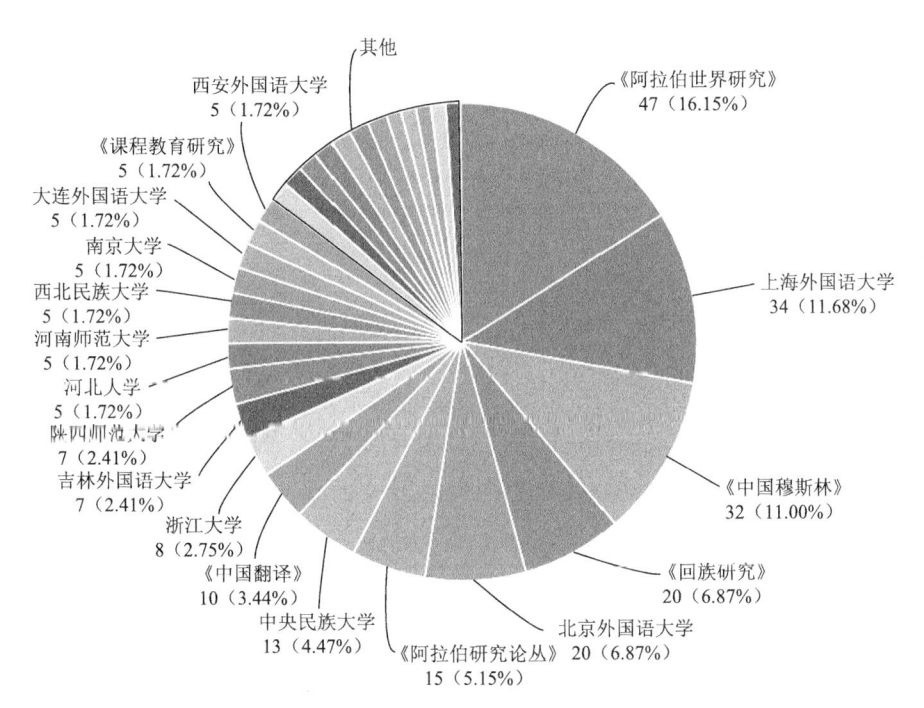

外国语言文字 251（35.15%）
中国语言文字 155（21.71%）
宗教 71（9.94%）
人物传记 34（4.76%）
文艺理论 25（3.50%）
世界历史 22（3.08%）
世界文学 17（2.38%）
计算机软件及计算机应用 13（1.82%）
高等教育 13（1.82%）
出版 12（1.68%）
文化 11（1.54%）
中国文学 10（1.40%）
中国政治与国际政治 9（1.26%）
成人教育与特殊教育 7（0.98%）
经济体制改革 7（0.98%）
中等教育 6（0.84%）
其他

图 7-4　阿拉伯语翻译论文刊物/单位来源分布

《阿拉伯世界研究》47（16.15%）
上海外国语大学 34（11.68%）
《中国穆斯林》32（11.00%）
《回族研究》20（6.87%）
北京外国语大学 20（6.87%）
《阿拉伯研究论丛》15（5.15%）
中央民族大学 13（4.47%）
《中国翻译》10（3.44%）
浙江大学 8（2.75%）
吉林外国语大学 7（2.41%）
陕西师范大学 7（2.41%）
河北大学 5（1.72%）
河南师范大学 5（1.72%）
西北民族大学 5（1.72%）
南京大学 5（1.72%）
大连外国语大学 5（1.72%）
《课程教育研究》5（1.72%）
西安外国语大学 5（1.72%）
其他

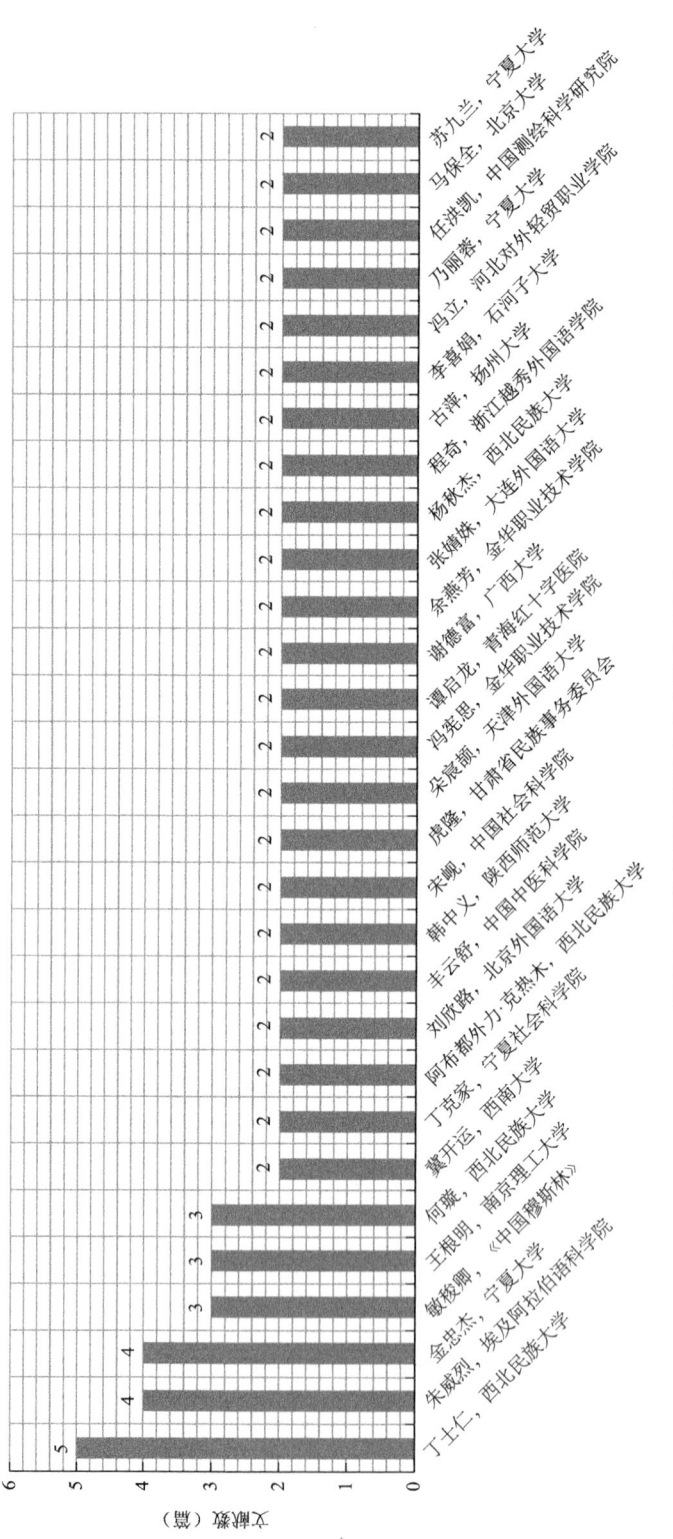

图 7-5 阿拉伯语翻译论文发文量作者分布

根据阿拉伯语翻译论文作者机构分布（图7-6），上海外国语大学、北京外国语大学、西北民族大学、中央民族大学、宁夏大学、北京第二外国语学院是阿拉伯语研究署名作者最多的机构。从分布可以看出，首先，民族研究为主的民族大学占据了阿拉伯语研究半壁江山；其次，国际交流居前的上海和北京集合了阿拉伯语研究的众多学者；最后，阿拉伯语研究的高校分布比较广。

从阿拉伯语翻译核心关键词 CiteSpace 聚类分析（图7-7）可以看到很多耳熟能详的关键词，包括阿拉伯语、翻译、对比分析、偏误分析、穆斯林、一带一路、二语习得、文化含义、中阿熟语、政治认同、修辞学、民族主义、共享共建、小语种等。但是，没有出现大数据等新兴领域的研究关键词。

通过以上分析可知，阿拉伯语虽然在我国是普及率较低的小语种研究，但是作为联合国工作语言之一，阿拉伯语具有较高的国际地位，并在阿拉伯国家和地区广泛使用。在论文发表年度趋势方面，阿拉伯语研究在2008年奥运年获得了快速发展，并从2010年开始一直稳步增长。在论文研究主题方面，伊斯兰教研究和《古兰经》研究引起了国内学者的普遍关注。在论文所属学科方面，除了中外语言文字之外，阿拉伯语宗教研究进入语言研究行列。从论文刊物来源看，阿拉伯语研究刊发的论文很多发表在与穆斯林研究和回族研究相关的刊物上，宗教特征明显。从论文作者机构分布来看，民族大学占据阿拉伯语研究的主流。在研究的关键词聚类中，我们发现新兴领域的大数据名词阿拉伯语翻译尚无学者涉及，我们将尝试从这个角度推动阿拉伯语的翻译研究。

7.2 大数据名词阿拉伯语翻译方法与原则

"术语"这一概念随现代科学的产生而产生。英语 term 源自拉丁语 terminus，本意为"界限、终点"；阿拉伯语 مصطلح 源自词根 صلح。根据统计数据，平均几年学科数量就翻一番，每个新学科都需要自己特有的一批术语，每一门学科的术语都有一个形成、确立、整理和规范的过程。因此，术语研究在当今意义深远，术语学则是对各门学科术语建设的理论指导。

术语学首先在语言学内部产生并逐渐独立。作为人类语言中一个特殊的组成部分，术语研究受到语言学研究的重要影响。21世纪认知科学的研究范式迅速发展，并广泛应用于科学研究领域，语言学研究的中心也从语言本身逐渐转向对语言中人的研究。语言不仅是人进行思维的必要条件，而且是人用来储存和传达思想的工具。这对术语学的研究产生重大影响，集中体现在术语的认知和交际功能受到更多人的关注。

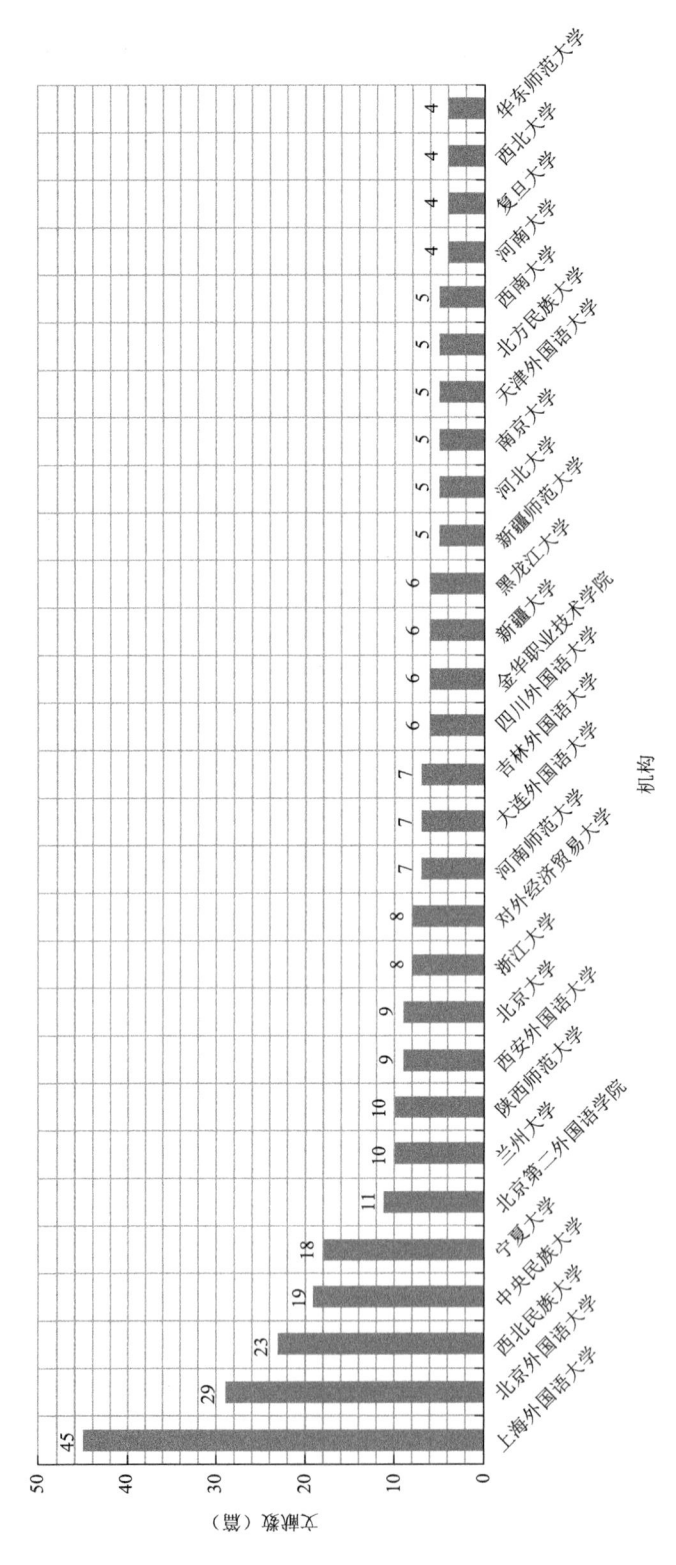

图 7-6 阿拉伯语翻译论文作者机构分布

机构	文献数（篇）
上海外国语大学	45
北京外国语大学	29
西北民族大学	23
中央民族大学	19
宁夏大学	18
北京第二外国语学院	11
兰州大学	10
陕西师范大学	10
西安外国语大学	9
北京大学	9
浙江大学	8
对外经济贸易大学	8
河南师范大学	7
大连外国语大学	7
吉林外国语大学	7
四川外国语大学	6
金华职业技术学院	6
新疆大学	6
黑龙江大学	6
新疆师范大学	5
河北大学	5
南京大学	5
天津外国语大学	5
北方民族大学	5
西南大学	5
河南大学	4
复旦大学	4
西北大学	4
华东师范大学	4

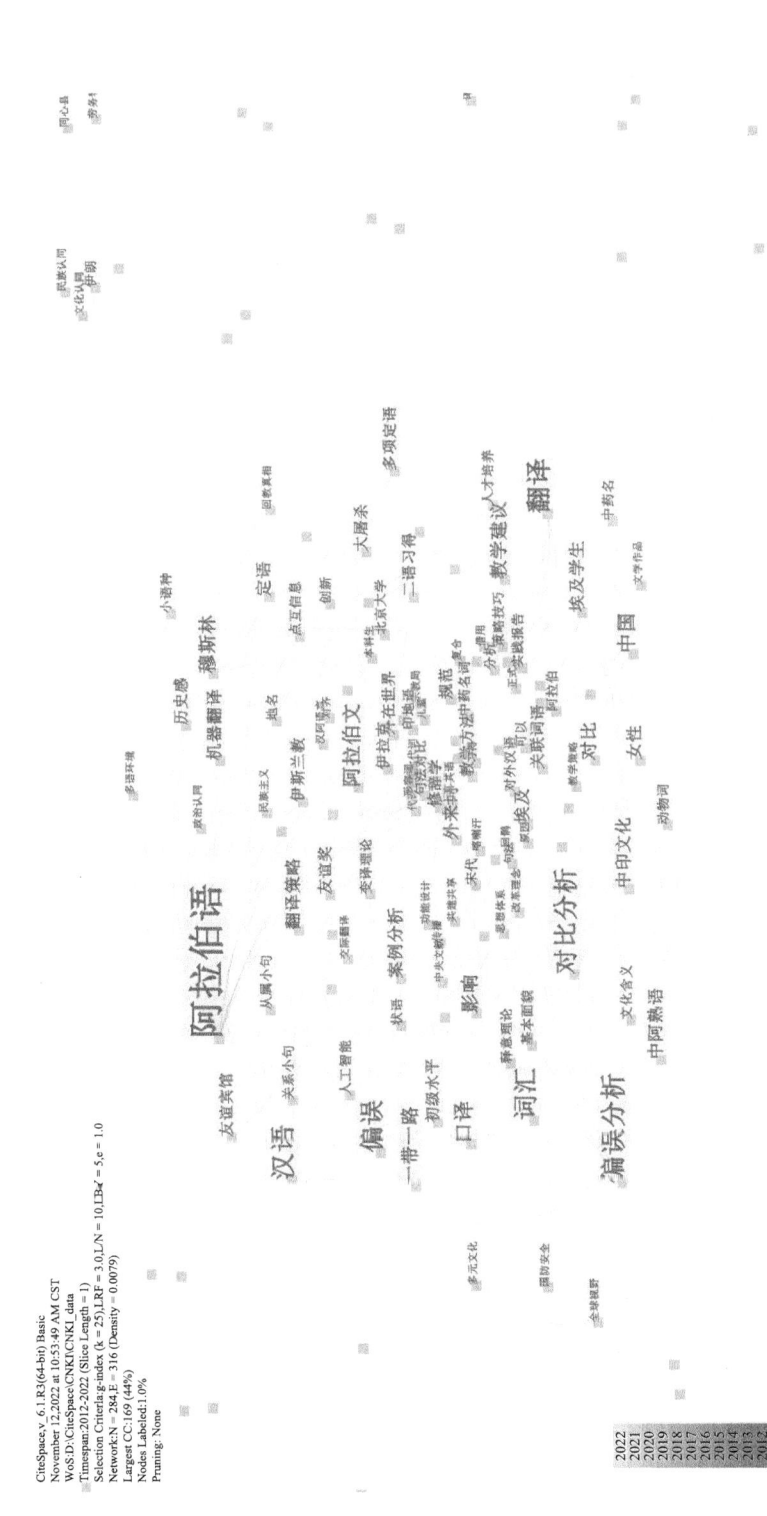

图 7-7　阿拉伯语翻译核心关键词 CiteSpace 聚类分析

7.2.1 认知科学与认知语言学方法

认知科学（cognitive science）是一门综合性科学。它以人的认知的各个方面为研究对象，从哲学、心理学、计算机科学、语言学等多学科角度展开研究。认知科学是 20 世纪的新兴研究门类，是研究人脑或心智工作机制的前沿性学科，其产生带动了很多相关学科的发展；其研究内容不局限在某一个学科领域，还涉及心理学、哲学、语言学、计算机科学、神经科学和人类学等领域。

认知科学为语言学带来了本质性的影响。20 世纪 70 年代，认知语言学（cognitive linguistics）在认知科学的理论背景下产生，并在接下来的几十年迅速发展。认知语言学认为语言的创建、学习及运用，基本上都能够通过人类的认知而加以解释。因而认知语言学不是一种单一的语言理论，也不是严格意义上的流派，只是一种研究范式和方法。这种观点为人们提供了一种新的研究角度。认知语言学对术语翻译的研究也开辟了新思路。

7.2.2 认知术语学方法

在认知术语学看来，术语是一种载体形式，可以完成对专业信息的存储；术语是一种认知结果的体现，通常表现了对客观世界的范畴化和概念化（陈雪，2017）。

根据认知语言学的语义观，一个表达式的意义就在于说话人和听话人大脑中激活的概念，更为具体地说，意义存在于人类对世界的解释中，它具有主观性，体现了以人类为中心的观点，反映了人为主导的文化内涵。这一原则表明，意义的描写涉及词与大脑的关系。从我们对大数据名词的阿拉伯语翻译来说，由于阿拉伯语中约定俗成的大数据名词较少，大多数的名词大都需要阿拉伯语译者进行独立翻译。虽然我们团队已经约定了汉语和英语两个翻译轴（标准轴），且有术语在线和百度百科作为翻译锚（释义锚），但在面临多义词的取舍时，译者的主观性将决定翻译项的选择。从这个角度出发，认知语言学中对人这个因素的强调是必要的。

科技名词是一类非常特殊的词汇，具有与普通词汇诸多不同的特征。

从涉及内容上来看，科技名词大多具有很强的专业性和学术性，受众多处于一个相对封闭的专业领域内，而且由于科技的发展，这些专业词汇还处于持续不断的更新当中。从认知语言学角度来说，随着人对事物理解的不断深入，人脑所形成的概念会不断调整完善，并重新反射到对概念的理解中，进而推动原来用于解释专业知识的词汇升级到新的版本。

从涉及形式来看，科技名词大多为复合词，构词逻辑缜密，且同一科技名词在不同语体中会表现出较强的一致性。我们在翻译实践中发现，阿拉伯语中的科技名词还会表现出较明显的"翻译痕迹"，这种"翻译痕迹"通常无法彻底抹去，显示出与古语《古兰经》的语言结构显著的不同。从这个角度出发，我们可以发现，观察科技名词的构词方法不仅能把握命名者对相关概念的理解，也能观察到命名者引导概念命名的认知路径，从而借助该路径我们可以更深入地理解科技名词的概念。

7.2.3 概念整合理论

认知语言学产生了较有影响力的理论：概念整合理论。美国语言学家吉尔斯·福康涅（Gilles Fauconnier）和马克·特纳（Mark Turner）在著作《我们思维的方式：概念整合与心智的复杂性》（*The Way We Think: Conceptual Blending and the Mind's Hidden Complexities*）（Fauconnier & Turner，2003）中提出了一种新的认知语义学理论——概念整合理论。简单来说，该理论认为语言的理解体现了人的心理空间的整合能力。人类可以理解语言，并通过言语进行交流，其实质是具备了能够跨越心理恐惧的联想能力。这种能力在多个心理空间发散，并不断重新整合，完成对心理空间的重构，最终实现对概念的理解。这个过程通常是对散落的输入信息重新组装搭配、重新调试语义的过程，直到形成一个新的概念结构。

认知语言学不是一种单一的语言理论，而是代表一种研究范式，是多种认知语言理论的统称，其特点是把人们的日常经验看成是语言使用的基础，着重阐释了语言和一般认知能力之间密不可分的联系。认知理论强调了语言理解中人的主观性这一重要因素。目前的认知语言学包括查尔斯·菲尔莫（Charles J. Fillmore）、阿黛尔·伊娃·戈德堡（Adele Eva Goldberg）等的"构式语法"（Construction Grammar），罗纳德·韦恩·兰盖克（Ronald Wayne Langacker）的"认知语法"（Cognitive Grammar），乔治·莱考夫（George Lakoff）、伦纳德·塔尔米（Leonard Talmy）等的"认知语义学"（Cognitive Semantics），以及悉德尼·拉姆（Sydney Lamb）的"神经认知语言学"（Neurocognitive Linguistics）等。通过这些学者的研究我们发现，阿拉伯语的研究也具有同样的语言条件。阿拉伯语的翻译也需要考虑译者的能动性和主观性。同样的概念虽然具有相同的能指和所指，但是，不同的译者囿于不同的自身条件也会产生对概念理解度的偏差。我们没有办法将所有的译者水平保持在恒定一致的水平上，但我们可以通过多语种翻译中翻译轴（标准轴）和翻译锚（释义锚）的提前约定，把译者认知偏差控制在最小范围内，力争将由偏差导致的语义偏离程度控制在合理可接受的区间内。

概念整合理论是在心理空间理论的基础上发展而来的。心理空间指的是人在思考过程中为实现交际目的而形成的概念包的集合。人在说话和思维时，很多用于记忆、感知和储存的神经元会被激活，并记录下某些特定场景的相关信息。这些游离的信息不断地整合，形成了一个庞大的网络，这就是概念整合网络。该网络通常以框架结构形式存在，并依靠人的背景知识所构建。

福康涅和特纳认为，一个完整的概念整合网络包括四个概念空间：输入空间Ⅰ（Input Space Ⅰ）、输入空间Ⅱ（Input Space Ⅱ）、类属空间（Generic Space）、合成空间（Blending Space）。

科技术语翻译也可用概念整合理论进行解释。我们认为，大数据名词反映了大数据领域的诸多概念和内容，是大数据信息的载体。在进行阿拉伯语翻译时，我们需要做的工作就是对散落在心理空间的大数据名词的游离的概念进行对应性翻译，并重新按照阿拉伯语的语言系统要求进行整合调整，直到形成符合阿拉伯语表达特征的翻译项。这个边整合边获得的过程体现了认知语言学中的概念整合特点，既有对概念表象物件的"组合"（composition），也有对知识框架中游离材料的"完善"（completion），再加上对升级材料的"扩展"（elaboration），最后形成了概念的精致加工。各个心智认知活动阶段总体呈现顺序性，但也不排除跳跃性发展的可能。浮现结构（Emergent Structure）所形成的创新模式就是跳跃性概念整合的产物。

阿拉伯语的语言学具有研究的传统性。学界多基于形态学的理念对语言的外部结构、语义关系和逻辑关系进行描写性研究。随着认知语言学中概念整合理论的出现，人们意识到"概念整合"是人类的一种基本认知方式，语言的研究可以从传统研究转向对人（研究者）的研究。这种转变，利于我们使用阿拉伯语从新的视角审视科技语的翻译，并从不断产生的新名词中找寻到利于译者翻译的最佳视角。

7.3 大数据名词汉阿翻译实例研究

大数据名词的阿拉伯语翻译不仅需要关注译文结果，更要关注译文形成的过程。从前面的认知语言学分析可知，翻译的过程实际上就是从汉语到阿拉伯语概念认知形成的过程，直译、意译、音译等策略的选择、相关信息的增删取舍，以及对复合词结构的反复斟酌，都体现了认知语言学中强调的概念整合。只有对这个过程进行详细的研究，我们才能更细致地分辨翻译项的优劣。

从大数据名词构词结构来看，阿拉伯语译文主要形成了形容式复合词、正偏式复合词和混合式复合词三类。我们的研究将对译文中这三种类型的复合词进行整理分析，并尝试结合具体实例，阐释不同结构的复合词所对应的逻辑关系，进而分析其对科技概念整合的推动作用。

从大数据名词收词情况来看，名词多具有以下两大特征：一是具有新颖性。很多名词表达了新近出现的大数据概念。大数据是第四次工业革命的代表，这种新颖性体现在术语上就是词汇的创新性涌现。而且，由于词典编纂的滞后性，这些名词大部分没有被词典收录。二是具有中国特色。很多大数据名词描述的是中国特有的大数据现象，鲜为外国人所知，相应的译文也较少出现。所以，我们在阿拉伯语翻译时深刻体会到工具书的不足。

按照大数据名词多语种翻译的约定，我们参照汉语轴和英语轴进行阿拉伯语翻译，同时以翻译锚（释义锚）术语在线和百度百科释义作为知识库来源。互联网的存在为我们查询大数据名词的阿拉伯语相关信息提供了便利。参照英语对大数据名词的三级分类，我们也对阿拉伯语翻译的名词进行了如下约定：①第一类是约定俗成的翻译。阿拉伯语在处理中对约定俗成的译文采取"名从主人"的翻译模式，直接借用即可，不进行调整；如有多个约定俗成的译法，则取其相对主流的版本。②第二类是存在习惯用法的译文。阿拉伯语中有些名词不是约定俗成的，也未出现完全对应的译文，但与一些已存在的表述有可比性，而且其关键词也可以查询到，其词组结构也可以类比已存在的其他阿拉伯语结构，我们就将其归为习惯表述这一类。③第三类是需要创新性翻译的译文。我们在查阅有关资料和文献后发现，有些名词没有在应用中出现，需要我们参照英语进行自行翻译。我们把这些名词归属到第三类。在处埋此类名词时，我们首先尝试在翻译锚（释义锚）的帮助下对名词概念进行较为深入的理解，然后再根据阿拉伯语语法，选择合适的词组结构进行概念整合，最后，再对概念中形成的范畴化和概念化的认知结果进行优选。

虽然三类名词在出现频率上存在差异，且需要采用不同的翻译策略进行处理，但三者也共享一些特征：除了少数的特殊情况，阿拉伯语翻译中的名词几乎全部为名词性词组，鲜有句子出现。而且，这些名词性词组又以阿拉伯语复合词结构为主。从构词类型上看，这些复合词包含多个类型，包括形容式复合词（即由形容词与被修饰语组成的定语关系词组）和正偏式复合词（即由"正次"与"偏次"两个名词或名词性短语构成的表示从属关系的词组）两个基本类型。此外，还包括兼含以上两个基本类型的混合式复合词。复合词的翻译较单一名词翻译要复杂得多，对于语言结构繁杂的阿拉伯语来说尤甚。所以，我们在对大数据名词进行翻译时，往往需要反复斟酌论证，并参照英语给出翻译结果。在翻译过程中，有一些特殊的名词需要我们予以关注，一则是因为它们具有代表性，举一可以反三，从而降低类似翻译的难度；再则是因为它们具有系统性，多个同类名词的聚合便于形成语义场，利于从场的角度系统开展研究。

7.3.1 约定俗成翻译实例

虽然本系统中约定俗成的名词并不占多数，但也有一些。从严格意义上来说，译者对这一部分名词的处理过程不能称为"翻译"，而只能称为是检索或鉴别。这类已存在约定俗成译法的名词，其处理模式又可以分为以下几种情况。

（1）小部分名词的权威性资料已存在约定俗成的译法，译者直接予以采纳。例如，第 1235 号"数字经济"、第 1241 号"虚拟经济"，维基百科阿拉伯语版中可见其约定俗成的阿拉伯语对应表述，并在相关的文章中广泛采用，故译者直接采纳既有译法。

（2）在已存在约定俗成译法的名词中，有一部分的译文与名词一致，虽然措辞存在一定的差异，但可以确认与原文词条内涵相同，故也应该采纳已有的表述。我们将这一部分内涵一致、表述有异的名词翻译纳入约定俗成的范围，尊重目标语阿拉伯语的表述方式。举例如下。

第 1967 号"'邮件门'事件"，阿拉伯语新闻中存在对应的表达，却表述为"希拉里·克林顿邮件泄露"，与汉语词条的措辞存在差异，但其内涵相同。

第 1654 号"数字公民"，汉语表述是一个偏正短语，中心词为"公民"，约定俗成的英译与汉语表述结构一致。经译者查询，该名词已存在约定俗成的阿拉伯语表述，但是阿拉伯语词组中"公民"的词性已经发生转换，从一个具体的、可数的名词变成了一个抽象的、不可数的名词，相当于将英语 citizen 换成了 citizenship，与汉语原文字面略有差异。我们尊重阿拉伯语表述，不进行修改。

第 1917 号"网络政治学"，作为专有名词，该名词指的是一门新兴学科的名称，英语表述为 cyberpolitics。经查证，已存在对应的阿拉伯语表述

السياسة السيبرانية[①]，在没有上下文的情况下可以作多种理解，并不能毫无歧义地表示"网络政治学"。考虑到阿拉伯语的语言习惯，我们倾向于采纳既有的表述。

第 64 号"运筹学"，经查证，已存在对应的阿拉伯语表述بحوث العمليات（维基百科阿拉伯语版），字面意义为"过程/程序的研究"，与汉语和英语表述均略有差距，但核心含义是一致的。

在第 78 号"反馈原理"中，"反馈"一词虽有不止一种阿拉伯语译法，但经查证，在科技术语领域中，"反馈"的说法是符合英语 feedback 一词的التغذية الراجعة，这体现了普通词汇与科技术语的差别。

从以上示例可以看出，虽然部分阿拉伯语的表述在字面上可能存在与汉语源词或英语翻译的差异，但其语义上基本能够覆盖源语的语义。所以，对于此类名词，我们均视其为约定俗成项，并予以采纳。

（3）汉语词条涉及人名等需要音译的专有名词或其缩写时，是否需要调整应该具体问题具体分析。

有些汉语词条中的外国人名需要补全。例如，根据维基百科阿拉伯语版，第 138 号"巴贝奇问题"，无论是英语还是阿拉伯语表述，均包含"巴贝奇"的全名，因而阿拉伯语应表述为مسألة تشارلز باباج。类似地，第 151 号"图灵问题"在英语和阿拉伯语表述中，亦需补全"图灵"的全名。但是，同样根据维基百科阿拉伯语版的收录，第 172 号"罗素悖论"和第 173 号"哥德尔不完全性定理"的阿拉伯语对应表述则没有补充所涉科学家的全名。对于此类出现的专有名词，我们采取"名从主人"的原则，按照维基百科阿拉伯语版进行处理。

一些带有英语字母缩写的词条，由于也是专有名词，在译文中究竟是写出全称还是保留原字母缩写，依然需要与现有的阿拉伯语对应表述保持一致。例如，第 189 号词条中的 BP 在阿拉伯语表述中与其英语原文的字面是完全对应的，但是我们采用了阿拉伯语译文。然而第 250 号词条中的 KNN，根据译者检索，阿拉伯语文献中几乎都保留了 KNN 的英语缩写，因此，译文中也予以保留。

（4）对于一些具有较强理论性的词条，当前条件无法直接实现汉语-阿拉伯语之间的互查，一般需要以英语为媒介语言进行检索。例如第 85 号"鲁棒性"，该汉语词条本身为英语 robust 的译文，而且还采取了音译与意译相结合的翻译策略，译者只有先回溯其英语原文，才能查询到其阿拉伯

---

① https://www.almrsal.com/post/532276.

语的对应表述（维基百科阿拉伯语版）。又如第 305 号"元数据"，亦是来自英语 metadata，但是根据阿拉伯语的构词规律，不可能给"数据"一词直接加前缀，译者从英语 metadata 进行查询，得出对应阿拉伯语表达"关于数据的数据"（بيانات حول البيانات）[①]。

（5）少数词条带有特殊符号，符号是需要保留原状还是作其他处理，也应该与习惯操作保持一致。如第 639 号"互联网+"，经查询，其阿拉伯语对应表述将"+"符号处理为英语 plus 的音译[②]，译者予以直接采纳。

（6）名词中还有少数非科技领域的术语，如涉及中外哲学理论思想的第 2452 号"康德三大批判"、第 2439 号"程朱理学"、第 2441 号"阳明心学"等等，也只能通过查询来获取其阿拉伯语表述。对于"康德三大批判"，译者从线上书店找到了康德有关著作的阿拉伯语译本书名进行参考，对于"程朱理学"和"阳明心学"则参考了维基百科阿拉伯语版。值得指出的是，习惯上，"程朱理学"的阿拉伯语表达通常还会加上"新儒学"的同位语，译者予以保留。

7.3.2 基于原文的专有名词翻译实例

本系统中的专有名词主要分为书名、组织与会议名称等。翻译这类词条的首要步骤就是要回溯原文，再以原文为基础进行翻译。下面分情况讨论。

7.3.2.1 书名的翻译

词表中有不少书名原文并非汉语，由于书名翻译往往需要考虑对象国的文化背景和受众阅读习惯，所以中译名可能存在与原文比较明显的出入。我们认为，书名若已有阿拉伯语译名则予以采纳，如未见阿拉伯语译名，则依照原文的字面意思进行翻译。此外，在本系统的翻译系统中，对于书名的形式安排各语种是不一样的。汉语书名加书名号，英语书名需要斜体，阿拉伯语书名则按惯例加双括号。但在本研究中，考虑到多语种编排的一致性和避免乱码等问题，会对阿拉伯语书名进行一致性处理，这一点需要读者注意。具体的翻译原则请见如下几个部分。

（1）已存在阿拉伯语译文的书名直接采纳现有译文，举例如下。

第 1322 号《财富的革命》，英语书名为 *Revolutionary Wealth*。经查证，已存在阿拉伯语译名 الثروة واقتصاد المعرفة[③]，予以采纳。"《财富的革命》"如果

[①] https://ar.itpedia.nl/2018/08/13/metadata-dat-is-data-over-data-over-data/.
[②] https://www.internetplus.biz/ar.
[③] https://www.marefa.org/%D8%A7%D9%84%D8%AB%D8%B1%D9%88%D8%A9_%D9%88%D8%A7%D9%82%D8%AA%D8%B5%D8%A7%D8%AF_%D8%A7%D9%84%D9%85%D8%B9%D8%B1%D9%81%D8%A9_（%D9%83%D8%AA%D8%A7%D8%A8）.

按照字面意思处理的话可以译为ثورة الثروة。该译法中的两个词ثورة和ثروة是字母ث - ر - و不同的组合形式，倘若采用正面翻译形式的话，在形式发音上略显拗口。在回溯原文时发现，该书阿拉伯语版译者也注意到了这个问题，因此结合全书内容，将该词条译为"((الثروة واقتصاد المعرفة))"（该书名中文意思是"财富与知识经济"）。

第 1321 号《大数据时代——生活、工作与思维的大变革》，原文为 *Big Data: A Revolution That Will Transform How We Live, Work and Think*，经查证已存在阿译البيانات الكبرى - ثورة ستغير الطريقة التي نعيش، ونعمل، ونفكر بها[①]，予以采纳。但需要指出，该书阿拉伯语译名中"大数据"的表达与本系统其他提及"大数据"的词条表述存在差异。由于阿拉伯本土词汇和其他地区的词汇存在差异，所以"大数据"一词存在不同版本的阿拉伯语译名。我们选择最为常见的一种。但是鉴于第 1321 号为专有名词，译者只能保留其固定译法，因此，此处的"大数据"阿拉伯语表述与本系统其他部分存在差异。这种情况也体现了语言的描写特性。

（2）暂无官方阿拉伯语译文的书名，必须回溯原文，并根据原文字面意思进行翻译。例如第 552 号《算法时代》，经查证，原文为 *The Formula*，未见既有的阿拉伯语译名。因此，译者从原文出发，译为الصيغة。又如第 623 号《机器人新战略》，英文表述为 *Japan's Robot Strategy*，因此阿拉伯语译文也选择补上英语表达中的信息点，处理为استراتيجية اليابان للإنسان الآلي。再如第 2064 号《全民监控》，经查证为书名，原文为英语 *Total Surveillance*。因此，阿译以英语原文为标杆，处理为((المراقبة الشاملة))。

类似的参照英语进行阿拉伯语翻译的书名还有第 565 号《权力的终结》、第 578 号《大数据开发：机遇与挑战》、第 580 号《数字（化）议程》、第 1265《数字经济：智力互联时代的希望与风险》、第 1293 号《单向度的人——发达工业社会意识形态研究》等，处理方法同上，不再赘述。

同时，第 553 号《智能革命》、第 666 号《中国制造 2025》等则是以汉语为原文，此时译者应根据汉语进行字面翻译。

（3）未见阿拉伯语译文的书名中有的需要进一步调整字面意义。例如第 1294 号《机器人启示录》，英语原名 *Robopocalypse*，在这里原作者其实玩了个文字游戏，将机器人 robot 与天启 apocalypse（一般用于预言灾难、战争、毁灭或是神的再度降临等）两个词合二为一，构成了一个字典未收录的新词，可以说是不可译的。为了尽可能保留原名的形式与意义，阿拉伯语翻译暂且

---

① https://www.jarir.com/jarir-publication-411983.html.

处理为音译再加副标题的方式（(روبوبوكاليبس- الرؤيا النبوية للإنسان الآلي)）。

再如第 2346 号《几何原本》，有些译者将其译为الأصول，但是在阿拉伯文化中，有许多书籍用الأصول命名，且多以伊斯兰教法及其阐释为主题。为了避免和这些书籍产生混淆，译者在翻译过程中增加了作者信息لإقليدس（欧几里得），使得译文更加清晰明了。

7.3.2.2　会议、组织名称的翻译

与书名的翻译原则类似，这类专有名词如未见阿拉伯语对应表述，也应该根据其原文进行翻译。

例如第 2075 号"首尔网络空间国际会议"，未见阿拉伯语表述。经查证，该词条原文为英语 Seoul Conference on Cyberspace，中文为译文。因此，阿译以英语原文为准，略去"国际"一词。

又如第 2034 号"中国信息安全测评认证体系"，为专有名词，未见约定俗成的阿拉伯语翻译。该名词已有约定俗成的英译，与汉语原文字面形式不完全对应。但是显然原文为中文，那么阿拉伯语翻译则应以中文为标杆，将"体系"一词选为中心词，而不是沿用英译的处理方法。

其他会议、组织名称处理方法同上，不再赘述。

7.3.3　多译版本的最优化

一些专有名词和常见词在互联网上有多个译法，此时译者应合理地进行取舍。

例如在本系统中反复出现的词组"大数据"，在互联网上有多种阿拉伯语表述，分别为البيانات الضخمة、المعطيات الكبيرة、البيانات الكبرى等等，译者经过比较和鉴别，可确认其中第一种译法使用最为广泛，因此对第一种译法予以采纳。但是第 1321 号词条中的"大数据"一词则采用了上述第三种译法，由于第 1321 号为已存在官方阿拉伯语译法的书名，故不强求其措辞与其他词条统一。

又如第 2074 号"慕尼黑安全政策会议"，不同的阿拉伯语新闻网页有以下几种表述：مؤتمر ميونخ الأمني[①]、مؤتمر ميونخ المعني بالأمن[②]、مؤتمر ميونخ للأمن[③]。此外，还有部分新闻网页在提到该会议时，由于存在上下文的影响，还常

---

① https://al-ain.com/article/munich-security-conference-crises-world.
② https://www.who.int/ar/dg/speeches/detail/munich-security-conference.
③ https://www.marefa.org/%D9%85%D8%A4%D8%AA%D9%85%D8%B1_%D9%85%D9%8A%D9%88%D9%86%D8%AE_%D9%84%D9%84%D8%A3%D9%85%D9%86.

简单地用"慕尼黑会议"（مؤتمر ميونخ）来指代。译者根据科技语语言简洁严谨的特点，结合原文的结构，采纳上述第一种译法。

但是，另有部分词条不仅存在多种阿拉伯语表述，而且这些表述从语言组织和使用频率来看并没有明显的高下之分，此时译者认为可以保留多个译法。

随着科学技术的发展，出现了不少的大数据新名词。以阿拉伯语为母语者对这类词的阿拉伯语翻译采取两种方式，一种是根据英语或者其他外语音译，另一种则是在现有阿拉伯语词汇的基础上通过派生等构词法进行新词的阿拉伯语化，对于这类词，译者在处理过程中保留了两种处理方式，具体可参见2492"混沌理论"、2498"未来学"、2506"世界主义"等的翻译。

7.3.4 译入语名词泛确指选择

如前文所述，总体而言，科技术语由于多指代某种概念或理论，原则上应该是确指的名词性短语。但是在本系统中，有部分词条需要根据具体情况做特殊处理。

（1）其中有部分词条并非以词组的形式出现，而是以单词的形式出现的，例如"命题""数""数字""黑客""恶意代码""控制者""处理者""接收者"，这些词均为无所指名词，即没有特定地指代具体的某一个人、某一个事物或概念，因此在翻译过程中需要按照泛指名词进行处理。

另外，根据阿拉伯语的词法规则，名词或名词性短语确指强调"类别"或"个体"，泛指强调"数量"，因此，"海量数据"虽然没指明具体的数量，但显然还是侧重表达"量大"，而不是具体限定哪一些或哪一类的数据。

需要指出的是，我们不能认为所有以单独名词形式出现的词条都必须处理为泛指名词，例如，"前定说"指的是伊斯兰教的宿命论思想。虽然对应的阿拉伯语表述也是一个单独的名词，但鉴于其特殊含义，仍然应按确指处理。类似情况还有"柏拉图主义""唯名论"等等，均为表示理论和概念的单独名词，必须确指。

（2）部分词条或部分词条中的名词应该处理为泛指名词。例如，"一址多照"，据查询，该词条意为"同一地址作为二个及以上企业的住所登记注册，形成一个地址核发多个营业执照"[①]，对"一个"和"多个"这种数量的概念进行强调，而根据阿拉伯语名词的泛确指规则，强调数量时应处理

---

① https://baike.baidu.com/item/%E4%B8%80%E5%9D%80%E5%A4%9A%E7%85%A7/9167255?fr=aladdin.

为泛指名词,例如"一国两制"这一表述的官方阿拉伯语译法,就是将"国"和"制"两个名词处理为泛指的①,"一址多照"完全可以类比这样的翻译策略。类似情况还有"海量数据",由于该词条与其说是强调"类"(即数据这一类别),不如说是强调"量大",因此按照阿拉伯语名词泛确指的规律,也应该处理为泛指名词。又如第 376、377、378 号词条,据查,文中英语缩写 as 的意义为… as a service(作为一种服务的……),因此这一结构中"服务"一词在阿拉伯语中也应处理为单数泛指名词。

另外,根据语言习惯,有一些词汇可以按照泛指名词处理,但并非一定要处理为泛指名词。本系统中有很多文件名称,其中若干文件名称以"指导意见"一词为中心词,而这一中心词在部分情况下可以根据语言习惯处理为泛指名词。例如,第 656 号《关于促进和规范健康医疗大数据应用发展的指导意见》中,"指导意见"(توجيهات)的提出者并未指出,无法给出偏次,因此,译者可以泛指处理,再用介词短语表明"指导意见"的内容"关于……"。但若给"指导意见"加上冠词确指,也不违反语法规则。然而,在第 664 号《国务院关于积极推进"互联网+"行动的指导意见》中,由于"指导意见"的提出者"国务院"被指明,故译者可以非常自然地把"国务院"处理为"指导意见"的偏次,完成对后者的确指。

(3)最后,有少数特殊形式的词,也以"类泛指"的形式出现。例如,在词表中多个词条中出现了"互联网+"这一关键词,据查询,其阿拉伯语表述为إنترنت بلس,在绝大多数情况下这种表述均以确指形式出现。其中,表示抽象概念的名词"互联网"在此表述中并不带有冠词。然而根据其网络释义,"互联网+"是"一种新的经济形态,它指的是依托互联网信息技术实现互联网与传统产业的联合,以优化生产要素、更新业务体系、重构商业模式等途径来完成经济转型和升级"②。因此,可以判断该词汇中的"互联网"一词虽不含有表示确指的冠词,但意义上则依然是抽象指类的,译者暂且将其称为"类泛指"名词。

7.3.5 译入语名词单复数选择

汉语的名词鲜有数的变化,而阿拉伯语则可通过词型的变化表达"数"的概念。因此,汉语词条中的很多名词,处理为阿拉伯语时究竟选用单数还是复数形式,也是值得探讨的。

---

① 有时候在"一国两制"的阿拉伯语翻译中,会将"国"这个名词翻译为专有名词"中国"而不是普通名词"国家",因此"中国"可能处理为确指,但这种可能性对于"一址多照"是不存在的。
② https://baike.baidu.com/item/%E4%BA%92%E8%81%94%E7%BD%91%2B/12277003.

（1）根据阿拉伯语语言习惯，某些表示类别和群体的名词大多使用复数。其中表示类别的名词，如果是抽象名词并强调量多时，一般选用相应名词的确指复数形式。例如"数据风险"，英译 data risk 中"风险"一词处理为单数，但是译者将阿译中的"风险"处理为复数名词，原因如下：与很多抽象的名词一样，阿拉伯语中"风险"（مخاطر ج مخطر）一词虽存在复数形式且比较常见，但并不代表该词可数，也不真正强调"多种风险"，仅仅是抽象指类。根据语言习惯，该词的复数形式比其单数形式更常用，而且单复数形式同样表示"风险"这一抽象概念，并无本质差异。因此，第1946 号阿拉伯语翻译定为مخاطر البيانات符合译者的思路。类似的例子还有很多，词表中大量出现的"数据"一词就是典型的例子。另外，第 1243 号"平台经济"，这里的"平台"多使用复数，使用复数是为了突出这种新经济系统可以由多个经济活动单元构成。因此，在翻译过程中遵循母语者的使用习惯，采用复数。另有第 1264 号"学术研究"，这里的"研究"也通常使用复数[①]，使用复数是为了突出"研究"的数量与多样性。

（2）表示群体的名词，多为指人的可数名词，表示某类人群时也以确指复数形式出现。例如第 2241 号《消费者隐私权法案》，文中"消费者"一词，由于指代群体，在阿拉伯语中习惯用复数，因此遵循语言习惯按复数形式处理。同理，第 2239 号《儿童网上隐私保护法》，文中"儿童"一词，也由于指代群体，而采用复数形式。再如，第 981 号"开放数据使用者团队"中的"使用者"一词，虽然汉语看不出单复数，英译呈现为单数，但根据阿拉伯语习惯，此处亦表示群体，采用确指复数名词。

（3）虽然本系统中的名词以短语为主，不存在篇章性的上下文关系，但有时候相邻词条亦可形成类似上下文的关系，而这种关系有时可以帮助译者决定所涉词条的单复数。例如第 2072 号"数据安全会议"中，"会议"一词根据汉语本身无法判断单复数，但是根据该词条下方的第 2073—2078 号词条，下方是对"数据安全会议"的举例说明。因此，可以判断第 2072 号名词应处理为阿拉伯语名词或名词短语中的"指类名词"，为单数确指或复数确指。译者认为，既然第 2073—2078 号是对第 2072 号的列举，那么将第 2072 号中的"会议"处理为复数名词更为妥当。类似情况还有本系统中反复出现的"案例"，参照前后词条内容可发现，"案例"词条的下方均为同类词条的举例，因此"案例"也应处理为复数形式。

---

① http://www.alameron.com/science/?page_id=9.

7.3.6 译入语词性选择

如前所述，本系统中的绝大部分词条都是名词性短语，但是很多名词性短语中会含有各种形式的动词。虽然阿拉伯语动词和名词的区别是一目了然的，但汉语词汇的词性并不明显。因此，在中译阿的过程中，对词汇词性的确定也是非常关键的步骤。

7.3.6.1 对词条中局部词汇的词性选择

例如，本词表中大量出现的一个关键词"开放"，可能是形容词，表示"开放的"，也有可能是及物动词表示"使开放"，或不及物动词表示"成为开放的"。

在以第 859 号"开放数据"为代表的多个类似词条中，非常明显"开放"应该是形容词"开放的"(مفتوح)。译者也通过查询互联网（维基百科阿拉伯语版）确认了这一点。词组结构类似的还有以第 875 号"开放政府"为代表的多个词条。"开放"也是形容词，形容词短语形式的"开放政府"在互联网（维基百科阿拉伯语版等）中多处可见。词表中另有第 914 号"开放广东"，未见约定俗成的阿拉伯语表述，但译者可以判断其词组结构为形容词关系，意思是对外开放的广东省。借鉴"改革开放"表述中约定俗成采用的阿拉伯语词汇，选择منفتح一词。

但是，第 795 号《云南省人民政府办公厅关于重点行业和领域大数据开放开发工作的指导意见》文件名中也出现了"开放"一词，未见既有阿拉伯语译文。译者分析词组发现，只有确定名词"大数据"与其后面的动词"开放"和"开发"之间的逻辑关系后才能正确翻译该名词，这是决定阿拉伯语译文核心结构的关键。为了保证阿拉伯语译文简洁通顺，名词与两动词的关系应同为主谓或动宾。从达意上看，"开放"一词无论选用及物式构成动宾词组，还是不及物式构成主谓词组，区别并不大。但是"开发"一词，选用及物式构成动宾词组更符合阿拉伯语习惯。为了语言通畅，译者选取及物动词فتح来翻译此处的"开放"。

第 175 号"分治算法"也存在特殊之处。很明显该词组的中心词是"算法"，"分治"则是并列关系的两个动词，英语对应表述为 dividing-and-conquering algorithm。经译者检索，该词条已存在阿拉伯语对应表述 خوارزمية فرّق تسُد（维基百科阿拉伯语版），可见，这一约定俗成表述中的"分治"处理成了一个带结句的复合句，其中فرّق应该为祈使句，而تسُد则分析为祈使句的结句。根据译者的查询，所谓"分治算法"，指的是"往往先把它分解成几个子问题，找到求出这几个子问题的解法后，再找到合适的方法，把它们组合成求整个问题的解法"（百度百科"分治算法"词条）。因此，其对应的阿拉伯语表述中，即是用祈使句表示"分解"，用结句表示"解决"。这种直接用复合句给名词"算法"充当偏次的策略，是比较特殊的。

7.3.6.2 对词条本身词性的选择

虽然词表中大部分术语为名词，但也存在少数特殊情况，例如，第 300 号"数据密集型"就很明显是形容词性的，其英语翻译 data-intensive 也为形容词。因此，其阿拉伯语对应表述处理为泛指的文字正偏组合كثيف البيانات，也呈现了形容词性这一特点。

7.3.7 译入语近义词选择

近义词辨析是外语学习者和翻译工作者长期面临的一个难题，在本系统的翻译工作中，很多汉语词对应的阿拉伯语表述都不止一种，译者的任务在于选择其中最合适的译法。

（1）在很多情况下，近义词之间存在细微的差别，并非都可以准确地传达原文意思。

例如，第 1320 号《数字命运》的翻译中，"命运"在阿拉伯语中有对应的词。从词义上说，一般指真主决定的、不可更改的宿命，或者基于对人类主观能动性的承认，常用于"把握命运"等词组。因此，在翻译第 1320 号时，译者显然也应该选择此类词。

又如，同一个语义要素"变化"存在于第 1251 号"数字化转型"和第 1310 号"组织模式变革"二者中，若仔细辨别词义，第 1251 号强调的是在数字化转换、数字化升级基础上，进一步触及公司核心业务，以新建一种商业模式为目标的高层次转型，即在原有基础上做出的变化，因此动词"转型"选择相对应的阿拉伯语词 التحول。"组织模式变革"则强调废除旧的组织模式，建立新的模式，因此，动词"变革"使用相对应的阿拉伯语词 تغيير。

（2）有时近义词之间在表意上并无明显的区别，此时译者需要根据其他因素进行选择，决定因素包括常用度、语言习惯和固定用法等。

在本系统中，"金融"是反复出现的一个关键词。根据《阿拉伯语汉语词典》的收录，"金融"一词可以由مالية或تمويل表示，并没有明显区别，但是在使用过程中，名词مالية容易和形容词مالي（金融的）一词的阴性形式产生混淆，所以在翻译"金融业态""移动金融""民主金融"等词条时，使用تمويل一词。同时，译者通过观察语料也发现，母语者也多使用تمويل。

（3）阿拉伯语中还有一类意义相近的词，互为同根派生词。这类词虽然词义相近，但严格意义上来说不能算互为"近义词"。然而在翻译工作中，同根派生词和近义词一样都需要译者合理鉴别取用，此处为方便理解，也将其纳入"近义词辨析"小节中进行探讨。

例如，"数据风险"中"风险"在阿拉伯语中常见的表述有مخطر和خطر两种，两者互为同根派生词，词典释义无显著区别。

7.3.8 译入语动词选择

本系统中的术语大多为名词性短语，但是整体为名词性的短语中往往也会包含动词，而此时对动词的选择将会对短语本身的意义及各部分的逻辑关系产生不同的影响。

（1）及物动词与不及物动词的选择。由于汉语的模糊性，很多动词是否及物，需要通过观察词组中动词与名词的语法关系方能判断。例如，在第1958号"数据篡改"和第1959号"数据失真"两条的翻译中，动词"篡改"和"失真"及物与否，取决于它们和名词"数据"之间存在何种逻辑关系。结合词义可以判断，第1958号中，"数据"应为"篡改"的逻辑宾语，而在第1959号中，"数据"则是"失真"的逻辑主语。很明显，阿拉伯语译文都应选用"数据"为偏次的正偏组合，其正次为动词词根。因此，译者在1958号阿拉伯语翻译中选择及物动词"篡改"（تحريف）的词根充当"数据"的正次，在1959号阿拉伯语翻译中则选择不及物动词"成为扭曲的"（تشوه）的词根充当"数据"的正次，分别完成动宾关系、主谓关系的词组。

（2）同根派生动词使动式（常为及物式）与感应式的选择（常为不及物式）。本问题的根源依然在于中文的模糊性，但是与第（1）点相比，需要讨论对同一个汉语动词的不同处理，在第863号"数据开放"、第868号"数据开放统一平台"、第870号"政府数据开放评价机制"等词条中，"数据"和"开放"之间在逻辑上呈现出的则是一种主谓关系，因此此处"开放"对应阿拉伯语的感应式动词"成为开放的"（انفتح）。

7.3.9 短语结构调整规范

由于各语言语法规则不同，表达同样意义的句子和短语中的语法成分自然也不一样。如何根据不同的语法规则，运用不同的短语结构正确有效地传达词条原意，是译者在工作中经常需要面临的问题。

（1）部分词条存在既有译法，且与本系统中的汉语表述存在词组结构差异，此时应采纳既有译法。

例如，第 1967 号"'邮件门'事件"中，汉语名词结构与阿拉伯语语言结构存在差异。出于对原文的尊重，译者将短语结构加以调整，以适应阿拉伯语的语言结构。

又如第 2051 号"数据主权（政治）"和第 2053 号"数字主权"两条，汉语结构是一致的，约定俗成的英语表述结构也一致，分别为 data sovereignty 和 digital sovereignty。从阿拉伯语的结构来说，"数字"一词的形容词非常常用，也常在诸如"数字时代""数码相机"等短语中作定语，因此"数字主权"短语采用形容关系是十分自然的。"主权"(السيادة) 一词加上定语的词组很常见，除了"数字主权"(السيادة الرقمية)[①]外还有"网络主权"(السيادة السيبرانية)（维基百科阿拉伯语版）等。但是"数据"一词常用复数，一般不派生为形容词性，因此"数据主权"不可采取形容关系的词组形式。此外该术语含义为"一个国家对本国数据进行管理和利用的独立自主性，不受他国干涉和侵扰的自由权，包括所有权与管辖权两个方面"[②]，理论上也不可简单采取正偏词组的模式，而应该引入介词短语的模式，表述为"（国家）对数据的主权"。然而，我们检索后发现已有阿拉伯学者在文章中使用数据主权的表达，采用的是正偏词组的模式。鉴于科技术语语言简洁的特点，此举也在情理之中，况且科技术语作为一种"行话"，其各个词素间的逻辑关系对于普通读者来说难以达到一目了然，也是很常见的事情。因此，第 2051 号词条借用已存在的译法。

（2）对于未见阿拉伯语既有译法的名词，应根据需要形成词组复合结构，即在词组中根据需求生成各种次要成分。

例如，第 504 号词条"国家数据主权"包含了与上文所述第 2051 号一致的"数据主权"四个字，是否能够在阿拉伯语翻译中保留第 2051 号的阿拉伯语翻译呢？根据相关资料，显然，"国家数据主权"指的是国家对数据行使的所有权和管辖权[③]。如前所述，第 2051 号"数据主权（政治）"是因为采纳了互联网上已有的对应阿拉伯语表述，因而简化为一个正偏词组，然而第 504 号表述未见约定俗成的阿拉伯语翻译，译者需要根据术语的基本含义自行翻译为"国家对数据的主权"(السيادة الوطنية على البيانات)，即引入介词 على，形成形容词词组与介词短语的复合结构。

---

① https://www.aleqt.com/2019/11/30/article_1721901.html.
② https://wiki.mbalib.com/wiki/%E6%95%B0%E6%8D%AE%E4%B8%BB%E6%9D%83.
③ http://cdmd.cnki.com.cn/Article/CDMD-10140-1019202367.htm.

类似情况还有第 498 号"制度信任"、第 499 号"技术信任"。这两个汉语表述显然是经过省略的，原意为"基于制度或技术的信任"。根据英语译文，译者发现，第 498 号表述为"基于制度的信任"，而第 499 条则简单地表述为 technology trust。由于上述两词条均未见对应的阿拉伯语表述，我们需要自行翻译。在实际处理中，我们不追求简洁而将两者均加上介词短语，表述为"基于……的信任"。

同样需要调整结构的还有第 507 号"主权区块链"。该词条未见约定俗成的阿拉伯语表述，据译者查询，"主权区块链"为 2016 年 12 月 31 日贵阳市人民政府新闻办公室正式发布《贵阳区块链发展和应用》白皮书创造性提出的新概念，其含义为："区块链技术的发展必须在国家主权框架之下。"①基于这样的释义，阿译处理为 تسلسل الكتل في إطار سيادة الدولة，通过引入介词 في，给"区块链"加上一个时空状语，表示在某某范围内。

同样形成时空状语的还有第 630 号"数据强国"。由于汉语的模糊性，难以判断该词组的逻辑关系。参考英语译文可知，词条意为"数据方面的强国"。因此，阿拉伯语译文中在"数据"前加介词 في，处理为时空状语。

此外，通过引入介词 ب 形成状态状语的词条也有若干，如第 929 号"治理数据化"，英译处理为形容词短语 datalized governance。可见"数据化"一词也是从"数据"派生的新词。但是如前文所述，阿拉伯语的"数据"一词至今未见这样的派生用法，还只能作为一个名词使用。因此，本词条应采取复合结构。词条的含义"治理数据化"是指通过数据来达成治理，因而可以认为"数据"是"治理"的一种媒介，在阿拉伯语词组中，"治理"为中心词，引入介词 ب 形成状态状语"通过数据"，得出译文 الحوكمة بالبيانات。

又如第 1919 号词条"网络执政"，未见约定俗成的英语和阿拉伯语对应表达。译者查询了其汉语释义："通过互联网联系群众、凝聚民心、开展工作，形成一种普遍现象，成为衡量执政水平的重要手段。我们把这种现象叫做'网络执政'。"（百度百科"网络执政"词条）由此可见，在该名词中"网络"是"执政"的一种手段和媒介，因此"网络"加上介词 ب，处理为"通过网络"。

除了状态状语，还可能形成原因目的状语，如第 1391 号"知识付费"。据译者查证，释义为："知识付费的现象主要指知识的接收者为所阅览知识付出资金的现象。"（百度百科"知识付费"词条）因此，虽然该词条的英语表述和中文一样均由"知识"和"付费"两个词组成，但实际意义却是

---

① http://www.cbdio.com/BigData/2017-05-20/content_5522810.htm.

"为知识而付费"。因此，阿拉伯语译文中引入介词لـ，将"知识"处理为"付费"的原因目的状语。

还有个别次要成分的形成需通过引入介词以外的方式进行处理。例如，以形成区分语的方式构词：第 1564 号"传统金融业务电子化"中，"电子化"的表述在阿拉伯语中不便采用定语，因为根据阿拉伯语语法，"电子化的"一词无法派生类似英语-lized 的词形。为达意，只能将该词处理为泛指宾格，后置成为区分语إلكترونيا الأعمال المالية التقليدية。

最后，还有部分词组意义较复杂，其译文可能需要添加不止一个次要成分。例如第 1263 "痛客经济"，其汉语意义与词组逻辑结构均难以判断，结合英语译文，可知为"寻找痛点的经济"（Pain-Point Seeker (PPS) Economy）。根据此释义，显然"经济"在阿拉伯语译文中也应该为中心词，在此基础上添加主动名词طالب（寻求的，寻求者）作定语，并辅以该主动名词的宾格宾语نقطة الألم（痛点），完成词组翻译。

又如第 1461 号"货币本质观"，从汉语词组来看，难以判断其中"货币""本质""观"三者之间究竟是怎样的逻辑关系。经参考其英语对应表达(Marx's) view of essence of money，可知其词义为"（马克思）对于货币本质的观点"，因而可以得出译文وجهة نظر ماركس لطبيعة العملة。

（3）另有部分词条在从汉语翻译为阿拉伯语时，必须采用复合结构或辅以解释性手段方可达意。例如，在第 1964 号"数据滥用"和第 1965 号"数据误用"的阿译中，"滥用"与"误用"两词无法分别以一个阿拉伯语动词来对应，因而为了完整有效地达意，必须以词组的形式翻译上述两个动词。

又如第 1313 号"组织扁平化"中的"扁平化"，也不能简单地用一个阿拉伯语动词来对应。经查询可知，该词条是指："在传统层级结构的基础上，通过计算机实现信息共享，不必通过管理层次逐级传递，从而增强组织对环境变化的感应能力和快速反应能力。"（百度百科"组织扁平化"词条）因此，所谓"扁平化"实际上就是对组织层级的优化，减少不必要的传递，最后将该词条译为تقليل المستويات التنظيمية（层级减少）。

再如第 1269 号《数字经济展望 2017》中的 2017 实际上指的是 2017 年发布的《数字经济展望》报告，在译文中为了避免歧义，故应补充"2017 年"（لعام 2017）的相关信息，使阿拉伯语表达更加清楚。

（4）有部分词条虽未见对应阿拉伯语表述，但可以通过类比确定其词组结构，确定其译法。

例如第 1318 号"数字圈地"，这里的"圈地"借用了英国历史上的"圈地运动"一词,"数字圈地"就是指让人在不知不觉间接受商业公司的逻辑与理念。从认知语言学的角度来看,"圈地运动"和"数字圈地"之间在性质上存在着相似性,因此在翻译"数字圈地"时,沿用了"圈地运动"的相关表述,译为التسييج الرقمي,该译法与英语的译法也一致。

类似的翻译还有如第 525 号"主权数字政府"等。"主权政府"存在相应的阿拉伯语固定表达。因此可在此基础上加定语"数字的"以表述为الحكومة الرقمية ذات السيادة, 予以采纳。

第 1918 号"虚拟政治学"中,英语的表述采纳的是 Virtual Politics。阿拉伯语对应表述为结构类似的词组السياسة الافتراضية[①]。

一些中国特有的机构名词,如第 1342 号"北京大数据交易服务平台"至第 1357 号"贵阳大数据交易所",其结构形式基本为"地点+属性/用途/功能+中心词",我们根据阿拉伯语母语者的使用习惯翻译时处理为"中心词+地点+属性"的结构形式,如منصة بكين لخدمة تداول البيانات الضخمة,以利于阿拉伯语母语者理解意思。

7.3.10 音译与外文字符的保留

由于英语的强大影响,现代世界中很多非西方语言甚至除英语外的其他西方语言也都或多或少地受到了英语的语言侵入。英语的渗透通常通过词汇音译和保留英语字母缩写两种形式进行。现代阿拉伯语也是如此,在大量使用英语等西方语言的科学技术领域,外来词的存在更是顺理成章。

(1) 对英语等外来词采用音译法。本系统中虽然整体采用音译法的词条有限,但有很多反复出现的关键词采用了音译的方式。

例如,形容词"自动(化)的"(أوتوماتيكي)是对英语 automatic 的音译,形容词"电子的"(الكتروني)是对英语 electronic 的音译,名词"物流"(لوجستية)是对英语 logistics 的音译,名词"议程"(أجندة)与 agenda、"代码"(كود)与 code、"档案"(أرشيف)与 archive 之间,也都存在显而易见的关联。此外,还有部分抽象名词如"自由主义"(الليبرالية)、"民主"(الديمقراطية)等,也是明显的英语音译。然而,以上词汇虽源自英语,但均已完成"阿拉伯化",即其词形和性数格式的变化均已与其他阿拉伯语词汇无异。

本研究中还有很多也源自英语的音译,却并没有完成词汇的"阿拉伯化"。这些名词的词形和性数格式的变化均不符合阿拉伯语语法的要求,或者说谈不上性数格式的变化。此类音译外来词中最典型的是各种人名地名

---

① https://elwatnalakbr.com/%D8%A7%D9%84%D8%B3%D9%8A%D8%A7%D8%B3%D8%A9-%D8%A7%D9%84%D8%A7%D9%81%D8%AA%D8%B1%D8%A7%D8%B6%D9%8A%D8%A9/.

的音译，本研究中含有一部分，在此不展开论述。除了人名地名外，一些组织、企业和品牌的名称也以此方式进行音译，如 APEC、Facebook、Apple、京东、新浪微博、微信等。

此外，还有一些与学科和技术相关的新词也采取这一翻译方式进行，如"因特网/Internet""千兆/gigabyte""晶体管/transistor"等。同样归于此类的还有第 1294 号《机器人启示录》。这是一部美国科幻电影，原文 *Robopocalypse*，正如前文在"书名的翻译"小节中所述，该词其实是不可译的，因此译者采取了音译附带解释性短语的方法，总之，对不可译的 *Robopocalypse* 一词本身，只能采取音译法。

关键词音译的现象比较常见，某些名词翻译采用了音译与意译相结合的翻译策略。例如第 554 号"场景应用"，英语翻译为 LiveApp。从检索中我们发现其对应的阿拉伯语表述为 تطبيق لايف，而且在互联网中普遍使用。该约定俗成的阿拉伯语表述采取了局部音译的翻译策略，即 App 采取意译，对应 تطبيق，而 live 则采取音译，对应 لايف。

第 1968 号"'棱镜门'事件"，对应的阿拉伯语表述为"'PRISM' فضيحة"，也是采取的部分音译、部分意译的方法。

还有第 260 号"元分析"，对应表述为 ميتا تحليل。可见"分析"一词为意译，"元"的表述则采取了 meta 的音译，这也是音译意译相结合的思路。

又如，第 1846 号"网络空间"和第 1848 号"赛博空间"，很可能本来就是同一个英语术语 cyberspace 的两种汉语表述，第 1846 号将 cyber 意译，第 1848 号则音译。经查证，cyberspace 在阿拉伯语中也同样有两种翻译思路，与中译一样，space 一词在阿拉伯语中译为"空间"（فضاء），cyber 则有音译（السايبر）与意译（الالكتروني، الانترنت）两种处理方式[①]。由此可以看出，cyberspace 一词在中、阿两种语言中均有两种翻译思路，两种阿拉伯语表述均可成立。

除了上文所述的"赛博"一词之外，我们研究中还存在其他词汇音译意译两种策略混用的情况。例如，第 1849 号的"网民"多在阿拉伯语中表述为"因特网的用户"，而且还多为复数形式（مستخدمو الانترنت）。但是在本研究的词表中，"网民"对应的英语表述为新词 netizen，是将"网络"与"公民"两词合二为一得来的。译者查证后发现，netizen 一词已有不止一个对应的阿拉伯语表述，其中有音译为 نزنتي 的，也有意译为"因特网公民"（مواطن الانترنت）的（维基百科阿拉伯语版），还有用"网络"一词替代"因

---

① https://dictionary.reverso.net/english-arabic/cyberspace.

特网"后译为"网络公民"(مواطن الشبكة)的①。译者认为以上几种处理方式均可成立。

但是，也有个别词汇虽存在音译意译两种策略，但译者经过鉴别最终放弃了其音译策略。例如，本研究中多次出现的关键词"区块链"，互联网中多见其音译的表述，其中有بلوكشين、بلوكشاين、بلوك شين等多种形式，可见这种表述还不够成熟。而且根据维基百科阿拉伯语版和一些其他网站，其意译的表述更常见而且形式非常统一。从目前来看，虽然其音译形式也已经为阿拉伯人所接受，但显然其意译表述更为成熟，因此译者采纳后者。

（2）在一部分词条的翻译中，选择保留部分外文字符或外文缩写，不仅更加符合语言习惯，而且有利于提高交流效率。

例如第 1971 号"iCloud 泄露门事件"的 iCloud 就没必要翻译，也不可译，因为包括汉语和阿拉伯语在内的很多非西方语言中，iCloud 都是保留原来的英语形式，不予翻译，也不妨碍交流和理解。

又如本研究中收录的大量数据库名称，根据阿拉伯有关人员的使用习惯，对英语名词予以保留也是非常合理的，例如第 2426 号 Spanner，翻译为阿拉伯语时仅需加上"数据库"一词，将英语 spanner 作为同位语即可。一些算法的名称也只能根据习惯保留英语原文，例如第 250 号"KNN 法"，译者发现既有的阿拉伯语对应表述就是将"法"对应为خوارزمية（算法），并保留 KNN 这一英语缩写，或者写出其全称 K-Nearest Neighbor。

再如第 253 号"K-Means 聚类"也是算法的名称，经译者查询，互联网多见其保留了英语名称的阿拉伯语表述，仅将"算法"一词表述为阿拉伯语即可。第 254 号也是同样情况。这种保留数据库和算法英语名称的策略在其他语种中也是比较常用的翻译方法。

还有一些缩写虽然可以翻译为阿拉伯语，但实际操作中，还是直接使用其缩写简称更加符合习惯，如 O2O、P2P 等。考虑到这一点，译者在这两个词首次出现时予以翻译，随后直接使用简称。另有一些品牌的名称如 IBM、ZTE（中兴）等，在阿拉伯国家家喻户晓，因而其品牌的英语缩写已被阿拉伯语国家所接受。

最后，还有少数特殊表达，如第 1770 号"智慧医疗"，经查询，"智慧医疗英文简称 WITMED，是最近兴起的专有医疗名词，通过打造健康档案区域医疗信息平台，利用最先进的物联网技术，实现患者与医务人员、医疗机构、医疗设备之间的互动，逐步达到信息化"（百度百科"智慧医疗"

---

① https://www.almasryalyoum.com/news/details/1311730.

词条）。该词条英语全称为*Wise Information Technology of 120 (WIT120)。可见，这一概念的中英语表述之间并没有严格的字面对应关系。我们在阿拉伯语表述中也采取灵活处理的方式。

（3）由于本系统中收入了大量源自汉语的词条，在翻译中也出现了很多汉语词汇的音译情况。例如第 679 号词条中出现了"大智移云"的说法，译者经查询发现该表述的含义是："将大数据、云计算、物联网综合到一起的时代。云计算、大数据等信息技术交融渗透，不仅改变着人们的生活，也有望掀起新一轮产业变革。"（百度百科"大智移云"词条）可见，"大智移云"其实也是个简称，类似英语中首字母缩写的效果。从翻译锚百度百科中译者还得知，"大智移云"的概念是在 2013 年 8 月中国互联网大会上提出来的，那么该表述的原文是汉语，因此译者认为，可以将其音译，这一思路与保留英语缩写的思路是趋同的。

7.3.11　中国特色词的阿拉伯语表述

本系统中含有大量具有中国特色的表述。这些名词尚不存在既有外文译法。这就要求我们在进行创新性翻译时对这些长词串的名词进行点对点的研究。这对译者的知识背景和语言技能两方面都提出了很高的要求。

（1）中国特色名词中有一类以社会时事为背景，这类名词一般不存在对应的阿拉伯语表达，只能由译者根据字面意义酌情进行翻译。我们认为，这类表述实际应该带有一定的释义，否则意义依然模糊。在处理专有名词时，音译策略比较适用。但单纯的音译所传达出的意义还是不明确的。我们在阿拉伯语翻译时对上述词条进行了释义的补充，以便阿拉伯受众能够理解这类名词表达的意思。

类似情况还有第 1718 号"最多跑一次"。这是管理机构为便利大众的一次改革，为明确达意，也必须采取解释性并列语的策略阐明词义。

本系统中还含有一些国内各种平台的名称，如第 1845 号"货车帮"。经译者查询，货车帮是"中国最大的公路物流互联网信息平台，建立了中国第一张覆盖全国的货源信息网，并为平台货车提供综合服务，致力于做中国公路物流基础设施"[①]。此外，根据"货车帮"的官网信息，其品牌的英语名称为 Truck Alliance，因此"帮"应该理解为"联盟、团队"，译者将其品牌名称处理为"货车联盟"，再注明其为物流平台，完成译文"تحالف الشاحنات (منصة لوجستية)"。

---

① http://www.huochebang.cn/about#hash_company_introduction.

（2）一些中国企业名称，适当采取音译，或音译与意译相结合的形式。企业名称是专有名词，企业习惯在阿拉伯语国家使用阿拉伯语音译，或者直接采用汉语拼音的形式。我们在翻译时，若想在名称中对企业类型有所透露，则可以采取音译意译结合的方式。例如，第1545号"宜人贷"，参照英语译法，可按照其汉语拼音译成ييرنداي，并在后面加上其汉语拼音作为注释；同样的例子还有第1582号"融360"等。但对第1586号"格上理财"翻译时，我们发现该名词指的是一家理财公司，"格上"翻译可采用音译，理财则采取意译的方式，因此整个词条可译为شركة قشانغ لإدارة الأموال；同样的例子还有第1587号"91金融超市"等。

（3）具有中国特色的词条中还有一类，即反映中国古代历史文化的词条。鉴于古汉语高度的省略性，译者在翻译时大多不能根据词条的字面意思进行翻译，而应该首先查询词条含义，做到透彻理解，再进行翻译。

又如第2439号"程朱理学"是儒家学说的一个流派，在英语等外文中往往表述为"新儒学"，在阿拉伯语中亦是如此，因此在该词条的翻译中，应该附加一个同位语"新儒学"，译为مدرسة تشانغ تشو-الكونفوشية الجديدة。

第2441号"阳明心学"已有对应的阿拉伯语表达مدرسة يانغ مينغ للعقل（查询自维基百科阿拉伯语版）。由此可见，"阳明心学"中的"心"译为العقل。这个译法可以指导我们对第2440号"心即理"的翻译。据查询，该词条的含义为："心"即"本心"——"本原之心""本质之心"。我们的心灵本质原是等同于道的，所以说"心即理"，"理"就是"道"。[①]因此，该条可以译为العقل هو المبدأ (فلسفة وانغ يانغ مينغ)。

7.3.12 高频语素的系统化翻译

7.3.12.1 "……观"

"……观"语素表示对某一问题的看法或观点，例如第887号"共享观"、第1100号"大数据技术观"、第1461号"货币本质观"、第2066号"网络安全观"、第2067号"数据安全治理观"，以及第2483号《人类中心主义：一种现代观》，等等。上述名词译者均未在阿拉伯语中找到对应的表达。但我们可以根据汉语词义对其进行判断，将上述"某某观"处理为同一种结构。经检索，我们在互联网中找到了结构类似的词组"基督教的原罪观"（وجهة النظر المسيحية للخطية）（维基百科阿拉伯语版），后续可以按照此结构处理上述名词。

---

① https://new.qq.com/omn/20190319/20190319A0PKD8.html.

至于第 2483 号的书名《人类中心主义：一种现代观》，译者经查询后得知汉语为译文，该词条中的"观"是译者在外文原著名的基础上增加的，此处在翻译成阿拉伯语时遵循原著的表达方式，"观"字没有译出，处理为مركزية الإنسان: نسخة حديثة。

7.3.12.2 "无人……"

本系统中以"无人……"结构表示智能技术的词条共四个，分别为"无人银行""无人驾驶""无人超市""无人零售"。

对于第 1190 号"无人银行"的翻译，阿拉伯语不应采取字面对照性翻译方法，可以对照英语对应的中文表述"自助服务银行"。译者查询到多个阿拉伯银行网站上存在"自助服务系统"(نظام الخدمة الذاتية)、"自助服务仪器"(جهاز الخدمة الذاتية) 等阿拉伯语表述①，那么，有理由推论，"自助服务银行"可以仿照上述词组结构进行表述并处理为بنك الخدمة الذاتية。

在第 1399 号"无人超市"中，我们经搜索后发现，"无人超市"在互联网中没有阿拉伯语表述。阿拉伯语中"无人……"语义除前文所述的处理方式外，还有一种以定语方式表达的类似英语的 unmanned 的处理方式。例如"无人宇宙飞船"（维基百科阿拉伯语版）就采用这种模式。经查询，可用于表示"无人超市"的阿拉伯语定语词组表述是سوبرماركت غير مأهول，予以采纳。

第 1830 号"无人零售"，英语对应表述为 unmanned retail。经查证，已存在阿拉伯语的表述，也类似"无人宇宙飞船"的词组结构，予以采纳。

总之，在词素"无人……"的表述中，虽然"无人"的含义基本一致，但翻译方法却各不相同。作为翻译者，我们需要以目标语的语言特征和语言习惯为基准判断选项。

7.3.12.3 "自动（化）"

我们的研究中有多个词条含有"自动""自动化"等关键词。

"自动化"一词，根据词条不同意义，可能是名词，表示一门学科，也可以是形容词，表示与这门学科相关的。例如，在第 1429 号"自动化工程师"中，"自动化"为名词，译为الأتمتة。类似情况有第 1210 号中的"自动化系统"，两者均指称学科名称。

第 1661 号"自动化办公系统"和第 1825 号"智能办公室自动化系统"中，"自动化"已存在对应阿拉伯语表述أتمتة المكاتب（维基百科阿拉伯语版），

---

① https://www.alahli.com/ar-sa/personal-banking/banking-and-e-services/Pages/Self-Service.aspx.

予以采纳。

第 2268 号"行政机关电子计算机自动化处理个人数据保护法"和第 2332 号"个人数据自动化处理中的个人保护公约"中,"自动化处理"的"自动化"则是形容词,译者选用符合阿拉伯语特征的选词。

实际上,上述几个词条中的名词الأتمتة和形容词الأوتوماتيكي之间存在同根派生关系。

除了"自动化"这一名词外,"自动"这一关键词在词表中也多次出现。例如第 90 号"自动控制系统"已存在阿拉伯语对应表达التحكم الآلي[①],予以采纳,从认知语言学的角度看,第 90 号"自动控制系统"与第 1767 号"自动车辆控制"存在相似性,前者可以指导后者的翻译。

实际上,阿拉伯语الآلي和الأوتوماتيكي从词典释义来说区别并不显著,甚至还互为同义词,只是从词源上看,前者为英语 automatic 的音译词,而后者为阿拉伯语词汇。

最后,含有"自动"关键词的还有两个特殊情况,即第 208 号"自动机"和第 1766 号"自动驾驶汽车"。两者在互联网均存在对应的阿拉伯语表述,同样把"自动"处理为定语,只是"自动机"中采用الأوتوماتيكي一词(维基百科阿拉伯语版),而"自动驾驶"中则采用了相当于英语 self 的ذاتي一词。

因此,从上面的分析可以看出,"自动(化)"的译文选择标准首先采用的是阿拉伯语的既有表述,然后才考虑采取其他翻译方式。这种以目标语为导向的翻译原则的根本在于实现目标语翻译的本土化。

7.3.12.4 "数字(化)"

本系统中有大量词条含有"数字"二字,其中很大一部分是形容词,表示"数字的"或"数字化(的)";也有部分是名词,表示"数字"这一概念或"数字化"这种性质。下面分情况讨论。

1. 名词

本系统中第一次出现这一关键词是在第 269 号"数字"中,此处词条与本节检索的关键词是等同关系。该词条的英译为 digit,因此阿拉伯语译为رقم——该词一般指具体数字或号码。

此外还有一些词条看似由第 269 号延伸而来,如第 270 号"文字数字"和第 271 号"符号数字"。经查证,与第 271 号不同,第 270 号"文字数字"

---

① https://www.mechanics-tech.com/2013/11/blog-post.html.

已有固定译法الأبجدية الرقمية（维基百科阿拉伯语版），字面意义为"数字的字母表"，与英语 alphanumeric 基本对应，译者予以采纳。

需要指出的是，与第 269 号存在可比之处的是第 268 号"数"。该词条英译 number，那么阿拉伯语译为عدد——该词一般用于表示数、数词的概念更加合适。从第 268 号进行延伸，可得到第 272 号"数制"、第 273 号"序数"和第 282 号"万物源于数"中的"数"均可以处理为عدد。

2. 形容词

本类型中很多词条可以把"数字"处理为定语"数字的"，例如，第 283 号"数字本体论"、第 525 号"主权数字政府"、第 526 号"主权数字货币"、第 562 号"数字劳动"、第 570 号"数字轨迹"、第 1654 号"数字公民"等，实际上均为形容词词组"数字的……"。我们可以处理为与被修饰语阴阳性、泛确指一致的形容词رقمي。

本类型中有部分词条"数字"意为"数字化（的）"，如第 580 号《数字（化）议程》、第 600 号《数字（化）战略 2025》、第 602 号《数字化路线图》、第 1252 号"产业数字化"、第 1414 号《G20 数字化路线图》等等。由于阿拉伯语的形容词不存在 digital 和 digitalized 的区别，故此类词条处理方法与上一种类型趋同。

3. 动词词根

在阿拉伯语中，虽然"数字化"作为形容词基本与"数字的"共用一词，但"数字化"作为动词却有专门的动词رقمن来表示，相当于英语 digitalize。因此，第 1252 号"产业数字化"中的"数字化"，就用上述动词的"词根"形式来表示，相当于英语的 digitalization。

7.3.12.5 "……治理"

本系统中含有"治理"一词的词条也为数不少，根据其宾语搭配的不同情况，可分成以下类别。

1. "互联网治理"及类似情况

本类词条均可以词表中第 496 号"互联网治理"为参考模板。根据维基百科阿拉伯语版，"互联网治理"已存在阿拉伯语对应表述，其中"治理"一词采用动词حوكم的词根，相当于英语 governance。可以以此为参考模板，以同样的方法处理第 642 号"互联网全球治理体系"、第 937 号"网络综合治理体系"、第 1914 号"国际互联网治理"、第 1915 号"全球网络空间治理"、第 1942 号"联合国互联网治理论坛"、第 1943 号"互联网治理工作组"、第 2069 号"国际互联网治理体系"等等。

2. 结合上下文的其他处理方式

虽然"互联网治理"的既有阿拉伯语表述中把"治理"一词译为حوكمة，但若因此将所有的"治理"均作此处理也是不妥的，本系统中其他一些含有"治理"这一关键词的词条，应根据上下文的需要，选择其他的动词。

例如，第 898 号中的"《社会治安综合治理基础数据规范》国家标准"中虽然也含有"治理"关键词，却明显与"互联网治理"的意义有所区别，其逻辑宾语为"社会治安"，表示对社会秩序的管理和维护，因此，根据阿拉伯语的表达习惯，选择动词إدارة更为合适。

再如，第 1054 号"提升政府治理能力大数据应用技术国家工程实验室"，也含有"治理"一词，但其逻辑主语为"政府"，因此，根据阿拉伯语表达习惯，选择动词حكم更为合适。

7.3.13 新词迭代

随着时代的发展，语言需要描述和阐释越来越多的新事物和新现象。语言的生命力在于能不断地自我更新。在大数据名词的翻译中，我们观察到词汇更新现象主要有两种：老词新用和新词产生。在进一步展开论述前，有必要交代一下界定"新词"与"老词"的标准：我们是以现阶段国内通用度最广的纸质词典《阿拉伯语汉语词典》（北京大学出版社，2008 年）为标准来判断的，未收入在该词典的词汇，译者界定为"新词"，未收入在该词典中的释义，译者界定为"新用"。

7.3.13.1 老词新用

为了交流和理解的方便，"老词新用"是常见的用法，因为完全从无到有地"发明"新词去描述和阐释新事物新现象是不实际的，而是采用给"老词"赋予新的意义的方式。

本系统中反复出现的一个关键词"智能"和"智慧"便是如此。"智能"有可能是名词，如第 403 号"人工智能"、第 416 号"群体智能"，也有可能是形容词，如第 418 号"智能经济"、第 419 号"智能农业"、第 420 号"智能物流"等等。"智能"的概念已经产生多年，互联网多见其对应的阿拉伯语表述，其中名词为ذكاء，形容词为ذكي，可见两者互为同根派生词。根据译者的判断标准，该名词属于"老词"范畴，原意为"聪明、聪明的"，相当于英语单词 intelligence 和 intelligent，和这两个英语单词一样在新的时代被赋予了新的含义。

"数字"这一关键词亦是如此。阿拉伯语رقم属于"老词"，本意为"号码",多指门牌号或电话号码。"数码相机"诞生后,该词的形容词形式رقمي被用来表示"数码的"这一新兴概念,相当于英语 digital 一词。在本系统中,"数字"基本以形容词形式出现,上文中已对这个关键词有过探讨,本节不再赘述。

近年来,在很多语言中,"云"这个词被赋予了新的意义,阿拉伯语的سحاب一词也不例外。在本系统中,"云"的概念存在名词和形容词两种形式,其中取名词形式的非常多,如第 380 号"私有云"、第 396 号"教育云"等等,未见有对应的阿拉伯语表述。但很显然其中"云"为名词。取形容词性的有第 374 号"云计算"(الحوسبة السحابية)。该词条已有约定俗成的阿拉伯语表述(维基百科阿拉伯语版)。根据认知语言学视角,译者认为第 551 号"云脑时代"词条中"云"也应处理为形容词。

在表述一些算法名称时,"聚类"一词数次出现,例如第 251 号"聚类分析"等。这显然是一个新的概念,但经译者查询,已经存在对应的阿拉伯语表述عنقود。这属于"老词"范畴,原意为一嘟噜果实(如葡萄)或一群密密麻麻的昆虫(如蜜蜂),因此这也是比较典型的老词新用。然而,值得注意,عنقود一词的老词新用仅针对 cluster。本系统中收录的第 253、254 号,对应出现的是英语的 clustering(聚类)概念。我们在阿拉伯语翻译中保留英语原文。这一点我们已经在 7.3.10 节中讨论过。

部分专业性较强的词条中出现的抽象概念也采用老词新用的思路进行表达。例如第 2020 号"空域隐秘技术",互联网未见对应阿拉伯语表达。根据对汉语和英语的关键词检索可以发现,该词条中"隐秘"的有关表述为الشبح(影子)或التخفي(消失,被隐藏)[①],这很明显是老词新用。经咨询有关专家后得知,"域"的对应阿拉伯语表述实际是对نطاق(范围)一词的老词新用。在第 2021 号"变换域隐秘技术"中也可以借用上述关键词。但是"域"这个概念在第 98 号"时域分析方法"中的对应表达则是مجال(方面)。该表述在维基百科阿拉伯语版和其他网络文章中多见,译者予以采纳。

此外,根据专家意见,在第 1985 号"数据容错"和第 1986 号"数据容灾"中,"容"的对应表述为تسامح(宽容,原谅),也是采用赋予老词新义的方法。

---

① http://group73historians.com/%D9%85%D9%82%D8%A7%D9%84%D8%A7%D8%AA-%D8%B9%D8%B3%D9%83%D8%B1%D9%8A%D8%A9/871-%D8%A7%D9%84%D8%AA%D8%AE%D9%81%D9%8A-%E2%80%93-%D8%AA%D9%83%D9%86%D9%88%D9%84%D9%88%D8%AC%D9%8A%D8%A7-%D8%A7%D9%84%D8%AC%D9%8A%D9%84-%D8%A7%D9%84%D9%82%D8%A7%D8%AF%D9%85-stealth-technology-of-next-generation.html?showall=&start=3.

"算法"这一关键词是随着计算机科学的发展应运而生的术语。该词的阿拉伯语对应表述在工具书与互联网中十分常见，为خوارزمية。阿拉伯语خوارزمية既不是新词，也不是外来语，而是源于古代中东的一个国名"花刺子模"(خوارزم)。至于为什么"花刺子模"这一古代地名会与"算法"这一新兴概念发生联系，经译者查证，归因于中世纪一位被誉为"代数之父"的数学家穆罕默德·本·穆萨·阿尔·花剌子密①。该学者的拉丁名为"阿尔戈利兹姆(Algorismus)"，根据维基百科 algorithm 的有关词条，Algorismus 正是 algorithm 的词源，那么"算法"的阿拉伯语表述就自然源于该学者的阿拉伯语名"花剌子密"了。这是译者在翻译本名词过程中发现的一个很有趣的事情。

7.3.13.2 新词产生

为很好地阐释新概念、了解新事物，很多创新词汇出现了。随着科技的发展，光靠既有的词汇终究不够，新概念的表达需要新词汇的引领。在约定俗成的阿拉伯语表述中，就出现了很多新词。根据《阿拉伯语基础语法》（北京外国语大学阿拉伯语系《基础语》编写组，外语教学与研究出版社，1992）第一册动词部分的论述，为阐释新事物、新现象而出现的新词，通常以"四母简式"动词的形式出现。本系统中的新词也不例外，以上述"四母简式"动词形式或以此动词为根源的新词时有出现。

在上文已经探讨过的含有"自动（化）"关键词的词条中，第 1429 号"自动化工程师"就是一例。其中"自动化"为学科名词，名词词性，为一个"四母简式"动词的词根أتمتة②。从这一动词的基本字母أتمت（即 a t m t）来看，可以判断它源自英语词汇 automatic，而根据前文关于"自动（化）"关键词的探讨，它也的确来自英语词汇，只是四母简式动词的形成说明这一外来词完成了较深层次的"阿拉伯化"。其词根的出现则起到了抽象名词的作用，例如第 1429 号"自动化工程师"词条中的学科名称对应的是英语 automation。

"数字化"这一关键词也在上文有过探讨。本系统中含关键词"数字化"的词条中，第 1252 号"产业数字化"的"数字化"也是一个指代动作的抽象名词，对应英语的 digitization。"数字化"对应的阿拉伯语表述也是一个

---

① 穆罕默德·本·穆萨·阿尔·花剌子密（780—850）出生于波斯帝国大呼罗珊地区的花剌子模。著名波斯-塔吉克数学家、天文学家、地理学家。代数与算术的整理者，被誉为"代数之父"。1973 年世界天文联合会以阿尔·花剌子密的名字命名了月球上的一处环形山。

② 阿拉伯语词法学术语，表示动词的"动名词"形式，大致相当于英语动词的-ing 或-zation 形式。

新兴的四母简式动词رقمن，显然源自数字رقم，其动名词形式رقمنة对应英语的digitization。但需指出，上述抽象名词رقمنة不便再直接派生形容词表示"数字化的"。因此，在诸如第1289号"数字化虚拟人"中，形容词"数字化的"与诸如第627号"数字经济"和第628号"数字政府"中形容词"数字的"相同。换言之，阿拉伯语的形容词并不能体现英语digital和digitalized的词形区别。

表达"编程"这一新兴概念时，首先需要明确名词"（电脑）程序"的说法。"程序"属于老词新用的范畴，阿拉伯语برنامج原意为计划、议程、（电视、广播）节目等，后来又被赋予了（电脑）程序的词义，大致相当于英语的program。当"编程"的概念产生时，英语program一词可以直接作为动词使用，阿拉伯语词法则不允许这种词性的转换，因此从برنامج中提取四个字母形成四母简式动词برمج，近年来该词已经广泛使用。

本系统中"治理"的概念大多对应英语governance一词，该词与"政府government""统治govern"等同源，但形式又略有差异。经译者团队查询，第496号"互联网治理"阿拉伯语表述为حوكمة الانترنت（维基百科阿拉伯语版），可见，此处governance对应的阿拉伯语表述又是一个新兴的四母简式动词حوكم，该词与阿拉伯语"政府"（حكومة）和"统治"（حكم）也都具有共同的基本字母。

"计算"这个动词在阿拉伯语中并非新词，其有不同的表现形式，还由此派生了"算术""结账""会计"等常见词。但是在"云计算"这一新兴的概念中，"计算"却采用了新的词形，即四母简式动词حوسب（互联网常见）。可见，这个新兴的四母简式动词与原有的"计算"都具有共同的基本字母ح س ب，却指代一种与以往有所不同的"计算"行为。

除了体现为"四母简式"的动词，还有少数新产生的名词，如常见的"微……"，对应英语micro-（阿拉伯语词汇仅分为动词、名词、虚词三种，汉语和英语中所说的"形容词"在阿拉伯语中归于名词类），英语micro-是个前缀，但这不符合阿拉伯语词法学中的构词逻辑。经译者查询，micro-已经存在对应阿拉伯语表述，是一个形容词مكروي，多见于互联网。这显然也是一个经过阿拉伯化的外来词，其主体部分音译自micro，但加上了阿拉伯语特有的一类形容词性名词的词尾，以标示其扮演的是定语的角色。

7.3.14 特殊名词处理

虽然科技术语的确多为名词性短语，但是本系统中仍有极少数词条由于各种原因其阿拉伯语翻译必须处理为完整句的结构。例如，第2460号

"惟人万物之灵"、第 2461 号"人是万物的尺度"为引用的名言，必须处理为完整句的结构。另有第 1268 号，书名《中国数字经济如何引领全球新趋势》，原文为完整的疑问句的结构，经查询，未见阿拉伯语官方译本，译者只能按原文形式处理，保留完整疑问句的结构。

小　　结

与 1400 余年以前的《古兰经》语言相比并未发生明显变化的现代标准阿拉伯语具有对新兴科技名词的巨大阐释力。这反映了作为古老语言代表的阿拉伯语描述新事物、理解新概念的强大解释力，彰显了阿拉伯语的生命力。

本研究尝试在大数据名词翻译中总结科技名词构词法的一般规律，并通过实践探索阿拉伯语术语翻译的一些技巧和原则。经过对大数据名词的阿拉伯语翻译，我们得出了如下发现。

首先，阿拉伯各国学界的术语管理意识比较薄弱。不仅相关的词典数量非常少，且仅有的几部词典收录的词汇也偏陈旧，当然，这在很大程度上与纸质词典的编纂成书的复杂冗长过程有关。据译者了解，阿拉伯国家的一些科技工作者内部流通一些 Excel 等格式的术语表格，相当于内部交流的材料，此举虽弥补了纸质词典滞后性的局限，却表现出较强的随意性。实际上，术语管理工作完全可以通过在线平台的方式展开。我们推断出现上述情况的根本原因在于阿拉伯世界科技研究的相对不发达。

其次，要完成科技术语的"阿拉伯化"，并不意味着要为现行所有科技术语都找到合适的阿拉伯语对应表述。众所周知，非西方语言中科技词汇含有一定的英语词汇或英语缩写是十分常见的情况，这实际上是术语翻译者经过深思熟虑后采取的刻意"留白"，或许因为部分词汇不可译。保留外文词汇或字符不仅不影响理解，而且能使术语保持简洁。因此，在翻译中有所为有所不为，也是科技术语翻译、修订和维护的原则之一。

最后，任何为人们所使用的语言都一直处在发展的过程中，术语作为语言的一部分，当然也在不断地发展变化。术语的形成是一个动态的过程，而不是一个静态的结果。嵌套在术语中的描述概念也会随着科技的发展而不断得到优化。我们对术语的理解也会逐渐形成系统化、规范化直至形成约定俗成的翻译。

鉴于目前阿拉伯语研究的语料和文献都比较有限，本研究难免有疏漏和偏颇之处。后续的研究中，我们认为如下几个方面值得关注：①以阿拉伯国家现已出版的术语辞书与未经出版的术语表为研究对象，进一步分析阿拉伯语科技术语的现状与前景；②择取一个特定学科或领域，收集更加丰富的语料，更为深入地观察阿汉、汉阿术语互译的规律；③在具备一定前期成果的基础上，尝试在现有的阿汉、汉阿翻译学科中增添新的学科分支。

总之，大数据名词的阿拉伯语翻译是目前国内不多见的多语对照的研究成果。该研究为我国学界多语种阿拉伯语互译的实践与研究增添了新的思路。这不仅对阿拉伯语的学习者、教育者有参考价值，而且为后期形成多语词典、搭建多语种平台都奠定了基础。

第8章 大数据名词多语种翻译的不足与展望

本章主要讨论我们研究成果的不足，以及后续研究的方向。

在成果不足方面，我们主要讨论了研究中面临的三个主要偏差：①翻译锚自身原因所致的偏差；②汉语词条偏差；③英语翻译偏差。这三个偏差分别出现在译前、译中、译后。

在尚需深入研究的陈述中，我们主要对标于术语在线和《数典》的词条翻译研究。从权威性来说，术语在线具有国内术语推广使用的权威特性，虽然跨领域词条审定有时会出现非单一性情况，但总体而言，以翻译锚术语在线为标准衡量翻译锚百度百科的翻译质量是我们后续研究的一个方向，也是检验我们词条翻译质量的一个有效手段。

从前沿性来说，2020 年 5 月 18 日，全球首部全面系统研究大数据标准术语的多语种专业工具书《数典》在北京、贵阳网络首发。该工具书收录了 5692 条大数据标准术语，提供了汉、阿、英、法、德、意、日、韩、葡、俄、西等 11 个语种对照文本，涵盖大数据基础、大数据战略、大数据技术、大数据经济、大数据金融、大数据治理、大数据标准、大数据安全和大数据法律在内的九个方面的术语架构。《数典》是该领域多语种词条对译本的首次亮相，对我们项目成果的后续研究具有可借鉴性。所以，以《数典》词条的翻译文本为对照，分析多语种翻译的系统性以及词条选定的规范性将是我们后续研究的另一个方向。

8.1 成果不足或欠缺

翻译锚、汉语词条、英语翻译均可能存在瑕疵。百度百科作为我们多语种翻译的翻译锚，具有溯源清晰、知识丰富、英语自附等特点，很好地实现了翻译锚所需的权威性、百科性、详释性、单一性、国际性和便利性。但是，百度百科在短短几年就达到了巨量百科词条，扩展的速度偏快，导致有些词条的释义和英语翻译存在一定瑕疵，这也间接导致以这些词条为锚展开的多语种翻译成果出现了一定的精确性偏差。对于瑕疵词条的处理，团队有两种选择：①继续按照一致性原则，接受百度百科有瑕疵的释义或英语翻译；②根据实际情况，放弃百度百科的瑕疵内容，重新按照正确的内容进行翻译，同时对偏离翻译锚的选项进行标注。我们翻译团队考虑后，采纳第二种方案，即及时纠正百度百科中的错误，并对偏离项进行标注，团队按照自身翻译标准进行更正。

对于汉语词条和英语翻译出现偏离的情况，我们团队在处理时采用细致分析、独立对待的方式展开。下面我们具体讨论对三种偏差的处理方法。

8.1.1 翻译锚存在偏差

在翻译锚百度百科中的英语翻译偏差主要分为三类。

（1）翻译锚百度百科释义中的英语翻译和在"外文名称"分类中的翻译不一致。例如，"网络社区"在"外文名称"中没有提供英语翻译，但在释义中提供了"网上社区"的英语翻译 Virtual Community。百度百科明确指出："同互联网相比，网上社区（Virtual Community）有着更为悠久的历史，最早的网上社区是随着 BBS 的出现形成的。在为客户创造和传递价值的活动中，社区（Community）是其中一个重要的内容，它和协调（Coordination）、商务（Commerce）、内容（Content）和沟通（Communication）并称为 5C。"（百度百科"网络社区"词条的"社区类型"部分）

（2）翻译锚百度百科中出现的校对错误。例如，"网络社区 Virtual Commnty"第 2 个单词校对错误，字母 u 漏写，应为 Community 等。

（3）翻译锚百度百科中内容翻译偏差。例如，"新电商"是"新型电子商务"的缩略，而不是指"新型电力供应商"。翻译锚百度百科在处理"新电商"的英语翻译时就出现了较大偏差。

> 新电商是随着新一代信息技术的发展，以用户为中心，对传统电商"人""货""场"进行链路重构，产生的电商新形态新模式。与传统电商相比，新电商的主要特征有：①从功能型消费向体验式消费的转变；②以产品为中心到以用户为中心；③从单一场景到多场景融合。主要类型有直播电商、社交电商、社区电商等。（百度百科"新电商"词条）

在翻译锚百度百科中，"新电商"英语翻译为 New electricity suppliers。我们在翻译软件中对此英语翻译进行回译，发现 new electricity suppliers 的汉语意义为"新的电力供应商"，这种表达与"新电商"的释义不相吻合，翻译锚百度百科的翻译不予采纳。

翻译锚百度百科还提供了"电商"的释义："电子商务，简称电商，是指在互联网（Internet）、企业内部网（Intranet）和增值网（VAN，Value Added Network）上以电子交易方式进行交易活动和相关服务的活动，是传统商业活动各环节的电子化、网络化、信息化。"（百度百科"电子商务"词条）

翻译锚百度百科中词条"电商"的英译为 Electronic Commerce。我们在翻译软件中对此英语翻译进行回译，得到的结果具有一致性。所以，"电商"翻译为 Electronic Commerce 是妥切的。我们在翻译"新电商"时，添加 new 即可。

所以，我们将"新电商"英译为"*New Electronic Commerce"，并将其认定为一级词条。

综合以上分析可知，百度百科作为翻译锚为我们提供了研究所需的百科释义内容，对研究的支撑是功不可没的。但是，我们也要看到，百度百科由于编者比较繁杂，涉及的词条量巨大，缺少词条统稿的一致性机构，所以出现一定的形式或内容偏差也在情理之中。我们在借鉴百度百科翻译锚的英语翻译项时，也需要避免纯粹的"拿来主义"，仔细甄别反复验证之后采纳才是科学的。

8.1.2 汉语词条存在偏差

我们的研究始于全国科学技术名词审定委员会提供的汉语词条。这些词条是经过相关专家进行审定筛选后提供给我们进行多语种翻译的。从目前的情况看，汉语词条也出现了一定的偏差。具体表现在两个方面。

（1）错字导致的偏差。例如，"数权制度"偏离为"树权制度"，"群体极化"偏离为"群体激化"。

（2）词条内容相近导致的偏差。例如，区分度较弱的"智能化合约"和"智能合约"同时提供，英语翻译无法区分，只能用相同的翻译模式"*Smart Contract"；在 APEC 和 OECD 中同时出现了一致性的词条《关于隐私保护与个人数据跨境流动指南》，而且汉语词条没有提供可以区分两者的标注，导致英语翻译出现了完全吻合的情况，英语翻译共享"*Guidelines on the Protection of Privacy and Transborder Flows of Personal Data"。

从汉语词条的偏差可以看出，大数据领域研究是科技发展过程中出现的不同于以往其他领域的研究，是新领域的研究，不仅译者对这一新领域感到陌生，词条编写者也感到比较陌生，只是译者和词条编写者进入这个领域的时间有早晚之分。这就要求我们对大数据的研究俯下身来、脚踏实地，方能做到一丝不苟、精益求精。

8.1.3 英语词条存在偏差

语言的描写特性决定了汉英翻译有时无法做到绝对对应。英语作为词条翻译的目标语，既要将源语的语义表达准确，又要遵循目标语的形式表达规则，这种兼顾有时会产生一定的语际偏差。

（1）专有名词对应翻译所致的英语偏差。在词条翻译过程中，我们发现双语命名机构提供了汉英翻译，这种既定模式的汉英对应有时本身就是不对应的，但已经约定俗成，我们也只能"名从主人"，接受这种语际偏差。例如，"国家互联网信息办公室"翻译为"*Cyberspace Administration of China"，"中国共产党中央网络安全和信息化委员会"翻译为"*(CPC) The Central Cyberspace Affairs Commission"。在此类英语偏差的处理中，我们虽然通过括号添加了部分不对应的成分并尝试减少语际偏离度，但是仍无法完全弥补这种双语命名原结构中的偏差。

（2）汉语词条间语义颗粒度高度相似所致的目标语翻译不当。例如，"全国一体化大数据中心"和"全国一体化的国家大数据中心"这两个词条，在《中国日报》英文版中都有提到，而且都提供了相应的翻译"*National Big Data Center"。将较为相似的源语翻译成同一目标语，这种方式严格来说是不妥当的。从源语角度来说，作为汉语词条提供方来说，汉语词条语义颗粒度高度相似，不应该将它们同时立为词目。这是产生偏差的根源。从目标语角度来说，译者应充分考虑词条的语义和形式，尽量做到"信、达、雅"。

再如，"《关于个人数据自动处理的个人保护公约》"和"《个人数据自动化处理中的个人保护公约》"是两个差离度非常小的词条，在英语中存在一个统一对应翻译"*The Convention for the Protection of Individuals with regard to Automatic Processing of Personal Data"。由于大数据领域的部分词条本就源于英语，后译入我国，现再译回英语，产生语际偏差的可能性就增加了很多。对于此类词条，溯源性翻译是减少或杜绝语际偏差的根本方法。

（3）英语词条多重选定所致的偏差。例如，在"矩估计法"的英语翻译中，存在多个选项。首先，翻译锚百度百科将"矩估计法"翻译为"#estimation by the method of moment"；翻译锚术语在线提供了相似的汉英翻译，分别为 1993 年审定的数学领域的"矩法估计 moment estimate"，以及 2016 年审定的管理科学技术领域的"矩估计 moment estimation"。从这三个汉英对照翻译可以看出，大数据领域"矩估计法"、数学领域

"矩法估计"和管理科学技术领域"矩估计"所指称的汉语词条语义是基本一致的，但是却在各自领域采用了不同的英语表达方式。术语翻译的单一性原则需要我们在三个选项中进行选择，这就会产生无法避免的偏差。

再如，"最小二乘法"在翻译锚百度百科中是作为专有名词出现的，英语翻译为"*Least Squares"，其中"（方）法"采用隐含表述没有对应译出。在术语在线中，该词条在力学领域、药学领域、化学领域均翻译为 least square method，在心理学领域翻译为 method of least square，在冶金学领域、数学领域翻译为 method of least squares，在计算机科学技术领域翻译为 least-mean-square，在畜牧学领域、测绘学领域翻译为 least squares method。众多的英语选项让我们难以判定"何处是归途"。

再来看"最大似然法"的翻译。翻译锚百度百科释义为"极大似然估计方法（Maximum Likelihood Estimate，MLE）也称为最大概似估计或最大似然估计"，英语翻译 MLE 为专有名词，并将"（方）法"隐含处理不译出。在翻译锚术语在线中，2018 年审定的核医学领域将"最大似然估计法"翻译为 maximum likelihood estimation method，1993 年审定的数学领域将"最大似然估计"翻译为 maximum likelihood estimate，1990 年审定的自动化科学技术领域将"最大似然估计"翻译为 maximum likelihood estimation，在心理学、植物学、遗传学等领域将"最大似然法"翻译为 maximum likelihood method。在选定翻译项时，如果按照系统性原则，应该接受翻译锚百度百科的选项"*Maximum Likelihood Estimate"；如果按照对应性原则，应该接受翻译锚术语在线的"maximum likelihood method"。考虑到我们整个翻译系统采用的原则是对于出现首字母大写缩略的术语按照专有名词对待，所以我们拟采纳翻译锚百度百科的选项。这种从系统性出发进行选择的倾向在保持了系统性的同时，一定程度上带来了英译结果的偏离。

综上所述，我们的研究身处语言这个大系统中，无论是翻译锚偏差、汉语偏差还是英语偏差，都会导致研究成果的欠缺或不足。"以锚为准、轴为两翼，规范为主、兼顾描写"的研究方法虽然能最大限度地避免汉英翻译偏离度的出现，但完全消除这种偏离在短时间内是难以实现的。作为国家权威术语规范机构所设立的术语知识库——术语在线最大限度地实现了术语的规范，但仍存在对同一术语采用不同表述形式的情况，这也从一个侧面反映了语言翻译的复杂性。我们后续还将在术语翻译方面继续关注包括术语在线在内的其他研究。

8.2 尚需研究问题

本研究是对大数据名词进行的多语种翻译研究，其百科性特征明显。这就要求我们在译前对词条的释义充分理解。目前的百科词典众多，网络版也层出不穷，但是能够具有足够的收条量且具有较好翻译质量的百科词典较为有限。在众多百科词典中，尤其是具有网络便利性特征的网络百科词典中，我们从权威性、百科性、详释性、单一性、国际性、便利性等标准出发，筛选出术语在线和百度百科作为整体翻译的百科释义锚，即翻译锚。从目前的情况来看，翻译锚的认定是非常关键也是非常有效的一环。

翻译锚为大数据核心关键词的翻译提供了重要参考。大数据领域词条是近几年随着科技发展而涌现出来的，具有新颖性和专业性。对于非大数据专业领域的译者来说，这些词条很多都是陌生的，甚至是鲜有耳闻的。这就要求译者在译前充分了解所译词条背后的隐含意义，才能使词条翻译实现"信、达、雅"。由于部分词条本就源自西方国家，现又重新溯源回源语，这也要求译者有较强的语料检索能力，屏蔽翻译过程中为理解便利而出现的噪声（添词或删词所致），才能实现源语和目标语的语义对等，这个检索过程也离不开术语在线和百度百科知识库的支持。总体而言，术语在线和百度百科指引我们的研究保持在正常轨道之上，虽时有偏离但总方向是正确的。

语言描写特征决定了相同词条在术语在线、百度百科和其他知识库中可能具有翻译不一致性的情况。由于各个知识库的设立目标不同，面向群体不同，选词的领域也就可能不同。虽然对于一些耳熟能详、所指一致的术语，各个知识库都有收录，也都有相应的翻译，但是，同一语义可以通过多种形式进行表达的语言特征决定了各知识库可能采用了不同的表达方式，导致出现双式术语甚至是多式术语的情况出现。这种"义同形离"的翻译模式需要引起我们的关注，也将是后续术语规范化的焦点所在。

"以锚为准、轴为两翼，规范为主、兼顾描写"的翻译主线需要我们在后续的研究中对照性研究大数据领域内核心知识库之间的翻译偏离度，为术语的进一步规范做好准备。具体的研究方向包括两个。

（1）从权威性视角来看，全国科学技术名词审定委员会经过审定推出的术语在线知识库是国内最为权威的术语库。该委员会所审定的术语具有向全国推广使用的特性。所以，如果百度百科与术语在线出现词条翻译用词不一的情况时，多数情况下应该以术语在线为准。但由于术语在线是多领域多范围审定词条的综合库，也会出现一个汉语对应多个领域多个词条翻译结果的情况。这时，我们需要从语法、语用、语义、认知等多视角进行分析甄别，最后选定最为合适的翻译项。所以，后续的研究中我们将对照分析词条在术语在线和百度百科知识库中的翻译偏离度，绘制偏离词条的认知图谱，为术语在线和百度百科的完善提供理论支撑。

（2）从新颖性视角来看，大数据领域新近出版的《数典》涵盖了11个语种5000多条词条翻译，其语种数量和词条数量均超过我们目前的研究范围，更为重要的是，《数典》翻译的词条与我们研究所译名词有一定的重合度。后期研究中，我们将重点关注我们的多语种研究与《数典》多语种研究的异同，分析重合词条的翻译差异，并对差异项进行翻译溯源，提供翻译新思路，更加明晰"以锚为准、轴为两翼，规范为主、兼顾描写"的术语翻译主线。

结　　语

本研究中的大数据名词由权威机构审定。大数据名词多语种翻译研究汉语版由全国科学技术名词审定委员会和北京国际城市发展研究院提供。

与传统的名词翻译不同，大数据名词多语种翻译采用系统性原则进行分类翻译，即不以阿拉伯字母或拼音为顺序展开翻译，而是采用语义场系统进行翻译。总体而言，大数据名词翻译的语义场分成大数据理论、大数据战略、大数据技术、数字经济、数字金融、数据治理、大数据安全、数权法、大数据史等九个系统。每个系统都根据概率选取了较有特征的大数据名词。在汉英、汉法、汉俄、汉西、汉阿的平行性翻译中，我们按照这个语义场系统完成了对应性翻译，提供了相关的附录和索引，分别是"大数据名词编码对照"（附录1）、"大数据名词汉英对照"（附录2）、"大数据名词汉法对照"（附录3）、"大数据名词汉俄对照"（附录4）、"大数据名词汉西对照"（附录5）、"大数据名词汉阿对照"（附录6）、"索引"。

语义场系统翻译虽然语义聚类特征明显，但检索较为困难。为弥补这一缺陷，我们在附录1中建立了"大数据名词编码对照"，并采用首字母拼音排序的方式进行编排。这样，读者就可以或者按照九个语义场系统直接查询多语种的翻译，或者可以在附录1中按照拼音排序查找到相关的大数据名词的编码，再回到各自语种中完成间接检索。

本书主体部分包括八章。

第1章讨论了术语研究现状和大数据名词多语种翻译的意义。大数据领域的研究是蒸汽技术革命、电力技术革命和计算机信息技术革命之后的第四次工业革命。对大数据名词的对外翻译研究将推动我国在该领域的国际化传播，提升我国大数据领域的话语权，并随着我国5G向全世界的推广扩大我国的国际影响力。

第2章讨论了大数据名词多语种翻译的理论构建。我们的翻译是从汉语向其他五个联合国工作语言辐射的翻译研究，最后形成的是汉英、汉法、汉俄、汉西、汉阿的对应性翻译。我们确定了两个翻译轴（标准锚）——汉语和英语，选定了术语在线和百度百科作为多语种翻译的知识库，并筛选了四个翻译软件作为辅助：Google翻译软件、DeepL翻译软件、百度翻译软件和有道翻译软件。翻译过程中引入翻译回译法，并参考百度搜索指数，最终确定更准确的翻译项。我们还从大数据名词层次性出发，标记性处理了三个层级的名词：星号"*"标记的名词为一级，专指已经形成约定俗成翻译模式的名词；井号"#"标记的名词为二级，用于未约定俗成但已出现在词典翻译中或在网上已有翻译的名词；没有进行标记的名词为三级，用于指称需要创新性翻译的名词。此外，我们还提出了"以锚为准、轴为两翼，规范为主、兼顾描写"的系统性翻译原则，以及"同场同模式""名从主人""对文则异，混文则通""多元对比"等翻译方法，为实现大数据名词多语种翻译的全景化建设奠定了基础。

第 3 章讨论了大数据名词的汉英翻译。为便于分类讨论不同词串长度的名词，我们区分了语素类、单一名词类、双名词类和多名词类四类名词。在不同名词的翻译过程中，采用不同的翻译方法，系统性和一致性是名词翻译中需要重点关注的原则。对于约定俗成的名词，保持名词原译。非约定俗成的名词则按照概率特征进行归类分析后译出。翻译中出现多译现象时，采用回译、咨询英语专家或者到英语语料库中查找相关翻译项等方法来确定最终的翻译。

第 4 章讨论了大数据名词汉法翻译。大数据名词作为新兴名词，很多没有纳入到词典编纂中。我们法语团队在《汉法大词典》的增订工作中重点关注了大数据名词的收录和名词翻译问题，考察了大数据名词收录的可行性。从词典学视角出发，法语团队认为大数据名词的多语种翻译，应该保持标准化和规范化，已经审定的符合标准的大数据名词翻译应该得到推广。大数据名词在词典编纂中的实际应用与理论探索的有机融合是法语团队的特色和创新之处，《汉法大词典》中已经收录了"电商"（commerce électronique）、"区块链"（chaîne de blocs）、"微服务"（micro-service）、"众筹"（financement par la foule/financement participatif）、"网购（网络购物）"（achats en ligne）等名词。

第 5 章讨论了大数据名词汉俄翻译。俄语作为联合国重要的工作语言之一，其特有的语言特征决定了俄语翻译的特殊性。俄语团队在参照汉语和英语这两个翻译轴（标准轴）进行翻译时，引入 Yandex 软件进行名词频率查证，在准确度和适用度两个方面提升了翻译的妥切性。在翻译的实践中，俄语团队按照翻译锚术语在线和百度百科的释义知识库信息，并结合汉英翻译，为"产业""大数据""货车帮""交易"等名词的俄译以及互联网与社交媒体的俄译、其他国家法律的俄译、英语缩写的俄语处理以及舆情事件类的俄译提供了更详细的翻译研究。

第 6 章讨论了大数据名词汉西翻译。西班牙的术语研究自 20 世纪

80年代以来得到快速发展，目前已经在国际社会崭露头角。包括加泰罗尼亚术语研究中心、巴斯克术语研究中心、加利西亚术语服务中心在内的多个西班牙研究机构都推动了全球的术语研究。西班牙术语学协会也成为引领西班牙术语研究的核心。我们团队在大数据名词翻译过程中，引入了多位西班牙专家，从西班牙本土的术语研究中汲取了丰富的营养；西班牙专家在对具有中国特色的大数据名词的翻译方面体现了很高的学术素养，在专家的帮助下，我们的翻译在西班牙具有较高的可适性。根据西班牙语言特点，我们对"方案""纲要""工程""治理"等名词的翻译进行了深度解读，加深了从目标语语境进行翻译的认知。

第7章讨论了大数据名词汉阿翻译。阿拉伯语受宗教影响，从《古兰经》出现的1400余年以来，其语言特征并未出现显著差异。但是，阿拉伯语却有着利用古老语言描述新事物、理解新概念的强大解释力。我们在大数据名词的阿拉伯语翻译过程中，就感受到了阿拉伯语强大的生命力。但是，通过翻译实践，我们发现了一些不足：首先，阿拉伯各国学界的术语管理意识比较薄弱。不仅有关词典数量非常少，且仅有的几部词典收录的词汇也偏陈旧。这给我们的阿拉伯语翻译带来了较大困难。其次，大数据名词在一定范围内难以"阿拉伯化"，科技发展较快，名词产生较多，而相应的翻译难以跟上科技发展的步伐，阿拉伯语中就会出现借词情况，以弥补两者发展不平衡的不足。最后，阿拉伯对世界新兴名词的引入是处于发展阶段的，对新兴概念的认识也是处于探索过程中的，很多大数据名词没有在阿拉伯语中找到对应，创新性翻译在大数据名词中占比较大。

第8章讨论了大数据名词多语种翻译的现有不足和对未来研究的展望。在不足方面，首先，我们分析了百度百科虽然作为专业知识库存在是妥当的，但是，百度百科发展过快，几年间已达1700多万的百科词条量，难免在部分专业问题上出现瑕疵。其次，大数据名词是新兴领域，不少释义是动态变化的，这为审定工作带来了一定难度。部分汉语词条存在一定的释义不准确问题。再者，在英语锚方面，可能出现专有名词对应翻译所致的英语偏差、汉语词条间语义颗粒度高度相似所致的目标语翻译不当，以及英语词条多重选定所致的偏差等问题。

综上所述，我们的大数据名词多语种翻译研究是对大数据这一新兴领域的多语种研究，属于语言研究系统中的一环。虽然我们提出的"以锚为准、轴为两翼，规范为主、兼顾描写"等特有的多语种翻译研究方法可以最大限度地避免多语种翻译中出现较大的偏离度，但是，语言的描写特性以及语际间的语义颗粒度不均衡等原因决定了我们的多语种翻译难以实现理想状态的平行对应。由于多语种翻译涉及人员较多，译者的翻译素养和大数据素养也制约了我们的多语种翻译达到理想状态。所以，我们推出的大数据名词多语种翻译研究更多的是"抛砖引玉"，希望成为大数据领域研究的基石，为后续大数据翻译领域发展奠定基础。

参考文献

艾兴，张玉. 2021. 从数字画像到数字孪生体：数智融合驱动下数字孪生学习者构建新探. 远程教育杂志，(1)：41-50.

安乐哲，郝大维，彭国翔. 2003. 《道德经》与关联性的宇宙论——一种诠释性的语脉. 求是学刊，(2)：5-12.

安乐哲，罗思文. 2003. 《论语》的哲学诠释：比较哲学的视域. 北京：中国社会科学出版社.

白乐桑，张朋朋. 1990. 法国国家教学研究院关于法国汉语教学中的语法术语法文翻译的意见. 世界汉语教学，(1)：37-40.

包通法. 2007. 文化自主意识观照下的汉典籍外译哲学思辨——论汉古典籍的哲学伦理思想跨文化哲学对话. 外语与外语教学，(5)：60-65.

包通法. 2008. 论汉典籍哲学形态身份标识的跨文化传输. 外语学刊，(2)：120-126.

蔡玉卿. 2020. 大数据驱动式社会监督：要素、逻辑与策略. 河南社会科学，(11)：58-65.

柴改英. 2010. 从"天人合一"的英译看中国传统哲学术语外译的多重视域融合. 外语教学，(2)：93-96.

陈冬梅，王俐珍，陈安霓. 2020. 数字化与战略管理理论——回顾、挑战与展望. 管理世界，(5)：220-236，20.

陈海燕. 2015. 浅析中华思想文化术语翻译中的难点. 中国翻译，(5)：13-17.

陈坚林. 2015. 大数据时代的慕课与外语教学研究——挑战与机遇. 外语电化教学，(1)：3-8，16.

陈坚林，贾振霞. 2017. 大数据时代的信息化外语学习方式探索研究. 外语电化教学，(4)：3-8，16.

陈力丹，李熠祺，娜佳. 2015. 大数据与新闻报道. 新闻记者，(2)：49-55.

陈美. 2012. 大数据在公共交通中的应用. 图书与情报，(6)：22-28.

陈萍. 2010. 论"规范与统一"原则在经贸术语翻译中的具体化. 重庆科技学院学报（社会科学版），(24)：130-132，135.

陈涛，冉龙亚，明承瀚. 2018. 政务服务的人工智能应用研究. 电子政务，(3)：22-30.

陈潇. 2018. 论辜鸿铭《论语》英译本的出版与影响. 曲阜师范大学硕士学位论文.

陈新仁. 2003. 语用学术语汉译问题刍议. 中国翻译，(5)：88-90.

陈雪. 2017. 认知术语学概论. 北京：商务印书馆.

陈奕青，张富利. 2021. 大数据环境下的国家治理与风险应对. 广西社会科学，(3)：16-25.

陈云松. 2015. 大数据中的百年社会学——基于百万书籍的文化影响力研究. 社会学研究, (1)：23-48，242-243.

陈云松. 2020. 中国计算社会学的发展：特征、优势与展望. 湖南师范大学社会科学学报, (5)：1-10.

陈云松，吴青熹，黄超. 2015. 大数据何以重构社会科学. 新疆师范大学学报（哲学社会科学版），(3)：54-61.

程啸. 2018. 论大数据时代的个人数据权利. 中国社会科学，(3)：102-122，207-208.

丛亮. 2017. 大数据背景下高校信息化教学模式的构建研究. 中国电化教育，(12)：98-102，137.

崔国斌. 2019. 大数据有限排他权的基础理论. 法学研究，(5)：3-24.

崔金栋，陈思远，郭天成，等. 2020. 大数据时代融媒体信息资源管理技术需求与热点分析研究. 情报科学，(8)：35-41，78.

邓矜婷. 2020. 论大数据产业中个人信息自决权的有效性限制. 江苏行政学院学报，(4)：129-136.

董晓辉，郑小斌，彭义平. 2019. 高校教育大数据治理的框架设计与实施. 中国电化教育，(8)：63-71.

窦卫霖. 2016. 如何提高中国时政话语对外传译效果——基于认知心理学角度. 探索与争鸣，(8)：127-130.

杜家利，于屏方. 2011. 花园幽径现象顿悟性的认知解读. 外语与外语教学，(6)：26-29.

杜家利，于屏方. 2015a. 花园幽径现象理解折返性的数据结构分析. 中文信息学报，(1)：28-37.

杜家利，于屏方. 2015b. 花园幽径模式行进错位的量化研究. 中文信息学报，(5)：31-38.

杜家利，于屏方. 2016. 中国英语学习者花园幽径句错位效应强度研究. 中文信息学报，(6)：100-116.

杜家利，于屏方. 2017. 汉语语言学术语翻译的规范化与标准化研究. 中国辞书学报：99-107.

杜家利，于屏方. 2018a. "不+X"结构的极性特点及其词典立目分析——以《现代汉语词典》第7版为例. 辞书研究，(2)：18-28.

杜家利，于屏方. 2018b. 花园幽径句解码效果与反应时的关联性研究. 中文信息学报，(4)：13-23.

杜雁芸. 2016. 大数据时代国家数据主权问题研究. 国际观察，(3)：1-14.

杜永红. 2018. 大数据背景下精准扶贫绩效评估研究. 求实，(2)：87-96，112.

樊敏生，武法提. 2020. 数据驱动的动态学习干预系统设计. 电化教育研究，(11)：87-93.

方洁，颜冬. 2013. 全球视野下的"数据新闻"：理念与实践. 国际新闻界，(6)：73-83.

方梦之. 2003. 20世纪下半叶我国翻译研究的量化分析. 外语研究, (3): 50-56.
方梦之. 2011. 译学术语的演变与创新——兼论翻译研究的走向. 中国外语, (3): 99-104.
房宏君, 汪昕宇, 刘莹, 等. 2020. 美国大数据研究主题热点及其演进历程可视化探析. 图书馆建设, (S1): 293-297.
房印杰, 梁茂成. 2020. 中国英语学习者关系代词取舍研究——语料库与实验法的交叉验证. 外语与外语教学, (3): 34-43, 147.
房永壮, 王辉, 王博. 2018. 基于大数据共享环境下图书馆"区块链"技术应用研究. 现代情报, (5): 120-124.
费尔伯. 2020. 从普通术语学的角度谈术语——科学的几个基本问题. 邱碧华译. 俄罗斯语言文学与文化研究, (1): 41-53.
冯佳, 王克非, 刘霞. 2014. 近二十年国际翻译学研究动态的科学知识图谱分析. 外语电化教学, (1): 11-20.
冯鑫, 李佳培, 吴晔, 等. 2021. 近10年大数据研究热点演进及平台发展——以智慧教育领域1469篇文献计量分析为例. 中国高校科技, (Z1): 43-47.
冯芷艳, 郭迅华, 曾大军, 等. 2013. 大数据背景下商务管理研究若干前沿课题. 管理科学学报, (1): 1-9.
冯志伟. 2011. 现代术语学引论. 北京: 商务印书馆.
冯志伟. 2018a. 机器翻译与人工智能的平行发展. 外国语 (上海外国语大学学报), (6): 35-48.
冯志伟. 2018b. 人工智能领域: 得语言者得天下. 语言战略研究, (5): 1.
冯志伟. 2019. 中国术语学研究的八大特点. 中国科技术语, (2): 8-10.
冯志伟. 2021a. 神经网络、深度学习与自然语言处理. 上海师范大学学报 (哲学社会科学版), (2): 110-122.
冯志伟. 2021b. 生成词向量的三种方法. 外语电化教学, (1): 18-26.
冯志伟, 周建. 2019. 布拉格学派的功能生成描述理论. 现代语文, (7): 124-127.
甘容辉, 何高大. 2015. 大数据时代高等教育改革的价值取向及实现路径. 中国电化教育, (11): 70-76, 90.
高国伟, 笪冰雨, 段世其. 2020. 基于数据策展的政府大数据服务规范化体系研究. 电子政务, (12): 110-120.
高莉. 2020. 医疗健康大数据透明度的实现与界限. 江苏行政学院学报, (4): 56-63.
高淑芳. 2005. 科技术语的翻译原则初探. 术语标准化与信息技术, (1): 46-47.
高晓薇, 赵玉闪. 2011. 科技英语的语言特性及翻译技巧辨析. 中国电力教育, (17): 182-185.
辜正坤. 1998. 外来术语翻译与中国学术问题. 中国翻译, (6): 17-22.
谷佳维. 2015. 略谈古建筑术语的西班牙语翻译. 译苑新谭, (1): 223-226.
顾建安. 2008. 中医术语翻译中的文化因素及翻译对策. 渤海大学学报, (3): 146-148.

顾理平. 2019. 无感伤害：大数据时代隐私侵权的新特点. 新闻大学，（2）：24-32，118.

顾理平，杨苗. 2016. 个人隐私数据"二次使用"中的边界. 新闻与传播研究，（9）：75-86，128.

顾肃. 2021. 大数据与认知、思维和决策方式的变革. 厦门大学学报（哲学社会科学版），（2）：34-43.

顾小清，薛耀锋，孙妍妍. 2016. 大数据时代的教育决策研究：数据的力量与模拟的优势. 中国电化教育，（1）：56-62.

桂祥. 2021. 大数据时代个人信息中间商模式分析. 上海对外经贸大学学报，（1）：76-87.

郭建锦，郭建平. 2015. 大数据背景下的国家治理能力建设研究. 中国行政管理，（6）：73-76.

郭炯，郑晓俊. 2017. 基于大数据的学习分析研究综述. 中国电化教育，（1）：121-130.

郭鹏，林祥枝，黄艺，等. 2017. 共享单车：互联网技术与公共服务中的协同治理. 公共管理学报，（3）：1-10，154.

郝志杰，林超，曹涵颖，等. 2020. 社交圈对大学生学业成绩的影响. 现代教育技术，（10）：85-90.

何刚强. 2015. 自家有富矿，无须效贫儿——中国的翻译理论应当独树一帜之理据. 上海翻译，（4）：1-8.

何家弘. 2009. 论法律语言的统一和规范——以证据法学为语料. 中国人民大学学报，（1）：72-81.

何哲. 2016. 通向人工智能时代——兼论美国人工智能战略方向及对中国人工智能战略的借鉴. 电子政务，（12）：2-10.

侯国金. 2009. 语言学术语翻译的系统一可辨性原则——兼评姜望琪（2005）. 上海翻译，（2）：69-73.

侯国金. 2011. 语言学术语翻译的原则和"三从四得"——应姜望琪之"答". 外国语文，（3）：94-99.

侯浩翔，钟婉娟. 2019. 人工智能视阈下教育治理的技术功用与困境突破. 电化教育研究，（4）：37-43，58.

胡庚申. 2009. 生态翻译学：译学研究的"跨科际整合". 上海翻译，（2）：3-8.

胡庚申. 2014. 生态翻译学的"异"和"新"——不同翻译研究途径的比较研究并兼答相关疑问. 中国外语，（5）：104-111.

胡税根，单立栋，徐靖芮. 2015. 基于大数据的智慧公共决策特征研究. 浙江大学学报，（人文社会科学版），（3）：5-15.

胡叶，魏向清. 2014. 语言学术语翻译标准新探——兼谈术语翻译的系统经济律. 中国翻译，（4）：16-20.

胡智鹏，李瑶，宋绍成，等. 2020. 突发公共卫生事件大数据分析与防控策略研究. 情报科学，（11）：104-109.

黄建华. 2004. 再议拉鲁斯. 辞书研究, (1): 121-127.
黄建华. 2014. 巨璧微瑕——简评《利氏汉法辞典》. 辞书研究, (4): 72-75.
黄建华. 2016. 对修订《汉法大词典》的期许. 辞书研究, (5): 1-6, 93.
黄建华, 王南方, 余秀梅. 2014. 汉法大词典. 北京: 外语教学与研究出版社.
黄其松, 刘强强. 2019. 大数据与政府治理革命. 行政论坛, (1): 56-64.
黄升民, 刘珊. 2012. "大数据"背景下营销体系的解构与重构. 现代传播(中国传媒大学学报), (11): 13-20.
黄欣荣. 2015. 大数据技术的伦理反思. 新疆师范大学学报(哲学社会科学版), (3): 46-53.
黄欣荣. 2018. 人工智能与人类未来. 新疆师范大学学报(哲学社会科学版), (4): 101-108.
黄友义. 2015. 中国站到了国际舞台中央,我们如何翻译. 中国翻译, (5): 5-7.
黄忠廉. 2013. 应用翻译学名实探. 中国外语, (4): 93-98.
姜倩, 李艳, 钱圣凡. 2020. 基于大数据的高校精准教学模式构建研究. 高教探索, (11): 31-35.
姜强, 赵蔚, 王朋娇, 等. 2015. 基于大数据的个性化自适应在线学习分析模型及实现. 中国电化教育, (1): 85-92.
姜望琪. 2005. 论术语翻译的标准. 上海翻译, (1): 80-84.
姜望琪. 2010. 再论术语翻译的标准——答侯国金(2009). 上海翻译, (2): 65-69.
姜玉欣. 2020. 大数据驱动下社会治理面临的困境与策略选择. 东岳论丛, (7): 156-162.
蒋童. 2010. 韦努蒂的异化翻译与翻译伦理的神韵. 外国语, (1): 80-85.
蒋童. 2012. 术语链: 韦努蒂翻译研究的生成. 外国语, (1): 54-61.
蒋向勇, 邵娟萍. 2020. 认知术语学主要理论与术语生成——以新冠肺炎命名为例. 中国科技术语, (5): 15-23.
蒋勋, 苏新宁, 刘喜文. 2015. 突发事件驱动的应急决策知识库结构研究. 情报资料工作, (1): 25-29.
金陵. 2013. 大数据与信息化教学变革. 中国电化教育, (10): 8-13.
兰冬秀. 2017. 基于翻译适应选择视角下政治术语翻译分析. 哈尔滨学院学报, (1): 126-129.
黎难秋. 1996. 中国科学翻译史料. 合肥: 中国科学技术大学出版社.
黎难秋. 1999. 民国时期中国科学翻译活动概况. 中国科技翻译, (4): 42-45.
李波. 2020. 口译情境化主题教学中术语表的功能——一项基于香港城市大学本科口译课堂的研究. 上海翻译, (6): 51-55.
李典. 2020. 大数据时代信息安全的四大保障体系. 人民论坛, (19): 66-67.
李纲, 李阳. 2016. 智慧城市应急决策情报体系构建研究. 中国图书馆学报, (3): 39-54.
李广建, 化柏林. 2014. 大数据分析与情报分析关系辨析. 中国图书馆学报, (5): 14-22.

李海峰. 2010.论经贸术语译名的统一与规范——一项基于经贸英汉词典的研究. 中国翻译, (2): 65-69.

李海峰, 王炜. 2019. 国际领域"人工智能＋教育"的研究进展与前沿热点——兼论我国"人工智能＋教育"的发展策略. 远程教育杂志, (2): 63-73.

李佳. 2019. 基于大数据云计算的智慧物流模式重构. 中国流通经济, (2): 20-29.

李金昌. 2014. 大数据与统计新思维. 统计研究, (1): 10-17.

李静, 沈书生, 刘芳铭, 等. 2017. 大数据视阈下当代大学生消费行为新特征的调查研究. 中国电化教育, (12): 19-25.

李军, 乔立民, 王加强, 等. 2019. 智慧政务框架下大数据共享的实现与应用研究. 电子政务, (2): 34-44.

李立丰. 2019. 本土化语境下的"被遗忘权": 个人信息权的程序性建构. 武汉大学学报（哲学社会科学版）, (3): 145-155.

李红满. 2014. 国际翻译学研究热点与前沿的可视化分析. 中国翻译, (2): 21-26.

李青, 任一姝. 2016. 国外教师数据素养教育研究与实践现状述评. 电化教育研究, (5): 120-128.

李涛, 胡开宝. 2020. 基于语料库的等级趋弱级差资源口笔译对比研究. 浙江大学学报（人文社会科学版）, (6): 180-190.

李晓华, 王怡帆. 2020. 数据价值链与价值创造机制研究. 经济纵横, (11): 54-62, 2.

李亚舒, 黎难秋. 2000. 中国科学翻译史. 长沙: 湖南教育出版社.

李有增, 曾浩. 2018. 基于学生行为分析模型的高校智慧校园教育大数据应用研究. 中国电化教育, (7): 33-38.

李云新, 韩伊静. 2017. 国外智慧治理研究述评. 电子政务, (7): 57-66.

李蕴. 2017. 西班牙美洲殖民地贸易行政机构及其术语翻译研究. 商务翻译, 63-69.

李兆国. 2017. 文学审美接受的期待视界与多维取向. 山东农业工程学院学报, (9): 144-147.

李照国. 1993. 中医翻译导论. 西安: 西北大学出版社.

李照国. 2008. 论中医名词术语英译国际标准化的概念、原则与方法. 中国翻译, (4): 63-70.

李哲罕. 2021. 大数据、晚期资本主义与全球正义. 华中科技大学学报（社会科学版）, (1): 58-63.

李政道, 任晓聪. 2016. 区块链对互联网金融的影响探析及未来展望. 技术经济与管理研究, (10): 75-78.

厉平, 贾正传. 2010. 语言学术语翻译的系统化: 以 deixis 的汉译为例. 中州大学学报, (4): 70-73.

连玉明. 2018. 数权法 1.0: 数权的理论基础. 北京: 社会科学文献出版社.

连玉明. 2020. 数典. 北京: 科学出版社.

林曦，郭苏建. 2020. 算法不正义与大数据伦理. 社会科学，（8）：3-22.

凌昀，李伦. 2020. 计算社会科学研究：范式转换与伦理问题. 江汉论坛，（9）：26-31.

刘朝阳. 2016. 大数据定价问题分析. 图书情报知识，（1）：57-64.

刘丹青，石汝杰. 1993. 专名翻译规范化的两大课题——统一与保真度. 语言文字应用，（4）：9-17.

刘法公. 2000. 商贸中医术语汉英翻译规律. 中国翻译，（5）：45-50.

刘法公. 2013. 论实现法律法规术语汉英译名统一的四种方法. 中国翻译，（6）：82-86.

刘凤娟. 2014. 大数据的教育应用研究综述. 现代教育技术，（8）：13-19.

刘海鸥，姚苏梅，黄文娜，等. 2018. 基于用户画像的图书馆大数据知识服务情境化推荐. 图书馆学研究，（24）：57-63，32.

刘海涛，林燕妮. 2018. 大数据时代语言研究的方法和趋向. 新疆师范大学学报（哲学社会科学版），（1）：72-83.

刘宓庆. 1995. 关于中国翻译理论的美学思考. 青岛海洋大学学报，（1）：87-89.

刘品新. 2016. 电子证据的关联性. 法学研究，（6）：175-190.

刘三女牙，杨宗凯，李卿. 2017. 教育数据伦理：大数据时代教育的新挑战. 教育研究，（4）：15-20.

刘小群. 2008. 论中国古典文论中关键术语英译. 宜宾学院学报，（4）：89-91.

刘晓洋. 2016. 思维与技术：大数据支持下的政府流程再造. 新疆师范大学学报（哲学社会科学版），（2）：118-125.

刘秀梅. 2016. 大数据时代大学英语课堂教学评价体系的构建. 现代教育技术，（1）：94-99.

刘逸，保继刚，陈凯琪. 2017. 中国赴澳大利亚游客的情感特征研究——基于大数据的文本分析. 旅游学刊，（5）：46-58.

刘雨农，权昭瑄，吴柯烨. 2020. 面向人文社科专题数据库的数据云平台建设思考. 信息资源管理学报，（5）：48-54.

刘泽刚. 2020. 大数据隐私权的不确定性及其应对机制. 浙江学刊，（6）：48-58.

刘章发. 2016. 大数据背景下跨境电子商务信用评价体系构建. 中国流通经济，（6）：58-64.

卢华萍，吴明军. 2021. 不同句法结构对二语花园路径句重新分析的影响研究. 现代外语，（2）：233-245.

陆道夫. 1996. 试论严复的译名创新. 河南大学学报，（1）：37-40.

陆岷峰，虞鹏飞. 2015. 互联网金融背景下商业银行"大数据"战略研究——基于互联网金融在商业银行转型升级中的运用. 经济与管理，（3）：31-38.

罗繁明，袁俊，赵恒煜. 2020. 基于大数据的特色新型智库平台建设研究——以广东智库信息化平台为例. 情报资料工作，（5）：42-48.

罗家德，高馨，周涛，等. 2021. 大数据和结构化数据整合的方法论——以中国人脉圈研究为例. 社会学研究, (2): 69-91, 227.

罗天华. 2012. 也谈语言学术语的翻译问题——以增译《语言共性和语言类型》为例. 当代语言学, (1): 73-79.

罗新璋. 1984. 翻译论集. 北京: 商务印书馆.

吕静静. 2015. 开放大学混合式教学新内涵探究——基于 SPOC 的启示. 远程教育杂志, (3): 72-81.

吕乃基. 2014. 大数据与认识论. 中国软科学, (9): 34-45.

马奔, 毛庆铎. 2015. 大数据在应急管理中的应用. 中国行政管理, (3): 136-141, 151.

马炜娜. 2011. 精确性是法律术语翻译的目的和灵魂. 淮海工学院学报, (7): 26-27.

马星, 王楠. 2018. 基于大数据的高校教学质量评价体系构建. 清华大学教育研究, (2): 38-43.

马祖毅. 1984. 中国翻译简史——五四以前部分. 北京: 中国对外翻译出版公司.

梅德明. 2014. 大数据时代语言生态研究. 外语电化教学, (1): 3-10.

孟天广, 李锋. 2015. 网络空间的政治互动: 公民诉求与政府回应性——基于全国性网络问政平台的大数据分析. 清华大学学报 (哲学社会科学版), (3): 17-29.

宁家骏. 2015. "互联网+" 行动计划的实施背景、内涵及主要内容. 电子政务, (6): 32-38.

潘书祥. 1998. 汉语科技术语的规范和统一. 科技术语研究, (1): 8-13.

庞博. 2014. 阿拉伯语正偏式复合词研究. 北京外国语大学硕士学位论文.

裴亚军. 2018. 重视本土特色, 建立术语研究的中国学派. 中国科技术语, 20 (4): 1.

彭兰. 2018. 假象、算法囚徒与权利让渡: 数据与算法时代的新风险. 西北师大学报 (社会科学版), (5): 20-29.

皮天雷, 赵铁. 2014. 互联网金融: 范畴、革新与展望. 财经科学, (6): 22-30.

齐鹏飞. 2019. 论大数据视角下的隐私权保护模式. 华中科技大学学报 (社会科学版), (2): 65-75.

钱书晴. 2020. 基于大数据时代的英语教学模式研究. 中国教育学刊, (S1): 83-84.

钱锺书. 1985. 中国诗与中国画. 中国社会科学院研究生院学报, (1): 1-13.

秦荣生. 2014. 大数据、云计算技术对审计的影响研究. 审计研究, (6): 23-28.

邱东. 2014. 大数据时代对统计学的挑战. 统计研究, (1): 16-22.

邱仁宗, 黄雯, 翟晓梅. 2014. 大数据技术的伦理问题. 科学与社会, (1): 36-48.

邱扬. 2012. 阐释学 (hermeneutics) 译名之辨. 西南民族大学学报, (9): 206-209.

邱扬. 2014. 英译《论语》中的文化概念之争——兼谈文化意识与译文的文化趋向. 孔子研究, (2): 107-112.

屈文生. 2010. 法律翻译研究的视角与思路——对法律翻译若干重要方面的梳理和理性评价. 江西社会科学, (2): 246-251.

屈文生. 2012. 中国法律术语对外翻译面临的问题与成因反思——兼谈近年来我国法律

术语译名规范化问题. 中国翻译, (6): 68-75.

屈文生. 2013. 也谈《中国的司法改革》白皮书的翻译. 中国翻译, (3): 78-83.

上超望, 韩梦, 刘清堂. 2018. 大数据背景下在线学习过程性评价系统设计研究. 中国电化教育, (5): 90-95.

沈弋, 徐光华, 王正艳. 2014. "言行一致"的企业社会责任信息披露——大数据环境下的演化框架. 会计研究, (9): 29-36, 96.

施麟麒, 桂双. 2020. 传染病命名问题纵谈. 中国科技术语, (5): 24-32.

史卫民. 2013. 大数据时代个人信息保护的现实困境与路径选择. 情报杂志, (12): 154-159.

宋美琦, 陈烨, 张瑞. 2019. 用户画像研究述评. 情报科学, (4): 171-177.

苏新宁. 2015. 大数据时代数字图书馆面临的机遇和挑战. 中国图书馆学报, (6): 4-12.

苏毓淞, 刘江锐. 2021. 计算社会科学与研究范式之争: 理论的终结?. 复旦学报(社会科学版), (2): 189-196.

苏云, 任媛媛. 2016. 大数据背景下政府信息公开制度的构建与完善——兼论国外透明政府实践的前沿发展对我国的启示. 图书与情报, (2): 113-122.

孙杰, 贺晨. 2015. 大数据时代的互联网金融创新及传统银行转型. 财经科学, (1): 11-16.

谭载喜. 1991. 西方翻译简史. 北京: 商务印书馆.

谭载喜. 1999. 新编奈达论翻译. 北京: 中国对外翻译出版公司.

谭载喜. 2004. 翻译研究词典的翻译原则与方法. 中国翻译, (6): 51-54.

汤思敏. 2009. 严复的翻译理论在中医术语翻译中的应用. 南京医科大学学报, (2): 172-175.

田茂再. 2015. 大数据时代统计学重构研究中的几个热点问题. 统计研究, (5): 3-12.

田野. 2018. 大数据时代知情同意原则的困境与出路——以生物资料库的个人信息保护为例. 法制与社会发展, (6): 111-136.

万方. 2016. 大数据背景下个人信息保护的新路径——被遗忘权的更新兼论信息技术革新. 图书情报知识, (6): 107-113.

王宝勤. 2003. 中医术语翻译刍议. 山东外语教学, (4): 90-91.

王春晖. 2016. "网络主权"应当以各主权国家的"领网权"为效力边界. 通信管理与技术, (3): 30-32.

王东风. 1997a. 文化缺省与翻译中的连贯重构. 外国语, (6): 56-61.

王东风. 1997b. 英汉词语翻译中的义素对比分析. 现代外语, (1): 29-32.

王东风. 2004. 解构"忠实"——翻译神话的终结. 中国翻译, (6): 5-11.

王福美. 2011. "辞达而已矣"——重读支谦的《法句经序》. 上海翻译, (4): 77-80.

王宏印, 李宁. 2009. 君王荣耀之镜: 典籍外译的福音——《福乐智慧》英译本及其导言汉译的若干问题. 民族翻译, (1): 3-9.

王珲, 吴义诚. 2020. 基于大数据的语义实证研究新进展. 外语教学与研究, 52 (4): 620-628, 641.

王陆, 蔡荣啸. 2016. 课堂大数据视角下的提问倾向研究. 电化教育研究, 37 (7): 82-92.

王弄笙. 2004. 十六大报告汉英翻译的几点思考. 中国翻译, (1): 58-61.

王千. 2014. 互联网企业平台生态圈及其金融生态圈研究——基于共同价值的视角. 国际金融研究, (11): 76-86.

王仁强. 2020. 大数据视域下的汉英词典兼类表征策略研究——以《汉英词典》(第三版)为例. 外语电化教学, (6): 71-79, 5.

王帅国. 2017. 雨课堂: 移动互联网与大数据背景下的智慧教学工具. 现代教育技术, (5): 26-32.

王天思. 2016. 大数据中的因果关系及其哲学内涵. 中国社会科学, (5): 22-42, 204-205.

王琰, 赵婕. 2020. 大数据时代被遗忘权的现实逻辑与本土建构. 南昌大学学报(人文社会科学版), 51 (6): 103-111.

王燕. 2014. 智慧校园建设总体架构模型及典型应用分析. 中国电化教育, (9): 88-92, 99.

王雨梅. 2006. 英汉公安法律术语的规范化与翻译. 中山大学学报论丛, 26 (9): 4-8.

王正青, 但金凤. 2021. 如何构建教育数据治理体系: 美国肯塔基州的成功经验. 现代远程教育研究, 33 (1): 77-86.

王宗炎. 1987. 关于译名的三个问题. 外语教学与研究(外国语文双月刊), (4): 38-43.

王佐良. 1984. 翻译中的文化比较. 中国翻译, (1): 2-6.

魏向清. 2010a. 国际化与民族化: 人文社科术语建设中的翻译策略. 南京社会科学, (5): 116-121.

魏向清. 2010b. 人文社科术语翻译中的术语属性. 外语学刊, (6): 165-167.

魏向清. 2016. 论大众翻译时代译者的术语意识与素养——从莫言诺贝尔文学奖评语中的术语翻译谈起. 外语学刊, (1): 150-153.

魏向清, 杨平. 2019. 中国特色话语对外传播与术语翻译标准化. 中国翻译, 40 (1): 91-97.

魏向清, 张柏然. 2008. 学术摹因的跨语际复制——试论术语翻译的文化特征及研究意义. 中国外语, (6): 84-88.

魏雪峰, 杨俊锋. 2014. 同步网络课堂的理念、应用及未来发展. 中国电化教育, (9): 93-99.

文宏. 2019. 网络群体性事件中舆情导向与政府回应的逻辑互动——基于"雪乡"事件大数据的情感分析. 政治学研究, (1): 77-90, 127-128.

邬贺铨. 2014. 大数据思维. 科学与社会, 4 (1): 1-13.

吴飞, 傅正科. 2015. 大数据与"被遗忘权". 浙江大学学报(人文社会科学版), 45 (2): 68-78.

吴金红, 陈强, 鞠秀芳. 2014. 用户参与大数据众包活动的意愿和影响因素探究. 情报资料工作, (3): 74-79.

吴俊杰, 刘冠男, 王静远, 等. 2020. 数据智能: 趋势与挑战. 系统工程理论与实践, 40（8）: 2116-2149.

吴旻瑜, 刘欢, 任友群. 2015. "互联网+"校园: 高校智慧校园建设的新阶段. 远程教育杂志, （4）: 8-13.

吴沈括. 2016. 数据跨境流动与数据主权研究. 新疆师范大学学报（哲学社会科学版）, 37（5）: 112-119.

吴文峻. 2017. 面向智慧教育的学习大数据分析技术. 电化教育研究, 38（6）: 88-94.

吴新祥, 李宏安. 1990. 等值翻译论. 南昌: 江西教育出版社.

吴旭莉. 2019. 大数据时代的个人信用信息保护——以个人征信制度的完善为契机. 厦门大学学报（哲学社会科学版）, （1）: 161-172.

席斌, 汪渊智. 2020. 大数据时代个人信息的法释义学分析——以《民法典》"个人信息"的概念为中心. 贵州社会科学, （12）: 97-104.

夏火松, 甄化春. 2015. 大数据环境下舆情分析与决策支持研究文献综述. 情报杂志, （2）: 1-6, 21.

肖建华, 柴芳墨. 2019. 论数据权利与交易规制. 中国高校社会科学, （1）: 83-93, 157-158.

徐明. 2017. 大数据时代的隐私危机及其侵权法应对. 中国法学, （1）: 130-149.

徐鹏, 王以宁, 刘艳华, 等. 2013. 大数据视角分析学习变革——美国《通过教育数据挖掘和学习分析促进教与学》报告解读及启示. 远程教育杂志, （6）: 11-17.

徐嵩龄. 2010. 如何提高我国术语翻译的准确性. 中国科技术语, （2）: 36-42.

徐宗本, 冯芷艳, 郭迅华, 等. 2014. 大数据驱动的管理与决策前沿课题. 管理世界, （11）: 158-163.

许钧. 2009. 翻译概论. 北京: 外语教学与研究出版社.

许萍. 2011. 从文化转向看《论语》的术语翻译——以安乐哲译本为例. 济宁学院学报, 32（6）: 110-114.

许晓东, 王锦华, 卞良, 等. 2015. 高等教育的数据治理研究. 高等工程教育研究, （5）: 25-30.

许志强, 王雪梅, 田艺鹏. 2021. 新时代网络舆情中的大数据使用与管理研究. 传媒, （5）: 93-96.

薛欢, 王一川. 2020. 语言预测研究的过去、现在与未来. 外语学刊, （5）: 121-126.

严复. 1986a. 《普通百科新大辞典》序//严复. 严复集（2）. 北京: 中华书局.

严复. 1986b. 《严复集》（第一册）. 北京: 中华书局.

严复. 1986c. 《严复集》（第二册）. 北京: 中华书局.

杨建国. 2021. 大数据时代隐私保护伦理困境的形成机理及其治理. 江苏社会科学, （1）: 142-150, 243.

杨开城. 2019. 教育何以是大数据的. 电化教育研究, 40（2）: 5-11.

杨可. 2012. 俄罗斯现代政治语言学——一门新兴的交叉学科. 中国俄语教学, 31 (1): 7-10.

杨可. 2016. 俄语政治交际领域成语的若干问题. 俄语学习, (4): 22-26.

杨可. 2017.《联邦目标纲要 2016~2020 年俄语构想》简述. 俄语学习, (3): 11-16.

杨可, 杨依依. 2021. 21 世纪初俄罗斯互联网媒体发展的主要特征及相关法律规制. 欧亚人文研究, (1): 58-63.

杨澜, 郑伟. 2021. 大数据背景下高校危机管理模式创新的内容、理念与原则. 湘潭大学学报（哲学社会科学版）, 45 (2): 51-59.

杨明星. 2014. 中国外交新词对外翻译的原则与策略. 中国翻译, 35 (3): 103-107.

杨明星, 吴丽华. 2016. 医学文本 Trados 机辅翻译的质量与效率优势. 中国科技翻译, 29 (3): 30-32, 20.

杨瑞仙, 毛春蕾, 左泽. 2016. 我国政府数据开放平台建设现状与发展对策研究. 情报理论与实践, 39 (6): 27-31.

杨善林, 周开乐. 2015. 大数据中的管理问题: 基于大数据的资源观. 管理科学学报, 18 (5): 1-8.

杨晓波. 2015. 论《说文解字叙》中的术语英译——以 K. L. Thern 的评注式译本为例. 中国翻译, 36 (3): 105-109.

杨晓琼. 2015. 大数据时代高校数据素养教育的合作路径. 情报资料工作, (3): 98-102.

杨雪, 姜强, 赵蔚. 2016. 大数据学习分析支持个性化学习研究——技术回归教育本质. 现代远距离教育, (4): 71-78.

杨一, 邹昀瑾. 2021. 以机器学习应对信息"爆炸"时代: 公共管理研究的降维可视化探析. 中国行政管理, (1): 105-113.

姚松. 2016. 大数据时代教育治理转型的前瞻性分析: 机遇、挑战及演进逻辑. 现代远程教育研究, (4): 32-41.

叶慧君, 陈双新. 2015. 典籍文献术语外译研究现状及思考. 河北大学学报（哲学社会科学版）, (6): 47-51.

叶晓青. 1983a. 西学输入和中国传统文化. 历史研究, (1): 7-24.

叶晓青. 1983b. 约翰·赫歇耳的《谈天》——记我国翻译出版的第一部近代天文学著作. 中国科技史杂志, (1): 85-87.

叶勇豪, 许燕, 朱一杰, 等. 2016. 网民对"人祸"事件的道德情绪特点——基于微博大数据研究. 心理学报, 48 (3): 290-304.

伊海 (EVA LOPEZ BIENVENIDO). 2018. 对推广中医汉西翻译国际标准的必要性的分析. 北京中医药大学硕士学位论文.

殷健, 冯志伟. 2019. 基于知识本体的术语界定——冯志伟教授访谈录. 杭州师范大学学报（社会科学版）, 41 (4): 132-136.

殷健, 刘润泽, 冯志伟. 2018. 面向翻译的术语研究: "中国学派"的实践特征和理论探索——冯志伟教授访谈录. 中国翻译, 39 (3): 74-79.

于浩. 2015. 大数据时代政府数据管理的机遇、挑战与对策. 中国行政管理, (3): 127-130.

于屏方, 杜家利. 2015.《现代汉语词典》释义与配例的关联性与认知效果分析. 辞书研究, (3): 6-12, 93.

于屏方, 杜家利. 2016. 近三十年来国外词典对比研究的现状与特点——以《国际词典学》为例. 辞书研究, (1): 65-72.

于屏方, 杜家利. 2020.《现代汉语词典》中复杂词汇单位立目分析——词汇化视角. 辞书研究, (2): 10-19.

于屏方, 王凤兰. 2021. "×着"在《现代汉语词典》中的处理情况研究. 辞书研究, (1): 58-63, 135.

于施洋, 王建冬, 童楠楠. 2016. 大数据环境下的政府信息服务创新: 研究现状与发展对策. 电子政务, (1): 26-32.

于伟昌. 2000. 汉译语言学术语标准化的必要性及原则. 上海科技翻译, (3): 9-13.

于志刚, 李源粒. 2014. 大数据时代数据犯罪的制裁思路. 中国社会科学, (10): 100-120, 207.

于志刚, 李源粒. 2016. 大数据时代数据犯罪的类型化与制裁思路. 政治与法律, (9): 13-29.

余高. 2020. "大数据+人工智能": 高校教育信息化的必经路径. 中国高等教育, (19): 59-61.

余亮, 陈时见, 赵彤. 2017. 大数据背景下数字教育资源服务的内涵、特征和模式. 电化教育研究, 38 (4): 66-71.

俞立平. 2013. 大数据与大数据经济学. 中国软科学, (7): 177-183.

喻国明, 王斌, 李彪, 等. 2013. 传播学研究: 大数据时代的新范式. 新闻记者, (6): 22-27.

袁萍, 刘玉屏. 2020. 大数据时代国际汉语教师数据素养研究透视. 民族教育研究, 31 (6): 119-125.

曾剑平. 2007. 人文社会科学术语译名的规范化问题. 外语与外语教学, (8): 51-53, 57.

曾剑平, 杨莉. 2004. 谈现代语言学中术语翻译的标准化. 南昌航空工业学院学报(社会科学版), (3): 62-65.

曾建光. 2015. 网络安全风险感知与互联网金融的资产定价. 经济研究, 50 (7): 131-145.

曾江霞. 2020. 多模态大数据语境下科技术语翻译标准分析——以新冠肺炎和新冠病毒术语翻译为例. 中国科技术语, 22 (5): 33-41, 71.

詹继续. 2020. 跨语际司法中的翻译问题研究. 外语与外语教学, (6): 32-42, 148.

张爱军, 梁赛. 2020. 大数据对政治传播的异化及消解理路. 湖北社会科学, (11): 24-31.

张成洪, 肖帅勇, 陆天, 等. 2021. 基于校园消费数据分析大学生网络借贷行为: 借款倾向、消费变化与违约风险. 系统工程理论与实践, 41 (3): 574-586.

张法连. 2016. 英美法律术语汉译策略探究. 中国翻译, 37（2）: 100-104.
张继光. 2016a. 国内翻译研究动态的科学知识图谱分析（2005—2014）——基于12种外语类核心期刊的词频统计. 东北大学学报（社会科学版）, 18（4）: 429-435.
张继光. 2016b. 国内语料库翻译学研究状况的科学知识图谱分析（1993—2014）. 上海翻译,（3）: 34-40, 61, 93.
张进良, 李保臻. 2015. 大数据背景下教师数据素养的内涵、价值与发展路径. 电化教育研究, 36（7）: 14-19, 34.
张景华. 2013a. 论严复的译名思想与翻译会通. 湖南科技大学学报（社会科学版）,（5）: 135-138.
张景华. 2013b. 庞德的翻译是东方主义吗？——兼论《神州集》的创造性翻译. 中国翻译,（5）: 84-89.
张景华. 2015. 论"翻译暴力"的学理依据及其研究价值——兼与曹明伦教授商榷. 中国翻译,（6）: 65-72.
张里安, 韩旭至. 2016. 大数据时代下个人信息权的私法属性. 法学论坛,（3）: 119-129.
张里安, 韩旭至. 2017. "被遗忘权": 大数据时代下的新问题. 河北法学, 35（3）: 35-51.
张琳, 高秀雪. 2013. 从"悟"与"eidetic"看典籍英译中的术语对应翻译. 外语研究,（3）: 64-68, 86, 112.
张琳瑜, 李彩霞. 2011. 多元系统理论视角评析《孙子兵法》术语英译. 哈尔滨学院学报,（1）: 111-114.
张宁, 唐嘉仪. 2021. 大数据在风险治理中的应用场景——基于"人-技术"视角的研究述评. 电子政务,（4）: 79-89.
张晓娟, 王文强, 唐长乐. 2016. 中美政府数据开放和个人隐私保护的政策法规研究. 情报理论与实践, 39（1）: 38-43.
张旭. 2004. 关于翻译研究术语汉译的讨论. 中国翻译, 25（4）: 83-86.
张彦. 2008. 科学术语翻译概论. 杭州: 浙江大学出版社.
张燕南, 赵中建. 2013. 大数据时代思维方式对教育的启示. 教育发展研究,（21）: 1-5.
赵靖岩, 胡振波. 2016. 大数据环境下高校信息化教学模式研究. 情报科学, 34（1）: 92-95, 103.
赵磊. 2020. "从契约到身份"——数据要素视野下的商事信用. 兰州大学学报（社会科学版）, 48（5）: 49-56.
赵丽梅, 张花. 2019. 我国大数据时代数字图书馆研究前沿分析——基于共词分析的视角. 情报科学, 37（3）: 97-104.
赵瑞琴, 孙鹏. 2021. 确权、交易、资产化: 对大数据转为生产要素基础理论问题的再思考. 商业经济与管理,（1）: 16-26.
赵曙光, 吴璇. 2020. 大数据: 作为一种方法论的追溯与质疑. 国际新闻界, 42（11）: 136-153.

赵序茅, 李欣海, 聂常虹. 2020. 基于大数据回溯新冠肺炎的扩散趋势及中国对疫情的控制研究. 中国科学院院刊, 35（3）: 248-255.

赵忠德. 2004. 关于语言学术语的统一译名问题. 外语与外语教学, （7）: 51-53, 61.

甄峰, 秦萧. 2014. 大数据在智慧城市研究与规划中的应用. 国际城市规划, （6）: 44-50.

郑瑞强, 曹国庆. 2015. 基于大数据思维的精准扶贫机制研究. 贵州社会科学, （8）: 163-168.

郑述谱. 2012a. 术语翻译及其对策. 外语学刊, （5）: 102-105.

郑述谱. 2012b. 翻译·词典·术语. 中国科技翻译, （3）: 33-37.

郑燕林, 柳海民. 2015. 大数据在美国教育评价中的应用路径分析. 中国电化教育, （7）: 25-31.

周丽娜. 2015. 大数据背景下的网络隐私法律保护: 搜索引擎、社交媒体与被遗忘权. 国际新闻界, 37（8）: 136-153.

周流溪. 2000. 上古汉语的声调和韵系新拟. 语言研究, （4）: 97-104.

周流溪. 2015. 谈语文学术语的翻译. 当代语言学, 17（3）: 375.

周明伟. 2014a. 构建中国特色社会主义对外传播理论体系. 对外传播, （9）: 12-13, 1.

周明伟. 2014b. 建设国际化翻译人才队伍, 推动中国文化走出去. 中国翻译, 35（5）: 5-6.

周文泓. 2015. 加拿大联邦政府开放数据分析及其对我国的启示. 图书情报知识, （2）: 106-114.

周亚祥. 2001. 科技术语译名的统一问题. 中国科技期刊研究, 12（4）: 312-313.

朱东华, 张嶷, 汪雪锋, 等. 2013. 大数据环境下技术创新管理方法研究. 科学学与科学技术管理, （4）: 172-180.

朱方彬, 宋宗宇. 2020. 大数据时代个人信息权保护的法制构建. 山东社会科学, （7）: 43-47.

朱建平, 李秋雅. 2014. 大数据对大学教学的影响. 中国大学教学, （9）: 41-44.

朱建平, 张悦涵. 2016. 大数据时代对传统统计学变革的思考. 统计研究, 33（2）: 3-9.

朱建平, 章贵军, 刘晓葳. 2014. 大数据时代下数据分析理念的辨析. 统计研究, 31（2）: 10-19.

祝朝伟. 2010. 译者职责的翻译伦理解读. 外国语文（四川外语学院学报）, （6）: 77-82.

祝智庭, 沈德梅. 2013. 基于大数据的教育技术研究新范式. 电化教育研究, （10）: 5-13.

Abdelaziz, A. M., Ghany, K. K. A., Soliman, T. H. A., et al. 2020. A parallel multi-objective swarm intelligence framework for Big Data analysis. *International Journal of Computer Applications in Technology*, 63(3): 200-212.

Adam, N. R., Wieder, R. & Ghosh, D. 2017. Data science, learning, and applications to biomedical and health sciences. *Annals of the New York Academy of Sciences*, 1387(1): 5-11.

Ahad, M. A. & Biswas, R. 2019. Request-based, secured and energy-efficient (RBSEE) architecture for handling IoT big data. *Journal of Information Science*, 45(2): 227-238.

Ahmad, K., Zheng, J. M. & Rafi, M. 2020. Librarian's perspective for the implementation of big data analytics in libraries on the bases of lean-startup model. *Digital Library Perspectives*, 36(1): 21-37.

Anagnostopoulos, I., Zeadally, S. & Exposito, E. 2016. Handling big data: Research challenges and future directions. *The Journal of Supercomputing*, 72(4): 1494-1516.

Appiah, K. A. 1993. Thick translation. *Callaloo*, 16(4): 808-819.

Ardagna, D., Barbierato, E., Gianniti, E., et al. 2021. Predicting the performance of big data applications on the cloud. *The Journal of Supercomputing*, 77: 1321-1353.

Asaithambi, S. P. R., Venkatraman, S. & Venkatraman, R. 2021.Big Data and Personalisation for Non-Intrusive Smart Home Automation. *Big Data and Cognitive Computing*, 5(6): 1-21.

Austin, C. & Kusumoto, F. 2016. The application of big data in medicine: Current implications and future directions. *Journal of Interventional Cardiac Electrophysiology*, 47(1): 51-59.

Bell, D., Lycett, M., Marshan, A., et al. 2020. Exploring future challenges for big data in the humanitarian domain. *Journal of Business Research*, 131: 453-468.

Bhimani, A. & Willcocks, L. 2014. Digitisation, 'big data' and the transformation of accounting information. *Accounting and Business Research*, 44(4): 469-490.

Bildosola, I., Garechana, G., Zarrabeitia, E., et al. 2018. Characterization of strategic emerging technologies: The case of big data. *Central European Journal of Operations Research*, 28: 45-60.

Brayne, S. 2017. Big data surveillance: The case of policing. *American Sociological Review*, 82(5): 977-1008.

Brinch, M., Stentoft, J., Jensen, J. K., et al. 2018. Practitioners understanding of big data and its applications in supply chain management. *The International Journal of Logistics Management*, 29(2): 555-574.

Bughin, J. 2016. Reaping the benefits of big data in telecom. *Journal of Big Data*, 3(1): 1-17.

Cabre, M. T. 2009. Communicative theory of terminology, a linguistic approximation on terms. *Revue Française De Linguistique Appliquée*, 14(2): 9-15.

Caiado, J., Crato, N. & Poncela, P. 2020. A fragmented-periodogram approach for clustering big data time series. *Advances in Data Analysis and Classification*, 14(1): 117-146.

Catford, J. C. 1965. *A Linguistic Theory of Translation: An Essay in Applied Linguistics*. Oxford: Oxford University Press.

Chan, A.2015. Big data interfaces and the problem of inclusion. *Media, Culture & Society*,

37(7): 1078-1083.

Cheah, S. & Wang, S. 2017. Big data-driven business model innovation by traditional industries in the Chinese economy. *Journal of Chinese Economic and Foreign Trade Studies*, 10(3): 229-251.

Chen, H. 2018. Personalized recommendation system of e-commerce based on big data analysis. *Journal of Interdisciplinary Mathematics*, 21(5): 1243-1247.

Chen, J., Chen, Y., Du, X., et al. 2013. Big data challenge: A data management perspective. *Frontiers of Computer Science*, 7(2): 157-164.

Chen, Y. H. 2020. Intelligent algorithms for cold chain logistics distribution optimization based on big data cloud computing analysis. *Journal of Cloud Computing*, 9(1): 1-12.

Choi, H. S. & Leon, S. 2020. An empirical investigation of online review helpfulness: A big data perspective. *Decision Support Systems*, 139: 113403.

Chrimes, D., Moa, B., Alex, K., et al. 2017. Operational efficiencies and simulated performance of big data analytics platform over billions of patient records of a hospital system. *Advances in Science, Technology and Engineering Systems*, 2(1): 23-41.

Cope, W. & Kalantzis, M. 2016. Big data comes to school: Implications for learning, assessment, and research. *AERA Open*, 2(2): 1-19.

DeBortoli, S., Müller, O. & Brocke, J. V. 2014. Comparing business intelligence and big data skills. *Business & Information Systems Engineering*, 6(5): 289-300.

Deebak, B. D. & Al-Turjman, F. 2021. Lightweight authentication for IoT/Cloud-based forensics in intelligent data computing. *Future Generation Computer Systems*, 116: 406-425.

Dheyab, S. A., Abdullah, M. N. & Abed, B. F. 2019. A novel approach for big data processing using message passing interface based on memory mapping. *Journal of Big Data*, 6(1): 1-17.

Du, J. L., Alexandris, C., Pei, Y. J., et al. 2021. Meeting the growing needs in scientific and technological terms with China's terminology management agency - cnctst. In T. Ahram et al. (Eds.), *IHIET-AISC 1378* (pp. 239-245). Switzerland: Springer.

Du, J. L., Alexandris, C., Yu, P. F. 2020. Comparative research on terminology databases in Europe and China. In T. Ahram et al. (Eds.), *IHIET-AISC 1152* (pp. 252-257). Switzerland: Springer.

Du, J. L.& Yu, P. F. 2015. Machine learning techniques for decoding gp sentences: Effects of processing breakdown. *International Journal of Reasoning-Based Intelligent Systems*, 7(3-4): 177-185.

Du, J. L., Yu, P. F. & Li, M. L. 2014a. Leading role of educators in English language teaching for young learners. *International Journal of Emerging Technologies in Learning*, 9(9):

17-20.

Du, J. L., Yu, P. F. & Li, M. L. 2014b. Machine learning from garden path sentences: The application of computational linguistics. *International Journal of Emerging Technologies in Learning*, 9(6): 58-62.

Ducange, P., Fazzolari, M. & Marcelloni, F. 2020. An overview of recent distributed algorithms for learning fuzzy models in big data classification. *Journal of Big Data*, 7(1): 1-29.

Erwin, K., Bond, M. & Jain, A. 2015. Discovering the language of data: Personal pattern languages and the social construction of meaning from big data. *Interdisciplinary Science Reviews*, 40(1): 44-60.

Even-Zohar, I. 1990. 22 The Position of Translated Literature within the Literary Polysystem (1978). In I. Even-Zohar (Ed.), *The Princeton Sourcebook in Comparative Literature* (pp. 240-277). Princeton: Princeton University Press.

Faber, P. A.2012. *A Cognitive Linguistics View of Terminology and Specialized Language*. Berlin/Boston: De Gruyter Mouton.

Faroukhi, A. Z., Alaoui, I. E., Gahi, Y., et al. 2020a. Big data monetization throughout Big Data Value Chain: A comprehensive review. *Journal of Big Data*, 7(1): 1-22.

Faroukhi, A. Z., Alaoui, I. E., Gahi, Y., et al. 2020b. An adaptable Big Data Value Chain framework for end-to-end big data monetization. *Big Data and Cognitive Computing*, 4(34): 1-27.

Fillinger, S., Garza, L., Peltzer, A., et al. 2019. Challenges of big data integration in the life sciences. *Analytical and Bioanalytical Chemistry*, 411(26): 6791-6800.

Fuller, M. 2019. Big data and the Facebook scandal: Issues and responses. *Theology*, 122(1): 14-21.

Gaudin, F. 1993. Socioterminologie: du signe au sens, construction d'un champ. *Journal Des Traducteurs*, 38(2): 293-301.

Gentzler, E. 1993/2004. *Contemporary Translation Theories: Revised Second Edition*. Shanghai: Shanghai Foreign Language Education Press.

Gillespie, B., Otto, C. & Young, C. 2018. Bridging the academic-practice gap through big data research. *International Journal of Market Research*, 60(1): 11-13.

Gillingham, P. & Graham, T. 2017. Big Data in Social Welfare: The development of a critical perspective on social work's latest "electronic turn". *Australian Social Work*, 70(2): 135-147.

Gölzera, P. & Fritzscheb, A. 2017. Data-driven operations management: Organisational implications of the digital transformation in industrial practice. *Production Planning & Control*, 28(16): 1332-1343.

González-Serrano, L., Talón-Ballestero, P., Muoz-Romero, S., et al. 2020. A big data approach to customer relationship management strategy in hospitality using multiple correspondence domain description. *Applied Sciences*, 11(1): 256: 1-19.

Greasley, A. & Edwards, J. S. 2021. Enhancing discrete-event simulation with big data analytics: A review. *Journal of the Operational Research Society*, 72(2): 247-267.

Halford, S. & Savage, M. 2017. Speaking sociologically with big data: Symphonic social science and the future for big data research. *Sociology*, 51(6): 1132-1148.

Han, W. & Xiao, Y. 2019. Edge computing enabled non-technical loss fraud detection for big data security analytic in Smart Grid. *Journal of Ambient Intelligence and Humanized Computing*, 11: 1697-1708.

Harper, T. 2016. The big data public and its problems: Big data and the structural transformation of the public sphere. *New Media & Society*, 19(9): 1424-1439.

Hassani, H. & Silva, E. S. 2015. Forecasting with big data: A review. *Annals of Data Science*, 2(1): 5-19.

Hatim, B. 2001. *Teaching and Researching Translation*. New York: Pearson Education Limited.

Hatim, B. & Mason, I. 1997. *The Translator as Communicator*. London/New York: Routledge.

He, Z. H. 2020. Self-calibration system for pragmatic failure in English-Chinese translation based on big data. *International Journal of Applied Systemic Studies*, 9(2): 141-158.

Hogle, L. F. 2016. Data-intensive resourcing in healthcare. *BioSocieties*, 11(3): 372-393.

Van Horn, J. D. & Toga, A. W. 2014. Human neuroimaging as a "Big Data" science. *Brain Imaging and Behavior*, 8(2): 323-331.

Hu, Y. N., Wang, H. & Ma, W. 2020. Intelligent cloud workflow management and scheduling method for big data applications. *Journal of Cloud Computing*, 9(39): 1-13.

Idrees, S. M., Alam, M. A. & Agarwal, P. 2019. A study of big data and its challenges. *International Journal of Information Technology*, (11): 841-846.

Jacobsen, E. 1958. *Translation a Traditional Craft: An Introductory Sketch with a Study of Marlowe's Elegies*. Copenhagen: Gyldendal.

Jain, P., Gyanchandani, M. & Khare, N. 2016. Big data privacy: A technological perspective and review. *Journal of Big Data*, 3(1): 1-25.

Jallad, K. A., Desouki, M. S. & Aljnidi, M. 2020. Anomaly detection optimization using big data and deep learning to reduce false-positive. *Journal of Big Data*, 7(68): 1-12.

Fauconnier, G. & Turner, M. 2003. *The Way We Think: Conceptual Blending and the Mind's Hidden Complexities*. New York: Basic Books.

John, F., Gopinath, S. & Sherly, E. 2020. A decentralised framework for efficient storage and processing of big data using HDFS and IPFS. *International Journal of Humanitarian Technology*, 1(2): 131-143.

Han, K. Y., Xiao, G. R. & Yang, X. C. 2019. An effective stadium monitoring control algorithm based on big data in emerging mobile networks. *Multimedia Tools and Applications*, 78(21): 29971-29987.

Kataria, A. & Venkatesh, P. 2019. Smarter cities data management—A comparative analysis in big data. *Research Journal of Engineering and Technology*, 10(1): 26-32.

Mills, K. A. 2017. What are the threats and potentials of big data for qualitative research? *Qualitative Research*, 18(6): 591-603.

Khan, Z., Anjum, A., Soomro, K., et al. 2015. Towards cloud based big data analytics for smart future cities. *Journal of Cloud Computing*, 4(2): 1-11.

Khan, Z. & Vorley, T. 2017. Big data text analytics: An enabler of knowledge management. *Journal of Knowledge Management*, 21(1): 18-34.

Kim, Y., Huh, J. H. & Chung, M. 2021. Traffic inference system using correlation analysis with various predicted big data. *Electronics*, 10(3): 354.

Kim, Y., Kim, Y. K., Kim, D. S., et al. 2020. Implementation of hybrid P2P networking distributed web crawler using AWS for smart work news big data. *Peer-to-Peer Networking and Applications*, 13(4): 659-670.

Kowalczyk, M. & Buxmann, P. 2014. Big data and information processing in organizational decision processes. *Business & Information Systems Engineering*, 6(5): 267-278.

Krasniqi, Z. & Gjonaj, A. 2018. The impact of big data on the android mobile platform for natural disaster situations. *Advances in Science, Technology and Engineering Systems Journal*, 3(2): 206-210.

Kumar, A. & Garg, G. 2020. Fine grain sentiment grading of user-generated big data using contextual cues. *World Review of Entrepreneurship, Management and Sustainable Development*, 16(6): 590-604.

Larkou, G., Mintzis, M., Andreou, P. G., et al. 2016. Managing big data experiments on smartphones. *Distributed and Parallel Databases*, 34(1): 33-64.

Lefevere, A. 1992. *Translation - History, Culture: A Sourcebook*. London: Routledge.

Leszczynski, A. 2015. Spatial big data and anxieties of control. *Environment and Planning D: Society and Space*, 33(6): 965-984.

Liang, G., Sharma, R., Lei, Y., et al. 2017. Automated competitor analysis using big data analytics. *Business Process Management Journal*, 23(3): 735-762.

Liu, L. 2013. Computing infrastructure for big data processing. *Frontiers of Computer Science*, 7(2): 165-170.

Liu, Q. & Zou, X. 2019. Research on trust mechanism of cooperation innovation with big data processing based on blockchain. *EURASIP Journal on Wireless Communications and Networking*, 26(1): 1-11.

Lupton, D. 2014. The commodification of patient opinion: The digital patient experience economy in the age of big data. *Sociology of Health & Illness*, 36(6): 856-869.

Majumdar, J., Naraseeyappa, S. & Ankalaki, S. 2017. Analysis of agriculture data using data mining techniques: Application of big data. *Journal of Big Data*, 4(20): 1-15.

Mampaka, M. M. & Sumbwanyambe, M. 2019. A quadri-dimensional approach for poor performance prioritization in mobile networks using Big Data. *Journal of Big Data*, 6(1): 1-15.

Mao, H. 2021. High-density information security storage method of big data center based on fuzzy clustering. *Microprocessors and Microsystems*, 81: 103772.

Maras, M. H. & Wandt, A. S. 2019. Enabling mass surveillance: Data aggregation in the age of big data and the Internet of Things. *Journal of Cyber Policy*, 4(2): 1-18.

L'Homme, M. C. 2019. *Lexical Semantics for Terminology: An Introduction*. Amsterdam: John Benjamins Publishing Company.

Mazumdar, S., Seybold, D., Kritikos, K., et al. 2019. A survey on data storage and placement methodologies for Cloud-Big Data ecosystem. *Journal of Big Data*, 6(1): 1-37.

Mo, Z. G. & Xie, Z. 2019. Communication scheduling method of big data in Internet of Things based on decision feedback equalization and spread spectrum modulation technology. *Cluster Computing*, 22: 7649-7656.

Munday, J. 2001. *Introducing Translation Studies: Theories and Applications* (4th edn). London & New York: Routledge.

Najafabadi, M. M., Villanustre, F., Khoshgoftaar, T. M., et al. 2015. Deep learning applications and challenges in big data analytics. *Journal of Big Data*, 2(1): 1-21.

Newmark, P. 1998. *More Paragraphs on Translation*. Philadelphia: Multilingual Matters.

Newmark, P. 2001. *Approaches to Translation*. Shanghai: Shanghai Foreign Language Education Press.

Newmark, P. 2003. No global communication without translation. In G. Anderman, M Rogers (Eds.), *Translation Today: Trends and Perspectives* (pp. 55-67). Beijing: Foreign Language Teaching and Research Press.

Nida, E. A. 1993. *Language, Culture and Translating*. Shanghai: Shanghai Foreign Language Education Press.

Nida, E. & Taber, C. R. 2003. *The Theory and Practice of Translation*. Leiden: Brill Academic Pub.

Nuaimi, E. A., Neyadi, H. A., Mohamed, N., et al. 2015. Applications of big data to smart cities. *Journal of Internet Services and Applications*, 6(25): 1-15.

O'Donovan, P., Leahy, K., Bruton, K., et al. 2015. Big data in manufacturing: A systematic mapping study. *Journal of Big Data*, 2(20): 1-22.

Perkhofer, L. M., Hofer, P., Walchshofer, C., et al. 2019. Interactive visualization of big data in the field of accounting: A survey of current practice and potential barriers for adoption. *Journal of Applied Accounting Research*, 20(4): 497-525.

Pesce, D., Neirotti, P. & Paolucci, E. 2019. When culture meets digital platforms: Value creation and stakeholders' alignment in big data use. *Current Issues in Tourism*, 22(15): 1883-1903.

Poorthuis, A. & Zook, M. 2017. Making big data small: Strategies to expand urban and geographical research using social media. *Journal of Urban Technology*, 24(4): 115-135.

Premkamal, P. K., Pasupuleti, S. K., Singh, A. K., et al. 2021. Enhanced attribute based access control with secure deduplication for big data storage in cloud. *Peer-to-Peer Networking and Applications*, 14(1): 102-120.

Qiu, J., Wu, Q., Ding, G., et al. 2016. A survey of machine learning for big data processing. *EURASIP Journal on Advances in Signal Processing*, 67(1): 1-16.

Ramalingeswara, R., Pabitra, M., Ravindara, B., et al. 2019. The big data system, components, tools, and technologies: A survey. *Knowledge and Information Systems*, 60(3): 1165-1245.

Raveh, E., Ofek, Y., Bekkerman, R., et al. 2020. Applying big data visualization to detect trends in 30 years of performance reports. *Evaluation*, 26(4): 516-540.

Reddy, D. S. S. & Kumar, R. U. 2017. Big data analytics for healthcare organization a study of bda process benefits and challenges of BDA. *Advances in Science, Technology and Engineering Systems Journal*, 2(4): 189-196.

Reyes, J. A. 2014. The skinny on big data in education: Learning analytics simplified. *TechTrends*, 59(2): 75-80.

Sager, J. C. & L'Homme, M. C. 1994. A model for the definition of concepts. *Terminology*, 1(2): 351-373.

Sandhu, R. & Sood, S. K. 2015. Scheduling of big data applications on distributed cloud based on QoS parameters. *Cluster Computing*, 18(2): 817-828.

Santur, Y., Karaköse, E. ö., Karaköse, M., et al. 2017. An artificial management platform based on deep learning using cloud computing for smart cities. *International Journal of Applied Mathematics, Electronics and Computers*, (1): 24-28.

Sarkar, M. & Hassanien, A. E. 2020. Exploring new vista of secured and optimized data slicing for big data: An IOT paradigm. *Wireless Personal Communications*, 116(1): 601-628.

Schembera, B. & Durán, J. M. 2019. Dark data as the new challenge for big data science and the introduction of the scientific data officer. *Philosophy & Technology*, 33(1): 93-115.

Shang, T., Zhao, Z., Ren, X., et al. 2021. Differential identifiability clustering algorithms for big data analysis. *Science China Information Sciences*, 64(5): 152101.

Shmueli, G. 2017. Analyzing behavioral big data: Methodological, practical, ethical, and moral issues. *Quality Engineering*, 29(1): 57-74.

Shuttleworth, M. & Cowie, M. 2004. *Dictionary of Translation Studies*. London and New York: Routledge Taylor & Francis Group.

Silva, T. & Jian, M. 2017. Expert profiling for collaborative innovation: Big data perspective. *Information Discovery and Delivery*, 45(4): 169-180.

Simon, S. 1996. *Gender in Translation: Cultural Identity and the Politics of Transmission*. London and New York: Routledge.

Singh, D. & Reddy, C. K. 2014. A survey on platforms for big data analytics. *Journal of Big Data*, 2(8): 1-20.

Song, Y. & Zhu, Y. 2016. Big data and data science: What should we teach? *Expert Systems: The Journal of Knowledge*, 33(4): 364-373.

Stylianou, A. & Talias, M. A. 2017. Big data in healthcare: A discussion on the big challenges. *Health and Technology*, 7(1): 97-107.

Sun, H. D., Rabbani, M. R., Sial, M. S., et al. 2020. Identifying big data's opportunities, challenges, and implications in finance. *Mathematics*, 8(10): 1-19.

Tian, X. M. & Liu, L. 2017. Does big data mean big knowledge? Integration of big data analysis and conceptual model for social commerce research. *Electronic Commerce Research*, 17(1): 169-183.

Torabzadehkashi, M., Rezaei, S., Heydarigorji, A., et al. 2019. Computational storage: An efficient and scalable platform for big data and HPC applications. *Journal of Big Data*, 6(100): 1-29.

Toury, G. 1980. *In Search of a Theory of Translation*. Tel Aviv: The Porter Institute for Poetics and Semiotics, Tel Aviv University.

Trovati, M. W. & Johnny, O. 2020. Big data inconsistencies and incompleteness: A literature review. *International Journal of Grid and Utility Computing*, 11(5): 705-713.

Valencia-Parra, L., Varela-Vaca, A. J., Parody, L., et al. 2020. Unleashing constraint optimisation problem solving in big data environments. *Journal of Computational Science*, 45(101180): 1-19.

Vanka, P. & Sudha, T. 2017. Big data technologies: A case study. *Research Journal of Science and Technology*, 9(4): 639-642.

Vasin, S. M., Finogeev, A. G. & Gamidullaeva, L. A. 2020. Application of hyper-convergent platform for big data in exploring regional innovation systems. *International Journal of*

Data Mining, Modelling and Management, 12(4): 365-385.

Verma, N. & Singh, J. 2017. An intelligent approach to big data analytics for sustainable retail environment using Apriori-MapReduce framework. *Industrial Management & Data Systems,* 117(7): 1503-1520.

Villalpando, L. B., April, A. & Abran, A. 2014. Performance analysis model for big data applications in cloud computing. *Journal of Cloud Computing,* 3(19): 1-20.

Wang, Y. 2020. User online behavior based on big data distributed clustering algorithm. *International Journal of Advanced Robotic Systems,* (2): 1-10.

Wei, J. & Mo, L. G. 2020. Open interactive education algorithm based on cloud computing and big data. *International Journal of Internet Protocol Technology,* 13(3): 151-157.

Weinberg, A. I. & Last, M. 2019. Selecting a representative decision tree from an ensemble of decision-tree models for fast big data classification. *Journal of Big Data,* 6(23): 1-17.

Williamson, B. 2017. Who owns educational theory? Big data, algorithms and the expert power of education data science. *E-Learning and Digital Media,* 14(3): 105-122.

Witjas-Paalberends, E. R., van Laarhoven, L. P. M., van de Burgwal, L. H. M., et al. 2018. Challenges and best practices for big data-driven healthcare innovations conducted by profit–non-profit partnerships—A quantitative prioritization. *International Journal of Healthcare Management,* 11(3): 171-181.

Wu, C. Y., Xu, G. C., Zhao, J., et al. 2018. A novel large-scale task processing approach for big data across multi-domain. *Advances in Mechanical Engineering,* 10(12): 1-13.

Xiong, G., Li. Z. S., Wu, H. Y., et al. 2021. Building urban public traffic dynamic network based on CPSS: An integrated approach of big data and AI. *Applied Sciences,* 11(3): 1-14.

Yang, L. Z., Li, J., Elisa, N., et al. 2019. Towards big data governance in cybersecurity. *Data-Enabled Discovery and Applications,* 3(1): 1-12.

Zaki, M., Theodoulidis, B., Shapira, P., et al. 2019. Redistributed manufacturing and the impact of big data: A consumer goods perspective. *Production Planning & Control,* 30(7): 568-581.

Zhai, L., Zhang, N., Hou, W., et al. 2018. From big data to big analysis: A perspective of geographical conditions monitoring. *International Journal of Image and Data Fusion,* 9(3): 194-208.

Zhang, X. F. & Wang, Y. M. 2021. Research on intelligent medical big data system based on Hadoop and blockchain. *EURASIP Journal on Wireless Communications and Networking,* (1): 1-21.

Zhao, J. L., Fan, S. & Hu, D. 2014. Business challenges and research directions of management analytics in the big data era. *Journal of Management Analytics,* 1(3):

169-174.

Zhu, D. J. 2016. Big data-based multimedia transcoding method and its application in multimedia data mining-based smart transportation and telemedicine. *Multimedia Tools and Applications*, 75(24): 17647-17668.

Zhuang, Y. T., Wu, F., Chen, C., et al. 2017. Challenges and opportunities: From big data to knowledge in AI 2.0. *Frontiers of Information Technology & Electronic Engineering*, (18): 3-14.

Zimmer, M. 2018. Addressing conceptual gaps in big data research ethics: An Application of Contextual Integrity. *Social Media+Society*, 4(2).https://journals.sagepub.com/doi/full/10.1177/2056305118768300

附录和索引检索说明

本书包括大数据名词编码对照、大数据名词汉英对照、大数据名词汉法对照、大数据名词汉俄对照、大数据名词汉西对照、大数据名词汉阿对照等 6 个附录，另外还设置了索引。附录和索引词条的检索可采用两种模式：语义聚类的语义场聚类检索模式和拼音序列的常规检索模式。

第一种模式：语义场聚类检索模式共包括大数据理论、大数据战略、大数据技术、数字经济、数字金融、数据治理、大数据安全、数权法、大数据史等九个语义场，覆盖了从附录 2 至附录 6 的汉英、汉法、汉俄、汉西、汉阿六个联合国工作语种的大数据名词的汉外翻译，每个名词按照语义场进行编码排序。读者可以按照语义场序列在各自语种中进行相关检索。"大数据名词语义场聚类检索序列思维导图"如附图 0.1 所示。

第二种模式：需要采用常规拼音检索模式的是附录 1 "大数据名词编码对照"和"索引"，前者为大数据名词的汉外翻译提供拼音检索的编码对照，后者提供按音序排列的索引词。

大数据名词编码对照（附录 1）采用传统拼音序列检索模式。语义场聚类检索模式具有较为新颖的语义聚类特征，但与传统拼音检索吻合度较低。为了使从附录 2 至附录 6 的语义场聚类检索与传统拼音检索相匹配，我们在附录 1 中建立了大数据名词编码对照。对照表采用传统的首字母拼音排序的方式进行编排。这样，读者就可以先在传统拼音检索的附录 1 中按照拼音排序查找到相关的大数据名词的语义场聚类检索编码，再回到各自语种语义场中完成间接检索。

索引也采用传统拼音序列检索模式。在正文大数据名词翻译研究中，我们聚焦了一些核心的大数据名词，并对这些讨论的名词增设了索引功能。具体的索引添加有两个维度：①对宏观主题部分进行添加，如 3.1 中"……法"作为讨论主题可列入索引；尽管这部分构词语素部分可能没有在附录中单独出现，但其较强的组词能力决定了这些语素可以包含在索引项中供读者查阅。②微观讨论中的表格项全部列入索引，不在表格中的项一般不列入索引，以此进行系统性编排。例如"关键基础设施信息保护法"等作为微观项可列入索引。

大数据名词语义场聚类检索序列

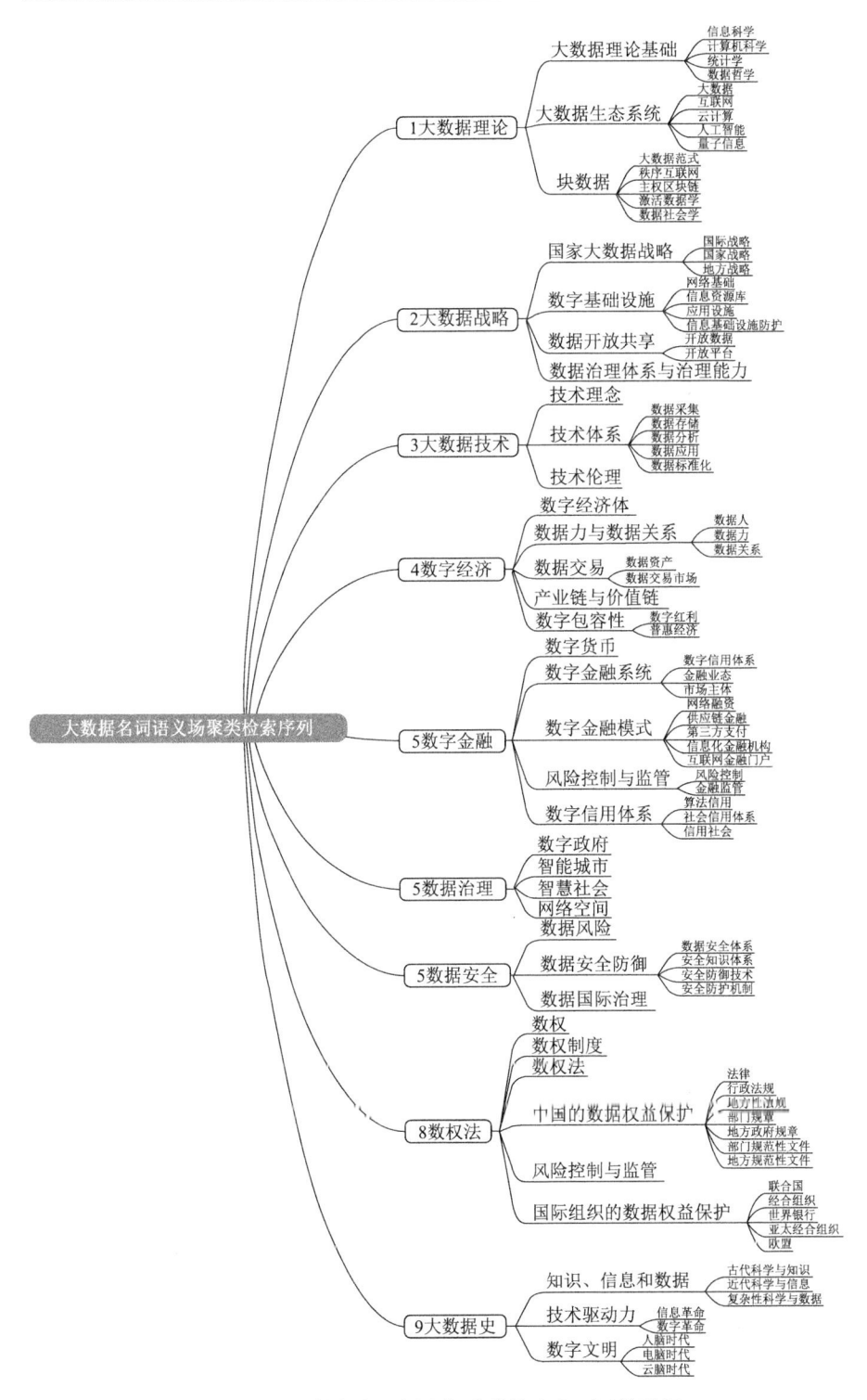

- **1 大数据理论**
  - 大数据理论基础
    - 信息科学
    - 计算机科学
    - 统计学
    - 数据哲学
  - 大数据生态系统
    - 大数据
    - 互联网
    - 云计算
    - 人工智能
    - 量子信息
  - 块数据
    - 大数据范式
    - 秩序互联网
    - 主权区块链
    - 激活数据学
    - 数据社会学

- **2 大数据战略**
  - 国家大数据战略
    - 国际战略
    - 国家战略
    - 地方战略
  - 数字基础设施
    - 网络基础
    - 信息资源库
    - 应用设施
    - 信息基础设施防护
  - 数据开放共享
    - 开放数据
    - 开放平台
  - 数据治理体系与治理能力

- **3 大数据技术**
  - 技术理念
  - 技术体系
    - 数据采集
    - 数据存储
    - 数据分析
    - 数据应用
    - 数据标准化
  - 技术伦理

- **4 数字经济**
  - 数字经济体
  - 数据力与数据关系
    - 数据人
    - 数据力
    - 数据关系
  - 数据交易
    - 数据资产
    - 数据交易市场
  - 产业链与价值链
  - 数字包容性
    - 数字红利
    - 普惠经济

- **5 数字金融**
  - 数字货币
  - 数字金融系统
    - 数字信用体系
    - 金融业态
    - 市场主体
    - 网络融资
  - 数字金融模式
    - 供应链金融
    - 第三方支付
    - 信息化金融机构
    - 互联网金融门户
  - 风险控制与监管
    - 风险控制
    - 金融监管
  - 数字信用体系
    - 算法信用
    - 社会信用体系
    - 信用社会

- **5 数据治理**
  - 数字政府
  - 智能城市
  - 智慧社会
  - 网络空间
  - 数据风险

- **5 数据安全**
  - 数据安全防御
    - 数据安全体系
    - 安全知识体系
    - 安全防御技术
    - 安全防护机制
  - 数据国际治理

- **8 数权法**
  - 数权
  - 数权制度
  - 数权法
  - 中国的数据权益保护
    - 法律
    - 行政法规
    - 地方性法规
    - 部门规章
    - 地方政府规章
    - 部门规范性文件
    - 地方规范性文件
  - 风险控制与监管
  - 国际组织的数据权益保护
    - 联合国
    - 经合组织
    - 世界银行
    - 亚太经合组织
    - 欧盟

- **9 大数据史**
  - 知识、信息和数据
    - 古代科学与知识
    - 近代科学与信息
    - 复杂性科学与数据
  - 技术驱动力
    - 信息革命
    - 数字革命
  - 数字文明
    - 人脑时代
    - 电脑时代
    - 云脑时代

附图 0.1　大数据名词语义场聚类检索序列思维导图

下面举例来说两种检索模式的使用。

（1）语义场聚类检索模式可模糊匹配，提供原型拓展域的知识。例如，"信息处理"是信息科学领域的名词，归属于大数据理论语义场中大数据理论基础子项，如果采用语义场聚类检索模式，我们可以按照前面的语义场聚类检索序列翻阅到相应的语义聚类中找到"信息处理"的翻译。由于是聚类模式，我们就可以在"信息处理"前后看到很多与其相关的信息科学领域的名词及其翻译，拓展了我们以域为核心的认知知识。在附录2中，我们可以看到"信息处理"的语义场检索编码为11，英语翻译为"#information processing"（二级）。如果我们要查阅汉法（附录3）、汉俄（附录4）、汉西（附录5）、汉阿（附录6）的对应翻译，可以使用检索编码11到各自语种语义场中进行相应检索，结果分别为 traitement d'information（法语）、обработка информации（俄语）、procesamiento de la información（西班牙语）、معالجة المعلومات（阿拉伯语）。

（2）传统拼音音序检索模式可精确匹配，不提供原型拓展域的知识。在编码对照中，我们为读者提供了"先数字，再字母，后拼音"的首位检索模式，读者可以顺次检索大数据名词在后续附录2汉英、附录3汉法、附录4汉俄、附录5汉西、附录6汉阿语义场排序中的编码。

例如，在数字检索中，大数据名词"5G规模组网"首位是数字5，排在"大数据名词编码对照"的前部分，对照中可以检索到该名词的多语种语义场模式编码是822，读者就可以在后续的多语种语义场检索中找到对应的翻译项。

再如，在字母检索中，大数据名词"Redis数据库"首位是英文字母，出现在"大数据名词编码对照"数字排序之后，我们可以检索到对应的多语种语义场模式编码是1125，这个编码就是汉英、汉法、汉俄、汉西、汉阿附录中的语义场索引编码。

再例如，在拼音检索中，大数据名词"半结构化数据"首位是拼音"bàn（半）"。按照拼音序列，我们可以在"大数据名词编码对照"中找到"半结构化数据"，其对应的语义场索引编码是308，据此可查询后续附录2至附录6的多语种翻译项。

"大数据名词传统拼音检索序列思维导图"如附图0.2所示。

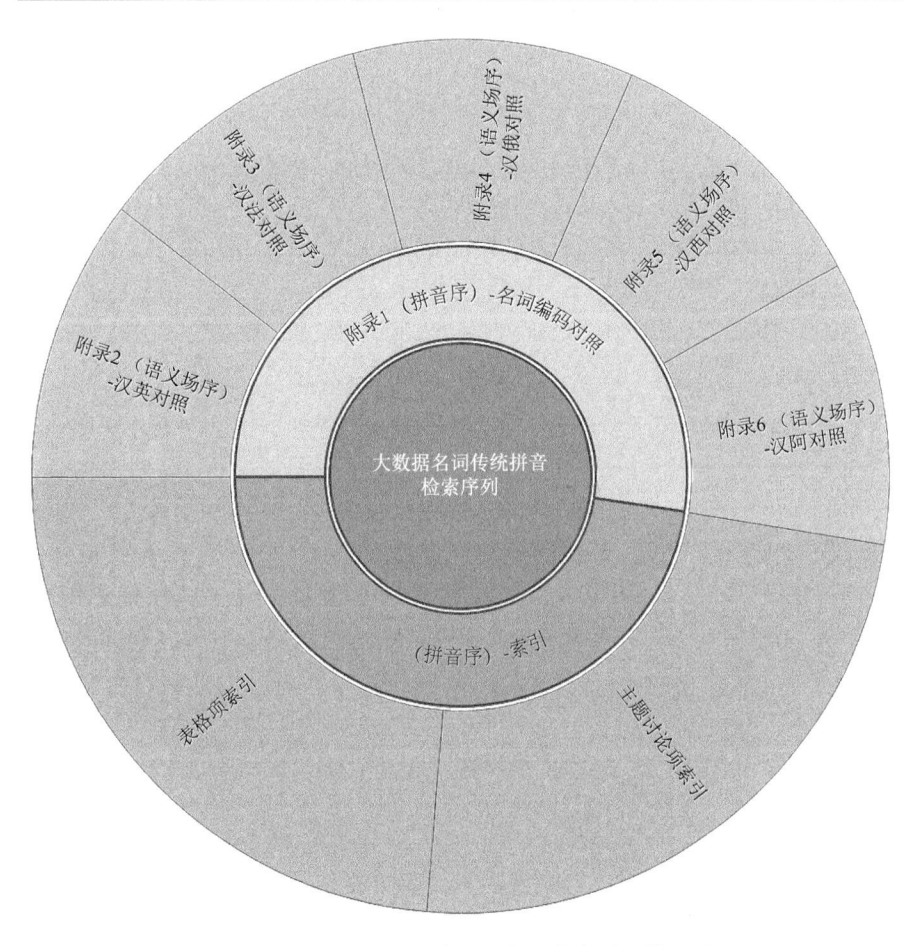

附图 0.2　大数据名词传统拼音检索序列思维导图

附录1 大数据名词编码对照

汉语	对应编码
《1993年公共记录法》	2289
《2000年信息技术法》	2288
21世纪数字丝绸之路	1439
360金融	1508
5G规模组网	822
5G社会	1181
5G网络	358
91金融超市	1587
AlphaGo	414
AlphaGo对战李世石	1900
《APEC个人隐私工作指南》	2314
《APEC隐私保护纲领》	2312
Apple II	2414
Arachnid网络爬虫	1119
B2C	1560
BB84方案	451
BP神经网络	189
BSS实数模型	408
C.H.Bennett	2405
C2C	1561
CDC6600	2415
Chukwa数据收集平台	1116
CMRA"统计与大数据创新应用开放论坛"	1082
Data.gov项目管理办公室	978
DFI带宽管理技术	1121
DPI带宽管理技术	1120
DRAM存储器	2419
DT时代	341
E91方案	452

续表

汉语	对应编码
ENIAC	2413
E 社会	535
Fab Lab	1450
FICO 信用评分系统	1635
Fluentd 数据收集框架	1114
Flume 分布式日志系统	1111
《G20 数字化路线图》	1414
GFS	2428
GPS 数据系统	1758
Hadoop 分布式文件系统	2432
IaaS	376
IBM 601	2412
"IBM Q" 量子计算平台	443
iCloud 泄露门事件	1971
IDS（入侵检测系统）	2425
InnoCentive	1447
IOC 标准化技术参考模型	1204
ISO/IEC JTC1/WG9 大数据标准	1198
《IT 韩国未来战略》	619
Kafka 分布式消息系统	1113
K-Means 聚类	253
KNN 法	250
Kohonen Network 聚类	254
Living Lab	1451
Logstash 日志搜集处理框架	1115
MongoDB 数据库	1126
MySQL 关系型数据库	1123
NoSQL 数据库	1127
O2O	1544
O2O 立体审批	1681
"O2O" 消费	1395
OLAP	2427
Oracle 关系型数据库	1124
P2P 网络借贷	1536

续表

汉语	对应编码
PaaS	377
PayPal	1552
QQ	1861
Redis 数据库	1125
RSA 方案	448
SaaS	378
sandpile model	541
Scribe 数据（日志）收集系统	1112
SOA	388
Spanner	2426
storm 计算框架	2430
Storm 框架	2429
Storm 实时大数据计算框架	2431
TCP/IP 协议	2403
U 社会	536
Vernam 密码	446
Zipkin 分布式跟踪系统	1117
阿里巴巴	1405
阿罗定理	1286
阿姆达尔定律	214
《爱国者法》	2231
安贷客	1583
安徽大数据交易中心	1346
【安徽省】	721
安徽省大数据产业联盟	1019
安徽省合肥市数据资源局	958
《安徽省"十三五"软件和大数据产业发展规划》	722
《安徽省政务信息资源共享管理暂行办法》	2213
安全博弈论	2001
安全博弈模型	2007
【安全测评】	2031
安全大数据	335
安全防御机制	2030
安全防御技术	2013

续表

汉语	对应编码
【安全管理机制】	2035
安全规制	501
安全控制论	2002
【安全理论】	1999
【安全模型】	2006
安全系统论	2000
安全知识体系	1998
【案例】	1710/1743/1768/1784/1807/1814/1836
暗数据	315
【澳大利亚】	611/2261
《澳大利亚公共服务大数据战略》	614
《澳大利亚公共服务信息通信技术发展战略（2012—2015年)》	612
《澳大利亚云计算战略》	613
巴贝奇问题	138
巴黎学派安全研究理论	2005
巴塞尔银行监管委员会	1608
【巴西】	2292
柏拉图主义	285
半结构化数据	308
包容性增长	1416
《保护关键基础设施打击恐怖主义》	2324
保护规制	502
保税仓融资	1539
北斗卫星导航系统	844
北京大数据交易服务平台	1342
北京大数据协会	1031
北京大数据研究院	1055
《北京市大数据和云计算发展行动计划（2016—2020年）》	678
北京市公共服务一卡通平台	1816
北京市政务数据资源网	905
贝尔-拉普杜拉模型	2008
贝叶斯决策	120
贝叶斯网络分析	249

续表

汉语	对应编码
本地备份流动模式	2058
本体论	2447
比特币	1468
《必然》	2499
必须变异度率	88
毕巴模型	2009
毕达哥拉斯学派	2343
边界规制	500
编码	19
编码定理	20
"扁担模型"	524
变换域隐秘技术	2021
便携式计算模式	148
并联审批	1703
波斯特尔健壮性原理	212
博客	1858
博客中国	365
博弈论	66
不可克隆定理	449
不予共享	874
布尔逻辑	162
布什问题	142
【部门规范性文件】	2196
【部门规章】	2166
【部署模型】	379
财付通	1557
《财富的革命》	1322
蔡伦改进造纸术	2389
参数估计	219
参数假设检验	230
参与式治理	1692
参与型社会	1693
参与型政府	1672

续表

汉语	对应编码
差分机	2409
差序格局	1284
产品和服务安全	1991
产业互联网	352
产业链与价值链	1366
产业数字化	1252
场景应用	554
超级电脑沃森	412
超计算	407
超人类主义	2508
超数据时代	530
超主权货币	1466
车联网	355
成都大数据交易平台	1356
《成都市促进大数据产业发展专项政策》	776
《成都市大数据产业发展规划（2017—2025年）》	775
诚信森林	1652
城市大脑	1174
程序自动控制系统	92
程朱理学	2439
《澄清域外合法使用数据法案》	2244
重庆大数据产业技术创新联盟	1023
重庆国家大数据综合试验区	771
【重庆市】	770
《重庆市大数据行动计划》	772
《重庆市地理信息公共服务管理办法》	2192
《重庆市计算机信息系统安全保护条例》	2158
重庆市云计算和大数据产业协会	1041
抽象计算机	134
抽样	217
处理	2113
处理者	2083
传递函数	99

续表

汉语	对应编码
传输层安全	1990
【传统产业升级】	1376
【传统金融业务电子化】	1564
创新	1255
创新边界	1259
创新动机	1258
创新模式	1261
创新能力	1260
创新驱动发展战略	643
创新体系	1256
创新型国家	644
垂直搜索平台	1581
从权利	2104
《从数字鸿沟走向数字机遇》	1412
"促进大数据发展部际联席会议"制度	945
《促进大数据发展的行动方案》（广西）	764
《促进大数据发展行动纲要》	653
《促进大数据发展实施方案》（江西）	734
存储安全	1989
存储程序计算机	209
存储论	68
存储区域网络	1133
大家投运作模式	1533
大容量混合内存技术	1140
大数据	298
《大数据：下一个具有创新力、竞争力与生产力的前沿领域》	2375
大数据×效应	476
大数据安全保障体系	2041
大数据安全访问控制类标准	1201
大数据安全专家委员会	987
大数据标准化技术委员会	1207
【大数据标准机构】	1205

续表

汉语	对应编码
大数据标准体系	1195
大数据病源追踪	1775
《大数据产业发展规划（2016－2020 年）》	654
《大数据促发展：挑战与机遇》	2376
大数据打假	1727
大数据发展促进委员会	989
大数据反腐	1729
大数据范式	459
大数据分析与应用技术国家工程实验室	1063
大数据分析师	1426
大数据国家技术标准创新基地	1206
大数据基准和基准测试	1200
大数据技术	1086
【大数据技术】	2423
大数据技术标准规范	1197
大数据技术浮夸陷阱	1227
大数据技术观	1100
大数据技术伦理	1229
大数据技术伦理机制	1232
大数据技术伦理数据管理协议	1234
大数据技术伦理算法	1230
大数据技术伦理治理	1231
大数据技术评估标准	1199
大数据监管	1720
大数据交易规则	1358
大数据交易所	1341
大数据金融	1498
大数据金融风险控制体系	1597
大数据精准扶贫	1813
《大数据开发：机遇与挑战》	578
大数据科学与工程国际研究中心	1052
大数据理论	1
大数据理论基础	2

续表

汉语	对应编码
大数据流通与交易技术国家工程实验室	1064
大数据伦理规则体系	1233
大数据杀熟	1226
大数据生态系统	297
《大数据时代》	2370
《大数据时代——生活、工作与思维的大变革》	1321
大数据史	2337
大数据司法	1735
大数据思维	342
大数据溯源算法	1155
大数据天眼盯紧网络广告	1907
大数据系统计算技术国家工程实验室	1061
大数据系统软件国家工程实验室	1062
大数据协同安全技术国家工程实验室	1065
大数据隐私保护安全墙	2070
【大数据应用】	327
大数据预测	1722
大数据战略	573
大数据战略重点实验室	1058
大数据资产管理标准化应用	1202
大童网	1585
大圩物联网小镇	1838
《大卫》	2488
大系统理论	61
大众点评诉百度不正当竞争案	2130
代码政治	1921
贷帮网运作模式	1531
单侧检验	231
单机存储技术	1129
《单向度的人——发达工业社会意识形态研究》	1293
单因素方差分析	245
【当代人文】	2505
道路传感系统	1757

续表

汉语	对应编码
【德国】	595/2252
《德国 2020 高技术战略》	596
德阳市长上网	1901
"滴滴报警"	1746
滴涓效应	155
【地方】	952
【地方规范性文件】	2207
【地方性法规】	2149
地方战略	673
【地方政府规章】	2181
地理空间基础信息库	831
【第二次信息革命】	2383
第二范式	464
【第六次信息革命】	2404
《第三次浪潮》	2369
【第三次信息革命】	2388
第三范式	465
第三方	2085
第三方信用信息共享平台	1639
第三方支付	1546
【第三方支付商业模式】	1559
【第三方支付商业平台】	1551
第三方资讯平台	1578
《第四次工业革命——转型的力量》	492
【第四次信息革命】	2391
第四范式	294
【第五次信息革命】	2399
【第一次信息革命】	2379
第一范式	463
蒂姆·伯纳斯·李	2401
点对点分布式系统	1624
点对点网络	1853
点估计	220

续表

汉语	对应编码
点数据	460
电报机	2396
《电报通信政策法》	2234
电话	2397
【电脑时代】	2462
电视	2398
《电信法案》	2228
《电信和互联网用户个人信息保护规定》	2173
电信普遍服务	815
电信网络新型犯罪	1887
《电信业务经营许可管理办法》	2179
电子病历	1774
电子公文	1697
电子管计算机	2408
电子归档	1700
电子货币	1473
《电子计算机处理数据保护管理准则》	2267
电子健康档案	1779
电子科技大学大数据研究中心	1059
《电子欧洲：创建所有人的信息社会》	1413
电子签章	1698
电子钱包	1476
电子商务大数据	336
电子商务平台	1402
《电子商务消费者保护指导意见》	2308
电子世界贸易平台	1404
电子收费系统	1764
电子书包	1794
电子税务	1705
《电子通信个人数据处理及隐私保护指令》	2325
《电子通讯隐私法》	2227
电子现金	1475
电子信息制造业	1371

续表

汉语	对应编码
电子信用卡	1478
电子选举	1690
《电子银行业务管理办法》	2168
电子邮件	1663
电子证照	1696
电子政务	1684
电子支付	1393
《电子支付指引（第一号）》	1614
电子支票	1477
电子治理	1689
迭代算法	179
定分止争	2125
定理机器证明	170
定制化生产	1377
东北大数据产业联盟	1014
东方哲学	2435
东莞扫黄	1895
东莞市大数据协会	1039
动态规划	266
对策	82
对称加密	2015
对等共创生产	1852
对等网络	515
对象存储技术	1134
多变量控制系统	102
多媒体计算模式	147
多目标规划	265
多神论	2457
多因素方差分析	246
多元线性回归	241
多源异构数据	310
多源异构数据融合	1165
【俄罗斯】	2245

续表

汉语	对应编码
恶意代码	1951
恩尼格玛密码机	2358
《儿童网上隐私保护法》	2239
《二十国集团创新增长蓝图》	1275
《二十国集团数字经济发展与合作倡议》	1276
【发展历程】	1657
法定货币	1462
法定权利	2100
法定数字货币	1463
【法国】	601/2255
《法国大数据五项支持计划》	604
《法国机器人发展计划》	603
【法律】	2132
【法律行为】	2112
【法律事件】	2126
法律援助机器人	1749
法人单位基础信息库	829
反馈控制方法	95
反馈原理	78
泛娱乐	1394
方差分析	244
防火墙技术	2025
访问控制技术	2024
非参数假设检验	233
非监督学习	185
非结构化数据	309
《非金融机构支付服务管理办法》	1613
【非金融企业】	1511
非排他性	2109
非人类中心主义	2507
非物质劳动	1303
非线性动力学	2363
非线性分类	191

续表

汉语	对应编码
非线性系统控制	104
非线性相关分析	237
《非银行支付机构网络支付业务管理办法》	2202
腓尼基字母表	2387
分布式存储技术	1135
分布式共享	1136
分布式数据库	1108
分布式网络记账系统	1625
分层聚类分析	252
分层可视化技术	1159
分叉	106
分类分析	247
分配率	168
分析机	2410
分享制造	1383
分治算法	175
分组码	21
分组数据	311
粉丝经济	1246
风险	1591
风险控制	1590
【风险控制与监管】	1589
风险预警大数据	1723
冯诺依曼穷举原理	213
佛山市数据开放平台	916
佛山市云计算人数据协会	1040
《弗兰肯斯坦——现代普罗米修斯的故事》	2512
服务端计算机	140
【服务模式】	375
服务政府	1675
符号数字	271
符码世界	292
【福建省】	724

续表

汉语	对应编码
《福建省促进大数据发展实施方案（2016—2020 年）》	728
《福建省"十三五"数字福建专项规划》	729
《福建省政务数据管理办法》	2189
《福建省政务信息共享管理办法》	2214
《福州市政务数据资源管理暂行办法》	2215
负载均衡	385
复合序列分析	259
复杂理论	539
复杂适应系统	544
复杂性科学	2491
【复杂性科学与数据】	2360
概率分布	218
概率论	2467
概率信息	7
概念数据模型	324
【甘肃省】	802
《甘肃省促进大数据发展三年行动计划（2017—2019 年）》	804
甘肃省大数据产业技术创新联盟	1029
甘肃省酒泉市大数据管理局	970
甘肃省兰州市大数据社会服务管理局	969
"感知中国"示范区	707
刚性禁止流动模式	2056
高精度手术	1782
高密度混合存储技术	1141
高频交易	1186
哥本哈根学派安全化理论	2003
哥德尔不完全性定理	173
格上理财	1586
格物致知	2438
《个人号码法》	2276
个人极端主义	1874
个人计算模式	145
《个人控制的电子健康记录法》	2263

续表

汉语	对应编码
《个人身份信息保护指南》	2240
《个人数据保护法》（马来西亚）	2297
《个人数据保护法》（英国）	2250
《个人数据保护法案》	2274
《个人数据保护基本法制大纲》	2273
《个人数据保护指南》（经合组织）	2307
《个人数据保护指南》（联合国）	2302
《个人数据法》（瑞典）	2260
《个人数据法》（瑞士）	2295
个人数据跨境流动审查机制	2046
《个人数据通知和保护法案》	2233
《个人数据自动化处理中的个人保护公约》	2332
《个人信息保护法》（德国）	2254
《个人信息保护法》（韩国）	2278
《个人信息保护法》（日本）	2275
《个人信息保护法》（瑞典）	2259
《个人信息保护法案》	2286
《个人信息保护和电子文件法》	2265
个人信用体系	1634
《个人信用信息基础数据库管理暂行办法》	2167
个人隐私安全	1997
【个人隐私保护机制】	2042
个人隐私数据处理审查机制	2044
个人隐私数据流转登记机制	2045
个人隐私数据泄露举报机制	2047
个人隐私数据泄露溯源机制	2048
个人隐私数据泄露责任追究机制	2049
个性化营销	1379
工程控制	131
《工具论》	2449
工业大数据	334
工业大数据应用技术国家工程实验室	1069
工业大数据应用联盟	1004

续表

汉语	对应编码
工业互联网	353
《工业互联网发展行动计划（2018—2020年）》	672
工业云	398
公共部门内部业务流程再造	1678
公共部门信息	1669
《公共互联网网络安全威胁监测与处置办法》	2206
公共数据集团	979
公共数据资源开放	891
《公共信息资源开放试点工作方案》	884
公共信用体系	1632
公共信用信息服务平台	1640
公共应用服务平台	838
公共云	382
公共资产负债管理智能云平台	1713
公开披露	2121
《公平信用报告法》	2225
公钥密码系统	447
公益数据	2106
公益数权制度	2105
公益众筹	1529
公有价值	522
公有链	517
共生主义	1102
共识机制	513
共享	2123
共享充电宝	1444
共享出行	1442
共享单车	1443
共享观	887
共享价值分配论	567
共享金融	1441
共享经济	490
共享社会	2110

续表

汉语	对应编码
《共享型社会》	1445
共享医生模式	1902
共享制度	2108
供水管网信息管理系统	848
供应链金融	1537
【供应链金融平台模式】	1542
【供应链金融融资模式】	1538
估计	79
古埃及语	2381
【古代科学与知识】	2339
【古代人文】	2455
《古兰经》	2445
股权众筹	1526
关键互联网资源	1930
《关键基础设施信息保护法》	857
关键信息基础设施	853
关键信息基础设施安全保护制度	854
关键信息基础设施保护通告	856
关联分析	1145
关联融合	547
关系数据库	1107
《关于〈信息、信息技术和信息保护法〉的修正案和个别互联网信息交流规范》	2247
《关于保护独立行政法人等所持有之个人信息的法律》	2271
《关于保护个人民管数据或信息的合理安全举措的规定》	2290
《关于保护行政机关所持有之个人信息的法律》	2270
《关于促进国土资源大数据应用发展的实施意见》	657
《关于促进和规范健康医疗大数据应用发展的指导意见》	656
《关于促进互联网金融健康发展的指导意见》	1610
《关于促进山东省大数据产业加快发展的意见》	739
《关于促进云计算发展培育大数据产业实施意见》（青海）	807
《关于电子通信领域个人数据处理和隐私保护的指令》	2327
《关于个人数据处理的个人保护法》	2257

续表

汉语	对应编码
《关于个人数据自动处理的个人保护公约》	2330
《关于行政机关所持有之个人信息保护审查会设置法》	2269
《关于加快大数据、云平台建设促进信息产业发展的实施方案》	803
《关于加快大数据产业发展的意见》（南京）	710
《关于加快大数据产业发展应用若干政策的意见》（贵州）	783
《关于加快发展大数据产业的实施意见》（贵阳）	790
《关于加快发展"大智移云"的指导意见》（河北）	679
《关于加强非金融企业投资金融机构监管的指导意见》	1611
《关于推进公共信息资源开放的若干意见》	885
《关于推进水利大数据发展的指导意见》	661
《关于隐私保护和个人数据跨境流动指南》	2313
《关于隐私保护与个人数据跨境流动指南》	2306
《关于运用大数据加强对市场主体服务和监管的若干意见》	655
《关于运用大数据开展综合治税工作实施方案》（宁夏）	809
《关于自动资料档案中个人资料的指南》	2304
【管理机构与协调机制】	943
【管理监督】	1719
管理信息系统	1660
广东"互联网+行车服务"	1904
【广东省】	758
《广东省促进大数据发展行动计划（2016—2020年)》	760
广东省大数据管理局	960
广东省大数据协会	1036
广东省佛山市南海区数据统筹局	961
广东省广州市大数据管理局	962
《广东省计算机信息系统安全保护条例》	2156
《广东省企业信用信息公开条例》	2155
广西"证照分离"改革	1903
《广西政务信息资源共享管理暂行办法》	2220
【广西壮族自治区】	763
广域网	349
广州IAB计划	1786
广州大数据产业协同创新联盟	1022

续表

汉语	对应编码
《广州市人民政府办公厅关于促进大数据发展的实施意见》	761
广州市政府数据统一开放平台	915
广州数据交易服务中心	1355
广州"云治理"	1906
归纳法	2471
《规范互联网信息服务市场秩序若干规定》	2172
规划论	65
【规划与标准】	889
规则制定权	1927
贵阳·贵安大数据产业发展集聚示范区	782
《贵阳大数据产业行动计划》	789
《贵阳大数据交易观山湖公约》	1365
贵阳大数据交易所	1357
《贵阳大数据交易所702公约》	1362
《贵阳大数据交易所数据交易结算制度》	1364
《贵阳大数据交易所数据确权暂行管理办法》	1363
《贵阳市大数据安全管理条例》	2162
《贵阳市大数据标准建设实施方案》	793
《贵阳市政府数据共享开放条例》	2161
贵阳市政府数据开放平台	925
《贵阳市政府数据资源管理办法》	2194
贵阳"数治小区"	1808
《贵州大数据+产业深度融合2017年行动计划》	786
贵州大数据产业联盟	1025
贵州大数据监测地灾隐患	1909
【贵州省】	778
贵州省大数据标准化技术委员会	991
《贵州省大数据产业发展应用规划纲要（2014—2020年）》	784
贵州省大数据产业专家咨询委员会	990
贵州省大数据发展管理局	964
《贵州省大数据发展应用促进条例》	2160
《贵州省发展农业大数据助推脱贫攻坚三年行动方案（2017—2019年）》	785

续表

汉语	对应编码
贵州省贵阳市大数据发展管理委员会	965
《贵州省数字经济发展规划（2017—2020年）》	787
《贵州省信息基础设施条例》	2159
贵州省政府数据开放平台	924
《贵州省政务数据资源管理暂行办法》	2221
郭美美事件	1892
国际互联网治理	1914
国际互联网治理体系	2069
国际跨境数据流动信任机制	2059
国际信息安全测评认证体系	2033
国际云计算大数据安全学术会议	2076
国际战略	575
国际证监会组织	1607
【国际组织的数据权益保护】	2300
《国家创新驱动发展战略纲要》	665
国家创新体系	645
国家大数据（贵州）综合试验区	779
国家大数据创新联盟	1005
国家大数据战略	574
国家大数据专家咨询委员会	986
国家大数据专业委员会	985
国家电子政务内网	934
国家电子政务内网建设和管理协调小组	951
国家电子政务外网	935
国家电子政务网络	839
国家电子政务综合试点	1711
国家公共数据开放网站	842
国家和地区代码顶级域名	1924
国家互联网大数据平台	635
国家互联网金融安全技术专家委员会	983
国家互联网信息办公室	948
国家互联网应急中心	950
国家空间数据基础设施	818

续表

汉语	对应编码
《国家人工智能研究与发展战略计划》	594
国家数据共享交换工程	841
国家数据开放体系	860
国家数据主权	504
《国家网络空间安全战略》	2063
国家信息化发展战略	632
《国家信息化发展战略纲要》	663
国家信息化体系	636
国家信息技术安全研究中心	1050
国家信息中心	949
国家战略	624
国家政府数据统一开放平台	902
国家政务数据中心	840
国家政务信息化工程	931
国家智慧旅游公共服务平台	1799
《国家中长期人才发展规划纲要（2010—2020年）》	670
国土资源监管信息系统	832
《国土资源数据管理暂行办法》	2200
【国外】	973
【国外的数据权益保护】	2222
《国务院办公厅关于推动实体零售创新转型的意见》	1400
《国务院关于积极推进"互联网+"行动的指导意见》	664
《国务院关于深化"互联网+先进制造业"发展工业互联网的指导意见》	671
哈尔滨市政府数据开放平台	906
哈尔滨数据交易中心	1349
还原论	2465
海量数据	299
《海南经济特区公共信息标志标准化管理规定》	2157
【海南省】	768
《海南省促进大数据发展实施方案》	769
《海南省政务信息化管理办法》	2191
海曙区数据开放平台（宁波）	910

续表

汉语	对应编码
海外网络传播	1932
【韩国】	618/2277
【行政法规】	2137
《行政机关电子计算机自动化处理个人数据保护法》	2268
《杭州城市数据大脑规划》	718
杭州共享医院	1785
杭州互联网法院	1737
杭州钱塘大数据交易中心	1350
《杭州市建设全国云计算和大数据产业中心三年行动计划（2015—2017年）》	717
杭州市云计算与大数据协会	1035
《杭州市政务数据资源共享管理暂行办法》	2212
耗散结构理论	2494
合肥大数据交易中心	1351
《合肥市大数据发展行动纲要（2016—2020年）》	723
和林格尔新区大数据特色产业基地	689
和讯网	1580
河北京津冀数据交易中心	1343
《河北省大数据产业创新发展三年行动计划（2018—2020年）》	680
《河北省地理信息交换共享管理办法》	2182
河北省京津冀大数据产业协会	1032
《河北省政务信息资源共享管理规定》	2183
河南国家大数据综合试验区	744
【河南省】	743
《河南省大数据产业发展三年行动计划（2018—2020年）》	747
《河南省人民政府关于推进云计算大数据开放合作的指导意见》	745
《河南省云计算和大数据"十三五"发展规划》	746
河南云计算大数据产业联盟	1021
河图洛书	2341
核岛控制系统	845
赫尔比希（Natalie Helbig）开放政府建设模型	882
黑客	1948

续表

汉语	对应编码
黑龙江省大数据产业联盟	1015
《黑龙江省经济信息市场管理条例》	2153
黑箱方法	293
恒值自动调节系统	91
呼格吉勒图案重审	1893
《呼和浩特市促进大数据发展应用若干政策》	694
"狐尾松"（Bristlecone）	444
【湖北省】	750
《湖北省大数据发展行动计划（2016—2020年）》	752
《湖北省地理空间信息数据交换和共享管理暂行办法》	2217
湖北省黄石市大数据管理局	959
《湖北省云计算大数据发展"十三五"规划》	753
【湖南省】	756
《湖南省地理空间数据管理办法》	2190
《湖南省经济信息市场管理条例》	2154
《湖南省政务领域信用信息记录征集管理暂行办法》	2218
蝴蝶效应	2495
【互联网】	347
互联网+	639
互联网+公共法律服务	1745
互联网+政务服务	930
《"互联网+政务服务"技术体系建设指南》	942
《互联网保险业务监管暂行办法》	1615
互联网大数据征信平台	1641
【互联网发展】	359
互联网法庭	1739
互联网封锁	1888
《互联网服务及互联网在线内容管理、提供、利用规定》	2299
互联网骨干直联点	819
互联网计算模式	149
互联网金融	1499
互联网金融风控模型	1596
互联网金融风险信息共享系统	1483

续表

汉语	对应编码
互联网金融门户	1577
互联网金融平台	1482
互联网经济	1242
互联网名称与数字地址分配机构	1929
互联网平台	373
互联网全球治理体系	642
《互联网上网服务营业场所管理条例》	2145
《互联网视听节目服务管理规定》	2169
互联网思维	372
《互联网网络安全信息通报实施办法》	2199
互联网协议第六版	820
《互联网新闻信息服务管理规定》	2176
《互联网信息服务管理办法》	2141
《互联网信息内容管理行政执法程序规定》	2177
《互联网药品信息服务管理办法》	2180
《互联网医疗保健信息服务管理办法》	2170
《互联网域名管理办法》	2178
互联网支付	1547
互联网支付系统	1488
互联网治理	496
互联网治理工作组	1943
华中大数据交易所	1347
环保云	400
回报众筹	1528
回归分析	238
回溯算法	177
回音室效应	1875
汇付天下	1558
混沌	107
混沌理论	2492
混合存储管理技术	1142
混合云	383
活字印刷术	2390

续表

汉语	对应编码
货币	1460
货币本质观	1461
货车帮	1845
机会主义行为	1282
《机器人启示录》	1294
机器人三定律	1219
《机器人新战略》	623
机器学习	184
机器学习算法	1153
机械论	2466
机械主义	1101
基础设施	1481
基因检测大数据	1776
《基因伦理学》	2511
【基于互联网的创新金融服务】	1569
基于图标可视化技术	1160
基于图形可视化技术	1161
激活函数	538
激活数据学	529
激活数据学模型	545
激励函数	192
激励理论	1281
吉尔德定律	2422
《吉林省地理信息公共服务办法》	2184
集成电路	2418
集群存储	1137
几何投影技术	1157
《几何原本》	2346
计量单位	275
计算过程	136
《计算机方法的简明调查》	2367
《计算机化处理个人数据档案指导纲领》	2303
计算机技术	2407

续表

汉语	对应编码
计算机科学	133
计算机模拟	159
《计算机欺诈与滥用法》	2242
《计算机信息网络国际联网安全保护管理办法》	2171
计算思维	137
技术	1088
技术安全	1996
技术发展定律	1099
技术反腐	1730
技术范式	1249
技术工具论	558
技术黑箱	1096
技术基因	1093
技术进化	1090
技术进化树	1098
技术经济范式	1248
技术决定论	1217
技术理念	1087
技术伦理	1214
技术批判论	1218
技术驱动力	2377
技术体	1089
技术体系	1103
技术统治论	1216
技术信任	499
技术预见	560
技术域	1092
技术元	1091
技术哲学	295
技术自主论	1094
季节序列分析	258
《济南市数创公社2020发展行动计划》	741
加密货币	1467

续表

汉语	对应编码
加密算法	512
【加拿大】	2264
加权平均法	261
家居银行	1567
家庭健康系统	1778
假设检验	229
价值互联网	485
价值链分工	1389
【价值链升级】	1385
《驾驶员隐私保护法》	2236
监督学习	186
建行"善融商务"电子商务金融服务平台	1575
《健康保险携带和责任法》	2237
江苏大数据交易中心	1345
江苏南通国际数据中心产业园	704
【江苏省】	703
《江苏省测绘地理信息成果管理规定》	2185
《江苏省大数据发展行动计划》	708
《江苏省云计算与大数据发展行动计划》	709
《江苏省政府信息化服务管理办法》	2186
【江西省】	732
《江西省大数据发展行动计划》	735
交互式计算模式	144
交换律	166
【交流平台】	1071
交通大数据	332
交通大数据开放合作国际论坛	1084
交通诱导系统	1759
交通云	397
《交通运输政务信息资源共享管理办法》	2205
《教育部科技基础资源数据平台建设管理办法》	2197
教育大数据	329
教育大数据应用技术国家工程实验室	1060

续表

汉语	对应编码
教育与培训 2010 计划	1438
教育云	396
教育云平台	1790
接收者	2084
结构和功能原理	51
结构化数据	307
结合律	167
结绳记事	2340
金豆模式	1747
《金刚经》	2443
【金融电商模式】	1574
金融风险	1592
金融风险监测预警机制	1595
【金融风险监管机构】	1600
【金融风险监管政策文本】	1609
金融风险监控平台	1594
金融风险量化评估	1593
《金融服务现代化法案》	2238
金融监管	1598/1599
金融交易数据库	1496
【金融决策机构】	1516
【金融企业】	1505
《金融实名往来和秘密保障法》	2284
金融脱媒	1524
金融稳定理事会	1606
金融业态	1497
《金融隐私权法》	2226
金融云	399
进化论	2479
【近代科学与信息】	2350
【近代人文】	2478
京东	1406
京东金融	1509

续表

汉语	对应编码
京东数据泄露门事件	1973
京沪干线	456
【京津冀】	674
京津冀国家大数据综合试验区	675
经典控制理论	89
【经合组织（OECD）】	2305
经济人假设	1279
经济学范式	1250
经验论	2453
晶体管	2417
《精神现象学》	2451
精细化网格管理	1752
精准入侵	1950
精准医疗	1781
精准营销	1183
竞争币	1472
静态数据	314
纠错码	23
《九章算术》	2342
酒店客户隐私泄露事件	1975
矩估计法	221
聚类分析	251
卷积码	22
卷积神经网络	193
决策	81
决策论	69
决策树分析	248
决策树算法	1152
决定论	2464
军民融合发展战略	651
卡方检验	234
开放复杂巨系统	2364
开放广东	914

续表

汉语	对应编码
开放平台	888
开放授权	877
开放数据	859
开放数据创新应用大赛（上海）	1085
开放数据和创新：愿景与实践国际研讨会	1083
开放数据使用者团队	981
开放数据授权协议	878
开放数据研究所	980
开放数据政策模型	879
开放数据中心峰会	1081
开放数据中心委员会	992
开放政府	875
开放政府数据	876
开放政府运动	881
康德	287
康德三大批判	2452
拷贝	2116
科教兴国战略	649
科克定律	157
科学大数据	337
科学计算	152
科学数据	277
《科学数据管理办法》	2148
可编程货币	508
可编程金融	509
可编程经济	491
可编程社会	510
可持续发展	1417
可穿戴设备	1189
可靠性理论	71
可视化分析	1156
可信互联网	506
克拉克-威尔逊模型	2010

续表

汉语	对应编码
克劳德·艾尔伍德·香农	2354
客户端计算机	139
坑洞模型	1223
空天地海一体化大数据应用技术国家工程实验室	1070
空域隐秘技术	2020
控制	75
控制抽象	202
控制论	74
控制系统校正	101
控制者	2082
库米定律	158
跨部门业务流程再造	1679
跨国倡议网络	1937
跨境流通数据资讯隐私权保护自律模式	2060
《跨境隐私执行计划》	2318
《跨境隐私制度》	2319
跨政府网络	1936
块链结构	516
块数据	458
块数据	462
《块数据》（五部曲）	2504
块数据城市	780
块数据价值链	470
块数据模型	469
块数据组织	471
快钱	1562
宽带城市	816
宽带乡村	814
宽带中国	634
昆明大数据产业联盟	1026
昆山粉尘爆炸	1896
拉卡拉支付	1555
莱布尼茨	2345

续表

汉语	对应编码
莱特币	1469
《兰州市人民政府关于促进大数据发展的实施意见》	805
劳动创造价值	564
劳动价值论	563
《劳动在从猿到人转变过程中的作用》	2382
老年人连通计划	1436
类脑机器人	409
类人机器人	1180
"棱镜门"事件	1968
冷数据	318
【理论基础】	404/537
《理想国》	2448
理想模型法	2468
力学三定律	2351
粒数据	321
连接词	164
连续时间模型	110
《联邦大数据研究和发展战略计划》	593
《联邦数据保护法》	2253
《联邦信息安全管理法》	2232
【联合国】	576/2301
《联合国2030年可持续发展议程》	1274
联合国互联网治理论坛	1942
联盟链	519
【联盟与协会】	993
脸书信息泄露事件	1972
量	274
量化投资	1185
量子霸权	441
量子保密通信骨干网	823
量子比特	431
量子傅里叶变换	435
【量子计算】	430

续表

汉语	对应编码
量子计算机	437
量子计算模型	432
量子纠缠	440
量子门	433
量子密码术	450
量子搜索	434
量子算法	438
【量子通信】	445
量子卫星	455
量子线路	439
量子相位估计	436
量子信息	429
量子隐形传态	454
【辽宁省】	695
《辽宁省计算机信息系统安全管理条例》	2151
辽宁省沈阳市大数据管理局	954
《辽宁省信息技术标准化监督管理条例》	2152
《辽宁省政务信息资源共享管理暂行办法》	2208
临床决策系统	1777
灵活就业人员	1420
零边际成本	1254
《零边际成本社会》	494
领网权	1923
流数据	313
《流通领域电子数据交换规范》	897
《泸州市人民政府关于加快大数据产业发展的实施意见》	111
鲁棒性	85
陆金所	1510
《录像隐私保护法》	2235
伦理	1215
罗吉尔·培根	2352
罗素悖论	172
逻辑回归	243

续表

汉语	对应编码
逻辑门	204
逻辑数据模型	325
逻辑思维	161
逻辑学	2470
逻辑主义	288
旅游大数据	331
旅游云	401
【马来西亚】	2296
马赛克效果	886
蚂蚁金服	1507
麦克斯韦妖	2497
麦特卡尔夫定律	2421
脉脉抓取使用新浪微博用户信息案	2129
梅州政府数据开放平台	921
【美国】	585/2223
美国大数据跨部门工作组	975
美国大数据研发高级指导小组	974
《美国大数据研究和开发计划》	587
美国关键信息基础设施保护制度	855
《美国国家创新战略》	591
《美国国家宽带计划》	586
《美国开放数据行动计划》	590
《美国-欧盟安全港框架》	2333
美国无授权窃听计划	1940
门户网站	360
《蒙娜丽莎》	2487
《梦的解析》	2475
密集编码	453
《密码学》	2355
密钥管理	391
《免费劳动：为数字经济生产文化》	1308
免押金信用租房	1912
面向像素技术	1158

续表

汉语	对应编码
民主金融	1501
名字空间	198
明示同意	2119
命题	163
模糊控制	128
模糊逻辑	123
模糊推理	124
模糊系统理论	62
模拟控制器控制	94
模拟信号	2393
模型化方法	57
摩尔定律	2420
默克尔树模型	2012
墨子号	457
默许统一	2120
慕课	1791
慕尼黑安全政策会议	2074
《南京市促进大数据发展三年行动计划（2016—2018年）》	711
《南宁市大数据建设发展规划（2016—2020）》	766
脑力劳动	1304
内蒙古国家大数据综合试验区	687
【内蒙古自治区】	686
《内蒙古自治区促进大数据发展应用的若干政策》	691
内蒙古自治区大数据发展管理局	953
《内蒙古自治区大数据发展总体规划（2017—2020年）》	690
《内蒙古自治区大数据与产业深度融合行动计划（2018—2020年）》	692
《内蒙古自治区健康医疗大数据应用发展规划（2016—2020年）》	693
内容分发网络	850
内隐人格理论	1285
能动性原理	53
能观性	113
能控性	111

续表

汉语	对应编码
匿名化	2124
《宁波市人民政府关于推进大数据发展的实施意见》	720
【宁夏回族自治区】	808
《宁夏回族自治区计算机信息系统安全保护条例》	2164
宁夏回族自治区银川市大数据管理服务局	971
宁夏回族自治区中卫市云计算和大数据发展服务局	972
牛顿法	180
《农业部关于推进农业农村大数据发展的实施意见》	659
农业大数据	333
农业机器人	1835
《农业农村大数据试点方案》	660
农业物联网	1833
诺德豪斯定律	156
【欧盟】	579/2320
【欧盟理事会】	2335
《欧盟-美国隐私护盾》	2334
欧盟数据保护监管局	2328
欧盟隐私权管理平台	1228
《欧洲个人数据保护和自由流动指令》	2321
【欧洲理事会】	2329
【欧洲委员会】	2331
拍拍贷	1543
排队论	67
批处理模式	143
票据支付系统	1486
频域分析法	100
【平台】	901
平台经济	1243
平稳序列分析	256
剖析	2114
朴槿惠闺蜜"干政"事件	1898
普惠金融	1503
普惠金融体系	1455

续表

汉语	对应编码
普惠经济	1440
普惠科技	1457
普惠贸易	1456
企业计算	153
企业无边界	1378
《企业信息公示暂行条例》	2143
企业信用体系	1633
企业信用信息公示系统	1707
《气象大数据行动计划（2017—2020年）》	662
《气象信息服务管理办法》	2174
契约社会	1645
器官投影说	1224
《千兆字节数据集的实时性可视化探索》	2374
前定说	2444
前置审批	1701
嵌入式计算机	141
强化学习	187
窃听海底光缆事件	1969
《钦州市加快云计算及大数据产业发展的实施方案》	767
青岛大数据交易中心	1352
《青岛市人民政府关于促进大数据发展的实施意见》	742
青岛政府数据开放网	911
【青海省】	806
《青海省地理空间数据交换和共享管理办法》	2195
清华教授遭网络诈骗案	1977
情绪数据	1734
穷举算法	176
区间估计	225
区块链	511
区块链共识机制	1626
区块链信用技术	1621
区块链信用评级	1628
区块链信用证	1627

续表

汉语	对应编码
区块链政务	1716
趋势序列分析	257
曲线回归	242
《权力的终结》	565
全国电子商务产品质量大数据应用中心	939
全国电子商务监测中心	1725
大数据联盟	1007
全国公共信用信息公示系统	834
全国互联网金融工作委员会	1604
全国信安标委大数据安全标准特别工作组	1209
全国信息技术标准化技术委员会	1208
全国一体化大数据中心	851
全国一体化的国家大数据中心	933
全国音频、视频和多媒体标准化技术委员会	1211
全国政务信息共享网站	904
全国政务信息资源目录体系	899
全国智能运输系统标准化技术委员会	1212
全国中小企业股份转让系统	1484
全国自动化系统与集成标准化技术委员会	1210
全局数据	322
《全民监控》	2064
全球价值链	1386
全球脉动计划	577
全球网络空间治理	1915
全社会征信系统	1636
全域网	1193
全域窄带物联网试点城市	637
群体极化	1870
群体智慧	1869
群体智能	416
扰动补偿方法	96
热点减量化	549
热数据	316

续表

汉语	对应编码
人才强国战略	650
人工智能	403
人工智能方法	119
《人机共生：谁是不会被机器替代的人》	2509
人口基础信息库	827
《人类简史》	2500
《人类理智论》(洛克)	2450
人类学	2477
《人类知识的起源》	2347
人类中心主义	2482
《人类中心主义：一种现代观》	2483
《人力资源社会保障部政务信息资源共享管理暂行办法》	2204
人民法院大数据管理和服务平台	1738
人脑科学	542
【人脑时代】	2434
《人人时代》	493
人人投运作模式	1535
人人网	367
《人是机器》	2510
"人是万物的尺度"	2461
认证	2115
认知理论	2476
【日本】	621/2266
容错计算	390
容器技术	384
容灾备份技术	2029
融360	1582
融通仓融资	1540
柔性化生产	1380
柔性禁止流动模式	2057
软件服务业	1374
软件工程师	1430
软交所科技金融超市	1588

续表

汉语	对应编码
软系统方法论	2361
瑞波币	1470
【瑞典】	2258
【瑞士】	2294
塞缪尔·莫尔斯	2356
赛博空间	1848
三段论法	2473
《三体》	2516
三网融合	817
沙普信号塔	2357
《厦门市促进大数据发展工作实施方案》	730
《厦门市大数据应用与产业发展规划（2015—2020年）》	731
厦门市民卡虚拟卡平台	1817
山东大数据产业创新联盟	1020
【山东省】	736
《山东省人民政府关于促进大数据发展的意见》	738
《山东省推进农业大数据运用实施方案（2016—2020年）》	740
《山东省政务信息资源共享管理办法》	2216
山西和顺矿难"谣言"	1899
【山西省】	683
《山西省促进大数据发展应用的若干政策》	685
山西省大数据产业协会	1033
《山西省大数据发展规划（2017—2020年）》	684
山西省大数据发展联盟	1013
《山西省计算机信息系统安全保护条例》	2150
删除权	2095
珊瑚礁结构	1097
【陕西省】	796
陕西省大数据产业联盟	1028
《陕西省大数据与云计算产业示范工程实施方案》	799
《陕西省公共信用信息条例》	2163
陕西省西咸区创建软件和信息服务（大数据）示范基地	797
陕西省咸阳市大数据管理局	968

续表

汉语	对应编码
商业智能	346
上海大数据联盟	1016
上海国家大数据综合试验区	700
【上海市】	698
《上海市大数据发展实施意见》	702
《上海市法人信息共享与应用系统管理办法》	2210
上海市政府数据服务网	907
《上海市政务数据资源共享管理办法》	2209
上海数据交易中心	1344
《上海数据交易中心数据互联规则》	1361
《上海推进大数据研究与发展三年行动计划（2013—2015年）》	701
上海外滩拥挤踩踏事件	1894
设备安全	1982
社保大数据	1811
社保信息系统	849
社会安全风险感知与防控大数据应用国家工程实验室	1068
社会场景	572
【社会服务】	1810
社会服务流程再造	1680
社会和云	1809
社会和云·城市大脑	926
社会计算	569
社会决定论	557
社会理论	543
社会人假设	1283
社会信用体系	1630
【社会信用信息服务机构】	1638
社会信用信息库	833
《社会治安综合治理基础数据规范》国家标准（GB/T 31000—2015）	898
【社交媒体】	364
社区O2O	1805
社区云	381

续表

汉语	对应编码
社群经济	1245
身份认证	1192
深度数据包监测	1931
深度学习	411
"深蓝"	413
深圳坪山区数据开放平台	918
《深圳市促进大数据发展行动计划（2016—2018年）》	762
深圳市大数据产业协会	1037
深圳市大数据研究与应用协会	1038
深圳市大数据研究院	1056
深圳市政府数据开放平台	917
神经网络	188
神经网络控制	130
《神曲》	2486
沈阳国家大数据综合试验区	696
《沈阳市促进大数据发展三年行动计划（2016—2018年）》	697
《生命是什么》	2481
《生态环境大数据建设总体方案》	658
生物控制	132
"绳网结构"理论	523
《圣经》	2459
圣塔菲学派	2365
失信联合惩戒制度	1650
《"十三五"国家战略性新兴产业发展规划》	1375
《"十三五"国家政务信息化工程建设规划》	940
石家庄大数据产业联盟	1012
《石家庄市关于加快推进"大智移云"的实施方案》	682
《石家庄市人民政府关于推进大数据发展的实施意见》	681
石山物联网农业小镇	1837
时间戳	514
时间戳认证	1623
时间序列分析	255
时空大数据	338

续表

汉语	对应编码
时空数据融合	1176
时序电路	207
时域分析法	98
识别	80
实然权利	2099
【实验科学】	2463
世界4	291
世界互联网大会	1078
世界三元组	5
【世界银行】	2309
世界智能大会	1080
世界主义	2506
市场主体	1504
适应	77
适应决策技术	1168
《释放欧洲云计算服务潜力》	581
收敛性	83
手机银行	1566
守信联合激励制度	1649
首尔网络空间国际会议	2075
首席数据官	1424
首席数据官联盟	1006
受众劳动	1306
授权	2117
输入输出平衡性原理	52
数	268
数创公社	737
数据	276
数据安全	1945
数据安全防御	1978
数据安全风险评估	2032
数据安全管理组织	2068
【数据安全会议】	2072

续表

汉语	对应编码
数据安全体系	1979
数据安全新秩序	2071
【数据安全战略】	2062
数据安全治理观	2067
数据霸权主义	2052
数据版权管理	2037
《数据保护法》	2249
《数据保护公约》	2336
数据保险	1335
数据被遗忘权	2094
数据标准化	1194
数据博弈论	568
数据财产权	2089
数据采集	1104
【数据采集方法】	1109
数据采集能力	1298
数据采集权	2091
数据仓库	1106
数据程序化交易	1166
数据抽象	201
《数据处理、数据文件及个人自由法》	2256
数据处理能力	1297
数据创新	571
数据篡改	1958
数据存储	1128
数据存储能力	1299
数据代工	1332
数据定价	1327
数据定制	1337
数据丢失	1960
数据分包	1331
数据分级分类管理	2038
数据分析	1143

续表

汉语	对应编码
数据风险	1946
数据服务	1329
数据革命	343
数据工程国际会议	1076
数据共享	871
数据共享伦理	1221
数据共享权	2088
数据孤岛	861
数据关联分析能力	1300
数据关系	1309
数据关系	1316
数据管理	1333
数据管理国际会议	1075
数据管理能力成熟度评估模型	1203
数据管税	1704
数据国际治理	2050
数据活化	1177
数据激活能力	1301
数据集合	301
数据加密	2018
【数据价值】	340
数据价值	486
《数据价值链战略计划》	584
数据价值体系	487
数据监控	1290
数据监听	1957
数据交换	1325
数据交易	1323
数据交易市场	1339
数据焦虑	472
数据结构	306
数据结算	1336
数据进化论	556

续表

汉语	对应编码
数据纠纷	1952
数据开放	863
【数据开放风险】	1947
数据开放共享	858
数据开放生态系统	867
数据开放统一平台	868
数据开放网站	903
数据科学	2366
《数据科学：拓展统计学的技术领域的行动计划》	2372
数据科学家	1425
数据库采集	1122
数据库领域著名国际会议	1077
数据库审计保护	2036
【数据跨境流动】	2055
数据跨境流动分级分类管理标准	2061
数据滥用	1964
【数据类型】	312
数据力	1295
数据力与数据关系	1277
数据连接型社会	534
数据量	302
《数据留存指令》	2323
数据流	489
数据流编程模型	1151
数据流处理分析	1147
【数据流通风险】	1953
数据密集型	300
【数据民生应用】	1187
数据模型	323
数据能力	1296
数据迁移	473
数据强国	630
数据窃听	1956

续表

汉语	对应编码
数据侵权	1966
数据驱动	488
《数据驱动经济战略》	583
数据驱动型创新体系	1257
数据权	497
数据确权	1326
数据群聚	474
数据人	1278
数据人假设	468
【数据人假设】	1287
数据容错	1985
数据容灾	1986
数据融合	475
【数据商业应用】	1178
数据社会学	555
【数据生态】	393
数据失控	1961
数据失真	1959
数据使用权	2092
数据搜索	546
数据损坏	1954
数据所有权制度	2101
数据铁笼	1732
数据推送	1687
数据挖掘模型	1150
数据挖掘算法	1149
数据外交	1933
数据网贷	1184
数据误用	1965
数据协作	1330
数据泄露	1955
数据信息感知分析	1148
数据修改权	2093

续表

汉语	对应编码
数据烟囱	862
数据依赖	533
数据引力	466
数据引力波	467
《数据隐私探路者项目》	2317
数据应用	1170
【数据应用风险】	1962
"数据拥堵"问题	532
数据预测能力	1302
数据元素	304
数据源	303
【数据源】	1105
数据运营	1334
数据运营主体脱密保障机制	2043
数据增值	566
数据战争	2054
数据哲学	267/284
【数据政务应用】	1171
数据知情权	2090
【数据质量和数据管理】	1164
数据治理	1655
数据治理决策域	1688
数据治理体系与治理能力	928
数据中介	1328
数据中心联盟	1001
数据主权（法律）	2087
数据主权（政治）	2051
数据资本论	561
数据资产	1324
数据资产管理	1338
数据资产交易市场	1340
数据资源安全网络	2065
数据资源清单	892

续表

汉语	对应编码
数权	2080
数权法	2079
【数权法】	2111
数权法定制度	2097
数权共享	503
数权客体	2086
数权制度	2096
数权主体	2081
数说·南海	923
数说东莞	919
数制	272
数字	269
《数字（化）议程》	580
《数字（化）战略2025》	600
数字包容性	1408
数字本体论	283
数字剥削	1317
数字产业	1370
数字城市	1751
《数字单一市场战略》	1273
《数字德国2015》	598
数字电视	1821
数字扶贫	1418
数字福建	725
数字福建（长乐）产业园	726
数字革命	2406
数字工厂项目	1437
数字公民	1654
"数字公民"试点	727
数字轨迹	570
"数字杭州"发展规划	719
数字红利	1409/1415
数字鸿沟	1410

续表

汉语	对应编码
数字化产业	1253
数字化记忆	1288
《数字化路线图》	602
《数字化密度指数》	1266
数字化生存	344
《数字化生存》	2503
数字化虚拟人	1289
数字化转型	1251
数字货币	1459
数字货币时代	1479
数字基础设施	812
数字金融	1458
数字金融模式	1522
数字金融系统	1480
数字经济	627/1235
《数字经济》	1267
《数字经济：智力互联时代的希望与风险》	1265
《数字经济 2010 年法案》	1272
数字经济体	1236
《数字经济下的就业与人才研究报告》	1421
《数字经济展望 2017》	1269
《数字经济战略（2015—2018 年）》	609
数字劳动	562
数字利维坦	1694
数字民主	1691
数字命运	1320
数字能力	1434
《数字千年著作权法》	2243
数字签名	2017
数字圈地	1318
【数字人才】	1423
数字认证	1388
数字社会	629

续表

汉语	对应编码
数字水印技术	2022
数字丝绸之路	631
数字素养	1432
数字素养项目	1435
数字外交官	1935
数字文明	2433
数字信用体系	1616
数字医院	1771
《数字议程（2014—2017年）》	599
《数字英国》	607
数字原住民	1319
《数字浙江建设规划纲要（2003—2007年）》	716
数字证书	1699
《数字政府》	588
数字政府	628/1656
数字政府建设管理局	1717
数字政治	1920
数字殖民	1934
数字中国	626
数字中国建设峰会	1079
数字中国智库联盟	994
数字主权	2053
"刷单"入刑第一案	1910
双侧检验	232
顺丰菜鸟大战	2127
顺序统计量法	222
丝绸之路数据港	688
私有链	518
私有云	380
思维科学	2469
四川大数据产业联盟	1024
【四川省】	773
四川省成都市大数据管理局	963

续表

汉语	对应编码
《四川省促进大数据发展工作方案》	774
《四川省地理信息交换共享管理办法》	2193
"四张清单一张网"智慧政府体系	713
搜狐网	362
搜索论	70
苏州大数据产业联盟	1017
素养域	1433
算法动态性分析	1146
算法工程师	1427
《算法时代》	552
算法思维	174
算法信息论	32
算法信用	1617
随动系统	93
碎片化信息	479
孙志刚事件	1891
损失函数	190
泰康人寿保险电商平台	1576
泰勒制	1280
贪心算法	178
弹性领导方式	1292
腾讯华为"数据之争"	2128
腾讯政务云1分钱中标	1712
梯度下降法	181
提升政府治理能力大数据应用技术国家工程实验室	1054
体感设备	1823
天地一体化信息网络	821
天津港"8·12"特大爆炸事故	1897
天津市大数据联盟	1011
天使汇运作模式	1532
天网工程	1172
《填平数字鸿沟》	1411
条数据	461

续表

汉语	对应编码
通用顶级域名	1925
统计信息论	30
统计学	215
统一社会信用代码	835
统一社会信用代码制度	1637
统一身份认证	387
痛客经济	1263
透明政府	1676
突尼斯议程	1928
图灵机	2411
图灵机模型	171
图灵论题	405
图灵问题	151
图数据	319
图形用户界面模式	146
湍流发生机制	540
湍流实验	2496
《推进"互联网+政务服务"开展信息惠民试点实施方案》	941
脱敏人口信息资源	828
《脱贫攻坚大数据平台建设实施方案》（广西）	765
玩乐劳动	1305
万得资讯	1512
万维网	2402
万物互联	369
万物源于数	282
网贷之家	1579
网际网络	350
网联清算有限公司	1506
网络	348
"网络911"事件	1970
网络安全	1992
网络安全产业	1373
网络安全观	2066

续表

汉语	对应编码
《网络安全国家行动计划》	592
网络安全和信息化	640
网络安全协议	2026
网络安全应急技术国家工程实验室	1049
网络安全应急响应	2027
网络保守主义	1939
网络暴力	1871
网络表演	1877
《网络表演经营活动管理办法》	2203
网络成瘾	1873
《网络出版服务管理规定》	2175
网络存储技术	1130
网络二次创作	1880
网络犯罪	1886
网络分析法	59
网络公关	1865
网络攻击	1949
网络购物	1396
网络化操作技术	1169
网络化制造	1382
网络货币	1474
网络基础	813
网络交易大数据监管	1726
网络教育	1789
《网络借贷信息中介机构业务活动管理暂行办法》	1612
网络经济	1240
网络空间	1846
网络空间安全科学国际会议	2073
网络空间命运共同体	641
网络恐怖主义	505
网络连接存储	1132
网络论坛	1856
网络内容	1876

续表

汉语	对应编码
网络强国战略	638
网络去中心化	1863
网络群体传播	1864
网络人身攻击	1884
网络融资	1523
网络社会	1847
网络社区	1855
网络市场监管	1724
网络式组织	1311
网络数据采集	1118
网络思维	195
网络拓扑	199
网络小说	1881
网络新闻	1879
网络信息安全等级保护机制	2040
网络信息诽谤	1885
网络信息技术产业	1372
网络意见领袖	1862
网络游戏	1882
网络舆论	1866
网络舆情	1867
网络证券	1568
网络政治	1916
网络政治动员	1868
网络政治学	1917
网络执政	1919
网络直播	1878
《网络治理法》	2293
网络中立	1883
网络主权	1922
网络自由主义	1938
网络综合治理体系	937
网络组织	1851

续表

汉语	对应编码
网民	1849
网商银行	1571
网上服务	1667
网上举报	1733
网上身份	1850
网上审批大数据资源库	1709
网上银行	1565
网易	363
网约车	1422
威尔士学派安全理论	2004
微博	1859
微服务	389
微腐败	1731
微付通	1556
微金融	1502
微警务	1741
微课程	1792
微信	1860
《为什么要保护自然界的变动性》	2484
《为外存模型可视化而应用控制程序请求页面调度》	2373
唯名论	286
唯识宗	2442
"惟人万物之灵"	2460
维克托·迈尔-舍恩伯格	2371
《未来的冲击》	2502
"未来工业"计划	605
《未来简史》	2501
未来学	2498
《位置信息使用与保护法》	2281
谓词逻辑	169
温数据	317
文化大数据	330
文艺复兴	2485

续表

汉语	对应编码
文字	2384
文字数字	270
稳定性	112
《我，机器人》	2513
无车承运人	1844
无酬数字劳动	1307
无人超市	1399
无人驾驶	1191
无人零售	1830
无人银行	1190
无条件共享	872
无锡国家传感网创新示范区	706
无锡市政府数据服务网	908
无线电	2395
无线局域网安全防护	2028
无纸化通关	1387
武汉东湖大数据交易平台	1353
《武汉市大数据产业发展行动计划（2014—2018年）》	754
《武汉市人民政府关于加快大数据推广应用促进大数据产业发展的意见》	755
武汉市政务公开数据服务网	912
《武汉市政务数据资源共享管理暂行办法》	2219
武汉长江大数据交易所	1354
物理安全	1981
物理隔离	1984
物理数据模型	326
物联网	356
物联网大田系统	1834
《物种起源》	2480
《西安市大数据产业发展实施方案（2017—2021年）》	800
《西安市发展硬科技产业十条措施》	801
西方哲学	2446
西咸新区大数据交易所	1348

续表

汉语	对应编码
系统	44
系统安全	1987
系统层次	48
系统方法	55
系统工程	63
系统工程师	1428
系统功能	47
系统结构	46
系统科学	72
系统论	43
系统模型	97
系统日志采集	1110
系统识别	115
系统思维	200
系统相关性原理	50
系统响应	76
系统预测法	60
系统哲学	73
系统整体性原理	49
下一代互联网	357
现代技术系统	559
现代控制理论	108
线性规划	263
线性回归	239
线性离散控制系统	103
线性码	24
线性相关分析	236
相关分析	235
相平面	105
相似性原则	406
香农理论	25
项目并联审批平台	1708
象	281

续表

汉语	对应编码
象数思维	2436
象形文字	2385
消费互联网	354
消费计算	154
消费升级	1390
《消费者隐私权法案》	2241
消息认证	2016
小额信贷行业信用信息共享服务平台	1642
"小粉红"群体崛起	1911
楔形文字	2386
协同理论	2493
协同配送	1843
协同消费	1392
协议	196
协议栈	197
心即理	2440
心理学	2474
心灵哲学	296
芯片技术	2416
【新电商】	1401
《新工具》	2349
【新加坡】	615
【新加坡】	2285
【新疆维吾尔自治区】	810
《新疆维吾尔自治区防范和惩治网络传播虚假信息条例》	2165
《新疆维吾尔自治区云计算与大数据产业"十三五"发展专项规划》	811
新经济	1237
新就业型态	1419
新浪网	361
新浪微博	366
新零售	1398
新型基础设施	370
新型数据冗余技术	1139

续表

汉语	对应编码
新型智慧城市	1753
《新型智慧城市评价指标》	1754
新型主流媒体	371
《新兴的数字经济》	1271
《新一代人工智能发展规划》	669
信道	15
信道编码	18
信道容量	17
信道噪声	16
信号	2392
信任机器	521
信任理论	527
信息	6
《信息、信息技术和信息保护法》	2246
信息安全	1980
《信息安全等级保护管理办法》	2198
信息安全密码技术	2014
信息本体论	27
信息产业	1368
信息成本	34
信息处理	11
信息代数	41
信息动力学	37
信息高速公路	2400
信息革命	2378
信息公开	1666
《信息公开与个人信息保护审查会设置法》	2272
信息共产主义社会	1889
《信息共享与信息安全国家战略》	589
信息过程	39
信息过剩	531
信息鸿沟	483
信息互联网	478

续表

汉语	对应编码
信息化	633
信息化金融机构	1563
信息化与工业化融合	647
信息惠民工程	938
信息机器理论	1291
信息基础设施防护	852
信息几何	42
信息技术	481
信息技术大数据系统通用规范	1196
信息价值	35
信息价值论	28
《信息简史》	2359
信息交互	482
信息经济	1239
信息科学	3
信息类型学	29
信息量	10
信息流	38
《信息论》	2353
信息论	4
信息率失真理论	14
信息认证技术	2023
信息熵	9
信息社会世界峰会	1941
信息摄取	26
《信息通信促进法》	2279
《信息通信网络利用和信息保护法》	2283
信息推动力	36
信息网络安全技术研发中心	1051
《信息网络传播权保护条例》	2142
信息无效	480
信息系统管理工程师	1431
信息泄露	1983

续表

汉语	对应编码
信息压力	1872
信息隐藏技术	2019
信息隐藏原理	206
信息资源	825
信息资源库	824
《信息自由法》	2224
信息作用	40
信用	1618
信用城市	1647
信用城市大数据平台	1651
信用风险	1620
信用货币	1464
信用链	1619
信用社会	1644
信用社会制度	1648
【信用体系】	1631
信用信息共享交换平台	1706
《信用信息利用和保护法》	2280
信用云	1653
信用证区块链联盟	1629
信用中国	1646
信誉经济	345
信源	12
信源编码	13
形式主义	290
虚拟产业	1369
虚拟经济	1241
虚拟旅游	1797
虚拟社会	484
虚拟试衣间	1828
虚拟物流	1841
虚拟现实	160
虚拟政府	1674

续表

汉语	对应编码
虚拟政治学	1918
虚拟组织	528
徐玉玉被电信诈骗案	1976
序数	273
薛定谔方程	442
【学科融合】	2490
【学术研究】	1264
学习控制	129
循环神经网络	194
亚里士多德	2344
亚马逊	1407
亚马逊电子商务	1403
【亚太经合组织（APEC）】	2311
《亚太经合组织隐私保护框架》	2315
《亚太经合组织隐私指南》	2316
【研究机构】	1042
盐城大数据产业园	705
衍生数据（哲学）	279
演绎法	2472
扬雄周期原理	211
阳明心学	2441
样本	216
要素	45
《一般数据保护条例》	2326
一神论	2458
一体化政务数据平台	837
一体化政务治理体系	936
一元线性回归	240
一址多照	1702
医疗大数据	328
医疗大数据应用技术国家工程实验室	1066
医疗云	395
医用机器人	1783

续表

汉语	对应编码
宜人贷	1545
移动互联	368
移动互联网	351
移动互联网计算模式	150
移动金融	1500
移动通信	2394
移动支付	1549
遗传算法	182
以太坊	1471
议题网络	1854
异常值分析算法	1154
异地就医全国一卡通	1815
《易经》	2437
银行间市场清算所股份有限公司	1493
银行卡收单	1548
银行卡支付系统	1487
银联交易系统	846
银联支付	1554
《银翼杀手》	2514
隐私保护伦理	1220
《隐私法》	2262
《隐私法案》	2229
《隐私权保护法》	2230
隐私泄露	1963
《隐私与电子通信指令》	2322
【印度】	2287
【英国】	606/2248
英国互联网观察基金会	1944
英国开放数据研究所	1043
《英国数据能力发展战略规划》	608
《英国数字战略2017》	610
英国信息化基础设施领导委员会	977
英国政府数字服务小组	976

续表

汉语	对应编码
应然权利	2098
应收账款融资	1541
应用安全	1993
应用程序执行模型	210
应用创新园区	1452
应用设施	836
硬件抽象	203
硬科技之都	798
泳池模型	1222
用户画像	1182
用益数权制度	2102
优化方法	262
"邮件门"事件	1967
有神论	2456
有条件共享	873
余额宝模式	1573
【舆情事件】	1890
语言	2380
语义信息	8
语义信息论	31
语义引擎	1162
语音云	402
语用信息论	33
预测控制	118
预测性分析	1144
预付卡	1550
域类实施模型	2011
域名主权	1926
元分析	260
《元逻辑》	2348
元数据	305
元数据标准	895
原始创新能力	1262

续表

汉语	对应编码
原始数据	278
远程医疗	1772
约翰·阿奇博尔德·惠勒	2368
【越南】	2298
云城市	1175
云存储技术	1138
云端数据加密	392
云计算	374
《云计算发展三年行动计划（2017—2019年）》	668
《云计算发展战略及三大关键行动建议》	582
《云计算行动计划》	597
云经济	1247
【云南省】	794
云南省保山市大数据管理局	966
云南省昆明市大数据管理局	967
《云南省人民政府办公厅关于重点行业和领域大数据开放开发工作的指导意见》	795
云脑	1179
【云脑时代】	2489
云脑时代	551
云上贵州系统平台	927
云物流	1840
云制造	1384
云智办案通	1744
运筹学	64
运算安全	1988
灾难备份中心	2424
在线办公	1685
在线服务	1695
在线沟通	1662
在线交易	1397
在线接诊	1773
在线金融超市	1584

续表

汉语	对应编码
在线开放课程	1788
在线社交	1857
在线双向沟通	1668
在线仲裁	1740
在线重构技术	1167
在线咨询	1664
债权众筹	1527
战略安全	1994
【战略体系】	625
【战略文本】	652
战略性新兴产业	1367
湛江数据服务网	922
张北云计算产业园	677
《长沙市加快发展大数据产业（2017—2020年）行动计划》	757
长沙数据开放平台	913
账号权限管理及审批制度	2039
肇庆市政府数据开放平台	920
浙江大数据公交	1762
《浙江大数据交易中心交易规则》	1359
《浙江大数据交易中心资金结算制度》	1360
【浙江省】	712
《浙江省促进大数据发展实施计划》	715
浙江省大数据科技协会	1034
浙江省大数据应用技术产业联盟	1018
《浙江省地理空间数据交换和共享管理办法》	2187
《浙江省公共数据和电子政务管理办法》	2188
浙江省杭州市数据资源管理局	957
浙江省宁波市大数据管理局	956
浙江省数据管理中心	955
浙江政务服务网	909
《浙江政务服务网信息资源共享管理暂行办法》	2211
"浙江制造"标准	714
真实计算机	135

续表

汉语	对应编码
真值表	165
《征信公司法》	2291
《征信通用原则》	2310
整数规划	264
《郑州市促进大数据发展行动计划》	748
《郑州市人民政府关于促进大数据产业发展的若干意见》	749
【政策体系】	1270
【政府 1.0】	1658
【政府 2.0】	1665
【政府 3.0】	1673
政府部门数据共享	890
《政府机关个人信息保护法》	2282
政府监管"伪共享"	1908
政府领域智能客服机器人	1714
政府流程再造	1677
政府数据共享	865
政府数据共享开放目录	896
政府数据管理机构	869
政府数据集	894
政府数据开放	866
政府数据开放共享标准	893
政府数据开放平台	1173
政府数据开放评价机制	870
政府网站	1659
政府信息公开	864
政民互动	1671
政务 APP	1682
【政务服务】	1683
政务服务平台电子监察系统	1728
政务数据资源	1686
政务"双微"标配	1905
政务微博	1670
《政务信息系统整合共享实施方案》	883

续表

汉语	对应编码
政务信息资源	826
《政务信息资源共享管理暂行办法》	2146
政务信息资源目录	932
《政务信息资源目录编制指南（试行）》	900
政务云	394
支付宝	1553
支付宝实名认证漏洞	1974
支付系统	1485
支付与市场基础设施委员会	1521
【知识、信息和数据】	2338
知识付费	1391
知识经济	1238
知识数据	280
知识推理	121
直觉主义	289
直接连接存储	1131
直销银行	1570
指数复杂度	183
制度安全	1995
制度信任	498
制造强国战略	646
【治理数据化】	929
秩序互联网	477
秩序互联网	495
智慧城市时空信息云平台建设试点	751
智慧法庭	426
智慧法院	1736
智慧国 2015	616
智慧国家 2025	617
智慧检务	1748
智慧交通	1755
智慧交通系统	1756
智慧教育	1787

续表

汉语	对应编码
智慧街道	1802
智慧经济	1244
智慧景区	1798
智慧就业	1812
智慧课堂	1188
智慧旅游	1796
智慧农业	1832
《智慧日本战略2015》	622
智慧社会	1800
智慧社区	1801
"智慧首尔2015"计划	620
智慧物流	1839
智慧物业管理	1803
智慧校园	1795
智慧新城	733
智慧型组织	1312
智慧养老	1804
智慧医疗	1770
智慧侦查	1742
智能办公	1824
智能办公室自动化系统	1825
智能仓储	1842
【智能场景】	417
智能车辆	1765
智能城市	1750
智能防控	1721
《智能革命》	553
智能公交	1761
智能购物	1827
智能购物机器人	1829
《智能贵州发展规划（2017—2020年）》	788
智能合约	520
智能化合约	1622

续表

汉语	对应编码
智能环保	428
智能计算	415
智能家居	1819
智能建筑	1826
智能交通	427
智能交通系统	847
智能交通云	1760
智能教育	423
智能金融	422
智能经济	418
智能看护	1780
智能控制	126
智能控制方法	125
智能农业	419
智能碰撞	550
智能商务	421
"智能上海（AI@SH）"行动	699
智能社交	1831
智能生活	1818
智能生命体	1225
智能停车	1763
智能物流	420
智能小区	1806
智能医疗	424
智能影音	1822
智能照明	1820
智能政务	425
智能制造	1381
《智能制造发展规划（2016—2020年）》	667
"智信城市"计划	1715
置信区间	227
置信水平	228
置信推断	226

续表

汉语	对应编码
《中共贵阳市委 贵阳市人民政府关于加快建成中国数谷的实施意见》	792
《中共贵阳市委关于以大数据为引领加快打造创新型中心城市的意见》	791
中关村大数据产业联盟	1010
中关村大数据产业园	676
中国IT技术联盟	998
中国大数据产业生态联盟	1008
中国大数据和智慧城市研究院	1057
中国大数据技术大会	1074
中国大数据技术与应用联盟	1002
中国大数据应用（西北）联盟	1009
【中国的数据权益保护】	2131
中国电子技术标准化研究院	1048
中国电子信息产业发展研究院	1047
中国电子学会	996
中国共产党中央网络安全和信息化委员会	946
中国光谷大数据产业联盟	1027
中国国际大数据产业博览会	1073
中国国际经贸大数据研究中心	1053
中国互联网金融协会	1605
中国互联网协会	1000
《中国极地科学考察样品和数据管理办法》	2201
中国计算机学会大数据学术会议	1072
中国计算机学会大数据专家委员会	984
中国金融教育发展基金会	1515
中国开放数林指数	880
中国科学技术发展战略研究院	1045
中国科学技术信息研究所	1044
中国密码学与数据安全学术会议	2078
中国企业大数据联盟	1003
《中华人民共和国统计法》	2133
中国人民银行	1601
中国人民银行金融市场司	1517

续表

汉语	对应编码
中国人民银行金融信息中心	1514
中国人民银行清算总中心	1520
中国人民银行征信管理局	1519
中国人民银行征信中心	1513
中国人民银行支付结算司	1518
中国数谷	781
中国数据安全峰会	2077
《中国数字经济如何引领全球新趋势》	1268
中国通信标准化协会	1213
中国通信学会	997
中国通信学会大数据专家委员会	988
中国网络安全产业联盟	995
中国信息安全测评认证体系	2034
中国信息化推进联盟	999
中国信息通信研究院	1046
中国信息协会大数据分会	1030
中国银行保险监督管理委员会	1602
中国银行征信中心个人信用信息服务平台	1643
中国证券登记结算有限责任公司	1491
中国证券监督管理委员会	1603
中国制造2025	648
《中国制造2025》	666
《中华人民共和国电信条例》	2144
《中华人民共和国电子签名法》	2135
《中华人民共和国国家安全法》	2134
《中华人民共和国计算机信息网络国际联网管理暂行规定》	2138
《中华人民共和国计算机信息系统安全保护条例》	2140
《中华人民共和国网络安全法》	2136
《中华人民共和国无线电管理条例》	2147
《中华人民共和国政府信息公开条例》	2139
中兴危机	1913
【中央	944
中央对手方（CCP）	1494

续表

汉语	对应编码
中央对手清算业务体系	1495
中央国家安全领导小组	947
中央国债登记结算有限责任公司	1492
中央证券存管系统	1490
【中央证券存管与证券结算】	1489
《终结者》	2515
终身电子学籍档案	1793
众安在线	1572
众包	1446
众筹	1453
【众筹平台集资模式】	1525
【众筹平台运作模式】	1530
众创	1448
众创空间	1449
众扶	1454
【重要领域信息系统】	843
珠江三角洲国家大数据综合试验区	759
主权货币	1465
主权利	2103
主权区块链	507
主权数字货币	526
主权数字政府	525
主数据	320
注销	2118
专家控制	127
【专家委员会】	982
专家系统	122
转让	2122
状态估计	114
状态空间模型	109
追梦网运作模式	1534
准公共物品	2107
资本论	2454

续表

汉语	对应编码
自创生系统	1095
自动车辆控制	1767
自动化办公系统	1661
自动化工程师	1429
自动机	208
自动驾驶汽车	1766
自动控制系统	90
自繁殖	86
自激活	548
自然语言处理	410
自然语言分析	1163
自然资源基础信息库	830
自适应控制	117
自组织	87
自组织理论	2362
综合交通出行大数据开放云平台	1769
综合交通大数据应用技术国家工程实验室	1067
综合平衡法	58
租户隔离	386
组合电路	205
组学大数据	339
组织扁平化	1313
组织结构柔性化	1314
【组织模式变革】	1310
组织虚拟化	1315
最大似然法	223
《最低网络安全标准》	2251
"最多跑一次"	1718
最小二乘法	224
最优化方法	56
最优化原理	54
最优控制	116
最优性	84

附录2 大数据名词汉英对照

序号	汉语	英语
1	大数据理论	big data theory
2	大数据理论基础	theoretical foundation of big data
3	信息科学	#information science
4	信息论	*Information Theory
5	世界三元组	world triplet
6	信息	#information
7	概率信息	#probability information
8	语义信息	#semantic information
9	信息熵	#information entropy
10	信息量	#amount of information
11	信息处理	#information processing
12	信源	#information source
13	信源编码	#source coding
14	信息率失真理论	#information rate distortion theory
15	信道	#channel
16	信道噪声	#channel noise
17	信道容量	#channel capacity
18	信道编码	#channel coding
19	编码	#coding
20	编码定理	#coding theorem
21	分组码	#block code
22	卷积码	#convolutional code
23	纠错码	#error correcting code
24	线性码	#linear code
25	香农理论	*Shannon Theory
26	信息提取	#information extraction
27	信息本体论	#information ontology
28	信息价值论	*Information Value Theory
29	信息类型学	#information typology

续表

序号	汉语	英语
30	统计信息论	#statistical informatics
31	语义信息论	#semantic information theory
32	算法信息论	#algorithmic information theory
33	语用信息论	#pragmatic information theory
34	信息成本	#information cost
35	信息价值	#information value
36	信息推动力	#information driving force
37	信息动力学	#information dynamics
38	信息流	#information flow
39	信息过程	#information process
40	信息作用	#information function
41	信息代数	#information algebra
42	信息几何	#information geometry
43	系统论	*Systems Theory
44	系统	#system
45	要素	#(system) elements
46	系统结构	#system structure
47	系统功能	#system function
48	系统层次	#system hierarchy
49	系统整体性原理	system principle of holism
50	系统相关性原理	system principle of relevance
51	结构和功能原理	#principle of structure and function
52	输入输出平衡性原理	principle of input-output balance
53	能动性原理	#dynamic principle
54	最优化原理	#principle of optimality
55	系统方法	*system method
56	最优化方法	#optimization method
57	模型化方法	modeling method
58	综合平衡法	comprehensive balance method
59	网络分析法	#network analysis method
60	系统预测法	#system prediction method
61	大系统理论	#largescale systems
62	模糊系统理论	#fuzzy systems theory

续表

序号	汉语	英语
63	系统工程	#systems engineering
64	运筹学	*Operational Research (O.R.)
65	规划论	#programming theory
66	博弈论	*Game Theory
67	排队论	#queuing theory
68	存储论	#inventory theory
69	决策论	#decision theory
70	搜索论	#search theory
71	可靠性理论	#reliability theory
72	系统科学	*system science
73	系统哲学	*Systems Philosophy
74	控制论	*Cybernetics
75	控制	#control (system)
76	系统响应	#system response
77	适应	#adaptation
78	反馈原理	#feedback principle
79	估计	#estimation
80	识别	#(system) identification
81	决策	#decision (tree)
82	对策	#countermeasure
83	收敛性	#convergence
84	最优性	#optimality (principle)
85	鲁棒性	*Robust
86	自繁殖	#self-reproduction (system)
87	自组织	#self-organization
88	必须变异度率	#degree of must variability
89	经典控制理论	#classical control theory
90	自动控制系统	#automatic control system
91	恒值自动调节系统	#automatic constant regulation system
92	程序自动控制系统	#programmed automatic control system
93	随动系统	#follow-up system
94	模拟控制器控制	#control from analog controller
95	反馈控制方法	#feedback control method

续表

序号	汉语	英语
96	扰动补偿方法	#disturbance compensation method
97	系统模型	#system model
98	时域分析法	#time-domain analysis
99	传递函数	#transfer function
100	频域分析法	#frequency domain analysis
101	控制系统校正	#correction methods of control system
102	多变量控制系统	#multivariable control system
103	线性离散控制系统	#linear discrete-time control system
104	非线性系统控制	#nonlinear system control
105	相平面	#phase plane
106	分叉	#bifurcation (theory)
107	混沌	#chaos
108	现代控制理论	#modern control theory
109	状态空间模型	#state-space model
110	连续时间模型	#continuous time model
111	能控性	#controllability
112	稳定性	#stability
113	能观性	#observability
114	状态估计	#state estimation
115	系统识别	#system identification
116	最优控制	#optimal control
117	自适应控制	#self-adaptive control
118	预测控制	#predictive control
119	人工智能方法	#artificial intelligence method
120	贝叶斯决策	#Bayesian decision making
121	知识推理	#knowledge reasoning
122	专家系统	*Expert System (ES)
123	模糊逻辑	#fuzzy logic
124	模糊推理	#fuzzy reasoning
125	智能控制方法	#intelligent control method
126	智能控制	#intelligent control
127	专家控制	#expert control
128	模糊控制	#fuzzy control

续表

序号	汉语	英语
129	学习控制	#learning control
130	神经网络控制	#neural network control
131	工程控制	#engineering control
132	生物控制	#biological control
133	计算机科学	*Computer Science (CS)
134	抽象计算机	#abstract computer
135	真实计算机	#real computer
136	计算过程	#computing process
137	计算思维	#computational thinking
138	巴贝奇问题	problem of Charles Babbage
139	客户端计算机	#client-side computer
140	服务端计算机	#server-side computer
141	嵌入式计算机	#embedded computer
142	布什问题	problem of Vannevar Bush
143	批处理模式	#batch mode
144	交互式计算模式	#interactive computation mode
145	个人计算模式	personal computation mode
146	图形用户界面模式	*Graphic User Interface (GUI) Mode
147	多媒体计算模式	multimedia computation mode
148	便携式计算模式	portable-type computation mode
149	互联网计算模式	internet computation mode
150	移动互联网计算模式	#mobile internet computation mode
151	图灵问题	problem of Alan Mathison Turing
152	科学计算	#scientific computing
153	企业计算	#enterprise computing
154	消费计算	consumption computing
155	滴涓效应	#trickle-down effect
156	诺德豪斯定律	Nordhaus's Law
157	科克定律	Kirk's Law
158	库米定律	#Koomey's Law
159	计算机模拟	#computer simulation
160	虚拟现实	*Virtual Reality (VR)
161	逻辑思维	#logical thinking

续表

序号	汉语	英语
162	布尔逻辑	*Boolean Logic
163	命题	#proposition
164	连接词	#conjunction
165	真值表	#truth table
166	交换律	#commutative law
167	结合律	#associative law
168	分配率	partition coefficient
169	谓词逻辑	*Predicate Logic
170	定理机器证明	#mechanical theorem proving
171	图灵机模型	#Turing machine model
172	罗素悖论	#Russell's paradox
173	哥德尔不完全性定理	#Gödel's incompleteness theorem
174	算法思维	#algorithmic thinking
175	分治算法	#dividing-and-conquering algorithm
176	穷举算法	#exhaustive algorithm
177	回溯算法	#backtracking algorithm
178	贪心算法	#greedy algorithm
179	迭代算法	#iterative algorithm
180	牛顿法	#Newton's method
181	梯度下降法	#gradient descent method
182	遗传算法	#genetic algorithm
183	指数复杂度	#exponential complexity
184	机器学习	*Machine Learning (ML)
185	非监督学习	#unsupervised learning
186	监督学习	#supervised learning
187	强化学习	*Reinforcement Learning (RL)
188	神经网络	*Neural Networks (NNs)
189	BP 神经网络	*Back Propagation Neural Network
190	损失函数	#loss function
191	非线性分类	#non-linear classification
192	激励函数	#activation function
193	卷积神经网络	*Convolutional Neural Network (CNN)
194	循环神经网络	*Recurrent Neural Network (RNN)

续表

序号	汉语	英语
195	网络思维	#internet thinking
196	协议	#protocol
197	协议栈	#protocol stack
198	名字空间	#namespace
199	网络拓扑	*Network Topology
200	系统思维	#systematic thinking
201	数据抽象	#data abstraction
202	控制抽象	#control abstraction
203	硬件抽象	#hardware abstraction
204	逻辑门	*Logic Gates
205	组合电路	#combinational (logic) circuit
206	信息隐藏原理	#information hiding principle
207	时序电路	#sequential circuit
208	自动机	#automata
209	存储程序计算机	#stored-program computer
210	应用程序执行模型	application execution model
211	扬雄周期原理	Yangxiong's cycle principle
212	波斯特尔健壮性原理	*Postel's Robustness Principle
213	冯诺依曼穷举原理	John von Neumann's exhaustive principle
214	阿姆达尔定律	*Amdahl's Law
215	统计学	#statistics
216	样本	#sample
217	抽样	#sampling
218	概率分布	#probability distribution
219	参数估计	#parameter estimation
220	点估计	#point estimation
221	矩估计法	#estimation by the method of moment
222	顺序统计量法	#order statistic method
223	最大似然法	*Maximum Likelihood Estimate (MLE)
224	最小二乘法	*Least Squares
225	区间估计	#interval estimation
226	置信推断	#confidence inference
227	置信区间	#confidence interval

续表

序号	汉语	英语
228	置信水平	#confidence level
229	假设检验	#hypothesis testing
230	参数假设检验	#parametric hypothesis test
231	单侧检验	#one-sided test
232	双侧检验	#two-sided test
233	非参数假设检验	#non-parametric hypothesis test
234	卡方检验	#chi-square test
235	相关分析	#correlation analysis
236	线性相关分析	#linear correlation analysis
237	非线性相关分析	#non-linear correlation analysis
238	回归分析	#regression analysis
239	线性回归	#linear regression
240	一元线性回归	#unary linear regression
241	多元线性回归	#multiple linear regression
242	曲线回归	#curvilinear regression
243	逻辑回归	#logistic regression
244	方差分析	*Analysis of Variance (ANOVA)
245	单因素方差分析	#one-way analysis of variance
246	多因素方差分析	#factorial analysis of variance
247	分类分析	#classification analysis
248	决策树分析	#decision tree analysis
249	贝叶斯网络分析	#Bayesian network analysis
250	KNN 法	*K-Nearest Neighbor (Algorithm)
251	聚类分析	#cluster analysis
252	分层聚类分析	#hierarchical clustering analysis
253	K-Means 聚类	*K-Means Clustering (Algorithm)
254	Kohonen Network 聚类	*Kohonen Network Clustering (Algorithm)
255	时间序列分析	#time series analysis
256	平稳序列分析	#stationary (time) series analysis
257	趋势序列分析	trend (time) series analysis
258	季节序列分析	#seasonal (time) series analysis
259	复合序列分析	#composite (time) series analysis
260	元分析	#meta-analysis

续表

序号	汉语	英语
261	加权平均法	#weighted averages method
262	优化方法	optimal method
263	线性规划	#linear programming
264	整数规划	#integer programming
265	多目标规划	#multi-objective programming
266	动态规划	#dynamic programming
267	数据哲学	(big) data philosophy
268	数	#number
269	数字	digit
270	文字数字	*Alphanumeric (Character)
271	符号数字	symbolic digit
272	数制	#numerical system
273	序数	#ordinal number
274	量	#quantity
275	计量单位	#unit of measurement
276	数据	data
277	科学数据	#scientific data
278	原始数据	#raw data
279	衍生数据（哲学）	derived data (philosophy)
280	知识数据	knowledge data
281	象	image
282	万物源于数	*Everything is a Number
283	数字本体论	#digital ontology
284	数据哲学	(big) data philosophy
285	柏拉图主义	*Platonism
286	唯名论	#nominalism
287	康德	#Immanuel Kant
288	逻辑主义	#logicism
289	直觉主义	#intuitionism
290	形式主义	#formalism
291	世界4	World 4
292	符码世界	world of symbol codes
293	黑箱方法	#black box method

续表

序号	汉语	英语
294	第四范式	#fourth normal form
295	技术哲学	#philosophy of technology
296	心灵哲学	#philosophy of mind
297	大数据生态系统	big data ecosystem
298	大数据	big data
299	海量数据	#mass data
300	数据密集型	#data-intensive
301	数据集合	#data set
302	数据量	#data size
303	数据源	#data source
304	数据元素	#data elements
305	元数据	#metadata
306	数据结构	#data structure
307	结构化数据	#structured data
308	半结构化数据	#semi-structured data
309	非结构化数据	#unstructured data
310	多源异构数据	#multi-source heterogeneous data
311	分组数据	#grouped data
312	【数据类型】	#data type
313	流数据	#stream data
314	静态数据	#static data
315	暗数据	#dark data
316	热数据	#thermal data
317	温数据	#temperature data
318	冷数据	#cold data
319	图数据	#graph data
320	主数据	#master data
321	粒数据	#granular data
322	全局数据	#global data
323	数据模型	#data model
324	概念数据模型	#conceptual data model
325	逻辑数据模型	*Logical Data Model (LDM)
326	物理数据模型	*Physical Data Model (PDM)

续表

序号	汉语	英语
327	【大数据应用】	#big data application
328	医疗大数据	#big data in health and medical care
329	教育大数据	#big data in education
330	文化大数据	#big data in culture
331	旅游大数据	#big data in tourism
332	交通大数据	big data in transportation
333	农业大数据	big data in agriculture
334	工业大数据	#big data in industry
335	安全大数据	big data in security
336	电子商务大数据	big data in electronic commerce
337	科学大数据	big data in science
338	时空大数据	#spatio-temporal big data
339	组学大数据	#big data in omics
340	【数据价值】	#data value
341	DT 时代	*Data Technology Age
342	大数据思维	big data thinking
343	数据革命	data revolution
344	数字化生存	*Being Digital
345	信誉经济	*The Reputation Economy
346	商业智能	*Business Intelligence (BI)
347	【互联网】	#internet
348	网络	#network
349	广域网	*Wide Area Network (WAN)
350	网际网络	international network
351	移动互联网	*Mobile Internet
352	产业互联网	industry internet
353	工业互联网	*Industrial Internet
354	消费互联网	consumer internet
355	车联网	*Internet of Vehicles
356	物联网	*Internet of Things
357	下一代互联网	*Next-Generation Internet (NGI)
358	5G 网络	*5G Network
359	【互联网发展】	internet development

续表

序号	汉语	英语
360	门户网站	*Portal Web
361	新浪网	#Sina (Net)
362	搜狐网	#Sohu (Net)
363	网易	*NetEase
364	【社交媒体】	*Social Media
365	博客中国	#blogchina
366	新浪微博	*(Sina) MicroBlog
367	人人网	*Renren (Net)
368	移动互联	#mobile internet
369	万物互联	*Internet of Everything (IoE)
370	新型基础设施	#new infrastructure construction
371	新型主流媒体	#new mainstream media
372	互联网思维	#internet thinking
373	互联网平台	#internet platform
374	云计算	#cloud computing
375	【服务模式】	service mode
376	IaaS	*Infrastructure as a Service (IaaS)
377	PaaS	*Platform as a Service (PaaS)
378	SaaS	*Software as a Service (SaaS)
379	【部署模型】	#deployment model
380	私有云	private cloud
381	社区云	#community cloud
382	公共云	#public cloud
383	混合云	#hybrid cloud
384	容器技术	*Container (technology)
385	负载均衡	*Load Balance
386	租户隔离	#tenancy isolation
387	统一身份认证	#uniform identity authentication
388	SOA	*Service-Oriented Architecture (SOA)
389	微服务	#microservice
390	容错计算	#fault-tolerant computing
391	密钥管理	#key management
392	云端数据加密	cloud data encryption

续表

序号	汉语	英语
393	【数据生态】	data ecology
394	政务云	*Government Cloud
395	医疗云	health and medical care cloud
396	教育云	education cloud
397	交通云	traffic cloud
398	工业云	industry cloud
399	金融云	#finance cloud
400	环保云	environmental protection cloud
401	旅游云	#tourism cloud
402	语音云	#voice cloud
403	人工智能	*Artificial Intelligence (AI)
404	【理论基础】	#theoretical foundation
405	图灵论题	*The Church-Turing Thesis
406	相似性原则	#similarity principle
407	超计算	#supercomputing
408	BSS 实数模型	#Blum-Shub-Smale real number model
409	类脑机器人	#brain-inspired robot
410	自然语言处理	*Natural Language Processing (NLP)
411	深度学习	*Deep Learning (DL)
412	超级电脑沃森	#super computer Watson
413	"深蓝"	#"Deep Blue"
414	AlphaGo	#AlphaGo (Go Game Robot Player)
415	智能计算	#intelligent computing
416	群体智能	#swarm intelligence
417	【智能场景】	#intelligent scene
418	智能经济	*Smart Economy
419	智能农业	#intelligent agriculture
420	智能物流	#intelligent logistics
421	智能商务	#intelligent business
422	智能金融	*AiFinance
423	智能教育	#intelligent education
424	智能医疗	*Smart Healthcare
425	智能政务	#intelligent government affairs

续表

序号	汉语	英语
426	智慧法庭	smart tribunal
427	智能交通	*Intelligent Traffic (System) (ITS)
428	智能环保	intelligent environmental protection
429	量子信息	#quantum information
430	【量子计算】	#quantum computation
431	量子比特	#quantum bit
432	量子计算模型	#quantum computing model
433	量子门	#quantum gate
434	量子搜索	#quantum search
435	量子傅里叶变换	*Quantum Fourier Transform (QFT)
436	量子相位估计	#quantum phase estimation
437	量子计算机	#quantum computer
438	量子算法	#quantum algorithm
439	量子线路	#quantum circuit
440	量子纠缠	#quantum entanglement
441	量子霸权	#quantum supremacy
442	薛定谔方程	#Schrödinger equation
443	"IBM Q"量子计算平台	*"International Business Machines Corporation (IBM) Qiskit" quantum computing platform
444	"狐尾松"（Bristlecone）	#"Bristlecone" (quantum computer)
445	【量子通信】	*Quantum Teleportation
446	Vernam 密码	*Vernam Cipher
447	公钥密码系统	#public key cryptography system
448	RSA 方案	*Rivest-Shamir-Adleman Algorithm
449	不可克隆定理	*No-Cloning Theorem
450	量子密码术	*Quantum Cryptography
451	BB84 方案	*Bennett-Brassard 1984 Protocol
452	E91 方案	*Ekert 1991 QKD (Quantum Key Distribution) Protocol
453	密集编码	*Compact Encoding (Detection) (CED)
454	量子隐形传态	#quantum teleportation
455	量子卫星	#quantum (communication) satellite
456	京沪干线	*Jing-Hu (Beijing-Shanghai) Trunk Line
457	墨子号	*Quantum Experiments at Space Scale/QUESS

续表

序号	汉语	英语
458	块数据	block data
459	大数据范式	big data paradigm
460	点数据	#point data
461	条数据	bar data
462	块数据	block data
463	第一范式	*First Normal Form(1NF)
464	第二范式	*Second Normal Form(2NF)
465	第三范式	*Third Normal Form (3NF)
466	数据引力	#data gravitation
467	数据引力波	#data gravitational wave
468	数据人假设	#data man hypothesis
469	块数据模型	block data model
470	块数据价值链	block data value chain
471	块数据组织	block data organization
472	数据焦虑	data anxiety
473	数据迁移	#data migration
474	数据群聚	data clustering
475	数据融合	#data fusion
476	大数据×效应	big data × effect
477	秩序互联网	#order internet
478	信息互联网	information internet
479	碎片化信息	fragmentation information
480	信息无效	information invalidity
481	信息技术	*Information Technology (IT)
482	信息交互	#information interaction
483	信息鸿沟	*Digital Divide
484	虚拟社会	#virtual society
485	价值互联网	#value internet
486	数据价值	data value
487	数据价值体系	data value system
488	数据驱动	#data driven
489	数据流	#data stream
490	共享经济	*Sharing Economy

续表

序号	汉语	英语
491	可编程经济	#programmable economy
492	《第四次工业革命——转型的力量》	*The Fourth Industrial Revolution (The Power of Transformation)
493	《人人时代》	*Here Comes Everybody
494	《零边际成本社会》	*The Zero Marginal Cost Society
495	秩序互联网	#order internet
496	互联网治理	#internet governance
497	数据权	#data rights
498	制度信任	institution-based trust
499	技术信任	technology trust
500	边界规制	boundary regulation
501	安全规制	security regulation
502	保护规制	protection regulation
503	数权共享	data rights sharing
504	国家数据主权	national data sovereignty
505	网络恐怖主义	*Cyberterrorism
506	可信互联网	#trusted internet
507	主权区块链	*Sovereign Blockchain
508	可编程货币	*Programmable Money
509	可编程金融	#programmable finance
510	可编程社会	programmable society
511	区块链	*Blockchain
512	加密算法	*Encryption Algorithm
513	共识机制	#consensus mechanism
514	时间戳	#timestamp
515	对等网络	#peer-to-peer networking
516	块链结构	#block chain (data) structure
517	公有链	#public blockchain
518	私有链	#private blockchain
519	联盟链	#consortium blockchain
520	智能合约	*Smart Contract
521	信任机器	*Trust Machine
522	公有价值	public value
523	"绳网结构"理论	(blockchain) theory of "rope-netting structure"

续表

序号	汉语	英语
524	"扁担模型"	"shoulder pole" model
525	主权数字政府	sovereign digital government
526	主权数字货币	sovereign digital currency
527	信任理论	#trust theory
528	虚拟组织	#virtual organization
529	激活数据学	activation dataology
530	超数据时代	#hyperdata age
531	信息过剩	#information overload
532	"数据拥堵"问题	"data congestion" problem
533	数据依赖	#data dependence
534	数据连接型社会	data connected society
535	E社会	*Electronic Society
536	U社会	*Ubiquitous Society
537	【理论基础】	#theoretical foundation
538	激活函数	*Activation Function
539	复杂理论	#complexity theory
540	湍流发生机制	turbulence generation mechanism
541	sandpile model	Bak-Tang-Wiesenfeld sandpile model
542	人脑科学	#brain science
543	社会理论	*Social Theory
544	复杂适应系统	*Complex Adaptive Systems (CAS)
545	激活数据学模型	activation dataology model
546	数据搜索	#search for data
547	关联融合	association and fusion
548	自激活	#self-activation
549	热点减量化	hot spot abatement
550	智能碰撞	intelligent collision
551	云脑时代	#cloud brain age
552	《算法时代》	*The Formula
553	《智能革命》	*The Intelligence Revolution
554	场景应用	*LiveApp
555	数据社会学	data sociology
556	数据进化论	data evolutionism

续表

序号	汉语	英语
557	社会决定论	#social determinism
558	技术工具论	#instrumentalism of technology
559	现代技术系统	modern technology system
560	技术预见	#technology foresight
561	数据资本论	#data capital
562	数字劳动	#digital labor
563	劳动价值论	#labor theory of value
564	劳动创造价值	#(Marx's) living labor creating value
565	《权力的终结》	*The End of Power*
566	数据增值	data increment
567	共享价值分配论	*Sharing Value Distribution Theory
568	数据博弈论	#data game theory
569	社会计算	#social computing
570	数字轨迹	digital trajectory
571	数据创新	#data innovation
572	社会场景	#social scene
573	大数据战略	big data strategy
574	国家大数据战略	#national big data strategy
575	国际战略	#international strategy
576	【联合国】	*United Nations(UN)
577	全球脉动计划	*Global Pulse
578	《大数据开发：机遇与挑战》	*Big Data for Development: Opportunities and Challenges*
579	【欧盟】	*European Union
580	《数字（化）议程》	*The Digital Agenda*
581	《释放欧洲云计算服务潜力》	*Unleashing the Potential of Cloud Computing in Europe*
582	《云计算发展战略及三大关键行动建议》	The Development Strategy of Cloud Computing and Suggestions on Three Key Actions
583	《数据驱动经济战略》	The Data-Driven Economy Strategy
584	《数据价值链战略计划》	The Strategic Plan for Data Value Chain
585	【美国】	*United States of America (U.S.A)
586	《美国国家宽带计划》	*(U.S.) National Broadband Plan
587	《美国大数据研究和开发计划》	*(U.S.) Big Data Research and Development Initiative

续表

序号	汉语	英语
588	《数字政府》	*Digital Government
589	《信息共享与信息安全国家战略》	*National Strategy for Information Sharing and Safeguarding
590	《美国开放数据行动计划》	*U.S. Open Data Action Plan
591	《美国国家创新战略》	*(U.S.) Strategy for American Innovation
592	《网络安全国家行动计划》	*Cybersecurity National Action Plan
593	《联邦大数据研究和发展战略计划》	*The Federal Big Data Research and Development Strategic Plan
594	《国家人工智能研究与发展战略计划》	*National Artificial Intelligence Research and Development Strategic Plan
595	【德国】	*Federal Republic of Germany
596	《德国2020高技术战略》	*2020 High-Tech Strategy for German：Idea·Innovation·Growth
597	《云计算行动计划》	*Cloud Computing Action Programme
598	《数字德国2015》	*Digital Germany 2015
599	《数字议程（2014—2017年）》	*Digital Agenda 2014-2017
600	《数字（化）战略2025》	*Digital Strategy 2025
601	【法国】	*France (The French Republic)
602	《数字化路线图》	*Digital Transformation Roadmap
603	《法国机器人发展计划》	*French Robot Development Plan
604	《法国大数据五项支持计划》	*French Five-Part Support Plan for Big Data
605	"未来工业"计划	*Plan for "The Industries of the Future"
606	【英国】	*The United Kingdom of Great Britain and Northern Ireland
607	《数字英国》	*Digital Britain
608	《英国数据能力发展战略规划》	*UK Strategic Plan for Data Capability Development
609	《数字经济战略（2015—2018年）》	*Digital Economy Strategy (2015-2018)
610	《英国数字战略2017》	*UK Digital Strategy 2017
611	【澳大利亚】	Australia (The Commonwealth of Australia)
612	《澳大利亚公共服务信息通信技术发展战略（2012—2015年）》	*Australian Public Service Information and Communications Technology Strategy 2012-2015 (ICT Strategy)
613	《澳大利亚云计算战略》	*Australian Government Cloud Computing Policy
614	《澳大利亚公共服务大数据战略》	*The Australian Public Service Big Data Strategy
615	【新加坡】	*Republic of Singapore
616	智慧国2015	*Intelligent Nation 2015 (iN2015)
617	智慧国家2025	*Intelligent Nation 2025 (iN2025)

续表

序号	汉语	英语
618	【韩国】	*Republic of Korea
619	《IT 韩国未来战略》	*Korean IT Strategy for the Future
620	"智慧首尔 2015" 计划	*Plan for "Smart Seoul 2015"
621	【日本】	*Japan
622	《智慧日本战略 2015》	*i-Japan Strategy 2015
623	《机器人新战略》	*Japan's Robot Strategy
624	国家战略	national strategy
625	【战略体系】	strategy system
626	数字中国	digital China
627	数字经济	#digital economy
628	数字政府	#digital government
629	数字社会	#digital society
630	数据强国	*Powerful Nation of Data
631	数字丝绸之路	#digital silk road
632	国家信息化发展战略	*National IT Application Development Strategy
633	信息化	informatization
634	宽带中国	*Broadband China
635	国家互联网大数据平台	national internet big data platform
636	国家信息化体系	national informatization system
637	全域窄带物联网试点城市	*Pilot City for Global Narrow Band Internet of Things (NB-IoT)
638	网络强国战略	*Cyber Power Strategy
639	互联网+	internet plus
640	网络安全和信息化	network security and informatization
641	网络空间命运共同体	#community with a shared future in cyberspace
642	互联网全球治理体系	#global internet governance system
643	创新驱动发展战略	#innovation-driven development strategy
644	创新型国家	#innovative country
645	国家创新体系	*National Innovation System (NIS)
646	制造强国战略	*Manufacturing Power Strategy
647	信息化与工业化融合	integration of informatization and industrialization
648	中国制造 2025	*Made in China 2025
649	科教兴国战略	*Strategy of Invigorating China through Science and Education

续表

序号	汉语	英语
650	人才强国战略	*Strategy of Strengthening China through Human Resource Development
651	军民融合发展战略	*Strategy of Military-Civilian Integration
652	【战略文本】	strategic texts
653	《促进大数据发展行动纲要》	*Action Outline on Promoting the Development of Big Data
654	《大数据产业发展规划（2016—2020年)》	Development Planning for Big Data Industry (2016-2020)
655	《关于运用大数据加强对市场主体服务和监管的若干意见》	Several Opinions on Using Big Data to Strengthen Service and Supervision of Market Entities
656	《关于促进和规范健康医疗大数据应用发展的指导意见》	*Guiding Opinions on Promoting and Regulating the Application and Development of Big Data in Health and Medical Care
657	《关于促进国土资源大数据应用发展的实施意见》	Implementation Opinions on Promoting Application and Development of Land and Resources Big Data
658	《生态环境大数据建设总体方案》	Overall Program for Big Data Construction of Ecological Environment
659	《农业部关于推进农业农村大数据发展的实施意见》	Implementation Opinions of the Ministry of Agriculture on Promoting Big Data Development in Agriculture and Rural Areas
660	《农业农村大数据试点方案》	Pilot Program for Agricultural and Rural Big Data
661	《关于推进水利大数据发展的指导意见》	Guiding Opinions on Promoting the Development of Water Conservancy Big Data
662	《气象大数据行动计划（2017—2020年)》	*Action Plan for Meteorological Big Data (2017-2020)
663	《国家信息化发展战略纲要》	*Outline of National IT Development Strategy
664	《国务院关于积极推进"互联网+"行动的指导意见》	*Guiding Opinions of the State Council on Actively Promoting the "Internet Plus" Action
665	《国家创新驱动发展战略纲要》	*Outline of the National Strategy of Innovation-Driven Development
666	《中国制造2025》	*Made in China 2025
667	《智能制造发展规划（2016—2020年)》	*Intelligent Manufacturing Development Plan (2016-2020)
668	《云计算发展三年行动计划（2017—2019年)》	*Three-Year Action Plan for Cloud Computing Development (2017-2019)
669	《新一代人工智能发展规划》	*New Generation Artificial Intelligence Development Plan
670	《国家中长期人才发展规划纲要（2010—2020年)》	*Outline of National Medium- and Long-Term Program for Talent Development (2010-2020)
671	《国务院关于深化"互联网+先进制造业"发展工业互联网的指导意见》	*Guidelines of the State Council of the People's Republic of China on Deepening the "Internet + Advanced Manufacturing Industry" to Develop the Industrial Internet

续表

序号	汉语	英语
672	《工业互联网发展行动计划（2018—2020年）》	*Action Plan for the Development of Industrial Internet (2018-2020)
673	地方战略	local strategy
674	【京津冀】	*Beijing-Tianjin-Hebei (Urban Agglomeration)
675	京津冀国家大数据综合试验区	*National Big Data Comprehensive Pilot Zone in Beijing, Tianjin and Hebei
676	中关村大数据产业园	big data industrial park of Zhongguancun
677	张北云计算产业园	cloud computing industrial park of Zhangbei
678	《北京市大数据和云计算发展行动计划（2016—2020年）》	Action Plan of Beijing City for Development of Big Data and Cloud Computing (2016-2020)
679	《关于加快发展"大智移云"的指导意见》（河北）	Guiding Opinions on Accelerating the Development of "Great Wisdom Cloud Transfer" (Hebei)
680	《河北省大数据产业创新发展三年行动计划（2018—2020年）》	Three-Year Action Plan of Hebei Province for Big Data Industry Innovation and Development (2018-2020)
681	《石家庄市人民政府关于推进大数据发展的实施意见》	Implementation Opinions of Shijiazhuang Municipal People's Government on Promoting Big Data Development
682	《石家庄市关于加快推进"大智移云"的实施方案》	Implementation Program of Shijiazhuang City for Accelerating and Promoting "Great Wisdom Cloud Transfer"
683	【山西省】	*Shanxi Province
684	《山西省大数据发展规划（2017—2020年）》	Development Planning of Shanxi Province for Big Data (2017-2020)
685	《山西省促进大数据发展应用的若干政策》	Several Policies of Shanxi Province on Promoting Big Data Development and Application
686	【内蒙古自治区】	*Inner Mongolia Autonomous Region
687	内蒙古国家大数据综合试验区	*National Big Data Comprehensive Pilot Zone in Inner Mongolia Autonomous Region
688	丝绸之路数据港	*Data Port of the Silk Road
689	和林格尔新区大数据特色产业基地	big data special industrial base in Horinger New District
690	《内蒙古自治区大数据发展总体规划（2017—2020年）》	Overall Planning of Inner Mongolia Autonomous Region for Big Data Development (2017-2020)
691	《内蒙古自治区促进大数据发展应用的若干政策》	Several Policies of Inner Mongolia Autonomous Region on Promoting Big Data Development and Application
692	《内蒙古自治区大数据与产业深度融合行动计划（2018—2020年）》	Action Plan of Inner Mongolia Autonomous Region for Deep Integration of Big Data and Industry (2018-2020)
693	《内蒙古自治区健康医疗大数据应用发展规划（2016—2020年）》	Development Planning of Inner Mongolia Autonomous Region for Big Data Application in Health and Medical Care (2016-2020)

续表

序号	汉语	英语
694	《呼和浩特市促进大数据发展应用若干政策》	Several Policies of Huhhot City on Promoting Big Data Development and Application
695	【辽宁省】	*Liaoning Province
696	沈阳国家大数据综合试验区	*National Big Data Comprehensive Pilot Zone in Shenyang
697	《沈阳市促进大数据发展三年行动计划（2016—2018年）》	Three-Year Action Plan of Shenyang City for Promoting Big Data Development (2016-2018)
698	【上海市】	*Shanghai City
699	"智能上海（AI@SH）"行动	"Artificial Intelligence @ Shanghai (AI@SH)" Action
700	上海国家大数据综合试验区	*National Big Data Comprehensive Pilot Zone in Shanghai
701	《上海推进大数据研究与发展三年行动计划（2013—2015年）》	Three-Year Action Plan of Shanghai for Promoting Big Data Research and Development (2013-2015)
702	《上海市大数据发展实施意见》	Implementation Opinions of Shanghai City on Big Data Development
703	【江苏省】	*Jiangsu Province
704	江苏南通国际数据中心产业园	*(International) Data Center Campus Cooperation of Nantong in Jiangsu Province
705	盐城大数据产业园	*Big Data Industrial Park of Yancheng
706	无锡国家传感网创新示范区	*National-Level Innovative Demonstration Area of Sensor Networks in Wuxi
707	"感知中国"示范区	#"Experiencing China" Demonstration Area
708	《江苏省大数据发展行动计划》	Action Plan of Jiangsu Province for Big Data Development
709	《江苏省云计算与大数据发展行动计划》	Action Plan of Jiangsu Province for Cloud Computing and Big Data Development
710	《关于加快大数据产业发展的意见》（南京）	Opinions on Accelerating Big Data Industry Development (Nanjing)
711	《南京市促进大数据发展三年行动计划（2016—2018年）》	Three-Year Action Plan of Nanjing City for Promoting Big Data Development (2016-2018)
712	【浙江省】	*Zhejiang Province
713	"四张清单一张网"智慧政府体系	#"Four Lists and One Net" system of smart government
714	"浙江制造"标准	*"Made in Zhejiang" Standard
715	《浙江省促进大数据发展实施计划》	Implementation Plan of Zhejiang Province for Promoting Big Data Development
716	《数字浙江建设规划纲要（2003—2007年）》	Planning Outline for Digital Zhejiang Construction (2003-2007)
717	《杭州市建设全国云计算和大数据产业中心三年行动计划（2015—2017年）》	Three-Year Action Plan of Hangzhou City for Building National Cloud Computing and Big Data Industry Center (2015-2017)

续表

序号	汉语	英语
718	《杭州城市数据大脑规划》	Planning of Hangzhou for City Data Brain
719	《"数字杭州"发展规划》	Development Planning for "Digital Hangzhou"
720	《宁波市人民政府关于推进大数据发展的实施意见》	Implementation Opinions of Ningbo Municipal People's Government on Promoting Big Data Development
721	【安徽省】	*Anhui Province
722	《安徽省"十三五"软件和大数据产业发展规划》	Development Planning of Anhui Province for "13th Five-Year" Software and Big Data Industry
723	《合肥市大数据发展行动纲要（2016—2020年）》	Action Outline of Hefei City for Big Data Development (2016-2020)
724	【福建省】	*Fujian Province
725	数字福建	digital Fujian
726	数字福建（长乐）产业园	digital Fujian (Changle) industrial park
727	"数字公民"试点	#"Digital Citizenship" pilot (project)
728	《福建省促进大数据发展实施方案（2016—2020年）》	Implementation Program of Fujian Province for Promoting Big Data Development (2016-2020)
729	《福建省"十三五"数字福建专项规划》	Special Planning of Fujian Province for "13th Five-Year" Digital Fujian
730	《厦门市促进大数据发展工作实施方案》	Work Implementation Program of Xiamen City for Promoting Big Data Development
731	《厦门市大数据应用与产业发展规划（2015—2020年）》	Development Planning of Xiamen City for Big Data Application and Industry (2015-2020)
732	【江西省】	*Jiangxi Province
733	智慧新城	smart new city
734	《促进大数据发展实施方案》（江西）	Implementation Program for Promoting Big Data Development (Jiangxi)
735	《江西省大数据发展行动计划》	Action Plan of Jiangxi Province for Big Data Development
736	【山东省】	*Shandong Province
737	数创公社	big data innovation commune
738	《山东省人民政府关于促进大数据发展的意见》	Opinions of Shandong Provincial People's Government on Promoting Big Data Development
739	《关于促进山东省大数据产业加快发展的意见》	Opinions of Shandong Province on Promoting and Accelerating Big Data Industry Development
740	《山东省推进农业大数据运用实施方案（2016—2020年）》	Implementation Program of Shandong Province for Promoting the Use of Big Data in Agriculture (2016-2020)
741	《济南市数创公社2020发展行动计划》	Development Action Plan of Jinan City for Big Data Innovation Commune 2020

续表

序号	汉语	英语
742	《青岛市人民政府关于促进大数据发展的实施意见》	Implementation Opinions of Qingdao Municipal People's Government on Promoting Big Data Development
743	【河南省】	*Henan Province
744	河南国家大数据综合试验区	*National Big Data Comprehensive Pilot Zone in Henan
745	《河南省人民政府关于推进云计算大数据开放合作的指导意见》	Guiding Opinions of Henan Provincial People's Government on Promoting Open Cooperation of Cloud Computing and Big Data
746	《河南省云计算和大数据"十三五"发展规划》	Development Planning of Henan Province for Cloud Computing and Big Data "13th Five-Year"
747	《河南省大数据产业发展三年行动计划（2018—2020 年）》	Three-Year Action Plan of Henan Province for Big Data Industry Development (2018-2020)
748	《郑州市促进大数据发展行动计划》	Action Plan of Zhengzhou City for Promoting Big Data Development
749	《郑州市人民政府关于促进大数据产业发展的若干意见》	Several Opinions of Zhengzhou Municipal People's Government on Promoting Big Data Industry Development
750	【湖北省】	*Hubei Province
751	智慧城市时空信息云平台建设试点	construction pilot (project) of smart city for spatio-temporal information cloud platform
752	《湖北省大数据发展行动计划（2016—2020 年）》	Action Plan of Hubei Province for Big Data Development (2016-2020)
753	《湖北省云计算大数据发展"十三五"规划》	The 13th Five-Year Planning of Hubei Province for Cloud Computing and Big Data Development
754	《武汉市大数据产业发展行动计划（2014—2018 年）》	Action Plan of Wuhan City for Big Data Industry Development (2014-2018)
755	《武汉市人民政府关于加快大数据推广应用促进大数据产业发展的意见》	Opinions of Wuhan Municipal People's Government on Accelerating Spread and Application of Big Data and Promoting Big Data Industry Development
756	【湖南省】	*Hunan Province
757	《长沙市加快发展大数据产业（2017—2020 年）行动计划》	Action Plan of Changsha City for Accelerating and Developing Big Data Industry (2017-2020)
758	【广东省】	*Guangdong Province
759	珠江三角洲国家大数据综合试验区	*National Big Data Comprehensive Pilot Zone in Pearl River Delta
760	《广东省促进大数据发展行动计划（2016—2020 年）》	Action Plan of Guangdong Province for Promoting Big Data Development (2016-2020)
761	《广州市人民政府办公厅关于促进大数据发展的实施意见》	Implementation Opinions of the General Office of Guangzhou Municipal People's Government on Promoting Big Data Development
762	《深圳市促进大数据发展行动计划（2016—2018 年）》	Action Plan of Shenzhen City for Promoting Big Data Development (2016-2018)

续表

序号	汉语	英语
763	【广西壮族自治区】	*Guangxi Zhuang Autonomous Region
764	《促进大数据发展的行动方案》（广西）	Action Plan for Promoting Big Data Development (Guangxi)
765	《脱贫攻坚大数据平台建设实施方案》（广西）	Implementation Program for Construction of Big Data Platform for Poverty Alleviation (Guangxi)
766	《南宁市大数据建设发展规划（2016—2020）》	Development Planning of Nanning City for Big Data Construction (2016-2020)
767	《钦州市加快云计算及大数据产业发展的实施方案》	Implementation Program of Qinzhou City for Accelerating Cloud Computing and Big Data Industry Development
768	【海南省】	*Hainan Province
769	《海南省促进大数据发展实施方案》	Implementation Program of Hainan Province for Promoting Big Data Development
770	【重庆市】	*Chongqing City
771	重庆国家大数据综合试验区	*National Big Data Comprehensive Pilot Zone in Chongqing
772	《重庆市大数据行动计划》	Action Plan of Chongqing City for Big Data
773	【四川省】	*Sichuan Province
774	《四川省促进大数据发展工作方案》	Work Plan of Sichuan Province for Promoting Big Data Development
775	《成都市大数据产业发展规划（2017—2025 年）》	Development Planning of Chengdu City for Big Data Industry (2017-2025)
776	《成都市促进大数据产业发展专项政策》	Special Policies of Chengdu City for Promoting Big Data Industry Development
777	《泸州市人民政府关于加快大数据产业发展的实施意见》	Implementation Opinions of Luzhou Municipal People's Government on Accelerating Big Data Industry Development
778	【贵州省】	*Guizhou Province
779	国家大数据（贵州）综合试验区	*National Big Data (Guizhou) Comprehensive Pilot Zone
780	块数据城市	block data city
781	中国数谷	*China Data Valley
782	贵阳·贵安大数据产业发展集聚示范区	Cluster Demonstration Area of Gui'an of Guiyang for Big Data Industry Development
783	《关于加快大数据产业发展应用若干政策的意见》（贵州）	Opinions on Several Policies on Accelerating Development and Application of Big Data Industry (Guizhou)
784	《贵州省大数据产业发展应用规划纲要（2014—2020 年）》	Planning Outline of Guizhou Province for Big Data Industry Development and Application (2014-2020)
785	《贵州省发展农业大数据助推脱贫攻坚三年行动方案（2017—2019 年）》	Three-Year Action Plan of Guizhou Province for Developing Big Data in Agriculture to Promote Poverty Alleviation (2017-2019)

续表

序号	汉语	英语
786	《贵州大数据+产业深度融合 2017 年行动计划》	2017 Action Plan of Guizhou for Deep Integration of Big Data plus Industry
787	《贵州省数字经济发展规划（2017—2020 年）》	Development Planning of Guizhou Province for Digital Economy (2017-2020)
788	《智能贵州发展规划（2017—2020 年）》	Development Planning for Intelligent Guizhou (2017-2020)
789	《贵阳大数据产业行动计划》	Action Plan of Guiyang for Big Data Industry
790	《关于加快发展大数据产业的实施意见》（贵阳）	Implementation Opinions on Accelerating Development of Big Data Industry (Guiyang)
791	《中共贵阳市委关于以大数据为引领加快打造创新型中心城市的意见》	Opinions of Guiyang Municipal Committee of the CPC on Accelerating the Creation of Innovative Central City Guided by Big Data
792	《中共贵阳市委 贵阳市人民政府关于加快建成"中国数谷"的实施意见》	Implementation Opinions of Guiyang Municipal Committee of the CPC & Guiyang Municipal People's Government on Accelerating the Construction of "China Data Valley"
793	《贵阳市大数据标准建设实施方案》	Implementation Program of Guiyang City for Big Data Standard Construction
794	【云南省】	*Yunnan Province
795	《云南省人民政府办公厅关于重点行业和领域大数据开放开发工作的指导意见》	Guiding Opinions of the General Office of Yunnan Provincial People's Government on Opening and Developing of Big Data in Key Industries and Fields
796	【陕西省】	*Shaanxi Province
797	陕西省西咸区创建软件和信息服务（大数据）示范基地	demonstration base of Xixian District of Shaanxi Province for software creation and information service (big data)
798	硬科技之都	*Capital of Hard & Core Technologies
799	《陕西省大数据与云计算产业示范工程实施方案》	Implementation Program of Shaanxi Province for Demonstration Project of Big Data and Cloud Computing Industry
800	《西安市大数据产业发展实施方案（2017—2021 年）》	Implementation Program of Xi'an City for Big Data Industry Development (2017-2021)
801	《西安市发展硬科技产业十条措施》	Ten Measures of Xi'an City for Developing Hard and Core Technologies Industry
802	【甘肃省】	*Gansu Province
803	《关于加快大数据、云平台建设促进信息产业发展的实施方案》	Implementation Program for Accelerating Construction of Big Data and Cloud Platform to Promote Information Industry Development
804	《甘肃省促进大数据发展三年行动计划（2017—2019 年）》	Three-Year Action Plan of Gansu Province for Promoting Big Data Development (2017-2019)
805	《兰州市人民政府关于促进大数据发展的实施意见》	Implementation Opinions of Lanzhou Municipal People's Government on Promoting Big Data Development
806	【青海省】	*Qinghai Province

续表

序号	汉语	英语
807	《关于促进云计算发展培育大数据产业实施意见》（青海）	Implementation Opinions on Promoting Cloud Computing Development and Cultivating Big Data Industry (Qinghai)
808	【宁夏回族自治区】	*Ningxia Hui Autonomous Region
809	《关于运用大数据开展综合治税工作实施方案》（宁夏）	Implementation Program for Carrying Out Comprehensive Tax Administration by Using Big Data (Ningxia)
810	【新疆维吾尔自治区】	*Xinjiang Uygur Autonomous Region
811	《新疆维吾尔自治区云计算与大数据产业"十三五"发展专项规划》	Special Planning of Xinjiang Uygur Autonomous Region for "13th Five-Year" Development of Cloud Computing and Big Data Industry
812	数字基础设施	digital infrastructure
813	网络基础	#network infrastructure
814	宽带乡村	broadband-equipped countryside
815	电信普遍服务	telecommunication universal service
816	宽带城市	broadband-equipped city
817	三网融合	#(three) networks convergence (telecom network, computer network, cable TV network)
818	国家空间数据基础设施	*National Spatial Data Infrastructure (NSDI)
819	互联网骨干直联点	#(national) internet backbone straight point
820	互联网协议第六版	*Internet Protocol Version 6
821	天地一体化信息网络	*Space-Earth Integration Network
822	5G规模组网	5G scale networking (construction)
823	量子保密通信骨干网	*Quantum Secure Communication Network (QSCN)
824	信息资源库	*(Basic) Information Repository
825	信息资源	#information resources
826	政务信息资源	government affairs information resources
827	人口基础信息库	Basic Information Library (BIL) of population
828	脱敏人口信息资源	population information resources of (data) desensitization
829	法人单位基础信息库	Basic Information Library (BIL) of legal entities
830	自然资源基础信息库	Basic Information Library (BIL) of natural resources
831	地理空间基础信息库	geo-spatial Basic Information Library (BIL)
832	国土资源监管信息系统	#land and resources supervision information system
833	社会信用信息库	social credit information database
834	全国公共信用信息公示系统	#China's public credit information publicity system
835	统一社会信用代码	#unified social credit code

续表

序号	汉语	英语
836	应用设施	application facilities
837	一体化政务数据平台	integrative data platform for government affairs
838	公共应用服务平台	#public application service platform
839	国家电子政务网络	*National E-Government Network (NEGN)
840	国家政务数据中心	national government affairs data center
841	国家数据共享交换工程	national data sharing and interchange project
842	国家公共数据开放网站	national public data open website
843	【重要领域信息系统】	information system in critical fields
844	北斗卫星导航系统	*BeiDou Navigation Satellite System (BDS)
845	核岛控制系统	#nuclear island control system
846	银联交易系统	*China UnionPay System (CUPS)
847	智能交通系统	*Intelligent Traffic System (ITS)
848	供水管网信息管理系统	#information management system of water supply network
849	社保信息系统	#social security information system
850	内容分发网络	*Content Delivery Network (CDN)
851	全国一体化大数据中心	*National Big Data Center
852	信息基础设施防护	*(Critical) Information Infrastructures Protection (CIIP)
853	关键信息基础设施	*Critical Information Infrastructure (CII)
854	关键信息基础设施安全保护制度	*Critical Information Infrastructures Protection System
855	美国关键信息基础设施保护制度	#U.S. Critical Information Infrastructures Protection System
856	关键信息基础设施保护通告	#Critical Information Infrastructures Protection Notice
857	《关键基础设施信息保护法》	*Critical Infrastructure Information Act
858	数据开放共享	data opening and sharing
859	开放数据	#open data
860	国家数据开放体系	#national data open system
861	数据孤岛	#isolated data island
862	数据烟囱	data chimney
863	数据开放	data opening
864	政府信息公开	#government information disclosure
865	政府数据共享	government data sharing
866	政府数据开放	government data opening

续表

序号	汉语	英语
867	数据开放生态系统	#data open ecosystem
868	数据开放统一平台	data open unified platform
869	政府数据管理机构	government data management authority
870	政府数据开放评价机制	*Open Government Data Assessment System
871	数据共享	data sharing
872	无条件共享	unconditional sharing
873	有条件共享	conditional sharing
874	不予共享	no sharing
875	开放政府	open government
876	开放政府数据	open government data
877	开放授权	*Open Authorization (OAuth)
878	开放数据授权协议	*Open Data Protocol (OData)
879	开放数据政策模型	open data policy model
880	中国开放数林指数	*China Open Data Index
881	开放政府运动	open government movement
882	赫尔比希（Natalie Helbig）开放政府建设模型	Natalie Helbig's open government construction model
883	《政务信息系统整合共享实施方案》	*Implementation Program for Integrating and Sharing of Government Affairs Information System*
884	《公共信息资源开放试点工作方案》	*Work Plan for the Pilot Program of Opening of Public Information Resources
885	《关于推进公共信息资源开放的若干意见》	Several Opinions on Promoting Public Information Resources Opening
886	马赛克效果	*Mosaic (Effect)
887	共享观	#shared values
888	开放平台	#open platform
889	【规划与标准】	planning and standard
890	政府部门数据共享	data sharing among government sectors
891	公共数据资源开放	opening of public data resources
892	数据资源清单	*Bill of Resource (BOR) for data
893	政府数据开放共享标准	government standards of data opening and sharing
894	政府数据集	government data set
895	元数据标准	#metadata standards
896	政府数据共享开放目录	catalogue of government data sharing and opening

续表

序号	汉语	英语
897	《流通领域电子数据交换规范》	#Specification for Electronic Data Interchange (EDI) in Circulation
898	《社会治安综合治理基础数据规范》国家标准（GB/T 31000—2015）	*Data Specification for Comprehensive Management of Public Security
899	全国政务信息资源目录体系	catalogue system of national government affairs information resources
900	《政务信息资源目录编制指南（试行）》	Guidelines for the Catalogue Compilation of Government Affairs Information Resources (Trial)
901	【平台】	platform
902	国家政府数据统一开放平台	#open national platform for government data
903	数据开放网站	data opening website
904	全国政务信息共享网站	website for national government affairs information sharing
905	北京市政务数据资源网	network of Beijing City for government affairs data resources
906	哈尔滨市政府数据开放平台	platform of Harbin Municipal Government for data opening
907	上海市政府数据服务网	network of Shanghai Municipal Government for data service
908	无锡市政府数据服务网	network of Wuxi Municipal Government for data service
909	浙江政务服务网	network of Zhejiang for government affairs service
910	海曙区数据开放平台（宁波）	platform of Haishu District for data opening (Ningbo)
911	青岛政府数据开放网	network of Qingdao Government for data opening
912	武汉市政务公开数据服务网	network of Wuhan City for government affairs data opening service
913	长沙数据开放平台	platform of Changsha for data opening
914	开放广东	open Guangdong
915	广州市政府数据统一开放平台	#open Guangzhou Municipal Government platform for government data
916	佛山市数据开放平台	platform of Foshan City for data opening
917	深圳市政府数据开放平台	platform of Shenzhen Municipal Government for data opening
918	深圳坪山区数据开放平台	platform of Pingshan District of Shenzhen for data opening
919	数说东莞	digital narration of Dongguan
920	肇庆市政府数据开放平台	platform of Zhaoqing Municipal Government for data opening
921	梅州政府数据开放平台	platform of Meizhou Municipal Government for data opening
922	湛江数据服务网	network of Zhanjiang for data service

续表

序号	汉语	英语
923	数说·南海	digital narration·Nanhai
924	贵州省政府数据开放平台	platform of Guizhou Provincial Government for data opening
925	贵阳市政府数据开放平台	platform of Guiyang Municipal Government for data opening
926	社会和云·城市大脑	society and cloud · city brain
927	"云上贵州"系统平台	*"Guizhou-Cloud Big Data" system platform
928	数据治理体系与治理能力	data governance system and governance capacity
929	【治理数据化】	datalized governance
930	互联网+政务服务	service for internet plus government affairs
931	国家政务信息化工程	project of informatization for national government affairs
932	政务信息资源目录	catalogue of government affairs information resources
933	全国一体化的国家大数据中心	*National Big Data Center
934	国家电子政务内网	*National E-Government Intranet
935	国家电子政务外网	National E-Government Extranet
936	一体化政务治理体系	governance system for integrated government affairs
937	网络综合治理体系	network comprehensive governance system
938	信息惠民工程	information project for the benefit of the people
939	全国电子商务产品质量大数据应用中心	national big data application center for electronic commerce product quality
940	《"十三五"国家政务信息化工程建设规划》	Construction Planning for "13th Five-Year" National Government Affairs Informatization Project
941	《推进"互联网+政务服务"开展信息惠民试点实施方案》	Pilot Implementation Program for Promoting "Internet Plus Government Affairs Service" and Developing Information to Benefit the People
942	《"互联网+政务服务"技术体系建设指南》	Construction Guidelines for "Internet Plus Government Affairs Service" Technology System
943	【管理机构与协调机制】	management authority and coordination mechanism
944	【中央】	#central authorities
945	"促进大数据发展部际联席会议"制度	system of "inter-ministerial joint meeting for promoting big data development"
946	中国共产党中央网络安全和信息化委员会	*(CPC) The Central Cyberspace Affairs Commission
947	中央国家安全领导小组	*Central Leading Group for National Security Affairs (CLGNSA)
948	国家互联网信息办公室	*Cyberspace Administration of China
949	国家信息中心	*State Information Center

续表

序号	汉语	英语
950	国家互联网应急中心	*National Internet Emergency Center
951	国家电子政务内网建设和管理协调小组	coordination group for construction and management of National E-Government Intranet
952	【地方】	local authorities
953	内蒙古自治区大数据发展管理局	management bureau of Inner Mongolia Autonomous Region for big data development
954	辽宁省沈阳市大数据管理局	*Shenyang Municipal Bureau of Big Data (Liaoning Province)
955	浙江省数据管理中心	data management center of Zhejiang Province
956	浙江省宁波市大数据管理局	big data management bureau of Ningbo City, Zhejiang Province
957	浙江省杭州市数据资源管理局	data resources management bureau of Hangzhou City, Zhejiang Province
958	安徽省合肥市数据资源局	data resources bureau of Hefei City, Anhui Province
959	湖北省黄石市大数据管理局	big data management bureau of Huangshi City, Hubei Province
960	广东省大数据管理局	big data management bureau of Guangdong Province
961	广东省佛山市南海区数据统筹局	data statistics and planning bureau of Nanhai District, Foshan City, Guangdong Province
962	广东省广州市大数据管理局	big data management bureau of Guangzhou City, Guangdong Province
963	四川省成都市大数据管理局	big data management bureau of Chengdu City, Sichuan Province
964	贵州省大数据发展管理局	*Big Data Development Administration of Guizhou Province
965	贵州省贵阳市大数据发展管理委员会	big data development management committee of Guiyang City, Guizhou Province
966	云南省保山市大数据管理局	big data management bureau of Baoshan City, Yunnan Province
967	云南省昆明市大数据管理局	big data management bureau of Kunming City, Yunnan Province
968	陕西省咸阳市大数据管理局	big data management bureau of Xianyang City, Shaanxi Province
969	甘肃省兰州市大数据社会服务管理局	*Lanzhou Big Data Social Service Management Bureau in Gansu Province
970	甘肃省酒泉市大数据管理局	big data management bureau of Jiuquan City, Gansu Province
971	宁夏回族自治区银川市大数据管理服务局	big data management service bureau of Yinchuan City, Ningxia Hui Autonomous Region
972	宁夏回族自治区中卫市云计算和大数据发展服务局	cloud computing and big data development service bureau of Zhongwei City, Ningxia Hui Autonomous Region
973	【国外】	external authorities

续表

序号	汉语	英语
974	美国大数据研发高级指导小组	*(U.S.)Big Data Senior Steering Group (BDSSG)
975	美国大数据跨部门工作组	(U.S.)interdepartmental working group on big data
976	英国政府数字服务小组	*(UK)Government Digital Service (GDS) Group
977	英国信息化基础设施领导委员会	*E-Infrastructure Leadership Council (UK-ELC)
978	Data.gov 项目管理办公室	Data.gov Project Management Office (PMO)
979	公共数据集团	*Public Data Group (PDG)
980	开放数据研究所	*Open Data Institute (ODI)
981	开放数据使用者团队	*Open Data User Group (ODUG)
982	【专家委员会】	expert committee
983	国家互联网金融安全技术专家委员会	*National Committee of Experts on the Internet Financial Security Technology
984	中国计算机学会大数据专家委员会	big data expert committee of China Computer Federation
985	国家大数据专业委员会	*National Big Data Special Committee (NBDSC)
986	国家大数据专家咨询委员会	#national big data expert advisory committee
987	大数据安全专家委员会	#big data security expert committee
988	中国通信学会大数据专家委员会	big data expert committee of China Institute of Communications
989	大数据发展促进委员会	*China Big Data Council (BDC)
990	贵州省大数据产业专家咨询委员会	big data industry expert advisory committee of Guizhou Province
991	贵州省大数据标准化技术委员会	technical committee of Guizhou Province for big data standardization
992	开放数据中心委员会	open data center committee
993	【联盟与协会】	alliance and association
994	数字中国智库联盟	*Think Tank Alliance of Digital China
995	中国网络安全产业联盟	*China Cybersecurity Industry Alliance
996	中国电子学会	*Chinese Institute of Electronics (CIE)
997	中国通信学会	*China Institute of Communications
998	中国 IT 技术联盟	China IT Technology Alliance
999	中国信息化推进联盟	*China Federation of IT Promotion (CFIP)
1000	中国互联网协会	*Internet Society of China
1001	数据中心联盟	*Data Center Alliance (DCA)
1002	中国大数据技术与应用联盟	*China Big Data Technology and Application Alliance (BDTAA)
1003	中国企业大数据联盟	*China Big Data Union (BDU)

续表

序号	汉语	英语
1004	工业大数据应用联盟	*Industrial Big Data Alliance
1005	国家大数据创新联盟	*National Big Data Innovation Alliance
1006	首席数据官联盟	*Chief Data Officer Alliance (CDOA)
1007	大数据联盟	big data alliance
1008	中国大数据产业生态联盟	*Big Data Industry Ecological Alliance of China
1009	中国大数据应用（西北）联盟	China big data application (Northwest) alliance
1010	中关村大数据产业联盟	*Zhongguancun Big Data Industry Alliance
1011	天津市大数据联盟	big data alliance of Tianjin City
1012	石家庄大数据产业联盟	big data industry alliance of Shijiazhuang
1013	山西省大数据发展联盟	*The Big Data Development Alliance of Shanxi Province
1014	东北大数据产业联盟	*DongBei Big Data Industry Alliance
1015	黑龙江省大数据产业联盟	*Heilongjiang Big Data Industrial Alliance
1016	上海大数据联盟	*Shanghai Big Data Alliance
1017	苏州大数据产业联盟	*Big Data Industrial Alliance of Suzhou
1018	浙江省大数据应用技术产业联盟	big data application technology industry alliance of Zhejiang Province
1019	安徽省大数据产业联盟	big data industry alliance of Anhui Province
1020	山东大数据产业创新联盟	big data industry innovation alliance of Shandong Province
1021	河南云计算大数据产业联盟	cloud computing and big data industry alliance of Henan Province
1022	广州大数据产业协同创新联盟	big data industry collaborative innovation alliance of Guangzhou
1023	重庆大数据产业技术创新联盟	big data industry technology innovation alliance of Chongqing
1024	四川大数据产业联盟	*Sichuan Big Data Industry Federation
1025	贵州大数据产业联盟	big data industry alliance of Guizhou
1026	昆明大数据产业联盟	big data industry alliance of Kunming
1027	中国光谷大数据产业联盟	big data industry alliance of China Optics Valley
1028	陕西省大数据产业联盟	big data industry alliance of Shaanxi Province
1029	甘肃省大数据产业技术创新联盟	big data industry technology innovation alliance of Gansu Province
1030	中国信息协会大数据分会	*China Information Industry Association Big Data Branch
1031	北京大数据协会	*Beijing Big Data Association
1032	河北省京津冀大数据产业协会	*Hebei Provincial Beijing-Tianjin-Hebei Association of Big Data Industry

续表

序号	汉语	英语
1033	山西省大数据产业协会	*Shanxi Big Data Industry Association (SXBIA)
1034	浙江省大数据科技协会	*Zhejiang Big Data Technology Association (ZDTA)
1035	杭州市云计算与大数据协会	*Hangzhou Cloud Computing & Big Data Association
1036	广东省大数据协会	big data association of Guangdong Province
1037	深圳市大数据产业协会	*Association of Big Data (Shenzhen) (SZ-ABD)
1038	深圳市大数据研究与应用协会	*Shenzhen Big Data Research and Development Association
1039	东莞市大数据协会	big data association of Dongguan City
1040	佛山市云计算大数据协会	cloud computing and big data association of Foshan City
1041	重庆市云计算和大数据产业协会	*Chongqing Cloud Computing and Big Data Industry Association
1042	【研究机构】	#research institute
1043	英国开放数据研究所	*U.K. Open Data Institute (ODI)
1044	中国科学技术信息研究所	*Institute of Scientific and Technical Information of China (ISIC)
1045	中国科学技术发展战略研究院	*Chinese Academy of Science and Technology for Development
1046	中国信息通信研究院	*China Academy of Information and Communications Technology
1047	中国电子信息产业发展研究院	*China Center for Information Industry Development (CCID)
1048	中国电子技术标准化研究院	*China Electronics Standardization Institute
1049	网络安全应急技术国家工程实验室	*National Engineering Laboratory of Cybersecurity Emergency Response Technology (NELCERT)
1050	国家信息技术安全研究中心	*National Research Center for Information Technology Security
1051	信息网络安全技术研发中心	*Center for Cybersecurity Research and Development
1052	大数据科学与工程国际研究中心	international research center for big data science and engineering
1053	中国国际经贸大数据研究中心	China international big data center for economy and trade research
1054	提升政府治理能力大数据应用技术国家工程实验室	*National Engineering Laboratory for Big Data Application on Improving Government Governance Capabilities
1055	北京大数据研究院	*Beijing Institute of Big Data Research
1056	深圳市大数据研究院	*Shenzhen Research Institute of Big Data
1057	中国大数据和智慧城市研究院	*The Institute of Big-Data & Smart-City of China
1058	大数据战略重点实验室	*Key Laboratory of Big Data Strategy

续表

序号	汉语	英语
1059	电子科技大学大数据研究中心	*Big Data Research Center, University of Electronic Science and Technology of China
1060	教育大数据应用技术国家工程实验室	*National Engineering Laboratory for Educational Big Data
1061	大数据系统计算技术国家工程实验室	*National Engineering Laboratory for Big Data System Computing Technology
1062	大数据系统软件国家工程实验室	*National Engineering Laboratory for Big Data System Software
1063	大数据分析与应用技术国家工程实验室	*National Engineering Laboratory for Big Data Analysis and Applications
1064	大数据流通与交易技术国家工程实验室	* National Engineering Laboratory for Big Data Distribution and Exchange Technologies
1065	大数据协同安全技术国家工程实验室	*National Engineering Laboratory for Big Data Collaborative Security Technology
1066	医疗大数据应用技术国家工程实验室	*National Engineering Laboratory for Medical Big Data Application Technology
1067	综合交通大数据应用技术国家工程实验室	*National Engineering Laboratory of Application Technology of Integrated Transportation Big Data
1068	社会安全风险感知与防控大数据应用国家工程实验室	*National Engineering Laboratory for Big Data Application on Social Security Risks Sensing, Prevention & Control
1069	工业大数据应用技术国家工程实验室	*National Engineering Laboratory of Industrial Big Data Application Technology
1070	空天地海一体化大数据应用技术国家工程实验室	*National Engineering Laboratory for Integrated Aero-Space-Ground-Ocean Big Data Application Technology
1071	【交流平台】	#communication platform
1072	中国计算机学会大数据学术会议	*CCF Chinese Conference on Big Data (CCBD)
1073	中国国际大数据产业博览会	*China International Big Data Industry Expo (Big Data Expo)
1074	中国大数据技术大会	*(China) Big Data Technology Conference (BDTC)
1075	大数据管理国际会议	*International Conference on Big Data Management (ICBDM)
1076	数据工程国际会议	*International Conference on Data Engineering (ICDE)
1077	数据库领域著名国际会议	top international conferences on database
1078	世界互联网大会	*World Internet Conference (WIC)
1079	数字中国建设峰会	*Digital China Construction Summit
1080	世界智能大会	*World Intelligence Congress
1081	开放数据中心峰会	*Open Data Center Summit
1082	CMRA"统计与大数据创新应用开放论坛"	*China Marketing Research Association (CMRA)-"Open Forum on Statistics and Big Data Innovation Application"

续表

序号	汉语	英语
1083	"开放数据和创新：愿景与实践"国际研讨会	*International Symposium on "Open Data and Innovation: Vision and Practice"
1084	交通大数据开放合作国际论坛	*International Forum on Transport Big Data Sharing & Collaboration
1085	开放数据创新应用大赛（上海）	*Shanghai Open Data Apps (SODA)
1086	大数据技术	#big data technology
1087	技术理念	#technology idea
1088	技术	#technology
1089	技术体	#technoware
1090	技术进化	#evolution of technology
1091	技术元	#technium
1092	技术域	#technology domain
1093	技术基因	technology gene
1094	技术自主论	#technology autonomy
1095	自创生系统	*Autopoiesis System
1096	技术黑箱	#technology black box
1097	珊瑚礁结构	coral reef structure
1098	技术进化树	#technological evolutionary tree
1099	技术发展定律	*The Law of Development of Science and Technology
1100	大数据技术观	view of big data technology
1101	机械主义	#mechanism
1102	共生主义	*Philosophy of Symbiosis
1103	技术体系	technical system
1104	数据采集	*Data Acquisition (DAQ)
1105	【数据源】	#data source
1106	数据仓库	*Data Warehouse (DW)
1107	关系数据库	#relational database
1108	分布式数据库	*Distributed Data Base (DDB)
1109	【数据采集方法】	#data acquisition method
1110	系统日志采集	system log acquisition
1111	Flume 分布式日志系统	Flume distributed log system
1112	Scribe 数据（日志）收集系统	Scribe data (log) collection system
1113	Kafka 分布式消息系统	#Kafka distributed message system
1114	Fluentd 数据收集框架	#Fluentd data collection framework

续表

序号	汉语	英语
1115	Logstash 日志搜集处理框架	Logstash log searching, collecting and processing framework
1116	Chukwa 数据收集平台	*Chukwa Data Collection Platform
1117	Zipkin 分布式跟踪系统	#Zipkin distributed tracking system
1118	网络数据采集	#network data acquisition
1119	Arachnid 网络爬虫	#Arachnid web crawler
1120	DPI 带宽管理技术	#DPI bandwidth management technology
1121	DFI 带宽管理技术	#DFI bandwidth management technology
1122	数据库采集	database acquisition
1123	MySQL 关系型数据库	#MySQL relational database
1124	Oracle 关系型数据库	#Oracle relational database
1125	Redis 数据库	#Redis database
1126	MongoDB 数据库	#MongoDB database
1127	NoSQL 数据库	#NoSQL database
1128	数据存储	#data storage
1129	单机存储技术	single computer storage technology
1130	网络存储技术	#network storage technology
1131	直接连接存储	*Direct Attached Storage (DAS)
1132	网络连接存储	*Network Attached Storage (NAS)
1133	存储区域网络	*Storage Area Network (SAN)
1134	对象存储技术	*Object-Based Storage Technology
1135	分布式存储技术	*Distributed Storage Technology
1136	分布式共享	#distributed shared (memory)
1137	集群存储	#cluster storage
1138	云存储技术	*Cloud Storage Technology
1139	新型数据冗余技术	new data redundancy technology
1140	大容量混合内存技术	large-capacity hybrid memory technology
1141	高密度混合存储技术	high density hybrid storage technology
1142	混合存储管理技术	hybrid storage management technology
1143	数据分析	#data analysis
1144	预测性分析	*Predictive Analysis
1145	关联分析	#association analysis
1146	算法动态性分析	dynamic analysis of algorithm
1147	数据流处理分析	data flow analysis on processing

续表

序号	汉语	英语
1148	数据信息感知分析	data information perception analysis
1149	数据挖掘算法	#data mining algorithm
1150	数据挖掘模型	data mining model
1151	数据流编程模型	#data flow programming model
1152	决策树算法	#decision tree algorithm
1153	机器学习算法	*Machine Learning (ML) Algorithm
1154	异常值分析算法	outlier analysis algorithm
1155	大数据溯源算法	big data traceability algorithm
1156	可视化分析	#visualization analysis
1157	几何投影技术	#geometric projection technology
1158	面向像素技术	#pixel-oriented technology
1159	分层可视化技术	tiered visualization technology
1160	基于图标可视化技术	icon-based visualization technology
1161	基于图形可视化技术	graph-based visualization technology
1162	语义引擎	*Semantic Search Engine (SSE)
1163	自然语言分析	natural language analysis
1164	【数据质量和数据管理】	data quality and data management
1165	多源异构数据融合	#multi-source heterogeneous data fusion
1166	数据程序化交易	data-based program trading
1167	在线重构技术	#on-line reconfiguration technology
1168	适应决策技术	#adaptive decision technology
1169	网络化操作技术	#network operating technology
1170	数据应用	data application
1171	【数据政务应用】	data application for government affairs
1172	天网工程	*Skynet Project
1173	政府数据开放平台	#government data open platform
1174	城市大脑	*City Brain
1175	云城市	*Cloudcity
1176	时空数据融合	#spatio-temporal data fusion
1177	数据活化	#data vitalization
1178	【数据商业应用】	data business application
1179	云脑	cloud brain
1180	类人机器人	#humanoid robot

续表

序号	汉语	英语
1181	5G 社会	5G society
1182	用户画像	*User Persona
1183	精准营销	#precision marketing
1184	数据网贷	#data net loan
1185	量化投资	#quantitative investment
1186	高频交易	#high frequency trading
1187	【数据民生应用】	#data application for people's wellbeing
1188	智慧课堂	*Smart Class
1189	可穿戴设备	#wearable device
1190	无人银行	#self service bank
1191	无人驾驶	#pilotless driving
1192	身份认证	* Identity Authentication
1193	全域网	*Global Area Network (GAN)
1194	数据标准化	*Data Normalization
1195	大数据标准体系	#big data standards system
1196	信息技术大数据系统通用规范	*Information Technology - General Specification for Big Data System
1197	大数据技术标准规范	standard specification for big data technology
1198	ISO/IEC JTC1/WG9 大数据标准	ISO/IEC JTC1/WG9 big data standards
1199	大数据技术评估标准	assessment standards for big data technology
1200	大数据基准和基准测试	#big data benchmark and benchmark test
1201	大数据安全访问控制类标准	standard for security access control of big data
1202	大数据资产管理标准化应用	standardized application of big data assets management
1203	数据管理能力成熟度评估模型	#data management capability maturity assessment model
1204	IOC 标准化技术参考模型	reference model for IOC standardization technology
1205	【大数据标准机构】	#big data standards body
1206	大数据国家技术标准创新基地	*(Big Data) National Technical Standard Innovation Base
1207	大数据标准化技术委员会	technical committee for big data standardization
1208	全国信息技术标准化技术委员会	*China National Information Technology Standardization Technical Committee
1209	全国信安标委大数据安全标准特别工作组	*Special Working Group-Big Data Security (SWG-BDS) for National Information Security Standardization Technical Committee
1210	全国自动化系统与集成标准化技术委员会	*China National Technical Committee for Automation Systems and Integration Standardization

续表

序号	汉语	英语
1211	全国音频、视频和多媒体标准化技术委员会	China national technical committee for audio, video and multimedia standardization
1212	全国智能运输系统标准化技术委员会	*National Technical Committee on Intelligent Transport Systems of Standardization Administration of China
1213	中国通信标准化协会	*China Communications Standards Association
1214	技术伦理	#technology ethics
1215	伦理	#ethics
1216	技术统治论	*Technocracy
1217	技术决定论	#technological determinism
1218	技术批判论	#technological criticism
1219	机器人三定律	*Three Laws of Robotics
1220	隐私保护伦理	*The Ethics of Privacy Protection
1221	数据共享伦理	*Ethics in Data Sharing
1222	泳池模型	#pool model
1223	坑洞模型	#pothole model
1224	器官投影说	*Organ Projection Theory
1225	智能生命体	#intelligent life body
1226	大数据杀熟	*Using Big Data to Estimate Consumer Surplus
1227	大数据技术浮夸陷阱	big data technology exaggeration trap
1228	欧盟隐私权管理平台	*EU Privacy Management Platform (PMP)
1229	大数据技术伦理	big data technology ethics
1230	大数据技术伦理算法	algorithm of big data technology ethics
1231	大数据技术伦理治理	governance of big data technology ethics
1232	大数据技术伦理机制	mechanism of big data technology ethics
1233	大数据伦理规则体系	#system of big data ethics rules
1234	大数据技术伦理数据管理协议	data management protocol of big data technology ethics
1235	数字经济	digital economy
1236	数字经济体	digital economies
1237	新经济	#new economy
1238	知识经济	#knowledge economy
1239	信息经济	#information economy
1240	网络经济	#network economy
1241	虚拟经济	*Fictitious Economy

续表

序号	汉语	英语
1242	互联网经济	#internet economy
1243	平台经济	*Platform Economics
1244	智慧经济	*Intellectual Economy
1245	社群经济	#community economy
1246	粉丝经济	#fans economy
1247	云经济	#cloud economy
1248	技术经济范式	#techno-economic paradigm
1249	技术范式	#technology paradigm
1250	经济学范式	#economics paradigm
1251	数字化转型	digital transformation
1252	产业数字化	industrial digitization
1253	数字化产业	digital industry
1254	零边际成本	zero marginal cost
1255	创新	innovation
1256	创新体系	#innovation system
1257	数据驱动型创新体系	#data-driven innovation system
1258	创新动机	#innovation motivation
1259	创新边界	#innovation boundary
1260	创新能力	#innovation capacity
1261	创新模式	#innovation mode
1262	原始创新能力	#original innovation capacity
1263	痛客经济	*Pain-Point Seeker (PPS) Economy
1264	【学术研究】	*Academic Research
1265	《数字经济：智力互联时代的希望与风险》	*The Digital Economy: Promise and Peril in the Age of Networked Intelligence
1266	《数字化密度指数》	*Digital Density Index
1267	《数字经济》	#Digital Economy
1268	《中国数字经济如何引领全球新趋势》	*China's Digital Economy: A Leading Global Force
1269	《数字经济展望2017》	*Digital Economy Outlook 2017
1270	【政策体系】	policy system
1271	《新兴的数字经济》	*The Emerging Digital Economy
1272	《数字经济2010年法案》	*Digital Economy Act 2010
1273	《数字单一市场战略》	*(EU) Digital Single Market Strategy

续表

序号	汉语	英语
1274	《联合国 2030 年可持续发展议程》	*Transforming our World: The 2030 Agenda for Sustainable Development
1275	《二十国集团创新增长蓝图》	*G20 Blueprint on Innovative Growth
1276	《二十国集团数字经济发展与合作倡议》	*G20 Digital Economy Development and Cooperation Initiative
1277	数据力与数据关系	data force and data relation
1278	数据人	data man
1279	经济人假设	*Hypothesis of Economic Man
1280	泰勒制	*Taylor System
1281	激励理论	#encouragement theory
1282	机会主义行为	#opportunistic behavior
1283	社会人假设	*Hypothesis of Social Man
1284	差序格局	#the pattern of difference sequence
1285	内隐人格理论	#implicit personality theory
1286	阿罗定理	#Arrow's impossibility theorem
1287	【数据人假设】	data man hypothesis
1288	数字化记忆	digital memory
1289	数字化虚拟人	#digitized virtual human
1290	数据监控	data monitor
1291	信息机器理论	information machine theory
1292	弹性领导方式	flexible leadership
1293	《单向度的人——发达工业社会意识形态研究》	*One-Dimensional Man: Studies in the Ideology of Advanced Industrial Society
1294	《机器人启示录》	*Robopocalypse
1295	数据力	data force
1296	数据能力	data capability
1297	数据处理能力	data processing capability
1298	数据采集能力	data collection capability
1299	数据存储能力	data storage capability
1300	数据关联分析能力	data correlation analysis capability
1301	数据激活能力	data activation capability
1302	数据预测能力	data prediction capability
1303	非物质劳动	#immaterial labor
1304	脑力劳动	#mental labor
1305	玩乐劳动	#playbor

续表

序号	汉语	英语
1306	受众劳动	#audience labor
1307	无酬数字劳动	unpaid digital labor
1308	《免费劳动：为数字经济生产文化》	*Free Labor: Producing Culture for the Digital Economy
1309	数据关系	data relation
1310	【组织模式变革】	organizational mode change
1311	网络式组织	#network organization
1312	智慧型组织	*Intelligent Organization
1313	组织扁平化	#organization flattening
1314	组织结构柔性化	#flexibility of organizational structure
1315	组织虚拟化	#organization virtualization
1316	数据关系	data relation
1317	数字剥削	digital exploitation
1318	数字圈地	digital enclosure
1319	数字原住民	digital native
1320	《数字命运》	*Digital Destiny
1321	《大数据时代——生活、工作与思维的大变革》	*Big Data: A Revolution That Will Transform How We Live, Work and Think
1322	《财富的革命》	*Revolutionary Wealth
1323	数据交易	data trading
1324	数据资产	data asset
1325	数据交换	data exchange
1326	数据确权	data confirmation rights
1327	数据定价	data pricing
1328	数据中介	data broker
1329	数据服务	data service
1330	数据协作	data collaboration
1331	数据分包	data subcontracting
1332	数据代工	data OEM (original equipment manufacturer)
1333	数据管理	data management
1334	数据运营	data operation
1335	数据保险	data insurance
1336	数据结算	data settlement
1337	数据定制	data customization

续表

序号	汉语	英语
1338	数据资产管理	*Data Asset Management (DAM)
1339	数据交易市场	#data trading market
1340	数据资产交易市场	#data asset trading market
1341	大数据交易所	#Big Data Exchange
1342	北京大数据交易服务平台	Beijing big data trading service platform
1343	河北京津冀数据交易中心	data trading center of Beijing-Tianjin-Hebei in Hebei Province
1344	上海数据交易中心	*Shanghai Data Exchange
1345	江苏大数据交易中心	Jiangsu big data trading center
1346	安徽大数据交易中心	Anhui big data trading center
1347	华中大数据交易所	*Central China Big Data Exchange
1348	西咸新区大数据交易所	#Xixian New Area Big Data Exchange
1349	哈尔滨数据交易中心	Harbin data trading center
1350	杭州钱塘大数据交易中心	Hangzhou Qiantang big data trading center
1351	合肥大数据交易中心	Hefei big data trading center
1352	青岛大数据交易中心	Qingdao big data trading center
1353	武汉东湖大数据交易平台	*Wuhan East Lake Trading Platform for Big Data
1354	武汉长江大数据交易所	#Wuhan Yangtze River Big Data Exchange
1355	广州数据交易服务中心	Guangzhou data trading service center
1356	成都大数据交易平台	Chengdu big data trading platform
1357	贵阳大数据交易所	*(Guiyang) Global Big Data Exchange (GBDEx)
1358	大数据交易规则	#trading rules of big data
1359	《浙江大数据交易中心交易规则》	#Trading Rules of Zhejiang Big Data Trading Center
1360	《浙江大数据交易中心资金结算制度》	#Fund Settlement System of Zhejiang Big Data Trading Center
1361	《上海数据交易中心数据互联规则》	*Data Interconnection Rules of Shanghai Data Exchange
1362	《贵阳大数据交易所702公约》	*(Guiyang) Global Big Data Exchange 702 Convention
1363	《贵阳大数据交易所数据确权暂行管理办法》	Interim Administrative Measures for Data Rights Confirmation in (Guiyang) Global Big Data Exchange
1364	《贵阳大数据交易所数据交易结算制度》	Data Transaction and Settlement System of (Guiyang) Global Big Data Exchange
1365	《贵阳大数据交易观山湖公约》	Guanshanhu Convention of Guiyang on Big Data Trading
1366	产业链与价值链	industrial chain and value chain

续表

序号	汉语	英语
1367	战略性新兴产业	strategic emerging industry
1368	信息产业	information industry
1369	虚拟产业	#virtual industry
1370	数字产业	digital industry
1371	电子信息制造业	#electronic information manufacturing industry
1372	网络信息技术产业	*(Network) Information Technology Industry
1373	网络安全产业	#network security industry
1374	软件服务业	software service industry
1375	《"十三五"国家战略性新兴产业发展规划》	Development Planning for "13th Five-Year" National Strategic Emerging Industry
1376	【传统产业升级】	#traditional industry upgrading
1377	定制化生产	#customized production
1378	企业无边界	#no-boundary firm
1379	个性化营销	*Personalization Marketing
1380	柔性化生产	*Flexible Production
1381	智能制造	*Intelligent Manufacturing
1382	网络化制造	*Networked Manufacturing
1383	分享制造	*Sharing Manufacturing
1384	云制造	#cloud manufacturing
1385	【价值链升级】	value chain upgrading
1386	全球价值链	*Global Value Chain
1387	无纸化通关	#paperless customs clearance
1388	数字认证	digital authentication
1389	价值链分工	value chain specialization
1390	消费升级	#consumption upgrading
1391	知识付费	*Knowledge Payment
1392	协同消费	*Collaborative Consumption
1393	电子支付	*Electronic Payment
1394	泛娱乐	#pan-entertainment
1395	O2O消费	*Online To Offline Consumption
1396	网络购物	*Online Shopping
1397	在线交易	#online trading
1398	新零售	*New Retailing
1399	无人超市	#self service supermarket

续表

序号	汉语	英语
1400	《国务院办公厅关于推动实体零售创新转型的意见》	*Opinions of the General Office of the State Council on Promoting Innovation and Transformation of Physical Retail
1401	【新电商】	*New Electronic Commerce
1402	电子商务平台	#e-commerce platform
1403	亚马逊电子商务	*Amazon E-commerce
1404	电子世界贸易平台	*Electronic World Trade Platform (e-WTP)
1405	阿里巴巴	*Alibaba
1406	京东	*JD
1407	亚马逊	*Amazon
1408	数字包容性	digital inclusion
1409	数字红利	digital dividend
1410	数字鸿沟	digital divide
1411	《填平数字鸿沟》	*Bridging the Digital Divide*
1412	《从数字鸿沟走向数字机遇》	*From Digital Divide to Digital Opportunity
1413	《电子欧洲：创建所有人的信息社会》	*eEurope: An Information Society for All
1414	《G20数字化路线图》	*G20 Roadmap for Digitalization
1415	数字红利	digital dividend
1416	包容性增长	#inclusive growth
1417	可持续发展	#sustainable development
1418	数字扶贫	digital poverty alleviation
1419	新就业型态	*New Forms of Work
1420	灵活就业人员	#flexible employees
1421	《数字经济下的就业与人才研究报告》	*Research Report on Employment and Talents in the Digital Economy*
1422	网约车	#online ride-hailing
1423	【数字人才】	digital talents
1424	首席数据官	*Chief Data Officer (CDO)
1425	数据科学家	#data scientist
1426	大数据分析师	#big data analyst
1427	算法工程师	#algorithm engineer
1428	系统工程师	system engineer
1429	自动化工程师	#automation engineer
1430	软件工程师	#software engineer
1431	信息系统管理工程师	#information system management engineer

续表

序号	汉语	英语
1432	数字素养	digital literacy
1433	素养域	literacy domain
1434	数字能力	numerical ability
1435	数字素养项目	digital literacy project
1436	老年人连通计划	senior citizen program for data interconnection and synchronization
1437	数字工厂项目	digital factory project
1438	教育与培训 2010 计划	*Education and Training 2010 Work Programme
1439	21 世纪数字丝绸之路	*21st Century Digital Silk Road
1440	普惠经济	#inclusive economy
1441	共享金融	*Shared Finance
1442	共享出行	*Shared Mobility
1443	共享单车	*Bicycle-Sharing
1444	共享充电宝	*Shared Charging Point
1445	《共享型社会》	*The Shared Society
1446	众包	#crowdsourcing
1447	InnoCentive	*Innovation Incentive
1448	众创	#crowd innovation
1449	众创空间	*Makerspace
1450	Fab Lab	*Fabrication Laboratory
1451	Living Lab	*Living Lab (for Open Innovation Community)
1452	应用创新园区	*Application Innovation Park (AIP)
1453	众筹	#crowdfunding
1454	众扶	#crowd support
1455	普惠金融体系	#inclusive financial system
1456	普惠贸易	#inclusive trade
1457	普惠科技	#inclusive technology
1458	数字金融	digital finance
1459	数字货币	*Digital Currency (DIGICCY)
1460	货币	currency
1461	货币本质观	#(Marx's) view of essence of money
1462	法定货币	*legal tender
1463	法定数字货币	#legal digital currency
1464	信用货币	*Credit Money

续表

序号	汉语	英语
1465	主权货币	#sovereign currency
1466	超主权货币	#super-sovereign currency
1467	加密货币	*Cryptocurrency
1468	比特币	*BitCoin
1469	莱特币	*LiteCoin (LTC)
1470	瑞波币	*RippleCoin
1471	以太坊	*Ethereum
1472	竞争币	*AltCoin
1473	电子货币	*Electronic Money
1474	网络货币	#network currency
1475	电子现金	#electronic cash
1476	电子钱包	#electronic wallet
1477	电子支票	#electronic check
1478	电子信用卡	#electronic credit card
1479	数字货币时代	digital currency age
1480	数字金融系统	digital financial system
1481	基础设施	#infrastructure
1482	互联网金融平台	#internet finance platform
1483	互联网金融风险信息共享系统	internet financial risk information sharing system
1484	全国中小企业股份转让系统	*National Equities Exchange and Quotations (NEEQ)
1485	支付系统	*Payment System
1486	票据支付系统	*Bill Payment System
1487	银行卡支付系统	bank card payment system
1488	互联网支付系统	internet payment system
1489	【中央证券存管与证券结算】	*Central Securities Depository (CSD) and Securities Settlement System (SSS)
1490	中央证券存管系统	*Central Securities Depository (CSD) System
1491	中国证券登记结算有限责任公司	*China Securities Depository and Clearing Corporation Limited (CSDCC)
1492	中央国债登记结算有限责任公司	*China Central Depository & Clearing Co., Ltd. (CCDC)
1493	银行间市场清算所股份有限公司	*Interbank Market Clearing House Co., Ltd.
1494	中央对手方（CCP）	*Central Counterparty (CCP)
1495	中央对手清算业务体系	*Central Counter Party Links and Clearing System

续表

序号	汉语	英语
1496	金融交易数据库	financial transaction database
1497	金融业态	#financial forms
1498	大数据金融	#big data finance
1499	互联网金融	*Internet Finance (ITFIN)
1500	移动金融	#mobile finance
1501	民主金融	#democratic finance
1502	微金融	#microfinance
1503	普惠金融	#inclusive finance
1504	市场主体	*Market Entity
1505	【金融企业】	#financial enterprises
1506	网联清算有限公司	*NetsUnion Clearing Corporation (NUCC)
1507	蚂蚁金服	*Ant Financial Services Group
1508	360 金融	360 finance
1509	京东金融	*Jingdong Finance (JD Finance)
1510	陆金所	*Lufax
1511	【非金融企业】	non-financial enterprises
1512	万得资讯	*Wind Information
1513	中国人民银行征信中心	*Credit Reference Center of the People's Bank of China
1514	中国人民银行金融信息中心	*Financial Information Center of the People's Bank of China
1515	中国金融教育发展基金会	*China Foundation for Development of Financial Education
1516	【金融决策机构】	financial decision-making institution
1517	中国人民银行金融市场司	*Financial Market Department of the People's Bank of China
1518	中国人民银行支付结算司	*Payment and Settlement Department of the People's Bank of China
1519	中国人民银行征信管理局	*Credit Information System Bureau of the People's Bank of China
1520	中国人民银行清算总中心	*National Clearing Center of the People's Bank of China
1521	支付与市场基础设施委员会	*The Committee on Payments and Market Infrastructures (CPMI)
1522	数字金融模式	digital financial mode
1523	网络融资	*Network Financing
1524	金融脱媒	*Financial Disintermediation

续表

序号	汉语	英语
1525	【众筹平台集资模式】	fund-raising mode of crowdfunding platform
1526	股权众筹	#equity-based crowdfunding
1527	债权众筹	#lending-based crowdfunding
1528	回报众筹	#reward-based crowdfunding
1529	公益众筹	public interests crowdfunding
1530	【众筹平台运作模式】	operation mode of crowdfunding platform
1531	贷帮网运作模式	operation mode of Loan Help Network
1532	天使汇运作模式	#operation mode of AngelCrunch
1533	大家投运作模式	operation mode of All Investment
1534	追梦网运作模式	#operation mode of Dreamore
1535	人人投运作模式	#operation mode of Renrentou
1536	P2P 网络借贷	#peer-to-peer lending platform
1537	供应链金融	#supply chain finance
1538	【供应链金融融资模式】	Supply Chain Finance (SCF) financing mode
1539	保税仓融资	bonded warehouse financing
1540	融通仓融资	#Finance-Transportation and Warehouse (FTW) financing
1541	应收账款融资	#accounts receivable financing
1542	【供应链金融平台模式】	Supply Chain Finance (SCF) platform mode
1543	拍拍贷	*PPDai (China's first online Peer-to-Peer lending platform)
1544	O2O	#Online-to-Offline
1545	宜人贷	*YiRenDai (a credit borrowing and wealth management platform)
1546	第三方支付	#third-party payment
1547	互联网支付	#internet payment
1548	银行卡收单	#bank card receipt
1549	移动支付	#mobile payment
1550	预付卡	#prepaid card
1551	【第三方支付商业平台】	third-party payment business platform
1552	PayPal	#PayPal
1553	支付宝	*Alipay
1554	银联支付	*UnionPay Payment
1555	拉卡拉支付	*Lakala Payment
1556	微付通	micro Tenpay

续表

序号	汉语	英语
1557	财付通	*Tenpay
1558	汇付天下	ChinaPNR
1559	【第三方支付商业模式】	third-party payment business mode
1560	B2C	*Business-to-Consumer
1561	C2C	*Customer to Customer
1562	快钱	*Easy Money
1563	信息化金融机构	informationalized financial institution
1564	【传统金融业务电子化】	electronization of traditional financial business
1565	网上银行	*Online Banking Service
1566	手机银行	#mobile banking
1567	家居银行	#home banking
1568	网络证券	*Internet Securities
1569	【基于互联网的创新金融服务】	internet-based innovative financial service
1570	直销银行	*Direct Bank
1571	网商银行	*MYbank
1572	众安在线	*ZhongAn Online
1573	余额宝模式	*Yu'ebao Mode
1574	【金融电商模式】	#financial e-commerce mode
1575	建行"善融商务"电子商务金融服务平台	CCB e-commerce financial service platform of "Good Financial Business"
1576	泰康人寿保险电商平台	Taikang Life Insurance e-commerce platform
1577	互联网金融门户	#internet financial portal
1578	第三方资讯平台	#third party information platform
1579	网贷之家	#Home of Online Lending
1580	和讯网	*Hexun (Network)
1581	垂直搜索平台	#vertical search platform
1582	融360	*Rong360
1583	安贷客	*Andaike (a personalized financing loan search engine)
1584	在线金融超市	*Online FinSupermarket
1585	大童网	*Datong (Net)
1586	格上理财	*Geshang Financial Transactions
1587	91金融超市	*91FinSupermarket
1588	软交所科技金融超市	*FinSupermarket of Software and Information Services Exchange for Science and Technology

续表

序号	汉语	英语
1589	【风险控制与监管】	#risk control and regulation
1590	风险控制	#risk control
1591	风险	#risk
1592	金融风险	#financial risk
1593	金融风险量化评估	*Quantitative Risk Assessment (QRA) of Finance
1594	金融风险监控平台	#financial risk monitoring platform
1595	金融风险监测预警机制	#financial risk monitoring and early warning mechanism
1596	互联网金融风控模型	internet financial risk control model
1597	大数据金融风险控制体系	big data financial risk control system
1598/1599	金融监管	#financial regulation
1600	【金融风险监管机构】	#financial risk regulator
1601	中国人民银行	*The People's Bank of China (PBC)
1602	中国银行保险监督管理委员会	*China Banking and Insurance Regulatory Commission
1603	中国证券监督管理委员会	*China Securities Regulatory Commission
1604	全国互联网金融工作委员会	*Countrywide Internet Finance Committee
1605	中国互联网金融协会	*National Internet Finance Association of China (NIFA)
1606	金融稳定理事会	*Financial Stability Board
1607	国际证监会组织	*International Organization of Securities Commissions (IOSCO)
1608	巴塞尔银行监管委员会	*Basel Committee on Banking Supervision
1609	【金融风险监管政策文本】	policy texts for financial risk and regulation
1610	《关于促进互联网金融健康发展的指导意见》	*Guiding Opinions on Promoting the Healthy Development of Internet Finance
1611	《关于加强非金融企业投资金融机构监管的指导意见》	*Guiding Opinions on Strengthening the Regulation of Investment of Non-Financial Enterprises in Financial Institutions
1612	《网络借贷信息中介机构业务活动管理暂行办法》	Administrative Interim Measures for Business Activities of Internet Borrowing and Lending Information Intermediaries
1613	《非金融机构支付服务管理办法》	*Non-Financial Institution Payment Service Management Measures
1614	《电子支付指引（第一号）》	*Electronic Payment Direction No.1
1615	《互联网保险业务监管暂行办法》	*Interim Measures for the Supervision of the Internet Insurance Business
1616	数字信用体系	digital credit system
1617	算法信用	algorithm credit

续表

序号	汉语	英语
1618	信用	#credit
1619	信用链	#credit chain
1620	信用风险	#credit risk
1621	区块链信用技术	blockchain credit technology
1622	智能化合约	*Smart Contract
1623	时间戳认证	#timestamp authentication
1624	点对点分布式系统	#point-to-point distributed system
1625	分布式网络记账系统	distributed network accounting system
1626	区块链共识机制	#blockchain consensus mechanism
1627	区块链信用证	*BlockChain based Letter of Credit (System) (BCLC)
1628	区块链信用评级	#blockchain credit rating
1629	信用证区块链联盟	*L/C (Letter of Credit) Blockchain Alliance
1630	社会信用体系	#social credit system
1631	【信用体系】	#credit system
1632	公共信用体系	public credit system
1633	企业信用体系	#enterprise credit system
1634	个人信用体系	#personal credit system
1635	FICO 信用评分系统	#Fair Isaac Company (FICO) credit scoring system
1636	全社会征信系统	credit reference service system for whole society
1637	统一社会信用代码制度	#unified social credit code system
1638	【社会信用信息服务机构】	social credit information service institution
1639	第三方信用信息共享平台	third party credit information sharing platform
1640	公共信用信息服务平台	public credit information service platform
1641	互联网大数据征信平台	internet big data credit reference platform
1642	小额信贷行业信用信息共享服务平台	#service platform for credit information sharing of micro-credit industries
1643	中国（人民）银行征信中心个人信用信息服务平台	*service platform of Credit Reference Center of (The People's) Bank of China for personal credit information
1644	信用社会	#credit society
1645	契约社会	#contract society
1646	信用中国	*Credit China
1647	信用城市	*Credit City
1648	信用社会制度	#credit social system

续表

序号	汉语	英语
1649	守信联合激励制度	joint incentive system for trust
1650	失信联合惩戒制度	joint disciplinary system for breach of trust
1651	信用城市大数据平台	#big data platform of credit city
1652	诚信森林	forest of integrity
1653	信用云	credit cloud
1654	数字公民	digital citizen
1655	数据治理	data governance
1656	数字政府	digital government
1657	【发展历程】	#development process
1658	【政府1.0】	government 1.0
1659	政府网站	government website
1660	管理信息系统	*Management Information System (MIS)
1661	自动化办公系统	*Office Automation System (OAS)
1662	在线沟通	#online communication
1663	电子邮件	#Electronic Mail (email)
1664	在线咨询	*Online Consulting
1665	【政府2.0】	government 2.0
1666	信息公开	#information disclosure
1667	网上服务	online service
1668	在线双向沟通	online two-way communication
1669	公共部门信息	#public sector information
1670	政务微博	micro blog for government affairs
1671	政民互动	#interaction between government and the public
1672	参与型政府	#participatory government
1673	【政府3.0】	government 3.0
1674	虚拟政府	#virtual government
1675	服务政府	#service government
1676	透明政府	#transparent government
1677	政府流程再造	*Government Process Reengineering (GPR)
1678	公共部门内部业务流程再造	*Business Process Reengineering (BPR) within the public sectors
1679	跨部门业务流程再造	*intersectoral Business Process Reengineering (BPR)
1680	社会服务流程再造	*social Service Business Process Reengineering(social SBPR)

续表

序号	汉语	英语
1681	"O2O"立体审批	"Online to Offline (O2O)" multi-dimensional approval
1682	政务 APP	APP(Application)for government affairs
1683	【政务服务】	service for government affairs
1684	电子政务	*Electronic Government (E-Government)
1685	在线办公	#office online
1686	政务数据资源	data resources for government affairs
1687	数据推送	#data push
1688	数据治理决策域	data governance decision domain
1689	电子治理	*E-governance
1690	电子选举	*E-voting
1691	数字民主	digital democracy
1692	参与式治理	#participatory governance
1693	参与型社会	#participatory society
1694	数字利维坦	digital Leviathan
1695	在线服务	online service
1696	电子证照	#electronic certificate
1697	电子公文	#electronic official document
1698	电子签章	#electronic signature
1699	数字证书	digital certificate
1700	电子归档	#electronic filing
1701	前置审批	#pre-approval
1702	一址多照	one address used to register multiple business licenses
1703	并联审批	#parallel connection examination and approval
1704	数据管税	tax management with data
1705	电子税务	*E-Taxation
1706	信用信息共享交换平台	credit information sharing and exchange platform
1707	企业信用信息公示系统	*(National) Enterprise Credit Information Publicity System
1708	项目并联审批平台	project parallel connection examination and approval platform
1709	网上审批大数据资源库	big data repository of online examination and approval
1710	【案例】	cases
1711	国家电子政务综合试点	comprehensive pilot zone of national e-government affairs

续表

序号	汉语	英语
1712	腾讯政务云1分钱中标	Tencent Government Cloud winning the bidding for one cent
1713	公共资产负债管理智能云平台	intelligent cloud platform for public asset and liability management
1714	政府领域智能客服机器人	intelligent customer service robot in the field of government
1715	"智信城市"计划	"smart and trustworthy city" plan
1716	区块链政务	#blockchain as government affairs
1717	数字政府建设管理局	management bureau for digital government construction
1718	"最多跑一次"	"running at most once"
1719	【管理监督】	#administration and supervision
1720	大数据监管	big data supervision
1721	智能防控	#intelligent prevention and control
1722	大数据预测	#big data prediction
1723	风险预警大数据	big data for risk early warning
1724	网络市场监管	network market supervision
1725	全国电子商务监测中心	national monitoring center for e-commerce
1726	网络交易大数据监管	big data supervision for network transaction
1727	大数据打假	*Big Data Anti-Counterfeiting (Alliance)
1728	政务服务平台电子监察系统	system of electronic monitoring and supervision for government affairs service platform
1729	大数据反腐	anti-corruption with big data
1730	技术反腐	anti-corruption with technology
1731	微腐败	#micro corruption
1732	数据铁笼	#data cage
1733	网上举报	#online reporting
1734	情绪数据	#sentiment data
1735	大数据司法	justice administration with big data
1736	智慧法院	#smart court
1737	杭州互联网法院	#Hangzhou internet court
1738	人民法院大数据管理和服务平台	big data management and service platform of the people's court
1739	互联网法庭	internet tribunal
1740	在线仲裁	#online arbitration
1741	微警务	#micro policing

续表

序号	汉语	英语
1742	智慧侦查	#smart crime-investigation
1743	【案例】	cases
1744	云智办案通	#cloud wisdom case handling app
1745	互联网+公共法律服务	internet plus public legal service
1746	"滴滴报警"	"Didi (platform) for calling the police"
1747	金豆模式	#golden bean mode
1748	智慧检务	*Intelligent Procuratorial Work
1749	法律援助机器人	robot for legal aid
1750	智能城市	*Intelligent City
1751	数字城市	#digital city
1752	精细化网格管理	refined grid management
1753	新型智慧城市	#new smart city
1754	《新型智慧城市评价指标》	*Evaluation Indicators for New-Type Smart Cities
1755	智慧交通	*Intelligent Transport
1756	智慧交通系统	*Intelligent Traffic System (ITS)
1757	道路传感系统	road sensing system
1758	GPS 数据系统	*Global Positioning System (GPS) Data System
1759	交通诱导系统	*Traffic Guidance System (TGS)
1760	智能交通云	*Intelligent Traffic Cloud
1761	智能公交	*Intelligent Bus
1762	浙江大数据公交	Zhejiang public transportation based on big data
1763	智能停车	*Intelligent Parking (System)
1764	电子收费系统	*Electronic Toll Collection (ETC) System
1765	智能车辆	*Intelligent Vehicles
1766	自动驾驶汽车	*Autonomous Vehicles
1767	自动车辆控制	*Automatic Vehicle Control
1768	【案例】	cases
1769	综合交通出行大数据开放云平台	big data open cloud platform for comprehensive transportation and travel
1770	智慧医疗	*Wise Information Technology of 120 (WIT120)
1771	数字医院	#digital hospital
1772	远程医疗	*Telemedicine
1773	在线接诊	treating patients on line
1774	电子病历	*Electronic Medical Record (EMR)

续表

序号	汉语	英语
1775	大数据病源追踪	disease source tracking with big data
1776	基因检测大数据	big data for genetic testing
1777	临床决策系统	*Clinical Decision Support System (CDSS)
1778	家庭健康系统	family health system
1779	电子健康档案	*Electronic Health Records (EHR)
1780	智能看护	#intelligent care
1781	精准医疗	*Precision Medicine
1782	高精度手术	#high precision surgery
1783	医用机器人	#medical robot
1784	【案例】	cases
1785	杭州共享医院	*Hangzhou Medical Mall
1786	广州 IAB 计划	Guangzhou IAB (Information technology, Artificial intelligence, Biologic pharmacy) Plan
1787	智慧教育	*Smart Education
1788	在线开放课程	*Open Online Courses
1789	网络教育	#network education
1790	教育云平台	education cloud platform
1791	慕课	*Massive Open Online Courses (MOOC)
1792	微课程	*Microlecture
1793	终身电子学籍档案	lifelong electronic student status file
1794	电子书包	#electronic schoolbag
1795	智慧校园	*Smart Campus
1796	智慧旅游	*Smart Tourism
1797	虚拟旅游	*Virtual Tourism
1798	智慧景区	*Wisdom Scenic Spot
1799	国家智慧旅游公共服务平台	#national smart tourism public service platform
1800	智慧社会	#smart society
1801	智慧社区	*Intelligent Community
1802	智慧街道	*Wise Community
1803	智慧物业管理	*Smart Facility Management (Smart FM)
1804	智慧养老	#smart old-age care
1805	社区 O2O	*Community Online to Offline (O2O)
1806	智能小区	#intelligent residential district
1807	【案例】	cases

续表

序号	汉语	英语
1808	贵阳"数治小区"	Guiyang "residential district with data management"
1809	社会和云	society and cloud
1810	【社会服务】	social service
1811	社保大数据	big data for social security
1812	智慧就业	*Intelligent Employment
1813	大数据精准扶贫	targeted poverty alleviation based on big data
1814	【案例】	cases
1815	异地就医全国一卡通	national all-in-one-card for medical treatment in different places
1816	北京市公共服务一卡通平台	*Beijing City Social Services Card (Beijing Card) Platform
1817	厦门市民卡虚拟卡平台	virtual card platform of Xiamen for citizen card
1818	智能生活	#intelligent life
1819	智能家居	*Smart Home
1820	智能照明	*Intelligent Lighting
1821	数字电视	digital television
1822	智能影音	*Smart Player
1823	体感设备	#somatosensory devices
1824	智能办公	#intelligence office
1825	智能办公自动化系统	*Intelligence Office Automatic System (IOAS)
1826	智能建筑	*Intelligent Building (IB)
1827	智能购物	#intelligent shopping (system)
1828	虚拟试衣间	#virtual fitting room
1829	智能购物机器人	intelligent shopping robot
1830	无人零售	*Unmanned Retail
1831	智能社交	intelligent social communication (system)
1832	智慧农业	*Smart Agriculture
1833	农业物联网	*Internet of Agriculture (IOA)
1834	物联网大田系统	#internet of things for system of land for growing field crops
1835	农业机器人	#agricultural robot
1836	【案例】	cases
1837	石山物联网农业小镇	Shishan agricultural town for internet of things
1838	大圩物联网小镇	Dawei town for internet of things
1839	智慧物流	*Intelligent Logistics System (ILS)

续表

序号	汉语	英语
1840	云物流	#cloud logistics
1841	虚拟物流	#virtual logistics
1842	智能仓储	#intelligent storage
1843	协同配送	collaborative distribution
1844	无车承运人	*Non-Truck Operating Common Carrier
1845	货车帮	*Huochebang (Cargo-Truck-Helper Logistics Platform)
1846	网络空间	#cyberspace
1847	网络社会	#network society
1848	赛博空间	*Cyberspace
1849	网民	#netizen
1850	网上身份	*Cyber Trusted Identity (CTID)
1851	网络组织	network organization
1852	对等共创生产	*Commons-Based Peer Production
1853	点对点网络	#point-to-point network
1854	议题网络	#issue network
1855	网络社区	*Virtual Community
1856	网络论坛	*Bulletin Board System (BBS)
1857	在线社交	on-line social communication
1858	博客	*Blog
1859	微博	*MicroBlog
1860	微信	*WeChat (Public Platform)
1861	QQ	*QQ (Tencent Instant Messenger)
1862	网络意见领袖	#network opinion leader
1863	网络去中心化	network decentralization
1864	网络群体传播	*Computer-Mediated Colony Communication (CMCC)
1865	网络公关	*PRonline
1866	网络舆论	network consensus
1867	网络舆情	#network public opinion
1868	网络政治动员	network political mobilization
1869	群体智慧	*Collective Intelligence
1870	群体极化	*Group Polarization
1871	网络暴力	*Cyberbullying

续表

序号	汉语	英语
1872	信息压力	#information pressure
1873	网络成瘾	#internet addiction disorder
1874	个人极端主义	individual extremism
1875	回音室效应	#echo chamber effect
1876	网络内容	network content
1877	网络表演	network performance
1878	网络直播	#live webcast
1879	网络新闻	#network news
1880	网络二次创作	network re-creation
1881	网络小说	*Internet Novel
1882	网络游戏	*Online Game
1883	网络中立	*Network Neutrality
1884	网络人身攻击	network personal attack
1885	网络信息诽谤	*Internet Defamation
1886	网络犯罪	#network crime
1887	电信网络新型犯罪	#new telecommunication and network-related crimes
1888	互联网封锁	#internet blockade
1889	信息共产主义社会	*Information Communism Society
1890	【舆情事件】	events of public opinion
1891	孙志刚事件	*Sun Zhigang Incident (Detained College Student Death Incident)
1892	郭美美事件	*Guo Meimei Incident (Microblogger Flaunting Wealth Incident)
1893	呼格吉勒图案重审	*Retrial of Huugjilt Unjust Case (Retrial of an 18-Year-Old Boy Unjust Death Penalty Case)
1894	上海外滩拥挤踩踏事件	*2014 Shanghai Stampede
1895	东莞扫黄	crackdown on prostitution and whoring in Dongguan
1896	昆山粉尘爆炸	*August 2nd Kunshan Factory Blast Accident
1897	天津港"8·12"特大爆炸事故	Tianjin Port "8·12" major explosion accident
1898	朴槿惠闺蜜"干政"事件	Park Geun-hye's Best Friend Forever (BFF) "Interference in Politics" Scandal
1899	山西和顺矿难"谣言"	"rumors" of the mine disaster in Heshun of Shanxi
1900	AlphaGo 对战李世石	robot AlphaGo beating professional Go player Lee Sedol
1901	德阳市长上网	*Online Mayor of Deyang (The Mayor of Deyang City who proceeds to enroll and authenticate to the Sina Weibo service for public governance)

续表

序号	汉语	英语
1902	共享医生模式	shared doctor mode
1903	广西"证照分离"改革	Guangxi "separation of business certificate and operation license" reform
1904	广东"互联网+行车服务"	Guangdong "internet plus driving service"
1905	政务"双微"标配	standard configuration of "microblog and wechat" for government affairs
1906	广州"云治理"	"cloud governance" in Guangzhou
1907	大数据天眼盯紧网络广告	eyeing on and censoring web advertisement with big data
1908	政府监管"伪共享"	government supervision of "false-sharing"
1909	贵州大数据监测地灾隐患	Guizhou monitoring hidden geological disasters with big data
1910	"刷单"入刑第一案	the first criminal case of "profiting unjustly by online false comments"
1911	"小粉红"群体崛起	rise of "Little Pink"(network patriotic youth) group
1912	免押金信用租房	deposit free credit house renting
1913	中兴危机	*ZTE (Zhongxing Telecommunication Equipment) Crisis
1914	国际互联网治理	#international internet governance
1915	全球网络空间治理	#global cyberspace governance
1916	网络政治	*Politics on the Net
1917	网络政治学	*Cyberpolitics
1918	虚拟政治学	*Virtual Politics
1919	网络执政	network governance
1920	数字政治	digital politics
1921	代码政治	code politics
1922	网络主权	*Internet Sovereignty
1923	领网权	territorial cyberspace sovereignty
1924	国家和地区代码顶级域名	Top Level Domain (TLD) for country and region codes
1925	通用顶级域名	*Generic Top-Level Domain (GTLD)
1926	域名主权	*Domain Name Sovereignty
1927	规则制定权	#rules-making authority
1928	《突尼斯议程》	*Tunis Agenda
1929	互联网名称与数字地址分配机构	*The Internet Corporation for Assigned Names and Numbers
1930	关键互联网资源	key internet resources

续表

序号	汉语	英语
1931	深度数据包监测	*Deep Packet Inspection (DPI)
1932	海外网络传播	#overseas network communication
1933	数据外交	#data diplomacy
1934	数字殖民	digital colonization
1935	数字外交官	digital diplomat
1936	跨政府网络	#trans-government network
1937	跨国倡议网络	#trans-national initiative network
1938	网络自由主义	network liberalism
1939	网络保守主义	network conservatism
1940	美国无授权窃听计划	U.S. unauthorized eavesdropping plan
1941	信息社会世界峰会	*World Summit on the Information Society (WSIS)
1942	联合国互联网治理论坛	*(UN) Internet Governance Forum (IGF)
1943	互联网治理工作组	*Working Group on Internet Governance (WGIG)
1944	英国互联网观察基金会	*(UK) Internet Watch Foundation (IWF)
1945	数据安全	#data security
1946	数据风险	data risk
1947	【数据开放风险】	data open risk
1948	黑客	#hacker
1949	网络攻击	*Cyber Attacks
1950	精准入侵	targeted intrusion
1951	恶意代码	*Malicious Code
1952	数据纠纷	data dispute
1953	【数据流通风险】	data flow risk
1954	数据损坏	data corruption
1955	数据泄露	*Data Breach
1956	数据窃听	#data eavesdropping
1957	数据监听	#data monitoring
1958	数据篡改	#data tampering
1959	数据失真	#data distortion
1960	数据丢失	#data loss
1961	数据失控	data out of control
1962	【数据应用风险】	data application risk
1963	隐私泄露	#privacy disclosure

续表

序号	汉语	英语
1964	数据滥用	data abuse
1965	数据误用	data misuse
1966	数据侵权	data infringement
1967	"邮件门"事件	*"Hillary Clinton's Email Controversy" Scandal
1968	"棱镜门"事件	*"Prism" Scandal
1969	窃听海底光缆事件	eavesdropping on submarine optical cables scandal
1970	"网络911"事件	"Cyber September 11 Attacks" Incident (incident of network congestion collapse in the United States on October 21, 2016)
1971	iCloud 泄露门事件	*iCloud Leak Scandal
1972	脸书信息泄露事件	*Facebook Data Breach Scandal
1973	京东数据泄露门事件	Jingdong data breach scandal
1974	支付宝实名认证漏洞	Alipay real name authentication vulnerability
1975	酒店客户隐私泄露事件	hotel guest privacy breach scandal
1976	徐玉玉被电信诈骗案	telecom fraud victim Xu Yuyu case
1977	清华教授遭网络诈骗案	Internet fraud victim Tsinghua professor case
1978	数据安全防御	data security defense
1979	数据安全体系	data security system
1980	信息安全	information security
1981	物理安全	physical security
1982	设备安全	equipment security
1983	信息泄露	information leakage
1984	物理隔离	#physical isolation
1985	数据容错	#data fault tolerance
1986	数据容灾	#data disaster tolerance
1987	系统安全	*System Safety
1988	运算安全	computing security
1989	存储安全	#storage security
1990	传输层安全	*Transport Layer Security (TLS)
1991	产品和服务安全	product and service security
1992	网络安全	internet security
1993	应用安全	application security
1994	战略安全	strategic security
1995	制度安全	system security

序号	汉语	英语
1996	技术安全	technology security
1997	个人隐私安全	personal privacy security
1998	安全知识体系	#safety knowledge system
1999	【安全理论】	#security theory
2000	安全系统论	#security system theory
2001	安全博弈论	security game theory
2002	安全控制论	*Safety Cybernetics
2003	哥本哈根学派安全化理论	*Copenhagen School Securitization Theory
2004	威尔士学派安全理论	Welsh school security theory
2005	巴黎学派安全研究理论	Paris school security research theory
2006	【安全模型】	security model
2007	安全博弈模型	security game model
2008	贝尔-拉普杜拉模型	*Bell-Lapadula Model (BLM)
2009	毕巴模型	#Biba model
2010	克拉克-威尔逊模型	#Clark-Wilson model
2011	域类实施模型	domain class implementation model
2012	默克尔树模型	Merkle Hash tree model
2013	安全防御技术	#security defense technology
2014	信息安全密码技术	#information security and cryptography
2015	对称加密	#symmetric encryption (algorithm)
2016	消息认证	#message authentication
2017	数字签名	digital signature
2018	数据加密	*Data Encryption Algorithm (DEA)
2019	信息隐藏技术	# information hiding technology
2020	空域隐秘技术	airspace stealth technology
2021	变换域隐秘技术	transform domain stealth technology
2022	数字水印技术	digital watermarking technology
2023	信息认证技术	information authentication technology
2024	访问控制技术	#access control technology
2025	防火墙技术	#firewall technology
2026	网络安全协议	#network security protocol
2027	网络安全应急响应	network security emergency response
2028	无线局域网安全防护	*security protection of Wireless Local Area Networks (WLAN)

续表

序号	汉语	英语
2029	容灾备份技术	*(Information) Disaster Recovery Backup Technology
2030	安全防御机制	#security protection mechanism
2031	【安全测评】	security evaluation
2032	数据安全风险评估	data security risk assessment
2033	国际信息安全测评认证体系	*International Information Systems Security Certification
2034	中国信息安全测评认证体系	*China Information Security Certification (System)
2035	【安全管理机制】	security management mechanism
2036	数据库审计保护	*Database Audit (DBAudit) Protection
2037	数据版权管理	*Data Right Management (DRM)
2038	数据分级分类管理	data grading and classification management
2039	账号权限管理及审批制度	account authority management and approval system
2040	网络信息安全等级保护机制	classified protection mechanism for network information security
2041	大数据安全保障体系	big data security system
2042	【个人隐私保护机制】	personal privacy protection mechanism
2043	数据运营主体脱密保障机制	declassification guarantee mechanism for data operation subjects
2044	个人隐私数据处理审查机制	personal privacy data processing and review mechanism
2045	个人隐私数据流转登记机制	personal privacy data transfer registration mechanism
2046	个人数据跨境流动审查机制	personal data cross-border flow review mechanism
2047	个人隐私数据泄露举报机制	personal privacy data disclosure reporting mechanism
2048	个人隐私数据泄露溯源机制	personal privacy data disclosure traceability mechanism
2049	个人隐私数据泄露责任追究机制	personal privacy data disclosure responsibility assigning mechanism
2050	数据国际治理	data international governance
2051	数据主权（政治）	data sovereignty (Politics)
2052	数据霸权主义	data hegemonism
2053	数字主权	digital sovereignty
2054	数据战争	#data wars
2055	【数据跨境流动】	#cross-border data flow
2056	刚性禁止流动模式	rigid mode for prohibition of (data) flow
2057	柔性禁止流动模式	flexible mode for prohibition of (data) flow

续表

序号	汉语	英语
2058	本地备份流动模式	local backup mode for (data) flow
2059	国际跨境数据流动信任机制	trust mechanism for international cross-border data flow
2060	跨境流通数据资讯隐私权保护自律模式	self-discipline mode for privacy rights protection of cross-border circulation data information
2061	数据跨境流动分级分类管理标准	management standards for grading and classifying of cross-border data flow
2062	【数据安全战略】	data security strategy
2063	《国家网络空间安全战略》	*National Cyberspace Security Strategy
2064	《全民监控》	*Total Surveillance
2065	数据资源安全网络	data resources security network
2066	网络安全观	outlook of network security
2067	数据安全治理观	outlook of data security governance
2068	数据安全管理组织	data security management organization
2069	国际互联网治理体系	#international internet governance system
2070	大数据隐私保护安全墙	big data security wall for privacy protection
2071	数据安全新秩序	new order of data security
2072	【数据安全会议】	data security conferences
2073	网络空间安全科学国际会议	*International Conference on Science of Cyber Security
2074	慕尼黑安全政策会议	*Munich Security Conference
2075	首尔网络空间国际会议	*Seoul Conference on Cyberspace
2076	国际云计算大数据安全学术会议	*International Conference on Big Data Security on Cloud
2077	中国数据安全峰会	China data security summit
2078	中国密码学与数据安全学术会议	China cryptography and data security conference
2079	数权法	*Data Rights Law
2080	数权	data rights
2081	数权主体	subject of data rights
2082	控制者	#controller
2083	处理者	#handler
2084	接收者	#recipient
2085	第三方	#third party
2086	数权客体	object of data rights
2087	数据主权(法律)	data sovereignty (law)
2088	数据共享权	data sharing rights

续表

序号	汉语	英语
2089	数据财产权	#data property rights
2090	数据知情权	#data rights to know
2091	数据采集权	data collection rights
2092	数据使用权	#data rights of use
2093	数据修改权	data modification rights
2094	数据被遗忘权	data rights to be forgotten
2095	删除权	(data) rights to be deleted
2096	数权制度	#data rights system
2097	数权法定制度	legal system of data rights
2098	应然权利	#idealistic rights
2099	实然权利	#actual rights
2100	法定权利	#legal rights
2101	数据所有权制度	#data ownership system
2102	用益数权制度	usufructuary system of data rights
2103	主权利	#principal rights
2104	从权利	#secondary rights
2105	公益数权制度	public interests system of data rights
2106	公益数据	public interests data
2107	准公共物品	#quasi-public goods
2108	共享制度	sharing system
2109	非排他性	#non exclusiveness
2110	共享社会	*The Shared Society
2111	【数权法】	*Data Rights Law
2112	【法律行为】	#legal behavior
2113	处理	#treatment
2114	剖析	analysis
2115	认证	#authentication
2116	拷贝	#copy
2117	授权	#authorization
2118	注销	#cancellation
2119	明示同意	expressing consent
2120	默许统一	tacit unity
2121	公开披露	#public disclosure

续表

序号	汉语	英语
2122	转让	*Transfer
2123	共享	#sharing
2124	匿名化	#anonymization
2125	定分止争	Ding Fen (determining the ownership) Zhi Zheng (bringing an end to the conflict)
2126	【法律事件】	*Legal Events
2127	顺丰菜鸟大战	data battle between SF Express and Cainiao Smart Logistics Network
2128	腾讯华为"数据之争"	"data dispute" between Tencent and Huawei
2129	脉脉抓取使用新浪微博用户信息案	case of Maimai software illegally grabing user information on Sina Weibo
2130	大众点评诉百度不正当竞争案	case of Dianping Net suing Baidu for unfair competition
2131	【中国的数据权益保护】	data rights and interests protection in China
2132	【法律】	Law
2133	《中华人民共和国统计法》	*Statistics Law of the People's Republic of China
2134	《中华人民共和国国家安全法》	*National Security Law of the People's Republic of China
2135	《中华人民共和国电子签名法》	*Electronic Signature Law of the People's Republic of China
2136	《中华人民共和国网络安全法》	*Cybersecurity Law of the People's Republic of China
2137	【行政法规】	administrative regulations
2138	《中华人民共和国计算机信息网络国际联网管理暂行规定》	*Provisional Regulations of the Administration of International Networking of Computer Information in the People's Republic of China
2139	《中华人民共和国政府信息公开条例》	*Regulations of the People's Republic of China on Open Government Information
2140	《中华人民共和国计算机信息系统安全保护条例》	*Regulations of the People's Republic of China for Safety Protection of Computer Information Systems
2141	《互联网信息服务管理办法》	*Measures on the Administration of Internet Information Services
2142	《信息网络传播权保护条例》	*Regulations on Protection of the Rights of Communication through Information Network
2143	《企业信息公示暂行条例》	*Interim Regulation on Enterprise Information Disclosure
2144	《中华人民共和国电信条例》	*Regulation on Telecommunications of the People's Republic of China
2145	《互联网上网服务营业场所管理条例》	*Regulations on the Administration of Business Premises of Internet Access Service
2146	《政务信息资源共享管理暂行办法》	*Interim Measures for the Administration of Sharing of Government Information Resources

续表

序号	汉语	英语
2147	《中华人民共和国无线电管理条例》	*Regulations of the People's Republic of China on the Management of Radio Operation
2148	《科学数据管理办法》	*Measures for the Management of Scientific Data
2149	【地方性法规】	local regulations
2150	《山西省计算机信息系统安全保护条例》	Regulations of Shanxi Province on Computer Information System Safety Protection
2151	《辽宁省计算机信息系统安全管理条例》	Regulations of Liaoning Province on the Management of Computer Information System Safety
2152	《辽宁省信息技术标准化监督管理条例》	Regulations of Liaoning Province on the Supervision and Management of Information Technology Standardization
2153	《黑龙江省经济信息市场管理条例》	Regulations of Heilongjiang Province on the Management of Economic Information Market
2154	《湖南省经济信息市场管理条例》	Regulations of Hunan Province on the Management of Economic Information Market
2155	《广东省企业信用信息公开条例》	Regulations of Guangdong Province on Enterprise Credit Information Disclosure
2156	《广东省计算机信息系统安全保护条例》	Regulations of Guangdong Province on Computer Information System Safety Protection
2157	《海南经济特区公共信息标志标准化管理规定》	Administrative Provisions of Hainan Special Economic Zone on Public Information Marks Standardization
2158	《重庆市计算机信息系统安全保护条例》	Regulations of Chongqing City on Computer Information System Safety Protection
2159	《贵州省信息基础设施条例》	Regulations of Guizhou Province on Information Infrastructure
2160	《贵州省大数据发展应用促进条例》	Regulations of Guizhou Province on Big Data Development and Application Promotion
2161	《贵阳市政府数据共享开放条例》	Regulations of Guiyang Municipal Government on Data Sharing and Opening
2162	《贵阳市大数据安全管理条例》	Regulations of Guiyang City on the Management of Big Data Security
2163	《陕西省公共信用信息条例》	Regulations of Shaanxi Province on Public Credit Information
2164	《宁夏回族自治区计算机信息系统安全保护条例》	Regulations of Ningxia Hui Autonomous Region on Computer Information System Safety Protection
2165	《新疆维吾尔自治区防范和惩治网络传播虚假信息条例》	Regulations of Xinjiang Uygur Autonomous Region on Preventing and Punishing the Spread of False Information over the Internet
2166	【部门规章】	department rules
2167	《个人信用信息基础数据库管理暂行办法》	*Interim Measures for the Administration of the Basic Data of Individual Credit Information
2168	《电子银行业务管理办法》	*The Measures Governing Electronic Bank

续表

序号	汉语	英语
2169	《互联网视听节目服务管理规定》	*Administrative Provisions for the Internet Audio-Video Program Service
2170	《互联网医疗保健信息服务管理办法》	*Measures for the Administration of Internet Medical and Health Care Information Services
2171	《计算机信息网络国际联网安全保护管理办法》	*Computer Information Network and Internet Security Protection and Management
2172	《规范互联网信息服务市场秩序若干规定》	*Several Provisions on Regulating the Market Order of Internet Information Services
2173	《电信和互联网用户个人信息保护规定》	*Provisions on Protecting the Personal Information of Telecommunications and Internet Users
2174	《气象信息服务管理办法》	*Measures for the Administration of Meteorological Information Service
2175	《网络出版服务管理规定》	*Provisions on the Administration of Online Publishing Services
2176	《互联网新闻信息服务管理规定》	*Provisions on the Administration of Internet News and Information Services
2177	《互联网信息内容管理行政执法程序规定》	*Provisions on the Administrative Law Enforcement Procedures for Internet Information Content Management
2178	《互联网域名管理办法》	*Measures for the Administration of Internet Domain Names
2179	《电信业务经营许可管理办法》	*Administrative Measures for the Licensing of Telecommunication Business Operations
2180	《互联网药品信息服务管理办法》	*The Measures Regarding the Administration of Drug Information Service over the Internet
2181	【地方政府规章】	#local government rules
2182	《河北省地理信息交换共享管理办法》	Administrative Measures of Hebei Province for Geographic Information Exchange and Sharing
2183	《河北省政务信息资源共享管理规定》	Administrative Provisions of Hebei Province on Government Affairs Information Resources Sharing
2184	《吉林省地理信息公共服务办法》	Measures of Jilin Province for Geographic Information Public Service
2185	《江苏省测绘地理信息成果管理规定》	Administrative Provisions of Jiangsu Province on Surveying and Mapping Geographic Information Achievements
2186	《江苏省政府信息化服务管理办法》	Administrative Measures of Jiangsu Provincial Government for Informatization Service
2187	《浙江省地理空间数据交换和共享管理办法》	Administrative Measures of Zhejiang Province for Geo-Spatial Data Exchange and Sharing
2188	《浙江省公共数据和电子政务管理办法》	Administrative Measures of Zhejiang Province for Public Data and E-Government Affairs
2189	《福建省政务数据管理办法》	Administrative Measures of Fujian Province for Government Affairs Data
2190	《湖南省地理空间数据管理办法》	Administrative Measures of Hunan Province for Geo-Spatial Data

续表

序号	汉语	英语
2191	《海南省政务信息化管理办法》	Administrative Measures of Hainan Province for Government Affairs Informatization
2192	《重庆市地理信息公共服务管理办法》	Administrative Measures of Chongqing City for Geographic Information Public Service
2193	《四川省地理信息交换共享管理办法》	Administrative Measures of Sichuan Province for Geographic Information Exchange and Sharing
2194	《贵阳市政府数据资源管理办法》	Administrative Measures of Guiyang Municipal Government for Data Resources
2195	《青海省地理空间数据交换和共享管理办法》	Administrative Measures of Qinghai Province for Geo-Spatial Data Exchange and Sharing
2196	【部门规范性文件】	departmental normative documents
2197	《教育部科技基础资源数据平台建设管理办法》	Administrative Measures of Ministry of Education for Construction of Science and Technology Basic Resources Data Platform
2198	《信息安全等级保护管理办法》	*Administrative Measures for the Graded Protection of Information Security
2199	《互联网网络安全信息通报实施办法》	*Implementation Method for Interact Network Security Information Circulation
2200	《国土资源数据管理暂行办法》	*Interim Measures for the Administration of Land and Resources Data
2201	《中国极地科学考察样品和数据管理办法》	Administrative Measures for Samples and Data from China Polar Scientific Expeditions
2202	《非银行支付机构网络支付业务管理办法》	*Administrative Measures for the Online Payment Business of Non-Banking Payment Institutions
2203	《网络表演经营活动管理办法》	*Measures for the Administration of Cyber Performance Business Operations
2204	《人力资源社会保障部政务信息资源共享管理暂行办法》	Administrative Interim Measures of the Ministry of Human Resources and Social Security for Government Affairs Information Resources Sharing
2205	《交通运输政务信息资源共享管理办法》	Administrative Measures of Communications and Transportation for Government Affairs Information Resources Sharing
2206	《公共互联网网络安全威胁监测与处置办法》	Measures for Monitoring and Disposing Security Threats to Public Internet Network
2207	【地方规范性文件】	#local normative documents
2208	《辽宁省政务信息资源共享管理暂行办法》	Administrative Interim Measures of Liaoning Province for Government Affairs Information Resources Sharing
2209	《上海市政务数据资源共享管理办法》	Administrative Measures of Shanghai City for Government Affairs Data Resources Sharing
2210	《上海市法人信息共享与应用系统管理办法》	Administrative Measures of Shanghai City for Legal Person Information Sharing and Application System
2211	《浙江政务服务网信息资源共享管理暂行办法》	Administrative Interim Measures of Zhejiang for Government Affairs Service Network Information Resources Sharing

续表

序号	汉语	英语
2212	《杭州市政务数据资源共享管理暂行办法》	Administrative Interim Measures of Hangzhou City for Government Affairs Data Resources Sharing
2213	《安徽省政务信息资源共享管理暂行办法》	Administrative Interim Measures of Anhui Province for Government Affairs Information Resources Sharing
2214	《福建省政务信息共享管理办法》	Administrative Measures of Fujian Province for Government Affairs Information Sharing
2215	《福州市政务数据资源管理暂行办法》	Administrative Interim Measures of Fuzhou City for Government Affairs Data Resources
2216	《山东省政务信息资源共享管理办法》	Administrative Measures of Shandong Province for Government Affairs Information Resources Sharing
2217	《湖北省地理空间信息数据交换和共享管理暂行办法》	Administrative Interim Measures of Hubei Province for Geo-Spatial Information Data Exchange and Sharing
2218	《湖南省政务领域信用信息记录征集管理暂行办法》	Administrative Interim Measures of Hunan Province for Recording, Expropriating and Collecting of Government Affairs Domain Credit Information
2219	《武汉市政务数据资源共享管理暂行办法》	Administrative Interim Measures of Wuhan City for Government Affairs Data Resources Sharing
2220	《广西政务信息资源共享管理暂行办法》	Administrative Interim Measures of Guangxi for Government Affairs Information Resources Sharing
2221	《贵州省政务数据资源管理暂行办法》	Administrative Interim Measures of Guizhou Province for Government Affairs Data Resources
2222	【国外的数据权益保护】	data rights and interests protection abroad
2223	【美国】	*United States of America
2224	《信息自由法》	*The Freedom of Information Act
2225	《公平信用报告法》	*The Fair Credit Reporting Act
2226	《金融隐私法》	*Right to Financial Privacy Act
2227	《电子通信隐私法》	*Electronic Communications Privacy Act
2228	《电信法案》	*Telecommunications Act
2229	《隐私法案》	*Privacy Act
2230	《隐私权保护法》	*Privacy Protection Act
2231	《爱国者法》	*USA Patriot Act
2232	《联邦信息安全管理法》	*Federal Information Security Management Act (FISMA)
2233	《个人数据通知和保护法案》	*Personal Data Notification and Protection Act
2234	《电报通信政策法》	*Cable Communications Policy Act
2235	《录像隐私保护法》	*Video Privacy Protection Act
2236	《驾驶员隐私保护法》	*Driver's Privacy Protection Act
2237	《健康保险携带和责任法》	*Health Insurance Portability and Accountability Act (HIPAA)

续表

序号	汉语	英语
2238	《金融服务现代化法案》	*The Financial Services Modernization Act (Gramm-Leach-Bliley Act) (GLBA)
2239	《儿童网上隐私保护法》	*Children's Online Privacy Protection Act
2240	《个人身份信息保护指南》	*Protection of Personal Information
2241	《消费者隐私权法案》	*The Consumer Privacy Bill of Rights
2242	《计算机欺诈与滥用法》	*Computer Fraud and Abuse Act (CFAA)
2243	《数字千年著作权法》	*Digital Millennium Copyright Act (DMCA)
2244	《澄清域外合法使用数据法案》	*The Clarifying Lawful Overseas Use of Data (CLOUD) Act
2245	【俄罗斯】	*Russia
2246	《信息、信息技术和信息保护法》	*Information, Information Technology and Information Protection Law
2247	《关于<信息、信息技术和信息保护法>的修正案和个别互联网信息交流规范》	#Amendments to Information, Information Technology and Information Protection Law and Specifications for Individual Internet Information Exchange
2248	【英国】	*The United Kingdom of Great Britain and Northern Ireland
2249	《数据保护法》	*Data Protection Act
2250	《个人数据保护法》（英国）	*Data Protection Bill (UK)
2251	《最低网络安全标准》	*The Minimum Cyber Security Standard
2252	【德国】	*Federal Republic of Germany
2253	《联邦数据保护法》	*Federal Data Protection Act
2254	《个人信息保护法》（德国）	#Personal Information Protection Act (Germany)
2255	【法国】	* France (The French Republic)
2256	《数据处理、数据文件及个人自由法》	*Data Processing, Data Files and Individual Liberties
2257	《关于个人数据处理的个人保护法》	Personal Protection Act on the Processing of Personal Data
2258	【瑞典】	*The Kingdom of Sweden
2259	《个人信息保护法》（瑞典）	Personal Information Protection Act (Sweden)
2260	《个人数据法》（瑞典）	*Personal Data Act (Sweden)
2261	【澳大利亚】	* Australia (The Commonwealth of Australia)
2262	《隐私法》	*Privacy Act
2263	《个人控制的电子健康记录法》	*Personally Controlled Electronic Health Records Act
2264	【加拿大】	*Canada
2265	《个人信息保护和电子文件法》	*Personal Information Protection and Electronic Documents Act (PIPEDA)

续表

序号	汉语	英语
2266	【日本】	*Japan
2267	《电子计算机处理数据保护管理准则》	Guidelines for Data Protection and Management of Electronic Computer Processing
2268	《行政机关电子计算机自动化处理个人数据保护法》	Act of Administrative Authorities on Personal Data Protection in the Automatic Processing of Electronic Computers
2269	《关于行政机关所持有之个人信息保护审查会设置法》	Act on the Review Committee Establishment on the Protection of Personal Information Held by Administrative Authorities
2270	《关于保护行政机关所持有之个人信息的法律》	Act on the Protection of Personal Information Held by Administrative Authorities
2271	《关于保护独立行政法人等所持有之个人信息的法律》	Act on the Protection of Personal Information Held by Independent Administrative Legal Persons
2272	《信息公开与个人信息保护审查会设置法》	Act on the Inspection Committee Establishment for the Information Disclosure and Personal Information Protection
2273	《个人数据保护基本法制大纲》	Outlines of Basic Legal System for Personal Data Protection
2274	《个人数据保护法案》	Personal Data Protection Act
2275	《个人信息保护法》（日本）	*Act on the Protection of Personal Information (Japan)
2276	《个人号码法》	*Common Number Bill
2277	【韩国】	*Republic of Korea
2278	《个人信息保护法》（韩国）	*Personal Information Protection Act (Korea)
2279	《信息通信促进法》	*Act on the Promotion of Information and Communications
2280	《信用信息利用和保护法》	*Credit Information Use and Protection Act
2281	《位置信息使用与保护法》	*Act on the Protection, Use, etc. of Location Information
2282	《政府机关个人信息保护法》	Personal Information Protection Act of Government Agencies
2283	《信息通信网络利用和信息保护法》	*Act on the Promotion of Information and Communications Network Utilization and Information Protection
2284	《金融实名往来和秘密保障法》	Act on Real-Name Financial Exchanges and Secret Protection
2285	【新加坡】	*Republic of Singapore
2286	《个人信息保护法案》	*Personal Data Protection Act
2287	【印度】	*The Republic of India
2288	《2000年信息技术法》	*Information Technology Act 2000
2289	《1993年公共记录法》	*Public Records Act 1993
2290	《关于保护个人民管数据或信息的合理安全举措的规定》	Provisions on Reasonable Security Measures to Protect Individuals' Administration Data or Information

续表

序号	汉语	英语
2291	《征信公司法》	*Credit Information Companies (Regulation) Act 2005 (CICRA)
2292	【巴西】	*The Federative Republic of Brazil
2293	《网络治理法》	#Network Governance Act
2294	【瑞士】	*Swiss Confederation (Switzerland)
2295	《个人数据法》（瑞士）	*Personal Data Act (Switzerland)
2296	【马来西亚】	*Malaysia
2297	《个人数据保护法》（马来西亚）	*Personal Data Protection Act (Malaysia)
2298	【越南】	*The Socialist Republic of Viet Nam
2299	《互联网服务及互联网在线内容管理、提供、利用规定》	Provisions on the Management, Provision and Utilization of Internet Service and Internet Online Content
2300	【国际组织的数据权益保护】	protection of data rights and interests of international organizations
2301	【联合国】	*United Nations (UN)
2302	《个人数据保护指南》（联合国）	Guidelines for the Protection of Personal Data (UN)
2303	《计算机化处理个人数据档案指导纲领》	*Guidelines for the Regulation of Computerized Personal Data Files
2304	《关于自动资料档案中个人资料的指南》	*Guide of the Personal Documents in the Automatic Files
2305	【经合组织（OECD）】	*Organization for Economic Cooperation and Development (OECD)
2306	《关于隐私保护与个人数据跨境流动指南》	*Guidelines on the Protection of Privacy and Transborder Flows of Personal Data
2307	《个人数据保护指南》（经合组织）	*Guidelines on Data Protection (OECD)
2308	《电子商务消费者保护指导意见》	*The Guidelines for Consumer Protection in the Context of Electronic Commerce
2309	【世界银行】	*The World Bank
2310	《征信通用原则》	*General Principles for Credit Reporting
2311	【亚太经合组织（APEC）】	*Asia Pacific Economic Cooperation (APEC)
2312	《APEC 隐私保护纲领》	APEC Privacy Protection Framework
2313	《关于隐私保护和个人数据跨境流动指南》	*Guidelines on the Protection of Privacy and Transborder Flows of Personal Data
2314	《APEC 个人隐私工作指南》	Work Guidelines for APEC Personal Privacy
2315	《亚太经合组织隐私保护框架》	*APEC Privacy Framework
2316	《亚太经合组织隐私指南》	*APEC Privacy Principles
2317	《"数据隐私探路者"项目》	*"Data Privacy Pathfinder" Projects
2318	《跨境隐私执行计划》	*Cross-Border Privacy Enforcement Arrangement (CPEA)

续表

序号	汉语	英语
2319	《跨境隐私制度》	*APEC Cross-Border Privacy Rules (CBPR)
2320	【欧盟】	*European Union
2321	《欧洲个人数据保护和自由流动指令》	*Directive on the Protection of Individuals with Regard to the Processing of Personal Data and on the Free Movement of such Data
2322	《隐私与电子通信指令》	*Directive on Privacy and Electronic Communications
2323	《数据留存指令》	*Data Retention Directive
2324	《保护关键基础设施打击恐怖主义》	*Protection of Critical Infrastructures against Terrorism
2325	《电子通信个人数据处理及隐私保护指令》	*Directive Concerning the Processing of Personal Data and the Protection of Privacy in the Telecommunications Sector
2326	《一般数据保护条例》	*General Data Protection Regulation (GDPR)
2327	《关于电子通信领域个人数据处理和隐私保护的指令》	*Directive Concerning the Processing of Personal Data and the Protection of Privacy in the Electronic Communications Sector (Directive on Privacy and Electronic Communications 2002)
2328	欧盟数据保护监管局	*European Data Protection Supervisor (EDPS)
2329	【欧洲理事会】	*The European Council
2330	《关于个人数据自动处理的个人保护公约》	*The Convention for the Protection of Individuals with regard to Automatic Processing of Personal Data
2331	【欧洲委员会】	*Council of Europe
2332	《个人数据自动化处理中的个人保护公约》	*The Convention for the Protection of Individuals with regard to Automatic Processing of Personal Data
2333	《"美国-欧盟安全港"框架》	*"U.S.-EU Safe Harbor" Framework
2334	《欧盟-美国隐私护盾》	*EU-U.S. Privacy Shield
2335	【欧盟理事会】	*Council of the European Union
2336	《数据保护公约》	*Data Protection Convention
2337	大数据史	big data history
2338	【知识、信息和数据】	knowledge, information and data
2339	【古代科学与知识】	ancient science and knowledge
2340	结绳记事	#keeping records by tying knots (in primitive times before the invention of writing)
2341	河图洛书	astrology diagram (Hetu) and vein diagram (Luoshu) (two mystical diagrams used in ancient China to describe the spatially changing context of heaven and earth)
2342	《九章算术》	*The Nine Chapters on the Mathematical Art
2343	毕达哥拉斯学派	*Pythagoras School

续表

序号	汉语	英语
2344	亚里士多德	*Aristotle
2345	莱布尼茨	*Gottfried Wilhelm Leibniz
2346	《几何原本》	*Euclids Elements of Geometry
2347	《人类知识的起源》	*Origin of Human Knowledge
2348	《元逻辑》	*Metalogic
2349	《新工具》	*The New Organon
2350	【近代科学与信息】	science and information in modern times
2351	力学三定律	#three laws of mechanics
2352	罗吉尔·培根	*Roger Bacon
2353	《信息论》	*Information Theory
2354	克劳德·艾尔伍德·香农	*Claude Elwood Shannon
2355	《密码学》	*Cryptography
2356	塞缪尔·莫尔斯	*Samuel Finley Breese Morse
2357	沙普信号塔	Sharpe signal tower
2358	恩尼格玛密码机	*Enigma Machine
2359	《信息简史》	*The Information: A History, a Theory, a Flood
2360	【复杂性科学与数据】	complexity science and data
2361	软系统方法论	*Soft Systems Methodology
2362	自组织理论	#self-organizing theory
2363	非线性动力学	nonlinear dynamics
2364	开放复杂巨系统	*Open Complex Giant Systems
2365	圣塔菲学派	#Santa Fe School
2366	数据科学	#data science
2367	《计算机方法的简明调查》	*Concise Survey of Computer Methods
2368	约翰·阿奇博尔德·惠勒	*John Archibald Wheeler
2369	《第三次浪潮》	*The Third Wave
2370	《大数据时代》	*The Age of Big Data
2371	维克托·迈尔-舍恩伯格	*Viktor Mayer-Schönberger
2372	《数据科学：拓展统计学的技术领域的行动计划》	*Data Science: An Action Plan for Expanding the Technical Areas of the Field of Statistics
2373	《为外存模型可视化而应用控制程序请求页面调度》	*Application-Controlled Demand Paging for Out-of-Core Visualization
2374	《千兆字节数据集的实时性可视化探索》	*Visually Exploring Gigabyte Data Sets in Real Time

续表

序号	汉语	英语
2375	《大数据：下一个具有创新力、竞争力与生产力的前沿领域》	*Big Data: The Next Frontier for Innovation, Competition, and Productivity
2376	《大数据促发展：挑战与机遇》	*Big Data for Development Challenges & Opportunities
2377	技术驱动力	#technical driving force
2378	信息革命	#the information revolution
2379	【第一次信息革命】	#the first information revolution
2380	语言	#language
2381	古埃及语	#Ancient Egyptian Language
2382	《劳动在从猿到人转变过程中的作用》	*The Part Played by labor in the Transition from Ape to Man
2383	【第二次信息革命】	#the second information revolution
2384	文字	#characters
2385	象形文字	#hieroglyph
2386	楔形文字	#cuneiform
2387	腓尼基字母表	#Phoenician alphabet
2388	【第三次信息革命】	#the third information revolution
2389	蔡伦改进造纸术	#Cai Lun's invention and improvement of papermaking technique
2390	活字印刷术	#movable-type printing
2391	【第四次信息革命】	#the fourth information revolution
2392	信号	#signal
2393	模拟信号	#analog signal
2394	移动通信	#mobile communications
2395	无线电	#radio
2396	电报机	#the telegraph
2397	电话	#telephone
2398	电视	#television
2399	【第五次信息革命】	#the fifth information revolution
2400	信息高速公路	*Information Highway
2401	蒂姆·伯纳斯·李	*Tim Berners-Lee
2402	万维网	*World Wide Web
2403	TCP/IP 协议	*Transmission Control Protocol/Internet Protocol
2404	【第六次信息革命】	#The sixth information revolution
2405	C.H.Bennett	*C.H.Bennett

续表

序号	汉语	英语
2406	数字革命	digital revolution
2407	计算机技术	computer technology
2408	电子管计算机	vacuum tube computer
2409	差分机	*Difference Engine
2410	分析机	*Analytical Engine
2411	图灵机	*Turing Machine
2412	IBM 601	*International Business Machines Corporation 601
2413	ENIAC	*Electronic Numerical Integrator And Computer
2414	Apple II	an improved version of Apple I computer
2415	CDC6600	*Control Data Corporation 6600
2416	芯片技术	chip technology
2417	晶体管	transistor
2418	集成电路	integrated circuit
2419	DRAM 存储器	*Dynamic Random Access Memory
2420	摩尔定律	*Moore's Law
2421	麦特卡尔夫定律	*Metcalfe's Law
2422	吉尔德定律	*Gilder's Law
2423	【大数据技术】	big data technology
2424	灾难备份中心	disaster backup center
2425	IDS（入侵检测系统）	*Intrusion Detection Systems
2426	Spanner	Spanner database
2427	OLAP	On-Line Analytical Processing
2428	GFS	Google File System
2429	Storm 框架	Storm framework
2430	storm 计算框架	storm computing framework
2431	Storm 实时大数据计算框架	Storm real-time big data computing framework
2432	Hadoop 分布式文件系统	*Hadoop Distributed File System (HDFS)
2433	数字文明	digital civilization
2434	【人脑时代】	human brain age
2435	东方哲学	eastern philosophy
2436	象数思维	image and number thinking
2437	《易经》	*Book of Changes
2438	格物致知	Knowledge Is Acquired through Experience
2439	程朱理学	Cheng-Zhu Neo-Confucianism

续表

序号	汉语	英语
2440	心即理	Mind Is Reason (Wang Yang-ming's Philosophy)
2441	阳明心学	Wang Yang-ming's Theory of Mind
2442	唯识宗	*Consciousness-Only School
2443	《金刚经》	*The Diamond Sutra
2444	前定说	predetermination in Islam
2445	《古兰经》	*The Koran
2446	西方哲学	western philosophy
2447	本体论	*Ontology
2448	《理想国》	*The Republic
2449	《工具论》	*Organon
2450	《人类理智论》(洛克)	*An Essay Concerning Human Understanding (John Locke)
2451	《精神现象学》	*Phenomenology of Spirit
2452	康德三大批判	*Kant's Critique of Pure Reason, Critique of Practical Reason and Critique of Judgment
2453	经验论	empiricism
2454	《资本论》	*Capital
2455	【古代人文】	ancient humanism
2456	有神论	theism
2457	多神论	polytheism
2458	一神论	monotheism
2459	《圣经》	*The Bible
2460	"惟人万物之灵"	*"Man Is the Spirit of All Things"
2461	"人是万物的尺度"	*"Man Is the Measure of All Things"
2462	【电脑时代】	computer age
2463	【实验科学】	experimental science
2464	决定论	*Determinism
2465	还原论	*Reductionism
2466	机械论	*Mechanism Theory
2467	概率论	*Probability Theory
2468	理想模型法	ideal model method
2469	思维科学	noetic science
2470	逻辑学	logic
2471	归纳法	inductive method

续表

序号	汉语	英语
2472	演绎法	deductive method
2473	三段论法	syllogism
2474	心理学	psychology
2475	《梦的解析》	*The Interpretation of Dreams
2476	认知理论	*Cognitive Theory
2477	人类学	anthropology
2478	【近代人文】	modern humanities
2479	进化论	*Evolutionism
2480	《物种起源》	*On the Origin of Species by Means of Natural Selection, or the Preservation of Favoured Races in the Struggle for Life
2481	《生命是什么》	*What Is Life?
2482	人类中心主义	#human centered doctrine
2483	《人类中心主义：一种现代观》	*Anthropocentrism: A Modern Version
2484	《为什么要保护自然界的变动性》	*Why Preserve Natural Variety?
2485	文艺复兴	*Renaissance
2486	《神曲》	*The Divine Comedy
2487	《蒙娜丽莎》	*Mona Lisa
2488	《大卫》	*David
2489	【云脑时代】	cloud brain age
2490	【学科融合】	disciplines integration
2491	复杂性科学	*Complexity Science
2492	混沌理论	*Chaos Theory
2493	协同理论	*Synergetics
2494	耗散结构理论	dissipative structure theory
2495	蝴蝶效应	*Butterfly Effect
2496	湍流实验	turbulence experiment
2497	麦克斯韦妖	Maxwell's demon
2498	未来学	futurology
2499	《必然》	*The Inevitable: Understanding the 12 Technological Forces That Will Shape Our Future
2500	《人类简史》	*A Brief History of Humankind
2501	《未来简史》	*A Brief History of Tomorrow
2502	《未来的冲击》	*Future Shock
2503	《数字化生存》	*Being Digital

续表

序号	汉语	英语
2504	《块数据》（五部曲）	*Block Data (Five Parts)
2505	【当代人文】	contemporary humanism
2506	世界主义	cosmopolitanism
2507	非人类中心主义	non-anthropocentrism
2508	超人类主义	transhumanism
2509	《人机共生：谁是不会被机器替代的人》	*Only Humans Need Apply: Winners and Losers in the Age of Smart Machines
2510	《人是机器》	*Man a Machine
2511	《基因伦理学》	*Gene Ethics
2512	《弗兰肯斯坦——现代普罗米修斯的故事》	*Frankenstein; or, The Modern Prometheus
2513	《我，机器人》	*I, Robot
2514	《银翼杀手》	*Blade Runner
2515	《终结者》	*Terminator
2516	《三体》	*The Three-Body Problem

附录3 大数据名词汉法对照

序号	汉语	法语
1	大数据理论	théorie du big data (des mégadonnées, des données massives)
2	大数据理论基础	les bases théoriques du big data
3	信息科学	science informatique
4	信息论	Théorie de l'information; informatique
5	世界三元组	triade mondiale
6	信息	information
7	概率信息	information de probabilité
8	语义信息	information sémantique
9	信息熵	entropie d'information
10	信息量	quantité d'information
11	信息处理	traitement d'information
12	信源	source d'information
13	信源编码	codage source
14	信息率失真理论	théorie de la distorsion du taux d'information
15	信道	canal
16	信道噪声	bruit de canal
17	信道容量	capacité du canal (des canaux)
18	信道编码	codage de canal
19	编码	codage
20	编码定理	théorème de codage
21	分组码	code de bloc
22	卷积码	code convolutif
23	纠错码	code correcteur d'erreurs
24	线性码	code linéaire
25	香农理论	Théorie de Shannon
26	信息提取	extraction d'information
27	信息本体论	ontologie d'information
28	信息价值论	Théorie de valeur d'information
29	信息类型学	typologie d'information

续表

序号	汉语	法语
30	统计信息论	informatique statistique
31	语义信息论	théorie de l'information sémantique
32	算法信息论	théorie de l'information algorithmique
33	语用信息论	théorie de l'information pragmatique
34	信息成本	coût d'information
35	信息价值	valeur d'information
36	信息推动力	force motrice d'information
37	信息动力学	dynamique de l'information
38	信息流	flux d'information
39	信息过程	processus d'information
40	信息作用	fonction d'information
41	信息代数	algèbre d'information
42	信息几何	géométrie d'information
43	系统论	théorie des systèmes
44	系统	système
45	要素	éléments (de système)
46	系统结构	structure de système
47	系统功能	fonction de système
48	系统层次	structure ordonnée
49	系统整体性原理	principe de holisme du système
50	系统相关性原理	principe de pertinence du système
51	结构和功能原理	principe de structure et de fonction
52	输入输出平衡性原理	principe de la balance input-output
53	能动性原理	principe de dynamisme
54	最优化原理	principe d'optimalité
55	系统方法	méthode systématique
56	最优化方法	méthode d'optimisation
57	模型化方法	méthode de modélisation
58	综合平衡法	méthode de l'équilibre global
59	网络分析法	méthode de l'analyse de réseau
60	系统预测法	méthode de prédiction systématique
61	大系统理论	théorie du grand système
62	模糊系统理论	théorie des systèmes flous

续表

序号	汉语	法语
63	系统工程	ingénierie des systèmes
64	运筹学	Recherche opérationnelle
65	规划论	théorie de programmation
66	博弈论	Théorie de(s) jeux
67	排队论	théorie des files [des procédés] d'attente
68	存储论	théorie de stockage
69	决策论	théorie de la prise de décision
70	搜索论	théorie de recherche
71	可靠性理论	théorie de fiabilité
72	系统科学	science de(s) système(s)
73	系统哲学	Philosophie de systèmes
74	控制论	Cybernétique
75	控制	contrôle (système)
76	系统响应	réponse du système
77	适应	adaptation
78	反馈原理	principe de rétroaction
79	估计	estimation
80	识别	identification (système)
81	决策	décision (arbre)
82	对策	contre-mesure
83	收敛性	convergence
84	最优性	optimalité (principe)
85	鲁棒性	Robustesse
86	自繁殖	auto-reproduction (système)
87	自组织	auto-organisation
88	必须变异度率	degré de variabilité obligatoire
89	经典控制理论	théorie du contrôle classique
90	自动控制系统	système de contrôle automatique
91	恒值自动调节系统	système automatique de régulation constante
92	程序自动控制系统	système de contrôle automatique programmé
93	随动系统	système de suivi
94	模拟控制器控制	contrôle par un contrôleur analogique
95	反馈控制方法	méthode de contrôle par rétroaction

续表

序号	汉语	法语
96	扰动补偿方法	méthode de compensation des perturbations
97	系统模型	modèle de système
98	时域分析法	analyse du domaine temporel
99	传递函数	fonction de transfert
100	频域分析法	analyse du domaine fréquentiel
101	控制系统校正	correction de système de contrôle
102	多变量控制系统	système de contrôle multivariable
103	线性离散控制系统	système de contrôle linéaire en temps discret
104	非线性系统控制	système de contrôle non linéaire
105	相平面	plan de phase
106	分叉	bifurcation (théorie)
107	混沌	chaos
108	现代控制理论	système de contrôle moderne
109	状态空间模型	modèle d'espace-état
110	连续时间模型	modèle de temps continu
111	能控性	contrôlabilité
112	稳定性	stabilité
113	能观性	observabilité
114	状态估计	estimation de l'état
115	系统识别	identification de système
116	最优控制	contrôle optimal
117	自适应控制	contrôle auto-adaptatif
118	预测控制	contrôle de prévision
119	人工智能方法	méthode de l'intelligence artificielle
120	贝叶斯决策	prise de décision bayésienne
121	知识推理	raisonnement de la connaissance
122	专家系统	Système expert
123	模糊逻辑	logique floue
124	模糊推理	raisonnement flou
125	智能控制方法	méthode de contrôle intelligent
126	智能控制	contrôle intelligent
127	专家控制	contrôle expert
128	模糊控制	contrôle flou

续表

序号	汉语	法语
129	学习控制	contrôle de l'apprentissage
130	神经网络控制	contrôle de réseau neuronal
131	工程控制	contrôle d'ingénierie
132	生物控制	contrôle biologique
133	计算机科学	Science informatique
134	抽象计算机	ordinateur abstrait
135	真实计算机	ordinateur véritable
136	计算过程	processus de calcul
137	计算思维	pensée informatique
138	巴贝奇问题	problème de Charles Babbage
139	客户端计算机	ordinateur côté client
140	服务端计算机	ordinateur de service
141	嵌入式计算机	ordinateur intégré
142	布什问题	problème de Vannevar Bush
143	批处理模式	mode de traitement par lots
144	交互式计算模式	mode de calcul interactif
145	个人计算模式	mode de calcul personnel
146	图形用户界面模式	mode d'interface de l'utilisateur graphique
147	多媒体计算模式	mode de calcul multimédia
148	便携式计算模式	mode de calcul de type portable
149	互联网计算模式	mode de calcul de l'Internet
150	移动互联网计算模式	mode de calcul de l'Internet mobile
151	图灵问题	problème de Alan Mathison Turing
152	科学计算	calcul scientifique
153	企业计算	calcul de l'entreprise
154	消费计算	calcul de la consommation
155	滴涓效应	effet de ruissellement
156	诺德豪斯定律	Loi de Nordhaus
157	科克定律	Loi de Kirk
158	库米定律	Loi de Koomey
159	计算机模拟	simulation sur ordinateur
160	虚拟现实	Réalité virtuelle
161	逻辑思维	pensée logique

续表

序号	汉语	法语
162	布尔逻辑	Logique booléenne
163	命题	proposition
164	连接词	conjonction
165	真值表	tableau de vraie valeur
166	交换律	loi commutative
167	结合律	loi associative
168	分配率	coefficient de partition
169	谓词逻辑	Logique des prédicats
170	定理机器证明	démonstration mécanique de théorème
171	图灵机模型	modèle de machine de Turing
172	罗素悖论	paradoxe de Russell
173	哥德尔不完全性定理	Théorème d'incomplétude de Gödel
174	算法思维	pensée algorithmique
175	分治算法	algorithme divisant et conquérant
176	穷举算法	algorithme exhaustif
177	回溯算法	algorithme de retour en arrière
178	贪心算法	algorithme gourmand
179	迭代算法	algorithme itératif
180	牛顿法	méthode de Newton
181	梯度下降法	méthode de descente de gradient
182	遗传算法	algorithme génétique
183	指数复杂度	complexité exponentielle
184	机器学习	Machine Learning (apprentissage machine); apprentissage automatique
185	非监督学习	apprentissage non-supervisé
186	监督学习	apprentissage supervisé
187	强化学习	apprentissage renforcé
188	神经网络	Réseau neuronal
189	BP 神经网络	Réseau de neurones à rétropropagation
190	损失函数	fonction de perte
191	非线性分类	classification non linéaire
192	激励函数	fonction d'activation
193	卷积神经网络	Réseau neuronal convolutif
194	循环神经网络	Réseau neuronal bouclé

续表

序号	汉语	法语
195	网络思维	pensée de réseau
196	协议	protocole
197	协议栈	pile de protocoles
198	名字空间	espace de noms
199	网络拓扑	Topologie de réseau
200	系统思维	pensée systémique
201	数据抽象	abstraction des données
202	控制抽象	abstraction contrôlée
203	硬件抽象	abstraction matérielle
204	逻辑门	Portes logiques
205	组合电路	circuit combinatoire (logique)
206	信息隐藏原理	principe de dissimulation d'informations
207	时序电路	circuit séquentiel
208	自动机	automate
209	存储程序计算机	ordinateur à programme enregistré
210	应用程序执行模型	modèle d'exécution de programme d'application
211	扬雄周期原理	principe périodique de Yang Xiong
212	波斯特尔健壮性原理	Principe de robustesse de Postel
213	冯诺依曼穷举原理	principe exhaustif de John von Neumann
214	阿姆达尔定律	Loi d'Amdahl
215	统计学	statistiques
216	样本	échantillon
217	抽样	échantillonnage
218	概率分布	distribution de probabilité
219	参数估计	estimation des paramètres
220	点估计	estimation ponctuelle
221	矩估计法	estimation par la méthode du moment
222	顺序统计量法	méthode statistique séquentielle
223	最大似然法	Méthode de probabilité maximale
224	最小二乘法	Les moindres carrés
225	区间估计	estimation par intervalle
226	置信推断	inférence de confiance
227	置信区间	intervalle de confiance

续表

序号	汉语	法语
228	置信水平	niveau de confiance
229	假设检验	test d'hypothèse
230	参数假设检验	test d'hypothèse paramétrique
231	单侧检验	test unilatéral
232	双侧检验	test bilatéral
233	非参数假设检验	test d'hypothèse non-paramétrique
234	卡方检验	test de khi-carré
235	相关分析	analyse de corrélation
236	线性相关分析	analyse de corrélation linéaire
237	非线性相关分析	analyse de corrélation non-linéaire
238	回归分析	analyse de régression
239	线性回归	régression linéaire
240	一元线性回归	régression linéaire unitaire
241	多元线性回归	régression linéaire multiple
242	曲线回归	régression curviligne
243	逻辑回归	régression logique
244	方差分析	Analyse de variance
245	单因素方差分析	analyse de variance à un facteur
246	多因素方差分析	analyse de variance à plusieurs facteurs
247	分类分析	analyse de classification
248	决策树分析	analyse de l'arbre de décision
249	贝叶斯网络分析	analyse de réseau bayésien
250	KNN 法	K-voisin le plus proche (algorithme)
251	聚类分析	analyse par grappes; analyse typologique
252	分层聚类分析	analyse des regroupements hiérarchiques
253	K-Means 聚类	Regroupement en K-Moyennes (algorithme)
254	Kohonen Network 聚类	Regroupement du réseau de Kohonen (algorithme)
255	时间序列分析	analyse des séries temporelles
256	平稳序列分析	analyse des séries (temporelles) stationnaires
257	趋势序列分析	analyse des séries (temporelles) de tendances
258	季节序列分析	analyse des séries (temporelles) saisonnières
259	复合序列分析	analyse des séries (temporelles) composites
260	元分析	méta-analyse

续表

序号	汉语	法语
261	加权平均法	méthode de moyenne pondérée
262	优化方法	méthode optimale
263	线性规划	programmation linéaire
264	整数规划	programmation en nombres entiers
265	多目标规划	programmation à objectifs multiples
266	动态规划	programmation dynamique
267	数据哲学	philosophie des données
268	数	nombre
269	数字	chiffre(s)
270	文字数字	(Caractère) alphanumérique
271	符号数字	chiffre de symbole
272	数制	système numérique
273	序数	nombre ordinal
274	量	quantité
275	计量单位	unité de mesure
276	数据	données
277	科学数据	données scientifiques
278	原始数据	données brutes; données initiales
279	衍生数据（哲学）	données dérivées (philosophie)
280	知识数据	données de connaissances
281	象	image
282	万物源于数	Tout est un nombre.
283	数字本体论	ontologie des chiffres
284	数据哲学	philosophie des données
285	柏拉图主义	Platonisme
286	唯名论	nominalisme
287	康德	Immanuel Kant
288	逻辑主义	logicisme
289	直觉主义	intuitionnisme
290	形式主义	formalisme
291	世界 4	Monde 4
292	符码世界	monde des codes symboliques
293	黑箱方法	méthode de la boîte noire

续表

序号	汉语	法语
294	第四范式	quatrième forme normale
295	技术哲学	philosophie de la technologie
296	心灵哲学	philosophie de l'esprit
297	大数据生态系统	écosystème du big data
298	大数据	big data (mégadonnées; données massive)
299	海量数据	données en masse
300	数据密集型	type intensif de données
301	数据集合	convergence des données
302	数据量	quantité de données
303	数据源	source de données
304	数据元素	élément de données
305	元数据	métadonnées
306	数据结构	structure des données
307	结构化数据	données structurées
308	半结构化数据	données semi-structurées
309	非结构化数据	données non structurées
310	多源异构数据	données hétérogènes multi-sources
311	分组数据	données groupées
312	【数据类型】	type de données
313	流数据	données de flux
314	静态数据	données statiques
315	暗数据	données sombres
316	热数据	données chaudes (récentes et fréquemment sollicitées)
317	温数据	données tièdes
318	冷数据	données froides
319	图数据	données graphiques
320	主数据	données principales
321	粒数据	données granulaires
322	全局数据	données globales
323	数据模型	modèle de données
324	概念数据模型	modèle de données conceptuelles
325	逻辑数据模型	modèle de données logiques
326	物理数据模型	modèle de données physiques

续表

序号	汉语	法语
327	【大数据应用】	application du big data; application des mégadonnées
328	医疗大数据	big data des soins médicaux; big data de la santé
329	教育大数据	big data de l'éducation
330	文化大数据	big data de la culture
331	旅游大数据	big data du tourisme
332	交通大数据	big data des transports
333	农业大数据	big data de l'agriculture
334	工业大数据	big data de l'industrie
335	安全大数据	big data de la sécurité
336	电子商务大数据	big data du commerce électronique
337	科学大数据	big data des sciences
338	时空大数据	big data de l'espace-temps
339	组学大数据	big data des omiques
340	【数据价值】	valeur des données
341	DT 时代	Ere de la technologie des données
342	大数据思维	pensée sur le big data
343	数据革命	révolution des données
344	数字化生存	Existence numérique
345	信誉经济	L'économie de la réputation
346	商业智能	Intelligence d'affaires
347	【互联网】	Internet
348	网络	réseau
349	广域网	Réseau de wide area (de vaste zone); réseau étendu
350	网际网络	réseau international
351	移动互联网	Internet mobile
352	产业互联网	Internet d'industrie
353	工业互联网	Internet industiel
354	消费互联网	Internet de consommation
355	车联网	Internet des véhicules
356	物联网	Internet des objets
357	下一代互联网	Internet de génération suivante; Internet de nouvelle génération
358	5G 网络	réseau 5G

续表

序号	汉语	法语
359	【互联网发展】	développement d'Internet
360	门户网站	Portail Web
361	新浪网	Sina (réseau)
362	搜狐网	Sohu (réseau)
363	网易	Netease
364	【社交媒体】	Médias sociaux
365	博客中国	Blogchine
366	新浪微博	Micro-blog (Sina)
367	人人网	Renren net (réseau de tout le monde)
368	移动互联	Internet mobile
369	万物互联	Internet de toutes choses
370	新型基础设施	construction de nouvelles infrastructures
371	新型主流媒体	média principal de type nouveau
372	互联网思维	pensée Internet
373	互联网平台	plate-forme Internet
374	云计算	informatique en nuage; calcul dans les nuages
375	【服务模式】	modèle de service
376	IaaS	Infrastructure en tant que service (IaaS)
377	PaaS	Plate-forme en tant que service (PaaS)
378	SaaS	Logiciel en tant que service (SaaS)
379	【部署模型】	modèle de déploiement
380	私有云	nuage privé
381	社区云	nuage communautaire
382	公共云	nuage public
383	混合云	nuage mélangé
384	容器技术	Conteneur (technologie)
385	负载均衡	équilibre des charges
386	租户隔离	isolement des locataires
387	统一身份认证	authentification uniforme de l'identité
388	SOA	architecture orientée vers les services (AOS)
389	微服务	micro-service
390	容错计算	calcul de tolérance aux erreurs
391	密钥管理	gestion des clés

续表

序号	汉语	法语
392	云端数据加密	cryptage de données en nuage
393	【数据生态】	écologie de données
394	政务云	Nuage du gouvernement
395	医疗云	nuage de la santé et des soins médicaux
396	教育云	nuage de l'éducation
397	交通云	nuage des transports
398	工业云	nuage de l'industrie
399	金融云	nuage de la finance
400	环保云	nuage de la protection de l'environnement
401	旅游云	nuage du tourisme
402	语音云	nuage de la parole
403	人工智能	Intelligence artificielle
404	【理论基础】	fondation théorique
405	图灵论题	La Thèse de Church-Turing
406	相似性原则	principe de similarité
407	超计算	super-calcul
408	BSS 实数模型	modèle de nombre réel de BSS
409	类脑机器人	robot inspiré du cerveau
410	自然语言处理	Traitement du langage naturel
411	深度学习	Apprentissage approfondi
412	超级电脑沃森	super ordinateur Watson
413	"深蓝"	« Deep Blue » (super-ordinateur d'IBM)
414	AlphaGo	AlphaGo (Joueur robot de jeu de go)
415	智能计算	calcul intelligent
416	群体智能	intelligence en essaim
417	【智能场景】	scene intelligente
418	智能经济	Economie intelligente
419	智能农业	agriculture intelligente
420	智能物流	logistique intelligente
421	智能商务	affaires intelligentes
422	智能金融	finance intelligente
423	智能教育	enseignement intelligent
424	智能医疗	Soins médicaux intelligents

续表

序号	汉语	法语
425	智能政务	affaires gouvernementales intelligentes
426	智慧法庭	tribunal intelligent
427	智能交通	Trafic intelligent (système)
428	智能环保	protection de l'environnement intelligente
429	量子信息	information quantique
430	【量子计算】	calcul quantique
431	量子比特	bit quantique
432	量子计算模型	modèle de calcul quantique
433	量子门	porte quantique
434	量子搜索	recherche quantique
435	量子傅里叶变换	Transformée de Fourier quantique
436	量子相位估计	estimation de phase quantique
437	量子计算机	ordinateur quantique
438	量子算法	algorithme quantique
439	量子线路	circuit quantique
440	量子纠缠	intrication quantique
441	量子霸权	suprématie quantique
442	薛定谔方程	équation de Schrödinger
443	"IBM Q"量子计算平台	Plate-forme de calcul quantique de IBM Q
444	"狐尾松"(Bristlecone)	"Bristlecone" (ordinateur quantique)
445	【量子通信】	Téléportation quantique
446	Vernam 密码	Chiffre de Vernam
447	公钥密码系统	système cryptographique à clé publique
448	RSA 方案	Algorithme de Rivest-Shamir-Adleman
449	不可克隆定理	Théorème de non-clonage
450	量子密码术	Cryptographie quantique
451	BB84 方案	Protocole Bennett-Brassard 1984
452	E91 方案	Protocole Ekert 1991 (distribution des clés quantiques)
453	密集编码	Encodage compact (détection)
454	量子隐形传态	téléportation quantique
455	量子卫星	satellite quantique
456	京沪干线	Ligne principale Beijing-Shanghai
457	墨子号	Expériences quantiques à l'échelle spatiale

续表

序号	汉语	法语
458	块数据	données en bloc
459	大数据范式	paradigme du big data
460	点数据	données ponctuelles
461	条数据	données en barre
462	块数据	données en bloc
463	第一范式	Première Forme Normale
464	第二范式	Seconde Forme Normale
465	第三范式	Troisième Forme Normale
466	数据引力	gravitation de données
467	数据引力波	ondes gravitationnelles de données
468	数据人假设	hypothèse de personne de données
469	块数据模型	modèle de données en bloc
470	块数据价值链	chaîne de valeur des données en bloc
471	块数据组织	organisation de données en bloc
472	数据焦虑	anxiété de données
473	数据迁移	migration des données
474	数据群聚	regroupement de données
475	数据融合	fusion de données
476	大数据 X 效应	effet X du big data
477	秩序互联网	Internet en ordre
478	信息互联网	Internet d'information
479	碎片化信息	information fragmentaire
480	信息无效	invalidité d'information
481	信息技术	Technologie de l'information; informatique
482	信息交互	interaction de l'information
483	信息鸿沟	Fracture numérique
484	虚拟社会	société virtuelle
485	价值互联网	Internet de valeur
486	数据价值	valeur des données
487	数据价值体系	système de valeurs des données
488	数据驱动	piloté par les données
489	数据流	flux de données
490	共享经济	Economie partagée

续表

序号	汉语	法语
491	可编程经济	économie programmable
492	《第四次工业革命——转型的力量》	La quatrième révolution industrielle (Le pouvoir de transformation)
493	《人人时代》	Ere de tout le monde
494	《零边际成本社会》	Société à coût marginal zéro
495	秩序互联网	Internet en ordre
496	互联网治理	gouvernance de l'Internet
497	数据权	droit des données
498	制度信任	confiance institutionnelle
499	技术信任	confiance technologique
500	边界规制	régulation des limites
501	安全规制	règlementation de sécurité
502	保护规制	règlementation de protection
503	数权共享	partage des droits numériques
504	国家数据主权	souveraineté nationale des données
505	网络恐怖主义	Cyber-terrorisme; terrorisme sur Internet
506	可信互联网	Internet de confiance
507	主权区块链	Chaîne de blocs souveraine
508	可编程货币	Monnaie programmable
509	可编程金融	finance programmable
510	可编程社会	société programmable
511	区块链	Chaîne de blocs
512	加密算法	Algorithme cryptographique
513	共识机制	mécanisme de consensus
514	时间戳	horodatage
515	对等网络	réseau d'égal à égal
516	块链结构	structure de la chaîne de blocs
517	公有链	chaîne de blocs communautaire
518	私有链	Chaîne de blocs privée
519	联盟链	chaîne de blocs d'alliance
520	智能合约	Contrat intelligent
521	信任机器	Machine de confiance
522	公有价值	valeur publique
523	"绳网结构"理论	théorie de la structure en filet

续表

序号	汉语	法语
524	"扁担模型"	modèle en palanche
525	主权数字政府	gouvernement numérique souverain
526	主权数字货币	monnaie numérique souveraine
527	信任理论	théorie de la confiance
528	虚拟组织	organisation virtuelle
529	激活数据学	science des données d'activation
530	超数据时代	ère des super-données
531	信息过剩	surabondance d'information
532	"数据拥堵"问题	problème de l'encombrement des données
533	数据依赖	dépendance à l'égard des données
534	数据连接型社会	société de connexion de données
535	E社会	Société électronique
536	U社会	Société ubiquitaire
537	【理论基础】	fondement théorique
538	激活函数	Fonction d'activation
539	复杂理论	théorie complexe
540	湍流发生机制	mécanisme de production de turbulence
541	sandpile model	Modèle du tas de sable Bak-Tang-Wiesenfeld
542	人脑科学	science du cerveau
543	社会理论	Théorie de la société; théorie sociale
544	复杂适应系统	Système adaptatif complexe
545	激活数据学模型	modèle de science des données d'activation
546	数据搜索	recherche de données
547	关联融合	fusion associative
548	自激活	auto-activation
549	热点减量化	réduction des points chauds
550	智能碰撞	collision d'intelligence; collision intelligente
551	云脑时代	ère du cerveau nuage
552	《算法时代》	La formule
553	《智能革命》	*La révolution de l'intelligence*
554	场景应用	LiveApp (application de la scène)
555	数据社会学	sociologie des données
556	数据进化论	évolutionnisme des données

续表

序号	汉语	法语
557	社会决定论	déterminisme social
558	技术工具论	instrumentalisme de la technologie
559	现代技术系统	système de technologie moderne
560	技术预见	prospective technologique
561	数据资本论	théorie du capital de données
562	数字劳动	travail numérique
563	劳动价值论	théorie de la valeur du travail
564	劳动创造价值	le travail crée de la valeur (Marx)
565	《权力的终结》	*La Fin du Pouvoir*
566	数据增值	incrément de données
567	共享价值分配论	Théorie de la distribution de la valeur partagée
568	数据博弈论	théorie des jeux de données
569	社会计算	calcul social
570	数字轨迹	trajectoire numérique
571	数据创新	innovation de données
572	社会场景	scène sociale
573	大数据战略	stratégie du Big Data
574	国家大数据战略	stratégie nationale du big data
575	国际战略	stratégie internationale
576	【联合国】	Nations Unies
577	全球脉动计划	Impulsion globale
578	《大数据开发：机遇与挑战》	*Développement du big data: Opportunités et Défis*
579	【欧盟】	Union européenne
580	《数字（化）议程》	L'agenda numérique
581	《释放欧洲云计算服务潜力》	Libérer le potentiel des services du cloud computing en Europe
582	《云计算发展战略及三大关键行动建议》	Stratégie de développement du cloud computing et Suggestions sur trois actions clés
583	《数据驱动经济战略》	Stratégie d'économie axée sur les données
584	《数据价值链战略计划》	Plan stratégique pour la chaîne de valeur des données
585	【美国】	États-Unis d'Amérique (U.S.A)
586	《美国国家宽带计划》	Plan national sur la large bande (États-Unis)
587	《美国大数据研究和开发计划》	Initiative de recherche et développement sur le Big Data (États-Unis)

续表

序号	汉语	法语
588	《数字政府》	Gouvernement numérique
589	《信息共享与信息安全国家战略》	Stratégie nationale sur le partage et la sécurité de l'information
590	《美国开放数据行动计划》	Plan d'action sur les données ouvertes (États-Unis)
591	《美国国家创新战略》	Stratégie nationale sur l'innovation (États-Unis)
592	《网络安全国家行动计划》	Plan d'action national pour la cybersécurité
593	《联邦大数据研究和发展战略计划》	Plan stratégique fédéral pour la recherche et le développement du Big Data
594	《国家人工智能研究与发展战略计划》	Plan stratégique national pour la recherche et le développement de l'intelligence artificielle
595	【德国】	République fédérale d'Allemagne
596	《德国2020高技术战略》	Stratégie 2020 pour les hautes technologies allemandes: Idée-Innovation-Croissance
597	《云计算行动计划》	Programme d'action en faveur du cloud computing
598	《数字德国2015》	Allemagne Numérique 2015
599	《数字议程（2014—2017年）》	Agenda numérique 2014-2017
600	《数字（化）战略2025》	Stratégie numérique 2025
601	【法国】	France
602	《数字化路线图》	Feuille de route de la transformation numérique
603	《法国机器人发展计划》	Plan français de développement robotique
604	《法国大数据五项支持计划》	Plan de soutien français en cinq parties pour le Big Data
605	"未来工业"计划	Plan pour « L'industrie du futur »
606	【英国】	Le Royaume-Uni de Grande-Bretagne et d'Irlande du Nord
607	《数字英国》	La Grande-Bretagne numérique
608	《英国数据能力发展战略规划》	Plan stratégique du Royaume-Uni pour le développement des capacités en matière de données
609	《数字经济战略（2015—2018年）》	Stratégie d'économie numérique (2015-2018)
610	《英国数字战略2017》	Stratégie numérique du Royaume-Uni 2017
611	【澳大利亚】	Australie
612	《澳大利亚公共服务信息通信技术发展战略（2012—2015年）》	Stratégie du service public australien en matière de technologies de l'information et des communications 2012-2015 (Stratégie TIC)
613	《澳大利亚云计算战略》	Politique du gouvernement australien en matière de cloud computing
614	《澳大利亚公共服务大数据战略》	Stratégie australienne sur le Big Data des services publics

续表

序号	汉语	法语
615	【新加坡】	République de Singapour
616	智慧国 2015	Nation intelligente 2015
617	智慧国家 2025	Nation intelligente 2025
618	【韩国】	République de Corée
619	《IT 韩国未来战略》	Stratégie informatique coréenne pour l'avenir
620	"智慧首尔 2015" 计划	Plan pour « Séoul intelligent 2015 »
621	【日本】	Japon
622	《智慧日本战略 2015》	Stratégie du Japon intelligent 2015
623	《机器人新战略》	La Stratégie du Japon en matière de robots
624	国家战略	stratégie nationale
625	【战略体系】	Système de stratégie
626	数字中国	Chine numérique
627	数字经济	économie numérique
628	数字政府	gouvernement numérique
629	数字社会	société numérique
630	数据强国	Nation puissante de données
631	数字丝绸之路	route de la soie numérique
632	国家信息化发展战略	Stratégie nationale de développement des applications informatiques
633	信息化	informatisation
634	宽带中国	Large bande en Chine
635	国家互联网大数据平台	plateforme nationale du Big Data sur Internet
636	国家信息化体系	système national d'informatisation
637	全域窄带物联网试点城市	Ville pilote de l'Internet des objets à bande étroite globale
638	网络强国战略	Stratégie en matière de cyberpuissance
639	互联网+	Internet plus
640	网络安全和信息化	sécurité du réseau et informatisation
641	网络空间命运共同体	communauté avec un avenir partagé dans le cyberespace
642	互联网全球治理体系	système mondial de gouvernance de l'Internet
643	创新驱动发展战略	stratégie de développement par l'innovation
644	创新型国家	pays innovateur; pays innovant
645	国家创新体系	Système national d'innovation
646	制造强国战略	Stratégie de puissance manufacturière

续表

序号	汉语	法语
647	信息化与工业化融合	intégration de l'informatisation et de l'industrialisation
648	中国制造 2025	Plan Made in China 2025
649	科教兴国战略	Stratégie de redressement de la nation chinoise par la science et l'éducation
650	人才强国战略	Stratégie de renforcement de la nation chinoise par le développement des ressources humaines
651	军民融合发展战略	Stratégie l'intégration civilo-militaire
652	【战略文本】	textes stratégiques
653	《促进大数据发展行动纲要》	Schéma d'action sur la promotion du développement du Big Data
654	《大数据产业发展规划（2016—2020 年）》	Plan de développement pour l'industrie du Big Data (2016-2020)
655	《关于运用大数据加强对市场主体服务和监管的若干意见》	Plusieurs avis sur l'utilisation du Big Data pour renforcer le service et le contrôle des entités du marché
656	《关于促进和规范健康医疗大数据应用发展的指导意见》	Avis d'orientation sur la promotion et la réglementation de l'application et du développement du Big Data dans le domaine de la santé et des soins médicaux
657	《关于促进国土资源大数据应用发展的实施意见》	Avis de mise en oeuvre sur la promotion de l'application et du développement du Big Data relatif aux ressources territoriales
658	《生态环境大数据建设总体方案》	Plan global pour la construction du Big Data lié à l'environnement écologique
659	《农业部关于推进农业农村大数据发展的实施意见》	Directives du ministère de l'agriculture sur la promotion du développement du Big Data lié à l'agriculture et aux zones rurales
660	《农业农村大数据试点方案》	Programme pilote du Big Data lié à l'agriculture et aux zones rurales
661	《关于推进水利大数据发展的指导意见》	Directives sur la promotion du développement du Big Data lié à la conservation de l'eau
662	《气象大数据行动计划（2017—2020 年）》	Plan d'action pour le Big Data météorologique (2017-2020)
663	《国家信息化发展战略纲要》	Les grandes lignes de la stratégie nationale de développement des applications informatiques
664	《国务院关于积极推进"互联网+"行动的指导意见》	Directives du Conseil des Affaires d'Etat sur la promotion active de l'action d' « Internet plus »
665	《国家创新驱动发展战略纲要》	Schéma de stratégie nationale sur le développement par l'innovation
666	《中国制造 2025》	Plan « Made in China 2025 »
667	《智能制造发展规划（2016—2020 年）》	Plan pour le développement de la fabrication intelligente (2016-2020)
668	《云计算发展三年行动计划（2017—2019 年）》	Plan d'action triennal pour le développement du cloud computing (2017-2019)

续表

序号	汉语	法语
669	《新一代人工智能发展规划》	Plan pour le développement de l'intelligence artificielle de nouvelle génération
670	《国家中长期人才发展规划纲要（2010—2020年)》	Schéma du plan national de développement des talents à moyen et à long terme (2010-2020)
671	《国务院关于深化"互联网+先进制造业"发展工业互联网的指导意见》	Direvtive du Conseil des Affaires d'Etat sur sur l'approfondissement de « l'Internet plus l'industrie de fabrication de pointe » et le développement de l'Internet industriel
672	《工业互联网发展行动计划（2018—2020年)》	Plan d'action pour le développement de l'Internet industriel (2018-2020)
673	地方战略	Stratégie locale
674	【京津冀】	Beijing, Tianjin et Hebei (Agglomération urbaine)
675	京津冀国家大数据综合试验区	Zone pilote nationale globale de Big Data à Beijing, Tianjin et Hebei
676	中关村大数据产业园	Parc industriel du Big Data à Zhongguancun
677	张北云计算产业园	Parc industriel de cloud computing à Zhangbei
678	《北京市大数据和云计算发展行动计划（2016—2020年)》	Plan d'action pour le développement du Big Data et du Cloud Computing à Beijing (2016-2020)
679	《关于加快发展"大智移云"的指导意见》（河北）	Avis d'orientation sur l'accélération du développement du « transfert du grand nuage de sagesse » (Hebei)
680	《河北省大数据产业创新发展三年行动计划（2018—2020年)》	Plan d'action triennal de la province du Hebei pour l'innovation et le développement de l'industrie du Big Data (2018-2020)
681	《石家庄市人民政府关于推进大数据发展的实施意见》	Avis d'implémentation du gouvernement populaire municipal de Shijiazhuang sur la promotion du développement du Big Data
682	《石家庄市关于加快推进"大智移云"的实施方案》	Programme d'implémentation de la ville de Shijiazhuang pour accélérer et promouvoir le « transfert du grand nuage de sagesse »
683	【山西省】	Province du Shanxi
684	《山西省大数据发展规划（2017—2020年)》	Planification du développement de la province du Shanxi pour le Big Data (2017-2020)
685	《山西省促进大数据发展应用的若干政策》	Plusieurs politiques de la province du Shanxi visant à promouvoir le développement et l'application du Big Data
686	【内蒙古自治区】	Région autonome de Mongolie intérieure
687	内蒙古国家大数据综合试验区	Zone pilote nationale globale de Big Data dans la région autonome de Mongolie intérieure
688	丝绸之路数据港	Port de données de Route de la Soie
689	和林格尔新区大数据特色产业基地	base industrielle spéciale de Big Data dans le nouveau district d'Horinger

续表

序号	汉语	法语
690	《内蒙古自治区大数据发展总体规划（2017—2020年）》	Planification globale de la région autonome de Mongolie intérieure pour le développement du Big Data (2017-2020)
691	《内蒙古自治区促进大数据发展应用的若干政策》	Plusieurs politiques de la région autonome de Mongolie intérieure sur la promotion du développement et de l'application du Big Data
692	《内蒙古自治区大数据与产业深度融合行动计划（2018—2020年）》	Plan d'action de la région autonome de Mongolie intérieure pour une intégration profonde du Big Data et de l'industrie (2018-2020)
693	《内蒙古自治区健康医疗大数据应用发展规划（2016—2020年）》	Planification du développement de la région autonome de Mongolie intérieure pour l'application du Big Data dans le domaine de la santé et des soins médicaux (2016-2020)
694	《呼和浩特市促进大数据发展应用若干政策》	Plusieurs politiques de la ville de Hohhot sur la promotion du développement et de l'application du Big Data
695	【辽宁省】	Province du Liaoning
696	沈阳国家大数据综合试验区	Zone pilote nationale globale de Big Data à Shenyang
697	《沈阳市促进大数据发展三年行动计划（2016—2018年）》	Plan d'action triennal de la ville de Shenyang pour promouvoir le développement du Big Data (2016-2018)
698	【上海市】	Ville de Shanghai
699	"智能上海（AI@SH）"行动	Action « Intelligence artificielle @ Shanghai (AI @ SH) »
700	上海国家大数据综合试验区	Zone pilote nationale globale de Big Data à Shanghai
701	《上海推进大数据研究与发展三年行动计划（2013—2015年）》	Plan d'action triennal de Shanghai pour la promotion de la recherche et du développement du Big Data à (2013-2015)
702	《上海市大数据发展实施意见》	Avis d'implémentation de la ville de Shanghai sur le développement du Big Data
703	【江苏省】	Province du Jiangsu
704	江苏南通国际数据中心产业园	Coopération (internationale) de campus de Centre de données de Nantong dans la Province du Jiangsu
705	盐城大数据产业园	Parc industriel de Big Data à Yancheng
706	无锡国家传感网创新示范区	Zone de démonstration innovante au niveau national des réseaux de capteurs à Wuxi
707	"感知中国"示范区	Zone de démonstration « ressentir la Chine »
708	《江苏省大数据发展行动计划》	Plan d'action de la province du Jiangsu pour le développement du Big Data
709	《江苏省云计算与大数据发展行动计划》	Plan d'action de la province du Jiangsu pour le développement du Cloud Computing et du Big Data
710	《关于加快大数据产业发展的意见》（南京）	Avis sur l'accélération du développement de l'industrie du Big Data (Nanjing)

续表

序号	汉语	法语
711	《南京市促进大数据发展三年行动计划（2016—2018年)》	Plan d'action triennal de la ville de Nanjing pour promouvoir le développement du Big Data (2016-2018)
712	【浙江省】	Province du Zhejiang
713	"四张清单一张网"智慧政府体系	Système de « Quatre listes et un réseau » du gouvernement intelligent
714	"浙江制造"标准	Normes du « Made in Zhejiang »
715	《浙江省促进大数据发展实施计划》	Plan d'implémentaion de la province du Zhejiang pour promouvoir le développement du Big Data
716	《数字浙江建设规划纲要（2003—2007年)》	Schéma de planification pour la construction du Zhejiang numérique (2003-2007)
717	《杭州市建设全国云计算和大数据产业中心三年行动计划（2015—2017年)》	Plan d'action triennal de la ville de Hangzhou pour la construction d'un centre national de l'industrie du Cloud computing et du Big Data (2015-2017)
718	《杭州城市数据大脑规划》	Planification de Hangzhou pour Cerveau de données de la ville
719	《"数字杭州"发展规划》	Planification de développement pour « Hangzhou numérique »
720	《宁波市人民政府关于推进大数据发展的实施意见》	Plan d'implémentation du Gouvernement populaire municipal de Ningbo pour promouvoir le développement du Big Data
721	【安徽省】	Province du Anhui
722	《安徽省"十三五"软件和大数据产业发展规划》	Planification de la province du Anhui pour le développement de l'industrie des logiciels et du Big Data au cours du « 13ᵉ quinquennat »
723	《合肥市大数据发展行动纲要（2016—2020年)》	Schéma d'action de la ville de Hefei pour le développement du Big Data (2016-2020)
724	【福建省】	Province du Fujian
725	数字福建	Fujian numérique
726	数字福建（长乐）产业园	Parc industriel du Fujian numérique (à Changle)
727	"数字公民"试点	Projet pilote « Citoyenneté numérique »
728	《福建省促进大数据发展实施方案（2016—2020年)》	Programme d'implémentation de la province du Fujian pour la promotion du développement du Big Data (2016-2020)
729	《福建省"十三五"数字福建专项规划》	Planification spéciale de la province du Fujian pour le Fujian numérique du « 13ᵉ quinquennat »
730	《厦门市促进大数据发展工作实施方案》	Plan d'implémentation de Xiamen pour promouvoir le développement du Big Data
731	《厦门市大数据应用与产业发展规划（2015—2020年)》	Planification du développement de la ville de Xiamen pour les applications et l'industrie du Big Data (2015-2020)
732	【江西省】	Province du Jiangxi

续表

序号	汉语	法语
733	智慧新城	nouvelle ville intelligente
734	《促进大数据发展实施方案》（江西）	Programme d'implémentation pour promouvoir le développement du Big Data (Jiangxi)
735	《江西省大数据发展行动计划》	Plan d'action de la province du Jiangxi pour le développement du Big Data
736	【山东省】	Province du Shandong
737	数创公社	commune de l'innovation du big data
738	《山东省人民政府关于促进大数据发展的意见》	Opinions du Gouvernement populaire de la province du Shandong sur la promotion du développement du Big Data
739	《关于促进山东省大数据产业加快发展的意见》	Opinions de la province de Shandong sur la promotion et l'accélération du développement de l'industrie du Big Data
740	《山东省推进农业大数据运用实施方案（2016—2020年）》	Programme d'implémentation de la province du Shandong pour promouvoir l'utilisation du Big Data dans l'agriculture (2016-2020)
741	《济南市数创公社2020发展行动计划》	Plan d'Action de développement de la ville de Jinan pour la commune de l'innovation du Big Data 2020
742	《青岛市人民政府关于促进大数据发展的实施意见》	Avis d'implémentation du gouvernement populaire de la municipalité de Qingdao sur la promotion du développement du Big Data
743	【河南省】	Province du Henan
744	河南国家大数据综合试验区	Zone pilote nationale de Big Data au Henan
745	《河南省人民政府关于推进云计算大数据开放合作的指导意见》	Opinions directrices du gouvernement populaire de la province du Henan sur la promotion d'une coopération ouverte en matière de Cloud Computing et de Big Data
746	《河南省云计算和大数据"十三五"发展规划》	Planification du développement de la province du Henan pour le Cloud Computing et le Big Data du « 13e quinquennat »
747	《河南省大数据产业发展三年行动计划（2018—2020年）》	Plan d'action triennal de la province du Henan pour le développement de l'industrie de Big Data (2018-2020)
748	《郑州市促进大数据发展行动计划》	Plan d'action de Zhengzhou pour promouvoir le développement du Big Data
749	《郑州市人民政府关于促进大数据产业发展的若干意见》	Plusieurs avis du gouvernement populaire municipal de Zhengzhou sur la promotion du développement de l'industrie du Big Data
750	【湖北省】	Province du Hubei
751	智慧城市时空信息云平台建设试点	construction pilote (projet) de la ville intelligente pour une plate-forme de nuage d'informations spatio-temporelles
752	《湖北省大数据发展行动计划（2016—2020年）》	Plan d'action de la province du Hubei pour le développement du Big Data (2016-2020)

续表

序号	汉语	法语
753	《湖北省云计算大数据发展"十三五"规划》	Plan de la province du Hubei pour pour le développement du Cloud computing et du Big Data du 13e quinquennat
754	《武汉市大数据产业发展行动计划（2014—2018年)》	Plan d'action de la ville de Wuhan pour le développement de l'industrie de Big Data (2014-2018)
755	《武汉市人民政府关于加快大数据推广应用促进大数据产业发展的意见》	Opinions du Gouvernement populaire municipal de Wuhan sur l'accélération de la diffusion et de l'application du Big Data et la promotion du développement de l'industrie du Big Data
756	【湖南省】	Province du Hunan
757	《长沙市加快发展大数据产业（2017—2020年）行动计划》	Plan d'action de la ville de Changsha pour accélérer et développer l'industrie du Big Data (2017-2020)
758	【广东省】	Province du Guangdong
759	珠江三角洲国家大数据综合试验区	Zone pilote complète nationale de Big Data dans le delta de la rivière des Perles
760	《广东省促进大数据发展行动计划（2016—2020年)》	Plan d'action de la province du Guangdong pour la promotion du développement du Big Data (2016-2020)
761	《广州市人民政府办公厅关于促进大数据发展的实施意见》	Avis d'implémentation du Bureau général du Gouvernement populaire municipal de Guangzhou sur la promotion du développement du Big Data
762	《深圳市促进大数据发展行动计划（2016—2018年)》	Plan d'action de la ville de Shenzhen pour promouvoir le développement du Big Data (2016-2018)
763	【广西壮族自治区】	Région autonome Zhuang du Guangxi
764	《促进大数据发展的行动方案》（广西）	Plan d'action pour promouvoir le développement du Big Data (Guangxi)
765	《脱贫攻坚大数据平台建设实施方案》（广西）	Programme d'implémentation pour la construction d'une plate-forme de Big Data visant à éradiquer la pauvreté (Guangxi)
766	《南宁市大数据建设发展规划（2016—2020)》	Planification du développement de la ville de Nanning pour la construction de Big Data (2016-2020)
767	《钦州市加快云计算及大数据产业发展的实施方案》	Programme d'implémentation de la ville de Qinzhou pour accélérer le développement du Cloud computing et de l'industrie du Big Data
768	【海南省】	Province du Hainan
769	《海南省促进大数据发展实施方案》	Programme d'implémentation de la province du Hainan pour promouvoir le développement du Big Data
770	【重庆市】	Ville de Chongqing
771	重庆国家大数据综合试验区	Zone pilote complète nationale de Big Data à Chongqing

续表

序号	汉语	法语
772	《重庆市大数据行动计划》	Plan d'action de la ville de Chongqing pour le Big Data
773	【四川省】	Province du Sichuan
774	《四川省促进大数据发展工作方案》	Plan de travail de la province du Sichuan pour promouvoir le développement du Big Data
775	《成都市大数据产业发展规划（2017—2025年）》	Planification de développement de la ville de Chengdu pour l'industrie du Big Data (2017-2025)
776	《成都市促进大数据产业发展专项政策》	Politique spéciale de la ville de Chengdu pour promouvoir le développement de l'industrie du Big Data
777	《泸州市人民政府关于加快大数据产业发展的实施意见》	Avis d'implémentation du Gouvernement populaire municipal de Luzhou sur l'accélération du développement de l'industrie du Big Data
778	【贵州省】	Province du Guizhou
779	国家大数据（贵州）综合试验区	Zone pilote complète nationale de Big Data (Guizhou)
780	块数据城市	ville de données en bloc
781	中国数谷	Vallée numérique de la Chine
782	贵阳·贵安大数据产业发展集聚示范区	Zone de démonstration du regroupement de Gui'an à Guiyang pour le développement de l'industrie du Big Data
783	《关于加快大数据产业发展应用若干政策的意见》（贵州）	Avis sur plusieurs politiques visant à accélérer le développement et l'application de l'industrie du Big Data (Guizhou)
784	《贵州省大数据产业发展应用规划纲要（2014—2020年）》	Schéma de planification de la province du Guizhou pour le développement et l'application de l'industrie du Big Data (2014-2020)
785	《贵州省发展农业大数据助推脱贫攻坚三年行动方案（2017—2019年）》	Plan d'action triennal de la province du Guizhou pour développer le Big Data dans l'agriculture afin d'éradiquer la pauvreté（2017-2019）
786	《贵州大数据+产业深度融合 2017年行动计划》	Plan d'action 2017 de Guizhou pour une intégration approfondie du Big Data et de l'industrie
787	《贵州省数字经济发展规划（2017—2020年）》	Planification du développement de la province du Guizhou pour l'économie numérique（2017-2020）
788	《智能贵州发展规划（2017—2020年）》	Planification du développement pour le Guizhou intelligent (2017-2020)
789	《贵阳大数据产业行动计划》	Plan d'action de Guiyang pour l'industrie du Big Data
790	《关于加快发展大数据产业的实施意见》（贵阳）	Avis d'implémentation sur l'accélération du développement de l'industrie du Big Data (Guiyang)
791	《中共贵阳市委关于以大数据为引领加快打造创新型中心城市的意见》	Avis du comité municipal de Guiyang du PCC sur l'accélération de la création d'une ville centrale innovante guidée par le Big Data

续表

序号	汉语	法语
792	《中共贵阳市委 贵阳市人民政府关于加快建成"中国数谷"的实施意见》	Avis d'implémentation du Comité municipal de Guiyang du PCC et du Gouvernement populaire municipal de Guiyang sur l'accélération de la construction « de la vallée numérique de la Chine »
793	《贵阳市大数据标准建设实施方案》	Programme d'implémentation de la ville de Guiyang pour la construction standard du Big Data
794	【云南省】	Province du Yunnan
795	《云南省人民政府办公厅关于重点行业和领域大数据开放开发工作的指导意见》	Opinions directrices du Bureau général du gouvernement populaire de la province du Yunnan sur l'ouverture et le développement du Big Data dans les industries et domaines clés
796	【陕西省】	Province du Shaanxi
797	陕西省西咸区创建软件和信息服务（大数据）示范基地	base de démonstration du district de Xixian de la province du Shaanxi pour la création de logiciels et le service d'information (Big Data)
798	硬科技之都	Capitale de technologies dures et de base
799	《陕西省大数据与云计算产业示范工程实施方案》	Programme d'implémentation de la province du Shaanxi pour le projet de démonstration de l'industrie du Big Data et du Cloud Computing
800	《西安市大数据产业发展实施方案（2017—2021年）》	Programme d'implémentation de la ville de Xi'an pour le développement de l'industrie de Big Data (2017-2021)
801	《西安市发展硬科技产业十条措施》	Dix mesures de la ville de Xi'an pour développer l'industrie des technologie dures et de base
802	【甘肃省】	Province du Gansu
803	《关于加快大数据、云平台建设促进信息产业发展的实施方案》	Programme d'implémentation pour accélérer la construction de la plate-forme de Big Data et de Cloud computing afin de promouvoir le développement de l'industrie de l'information
804	《甘肃省促进大数据发展三年行动计划（2017—2019年）》	Plan d'action triennal de la province du Gansu pour promouvoir le développement du Big Data (2017-2019)
805	《兰州市人民政府关于促进大数据发展的实施意见》	Avis d'implémentation du Gouvernement populaire municipal de Lanzhou sur la promotion du développement du Big Data
806	【青海省】	Province du Qinghai
807	《关于促进云计算发展培育大数据产业实施意见》（青海）	Avis d'implémentation sur la promotion du développement du Cloud Computing et l'encouragement de l'industrie du Big Data (Qinghai)
808	【宁夏回族自治区】	Région autonome Hui du Ningxia
809	《关于运用大数据开展综合治税工作实施方案》（宁夏）	Programme d'implémentation pour la mise en place d'une administration fiscale complète par l'utilisation du Big Data (Ningxia)
810	【新疆维吾尔自治区】	Région autonome ouïgoure du Xinjiang

续表

序号	汉语	法语
811	《新疆维吾尔自治区云计算与大数据产业"十三五"发展专项规划》	Planification spéciale de la Région autonome ouïgoure du Xinjiang pour le développement du Cloud computing et de l'industrie de Big Data du « 13e quinquennat »
812	数字基础设施	infrastructure numérique
813	网络基础	infrastructure de réseau
814	宽带乡村	campagne à large bande
815	电信普遍服务	services universels de télécommunication
816	宽带城市	ville à large bande
817	三网融合	convergence des (trois) réseaux (réseau télécom, réseau informatique, réseau de télévision par câble)
818	国家空间数据基础设施	Infrastructure nationale des données spatiales
819	互联网骨干直联点	Point d'accès direct (national) à la dorsale Internet
820	互联网协议第六版	Protocole de l'Internet, version 6
821	天地一体化信息网络	Réseau d'intégration espace-terre
822	5G 规模组网	Mise en réseau à l'échelle 5G (construction)
823	量子保密通信骨干网	Réseau sécurisé de communication quantique
824	信息资源库	Dépôt d'informations (de base)
825	信息资源	ressources d'information
826	政务信息资源	ressources d'information des affaires gouvernementales
827	人口基础信息库	Bibliothèque d'information de base de la population
828	脱敏人口信息资源	ressources d'information démographique de désensibilisation (données)
829	法人单位基础信息库	Bibliothèque d'information de base des personnes morales
830	自然资源基础信息库	Bibliothèque d'information de base des ressources naturelles
831	地理空间基础信息库	Bibliothèque d'informations géospatiales de base
832	国土资源监管信息系统	système d'information sur la surveillance des terres et des ressources
833	社会信用信息库	base de données d'informations sur le crédit social
834	全国公共信用信息公示系统	Le système chinois de publicité pour l'information sur le crédit public
835	统一社会信用代码	code unifié de crédit social
836	应用设施	installations d'application
837	一体化政务数据平台	plate-forme de données intégratives pour les affaires gouvernementales

续表

序号	汉语	法语
838	公共应用服务平台	plate-forme de service d'application publique
839	国家电子政务网络	Réseau national de gouvernement électronique
840	国家政务数据中心	centre national des affaires gouvernementales
841	国家数据共享交换工程	projet national de partage et d'échange de données
842	国家公共数据开放网站	site web national ouvert aux données publiques
843	【重要领域信息系统】	système d'information dans les domaines critiques
844	北斗卫星导航系统	Système de navigation par satellite Beidou
845	核岛控制系统	système de contrôle des îlots nucléaires
846	银联交易系统	Système UnionPay de la Chine
847	智能交通系统	Système de transport intelligent
848	供水管网信息管理系统	système de gestion de l'information du réseau d'approvisionnement en eau
849	社保信息系统	système d'information sur la sécurité sociale
850	内容分发网络	Réseau de distribution de contenu
851	全国一体化大数据中心	Centre national de big data
852	信息基础设施防护	Protection des infrastructures d'information (critique)
853	关键信息基础设施	Infrastructure d'information critique
854	关键信息基础设施安全保护制度	Système de protection des infrastructures d'information critique
855	美国关键信息基础设施保护制度	Système américain de protection de l'infrastructure d'information critique
856	关键信息基础设施保护通告	Avis sur la protection des infrastructures d'information critique
857	《关键基础设施信息保护法》	Loi sur l'information relative à l'infrastructure critique
858	数据开放共享	ouverture et partage de données
859	开放数据	données ouvertes
860	国家数据开放体系	système ouvert national de données
861	数据孤岛	îlot isolé de données
862	数据烟囱	cheminée de données
863	数据开放	ouverture de données
864	政府信息公开	révélation de l'information gouvernementale
865	政府数据共享	partage de données gouvernementales
866	政府数据开放	ouverture de données gouvernementales
867	数据开放生态系统	écosystème d'ouverture de données

续表

序号	汉语	法语
868	数据开放统一平台	plate-forme unifiée ouverte de données
869	政府数据管理机构	autorité gouvernementale de gestion des données
870	政府数据开放评价机制	Système ouvert d'évaluation des données gouvernementales
871	数据共享	partage de données
872	无条件共享	partage inconditionnel
873	有条件共享	partage conditionnel
874	不予共享	non-partage
875	开放政府	gouvernement ouvert
876	开放政府数据	données gouvernementales ouvertes
877	开放授权	Autorisation ouverte
878	开放数据授权协议	Protocole de données ouvertes
879	开放数据政策模型	modèle de politique de données ouvertes
880	中国开放数林指数	Index des données ouvertes de la Chine
881	开放政府运动	mouvement pour l'ouverture gouvernementale
882	赫尔比希（Natalie Helbig）开放政府建设模型	Le modèle de construction d'un gouvernement ouvert de Natalie Helbig
883	《政务信息系统整合共享实施方案》	Programme d'implémentation pour l'intégration et le partage du système d'information sur les affaires gouvernementales
884	《公共信息资源开放试点工作方案》	Plan de travail pour le programme pilote d'ouverture des ressources d'information du public
885	《关于推进公共信息资源开放的若干意见》	Plusieurs avis sur la promotion de l'ouverture des ressources d'information publique
886	马赛克效果	Mosaïque (Effet)
887	共享观	valeurs partagées
888	开放平台	plate-forme ouverte
889	【规划与标准】	planification et standard
890	政府部门数据共享	partage des données entre les secteurs gouvernementaux
891	公共数据资源开放	ouverture des ressources de données publiques
892	数据资源清单	Inventaire des ressources pour les données
893	政府数据开放共享标准	normes gouvernementales d'ouverture et de partage des données
894	政府数据集	ensemble de données gouvernementales
895	元数据标准	norme de métadonnées
896	政府数据共享开放目录	catalogue du partage et de l'ouverture des données gouvernementales

续表

序号	汉语	法语
897	《流通领域电子数据交换规范》	Spécifications pour l'échange de données informatisées en circulation
898	《社会治安综合治理基础数据规范》国家标准（GB/T 31000—2015）	Spécification des données pour une gestion globale de la sécurité publique
899	全国政务信息资源目录体系	système de catalogue des ressources d'information sur les affaires gouvernementales nationales
900	《政务信息资源目录编制指南（试行）》	Lignes directrices pour la compilation du catalogue des ressources d'information sur les affaires gouvernementales (essai)
901	【平台】	plate-forme
902	国家政府数据统一开放平台	plate-forme nationale ouverte pour les données gouvernementales
903	数据开放网站	site web d'ouverture des données
904	全国政务信息共享网站	site web pour le partage d'informations sur les affaires gouvernementales nationales
905	北京市政务数据资源网	réseau de la ville de Beijing pour les ressources en données sur les affaires gouvernementales
906	哈尔滨市政府数据开放平台	plate-forme du gouvernement municipal de Harbin pour l'ouverture des données
907	上海市政府数据服务网	réseau du gouvernement municipal de Shanghai pour le service de données
908	无锡市政府数据服务网	réseau du gouvernement municipal de Wuxi pour le service de données
909	浙江政务服务网	réseau du Zhejiang pour le service des affaires gouvernementales
910	海曙区数据开放平台（宁波）	plate-forme du district de Haishu pour l'ouverture des données (Ningbo)
911	青岛政府数据开放网	réseau du gouvernement de Qingdao pour l'ouverture des données
912	武汉市政务公开数据服务网	réseau de la ville de Wuhan pour le service d'ouverture des données sur les affaires gouvernementales
913	长沙数据开放平台	plate-forme de Changsha pour l'ouverture des données
914	开放广东	Guangdong ouvert
915	广州市政府数据统一开放平台	plate-forme ouverte du gouvernement municipal de Guangzhou pour les données gouvernementales
916	佛山市数据开放平台	plate-forme de la ville de Foshan pour l'ouverture des données
917	深圳市政府数据开放平台	plate-forme du gouvernement municipal de Shenzhen pour l'ouverture des données
918	深圳坪山区数据开放平台	plate-forme du district de Pingshan à Shenzhen pour l'ouverture des données
919	数说东莞	narration numérique de Dongguan

续表

序号	汉语	法语
920	肇庆市政府数据开放平台	plate-forme du gouvernement municipal de Zhaoqing pour l'ouverture des données
921	梅州政府数据开放平台	plate-forme du gouvernement municipal de Meizhou pour l'ouverture des données
922	湛江数据服务网	réseau de Zhanjiang pour le service des données
923	数说·南海	narration numérique-Nanhai
924	贵州省政府数据开放平台	plate-forme du gouvernement provincial de Guizhou pour l'ouverture des données
925	贵阳市政府数据开放平台	plate-forme du gouvernement municipal de Guiyang pour l'ouverture des données
926	社会和云·城市大脑	Société et Cloud · Cerveau de la ville
927	"云上贵州"系统平台	Plate-forme du système « Guizhou-Cloud Big Data »
928	数据治理体系与治理能力	système de gouvernance des données et capacité de gouvernance
929	【治理数据化】	gouvernance numérisée
930	互联网+政务服务	service pour l'Internet et les affaires gouvernementales
931	国家政务信息化工程	projet d'informatisation pour les affaires gouvernementales nationales
932	政务信息资源目录	catalogue des ressources d'information sur les affaires gouvernementales
933	全国一体化的国家大数据中心	Centre national de big data
934	国家电子政务内网	Intranet national du e-gouvernement
935	国家电子政务外网	Extranet national du e-gouvernement
936	一体化政务治理体系	système de gouvernance pour les affaires gouvernementales intégrées
937	网络综合治理体系	système de contrôle complet des réseaux
938	信息惠民工程	projet d'information au bénéfice du peuple
939	全国电子商务产品质量大数据应用中心	centre national d'application de Big Data pour la qualité des produits du commerce électronique
940	《"十三五"国家政务信息化工程建设规划》	Planification de la construction pour le projet d'informatisation des affaires gouvernementales nationales du « 13ᵉ quinquennat »
941	《推进"互联网+政务服务"开展信息惠民试点实施方案》	Programme pilote d'implémentation pour promouvoir le « Service des affaires gouvernementales de l'Internet plus » et développer l'information au bénéfice du peuple
942	《"互联网+政务服务"技术体系建设指南》	Lignes directrices pour la construction du système technologique du « Service des affaires gouvernementales de l'Internet plus »
943	【管理机构与协调机制】	autorité de gestion et mécanisme de coordination

续表

序号	汉语	法语
944	【中央】	autorités centrales
945	"促进大数据发展部际联席会议"制度	système de « réunion interministérielle conjointe pour la promotion du développement de Big Data»
946	中国共产党中央网络安全和信息化委员会	(PCC) La Commission centrale des affaires du cyberespace
947	中央国家安全领导小组	Groupe pilote central pour les affaires de sécurité nationale
948	国家互联网信息办公室	Bureau national d'information sur Internet
949	国家信息中心	Centre d'information de l'État
950	国家互联网应急中心	Centre national d'urgence Internet
951	国家电子政务内网建设和管理协调小组	groupe de coordination pour la construction et la gestion de l'Intranet national d'e-gouvernement
952	【地方】	autorités locales
953	内蒙古自治区大数据发展管理局	bureau de gestion de la Région autonome de Mongolie intérieure pour le développement de Big Data
954	辽宁省沈阳市大数据管理局	Bureau municipal du Big Data de Shenyang (province du Liaoning)
955	浙江省数据管理中心	Centre de gestion des données de la province du Zhejiang
956	浙江省宁波市大数据管理局	Bureau de gestion du Big Data de la ville de Ningbo, province du Zhejiang
957	浙江省杭州市数据资源管理局	Bureau de l'admistration des ressources de données de la ville de Hangzhou, province du Zhejiang
958	安徽省合肥市数据资源局	Bureau des ressources de données de la ville de Hefei, province du Anhui
959	湖北省黄石市大数据管理局	Bureau de gestion du Big Data de la ville de Huangshi, province du Hubei
960	广东省大数据管理局	Bureau de gestion du Big Data de la province du Guangdong
961	广东省佛山市南海区数据统筹局	Bureau des statistiques et de la planification des données du district de Nanhai, ville de Foshan, province du Guangdong
962	广东省广州市大数据管理局	Bureau de gestion du Big Data de la ville de Guangzhou, province du Guangdong
963	四川省成都市大数据管理局	Bureau de gestion du Big Data de la ville de Chengdu, province du Sichuan
964	贵州省大数据发展管理局	Administration du développement du Big Data de la province du Guizhou
965	贵州省贵阳市大数据发展管理委员会	Comité de gestion du développement du Big Data de la ville de Guiyang, province du Guizhou
966	云南省保山市大数据管理局	Bureau de gestion du Big Data de la ville de Baoshan, province du Yunnan

续表

序号	汉语	法语
967	云南省昆明市大数据管理局	Bureau de gestion du Big Data de la ville de Kunming, province du Yunnan
968	陕西省咸阳市大数据管理局	Bureau de gestion du Big Data de la ville de Xianyang, province du Shaanxi
969	甘肃省兰州市大数据社会服务管理局	Bureau de gestion des services sociaux du Big Data de Lanzhou (ville), dans la province du Gansu
970	甘肃省酒泉市大数据管理局	Bureau de gestion du Big Data de la ville de Jiuquan, province du Gansu
971	宁夏回族自治区银川市大数据管理服务局	Bureau des services de gestion du Big Data de la ville de Yinchuan, région autonome de Ningxia Hui
972	宁夏回族自治区中卫市云计算和大数据发展服务局	Bureau de Service pour le développement du Cloud Computing et du Big Data, de la ville de Zhongwei, région autonome de Ningxia Hui
973	【国外】	autorités extérieures
974	美国大数据研发高级指导小组	(États-Unis) Groupe directeur principal du Big Data
975	美国大数据跨部门工作组	(États-Unis) groupe de travail interdépartemental sur le Big Data
976	英国政府数字服务小组	(Royaume-Uni) Groupe sur le service numérique gouvernemental
977	英国信息化基础设施领导委员会	Conseil de direction de l'infrastructure électronique (Royaume-Uni)
978	Data.gov 项目管理办公室	Bureau de gestion du projet Data.gov
979	公共数据集团	Groupe de données publiques
980	开放数据研究所	Institut de données ouvertes
981	开放数据使用者团队	Groupe d'utilisateurs de données ouvertes
982	【专家委员会】	comité d'experts
983	国家互联网金融安全技术专家委员会	Comité national d'experts sur la technologie de la sécurité financière sur Internet
984	中国计算机学会大数据专家委员会	Comité d'experts sur le Big Data de la Fédération informatique de la Chine
985	国家大数据专业委员会	Comité spécial national sur le Big Data
986	国家大数据专家咨询委员会	Comité consultatif national d'experts sur le Big Data
987	大数据安全专家委员会	Comité d'experts sur la sécurité du Big Data
988	中国通信学会大数据专家委员会	Comité d'experts sur le Big Data de l'Institut chinois des communications
989	大数据发展促进委员会	Conseil chinois du Big Data
990	贵州省大数据产业专家咨询委员会	Comité consultatif d'experts de l'industrie du Big Data de la province du Guizhou
991	贵州省大数据标准化技术委员会	Comité technique de la province du Guizhou pour la normalisation de Big Data

续表

序号	汉语	法语
992	开放数据中心委员会	Comité du centre de données ouvertes
993	【联盟与协会】	Alliances et associations
994	数字中国智库联盟	Alliance de Think Tank de la Chine numérique
995	中国网络安全产业联盟	Alliance chinoise de l'industrie de la cybersécurité
996	中国电子学会	Institut Chinois de l'Électronique (ICÉ)
997	中国通信学会	Institut chinois des communications
998	中国IT技术联盟	Alliance chinoise de technologie informatique
999	中国信息化推进联盟	Fédération chinoise de promotion des technologies informatiques
1000	中国互联网协会	Société chinoise de l'Internet
1001	数据中心联盟	Alliance de centres de données
1002	中国大数据技术与应用联盟	Alliance chinoise des technologies du Big Data et de leurs applications
1003	中国企业大数据联盟	Union chinoise de Big Data
1004	工业大数据应用联盟	Alliance du Big Data industriel
1005	国家大数据创新联盟	Alliance nationale pour l'innovation du Big Data
1006	首席数据官联盟	Alliance des directeurs de données
1007	大数据联盟	alliance pour le big data
1008	中国大数据产业生态联盟	Alliance écologique de l'industrie du Big Data de la Chine
1009	中国大数据应用（西北）联盟	Alliance de la Chine pour les applications du Big Data (Nord-Ouest)
1010	中关村大数据产业联盟	Alliance de l'industrie du Big Data de Zhonguancun
1011	天津市大数据联盟	Alliance du Big Data de la ville de Tianjin
1012	石家庄大数据产业联盟	Alliance de l'industrie du Big Data de Shijiazhuang
1013	山西省大数据发展联盟	L'Alliance de la province du Shanxi pour le développement du Big Data
1014	东北大数据产业联盟	Alliance de l'industrie du Big Data du Nord-Est
1015	黑龙江省大数据产业联盟	Alliance de l'industrie du Big Data de la province du Heilongjiang
1016	上海大数据联盟	Alliance du Big Data de Shanghai
1017	苏州大数据产业联盟	Alliance de l'industrie du Big Data de Suzhou
1018	浙江省大数据应用技术产业联盟	Alliance de la province du Zhejiang pour l'industrie de l'appilication tecnologique du Big Data
1019	安徽省大数据产业联盟	Alliance de l'industrie du Big Data de la province du Anhui

续表

序号	汉语	法语
1020	山东大数据产业创新联盟	Alliance de la province du Shandong pour l'innovation de l'industrie du Big Data
1021	河南云计算大数据产业联盟	Alliance de l'industrie du cloud computing et du big data de la province du Henan
1022	广州大数据产业协同创新联盟	Alliance pour l'innovation collaborative de l'industrie du Big Data de Guangzhou
1023	重庆大数据产业技术创新联盟	Alliance de Chongqing pour l'innovation technologique de l'industrie du Big Data
1024	四川大数据产业联盟	Fédération de l'industrie du Big Data du Sichuan
1025	贵州大数据产业联盟	Alliance de l'industrie du Big Data du Guizhou
1026	昆明大数据产业联盟	Alliance de l'industrie du Big Data de Kunming
1027	中国光谷大数据产业联盟	Alliance de l'industrie du Big Data de la Vallée de l'optique, Chine
1028	陕西省大数据产业联盟	Alliance de l'industrie du Big Data de la province du Shaanxi
1029	甘肃省大数据产业技术创新联盟	Alliance de la province du Gansu pour l'innovation technologique de l'industrie du Big Data
1030	中国信息协会大数据分会	Section du Big Data de l'Association chinoise d'information
1031	北京大数据协会	Association du Big Data de Beijing
1032	河北省京津冀大数据产业协会	Association de l'industrie du Big Data de Beijing-Tianjin-Hebei, de la province du Hebei
1033	山西省大数据产业协会	Association de l'industrie du Big Data du Shanxi
1034	浙江省大数据科技协会	Association des technologies du Big Data du Zhejiang
1035	杭州市云计算与大数据协会	Association de Hangzhou pour le Cloud Computing et le Big Data
1036	广东省大数据协会	Association du Big Data de la province du Guangdong
1037	深圳市大数据产业协会	Association du Big Data de Shenzhen
1038	深圳市大数据研究与应用协会	Association de Shenzhen pour la recherche et le développement du Big Data
1039	东莞市大数据协会	Association du Big Data de la ville de Dongguan
1040	佛山市云计算大数据协会	Association du Big Data et du Cloud Computing de la ville de Foshan
1041	重庆市云计算和大数据产业协会	Association du Cloud Computing et de l'industrie du Big Data de Chongqing
1042	【研究机构】	Institut de recherches
1043	英国开放数据研究所	(Royaume-Uni) Institute des données ouvertes
1044	中国科学技术信息研究所	Institut d'information scientifique et technique de Chine

续表

序号	汉语	法语
1045	中国科学技术发展战略研究院	Académie chinoise des sciences et technologies pour le développement
1046	中国信息通信研究院	Académie chinoise des technologies de l'information et des communications
1047	中国电子信息产业发展研究院	Centre chinois pour le développement de l'industrie de l'information
1048	中国电子技术标准化研究院	Institut chinois de normalisation électronique
1049	网络安全应急技术国家工程实验室	Laboratoire national d'ingénierie des technologies d'intervention d'urgence en matière de cybersécurité
1050	国家信息技术安全研究中心	Centre national de recherche sur la sécurité des technologies de l'information
1051	信息网络安全技术研发中心	Centre de recherche et développement en cybersécurité
1052	大数据科学与工程国际研究中心	centre international de recherche pour la science et l'ingénierie du Big Data
1053	中国国际经贸大数据研究中心	Centre international chinois du big data pour la recherche en économie et commerce
1054	提升政府治理能力大数据应用技术国家工程实验室	Laboratoire national d'ingénierie pour l'application du Big Data sur l'amélioration des capacités de gouvernance gouvernementale
1055	北京大数据研究院	Institut de recherche sur le Big Data de Beijing
1056	深圳市大数据研究院	Institut de recherche de Shenzhen sur le Big Data
1057	中国大数据和智慧城市研究院	L'Institut du Big Data et de la ville intelligente de Chine
1058	大数据战略重点实验室	Laboratoire clé de la stratégie du Big Data
1059	电子科技大学大数据研究中心	Centre de recherche sur le Big Data, Université des sciences et technologies électroniques de Chine
1060	教育大数据应用技术国家工程实验室	Laboratoire national d'ingénierie pour le Big Data éducatif
1061	大数据系统计算技术国家工程实验室	Laboratoire national d'ingénierie pour la technologie informatique du système de Big Data
1062	大数据系统软件国家工程实验室	Laboratoire national d'ingénierie pour les logiciels du Big Data
1063	大数据分析与应用技术国家工程实验室	Laboratoire national d'ingénierie pour les technologies d'analyse et d'application du Big Data
1064	大数据流通与交易技术国家工程实验室	Laboratoire national d'ingénierie pour les technologies de distribution et d'échange du Big Data
1065	大数据协同安全技术国家工程实验室	Laboratoire national d'ingénierie pour la technologie de sécurité collaborative du Big Data
1066	医疗大数据应用技术国家工程实验室	Laboratoire national d'ingénierie pour la technologie d'application du Big Data médical
1067	综合交通大数据应用技术国家工程实验室	Laboratoire national d'ingénierie des technologies d'application du Big Data des transports intégrés

续表

序号	汉语	法语
1068	社会安全风险感知与防控大数据应用国家工程实验室	Laboratoire national d'ingénierie pour l'application du Big Data sur la détection, la prévention et le contrôle des risques de sécurité sociale
1069	工业大数据应用技术国家工程实验室	Laboratoire national d'ingénierie pour la technologie d'application du Big Data industriel
1070	空天地海一体化大数据应用技术国家工程实验室	Laboratoire national d'ingénierie pour la technologie d'application du Big Data sur l'Espace-Terre-Mer Intégré
1071	【交流平台】	plate-forme de communication
1072	中国计算机学会大数据学术会议	Conférence chinoise du CCF sur le Big Data
1073	中国国际大数据产业博览会	Exposition internationale de l'industrie du Big Data en Chine
1074	中国大数据技术大会	Conférence chinoise sur la technologie du Big Data
1075	数据管理国际会议	Conférence internationale sur la gestion du Big Data
1076	数据工程国际会议	Conférence internationale sur l'ingénierie du Big Data
1077	数据库领域著名国际会议	Conférences internationales prestigieuses sur la base de données
1078	世界互联网大会	Conférence mondiale sur l'Internet
1079	数字中国建设峰会	Sommet de la construction de la Chine numérique
1080	世界智能大会	Congrès mondial sur l'Intelligence
1081	开放数据中心峰会	Sommet du centre de données ouvertes
1082	CMRA"统计与大数据创新应用开放论坛"	Association chinoise de recherche en marketing –« Forum ouvert sur les statistiques et les applications d'innovation du Big Data »
1083	"开放数据和创新：愿景与实践"国际研讨会	Colloque international sur les « données ouvertes et l'innovation: vision et pratique »
1084	交通大数据开放合作国际论坛	Forum international sur le partage et la collaboration du Big Data des transports
1085	开放数据创新应用大赛（上海）	Applications de données ouvertes de Shanghai
1086	大数据技术	technologie du big data
1087	技术理念	idée technologique
1088	技术	technologie
1089	技术体	corps technologique
1090	技术进化	évolution de la technologie
1091	技术元	élément technologique
1092	技术域	domaine technologique
1093	技术基因	gène de la technologie

续表

序号	汉语	法语
1094	技术自主论	autonomie technologique
1095	自创生系统	Système d'autopoïèse
1096	技术黑箱	technologie boîte noire
1097	珊瑚礁结构	structure de récif corallien
1098	技术进化树	arbre d'évolution technologique
1099	技术发展定律	La loi sur le développement de la science et de la technologie
1100	大数据技术观	vue de la technologie du Big Data
1101	机械主义	mécanisme
1102	共生主义	Philosophie de la symbiose
1103	技术体系	système technique
1104	数据采集	Acquisition de données
1105	【数据源】	source de données
1106	数据仓库	Entrepôt de données
1107	关系数据库	base de données relationnelle
1108	分布式数据库	Base de données distribuée
1109	【数据采集方法】	méthode d'acquisition des données
1110	系统日志采集	acquisition des journaux du système
1111	Flume 分布式日志系统	Système de journal distribué Flume
1112	Scribe 数据（日志）收集系统	Système de collecte de données (journal) Scribe
1113	Kafka 分布式消息系统	Système de messages distribués Kafka
1114	Fluentd 数据收集框架	Cadre de collecte des données Fluentd
1115	Logstash 日志搜集处理框架	Cadre de recherche, de collecte et de traitement des journaux Logstash
1116	Chukwa 数据收集平台	Plate-forme de collecte de données Chukwa
1117	Zipkin 分布式跟踪系统	Système de suivi par répartition de Zipkin
1118	网络数据采集	acquisition de données de réseau
1119	Arachnid 网络爬虫	le webcrawler Arachnid, l'inforobot Arachnid
1120	DPI 带宽管理技术	Technologie de gestion de largeur de bande DPI
1121	DFI 带宽管理技术	Technologie de gestion de largeur de bande DFI
1122	数据库采集	Acquisition de base de données
1123	MySQL 关系型数据库	base de données relationnelle de MySQL
1124	Oracle 关系型数据库	Base de données relationnelle d'Oracle
1125	Redis 数据库	Base de données de Redis

续表

序号	汉语	法语
1126	MongoDB 数据库	Base de données de MongoDB
1127	NoSQL 数据库	Base de données de NoSQL
1128	数据存储	stockage de données
1129	单机存储技术	technologie de stockage à ordinateur unique
1130	网络存储技术	technologie de stockage en réseau
1131	直接连接存储	Stockage directement connecté
1132	网络连接存储	Stockage connecté au réseau
1133	存储区域网络	Réseau de zones de stockage
1134	对象存储技术	Technologie de stockage basée sur les objets
1135	分布式存储技术	Technologie de stockage distribué [par répartition]
1136	分布式共享	(mémoire) distribuée, partagée
1137	集群存储	stockage en grappe
1138	云存储技术	Technologie de stockage en nuage
1139	新型数据冗余技术	nouvelle technologie de redondance des données
1140	大容量混合内存技术	technique de mémoire hybride de grande capacité
1141	高密度混合存储技术	technique de stockage hybride à haute densité
1142	混合存储管理技术	technologie de gestion du stockage hybride
1143	数据分析	analyse de données
1144	预测性分析	Analyse prédictive
1145	关联分析	analyse d'association
1146	算法动态性分析	analyse dynamique de l'algorithme
1147	数据流处理分析	analyse des flux de données sur le traitement
1148	数据信息感知分析	analyse de la perception de l'information des données
1149	数据挖掘算法	algorithme d'exploration de données
1150	数据挖掘模型	modèle d'exploration de données
1151	数据流编程模型	modèle de programmation de flux de données
1152	决策树算法	algorithme d'arbre de décision
1153	机器学习算法	Algorithme d'apprentissage automatique
1154	异常值分析算法	algorithme d'analyse des valeurs aberrantes
1155	大数据溯源算法	algorithme de traçabilité du Big Data
1156	可视化分析	analyse de visualisation
1157	几何投影技术	technologie de projection géométrique
1158	面向像素技术	technologie axée sur les pixels

续表

序号	汉语	法语
1159	分层可视化技术	technologie de visualisation à plusieurs niveaux
1160	基于图标可视化技术	technologie de visualisation basée sur des icônes
1161	基于图形可视化技术	technologie de visualisation basée sur des graphiques
1162	语义引擎	Moteur de recherche sémantique
1163	自然语言分析	analyse du langage naturel
1164	【数据质量和数据管理】	qualité des données et gestion des données
1165	多源异构数据融合	fusion de données hétérogènes multi-sources
1166	数据程序化交易	échange de programmes basé sur des données
1167	在线重构技术	technologie de reconfiguration en ligne
1168	适应决策技术	technologie de décision adaptative
1169	网络化操作技术	technologie d'exploitation des réseaux
1170	数据应用	application de données
1171	【数据政务应用】	application de données pour les affaires gouvernementales
1172	天网工程	Projet Skynet (Filet céleste)
1173	政府数据开放平台	plate-forme ouverte de données du gouvernement
1174	城市大脑	Cerveau de ville
1175	云城市	Ville en nuage
1176	时空数据融合	fusion de données spatio-temporelles
1177	数据活化	vitalisation des données
1178	【数据商业应用】	application commerciale de données
1179	云脑	cerveau en nuage
1180	类人机器人	robot humanoïde
1181	5G 社会	société 5G
1182	用户画像	Portrait utilisateur
1183	精准营销	marketing de précision
1184	数据网贷	prêt de données au réseau
1185	量化投资	investissement quantitatifl
1186	高频交易	échanges à haute fréquence
1187	【数据民生应用】	application de données pour le bien-être des personnes
1188	智慧课堂	Classe intelligente
1189	可穿戴设备	dispositif portable
1190	无人银行	banque en libre service

续表

序号	汉语	法语
1191	无人驾驶	conduite sans pilote
1192	身份认证	Authentification d'identité
1193	全域网	Réseau régional global
1194	数据标准化	Normalisation des données
1195	大数据标准体系	système standard du big data
1196	信息技术大数据系统通用规范	Technologie de l'information - Spécification générale pour le système du Big Data
1197	大数据技术标准规范	spécification standard pour la technologie du big data
1198	ISO/IEC JTC1/WG9 大数据标准	Normes ISO/IEC JTC1/WG9 sur le big data
1199	大数据技术评估标准	normes d'évaluation pour la technologie de Big Data
1200	大数据基准和基准测试	performance du Big Data et test de performance
1201	大数据安全访问控制类标准	norme de sécurité pour le contrôle d'accès au Big Data
1202	大数据资产管理标准化应用	application standardisée de la gestion des actifs du Big Data
1203	数据管理能力成熟度评估模型	modèle d'évaluation de la maturité des capacités de gestion des données
1204	IOC 标准化技术参考模型	Modèle de référence pour la technologie de normalisation du IOC
1205	【大数据标准机构】	organisme de normalisation du big data
1206	大数据国家技术标准创新基地	(Big Data) Base d'innovation des normes techniques nationales
1207	大数据标准化技术委员会	Comité technique pour la normalisation du Big Data
1208	全国信息技术标准化技术委员会	Comité technique national chinois de normalisation des technologies de l'information
1209	全国信安标委大数据安全标准特别工作组	Groupe de travail spécial - Sécurité de Big Data pour le Comité technique national de normalisation de la sécurité de l'information
1210	全国自动化系统与集成标准化技术委员会	Comité technique national chinois pour la normalisation des systèmes d'automatisation et de l'intégration
1211	全国音频、视频和多媒体标准化技术委员会	Comité technique national chinois pour la normalisation audio, vidéo et multimédia
1212	全国智能运输系统标准化技术委员会	Comité technique national sur les systèmes de transport intelligents de l'administration de normalisation de la Chine
1213	中国通信标准化协会	Association chinoise des normes de communication
1214	技术伦理	éthique technologique
1215	伦理	éthique

续表

序号	汉语	法语
1216	技术统治论	Technocratie
1217	技术决定论	déterminisme technologique
1218	技术批判论	critique technologique
1219	机器人三定律	Trois lois de la robotique
1220	隐私保护伦理	L'éthique de la protection de la vie privée
1221	数据共享伦理	Ethique dans le partage des données
1222	泳池模型	Modèle piscine
1223	坑洞模型	modèle nid-de-poule
1224	器官投影说	Théorie de la projection d'organes
1225	智能生命体	corps de vie intelligente
1226	大数据杀熟	Utiliser le Big Data pour estimer le surplus du consommateur
1227	大数据技术浮夸陷阱	piège de l'exagération dans les technologies du Big Data
1228	欧盟隐私权管理平台	Plate-forme de l'UE pour la gestion de la vie privée
1229	大数据技术伦理	éthique technologique du Big Data
1230	大数据技术伦理算法	algorithme d'éthique de la technologie du Big Data
1231	大数据技术伦理治理	gouvernance d'éthique de la technologie du Big Data
1232	大数据技术伦理机制	mécanisme d'éthique de la technologie du Big Data
1233	大数据伦理规则体系	système des règles d'éthique du Big Data
1234	大数据技术伦理数据管理协议	protocole de gestion de l'éthique technologique du Big Data
1235	数字经济	économie numérique
1236	数字经济体	économies numériques
1237	新经济	nouvelle économie
1238	知识经济	économie du savoir
1239	信息经济	économie de l'information
1240	网络经济	économie de l'Internet
1241	虚拟经济	Économie fictive
1242	互联网经济	économie de l'Internet
1243	平台经济	Économie de la plate-forme
1244	智慧经济	Économie intellectuelle
1245	社群经济	économie communautaire

续表

序号	汉语	法语
1246	粉丝经济	économie des fans
1247	云经济	économie du Cloud
1248	技术经济范式	paradigme techno-économique
1249	技术范式	paradigme technologique
1250	经济学范式	paradigme de l'économie
1251	数字化转型	transformation numérique
1252	产业数字化	numérisation industrielle
1253	数字化产业	industrie numérique
1254	零边际成本	coût marginal zéro
1255	创新	innovation
1256	创新体系	système d'innovation
1257	数据驱动型创新体系	système d'innovation axé sur les données
1258	创新动机	motivation d'innovation
1259	创新边界	frontière d'innovation
1260	创新能力	capacité d'innovation
1261	创新模式	mode d'innovation
1262	原始创新能力	capacité d'innovation originale
1263	痛客经济	Économie du chercheur de points douloureux
1264	【学术研究】	Recherche académique
1265	《数字经济：智力互联时代的希望与风险》	L'Économie numérique: Promesses et périls à l'ère de l'intelligence en réseau
1266	《数字化密度指数》	Indice de densité numérique
1267	《数字经济》	Économie numérique
1268	《中国数字经济如何引领全球新趋势》	L'Économie numérique de la Chine: une force mondiale de premier plan
1269	《数字经济展望2017》	Perspectives de l'économie numérique 2017
1270	【政策体系】	système politique
1271	《新兴的数字经济》	L'Économie numérique émergente
1272	《数字经济2010年法案》	Projet de loi 2010 sur l'économie numérique e
1273	《数字单一市场战略》	(UE) Stratégie pour le marché unique numérique
1274	《联合国2030年可持续发展议程》	Transformer notre monde: L'Agenda 2030 pour le développement durable
1275	《二十国集团创新增长蓝图》	Plan directeur du G20 pour une croissance innovante
1276	《二十国集团数字经济发展与合作倡议》	Initiative du G20 pour le développement et la coopération en matière d'économie numérique

续表

序号	汉语	法语
1277	数据力与数据关系	force de données et relation de données
1278	数据人	homme de données
1279	经济人假设	Hypothèse de l'homme économique
1280	泰勒制	Système Taylor
1281	激励理论	théorie de l'encouragement
1282	机会主义行为	comportement opportuniste
1283	社会人假设	Hypothèse de l'homme social
1284	差序格局	le schéma de la séquence de différence
1285	内隐人格理论	théorie de la personnalité implicite
1286	阿罗定理	Théorème d'impossibilité d'Arrow
1287	【数据人假设】	hypothèse de l'homme de données
1288	数字化记忆	mémoire numérique
1289	数字化虚拟人	humain virtuel numérisé
1290	数据监控	moniteur de données
1291	信息机器理论	théorie de la machine d'information
1292	弹性领导方式	leadership flexible
1293	《单向度的人——发达工业社会意识形态研究》	*L'Homme unidimensionnel: Essai sur l'idéologie de la société industrielle avancée*
1294	《机器人启示录》	*Robopocalypse*
1295	数据力	force de données
1296	数据能力	capacité de données
1297	数据处理能力	capacité de traitement de données
1298	数据采集能力	capacité d'acquisition de données
1299	数据存储能力	capacité de stockage de données
1300	数据关联分析能力	capacité d'analyse de corrélation des données
1301	数据激活能力	capacité d'activation des données
1302	数据预测能力	capacité de prédiction de données
1303	非物质劳动	travail immatériel
1304	脑力劳动	travail mental
1305	玩乐劳动	travail-jeux
1306	受众劳动	travail de l'auditoire
1307	无酬数字劳动	travail numérique non rémunéré
1308	《免费劳动：为数字经济生产文化》	*Travail libre: Produire de la culture pour l'économie numérique*

续表

序号	汉语	法语
1309	数据关系	relation de données
1310	【组织模式变革】	changement de mode d'organisation
1311	网络式组织	organisation en réseau
1312	智慧型组织	Organisation intelligente
1313	组织扁平化	aplatissement de l'organisation
1314	组织结构柔性化	flexibilité de la structure organisationnelle
1315	组织虚拟化	virtualisation de l'organisation
1316	数据关系	relation de données
1317	数字剥削	exploitation numérique
1318	数字圈地	enclos numérique
1319	数字原住民	natif numérique
1320	《数字命运》	*Destinée numérique*
1321	《大数据时代——生活、工作与思维的大变革》	*Big Data: Une Révolution qui transformera notre façon de vivre, de travailler et de penser*
1322	《财富的革命》	*La richesse révolutionnaire*
1323	数据交易	commerce de données
1324	数据资产	actif de données
1325	数据交换	échange de données
1326	数据确权	droits de confirmation des données
1327	数据定价	tarification des données
1328	数据中介	courtier de données
1329	数据服务	service de données
1330	数据协作	collaboration en matière de données
1331	数据分包	sous-traitance de données
1332	数据代工	données FEO (fabricant d'équipements d'origine)
1333	数据管理	gestion des données
1334	数据运营	opération de données
1335	数据保险	assurance de données
1336	数据结算	règlement de données
1337	数据定制	personnalisation de données
1338	数据资产管理	gestion d'actifs de données
1339	数据交易市场	marché du commerce de données
1340	数据资产交易市场	marché des échanges d'actifs de données
1341	大数据交易所	échange de Big Data

续表

序号	汉语	法语
1342	北京大数据交易服务平台	Plate-forme de services pour le commerce de données à Beijing
1343	河北京津冀数据交易中心	centre de commerce de données de Beijing-Tianjin-Hebei dans la province du Hebei
1344	上海数据交易中心	Centre de commerce de données de Shanghai
1345	江苏大数据交易中心	Centre de commerce de Big Data du Jiangsu
1346	安徽大数据交易中心	Centre de commerce de Big Data du Anhui
1347	华中大数据交易所	Échange de Big Data en Chine centrale
1348	西咸新区大数据交易所	Échange de Big Data de Nouvelle Zone de Xixian
1349	哈尔滨数据交易中心	Centre de commerce de données de Harbin
1350	杭州钱塘大数据交易中心	Centre de commerce de Big Data de Qiantang à Hangzhou
1351	合肥大数据交易中心	Centre de commerce de Big Data de Hefei
1352	青岛大数据交易中心	Centre de commerce de Big Data de Qingdao
1353	武汉东湖大数据交易平台	Plate-forme du Lac de l'Est de Wuhan pour le commerce de Big Data
1354	武汉长江大数据交易所	Échange de Big Data du fleuve Yangtze à Wuhan
1355	广州数据交易服务中心	Centre de service de commerce de données de Guangzhou
1356	成都大数据交易平台	Plate-forme de commerce du Big Data de Chengdu
1357	贵阳大数据交易所	(Guiyang) Échange global de Big Data
1358	大数据交易规则	règles commerciales du big data
1359	《浙江大数据交易中心交易规则》	Règles commerciales du Centre de commerce de Big Data du Zhejiang
1360	《浙江大数据交易中心资金结算制度》	Système de règlement des fonds du centre de commerce de Big Data du Zhejiang
1361	《上海数据交易中心数据互联规则》	Règles d'interconnexion de données du centre d'échange de données de Shanghai
1362	《贵阳大数据交易所 702 公约》	(Guiyang) Convention 702 d'échange global de Big Data
1363	《贵阳大数据交易所数据确权暂行管理办法》	Mesures administratives provisoires pour la confirmation des droits sur les données dans le cadre de l'échange global de Big Data (à Guiyang)
1364	《贵阳大数据交易所数据交易结算制度》	Système de transaction et de règlement des données de (Guiyang) dans le cadre de l'échange global de Big Data
1365	《贵阳大数据交易观山湖公约》	Convention de Guanshanhu de Guiyang sur le commerce de Big Data
1366	产业链与价值链	Chaîne industrielle et chaîne de valeur
1367	战略性新兴产业	industrie émergente stratégique

续表

序号	汉语	法语
1368	信息产业	industrie de l'information
1369	虚拟产业	industrie virtuelle
1370	数字产业	industrie numérique
1371	电子信息制造业	industrie de la fabrication d'informations électroniques
1372	网络信息技术产业	(Réseau) Industrie des technologies de l'information
1373	网络安全产业	industrie de la sécurité des réseaux
1374	软件服务业	industrie des services logiciels
1375	《"十三五"国家战略性新兴产业发展规划》	Planification du développement pour l'industrie nationale émergente stratégique du «13ᵉ quinquennat»
1376	【传统产业升级】	mise à niveau de l'industrie traditionnelle
1377	定制化生产	production sur mesure
1378	企业无边界	entreprise sans frontières
1379	个性化营销	Marketing de personnalisation
1380	柔性化生产	Production flexible
1381	智能制造	Fabrication intelligente
1382	网络化制造	Fabrication en réseau
1383	分享制造	Fabrication partagée
1384	云制造	fabrication en nuage
1385	【价值链升级】	mise à niveau de la chaîne de valeur
1386	全球价值链	Chaîne de valeur globale
1387	无纸化通关	dédouanement sans papier
1388	数字认证	authentification numérique
1389	价值链分工	spécialisation de la chaîne de valeur
1390	消费升级	amélioration de la consommation
1391	知识付费	Paiement des connaissances
1392	协同消费	Consommation collaborative
1393	电子支付	Paiement électronique
1394	泛娱乐	pan-divertissement
1395	O2O 消费	De la consommation en ligne à la consommation hors ligne
1396	网络购物	Achats en ligne
1397	在线交易	commerce en ligne
1398	新零售	Nouvelle vente au détail

续表

序号	汉语	法语
1399	无人超市	supermarché en libre-service
1400	《国务院办公厅关于推动实体零售创新转型的意见》	Avis de la Direction générale du Conseil d'État sur la promotion de l'innovation et de la transformation du commerce de détail physique
1401	【新电商】	Nouveau commerce électronique
*1402	电子商务平台	plate-forme de commerce électronique
1403	亚马逊电子商务	E-commerce Amazon
1404	电子世界贸易平台	Plate-forme de commerce électronique mondial
1405	阿里巴巴	Alibaba
1406	京东	JD
1407	亚马逊	Amazon
1408	数字包容性	inclusion numérique
1409	数字红利	dividende numérique
1410	数字鸿沟	fossé numérique
1411	《填平数字鸿沟》	*Combler le fossé numérique*
1412	《从数字鸿沟走向数字机遇》	*Du fossé numérique à l'opportunité numérique*
1413	《电子欧洲：创建所有人的信息社会》	*Europe électronique: Une société de l'information pour tous*
1414	《G20 数字化路线图》	*Feuille de route du G20 pour la numérisation*
1415	数字红利	dividende numérique
1416	包容性增长	croissance inclusive
1417	可持续发展	développement durable
1418	数字扶贫	réduction de la pauvreté numérique
1419	新就业型态	Nouvelles formes de travail
1420	灵活就业人员	employés flexibles
1421	《数字经济下的就业与人才研究报告》	*Rapport de recherche sur l'emploi et les talents dans l'économie numérique*
1422	网约车	covoiturage en ligne
1423	【数字人才】	talents numériques
1424	首席数据官	Directeur des données
1425	数据科学家	scientifique des données
1426	大数据分析师	analyste de Big Data
1427	算法工程师	ingénieur algorithmique
1428	系统工程师	ingénieur en système
1429	自动化工程师	ingénieur en automatisation

续表

序号	汉语	法语
1430	软件工程师	ingénieur logiciel
1431	信息系统管理工程师	ingénieur en gestion des systèmes d'information
1432	数字素养	culture numérique
1433	素养域	domaine de l'alphabétisation
1434	数字能力	capacité numérique
1435	数字素养项目	projet d'alphabétisation numérique
1436	老年人连通计划	programme seniors pour l'interconnexion et la synchronisation des données
1437	数字工厂项目	projet d'usine numérique
1438	教育与培训 2010 计划	Programme d'éducation et de formation 2010
1439	21 世纪数字丝绸之路	Route de la soie numérique du 21e siècle
1440	普惠经济	économie inclusive
1441	共享金融	Financement partagé
1442	共享出行	Mobilité partagée
1443	共享单车	Vélo-partage
1444	共享充电宝	Point de chargement partagé
1445	《共享型社会》	*La société partagée*
1446	众包	approvisionnement par la foule
1447	InnoCentive	Incitation à l'innovation
1448	众创	innovation de foule
1449	众创空间	Espace créateurs
1450	Fab Lab	Laboratoire de fabrication
1451	Living Lab	Laboratoire vivant (pour la Communauté d'innovation ouverte)
1452	应用创新园区	Parc d'innovation d'application
1453	众筹	Financement par la foule
1454	众扶	Soutien de la foule
1455	普惠金融体系	système financier inclusif
1456	普惠贸易	commerce inclusif
1457	普惠科技	technologie inclusive
1458	数字金融	finance numérique
1459	数字货币	Monnaie numérique
1460	货币	monnaie
1461	货币本质观	vue (de Marx) sur l'essence de l'argent

续表

序号	汉语	法语
1462	法定货币	Monnaie de cours légal
1463	法定数字货币	monnaie numérique légale
1464	信用货币	Argent de crédit
1465	主权货币	monnaie souveraine
1466	超主权货币	monnaie super-souveraine
1467	加密货币	monnaie cryptée
1468	比特币	Bitcoin
1469	莱特币	Litecoin
1470	瑞波币	RippleCoin (Pièce d'ondulation)
1471	以太坊	Ethéré
1472	竞争币	AltCoin (monnaie compétitive)
1473	电子货币	Monnaie électronique
1474	网络货币	monnaie du réseau
1475	电子现金	argent électronique, monnaie électronique
1476	电子钱包	portefeuille électronique, porte-monnaie électronique
1477	电子支票	chèque électronique
1478	电子信用卡	carte de crédit électronique
1479	数字货币时代	ère des monnaies numériques
1480	数字金融系统	système financier numérique
1481	基础设施	infrastructure
1482	互联网金融平台	plate-forme de finance sur Internet
1483	互联网金融风险信息共享系统	système de partage d'informations sur les risques financiers sur Internet
1484	全国中小企业股份转让系统	Bourse et cotations des actions nationales
1485	支付系统	Système de paiement
1486	票据支付系统	Système de paiement des factures
1487	银行卡支付系统	système de paiement par carte bancaire
1488	互联网支付系统	système de paiement par Internet
1489	【中央证券存管与证券结算】	Dépositaire central de titres (DCT) et système de règlement-livraison de titres (SRT)
1490	中央证券存管系统	Système des dépositaires centraux de titres
1491	中国证券登记结算有限责任公司	Société à responsabilité limitée de dépôt et de compensation des titres de la Chine
1492	中央国债登记结算有限责任公司	Société à responsabilité limitée de dépôt central et de compensation de la Chine

续表

序号	汉语	法语
1493	银行间市场清算所股份有限公司	Société à responsabolité limitée de l'agence de compensation du marché interbancaire
1494	中央对手方（CCP）	Contrepartie centrale
1495	中央对手清算业务体系	Système de compensation et de liens avec les contreparties centrales
1496	金融交易数据库	base de données des transactions financières
1497	金融业态	formes financières
1498	大数据金融	finance du Big Data
1499	互联网金融	Finance sur Internet
1500	移动金融	finance mobile
1501	民主金融	finance démocratique
1502	微金融	microfinance
1503	普惠金融	finance inclusive
1504	市场主体	Entité de marché
1505	【金融企业】	entreprises financières
1506	网联清算有限公司	Société de compensation de l'Union des réseaux
1507	蚂蚁金服	Groupe de services financiers Ant (fourmi)
1508	360金融	finance 360
1509	京东金融	Finance Jingdong
1510	陆金所	Lufax
1511	【非金融企业】	entreprises non financières
1512	万得资讯	Information Wind
1513	中国人民银行征信中心	Centre de référence du crédit de la Banque populaire de Chine
1514	中国人民银行金融信息中心	Centre d'information financière de la Banque Populaire de Chine
1515	中国金融教育发展基金会	Fondation chinoise pour le développement de l'éducation financière
1516	【金融决策机构】	institution de prise de décision financière
1517	中国人民银行金融市场司	Département des marchés financiers de la Banque populaire de Chine
1518	中国人民银行支付结算司	Département de paiement et de règlement de la Banque populaire de Chine
1519	中国人民银行征信管理局	Bureau du système d'information sur le crédit de la Banque populaire de Chine
1520	中国人民银行清算总中心	Centre national de compensation de la Banque populaire de Chine

续表

序号	汉语	法语
1521	支付与市场基础设施委员会	Le Comité des paiements et des infrastructures de marché
1522	数字金融模式	modèle financier numérique
1523	网络融资	Financement réseau
1524	金融脱媒	Désintermédiation financière
1525	【众筹平台集资模式】	mode de collecte de fonds de la plate-forme de financement par la foule
1526	股权众筹	financement par la foule, fondé sur les droits d'actions
1527	债权众筹	financement par la foule, fondé sur les prêts
1528	回报众筹	financement par la foule, basé sur les récompenses
1529	公益众筹	financement par la foule pour les intérêts publics
1530	【众筹平台运作模式】	mode de fonctionnement de la plate-forme de financement par la foule
1531	贷帮网运作模式	mode de fonctionnement du réseau d'aide aux prêts
1532	天使汇运作模式	mode de fonctionnement d'Angel Crunch
1533	大家投运作模式	mode de fonctionnement de All Investment
1534	追梦网运作模式	mode de fonctionnement du réseau Dreamore
1535	人人投运作模式	mode de fonctionnement de Renrentou
1536	P2P 网络借贷	plate-forme de prêt de particulier à particulier
1537	供应链金融	financement de la chaîne logistique
1538	【供应链金融融资模式】	modèle de financement de la chaîne logistique
1539	保税仓融资	financement d'entrepôt sous douane
1540	融通仓融资	Financement des transports et des entrepôts (FTW)
1541	应收账款融资	financement des comptes débiteurs
1542	【供应链金融平台模式】	modèle de plate-forme de financement de la chaîne logistique
1543	拍拍贷	PPDai (Première plate-forme de prêt en ligne de particulier à particulier en Chine)
1544	O2O	En ligne à hors ligne
1545	宜人贷	Yirendai (plate-forme d'emprunt de crédit et de gestion de patrimoine)
1546	第三方支付	paiement par un tiers
1547	互联网支付	paiement par Internet
1548	银行卡收单	récépissé de carte bancaire
1549	移动支付	paiement mobile

续表

序号	汉语	法语
1550	预付卡	carte prépayée
1551	【第三方支付商业平台】	Plate-forme commerciale de paiement par des tiers
1552	PayPal	PayPal
1553	支付宝	Alipay
1554	银联支付	Paiement par UnionPay
1555	拉卡拉支付	Paiement Lakala
1556	微付通	micro-Tenpay
1557	财付通	Tenpay
1558	汇付天下	Chine PNR
1559	【第三方支付商业模式】	modèle d'affaires de paiement par des tiers
1560	B2C	De l'entreprise au consommateur
1561	C2C	De consommateur à client
1562	快钱	Argent facile
1563	信息化金融机构	institution financière informatisée
1564	【传统金融业务电子化】	électronisation des activités financières traditionnelles
1565	网上银行	Services bancaires en ligne
1566	手机银行	opérations bancaires mobiles
1567	家居银行	opérations bancaires à domicile
1568	网络证券	titres sur Internet
1569	【基于互联网的创新金融服务】	Service financier innovant basé sur Internet
1570	直销银行	Banque directe
1571	网商银行	Banque MY
1572	众安在线	Zhong An en ligne
1573	余额宝模式	Mode Yu'ebao
1574	【金融电商模式】	mode de commerce électronique financier
1575	建行"善融商务"电子商务金融服务平台	CCB plate-forme de services financiers de commerce électronique de « Bonnes affaires financières »
1576	泰康人寿保险电商平台	Plateforme de commerce électronique d'assurance-vie Taikang
1577	互联网金融门户	portail financier Internet
1578	第三方资讯平台	plate-forme d'information des tiers
1579	网贷之家	Accueil des prêts en ligne
1580	和讯网	Hexun (Réseau)

续表

序号	汉语	法语
1581	垂直搜索平台	plate-forme de recherche verticale
1582	融360	Rong360
1583	安贷客	Andaike (un moteur de recherche de prêt de financement personnalisé)
1584	在线金融超市	Supermarché financier en ligne
1585	大童网	Datong (Réseau)
1586	格上理财	Transactions financières Geshang
1587	91金融超市	Supermarché financier 91
1588	软交所科技金融超市	Supermarché financier d'échange de logiciels et de services d'information pour la science et la technologie
1589	【风险控制与监管】	contrôle et réglementation des risques
1590	风险控制	contrôle des risques
1591	风险	risques
1592	金融风险	risque financier
1593	金融风险量化评估	Évaluation quantitative des risques (EQR) de la finance
1594	金融风险监控平台	plate-forme de surveillance des risques financiers
1595	金融风险监测预警机制	mécanisme de surveillance des risques financiers et d'alerte précoce
1596	互联网金融风控模型	modèle de contrôle des risques financiers sur Internet
1597	大数据金融风险控制体系	système de contrôle des risques financiers du big data
1598/1599	金融监管	réglementation financière
1600	【金融风险监管机构】	organe régulateur des risques financiers
1601	中国人民银行	La Banque populaire de Chine
1602	中国银行保险监督管理委员会	Commission chinoise de réglementation des banques et des assurances
1603	中国证券监督管理委员会	Commission chinoise de réglementation des titres
1604	全国互联网金融工作委员会	Comité national de financement de l'Internet
1605	中国互联网金融协会	Association nationale des finances sur Internet de Chine
1606	金融稳定理事会	Conseil de stabilité financière (CSF)
1607	国际证监会组织	Organisation internationale des commissions des titres
1608	巴塞尔银行监管委员会	Comité de Bâle sur le contrôle bancaire (CBCB)
1609	【金融风险监管政策文本】	textes politiques pour le risque financier et la réglementation

续表

序号	汉语	法语
1610	《关于促进互联网金融健康发展的指导意见》	Avis d'orientation sur la promotion du développement sain du financement sur Internet
1611	《关于加强非金融企业投资金融机构监管的指导意见》	Avis d'orientation sur le renforcement de la réglementation des investissements des entreprises non financières dans les institutions financières
1612	《网络借贷信息中介机构业务活动管理暂行办法》	Mesures administratives provisoires pour les activités commerciales des intermédiaires d'information sur les emprunts et les prêts sur Internet
1613	《非金融机构支付服务管理办法》	Mesures de gestion des services de paiement des institutions non financières
1614	《电子支付指引（第一号）》	Instruction sur le paiement électronique no.1
1615	《互联网保险业务监管暂行办法》	Mesures provisoires pour la surveillance des activités d'assurance sur Internet
1616	数字信用体系	système de crédit numérique
1617	算法信用	crédit d'algorithme
1618	信用	crédit
1619	信用链	chaîne de crédit
1620	信用风险	risque de crédit
1621	区块链信用技术	technologie de crédit en chaîne de blocs
1622	智能化合约	Contrat intelligent
1623	时间戳认证	authentification d'horodatage
1624	点对点分布式系统	système distribué point à point; système de distribution multi-points
1625	分布式网络记账系统	système de comptabilité en réseau distribué
1626	区块链共识机制	mécanisme consensuel de la chaîne de blocs
1627	区块链信用证	Lettre de crédit (système) basé sur la chaîne de blocs
1628	区块链信用评级	cote de crédit de la chaîne de blocs
1629	信用证区块链联盟	L/C (lettre de crédit) alliance de la chaîne de blocs
1630	社会信用体系	système de crédit social
1631	【信用体系】	système de crédit
1632	公共信用体系	système de crédit public .
1633	企业信用体系	système de crédit d'entreprise
1634	个人信用体系	système de crédit personnel
1635	FICO信用评分系统	Système de notation de crédit de la Compagnie Fair Isaac
1636	全社会征信系统	système de service de référence de crédit pour l'ensemble de la société

续表

序号	汉语	法语
1637	统一社会信用代码制度	système unifié de code de crédit social
1638	【社会信用信息服务机构】	institution de service d'information sur le crédit social
1639	第三方信用信息共享平台	plate-forme de partage d'informations de crédit de tiers
1640	公共信用信息服务平台	plate-forme de service d'information sur le crédit public
1641	互联网大数据征信平台	plate-forme de référence pour le crédit du Big Data sur Internet
1642	小额信贷行业信用信息共享服务平台	plate-forme de services pour le partage d'informations sur le crédit des industries du micro-crédit
1643	中国银行征信中心个人信用信息服务平台	plate-forme de services du Centre de référence de crédit de la Banque (populaire) de Chine pour les informations de crédit personnelles
1644	信用社会	société de crédit
1645	契约社会	société contractuelle
1646	信用中国	Chine de crédit
1647	信用城市	ville de crédit
1648	信用社会制度	système social de crédit
1649	守信联合激励制度	système conjoint d'incitation à la confiance
1650	失信联合惩戒制度	système disciplinaire conjoint pour abus de confiance
1651	信用城市大数据平台	plate-forme du big data de la ville de crédit
1652	诚信森林	forêt d'intégrité
1653	信用云	nuage de crédit
1654	数字公民	citoyen numérique
1655	数据治理	gouvernance des données
1656	数字政府	gouvernement numérique
1657	【发展历程】	processus de développement
1658	【政府1.0】	gouvernement 1.0
1659	政府网站	site Web du gouvernement
1660	管理信息系统	Système d'information de gestion
1661	自动化办公系统	Système d'automatisation de bureau; système de bureautique
1662	在线沟通	communication en ligne
1663	电子邮件	Courrier électronique (email)
1664	在线咨询	Consultation en ligne

续表

序号	汉语	法语
1665	【政府 2.0】	gouvernement 2.0
1666	信息公开	révélation d'informations
1667	网上服务	service en ligne; service sur Internet
1668	在线双向沟通	communication bidirectionnelle en ligne
1669	公共部门信息	information du secteur public
1670	政务微博	microblog pour les affaires gouvernementales
1671	政民互动	interaction entre le gouvernement et le public
1672	参与型政府	gouvernement participatif
1673	【政府 3.0】	Gouvernement 3.0
1674	虚拟政府	gouvernement virtuel
1675	服务政府	gouvernement de service
1676	透明政府	gouvernement transparent
1677	政府流程再造	Réingénierie des processus gouvernementaux
1678	公共部门内部业务流程再造	Réingénierie des processus d'affaires dans le secteur public
1679	跨部门业务流程再造	Réingénierie intersectorielle des processus d'affaires
1680	社会服务流程再造	Réingénierie des processus d'affaires des services sociaux
1681	"O2O" 立体审批	Approbation multidimensionnelle en ligne à hors ligne (O2O)
1682	政务 APP	APP (Application) pour les affaires gouvernementales
1683	【政务服务】	service pour les affaires gouvernementales
1684	电子政务	Gouvernement électronique (e-gouvernement)
1685	在线办公	bureau en ligne
1686	政务数据资源	ressources de données pour les affaires gouvernementales
1687	数据推送	poussée de données
1688	数据治理决策域	domaine de décision en matière de gouvernance des données
1689	电子治理	E-gouvernance
1690	电子选举	Vote électronique
1691	数字民主	démocratie numérique
1692	参与式治理	gouvernance participative
1693	参与型社会	société participative
1694	数字利维坦	Léviathan numérique

续表

序号	汉语	法语
1695	在线服务	service en ligne
1696	电子证照	certificat électronique
1697	电子公文	document officiel électronique
1698	电子签章	signature électronique
1699	数字证书	certificat numérique
1700	电子归档	archivage électronique
1701	前置审批	pré-approbation; approbation préalable
1702	一址多照	une seule adresse utilisée pour l'enregistrement de plusieurs licences d'exploitation
1703	并联审批	examen et approbation de la connexion parallèle
1704	数据管税	gestion fiscale à partir des données
1705	电子税务	E-Taxation
1706	信用信息共享交换平台	plate-forme de partage et d'échange d'informations sur le crédit
1707	企业信用信息公示系统	Système (national) de publication d'information sur le crédit d'entreprise
1708	项目并联审批平台	plate-forme d'examen et d'approbation de la connexion parallèle des projets
1709	网上审批大数据资源库	répertoire du big data pour l'examen et l'approbation en ligne
1710	【案例】	cas
1711	国家电子政务综合试点	zone pilote globale nationale des affaires du e-gouvernement
1712	腾讯政务云1分钱中标	Le nuage gouvernemental Tencent remporte l'appel d'offres pour un centime
1713	公共资产负债管理智能云平台	plate-forme de nuage intelligent pour la gestion des actifs et des passifs publics
1714	政府领域智能客服机器人	robot intelligent de service à la clientèle dans le domaine gouvernemental
1715	"智信城市"计划	plan de « ville intelligente et fiable »
1716	区块链政务	chaîne de blocs comme les affaires gouvernementales
1717	数字政府建设管理局	bureau de gestion pour la construction d'un gouvernement numérique
1718	"最多跑一次"	« courir au plus une fois »
1719	【管理监督】	administration et supervision
1720	大数据监管	supervision du big data
1721	智能防控	prévention et contrôle intelligents
1722	大数据预测	prédiction du big data

续表

序号	汉语	法语
1723	风险预警大数据	big data pour l'alerte précoce des risques
1724	网络市场监管	surveillance du marché des réseaux
1725	全国电子商务监测中心	centre national de surveillance du commerce électronique
1726	网络交易大数据监管	supervision du Big Data pour les transactions de réseau
1727	大数据打假	Lutte contre la contrefaçon du Big Data (Alliance)
1728	政务服务平台电子监察系统	système de contrôle et de supervision électronique pour la plate-forme de services des affaires gouvernementales
1729	大数据反腐	anti-corruption avec le big data
1730	技术反腐	anti-corruption avec la technologie
1731	微腐败	micro-corruption
1732	数据铁笼	cage de données
1733	网上举报	dénonciation en ligne
1734	情绪数据	données sur les sentiments
1735	大数据司法	administration de la justice avec le big data
1736	智慧法院	cour intelligente, tribunal intelligent
1737	杭州互联网法院	Cour [tribunal] Internet de Hangzhou
1738	人民法院大数据管理和服务平台	plate-forme de gestion et de service du Big Data de la cour populaire [du tribunal populaire]
1739	互联网法庭	tribunal sur Internet
1740	在线仲裁	arbitrage en ligne
1741	微警务	Micro-services de police
1742	智慧侦查	enquête criminelle intelligente
1743	【案例】	cas
1744	云智小案通	application de traitement des cas à l'aide du cloud wisdom
1745	互联网+公共法律服务	Internet plus services juridiques publics
1746	"滴滴报警"	« Didi (plate-forme) pour appeler la police »
1747	金豆模式	mode Haricot d'Or
1748	智慧检务	Travail intelligent des procureurs
1749	法律援助机器人	robot d'aide juridique
1750	智能城市	Ville intelligente
1751	数字城市	ville numérique
1752	精细化网格管理	gestion affinée du réseau

续表

序号	汉语	法语
1753	新型智慧城市	Nouvelle ville intelligente
1754	《新型智慧城市评价指标》	Indicateurs d'évaluation pour les villes intelligentes de type nouveau
1755	智慧交通	Transport intelligent
1756	智慧交通系统	Système de transport intelligent
1757	道路传感系统	Système de détection routière
1758	GPS 数据系统	Système de données SPG (Système de positionnement global)
1759	交通诱导系统	Système de guidage du trafic
1760	智能交通云	Nuage de trafic intelligent
1761	智能公交	Bus intelligent
1762	浙江大数据公交	transports publics du Zhejiang basés sur le Big Data
1763	智能停车	Gestionnaire de parking intelligent (Système)
1764	电子收费系统	systèmes électroniques de perception des péages
1765	智能车辆	Véhicules intelligents
1766	自动驾驶汽车	Véhicules autonomes
1767	自动车辆控制	Contrôle de véhicules autonomes
1768	【案例】	cas
1769	综合交通出行大数据开放云平台	plate-forme ouverte du big data en nuage pour des transports et des voyages complets
1770	智慧医疗	Technologie de l'information intelligente de 120
1771	数字医院	hôpital numérique
1772	远程医疗	Télémédecine
1773	在线接诊	traitement des patients en ligne
1774	电子病历	Dossier médical électronique (DME)
1775	大数据病源追踪	suivi des sources de maladies à l'aide du big data
1776	基因检测大数据	big data pour les tests génétiques
1777	临床决策系统	Système d'aide à la décision clinique (SADC)
1778	家庭健康系统	système de santé familiale
1779	电子健康档案	Dossiers de santé électroniques
1780	智能看护	soins intelligents
1781	精准医疗	Médecine de précision
1782	高精度手术	chirurgie de haute précision
1783	医用机器人	robot médical

续表

序号	汉语	法语
1784	【案例】	cas
1785	杭州共享医院	Centre médical de Hangzhou
1786	广州 IAB 计划	Plan TIP de Guangzhou (technologies de l'information, intelligence artificielle, pharmacie biologique)
1787	智慧教育	éducation intelligente
1788	在线开放课程	cours ouverts en ligne
1789	网络教育	éducation en réseau
1790	教育云平台	plate-forme de l'éducation en nuage
1791	慕课	Cours en ligne ouverts et massifs (CLOM / MOOC)
1792	微课程	Microlecture; micro-conférence
1793	终身电子学籍档案	dossier électronique à vie du statut d'étudiant
1794	电子书包	cartable électronique
1795	智慧校园	Campus intelligent
1796	智慧旅游	Tourisme intelligent
1797	虚拟旅游	tourisme virtuel
1798	智慧景区	site pittoresque intelligent
1799	国家智慧旅游公共服务平台	plate-forme nationale de service public du tourisme intelligent
1800	智慧社会	société intelligente
1801	智慧社区	Communauté intelligente
1802	智慧街道	Communauté sage
1803	智慧物业管理	gestion immobilière intelligente
1804	智慧养老	soins intelligents pour les personnes âgées
1805	社区 O2O	communauté en ligne à hors ligne
1806	智能小区	quartier résidentiel intelligent
1807	【案例】	cas
1808	贵阳"数治小区"	Guiyang « quartier résidentiel avec gestion des données »
1809	社会和云	Société et Nuage
1810	【社会服务】	services sociaux
1811	社保大数据	big data pour la sécurité sociale
1812	智慧就业	emploi intelligent
1813	大数据精准扶贫	réduction de la pauvreté ciblée sur la base du big data

续表

序号	汉语	法语
1814	【案例】	cas
1815	异地就医全国一卡通	carte nationale "tout-en-un" pour le traitement médical dans différents endroits
1816	北京市公共服务一卡通平台	Plate-forme de carte de services sociaux de la ville de Beijing (carte Beijing)
1817	厦门市民卡虚拟卡平台	Plate-forme de cartes virtuelles de citoyen de Xiamen
1818	智能生活	vie intelligente
1819	智能家居	Maison intelligente
1820	智能照明	Eclairage intelligent
1821	数字电视	télévision numérique
1822	智能影音	Lecteur intelligent
1823	体感设备	dispositifs somatosensoriels
1824	智能办公	bureau intelligent
1825	智能办公室自动化系统	système d'automatisation de bureau intelligent
1826	智能建筑	bâtiment intelligent
1827	智能购物	achats intelligents (système)
1828	虚拟试衣间	cabine d'essayage virtuelle
1829	智能购物机器人	robot d'achat intelligent
1830	无人零售	vente au détail sans personnel
1831	智能社交	communication sociale intelligente (système)
1832	智慧农业	agriculture intelligente
1833	农业物联网	Internet de l'agriculture
1834	物联网大田系统	Internet des objets pour le système foncier des grandes cultures agricoles
1835	农业机器人	robot agricole
1836	【案例】	cas
1837	石山物联网农业小镇	Shishan, ville agricole pour l'Internet des objets
1838	大圩物联网小镇	Dawei, petite ville pour l'Internet des objets
1839	智慧物流	Système logistique intelligent
1840	云物流	logistique en nuage
1841	虚拟物流	logistique virtuelle
1842	智能仓储	stockage intelligent
1843	协同配送	distribution collaborative
1844	无车承运人	Transporteur commun sans camion

续表

序号	汉语	法语
1845	货车帮	Huochebang (Plate-forme logistique pour le transport de marchandises)
1846	网络空间	cyberespace
1847	网络社会	société en réseau
1848	赛博空间	cyberespace
1849	网民	internaute
1850	网上身份	Identité cybernétique de confiance
1851	网络组织	organisation de réseaux
1852	对等共创生产	Production en commun par les pairs
1853	点对点网络	réseau point à point
1854	议题网络	réseau de problèmes; réseau d'enjeux
1855	网络社区	communauté en ligne
1856	网络论坛	Système de babillard
1857	在线社交	communication sociale en ligne
1858	博客	Le blog
1859	微博	Microblogue
1860	微信	WeChat (plate-forme publique)
1861	QQ	QQ (Messagerie instantanée Tencent)
1862	网络意见领袖	leader d'opinion en ligne
1863	网络去中心化	décentralisation des réseaux
1864	网络群体传播	Communication entre colonies par ordinateur
1865	网络公关	Relations publiques en ligne
1866	网络舆论	consensus sur Internet
1867	网络舆情	opinions publiques en réseau
1868	网络政治动员	mobilisation politique en réseau
1869	群体智慧	intelligence collective
1870	群体极化	Polarisation de groupe
1871	网络暴力	Cyberintimidation
1872	信息压力	pression de l'information
1873	网络成瘾	trouble de dépendance à l'égard de l'Internet
1874	个人极端主义	extrémisme individuel
1875	回音室效应	effet de chambre d'écho
1876	网络内容	contenu en réseau
1877	网络表演	performance du réseau

续表

序号	汉语	法语
1878	网络直播	diffusion en direct sur le web
1879	网络新闻	nouvelles sur Internet
1880	网络二次创作	re-création du réseau
1881	网络小说	roman sur Internet
1882	网络游戏	jeu en ligne
1883	网络中立	neutralité en réseau
1884	网络人身攻击	attaques personnelles en réseau
1885	网络信息诽谤	diffamation sur Internet
1886	网络犯罪	crime en réseau
1887	电信网络新型犯罪	nouveaux crimes liés aux télécommunications et aux réseaux
1888	互联网封锁	blocus d'Internet
1889	信息共产主义社会	société communiste de l'information
1890	【舆情事件】	événements d'opinions publiques
1891	孙志刚事件	Incident de Sun Zhigang (Incident relatif au décès d'un étudiant en détention)
1892	郭美美事件	Incident de Guo Meimei (Incident relatif à la richesse d'une microblogeuse)
1893	呼格吉勒图案重审	Nouveau jugement du procès de Huugjilt (Réexamen du procès d'un garçon de 18 ans après une exécution capitale jugée injuste)
1894	上海外滩拥挤踩踏事件	Ruée de Shanghai 2014
1895	东莞扫黄	Répression de la prostitution et de la débauche à Dongguan
1896	昆山粉尘爆炸	Accident dû à l'explosion d'une usine à Kunshan le 2 août
1897	天津港"8·12"特大爆炸事故	Accident majeur dû à l'explosion « 8·12 » au port de Tianjin
1898	朴槿惠闺蜜"干政"事件	Le scandale de l' « ingérence dans la politique » de Park Geun-hye, meilleure amie pour toujours
1899	山西和顺矿难"谣言"	« rumeurs » sur la catastrophe de la mine de Heshun dans le Shanxi
1900	AlphaGo 对战李世石	Le robot AlphaGo bat le joueur de go professionnel Lee Sedol
1901	德阳市长上网	Maire de Deyang en ligne (Le maire de la ville de Deyang qui procède à l'inscription et à l'authentification au service Sina Weibo pour la gouvernance publique)
1902	共享医生模式	mode de partage du médecin
1903	广西"证照分离"改革	Réforme de la « séparation du certificat d'entreprise et de la licence d'exploitation » au Guangxi

续表

序号	汉语	法语
1904	广东"互联网+行车服务"	« Internet plus services de conduite » au Guangdong
1905	政务"双微"标配	configuration standard de « microblog et wechat » pour les affaires gouvernementales
1906	广州"云治理"	« gouvernance en nuage » à Guangzhou
1907	大数据天眼盯紧网络广告	surveiller et censurer la publicité sur le web à l'aide du Big Data
1908	政府监管"伪共享"	supervision par le gouvernement du « faux partage »
1909	贵州大数据监测地灾隐患	Guizhou surveille les catastrophes géologiques cachées avec le Big Data
1910	"刷单"入刑第一案	la première affaire pénale de « profit injustifié par de faux commentaires en ligne »
1911	"小粉红"群体崛起	montée du groupe Little Pink (réseau de jeunes patriotes)
1912	免押金信用租房	location immobilière sans acompte
1913	中兴危机	Crise de ZTE (Équipement de télécommunications de Zhongxing)
1914	国际互联网治理	gouvernance internationale de l'Internet
1915	全球网络空间治理	gouvernance mondiale du cyberespace
1916	网络政治	La politique sur Internet
1917	网络政治学	Cyber-politologie, Cyberpolitique
1918	虚拟政治学	Politique virtuelle; politologie virtuelle
1919	网络执政	gouvernance du réseau
1920	数字政治	politique numérique
1921	代码政治	politique des codes
1922	网络主权	Souveraineté sur Internet
1923	领网权	souveraineté territoriale du cyberespace
1924	国家和地区代码顶级域名	Domaine de premier niveau pour les codes de pays et de régions
1925	通用顶级域名	Domaine générique de premier niveau
1926	域名主权	Souveraineté des noms de domaine
1927	规则制定权	autorité de réglementation
1928	《突尼斯议程》	*Agenda de Tunis*
1929	互联网名称与数字地址分配机构	La société de l'Internet pour des noms et numéros assignés
1930	关键互联网资源	ressources clé de l'Internet
1931	深度数据包监测	inspection approfondie des paquets de données

续表

序号	汉语	法语
1932	海外网络传播	communication de réseau à l'étranger
1933	数据外交	diplomatie des données
1934	数字殖民	colonisation numérique
1935	数字外交官	diplomate numérique
1936	跨政府网络	réseau trans-gouvernemental
1937	跨国倡议网络	réseau d'initiatives transnationales
1938	网络自由主义	libéralisme des réseaux
1939	网络保守主义	conservatisme des réseaux
1940	美国无授权窃听计划	Plan américain d'écoute non autorisée
1941	信息社会世界峰会	Sommet mondial sur la société de l'information
1942	联合国互联网治理论坛	(ONU) Forum sur la gouvernance de l'Internet (FGI)
1943	互联网治理工作组	Groupe de travail sur la gouvernance de l'Internet (GTGI)
1944	英国互联网观察基金会	(Royaume-Uni) Fondation de surveillance de l'Internet
1945	数据安全	sécurité des données
1946	数据风险	risque de données
1947	【数据开放风险】	risque d'ouverture des données
1948	黑客	hacker; pirate informatique
1949	网络攻击	Cyber(-)attaque; attaque cybernétique
1950	精准入侵	intrusion ciblée
1951	恶意代码	code malveillant
1952	数据纠纷	litige relatif aux données
1953	【数据流通风险】	risque lié au flux de données
1954	数据损坏	altération de données
1955	数据泄露	fuite de données
1956	数据窃听	interception des données
1957	数据监听	surveillance des données
1958	数据篡改	falsification de données
1959	数据失真	distorsion de données
1960	数据丢失	perte de données
1961	数据失控	données hors de contrôle
1962	【数据应用风险】	risque lié à l'application des données
1963	隐私泄露	divulgation de renseignements personnels

续表

序号	汉语	法语
1964	数据滥用	abus de données
1965	数据误用	utilisation abusive des données
1966	数据侵权	infraction aux données
1967	"邮件门"事件	scandale de la « controverse sur le courrier électronique » d'Hillary Clinton
1968	"棱镜门"事件	Scandale « Prism »
1969	窃听海底光缆事件	scandale des écoutes sur les câbles optiques sous-marins
1970	"网络911"事件	Incident des « cyberattaques du 11 septembre » (Incident de congestion du réseau aux États-Unis le 21 octobre 2016)
1971	iCloud泄露门事件	scandale de la fuite d'iCloud
1972	脸书信息泄露事件	scandale de la violation des données sur Facebook
1973	京东数据泄露门事件	scandale de la violation des données de Jingdong
1974	支付宝实名认证漏洞	vulnérabilité de l'authentification par nom réel d'Alipay
1975	酒店客户隐私泄露事件	scandale de la violation de la vie privée des clients d'un hôtel
1976	徐玉玉被电信诈骗案	L'affaire Xu Yuyu, victime d'une fraude dans les télécommunications
1977	清华教授遭网络诈骗案	L'affaire du professeur de Tsinghua, victime d'une fraude sur Internet
1978	数据安全防御	défense de sécurité des données
1979	数据安全体系	système de sécurité des données
1980	信息安全	sécurité de l'information
1981	物理安全	sécurité physique
1982	设备安全	sécurité des équipements
1983	信息泄露	fuite d'information
1984	物理隔离	isolation physique
1985	数据容错	tolérance aux défauts de données
1986	数据容灾	tolérance aux catastrophes de données
1987	系统安全	Sûreté du système
1988	运算安全	sécurité informatique
1989	存储安全	sécurité du stockage
1990	传输层安全	sécurité de la couche transport; Le protocole de sécurité TLS
1991	产品和服务安全	sécurité des produits et des services
1992	网络安全	sécurité sur Internet

续表

序号	汉语	法语
1993	应用安全	sécurité des applications
1994	战略安全	sécurité stratégique
1995	制度安全	sécurité du système
1996	技术安全	sécurité technologique
1997	个人隐私安全	sécurité de la vie privée personnelle; protection de la sphère privée
1998	安全知识体系	système de connaissances en matière de sécurité
1999	【安全理论】	théorie de la sécurité
2000	安全系统论	théorie du système de sécurité
2001	安全博弈论	théorie des jeux de sécurité
2002	安全控制论	cybernétique de sécurité
2003	哥本哈根学派安全化理论	théorie de la titrisation des écoles de Copenhague
2004	威尔士学派安全理论	théorie de la sécurité de l'École galloise
2005	巴黎学派安全研究理论	théorie de la recherche en sécurité de l'École de Paris
2006	【安全模型】	modèle de sécurité
2007	安全博弈模型	modèle de jeux de sécurité
2008	贝尔-拉普杜拉模型	modèle de Bell-Lapadula
2009	毕巴模型	modèle de Biba
2010	克拉克-威尔逊模型	modèle de Clark-Wilson
2011	域类实施模型	modèle de mise en œuvre de la classe domaine
2012	默克尔树模型	Modèle de l'arbre Merkle
2013	安全防御技术	technologie de défense de sécurité
2014	信息安全密码技术	cryptographie de sécurité de l'information
2015	对称加密	cryptage symétrique (algorithme)
2016	消息认证	authentification de messages
2017	数字签名	signature numérique
2018	数据加密	Algorithme de cryptage des données
2019	信息隐藏技术	technologie de dissimulation d'informations
2020	空域隐秘技术	technologie furtive appliquée à l'espace aérien
2021	变换域隐秘技术	technologie furtive de la tranformation de domaine
2022	数字水印技术	technologie numérique de filigrane
2023	信息认证技术	technologie d'authentification de l'information
2024	访问控制技术	technologie de contrôle d'accès

续表

序号	汉语	法语
2025	防火墙技术	technologie de pare-feu
2026	网络安全协议	protocole de sécurité du réseau
2027	网络安全应急响应	intervention d'urgence en matière de sécurité du réseau
2028	无线局域网安全防护	protection de la sécurité du réseau local sans fil
2029	容灾备份技术	(Information) Technologie de sauvegarde pour la reprise après sinistre
2030	安全防御机制	mécanisme de protection de sécurité
2031	【安全测评】	évaluation de sécurité
2032	数据安全风险评估	évaluation des risques liés à la sécurité des données
2033	国际信息安全测评认证体系	Système international d'évaluation et de certification de la sécurité de l'information
2034	中国信息安全测评认证体系	Système chinois d'évaluation et de certification de la sécurité de l'information
2035	【安全管理机制】	mécanisme de gestion de la sécurité
2036	数据库审计保护	protection de l'audit de base de données
2037	数据版权管理	gestion du droit d'auteur des données
2038	数据分级分类管理	gestion du classement et de la classification des données
2039	账号权限管理及审批制度	système de gestion et d'approbation de l'autorité des comptes
2040	网络信息安全等级保护机制	mécanisme de protection classifié pour la sécurité des informations de réseau
2041	大数据安全保障体系	système de sécurité du big data
2042	【个人隐私保护机制】	mécanisme de protection de la vie privée
2043	数据运营主体脱密保障机制	mécanisme de garantie pour la déclassification des opérateurs de données
2044	个人隐私数据处理审查机制	mécanisme d'examen du traitement des données de confidentialité à caractère personnel
2045	个人隐私数据流转登记机制	mécanisme d'enregistrement pour le transfert des données de confidentialité à caractère personnel
2046	个人数据跨境流动审查机制	mécanisme d'examen de la circulation transfrontalière des données à caractère personnel
2047	个人隐私数据泄露举报机制	mécanisme de signalement de la fuite de données de confidentialité à caractère personnel
2048	个人隐私数据泄露溯源机制	mécanisme de suivi en cas de fuite des données de confidentialité à caractère personnel
2049	个人隐私数据泄露责任追究机制	mécanisme de responsabilité en cas de fuite des données de confidentialité à caractère personnel
2050	数据国际治理	gouvernance internationale des données

续表

序号	汉语	法语
2051	数据主权（政治）	souveraineté des données (politique)
2052	数据霸权主义	hégémonisme des données
2053	数字主权	souveraineté numérique
2054	数据战争	guerres des données
2055	【数据跨境流动】	flux transfrontalier de données
2056	刚性禁止流动模式	mode rigide pour l'interdiction du flux (de données)
2057	柔性禁止流动模式	mode souple pour l'interdiction du flux (de données)
2058	本地备份流动模式	mode de sauvegarde local pour le flux (de données)
2059	国际跨境数据流动信任机制	mécanisme de confiance pour le flux transfrontalier international de données
2060	跨境流通数据资讯隐私权保护自律模式	mode d'autodiscipline pour la protection de la confidentialité des données en circulation transfrontalière
2061	数据跨境流动分级分类管理标准	normes de gestion pour le classement et la classification des flux transfrontaliers de données
2062	【数据安全战略】	stratégie de sécurité des données
2063	《国家网络空间安全战略》	Stratégie nationale de sécurité du cyberespace
2064	《全民监控》	Surveillance totale
2065	数据资源安全网络	réseau de sécurité des ressources de données
2066	网络安全观	perspectives de la sécurité du réseau
2067	数据安全治理观	perspectives de la gouvernance de la sécurité des données
2068	数据安全管理组织	organisation de gestion de la sécurité des données
2069	国际互联网治理体系	système international de gouvernance de l'Internet
2070	大数据隐私保护安全墙	mur de sécurité du big data pour la protection de la vie privée
2071	数据安全新秩序	nouvel ordre de sécurité des données
2072	【数据安全会议】	conférences sur la sécurité des données
2073	网络空间安全科学国际会议	Conférence internationale sur la science de la cybersécurité
2074	慕尼黑安全政策会议	Conférence de Munich sur la sécurité
2075	首尔网络空间国际会议	Conférence de Séoul sur le cyberespace
2076	国际云计算大数据安全学术会议	Conférence internationale sur la sécurité du Big Data dans l'informatique en nuages
2077	中国数据安全峰会	Sommet chinois sur la sécurité des données
2078	中国密码学与数据安全学术会议	Conférence académique chinoise sur la cryptographie et la sécurité des données
2079	数权法	Lois sur les droits des données

续表

序号	汉语	法语
2080	数权	droits des données
2081	数权主体	sujet des droits liés aux données
2082	控制者	contrôleur
2083	处理者	manipulateur; gestionnaire
2084	接收者	destinataire
2085	第三方	tiers
2086	数权客体	objet des droits liés aux données
2087	数据主权（法律）	souveraineté des données (loi)
2088	数据共享权	droits de partage des données
2089	数据财产权	droits de propriété des données
2090	数据知情权	droits de connaissance des données
2091	数据采集权	droits de collecte des données
2092	数据使用权	droits d'utilisation des données
2093	数据修改权	droits de modification des données
2094	数据被遗忘权	droits des données à oublier
2095	删除权	(données) droits à supprimer
2096	数权制度	système des droits des données
2097	数权法定制度	système juridique des droits des données
2098	应然权利	droits idéalistes
2099	实然权利	droits effectifs
2100	法定权利	droits légaux
2101	数据所有权制度	système de propriété des données
2102	用益数权制度	système d'usufruit des droits des données
2103	主权利	droits principaux
2104	从权利	droits secondaires
2105	公益数权制度	système de droits des données d'intérêt public
2106	公益数据	données d'intérêt public
2107	准公共物品	biens quasi-publics
2108	共享制度	système de partage
2109	非排他性	non exclusivité
2110	共享社会	La société partagée
2111	【数权法】	lois sur le droit des données
2112	【法律行为】	actes juridiques

续表

序号	汉语	法语
2113	处理	traitement
2114	剖析	analyse
2115	认证	authentification
2116	拷贝	copie
2117	授权	autorisation
2118	注销	annulation
2119	明示同意	expression du consentement
2120	默许统一	unité tacite
2121	公开披露	divulgation publique
2122	转让	Transfert
2123	共享	partage
2124	匿名化	anonymisation
2125	定分止争	Ding Fen (déterminer la propriété) Zhi Zheng (mettre fin au conflit)
2126	【法律事件】	Evénements juridiques
2127	顺丰菜鸟大战	bataille de données entre SF Express et Cainiao Smart Logistics Network
2128	腾讯华为"数据之争"	« litige sur les données » entre Tencent et Huawei
2129	脉脉抓取使用新浪微博用户信息案	cas de logiciel Maimai saisissant illégalement des informations d'utilisateur sur Sina Weibo
2130	大众点评诉百度不正当竞争案	cas de Dianping Net poursuivant Baidu pour sa concurrence déloyale
2131	【中国的数据权益保护】	protection des droits et des intérêts des données en Chine
2132	【法律】	Loi
2133	《中华人民共和国统计法》	Loi sur les statistiques de la République populaire de Chine
2134	《中华人民共和国国家安全法》	Loi sur la sécurité nationale de la République populaire de Chine
2135	《中华人民共和国电子签名法》	Loi de la République populaire de Chine sur les signatures électroniques
2136	《中华人民共和国网络安全法》	Loi sur la cybersécurité de la République populaire de Chine
2137	【行政法规】	règlements administratifs
2138	《中华人民共和国计算机信息网络国际联网管理暂行规定》	Règlement provisoire de l'administration des réseaux internationaux d'information informatique en République populaire de Chine
2139	《中华人民共和国政府信息公开条例》	Règlement de la République populaire de Chine sur la transparence de l'information gouvernementale

续表

序号	汉语	法语
2140	《中华人民共和国计算机信息系统安全保护条例》	Règlement de la République populaire de Chine pour la protection de la sécurité des systèmes d'information informatique
2141	《互联网信息服务管理办法》	Mesures relatives à l'administration des services d'information sur Internet
2142	《信息网络传播权保护条例》	Règlement sur la protection des droits de communication par le réseau d'information
2143	《企业信息公示暂行条例》	Règlement provisoire sur la divulgation d'informations par les entreprises
2144	《中华人民共和国电信条例》	Règlement des télécommunications de la République populaire de Chine
2145	《互联网上网服务营业场所管理条例》	Règlement sur l'administration des locaux commerciaux avec des services d'accès à Internet
2146	《政务信息资源共享管理暂行办法》	Mesures provisoires pour l'administration du partage des ressources d'information du gouvernement
2147	《中华人民共和国无线电管理条例》	Règlement de la République populaire de Chine sur la gestion des opérations radio
2148	《科学数据管理办法》	Mesures pour la gestion des données scientifiques
2149	【地方性法规】	règlements locaux
2150	《山西省计算机信息系统安全保护条例》	Règlements de la province du Shanxi sur la protection de la sécurité des systèmes informatiques
2151	《辽宁省计算机信息系统安全管理条例》	Règlements de la province du Liaoning sur la gestion de la sécurité des systèmes informatiques
2152	《辽宁省信息技术标准化监督管理条例》	Règlements de la province du Liaoning sur la supervision et la gestion de la normalisation des technologies de l'information
2153	《黑龙江省经济信息市场管理条例》	Règlements de la province du Heilongjiang sur la gestion du marché de l'information économique
2154	《湖南省经济信息市场管理条例》	Règlements de la province du Hunan sur la gestion du marché de l'information économique
2155	《广东省企业信用信息公开条例》	Règlements de la province du Guangdong sur la divulgation d'informations concernant le crédit d'entreprises
2156	《广东省计算机信息系统安全保护条例》	Règlements de la province du Guangdong sur la protection de la sécurité des systèmes informatiques
2157	《海南经济特区公共信息标志标准化管理规定》	Dispositions administratives de la zone économique spéciale du Hainan sur la normalisation des marques d'information publique
2158	《重庆市计算机信息系统安全保护条例》	Règlements de la ville de Chongqing sur la protection de la sécurité des systèmes informatiques
2159	《贵州省信息基础设施条例》	Règlements de la province du Guizhou sur l'infrastructure d'information

续表

序号	汉语	法语
2160	《贵州省大数据发展应用促进条例》	Règlements de la province du Guizhou sur la promotion du développement et de l'application du Big Data
2161	《贵阳市政府数据共享开放条例》	Règlements du gouvernement municipal de Guiyang sur le partage et l'ouverture des données
2162	《贵阳市大数据安全管理条例》	Règlements de la ville de Guiyang sur la gestion de la sécurité du Big Data
2163	《陕西省公共信用信息条例》	Règlements de la province du Shaanxi sur l'information concernant le crédit public
2164	《宁夏回族自治区计算机信息系统安全保护条例》	Règlements de la région autonome Hui du Ningxia sur la protection de la sécurité des systèmes informatiques
2165	《新疆维吾尔自治区防范和惩治网络传播虚假信息条例》	Règlements de la région autonome ouïgoure du Xinjiang sur la prévention et la punition des fausses informations diffusées sur Internet
2166	【部门规章】	règlements départementaux
2167	《个人信用信息基础数据库管理暂行办法》	Mesures provisoires pour l'administration des données de base des renseignements individuels sur le crédit
2168	《电子银行业务管理办法》	Les mesures régissant la banque électronique
2169	《互联网视听节目服务管理规定》	Dispositions administratives pour le service de programmes audio-vidéo sur Internet
2170	《互联网医疗保健信息服务管理办法》	Mesures pour l'administration des services d'information médicale et de soins de santé sur Internet
2171	《计算机信息网络国际联网安全保护管理办法》	Protection et gestion de la sécurité des réseaux informatiques et de l'Internet
2172	《规范互联网信息服务市场秩序若干规定》	Dispositions relatives à la régulation de l'ordre du marché des services d'information sur Internet
2173	《电信和互联网用户个人信息保护规定》	Dispositions relatives à la protection des informations personnelles des utilisateurs des télécommunications et de l'Internet
2174	《气象信息服务管理办法》	Mesures pour la gestion des services d'information météorologique
2175	《网络出版服务管理规定》	Dispositions relatives à l'administration des services de publication en ligne
2176	《互联网新闻信息服务管理规定》	Dispositions administratives relatives aux services d'information sur les actualités de l'Internet
2177	《互联网信息内容管理行政执法程序规定》	Dispositions relatives aux procédures d'application du droit administratif pour la gestion du contenu de l'information sur Internet
2178	《互联网域名管理办法》	Mesures pour l'administration des noms de domaine de l'Internet
2179	《电信业务经营许可管理办法》	Mesures administratives pour l'octroi de licences d'exploitation d'entreprises de télécommunications

序号	汉语	法语
2180	《互联网药品信息服务管理办法》	Les mesures relatives à l'administration du service d'information concernant les médicaments sur Internet
2181	【地方政府规章】	règlements gouvernementaux locaux
2182	《河北省地理信息交换共享管理办法》	Mesures administratives de la province du Hebei pour l'échange et le partage d'informations géographiques
2183	《河北省政务信息资源共享管理规定》	Dispositions administratives de la province du Hebei relatives au partage des ressources d'information sur les affaires gouvernementales
2184	《吉林省地理信息公共服务办法》	Mesures de la province du Jilin pour les services publics d'information géographique
2185	《江苏省测绘地理信息成果管理规定》	Dispositions administratives de la province du Jiangsu sur les réalisations en matière d'arpentage et de cartographie des informations géographiques
2186	《江苏省政府信息化服务管理办法》	Mesures administratives du gouvernement provincial du Jiangsu pour le service d'informatisation
2187	《浙江省地理空间数据交换和共享管理办法》	Mesures administratives de la province du Zhejiang pour l'échange et le partage de données géospatiales
2188	《浙江省公共数据和电子政务管理办法》	Mesures administratives de la province du Zhejiang pour les données publiques et les affaires gouvernementales en ligne
2189	《福建省政务数据管理办法》	Mesures administratives de la province du Fujian pour les données relatives aux affaires gouvernementales
2190	《湖南省地理空间数据管理办法》	Mesures administratives de la province du Hunan pour les données géospatiales
2191	《海南省政务信息化管理办法》	Mesures administratives de la province du Hainan pour l'informatisation des affaires gouvernementales
2192	《重庆市地理信息公共服务管理办法》	Mesures administratives de la ville de Chongqing pour le service public d'information géographique
2193	《四川省地理信息交换共享管理办法》	Mesures administratives de la province du Sichuan pour l'échange et le partage d'informations géographiques
2194	《贵阳市政府数据资源管理办法》	Mesures administratives du gouvernement municipal de Guiyang pour les ressources de données
2195	《青海省地理空间数据交换和共享管理办法》	Mesures administratives de la province du Qinghai pour l'échange et le partage de données géospatiales
2196	【部门规范性文件】	documents normatifs départementaux
2197	《教育部科技基础资源数据平台建设管理办法》	Mesures administratives du Ministère de l'Éducation pour la construction de la plate-forme de données sur les ressources de base des sciences et de la technologie

续表

序号	汉语	法语
2198	《信息安全等级保护管理办法》	Mesures administratives pour la protection graduelle de la sécurité de l'information
2199	《互联网网络安全信息通报实施办法》	Méthode de mise en œuvre pour la circulation des informations relatives à la sécurité des réseaux
2200	《国土资源数据管理暂行办法》	Mesures provisoires pour l'administration des données sur les terres et les ressources
2201	《中国极地科学考察样品和数据管理办法》	Mesures administratives pour les échantillons et les données des expéditions scientifiques polaires en Chine
2202	《非银行支付机构网络支付业务管理办法》	Mesures administratives pour les activités de paiement en ligne des établissements de paiement non bancaires
2203	《网络表演经营活动管理办法》	Mesures pour l'administration des opérations commerciales de cyber-performance
2204	《人力资源社会保障部政务信息资源共享管理暂行办法》	Mesures administratives provisoires du Ministère des Ressources humaines et de la Sécurité sociale pour le partage des ressources d'information des affaires gouvernementales
2205	《交通运输政务信息资源共享管理办法》	Mesures administratives pour le partage des ressources d'information des affaires gouvernementales sur les communications et les transports
2206	《公共互联网网络安全威胁监测与处置办法》	Mesures de surveillance et d'élimination des menaces à la sécurité du réseau de l'Internet public
2207	【地方规范性文件】	Documents normatifs locaux
2208	《辽宁省政务信息资源共享管理暂行办法》	Mesures provisoires administratives de la province du Liaoning pour le partage des ressources d'information sur les affaires gouvernementales
2209	《上海市政务数据资源共享管理办法》	Mesures administratives de la ville de Shanghai pour le partage des ressources de données des affaires gouvernementales
2210	《上海市法人信息共享与应用系统管理办法》	Mesures administratives de la ville de Shanghai pour le système du partage et de l'utilisation de l'information sur des personnes morales
2211	《浙江政务服务网信息资源共享管理暂行办法》	Mesures administratives provisoires du Zhejiang pour le partage des ressources d'information du Réseau du service des affaires gouvernementales
2212	《杭州市政务数据资源共享管理暂行办法》	Mesures administratives provisoires de la ville de Hangzhou pour le partage des ressources de données sur les affaires gouvernementales
2213	《安徽省政务信息资源共享管理暂行办法》	Mesures provisoires administratives de la province de l'Anhui pour le partage des ressources d'information sur les affaires gouvernementales
2214	《福建省政务信息共享管理办法》	Mesures administratives de la province du Fujian pour le partage de l'information sur les affaires gouvernementales

序号	汉语	法语
2215	《福州市政务数据资源管理暂行办法》	Mesures administratives provisoires de la ville de Fuzhou pour le partage des ressources de données sur les affaires gouvernementales
2216	《山东省政务信息资源共享管理办法》	Mesures administratives de la province du Shandong pour le partage de l'information sur les affaires gouvernementales
2217	《湖北省地理空间信息数据交换和共享管理暂行办法》	Mesures administratives provisoires de la province du Hubei pour l'échange et le partage de données d'information géospatiale
2218	《湖南省政务领域信用信息记录征集管理暂行办法》	Mesures administratives provisoires de la province du Hunan pour l'enregistrement, l'expropriation et la collecte de renseignements sur le crédit du domaine des affaires gouvernementales
2219	《武汉市政务数据资源共享管理暂行办法》	Mesures provisoires administratives de la ville de Wuhan pour le partage des ressources de données des affaires gouvernementales
2220	《广西政务信息资源共享管理暂行办法》	Mesures provisoires administratives du Guangxi pour le partage des ressources d'information des affaires gouvernementales
2221	《贵州省政务数据资源管理暂行办法》	Mesures administratives provisoires de la province du Guizhou pour les ressources de données des affaires gouvernementales
2222	【国外的数据权益保护】	protection des droits et des intérêts des données à l'étranger
2223	【美国】	États-Unis d'Amérique
2224	《信息自由法》	La loi sur la liberté de l'information
2225	《公平信用报告法》	La loi sur l'équité en matière d'information sur le crédit
2226	《金融隐私权法》	Loi sur le droit à la confidentialité financière
2227	《电子通信隐私法》	Loi sur la confidentialité des communications électroniques
2228	《电信法案》	Loi sur les télécommunications
2229	《隐私法案》	Loi sur la vie privée
2230	《隐私权保护法》	Loi sur la protection de la vie privée
2231	《爱国者法》	États-Unis Loi sur les patriotes
2232	《联邦信息安全管理法》	Loi fédérale sur la gestion de la sécurité de l'information
2233	《个人数据通知和保护法案》	Loi sur la notification et la protection des données personnelles
2234	《电报通信政策法》	Loi sur la politique en matière de communications par câble
2235	《录像隐私保护法》	Loi sur la protection de la vie privée sur les vidéos
2236	《驾驶员隐私保护法》	Loi sur la protection de la vie privée des conducteurs

续表

序号	汉语	法语
2237	《健康保险携带和责任法》	Loi sur la portabilité et la responsabilité en matière d'assurance de santé
2238	《金融服务现代化法案》	Loi sur la modernisation des services financiers
2239	《儿童网上隐私保护法》	Loi sur la protection de la vie privée des enfants en ligne
2240	《个人身份信息保护指南》	Protection des informations personnelles
2241	《消费者隐私权法案》	La Charte des droits du consommateur en matière de protection de la vie privée
2242	《计算机欺诈与滥用法》	Loi sur la fraude et l'abus informatique
2243	《数字千年著作权法》	Loi sur le droit d'auteur du millénaire numérique
2244	《澄清域外合法使用数据法案》	La loi sur la clarification de l'utilisation légale des données à l'étranger
2245	【俄罗斯】	Russie
2246	《信息、信息技术和信息保护法》	Loi sur l'information, les technologies de l'information et la protection de l'information
2247	《关于〈信息、信息技术和信息保护法〉的修正案和个别互联网信息交流规范》	Modifications de la loi sur l'information, les technologies de l'information et la protection de l'information et spécifications pour l'échange individuel d'informations sur Internet
2248	【英国】	Le Royaume-Uni de Grande-Bretagne et d'Irlande du Nord
2249	《数据保护法》	Loi sur la protection des données
2250	《个人数据保护法》（英国）	Projet de loi sur la protection des données
2251	《最低网络安全标准》	La norme minimale de cyber-sécurité
2252	【德国】	République fédérale d'Allemagne
2253	《联邦数据保护法》	Loi fédérale sur la protection des données
2254	《个人信息保护法》（德国）	Loi sur la protection des renseignements personnels
2255	【法国】	République française (France)
2256	《数据处理、数据文件及个人自由法》	Traitement des données, fichiers de données et libertés individuelles
2257	《关于个人数据处理的个人保护法》	Loi sur la protection des personnes à l'égard du traitement des données à caractère personnel
2258	【瑞典】	Le Royaume de Suède
2259	《个人信息保护法》（瑞典）	Loi sur la protection des renseignements personnels
2260	《个人数据法》（瑞典）	Loi sur les données personnelles
2261	【澳大利亚】	Commonwealth d'Australie
2262	《隐私法》	Loi sur la protection de la vie privée
2263	《个人控制的电子健康记录法》	Loi sur les dossiers de santé électroniques personnellement contrôlés

续表

序号	汉语	法语
2264	【加拿大】	Canada
2265	《个人信息保护和电子文件法》	Loi sur la protection des renseignements personnels et les documents électroniques
2266	【日本】	Japon
2267	《电子计算机处理数据保护管理准则》	Lignes directrices pour la protection des données et la gestion du traitement informatique électronique
2268	《行政机关电子计算机自动化处理个人数据保护法》	Loi des autorités administratives sur la protection des données à caractère personnel dans le cadre du traitement automatisé des ordinateurs
2269	《关于行政机关所有之个人信息保护审查会设置法》	Loi relative à la création d'un comité de révision sur la protection des informations personnelles détenues par les autorités administratives
2270	《关于保护行政机关所持有之个人信息的法律》	Loi sur la protection des informations personnelles détenues par les autorités administratives
2271	《关于保护独立行政法人等所持有之个人信息的法律》	Loi sur la protection des informations personnelles détenues par les personnes morales administratives indépendantes
2272	《信息公开与个人信息保护审查会设置法》	Loi relative à la création d'un comité d'inspection pour la divulgation d'informations et la protection des renseignements personnels
2273	《个人数据保护基本法制大纲》	Grandes lignes du système juridique de base pour la protection des données personnelles
2274	《个人数据保护法案》	Loi sur la protection des données personnelles
2275	《个人信息保护法》（日本）	Loi sur la protection des informations personnelles (Japon)
2276	《个人号码法》	Projet de loi sur les numéros communs
2277	【韩国】	République de Corée
2278	《个人信息保护法》（韩国）	Loi sur la protection des informations personnelles (Corée)
2279	《信息通信促进法》	Loi sur la promotion de l'information et des communications
2280	《信用信息利用和保护法》	Loi sur l'utilisation et la protection des informations de crédit
2281	《位置信息使用与保护法》	Loi sur la protection, l'utilisation, etc. des informations de localisation
2282	《政府机关个人信息保护法》	Loi sur la protection des renseignements personnels des organismes gouvernementaux
2283	《信息通信网络利用和信息保护法》	Loi sur la promotion de l'utilisation des réseaux d'information et de communication et la protection de l'information
2284	《金融实名往来和秘密保障法》	Loi sur les échanges financiers en nom réel et la protection du secret
2285	【新加坡】	République de Singapour

续表

序号	汉语	法语
2286	《个人信息保护法案》	Loi sur la protection des données personnelles
2287	【印度】	République de l'Inde
2288	《2000 年信息技术法》	Loi de 2000 sur les technologies de l'information
2289	《1993 年公共记录法》	Loi de 1993 sur les documents publics
2290	《关于保护个人民管数据或信息的合理安全举措的规定》	Dispositions relatives aux mesures de sécurité raisonnables visant à protéger les données ou informations personnelles de l'administration civile
2291	《征信公司法》	Loi de 2005 sur les sociétés d'information sur le crédit (réglementation)
2292	【巴西】	La République fédérative du Brésil
2293	《网络治理法》	Loi sur la gouvernance des réseaux
2294	【瑞士】	Confédération suisse (Suisse); Confédération helvétique (Suisse)
2295	《个人数据法》（瑞士）	Loi sur les données personnelles (Suisse)
2296	【马来西亚】	Malaisie
2297	《个人数据保护法》（马来西亚）	Loi sur la protection des données personnelles (Malaisie)
2298	【越南】	République socialiste du Vietnam
2299	《互联网服务及互联网在线内容管理、提供、利用规定》	Dispositions relatives à la gestion, à la fourniture et à l'utilisation du service Internet et du contenu en ligne sur Internet
2300	【国际组织的数据权益保护】	protection des droits et des intérêts des organisations internationales en matière de données
2301	【联合国】	Nations Unies
2302	《个人数据保护指南》（联合国）	Lignes directrices pour la protection des données personnelles (Nations Unies)
2303	《计算机化处理个人数据档案指导纲领》	Lignes directrices pour la réglementation des fichiers de données personnelles informatisés
2304	《关于自动资料档案中个人资料的指南》	Guide des documents personnels dans les fichiers automatiques
2305	【经合组织（OECD）】	Organisation de Coopération et de Développement Economique (OCDE)
2306	《关于隐私保护与个人数据跨境流动指南》	Lignes directrices sur la protection de la vie privée et les flux transfrontières de données à caractère personnel
2307	《个人数据保护指南》（经合组织）	Lignes directrices sur la protection des données (OCDE)
2308	《电子商务消费者保护指导意见》	Lignes directrices pour la protection des consommateurs dans le domaine du commerce électronique
2309	【世界银行】	La Banque mondiale

续表

序号	汉语	法语
2310	《征信通用原则》	Principes généraux pour l'information sur le crédit
2311	【亚太经合组织（APEC）】	Coopération économique Asie-Pacifique
2312	《APEC 隐私保护纲领》	Cadre de l'APEC pour la protection de la vie privée
2313	《关于隐私保护和个人数据跨境流动指南》	Lignes directrices sur la protection de la vie privée et les flux transfrontières de données à caractère personnel
2314	《APEC 个人隐私工作指南》	Directives de travail pour la protection de la vie privée dans le cadre de l'APEC
2315	《亚太经合组织隐私保护框架》	Cadre de l'APEC sur la protection de la vie privée
2316	《亚太经合组织隐私指南》	Principes de l'APEC en matière de protection de la vie privée
2317	《"数据隐私探路者"项目》	Projets « exploratoires sur la confidentialité des données »
2318	《跨境隐私执行计划》	Arrangement transfrontalier pour l'application des lois sur la protection de la vie privée
2319	《跨境隐私制度》	Règles transfrontalières de l'APEC en matière de protection de la vie privée
2320	【欧盟】	Union Européenne
2321	《欧洲个人数据保护和自由流动指令》	Directive relative à la protection des personnes physiques à l'égard du traitement des données à caractère personnel et à la libre circulation de ces données
2322	《隐私与电子通信指令》	Directive sur la confidentialité et les communications électroniques
2323	《数据留存指令》	Directive sur la conservation des données
2324	《保护关键基础设施打击恐怖主义》	Protection des infrastructures clés contre le terrorisme
2325	《电子通信个人数据处理及隐私保护指令》	Directive concernant le traitement des données à caractère personnel et la protection de la vie privée dans le secteur des télécommunications
2326	《一般数据保护条例》	Règlement général sur la protection des données
2327	《关于电子通信领域个人数据处理和隐私保护的指令》	Directive concernant le traitement des données à caractère personnel et la protection de la vie privée dans le secteur des communications électroniques (Directive sur la vie privée et les communications électroniques 2002)
2328	欧盟数据保护监管局	Contrôleur européen de la protection des données
2329	【欧洲理事会】	Le Conseil européen
2330	《关于个人数据自动处理的个人保护公约》	La Convention pour la protection des personnes à l'égard du traitement automatisé des données à caractère personnel
2331	【欧洲委员会】	Conseil de l'Europe
2332	《个人数据自动化处理中的个人保护公约》	Convention pour la protection des personnes en ce qui concerne le traitement des données personnelles

续表

序号	汉语	法语
2333	《"美国-欧盟安全港"框架》	Cadre de la « sphère de sécurité entre les États-Unis et l'UE »
2334	《欧盟-美国隐私护盾》	Bouclier de protection de la vie privée entre l'UE et les États-Unis
2335	【欧盟理事会】	Conseil de l'Union européenne
2336	《数据保护公约》	Convention sur la protection des données
2337	大数据史	historique du Big Data
2338	【知识、信息和数据】	connaissances, informations et données
2339	【古代科学与知识】	science et connaissances antiques
2340	结绳记事	tenir des registres en faisant des noeuds (dans les temps primitifs avant l'invention de l'écriture)
2341	河图洛书	diagramme d'astrologie (Hetu) et diagramme des veines (Luoshu) (deux diagrammes mystiques utilisés dans la Chine ancienne pour décrire le contexte spatialement changeant du ciel et de la terre)
2342	《九章算术》	*Neuf chapitres sur l'art mathématique*
2343	毕达哥拉斯学派	École de Pythagore
2344	亚里士多德	Aristote
2345	莱布尼茨	Gottfried Wilhelm Leibniz
2346	《几何原本》	*Éléments de la géométrie euclidienne*
2347	《人类知识的起源》	*Origine de la connaissance humaine*
2348	《元逻辑》	*Métalogique*
2349	《新工具》	*Nouvel Organon*
2350	【近代科学与信息】	la science et l'information dans les temps modernes
2351	力学三定律	trois lois de la mécanique
2352	罗吉尔·培根	Roger Bacon
2353	《信息论》	*Théorie de l'information*
2354	克劳德·艾尔伍德·香农	Claude Elwood Shannon
2355	《密码学》	*Cryptographie*
2356	塞缪尔·莫尔斯	Samuel Finley Breese Morse
2357	沙普信号塔	Tour signal de Sharpe
2358	恩尼格玛密码机	Machine à énigmes
2359	《信息简史》	*L'information: une histoire, une théorie, un déluge*
2360	【复杂性科学与数据】	science de complexité et données
2361	软系统方法论	méthodologie de système souple

续表

序号	汉语	法语
2362	自组织理论	théorie de l'auto-organisation
2363	非线性动力学	dynamique non-linéaire
2364	开放复杂巨系统	Systèmes géants complexes ouverts
2365	圣塔菲学派	École de Santa Fe
2366	数据科学	science des données
2367	《计算机方法的简明调查》	Enquête concise sur les méthodes informatiques
2368	约翰·阿奇博尔德·惠勒	John Archibald Wheeler
2369	《第三次浪潮》	La troisième vague
2370	《大数据时代》	L'ère du Big Data
2371	维克托·迈尔-舍恩伯格	Viktor Mayer-Schönberger
2372	《数据科学：拓展统计学的技术领域的行动计划》	La science des données: Un plan d'action pour l'extension des secteurs techniques du domaine des statistiques
2373	《为外存模型可视化而应用控制程序请求页面调度》	Pagination de la demande contrôlée par l'application pour la visualisation hors centre
2374	《千兆字节数据集的实时性可视化探索》	Exploration visuelle des ensembles de données gigaoctets en temps réel
2375	《大数据：下一个具有创新力、竞争力与生产力的前沿领域》	Big Data: La prochaine frontière pour l'innovation, la concurrence et la productivité
2376	《大数据促发展：挑战与机遇》	Big Data pour le développement: opportunités et défis
2377	技术驱动力	force motrice technique
2378	信息革命	la révolution de l'information
2379	【第一次信息革命】	la première révolution de l'information
2380	语言	langue
2381	古埃及语	langue égyptienne ancienne
2382	《劳动在从猿到人转变过程中的作用》	Le rôle joué par le travail dans le passage du grand singe à l'homme
2383	【第二次信息革命】	la deuxième révolution de l'information
2384	文字	caractères
2385	象形文字	hiéroglyphe
2386	楔形文字	cunéiforme
2387	腓尼基字母表	Alphabet phénicien
2388	【第三次信息革命】	la troisième révolution de l'information
2389	蔡伦改进造纸术	invention et amélioration de la technique de fabrication du papier par Cai Lun
2390	活字印刷术	impression au moyen de caractères mobiles

续表

序号	汉语	法语
2391	【第四次信息革命】	la quatrième révolution de l'information
2392	信号	signal
2393	模拟信号	signal analogique
2394	移动通信	communications mobiles
2395	无线电	radio
2396	电报机	le télégraphe
2397	电话	téléphone
2398	电视	télévision
2399	【第五次信息革命】	la cinquième révolution de l'information
2400	信息高速公路	autoroute de l'information
2401	蒂姆·伯纳斯·李	Tim Berners-Lee
2402	万维网	World Wide Web (Internet)
2403	TCP/IP 协议	Protocole de contrôle de transmission protocole/Protocole Internet
2404	【第六次信息革命】	La sixième révolution de l'information
2405	C.H.Bennett	C.H.Bennett
2406	数字革命	révolution numérique
2407	计算机技术	technologie informatique
2408	电子管计算机	ordinateur à tube à vide
2409	差分机	moteur de différence
2410	分析机	machine analytique
2411	图灵机	Machine de Turing
2412	IBM 601	International Business Machines Corporation 601
2413	ENIAC	Intégrateur numérique électronique et ordinateur
2414	Apple II	une version améliorée de l'ordinateur Apple I
2415	CDC6600	Société de données de contrôle 6600
2416	芯片技术	technologie de la puce
2417	晶体管	transistor
2418	集成电路	circuit intégré
2419	DRAM 存储器	Mémoire dynamique à accès aléatoire
2420	摩尔定律	la loi de Moore
2421	麦特卡尔夫定律	la loi de Metcalfe
2422	吉尔德定律	la loi de Gilder
2423	【大数据技术】	technologie du Big Data

续表

序号	汉语	法语
2424	灾难备份中心	centre de sauvegarde en cas de catastrophe
2425	IDS（入侵检测系统）	systèmes de détection d'intrusion
2426	Spanner	base de données clé
2427	OLAP	Traitement analytique en ligne
2428	GFS	Système de fichiers de Google
2429	Storm 框架	Cadre de la tempête
2430	storm 计算框架	cadre informatique de tempête
2431	Storm 实时大数据计算框架	Cadre informatique de tempête du Big Data en temps réel
2432	Hadoop 分布式文件系统	Système de fichiers distribués Hadoop
2433	数字文明	civilisation numérique
2434	【人脑时代】	ère du cerveau humain
2435	东方哲学	philosophie orientale
2436	象数思维	image et pensée numérique
2437	《易经》	Livre des Mutations
2438	格物致知	La connaissance s'acquiert par l'expérience
2439	程朱理学	Néo-confucianisme de Cheng-Zhu
2440	心即理	L'esprit est le principe (philosophie de Wang Yang-ming)
2441	阳明心学	La théorie de l'entendement de Wang Yangming; L'école de l'Esprit de Wang Yangming
2442	唯识宗	Ecole de la conscience *pure*
2443	《金刚经》	*Sûtra du Diamant*
2444	前定说	prédétermination dans l'islam
2445	《古兰经》	*Le Coran*
2446	西方哲学	philosophie occidentale
2447	本体论	ontologie
2448	《理想国》	*La République*
2449	《工具论》	*Organon*
2450	《人类理智论》（洛克）	*Un essai sur l'entendement humain* (John Locke)
2451	《精神现象学》	*Phénoménologie de l'esprit*
2452	康德三大批判	La critique de la raison pure, la critique de la raison pratique et la critique du jugement de Kant
2453	经验论	empirisme
2454	《资本论》	*Le Capital*

续表

序号	汉语	法语
2455	【古代人文】	humanisme antique
2456	有神论	théisme
2457	多神论	polythéisme
2458	一神论	monothéisme
2459	《圣经》	La Bible
2460	"惟人万物之灵"	L'homme est l'esprit de toutes choses
2461	"人是万物的尺度"	L'homme est la mesure de toutes choses
2462	【电脑时代】	ère de l'ordinateur
2463	【实验科学】	science expérimentale
2464	决定论	Déterminisme
2465	还原论	Réductionnisme
2466	机械论	Théorie des mécanismes
2467	概率论	Théorie des probabilités
2468	理想模型法	méthode du modèle idéal
2469	思维科学	science noétique
2470	逻辑学	logique
2471	归纳法	méthode inductive
2472	演绎法	méthode déductive
2473	三段论法	syllogisme
2474	心理学	psychologie
2475	《梦的解析》	L'Interprétation des rêves
2476	认知理论	théorie cognitive
2477	人类学	anthropologie
2478	【近代人文】	humanités modernes
2479	进化论	Evolutionisme
2480	《物种起源》	De l'origine des espèces au moyen de la sélection naturelle ou la préservation des races favorisées dans la lutte pour la vie
2481	《生命是什么》	Qu'est-ce que la vie ?
2482	人类中心主义	doctrine centrée sur l'homme
2483	《人类中心主义：一种现代观》	Anthropocentrisme: une version moderne
2484	《为什么要保护自然界的变动性》	Pourquoi préserver la variété naturelle?
2485	文艺复兴	La Renaissance
2486	《神曲》	La Divine Comédie

续表

序号	汉语	法语
2487	《蒙娜丽莎》	Mona Lisa
2488	《大卫》	David
2489	【云脑时代】	ère du cerveau en nuage
2490	【学科融合】	intégration des disciplines
2491	复杂性科学	science de la complexité
2492	混沌理论	Théorie du chaos
2493	协同理论	Synergique
2494	耗散结构理论	théorie de la structure dissipative
2495	蝴蝶效应	Effet papillon
2496	湍流实验	expérience de turbulence
2497	麦克斯韦妖	Démon de Maxwell
2498	未来学	futurologie
2499	《必然》	L'inévitable: comprendre les 12 forces technologiques qui façonneront notre avenir
2500	《人类简史》	Une brève histoire de l'humanité
2501	《未来简史》	Une brève histoire de l'avenir
2502	《未来的冲击》	Choc futur
2503	《数字化生存》	Être numérique
2504	《块数据》（五部曲）	Données en bloc (cinq parties)
2505	【当代人文】	humanisme contemporain
2506	世界主义	cosmopolitisme
2507	非人类中心主义	non-anthropocentrisme
2508	超人类主义	transhumanisme
2509	《人机共生：谁是不会被机器替代的人》	Seuls les humains doivent postuler: gagnants et perdants à l'ère des machines intelligentes
2510	《人是机器》	L'Homme Machine
2511	《基因伦理学》	Éthique génétique
2512	《弗兰肯斯坦——现代普罗米修斯的故事》	Frankenstein: ou, le Prométhée moderne
2513	《我，机器人》	Moi, ce Robot
2514	《银翼杀手》	Blade Runner (Coureur de lame)
2515	《终结者》	Terminateur
2516	《三体》	Le problème des trois corps

附录 4 大数据名词汉俄对照

序号	汉语	俄语
1	大数据理论	теория больших данных
2	大数据理论基础	теоретическая основа больших данных
3	信息科学	информационная наука
4	信息论	Теория информации
5	世界三元组	тройной мир
6	信息	информация
7	概率信息	вероятностная информация
8	语义信息	семантическая информация
9	信息熵	информационная энтропия
10	信息量	количество информации
11	信息处理	обработка информации
12	信源	источник информации
13	信源编码	исходное кодирование
14	信息率失真理论	теория искажения скорости передачи информации
15	信道	канал
16	信道噪声	шум канала
17	信道容量	емкость канала
18	信道编码	канальное кодирование
19	编码	кодирование
20	编码定理	теорема кодирования
21	分组码	блочный код
22	卷积码	свёрточный код
23	纠错码	код исправления ошибок
24	线性码	линейный код
25	香农理论	Теория Шеннона
26	信息提取	извлечение информации
27	信息本体论	информационная онтология
28	信息价值论	Теория информационной ценности
29	信息类型学	типология информации

续表

序号	汉语	俄语
30	统计信息论	статистическая теория информации
31	语义信息论	семантическая теория информации
32	算法信息论	алгоритмическая теория информации
33	语用信息论	прагматическая теория информации
34	信息成本	стоимость информации
35	信息价值	ценность информации
36	信息推动力	движущая сила информации
37	信息动力学	информационная динамика
38	信息流	поток информации
39	信息过程	информационный процесс
40	信息作用	информационная функция
41	信息代数	информационная алгебра
42	信息几何	информационная геометрия
43	系统论	Теория систем
44	系统	система
45	要素	(системные) элементы
46	系统结构	структура системы
47	系统功能	системная функция
48	系统层次	системный уровень
49	系统整体性原理	системный принцип холизма
50	系统相关性原理	системный принцип актуальности
51	结构和功能原理	принцип структуры и функции
52	输入输出平衡性原理	принцип баланса ввода и вывода
53	能动性原理	динамический принцип
54	最优化原理	принцип оптимизации
55	系统方法	системный метод
56	最优化方法	метод оптимизации
57	模型化方法	метод моделирования
58	综合平衡法	методы комплексного баланса
59	网络分析法	методы анализа сети
60	系统预测法	методы системного прогнозирования
61	大系统理论	крупномасштабные системы
62	模糊系统理论	теория нечётких систем

续表

序号	汉语	俄语
63	系统工程	системная инженерия
64	运筹学	Операционное Исследование (O.R.)
65	规划论	теория программирования
66	博弈论	Теория Игр
67	排队论	теория очередей
68	存储论	теория хранения
69	决策论	теория принятия решений
70	搜索论	теория поиска
71	可靠性理论	теория надёжности
72	系统科学	системная наука
73	系统哲学	Системная Философия
74	控制论	Кибернетика
75	控制	контроль (система)
76	系统响应	отклика системы
77	适应	адаптация
78	反馈原理	принцип обратной связи
79	估计	оценка
80	识别	(системная) идентификация
81	决策	дерево решений
82	对策	контрмера
83	收敛性	конвергенция
84	最优性	оптимальность (принцип оптимальности)
85	鲁棒性	Робастность
86	自繁殖	самовоспроизведение (система)
87	自组织	самоорганизация
88	必须变异度率	степень необходимой изменчивости
89	经典控制理论	классическая теория управления
90	自动控制系统	система автоматического управления
91	恒值自动调节系统	система автоматического регулирования постоянного значения
92	程序自动控制系统	запрограммированная система автоматического управления
93	随动系统	следящая система
94	模拟控制器控制	управление аналоговым контроллером

续表

序号	汉语	俄语
95	反馈控制方法	методы контроля с обратной связью
96	扰动补偿方法	методы компенсации помех
97	系统模型	модель системы
98	时域分析法	анализ во временной области
99	传递函数	передаточная функция
100	频域分析法	анализ в частотной области
101	控制系统校正	методы коррекции системы управления
102	多变量控制系统	многофакторная система управления
103	线性离散控制系统	линейная дискретная система управления
104	非线性系统控制	нелинейная система управления
105	相平面	фазовая плоскость
106	分叉	бифуркация (теория)
107	混沌	хаос
108	现代控制理论	современная теория управления
109	状态空间模型	модель пространства состояний
110	连续时间模型	модель с непрерывным временем
111	能控性	контролируемость
112	稳定性	стабильность
113	能观性	наблюдаемость
114	状态估计	оценка состояния
115	系统识别	идентификация системы
116	最优控制	оптимальное управление
117	自适应控制	самоадаптивное управление
118	预测控制	прогнозирующий контроль
119	人工智能方法	методы искусственного интеллекта
120	贝叶斯决策	Байесовские процедуры принятия решения
121	知识推理	обоснование знаний
122	专家系统	Экспертная система (ES)
123	模糊逻辑	нечёткая логика
124	模糊推理	нечёткие рассуждения
125	智能控制方法	методы интеллектуального управления
126	智能控制	интеллектуальное управление
127	专家控制	экспертное управление

续表

序号	汉语	俄语
128	模糊控制	нечёткое управление
129	学习控制	контроль обучения
130	神经网络控制	управление нейронной сетью
131	工程控制	техника управления
132	生物控制	биологический контроль
133	计算机科学	Компьютерная наука (CS)
134	抽象计算机	абстрактный компьютер
135	真实计算机	реальный компьютер
136	计算过程	вычислительный процесс
137	计算思维	вычислительное мышление
138	巴贝奇问题	проблема Чарльза Бэббиджа
139	客户端计算机	клиентский компьютер
140	服务端计算机	сервисный компьютер
141	嵌入式计算机	встраиваемый компьютер
142	布什问题	проблема Ванневара Буша
143	批处理模式	пакетный режим
144	交互式计算模式	интерактивный режим вычислений
145	个人计算模式	режим персональных вычислений
146	图形用户界面模式	Режим графического интерфейса пользователя
147	多媒体计算模式	режим мультимедийных вычислений
148	便携式计算模式	режим вычислений портативного типа
149	互联网计算模式	режим Интернет-вычислений
150	移动互联网计算模式	режим вычислений мобильного Интернета
151	图灵问题	проблема Алана Мэтисона Тьюринга
152	科学计算	научные вычисления
153	企业计算	корпоративные вычисления
154	消费计算	вычисление потребления
155	滴涓效应	эффект просачивания
156	诺德豪斯定律	Закон Нордхауса
157	科克定律	Закон Корка
158	库米定律	Закон Куми
159	计算机模拟	компьютерное моделирование
160	虚拟现实	Виртуальная реальность (VR)

续表

序号	汉语	俄语
161	逻辑思维	логическое мышление
162	布尔逻辑	Булева логика
163	命题	предложение
164	连接词	конъюнкция
165	真值表	таблица правды
166	交换律	коммутативный закон
167	结合律	ассоциативный закон
168	分配率	коэффициент разделения
169	谓词逻辑	Предикатная логика
170	定理机器证明	механическое доказательство теорем
171	图灵机模型	Модель машины Тьюринга
172	罗素悖论	Парадокс Рассела
173	哥德尔不完全性定理	Теоремы неполноты Гёделя
174	算法思维	алгоритмическое мышление
175	分治算法	алгоритм «разделяй и властвуй»
176	穷举算法	исчерпывающий алгоритм
177	回溯算法	алгоритм с возвратом
178	贪心算法	жадный алгоритм
179	迭代算法	итерационный алгоритм
180	牛顿法	Метод Ньютона
181	梯度下降法	метод градиентного спуска
182	遗传算法	генетический алгоритм
183	指数复杂度	экспоненциальная сложность
184	机器学习	Машинное обучение (ML)
185	非监督学习	неконтролируемое обучение
186	监督学习	контролируемое обучение
187	强化学习	Обучение с подкреплением (RL)
188	神经网络	Нейронные сети (NNs)
189	BP 神经网络	Нейронная сеть BP
190	损失函数	функция потерь
191	非线性分类	нелинейная классификация
192	激励函数	функция активации
193	卷积神经网络	Свёрточная нейронная сеть (CNN)

续表

序号	汉语	俄语
194	循环神经网络	Зацикленная нейронная сеть (RNN)
195	网络思维	сетевое мышление
196	协议	протокол
197	协议栈	стек протоколов
198	名字空间	пространство имён
199	网络拓扑	Топология сети
200	系统思维	системное мышление
201	数据抽象	абстракция данных
202	控制抽象	абстракция управления
203	硬件抽象	аппаратная абстракция
204	逻辑门	Логические ворота
205	组合电路	комбинационная (логическая) схема
206	信息隐藏原理	принцип сокрытия информации
207	时序电路	последовательная схема
208	自动机	автомат
209	存储程序计算机	компьютер с хранимой программой
210	应用程序执行模型	модель исполнения приложения
211	扬雄周期原理	Принцип цикла Ян Сюна
212	波斯特尔健壮性原理	Принцип робастности Постела
213	冯诺依曼穷举原理	Принцип исчерпания фон Неймана
214	阿姆达尔定律	Закон Амдаля
215	统计学	статистика
216	样本	образец
217	抽样	отбор образцов
218	概率分布	расположение вероятностей
219	参数估计	параметрическая оценка
220	点估计	точечная оценка
221	矩估计法	метод моментов
222	顺序统计量法	порядковая статистика
223	最大似然法	Метод Максимального Правдоподобия (MLE)
224	最小二乘法	Метод Наименьших Квадратов
225	区间估计	интервальная оценка
226	置信推断	доверительное предположение

续表

序号	汉语	俄语
227	置信区间	доверительный интервал
228	置信水平	доверительный уровень
229	假设检验	проверка гипотез
230	参数假设检验	проверка параметрических гипотез
231	单侧检验	односторонняя проверка гипотезы
232	双侧检验	двусторонняя проверка гипотезы
233	非参数假设检验	проверка непараметрических гипотез
234	卡方检验	тест хи-квадрат
235	相关分析	корреляционный анализ
236	线性相关分析	линейный корреляционный анализ
237	非线性相关分析	нелинейный корреляционный анализ
238	回归分析	регрессионный анализ
239	线性回归	линейная регрессия
240	一元线性回归	одномерная линейная регрессия
241	多元线性回归	многомерная линейная регрессия
242	曲线回归	криволинейная регрессия
243	逻辑回归	логистическая регрессия
244	方差分析	Дисперсионный Анализ (ANOVA)
245	单因素方差分析	однофакторный дисперсионный анализ
246	多因素方差分析	многофакторный дисперсионный анализ
247	分类分析	классификационный анализ
248	决策树分析	анализ дерева решений
249	贝叶斯网络分析	Байесовский сетевой анализ
250	KNN 法	Метод К-ближайших Соседей
251	聚类分析	кластерный анализ
252	分层聚类分析	иерархический кластерный анализ
253	K-Means 聚类	Кластеризация K-Means
254	Kohonen Network 聚类	Кластеризатор На Базе Kohonen Network
255	时间序列分析	анализ временных рядов
256	平稳序列分析	анализ стационарных временных рядов
257	趋势序列分析	анализ трендовых рядов
258	季节序列分析	анализ сезонных рядов
259	复合序列分析	анализ составных рядов

续表

序号	汉语	俄语
260	元分析	метаанализ
261	加权平均法	средневзвешенный метод
262	优化方法	оптимизационный метод
263	线性规划	линейное программирование
264	整数规划	целочисленное программирование
265	多目标规划	многоцелевое программирование
266	动态规划	динамическое программирование
267	数据哲学	философия данных
268	数	число
269	数字	цифра
270	文字数字	система написания цифр
271	符号数字	символическая цифра
272	数制	система исчисления
273	序数	порядковое числительное
274	量	количество
275	计量单位	единицы измерения величин
276	数据	данные
277	科学数据	научные данные
278	原始数据	необработанные данные
279	衍生数据（哲学）	производные данные
280	知识数据	данные знаний
281	象	имидж
282	万物源于数	Всё-из чисел
283	数字本体论	онтология цифр
284	数据哲学	философия данных
285	柏拉图主义	Платонизм
286	唯名论	номинализм
287	康德	Кант
288	逻辑主义	логицизм
289	直觉主义	интуитивизм
290	形式主义	формализм
291	世界 4	Мир 4
292	符码世界	мир символических кодов

续表

序号	汉语	俄语
293	黑箱方法	метод черного ящика
294	第四范式	четвертая нормальная форма
295	技术哲学	философия технологии
296	心灵哲学	философия ума
297	大数据生态系统	экосистема больших данных
298	大数据	большие данные
299	海量数据	массив данных
300	数据密集型	интенсивные данные
301	数据集合	конвергенция данных
302	数据量	объём данных
303	数据源	источник данных
304	数据元素	элемент данных
305	元数据	метаданные
306	数据结构	структура данных
307	结构化数据	структурированные данные
308	半结构化数据	полуструктурированные данные
309	非结构化数据	неструктурированные данные
310	多源异构数据	многоисточниковые гетерогенные данные
311	分组数据	пакет данных
312	【数据类型】	тип данных
313	流数据	поток данных
314	静态数据	статические данные
315	暗数据	тёмные данные
316	热数据	горячие данные
317	温数据	тёплые данные
318	冷数据	холодные данные
319	图数据	графики данных
320	主数据	основные данные
321	粒数据	дробные данные
322	全局数据	глобальные данные
323	数据模型	модель данных
324	概念数据模型	концептуальная модель данных
325	逻辑数据模型	Логическая Модель Данных (LDM)

续表

序号	汉语	俄语
326	物理数据模型	Физическая Модель Данных (PDM)
327	【大数据应用】	приложение для больших данных
328	医疗大数据	большие данные здравоохранения
329	教育大数据	большие данные образования
330	文化大数据	большие данные культуры
331	旅游大数据	большие данные туризма
332	交通大数据	большие данные дорожного движения
333	农业大数据	большие данные сельского хозяйства
334	工业大数据	большие данные промышленности
335	安全大数据	большие данные безопасности
336	电子商务大数据	большие данные электронной торговли
337	科学大数据	большие данные науки
338	时空大数据	большие данные пространства-времени
339	组学大数据	большие данные омика
340	【数据价值】	значение данных
341	DT 时代	Эпоха DT
342	大数据思维	мышление больших данных
343	数据革命	революция данных
344	数字化生存	Цифровое Выживание
345	信誉经济	Престижная Экономика
346	商业智能	Бизнес-аналитика (BI)
347	【互联网】	Интернет
348	网络	сеть
349	广域网	Глобальная Сеть (WAN)
350	网际网络	сеть Интернет
351	移动互联网	Мобильный Интернет
352	产业互联网	Интернет-индустрия
353	工业互联网	Промышленный Интернет
354	消费互联网	потребительский Интернет
355	车联网	Интернет Транспортных Средств
356	物联网	Интернет Вещей
357	下一代互联网	Интернет Следующего Поколения (NGI)
358	5G 网络	Сеть 5G

续表

序号	汉语	俄语
359	【互联网发展】	развитие Интернета
360	门户网站	Сайт Портала
361	新浪网	Сеть Сина
362	搜狐网	Сеть Сохо
363	网易	Сеть Ван И
364	【社交媒体】	Социальные СМИ
365	博客中国	блог китай
366	新浪微博	Микроблог Сина
367	人人网	Сеть Жэньжэнь
368	移动互联	мобильная Интернет-связь
369	万物互联	Взаимосвязь Всех Вещей (IoE)
370	新型基础设施	инфраструктура нового типа
371	新型主流媒体	новые основные средства массовой информации
372	互联网思维	Интернет-мышление
373	互联网平台	Интернет-платформа
374	云计算	облачные вычисления
375	【服务模式】	сервисная модель
376	IaaS	Инфраструктура Как Услуга (IaaS)
377	PaaS	Платформа Как Услуга (PaaS)
378	SaaS	Программное Обеспечение Как Услуга (SaaS)
379	【部署模型】	модель развертывания
380	私有云	частное облако
381	社区云	облако сообщества
382	公共云	общественное облако
383	混合云	гибридное облако
384	容器技术	Контейнерные Технологии
385	负载均衡	Выравнивание Нагрузки
386	租户隔离	раздельная аренда
387	统一身份认证	единая идентификация личности
388	SOA	Сервисно-Ориентированная Архитектура (SOA)
389	微服务	микро-сервис
390	容错计算	отказоустойчивые вычисления
391	密钥管理	ключевой менеджмент

续表

序号	汉语	俄语
392	云端数据加密	шифрование данных в облаке
393	【数据生态】	экология данных
394	政务云	Правительственное Облако
395	医疗云	облако здравоохранения
396	教育云	облако образования
397	交通云	облако дорожного движения
398	工业云	облако промышленности
399	金融云	облако финансов
400	环保云	облако защиты окружающей среды
401	旅游云	облако туризма
402	语音云	речевое облако
403	人工智能	Искусственный Интеллект (AI)
404	【理论基础】	теоретическая основа
405	图灵论题	Тезис Тьюринга
406	相似性原则	принцип сходства
407	超计算	супервычисления
408	BSS 实数模型	модель вещественных чисел BSS
409	类脑机器人	ЭЭГ-подобный робот
410	自然语言处理	Обработка Естественного Языка (NLP)
411	深度学习	Глубокое Изучение (DL)
412	超级电脑沃森	суперкомпьютер Ватсон
413	"深蓝"	«Темно-Синий»
414	AlphaGo	AlphaGo
415	智能计算	интеллектуальные вычисления
416	群体智能	роевой интеллект (РИ)
417	【智能场景】	интеллектуальная сцена
418	智能经济	Интеллектуальная Экономика
419	智能农业	интеллектуальное сельское хозяйство
420	智能物流	интеллектуальный товарообмен
421	智能商务	интеллектуальная торговля
422	智能金融	Интеллектуальные Финансы
423	智能教育	интеллектуальное образование
424	智能医疗	Интеллектуальное Здравоохранение

续表

序号	汉语	俄语
425	智能政务	интеллектуальное правительство
426	智慧法庭	интеллектуальный суд
427	智能交通	Интеллектуальное Дорожное Движение (ITS)
428	智能环保	интеллектуальная защита окружающей среды
429	量子信息	квантовая информация
430	【量子计算】	квантовые вычисления
431	量子比特	квантовый бит
432	量子计算模型	модель квантовых вычислений
433	量子门	квантовые ворота
434	量子搜索	квантовый поиск
435	量子傅里叶变换	Квантовое Преобразование Фурье (QFT)
436	量子相位估计	оценка квантовой фазы
437	量子计算机	квантовый компьютер
438	量子算法	квантовый алгоритм
439	量子线路	квантовая схема
440	量子纠缠	квантовая запутанность
441	量子霸权	квантовая гегемония
442	薛定谔方程	Уравнение Шрёдингера
443	"IBM Q"量子计算平台	платформа квантовых вычислений IBM Q
444	"狐尾松"(Bristlecone)	«Bristlecone» (квантовый компьютер)
445	【量子通信】	Квантовая Связь
446	Vernam 密码	пароль Vernam
447	公钥密码系统	криптографическая система с открытым ключом
448	RSA 方案	решение RSA
449	不可克隆定理	Теорема Об Антиклонировании
450	量子密码术	Квантовая Криптография
451	BB84 方案	Решение BB84
452	E91 方案	Решение E91
453	密集编码	Компактное Кодирование (CED)
454	量子隐形传态	квантовая телепортация
455	量子卫星	квантовый спутник
456	京沪干线	Железнодорожная Магистраль Цзин-Ху
457	墨子号	Мо Цзы

续表

序号	汉语	俄语
458	块数据	блокировка данных
459	大数据范式	нормальная форма больших данных
460	点数据	точечные данные
461	条数据	статья данных
462	块数据	блокировка данных
463	第一范式	Первая Нормальная Форма (1NF)
464	第二范式	Вторая Нормальная Форма (2NF)
465	第三范式	Третья Нормальная Форма (3NF)
466	数据引力	гравитация данных
467	数据引力波	гравитационные волны данных
468	数据人假设	гипотеза о человеке данных
469	块数据模型	блочная модель данных
470	块数据价值链	цепочка ценностей данных блока
471	块数据组织	блочная структура данных
472	数据焦虑	тревога данных
473	数据迁移	обмен данными
474	数据群聚	сбор данных
475	数据融合	слияние данных
476	大数据×效应	большие данные × эффект
477	秩序互联网	системный Интернет
478	信息互联网	информационный Интернет
479	碎片化信息	фрагментарная информация
480	信息无效	информационная непродуктивность
481	信息技术	Информационные Технологии (IT)
482	信息交互	информационное взаимодействие
483	信息鸿沟	Информационный Разрыв
484	虚拟社会	виртуальное общество
485	价值互联网	ценность Интернета
486	数据价值	значение данных
487	数据价值体系	система ценностей данных
488	数据驱动	управление данными
489	数据流	поток данных
490	共享经济	Общая Экономика

续表

序号	汉语	俄语
491	可编程经济	программируемая экономика
492	《第四次工业革命——转型的力量》	«Четвёртая Промышленная Революция - Сила Трансформации»
493	《人人时代》	«Здесь Все»
494	《零边际成本社会》	«Общество С Нулевой Маржинальной Стоимостью»
495	秩序互联网	системный Интернет
496	互联网治理	управление Интернетом
497	数据权	право на данные
498	制度信任	установление доверия
499	技术信任	технологическое доверие
500	边界规制	пограничное регулирование
501	安全规制	правила безопасности
502	保护规制	регулирование защиты
503	数权共享	обмен цифровыми правами
504	国家数据主权	национальный суверенитет данных
505	网络恐怖主义	Кибертерроризм
506	可信互联网	надёжный Интернет
507	主权区块链	Суверенная Цепочка Блоков
508	可编程货币	Программируемая Валюта
509	可编程金融	программируемые финансы
510	可编程社会	программируемое общество
511	区块链	Цепочка Блоков
512	加密算法	Криптографический Алгоритм
513	共识机制	механизм консенсуса
514	时间戳	отметка времени
515	对等网络	одноранговая сеть
516	块链结构	структура цепочки блоков
517	公有链	общественная сеть
518	私有链	частная сеть
519	联盟链	сеть альянсов
520	智能合约	Интеллектуальный Контракт
521	信任机器	Доверие Машине
522	公有价值	общественная ценность

续表

序号	汉语	俄语
523	"绳网结构"理论	теория структуры канатной сетки
524	"扁担模型"	модель плеча
525	主权数字政府	суверенное цифровое правительство
526	主权数字货币	суверенная цифровая валюта
527	信任理论	теория доверия
528	虚拟组织	виртуальная организация
529	激活数据学	активация науки о больших данных
530	超数据时代	гиперданные эпохи
531	信息过剩	переполнение информации
532	"数据拥堵"问题	проблема перегрузки данных
533	数据依赖	зависимость данных
534	数据连接型社会	информационное общество
535	E 社会	E Общество
536	U 社会	U Общество
537	【理论基础】	теоретическая основа
538	激活函数	Функция Активации
539	复杂理论	теория сложности
540	湍流发生机制	механизм генерации турбулентности
541	sandpile model	эксперимент с кучей песка
542	人脑科学	наука о мозге
543	社会理论	теория общества
544	复杂适应系统	Сложная Адаптивная Система (CAS)
545	激活数据学模型	модель активации данных
546	数据搜索	поиск данных
547	关联融合	объединение слияния
548	自激活	самостоятельная активация
549	热点减量化	уменьшение горячей точки
550	智能碰撞	интеллектуальное столкновение
551	云脑时代	эпоха облачного мозга
552	《算法时代》	«Эпоха Алгоритма»
553	《智能革命》	«Интеллектуальная Революция»
554	场景应用	Живое Приложение
555	数据社会学	социология данных

续表

序号	汉语	俄语
556	数据进化论	эволюционизм данных
557	社会决定论	социальный детерминизм
558	技术工具论	инструментализм технологии
559	现代技术系统	современная технологическая система
560	技术预见	технологическое предвидение
561	数据资本论	капитал данных
562	数字劳动	цифровой труд
563	劳动价值论	аксиология труда
564	劳动创造价值	Труд создаёт стоимость
565	《权力的终结》	«Конец Власти»
566	数据增值	приращение данных
567	共享价值分配论	Теория Распределения Общей Стоимости
568	数据博弈论	теория игр данных
569	社会计算	социальные вычисления
570	数字轨迹	цифровая траектория
571	数据创新	инновация данных
572	社会场景	социальная сцена
573	大数据战略	стратегия больших данных
574	国家大数据战略	национальная стратегия больших данных
575	国际战略	международная стратегия
576	【联合国】	Организация объединенных наций (UN)
577	全球脉动计划	программа «Глобальный пульс»
578	《大数据开发：机遇与挑战》	«Развитие больших данных: возможности и вызовы»
579	【欧盟】	Европейский союз
580	《数字（化）议程》	«Цифровая повестка дня»
581	《释放欧洲云计算服务潜力》	«Высвобождение потенциала облачных вычислений в Европе»
582	《云计算发展战略及三大关键行动建议》	«Стратегия развития облачных вычислений и предложения по трем ключевым действиям»
583	《数据驱动经济战略》	«Стратегия экономики, основанная на данных»
584	《数据价值链战略计划》	«Стратегический план по цепочке значений данных»
585	【美国】	Соединенные Штаты Америки (США)
586	《美国国家宽带计划》	«Национальный широкополосный план США»

续表

序号	汉语	俄语
587	《美国大数据研究和开发计划》	«Инициатива США по исследованию и развитию больших данных»
588	《数字政府》	«Цифровое правительство»
589	《信息共享与信息安全国家战略》	«Национальная стратегия обмена информацией и информационной безопасности»
590	《美国开放数据行动计划》	«План действий США по открытым данным»
591	《美国国家创新战略》	«Национальная стратегия инновационного развития» (США)
592	《网络安全国家行动计划》	«Национальный план действий по кибербезопасности»
593	《联邦大数据研究和发展战略计划》	«Федеральный стратегический план исследований и развития больших данных»
594	《国家人工智能研究与发展战略计划》	«Национальный стратегический план исследований и развития в области искусственного интеллекта»
595	【德国】	Федеральная Республика Германии
596	《德国 2020 高技术战略》	«Стратегия высоких технологий Германии 2020»
597	《云计算行动计划》	«План действий по облачным вычислениям»
598	《数字德国 2015》	«Цифровая Германия 2015»
599	《数字议程（2014—2017 年）》	«Цифровая повестка дня 2014-2017»
600	《数字（化）战略 2025》	«Цифровая стратегия 2025»
601	【法国】	Франция
602	《数字化路线图》	«Дорожная карта цифровой трансформации»
603	《法国机器人发展计划》	План «Инициативы Франции в сфере робототехники»
604	《法国大数据五项支持计划》	«Французский план поддержки больших данных из пяти частей»
605	"未来工业"计划	план «Индустрии будущего»
606	【英国】	Соединенное Королевство Великобритании и Северной Ирландии
607	《数字英国》	«Цифровая Британия»
608	《英国数据能力发展战略规划》	«Стратегический план Великобритании по развитию потенциала данных»
609	《数字经济战略（2015—2018 年）》	«Стратегия цифровой экономики 2015-2018»
610	《英国数字战略 2017》	«Цифровая стратегия Великобритании 2017»
611	【澳大利亚】	Австралия
612	《澳大利亚公共服务信息通信技术发展战略（2012—2015 年）》	«Стратегия информационно-коммуникационных технологий государственной службы Австралии (2012-2015)» (стратегия в области ИКТ)

续表

序号	汉语	俄语
613	《澳大利亚云计算战略》	«Политика правительства Австралии в области облачных вычислений»
614	《澳大利亚公共服务大数据战略》	«Стратегия больших данных для государственной службы в Австралии»
615	【新加坡】	Республика Сингапур
616	智慧国2015	Интеллигентная нация 2015 (iN2015)
617	智慧国家2025	Интеллектуальная нация 2025 (iN2025)
618	【韩国】	Республика Корея
619	《IT韩国未来战略》	«Корейская ИТ-стратегия на будущее»
620	"智慧首尔2015"计划	План «Умный Сеул 2015»
621	【日本】	Япония
622	《智慧日本战略2015》	Стратегия «i-Japan 2015»
623	《机器人新战略》	«Стратегия Японии в области роботов»
624	国家战略	национальная стратегия
625	【战略体系】	стратегическая система
626	数字中国	цифровой Китай
627	数字经济	цифровая экономика
628	数字政府	цифровое правительство
629	数字社会	цифровое общество
630	数据强国	Мощная нация данных
631	数字丝绸之路	цифровой Шелковый путь
632	国家信息化发展战略	Национальная стратегия развития информатизации
633	信息化	информатизация
634	宽带中国	Оборудованный широкополосной сетью Китай
635	国家互联网大数据平台	национальная Интернет-платформа для больших данных
636	国家信息化体系	национальная система информатизации
637	全域窄带物联网试点城市	Пилотный город для глобального узкополосного Интернета вещей (NB-IoT)
638	网络强国战略	Стратегия превращения Китая в Интернет-державу; Стратегия усиления Китая за счет развития сетевых технологий
639	互联网+	Интернет плюс
640	网络安全和信息化	сетевая безопасность и информатизация
641	网络空间命运共同体	сообщество с единой судьбой в киберпространстве

续表

序号	汉语	俄语
642	互联网全球治理体系	глобальная система управления Интернетом
643	创新驱动发展战略	инновационная стратегия развития
644	创新型国家	инновационно-ориентированная страна
645	国家创新体系	Национальная инновационная система (NIS)
646	制造强国战略	Стратегия превращения Китая в великую производственную державу
647	信息化与工业化融合	интеграция информатизации и индустриализации
648	中国制造 2025	Сделано в Китае 2025
649	科教兴国战略	Стратегия подъема Китая за счет науки и образования
650	人才强国战略	Стратегия укрепления Китая через развитие человеческих ресурсов
651	军民融合发展战略	Стратегия развития военно-гражданской интеграции
652	【战略文本】	стратегические тексты
653	《促进大数据发展行动纲要》	«План действий по содействию развития больших данных»
654	《大数据产业发展规划（2016—2020 年）》	«Планирование развития индустрии больших данных (2016-2020) »
655	《关于运用大数据加强对市场主体服务和监管的若干意见》	«Несколько мнений об использовании больших данных для усиления обслуживания и надзора за субъектами рынка»
656	《关于促进和规范健康医疗大数据应用发展的指导意见》	«Рекомендации по продвижению и регулированию применения и развития больших данных в здравоохранении и медицинской помощи»
657	《关于促进国土资源大数据应用发展的实施意见》	«Мнения о реализации продвижения приложений и развития больших данных земельных и природных ресурсов»
658	《生态环境大数据建设总体方案》	«Общий план построения больших данных экологической среды»
659	《农业部关于推进农业农村大数据发展的实施意见》	«Мнения Министерства сельского хозяйства по реализации содействия развитию больших данных в сельском хозяйстве и сельской местности»
660	《农业农村大数据试点方案》	«Пилотная программа больших данных по сельскому хозяйству и сельской местности»
661	《关于推进水利大数据发展的指导意见》	«Руководящие положения по содействию развитию в сфере водных ресурсов»
662	《气象大数据行动计划（2017—2020 年）》	«План действий по большим данным в метеорологии (2017-2020)»
663	《国家信息化发展战略纲要》	«Национальная стратегия развития информатизации»

序号	汉语	俄语
664	《国务院关于积极推进"互联网+"行动的指导意见》	«Руководящие положения Государственного совета по активному продвижению акции "Интернет плюс"»
665	《国家创新驱动发展战略纲要》	«План национальной стратегии инновационного развития»
666	《中国制造2025》	«Сделано в Китае 2025»
667	《智能制造发展规划（2016—2020年）》	«План развития интеллектуального производства (2016-2020)»
668	《云计算发展三年行动计划（2017—2019年）》	«Трехлетний план действий по развитию облачных вычислений (2017-2019)»
669	《新一代人工智能发展规划》	«План развития искусственного интеллекта нового поколения»
670	《国家中长期人才发展规划纲要（2010—2020年）》	«План национальной среднесрочной и долгосрочной программы развития талантов (2010-2020)»
671	《国务院关于深化"互联网+先进制造业"发展工业互联网的指导意见》	«Руководящие положения Государственного совета по углублению "Интернет+передовая обрабатывающая промышленность" для развития промышленного Интернета»
672	《工业互联网发展行动计划（2018—2020年）》	«План действий по развитию промышленного Интернета (2018-2020)»
673	地方战略	местнаястратегия
674	【京津冀】	Пекин-Тяньцзинь-Хэбэй
675	京津冀国家大数据综合试验区	Национальная комплексная пилотная зона больших данных в Пекине, Тяньцзине и Хэбэе
676	中关村大数据产业园	Индустриальный парк больших данных в Чжунгуаньцуне
677	张北云计算产业园	Индустриальный парк облачных вычислений в Чжанбэе
678	《北京市大数据和云计算发展行动计划（2016—2020年）》	«План действий города Пекин по развитию больших данных и облачных вычислений (2016-2020) »
679	《关于加快发展"大智移云"的指导意见》（河北）	«Руководящие положения по ускорению развития проекта "Большие данные, интеллект, мобильный Интернет и облачные вычисления"» (Хэбэй)
680	《河北省大数据产业创新发展三年行动计划（2018—2020年）》	«Трехлетний план действий провинции Хэбэй по инновациям и развитию индустрии больших данных (2018-2020)»
681	《石家庄市人民政府关于推进大数据发展的实施意见》	«Мнения муниципального народного правительства Шицзячжуана о реализации содействия развитию больших данных»
682	《石家庄市关于加快推进"大智移云"的实施方案》	«Программа города Шицзячжуан по внедрению ускорения реализации проекта "Большие данные, интеллект, мобильный Интернет и облачные вычисления"»

续表

序号	汉语	俄语
683	【山西省】	Провинция Шаньси
684	《山西省大数据发展规划（2017—2020年）》	«Планирование развития больших данных провинции Шаньси (2017-2020)»
685	《山西省促进大数据发展应用的若干政策》	«Несколько политик провинции Шаньси по содействию развитию и применению больших данных»
686	【内蒙古自治区】	Автономный район Внутренняя Монголия
687	内蒙古国家大数据综合试验区	Национальная комплексная пилотная зона больших данных в Автономном районе Внутренняя Монголия
688	丝绸之路数据港	Порт данных Шелкового пути
689	和林格尔新区大数据特色产业基地	специальная производственная база больших данных в новом районе Хорингер
690	《内蒙古自治区大数据发展总体规划（2017—2020年）》	«Общее планирование развития больших данных Автономного района Внутренняя Монголия (2017-2020)»
691	《内蒙古自治区促进大数据发展应用的若干政策》	«Несколько политик Автономного района Внутренней Монголии по содействию развитию и применению больших данных»
692	《内蒙古自治区大数据与产业深度融合行动计划（2018—2020年）》	«План действий Автономного района Внутренняя Монголия по глубокой интеграции больших данных и промышленности (2018-2020)»
693	《内蒙古自治区健康医疗大数据应用发展规划（2016—2020年）》	«Планирование Автономного района Внутренней Монголии по развитию приложения больших данных в здравоохранении и медицинской помощи (2016-2020)»
694	《呼和浩特市促进大数据发展应用若干政策》	«Несколько политик города Хух-Хото по содействию развитию и применению больших данных»
695	【辽宁省】	Провинция Ляонин
696	沈阳国家大数据综合试验区	Национальная комплексная пилотная зона больших данных в Шэньяне
697	《沈阳市促进大数据发展三年行动计划（2016—2018年）》	«Трехлетний план действий города Шеньян по содействию развитию больших данных (2016-2018)»
698	【上海市】	Город Шанхай
699	"智能上海（AI@SH）"行动	Акция «Искусственный интеллект @ Шанхай (AI @ SH)»
700	上海国家大数据综合试验区	Национальная комплексная пилотная зона больших данных в Шанхае
701	《上海推进大数据研究与发展三年行动计划（2013—2015年）》	«Трехлетний план действий Шанхая по содействию исследованиям и развитии больших данных (2013-2015)»
702	《上海市大数据发展实施意见》	«Мнения города Шанхай о реализации развития больших данных»

续表

序号	汉语	俄语
703	【江苏省】	Провинция Цзянсу
704	江苏南通国际数据中心产业园	Международный индустриальный парк международного центра данных города Наньтун провинции Цзянсу
705	盐城大数据产业园	Индустриальный парк больших данных города Яньчэн
706	无锡国家传感网创新示范区	Инновационная демонстрационная зона сенсорных сетей национального уровня в Уси
707	"感知中国"示范区	Демонстрационная зона «Восприятие Китая»
708	《江苏省大数据发展行动计划》	«План действий провинции Цзянсу по развитию больших данных»
709	《江苏省云计算与大数据发展行动计划》	«План действий провинции Цзянсу по облачным вычислениям и развитию больших данных»
710	《关于加快大数据产业发展的意见》（南京）	«Руководство по ускорению развития индустрии больших данных» (Нанкин)
711	《南京市促进大数据发展三年行动计划（2016—2018年）》	«Трехлетний план действий города Нанкин по содействию развитию больших данных (2016-2018)»
712	【浙江省】	Провинция Чжэцзян
713	"四张清单一张网"智慧政府体系	Система умного правительства «четыре списка и одна сеть»
714	"浙江制造"标准	Стандарт «Сделано в Чжэцзяне»
715	《浙江省促进大数据发展实施计划》	«План реализации провинции Чжэцзян по содействию большим данным»
716	《数字浙江建设规划纲要（2003—2007年）》	«Программа для планирования создания цифрового Чжэцзяна (2003-2007)»
717	《杭州市建设全国云计算和大数据产业中心三年行动计划（2015—2017年）》	«Трехлетний план действий города Ханчжоу по созданию Национального центра облачных вычислений и индустрии больших данных (2015-2017)»
718	《杭州城市数据大脑规划》	«Планирование Ханчжоу по мозгу городских данных»
719	《"数字杭州"发展规划》	«Планирование развития "Цифрового Ханчжоу"»
720	《宁波市人民政府关于推进大数据发展的实施意见》	«Мнения муниципального народного правительства Нинбо о реализации содействия развитию больших данных»
721	【安徽省】	Провинция Аньхой
722	《安徽省"十三五"软件和大数据产业发展规划》	«Планирование провинции Аньхой по развитию индустрии программного обеспечения и больших данных в течение 13-й пятилетки»
723	《合肥市大数据发展行动纲要（2016—2020年）》	«План действий города Хэфэй по развитию больших данных (2016-2020)»
724	【福建省】	Провинция Фуцзянь

续表

序号	汉语	俄语
725	数字福建	цифровой Фуцзянь
726	数字福建（长乐）产业园	Индустриальный парк Цифрового Фуцзяня (Чанлэ)
727	"数字公民"试点	пилотный проект «Цифровое гражданство»
728	《福建省促进大数据发展实施方案（2016—2020年）》	«Программа провинции Фуцзянь по реализации политики содействия развитию больших данных (2016-2020)»
729	《福建省"十三五"数字福建专项规划》	«Специальное планирование провинции Фуцзян по проекту цифрового Фуцзяня в течение 13-й пятилетки»
730	《厦门市促进大数据发展工作实施方案》	«Программа города Сямынь по реализации работ по содействию развитию больших данных»
731	《厦门市大数据应用与产业发展规划（2015—2020年）》	«Планирование города Сямынь по использованию больших данных и развитию индустрии (2015-2020)»
732	【江西省】	Провинция Цзянси
733	智慧新城	умный новый город
734	《促进大数据发展实施方案》（江西）	«Программа реализации содействия развитию больших данных» (Цзянси)
735	《江西省大数据发展行动计划》	«План действий провинции Цзянси по развитию больших данных»
736	【山东省】	Провинция Шаньдун
737	数创公社	коммуна инноваций больших данных
738	《山东省人民政府关于促进大数据发展的意见》	«Мнения Народного правительства провинции Шаньдун о содействии развитию больших данных»
739	《关于促进山东省大数据产业加快发展的意见》	«Мнения провинции Шаньдун о содействии ускорению развития индустрии больших данных»
740	《山东省推进农业大数据运用实施方案（2016—2020年）》	«Программа реализации содействия использованию больших данных в сельском хозяйстве (2016-2020)»
741	《济南市数创公社2020发展行动计划》	«План действий города Цзинань по развитию коммуны инноваций больших данных (2020)»
742	《青岛市人民政府关于促进大数据发展的实施意见》	«Мнения муниципального народного правительства Циндао о реализации содействия развитию больших данных»
743	【河南省】	Провинция Хэнань
744	河南国家大数据综合试验区	Национальная комплексная пилотная зона больших данных в Хэнани
745	《河南省人民政府关于推进云计算大数据开放合作的指导意见》	«Руководящие положения Народного правительства провинции Хэнань о содействии открытому сотрудничеству облачных вычислений и больших данных»

续表

序号	汉语	俄语
746	《河南省云计算和大数据"十三五"发展规划》	«Планирование провинции Хэнань по развитию облачных вычислений и больших данных в течение "13-ой пятилетки"»
747	《河南省大数据产业发展三年行动计划（2018—2020年）》	«Трехлетний план действий провинции Хэнань по развитию индустрии больших данных (2018-2020)»
748	《郑州市促进大数据发展行动计划》	«План действий города Чжэнчжоу по содействию развитию больших данных»
749	《郑州市人民政府关于促进大数据产业发展的若干意见》	«Несколько мнений муниципального народного правительства Чжэнчжоу о содействии развитию индустрии больших данных»
750	【湖北省】	Провинция Хубэй
751	智慧城市时空信息云平台建设试点	Пилотный проект по строительству пространственно-временной информационной облачной платформы умного города
752	《湖北省大数据发展行动计划（2016—2020年）》	«План действий провинции Хубэй по развитию больших данных (2016-2020)»
753	《湖北省云计算大数据发展"十三五"规划》	«13-й пятилетний план провинции Хубэй по развитию больших данных и облачных вычислений»
754	《武汉市大数据产业发展行动计划（2014—2018年）》	«План действий города Ухань по развитию индустрии больших данных (2014-2018)»
755	《武汉市人民政府关于加快大数据推广应用促进大数据产业发展的意见》	«Мнения муниципального народного правительства Уханя об ускорении распространения и применения больших данных и содействию развитию индустрии больших данных»
756	【湖南省】	Провинция Хунань
757	《长沙市加快发展大数据产业（2017—2020年）行动计划》	«План действий города Чанша по ускорению развития индустрии больших данных (2017-2020)»
758	【广东省】	Провинция Гуандун
759	珠江三角洲国家大数据综合试验区	«Национальная комплексная пилотная зона больших данных в дельте Жемчужной реки»
760	《广东省促进大数据发展行动计划（2016—2020年）》	«План действий провинции Гуандун по содействию развитию больших данных (2016-2020)»
761	《广州市人民政府办公厅关于促进大数据发展的实施意见》	«Мнения Главного управления муниципального народного правительства Гуанчжоу о реализации содействия развитию больших данных»
762	《深圳市促进大数据发展行动计划（2016—2018年）》	«План действий города Шэньчжэнь по содействию развитию больших данных (2016-2018)»
763	【广西壮族自治区】	Гуанси-Чжуанский автономный район
764	《促进大数据发展的行动方案》（广西）	«План действий по содействию развитию больших данных» (Гуанси)

续表

序号	汉语	俄语
765	《脱贫攻坚大数据平台建设实施方案》（广西）	«Программа реализации проекта по созданию платформы больших данных для борьбы с бедностью» (Гуанси)
766	《南宁市大数据建设发展规划（2016—2020）》	«План города Наньнин по расширению строительства больших данных (2016-2020)»
767	《钦州市加快云计算及大数据产业发展的实施方案》	«Программа города Циньчжоу по реализации ускорения развития облачных вычислений и индустрии больших данных»
768	【海南省】	Провинция Хайнань
769	《海南省促进大数据发展实施方案》	«Программа провинции Хайнань по реализации содействия развитию больших данных»
770	【重庆市】	Город Чунцин
771	重庆国家大数据综合试验区	Национальная комплексная пилотная зона больших данных в Чунцине
772	《重庆市大数据行动计划》	«План действий города Чунцин в отношении больших данных»
773	【四川省】	Провинция Сычуань
774	《四川省促进大数据发展工作方案》	«План работы провинции Сычуань по содействию развитию больших данных»
775	《成都市大数据产业发展规划（2017—2025年）》	«Планирование города Чэнду по развитию индустрии больших данных (2017-2025)»
776	《成都市促进大数据产业发展专项政策》	«Специальная политика города Чэнду по содействию развитию индустрии больших данных»
777	《泸州市人民政府关于加快大数据产业发展的实施意见》	«Мнения муниципального народного правительства Лучжоу о реализации ускорения развития индустрии больших данных»
778	【贵州省】	Провинция Гуйчжоу
779	国家大数据（贵州）综合试验区	Национальная комплексная пилотная зона больших данных (Гуйчжоу)
780	块数据城市	город блока данных
781	中国数谷	Китайская долина больших данных
782	贵阳·贵安大数据产业发展集聚示范区	Кластерная демонстрационная зона развития индустрии больших данных города Гуйань провинции Гуйян
783	《关于加快大数据产业发展应用若干政策的意见》（贵州）	«Мнения о различных направлениях политики по ускорению развития и применения индустрии больших данных» (Гуйчжоу)
784	《贵州省大数据产业发展应用规划纲要（2014—2020年）》	«Программа планирования провинции Гуйчжоу по развитию и применению индустрии больших данных (2014-2020)»
785	《贵州省发展农业大数据助推脱贫攻坚三年行动方案（2017—2019年）》	«Трехлетний план действий провинции Гуйчжоу по разработке больших данных в области сельского хозяйства для содействия борьбе с бедностью (2017-2019)»

续表

序号	汉语	俄语
786	《贵州大数据+产业深度融合 2017 年行动计划》	«План действий провинции Гуйчжоу по глубокой интеграции больших данных плюс промышленность в 2017 году»
787	《贵州省数字经济发展规划（2017—2020 年）》	«План развития цифровой экономики провинции Гуйчжоу (2017-2020)»
788	《智能贵州发展规划（2017—2020 年）》	«План развития интеллектуальной Гуйчжоу (2017-2020)»
789	《贵阳大数据产业行动计划》	«План действий города Гуйян в отношении индустрии больших данных»
790	《关于加快发展大数据产业的实施意见》（贵阳）	«Мнения о реализации ускорения развития индустрии больших данных» (Гуйян)
791	《中共贵阳市委关于以大数据为引领加快打造创新型中心城市的意见》	«Мнения Гуйянского муниципального комитета КПК об ускорении создания инновационного центрального города на основе больших данных»
792	《中共贵阳市委 贵阳市人民政府关于加快建成"中国数谷"的实施意见》	«Мнения Гуйянского муниципального комитета КПК, Гуйянского муниципального Народного правительства о реализации ускорения создания Китайской долины»
793	《贵阳市大数据标准建设实施方案》	«Программа города Гуйян по реализации установления стандартов больших данных»
794	【云南省】	Провинция Юньнань
795	《云南省人民政府办公厅关于重点行业和领域大数据开放开发工作的指导意见》	«Руководящие положения Главного управления Народного правительства провинции Юньнань по открытию и развитию больших данных в ключевых отраслях и сферах»
796	【陕西省】	Провинция Шэньси
797	陕西省西咸区创建软件和信息服务（大数据）示范基地	Демонстрационная база района Сисянь провинции Шэньси по созданию программного обеспечения и информационным обслуживаниям (большим данным)
798	硬科技之都	столица жетских наук и технологий
799	《陕西省大数据与云计算产业示范工程实施方案》	«Программа провинции Шэньси по реализации демонстрационного проекта индустрии больших данных и облачных вычислений»
800	《西安市大数据产业发展实施方案（2017—2021 年）》	«Программа города Сиань по реализации развития индустрии больших данных (2017-2021)»
801	《西安市发展硬科技产业十条措施》	«Десять мер города Сиань по развитию индустрии жетских наук и технологий»
802	【甘肃省】	Провинция Ганьсу
803	《关于加快大数据、云平台建设促进信息产业发展的实施方案》	«Программа реализации ускорения создания платформы больших данных и облачных вычислений для содействия развитию информационной индустрии»
804	《甘肃省促进大数据发展三年行动计划（2017—2019 年）》	«Трехлетний план действий провинции Ганьсу по содействию развитию больших данных (2017-2019)»

续表

序号	汉语	俄语
805	《兰州市人民政府关于促进大数据发展的实施意见》	«Мнения муниципального народного правительства Ланьчжоу о реализации содействия развитию больших данных»
806	【青海省】	Провинция Цинхай
807	《关于促进云计算发展培育大数据产业实施意见》（青海）	«Мнения о реализации содействия развитию облачных вычислений и индустрии больших данных» (Цинхай)
808	【宁夏回族自治区】	Нинся Хуэйский автономный район
809	《关于运用大数据开展综合治税工作实施方案》（宁夏）	«Программа реализации комплексного налогового администрирования с использованием больших данных» (Нинся)
810	【新疆维吾尔自治区】	Синьцзян-Уйгурский автономный район
811	《新疆维吾尔自治区云计算与大数据产业"十三五"发展专项规划》	«Специальное планирование Синьцзян-Уйгурского автономного района по развитию индустрии облачных вычислений и больших данных в течение 13-й пятилетки»
812	数字基础设施	цифровая инфраструктура
813	网络基础	сетевая инфраструктура
814	宽带乡村	оборудованная широкополосной сетью сельская местность
815	电信普遍服务	универсальный сервис телекоммуникаций
816	宽带城市	оборудованный широкополосной сетью город
817	三网融合	конвергенция трех сетей (телекоммуникационная сеть, компьютерная сеть, сеть кабельного телевидения)
818	国家空间数据基础设施	Национальная инфраструктура пространственных данных
819	互联网骨干直联点	(национальная) прямая Интернет-магистраль
820	互联网协议第六版	Интернет-протокол версии 6
821	天地一体化信息网络	Интеграционная сеть "Космос и Земля"
822	5G规模组网	5G масштабирование сети (строительство)
823	量子保密通信骨干网	Квантовая защищенная сеть связи (QSCN)
824	信息资源库	Банк информационных ресурсов
825	信息资源	информационные ресурсы
826	政务信息资源	информационные ресурсы по государственным службам
827	人口基础信息库	Базовая информационная библиотека населения
828	脱敏人口信息资源	популяционные информационные ресурсы (данные) десенсибилизации
829	法人单位基础信息库	Базовая информационная библиотека юридических лиц

续表

序号	汉语	俄语
830	自然资源基础信息库	Базовая информационная библиотека природных ресурсов
831	地理空间基础信息库	геопространственная базовая информационная библиотека
832	国土资源监管信息系统	информационная система надзора за земельными и природными ресурсами
833	社会信用信息库	база данных социального кредита
834	全国公共信用信息公示系统	Государственная система публичной кредитной информации Китая
835	统一社会信用代码	единый код социального кредита
836	应用设施	объекты применения
837	一体化政务数据平台	интегрированная платформа данных по государственным службам
838	公共应用服务平台	платформа публичных приложений
839	国家电子政务网络	Национальная сеть электронного правительства (NEGN)
840	国家政务数据中心	национальный центр данных по государственным службам
841	国家数据共享交换工程	национальный проект совместного пользования и обмена данными
842	国家公共数据开放网站	национальный общедоступный сайт публичных данных
843	【重要领域信息系统】	информационная система в критически важных областях
844	北斗卫星导航系统	Спутниковая навигационная система "Бэйдоу" (BDS)
845	核岛控制系统	система управления ядерным островом
846	银联交易系统	Китайская платежная система UnionPay (CUPS)
847	智能交通系统	Интеллектуальная транспортная система (ITS)
848	供水管网信息管理系统	информационная система управления водопроводной сетью
849	社保信息系统	информационная система социального обеспечения
850	内容分发网络	Сеть доставки контента (CDN)
851	全国一体化大数据中心	Национальный центр больших данных
852	信息基础设施防护	(Критическая) Защита информационных инфраструктур (CIIP)
853	关键信息基础设施	Критическая информационная инфраструктура (CII)
854	关键信息基础设施安全保护制度	Система защиты критических информационных инфраструктур

续表

序号	汉语	俄语
855	美国关键信息基础设施保护制度	Система защиты критических информационных инфраструктур США
856	关键信息基础设施保护通告	Уведомление о защите критических информационных инфраструктур
857	《关键基础设施信息保护法》	«Закон о защите критических информационных инфраструктур»
858	数据开放共享	открытие и совместное пользование данных
859	开放数据	открытые данные
860	国家数据开放体系	национальная система открытия данных
861	数据孤岛	изолированный остров данных
862	数据烟囱	дымоход данных
863	数据开放	открытие данных
864	政府信息公开	раскрытие правительственной информации
865	政府数据共享	совместное использование правительственных данных
866	政府数据开放	открытие правительственных данных
867	数据开放生态系统	экосистема открытых данных
868	数据开放统一平台	единая платформа открытых данных
869	政府数据管理机构	орган управления правительственными данными
870	政府数据开放评价机制	Механизм оценки открытия правительственных данных
871	数据共享	совместное использование данных
872	无条件共享	безусловное совместное использование
873	有条件共享	условное совместное использование
874	不予共享	отсутствие совместного использования
875	开放政府	открытое правительство
876	开放政府数据	открытые правительственные данные
877	开放授权	Открытая авторизация (OAuth)
878	开放数据授权协议	Протокол открытых данных (OData)
879	开放数据政策模型	модель политики открытых данных
880	中国开放数林指数	Индекс открытых данных Китая
881	开放政府运动	открытое правительственное движение
882	赫尔比希（Natalie Helbig）开放政府建设模型	Модель строительства открытого правительства Наталии Хелбиг
883	《政务信息系统整合共享实施方案》	«Программа реализации интеграции и совместного использования информационной системы государственных служб»

续表

序号	汉语	俄语
884	《公共信息资源开放试点工作方案》	«План работы по пилотной программе открытия публичных информационных ресурсов»
885	《关于推进公共信息资源开放的若干意见》	«Несколько мнений о содействии открытия публичных информационных ресурсов»
886	马赛克效果	Эффект мозаики
887	共享观	концепция совместного пользования
888	开放平台	открытая платформа
889	【规划与标准】	планирование и стандарты
890	政府部门数据共享	совместное использование данных между государственными секторами
891	公共数据资源开放	открытие публичных информационных ресурсов
892	数据资源清单	Ведомость ресурсов данных
893	政府数据开放共享标准	стандарты открытия и совместного использования правительственных данных
894	政府数据集	набор правительсвенных данных
895	元数据标准	стандарты метаданных
896	政府数据共享开放目录	каталог открытия и совместного использования правительственных данных
897	《流通领域电子数据交换规范》	«Спецификация электронного обмена данными в области обращения»
898	《社会治安综合治理基础数据规范》国家标准（GB/T 31000—2015）	«Спецификация данных для комплексного управления общественной безопасностью» Национальные стандарты (GB/T 31000—2015)
899	全国政务信息资源目录体系	система каталогов национальных и информационных ресурсов государственных служб
900	《政务信息资源目录编制指南（试行）》	«Руководство по составлению каталога информационных ресурсов государственных служб (пробная версия)»
901	【平台】	платформа
902	国家政府数据统一开放平台	открытая национальная платформа для правительственных данных
903	数据开放网站	веб-сайт открытия данных
904	全国政务信息共享网站	веб-сайт для совместного использования информации государственных служб Китая
905	北京市政务数据资源网	сеть информационных ресурсов государственных служб города Пекин
906	哈尔滨市政府数据开放平台	платформа открытия правительственных данных муниципального правительства Харбина
907	上海市政府数据服务网	сеть обслуживания правительственных данных муниципального правительства Шанхая
908	无锡市政府数据服务网	сеть обслуживания правительственных данных муниципального правительства Уси

续表

序号	汉语	俄语
909	浙江政务服务网	сеть обслуживания государственных служб провинции Чжэцзян
910	海曙区数据开放平台（宁波）	платформа открытия данных района Хайшу (Нинбо)
911	青岛政府数据开放网	сеть открытия правительственных данных муниципального правительства Циндао
912	武汉市政务公开数据服务网	сеть обслуживания открытых данных государственных служб Уханя
913	长沙数据开放平台	платформа открытия данных Чанша
914	开放广东	открытый Гуандун
915	广州市政府数据统一开放平台	открытая платформа для правительственных данных муниципального правительства Гуанчжоу
916	佛山市数据开放平台	платформа открытия данных города Фошань
917	深圳市政府数据开放平台	платформа открытия правительственных данных муниципального правительства Шэньчжэня
918	深圳坪山区数据开放平台	платформа открытия данных района Пиншань города Шэньчжэнь
919	数说东莞	цифровое повествование о Дунгуане
920	肇庆市政府数据开放平台	платформа открытия правительственных данных муниципального правительства города Чжаоцин
921	梅州政府数据开放平台	платформа открытия правительственных данных муниципального правительства Мэйчжоу
922	湛江数据服务网	сеть обслуживания данных города Чжаньцзян
923	数说·南海	цифровое повествование · Наньхай
924	贵州省政府数据开放平台	платформа открытия правительственных данных правительства провинции Гуйчжоу
925	贵阳市政府数据开放平台	платформа открытия правительственных данных муниципального правительства Гуйяна
926	社会和云·城市大脑	общество и облако · городской мозг
927	"云上贵州"系统平台	Системная платформа «Гуйчжоу-Облако больших данных»
928	数据治理体系与治理能力	система управления данными и возможности управления
929	【治理数据化】	управление данными
930	互联网+政务服务	Интернет плюс обслуживание государственных служб
931	国家政务信息化工程	национальный проект информатизации по государственным службам
932	政务信息资源目录	каталог информационных ресурсов государственных служб

续表

序号	汉语	俄语
933	全国一体化的国家大数据中心	Национальный центр больших данных
934	国家电子政务内网	Интранет национального электронного правительства
935	国家电子政务外网	Экстранет национального электронного правительства
936	一体化政务治理体系	интегрированная система управления государственными службами
937	网络综合治理体系	комплексная система управления сетью
938	信息惠民工程	информационный проект на благо народа
939	全国电子商务产品质量大数据应用中心	национальный центр обработки больших данных для обеспечения качества продукции электронной коммерции
940	《"十三五"国家政务信息化工程建设规划》	«Планирование строительства для национального проекта информатизации государственных служб в течении "13-й пятилетки"»
941	《推进"互联网+政务服务"开展信息惠民试点实施方案》	«Пилотная программа реализации продвижения проекта "Интернет плюс обслуживание государственных служб" и информационного проекта на благо народа»
942	《"互联网+政务服务"技术体系建设指南》	«Руководство по строительству технологической системы "Интернет плюс обслуживание государственных служб"»
943	【管理机构与协调机制】	орган управления и координационный механизм
944	【中央】	центральные органы власти
945	"促进大数据发展部际联席会议"制度	система «межведомственного совместного совещания для содействия развитию больших данных»
946	中国共产党中央网络安全和信息化委员会	Центральная комиссия по делам Киберпространства КПК
947	中央国家安全领导小组	Центральная ведущая группа по делам национальной безопасности (CLGNSA)
948	国家互联网信息办公室	Национальное Интернет-информационное бюро
949	国家信息中心	Национальный информационный центр
950	国家互联网应急中心	Национальный Интернет-центр экстренной помощи
951	国家电子政务内网建设和管理协调小组	координационная группа по строительству и управлению Интранетом национального электронного правительства
952	【地方】	местные власти
953	内蒙古自治区大数据发展管理局	Бюро управления Автономного района Внутренняя Монголия по развитию больших данных
954	辽宁省沈阳市大数据管理局	Бюро управления большими данными города Шеньян провинции Ляонин

续表

序号	汉语	俄语
955	浙江省数据管理中心	Центр управления данными провинции Чжэцзян
956	浙江省宁波市大数据管理局	Бюро управления большими данными города Нинбо провинции Чжэцзян
957	浙江省杭州市数据资源管理局	Бюро управления ресурсами данных города Ханчжоу провинции Чжэцзян
958	安徽省合肥市数据资源局	Бюро информационных ресурсов города Хэфэй провинции Аньхой
959	湖北省黄石市大数据管理局	Бюро управления большими данными города Хуанши провинции Хубэй
960	广东省大数据管理局	Бюро управления большими данными провинции Гуандун
961	广东省佛山市南海区数据统筹局	Бюро статистики и планирования данных района Наньхай города Фошань провинции Гуандун
962	广东省广州市大数据管理局	Бюро управления большими данными города Гуанчжоу провинции Гуандун
963	四川省成都市大数据管理局	Бюро управления большими данными города Чэнду провинции Сычуань
964	贵州省大数据发展管理局	Бюро управления по развитию больших данных провинции Гуйчжоу
965	贵州省贵阳市大数据发展管理委员会	Комитет по управлению развитием больших данных города Гуйян провинции Гуйчжоу
966	云南省保山市大数据管理局	Бюро управления большими данными города Баошань провинции Юньнань
967	云南省昆明市大数据管理局	Бюро управления большими данными города Куньмин провинции Юньнань
968	陕西省咸阳市大数据管理局	Бюро управления большими данными города Сяньян провинции Шэньси
969	甘肃省兰州市大数据社会服务管理局	Бюро управления социальным обслуживанием больших данных города Ланьчжоу провинции Ганьсу
970	甘肃省酒泉市大数据管理局	Бюро управления большими данными города Цзюцюань провинции Ганьсу
971	宁夏回族自治区银川市大数据管理服务局	Бюро управления и обслуживания больших данных Иньчуань Нинся-Хуэйского автономного района
972	宁夏回族自治区中卫市云计算和大数据发展服务局	Бюро развития и обслуживания облачных вычислений и больших данных города Чжунвэй Нинся Хуэйского автономного района
973	【国外】	органы власти зарубежного государства
974	美国大数据研发高级指导小组	Старшая руководящая группа по большим данным США
975	美国大数据跨部门工作组	межведомственная рабочая группа по большим данным США
976	英国政府数字服务小组	Группа британской правительственной цифровой службы

续表

序号	汉语	俄语
977	英国信息化基础设施领导委员会	Лидерский комитет по информационной инфраструктуре Великобритании (UK-ELC)
978	Data.gov 项目管理办公室	Офис управления проектом Data.gov (PMO)
979	公共数据集团	Корпорация публичных данных (PDG)
980	开放数据研究所	Институт открытых данных (ODI)
981	开放数据使用者团队	Команда пользователей открытых данных (ODUG)
982	【专家委员会】	экспертная комиссия
983	国家互联网金融安全技术专家委员会	Национальный экспертный комитет по технологиям финансовой безопасности в Интернете (IFCERT)
984	中国计算机学会大数据专家委员会	экспертный комитет по большим данным Китайской компьютерной федерации
985	国家大数据专业委员会	Национальный специальный комитет по большим данным (NBDSC)
986	国家大数据专家咨询委员会	Национальный экспертный консультативный комитет по большим данным
987	大数据安全专家委员会	Экспертный комитет по безопасности больших данных
988	中国通信学会大数据专家委员会	экспертный комитет по большим данным Китайского института связи
989	大数据发展促进委员会	Совет по большим данным Китая (BDC)
990	贵州省大数据产业专家咨询委员会	экспертный консультативный комитет по отрасли больших данных провинции Гуйчжоу
991	贵州省大数据标准化技术委员会	технический комитет по стандартизации больших данных провинции Гуйчжоу
992	开放数据中心委员会	комитет открытого центра обработки данных
993	【联盟与协会】	альянс и ассоциация
994	数字中国智库联盟	Мозговой альянс цифрового Китая
995	中国网络安全产业联盟	Альянс индустрии кибербезопасности Китая
996	中国电子学会	Китайский институт электроники (CIE)
997	中国通信学会	Китайский институт связи
998	中国 IT 技术联盟	Альянс IT-технологий Китая
999	中国信息化推进联盟	Китайская федерация продвижения IT (CFIP)
1000	中国互联网协会	Интернет-общество Китая
1001	数据中心联盟	Альянс центров обработки данных (DCA)
1002	中国大数据技术与应用联盟	Альянс технологии и применения больших данных Китая (BDTAA)
1003	中国企业大数据联盟	Союз больших данных Китая (BDU)

续表

序号	汉语	俄语
1004	工业大数据应用联盟	Промышленный альянс больших данных
1005	国家大数据创新联盟	Национальный инновационный альянс больших данных
1006	首席数据官联盟	Альянс главных сотрудников по данным (CDOA)
1007	大数据联盟	альянс больших данных
1008	中国大数据产业生态联盟	Экологический альянс индустрии больших данных Китая
1009	中国大数据应用（西北）联盟	(Северо-Западный) Альянс по применению больших данных в Китае
1010	中关村大数据产业联盟	Альянс индустрии больших данных Чжунгуаньцуня
1011	天津市大数据联盟	альянс больших данных города Тяньцзинь
1012	石家庄大数据产业联盟	альянс индустрии больших данных Шицзячжуана
1013	山西省大数据发展联盟	Альянс по развитию больших данных провинции Шаньси
1014	东北大数据产业联盟	Дунбэй альянс индустрии больших данных
1015	黑龙江省大数据产业联盟	Альянс индустрии больших данных провинции Хэйлунзян
1016	上海大数据联盟	Альянс больших данных Шанхая
1017	苏州大数据产业联盟	Альянс индустрии больших данных Сучжоу
1018	浙江省大数据应用技术产业联盟	альянс индустрии приложений для больших данных провинции Чжэцзян
1019	安徽省大数据产业联盟	альянс индустрии больших данных провинции Аньхой
1020	山东大数据产业创新联盟	инновационный альянс индустрии больших данных провинции Шаньдун
1021	河南云计算大数据产业联盟	альянс облачных вычислений и индустрии больших данных провинции Хэнань
1022	广州大数据产业协同创新联盟	коллаборативный инновационный альянс индустрии больших данных Гуанчжоу
1023	重庆大数据产业技术创新联盟	иинновационно-технологический альянс индустрии больших данных Чунцина
1024	四川大数据产业联盟	Федерация индустрии больших данных провинции Сычуань
1025	贵州大数据产业联盟	альянс индустрии больших данных Гуйчжоу
1026	昆明大数据产业联盟	альянс индустрии больших данных Куньмина
1027	中国光谷大数据产业联盟	альянс индустрии больших данных Китайской долины оптики
1028	陕西省大数据产业联盟	альянс индустрии больших данных провинции Шэньси

续表

序号	汉语	俄语
1029	甘肃省大数据产业技术创新联盟	иинновационно-технологический альянс индустрии больших данных провинции Ганьсу
1030	中国信息协会大数据分会	Филиал больших данных Китайской информационной ассоциации
1031	北京大数据协会	Пекинская ассоциация больших данных
1032	河北省京津冀大数据产业协会	Ассоциация индустрии больших данных Пекина-Тяньцзиня-Хэбэя в провинции Хэбэй
1033	山西省大数据产业协会	Ассоциация индустрии больших данных провинции Шаньси (SXBIA)
1034	浙江省大数据科技协会	Ассоциация технологии больших данных провинции Чжэцзян (ZDTA)
1035	杭州市云计算与大数据协会	Ассоциация облачных вычислений и больших данных Ханчжоу
1036	广东省大数据协会	ассоциация больших данных провинции Гуандун
1037	深圳市大数据产业协会	Ассоциация больших данных (Шэньчжэнь) (SZ-ABD)
1038	深圳市大数据研究与应用协会	Ассоциация исследований и разработок больших данных города Шэньчжэнь
1039	东莞市大数据协会	ассоциация больших данных города Дунгуань
1040	佛山市云计算大数据协会	ассоциация облачных вычислений и больших данных города Фошан
1041	重庆市云计算和大数据产业协会	Ассоциация облачных вычислений и индустрии больших данных города Чунцин
1042	【研究机构】	исследовательский институт
1043	英国开放数据研究所	Институт открытых данных Великобритании (ODI)
1044	中国科学技术信息研究所	Институт научно-технической информации Китая (ISIC)
1045	中国科学技术发展战略研究院	Институт исследований стратегий по развитию науки и техники Китая
1046	中国信息通信研究院	Китайская академия информационных и коммуникационных технологий
1047	中国电子信息产业发展研究院	Центр развития информационной индустрии Китая (CCID)
1048	中国电子技术标准化研究院	Китайский институт стандартизации электроники
1049	网络安全应急技术国家工程实验室	Национальная инженерная лаборатория технологии реагирования на чрезвычайные ситуации в сфере кибербезопасности (NELCERT)
1050	国家信息技术安全研究中心	Национальный исследовательский центр безопасности информационных технологий
1051	信息网络安全技术研发中心	Центр исследований и разработок в области кибербезопасности

序号	汉语	俄语
1052	大数据科学与工程国际研究中心	международный исследовательский центр науки и инженерии больших данных
1053	中国国际经贸大数据研究中心	Китайский международный центр больших данных для исследований экономики и торговли
1054	提升政府治理能力大数据应用技术国家工程实验室	Национальная инженерная лаборатория по применению больших данных для улучшению возможностей государственного управления
1055	北京大数据研究院	Пекинский институт исследований больших данных
1056	深圳市大数据研究院	Шэньчжэньский научно-исследовательский институт больших данных
1057	中国大数据和智慧城市研究院	Иинститут больших данных и умного города Китая
1058	大数据战略重点实验室	Ключевая лаборатория стратегии больших данных
1059	电子科技大学大数据研究中心	Исследовательский центр больших данных Университета электронных наук и технологий Китая
1060	教育大数据应用技术国家工程实验室	Национальная инженерная лаборатория образовательных больших данных
1061	大数据系统计算技术国家工程实验室	Национальная инженерная лаборатория вычислительных технологий системы больших данных
1062	大数据系统软件国家工程实验室	Национальная инженерная лаборатория программного обеспечения больших данных
1063	大数据分析与应用技术国家工程实验室	Национальная инженерная лаборатория анализа больших данных и прикладных технологий
1064	大数据流通与交易技术国家工程实验室	Национальная инженерная лаборатория технологий распространения и обмена большими данными
1065	大数据协同安全技术国家工程实验室	Национальная инженерная лаборатория технологий совместной защиты больших данных
1066	医疗大数据应用技术国家工程实验室	Национальная инженерная лаборатория технологий применения больших данных в медицине
1067	综合交通大数据应用技术国家工程实验室	Национальная инженерная лаборатория прикладных технологий интегрированного транспорта больших данных
1068	社会安全风险感知与防控大数据应用国家工程实验室	Национальная инженерная лаборатория по применению больших данных для восприятия, предотвращения и контроля рисков социального обеспечения
1069	工业大数据应用技术国家工程实验室	Национальная инженерная лаборатория промышленных прикладных технологий больших данных

续表

序号	汉语	俄语
1070	空天地海一体化大数据应用技术国家工程实验室	Национальная инженерная лаборатория интегрированного применения больших данных в аэрокосмической, наземной и океанской среде
1071	【交流平台】	коммуникационная платформа
1072	中国计算机学会大数据学术会议	Конференция больших данных Китайской компьютерной федерацией (CCBD)
1073	中国国际大数据产业博览会	Китайская международная выставка индустрии больших данных
1074	中国大数据技术大会	Конференция по технологиям больших данных (Китай) (BDTC)
1075	数据管理国际会议	Международная конференция по управлению большими данными (ICBDM)
1076	数据工程国际会议	Международная конференция по инженерии данных (ICDE)
1077	数据库领域著名国际会议	ведущие международные конференции по базе данных
1078	世界互联网大会	Всемирная Интернет-конференция (WIC)
1079	数字中国建设峰会	Саммит по строительству цифрового Китая
1080	世界智能大会	Всемирный интеллектуальный конгресс
1081	开放数据中心峰会	Саммит центров открытых данных
1082	CMRA"统计与大数据创新应用开放论坛"	Китайская ассоциация маркетинговых исследований (CMRA) –«Открытый форум по статистике и большим данным»
1083	"开放数据和创新：愿景与实践"国际研讨会	Международный симпозиум «Открытые данные и инновации: видение и практика»
1084	交通大数据开放合作国际论坛	Международный форум по обмену большими данными и сотрудничеству в сфере транспорта
1085	开放数据创新应用大赛（上海）	Приложения открытых данных (Шанхай) (SODA)
1086	大数据技术	технология больших данных
1087	技术理念	технологическая концепция
1088	技术	технология
1089	技术体	технологический комплекс
1090	技术进化	технологическая эволюция
1091	技术元	технологическая ячейка
1092	技术域	технологическая домен
1093	技术基因	технологический ген
1094	技术自主论	взгляды на технологическую самостоятельность
1095	自创生系统	Система самосозидания (аутопоэза)
1096	技术黑箱	технологический чёрный ящик

续表

序号	汉语	俄语
1097	珊瑚礁结构	структура коралловых рифов
1098	技术进化树	технологическое эволюционное дерево
1099	技术发展定律	Закон технологического развития
1100	大数据技术观	взгляды на технологию больших данных
1101	机械主义	механицизм
1102	共生主义	Философия Симбиоза
1103	技术体系	технологическая система
1104	数据采集	Сбор данных
1105	【数据源】	источник данных
1106	数据仓库	Хранилище данных
1107	关系数据库	база соотношений данных
1108	分布式数据库	База распределённых данных
1109	【数据采集方法】	методы сбора данных
1110	系统日志采集	сбор системного дневника
1111	Flume 分布式日志系统	распределённая система дневников «Flume»
1112	Scribe 数据（日志）收集系统	система сбора данных (дневников) «Scribe»
1113	Kafka 分布式消息系统	система распределённой информации «Kafka»
1114	Fluentd 数据收集框架	рама сбора данных «Fluentd»
1115	Logstash 日志搜集处理框架	рама сбора и обработки данных «Logstash»
1116	Chukwa 数据收集平台	платформа сбора данных «Chukwa»
1117	Zipkin 分布式跟踪系统	система распределённого слежения «Zipkin»
1118	网络数据采集	сбор сетевых данных
1119	Arachnid 网络爬虫	сетевой паук «Arachnid»
1120	DPI 带宽管理技术	технология управления полосой пропуска «DPI»
1121	DFI 带宽管理技术	технология управления полосой пропуска «DFI»
1122	数据库采集	сбор баз данных
1123	MySQL 关系型数据库	база соотношений данных «MySQL»
1124	Oracle 关系型数据库	база соотношений данных «Oracle»
1125	Redis 数据库	база данных «Redis»
1126	MongoDB 数据库	база данных «MongoDB»
1127	NoSQL 数据库	база данных «NoSQL»
1128	数据存储	хранение данных
1129	单机存储技术	хранения данных на одном компьютере

续表

序号	汉语	俄语
1130	网络存储技术	технология сетевого хранения
1131	直接连接存储	Хранение прямого соединения
1132	网络连接存储	Хранение сетевого соединения
1133	存储区域网络	Сеть мест хранения
1134	对象存储技术	Технология предметного хранения
1135	分布式存储技术	Технология распределённого хранения
1136	分布式共享	распределённое общее пользование (память)
1137	集群存储	групповое хранение
1138	云存储技术	Технология хранения в «облаке»
1139	新型数据冗余技术	технология резервирования нового типа данных
1140	大容量混合内存技术	технология смешанной памяти большого объема
1141	高密度混合存储技术	технология смешанной памяти высокой плотности
1142	混合存储管理技术	технология управления смешанной памятью
1143	数据分析	анализ данных
1144	预测性分析	Прогнозный анализ
1145	关联分析	соотносительный анализ
1146	算法动态性分析	анализ динамики вычислений
1147	数据流处理分析	анализ обработки потоков данных
1148	数据信息感知分析	анализ перцепции информации о данных
1149	数据挖掘算法	алгоритм выявления данных
1150	数据挖掘模型	модель выявления данных
1151	数据流编程模型	модель программирования потоков данных
1152	决策树算法	алгоритм дерева решений
1153	机器学习算法	Алгоритм машинного обучения
1154	异常值分析算法	алгоритм анализа анормальных значений
1155	大数据溯源算法	алгоритм исследования истоков больших данных
1156	可视化分析	анализ визуализации
1157	几何投影技术	технология геометрической проекции
1158	面向像素技术	технология, ориентированная на элементы изображения
1159	分层可视化技术	видеотехнология деламинации
1160	基于图标可视化技术	видеотехнология, основанная на изобразительных знаках

续表

序号	汉语	俄语
1161	基于图形可视化技术	видеотехнология, основанная на картинах
1162	语义引擎	Система семантического поиска
1163	自然语言分析	анализ естественного языка
1164	【数据质量和数据管理】	качество данных и управление данными
1165	多源异构数据融合	интеграция данных с множественными истоками и разными структурами
1166	数据程序化交易	программированная торговля данными
1167	在线重构技术	технология повторной структуризации онлайн
1168	适应决策技术	технология адаптации решений
1169	网络化操作技术	технология сетевой операции
1170	数据应用	применение данных
1171	【数据政务应用】	административное применение данных
1172	天网工程	Объект «Скайнет»
1173	政府数据开放平台	открытая платформа правительственных данных
1174	城市大脑	Мозг города
1175	云城市	Облачный город
1176	时空数据融合	интеграция пространственно-временных данных
1177	数据活化	активизация данных
1178	【数据商业应用】	коммерческое применение данных
1179	云脑	облачный мозг
1180	类人机器人	антропоморфный робот
1181	5G 社会	общество 5G
1182	用户画像	Портрет пользователя
1183	精准营销	адресный маркетинг
1184	数据网贷	кредит данных онлайн
1185	量化投资	квантитативная инвестиция
1186	高频交易	многочастотная торговля
1187	【数据民生应用】	применение данных в интересах народного благосостояния
1188	智慧课堂	Умный урок
1189	可穿戴设备	переносная техника
1190	无人银行	банк без работников
1191	无人驾驶	беспилотное управление
1192	身份认证	Идентификация личности

续表

序号	汉语	俄语
1193	全域网	Глобальная сеть
1194	数据标准化	стандартизация данных
1195	大数据标准体系	система стандартизации больших данных
1196	信息技术大数据系统通用规范	распространённые нормы системы больших данных информационных технологий
1197	大数据技术标准规范	стандартные нормы технологии больших данных
1198	ISO/IEC JTC1/WG9 大数据标准	стандарты больших данных ISO/IEC JTC1/WG9
1199	大数据技术评估标准	стандарты оценки технологии больших данных
1200	大数据基准和基准测试	Бенчмарк и тест оценки производительности
1201	大数据安全访问控制类标准	стандарты параметров контроля безопасного использования больших данных
1202	大数据资产管理标准化应用	применение стандартизации в управлении активами больших данных
1203	数据管理能力成熟度评估模型	модель оценки сформированности способности управлять данными
1204	IOC 标准化技术参考模型	справочная модель технологии стандартизации IOC
1205	【大数据标准机构】	учреждения по стандартизации больших данных
1206	大数据国家技术标准创新基地	Инновационная база государственных технических стандартов больших данных
1207	大数据标准化技术委员会	Комиссия по стандартизации технологии больших данных
1208	全国信息技术标准化技术委员会	Всекитайская комиссия по стандартизации информационной технологии
1209	全国信安标委大数据安全标准特别工作组	Специальная рабочая группа по стандартам безопасности больших данных при Всекитайской комиссии по стандартизации информационных технологий
1210	全国自动化系统与集成标准化技术委员会	Всекитайская комиссия по автоматизации и стандартизации технологии системы интеграции
1211	全国音频、视频和多媒体标准化技术委员会	Всекитайская комиссия по стандартизации аудио-видео-анимационных технологий
1212	全国智能运输系统标准化技术委员会	Всекитайская комиссия по стандартизации технологии системы интеллектуальной транспортировки
1213	中国通信标准化协会	Китайская ассоциация по стандартам в области связи
1214	技术伦理	технологическая этика
1215	伦理	этика
1216	技术统治论	технократия

续表

序号	汉语	俄语
1217	技术决定论	технологический детерминизм
1218	技术批判论	технологический критицизм
1219	机器人三定律	Три закона о роботах
1220	隐私保护伦理	этика защиты личных тайн
1221	数据共享伦理	этика общего использования данных
1222	泳池模型	модель бассейна
1223	坑洞模型	модель ямы
1224	器官投影说	гипотеза о проекции органов
1225	智能生命体	интеллектуальный жизненный комплекс
1226	大数据杀熟	использование больших данных для вычисления излишка потребителя
1227	大数据技术浮夸陷阱	ловушка технологического апофеоза больших данных
1228	欧盟隐私权管理平台	Платформа ЕС по управлению правами на личную тайну (PMP)
1229	大数据技术伦理	технологическая этика больших данных
1230	大数据技术伦理算法	алгоритм технологической этики больших данных
1231	大数据技术伦理治理	управление технологической этикой больших данных
1232	大数据技术伦理机制	механизм технологической этики больших данных
1233	大数据伦理规则体系	система правил этики больших данных
1234	大数据技术伦理数据管理协议	Соглашение об управлении технологической этикой больших данных
1235	数字经济	цифровая экономика
1236	数字经济体	цифровые экономики
1237	新经济	новая экономика
1238	知识经济	интеллектуальная экономика
1239	信息经济	информационная экономика
1240	网络经济	сетевая экономика
1241	虚拟经济	Виртуальная Экономика
1242	互联网经济	интернет-экономика
1243	平台经济	Экономика Платформ
1244	智慧经济	Умная Экономика
1245	社群经济	социально-групповая экономика
1246	粉丝经济	экономика поклонников

续表

序号	汉语	俄语
1247	云经济	облачная экономика
1248	技术经济范式	техно-экономическая парадигма
1249	技术范式	технологическая парадигма
1250	经济学范式	экономическая парадигма
1251	数字化转型	цифровая реструктуризация
1252	产业数字化	отраслевая цифровизация
1253	数字化产业	цифровая индустрия
1254	零边际成本	нулевая предельная себестоимость
1255	创新	инновация
1256	创新体系	инновационная система
1257	数据驱动型创新体系	инновационная система драйвера данных
1258	创新动机	инновационная мотивация
1259	创新边界	инновационные пределы
1260	创新能力	инновационные способности
1261	创新模式	инновационная модель
1262	原始创新能力	примитивные инновационные способности
1263	痛客经济	Экономика Pain-Point Seeker (PPS)
1264	【学术研究】	Научное Исследование
1265	《数字经济：智力互联时代的希望与风险》	«Цифровая Экономика: Надежды и Риски в Эпоху Интеллектуального Интернета»
1266	《数字化密度指数》	«Показатели Плотности Цифровизации»
1267	《数字经济》	«Цифровая Экономика»
1268	《中国数字经济如何引领全球新趋势》	«Как Китайская Цифровая Экономика Отражает Новые Мировые Тенденции?»
1269	《数字经济展望 2017》	«Перспективы цифровой экономики-2017»
1270	【政策体系】	система политики
1271	《新兴的数字经济》	«Новорожденная Цифровая Экономика»
1272	《数字经济 2010 年法案》	«Законы Цифровой Экономики-2010»
1273	《数字单一市场战略》	«Стратегия Единообразного Цифрового Рынка»
1274	《联合国 2030 年可持续发展议程》	«Повестка дня ООН в Области Устойчивого Развития до 2030 Года»
1275	《二十国集团创新增长蓝图》	«Схема Инновационного Роста Большой Двадцатки»
1276	《二十国集团数字经济发展与合作倡议》	«Инициатива по Развитию и Интеграции Цифровой Экономики Большой двадцатки»
1277	数据力与数据关系	сила данных и отношения данных

续表

序号	汉语	俄语
1278	数据人	Человек Данных
1279	经济人假设	Гипотеза о Человеке Экономики
1280	泰勒制	Система Тейлора
1281	激励理论	Теория Поощрения
1282	机会主义行为	Оппортунистский Поступок
1283	社会人假设	Гипотеза о Человеке Общества
1284	差序格局	дифференциальный график
1285	内隐人格理论	имплитная теория личности
1286	阿罗定理	Теорема Эрроу
1287	【数据人假设】	Гипотеза о Человеке Данных
1288	数字化记忆	цифровая память
1289	数字化虚拟人	цифровой виртуальный человек
1290	数据监控	надзор и контроль за данными
1291	信息机器理论	теория информационной машины
1292	弹性领导方式	метод гибкого руководства
1293	《单向度的人——发达工业社会意识形态研究》	«Одновекторный Человек – Исследование Общественной Идеологии Развитой Промышленности»
1294	《机器人启示录》	«Робото-Апокалипсис»
1295	数据力	сила данных
1296	数据能力	способности в отношении данных
1297	数据处理能力	способности обрабатывать данные
1298	数据采集能力	способности собирать данные
1299	数据存储能力	способности хранить данные
1300	数据关联分析能力	способности анализировать соотносительные данные
1301	数据激活能力	способности активизировать данные
1302	数据预测能力	способности прогнозировать данные
1303	非物质劳动	нематериальный труд
1304	脑力劳动	умственный труд
1305	玩乐劳动	развлекательный труд
1306	受众劳动	труд аудитории
1307	无酬数字劳动	цифровой труд без вознаграждения
1308	《免费劳动：为数字经济生产文化》	«Бесплатный труд: создание культуры для цифровой экономики»

续表

序号	汉语	俄语
1309	数据关系	отношения данных
1310	【组织模式变革】	реформа модели организации
1311	网络式组织	сетевая организация
1312	智慧型组织	Умная организация
1313	组织扁平化	выравнивание организации
1314	组织结构柔性化	гибкость организационной структуры
1315	组织虚拟化	виртуальность организации
1316	数据关系	отношения данных
1317	数字剥削	цифровая эксплуатация
1318	数字圈地	цифровое ограждение
1319	数字原住民	цифровой уроженец
1320	《数字命运》	«Цифровая Судьба»
1321	《大数据时代——生活、工作与思维的大变革》	«Эпоха больших данных – масштабные перемены в жизни, труде и мышлении»
1322	《财富的革命》	«Революция Богатств»
1323	数据交易	торговля данными
1324	数据资产	активы данных
1325	数据交换	обмен данными
1326	数据确权	определение права на данные
1327	数据定价	установление цены на данные
1328	数据中介	брокер данных
1329	数据服务	услуги данных
1330	数据协作	коллаборация данных
1331	数据分包	субконтрактинг данных
1332	数据代工	поставщик данных
1333	数据管理	управление данными
1334	数据运营	эксплуатация данных
1335	数据保险	страхование данных
1336	数据结算	расчет данных
1337	数据定制	заказное производство данных
1338	数据资产管理	управление активами данных
1339	数据交易市场	рынок торговли данными
1340	数据资产交易市场	рынок торговли активами данных
1341	大数据交易所	Биржа больших данных

续表

序号	汉语	俄语
1342	北京大数据交易服务平台	Пекинская торгово-сервисная платформа больших данных
1343	河北京津冀数据交易中心	Хэбэйский торговый центр данных Пекина-Тяньцзиня-Провинции Хэбэй
1344	上海数据交易中心	Шанхайский торговый центр данных
1345	江苏大数据交易中心	Цзянсуский торговый центр больших данных
1346	安徽大数据交易中心	Аньхойский торговый центр больших данных
1347	华中大数据交易所	Биржа больших данных Центрального Китая
1348	西咸新区大数据交易所	Биржа больших данных Нового района Сисянь
1349	哈尔滨数据交易中心	Харбинский торговый центр данных
1350	杭州钱塘大数据交易中心	Цяньтанский торговый центр данных в городе Ханчжоу
1351	合肥大数据交易中心	Хэфэйский торговый центр данных
1352	青岛大数据交易中心	Циндаоский торговый центр данных
1353	武汉东湖大数据交易平台	Уханьская торгово-сервисная платформа больших данных «Восточное озеро»
1354	武汉长江大数据交易所	Уханьская биржа больших данных «Янцзы»
1355	广州数据交易服务中心	Гуанчжоуский торгово-сервисный центр данных
1356	成都大数据交易平台	Чэндуская торгово-сервисная платформа больших данных
1357	贵阳大数据交易所	Гуйянская биржа больших данных
1358	大数据交易规则	правила торговли большими данными
1359	《浙江大数据交易中心交易规则》	«Правила Чжэцзянского торгового центра больших данных»
1360	《浙江大数据交易中心资金结算制度》	«Режим финансовых расчетов Чжэцзянского торгового центра больших данных»
1361	《上海数据交易中心数据互联规则》	«Правила взаимного предоставления данных Шанхайского торгового центра данных»
1362	《贵阳大数据交易所 702 公约》	«Конвенция № 702 Гуйянской биржи больших данных»
1363	《贵阳大数据交易所数据确权暂行管理办法》	«Временные административные меры по определению прав на данные Гуйянской биржи больших данных»
1364	《贵阳大数据交易所数据交易结算制度》	«Режим транзакции и расчетов данных Гуйянской биржи больших данных»
1365	《贵阳大数据交易观山湖公约》	«Конвенция озера Гуаньшань Гуйянской биржи больших данных»
1366	产业链与价值链	Цепь производства и цепь ценностей
1367	战略性新兴产业	Стратегически новая индустрия
1368	信息产业	информационная индустрия

续表

序号	汉语	俄语
1369	虚拟产业	виртуальная индустрия
1370	数字产业	цифровая индустрия
1371	电子信息制造业	индустрия по производству электронной информации
1372	网络信息技术产业	Индустрия сетевой информационной технологии
1373	网络安全产业	индустрия кибербезопасности
1374	软件服务业	индустрия программных услуг
1375	《"十三五"国家战略性新兴产业发展规划》	«План развития стратегически новых государственных отраслей Тринадцатой пятилетки»
1376	【传统产业升级】	повышение уровня традиционных отраслей
1377	定制化生产	заказное производство
1378	企业无边界	предприятия без границ
1379	个性化营销	индивидуальный маркетинг
1380	柔性化生产	гибкое производство
1381	智能制造	умное производство
1382	网络化制造	сетевое производство
1383	分享制造	производство общего пользования
1384	云制造	облачное производство
1385	【价值链升级】	повышение уровня цепи ценностей
1386	全球价值链	глобальная цепь ценностей
1387	无纸化通关	безбумажное растаможивание
1388	数字认证	цифровая сертификация
1389	价值链分工	разделение труда в цепи ценностей
1390	消费升级	повышение уровня потребления
1391	知识付费	интеллектуальная оплата
1392	协同消费	координированное потребление
1393	电子支付	Электронная оплата
1394	泛娱乐	пан-развлечение
1395	O2O消费	Онлайн-Оффлайн потребление (O2O)
1396	网络购物	Сетевая покупка
1397	在线交易	торговля онлайн
1398	新零售	Новая Розница
1399	无人超市	супермаркет без продавца

续表

序号	汉语	俄语
1400	《国务院办公厅关于推动实体零售创新转型的意见》	«Отзыв Канцелярии Госсовета о Проведении Инновационной Реструктуризации Розничных Предприятий»
1401	【新电商】	Новая Электронная Коммерция
1402	电子商务平台	платформа электронной коммерции
1403	亚马逊电子商务	платформа электронной коммерции «Амазон»
1404	电子世界贸易平台	Торговая Платформа Электронного Мира (e-WTP)
1405	阿里巴巴	Интернет-портал Алибаба
1406	京东	Интернет магазин JD.com
1407	亚马逊	Амазон
1408	数字包容性	цифровая инклюзивность
1409	数字红利	цифровой дивиденд
1410	数字鸿沟	цифровая пропасть
1411	《填平数字鸿沟》	«Заравнивание цифровой пропасти»
1412	《从数字鸿沟走向数字机遇》	«От цифровой пропасти к цифровым возможностям»
1413	《电子欧洲：创建所有人的信息社会》	«Электронная Европа: к информационному обществу для всех»
1414	《G20数字化路线图》	«Схема цифровизации Большой двадцатки»
1415	数字红利	цифровой дивиденд
1416	包容性增长	инклюзивный прирост
1417	可持续发展	продолжительное развитие
1418	数字扶贫	цифровая помощь для бедных
1419	新就业形态	Новая форма трудоустройства
1420	灵活就业人员	персонал гибкого трудоустройства
1421	《数字经济下的就业与人才研究报告》	«Доклад об исследовании трудоустройства и специалистов в условиях цифровой экономики»
1422	网约车	заказная машина онлайн
1423	【数字人才】	специалисты, исследующие данные
1424	首席数据官	директор по данным
1425	数据科学家	ученый по данным
1426	大数据分析师	аналитик больших данных
1427	算法工程师	инженер алгоритма
1428	系统工程师	инженер системы
1429	自动化工程师	инженер автоматизации

续表

序号	汉语	俄语
1430	软件工程师	инженер программы
1431	信息系统管理工程师	инженер-менеджер информационной системы
1432	数字素养	цифровые качества
1433	素养域	домен качеств
1434	数字能力	цифровые способности
1435	数字素养项目	проект цифровых качеств
1436	老年人连通计划	план контактирования с пожилыми людьми
1437	数字工厂项目	проект цифровых фабрик
1438	教育与培训2010计划	Программа обучения и подготовки кадров - 2010
1439	21世纪数字丝绸之路	Цифровой Шёлковый путь 21 века
1440	普惠经济	инклюзивная экономика
1441	共享金融	финансы общего пользования
1442	共享出行	система передвижения общего пользования
1443	共享单车	Байкшэринг
1444	共享充电宝	зарядное устройство общего пользования
1445	《共享型社会》	«Общество общего пользования»
1446	众包	краудсорсинг (массовое сотрудничество)
1447	InnoCentive	Инновационный стимул
1448	众创	массовые инновации
1449	众创空间	Пространство для массовых инноваций
1450	Fab Lab	Производственная лаборатория
1451	Living Lab	живая лаборатория
1452	应用创新园区	Прикладная инновационная парковая зона
1453	众筹	краудфандинг (массовый сбор)
1454	众扶	массовая помощь
1455	普惠金融体系	инклюзивная финансовая система
1456	普惠贸易	инклюзивная торговля
1457	普惠科技	инклюзивная наука и техника
1458	数字金融	цифровые финансы
1459	数字货币	Цифровая валюта
1460	货币	валюта
1461	货币本质观	взгляд на сущность валюты
1462	法定货币	официальная валюта

续表

序号	汉语	俄语
1463	法定数字货币	официальная цифровая валюта
1464	信用货币	Кредитная валюта
1465	主权货币	суверенная валюта
1466	超主权货币	сверхсуверенная валюта
1467	加密货币	Криптовалюта
1468	比特币	Биткойн
1469	莱特币	Лайткойн
1470	瑞波币	Риплкойн
1471	以太坊	Эфириум
1472	竞争币	Альткойн
1473	电子货币	Электронная валюта
1474	网络货币	сетевая валюта
1475	电子现金	электронные наличные
1476	电子钱包	электронный кошелек
1477	电子支票	электронный чек
1478	电子信用卡	электронная кредитная карточка
1479	数字货币时代	эпоха цифровой валюты
1480	数字金融系统	система цифровых финансов
1481	基础设施	инфраструктура
1482	互联网金融平台	финансовая интернет-платформа
1483	互联网金融风险信息共享系统	интернет-система информации о финансовых рисках для общего пользования
1484	全国中小企业股份转让系统	Всекитайская система передачи акций средних и малых предприятий
1485	支付系统	Платежная система
1486	票据支付系统	Платежная система счетов
1487	银行卡支付系统	платежная система банковских карточек
1488	互联网支付系统	платёжная интернет-система
1489	【中央证券存管与证券结算】	Хранение и контроль центральных облигаций и расчет облигаций
1490	中央证券存管系统	Система хранения и контроля центральных облигаций
1491	中国证券登记结算有限责任公司	Китайская компания с ограниченной ответственностью по регистрации и расчетам облигаций
1492	中央国债登记结算有限责任公司	Центральная компания с ограниченной ответственностью по регистрации и расчетам государственных облигаций

续表

序号	汉语	俄语
1493	银行间市场清算所股份有限公司	Акционерное общество с ограниченной ответственностью корреспондентского рыночного расчета
1494	中央对手方（CCP）	Центральный контрагент (CCP)
1495	中央对手清算业务体系	Система расчетных операций центрального контрагента
1496	金融交易数据库	База данных по финансовой транзакции
1497	金融业态	финансовые формы
1498	大数据金融	финансы больших данных
1499	互联网金融	Интернет-финансы
1500	移动金融	мобильные финансы
1501	民主金融	демократические финансы
1502	微金融	микрофинансы
1503	普惠金融	инклюзивные финансы
1504	市场主体	Рыночный субъект
1505	【金融企业】	финансовые предприятия
1506	网联清算有限公司	Компания с ограниченной ответственностью по интернет-расчётам
1507	蚂蚁金服	Компания по предоставлению финансовых услуг "Муравей" (дочерняя компания Alibaba)
1508	360金融	360 финансы
1509	京东金融	JD финансы
1510	陆金所	Китайская инвестиционная и брокерская компания Lufax
1511	【非金融企业】	нефинансовые предприятия
1512	万得资讯	Шанхайская компания Wind Information
1513	中国人民银行征信中心	Центр кредитной референции Китайского Народного Банка
1514	中国人民银行金融信息中心	Центр финансовой информации Китайского Народного Банка
1515	中国金融教育发展基金会	Китайский фонд развития финансового образования
1516	【金融决策机构】	Органы по выработке финансовых директив
1517	中国人民银行金融市场司	Департамент финансового рынка Китайского Народного Банка
1518	中国人民银行支付结算司	Отдел платежей и расчетов Китайского Народного Банка
1519	中国人民银行征信管理局	Управление по делам кредитной референции Китайского Народного Банка

续表

序号	汉语	俄语
1520	中国人民银行清算总中心	Национальный клиринговый центр Китайского Народного Банка
1521	支付与市场基础设施委员会	Комиссия по платежам и рыночной инфраструктуре
1522	数字金融模式	модель цифровых финансов
1523	网络融资	Сетевые финансы
1524	金融脱媒	Финансовая дезинтермедиация
1525	【众筹平台集资模式】	модель аккумулирования средств на платформе краудфандинга
1526	股权众筹	краудфандинг на основе прав акционера
1527	债权众筹	краудфандинг на основе прав кредитора
1528	回报众筹	возвратный краудфандинг
1529	公益众筹	краудфандинг для общего блага
1530	【众筹平台运作模式】	модель эксплуатации краудфандинговой платформы
1531	贷帮网运作模式	модель эксплуатации Loan Help Network
1532	天使汇运作模式	модель эксплуатации AngelCrunch
1533	大家投运作模式	модель эксплуатации All Investment
1534	追梦网运作模式	модель эксплуатации Dreamore
1535	人人投运作模式	модель эксплуатации Renrentou
1536	P2P 网络借贷	сетевая кредитная платформа P2P（peer-to-peer）
1537	供应链金融	Финансы в цепи поставки
1538	【供应链金融融资模式】	Модель привлечения финансовых средств в цепи поставки
1539	保税仓融资	привлечение средств за счет бондового склада
1540	融通仓融资	Привлечение средств за счет финансов-транспортировки и склада (FTW)
1541	应收账款融资	привлечение средств за счет дебиторов
1542	【供应链金融平台模式】	Модель платформы финансов в цепи поставки
1543	拍拍贷	PPDai (первая Китайская сетевая кредитная платформа peer-to-peer)
1544	O2O	«Онлайн-оффлайн» коммерция
1545	宜人贷	платформа по предоставлению кредитов и управлению состояниями YiRenDai
1546	第三方支付	Оплата третьей стороны
1547	互联网支付	Интернет-оплата
1548	银行卡收单	получение счетов через банковские карточки

续表

序号	汉语	俄语
1549	移动支付	мобильная оплата
1550	预付卡	авансовая (предоплатная) карточка
1551	【第三方支付商业平台】	коммерческая платформа оплаты третьей стороны
1552	PayPal	дебетовая электронная платёжная система PayPal
1553	支付宝	Китайская система электронных платежей Alipay
1554	银联支付	Система онлайн-оплаты UnionPay
1555	拉卡拉支付	Система онлайн-оплаты Lakala
1556	微付通	Китайская платежная система micro Tenpay
1557	财付通	Китайская платежная система TenPay, созданная холдингом Tencent
1558	汇付天下	Денежные переводы Мир (ChinaPNR)
1559	【第三方支付商业模式】	коммерческая модель оплаты третьей стороны
1560	B2C	модель электронной коммерции «Бизнес для потребителя» (B2C)
1561	C2C	модель электронной коммерции «Потребитель для потребителя» (C2C)
1562	快钱	модель электронной коммерции (Easy Money)
1563	信息化金融机构	информатизированный финансовый институт
1564	【传统金融业务电子化】	электронизация традиционных финансовых операций
1565	网上银行	Интернет-банкинг
1566	手机银行	мобильный банк
1567	家居银行	домашний банк
1568	网络证券	Сетевые ценные бумаги
1569	【基于互联网的创新金融服务】	инновационные финансовые услуги на основе интернета
1570	直销银行	Непосредственный банк
1571	网商银行	Интернет-банк «Мой банк» (MYbank)
1572	众安在线	Интернет-страхование «ZhongAn Online»
1573	余额宝模式	Модель Yu'E Bao
1574	【金融电商模式】	модель финансовой электронной коммерции
1575	建行"善融商务"电子商务金融服务平台	Финансовая сервисная платформа электронной коммерции Строительного Банка Китая «Успешный финансовый бизнес»
1576	泰康人寿保险电商平台	Платформа электронной коммерции компании по страхованию жизни Тайкан

续表

序号	汉语	俄语
1577	互联网金融门户	Финансовый интернет-портал
1578	第三方资讯平台	информационная платформа третьей стороны
1579	网贷之家	Дом сетевого кредита
1580	和讯网	hexun.com
1581	垂直搜索平台	вертикальная поисковая платформа
1582	融360	Китайский сервис по поиску и сравнению финансовых продуктов (Rong360)
1583	安贷客	Персональная необеспеченная микрофинансовая платформа (andaike.com)
1584	在线金融超市	Финансовый супермаркет онлайн
1585	大童网	Страховой супермаркет онлайнDatong (Net)
1586	格上理财	Финансовые транзакции «Geshang»
1587	91金融超市	Финансовый супермаркет 91
1588	软交所科技金融超市	Научно-технический и финансовый супермаркет Биржи программных обеспечений и информационных услуг
1589	【风险控制与监管】	контроль риска и надзор
1590	风险控制	контроль риска
1591	风险	риск
1592	金融风险	финансовый риск
1593	金融风险量化评估	количественная оценка финансовых рисков
1594	金融风险监控平台	платформа мониторинга финансовых рисков
1595	金融风险监测预警机制	режим мониторинга и предупреждения финансовых рисков
1596	互联网金融风控模型	модель контроля рисков в сфере интернет-финансов
1597	大数据金融风险控制体系	система контроля финансовых рисков больших данных
1598/1599	金融监管	финансовый надзор
1600	【金融风险监管机构】	Органы контроля и надзора за финансовыми рисками
1601	中国人民银行	Народный Банк Китая
1602	中国银行保险监督管理委员会	Комиссия по контролю китайских банков и страховых компаний
1603	中国证券监督管理委员会	Комиссия по ценным бумагам Китая
1604	全国互联网金融工作委员会	Всекитайская Комиссия по интернет-финансам
1605	中国互联网金融协会	Китайское общество интернет-финансов

续表

序号	汉语	俄语
1606	金融稳定理事会	Совет по финансовой стабильности
1607	国际证监会组织	Международная организация комиссий по ценным бумагам
1608	巴塞尔银行监管委员会	Базельский комитет по банковскому надзору
1609	【金融风险监管政策文本】	политические документы, регламентирующие контроль финансовых рисков
1610	《关于促进互联网金融健康发展的指导意见》	«Руководящие положения по обеспечению нормального развития интернет-финансов»
1611	《关于加强非金融企业投资金融机构监管的指导意见》	«Руководящие положения по усилению контроля за инвестициями нефинансовых организаций в финансовый сектор»
1612	《网络借贷信息中介机构业务活动管理暂行办法》	«Временные меры по управлению деятельностью посреднических организаций сетевой кредитной информации»
1613	《非金融机构支付服务管理办法》	«Меры по управлению платежными услугами нефинансовых органов»
1614	《电子支付指引（第一号）》	«Инструкция по электронной оплате (№1)»
1615	《互联网保险业务监管暂行办法》	«Временные меры по контролю страховых интернет-операций»
1616	数字信用体系	цифровая кредитная система
1617	算法信用	алгоритмический кредит
1618	信用	кредит
1619	信用链	цепь кредита
1620	信用风险	риск кредита
1621	区块链信用技术	кредитная технология блокчейна
1622	智能化合约	Интеллектуальный контракт
1623	时间戳认证	идентификация метки времени
1624	点对点分布式系统	распределённая система точка-точка
1625	分布式网络记账系统	распределённая система сетевого учета
1626	区块链共识机制	механизмы консенсуса в блокчейне
1627	区块链信用证	Аккредитив в Блокчейне
1628	区块链信用评级	кредитный рейтинг в блокчейне
1629	信用证区块链联盟	Союз аккредитивных блокчейнов
1630	社会信用体系	социальная кредитная система
1631	【信用体系】	кредитная система
1632	公共信用体系	общественная кредитная система
1633	企业信用体系	кредитная система предприятий
1634	个人信用体系	кредитная система персонала

续表

序号	汉语	俄语
1635	FICO 信用评分系统	кредитный скоринг (система оценки кредитоспособности лица) FICO
1636	全社会征信系统	система кредитной референции для всего общества
1637	统一社会信用代码制度	режим единого социального кредитного кода
1638	【社会信用信息服务机构】	сервисные организации социальной кредитной информации
1639	第三方信用信息共享平台	платформа общего пользования кредитной информации третьей стороны
1640	公共信用信息服务平台	сервисная платформа общественной кредитной информации
1641	互联网大数据征信平台	платформа кредитной референции больших данных в Интернете
1642	小额信贷行业信用信息共享服务平台	сервисная платформа общего пользования кредитной информации микрофинансовой индустрии
1643	中国银行征信中心个人信用信息服务平台	сервисная платформа индивидуальной кредитной информации Центра кредитной референции Банка Китая
1644	信用社会	кредитное общество
1645	契约社会	договорное общество
1646	信用中国	Надежный Китай
1647	信用城市	Надежный Город
1648	信用社会制度	надежная социальная система
1649	守信联合激励制度	система совместного поощрения законопослушных
1650	失信联合惩戒制度	система совместного порицания нарушителей
1651	信用城市大数据平台	платформа больших данных надежного города
1652	诚信森林	честный лес
1653	信用云	кредитное облако
1654	数字公民	цифровой гражданин
1655	数据治理	управление данными
1656	数字政府	цифровое правительство
1657	【发展历程】	история развития
1658	【政府 1.0】	правительство 1.0
1659	政府网站	правительственный сайт
1660	管理信息系统	Информационная Система Управления (MIS)
1661	自动化办公系统	Автоматизированная Офисная Система (OAS)
1662	在线沟通	онлайн общение

续表

序号	汉语	俄语
1663	电子邮件	электронная почта
1664	在线咨询	Онлайн Консультация
1665	【政府 2.0】	правительство 2.0
1666	信息公开	раскрытие информации
1667	网上服务	Интернет-сервис
1668	在线双向沟通	двустороннее онлайн общение
1669	公共部门信息	информация государственного сектора
1670	政务微博	правительственный микроблог
1671	政民互动	взаимодействие правительства и граждан
1672	参与型政府	деятельностное правительство
1673	【政府 3.0】	правительство 3.0
1674	虚拟政府	виртуальное правительство
1675	服务政府	сервис-ориентированное правительство
1676	透明政府	прозрачное правительство
1677	政府流程再造	Реинжиниринг Внутриправительственных Процессов (GPR)
1678	公共部门内部业务流程再造	Реинжиниринг Административных Бизнес-Процессов
1679	跨部门业务流程再造	Реинжиниринг Межведомственных Бизнес-Процессов
1680	社会服务流程再造	Реинжиниринг Процесса Социального Обслуживания
1681	"O2O"立体审批	идея трёхмерности «Онлайн-офлайн»
1682	政务 APP	APP по государственным услугам
1683	【政务服务】	государственные услуги
1684	电子政务	Электронная Государственная Услуга (Электронное Правительство)
1685	在线办公	работа онлайн
1686	政务数据资源	государственные информационные ресурсы
1687	数据推送	передача данных
1688	数据治理决策域	область решений по управлению данными
1689	电子治理	Электронное Управление
1690	电子选举	Электронные Выборы
1691	数字民主	цифровая демократия
1692	参与式治理	совместное управление
1693	参与型社会	деятельностное общество

续表

序号	汉语	俄语
1694	数字利维坦	цифровой Левиафан
1695	在线服务	онлайн сервис
1696	电子证照	электронный сертификат
1697	电子公文	электронный официальный документ
1698	电子签章	электронная подпись
1699	数字证书	цифровой сертификат
1700	电子归档	электронная подача документов
1701	前置审批	предварительное одобрение
1702	一址多照	один адрес, используемый для регистрации нескольких бизнес-лицензий
1703	并联审批	параллельное одобрение
1704	数据管税	применение больших данных в управлении налогами
1705	电子税务	Электронные Налоги
1706	信用信息共享交换平台	платформа совместного использования кредитной информации и обмена ей
1707	企业信用信息公示系统	Система Публичного Оповещения о Кредитоспособности Предприятия
1708	项目并联审批平台	платформа параллельного согласования проектов
1709	网上审批大数据资源库	хранилище больших данных для онлайн одобрения
1710	【案例】	примеры
1711	国家电子政务综合试点	комплексная пилотная зона внедрения электронных государственных услуг
1712	腾讯政务云1分钱中标	Tencent выиграла государственный контракт на облачные сервисы за 0.01 юаня
1713	公共资产负债管理智能云平台	интеллектуальная облачная платформа управления государственными активами и пассивами
1714	政府领域智能客服机器人	интеллектуальный робот сервисного обслуживания правительственной сферы
1715	"智信城市"计划	план «умный город»
1716	区块链政务	государственные услуги посредством блокчейна
1717	数字政府建设管理局	управление по развитию цифрового правительства
1718	"最多跑一次"	административная реформа «Не более одного раза»
1719	【管理监督】	мониторинг
1720	大数据监管	мониторинг больших данных

续表

序号	汉语	俄语
1721	智能防控	интеллектуальная профилактика и контроль
1722	大数据预测	прогноз больших данных
1723	风险预警大数据	предупреждение о рисках больших данных
1724	网络市场监管	регулирование интернет-рынка
1725	全国电子商务监测中心	национальный центр мониторинга электронной коммерции
1726	网络交易大数据监管	регулирование больших данных интернет-трансакций
1727	大数据打假	Большие Данные для Борьбы с Контрафактом (Alliance)
1728	政务服务平台电子监察系统	система электронного мониторинга платформы госуслуг
1729	大数据反腐	антикоррупционная деятельность с помощью больших данных
1730	技术反腐	антикоррупционная деятельность с помощью технических средств
1731	微腐败	микро-коррупция
1732	数据铁笼	клетка данных
1733	网上举报	свидетельства онлайн
1734	情绪数据	эмоциональные данные
1735	大数据司法	закон о больших данных
1736	智慧法院	умный суд
1737	杭州互联网法院	Интернет-суд в Ханчжоу
1738	人民法院大数据管理和服务平台	народный суд по управлению большими данными и сервисной платформе
1739	互联网法庭	Интернет-трибунал
1740	在线仲裁	онлайн арбитраж
1741	微警务	электронная полицейская услуга
1742	智慧侦查	разумная разведка
1743	【案例】	примеры
1744	云智办案通	пакет офисных приложений для полицейских «Юньчжи»
1745	互联网+公共法律服务	Интернет плюс государственные юридические услуги
1746	"滴滴报警"	полицейская онлайн платформа под названием «Диди»
1747	金豆模式	модель «золотая фасоль» (набор добровольцев для участия в управлении общиной)
1748	智慧检务	Умные Государственные Услуги Прокуратуры

续表

序号	汉语	俄语
1749	法律援助机器人	робот-юрист
1750	智能城市	Интеллектуальный Город
1751	数字城市	цифровой город
1752	精细化网格管理	сетка управления
1753	新型智慧城市	новый интеллектуальный город
1754	《新型智慧城市评价指标》	«Оценочные показатели нового интеллектуального города»
1755	智慧交通	Интеллектуальный Транспорт
1756	智慧交通系统	Интеллектуальная Транспортная Система (ITS)
1757	道路传感系统	дорожная система с датчиками
1758	GPS 数据系统	Система Данных GPS
1759	交通诱导系统	Система Управления Движением (TGS)
1760	智能交通云	Интеллектуальное Облако Управления Движением
1761	智能公交	Интеллектуальный Автобус
1762	浙江大数据公交	автобусы на основе обработки больших данных в провинции Чжэцзян
1763	智能停车	Умная Парковка
1764	电子收费系统	Система Электронных Платежей (ETC)
1765	智能车辆	Интеллектуальный Автомобиль
1766	自动驾驶汽车	Беспилотный Автомобиль
1767	自动车辆控制	Автоматическое Управление Автомобилем
1768	【案例】	примеры
1769	综合交通出行大数据开放云平台	открытая облачная платформа больших данных работы транспортного комплекса
1770	智慧医疗	Умное Здравоохранение (WIT120)
1771	数字医院	цифровая больница
1772	远程医疗	Дистанционное Лечение
1773	在线接诊	онлайн консультация врача
1774	电子病历	Электронная Медицинская Карта (EMR)
1775	大数据病源追踪	наблюдение над источником инфекции с использованием больших данных
1776	基因检测大数据	большие данные на основе генетического теста
1777	临床决策系统	Система Поддержки Принятия Врачебных Решений (CDSS)
1778	家庭健康系统	система семейного здравоохранения

续表

序号	汉语	俄语
1779	电子健康档案	Электронный Медицинский Архив (EHR)
1780	智能看护	интеллектуальный уход за больными
1781	精准医疗	Точная Медицина
1782	高精度手术	высокоточная операция
1783	医用机器人	медицинский робот
1784	【案例】	примеры
1785	杭州共享医院	больница совместного использования в Ханчжоу
1786	广州IAB计划	Программа IAB Гуанчжоу
1787	智慧教育	Умное Образование
1788	在线开放课程	Массовые Открытые Онлайн Курсы
1789	网络教育	онлайн образование
1790	教育云平台	облачная образовательная платформа
1791	慕课	Массовый Открытый Онлайн Курс (MOOC)
1792	微课程	Микрокурсы
1793	终身电子学籍档案	файловый архив обучения в течение всей жизни
1794	电子书包	электронная школьная сумка
1795	智慧校园	Умный Кампус
1796	智慧旅游	Умный Туризм
1797	虚拟旅游	Виртуальный Тур
1798	智慧景区	Умная Туристическая Зона
1799	国家智慧旅游公共服务平台	платформа национального общественного обслуживания умного туризма
1800	智慧社会	умное общество
1801	智慧社区	Умный Жилой Комплекс
1802	智慧街道	Умный Квартал
1803	智慧物业管理	Умное Управление Недвижимостью
1804	智慧养老	умная система помощи пожилым людям
1805	社区O2O	Микрорайон «Онлайн-офлайн»
1806	智能小区	умный микрорайон
1807	【案例】	примеры
1808	贵阳"数治小区"	микрорайон цифрового управления города Гуйян
1809	社会和云	приложение «Общество и облака»
1810	【社会服务】	социальная услуга

序号	汉语	俄语
1811	社保大数据	большие данные о социальном обеспечении
1812	智慧就业	Умное Трудоустройство
1813	大数据精准扶贫	адресная работа по сокращению бедности при помощи больших данных
1814	【案例】	примеры
1815	异地就医全国一卡通	единый талон к врачу в различных местах страны
1816	北京市公共服务一卡通平台	Платформа Единого Талона на Общественные Услуги в Пекине
1817	厦门市民卡虚拟卡平台	платформа виртуальной карты для граждан Сямэнь
1818	智能生活	интеллектуальная жизнь
1819	智能家居	Умный Дом
1820	智能照明	Интеллектуальное Освещение
1821	数字电视	цифровое телевидение
1822	智能影音	Умное Видео
1823	体感设备	соматосенсорная система
1824	智能办公	умный офис
1825	智能办公室自动化系统	Интеллектуальные Автоматизированные Системы Делопроизводства (IOAS)
1826	智能建筑	Умное Здание (IB)
1827	智能购物	умные покупки
1828	虚拟试衣间	виртуальная примерочная
1829	智能购物机器人	умный торговый робот
1830	无人零售	Беспилотные Магазины
1831	智能社交	интеллектуальная коммуникация
1832	智慧农业	Умное Сельское Хозяйство
1833	农业物联网	Интернет в Сельском Хозяйстве (IOA)
1834	物联网大田系统	Интернет вещей земельной системы для выращивания полевых культур
1835	农业机器人	сельскохозяйственный робот
1836	【案例】	примеры
1837	石山物联网农业小镇	сетевой сельскохозяйственный городок Шишань
1838	大圩物联网小镇	сетевой городок Давэй
1839	智慧物流	Умная Логистика (ILS)
1840	云物流	облачная логистика

续表

序号	汉语	俄语
1841	虚拟物流	виртуальная логистика
1842	智能仓储	умный склад
1843	协同配送	совместная доставка
1844	无车承运人	Общественный Перевозчик без Грузовиков
1845	货车帮	Цифровая Транспортно-логистическая Платформа под Названием «Хочэбан»
1846	网络空间	сетевое пространство
1847	网络社会	сетевое общество
1848	赛博空间	Киберпространство
1849	网民	пользователи Интернета
1850	网上身份	Сетевая Идентичность (CTID)
1851	网络组织	сетевая организация
1852	对等共创生产	Совместное Одноранговое Производство
1853	点对点网络	одноранговая сеть
1854	议题网络	тематическая сеть
1855	网络社区	Интернет-сообщество
1856	网络论坛	Веб-Форум (BBS)
1857	在线社交	онлайн общение
1858	博客	Блог
1859	微博	Микроблог
1860	微信	Вичат (Микросообщение)
1861	QQ	QQ (Сервис Мгновенного Обмена Сообщениями)
1862	网络意见领袖	лидер онлайн мнений
1863	网络去中心化	децентрализованная сеть
1864	网络群体传播	Компьютерно-Опосредованная Групповая Коммуникация (CMCC)
1865	网络公关	Связи с Общественностью в Интернете
1866	网络舆论	общественное мнение в Интернете
1867	网络舆情	консенсус в Интернете
1868	网络政治动员	сетевая политическая мобилизация
1869	群体智慧	Коллективный Интеллект (или Коллективный Разум)
1870	群体极化	Групповая Динамика
1871	网络暴力	Киберзапугивание

续表

序号	汉语	俄语
1872	信息压力	информационное давление
1873	网络成瘾	Интернет-зависимость
1874	个人极端主义	индивидуальный экстремизм
1875	回音室效应	эффект эхо-камеры
1876	网络内容	веб-контент
1877	网络表演	производительность сети
1878	网络直播	онлайн прямая трансляция
1879	网络新闻	сетевые новости
1880	网络二次创作	вторичное творчество в Интернете
1881	网络小说	Интернет-Роман
1882	网络游戏	Онлайн Игры
1883	网络中立	Сетевой Нейтралитет
1884	网络人身攻击	сетевая атака на личность
1885	网络信息诽谤	Информационная Клевета в Интернете
1886	网络犯罪	киберпреступность
1887	电信网络新型犯罪	новые виды преступлений, совершаемые в телекоммуникационных сетях
1888	互联网封锁	Интернет-блокада
1889	信息共产主义社会	Информационное Коммунистическое Общество
1890	【舆情事件】	вызвавшие общественный резонанс события
1891	孙志刚事件	Инцидент с Сунь Чжиганом (Инцидент со Смертью Задержанного Студента Колледжа)
1892	郭美美事件	Инцидент «Го Мэймэй» (Инцидент с Порчей Имущества Микроблогов)
1893	呼格吉勒图案重审	Повторное Рассмотрение Дела Несправедливого Приговора Хугэцзилэту (Повторное Рассмотрение Дела Несправедливого Смертного Приговора 18-летнему Мальчику)
1894	上海外滩拥挤踩踏事件	Давка в Шанхае 2014 Года
1895	东莞扫黄	ликвидация проституции и секс-индустрии в Дунгуане
1896	昆山粉尘爆炸	Взрыв Пыли на Заводе в Куньшане
1897	天津港"8·12"特大爆炸事故	взрывы в Тяньцзине (техногенная катастрофа, произошедшая 12 августа 2015 года в порту)
1898	朴槿惠闺蜜"干政"事件	скандал, связанный с подругой президента Пак Кын Хе, которая вмешивалась в государственные дела
1899	山西和顺矿难"谣言"	«ложный слух» о катастрофе на шахте Хэшунь в провинции Шаньси

续表

序号	汉语	俄语
1900	AlphaGo 对战李世石	матч AlphaGo — Ли Седоль
1901	德阳市长上网	Мэр Дэяна Открыл Свой Аккаунт с Настоящим Именем в Микроблоге
1902	共享医生模式	модель общего врача
1903	广西"证照分离"改革	реформа по разделению бизнес-сертификатов и лицензий в Гуанси-Чжуанском автономном районе
1904	广东"互联网+行车服务"	«Интернет + услуги водителей» в провинции Гуандун
1905	政务"双微"标配	стандартная конфигурация государственных услуг, состоящая из аккаунтов микроблога и Вичата
1906	广州"云治理"	управление облаками в Гуанчжоу
1907	大数据天眼盯紧网络广告	большие данные для слежения за интернет-рекламой
1908	政府监管"伪共享"	государственный котроль в отношении ложного обмена
1909	贵州大数据监测地灾隐患	мониторинг опасности геологических катастроф при помощи больших данных в провинции Гуйчжоу
1910	"刷单"入刑第一案	первый приговор к тюремному заключению за клик-фермы
1911	"小粉红"群体崛起	рост числа «маленьких розовых» патриотов в Интернете
1912	免押金信用租房	аренда квартиры с беззалоговым кредитом
1913	中兴危机	Кризис ZTE
1914	国际互联网治理	международное управление Интернетом
1915	全球网络空间治理	глобальное управление киберпространством
1916	网络政治	Сетевая Политика
1917	网络政治学	Сетевая Политология
1918	虚拟政治学	Виртуальная Политология
1919	网络执政	управление через Интернет
1920	数字政治	цифровая политика
1921	代码政治	политика шифрования
1922	网络主权	Сетевой Суверенитет
1923	领网权	суверенитет в киберпространстве
1924	国家和地区代码顶级域名	национальный домен верхнего уровня
1925	通用顶级域名	Общий Домен Верхнего Уровня (GTLD)
1926	域名主权	Суверенитет в Доменных Именах

续表

序号	汉语	俄语
1927	规则制定权	право на нормотворчество
1928	《突尼斯议程》	«Тунисская программа»
1929	互联网名称与数字地址分配机构	Интернет-корпорация по Распределению Имён и Адресов (ICANN)
1930	关键互联网资源	ключевые Интернет-ресурсы
1931	深度数据包监测	Технология Накопления Статистических Данных, Проверки и Фильтрации Сетевых Пакетов по Их Содержимому (DPI)
1932	海外网络传播	распространение Интернета за рубежом
1933	数据外交	цифровая (электронная) дипломатия
1934	数字殖民	цифровая колонизация
1935	数字外交官	цифровой дипломат
1936	跨政府网络	межправительственная сеть
1937	跨国倡议网络	транснациональная пропагандистская сеть
1938	网络自由主义	сетевой либерализм
1939	网络保守主义	сетевой консерватизм
1940	美国无授权窃听计划	программа несанкционированного прослушивания в США
1941	信息社会世界峰会	Всемирный Саммит по Информационному Обществу (WSIS)
1942	联合国互联网治理论坛	Форум ООН по Вопросам Управления Интернетом (IGF)
1943	互联网治理工作组	Рабочая Группа по Управлению Интернетом (WGIG)
1944	英国互联网观察基金会	Созданный в Великобритании Фонд для Надзора за Интернетом (IWF)
1945	数据安全	безопасность данных
1946	数据风险	риск потери данных
1947	【数据开放风险】	риск открытия данных
1948	黑客	хакер
1949	网络攻击	Кибератаки
1950	精准入侵	точное вторжение
1951	恶意代码	Вредоносный код
1952	数据纠纷	спор данных
1953	【数据流通风险】	риск потока данных
1954	数据损坏	повреждение данных
1955	数据泄露	Утечка данных

续表

序号	汉语	俄语
1956	数据窃听	подслушивание данных
1957	数据监听	мониторинг данных
1958	数据篡改	вмешательство в данные
1959	数据失真	искажение данных
1960	数据丢失	потеря данных
1961	数据失控	из-под контроля данных
1962	【数据应用风险】	риск применения данных
1963	隐私泄露	утечка конфиденциальной информации
1964	数据滥用	злоупотребление данными
1965	数据误用	неправильное употребление данных
1966	数据侵权	нарушение данных
1967	"邮件门"事件	Скандал по поводу электронных писем Хиллари Клинтон
1968	"棱镜门"事件	инцидент «Призма»
1969	窃听海底光缆事件	скандал подслушивания подводного кабеля
1970	"网络911"事件	Интернет-теракты 9/11 (ов и сервисов в США 21 октября 2016 года)
1971	iCloud泄露门事件	Скандал с утечкой iCloud
1972	脸书信息泄露事件	Скандал с утечкой данных Фейсбук
1973	京东数据泄露门事件	Скандал с утечкой JD.com (Jingdong Mall)
1974	支付宝实名认证漏洞	Уязвимость аутентификации подлинного имени Alipay (реальное имя-аутентификация уязвимости Alipay)
1975	酒店客户隐私泄露事件	скандал с нарушением конфиденциальности гостей отеля
1976	徐玉玉被电信诈骗案	дело «Сюй Юю, пострадавшая от мошенничества в сфере телекоммуникации»
1977	清华教授遭网络诈骗案	Дело «Профессор университета Цинхуа, пострадавший от кибермошенничества»
1978	数据安全防御	защита безопасности данных
1979	数据安全体系	система безопасности данных
1980	信息安全	информационная безопасность
1981	物理安全	физическая безопасность
1982	设备安全	безопасность оборудования
1983	信息泄露	утечка информации
1984	物理隔离	физическая изоляция
1985	数据容错	отказоустойчивость данных

续表

序号	汉语	俄语
1986	数据容灾	аварийное восстановление данных
1987	系统安全	Система безопасности
1988	运算安全	операционная безопасность
1989	存储安全	безопасность хранения
1990	传输层安全	Безопасность транспортного уровня (TLS)
1991	产品和服务安全	безопасность продуктов и услуг
1992	网络安全	сетевая безопасность
1993	应用安全	безопасность приложений
1994	战略安全	стратегическая безопасность
1995	制度安全	институциональная безопасность
1996	技术安全	техническая безопасность
1997	个人隐私安全	безопасность личной конфиденциальности
1998	安全知识体系	система знаний о безопасности
1999	【安全理论】	теория безопасности
2000	安全系统论	теория систем безопасности
2001	安全博弈论	теория игр безопасности
2002	安全控制论	Кибернетика безопасности
2003	哥本哈根学派安全化理论	Теория безопасности копенгагенской школы
2004	威尔士学派安全理论	Теория безопасности уэльской школы
2005	巴黎学派安全研究理论	Теория исследований безопасности парижской школы
2006	【安全模型】	модель безопасности
2007	安全博弈模型	модель игр безопасности
2008	贝尔-拉普杜拉模型	Модель Белла-ЛаПадула (BLM)
2009	毕巴模型	Модель Биба
2010	克拉克-威尔逊模型	Модель Кларка-Вилсона
2011	域类实施模型	модель реализации доменных клаас
2012	默克尔树模型	Модель дерева Меркла
2013	安全防御技术	технология защиты безопасности
2014	信息安全密码技术	технология пароля информационной безопасности
2015	对称加密	симметричное шифрование
2016	消息认证	аутентификация сообщений
2017	数字签名	цифровая подпись

续表

序号	汉语	俄语
2018	数据加密	Шифрование данных
2019	信息隐藏技术	технология сокрытия информации
2020	空域隐秘技术	стелс-технология воздушного пространства
2021	变换域隐秘技术	стелс-технология преобразования домена
2022	数字水印技术	технология цифрового водяного знака
2023	信息认证技术	технология аутентификации информации
2024	访问控制技术	технология контроля доступа
2025	防火墙技术	технология брандмауэров
2026	网络安全协议	протокол сетевой безопасности
2027	网络安全应急响应	экстренное реагирование сетевой безопасности
2028	无线局域网安全防护	безопасность беспроводной локальной сети
2029	容灾备份技术	технология резервного копирования аварийного восстановления
2030	安全防御机制	механизм защиты безопасности
2031	【安全测评】	оценка безопасности
2032	数据安全风险评估	оценка рисков безопасности данных
2033	国际信息安全测评认证体系	Международная система оценки информационной безопасности и сертификации
2034	中国信息安全测评认证体系	Система оценки информационной безопасности и сертификации Китая
2035	【安全管理机制】	механизм управления безопасностью
2036	数据库审计保护	Защита аудита базы данных
2037	数据版权管理	Управление авторскими правами на данные (DRM)
2038	数据分级分类管理	управления иерархической классификацией данных
2039	账号权限管理及审批制度	система управления правами аккаунта и их утверждения
2040	网络信息安全等级保护机制	механизм защиты уровня информационной безопасности в сетях
2041	大数据安全保障体系	система безопасности больших данных
2042	【个人隐私保护机制】	механизм защиты личной конфиденциальности
2043	数据运营主体脱密保障机制	гарантийный механизм дешифрирования субъекта операции с данными
2044	个人隐私数据处理审查机制	механизм проверки и обработки персональных данных конфиденциальности
2045	个人隐私数据流转登记机制	механизм регистрации обращения персональных данных конфиденциальности

续表

序号	汉语	俄语
2046	个人数据跨境流动审查机制	механизм проверки трансграничного потока личных данных
2047	个人隐私数据泄露举报机制	механизм создания отчетов о утечках личных данных
2048	个人隐私数据泄露溯源机制	механизмы отслеживания утечки личных данных
2049	个人隐私数据泄露责任追究机制	механизм установления ответственности за утечку персональных данных
2050	数据国际治理	международное управление данными
2051	数据主权（政治）	суверенитет данных (политика)
2052	数据霸权主义	гегемонизм данных
2053	数字主权	цифровой суверенитет
2054	数据战争	война данных
2055	【数据跨境流动】	трансграничные потоки данных
2056	刚性禁止流动模式	жёсткий режим запрета потока
2057	柔性禁止流动模式	гибкий режим запрета потока
2058	本地备份流动模式	режим потока локального резервного копирования
2059	国际跨境数据流动信任机制	международный механизм доверия к трансграничным потокам данных
2060	跨境流通数据资讯隐私权保护自律模式	режим самодисциплины защиты конфиденциальности информации о трансграничном потоке данных
2061	数据跨境流动分级分类管理标准	стандарт управления иерархической классификацией трансграничных потоков данных
2062	【数据安全战略】	стратегия безопасности данных
2063	《国家网络空间安全战略》	«Национальная стратегия безопасности киберпространства»
2064	《全民监控》	«Национальный мониторинг»
2065	数据资源安全网络	сеть безопасности ресурсов данных
2066	网络安全观	концепция кибербезопасности
2067	数据安全治理观	концепция управления безопасностью данных
2068	数据安全管理组织	организация по управлению безопасностью данных
2069	国际互联网治理体系	международная система управления Интернетом
2070	大数据隐私保护安全墙	стена безопасности и защиты конфиденциальности больших данных
2071	数据安全新秩序	новый порядок обеспечения безопасности данных

续表

序号	汉语	俄语
2072	【数据安全会议】	конференции по безопасности данных
2073	网络空间安全科学国际会议	Международная научная конференция по безопасности в киберпространстве
2074	慕尼黑安全政策会议	Мюнхенская конференция по безопасности
2075	首尔网络空间国际会议	Сеульская международная конференция по киберпространству
2076	国际云计算大数据安全学术会议	Международная научная конференция по безопасности больших данных для облачных вычислений
2077	中国数据安全峰会	Саммит по безопасности данных в Китае
2078	中国密码学与数据安全学术会议	Конференция по криптографии и безопасности данных в Китае
2079	数权法	Закон о Правах Данных
2080	数权	право данных
2081	数权主体	субъект права данных
2082	控制者	контролёр
2083	处理者	процессор
2084	接收者	получатель
2085	第三方	третья сторона
2086	数权客体	объект права данных
2087	数据主权（法律）	суверенное право данных (закон)
2088	数据共享权	право на совместное использование данных
2089	数据财产权	право на владение данными
2090	数据知情权	право на информацию о данных
2091	数据采集权	права на сбор данных
2092	数据使用权	право на использование данных
2093	数据修改权	право на изменение данных
2094	数据被遗忘权	право на забвение данных
2095	删除权	право на удаление данных
2096	数权制度	регламент прав на данные
2097	数权法定制度	правопорядок данных
2098	应然权利	идеальные права
2099	实然权利	фактические права
2100	法定权利	законные права
2101	数据所有权制度	система прав владения данными
2102	用益数权制度	система узуфрукта в правах на данные

续表

序号	汉语	俄语
2103	主权利	основные права
2104	从权利	вторичные права
2105	公益数权制度	система прав на данные для общественных интересов
2106	公益数据	данные для общественных интересов
2107	准公共物品	квази- «общественные блага»
2108	共享制度	режим совместного пользования
2109	非排他性	неисключительность
2110	共享社会	Тип Общества Совместного Пользования
2111	【数权法】	Закон о Правах на Данные
2112	【法律行为】	правовое поведение
2113	处理	обработка
2114	剖析	анализ
2115	认证	легализация
2116	拷贝	копирование
2117	授权	уполномочивание
2118	注销	аннулирование
2119	明示同意	прямое согласие
2120	默许统一	молчаливое единение
2121	公开披露	публичное раскрытие
2122	转让	Переуступка
2123	共享	совместное использование
2124	匿名化	анонимность
2125	定分止争	Дин Фень (определение владельца) Чжи Чжэн (прекращение конфликта)
2126	【法律事件】	Юридический Факт
2127	顺丰菜鸟大战	битва данных между SF Express и Cainiao Smart Logistics Network
2128	腾讯华为"数据之争"	«спор о данных» между Tencent и Huawei
2129	脉脉抓取使用新浪微博用户信息案	случай программного обеспечения Maimai, незаконно собирающего пользовательскую информацию в микроблоге Sina
2130	大众点评诉百度不正当竞争案	случай судебного иска Dianping к Baidu по поводу недобросовестной конкуренции
2131	【中国的数据权益保护】	защита прав на данные в Китае
2132	【法律】	Закон

续表

序号	汉语	俄语
2133	《中华人民共和国统计法》	Закон КНР «О статистике»
2134	《中华人民共和国国家安全法》	Закон КНР «О государственной безопасности»
2135	《中华人民共和国电子签名法》	Закон КНР «Об электронной цифровой подписи»
2136	《中华人民共和国网络安全法》	Закон КНР «О кибербезопасности»
2137	【行政法规】	административные правовые акты
2138	《中华人民共和国计算机信息网络国际联网管理暂行规定》	«Временные правила управления международными сетями компьютерной информации в КНР»
2139	《中华人民共和国政府信息公开条例》	Положение КНР «О раскрытии правительственной информации»
2140	《中华人民共和国计算机信息系统安全保护条例》	Положение КНР «Об обеспечении безопасности компьютерной информационной системы»
2141	《互联网信息服务管理办法》	«Правила информационных сервисов Интернета»
2142	《信息网络传播权保护条例》	Положение «О защите прав на распространение информации в Интернете»
2143	《企业信息公示暂行条例》	Временное положение «О публичности информации предприятий»
2144	《中华人民共和国电信条例》	Положение КНР «О телекоммуникациях»
2145	《互联网上网服务营业场所管理条例》	Положение «Об управлении бизнес-площадками услуг по доступу в Интернет»
2146	《政务信息资源共享管理暂行办法》	«Временные правила управления совместным пользованием государственными информационными ресурсами»
2147	《中华人民共和国无线电管理条例》	Положение КНР «О радиоуправлении»
2148	《科学数据管理办法》	«Правила управления научными данными»
2149	【地方性法规】	местные правовые акты
2150	《山西省计算机信息系统安全保护条例》	Положение провинции Шаньси «Об обеспечении безопасности компьютерной информационной системы»
2151	《辽宁省计算机信息系统安全管理条例》	Положение провинции Ляонин «Об управлении безопасностью компьютерной информационной системы»
2152	《辽宁省信息技术标准化监督管理条例》	Положение провинции Ляонин «Об управлении надзором за стандартизацией информационных технологий»
2153	《黑龙江省经济信息市场管理条例》	Положение провинции Хэйлунцзян «Об управлении рынком экономической информации»
2154	《湖南省经济信息市场管理条例》	Положение провинции Хунань «Об управлении рынком экономической информации»
2155	《广东省企业信用信息公开条例》	Положение провинции Гуандун «О раскрытии кредитной информации предприятий»

续表

序号	汉语	俄语
2156	《广东省计算机信息系统安全保护条例》	«Положение провинции ГуандунОб обеспечении безопасности компьютерной информационной системы»
2157	《海南经济特区公共信息标志标准化管理规定》	Положение специальной экономической зоны Хайнань «Об управлении стандартизацией знаков общественной информации»
2158	《重庆市计算机信息系统安全保护条例》	Положение города Чунцин «Об обеспечении безопасности компьютерной информационной системы»
2159	《贵州省信息基础设施条例》	Положение провинции Гуйчжоу «О информационной инфраструктуре»
2160	《贵州省大数据发展应用促进条例》	Положение провинции Гуйчжоу «О содействии развитию и применению больших данных»
2161	《贵阳市政府数据共享开放条例》	Положение города Гуйян «Об открытии и совместном использовании правительственных данных»
2162	《贵阳市大数据安全管理条例》	Положение города Гуйян «Об управлении безопасностью больших данных»
2163	《陕西省公共信用信息条例》	Положение провинции Шэньси «Об общественной кредитной информации»
2164	《宁夏回族自治区计算机信息系统安全保护条例》	Положение Нинся-Хуэйского автономного района «Об обеспечении безопасности компьютерной информационной системы»
2165	《新疆维吾尔自治区防范和惩治网络传播虚假信息条例》	Положение Синьцзян-Уйгурского автономного района «О предупреждении и наказании за распространение ложной информации в Интернете»
2166	【部门规章】	ведомственные правила
2167	《个人信用信息基础数据库管理暂行办法》	«Временные правила управления основной базой данных персональной кредитной информации»
2168	《电子银行业务管理办法》	«Правила управления электронными банковскими услугами»
2169	《互联网视听节目服务管理规定》	«Правила управления аудиовизуальными сервисами в Интернете»
2170	《互联网医疗保健信息服务管理办法》	«Правила управления информационными сервисами здравоохранения в Интернете»
2171	《计算机信息网络国际联网安全保护管理办法》	«Правила защиты компьютерной информационной сети и интернет-безопасности и управления ими»
2172	《规范互联网信息服务市场秩序若干规定》	«Правила регулирования порядка интернет-рынка информационных услуг»
2173	《电信和互联网用户个人信息保护规定》	«Правила защиты персональной информации пользователей телекоммуникаций и Интернета»
2174	《气象信息服务管理办法》	«Правила управления сервисами метеорологической информации»

续表

序号	汉语	俄语
2175	《网络出版服务管理规定》	«Правила управления онлайн-сервисами для публикаций»
2176	《互联网新闻信息服务管理规定》	«Правила управления сервисами для СМИ в Интернете»
2177	《互联网信息内容管理行政执法程序规定》	«Правила административной правоприменительной процедуры управления информацией в Интернете»
2178	《互联网域名管理办法》	«Правила управления доменными именами в Интернете»
2179	《电信业务经营许可管理办法》	«Правила управления лицензированием предпринимательства в сфере телекоммуникационных услуг»
2180	《互联网药品信息服务管理办法》	«Правила управления информационными сервисами, связанными с лекарствами, в Интернете»
2181	【地方政府规章】	местные правительственные правила
2182	《河北省地理信息交换共享管理办法》	«Правила управления обменом и совместным пользованием географической информацией провинции Хэбэй»
2183	《河北省政务信息资源共享管理规定》	«Правила управления совместным пользованием государственными информационными ресурсами провинции Хэбэй»
2184	《吉林省地理信息公共服务办法》	«Правила общественных услуг, связанных с географической информацией провинции Цзилинь»
2185	《江苏省测绘地理信息成果管理规定》	«Правила управления топографической информацией провинции Цзянсу»
2186	《江苏省政府信息化服务管理办法》	«Правила управления информационными услугами правительства провинции Цзянсу»
2187	《浙江省地理空间数据交换和共享管理办法》	«Правила управления обменом и совместным пользованием геопространственными данными провинции Чжэцзян»
2188	《浙江省公共数据和电子政务管理办法》	«Правила управления общественными данными и электронными государственными службами провинции Чжэцзян»
2189	《福建省政务数据管理办法》	«Правила управления данными государственных служб провинции Фуцзянь»
2190	《湖南省地理空间数据管理办法》	«Правила управления геопространственными данными провинции Хунань»
2191	《海南省政务信息化管理办法》	«Правила управления информатизацией государственных дел провинции Хайнань»
2192	《重庆市地理信息公共服务管理办法》	«Правила управления общественными услугами географической информацией города Чунцин»
2193	《四川省地理信息交换共享管理办法》	«Правила управления обменом и совместным пользованием географической информацией провинции Сычуань»

续表

序号	汉语	俄语
2194	《贵阳市政府数据资源管理办法》	«Правила управления ресурсами правительственных данных города Гуйян»
2195	《青海省地理空间数据交换和共享管理办法》	«Правила управления обменом и совместным пользованием геопространственными данными провинции Цинхай»
2196	【部门规范性文件】	ведомственные нормативные документы
2197	《教育部科技基础资源数据平台建设管理办法》	«Правила управления построением информационной платформы по основным ресурсам науки и техники Министерства образования»
2198	《信息安全等级保护管理办法》	«Правила управления уровнем защиты информационной безопасности»
2199	《互联网网络安全信息通报实施办法》	«Правила применения информационного бюллетеня по сетевой безопасности»
2200	《国土资源数据管理暂行办法》	«Временные правила управления данными о земельных и природных ресурсах»
2201	《中国极地科学考察样品和数据管理办法》	«Правила управления образцами и данными полярной научной экспедиции Китая»
2202	《非银行支付机构网络支付业务管理办法》	«Правила управления электронными платёжными сервисами платёжной небанковской кредитной организации»
2203	《网络表演经营活动管理办法》	«Правила управления интернет-предпринимательством»
2204	《人力资源社会保障部政务信息资源共享管理暂行办法》	«Временные правила управления совместным пользованием государственными информационными ресурсами Министерства трудовых ресурсов и социального обеспечения»
2205	《交通运输政务信息资源共享管理办法》	«Правила управления совместным пользованием транспортными государственными информационными ресурсами»
2206	《公共互联网网络安全威胁监测与处置办法》	«Правила мониторинга и наказания за угрозы информационной безопасности в сети общего пользования»
2207	【地方规范性文件】	местные нормативные документы
2208	《辽宁省政务信息资源共享管理暂行办法》	«Временные правила управления совместным пользованием государственными информационными ресурсами провинции Ляонин»
2209	《上海市政务数据资源共享管理办法》	«Правила управления совместным пользованием ресурсами данных государственных служб Шанхая»
2210	《上海市法人信息共享与应用系统管理办法》	«Правила управления совместным пользованием информацией юридических лиц и прикладной системой Шанхая»
2211	《浙江政务服务网信息资源共享管理暂行办法》	«Временные правила управления совместным пользованием информационными ресурсами на сайте государственных услуг провинции Чжэцзян»

续表

序号	汉语	俄语
2212	《杭州市政务数据资源共享管理暂行办法》	«Временные правила управления совместным пользованием ресурсами данных государственных служб города Ханчжоу»
2213	《安徽省政务信息资源共享管理暂行办法》	«Временные правила управления совместным пользованием государственными информационными ресурсами провинции Аньхой»
2214	《福建省政务信息共享管理办法》	«Правила управления совместным пользованием государственной информацией провинции Фуцзянь»
2215	《福州市政务数据资源管理暂行办法》	«Временные правила управления ресурсами данных государственных дел города Фучжоу»
2216	《山东省政务信息资源共享管理办法》	«Правила управления совместным пользованием государственными информационными ресурсами провинции Шаньдун»
2217	《湖北省地理空间信息数据交换和共享管理暂行办法》	«Временные правила управления обменом и совместным пользованием геопространственными информационными данными провинции Хубэй»
2218	《湖南省政务领域信用信息记录征集管理暂行办法》	«Временные правила управления сбором кредитных историй и информации государственных служб провинции Хунань»
2219	《武汉市政务数据资源共享管理暂行办法》	«Временные правила управления совместным пользованием ресурсами данных государственных служб города Уханя»
2220	《广西政务信息资源共享管理暂行办法》	«Временные правила управления совместным пользованием государственными информационными ресурсами Гуанси-Чжуанского автономного района»
2221	《贵州省政务数据资源管理暂行办法》	«Временные правила управления ресурсами данных государственных служб провинции Гуйчжоу»
2222	【国外的数据权益保护】	обеспечение прав данных за рубежом
2223	【美国】	США
2224	《信息自由法》	Закон «О свободе информации»
2225	《公平信用报告法》	Закон «О точной отчётности по кредитам»
2226	《金融隐私权法》	Закон «О праве на финансовую тайну»
2227	《电子通信隐私法》	Закон «О конфиденциальности электронных коммуникаций»
2228	《电信法案》	Закон «О телекоммуникациях»
2229	《隐私法案》	Закон «О неприкосновенности частной жизни»
2230	《隐私权保护法》	Закон «О защите неприкосновенности частной жизни»
2231	《爱国者法》	«Патриотический акт»
2232	《联邦信息安全管理法》	Федеральный закон «Об управлении информационной безопасностью» (FISMA)

续表

序号	汉语	俄语
2233	《个人数据通知和保护法案》	Закон «Об уведомлении лиц и о защите персональных данных»
2234	《电报通信政策法》	Закон «О кабельной связи»
2235	《录像隐私保护法》	Закон «О защите видео конфиденциальности»
2236	《驾驶员隐私保护法》	Закон «О защите частной жизни водителей»
2237	《健康保险携带和责任法》	Закон «О мобильности и подотчётности медицинского страхования» (HIPAA)
2238	《金融服务现代化法案》	Закон «О финансовой модернизации» (Закон «Грэмма – Лича – Блайли») (GLBA)
2239	《儿童网上隐私保护法》	Закон «О защите конфиденциальности детей в Интернете»
2240	《个人身份信息保护指南》	«Свод правил защиты идентифицирующей персональной информации»
2241	《消费者隐私权法案》	«Билль о праве потребителей на конфиденциальность»
2242	《计算机欺诈与滥用法》	Закон «О компьютерном мошенничестве и злоупотреблении»
2243	《数字千年著作权法》	Закон «Об авторском праве в цифровую эпоху» (DMCA)
2244	《澄清域外合法使用数据法案》	Закон «Разъяснение законного использования данных за рубежом»
2245	【俄罗斯】	Россия
2246	《信息、信息技术和信息保护法》	закон «Об информации, информационных технологиях и о защите информации»
2247	《关于〈信息、信息技术和信息保护法〉的修正案和个别互联网信息交流规范》	Закон «О внесении изменений в Федеральный закон «Об информации, информационных технологиях и о защите информации» и отдельные законодательные акты Российской Федерации по вопросам упорядочения обмена информацией с использованием информационно-телекоммуникационных сетей»
2248	【英国】	Великобритания
2249	《数据保护法》	Закон «О защите данных»
2250	《个人数据保护法》（英国）	Закон «О защите персональных данных» (Великобритания)
2251	《最低网络安全标准》	«Минимальный стандарт кибербезопасности»
2252	【德国】	Германия
2253	《联邦数据保护法》	Федеральный закон «О защите данных»
2254	《个人信息保护法》（德国）	Закон «О защите персональных данных» (Германия)
2255	【法国】	Франция
2256	《数据处理、数据文件及个人自由法》	Закон «Об обработке данных, файлах данных и индивидуальных свободах»

续表

序号	汉语	俄语
2257	《关于个人数据处理的个人保护法》	Закон «О защите данных субъектов при обработке данных личного характера»
2258	【瑞典】	Швеция
2259	《个人信息保护法》（瑞典）	Закон «О защите персональных данных» (Швеция)
2260	《个人数据法》（瑞典）	Закон «О персональных данных» (Швеция)
2261	【澳大利亚】	Австралия
2262	《隐私法》	Закон «О неприкосновенности частной жизни»
2263	《个人控制的电子健康记录法》	Закон «О лично контролируемых электронных записях о состоянии здоровья»
2264	【加拿大】	Канада
2265	《个人信息保护和电子文件法》	Закон «О защите персональной информации и электронных документов» (PIPEDA)
2266	【日本】	Япония
2267	《电子计算机处理数据保护管理准则》	Закон «О защите данных электронной компьютерной обработки и управлении ими»
2268	《行政机关电子计算机自动化处理个人数据保护法》	Закон «О защите компьютерных и персональных данных, находящихся в ведении административных органов власти»
2269	《关于行政机关所持有之个人信息保护审查会设置法》	Закон «Об учреждении Комитета по оценке защиты персональных данных, осуществляемой административными органами»
2270	《关于保护行政机关所持有之个人信息的法律》	Закон «О защите личной информации, осуществляемой административными органами»
2271	《关于保护独立行政法人等所持有之个人信息的法律》	Закон «О защите личной информации, осуществляемой независимыми административными юридическими лицами»
2272	《信息公开与个人信息保护审查会设置法》	Закон «О создании ревизионной комиссии по раскрытию информации и защите личной информации»
2273	《个人数据保护基本法制大纲》	Закон «О защите персональной информации»
2274	《个人数据保护法案》	Закон «О защите персональных данных»
2275	《个人信息保护法》（日本）	Закон «О защите персональной информации» (Япония)
2276	《个人号码法》	Закон «О личном идентификационном номере»
2277	【韩国】	Корея
2278	《个人信息保护法》（韩国）	Закон «О защите персональнои информации» (Корея)
2279	《信息通信促进法》	Закон «О продвижении информации и коммуникаций»
2280	《信用信息利用和保护法》	Закон «Об использовании и защите кредитной информации»

续表

序号	汉语	俄语
2281	《位置信息使用与保护法》	Закон «Об использовании и защите информации о местоположении»
2282	《政府机关个人信息保护法》	Закон «О защите государственными учреждениями персональных данных»
2283	《信息通信网络利用和信息保护法》	Закон «Об использовании информационно-коммуникационных сетей и защите информации»
2284	《金融实名往来和秘密保障法》	Закон «О финансовых обменах с использованием реальных имён и защите секретной информации»
2285	【新加坡】	Сингапур
2286	《个人信息保护法案》	Закон «О защите персональных данных» (Сингапур)
2287	【印度】	Индия
2288	《2000年信息技术法》	Закон 2000 «Об информационных технологиях»
2289	《1993年公共记录法》	Закон 1993 «О публичных отчётах»
2290	《关于保护个人民管数据或信息的合理安全举措的规定》	«Положение О разумных мерах безопасности для защиты административных данных или информации о физических лицах»
2291	《征信公司法》	Закон 2005 «О регулировании кредитной информации компаний» (CICRA)
2292	【巴西】	Бразилия
2293	《网络治理法》	Закон «Об управлении сетью связи»
2294	【瑞士】	Швейцария
2295	《个人数据法》（瑞士）	Закон «О персональных данных» (Швейцария)
2296	【马来西亚】	Малайзия
2297	《个人数据保护法》（马来西亚）	Закон «О защите персональных данных» (Малайзия)
2298	【越南】	Вьетнам
2299	《互联网服务及互联网在线内容管理、提供、利用规定》	Положение «О предоставлении и использовании интернет-услуг и интернет-контента и управлении ими»
2300	【国际组织的数据权益保护】	обеспечение прав на данные международными организациями
2301	【联合国】	ООН
2302	《个人数据保护指南》（联合国）	«Резолюция о защите персональных данных» (ООН)
2303	《计算机化处理个人数据档案指导纲领》	«Руководящие принципы регламентации компьютеризованных картотек, содержащих данные личного характера»
2304	《关于自动资料档案中个人资料的指南》	«Руководство ООН в отношении компьютерных файлов персональных данных»

续表

序号	汉语	俄语
2305	【经合组织（OECD）】	Организация Экономического Сотрудничества и Развития (OECD)
2306	《关于隐私保护与个人数据跨境流动指南》	«Руководство по защите неприкосновенности частной жизни и трансграничных потоков персональных данных»
2307	《个人数据保护指南》（经合组织）	«Руководство по защите персональных данных» (ОЭСР)
2308	《电子商务消费者保护指导意见》	«Рекомендации по защите потребителей в электронной коммерции»
2309	【世界银行】	Всемирный Банк
2310	《征信通用原则》	«Общие принципы кредитной отчетности»
2311	【亚太经合组织（APEC）】	Организация Азиатско-Тихоокеанского Экономического Сотрудничества (АРЕС)
2312	《APEC 隐私保护纲领》	«Правила АТЭС по защите конфиденциальности»
2313	《关于隐私保护和个人数据跨境流动指南》	«Правила АТЭС в отношении трансграничной защиты конфиденциальности данных»
2314	《APEC 个人隐私工作指南》	«Рабочие инструкции АТЭС по обеспечению для личной конфиденциальности»
2315	《亚太经合组织隐私保护框架》	«Рамочное соглашение АТЭС по защите персональных данных»
2316	《亚太经合组织隐私指南》	«Принципы конфиденциальности АТЭС»
2317	《"数据隐私探路者"项目》	«Инициатива проведения предварительных исследований в области защиты персональных данных в АТЭС»
2318	《跨境隐私执行计划》	«Соглашение АТЭС по трансграничному контролю над соблюдением мер по защите конфиденциальности данных»
2319	《跨境隐私制度》	«Правила трансграничной передачи персональных данных АТЭС»
2320	【欧盟】	Европейский Союз
2321	《欧洲个人数据保护和自由流动指令》	«Директива о защите физических лиц при обработке персональных данных и о свободном перемещении таких данных»
2322	《隐私与电子通信指令》	«Директива о конфиденциальности и электронных средствах связи»
2323	《数据留存指令》	«Директива Хранение данных»
2324	《保护关键基础设施打击恐怖主义》	«Защита критически важных объектов инфраструктуры от террористических атак»
2325	《电子通信个人数据处理及隐私保护指令》	«Директива в отношении обработки персональных данных и защиты конфиденциальности в секторе электронных средств связи»
2326	《一般数据保护条例》	«Общий регламент по защите данных»

续表

序号	汉语	俄语
2327	《关于电子通信领域个人数据处理和隐私保护的指令》	«Директива в отношении обработки персональных данных и защиты конфиденциальности в секторе электронных средств связи»
2328	欧盟数据保护监管局	«Европейский инспектор по защите данных»
2329	【欧洲理事会】	Европейский Совет
2330	《关于个人数据自动处理的个人保护公约》	«Конвенция о защите физических лиц при автоматизированной обработке персональных данных»
2331	【欧洲委员会】	Европейская Комиссия
2332	《个人数据自动化处理中的个人保护公约》	«Конвенция о защите физических лиц при автоматизированной обработке персональных данных»
2333	《"美国-欧盟安全港"框架》	«Рамочное соглашение между США и ЕС о "Безопасной гавани"»
2334	《欧盟-美国隐私护盾》	«Программы защиты конфиденциальности ЕС-США»
2335	【欧盟理事会】	Совет Европейского союза
2336	《数据保护公约》	«Конвенция о защите данных»
2337	大数据史	история больших данных
2338	【知识、信息和数据】	знания, информация и данные
2339	【古代科学与知识】	древнии наука и знания
2340	结绳记事	ведение записей, связывая узлы (в первобытные времена до изобретения письменности)
2341	河图洛书	астрологическая диаграмма (ХэТу) и диаграмма вен (ЛоШу) (две мистические диаграммы, использовавшиеся в древнем Китае для описания пространственно меняющегося контекста неба и земли)
2342	《九章算术》	«Математика в девяти книгах»
2343	毕达哥拉斯学派	Школа Пифагора
2344	亚里士多德	Аристотель
2345	莱布尼茨	Готфрид Вильгельм Лейбниц
2346	《几何原本》	«Начала» Евклида
2347	《人类知识的起源》	«Опыт о происхождении человеческих знаний»
2348	《元逻辑》	«Металогикон»
2349	《新工具》	«Новый органон»
2350	【近代科学与信息】	современная наука и информация
2351	力学三定律	три закона механики

续表

序号	汉语	俄语
2352	罗吉尔·培根	Роджер Бэкон
2353	《信息论》	«Теория информации»
2354	克劳德·艾尔伍德·香农	Клод Элвуд Шеннон
2355	《密码学》	«Криптография»
2356	塞缪尔·莫尔斯	Сэмюэл Финли Бриз Морс
2357	沙普信号塔	Сигнальная башня Клода Шаппа
2358	恩尼格玛密码机	Машина «Энигма»
2359	《信息简史》	«Информация: История. Теория. Поток»
2360	【复杂性科学与数据】	наука о сложности и данные
2361	软系统方法论	Методология мягких систем
2362	自组织理论	теория самоорганизации
2363	非线性动力学	нелинейная динамика
2364	开放复杂巨系统	Открытый комплекс гигантских систем
2365	圣塔菲学派	Школа Санта-Фе
2366	数据科学	наука о данных
2367	《计算机方法的简明调查》	«Краткий обзор компьютерных методов»
2368	约翰·阿奇博尔德·惠勒	Джон Арчибальд Уилер
2369	《第三次浪潮》	«Третья волна»
2370	《大数据时代》	«Большие данные»
2371	维克托·迈尔-舍恩伯格	Виктор Майер-Шенбергер
2372	《数据科学：拓展统计学的技术领域的行动计划》	«Наука о данных: План действий по расширению технических отраслей для применения статистики»
2373	《为外存模型可视化而应用控制程序请求页面调度》	«Управляемый приложением пейджинг по требованию для внешней визуализации»
2374	《千兆字节数据集的实时性可视化探索》	«Визуальное изучение гигабайтных наборов данных в реальном времени»
2375	《大数据：下一个具有创新力、竞争力与生产力的前沿领域》	«Большие данные: новый рубеж для инноваций, конкуренции и производительности»
2376	《大数据促发展：挑战与机遇》	«Большие данные для развития: вызовы и возможности»
2377	技术驱动力	техническая движущая сила
2378	信息革命	информационная революция
2379	【第一次信息革命】	первая информационная революция
2380	语言	язык
2381	古埃及语	Древнеегипетский язык

续表

序号	汉语	俄语
2382	《劳动在从猿到人转变过程中的作用》	«Роль труда в процессе превращения обезьяны в человека»
2383	【第二次信息革命】	вторая информационная революция
2384	文字	письменность
2385	象形文字	иероглиф
2386	楔形文字	клинопись
2387	腓尼基字母表	финикийский алфавит
2388	【第三次信息革命】	третья информационная революция
2389	蔡伦改进造纸术	изобретение Цай Лунь и совершенствование техники изготовления бумаги
2390	活字印刷术	подвижный тип печати
2391	【第四次信息革命】	четвертая информационная революция
2392	信号	сигнал
2393	模拟信号	аналоговый сигнал
2394	移动通信	мобильные коммуникации
2395	无线电	радио
2396	电报机	телеграф
2397	电话	телефон
2398	电视	телевизор
2399	【第五次信息革命】	пятая информационная революция
2400	信息高速公路	Информационный хайвей
2401	蒂姆·伯纳斯·李	Тим Бернерс-Ли
2402	万维网	Всемирная паутина
2403	TCP/IP 协议	Протокол управления передачей / Интернет-протокол
2404	【第六次信息革命】	шестая информационная революция
2405	C.H.Bennett	Чарльз Х. Беннет
2406	数字革命	цифровая революция
2407	计算机技术	компьютерная технология
2408	电子管计算机	ламповая вычислительная машина
2409	差分机	Машина различий
2410	分析机	Аналитическая машина
2411	图灵机	Машина Тьюринга
2412	IBM 601	Международная корпорация бизнес-машин 601

续表

序号	汉语	俄语
2413	ENIAC	Электронный числовой интегратор и вычислитель
2414	Apple II	улучшенная версия компьютера Apple I
2415	CDC6600	Корпорация управления данными 6600
2416	芯片技术	технология чипов
2417	晶体管	транзистор
2418	集成电路	интегральная схема
2419	DRAM 存储器	Устройство динамической оперативной памяти
2420	摩尔定律	Закон Мура
2421	麦特卡尔夫定律	Закон Меткалфа
2422	吉尔德定律	Закон Гилдера
2423	【大数据技术】	технология больших данных
2424	灾难备份中心	центр резервного копирования и аварийного восстановления
2425	IDS（入侵检测系统）	Система обнаружения вторжений
2426	Spanner	Система управления базами данных (Spanner)
2427	OLAP	Оперативная аналитическая обработка
2428	GFS	Файловая система Google
2429	Storm 框架	Фреймворк Storm
2430	Storm 计算框架	вычислительный фреймворк Storm
2431	Storm 实时大数据计算框架	Вычислительный фреймворк Storm для обработки больших данных в режиме реального времени
2432	Hadoop 分布式文件系统	Распределенная файловая система Hadoop (HDFS)
2433	数字文明	цифровая цивилизация
2434	【人脑时代】	эпоха человеческого мозга
2435	东方哲学	восточная философия
2436	象数思维	образное и численное мышление
2437	《易经》	«Книга Перемен»
2438	格物致知	Знания приобретаются через опыт.
2439	程朱理学	Неоконфуцианство Чэн-чжу
2440	心即理	Ум это принцип (философия Ван Ян-мина)
2441	阳明心学	Теория разума Ван Ян Миня
2442	唯识宗	Школа только сознания
2443	《金刚经》	«Алмазная сутра»

续表

序号	汉语	俄语
2444	前定说	предопределение в исламе
2445	《古兰经》	«Коран»
2446	西方哲学	западная философия
2447	本体论	онтология
2448	《理想国》	«Государство»
2449	《工具论》	«Органон»
2450	《人类理智论》（洛克）	«Опыт о человеческом разумении» (Джон Локк)
2451	《精神现象学》	«Феноменология духа»
2452	康德三大批判	«Критика чистого разума», «Критика практического разума», «Критика способности суждения» И. Канта
2453	经验论	эмпиризм
2454	《资本论》	«Капитал»
2455	【古代人文】	античный гуманизм
2456	有神论	теизм
2457	多神论	политеизм
2458	一神论	монотеизм
2459	《圣经》	«Библия»
2460	"惟人万物之灵"	«Человек - это дух всего сущего.»
2461	"人是万物的尺度"	«Человек есть мера всех вещей.»
2462	【电脑时代】	компьютерная эпоха
2463	【实验科学】	экспериментальная наука
2464	决定论	детерминизм
2465	还原论	редукционизм
2466	机械论	теория механизмов
2467	概率论	теория вероятностей
2468	理想模型法	метод идеальной модели
2469	思维科学	ноэтика
2470	逻辑学	логика
2471	归纳法	индуктивный метод
2472	演绎法	дедуктивный метод
2473	三段论法	силлогизм
2474	心理学	психология
2475	《梦的解析》	«Толкование сновидений»

续表

序号	汉语	俄语
2476	认知理论	Когнитивная теория
2477	人类学	антропология
2478	【近代人文】	современные гуманитарные науки
2479	进化论	Эволюционизм
2480	《物种起源》	«Происхождение видов» («О происхождении видов путём естественного отбора, или Сохранении благоприятных рас в борьбе за жизнь»)
2481	《生命是什么》	«Что такое жизнь»
2482	人类中心主义	антропоцентризм
2483	《人类中心主义：一种现代观》	«Антропоцентризм: современная версия»
2484	《为什么要保护自然界的变动性》	«Почему нужно защищать изменчивость природы?»
2485	文艺复兴	Ренессанс
2486	《神曲》	«Божественная комедия»
2487	《蒙娜丽莎》	«Мона Лиза»
2488	《大卫》	«Давид »
2489	【云脑时代】	эпоха облачного мозга
2490	【学科融合】	интеграция дисциплин
2491	复杂性科学	Наука о сложности
2492	混沌理论	Теория хаоса
2493	协同理论	Синергетика
2494	耗散结构理论	теория диссипативных структур
2495	蝴蝶效应	Эффект бабочки
2496	湍流实验	эксперимент с турбулентностью
2497	麦克斯韦妖	Демон Максвелла
2498	未来学	футурология
2499	《必然》	«Неизбежнос.Понимание 12 технологических сил, которые определят наше будущее»
2500	《人类简史》	«Краткая история человечества»
2501	《未来简史》	«Краткая история завтрашнего дня»
2502	《未来的冲击》	«Шок будущего»
2503	《数字化生存》	«Быть цифровым»
2504	《块数据》（五部曲）	«Блок данных» (пять частей)
2505	【当代人文】	современный гуманизм
2506	世界主义	космополитизм

续表

序号	汉语	俄语
2507	非人类中心主义	нон-антропоцентризм
2508	超人类主义	трансгуманизм
2509	《人机共生：谁是不会被机器替代的人》	«Только людям необходимо заявить: победители и проигравшие в эпоху умных машин»
2510	《人是机器》	«Человек-машина»
2511	《基因伦理学》	«ГенЭтика»
2512	《弗兰肯斯坦——现代普罗米修斯的故事》	«Франкенштейн, или Современный Прометей»
2513	《我，机器人》	«Я, робот»
2514	《银翼杀手》	«Бегущий по лезвию»
2515	《终结者》	«Терминатор»
2516	《三体》	«Задача трех тел»

附录5 大数据名词汉西对照

序号	汉语	西班牙语
1	大数据理论	teoría de los macrodatos
2	大数据理论基础	fundamento teórico de los macrodatos
3	信息科学	ciencia de la información
4	信息论	teoría de la información
5	世界三元组	tríada global
6	信息	información
7	概率信息	información de probabilidad
8	语义信息	información semántica
9	信息熵	entropía de la información
10	信息量	cantidad de información
11	信息处理	procesamiento de la información
12	信源	fuente de la información
13	信源编码	codificación de la fuente
14	信息率失真理论	teoría de la distorsión de la tasa de información
15	信道	canal de comunicación
16	信道噪声	ruido del canal
17	信道容量	capacidad del canal
18	信道编码	codificación del canal
19	编码	codificación
20	编码定理	teorema de la codificación
21	分组码	código de bloque
22	卷积码	codigo convolucional
23	纠错码	código de corrección de errores
24	线性码	código lineal
25	香农理论	teoría de Shannon
26	信息提取	extracción de la información
27	信息本体论	ontología de la información
28	信息价值论	teoría del valor de la información
29	信息类型学	tipología de la información

续表

序号	汉语	西班牙语
30	统计信息论	teoría de la información estadística
31	语义信息论	teoría de la información semántica
32	算法信息论	teoría de la información algorítmica
33	语用信息论	teoría de la información pragmática
34	信息成本	coste de la información
35	信息价值	valor de la información
36	信息推动力	fuerza motriz de la información
37	信息动力学	dinámica de la información
38	信息流	flujo de información
39	信息过程	proceso de información
40	信息作用	función de información
41	信息代数	álgebra de la información
42	信息几何	geometría de la información
43	系统论	teoría de sistemas
44	系统	sistema
45	要素	elemento (del sistema)
46	系统结构	estructura del sistema
47	系统功能	función del sistema
48	系统层次	jerarquía del sistema
49	系统整体性原理	principio de integridad del sistema
50	系统相关性原理	principio de relevancia del sistema
51	结构和功能原理	principio de estructura y función
52	输入输出平衡性原理	principio de equilibrio de entrada y salida
53	能动性原理	principio de iniciativa
54	最优化原理	principio de optimización
55	系统方法	enfoque del sistema
56	最优化方法	método de optimización
57	模型化方法	método de modelación
58	综合平衡法	método de equilibrio integral
59	网络分析法	método de análisis de redes
60	系统预测法	método de predicción del sistema
61	大系统理论	teoría de sistemas a gran escala
62	模糊系统理论	teoría de los sistemas difusos

续表

序号	汉语	西班牙语
63	系统工程	ingeniería de sistemas
64	运筹学	investigación de operaciones
65	规划论	teoría de la programación
66	博弈论	teoría de juegos
67	排队论	teoría de colas
68	存储论	teoría de inventarios
69	决策论	teoría de la decisión
70	搜索论	teoría de la búsqueda
71	可靠性理论	teoría de la confiabilidad
72	系统科学	ciencia de sistemas
73	系统哲学	filosofía de sistemas
74	控制论	cibernética
75	控制	control (sistema)
76	系统响应	respuesta del sistema
77	适应	adaptación
78	反馈原理	principio de retroalimentación
79	估计	estimación
80	识别	identificación (sistema)
81	决策	toma de decisión
82	对策	contramedidas
83	收敛性	convergencia
84	最优性	optimalidad (principio)
85	鲁棒性	robustez
86	自繁殖	autoreproducción (sistema)
87	自组织	autoorganización
88	必须变异度率	grado de variabilidad debida
89	经典控制理论	teoría del control clásico
90	自动控制系统	sistema de control automático
91	恒值自动调节系统	sistema de ajuste automático del valor constante
92	程序自动控制系统	sistema de control automático programado
93	随动系统	sistema de seguimiento
94	模拟控制器控制	control mediante controlador analógico
95	反馈控制方法	método de control de retroalimentación

续表

序号	汉语	西班牙语
96	扰动补偿方法	método de compensación de perturbaciones
97	系统模型	modelo de sistema
98	时域分析法	análisis en el dominio del tiempo
99	传递函数	función de transferencia
100	频域分析法	análisis en el dominio de la frecuencia
101	控制系统校正	método de corrección del sistema de control
102	多变量控制系统	sistema de control multivariable
103	线性离散控制系统	sistema de control lineal en tiempo discreto
104	非线性系统控制	control de sistemas no lineales
105	相平面	plano de fase
106	分叉	bifurcación (teoría)
107	混沌	caos
108	现代控制理论	teoría de control moderna
109	状态空间模型	modelo de espacio de estado
110	连续时间模型	modelo de tiempo continuo
111	能控性	controlabilidad
112	稳定性	estabilidad
113	能观性	observabilidad
114	状态估计	estimación de estados
115	系统识别	identificación de sistemas
116	最优控制	control óptimo
117	自适应控制	control adaptativo
118	预测控制	control predictivo
119	人工智能方法	método de inteligencia artificial
120	贝叶斯决策	toma de decisiones bayesiana
121	知识推理	inferencia de conocimiento
122	专家系统	sistema experto
123	模糊逻辑	lógica difusa
124	模糊推理	razonamiento difuso
125	智能控制方法	método de control inteligente
126	智能控制	control inteligente
127	专家控制	control experto
128	模糊控制	control difuso

续表

序号	汉语	西班牙语
129	学习控制	control de aprendizaje
130	神经网络控制	control de la red neuronal
131	工程控制	control de ingeniería
132	生物控制	control biológico
133	计算机科学	Ciencias de la Computación
134	抽象计算机	máquina abstracta
135	真实计算机	computadora real
136	计算过程	proceso de computación
137	计算思维	pensamiento computacional
138	巴贝奇问题	problema de Charles Babbage
139	客户端计算机	computadora del lado del cliente
140	服务端计算机	computadora del lado del servidor
141	嵌入式计算机	computadora integrada
142	布什问题	problema de Vannevar Bush
143	批处理模式	modo de procesamiento por lotes
144	交互式计算模式	modo de computación interactiva
145	个人计算模式	modo de computación personal
146	图形用户界面模式	modo de interfaz gráfica de usuario (GUI)
147	多媒体计算模式	modo de computación multimedia
148	便携式计算模式	modo de computación portátil
149	互联网计算模式	modo de computación por internet
150	移动互联网计算模式	modo de computación de internet móvil
151	图灵问题	problema de Alan Mathison Turing
152	科学计算	computación científica
153	企业计算	computación empresarial
154	消费计算	computación de consumo
155	滴涓效应	efecto goteo; efecto derrame
156	诺德豪斯定律	ley de Nordhaus
157	科克定律	ley de Kirk
158	库米定律	ley de Koomey
159	计算机模拟	simulación por computadora
160	虚拟现实	realidad virtual
161	逻辑思维	pensamiento lógico

续表

序号	汉语	西班牙语
162	布尔逻辑	lógica booleana
163	命题	proposición
164	连接词	conjunción
165	真值表	tabla de verdad; tabla de valores de verdades
166	交换律	ley conmutativa
167	结合律	ley asociativa
168	分配率	tasa de distribución
169	谓词逻辑	lógica de predicados
170	定理机器证明	demostración mecánica de teoremas
171	图灵机模型	modelo de la máquina de Turing
172	罗素悖论	paradoja de Russell
173	哥德尔不完全性定理	Teorema de Incompletitud de Gödel
174	算法思维	pensamiento algorítmico
175	分治算法	algoritmo divide y vencerás
176	穷举算法	algoritmo exhaustivo
177	回溯算法	algoritmo de vuelta atrás
178	贪心算法	algoritmo voraz
179	迭代算法	algoritmo iterativo
180	牛顿法	método de Newton
181	梯度下降法	método de descenso de gradiente
182	遗传算法	algoritmo genético
183	指数复杂度	complejidad exponencial
184	机器学习	aprendizaje automático
185	非监督学习	aprendizaje no supervisado
186	监督学习	aprendizaje supervisado
187	强化学习	aprendizaje por refuerzo
188	神经网络	red neuronal
189	BP 神经网络	red neuronal de propagación hacia atrás
190	损失函数	función de pérdida
191	非线性分类	clasificación no lineal
192	激励函数	función de activación
193	卷积神经网络	red neuronal convolucional
194	循环神经网络	red neuronal recurrente

续表

序号	汉语	西班牙语
195	网络思维	pensamiento en red
196	协议	protocolo
197	协议栈	pila de protocolos
198	名字空间	espacio de nombres
199	网络拓扑	topología de red
200	系统思维	pensamiento sistemático
201	数据抽象	abstracción de datos
202	控制抽象	abstracción de control
203	硬件抽象	abstracción de hardware
204	逻辑门	puerta lógica
205	组合电路	circuito combinatorio
206	信息隐藏原理	principio de ocultación de información
207	时序电路	circuito secuencial
208	自动机	autómata
209	存储程序计算机	computadora de programa almacenado
210	应用程序执行模型	modelo de ejecución de la aplicación
211	扬雄周期原理	teoría del ciclo de Yang Xiong
212	波斯特尔健壮性原理	principio de robustez de Postel
213	冯诺依曼穷举原理	principio de enumeración exhaustiva de Von Neumann
214	阿姆达尔定律	ley de Amdahl
215	统计学	estadística
216	样本	muestra
217	抽样	muestreo
218	概率分布	distribución de probabilidad
219	参数估计	estimación de parámetros
220	点估计	estimación puntual
221	矩估计法	método de estimación de momentos
222	顺序统计量法	método estadístico de orden
223	最大似然法	método de máxima verosimilitud
224	最小二乘法	método de mínimos cuadrados
225	区间估计	estimación de intervalo
226	置信推断	inferencia de confianza
227	置信区间	intervalo de confianza

续表

序号	汉语	西班牙语
228	置信水平	nivel de confianza
229	假设检验	prueba de hipótesis
230	参数假设检验	prueba de hipótesis paramétrica
231	单侧检验	prueba unilateral
232	双侧检验	prueba bilateral
233	非参数假设检验	prueba de hipótesis no paramétrica
234	卡方检验	prueba de Chi-cuadrado
235	相关分析	análisis de correlación
236	线性相关分析	análisis de correlación lineal
237	非线性相关分析	análisis de correlación no lineal
238	回归分析	análisis de regresión
239	线性回归	regresión lineal
240	一元线性回归	regresión lineal simple
241	多元线性回归	regresión lineal múltiple
242	曲线回归	regresión curvilínea
243	逻辑回归	regresión lógica
244	方差分析	análisis de varianza (ANOVA)
245	单因素方差分析	análisis de varianza de un solo factor
246	多因素方差分析	análisis de varianza de varios factores
247	分类分析	análisis de clasificación
248	决策树分析	análisis del árbol de decisiones
249	贝叶斯网络分析	análisis de redes bayesianas
250	KNN 法	método de los k vecinos más cercanos (algoritmo)
251	聚类分析	análisis de conglomerados
252	分层聚类分析	análisis de conglomerados jerárquicos
253	K-Means 聚类	conglomerado de K-medias (algoritmo)
254	Kohonen Network 聚类	conglomerado de redes Kohonen (algoritmo)
255	时间序列分析	análisis de series temporales
256	平稳序列分析	análisis de series (temporales) estacionarias
257	趋势序列分析	análisis de series (temporales) de tendencias
258	季节序列分析	análisis de series (temporales) estacionales
259	复合序列分析	análisis de series (temporales) compuestas
260	元分析	metaanálisis

续表

序号	汉语	西班牙语
261	加权平均法	método de promedio ponderado
262	优化方法	método de optimización
263	线性规划	programación lineal
264	整数规划	programación en enteros
265	多目标规划	programación multiobjetivo
266	动态规划	programación dinámica
267	数据哲学	filosofía de los datos
268	数	número
269	数字	cifra; dígito
270	文字数字	(carácter) alfanumérico
271	符号数字	número simbólico
272	数制	sistema numérico
273	序数	número ordinal
274	量	cantidad
275	计量单位	unidad de medida
276	数据	datos
277	科学数据	datos científicos
278	原始数据	datos brutos; datos primarios
279	衍生数据（哲学）	datos derivados (filosofía)
280	知识数据	datos de conocimiento
281	象	imagen
282	万物源于数	todas las cosas son números
283	数字本体论	ontología digital
284	数据哲学	filosofía de los datos
285	柏拉图主义	platonismo
286	唯名论	nominalismo
287	康德	Immanuel Kant
288	逻辑主义	logicismo
289	直觉主义	intuicionismo
290	形式主义	formalismo
291	世界4	Mundo 4
292	符码世界	mundo de los códigos de símbolos
293	黑箱方法	método de la caja negra

续表

序号	汉语	西班牙语
294	第四范式	cuarta forma normal (4FN)
295	技术哲学	filosofía de la tecnología
296	心灵哲学	filosofía de la mente
297	大数据生态系统	ecosistema de los macrodatos
298	大数据	macrodatos
299	海量数据	datos masivos
300	数据密集型	(uso) intensivo de datos
301	数据集合	conjunto de datos
302	数据量	volumen de datos
303	数据源	fuente de datos
304	数据元素	elemento de datos
305	元数据	metadatos
306	数据结构	estructura de datos
307	结构化数据	datos estructurados
308	半结构化数据	datos semiestructurados
309	非结构化数据	datos no estructurados
310	多源异构数据	datos heterogéneos de múltiples fuentes
311	分组数据	datos agrupados
312	【数据类型】	tipo de datos
313	流数据	datos de flujo
314	静态数据	datos estáticos
315	暗数据	datos oscuros
316	热数据	datos calientes
317	温数据	datos templados
318	冷数据	datos fríos
319	图数据	datos gráficos
320	主数据	datos maestros
321	粒数据	datos granulares
322	全局数据	datos globales
323	数据模型	modelo de datos
324	概念数据模型	modelo de datos conceptual
325	逻辑数据模型	modelo de datos lógico
326	物理数据模型	modelo de datos físico

续表

序号	汉语	西班牙语
327	【大数据应用】	aplicación de los macrodatos
328	医疗大数据	macrodatos en la atención médica
329	教育大数据	macrodatos en la educación
330	文化大数据	macrodatos en la cultura
331	旅游大数据	macrodatos en el turismo
332	交通大数据	macrodatos en el transporte
333	农业大数据	macrodatos en la agricultura
334	工业大数据	macrodatos en la industria
335	安全大数据	macrodatos en la seguridad
336	电子商务大数据	macrodatos en el comercio electrónico
337	科学大数据	macrodatos en la ciencia
338	时空大数据	macrodatos espacio-temporales
339	组学大数据	macrodatos en las ómicas
340	【数据价值】	valor de los datos
341	DT 时代	era de la tecnología de datos
342	大数据思维	pensamiento de los macrodatos
343	数据革命	revolución de los datos
344	数字化生存	ser digital
345	信誉经济	economía de la reputación
346	商业智能	inteligencia empresarial
347	【互联网】	internet
348	网络	red
349	广域网	red de área amplia (WAN)
350	网际网络	red internacional
351	移动互联网	internet móvil
352	产业互联网	internet de la industria
353	工业互联网	internet industrial
354	消费互联网	internet de consumo
355	车联网	internet de los vehículos (IoV)
356	物联网	internet de las cosas (IoT)
357	下一代互联网	internet de próxima generación
358	5G 网络	red 5G
359	【互联网发展】	desarrollo de internet

续表

序号	汉语	西班牙语
360	门户网站	portal web
361	新浪网	red Sina
362	搜狐网	red Sohu
363	网易	NetEase
364	【社交媒体】	medios de comunicación social
365	博客中国	blogchina
366	新浪微博	Sina Weibo
367	人人网	red Renren
368	移动互联	internet móvil
369	万物互联	internet de todo (IoE)
370	新型基础设施	nuevo modelo de infraestructura
371	新型主流媒体	nuevos medios de comunicación de masas
372	互联网思维	pensamiento de internet
373	互联网平台	plataforma de internet
374	云计算	computación en la nube
375	【服务模式】	modelo de servicio
376	IaaS	infraestructura como servicio (IaaS)
377	PaaS	plataforma como servicio (PaaS)
378	SaaS	software como servicio (SaaS)
379	【部署模型】	modelo de despliegue
380	私有云	nube privada
381	社区云	nube comunitaria
382	公共云	nube pública
383	混合云	nube híbrida
384	容器技术	tecnología de contenedores
385	负载均衡	balance de carga
386	租户隔离	aislamiento de inquilinos
387	统一身份认证	autenticación de identidad unificada
388	SOA	arquitectura orientada a servicios (AOS)
389	微服务	microservicio
390	容错计算	computación tolerante a fallas
391	密钥管理	gestión de claves
392	云端数据加密	cifrado de datos en la nube

续表

序号	汉语	西班牙语
393	【数据生态】	ecología de datos
394	政务云	nube gubernamental
395	医疗云	nube de atención médica
396	教育云	nube educativa
397	交通云	nube de tráfico
398	工业云	nube industrial
399	金融云	nube financiera
400	环保云	nube de protección del medio ambiente
401	旅游云	nube de turismo
402	语音云	nube de voz
403	人工智能	inteligencia artificial (IA)
404	【理论基础】	fundamento teórico
405	图灵论题	tesis de Church-Turing
406	相似性原则	principio de similitud
407	超计算	hipercomputación
408	BSS 实数模型	modelo de números reales BSS (Blum-Shub-Smale)
409	类脑机器人	robot inspirado en el cerebro
410	自然语言处理	procesamiento del lenguaje natural (PLN)
411	深度学习	aprendizaje profundo
412	超级电脑沃森	supercomputadora Watson
413	"深蓝"	supercomputadora Deep Blue
414	AlphaGo	programa informático de inteligencia artificial AlphaGo
415	智能计算	computación inteligente
416	群体智能	inteligencia de enjambre
417	【智能场景】	escenario inteligente
418	智能经济	economía inteligente
419	智能农业	agricultura inteligente
420	智能物流	logística inteligente
421	智能商务	negocio inteligente
422	智能金融	finanzas inteligentes
423	智能教育	educación inteligente
424	智能医疗	asistencia sanitaria inteligente
425	智能政务	asuntos gubernamentales inteligentes

续表

序号	汉语	西班牙语
426	智慧法庭	tribunal inteligente
427	智能交通	sistema de tráfico inteligente
428	智能环保	protección medioambiental inteligente
429	量子信息	información cuántica
430	【量子计算】	computación cuántica
431	量子比特	bit cuántico; cúbit
432	量子计算模型	modelo de computación cuántica
433	量子门	puerta cuántica
434	量子搜索	búsqueda cuántica
435	量子傅里叶变换	transformada cuántica de Fourier
436	量子相位估计	estimación de fase cuántica
437	量子计算机	computadora cuántica
438	量子算法	algoritmo cuántico
439	量子线路	circuito cuántico
440	量子纠缠	entrelazamiento cuántico
441	量子霸权	hegemonía cuántica
442	薛定谔方程	ecuación de Schrödinger
443	"IBM Q"量子计算平台	plataforma de computación cuántica "IBM Q"
444	"狐尾松"(Bristlecone)	"Bristlecone" (computadora cuántica)
445	【量子通信】	comunicación cuántica
446	Vernam 密码	cifrado de Vernam
447	公钥密码系统	sistema de criptografía de clave pública
448	RSA 方案	Algoritmo RSA (Rivest-Shamir-Adleman)
449	不可克隆定理	teorema de no clonado
450	量子密码术	criptografía cuántica
451	BB84 方案	Protocolo BB84 (Protocolo de Bennett-Brassard 1984)
452	E91 方案	Protocolo E91 (Protocolo de Ekert 1991)
453	密集编码	codificación densa
454	量子隐形传态	teleportación cuántica
455	量子卫星	satélite cuántico
456	京沪干线	línea troncal Jing-Hu (Beijing-Shanghái)
457	墨子号	satélite cuántico Micio (Mozi); Experimentos Cuánticos a Escala Espacial (ECEE)

续表

序号	汉语	西班牙语
458	块数据	datos de bloque
459	大数据范式	paradigma de los macrodatos
460	点数据	datos puntuales
461	条数据	datos de barra
462	块数据	datos de bloque
463	第一范式	primera forma normal (1FN)
464	第二范式	segunda forma normal (2FN)
465	第三范式	tercera forma normal (3FN)
466	数据引力	gravitación de datos
467	数据引力波	ondas gravitacionales de datos
468	数据人假设	hipótesis del hombre de los datos
469	块数据模型	modelo de datos de bloque
470	块数据价值链	cadena de valor de datos de bloque
471	块数据组织	estructura de datos de bloque
472	数据焦虑	ansiedad por los datos
473	数据迁移	migración de datos
474	数据群聚	agrupamiento de datos
475	数据融合	fusión de datos
476	大数据×效应	macrodatos × efecto
477	秩序互联网	internet del orden
478	信息互联网	internet de la información
479	碎片化信息	información de la fragmentación
480	信息无效	invalidez de la información
481	信息技术	tecnología de la información (TI)
482	信息交互	interacción de la información
483	信息鸿沟	brecha digital
484	虚拟社会	sociedad virtual
485	价值互联网	internet del valor
486	数据价值	valor de los datos
487	数据价值体系	sistema de valor de los datos
488	数据驱动	impulsado por datos
489	数据流	flujo de datos
490	共享经济	economía colaborativa

续表

序号	汉语	西班牙语
491	可编程经济	economía programable
492	《第四次工业革命——转型的力量》	La cuarta revolución industrial – El poder de la transformación
493	《人人时代》	Aquí viene todo el mundo: el poder de organizar sin organizaciones
494	《零边际成本社会》	La sociedad de coste marginal cero
495	秩序互联网	internet del orden
496	互联网治理	gobernanza de internet
497	数据权	derechos de datos
498	制度信任	confianza institucional
499	技术信任	confianza en la tecnología
500	边界规制	reglamento de límites
501	安全规制	reglamento de seguridad
502	保护规制	reglamento de protección
503	数权共享	derechos compartidos de datos
504	国家数据主权	soberanía nacional de los datos
505	网络恐怖主义	ciberterrorismo
506	可信互联网	internet de confianza
507	主权区块链	cadena de bloques soberana
508	可编程货币	dinero programable
509	可编程金融	finanzas programables
510	可编程社会	sociedad programable
511	区块链	cadena de bloques
512	加密算法	algoritmo de cifrado
513	共识机制	mecanismo de consenso
514	时间戳	marca temporal
515	对等网络	red de pares; red entre iguales; red entre pares
516	块链结构	estructura de la cadena de bloques
517	公有链	cadena de bloques pública
518	私有链	cadena de bloques privada
519	联盟链	cadena de bloques del consorcio
520	智能合约	contrato inteligente
521	信任机器	máquina de confianza
522	公有价值	valor público

续表

序号	汉语	西班牙语
523	"绳网结构"理论	teoría de la "estructura de red de cuerda"
524	"扁担模型"	"modelo de pértiga portadora"
525	主权数字政府	gobierno digital soberano
526	主权数字货币	moneda digital soberana
527	信任理论	teoría de la confianza
528	虚拟组织	organización virtual
529	激活数据学	activación de la ciencia de datos
530	超数据时代	era de los hiperdatos
531	信息过剩	sobrecarga de información
532	"数据拥堵"问题	problema de la "congestión de datos"
533	数据依赖	dependencia de datos
534	数据连接型社会	sociedad conectada a los datos
535	E 社会	sociedad electrónica
536	U 社会	sociedad ubicua
537	【理论基础】	fundamento teórico
538	激活函数	función de activación
539	复杂理论	teoría de la complejidad
540	湍流发生机制	mecanismo de generación de turbulencias
541	sandpile model	modelo de la pila de arena de Bak-Tang-Wiesefeld
542	人脑科学	ciencia del cerebro humano
543	社会理论	teoría social
544	复杂适应系统	sistema adaptativo complejo
545	激活数据学模型	modelo de activación de la ciencia de datos
546	数据搜索	búsqueda de datos
547	关联融合	asociación y fusión
548	自激活	autoactivación
549	热点减量化	reducción de los puntos calientes
550	智能碰撞	colisión inteligente
551	云脑时代	era del cerebro en la nube
552	《算法时代》	*La fórmula*
553	《智能革命》	*Revolución de la inteligencia*
554	场景应用	LiveApp
555	数据社会学	sociología de los datos

续表

序号	汉语	西班牙语
556	数据进化论	evolucionismo de los datos
557	社会决定论	determinismo social
558	技术工具论	instrumentalismo tecnológico
559	现代技术系统	sistema de tecnología moderna
560	技术预见	previsión tecnológica
561	数据资本论	capitalismo de datos
562	数字劳动	trabajo digital
563	劳动价值论	teoría del valor-trabajo
564	劳动创造价值	el trabajo crea valor (Marx)
565	《权力的终结》	*El fin del poder*
566	数据增值	incremento de datos
567	共享价值分配论	teoría de la distribución del valor compartido
568	数据博弈论	teoría de juegos de datos
569	社会计算	computación social
570	数字轨迹	trayectoria digital
571	数据创新	innovación de datos
572	社会场景	escena social
573	大数据战略	estrategia de macrodatos
574	国家大数据战略	estrategia nacional de macrodatos
575	国际战略	estrategia internacional
576	【联合国】	Organización de las Naciones Unidas (ONU)
577	全球脉动计划	iniciativa Pulso Mundial
578	《大数据开发：机遇与挑战》	*Macrodatos para el desarrollo: oportunidades y desafíos*
579	【欧盟】	Unión Europea (UE)
580	《数字（化）议程》	Agenda Digital
581	《释放欧洲云计算服务潜力》	Liberar el Potencial de la Computación en Nube en Europa
582	《云计算发展战略及三大关键行动建议》	Estrategia de Desarrollo de la Computación en la Nube y Sugerencias sobre Tres Acciones Clave
583	《数据驱动经济战略》	Estrategia para una Economía Basada en los Datos
584	《数据价值链战略计划》	Plan Estratégico para la Cadena de Valor de los Datos
585	【美国】	Estados Unidos de América
586	《美国国家宽带计划》	Plan Nacional de Banda Ancha de los EE.UU.

续表

序号	汉语	西班牙语
587	《美国大数据研究和开发计划》	Iniciativa de Investigación y Desarrollo de los Macrodatos de los EE.UU.
588	《数字政府》	Gobierno Digital
589	《信息共享与信息安全国家战略》	Estrategia Nacional de Intercambio y Salvaguardia de la Información
590	《美国开放数据行动计划》	Plan de Acción de Datos Abiertos de los EE.UU.
591	《美国国家创新战略》	Estrategia Nacional de Innovación de los EE.UU.
592	《网络安全国家行动计划》	Plan de Acción Nacional de Ciberseguridad
593	《联邦大数据研究和发展战略计划》	Plan Estratégico Federal de Investigación y Desarrollo de los Macrodatos
594	《国家人工智能研究与发展战略计划》	Plan Estratégico Nacional de Investigación y Desarrollo de la Inteligencia Artificial
595	【德国】	República Federal de Alemania
596	《德国 2020 高技术战略》	Estrategia de Alta Tecnología para Alemania 2020
597	《云计算行动计划》	Programa de Acción de Computación en la Nube
598	《数字德国 2015》	Alemania Digital 2015
599	《数字议程（2014—2017 年）》	Agenda Digital (2014-2017)
600	《数字（化）战略 2025》	Estrategia Digital 2025
601	【法国】	República Francesa
602	《数字化路线图》	Hoja de Ruta de la Trasformación Digital
603	《法国机器人发展计划》	Plan de Desarrollo de la Robótica en Francia
604	《法国大数据五项支持计划》	Cinco Programas de Apoyo para los Macrodatos en Francia
605	"未来工业"计划	programa "Industria del Futuro"
606	【英国】	Reino Unido de Gran Bretaña e Irlanda del Norte
607	《数字英国》	Gran Bretaña Digital
608	《英国数据能力发展战略规划》	Plan Estratégico del Reino Unido para el Desarrollo de la Capacidad de Datos
609	《数字经济战略（2015—2018 年）》	Estrategia de Economía Digital (2015-2018)
610	《英国数字战略 2017》	Estrategia Digital del Reino Unido 2017
611	【澳大利亚】	Mancomunidad de Australia
612	《澳大利亚公共服务信息通信技术发展战略（2012—2015 年）》	Estrategia para el Desarrollo de las Tecnologías de la Información y la Comunicación del Servicio Público Australiano (2012-2015)
613	《澳大利亚云计算战略》	Política de Computación en la Nube del Gobierno de Australia
614	《澳大利亚公共服务大数据战略》	Estrategia de Macrodatos del Servicio Público Australiano

续表

序号	汉语	西班牙语
615	【新加坡】	República de Singapur
616	智慧国 2015	Nación Inteligente 2015 (iN2015)
617	智慧国家 2025	Nación Inteligente 2025 (iN2025)
618	【韩国】	República de Corea
619	《IT 韩国未来战略》	Estrategia de Futuro de la Tecnología de la Información de Corea del Sur
620	"智慧首尔 2015" 计划	Plan "Seúl Inteligente 2015"
621	【日本】	Estado del Japón
622	《智慧日本战略 2015》	Estrategia Japón Inteligente 2015
623	《机器人新战略》	Nueva Estrategia Robótica
624	国家战略	estrategia nacional
625	【战略体系】	sistema de estrategia
626	数字中国	China digital
627	数字经济	economía digital
628	数字政府	gobierno digital
629	数字社会	sociedad digital
630	数据强国	nación poderosa en datos
631	数字丝绸之路	ruta de la seda digital
632	国家信息化发展战略	Estrategia Nacional de Desarrollo de la Informatización
633	信息化	informatización
634	宽带中国	Banda Ancha de China
635	国家互联网大数据平台	plataforma nacional de macrodatos en internet
636	国家信息化体系	sistema nacional de informatización
637	全域窄带物联网试点城市	Ciudad Piloto de Internet de las Cosas de Banda Estrecha Global (NB-IoT)
638	网络强国战略	Estrategia de Poder Cibernético
639	互联网+	internet plus
640	网络安全和信息化	seguridad de la red e informatización
641	网络空间命运共同体	comunidad con un futuro compartido en el ciberespacio
642	互联网全球治理体系	sistema de gobernanza global de internet
643	创新驱动发展战略	estrategia de desarrollo impulsada por la innovación
644	创新型国家	país innovador
645	国家创新体系	Sistema Nacional de Innovación (SNI)

续表

序号	汉语	西班牙语
646	制造强国战略	Estrategia de Poder de Fabricación
647	信息化与工业化融合	integración de la informatización y la industrialización
648	中国制造 2025	Hecho en China 2025
649	科教兴国战略	Estrategia de Dinamización de China a través de la Ciencia y la Educación
650	人才强国战略	Estrategia de Fortalecimiento de China a través del Desarrollo de los Recursos Humanos
651	军民融合发展战略	Estrategia de Desarrollo de la Integración Civil-Militar
652	【战略文本】	textos estratégicos
653	《促进大数据发展行动纲要》	Esquema de Acción para la Promoción del Desarrollo de los Macrodatos
654	《大数据产业发展规划（2016—2020 年）》	Plan de Desarrollo de la Industria de los Macrodatos (2016-2020)
655	《关于运用大数据加强对市场主体服务和监管的若干意见》	Opiniones sobre el Uso de los Macrodatos para Reforzar el Servicio y la Supervisión de las Entidades de Mercado
656	《关于促进和规范健康医疗大数据应用发展的指导意见》	Opiniones Orientadoras sobre la Promoción y Regulación de la Aplicación y el Desarrollo de los Macrodatos en la Salud y la Atención Médica
657	《关于促进国土资源大数据应用发展的实施意见》	Opiniones de Implementación sobre la Promoción de la Aplicación y el Desarrollo de los Macrodatos en los Recursos Terrestres
658	《生态环境大数据建设总体方案》	Plan General para la Construcción de los Macrodatos del Medio Ambiente Ecológico
659	《农业部关于推进农业农村大数据发展的实施意见》	Opiniones de Implementación del Ministerio de Agricultura sobre la Promoción del Desarrollo de los Macrodatos en la Agricultura y en las Zonas Rurales
660	《农业农村大数据试点方案》	Programa Piloto de los Macrodatos Agrícolas y Rurales
661	《关于推进水利大数据发展的指导意见》	Opiniones Orientadoras sobre la Promoción del Desarrollo de los Macrodatos para la Conservación del Agua
662	《气象大数据行动计划（2017—2020 年）》	Plan de Acción de los Macrodatos Meteorológicos (2017-2020)
663	《国家信息化发展战略纲要》	Esquema de la Estrategia Nacional de Desarrollo de las Aplicaciones Informatizadas
664	《国务院关于积极推进"互联网+"行动的指导意见》	Opiniones Orientadoras del Consejo de Estado sobre la Promoción Activa de la Acción " Internet +"
665	《国家创新驱动发展战略纲要》	Esquema de la Estrategia Nacional de Desarrollo Impulsado por la Innovación
666	《中国制造 2025》	Hecho en China 2025
667	《智能制造发展规划（2016—2020 年）》	Plan de Desarrollo de la Fabricación Inteligente (2016-2020)

续表

序号	汉语	西班牙语
668	《云计算发展三年行动计划（2017—2019年)》	Plan de Acción Trienal para el Desarrollo de la Computación en la Nube (2017-2019)
669	《新一代人工智能发展规划》	Plan de Desarrollo de la Inteligencia Artificial de Nueva Generación
670	《国家中长期人才发展规划纲要（2010—2020年)》	Esquema del Plan Nacional de Desarrollo de Talentos a Medio y Largo Plazo (2010-2020)
671	《国务院关于深化"互联网+先进制造业"发展工业互联网的指导意见》	Directrices del Consejo de Estado de la República Popular China sobre la Profundización de "Internet + Industria Manufacturera Avanzada" para el Desarrollo de la Internet Industrial
672	《工业互联网发展行动计划（2018—2020年)》	Plan de Acción para el Desarrollo de la Internet Industrial (2018-2020)
673	地方战略	estrategia local
674	【京津冀】	Beijing, Tianjin y Hebei
675	京津冀国家大数据综合试验区	Zona Piloto Integral Nacional de los Macrodatos de Beijing, Tianjin y Hebei
676	中关村大数据产业园	Parque Industrial de los Macrodatos de Zhongguancun
677	张北云计算产业园	Parque Industrial de Computación en la Nube de Zhangbei
678	《北京市大数据和云计算发展行动计划（2016—2020年)》	Plan de Acción de la Ciudad de Beijing para el Desarrollo de los Macrodatos y la Computación en la Nube (2016-2020)
679	《关于加快发展"大智移云"的指导意见》（河北）	Opiniones Orientadoras sobre la Aceleración del Desarrollo de "Da Zhi Yi Yun (macrodatos, inteligencia, red móvil y computación en la nube)" (Hebei)
680	《河北省大数据产业创新发展三年行动计划（2018—2020年)》	Plan de Acción Trienal de la Provincia de Hebei para la Innovación y el Desarrollo de la Industria de los Macrodatos (2018-2020)
681	《石家庄市人民政府关于推进大数据发展的实施意见》	Opiniones de Implementación del Gobierno Popular Municipal de Shijiazhuang sobre la Promoción del Desarrollo de los Macrodatos
682	《石家庄市关于加快推进"大智移云"的实施方案》	Programa de Implementación de la Ciudad de Shijiazhuang para la Aceleración y la Promoción de "Da Zhi Yi Yun (macrodatos, inteligencia, red móvil y computación en la nube)"
683	【山西省】	provincia de Shanxi
684	《山西省大数据发展规划（2017—2020年)》	Plan de Desarrollo de los Macrodatos de la Provincia de Shanxi (2017-2020)
685	《山西省促进大数据发展应用的若干政策》	Políticas para la Promoción del Desarrollo y la Aplicación de los Macrodatos en la Provincia de Shanxi
686	【内蒙古自治区】	Región Autónoma de Mongolia Interior
687	内蒙古国家大数据综合试验区	Zona Piloto Integral Nacional de los Macrodatos de la Región Autónoma de Mongolia Interior

续表

序号	汉语	西班牙语
688	丝绸之路数据港	Puerto de Datos de la Ruta de la Seda
689	和林格尔新区大数据特色产业基地	Base Industrial Especial de los Macrodatos de la Nueva Área de Horinger
690	《内蒙古自治区大数据发展总体规划（2017—2020年）》	Plan General para el Desarrollo de los Macrodatos en la Región Autónoma de Mongolia Interior (2017-2020)
691	《内蒙古自治区促进大数据发展应用的若干政策》	Políticas de la Región Autónoma de Mongolia Interior para la Promoción del Desarrollo y la Aplicación de los Macrodatos
692	《内蒙古自治区大数据与产业深度融合行动计划（2018—2020年）》	Plan de Acción para la Integración Profunda de los Macrodatos y la Industria en la Región Autónoma de Mongolia Interior (2018-2020)
693	《内蒙古自治区健康医疗大数据应用发展规划（2016—2020年）》	Plan de Desarrollo para la Aplicación de los Macrodatos en la Salud y la Atención Médica en la Región Autónoma de Mongolia Interior (2016-2020)
694	《呼和浩特市促进大数据发展应用若干政策》	Políticas para la Promoción del Desarrollo y la Aplicación de los Macrodatos en la Ciudad de Hohhot
695	【辽宁省】	provincia de Liaoning
696	沈阳国家大数据综合试验区	Zona Piloto Integral Nacional de los Macrodatos de Shenyang
697	《沈阳市促进大数据发展三年行动计划（2016—2018年）》	Plan de Acción Trienal para la Promoción del Desarrollo de los Macrodatos en la Ciudad de Shenyang (2016-2018)
698	【上海市】	ciudad de Shanghái
699	"智能上海（AI@SH）"行动	Acción "Inteligencia Artificial en Shanghái (AI@SH)"
700	上海国家大数据综合试验区	Zona Piloto Integral Nacional de los Macrodatos de Shanghái
701	《上海推进大数据研究与发展三年行动计划（2013—2015年）》	Plan de Acción Trienal para la Promoción de la Investigación y el Desarrollo de los Macrodatos en Shanghái (2013-2015)
702	《上海市大数据发展实施意见》	Opiniones de Implementación sobre el Desarrollo de los Macrodatos en la Ciudad de Shanghái
703	【江苏省】	provincia de Jiangsu
704	江苏南通国际数据中心产业园	Parque Industrial del Centro Internacional de Datos de Nantong en la Provincia de Jiangsu
705	盐城大数据产业园	Parque Industrial de los Macrodatos de Yancheng
706	无锡国家传感网创新示范区	Zona de Demostración de Innovación a Nivel Nacional de Redes de Sensores de Wuxi
707	"感知中国"示范区	Zona de Demostración de "Experimentando China"
708	《江苏省大数据发展行动计划》	Plan de Acción de la Provincia de Jiangsu para el Desarrollo de los Macrodatos

续表

序号	汉语	西班牙语
709	《江苏省云计算与大数据发展行动计划》	Plan de Acción de la Provincia de Jiangsu para el Desarrollo de la Computación en la Nube y los Macrodatos
710	《关于加快大数据产业发展的意见》（南京）	Opiniones sobre la Aceleración del Desarrollo de la Industria de los Macrodatos (Nanjing)
711	《南京市促进大数据发展三年行动计划（2016—2018年）》	Plan de Acción Trienal de la Ciudad de Nanjing para la Promoción del Desarrollo de los Macrodatos (2016-2018)
712	【浙江省】	provincia de Zhejiang
713	"四张清单一张网"智慧政府体系	sistema de gobierno inteligente "Cuatro listas y una red"
714	"浙江制造"标准	norma de "Hecho en Zhejiang"
715	《浙江省促进大数据发展实施计划》	Plan de Implementación de la Provincia de Zhejiang para la Promoción del Desarrollo de los Macrodatos
716	《数字浙江建设规划纲要（2003—2007年）》	Esquema de Planificación para la Construcción de Zhejiang Digital (2003-2007)
717	《杭州市建设全国云计算和大数据产业中心三年行动计划（2015—2017年）》	Plan de Acción Trienal de la Ciudad de Hangzhou para la Construcción de un Centro Nacional de la Industria de la Computación en la Nube y los Macrodatos (2015-2017)
718	《杭州城市数据大脑规划》	Planificación del Cerebro de Datos de la Ciudad de Hangzhou
719	《"数字杭州"发展规划》	Planificación del Desarrollo de "Hangzhou Digital"
720	《宁波市人民政府关于推进大数据发展的实施意见》	Opiniones de Implementación del Gobierno Popular Municipal de Ningbo sobre la Promoción del Desarrollo de los Macrodatos
721	【安徽省】	provincia de Anhui
722	《安徽省"十三五"软件和大数据产业发展规划》	Planificación del Desarrollo de la Industria del Software y de los Macrodatos de la Provincia de Anhui en el 13º Plan Quinquenal
723	《合肥市大数据发展行动纲要（2016—2020年）》	Esquema de Acción de la Ciudad de Hefei para el Desarrollo de los Macrodatos (2016-2020)
724	【福建省】	provincia de Fujian
725	数字福建	Fujian digital
726	数字福建（长乐）产业园	Parque Industrial Changle de Fujian Digital
727	"数字公民"试点	proyecto piloto de "Ciudadano Digital"
728	《福建省促进大数据发展实施方案（2016—2020年）》	Programa de Implementación de la Provincia de Fujian para la Promoción del Desarrollo de los Macrodatos (2016-2020)
729	《福建省"十三五"数字福建专项规划》	Planificación Especial de "Fujian Digital" de la Provincia de Fujian en el 13º Plan Quinquenal

续表

序号	汉语	西班牙语
730	《厦门市促进大数据发展工作实施方案》	Programa de Implementación de los Trabajos para la Promoción del Desarrollo de los Macrodatos de la Ciudad de Xiamen
731	《厦门市大数据应用与产业发展规划（2015-2020年）》	Planificación para el Desarrollo de la Aplicación y la Industria de los Macrodatos de la Ciudad de Xiamen (2015-2020)
732	【江西省】	provincia de Jiangxi
733	智慧新城	nueva ciudad inteligente
734	《促进大数据发展实施方案》（江西）	Programa de Implementación para la Promoción del Desarrollo de los Macrodatos (Jiangxi)
735	《江西省大数据发展行动计划》	Plan de Acción de la Provincia de Jiangxi para el Desarrollo de los Macrodatos
736	【山东省】	provincia de Shandong
737	数创公社	comuna de innovación de los macrodatos
738	《山东省人民政府关于促进大数据发展的意见》	Opiniones del Gobierno Popular Provincial de Shandong sobre la Promoción del Desarrollo de los Macrodatos
739	《关于促进山东省大数据产业加快发展的意见》	Opiniones de la Provincia de Shandong sobre la Promoción y Aceleración del Desarrollo de la Industria de los Macrodatos
740	《山东省推进农业大数据运用实施方案（2016—2020年）》	Programa de Implementación de la Provincia de Shandong para la Promoción del Uso de los Macrodatos en la Agricultura (2016-2020)
741	《济南市数创公社2020发展行动计划》	Plan de Acción de la Ciudad de Jinan para el Desarrollo de la Comuna de Innovación de los Macrodatos en 2020
742	《青岛市人民政府关于促进大数据发展的实施意见》	Opiniones de Implementación del Gobierno Popular Municipal de Qingdao sobre la Promoción del Desarrollo de los Macrodatos
743	【河南省】	provincia de Henan
744	河南国家大数据综合试验区	Zona Piloto Integral Nacional de los Macrodatos de Henan
745	《河南省人民政府关于推进云计算大数据开放合作的指导意见》	Opiniones Orientadoras del Gobierno Popular Provincial de Henan sobre la Promoción de Cooperación Abierta en la Computación en la Nube y los Macrodatos
746	《河南省云计算和大数据"十三五"发展规划》	Planificación del Desarrollo de la Computación en la Nube y los Macrodatos de la Provincia de Henan en el 13º Plan Quinquenal
747	《河南省大数据产业发展三年行动计划（2018—2020年）》	Plan de Acción Trienal de la Provincia de Henan para la Promoción del Desarrollo de la Industria de los Macrodatos (2018-2020)
748	《郑州市促进大数据发展行动计划》	Plan de Acción de la Ciudad de Zhengzhou para la Promoción del Desarrollo de los Macrodatos
749	《郑州市人民政府关于促进大数据产业发展的若干意见》	Varias Opiniones del Gobierno Popular Municipal de Zhengzhou sobre la Promoción del Desarrollo de la Industria de los Macrodatos

续表

序号	汉语	西班牙语
750	【湖北省】	provincia de Hubei
751	智慧城市时空信息云平台建设试点	proyecto piloto de construcción de la plataforma de nube de información espacio-temporal de la ciudad inteligente
752	《湖北省大数据发展行动计划（2016—2020年）》	Plan de Acción de la Provincia de Hubei para el Desarrollo de los Macrodatos (2016-2020)
753	《湖北省云计算大数据发展"十三五"规划》	Planificación del Desarrollo de la Computación en la Nube y los Macrodatos de la Provincia de Hubei en el 13º Plan Quinquenal
754	《武汉市大数据产业发展行动计划（2014—2018年）》	Plan de Acción de la Ciudad de Wuhan para el Desarrollo de la Industria de los Macrodatos (2014-2018)
755	《武汉市人民政府关于加快大数据推广应用促进大数据产业发展的意见》	Opiniones del Gobierno Popular Municipal de Wuhan sobre la Aceleración de la Difusión y la Aplicación de los Macrodatos y la Promoción del Desarrollo de la Industria de los Macrodatos
756	【湖南省】	provincia de Hunan
757	《长沙市加快发展大数据产业（2017—2020年）行动计划》	Plan de Acción de la Ciudad de Changsha para la Aceleración del Desarrollo de la Industria de los Macrodatos (2017-2020)
758	【广东省】	provincia de Guangdong
759	珠江三角洲国家大数据综合试验区	Zona Piloto Integral Nacional de los Macrodatos del Delta del Río de Perla
760	《广东省促进大数据发展行动计划（2016—2020年）》	Plan de Acción de la Provincia de Guangdong para la Promoción del Desarrollo de los Macrodatos (2016-2020)
761	《广州市人民政府办公厅关于促进大数据发展的实施意见》	Opiniones de Implementación de la Oficina General del Gobierno Popular Municipal de Guangzhou sobre la Promoción del Desarrollo de los Macrodatos
762	《深圳市促进大数据发展行动计划（2016—2018年）》	Plan de Acción de la Ciudad de Shenzhen para la Promoción del Desarrollo de los Macrodatos (2016-2018)
763	【广西壮族自治区】	Región Autónoma de Zhuang de Guangxi
764	《促进大数据发展的行动方案》（广西）	Plan de Acción para la Promoción del Desarrollo de los Macrodatos (Guangxi)
765	《脱贫攻坚大数据平台建设实施方案》（广西）	Programa de Implementación para la Construcción de la Plataforma de Macrodatos para la Erradicación de la Pobreza (Guangxi)
766	《南宁市大数据建设发展规划（2016—2020）》	Planificación del Desarrollo de la Ciudad de Nanning para la Construcción de Macrodatos (2016-2020)
767	《钦州市加快云计算及大数据产业发展的实施方案》	Programa de Implementación de la Ciudad de Qinzhou para la Aceleración del Desarrollo de la Industria de la Computación en la Nube y los Macrodatos
768	【海南省】	provincia de Hainan

续表

序号	汉语	西班牙语
769	《海南省促进大数据发展实施方案》	Programa de Implementación de la Provincia de Hainan para la Promoción del Desarrollo de los Macrodatos
770	【重庆市】	ciudad de Chongqing
771	重庆国家大数据综合试验区	Zona Piloto Integral Nacional de los Macrodatos de Chongqing
772	《重庆市大数据行动计划》	Plan de Acción de los Macrodatos de la Ciudad de Chongqing
773	【四川省】	provincia de Sichuan
774	《四川省促进大数据发展工作方案》	Plan de Trabajo de la Provincia de Sichuan para la Promoción del Desarrollo de los Macrodatos
775	《成都市大数据产业发展规划（2017—2025年）》	Planificación de la Ciudad de Chengdu para la Promoción del Desarrollo de la Industria de los Macrodatos (2017-2025)
776	《成都市促进大数据产业发展专项政策》	Políticas Especiales de la Ciudad de Chengdu para la Promoción del Desarrollo de la Industria de los Macrodatos
777	《泸州市人民政府关于加快大数据产业发展的实施意见》	Opiniones de Implementación del Gobierno Popular Municipal de Luzhou para la Aceleración del Desarrollo de la Industria de los Macrodatos
778	【贵州省】	provincia de Guizhou
779	国家大数据（贵州）综合试验区	Zona Piloto Integral Nacional de los Macrodatos de Guizhou
780	块数据城市	ciudad de datos de bloque
781	中国数谷	Valle de los Datos de China
782	贵阳·贵安大数据产业发展集聚示范区	Zona de Demostración del Clúster de Gui'an en Guiyang para el Desarrollo de la Industria de los Macrodatos
783	《关于加快大数据产业发展应用若干政策的意见》（贵州）	Opiniones sobre las Políticas para la Aceleración del Desarrollo y la Aplicación de la Industria de los Macrodatos (Guizhou)
784	《贵州省大数据产业发展应用规划纲要（2014—2020年）》	Esquema de Planificación de la Provincia de Guizhou para el Desarrollo y la Aplicación de la Industria de los Macrodatos (2014-2020)
785	《贵州省发展农业大数据助推脱贫攻坚三年行动方案（2017—2019年）》	Plan de Acción Trienal de la Provincia de Guizhou para el Desarrollo de los Macrodatos en la Agricultura para la Erradicación de la Pobreza (2017-2019)
786	《贵州大数据+产业深度融合 2017年行动计划》	Plan de Acción de Guizhou para la Integración Profunda de los Macrodatos y la Industria en 2017
787	《贵州省数字经济发展规划（2017—2020年）》	Planificación del Desarrollo de la Economía Digital de la Provincia de Guizhou (2017-2020)
788	《智能贵州发展规划（2017—2020年）》	Planificación del Desarrollo de Guizhou Inteligente (2017-2020)
789	《贵阳大数据产业行动计划》	Plan de Acción de Guiyang para la Industria de los Macrodatos

序号	汉语	西班牙语
790	《关于加快发展大数据产业的实施意见》（贵阳）	Opiniones de Implementación sobre la Aceleración del Desarrollo de la Industria de los Macrodatos (Guiyang)
791	《中共贵阳市委关于以大数据为引领加快打造创新型中心城市的意见》	Opiniones del Comité Municipal de Guiyang del Partido Comunista de China sobre la Aceleración de la Construcción de una Ciudad Central Innovadora Guiada por Macrodatos
792	《中共贵阳市委 贵阳市人民政府关于加快建成"中国数谷"的实施意见》	Opiniones de Implementación del Comité Municipal de Guiyang del Partido Comunista de China y del Gobierno Popular Municipal de Guiyang sobre la Aceleración de la Construcción del "Valle de los Datos de China"
793	《贵阳市大数据标准建设实施方案》	Programa de Implementación de la Ciudad de Guiyang para el Establecimiento de la Normalización de los Macrodatos
794	【云南省】	provincia de Yunnan
795	《云南省人民政府办公厅关于重点行业和领域大数据开放开发工作的指导意见》	Opiniones Orientadoras de la Oficina General del Gobierno Popular de la Provincia de Yunnan sobre la Apertura y el Desarrollo de los Macrodatos en Industrias y Áreas Clave
796	【陕西省】	provincia de Shaanxi
797	陕西省西咸区创建软件和信息服务（大数据）示范基地	Base de Demostración del Distrito de Xixian de la Provincia de Shaanxi para la Creación de Software y Servicios de Información (de los Macrodatos)
798	硬科技之都	capital de las tecnologías duras
799	《陕西省大数据与云计算产业示范工程实施方案》	Programa de Implementación de la Provincia de Shaanxi del Proyecto de Demostración de la Industria de los Macrodatos y la Computación en la Nube
800	《西安市大数据产业发展实施方案（2017—2021年）》	Programa de Implementación de la Ciudad de Xi'an para el Desarrollo de la Industria de los Macrodatos (2017-2021)
801	《西安市发展硬科技产业十条措施》	Diez Medidas de la Ciudad de Xi'an para el Desarrollo de la Industria de las Tecnologías Duras
802	【甘肃省】	provincia de Gansu
803	《关于加快大数据、云平台建设促进信息产业发展的实施方案》	Programa de Implementación sobre la Aceleración de la Construcción de Macrodatos y la Plataforma en la Nube para la Promoción del Desarrollo de la Industria de la Información
804	《甘肃省促进大数据发展三年行动计划（2017—2019年）》	Plan de Acción Trienal de la Provincia de Gansu para la Promoción del Desarrollo de los Macrodatos (2017-2019)
805	《兰州市人民政府关于促进大数据发展的实施意见》	Opiniones de Implementación del Gobierno Popular Municipal de Lanzhou sobre la Promoción del Desarrollo de los Macrodatos
806	【青海省】	provincia de Qinghai
807	《关于促进云计算发展培育大数据产业实施意见》（青海）	Opiniones de Implementación sobre la Promoción del Desarrollo de la Computación en la Nube y el Fomento de la Industria de los Macrodatos (Qinghai)

续表

序号	汉语	西班牙语
808	【宁夏回族自治区】	Región Autónoma de Hui de Ningxia
809	《关于运用大数据开展综合治税工作实施方案》（宁夏）	Programa de Implementación sobre el Desarrollo de la Administración Tributaria Integral Mediante el Uso de los Macrodatos (Ningxia)
810	【新疆维吾尔自治区】	Región Autónoma Uigur de Xinjiang
811	《新疆维吾尔自治区云计算与大数据产业"十三五"发展专项规划》	Planificación Especial del Desarrollo de la Industria de la Computación en la Nube y los Macrodatos de la Región Autónoma Uigur de Xinjiang en el 13º Plan Quinquenal
812	数字基础设施	infraestructura digital
813	网络基础	fundamentos de la red
814	宽带乡村	banda ancha rural
815	电信普遍服务	servicio universal de telecomunicaciones
816	宽带城市	ciudad equipada con banda ancha
817	三网融合	convergencia de tres redes
818	国家空间数据基础设施	Infraestructura Nacional de Datos Espaciales (NSDI)
819	互联网骨干直联点	punto de conexión directa a la red troncal de internet
820	互联网协议第六版	protocolo de internet versión 6 (IPv6)
821	天地一体化信息网络	red de información integrada espacio-tierra
822	5G规模组网	red de telecomunicaciones 5G
823	量子保密通信骨干网	red troncal de comunicación cuántica segura
824	信息资源库	repositorio de información (básica)
825	信息资源	recursos de información
826	政务信息资源	recursos de información gubernamental
827	人口基础信息库	base de datos de información básica sobre la población
828	脱敏人口信息资源	recursos de información de población desensibilizada
829	法人单位基础信息库	base de datos de información de las entidades jurídicas
830	自然资源基础信息库	base de datos de información de los recursos naturales
831	地理空间基础信息库	base de datos de información geoespacial básica
832	国土资源监管信息系统	sistema de información para el control de los recursos terrestres
833	社会信用信息库	base de datos de información de crédito social
834	全国公共信用信息公示系统	sistema nacional de publicidad de información de crédito público
835	统一社会信用代码	código de crédito social unificado

续表

序号	汉语	西班牙语
836	应用设施	instalaciones de aplicación
837	一体化政务数据平台	plataforma integrada de datos de asuntos gubernamentales
838	公共应用服务平台	plataforma de servicios de aplicación pública
839	国家电子政务网络	Red Nacional de Asuntos Gubernamentales Electrónicos (NEGN)
840	国家政务数据中心	centro nacional de datos de asuntos gubernamentales
841	国家数据共享交换工程	proyecto nacional de compartición e intercambio de datos
842	国家公共数据开放网站	sitio web nacional abierto de datos públicos
843	【重要领域信息系统】	sistemas de información de áreas críticas
844	北斗卫星导航系统	sistema de navegación por satélite Beidou (BDS)
845	核岛控制系统	sistema de control de la isla nuclear
846	银联交易系统	sistema de transacciones UnionPay
847	智能交通系统	Sistema de Tráfico Inteligente (ITS)
848	供水管网信息管理系统	sistema de gestión de la información de la red de abastecimiento de agua
849	社保信息系统	sistema de información de la Seguridad Social
850	内容分发网络	red de distribución de contenidos (RDC)
851	全国一体化大数据中心	Centro Nacional Integrado de Macrodatos
852	信息基础设施防护	Protección de la Infraestructura de Información (CIIP)
853	关键信息基础设施	Infraestructura de Información Crítica (CII)
854	关键信息基础设施安全保护制度	Sistema de Protección de la Seguridad de la Infraestructura de Información Crítica
855	美国关键信息基础设施保护制度	Sistema de Protección de la Infraestructura de Información Crítica de los Estados Unidos
856	关键信息基础设施保护通告	Aviso de Protección de la Infraestructura de Información Crítica
857	《关键基础设施信息保护法》	Ley de Protección de la Información de Infraestructuras Críticas
858	数据开放共享	intercambio abierto de datos
859	开放数据	datos abiertos
860	国家数据开放体系	sistema nacional de datos abiertos
861	数据孤岛	isla de datos aislada
862	数据烟囱	silo de datos
863	数据开放	apertura de datos
864	政府信息公开	divulgación de información gubernamental

续表

序号	汉语	西班牙语
865	政府数据共享	intercambio de datos gubernamentales
866	政府数据开放	apertura de datos gubernamentales
867	数据开放生态系统	ecosistema de datos abiertos
868	数据开放统一平台	plataforma unificada de datos abiertos
869	政府数据管理机构	organismo de gestión de datos gubernamentales
870	政府数据开放评价机制	mecanismo de evaluación para la apertura de datos gubernamentales
871	数据共享	compartición de datos
872	无条件共享	compartición incondicional
873	有条件共享	compartición condicional
874	不予共享	no compartir
875	开放政府	gobierno abierto
876	开放政府数据	datos gubernamentales abiertos
877	开放授权	autorización abierta (OAuth)
878	开放数据授权协议	protocolo de datos abiertos (Odata)
879	开放数据政策模型	modelo de política de datos abiertos
880	中国开放数林指数	Índice de Datos Abiertos de China
881	开放政府运动	movimiento de gobierno abierto
882	赫尔比希（Natalie Helbig）开放政府建设模型	modelo de construcción de gobierno abierto de Natalie Helbig
883	《政务信息系统整合共享实施方案》	Programa de Implementación de Integración e Intercambio de los Sistemas de Información de los Asuntos Gubernamentales
884	《公共信息资源开放试点工作方案》	Plan de Trabajo del Programa Piloto de Apertura de los Recursos de Información Pública
885	《关于推进公共信息资源开放的若干意见》	Opiniones sobre la Promoción de la Apertura de los Recursos de Información Pública
886	马赛克效果	efecto mosaico
887	共享观	visión compartida
888	开放平台	plataforma abierta
889	【规划与标准】	planificación y normas
890	政府部门数据共享	intercambio de datos entre departamentos gubernamentales
891	公共数据资源开放	apertura de los recursos de datos públicos
892	数据资源清单	lista de recursos (BOR) de datos
893	政府数据开放共享标准	normas de intercambio de datos gubernamentales abiertos

续表

序号	汉语	西班牙语
894	政府数据集	conjunto de datos gubernamentales
895	元数据标准	estándares de metadatos
896	政府数据共享开放目录	catálogo de intercambio de datos gubernamentales abiertos
897	《流通领域电子数据交换规范》	Especificaciones para el Intercambio de Datos Electrónicos en el Ámbito de la Circulación
898	《社会治安综合治理基础数据规范》国家标准（GB/T 31000—2015）	Especificación de Datos para la Gestión Integral de la Seguridad Pública (GB/T 31000—2015)
899	全国政务信息资源目录体系	sistema nacional de catalogación de recursos de información de asuntos gubernamentales
900	《政务信息资源目录编制指南（试行）》	Directrices para la Elaboración de un Catálogo de Recursos de Información de Asuntos Gubernamentales (versión de prueba)
901	【平台】	plataforma
902	国家政府数据统一开放平台	plataforma nacional abierta unificada de datos gubernamentales
903	数据开放网站	sitios web de datos abiertos
904	全国政务信息共享网站	sitio web de intercambio de información de los asuntos gubernamentales nacionales
905	北京市政务数据资源网	red de recursos de datos del gobierno municipal de Beijing
906	哈尔滨市政府数据开放平台	plataforma abierta de datos del gobierno municipal de Harbin
907	上海市政府数据服务网	red de servicios de datos del gobierno municipal de Shanghái
908	无锡市政府数据服务网	red de servicios de datos del gobierno municipal de Wuxi
909	浙江政务服务网	red de servicios de asuntos gubernamentales de Zhejiang
910	海曙区数据开放平台（宁波）	plataforma abierta de datos del distrito Haishu (Ningbo)
911	青岛政府数据开放网	red abierta de datos gubernamentales de Qingdao
912	武汉市政务公开数据服务网	red de servicios de datos abiertos de asuntos gubernamentales de la ciudad de Wuhan
913	长沙数据开放平台	plataforma abierta de datos de Changsha
914	开放广东	Guangdong abierto
915	广州市政府数据统一开放平台	plataforma abierta unificada de datos del gobierno municipal de Guangzhou
916	佛山市数据开放平台	plataforma abierta de datos de la ciudad de Foshan
917	深圳市政府数据开放平台	plataforma abierta de datos del gobierno municipal de Shenzhen
918	深圳坪山区数据开放平台	plataforma abierta de datos del distrito Pingshan de Shenzhen

续表

序号	汉语	西班牙语
919	数说东莞	narración digital de Dongguan
920	肇庆市政府数据开放平台	plataforma abierta de datos del gobierno municipal de Zhaoqing
921	梅州政府数据开放平台	plataforma abierta de datos del gobierno municipal de Meizhou
922	湛江数据服务网	red de servicios de datos de Zhanjiang
923	数说·南海	narración digital · Nanhai
924	贵州省政府数据开放平台	plataforma abierta de datos del gobierno provincial de Guizhou
925	贵阳市政府数据开放平台	plataforma abierta de datos del gobierno municipal de Guiyang
926	社会和云·城市大脑	sociedad y nube · cerebro de la ciudad
927	"云上贵州"系统平台	plataforma del sistema "Guizhou en la Nube"
928	数据治理体系与治理能力	sistema de gobernanza de datos y capacidad de gobernanza
929	【治理数据化】	datalización de la gobernanza
930	互联网+政务服务	internet + servicios gubernamentales
931	国家政务信息化工程	proyecto nacional de informatización de los asuntos gubernamentales
932	政务信息资源目录	catálogo de recursos de información de asuntos gubernamentales
933	全国一体化的国家大数据中心	centro nacional de los macrodatos de integración nacional
934	国家电子政务内网	intranet nacional de los asuntos gubernamentales electrónicos
935	国家电子政务外网	extranet nacional de los asuntos gubernamentales electrónicos
936	一体化政务治理体系	sistema integrado de gobernanza de los asuntos gubernamentales
937	网络综合治理体系	sistema de gestión integral de la red
938	信息惠民工程	proyecto de información en beneficio del pueblo
939	全国电子商务产品质量大数据应用中心	centro nacional de aplicación de los macrodatos para la calidad de los productos de comercio electrónico
940	《"十三五"国家政务信息化工程建设规划》	Planificación de la Construcción del Proyecto Nacional de Informatización de los Asuntos Gubernamentales en el 13º Plan Quinquenal
941	《推进"互联网+政务服务" 开展信息惠民试点实施方案》	Programa Piloto de Implementación para la Promoción de "Internet + Asuntos Gubernamentales" y el Desarrollo de la Información en Beneficio del Pueblo
942	《"互联网+政务服务"技术体系建设指南》	Directrices para la Construcción del Sistema Tecnológico de "Internet + Servicio de Asuntos Gubernamentales"

续表

序号	汉语	西班牙语
943	【管理机构与协调机制】	organismo de gestión y mecanismo de coordinación
944	【中央】	autoridades centrales
945	"促进大数据发展部际联席会议"制度	sistema de "reuniones conjuntas interministeriales para la promoción del desarrollo de los macrodatos"
946	中国共产党中央网络安全和信息化委员会	Comisión Central de Asuntos del Ciberespacio del Comité Central del Partido Comunista de China
947	中央国家安全领导小组	Grupo Directivo Central para Asuntos de la Seguridad Nacional (CLGNSA)
948	国家互联网信息办公室	Oficina Nacional de Información de Internet
949	国家信息中心	Centro Nacional de Información
950	国家互联网应急中心	Centro Nacional de Respuesta a Emergencias de Internet
951	国家电子政务内网建设和管理协调小组	Grupo Nacional de Coordinación para la Construcción y Gestión de la Intranet de los Asuntos Gubernamentales Electrónicos
952	【地方】	autoridades locales
953	内蒙古自治区大数据发展管理局	Administración del Desarrollo de los Macrodatos de la Región Autónoma de Mongolia Interior
954	辽宁省沈阳市大数据管理局	Administración Municipal de los Macrodatos de Shenyang de la Provincia de Liaoning
955	浙江省数据管理中心	Centro de Gestión de Datos de la Provincia de Zhejiang
956	浙江省宁波市大数据管理局	Administración Municipal de los Macrodatos de Ningbo de la Provincia de Zhejiang
957	浙江省杭州市数据资源管理局	Administración Municipal de los Recursos de Datos de Hangzhou de la Provincia de Zhejiang
958	安徽省合肥市数据资源局	Administración Municipal de los Recursos de Datos de Hefei de la Provincia de Anhui
959	湖北省黄石市大数据管理局	Administración Municipal de los Macrodatos de Huangshi de la Provincia de Hubei
960	广东省大数据管理局	Administración Provincial de los Macrodatos de Guangdong
961	广东省佛山市南海区数据统筹局	Administración de Estadísticas y Planificación de Datos del Distrito de Nanhai de la Ciudad de Foshan de la Provincia de Guangdong
962	广东省广州市大数据管理局	Administración Municipal de los Macrodatos de Guangzhou de la Provincia de Guangdong
963	四川省成都市大数据管理局	Administración Municipal de los Macrodatos de Chengdu de la Provincia de Sichuan
964	贵州省大数据发展管理局	Administración Provincial del Desarrollo de los Macrodatos de Guizhou
965	贵州省贵阳市大数据发展管理委员会	Comité de Gestión del Desarrollo de los Macrodatos de la Ciudad de Guiyang de la Provincia de Guizhou

续表

序号	汉语	西班牙语
966	云南省保山市大数据管理局	Administración Municipal de los Macrodatos de Baoshan de la Provincia de Yunnan
967	云南省昆明市大数据管理局	Administración Municipal de los Macrodatos de Kunming de la Provincia de Yunnan
968	陕西省咸阳市大数据管理局	Administración Municipal de los Macrodatos de Xianyang de la Provincia de Shaanxi
969	甘肃省兰州市大数据社会服务管理局	Administración Municipal de Servicios Sociales de los Macrodatos de Lanzhou de la Provincia de Gansu
970	甘肃省酒泉市大数据管理局	Administración Municipal de los Macrodatos de Jiuquan de la Provincia de Gansu
971	宁夏回族自治区银川市大数据管理服务局	Administración de Servicios de los Macrodatos de la Ciudad de Yinchuan de la Región Autónoma Hui de Ningxia
972	宁夏回族自治区中卫市云计算和大数据发展服务局	Administración de los Servicios de Desarrollo de la Computación en la Nube y los Macrodatos de la Ciudad de Zhongwei de la Región Autónoma Hui de Ningxia
973	【国外】	autoridades exteriores
974	美国大数据研发高级指导小组	Grupo Directivo Sénior en Investigación y Desarrollo de los Macrodatos (BDSSG) de los Estados Unidos
975	美国大数据跨部门工作组	Grupo de Trabajo Interdepartamental sobre Macrodatos de los Estados Unidos
976	英国政府数字服务小组	Grupo de Servicios Digitales Gubernamentales (GDS) del Reino Unido
977	英国信息化基础设施领导委员会	Comité Líder en Infraestructura Electrónica (ELK) del Reino Unido
978	Data.gov 项目管理办公室	Oficina de Gestión de Proyectos (PMO) en Data.gov
979	公共数据集团	Grupo de Datos Públicos (PDG)
980	开放数据研究所	Instituto de Datos Abiertos (ODI)
981	开放数据使用者团队	Grupo de Usuarios de Datos Abiertos (ODUG)
982	【专家委员会】	comité de expertos
983	国家互联网金融安全技术专家委员会	Comité Nacional de Expertos en Tecnología de Seguridad Financiera en Internet
984	中国计算机学会大数据专家委员会	Comité de Expertos en Macrodatos de la Federación China de Computación
985	国家大数据专业委员会	Comité Nacional de Expertos en Macrodatos (NBDSC)
986	国家大数据专家咨询委员会	Comité Asesor Nacional de Expertos en Macrodatos
987	大数据安全专家委员会	Comité de Expertos en Seguridad de Macrodatos
988	中国通信学会大数据专家委员会	Comité de Expertos en Macrodatos del Instituto de Comunicaciones de China
989	大数据发展促进委员会	Consejo de Macrodatos de China (BDC)

续表

序号	汉语	西班牙语
990	贵州省大数据产业专家咨询委员会	Comité Asesor de Expertos en la Industria de los Macrodatos de la Provincia de Guizhou
991	贵州省大数据标准化技术委员会	Comité Técnico para la Normalización de Macrodatos de la Provincia de Guizhou
992	开放数据中心委员会	Comité del Centro de Datos Abiertos
993	【联盟与协会】	alianzas y asociaciones
994	数字中国智库联盟	Alianza de Tanques de Pensamiento Digitales de China
995	中国网络安全产业联盟	Alianza de la Industria de la Ciberseguridad de China
996	中国电子学会	Instituto Chino de Electrónica (CIE)
997	中国通信学会	Instituto de Comunicaciones de China
998	中国IT技术联盟	Alianza de Tecnología de la Información de China
999	中国信息化推进联盟	Federación China de Promoción de la Tecnología de la Información (CFIP)
1000	中国互联网协会	Asociación de Internet de China
1001	数据中心联盟	Alianza del Centro de Datos (DCA)
1002	中国大数据技术与应用联盟	Alianza de Tecnología y Aplicación de los Macrodatos de China (BDTAA)
1003	中国企业大数据联盟	Unión de Macrodatos de China (BDU)
1004	工业大数据应用联盟	Alianza de Macrodatos Industriales
1005	国家大数据创新联盟	Alianza Nacional para la Innovación en Macrodatos
1006	首席数据官联盟	Alianza de Directores de Datos (CDOA)
1007	大数据联盟	alianza de big data
1008	中国大数据产业生态联盟	Alianza Ecológica de la Industria de los Macrodatos de China
1009	中国大数据应用（西北）联盟	Alianza para la Aplicación de los Macrodatos (del Noroeste) de China
1010	中关村大数据产业联盟	Alianza de la Industria de los Macrodatos de Zhongguancun
1011	天津市大数据联盟	Alianza de los Macrodatos de la Ciudad de Tianjin
1012	石家庄大数据产业联盟	Alianza de la Industria de los Macrodatos de Shijiazhuang
1013	山西省大数据发展联盟	Alianza para el Desarrollo de los Macrodatos de la Provincia de Shanxi
1014	东北大数据产业联盟	Alianza de la Industria de los Macrodatos de Dongbei
1015	黑龙江省大数据产业联盟	Alianza de la Industria de los Macrodatos de la Provincia de Heilongjiang
1016	上海大数据联盟	Alianza de los Macrodatos de Shanghái

续表

序号	汉语	西班牙语
1017	苏州大数据产业联盟	Alianza de la Industria de los Macrodatos de Suzhou
1018	浙江省大数据应用技术产业联盟	Alianza de la Industria de Tecnología de Aplicación de los Macrodatos de la Provincia de Zhejiang
1019	安徽省大数据产业联盟	Alianza de la Industria de los Macrodatos de la Provincia de Anhui
1020	山东大数据产业创新联盟	Alianza para la Innovación en la Industria de los Macrodatos de Shandong
1021	河南云计算大数据产业联盟	Alianza de la Industria de la Computación en la Nube y los Macrodatos de Henan
1022	广州大数据产业协同创新联盟	Alianza para la Innovación Colaborativa en la Industria de los Macrodatos de Guangzhou
1023	重庆大数据产业技术创新联盟	Alianza para la Innovación Tecnológica en la Industria de los Macrodatos de Chongqing
1024	四川大数据产业联盟	Alianza de la Industria de los Macrodatos de Sichuan
1025	贵州大数据产业联盟	Alianza de la Industria de los Macrodatos de Guizhou
1026	昆明大数据产业联盟	Alianza de la Industria de los Macrodatos de Kunming
1027	中国光谷大数据产业联盟	Alianza de la Industria de los Macrodatos del Valle Óptico de China
1028	陕西省大数据产业联盟	Alianza de la Industria de los Macrodatos de la Provincia de Shaanxi
1029	甘肃省大数据产业技术创新联盟	Alianza para la Innovación Tecnológica en la Industria de los Macrodatos de la Provincia de Gansu
1030	中国信息协会大数据分会	Sección de Macrodatos de la Asociación de Información de China
1031	北京大数据协会	Asociación de Macrodatos de Beijing
1032	河北省京津冀大数据产业协会	Asociación de la Industria de los Macrodatos de Beijing-Tianjin-Hebei de la Provincia de Hebei
1033	山西省大数据产业协会	Asociación de la Industria de los Macrodatos de la Provincia de Shanxi (SXBIA)
1034	浙江省大数据科技协会	Asociación de Ciencia y Tecnología de los Macrodatos de la Provincia de Zhejiang (ZDTA)
1035	杭州市云计算与大数据协会	Asociación de Computación en la Nube y Macrodatos de Hangzhou
1036	广东省大数据协会	Asociación de Macrodatos de la Provincia de Guangdong
1037	深圳市大数据产业协会	Asociación de la Industria de los Macrodatos de la Ciudad de Shenzhen (SZ-ABD)
1038	深圳市大数据研究与应用协会	Asociación de Investigación y Aplicación de los Macrodatos de la Ciudad de Shenzhen
1039	东莞市大数据协会	Asociación de los Macrodatos de la Ciudad de Dongguan

续表

序号	汉语	西班牙语
1040	佛山市云计算大数据协会	Asociación de Computación en la Nube y Macrodatos de la Ciudad de Foshan
1041	重庆市云计算和大数据产业协会	Asociación de la Industria de la Computación en la Nube y los Macrodatos de la Ciudad de Chongqing
1042	【研究机构】	instituto de investigación
1043	英国开放数据研究所	Instituto de Datos Abiertos del Reino Unido (ODI)
1044	中国科学技术信息研究所	Instituto de Información Científica y Tecnológica de China (ISIC)
1045	中国科学技术发展战略研究院	Instituto de Investigación Estratégica para el Desarrollo de la Ciencia y la Tecnología de China
1046	中国信息通信研究院	Academia China de Tecnología de la Información y las Comunicaciones
1047	中国电子信息产业发展研究院	Centro para el Desarrollo de la Industria de la Información de China (CCID)
1048	中国电子技术标准化研究院	Instituto de Normalización Electrónica de China
1049	网络安全应急技术国家工程实验室	Laboratorio Nacional de Ingeniería en Tecnología de Respuesta a Emergencias de Ciberseguridad (NELCERT)
1050	国家信息技术安全研究中心	Centro Nacional de Investigación en Seguridad de las Tecnologías de la Información
1051	信息网络安全技术研发中心	Centro de Investigación y Desarrollo de la Ciberseguridad
1052	大数据科学与工程国际研究中心	Centro Internacional de Investigación en Ciencia e Ingeniería de los Macrodatos
1053	中国国际经贸大数据研究中心	Centro de Investigación de los Macrodatos en la Economía y el Comercio Internacional de China
1054	提升政府治理能力大数据应用技术国家工程实验室	Laboratorio Nacional de Ingeniería en Tecnología de Aplicación de los Macrodatos para Mejorar las Capacidades Administrativas del Gobierno
1055	北京大数据研究院	Instituto de Investigación de los Macrodatos de Beijing
1056	深圳市大数据研究院	Instituto de Investigación de los Macrodatos de Shenzhen
1057	中国大数据和智慧城市研究院	Instituto de Investigación de los Macrodatos y las Ciudades Inteligentes de China
1058	大数据战略重点实验室	Laboratorio Clave de Estrategia de Macrodatos
1059	电子科技大学大数据研究中心	Centro de Investigación de los Macrodatos, Universidad de Ciencia y Tecnología Electrónica de China
1060	教育大数据应用技术国家工程实验室	Laboratorio Nacional de Ingeniería en Tecnología de Aplicación de los Macrodatos en la Educación
1061	大数据系统计算技术国家工程实验室	Laboratorio Nacional de Ingeniería en Tecnología de Computación de Sistemas de Macrodatos
1062	大数据系统软件国家工程实验室	Laboratorio Nacional de Ingeniería de Software de los Macrodatos

续表

序号	汉语	西班牙语
1063	大数据分析与应用技术国家工程实验室	Laboratorio Nacional de Ingeniería en Tecnología de Análisis de los Macrodatos
1064	大数据流通与交易技术国家工程实验室	Laboratorio Nacional de Ingeniería en Tecnología de Distribución e Intercambio de los Macrodatos
1065	大数据协同安全技术国家工程实验室	Laboratorio Nacional de Ingeniería en Tecnología de Seguridad Colaborativa de los Macrodatos
1066	医疗大数据应用技术国家工程实验室	Laboratorio Nacional de Ingeniería en Tecnología de Aplicación de los Macrodatos en la Atención Médica
1067	综合交通大数据应用技术国家工程实验室	Laboratorio Nacional de Ingeniería en Tecnología de Aplicación de los Macrodatos en el Transporte Integrado
1068	社会安全风险感知与防控大数据应用国家工程实验室	Laboratorio Nacional de Ingeniería de Aplicación de los Macrodatos en la Detección, Prevención y Control del Riesgo de la Seguridad de la Sociedad
1069	工业大数据应用技术国家工程实验室	Laboratorio Nacional de Ingeniería en Tecnología de Aplicación de los Macrodatos en la Industria
1070	空天地海一体化大数据应用技术国家工程实验室	Laboratorio Nacional de Ingeniería en Tecnología Integrada de Aplicación de los Macrodatos Aeroespaciales, Terrestres y Oceánicos
1071	【交流平台】	plataforma de comunicación
1072	中国计算机学会大数据学术会议	Conferencia Académica sobre Macrodatos de la Federación China de Computación
1073	中国国际大数据产业博览会	Exposición Internacional de la Industria de los Macrodatos de China
1074	中国大数据技术大会	Conferencia de Tecnología de los Macrodatos de China (BDTC)
1075	数据管理国际会议	Conferencia Internacional sobre Gestión de los Macrodatos (ICBDM)
1076	数据工程国际会议	Conferencia Internacional sobre Ingeniería de Datos (ICDE)
1077	数据库领域著名国际会议	prestigiosas conferencias internacionales sobre las bases de datos
1078	世界互联网大会	Conferencia Mundial sobre Internet (WIC)
1079	数字中国建设峰会	Cumbre de la Construcción de China Digital
1080	世界智能大会	Congreso Mundial de Inteligencia
1081	开放数据中心峰会	Cumbre de Centros de Datos Abiertos
1082	CMRA "统计与大数据创新应用开放论坛"	Asociación de Investigación de Mercados de China (CMRA) - Foro Abierto sobre Estadísticas y Aplicaciones de Innovación de los Macrodatos
1083	"开放数据和创新：愿景与实践"国际研讨会	Simposio Internacional sobre "Datos Abiertos e Innovación: Visión y Práctica"
1084	交通大数据开放合作国际论坛	Foro Internacional sobre Intercambio y Cooperación de Macrodatos en el Transporte

续表

序号	汉语	西班牙语
1085	开放数据创新应用大赛（上海）	Aplicaciones de Datos Abiertos de Shanghái (SODA)
1086	大数据技术	tecnología de los macrodatos
1087	技术理念	idea tecnológica
1088	技术	tecnología
1089	技术体	cuerpo tecnológico
1090	技术进化	evolución tecnológica
1091	技术元	elemento tecnológico
1092	技术域	dominio tecnológico
1093	技术基因	gen tecnológico
1094	技术自主论	autonomía tecnológica
1095	自创生系统	sistema de autopoiesis
1096	技术黑箱	tecnología de caja negra
1097	珊瑚礁结构	estructura de arrecife de coral
1098	技术进化树	árbol de la evolución tecnológica
1099	技术发展定律	Ley de Desarrollo de la Ciencia y la Tecnología
1100	大数据技术观	perspectiva de la tecnología de los macrodatos
1101	机械主义	mecanismo
1102	共生主义	filosofía de la simbiosis
1103	技术体系	sistema técnico
1104	数据采集	adquisición de datos (DAQ)
1105	【数据源】	fuente de datos
1106	数据仓库	almacén de datos (DW)
1107	关系数据库	base de datos relacional
1108	分布式数据库	base de datos distribuida (DDB)
1109	【数据采集方法】	método de adquisición de datos
1110	系统日志采集	recopilación de registros del sistema
1111	Flume 分布式日志系统	sistema de registro distribuido Flume
1112	Scribe 数据（日志）收集系统	sistema de recopilación (de registros) de datos Scribe
1113	Kafka 分布式消息系统	sistema de mensajería distribuida Kafka
1114	Fluentd 数据收集框架	marco de recopilación de datos Fluentd
1115	Logstash 日志搜集处理框架	marco de búsqueda, recopilación y procesamiento de registros Logstash
1116	Chukwa 数据收集平台	plataforma de recopilación de datos Chukwa

续表

序号	汉语	西班牙语
1117	Zipkin 分布式跟踪系统	sistema de rastreo distribuido Zipkin
1118	网络数据采集	adquisición de datos en red
1119	Arachnid 网络爬虫	rastreador web Arachnid
1120	DPI 带宽管理技术	tecnología de gestión de ancho de banda DPI
1121	DFI 带宽管理技术	tecnología de gestión de ancho de banda DFI
1122	数据库采集	adquisición de la base de datos
1123	MySQL 关系型数据库	base de datos relacional MySQL
1124	Oracle 关系型数据库	base de datos relacional Oracle
1125	Redis 数据库	base de datos Redis
1126	MongoDB 数据库	base de datos MongoDB
1127	NoSQL 数据库	base de datos NoSQL
1128	数据存储	almacenamiento de datos
1129	单机存储技术	tecnología de almacenamiento de una sola computadora
1130	网络存储技术	tecnología de almacenamiento en red
1131	直接连接存储	almacenamiento de conexión directa (DAS)
1132	网络连接存储	almacenamiento conectado en red (NAS)
1133	存储区域网络	red de área de almacenamiento (SAN)
1134	对象存储技术	tecnología de almacenamiento de objetos
1135	分布式存储技术	tecnología de almacenamiento distribuido
1136	分布式共享	memoria compartida distribuida
1137	集群存储	almacenamiento en clúster
1138	云存储技术	tecnología de almacenamiento en la nube
1139	新型数据冗余技术	nueva tecnología de redundancia de datos
1140	大容量混合内存技术	tecnología de memoria híbrida de alta capacidad
1141	高密度混合存储技术	tecnología de almacenamiento híbrido de alta densidad
1142	混合存储管理技术	tecnología de gestión de almacenamiento híbrido
1143	数据分析	análisis de datos
1144	预测性分析	Análisis predictivo
1145	关联分析	análisis de asociación
1146	算法动态性分析	análisis dinámico del algoritmo
1147	数据流处理分析	análisis de procesamiento de flujo de datos
1148	数据信息感知分析	análisis de percepción de la información de los datos

续表

序号	汉语	西班牙语
1149	数据挖掘算法	algoritmo de minería de datos
1150	数据挖掘模型	modelo de minería de datos
1151	数据流编程模型	modelo de programación de flujo de datos
1152	决策树算法	algoritmos de árbol de decisión
1153	机器学习算法	algoritmo de aprendizaje automático (ML)
1154	异常值分析算法	algoritmo de análisis de valores atípicos
1155	大数据溯源算法	algoritmo de trazabilidad de los macrodatos
1156	可视化分析	análisis de visualización
1157	几何投影技术	tecnología de proyección geométrica
1158	面向像素技术	tecnología orientada a los píxeles
1159	分层可视化技术	tecnología de visualización en capas
1160	基于图标可视化技术	tecnología de visualización basada en iconos
1161	基于图形可视化技术	tecnología de visualización basada en gráficos
1162	语义引擎	motor de búsqueda semántica (SSE)
1163	自然语言分析	análisis del lenguaje natural
1164	【数据质量和数据管理】	calidad y gestión de datos
1165	多源异构数据融合	fusión de datos heterogéneos de múltiples fuentes
1166	数据程序化交易	transacción programada de datos
1167	在线重构技术	tecnología de reconfiguración en línea
1168	适应决策技术	tecnología de decisiones adaptativas
1169	网络化操作技术	tecnología de operación en red
1170	数据应用	aplicación de datos
1171	【数据政务应用】	aplicación gubernamental de datos
1172	天网工程	Proyecto Skynet
1173	政府数据开放平台	plataforma de datos abiertos del gobierno
1174	城市大脑	cerebro de la ciudad (modelo de ciudad inteligente)
1175	云城市	ciudad en la nube
1176	时空数据融合	fusión de datos espacio-temporales
1177	数据活化	vitalización de datos
1178	【数据商业应用】	aplicación empresarial de datos
1179	云脑	cerebro en la nube
1180	类人机器人	robot humanoide
1181	5G社会	sociedad 5G

续表

序号	汉语	西班牙语
1182	用户画像	persona de usuario
1183	精准营销	marketing de precisión
1184	数据网贷	préstamo de datos en red
1185	量化投资	inversión cuantitativa
1186	高频交易	negociación de alta frecuencia
1187	【数据民生应用】	aplicación de datos para el bienestar de las personas
1188	智慧课堂	aula inteligente
1189	可穿戴设备	dispositivo vestible
1190	无人银行	banco de autoservicio
1191	无人驾驶	conducción sin conductor
1192	身份认证	Autenticación
1193	全域网	red de área global (GAN)
1194	数据标准化	normalización de datos
1195	大数据标准体系	sistema estándar de macrodatos
1196	信息技术大数据系统通用规范	Especificación General para Sistemas de Macrodatos de la Tecnología de la Información
1197	大数据技术标准规范	especificación estándar para la tecnología de los macrodatos
1198	ISO/IEC JTC1/WG9 大数据标准	estándares de los macrodatos ISO/IEC JTC1/WG9
1199	大数据技术评估标准	criterios de evaluación de la tecnología de los macrodatos
1200	大数据基准和基准测试	estándar de referencia de los macrodatos y prueba de estándar de referencia
1201	大数据安全访问控制类标准	normas del control de acceso a la seguridad de los macrodatos
1202	大数据资产管理标准化应用	aplicación estandarizada de gestión de activos de macrodatos
1203	数据管理能力成熟度评估模型	modelo de evaluación de madurez de la capacidad de gestión de datos
1204	IOC 标准化技术参考模型	modelo de referencia para la tecnología de normalización del Centro de Operaciones Inteligentes (IOC)
1205	【大数据标准机构】	organismo de normalización de los macrodatos
1206	大数据国家技术标准创新基地	Base de Innovación de Normas Técnicas Nacionales de los Macrodatos
1207	大数据标准化技术委员会	Comité Técnico de Normalización de Macrodatos
1208	全国信息技术标准化技术委员会	Comité Técnico Nacional de Normalización de la Tecnología de la Información de China

续表

序号	汉语	西班牙语
1209	全国信安标委大数据安全标准特别工作组	Grupo Especial de Trabajo de Seguridad de los Macrodatos para el Comité Técnico Nacional de Normalización de la Seguridad de la Información
1210	全国自动化系统与集成标准化技术委员会	Comité Técnico Nacional de China de Normalización para Sistemas de Automatización e Integración
1211	全国音频、视频和多媒体标准化技术委员会	Comité Técnico Nacional de China de Normalización de Audio, Vídeo y Multimedia
1212	全国智能运输系统标准化技术委员会	Comité Técnico Nacional de Normalización de Sistemas de Transporte Inteligente
1213	中国通信标准化协会	Asociación de Estándares de Comunicaciones de China
1214	技术伦理	ética de la tecnología
1215	伦理	ética
1216	技术统治论	tecnocracia
1217	技术决定论	determinismo tecnológico
1218	技术批判论	crítica de la tecnología
1219	机器人三定律	tres leyes de la robótica
1220	隐私保护伦理	ética de la protección de la privacidad
1221	数据共享伦理	ética en el intercambio de datos
1222	泳池模型	modelo de piscina
1223	坑洞模型	modelo de bache
1224	器官投影说	teoría de la proyección de órganos
1225	智能生命体	forma de vida inteligente
1226	大数据杀熟	uso de los macrodatos para "matar la familiaridad"
1227	大数据技术浮夸陷阱	trampa de la exageración de la tecnología de los macrodatos
1228	欧盟隐私权管理平台	Plataforma de la Unión Europea de Gestión de la Privacidad (PMP)
1229	大数据技术伦理	ética de la tecnología de los macrodatos
1230	大数据技术伦理算法	algoritmo de la ética de la tecnología de los macrodatos
1231	大数据技术伦理治理	gobernanza de la ética de la tecnología de los macrodatos
1232	大数据技术伦理机制	mecanismo de la ética de la tecnología de los macrodatos
1233	大数据伦理规则体系	sistema de reglas éticas de los macrodatos
1234	大数据技术伦理数据管理协议	protocolo de gestión de datos de la ética de la tecnología de los macrodatos
1235	数字经济	economía digital

续表

序号	汉语	西班牙语
1236	数字经济体	entidad económica digital
1237	新经济	nueva economía
1238	知识经济	economía del conocimiento
1239	信息经济	economía de la informática
1240	网络经济	economía de la red
1241	虚拟经济	economía ficticia
1242	互联网经济	economía de internet
1243	平台经济	economía de plataformas
1244	智慧经济	economía intelectual
1245	社群经济	economía comunitaria
1246	粉丝经济	economía de los fanáticos
1247	云经济	economía de la nube
1248	技术经济范式	paradigma tecnoeconómico
1249	技术范式	paradigma tecnológico
1250	经济学范式	paradigma económico
1251	数字化转型	transformación digital
1252	产业数字化	digitalización industrial
1253	数字化产业	industria digital
1254	零边际成本	coste marginal cero
1255	创新	innovación
1256	创新体系	sistema de innovación
1257	数据驱动型创新体系	sistema de innovación impulsado por datos
1258	创新动机	motivación de la innovación
1259	创新边界	frontera de innovación
1260	创新能力	capacidad de innovación
1261	创新模式	modelo de innovación
1262	原始创新能力	capacidad de innovación original
1263	痛客经济	economía del buscador de puntos de dolor (PPS)
1264	【学术研究】	investigación académica
1265	《数字经济:智力互联时代的希望与风险》	La economía digital: promesa y peligro en la era de la inteligencia en redes
1266	《数字化密度指数》	Índice de densidad digital
1267	《数字经济》	Economía digital
1268	《中国数字经济如何引领全球新趋势》	La economía digital de China: una fuerza global líder

序号	汉语	西班牙语
1269	《数字经济展望2017》	*Perspectivas de la economía digital para 2017*
1270	【政策体系】	sistema de políticas
1271	《新兴的数字经济》	*La emergente economía digital*
1272	《数字经济2010年法案》	Ley de Economía Digital de 2010
1273	《数字单一市场战略》	Estrategia del Mercado Único Digital (Unión Europea)
1274	《联合国2030年可持续发展议程》	Agenda de las Naciones Unidas para el Desarrollo Sostenible 2030
1275	《二十国集团创新增长蓝图》	Proyecto del G20 para un Crecimiento Innovador
1276	《二十国集团数字经济发展与合作倡议》	Iniciativa de Desarrollo y Cooperación de la Economía Digital del G20
1277	数据力与数据关系	fuerza de los datos y relación de los datos
1278	数据人	hombre de los datos
1279	经济人假设	hipótesis del hombre económico
1280	泰勒制	sistema Taylor
1281	激励理论	teoría de incentivos
1282	机会主义行为	comportamiento oportunista
1283	社会人假设	hipótesis del hombre social
1284	差序格局	patrón de secuencia de diferencias
1285	内隐人格理论	teoría de la personalidad implícita
1286	阿罗定理	teorema de la imposibilidad de Arrow
1287	【数据人假设】	hipótesis del hombre de los datos
1288	数字化记忆	memoria digital
1289	数字化虚拟人	humano virtual digitalizado
1290	数据监控	monitoreo de datos
1291	信息机器理论	teoría de la máquina de información
1292	弹性领导方式	liderazgo flexible
1293	《单向度的人——发达工业社会意识形态研究》	*El hombre unidimensional: ensayo sobre la ideología de la sociedad industrial avanzada*
1294	《机器人启示录》	*Robopocalipsis*
1295	数据力	fuerza de los datos
1296	数据能力	capacidad de datos
1297	数据处理能力	capacidad de procesamiento de datos
1298	数据采集能力	capacidad de recopilación de datos
1299	数据存储能力	capacidad de almacenamiento de datos

续表

序号	汉语	西班牙语
1300	数据关联分析能力	capacidad de análisis de correlación de datos
1301	数据激活能力	capacidad de activación de datos
1302	数据预测能力	capacidad de predicción de datos
1303	非物质劳动	trabajo inmaterial
1304	脑力劳动	trabajo mental
1305	玩乐劳动	juego y trabajo
1306	受众劳动	trabajo de audiencia
1307	无酬数字劳动	trabajo digital no remunerado
1308	《免费劳动：为数字经济生产文化》	*Trabajo gratuito: produciendo cultura para la economía digital*
1309	数据关系	relación de datos
1310	【组织模式变革】	transformación del modelo organizativo
1311	网络式组织	organización de la red
1312	智慧型组织	organización inteligente
1313	组织扁平化	aplanamiento de la organización
1314	组织结构柔性化	flexibilidad de la estructura organizativa
1315	组织虚拟化	virtualización de la organización
1316	数据关系	relación de datos
1317	数字剥削	explotación digital
1318	数字圈地	recinto digital
1319	数字原住民	nativo digital
1320	《数字命运》	*Destino digital*
1321	《大数据时代——生活、工作与思维的大变革》	*Macrodatos: una revolución que transformará nuestra forma de vivir, trabajar y pensar*
1322	《财富的革命》	*La revolución de la riqueza*
1323	数据交易	comercio de datos
1324	数据资产	activo de datos
1325	数据交换	intercambio de datos
1326	数据确权	confirmación de derechos de datos
1327	数据定价	precio de los datos
1328	数据中介	intermediario de datos
1329	数据服务	servicio de datos
1330	数据协作	colaboración de datos
1331	数据分包	subcontratación de datos

续表

序号	汉语	西班牙语
1332	数据代工	datos OEM (Fabricante de Equipo Original)
1333	数据管理	gestión de datos
1334	数据运营	operación de datos
1335	数据保险	seguro de datos
1336	数据结算	liquidación de datos
1337	数据定制	personalización de datos
1338	数据资产管理	gestión de activos de datos (DAM)
1339	数据交易市场	mercado de comercio de datos
1340	数据资产交易市场	mercado de comercio de activos de datos
1341	大数据交易所	intercambio de macrodatos
1342	北京大数据交易服务平台	Plataforma de Servicios de Comercio de Macrodatos de Beijing
1343	河北京津冀数据交易中心	Centro de Comercio de Datos Beijing-Tianjin-Hebei de la Provincia de Hebei
1344	上海数据交易中心	Centro de Comercio de Datos de Shanghái
1345	江苏大数据交易中心	Centro de Comercio de Macrodatos de Jiangsu
1346	安徽大数据交易中心	Centro de Comercio de Macrodatos de Anhui
1347	华中大数据交易所	Intercambio de Macrodatos de China Central
1348	西咸新区大数据交易所	Intercambio de Macrodatos de la Nueva Área de Xixian
1349	哈尔滨数据交易中心	Centro de Comercio de Datos de Harbin
1350	杭州钱塘大数据交易中心	Centro de Comercio de Macrodatos de Hangzhou Qiantang
1351	合肥大数据交易中心	Centro de Comercio de Macrodatos de Hefei
1352	青岛大数据交易中心	Centro de Comercio de Macrodatos de Qingdao
1353	武汉东湖大数据交易平台	Plataforma de Comercio de Macrodatos del Lago Este de Wuhan
1354	武汉长江大数据交易所	Intercambio de Macrodatos del Río Yangtzé en Wuhan
1355	广州数据交易服务中心	Centro de Servicios de Intercambio de Datos de Guangzhou
1356	成都大数据交易平台	Plataforma de Comercio de Macrodatos de Chengdu
1357	贵阳大数据交易所	Intercambio Global de Macrodatos de Guiyang (GBDEx)
1358	大数据交易规则	reglas de comercio de macrodatos
1359	《浙江大数据交易中心交易规则》	Reglamento de Negociación del Centro de Comercio de Macrodatos de la Provincia de Zhejiang
1360	《浙江大数据交易中心资金结算制度》	Sistema de Liquidación de Fondos del Centro de Comercio de Macrodatos de la Provincia de Zhejiang

续表

序号	汉语	西班牙语
1361	《上海数据交易中心数据互联规则》	Reglas de Interconexión de Datos del Intercambio de Datos de Shanghái
1362	《贵阳大数据交易所 702 公约》	Convención 702 de Intercambio Global de Macrodatos de Guiyang
1363	《贵阳大数据交易所确权暂行管理办法》	Medidas Administrativas Provisionales para la Confirmación de Derechos de Datos en la Bolsa de Macrodatos de Guiyang
1364	《贵阳大数据交易所数据交易结算制度》	Sistema de Transacción y Liquidación de Datos del Intercambio Global de Macrodatos de Guiyang
1365	《贵阳大数据交易观山湖公约》	Convención Guanshanhu de la Ciudad de Guiyang sobre el Comercio de Macrodatos
1366	产业链与价值链	cadena de suministro y cadena de valor
1367	战略性新兴产业	industria emergente estratégica
1368	信息产业	industria de la información
1369	虚拟产业	industria virtual
1370	数字产业	industria digital
1371	电子信息制造业	industria de fabricación de información electrónica
1372	网络信息技术产业	industria de la tecnología de la información en red
1373	网络安全产业	industria de la ciberseguridad
1374	软件服务业	industria de servicios de software
1375	《"十三五"国家战略性新兴产业发展规划》	Planificación Nacional del Desarrollo de Industrias Emergentes Estratégicas en 13º Plan Quinquenal
1376	【传统产业升级】	modernización de la industria tradicional
1377	定制化生产	producción personalizada
1378	企业无边界	empresa sin fronteras
1379	个性化营销	mercadotecnia personalizada
1380	柔性化生产	producción flexible
1381	智能制造	fabricación inteligente
1382	网络化制造	fabricación en red
1383	分享制造	fabricación compartida
1384	云制造	fabricación en la nube
1385	【价值链升级】	mejora de la cadena de valor
1386	全球价值链	cadena de valor global
1387	无纸化通关	despacho de aduana sin papel
1388	数字认证	autenticación digital
1389	价值链分工	especialización de la cadena de valor

续表

序号	汉语	西班牙语
1390	消费升级	mejora del consumo
1391	知识付费	pago por conocimiento
1392	协同消费	consumo colaborativo
1393	电子支付	pago electrónico
1394	泛娱乐	panentretenimiento
1395	O2O 消费	consumo en línea a fuera de línea
1396	网络购物	compra en línea
1397	在线交易	comercio en línea
1398	新零售	nuevo comercio minorista
1399	无人超市	supermercado no tripulado
1400	《国务院办公厅关于推动实体零售创新转型的意见》	Opiniones de la Oficina General del Consejo de Estado para la Promoción de la Innovación y Transformación del Comercio Minorista Físico
1401	【新电商】	nuevo comercio electrónico
1402	电子商务平台	plataforma de comercio electrónico
1403	亚马逊电子商务	comercio electrónico de Amazon
1404	电子世界贸易平台	Plataforma de Comercio Electrónico Mundial (e-WTP)
1405	阿里巴巴	Alibaba
1406	京东	JD
1407	亚马逊	Amazon
1408	数字包容性	inclusión digital
1409	数字红利	dividendo digital
1410	数字鸿沟	brecha digital
1411	《填平数字鸿沟》	*Reducir la brecha digital*
1412	《从数字鸿沟走向数字机遇》	*De la brecha digital a las oportunidades digitales*
1413	《电子欧洲：创建所有人的信息社会》	*Europa electrónica: construir una sociedad de la información para todos*
1414	《G20 数字化路线图》	Hoja de Ruta para Digitalización del G20
1415	数字红利	dividendo digital
1416	包容性增长	crecimiento inclusivo
1417	可持续发展	desarrollo sostenible
1418	数字扶贫	alivio de la pobreza digital
1419	新就业型态	nuevas modalidades de trabajo
1420	灵活就业人员	trabajador flexible

续表

序号	汉语	西班牙语
1421	《数字经济下的就业与人才研究报告》	Informe de Investigación sobre el Empleo y el Talento en la Economía Digital
1422	网约车	transporte compartido de igual a igual
1423	【数字人才】	talentos digitales
1424	首席数据官	director de datos (CDO)
1425	数据科学家	científico de datos
1426	大数据分析师	analista de macrodatos
1427	算法工程师	ingeniero en algoritmos
1428	系统工程师	ingeniero de sistemas
1429	自动化工程师	ingeniero en automatización
1430	软件工程师	ingeniero de software
1431	信息系统管理工程师	ingeniero de gestión de sistemas de información
1432	数字素养	alfabetización digital
1433	素养域	dominio de la alfabetización
1434	数字能力	capacidad digital
1435	数字素养项目	proyecto de alfabetización digital
1436	老年人连通计划	plan de conectividad para la tercera edad
1437	数字工厂项目	proyecto de fábrica digital
1438	教育与培训 2010 计划	Programa de Educación y Formación 2010
1439	21 世纪数字丝绸之路	ruta de la seda digital del siglo XXI
1440	普惠经济	economía inclusiva
1441	共享金融	finanzas compartidas
1442	共享出行	movilidad compartida
1443	共享单车	bicicleta compartida
1444	共享充电宝	banco de energía compartido
1445	《共享型社会》	*La sociedad compartida*
1446	众包	externalización abierta de tareas; colaboración abierta distribuida
1447	InnoCentive	InnoCentive (incentivo a la innovación)
1448	众创	innovación de masas
1449	众创空间	espacio físico de colaboración abierta; espacio para creadores
1450	Fab Lab	laboratorio de fabricación digital
1451	Living Lab	laboratorio viviente (banco de pruebas y entorno de experimentación basado en la creación y la innovación)

续表

序号	汉语	西班牙语
1452	应用创新园区	Parque de Innovación de Aplicaciones (AIP)
1453	众筹	micromecenazgo
1454	众扶	apoyo de masas
1455	普惠金融体系	sistema financiero inclusivo
1456	普惠贸易	comercio inclusivo
1457	普惠科技	tecnología inclusiva
1458	数字金融	finanzas digitales
1459	数字货币	moneda digital
1460	货币	moneda
1461	货币本质观	visión (de Marx) sobre la esencia del dinero
1462	法定货币	moneda de curso legal
1463	法定数字货币	moneda digital legal
1464	信用货币	dinero de crédito
1465	主权货币	moneda soberana
1466	超主权货币	moneda súper soberana
1467	加密货币	criptomoneda
1468	比特币	Bitcoin (BTC)
1469	莱特币	Litecoin (LTC)
1470	瑞波币	Ripple (XRP)
1471	以太坊	Ethereum (ETH)
1472	竞争币	altcoin (moneda alternativa a Bitcoin)
1473	电子货币	dinero electrónico
1474	网络货币	moneda de la red
1475	电子现金	efectivo electrónico
1476	电子钱包	billetera digital; billetera electrónica
1477	电子支票	cheque electrónico
1478	电子信用卡	tarjeta de crédito electrónica
1479	数字货币时代	era de la moneda digital
1480	数字金融系统	sistema financiero digital
1481	基础设施	infraestructura
1482	互联网金融平台	plataforma financiera de internet
1483	互联网金融风险信息共享系统	sistema de intercambio de información sobre riesgos financieros en internet
1484	全国中小企业股份转让系统	Bolsa Nacional de Valores y Cotizaciones (NEEQ)

续表

序号	汉语	西班牙语
1485	支付系统	sistema de pago
1486	票据支付系统	sistema de pago de facturas
1487	银行卡支付系统	sistema de pago con tarjeta bancaria
1488	互联网支付系统	sistema de pago por internet
1489	【中央证券存管与证券结算】	Depositario Central de Valores (CSD) y Sistema de Liquidación de Valores (SSS)
1490	中央证券存管系统	Sistema de Depositario Central de Valores
1491	中国证券登记结算有限责任公司	Corporación de Depósito y Compensación de Valores de China (CSDC)
1492	中央国债登记结算有限责任公司	Corporación Central de Depósito y Liquidación de China (CCDC)
1493	银行间市场清算所股份有限公司	Corporación de la Cámara de Compensación del Mercado Interbancario
1494	中央对手方（CCP）	contraparte central (CCP)
1495	中央对手清算业务体系	sistema comercial de compensación de contraparte central
1496	金融交易数据库	base de datos de transacciones financieras
1497	金融业态	formatos financieros
1498	大数据金融	finanzas de macrodatos
1499	互联网金融	finanzas en internet (ITFIN)
1500	移动金融	finanzas móviles
1501	民主金融	finanzas democráticas
1502	微金融	microfinanzas; microfinanciación
1503	普惠金融	finanzas inclusivas
1504	市场主体	entidad de mercado
1505	【金融企业】	empresas financieras
1506	网联清算有限公司	NetsUnion Clearing Corporation (NUCC)
1507	蚂蚁金服	Ant Financial Services Group
1508	360金融	360 Finance Inc
1509	京东金融	Jingdong Finance (JD Finance)
1510	陆金所	Lufax
1511	【非金融企业】	empresas no financieras
1512	万得资讯	Wind Information
1513	中国人民银行征信中心	Centro de Referencia de Crédito del Banco Popular de China
1514	中国人民银行金融信息中心	Centro de Información Financiera del Banco Popular de China

续表

序号	汉语	西班牙语
1515	中国金融教育发展基金会	Fundación China para el Desarrollo de la Educación Financiera
1516	【金融决策机构】	institución de toma de decisiones financieras
1517	中国人民银行金融市场司	Departamento de Mercados Financieros del Banco Popular de China
1518	中国人民银行支付结算司	Departamento de Pagos y Liquidación del Banco Popular de China
1519	中国人民银行征信管理局	Administración del Sistema de Información Crediticia del Banco Popular de China
1520	中国人民银行清算总中心	Centro Nacional de Compensación del Banco Popular de China
1521	支付与市场基础设施委员会	Comité de Pagos e Infraestructuras del Mercado (CPMI)
1522	数字金融模式	modelo financiero digital
1523	网络融资	financiación de la red
1524	金融脱媒	desintermediación financiera
1525	【众筹平台集资模式】	modelo de recaudación de fondos de las plataformas de micromecenazgo
1526	股权众筹	micromecenazgo de equidad
1527	债权众筹	micromecenazgo de préstamo
1528	回报众筹	micromecenazgo de recompensas
1529	公益众筹	micromecenazgo de donaciones
1530	【众筹平台运作模式】	modo de funcionamiento de las plataformas de micromecenazgo
1531	贷帮网运作模式	modo de funcionamiento de Loan Help Network
1532	天使汇运作模式	modo de funcionamiento de AngelCrunch
1533	大家投运作模式	modo de funcionamiento de All Investment
1534	追梦网运作模式	modo de funcionamiento de Dreamore
1535	人人投运作模式	modo de funcionamiento de Renrentou
1536	P2P 网络借贷	préstamos entre particulares en línea
1537	供应链金融	financiación de la cadena de suministro
1538	【供应链金融融资模式】	modelo de financiación de la cadena de suministro
1539	保税仓融资	financiación de depósitos aduaneros
1540	融通仓融资	financiación FTW (finanzas, transporte y almacén)
1541	应收账款融资	financiación de cuentas por cobrar
1542	【供应链金融平台模式】	modelo de plataforma de financiación de la cadena de suministro
1543	拍拍贷	PPDAI Group (primera plataforma de préstamos en línea entre pares de China)

续表

序号	汉语	西班牙语
1544	O2O	en línea a fuera de línea
1545	宜人贷	Yirendai (plataforma de gestión patrimonial y de préstamos crediticios)
1546	第三方支付	pago de terceros
1547	互联网支付	pago por internet
1548	银行卡收单	recibo de tarjeta bancaria
1549	移动支付	pago móvil
1550	预付卡	tarjeta de prepago
1551	【第三方支付商业平台】	plataforma de pago comercial de terceros
1552	PayPal	PayPal
1553	支付宝	Alipay
1554	银联支付	pago de UnionPay
1555	拉卡拉支付	pago de Lakala Payment
1556	微付通	micro Tenpay
1557	财付通	Tenpay
1558	汇付天下	ChinaPNR
1559	【第三方支付商业模式】	modelo de negocio de pago de terceros
1560	B2C	de negocio a consumidor (B2C)
1561	C2C	de consumidor a consumidor (C2C)
1562	快钱	Kuaiqian (empresa china líder en pagos independientes de terceros)
1563	信息化金融机构	instituciones financieras informatizadas
1564	【传统金融业务电子化】	informatización de los negocios financieros tradicionales
1565	网上银行	servicio de banca en línea
1566	手机银行	banca móvil
1567	家居银行	banca desde casa
1568	网络证券	valores en línea
1569	【基于互联网的创新金融服务】	servicios financieros innovadores basados en internet
1570	直销银行	banco directo
1571	网商银行	MYbank
1572	众安在线	ZhongAn (compañía de seguros en línea)
1573	余额宝模式	modelo Yu'ebao
1574	【金融电商模式】	modelo de comercio electrónico financiero

续表

序号	汉语	西班牙语
1575	建行"善融商务"电子商务金融服务平台	plataforma de servicios financieros de comercio electrónico "Buen Negocio Financiero" del Banco de Construcción de China
1576	泰康人寿保险电商平台	plataforma de comercio electrónico de Taikang Life Insurance (compañía de seguros de vida)
1577	互联网金融门户	portal financiero de internet
1578	第三方资讯平台	plataforma de información de terceros
1579	网贷之家	Home of Online Lending (empresa de préstamos entre pares)
1580	和讯网	Hexun (sitio web de noticias financieras)
1581	垂直搜索平台	plataforma de búsqueda vertical
1582	融360	Rong360 (plataforma de búsqueda de productos financieros)
1583	安贷客	Andaike (motor de búsqueda de servicios de financiación y préstamos personalizados)
1584	在线金融超市	FinSupermarket (supermercado financiero en línea)
1585	大童网	Datong (supermercado en línea de seguros profesionales)
1586	格上理财	Geshang Finance (inversiones financieras)
1587	91金融超市	91FinSupermarket (plataforma de servicios para FinTech)
1588	软交所科技金融超市	Supermercado Financiero de Ciencia y Tecnología de Intercambio de Software y Servicios de Información
1589	【风险控制与监管】	control y regulación de riesgos
1590	风险控制	control de riesgos
1591	风险	riesgo
1592	金融风险	riesgo financiero
1593	金融风险量化评估	evaluación cuantitativa de riesgos (QRA) financieros
1594	金融风险监控平台	plataforma de seguimiento de riesgos financieros
1595	金融风险监测预警机制	mecanismo de monitoreo y alerta temprana de riesgos financieros
1596	互联网金融风控模型	modelo de control de riesgos financieros en internet
1597	大数据金融风险控制体系	sistema de control de riesgos financieros de los macrodatos
1598/1599	金融监管	regulación financiera
1600	【金融风险监管机构】	regulador de riesgo financiero
1601	中国人民银行	Banco Popular de China (PBC)
1602	中国银行保险监督管理委员会	Comisión Reguladora de Banca y Seguros de China

续表

序号	汉语	西班牙语
1603	中国证券监督管理委员会	Comisión Reguladora de Valores de China
1604	全国互联网金融工作委员会	Comité Nacional de Trabajo de Finanzas de Internet
1605	中国互联网金融协会	Asociación Nacional de Finanzas de Internet de China (NIFA)
1606	金融稳定理事会	Consejo de Estabilidad Financiera (FSB)
1607	国际证监会组织	Organización Internacional de Comisiones de Valores (IOSCO)
1608	巴塞尔银行监管委员会	Comité de Supervisión Bancaria de Basilea (BCBS)
1609	【金融风险监管政策文本】	texto de la política de supervisión de riesgos financieros
1610	《关于促进互联网金融健康发展的指导意见》	Opiniones Orientadoras sobre la Promoción del Desarrollo Saludable de las Finanzas en Internet
1611	《关于加强非金融企业投资金融机构监管的指导意见》	Opiniones Orientadoras sobre el Fortalecimiento de la Regulación de la Inversión de Empresas No Financieras en las Instituciones Financieras
1612	《网络借贷信息中介机构业务活动管理暂行办法》	Medidas Provisionales para la Administración de las Actividades Comerciales de las Instituciones Intermediarias de Información sobre Préstamos en Línea
1613	《非金融机构支付服务管理办法》	Medidas de Gestión del Servicio de Pago de Instituciones No Financieras
1614	《电子支付指引（第一号）》	Directrices para el Pago Electrónico No. 1
1615	《互联网保险业务监管暂行办法》	Medidas Provisionales para la Supervisión del Negocio de Seguros por Internet
1616	数字信用体系	sistema de crédito digital
1617	算法信用	crédito algorítmico
1618	信用	crédito
1619	信用链	cadena de créditos
1620	信用风险	riesgo de crédito
1621	区块链信用技术	tecnología de crédito de la cadena de bloques
1622	智能化合约	contrato inteligente
1623	时间戳认证	sellado de tiempo confiable
1624	点对点分布式系统	sistema distribuido de igual a igual (P2P)
1625	分布式网络记账系统	sistema de contabilidad de red distribuida
1626	区块链共识机制	mecanismo de consenso de la cadena de bloques
1627	区块链信用证	carta de crédito en la cadena de bloques
1628	区块链信用评级	calificación crediticia de la cadena de bloques
1629	信用证区块链联盟	alianza de la cadena de bloques para cartas de crédito

续表

序号	汉语	西班牙语
1630	社会信用体系	sistema de crédito social
1631	【信用体系】	sistema de crédito
1632	公共信用体系	sistema de crédito público
1633	企业信用体系	sistema de crédito empresarial
1634	个人信用体系	sistema de crédito personal
1635	FICO 信用评分系统	sistema de calificación crediticia FICO (Fair Isaac Company)
1636	全社会征信系统	sistema de información crediticia para toda la sociedad
1637	统一社会信用代码制度	sistema unificado de código de crédito social
1638	【社会信用信息服务机构】	institución de servicios de información crediticia social
1639	第三方信用信息共享平台	plataforma de intercambio de información crediticia de terceros
1640	公共信用信息服务平台	plataforma de servicio público de información crediticia
1641	互联网大数据征信平台	plataforma de información crediticia de los macrodatos de internet
1642	小额信贷行业信用信息共享服务平台	plataforma de servicios de intercambio de información crediticia de la industria de los microcréditos
1643	中国银行征信中心个人信用信息服务平台	plataforma de servicios del Centro de Referencia de Crédito del Banco de China para información de crédito personal
1644	信用社会	sociedad de crédito
1645	契约社会	sociedad contractual
1646	信用中国	Credit China
1647	信用城市	ciudad del crédito
1648	信用社会制度	sistema de crédito social
1649	守信联合激励制度	sistema de incentivos conjuntos por confiabilidad
1650	失信联合惩戒制度	sistema disciplinario conjunto por falta de confiabilidad
1651	信用城市大数据平台	plataforma de macrodatos de la ciudad del crédito
1652	诚信森林	bosque de la honestidad
1653	信用云	nube de crédito
1654	数字公民	ciudadano digital
1655	数据治理	gobernanza de datos
1656	数字政府	gobierno digital
1657	【发展历程】	proceso de desarrollo

续表

序号	汉语	西班牙语
1658	【政府 1.0】	gobierno 1.0
1659	政府网站	sitio web del gobierno
1660	管理信息系统	sistema de información de gestión (MIS)
1661	自动化办公系统	sistema de automatización de oficinas (OAS)
1662	在线沟通	comunicación en línea
1663	电子邮件	correo electrónico
1664	在线咨询	consulta en línea
1665	【政府 2.0】	gobierno 2.0
1666	信息公开	divulgación de información
1667	网上服务	servicios en línea
1668	在线双向沟通	comunicación bidireccional en línea
1669	公共部门信息	información del sector público
1670	政务微博	microblog de asuntos gubernamentales
1671	政民互动	interacción entre el gobierno y la ciudadanía
1672	参与型政府	gobierno participativo
1673	【政府 3.0】	gobierno 3.0
1674	虚拟政府	gobierno virtual
1675	服务政府	gobierno orientado al servicio
1676	透明政府	gobierno transparente
1677	政府流程再造	reingeniería de procesos gubernamentales (GPR)
1678	公共部门内部业务流程再造	reingeniería de procesos empresariales en el sector público
1679	跨部门业务流程再造	reingeniería de procesos empresariales intersectoriales
1680	社会服务流程再造	reingeniería de procesos empresariales de servicio social
1681	"O2O" 立体审批	aprobación multidimensional de "en línea a fuera de línea (O2O)"
1682	政务 APP	aplicación móvil (APP) de asuntos gubernamentales
1683	【政务服务】	servicio de asuntos gubernamentales
1684	电子政务	gobierno electrónico (e-Gobierno)
1685	在线办公	oficina en línea
1686	政务数据资源	recursos de datos de asuntos gubernamentales
1687	数据推送	empuje de datos
1688	数据治理决策域	dominio de decisión de la gobernanza de datos

续表

序号	汉语	西班牙语
1689	电子治理	Gobernanza Electrónica (E-Gobernanza)
1690	电子选举	votación electrónica
1691	数字民主	democracia digital
1692	参与式治理	gobernanza participativa
1693	参与型社会	sociedad participativa
1694	数字利维坦	Leviatán digital
1695	在线服务	servicio en línea
1696	电子证照	certificado electrónico
1697	电子公文	documento electrónico oficial
1698	电子签章	firma electrónica
1699	数字证书	certificado digital
1700	电子归档	archivo electrónico
1701	前置审批	aprobación previa
1702	一址多照	una única dirección utilizada para el registro de varias licencias comerciales
1703	并联审批	revisión y aprobación de conexiones paralelas
1704	数据管税	gestión tributaria con datos
1705	电子税务	tributación electrónica
1706	信用信息共享交换平台	plataforma para compartir e intercambiar información crediticia
1707	企业信用信息公示系统	Sistema (Nacional) de Publicidad de Información de Crédito Empresarial
1708	项目并联审批平台	plataforma de revisión y aprobación de conexiones paralelas de proyectos
1709	网上审批大数据资源库	repositorio de macrodatos para su revisión y aprobación en línea
1710	【案例】	caso
1711	国家电子政务综合试点	zona piloto integral de asuntos nacionales de gobierno electrónico
1712	腾讯政务云1分钱中标	Tencent gana la subasta de la nube de gobierno por 1 céntimo de yuan
1713	公共资产负债管理智能云平台	plataforma de nube inteligente para la gestión de activos y pasivos públicos
1714	政府领域智能客服机器人	robot inteligente de servicio al cliente en el ámbito gubernamental
1715	"智信城市"计划	plan de "Ciudad Inteligente y Confiable"
1716	区块链政务	asuntos gubernamentales de la cadena de bloques
1717	数字政府建设管理局	Administración de la Construcción del Gobierno Digital

续表

序号	汉语	西班牙语
1718	"最多跑一次"	"ejecutar como máximo una vez"
1719	【管理监督】	administración y supervisión
1720	大数据监管	supervisión de los macrodatos
1721	智能防控	prevención y control inteligente
1722	大数据预测	predicción de los macrodatos
1723	风险预警大数据	macrodatos de alerta temprana de riesgos
1724	网络市场监管	supervisión del mercado de la red
1725	全国电子商务监测中心	Centro Nacional de Monitoreo de Comercio Electrónico
1726	网络交易大数据监管	supervisión de las transacciones en línea mediante los macrodatos
1727	大数据打假	lucha contra la falsificación con macrodatos
1728	政务服务平台电子监察系统	sistema de supervisión electrónica de la plataforma de servicios de los asuntos gubernamentales
1729	大数据反腐	lucha contra la corrupción con macrodatos
1730	技术反腐	lucha contra la corrupción con la tecnología
1731	微腐败	microcorrupción
1732	数据铁笼	jaula de hierro de datos
1733	网上举报	denuncia en línea
1734	情绪数据	datos emocionales
1735	大数据司法	administración de justicia con macrodatos
1736	智慧法院	tribunal inteligente
1737	杭州互联网法院	Tribunal de Internet de Hangzhou
1738	人民法院大数据管理和服务平台	plataforma de gestión y servicio de los macrodatos del Tribunal Popular
1739	互联网法庭	tribunal de internet
1740	在线仲裁	arbitraje en línea
1741	微警务	micropolicía
1742	智慧侦查	investigación criminal inteligente
1743	【案例】	caso
1744	云智办案通	aplicación móvil de consulta de casos judiciales en la nube inteligente
1745	互联网+公共法律服务	internet + servicio jurídico público
1746	"滴滴报警"	"Didi (plataforma) para llamar a la policía"
1747	金豆模式	modelo del "frijol dorado"
1748	智慧检务	fiscalía inteligente

续表

序号	汉语	西班牙语
1749	法律援助机器人	robot de asistencia jurídica
1750	智能城市	ciudad inteligente
1751	数字城市	ciudad digital
1752	精细化网格管理	gestión refinada de la red
1753	新型智慧城市	nueva ciudad inteligente
1754	《新型智慧城市评价指标》	Indicadores de Evaluación para Nuevas Ciudades Inteligentes
1755	智慧交通	transporte inteligente
1756	智慧交通系统	Sistema de Transporte Inteligente (ITS)
1757	道路传感系统	sistema de detección de carreteras
1758	GPS 数据系统	Sistema de datos del Sistema de Posicionamiento Global (GPS)
1759	交通诱导系统	sistema de orientación del tráfico (TGS)
1760	智能交通云	nube de tráfico inteligente
1761	智能公交	autobús inteligente
1762	浙江大数据公交	transporte público de la Provincia de Zhejiang basado en los macrodatos
1763	智能停车	gestor de aparcamiento inteligente (sistema)
1764	电子收费系统	(sistema de) cobro electrónico de peajes (ETC)
1765	智能车辆	vehículo inteligente
1766	自动驾驶汽车	vehículo autónomo
1767	自动车辆控制	control automático del vehículo
1768	【案例】	caso
1769	综合交通出行大数据开放云平台	plataforma de la nube abierta de macrodatos de los viajes de transporte integral
1770	智慧医疗	atención médica inteligente
1771	数字医院	hospital digital
1772	远程医疗	telemedicina
1773	在线接诊	consulta médica en línea
1774	电子病历	historia clínica electrónica (HCE)
1775	大数据病源追踪	seguimiento de patógenos basado en los macrodatos
1776	基因检测大数据	macrodatos para pruebas genéticas
1777	临床决策系统	sistema de apoyo a la decisión clínica (CDSS)
1778	家庭健康系统	sistema de salud familiar
1779	电子健康档案	registro de salud electrónico (RSE)

序号	汉语	西班牙语
1780	智能看护	atención inteligente
1781	精准医疗	medicina de precisión
1782	高精度手术	cirugía de alta precisión
1783	医用机器人	robot médico
1784	【案例】	caso
1785	杭州共享医院	Centro Médico de Hangzhou
1786	广州 IAB 计划	Plan IAB de Guangzhou (Tecnología de la Información, Inteligencia Artificial, Farmacia Biológica)
1787	智慧教育	educación inteligente
1788	在线开放课程	curso en línea abierto
1789	网络教育	educación en red
1790	教育云平台	plataforma de educación en la nube
1791	慕课	cursos en línea masivos y abiertos (MOOC)
1792	微课程	microcurso
1793	终身电子学籍档案	expediente académico electrónico permanente
1794	电子书包	mochila escolar digital
1795	智慧校园	campus inteligente
1796	智慧旅游	turismo inteligente
1797	虚拟旅游	turismo virtual
1798	智慧景区	lugar pintoresco inteligente; lugar escénico inteligente
1799	国家智慧旅游公共服务平台	plataforma nacional de servicio público de turismo inteligente
1800	智慧社会	sociedad inteligente
1801	智慧社区	comunidad inteligente
1802	智慧街道	calle inteligente
1803	智慧物业管理	gestión de la propiedad inteligente
1804	智慧养老	atención inteligente a las personas mayores
1805	社区 O2O	comunidad en línea a fuera de línea (O2O)
1806	智能小区	zona residencial inteligente
1807	【案例】	caso
1808	贵阳"数治小区"	"zona residencial con gestión de datos" de Guiyang
1809	社会和云	sociedad y nube
1810	【社会服务】	servicios sociales

续表

序号	汉语	西班牙语
1811	社保大数据	macrodatos para la Seguridad Social
1812	智慧就业	empleo inteligente
1813	大数据精准扶贫	alivio de la pobreza con macrodatos específicos
1814	【案例】	Caso
1815	异地就医全国一卡通	tarjeta nacional "todo en uno" para la atención médica en diferentes lugares
1816	北京市公共服务一卡通平台	Plataforma de la Tarjeta de Servicios Sociales de la Ciudad de Beijing
1817	厦门市民卡虚拟卡平台	plataforma de tarjetas virtuales para ciudadanos de Xiamen
1818	智能生活	vida inteligente
1819	智能家居	hogar inteligente
1820	智能照明	iluminación inteligente
1821	数字电视	televisión digital
1822	智能影音	reproductor multimedia inteligente
1823	体感设备	dispositivo somatosensorial
1824	智能办公	oficina inteligente
1825	智能办公室自动化系统	sistema de automatización de oficina inteligente (IOAS)
1826	智能建筑	edificio inteligente
1827	智能购物	compras inteligentes
1828	虚拟试衣间	probador virtual
1829	智能购物机器人	robot de compras inteligente
1830	无人零售	venta al por menor no tripulada
1831	智能社交	(sistema de) comunicación social inteligente
1832	智慧农业	agricultura inteligente
1833	农业物联网	internet de las cosas para la agricultura
1834	物联网大田系统	sistema de medición y control de las plantaciones con internet de las cosas
1835	农业机器人	robot agrícola
1836	【案例】	caso
1837	石山物联网农业小镇	internet de las cosas en el poblado de Shishan
1838	大圩物联网小镇	internet de las cosas en el poblado de Dawei
1839	智慧物流	sistema de logística inteligente
1840	云物流	logística en la nube
1841	虚拟物流	logística virtual

续表

序号	汉语	西班牙语
1842	智能仓储	almacenamiento inteligente
1843	协同配送	distribución colaborativa
1844	无车承运人	operador de logística de transporte sin vehículo
1845	货车帮	Huochebang (proveedor de una plataforma de logística de camiones en línea)
1846	网络空间	espacio cibernético
1847	网络社会	cibersociedad
1848	赛博空间	ciberespacio
1849	网民	internauta; usuario de internet
1850	网上身份	identidad en línea
1851	网络组织	organización de la red
1852	对等共创生产	producción colaborativa basada en productos comunes
1853	点对点网络	red punto a punto
1854	议题网络	red temática
1855	网络社区	comunidad virtual; comunidad en línea
1856	网络论坛	sistema de tablón de anuncios (BBS)
1857	在线社交	comunicación social en línea
1858	博客	Blog
1859	微博	Weibo (microblog)
1860	微信	WeChat (plataforma pública)
1861	QQ	QQ (mensajería instantánea de Tencent)
1862	网络意见领袖	líder de opinión en internet
1863	网络去中心化	descentralización de internet
1864	网络群体传播	comunicación mediada por computadora (CMC)
1865	网络公关	relaciones públicas en línea
1866	网络舆论	consenso en la red
1867	网络舆情	opinión pública en la red
1868	网络政治动员	movilización política en la red
1869	群体智慧	inteligencia colectiva
1870	群体极化	polarización de grupos
1871	网络暴力	Ciberacoso
1872	信息压力	presión informativa
1873	网络成瘾	trastorno de adicción a internet

续表

序号	汉语	西班牙语
1874	个人极端主义	extremismo individual
1875	回音室效应	efecto de cámara de eco
1876	网络内容	contenido de la red
1877	网络表演	rendimiento de la red
1878	网络直播	transmisión en vivo en línea
1879	网络新闻	noticias en línea
1880	网络二次创作	obra derivada en línea
1881	网络小说	novela en línea
1882	网络游戏	juego en línea
1883	网络中立	neutralidad de la red
1884	网络人身攻击	ciberataques personales
1885	网络信息诽谤	difamación en internet
1886	网络犯罪	delito cibernético
1887	电信网络新型犯罪	nuevos delitos relacionados con las telecomunicaciones y la red
1888	互联网封锁	bloqueo de internet
1889	信息共产主义社会	Sociedad Comunista de la Información
1890	【舆情事件】	evento de opinión pública
1891	孙志刚事件	incidente de Sun Zhigang (muerte de un estudiante universitario detenido)
1892	郭美美事件	incidente de Guo Meimei (exhibición de riqueza sospechosa de una bloguera en Weibo)
1893	呼格吉勒图案重审	nuevo juicio para Huugjilt (nuevo juicio a un chico de 18 años tras una ejecución capital considerada injusta)
1894	上海外滩拥挤踩踏事件	Incidente de la Avalancha en el Bund de Shanghái el 31 de Diciembre 2014
1895	东莞扫黄	medidas enérgicas contra la prostitución y la pornografía en Dongguan
1896	昆山粉尘爆炸	accidente por explosión en la fábrica de Kunshan el 2 de agosto de 2014
1897	天津港"8·12"特大爆炸事故	accidente por explosiones masivas en el Puerto de Tianjin del 12 de agosto de 2015
1898	朴槿惠闺蜜"干政"事件	escándalo de "interferencia en la política" del mejor amigo de Park Geun-hye
1899	山西和顺矿难"谣言"	rumor sobre el desastre de la mina de Heshun en la provincia de Shanxi
1900	AlphaGo 对战李世石	robot AlphaGo vence al jugador profesional de ajedrez Lee Sedol

续表

序号	汉语	西班牙语
1901	德阳市长上网	alcalde de la Ciudad de Deyang en línea (el alcalde de Deyang abre una cuenta de Sina Weibo con su propio nombre para la gobernanza pública)
1902	共享医生模式	modelo de médico compartido
1903	广西"证照分离"改革	reforma de Guangxi sobre la "separación de la licencia de apertura y la licencia de actividad"
1904	广东"互联网+行车服务"	"internet + servicios de conducción" de Guangdong
1905	政务"双微"标配	configuración estándar de "microblog y WeChat" para asuntos gubernamentales
1906	广州"云治理"	"gobernanza en la nube" de Guangzhou
1907	大数据天眼盯紧网络广告	control y censura de la publicidad en internet mediante macrodatos
1908	政府监管"伪共享"	supervisión gubernamental de la "pseudocompartición"
1909	贵州大数据监测地灾隐患	monitoreo de desastres geológicos ocultos con macrodatos en Guizhou
1910	"刷单"入刑第一案	primer caso penal por "lucrarse con falsas opiniones positivas en internet"
1911	"小粉红"群体崛起	surgimiento del grupo "Little Pink" (jóvenes patriotas en la red)
1912	免押金信用租房	alquiler de vivienda sin fianza por buena reputación
1913	中兴危机	crisis de ZTE (Zhongxing Telecommunication Equipment)
1914	国际互联网治理	gobernanza internacional de internet
1915	全球网络空间治理	gobernanza global del ciberespacio
1916	网络政治	política en la red
1917	网络政治学	ciberpolítica
1918	虚拟政治学	política virtual
1919	网络执政	gobernanza de internet
1920	数字政治	política digital
1921	代码政治	política de códigos
1922	网络主权	soberanía cibernética
1923	领网权	soberanía territorial del ciberespacio
1924	国家和地区代码顶级域名	dominio de nivel superior de código de país (ccTLD)
1925	通用顶级域名	dominio genérico de nivel superior (gTLD)
1926	域名主权	soberanía de los nombres de dominio
1927	规则制定权	autoridad para elaborar normas

续表

序号	汉语	西班牙语
1928	《突尼斯议程》	Agenda de Túnez
1929	互联网名称与数字地址分配机构	Corporación de Internet para la Asignación de Nombres y Números (ICANN)
1930	关键互联网资源	recursos clave de internet
1931	深度数据包监测	inspección profunda de paquetes de datos
1932	海外网络传播	comunicación de la red en el extranjero
1933	数据外交	diplomacia de datos
1934	数字殖民	colonización digital
1935	数字外交官	diplomático digital
1936	跨政府网络	red intergubernamental
1937	跨国倡议网络	red de iniciativas transnacionales
1938	网络自由主义	liberalismo en internet
1939	网络保守主义	conservadurismo en internet
1940	美国无授权窃听计划	programa clandestino de vigilancia electrónica de Estados Unidos
1941	信息社会世界峰会	Cumbre Mundial sobre la Sociedad de la Información (CMSI)
1942	联合国互联网治理论坛	Foro para la Gobernanza de Internet (FGI) de las Naciones Unidas
1943	互联网治理工作组	Grupo de Trabajo sobre la Gobernanza de Internet (WGIG)
1944	英国互联网观察基金会	Fundación de Vigilancia en Internet (IWF) del Reino Unido
1945	数据安全	seguridad de datos
1946	数据风险	riesgo de datos
1947	【数据开放风险】	riesgo de datos abiertos
1948	黑客	hacker o jáquer
1949	网络攻击	ataque cibernético; ciberataque
1950	精准入侵	intrusión dirigida
1951	恶意代码	código malicioso
1952	数据纠纷	disputa de datos
1953	【数据流通风险】	riesgo de flujo de datos
1954	数据损坏	corrupción de datos
1955	数据泄露	fuga de datos; brecha de datos
1956	数据窃听	espionaje de datos
1957	数据监听	monitoreo de datos

续表

序号	汉语	西班牙语
1958	数据篡改	manipulación de datos
1959	数据失真	distorsión de datos
1960	数据丢失	pérdida de datos
1961	数据失控	datos fuera de control
1962	【数据应用风险】	riesgo de aplicación de datos
1963	隐私泄露	divulgación de privacidad; fuga de privacidad
1964	数据滥用	abuso de datos
1965	数据误用	uso indebido de datos
1966	数据侵权	infracción de datos
1967	"邮件门"事件	Escándalo "Email Gate"
1968	"棱镜门"事件	Incidente del "Prism Gate"
1969	窃听海底光缆事件	escándalo de las escuchas clandestinas en los cables submarinos de fibra óptica
1970	"网络911"事件	incidente de los "ciberataques del 11 de septiembre"(colapso de la red en EE. UU. el 21 de octubre de 2016)
1971	iCloud泄露门事件	Escándalo de la Fuga de Datos de iCloud
1972	脸书信息泄露事件	escándalo de la filtración de datos de Facebook
1973	京东数据泄露门事件	escándalo de la filtración de datos de Jingdong
1974	支付宝实名认证漏洞	vulnerabilidad en la autenticación de nombres reales de Alipay
1975	酒店客户隐私泄露事件	escándalo de la violación de privacidad de los huéspedes de los hoteles
1976	徐玉玉被电信诈骗案	caso de Xu Yuyu, víctima de un fraude en las telecomunicaciones
1977	清华教授遭网络诈骗案	caso de la catedrática de la Universidad de Tsinghua, víctima de fraude en internet
1978	数据安全防御	defensa de la seguridad de datos
1979	数据安全体系	sistema de seguridad de datos
1980	信息安全	seguridad de la información
1981	物理安全	seguridad física
1982	设备安全	seguridad del equipo
1983	信息泄露	fuga do información
1984	物理隔离	aislamiento físico
1985	数据容错	tolerancia a fallos de datos
1986	数据容灾	tolerancia a desastres de datos
1987	系统安全	seguridad del sistema

续表

序号	汉语	西班牙语
1988	运算安全	seguridad computacional
1989	存储安全	seguridad del almacenamiento
1990	传输层安全	seguridad de transmisión
1991	产品和服务安全	seguridad de productos y servicios
1992	网络安全	seguridad de internet
1993	应用安全	seguridad de la aplicación
1994	战略安全	seguridad estratégica
1995	制度安全	seguridad institucional
1996	技术安全	seguridad de la tecnología
1997	个人隐私安全	seguridad de la privacidad personal
1998	安全知识体系	sistema de conocimiento de la seguridad
1999	【安全理论】	teoría de la seguridad
2000	安全系统论	teoría del sistema de seguridad
2001	安全博弈论	teoría de juegos para la seguridad
2002	安全控制论	cibernética de seguridad
2003	哥本哈根学派安全化理论	teoría de la securitización de la Escuela de Copenhague
2004	威尔士学派安全理论	teoría de la seguridad de la Escuela de Gales
2005	巴黎学派安全研究理论	teoría de la investigación de seguridad de la Escuela de París
2006	【安全模型】	modelo de seguridad
2007	安全博弈模型	modelo de juegos de seguridad
2008	贝尔-拉普杜拉模型	modelo de seguridad Bell-Lapadula
2009	毕巴模型	modelo Biba
2010	克拉克-威尔逊模型	modelo Clark-Wilson
2011	域类实施模型	modelo de implementación de la clase de dominio
2012	默克尔树模型	modelo de árbol de Merkle
2013	安全防御技术	tecnología de defensa de la seguridad
2014	信息安全密码技术	criptografía y seguridad de la información
2015	对称加密	criptografía simétrica
2016	消息认证	autenticación de mensaje
2017	数字签名	firma digital
2018	数据加密	cifrado de datos
2019	信息隐藏技术	tecnología de ocultación de información

续表

序号	汉语	西班牙语
2020	空域隐秘技术	tecnología de sigilo; tecnología de baja detectabilidad
2021	变换域隐秘技术	tecnología de ocultación mediante transformación de dominio
2022	数字水印技术	tecnología de marca de agua digital
2023	信息认证技术	tecnología de autenticación de la información
2024	访问控制技术	tecnología de control de acceso
2025	防火墙技术	tecnología de cortafuegos
2026	网络安全协议	protocolo de seguridad de la red
2027	网络安全应急响应	respuesta a emergencias de seguridad de la red
2028	无线局域网安全防护	protección de la seguridad de las redes inalámbricas de área local (WLAN)
2029	容灾备份技术	tecnología de copia de seguridad ante desastres
2030	安全防御机制	mecanismo de protección de la seguridad
2031	【安全测评】	evaluación de la seguridad
2032	数据安全风险评估	evaluación de riesgos de la seguridad de los datos
2033	国际信息安全测评认证体系	Sistema Internacional de Evaluación y Certificación de la Seguridad de la Información
2034	中国信息安全测评认证体系	Sistema de Evaluación y Certificación de la Seguridad de la Información de China
2035	【安全管理机制】	mecanismo de gestión de la seguridad
2036	数据库审计保护	protección de la auditoría de las bases de datos
2037	数据版权管理	gestión de derechos digitales (GDD)
2038	数据分级分类管理	gestión de la calificación y clasificación de datos
2039	账号权限管理及审批制度	sistema de gestión y aprobación de la autoridad de cuentas
2040	网络信息安全等级保护机制	mecanismo de protección clasificado para la seguridad de la información de la red
2041	大数据安全保障体系	sistema de seguridad de los macrodatos
2042	【个人隐私保护机制】	mecanismo de protección de la privacidad personal
2043	数据运营主体脱密保障机制	mecanismo de garantía para la desclasificación de operadores de datos
2044	个人隐私数据处理审查机制	mecanismo de revisión del procesamiento de datos de privacidad personal
2045	个人隐私数据流转登记机制	mecanismo de registro de la transferencia de datos de privacidad personal
2046	个人数据跨境流动审查机制	mecanismo de revisión para el flujo transfronterizo de datos personales

续表

序号	汉语	西班牙语
2047	个人隐私数据泄露举报机制	mecanismo de reporte sobre la divulgación de datos de privacidad personal
2048	个人隐私数据泄露溯源机制	mecanismo de rastreo de la fuga de datos de privacidad personal
2049	个人隐私数据泄露责任追究机制	mecanismo de responsabilidad por la fuga de datos de privacidad personal
2050	数据国际治理	gobernanza internacional de los datos
2051	数据主权（政治）	soberanía de los datos (política)
2052	数据霸权主义	hegemonía de los datos
2053	数字主权	soberanía digital
2054	数据战争	guerra de los datos
2055	【数据跨境流动】	flujo de datos transfronterizo
2056	刚性禁止流动模式	modo rígido de prohibición de flujo de datos
2057	柔性禁止流动模式	modo flexible de prohibición de flujo de datos
2058	本地备份流动模式	modo de copia de seguridad local para el flujo de datos
2059	国际跨境数据流动信任机制	mecanismo de confianza para el flujo internacional de datos transfronterizo
2060	跨境流通数据资讯隐私权保护自律模式	modo de autorregulación para la protección de la privacidad de datos en la circulación transfronteriza
2061	数据跨境流动分级分类管理标准	normas de gestión para la calificación y clasificación del flujo de datos transfronterizo
2062	【数据安全战略】	estrategia de seguridad de datos
2063	《国家网络空间安全战略》	Estrategia Nacional de Seguridad en el Ciberespacio
2064	《全民监控》	*vigilancia general*
2065	数据资源安全网络	red de seguridad de los recursos de datos
2066	网络安全观	perspectivas de la seguridad de la red
2067	数据安全治理观	perspectivas de la gobernanza de la seguridad de datos
2068	数据安全管理组织	organización de gestión de la seguridad de datos
2069	国际互联网治理体系	sistema internacional de gobernanza de internet
2070	大数据隐私保护安全墙	muro de seguridad para la protección de la privacidad de los macrodatos
2071	数据安全新秩序	nuevo orden de seguridad de datos
2072	【数据安全会议】	conferencia sobre seguridad de datos
2073	网络空间安全科学国际会议	Conferencia Internacional sobre la Ciencia de la Seguridad Cibernética
2074	慕尼黑安全政策会议	Conferencia de Seguridad de Múnich

续表

序号	汉语	西班牙语
2075	首尔网络空间国际会议	Conferencia de Seúl sobre el Ciberespacio
2076	国际云计算大数据安全学术会议	Conferencia Internacional sobre la Seguridad de los Macrodatos en la Nube
2077	中国数据安全峰会	Cumbre de Seguridad de Datos de China
2078	中国密码学与数据安全学术会议	Conferencia Académica sobre Criptografía y Seguridad de Datos de China
2079	数权法	ley de derechos de datos
2080	数权	derechos de datos
2081	数权主体	sujeto de derechos de datos
2082	控制者	controlador
2083	处理者	procesador
2084	接收者	destinatario; receptor
2085	第三方	tercera parte; terceros
2086	数权客体	objeto de derechos de datos
2087	数据主权（法律）	(ley de) soberanía de datos
2088	数据共享权	derecho al intercambio de datos
2089	数据财产权	derecho a la propiedad de datos
2090	数据知情权	derecho a conocer los datos
2091	数据采集权	derechos de recopilación de datos
2092	数据使用权	derecho de uso de datos
2093	数据修改权	derecho de rectificación de datos
2094	数据被遗忘权	derecho al olvido de datos
2095	删除权	derecho de supresión de datos
2096	数权制度	sistema de derechos de datos
2097	数权法定制度	sistema legal de los derechos de datos
2098	应然权利	derechos idealistas
2099	实然权利	derechos reales
2100	法定权利	derechos legales
2101	数据所有权制度	sistema de propiedad de datos
2102	用益数权制度	sistema de usufructo de los derechos de datos
2103	主权利	derechos principales
2104	从权利	derechos secundarios
2105	公益数权制度	sistema de derechos de datos de interés público
2106	公益数据	datos de interés público

续表

序号	汉语	西班牙语
2107	准公共物品	bienes cuasi públicos
2108	共享制度	sistema de intercambio
2109	非排他性	no exclusividad
2110	共享社会	sociedad compartida
2111	【数权法】	ley de derechos de datos
2112	【法律行为】	acto jurídico
2113	处理	procesamiento
2114	剖析	análisis
2115	认证	certificación
2116	拷贝	copia
2117	授权	autorización
2118	注销	cancelación
2119	明示同意	consentimiento expreso
2120	默许统一	unidad tácita
2121	公开披露	divulgación pública
2122	转让	transferencia
2123	共享	compartición
2124	匿名化	anonimización
2125	定分止争	Ding Fen (determinando la propiedad) Zhi Zheng (poniendo fin a la disputa)
2126	【法律事件】	caso judicial
2127	顺丰菜鸟大战	batalla por los datos entre SF Express y Cainiao Smart Logistics Network
2128	腾讯华为"数据之争"	disputa por los datos entre Tencent y Huawei
2129	脉脉抓取使用新浪微博用户信息案	caso de la demanda de Sina Weibo a Maimai por apropiación y uso ilegal de información de sus usuarios
2130	大众点评诉百度不正当竞争案	caso de la demanda de Dianping Net a Baidu por competencia desleal
2131	【中国的数据权益保护】	protección de los derechos e intereses de los datos en China
2132	【法律】	ley
2133	《中华人民共和国统计法》	Ley de Estadística de la República Popular China
2134	《中华人民共和国国家安全法》	Ley de Seguridad Nacional de la República Popular China
2135	《中华人民共和国电子签名法》	Ley de Firma Electrónica de la República Popular China

续表

序号	汉语	西班牙语
2136	《中华人民共和国网络安全法》	Ley de Seguridad Cibernética de la República Popular China
2137	【行政法规】	reglamentos administrativos
2138	《中华人民共和国计算机信息网络国际联网管理暂行规定》	Reglamento Provisional para la Administración de Redes Internacionales de Información Computadorizada en la República Popular China
2139	《中华人民共和国政府信息公开条例》	Reglamento de la República Popular China sobre la Transparencia de Información Gubernamental
2140	《中华人民共和国计算机信息系统安全保护条例》	Reglamento de la República Popular China para la Protección de la Seguridad de los Sistemas de Información Computadorizada
2141	《互联网信息服务管理办法》	Medidas sobre la Administración de los Servicios de Información en Internet
2142	《信息网络传播权保护条例》	Reglamento sobre la Protección de los Derechos de la Comunicación a través de la Red de Información
2143	《企业信息公示暂行条例》	Reglamento Provisional sobre la Divulgación de Información Empresarial
2144	《中华人民共和国电信条例》	Reglamento sobre las Telecomunicaciones de la República Popular China
2145	《互联网上网服务营业场所管理条例》	Reglamento sobre la Administración de Locales Comerciales con Servicios de Acceso a Internet
2146	《政务信息资源共享管理暂行办法》	Medidas Provisionales para la Administración del Intercambio de los Recursos de Información Gubernamentales
2147	《中华人民共和国无线电管理条例》	Reglamento de la República Popular de China sobre la Gestión de las Operaciones de Radio
2148	《科学数据管理办法》	Medidas para la Gestión de los Datos Científicos
2149	【地方性法规】	regulaciones locales
2150	《山西省计算机信息系统安全保护条例》	Reglamento de la Provincia de Shanxi sobre la Protección de la Seguridad de los Sistemas Informáticos
2151	《辽宁省计算机信息系统安全管理条例》	Reglamento de la Provincia de Liaoning sobre la Gestión de la Seguridad de los Sistemas Informáticos
2152	《辽宁省信息技术标准化监督管理条例》	Reglamento de la Provincia de Liaoning sobre la Supervisión y Gestión de la Normalización de la Tecnología de la Información
2153	《黑龙江省经济信息市场管理条例》	Reglamento de la Provincia de Heilongjiang sobre la Gestión del Mercado de Información Económica
2154	《湖南省经济信息市场管理条例》	Reglamento de la Provincia de Hunan sobre la Gestión del Mercado de Información Económica
2155	《广东省企业信用信息公开条例》	Reglamento de la Provincia de Guangdong sobre la Divulgación de Información Crediticia de las Empresas
2156	《广东省计算机信息系统安全保护条例》	Reglamento de la Provincia de Guangdong sobre la Protección de la Seguridad de los Sistemas Informáticos

续表

序号	汉语	西班牙语
2157	《海南经济特区公共信息标志标准化管理规定》	Disposiciones Administrativas de la Zona Económica Especial de Hainan sobre la Normalización de la Señalización de Información Pública
2158	《重庆市计算机信息系统安全保护条例》	Reglamento de la Ciudad de Chongqing sobre la Protección de la Seguridad de los Sistemas Informáticos
2159	《贵州省信息基础设施条例》	Reglamento de la Provincia de Guizhou sobre la Infraestructura de la Información
2160	《贵州省大数据发展应用促进条例》	Reglamento de la Provincia de Guizhou sobre la Promoción del Desarrollo y la Aplicación de los Macrodatos
2161	《贵阳市政府数据共享开放条例》	Reglamento del Gobierno Municipal de Guiyang sobre el Intercambio y la Apertura de Datos
2162	《贵阳市大数据安全管理条例》	Reglamento de la Ciudad de Guiyang sobre la Gestión de la Seguridad de los Macrodatos
2163	《陕西省公共信用信息条例》	Reglamento de la Provincia de Shaanxi sobre la Información de Crédito Público
2164	《宁夏回族自治区计算机信息系统安全保护条例》	Reglamento de la Región Autónoma Hui de Ningxia sobre la Protección de la Seguridad de los Sistemas de Información Computarizada
2165	《新疆维吾尔自治区防范和惩治网络传播虚假信息条例》	Reglamento de la Región Autónoma Uigur de Xinjiang sobre la Prevención y la Sanción de la Difusión de Información Falsa en Internet
2166	【部门规章】	regulaciones departamentales
2167	《个人信用信息基础数据库管理暂行办法》	Medidas Provisionales para la Administración de los Datos Básicos de la Información Crediticia Individual
2168	《电子银行业务管理办法》	Medidas Administrativas para la Banca Electrónica
2169	《互联网视听节目服务管理规定》	Disposiciones Administrativas para el Servicio de Programas de Audio y Vídeo en Internet
2170	《互联网医疗保健信息服务管理办法》	Medidas para la Administración de los Servicios de Información Médica y de Atención de la Salud en Internet
2171	《计算机信息网络国际联网安全保护管理办法》	Medidas para la Administración de la Protección de la Seguridad de la Red Internacional de Redes de Información Computarizada
2172	《规范互联网信息服务市场秩序若干规定》	Disposiciones Relativas a la Regulación del Orden del Mercado de los Servicios de Información en Internet
2173	《电信和互联网用户个人信息保护规定》	Disposiciones Relativas a la Protección de la Información Personal de los Usuarios de Telecomunicaciones e Internet
2174	《气象信息服务管理办法》	Medidas para la Administración de los Servicios de Información Meteorológica
2175	《网络出版服务管理规定》	Disposiciones Relativas a la Administración de los Servicios de Publicación en Línea

续表

序号	汉语	西班牙语
2176	《互联网新闻信息服务管理规定》	Disposiciones Relativas a la Administración de los Servicios de Información de Noticias de Internet
2177	《互联网信息内容管理行政执法程序规定》	Disposiciones sobre los Procedimientos Administrativos de Aplicación de la Ley para la Gestión del Contenido de la Información en Internet
2178	《互联网域名管理办法》	Medidas Relativas a la Administración de los Nombres de Dominio de Internet
2179	《电信业务经营许可管理办法》	Medidas Relativas a la Administración de Licencias de Operaciones Comerciales de Telecomunicaciones
2180	《互联网药品信息服务管理办法》	Medidas Relativas a la Administración del Servicio de Información sobre Medicamentos en Internet
2181	【地方政府规章】	regulaciones del gobierno local
2182	《河北省地理信息交换共享管理办法》	Medidas Administrativas de la Provincia de Hebei para el Intercambio y la Compartición de Información Geográfica
2183	《河北省政务信息资源共享管理规定》	Disposiciones Administrativas de la Provincia de Hebei sobre la Compartición de Recursos de Información sobre Asuntos Gubernamentales
2184	《吉林省地理信息公共服务办法》	Medidas de la Provincia de Jilin sobre el Servicio Público de Información Geográfica
2185	《江苏省测绘地理信息成果管理规定》	Disposiciones Administrativas de la Provincia de Jiangsu sobre los Logros en Materia de Topografía y Cartografía de Información Geográfica
2186	《江苏省政府信息化服务管理办法》	Medidas Administrativas del Gobierno de la Provincia de Jiangsu para el Servicio de Informatización
2187	《浙江省地理空间数据交换和共享管理办法》	Medidas Administrativas de la Provincia de Zhejiang para el Intercambio y la Compartición de Datos Geoespaciales
2188	《浙江省公共数据和电子政务管理办法》	Medidas Administrativas de la Provincia de Zhejiang en Materia de Datos Públicos y Asuntos de Gobierno Electrónico
2189	《福建省政务数据管理办法》	Medidas Administrativas de la Provincia de Fujian en Materia de Datos de Asuntos Gubernamentales
2190	《湖南省地理空间数据管理办法》	Medidas Administrativas de la Provincia de Hunan en Materia de Datos Geoespaciales
2191	《海南省政务信息化管理办法》	Medidas Administrativas de la Provincia de Hainan para la Informatización de los Asuntos Gubernamentales
2192	《重庆市地理信息公共服务管理办法》	Medidas Administrativas de la Ciudad de Chongqing para el Servicio Público de Información Geográfica
2193	《四川省地理信息交换共享管理办法》	Medidas Administrativas de la Provincia de Sichuan para el Intercambio y la Compartición de Información Geográfica
2194	《贵阳市政府数据资源管理办法》	Medidas Administrativas del Gobierno Municipal de Guiyang en Materia de Recursos de Datos

续表

序号	汉语	西班牙语
2195	《青海省地理空间数据交换和共享管理办法》	Medidas Administrativas de la Provincia de Qinghai para el Intercambio y la Compartición de Datos Geoespaciales
2196	【部门规范性文件】	documentos normativos departamentales
2197	《教育部科技基础资源数据平台建设管理办法》	Medidas Administrativas del Ministerio de Educación para la Construcción de la Plataforma de Datos de Recursos Básicos de Ciencia y Tecnología
2198	《信息安全等级保护管理办法》	Medidas Administrativas para la Protección Gradual de la Seguridad de la Información
2199	《互联网网络安全信息通报实施办法》	Medidas de Implementación para la Comunicación de Información sobre la Seguridad de la Red de Internet
2200	《国土资源数据管理暂行办法》	Medidas Provisionales para la Administración de los Datos sobre los Recursos Terrestres
2201	《中国极地科学考察样品和数据管理办法》	Medidas Administrativas para las Muestras y los Datos de las Expediciones Científicas Polares de China
2202	《非银行支付机构网络支付业务管理办法》	Medidas Administrativas para el Negocio de Pago en Línea de las Instituciones de Pago no Bancarias
2203	《网络表演经营活动管理办法》	Medidas para la Administración de las Operaciones Comerciales de Rendimiento Cibernético
2204	《人力资源社会保障部政务信息资源共享管理暂行办法》	Medidas Administrativas Provisionales del Ministerio de Recursos Humanos y Seguridad Social para el Intercambio de Recursos de Información de Asuntos Gubernamentales
2205	《交通运输政务信息资源共享管理办法》	Medidas Administrativas sobre el Intercambio de Recursos de Información de los Asuntos Gubernamentales en Materia de Comunicación y Transporte
2206	《公共互联网网络安全威胁监测与处置办法》	Medidas para el Monitoreo y la Eliminación de las Amenazas a la Seguridad de la Red Pública de Internet
2207	【地方规范性文件】	documentos normativos locales
2208	《辽宁省政务信息资源共享管理暂行办法》	Medidas Administrativas Provisionales de la Provincia de Liaoning para el Intercambio de Recursos de Información de Asuntos Gubernamentales
2209	《上海市政务数据资源共享管理办法》	Medidas Administrativas de la Ciudad de Shanghái para el Intercambio de Recursos de Datos de Asuntos Gubernamentales
2210	《上海市法人信息共享与应用系统管理办法》	Medidas Administrativas de la Ciudad de Shanghái para el Sistema de Intercambio y Uso de la Información de Personas Jurídicas
2211	《浙江政务服务网信息资源共享管理暂行办法》	Medidas Administrativas Provisionales de Zhejiang para el Intercambio de Recursos de Información de la Red de Servicios de Asuntos Gubernamentales
2212	《杭州市政务数据资源共享管理暂行办法》	Medidas Administrativas Provisionales de la Ciudad de Hangzhou para el Intercambio de Recursos de Datos de Asuntos Gubernamentales

续表

序号	汉语	西班牙语
2213	《安徽省政务信息资源共享管理暂行办法》	Medidas Administrativas Provisionales de la Provincia de Anhui para el Intercambio de Recursos de Información sobre Asuntos Gubernamentales
2214	《福建省政务信息共享管理办法》	Medidas Administrativas de la Provincia de Fujian para el Intercambio de Información sobre Asuntos Gubernamentales
2215	《福州市政务数据资源管理暂行办法》	Medidas Administrativas Provisionales de la Ciudad de Fuzhou en Materia de Recursos de Datos de Asuntos Gubernamentales
2216	《山东省政务信息资源共享管理办法》	Medidas Administrativas de la Provincia de Shandong para el Intercambio de Recursos de Información sobre Asuntos Gubernamentales
2217	《湖北省地理空间信息数据交换和共享管理暂行办法》	Medidas Administrativas Provisionales de la Provincia de Hubei para el Intercambio y la Compartición de Datos de Información Geoespacial
2218	《湖南省政务领域信用信息记录征集管理暂行办法》	Medidas Administrativas Provisionales de la Provincia de Hunan para la Recopilación de Registros de Información Crediticia en el Ámbito de los Asuntos Gubernamentales
2219	《武汉市政务数据资源共享管理暂行办法》	Medidas Administrativas Provisionales de la Ciudad de Wuhan para el Intercambio de Recursos de Datos de Asuntos Gubernamentales
2220	《广西政务信息资源共享管理暂行办法》	Medidas Administrativas Provisionales de Guangxi para el Intercambio de Recursos de Información de Asuntos Gubernamentales
2221	《贵州省政务数据资源管理暂行办法》	Medidas Administrativas Provisionales de la Provincia de Guizhou en Materia de Recursos de Datos de Asuntos Gubernamentales
2222	【国外的数据权益保护】	protección de los derechos e intereses de los datos en el extranjero
2223	【美国】	Estados Unidos de América
2224	《信息自由法》	Ley por la Libertad de la Información (FOIA)
2225	《公平信用报告法》	Ley de Informes de Crédito Justos
2226	《金融隐私权法》	Ley de Derecho a la Privacidad Financiera
2227	《电子通信隐私法》	Ley de Privacidad de Comunicaciones Electrónicas (ECPA)
2228	《电信法案》	Ley de Telecomunicaciones
2229	《隐私法案》	Ley de Privacidad
2230	《隐私权保护法》	Ley de Protección de la Privacidad
2231	《爱国者法》	Ley Patriota de los Estados Unidos
2232	《联邦信息安全管理法》	Ley Federal de Gestión de la Seguridad de la Información (FISMA)
2233	《个人数据通知和保护法案》	Ley de Notificación y Protección de Datos Personales
2234	《电报通信政策法》	Ley de Política de Comunicaciones por Cable

续表

序号	汉语	西班牙语
2235	《录像隐私保护法》	Ley de Protección de la Privacidad de los Vídeos
2236	《驾驶员隐私保护法》	Ley de Protección de la Privacidad del Conductor
2237	《健康保险携带和责任法》	Ley de Portabilidad y Responsabilidad del Seguro Médico (HIPAA)
2238	《金融服务现代化法案》	Ley de Modernización de los Servicios Financieros
2239	《儿童网上隐私保护法》	Ley de Protección de la Privacidad de los Niños en Internet
2240	《个人身份信息保护指南》	Guía para la Protección de la Información de Identificación Personal
2241	《消费者隐私权法案》	Proyecto de Ley de Privacidad del Consumidor
2242	《计算机欺诈与滥用法》	Ley de Fraude y Abuso Informático (CFAA)
2243	《数字千年著作权法》	Ley de Derechos de Autor del Milenio Digital (DMCA)
2244	《澄清域外合法使用数据法案》	Ley Aclaratoria del Uso Legal de Datos en el Extranjero (CLOUD)
2245	【俄罗斯】	Federación de Rusia
2246	《信息、信息技术和信息保护法》	Ley de Información, Tecnología de la Información y Protección de la Información
2247	《关于〈信息、信息技术和信息保护法〉的修正案和个别互联网信息交流规范》	Enmiendas a la Ley de Información, Tecnología de la Información y Protección de la Información y Especificaciones para el Intercambio Individual de Información en Internet
2248	【英国】	Reino Unido de Gran Bretaña e Irlanda del Norte
2249	《数据保护法》	Ley de Protección de Datos
2250	《个人数据保护法》（英国）	Ley de Protección de Datos Personales (Reino Unido)
2251	《最低网络安全标准》	Estándar Mínimo de Ciberseguridad
2252	【德国】	República Federal de Alemania
2253	《联邦数据保护法》	Ley Federal de Protección de Datos
2254	《个人信息保护法》（德国）	Ley de Protección de Datos Personales (Alemania)
2255	【法国】	República Francesa
2256	《数据处理、数据文件及个人自由法》	Ley Relativa a la Informática, a los Ficheros y a las Libertades
2257	《关于个人数据处理的个人保护法》	Ley de Protección de las Personas en lo que Respecta al Tratamiento de Datos Personales
2258	【瑞典】	Reino de Suecia
2259	《个人信息保护法》（瑞典）	Ley de Protección de Datos Personales (Suecia)
2260	《个人数据法》（瑞典）	Ley de Datos Personales (Suecia)
2261	【澳大利亚】	Mancomunidad de Australia

续表

序号	汉语	西班牙语
2262	《隐私法》	Ley de Privacidad
2263	《个人控制的电子健康记录法》	Ley de Expedientes Médicos Electrónicos Controlados Personalmente
2264	【加拿大】	Canadá
2265	《个人信息保护和电子文件法》	Ley de Protección de Datos Personales y Documentos Electrónicos (PIPEDA)
2266	【日本】	Estado del Japón
2267	《电子计算机处理数据保护管理准则》	Directrices Administrativas para la Protección de Datos Procesados por Computadoras Electrónicas
2268	《行政机关电子计算机自动化处理个人数据保护法》	Ley de Protección de los Datos Personales Tratados Informáticamente que Obran en Poder de los Órganos Administrativos
2269	《关于行政机关所持有之个人信息保护审查会设置法》	Ley sobre el Establecimiento del Comité de Revisión de la Protección de la Información Personal en Poder de los Órganos Administrativos
2270	《关于保护行政机关所持有之个人信息的法律》	Ley de Protección de los Datos Personales en Poder de los Órganos Administrativos
2271	《关于保护独立行政法人等所持有之个人信息的法律》	Ley de Protección de los Datos Personales en Poder de Personas Jurídicas Administrativas Independientes
2272	《信息公开与个人信息保护审查会设置法》	Ley sobre el Establecimiento del Comité de Revisión de la Divulgación de Información y de Protección de la Información Personal
2273	《个人数据保护基本法制大纲》	Esquema del Marco Jurídico General de la Protección de Datos Personales
2274	《个人数据保护法案》	Proyecto de Ley de Protección de Datos Personales
2275	《个人信息保护法》（日本）	Ley de Protección de la Información Personal (APPI) (Japón)
2276	《个人号码法》	Ley de Número Personal
2277	【韩国】	República de Corea
2278	《个人信息保护法》（韩国）	Ley de Protección de la Información Personal (Corea del Sur)
2279	《信息通信促进法》	Ley de Promoción de la Información y las Comunicaciones
2280	《信用信息利用和保护法》	Ley de Uso y Protección de la Información Crediticia
2281	《位置信息使用与保护法》	Ley de Protección y Uso de la Información de Ubicación
2282	《政府机关个人信息保护法》	Ley de Protección de la Información Personal de los Organismos Gubernamentales
2283	《信息通信网络利用和信息保护法》	Ley de Promoción y Protección de la Utilización de Redes de Información y Comunicación
2284	《金融实名往来和秘密保障法》	Ley de Transacciones Financieras con Nombre Real y Garantía de Secreto

续表

序号	汉语	西班牙语
2285	【新加坡】	República de Singapur
2286	《个人信息保护法案》	Proyecto de Ley de Protección de Datos Personales
2287	【印度】	República de la India
2288	《2000年信息技术法》	Ley de Tecnología de la Información de 2000
2289	《1993年公共记录法》	Ley de Registros Públicos de 1993
2290	《关于保护个人民管数据或信息的合理安全举措的规定》	Disposiciones sobre las Prácticas y Procedimientos de Seguridad Razonables y Normas sobre Información o Datos Personales Sensibles
2291	《征信公司法》	Ley de Regulación de Empresas de Información Crediticia
2292	【巴西】	República Federativa de Brasil
2293	《网络治理法》	Ley de Gobernanza de la Red
2294	【瑞士】	Confederación Suiza
2295	《个人数据法》（瑞士）	Ley de Datos Personales (Suiza)
2296	【马来西亚】	Federación de Malasia
2297	《个人数据保护法》（马来西亚）	Ley de Protección de Datos Personales (Malasia)
2298	【越南】	República Socialista de Vietnam
2299	《互联网服务及互联网在线内容管理、提供、利用规定》	Disposiciones para la Gestión, Prestación y Utilización del Servicio de Internet y el Contenido en Línea
2300	【国际组织的数据权益保护】	protección de los derechos e intereses de los datos de las organizaciones internacionales
2301	【联合国】	Organización de Naciones Unidas (ONU)
2302	《个人数据保护指南》（联合国）	Directrices para la Protección de Datos Personales (ONU)
2303	《计算机化处理个人数据档案指导纲领》	Directrices para la Regulación de los Archivos de Datos Personales Informatizados
2304	《关于自动资料档案中个人资料的指南》	Guía de los Documentos Personales en los Archivos Automatizados
2305	【经合组织（OECD）】	Organización para la Cooperación y el Desarrollo Económicos (OCDE)
2306	《关于隐私保护与个人数据跨境流动指南》	Directrices sobre la Protección de la Privacidad y los Flujos Transfronterizos de Datos Personales
2307	《个人数据保护指南》（经合组织）	Guía sobre la Protección de Datos Personales (OCDE)
2308	《电子商务消费者保护指导意见》	Lineamientos para la Protección del Consumidor en el Contexto del Comercio Electrónico
2309	【世界银行】	Banco Mundial
2310	《征信通用原则》	Principios Generales para la Presentación de Informes Crediticios

续表

序号	汉语	西班牙语
2311	【亚太经合组织（APEC）】	Foro de Cooperación Económica Asia-Pacífico (APEC)
2312	《APEC 隐私保护纲领》	Marco de Privacidad de APEC
2313	《关于隐私保护和个人数据跨境流动指南》	Directrices sobre la Protección de la Privacidad y los Flujos Transfronterizos de Datos Personales
2314	《APEC 个人隐私工作指南》	Guía de Trabajo para la Privacidad Personal de la APEC
2315	《亚太经合组织隐私保护框架》	Marco de Privacidad de APEC
2316	《亚太经合组织隐私指南》	Principios de Privacidad de APEC
2317	《"数据隐私探路者"项目》	Proyecto Pathfinder de Privacidad de Datos
2318	《跨境隐私执行计划》	Acuerdo Transfronterizo de Privacidad de CPEA
2319	《跨境隐私制度》	Sistema de Reglas de Privacidad Transfronteriza (CBPRs)
2320	【欧盟】	Unión Europea
2321	《欧洲个人数据保护和自由流动指令》	Directiva Relativa a la Protección de las Personas Físicas en lo que Respecta al Tratamiento de Datos Personales y a la Libre Circulación de Estos Datos
2322	《隐私与电子通信指令》	Directiva sobre la Privacidad y las Comunicaciones Electrónicas
2323	《数据留存指令》	Directiva sobre la Conservación de Datos
2324	《保护关键基础设施打击恐怖主义》	Protección de Infraestructuras Críticas en la Lucha contra el Terrorismo
2325	《电子通信个人数据处理及隐私保护指令》	Directiva Relativa al Tratamiento de los Datos Personales y a la Protección de la Intimidad en el Sector de las Telecomunicaciones
2326	《一般数据保护条例》	Reglamento General de Protección de Datos (RGPD)
2327	《关于电子通信领域个人数据处理和隐私保护的指令》	Directiva Relativa al Tratamiento de los Datos Personales y a la Protección de la Intimidad en el Sector de las Comunicaciones Electrónicas (Directiva sobre la Privacidad y las Comunicaciones Electrónicas de 2002)
2328	欧盟数据保护监管局	Supervisor Europeo de Protección de Datos (SEPD)
2329	【欧洲理事会】	Consejo Europeo
2330	《关于个人数据自动处理的个人保护公约》	Convenio para la Protección de las Personas con Respecto al Tratamiento Automatizado de Datos de Carácter Personal
2331	【欧洲委员会】	Consejo de Europa
2332	《个人数据自动化处理中的个人保护公约》	Convenio para la Protección de las Personas con Respecto al Tratamiento Automatizado de Datos de Carácter Personal
2333	《"美国-欧盟安全港"框架》	Acuerdo de Puerto Seguro entre EE.UU. y la UE
2334	《欧盟-美国隐私护盾》	Escudo de Privacidad UE-EE.UU.

续表

序号	汉语	西班牙语
2335	【欧盟理事会】	Consejo de la Unión Europea
2336	《数据保护公约》	Convenio de Protección de Datos
2337	大数据史	historia de los macrodatos
2338	【知识、信息和数据】	conocimiento, información y datos
2339	【古代科学与知识】	ciencia y conocimientos antiguos
2340	结绳记事	anudar una cuerda para llevar un registro (en tiempos primitivos antes de la invención de la escritura)
2341	河图洛书	diagrama de astrología (Hetu) y diagrama de venas (Luoshu) (dos diagramas místicos utilizados en la antigua China para describir el contexto espacial cambiante del cielo y la tierra)
2342	《九章算术》	Los nueve capítulos sobre arte matemático
2343	毕达哥拉斯学派	escuela de Pitágoras
2344	亚里士多德	Aristóteles
2345	莱布尼茨	Gottfried Wilhelm Leibniz
2346	《几何原本》	Elementos de geometría de Euclides
2347	《人类知识的起源》	Ensayo sobre el origen de los conocimientos humanos
2348	《元逻辑》	Metalógica
2349	《新工具》	Novum organum (Indicaciones relativas a la interpretación de la naturaleza)
2350	【近代科学与信息】	ciencia e información en los tiempos modernos
2351	力学三定律	tres leyes de la mecánica
2352	罗吉尔·培根	Roger Bacon
2353	《信息论》	Teoría de la información
2354	克劳德·艾尔伍德·香农	Claude Elwood Shannon
2355	《密码学》	Criptografía
2356	塞缪尔·莫尔斯	Samuel Finley Breese Morse
2357	沙普信号塔	telégrafo óptico de Chappe
2358	恩尼格玛密码机	máquina de cifrado Enigma
2359	《信息简史》	La información: una historia, una teoría, una inundación
2360	【复杂性科学与数据】	ciencias de la complejidad y los datos
2361	软系统方法论	metodología de sistemas blandos (SSM)
2362	自组织理论	teoría de la autoorganización
2363	非线性动力学	dinámica no lineal
2364	开放复杂巨系统	sistemas gigantes complejos abiertos

续表

序号	汉语	西班牙语
2365	圣塔菲学派	Instituto Santa Fe
2366	数据科学	ciencia de datos
2367	《计算机方法的简明调查》	Estudio conciso de métodos informáticos
2368	约翰·阿奇博尔德·惠勒	John Archibald Wheeler
2369	《第三次浪潮》	La tercera ola
2370	《大数据时代》	La era de los macrodatos
2371	维克托·迈尔-舍恩伯格	Viktor Mayer-Schönberger
2372	《数据科学：拓展统计学的技术领域的行动计划》	Ciencia de datos: un plan de acción para expandir las áreas técnicas del campo de la estadística
2373	《为外存模型可视化而应用控制程序请求页面调度》	Paginación de demanda controlada por aplicaciones para visualización fuera del núcleo
2374	《千兆字节数据集的实时性可视化探索》	Exploración visual de conjuntos de datos de gigabytes en tiempo real
2375	《大数据：下一个具有创新力、竞争力与生产力的前沿领域》	Macrodatos: la próxima frontera para la innovación, la competencia y la productividad
2376	《大数据促发展:挑战与机遇》	Macrodatos para el desarrollo: desafíos y oportunidades
2377	技术驱动力	fuerza motriz de la tecnología
2378	信息革命	revolución de la información
2379	【第一次信息革命】	primera revolución de la información
2380	语言	idioma
2381	古埃及语	lenguas egipcias antiguas
2382	《劳动在从猿到人转变过程中的作用》	El papel del trabajo en la transformación del mono en hombre
2383	【第二次信息革命】	segunda revolución de la información
2384	文字	carácter
2385	象形文字	jeroglífico
2386	楔形文字	cuneiforme
2387	腓尼基字母表	Alfabeto fenicio
2388	【第三次信息革命】	tercera revolución de la información
2389	蔡伦改进造纸术	mejora de la técnica de fabricación de papel por Cai Lun
2390	活字印刷术	impresión con tipos móviles
2391	【第四次信息革命】	cuarta revolución de la información
2392	信号	señal
2393	模拟信号	señal analógica

续表

序号	汉语	西班牙语
2394	移动通信	comunicaciones móviles
2395	无线电	radio
2396	电报机	telégrafo
2397	电话	teléfono
2398	电视	televisión
2399	【第五次信息革命】	quinta revolución de la información
2400	信息高速公路	autopista de la información
2401	蒂姆·伯纳斯·李	Tim Berners-Lee
2402	万维网	red informática mundial (World Wide Web)
2403	TCP/IP 协议	protocolo de control de transmisión / protocolo de internet (TCP/IP)
2404	【第六次信息革命】	sexta revolución de la información
2405	C.H.Bennett	Charles Henry Bennett
2406	数字革命	revolución digital
2407	计算机技术	tecnología computacional
2408	电子管计算机	computadora de tubos de vacío
2409	差分机	máquina diferencial
2410	分析机	máquina analítica
2411	图灵机	máquina de Turing
2412	IBM 601	Multiplicadora de tarjetas IBM 601
2413	ENIAC	Computador e Integrador Numérico Electrónico (ENIAC)
2414	Apple II	computadora de escritorio Apple II
2415	CDC6600	supercomputadora CDC6600
2416	芯片技术	tecnología de chips
2417	晶体管	transistor
2418	集成电路	circuito integrado
2419	DRAM 存储器	memoria dinámica de acceso aleatorio (DRAM)
2420	摩尔定律	ley de Moore
2421	麦特卡尔夫定律	ley de Metcalfe
2422	吉尔德定律	ley de Gilder
2423	【大数据技术】	tecnología de los macrodatos
2424	灾难备份中心	centro de recuperación ante desastres
2425	IDS（入侵检测系统）	sistema de detección de intrusos (IDS)
2426	Spanner	base de datos Spanner

续表

序号	汉语	西班牙语
2427	OLAP	procesamiento analítico en línea (OLAP)
2428	GFS	sistema de archivos de Google (GFS)
2429	Storm 框架	marco de trabajo Storm
2430	Storm 计算框架	marco de procesamiento Storm
2431	Storm 实时大数据计算框架	marco de procesamiento en tiempo real Storm
2432	Hadoop 分布式文件系统	sistema de archivos distribuido Hadoop (HDFS)
2433	数字文明	civilización digital
2434	【人脑时代】	era del cerebro humano
2435	东方哲学	filosofía oriental
2436	象数思维	pensamiento pictórico
2437	《易经》	*I Ching: el libro de los cambios*
2438	格物致知	el conocimiento se adquiere a través de la experiencia
2439	程朱理学	escuela neoconfuciana de Cheng-Zhu
2440	心即理	la mente es la razón (filosofía de Wang Yangming)
2441	阳明心学	filosofía de la mente (neoconfucianismo) de Wang Yangming
2442	唯识宗	escuela Yogacara de solo conciencia (o solo mente)
2443	《金刚经》	*Sutra del diamante*
2444	前定说	teoría de la predeterminación
2445	《古兰经》	*El Corán*
2446	西方哲学	filosofía occidental
2447	本体论	ontología
2448	《理想国》	*La República*
2449	《工具论》	*Órganon*
2450	《人类理智论》（洛克）	*Ensayo sobre el entendimiento humano* (John Locke)
2451	《精神现象学》	*Fenomenología del espíritu*
2452	康德三大批判	las tres críticas de Kant (crítica de la razón pura, crítica de la razón práctica, crítica del juicio)
2453	经验论	empirismo
2454	《资本论》	*El capital*
2455	【古代人文】	humanismo clásico
2456	有神论	teísmo
2457	多神论	politeísmo
2458	一神论	monoteísmo

续表

序号	汉语	西班牙语
2459	《圣经》	*La Biblia*
2460	"惟人万物之灵"	"El hombre es el espíritu de todas las cosas"
2461	"人是万物的尺度"	"El hombre es la medida de todas las cosas"
2462	【电脑时代】	era de la computadora
2463	【实验科学】	ciencia experimental
2464	决定论	determinismo
2465	还原论	reduccionismo
2466	机械论	mecanismo (filosofía)
2467	概率论	teoría de la probabilidad
2468	理想模型法	método del modelo ideal
2469	思维科学	ciencia noética
2470	逻辑学	lógica
2471	归纳法	método inductivo
2472	演绎法	método deductivo
2473	三段论法	silogismo
2474	心理学	psicología
2475	《梦的解析》	*La interpretación de los sueños*
2476	认知理论	teoría cognitiva
2477	人类学	antropología
2478	【近代人文】	humanismo moderno
2479	进化论	teoría de la evolución
2480	《物种起源》	*El origen de las especies*
2481	《生命是什么》	*¿Qué es la vida?*
2482	人类中心主义	antropocentrismo
2483	《人类中心主义：一种现代观》	*Antropocentrismo: una visión moderna*
2484	《为什么要保护自然界的变动性》	*¿Por qué preservar la variedad natural?*
2485	文艺复兴	Renacimiento
2486	《神曲》	*La Divina Comedia*
2487	《蒙娜丽莎》	*La Gioconda (La Mona Lisa)*
2488	《大卫》	*David*
2489	【云脑时代】	era del cerebro en la nube
2490	【学科融合】	integración de disciplinas
2491	复杂性科学	ciencias de la complejidad

续表

序号	汉语	西班牙语
2492	混沌理论	teoría del caos
2493	协同理论	sinergética
2494	耗散结构理论	teoría de la estructura disipativa
2495	蝴蝶效应	efecto mariposa
2496	湍流实验	experimento de flujo turbulento
2497	麦克斯韦妖	demonio de Maxwell
2498	未来学	futurología
2499	《必然》	*Lo inevitable: entender las 12 fuerzas tecnológicas que configuran nuestro futuro*
2500	《人类简史》	*Sapiens (de animales a dioses). Una breve historia de la humanidad*
2501	《未来简史》	*Homo Deus: breve historia del mañana*
2502	《未来的冲击》	*El shock del futuro*
2503	《数字化生存》	*Ser digital*
2504	《块数据》（五部曲）	*Datos en bloque (Serie de cinco libros)*
2505	【当代人文】	humanismo contemporáneo
2506	世界主义	cosmopolitismo
2507	非人类中心主义	no antropocentrismo
2508	超人类主义	transhumanismo
2509	《人机共生：谁是不会被机器替代的人》	*Solo para humanos: ganadores y perdedores en la era de las máquinas inteligentes*
2510	《人是机器》	*El hombre máquina*
2511	《基因伦理学》	*Ética genética*
2512	《弗兰肯斯坦——现代普罗米修斯的故事》	*Frankenstein o el moderno Prometeo*
2513	《我，机器人》	*Yo, robot*
2514	《银翼杀手》	*Cazarrecompensas (Blade Runner)*
2515	《终结者》	*El exterminador (The Terminator)*
2516	《三体》	*El problema de los tres cuerpos*

附录6 大数据名词汉阿对照

序号	汉语	阿拉伯语
1	大数据理论	نظرية البيانات الضخمة
2	大数据理论基础	أساس نظرية البيانات الضخمة
3	信息科学	علم المعلومات \ المعلوماتية
4	信息论	نظرية المعلوماتية
5	世界三元组	ثُلاثِيّة العالم
6	信息	المعلومات
7	概率信息	معلومات الاحتمالية
8	语义信息	معلومات الدلالة
9	信息熵	إنتروبيا المعلومات
10	信息量	كمية المعلومات
11	信息处理	معالجة المعلومات
12	信源	مصادر المعلومات
13	信源编码	تشفير مصادر المعلومات
14	信息率失真理论	نظرية تشويه معدل المعلومات
15	信道	قناة المعلومات
16	信道噪声	ضجيج قناة المعلومات
17	信道容量	سعة قناة المعلومات
18	信道编码	تشفير قناة المعلومات
19	编码	التشفير \ الترميز
20	编码定理	نظرية الترميز/التشفير
21	分组码	شفرة الكتلة
22	卷积码	الشفرة التلفيفية
23	纠错码	الشفرة التصحيحية
24	线性码	الشفرة الخطية
25	香农理论	نظرية شانون
26	信息提取	استخراج المعلومات
27	信息本体论	الأنطولوجيا المعلوماتية
28	信息价值论	نظرية قيمة المعلومات
29	信息类型学	علم الأنماط المعلوماتي

续表

序号	汉语	阿拉伯语
30	统计信息论	نظرية المعلومات الإحصائية
31	语义信息论	نظرية المعلومات الدلالية
32	算法信息论	نظرية المعلومات الخوارزمية
33	语用信息论	نظرية المعلومات البراغماتيكية
34	信息成本	تكلفة المعلومات
35	信息价值	قيمة المعلومات
36	信息推动力	القوة المحركة للمعلومات
37	信息动力学	ديناميكا المعلومات
38	信息流	تيار المعلومات
39	信息过程	عملية المعلومات
40	信息作用	أدوار المعلومات
41	信息代数	علم الجبر المعلوماتي
42	信息几何	علم الهندسة المعلوماتية
43	系统论	نظرية النظام
44	系统	النظام
45	要素	العناصر للنظام
46	系统结构	تركيب النظام
47	系统功能	وظائف النظام
48	系统层次	تراتب النظام
49	系统整体性原理	مبدأ التكامل النظامي
50	系统相关性原理	مبدأ الترابط النظامي
51	结构和功能原理	مبدأ التراكيب والوظائف
52	输入输出平衡性原理	مبدأ التوازن بين الإدخال والإخراج
53	能动性原理	مبدأ الفعالية
54	最优化原理	مبدأ الأمثلية
55	系统方法	طريقة النظام
56	最优化方法	طريقة الأمثلية
57	模型化方法	طريقة النمذجة
58	综合平衡法	طريقة التوازن الشامل
59	网络分析法	طريقة التحليل الشبكي
60	系统预测法	طريقة التنبؤ النظامي
61	大系统理论	نظرية النظام الكبير
62	模糊系统理论	نظرية النظام الضبابي

续表

序号	汉语	阿拉伯语
63	系统工程	هندسة النظم
64	运筹学	بحوث العمليات
65	规划论	نظرية التخطيط
66	博弈论	نظرية الألعاب
67	排队论	نظرية قائمة الانتظار
68	存储论	نظرية التخزين
69	决策论	نظرية اتخاذ القرار
70	搜索论	نظرية البحث
71	可靠性理论	نظرية المصداقية
72	系统科学	العلوم التنظيمية
73	系统哲学	فلسفة النظام
74	控制论	السبرانية \ علم الضبط
75	控制	التحكم
76	系统响应	استجابة النظام
77	适应	التكيف
78	反馈原理	مبدأ التغذية الراجعة
79	估计	التقدير
80	识别	التمييز
81	决策	اتخاذ القرار
82	对策	الإجراء المضاد
83	收敛性	التقارب
84	最优性	الأمثلية
85	鲁棒性	المتانة
86	自繁殖	النسخ الذاتي
87	自组织	التنظيم الذاتي
88	必须变异度率	معدل التباين اللازم
89	经典控制理论	نظرية التحكم الكلاسيكية
90	自动控制系统	نظام التحكم الآلي
91	恒值自动调节系统	نظام الضبط الآلي الثابت
92	程序自动控制系统	نظام التحكم الآلي المُبَرمَج
93	随动系统	نظام المتابعة
94	模拟控制器控制	التحكم من وحدة التحكم التناظرية
95	反馈控制方法	طريقة ضبط التغذية الراجعة

续表

序号	汉语	阿拉伯语
96	扰动补偿方法	طريقة تعويض الاضطرابات
97	系统模型	نموذج النظام
98	时域分析法	تحليل المجال الزمني
99	传递函数	وظيفة النقل
100	频域分析法	تحليل نطاق التردد
101	控制系统校正	معايرة نظام التحكم
102	多变量控制系统	نظام التحكم المتعدد المتغيرات
103	线性离散控制系统	نظام التحكم الخطي المنفصل
104	非线性系统控制	ضبط النظام غير الخطي
105	相平面	مستوى الطور
106	分叉	التفرع
107	混沌	الفوضى
108	现代控制理论	نظرية التحكم الحديثة
109	状态空间模型	نموذج حالة الفضاء
110	连续时间模型	نموذج استمرار الوقت
111	能控性	إمكانية المراقبة
112	稳定性	الاستقرار \ الثبات
113	能观性	إمكانية الترقب
114	状态估计	تقدير الحالة
115	系统识别	تمييز النظام
116	最优控制	التحكم الأمثل
117	自适应控制	التحكم التكيفي
118	预测控制	التحكم التنبؤي
119	人工智能方法	طريقة الذكاء الاصطناعي
120	贝叶斯决策	قرار بايز
121	知识推理	استنتاج المعرفة
122	专家系统	نظام الخبير
123	模糊逻辑	المنطق الضبابي
124	模糊推理	الاستنتاج الضبابي
125	智能控制方法	طريقة التحكم الذكي
126	智能控制	التحكم الذكي
127	专家控制	تحكم الخبير
128	模糊控制	التحكم الضبابي

续表

序号	汉语	阿拉伯语
129	学习控制	التحكم المتعلم
130	神经网络控制	تحكم الشبكة العصبية
131	工程控制	التحكم الهندسي
132	生物控制	التحكم البيولوجي
133	计算机科学	علم الحاسوب
134	抽象计算机	الحاسوب المجرد
135	真实计算机	الحاسوب الحقيقي
136	计算过程	عملية الحوسبة
137	计算思维	التفكير الحاسوبي
138	巴贝奇问题	مسألة تشارلز باباج
139	客户端计算机	كمبيوتر العميل
140	服务端计算机	كمبيوتر الخادم
141	嵌入式计算机	الحاسوب المدمج \ المغمور
142	布什问题	مسألة فانيفار بوش
143	批处理模式	نمط الدفعة
144	交互式计算模式	نمط الحوسبة التفاعلية
145	个人计算模式	نمط الحوسبة الفردية
146	图形用户界面模式	نمط السطح البيني التصويري للمستخدم
147	多媒体计算模式	نمط الحوسبة المتعددة الوسائل
148	便携式计算模式	نمط الحوسبة المحمولة
149	互联网计算模式	نمط الحوسبة الشبكية
150	移动互联网计算模式	نمط الحوسبة الشبكية على الجوال
151	图灵问题	مسألة آلان ماثيسون تورينغ
152	科学计算	الحوسبة العلمية
153	企业计算	الحوسبة المؤسسية
154	消费计算	الحوسبة الاستهلاكية
155	滴涓效应	أثر التقطر
156	诺德豪斯定律	قانون نوردهاوس
157	科克定律	قانون كيرك
158	库米定律	قانون كومي
159	计算机模拟	المحاكاة بالحاسوب
160	虚拟现实	الواقع الافتراضي
161	逻辑思维	التفكير المنطقي

续表

序号	汉语	阿拉伯语
162	布尔逻辑	منطق بولين
163	命题	افتراض على سبيل الجدل
164	连接词	حرف العطف
165	真值表	الاستمارة الحقيقة
166	交换律	قانون التبادل
167	结合律	قانون الترابط
168	分配率	معدل التوزيع
169	谓词逻辑	منطق المُسند
170	定理机器证明	الإثبات الميكانيكي للنظرة الرياضية
171	图灵机模型	نموذج آلة تورنيغ
172	罗素悖论	مفارقة راسل
173	哥德尔不完全性定理	مبرهنات عدم الاكتمال لغودل
174	算法思维	التفكير الخوارزمي
175	分治算法	خوارزمية فَرِّق تَسُد
176	穷举算法	خوارزمية الاستنزاف
177	回溯算法	خوارزمية التعقب الخلفي
178	贪心算法	الخوارزمية الجشعة
179	迭代算法	خوارزمية المعاودة
180	牛顿法	طريقة نيوتن
181	梯度下降法	طريقة الهبوط المتدرج
182	遗传算法	الخوارزمية الجينية
183	指数复杂度	تعقيد المؤشر
184	机器学习	التعلم الآلي
185	非监督学习	التعلم غير المراقب
186	监督学习	التعلم المراقب
187	强化学习	التعلم المكثف
188	神经网络	الشبكة العصبية
189	BP 神经网络	الشبكة العصبية للانتشار الخلفي
190	损失函数	وظيفة الخسارة
191	非线性分类	التصنيف غير الخطي
192	激励函数	وظيفة الحافز
193	卷积神经网络	الشبكة العصبية التلفيفية
194	循环神经网络	الشبكة العصبية التكرارية

续表

序号	汉语	阿拉伯语
195	网络思维	التفكير الشبكي
196	协议	البروتوكول
197	协议栈	مكدس البروتوكول
198	名字空间	فضاء الأسماء
199	网络拓扑	طوبولوجيا الشبكة
200	系统思维	التفكير النظامي
201	数据抽象	تجريد البيانات
202	控制抽象	تجريد التحكم
203	硬件抽象	تجريد الأجهزة
204	逻辑门	البوابة المنطقية
205	组合电路	الدائرة الكهربائية التوافقية
206	信息隐藏原理	مبدأ إخفاء المعلومات
207	时序电路	الدائرة الكهربائية التتابعية
208	自动机	الجهاز الأوتوماتيكي
209	存储程序计算机	كمبيوتر برنامج التخزين
210	应用程序执行模型	نموذج تنفيذ التطبيقات
211	扬雄周期原理	مبدأ دورة يانغ شيونغ
212	波斯特尔健壮性原理	مبدأ بوستر للمتانة
213	冯诺依曼穷举原理	مبدأ فون نيومان للاستنزاف
214	阿姆达尔定律	قانون أمدال
215	统计学	علم الإحصاء\ الإحصائيات
216	样本	عينة
217	抽样	أخذ العينة
218	概率分布	توزيع الاحتمالات
219	参数估计	تقدير العامل المتغير \برامیتر
220	点估计	تقدير النقاط
221	矩估计法	طريقة تقدير المصفوفة
222	顺序统计量法	الإحصاء حسب الترتيب
223	最大似然法	طريقة الاحتمالية القصوى
224	最小二乘法	طريقة التربيع الأصغر
225	区间估计	تقدير الفواصل الزمنية
226	置信推断	استنتاج الثقة
227	置信区间	فاصل الثقة

续表

序号	汉语	阿拉伯语
228	置信水平	مستوى الثقة
229	假设检验	اختبار الافتراض
230	参数假设检验	اختبار الافتراض ببراميتر
231	单侧检验	الاختبار الأحادي الجانب
232	双侧检验	الاختبار الثنائي الجانب
233	非参数假设检验	اختبار الافتراض بلا براميتر
234	卡方检验	اختبار "Xi" مربع
235	相关分析	تحليل الترابط
236	线性相关分析	تحليل الترابط الخطي
237	非线性相关分析	تحليل الترابط غير الخطي
238	回归分析	تحليل الانحدار
239	线性回归	الانحدار الخطي
240	一元线性回归	الانحدار الخطي الأحادي البعد
241	多元线性回归	الانحدار الخطي المتعدد
242	曲线回归	التراجع المنحني الأضلاع
243	逻辑回归	الانحدار المنطقي
244	方差分析	تحليل التباين
245	单因素方差分析	تحليل التباين بعامل واحد
246	多因素方差分析	تحليل التباين المتعدد العوامل
247	分类分析	تحليل التصنيف
248	决策树分析	تحليل شجرة القرار
249	贝叶斯网络分析	تحليل شبكة بايز
250	KNN法	خوارزمية "KNN"
251	聚类分析	التحليل العنقودي
252	分层聚类分析	التحليل العنقودي الهرمي
253	K-Means 聚类	K-Means تسنقد
254	Kohonen Network 聚类	Kohonen Network تعنقد
255	时间序列分析	تحليل السلاسل الزمنية
256	平稳序列分析	تحليل السلاسل الساكنة
257	趋势序列分析	تحليل تسلسل الاتجاهات
258	季节序列分析	تحليل تسلسل الفصول
259	复合序列分析	تحليل السلاسل المركبة
260	元分析	تحليل ميتا

续表

序号	汉语	阿拉伯语
261	加权平均法	طريقة المتوسط المرجح
262	优化方法	طريقة توخي الأمثل
263	线性规划	البرمجة الخطية
264	整数规划	البرمجة بأعداد صحيحة
265	多目标规划	البرمجة المتعددة الأهداف
266	动态规划	البرمجة الديناميكية
267	数据哲学	فلسفة البيانات
268	数	عدد
269	数字	رقم
270	文字数字	الأبجدية الرقمية
271	符号数字	الرقم الرمزي
272	数制	نظام الأعداد
273	序数	العدد الترتيبي
274	量	الكمية
275	计量单位	وحدات القياس
276	数据	البيانات \المعطيات
277	科学数据	البيانات العلمية
278	原始数据	البيانات الخام
279	衍生数据（哲学）	البيانات المشتقة (الفلسفة)
280	知识数据	بيانات المعرفة
281	象	الصورة\ أيقونة
282	万物源于数	كل شيء ينبع من العدد
283	数字本体论	علم الوجود الرقمي \الأنطولوجيا الرقمية
284	数据哲学	فلسفة البيانات (الضخمة)
285	柏拉图主义	الأفلاطونية
286	唯名论	الإسمائية
287	康德	إمانويل كانت
288	逻辑主义	النزعة المنطقية
289	直觉主义	النزعة الحدسية
290	形式主义	الشكلية
291	世界 4	العالم الرابع
292	符码世界	عالم الرموز والشفرة
293	黑箱方法	طريقة الصندوق الأسود

续表

序号	汉语	阿拉伯语
294	第四范式	النموذج \الشكل الطبيعي الرابع
295	技术哲学	فلسفة التكنولوجيا
296	心灵哲学	فلسفة الذهن
297	大数据生态系统	النظام الإكولوجي للبيانات الضخمة
298	大数据	البيانات الضخمة \المعطيات الكبرى
299	海量数据	بيانات وفيرة
300	数据密集型	كثيف البيانات
301	数据集合	تجمع البيانات
302	数据量	كمية البيانات
303	数据源	مصادر البيانات
304	数据元素	عنصر البيانات
305	元数据	بيانات التعريف
306	数据结构	هيكل البيانات
307	结构化数据	البيانات المنظمة
308	半结构化数据	البيانات شبه المنظمة
309	非结构化数据	البيانات غير المنظمة
310	多源异构数据	البيانات غير المتجانسة المتعددة المصادر
311	分组数据	حزم البيانات
312	【数据类型】	أنواع البيانات
313	流数据	البيانات المتدفقة
314	静态数据	البيانات الثابتة\ الدائمة
315	暗数据	البيانات المظلمة
316	热数据	البيانات الحرارية
317	温数据	البيانات الفاترة
318	冷数据	البيانات الباردة
319	图数据	البيانات البيانية
320	主数据	البيانات الرئيسية
321	粒数据	البيانات المحببة
322	全局数据	البيانات العالمية
323	数据模型	نموذج البيانات
324	概念数据模型	نموذج البيانات المفاهيمية
325	逻辑数据模型	نموذج البيانات المنطقية
326	物理数据模型	نموذج البيانات الفيزيائية

续表

序号	汉语	阿拉伯语
327	【大数据应用】	تطبيق البيانات الضخمة
328	医疗大数据	البيانات الضخمة للطب
329	教育大数据	البيانات الضخمة للتعليم
330	文化大数据	البيانات الضخمة للثقافة
331	旅游大数据	البيانات الضخمة للسياحة
332	交通大数据	البيانات الضخمة للنقل والمواصلات
333	农业大数据	البيانات الضخمة للزراعة
334	工业大数据	البيانات الضخمة للصناعة
335	安全大数据	البيانات الضخمة للأمن
336	电子商务大数据	البيانات الضخمة للتجارة الالكترونية
337	科学大数据	البيانات الضخمة للعلم
338	时空大数据	البيانات الضخمة للزمكان
339	组学大数据	البيانات الضخمة للدراسة التنظيمية
340	【数据价值】	قيمة البيانات
341	DT 时代	عصر تكنولوجيا البيانات
342	大数据思维	تفكير البيانات الضخمة
343	数据革命	ثورة البيانات
344	数字化生存	البقاء الرقمي
345	信誉经济	اقتصاد الشهرة
346	商业智能	ذكاء الأعمال
347	【互联网】	الانترنت
348	网络	الشبكة
349	广域网	الشبكة الواسعة النطاق
350	网际网络	شبكة الانترنت
351	移动互联网	الانترنت المحمول
352	产业互联网	إنترنت الصناعة
353	工业互联网	الانترنت الصناعي
354	消费互联网	الانترنت الاستهلاكي
355	车联网	انترنت السيارات
356	物联网	انترنت الأشياء
357	下一代互联网	انترنت الجيل الجديد
358	5G 网络	انترنت الجيل الخامس
359	【互联网发展】	تطور الانترنت

续表

序号	汉语	阿拉伯语
360	门户网站	موقع البوابة
361	新浪网	شبكة سينا
362	搜狐网	شبكة سوهو
363	网易	شبكة نت إيز
364	【社交媒体】	وسائل التواصل الاجتماعي
365	博客中国	مدونة الصين
366	新浪微博	سينا ويبو
367	人人网	شبكة رن رن
368	移动互联	انترنت الجوال
369	万物互联	انترنت الأشياء
370	新型基础设施	المرفق الأساسي الجديد
371	新型主流媒体	وسائل الإعلام الرئيسة الجديدة
372	互联网思维	تفكير الانترنت
373	互联网平台	منصة الانترنت
374	云计算	الحوسبة السحابية
375	【服务模式】	نمط الخدمة
376	IaaS	البنية التحتية كخدمة (IaaS)
377	PaaS	المنصة كخدمة (PaaS)
378	SaaS	البرمجيات كخدمة (SaaS)
379	【部署模型】	نموذج النشر
380	私有云	السحابة الخاصة
381	社区云	السحابة المجتمعية
382	公共云	السحابة العامة
383	混合云	السحابة الهجينة
384	容器技术	تكنولوجيا الحاويات
385	负载均衡	موازنة الحمل
386	租户隔离	عزلة المستأجر
387	统一身份认证	المصادقة الموحدة للهوية
388	SOA	البنية الموجهة للخدمة
389	微服务	الخدمة الميكروية
390	容错计算	الحوسبة المتحملة للخلل
391	密钥管理	إدارة المفاتيح
392	云端数据加密	تشفير بيانات السحابة

续表

序号	汉语	阿拉伯语
393	【数据生态】	إيكولوجيا البيانات
394	政务云	السحابة الحكومية
395	医疗云	السحابة الطبية
396	教育云	السحابة التعليمية
397	交通云	السحابة المرورية
398	工业云	السحابة الصناعية
399	金融云	السحابة المالية
400	环保云	سحابة حماية البيئة
401	旅游云	السحابة السياحية
402	语音云	سحابة الكلام
403	人工智能	الذكاء الاصطناعي
404	【理论基础】	الأساس النظري
405	图灵论题	أطروحة تشرش-تورينغ
406	相似性原则	مبدأ التشابه
407	超计算	الحوسبة الفائقة
408	BSS 实数模型	نموذج العدد الحقيقي "BSS"
409	类脑机器人	روبوت شبيه بالدماغ
410	自然语言处理	معالجة اللغات الطبيعية
411	深度学习	التعلم العميق
412	超级电脑沃森	حاسوب واتسون الخارق
413	"深蓝"	حاسوب ديب بلو
414	AlphaGo	ألفا جو (اللاعب الآلي)
415	智能计算	الحوسبة الذكية
416	群体智能	ذكاء السرب
417	【智能场景】	المشهد الذكي
418	智能经济	الاقتصاد الذكي
419	智能农业	الزراعة الذكية
420	智能物流	اللوجستيات الذكية
421	智能商务	التجارة الذكية
422	智能金融	التمويل الذكي
423	智能教育	التعليم الذكي
424	智能医疗	العلاج الذكي
425	智能政务	الشؤون الحكومية الذكية

续表

序号	汉语	阿拉伯语
426	智慧法庭	المحكمة الذكية
427	智能交通	النقل الذكي
428	智能环保	الحماية الذكية للبيئة
429	量子信息	المعلومات الكمومية /الكمية
430	【量子计算】	الحوسبة الكمومية
431	量子比特	البت الكمومي
432	量子计算模型	نموذج الحوسبة الكمومية
433	量子门	البوابة الكمومية
434	量子搜索	البحث الكمومي
435	量子傅里叶变换	تحويل فورييه الكمومي
436	量子相位估计	تقدير الأطوار الكمومية
437	量子计算机	الحاسوب الكمومي
438	量子算法	الخوارزمية الكمومية
439	量子线路	الدائرة الكمومية
440	量子纠缠	التشابك الكمومي
441	量子霸权	الهيمنة الكمومية \الكمية
442	薛定谔方程	معادلة شرودينغر
443	"IBM Q" 量子计算平台	منصة "IBM Q" للحوسبة الكمومية
444	"狐尾松" (Bristlecone)	مُعالج Bristlecone
445	【量子通信】	الاتصال الكمومي
446	Vernam 密码	شفرة Vernam
447	公钥密码系统	نظام التشفير باستخدام المفتاح العام
448	RSA 方案	خوارزمية RSA
449	不可克隆定理	نظرية عدم الاستنساخ
450	量子密码术	التشفير الكمومي
451	BB84 方案	بروتوكول بينت براسترد 1984
452	E91 方案	بروتوكول إكيرت 1991 لتوزيع مفتاح الكم
453	密集编码	الترميز المدمج
454	量子隐形传态	النقل الكمي للأجسام عن بعد
455	量子卫星	القمر الاصطناعي الكمومي
456	京沪干线	السكك الحديدية الجذع بكين – شانغهاي
457	墨子号	"موتسي" للاتصالات القمر الاصطناعي
458	块数据	بيانات الكتل

续表

序号	汉语	阿拉伯语
459	大数据范式	الشكل الطبيعي للبيانات الضخمة
460	点数据	بيانات النقطة
461	条数据	بيانات الشريط
462	块数据	بيانات الكتل
463	第一范式	الشكل الطبيعي الأول
464	第二范式	الشكل الطبيعي الثاني
465	第三范式	الشكل الطبيعي الثالث
466	数据引力	جاذبية البيانات
467	数据引力波	موجة جاذبية البيانات
468	数据人假设	فرضية شخص البيانات
469	块数据模型	نموذج بيانات الكتل
470	块数据价值链	سلسلة قيمة بيانات الكتل
471	块数据组织	هيكلة بيانات الكتل
472	数据焦虑	القلق بشأن البيانات
473	数据迁移	نقل البيانات
474	数据群聚	تجميع البيانات
475	数据融合	دمج البيانات
476	大数据×效应	تأثير "×" للبيانات الضخمة
477	秩序互联网	انترنت الترتيب
478	信息互联网	انترنت المعلومات
479	碎片化信息	المعلومات المجزأة
480	信息无效	عدم صحة المعلومات
481	信息技术	تكنولوجيا المعلومات
482	信息交互	تبادل المعلومات
483	信息鸿沟	الفجوة المعلوماتية
484	虚拟社会	المجتمع الافتراضي
485	价值互联网	انترنت القيم
486	数据价值	قيمة البيانات
487	数据价值体系	نظام قيمة البيانات
488	数据驱动	الاعتماد على البيانات
489	数据流	سياق\ تدفق البيانات
490	共享经济	الاقتصاد التشاركي
491	可编程经济	الاقتصاد القابل للبرمجة

续表

序号	汉语	阿拉伯语
492	《第四次工业革命——转型的力量》	((الثورة الصناعية الرابعة: قوة التحويل))
493	《人人时代》	((هنا يأتي كل واحد))
494	《零边际成本社会》	((مجتمع التكلفة الهامشية \ الحدية الصفرية))
495	秩序互联网	انترنت الترتيب والنظام
496	互联网治理	حوكمة الانترنت
497	数据权	مجموعة البيانات الحكومية
498	制度信任	الثقة على أساس النظام
499	技术信任	الثقة على أساس التكنولوجيا
500	边界规制	تنظيم الحدود
501	安全规制	تنظيم السلامة
502	保护规制	تنظيم الحماية
503	数权共享	تشارك البيانات
504	国家数据主权	السيادة الوطنية على البيانات
505	网络恐怖主义	إرهاب الانترنت
506	可信互联网	الانترنت الموثوق بها
507	主权区块链	تسلسل الكتل في إطار سيادة الدولة
508	可编程货币	العملة القابلة للبرمجة
509	可编程金融	التمويل القابل للبرمجة
510	可编程社会	المجتمع القابل للبرمجة
511	区块链	تسلسل الكتل
512	加密算法	الخوارزمية المشفرة
513	共识机制	آلية الاتفاق
514	时间戳	الختم الزمني
515	对等网络	شبكة النظير بالنظير
516	块链结构	تركيب تسلسل الكتل
517	公有链	التسلسل المشترك
518	私有链	التسلسل الخصوصي
519	联盟链	التسلسل الحلفي
520	智能合约	العقد الذكي
521	信任机器	الجهاز الموثوق به
522	公有价值	القيمة العمومية
523	"绳网结构"理论	نظرية" الحبال المنسوجة" لتسلسل الكتل
524	"扁担模型"	نموذج المخمل

续表

序号	汉语	阿拉伯语
525	主权数字政府	الحكومة الرقمية ذات السيادة
526	主权数字货币	العملة الرقمية السيادية
527	信任理论	نظرية الثقة
528	虚拟组织	المنظمة الافتراضية
529	激活数据学	علم البيانات للتنشيط
530	超数据时代	عصر البيانات الفائقة
531	信息过剩	فائض البيانات
532	"数据拥堵"问题	مشكلة ازدحام البيانات
533	数据依赖	ارتباط البيانات
534	数据连接型社会	مجتمع التواصل بالبيانات
535	E 社会	مجتمع الإلكترونيات
536	U 社会	مجتمع كلية الوجود
537	【理论基础】	الأساس النظري
538	激活函数	وظيفة التنشيط
539	复杂理论	نظرية التعقيد
540	湍流发生机制	آلية توليد الاضطراب
541	sandpile model	تجربة التل الرملي
542	人脑科学	علم الدماغ
543	社会理论	نظرية المجتمع
544	复杂适应系统	نظام التكيف المعقد
545	激活数据学模型	نموذج التنشيط لعلم البيانات
546	数据搜索	البحث عن البيانات
547	关联融合	الدمج الترابطي
548	自激活	التنشيط الذاتي
549	热点减量化	تناقص النقاط الساخنة
550	智能碰撞	تصادم الذكاء
551	云脑时代	عصر العقل السحابي
552	《算法时代》	((الصيغة))
553	《智能革命》	((ثورة الذكاء))
554	场景应用	تطبيق لايف
555	数据社会学	علم الاجتماع للبيانات
556	数据进化论	نظرية التطور للبيانات
557	社会决定论	الحتمية الاجتماعية

续表

序号	汉语	阿拉伯语
558	技术工具论	ذرائعية التكنولوجيا
559	现代技术系统	نظام التقنيات الحديثة
560	技术预见	التبصير التكنولوجي
561	数据资本论	رأسمال البيانات
562	数字劳动	العمل الرقمي
563	劳动价值论	نظرية القيمة في العمل
564	劳动创造价值	العمل يخلق القيمة
565	《权力的终结》	((نهاية السلطة))
566	数据增值	تزايد البيانات
567	共享价值分配论	نظرية توزيع القيمة المشتركة
568	数据博弈论	نظرية الألعاب للبيانات
569	社会计算	الحوسبة الاجتماعية
570	数字轨迹	المسار الرقمي
571	数据创新	الابتكار في البيانات
572	社会场景	المشهد الاجتماعي
573	大数据战略	استراتيجية البيانات الضخمة
574	国家大数据战略	الاستراتيجية الوطنية للبيانات الضخمة
575	国际战略	الاستراتيجيات الدولية
576	【联合国】	الأمم المتحدة
577	全球脉动计划	برنامج النبض العالمي
578	《大数据开发：机遇与挑战》	((تطوير البيانات الضخمة: فرص وتحديات))
579	【欧盟】	الاتحاد الأوروبي
580	《数字（化）议程》	((أجندة الرقمنة))
581	《释放欧洲云计算服务潜力》	((إطلاق إمكانيات خدمات المحاسبة السحابية في أوروبا))
582	《云计算发展战略及三大关键行动建议》	((استراتيجية تنمية المحاسبة السحابية والمبادرات المفتاحية الثلاث))
583	《数据驱动经济战略》	((استراتيجية الاقتصاد المدفوع بالبيانات))
584	《数据价值链战略计划》	((الخطة الاستراتيجية لسلسلة قيمة البيانات))
585	【美国】	الولايات المتحدة
586	《美国国家宽带计划》	((البرنامج الوطني للنطاق العريض في الولايات المتحدة الأمريكية))
587	《美国大数据研究和开发计划》	((برنامج بحث وتطوير البيانات الضخمة في الولايات المتحدة الأمريكية))
588	《数字政府》	((الحكومة الرقمية))
589	《信息共享与信息安全国家战略》	((الاستراتيجية الوطنية للتشارك والأمن المعلوماتيين))

续表

序号	汉语	阿拉伯语
590	《美国开放数据行动计划》	((خطة العمل للبيانات المفتوحة في الولايات المتحدة الأمريكية))
591	《美国国家创新战略》	((استراتيجية الإبداع الوطني في الولايات المتحدة الأمريكية))
592	《网络安全国家行动计划》	((خطة العمل الوطنية للأمن السيبراني))
593	《联邦大数据研究和发展战略计划》	((الخطة الاستراتيجية الفيدرالية لبحث وتطوير البيانات الضخمة))
594	《国家人工智能研究与发展战略计划》	((الخطة الاستراتيجية الوطنية لبحث وتطوير الذكاء الاصطناعي))
595	【德国】	ألمانيا
596	《德国2020高技术战略》	((استراتيجية 2020 للتكنولوجيا العالية في ألمانيا))
597	《云计算行动计划》	((خطة العمل للحوسبة السحابية))
598	《数字德国2015》	((ألمانيا الرقمية 2015))
599	《数字议程（2014—2017年）》	((أجندة الرقمية (2014-2017)))
600	《数字（化）战略2025》	((استراتيجية الرقمنة 2025))
601	【法国】	فرنسا
602	《数字化路线图》	((خارطة طريق الرقمنة))
603	《法国机器人发展计划》	((برنامج تطوير الإنسان الآلي في فرنسا))
604	《法国大数据五项支持计划》	((برنامج الدعائم الخمس للبيانات الضخمة في فرنسا))
605	"未来工业"计划	برنامج "صناعة المستقبل"
606	【英国】	بريطانيا
607	《数字英国》	((بريطانيا الرقمية))
608	《英国数据能力发展战略规划》	((التخطيط الاستراتيجي لتطوير القدرات الرقمية للمملكة المتحدة))
609	《数字经济战略（2015—2018年）》	((استراتيجية الاقتصاد الرقمي (2015-2018)))
610	《英国数字战略2017》	((الاستراتيجية الرقمية للمملكة المتحدة 2017)))
611	【澳大利亚】	أستراليا
612	《澳大利亚公共服务信息通信技术发展战略（2012—2015年）》	((استراتيجية أستراليا لتكنولوجيا المعلومات والاتصالات في مجال الخدمات العامة (2012-2015)))
613	《澳大利亚云计算战略》	((استراتيجية أستراليا للحوسبة السحابية))
614	《澳大利亚公共服务大数据战略》	((استراتيجية أستراليا للبيانات الضخمة في الخدمات العامة))
615	【新加坡】	سنغافورة
616	智慧国2015	الدولة الذكية 2015
617	智慧国家2025	الدولة الذكية 2025
618	【韩国】	كوريا الجنوبية

续表

序号	汉语	阿拉伯语
619	《IT 韩国未来战略》	((استراتيجية المستقبل لكوريا الجنوبية من التكنولوجيا المعلوماتية))
620	"智慧首尔 2015"计划	برنامج "سيول الذكية" 2015
621	【日本】	اليابان
622	《智慧日本战略 2015》	((استراتيجية اليابان الذكية 2015))
623	《机器人新战略》	((استراتيجية اليابان للإنسان الآلي))
624	国家战略	الاستراتيجية الوطنية
625	【战略体系】	المنظومة الاستراتيجية
626	数字中国	الصين الرقمية
627	数字经济	الاقتصاد الرقمي
628	数字政府	الحكومة الرقمية
629	数字社会	المجتمع الرقمي
630	数据强国	الدولة القوية في البيانات
631	数字丝绸之路	طريق الحرير الرقمي
632	国家信息化发展战略	الاستراتيجية الوطنية لتطوير تطبيقات تكنولوجيا المعلومات
633	信息化	المعلوماتية
634	宽带中国	النطاق العريض في الصين
635	国家互联网大数据平台	المنصة الوطنية للبيانات الضخمة على الإنترنت
636	国家信息化体系	النظام الوطني للمعلوماتية
637	全域窄带物联网试点城市	المدن التجريبية لإنترنت الأشياء الضيق النطاق العالمية
638	网络强国战略	الاستراتيجية الوطنية لتطوير الشبكة
639	互联网+	إنترنت بلس
640	网络安全和信息化	أمن الشبكات والمعلوماتية
641	网络空间命运共同体	الوحدة المصيرية المشتركة في الفضاء السيبراني
642	互联网全球治理体系	نظام الحوكمة العالمية للإنترنت
643	创新驱动发展战略	استراتيجية تنموية مدفوعة بالابتكار
644	创新型国家	الدولة المبتكرة
645	国家创新体系	النظام الوطني للابتكار
646	制造强国战略	استراتيجية تطوير الصين لتكون قوة رائدة في التصنيع
647	信息化与工业化融合	تلاحم المعلوماتية والتصنيع
648	中国制造 2025	صنع الصين 2025
649	科教兴国战略	استراتيجية إنهاض الصين بالعلم والتعليم
650	人才强国战略	استراتيجية تقوية الصين بالكفاءات البشرية
651	军民融合发展战略	استراتيجية تطور الاندماج العسكري – المدني

续表

序号	汉语	阿拉伯语
652	【战略文本】	النصوص الاستراتيجية
653	《促进大数据发展行动纲要》	((الخطوط العريضة لخطة العمل لدفع تطور البيانات الضخمة))
654	《大数据产业发展规划（2016—2020年）》	((تخطيط تطوير صناعة البيانات الضخمة (2016-2020)))
655	《关于运用大数据加强对市场主体服务和监管的若干意见》	((توصيات عن استخدام البيانات الضخمة لتعزيز خدمة السوق والرقابة عليها))
656	《关于促进和规范健康医疗大数据应用发展的指导意见》	((إرشادات بشأن تعزيز وتنظيم تطبيقات البيانات الضخمة في مجال الصحة والعلاج))
657	《关于促进国土资源大数据应用发展的实施意见》	((رؤية تنفيذية لدفع تطبيقات البيانات الضخمة في مجال الأراضي والموارد الوطنية))
658	《生态环境大数据建设总体方案》	((تصميم عام لبناء البيانات الضخمة عن البيئة الإيكولوجية))
659	《农业部关于推进农业农村大数据发展的实施意见》	((رؤية تنفيذية من وزارة الزراعة حول دفع تطوير البيانات الضخمة في الزراعة والريف))
660	《农业农村大数据试点方案》	((خطة تجريب البيانات الضخمة عن الزراعة والريف))
661	《关于推进水利大数据发展的指导意见》	((رؤية تنفيذية حول دفع تطوير البيانات الضخمة في الري))
662	《气象大数据行动计划（2017—2020年）》	((خطة العمل للبيانات الضخمة في الأرصاد الجوية (2017-2020)))
663	《国家信息化发展战略纲要》	((الخطوط العريضة للاستراتيجية الوطنية لتطوير المعلوماتية))
664	《国务院关于积极推进"互联网+"行动的指导意见》	((رؤية تنفيذية من مجلس الدولة حول إجراء "الإنترنت بلس"))
665	《国家创新驱动发展战略纲要》	((الخطوط العريضة للاستراتيجية الوطنية للتنمية المدفوعة بالابتكار))
666	《中国制造2025》	((صنع في الصين 2025))
667	《智能制造发展规划（2016—2020年）》	((خطة تطوير التصنيع الذكي (2016-2020)))
668	《云计算发展三年行动计划（2017—2019年）》	((خطة العمل الثلاثية لتطوير الحوسبة السحابية (2017-2019)))
669	《新一代人工智能发展规划》	((خطة تطوير الجيل الجديد من الذكاء الاصطناعي))
670	《国家中长期人才发展规划纲要（2010—2020年）》	((الخطوط العريضة للتخطيط الوطني لتنمية الموارد البشرية على المدى المتوسط والطويل (2010-2020)))
671	《国务院关于深化"互联网+先进制造业"发展工业互联网的指导意见》	((رؤية تنفيذية من مجلس الدولة حول تعميق "الانترنت بلس الصناعات المتقدمة" وتطوير الإنترنت الصناعي))
672	《工业互联网发展行动计划（2018—2020年）》	((برنامج العمل لتطوير الإنترنت الصناعي (2018-2020)))
673	地方战略	الاستراتيجيات المحلية
674	【京津冀】	بكين وتيانجين وخبي
675	京津冀国家大数据综合试验区	المنطقة التجريبية الوطنية الشاملة للبيانات الضخمة في بكين وتيانجين وخبي

续表

序号	汉语	阿拉伯语
676	中关村大数据产业园	الحديقة الصناعية للبيانات الضخمة في تشونغوانتسون
677	张北云计算产业园	الحديقة الصناعية للحوسبة السحابية في تشانغبي
678	《北京市大数据和云计算发展行动计划（2016—2020年）》	((خطة العمل لتطوير البيانات الضخمة والحوسبة السحابية في بكين (2016-2020)))
679	《关于加快发展"大智移云"的指导意见》（河北）	((التوصيات الإرشادية حول تسريع تطوير مشروع "دا تشي يي يون")) (خبي)
680	《河北省大数据产业创新发展三年行动计划（2018—2020年）》	((خطة العمل لابتكار وتطوير صناعة البيانات الضخمة في مقاطعة خبي (2018-2020)))
681	《石家庄市人民政府关于推进大数据发展的实施意见》	((رؤية تنفيذية من بلدية شيجياتشوانغ حول دفع تطور البيانات الضخمة))
682	《石家庄市关于加快推进"大智移云"的实施方案》	((خطة تفعيلية لمدينة شيجياتشوانغ لتسريع تطوير مشروع "دا تشي يي يون"))
683	【山西省】	مقاطعة شانشي
684	《山西省大数据发展规划（2017—2020年）》	((خطة تطوير البيانات الضخمة في مقاطعة شانشي (2017-2020)))
685	《山西省促进大数据发展应用的若干政策》	((سياسات لدفع تطوير وتطبيق البيانات الضخمة في مقاطعة شانشي))
686	【内蒙古自治区】	منطقة منغوليا الداخلية الذاتية الحكم
687	内蒙古国家大数据综合试验区	المنطقة التجريبية الوطنية الشاملة للبيانات الضخمة في منغوليا الداخلية
688	丝绸之路数据港	ميناء البيانات عن طريق الحرير
689	和林格尔新区大数据特色产业基地	القاعدة الصناعية ذات ميزات البيانات الضخمة في منطقة خيلينغر الجديدة
690	《内蒙古自治区大数据发展总体规划（2017—2020年）》	((التخطيط العام لتطوير البيانات الضخمة في منطقة منغوليا الداخلية الذاتية الحكم (2017-2020)))
691	《内蒙古自治区促进大数据发展应用的若干政策》	((سياسات لدفع تطوير وتطبيق البيانات الضخمة في منطقة منغوليا الداخلية الذاتية الحكم))
692	《内蒙古自治区大数据与产业深度融合行动计划（2018—2020年）》	((خطة العمل حول التلاقح المعمق بين البيانات الضخمة والصناعة في منطقة منغوليا الداخلية الذاتية الحكم (2018-2020)))
693	《内蒙古自治区健康医疗大数据应用发展规划（2016—2020年）》	((خطة تطبيق وتطوير البيانات الضخمة في الصحة والعلاج في منطقة منغوليا الداخلية الذاتية الحكم (2016-2020)))
694	《呼和浩特市促进大数据发展应用若干政策》	((سياسات لدفع تطوير وتطبيق البيانات الضخمة في مدينة هوهوت))
695	【辽宁省】	مقاطعة لياونينغ
696	沈阳国家大数据综合试验区	المنطقة التجريبية الوطنية الشاملة للبيانات الضخمة في شنيانغ
697	《沈阳市促进大数据发展三年行动计划（2016—2018年）》	((خطة العمل الثلاثية لدفع تطوير البيانات الضخمة في مدينة شنيانغ (2016-2018)))
698	【上海市】	شانغهاي

续表

序号	汉语	阿拉伯语
699	"智能上海（AI@SH）"行动	عملية "SH@AI لـ شانغهاي الذكية"
700	上海国家大数据综合试验区	المنطقة التجريبية الوطنية الشاملة للبيانات الضخمة في شانغهاي
701	《上海推进大数据研究与发展三年行动计划（2013—2015年）》	((خطة العمل الثلاثية لدفع بحث وتطوير البيانات الضخمة في شانغهاي (2015-2013)))
702	《上海市大数据发展实施意见》	((ملاحظات تنفيذية لتطوير البيانات الضخمة في مدينة شانغهاي))
703	【江苏省】	مقاطعة جيانغسو
704	江苏南通国际数据中心产业园	الحديقة الصناعية المركزية الدولية للبيانات في نانتونغ، جيانغسو
705	盐城大数据产业园	الحديقة الصناعية للبيانات الضخمة في يانتشنغ
706	无锡国家传感网创新示范区	المنطقة النموذجية الوطنية لابتكار شبكة الاستشعار في ووسي
707	"感知中国"示范区	المنطقة النموذجية لمعرفة الصين
708	《江苏省大数据发展行动计划》	((خطة العمل لتطوير البيانات الضخمة في مقاطعة جيانغسو))
709	《江苏省云计算与大数据发展行动计划》	((خطة العمل لتطوير الحوسبة السحابية والبيانات الضخمة في مقاطعة جيانغسو))
710	《关于加快大数据产业发展的意见》（南京）	((توصيات حول تعجيل تطور صناعة البيانات الضخمة)) (نانجينغ)
711	《南京市促进大数据发展三年行动计划（2016—2018年）》	((خطة العمل الثلاثية لدفع تطور البيانات الضخمة في مدينة نانجينغ (2018-2016)))
712	【浙江省】	مقاطعة تشجيانغ
713	"四张清单一张网"智慧政府体系	نظام "أربع قوائم وشبكة واحدة" للبلدية الذكية
714	"浙江制造"标准	معايير "صنع في تشجيانغ"
715	《浙江省促进大数据发展实施计划》	((خطة تنفيذية لدفع تطور البيانات الضخمة في مقاطعة تشجيانغ))
716	《数字浙江建设规划纲要（2003—2007年）》	((الخطوط العريضة لتخطيط بناء تشجيانغ الرقمية (2007-2003)))
717	《杭州市建设全国云计算和大数据产业中心三年行动计划（2015—2017年）》	((خطة العمل الثلاثية لبناء مركز وطني للحوسبة السحابية وصناعة البيانات الضخمة في مدينة هانغتشو (2017-2015)))
718	《杭州城市数据大脑规划》	((تخطيط دماغ بيانات المدينة في هانغتشو))
719	《"数字杭州"发展规划》	((تخطيط تطوير "هانغتشو الرقمية"))
720	《宁波市人民政府关于推进大数据发展的实施意见》	((ملاحظات تنفيذية من بلدية مدينة نينغبو لدفع تطور البيانات الضخمة))
721	【安徽省】	مقاطعة آنهوي
722	《安徽省"十三五"软件和大数据产业发展规划》	((تخطيط تطوير البرمجيات وصناعة البيانات الضخمة ضمن الخطة الخمسية الـ13 في مقاطعة آنهوي))
723	《合肥市大数据发展行动纲要（2016—2020年）》	((الخطوط العريضة لخطة العمل لتطوير البيانات الضخمة في مدينة هيفي (2020-2016)))

续表

序号	汉语	阿拉伯语
724	【福建省】	مقاطعة فوجيان
725	数字福建	فوجيان الرقمية
726	数字福建（长乐）产业园	حديقة صناعية لفوجيان الرقمية (تشانغله)
727	"数字公民"试点	المشروع التجريبي"المواطن الرقمي"
728	《福建省促进大数据发展实施方案（2016—2020年）》	((خطة تنفيذية لدفع تطور البيانات الضخمة في مقاطعة فوجيان (2016-2020)))
729	《福建省"十三五"数字福建专项规划》	((تخطيط خاص لفوجيان الرقمية ضمن الخطة الخمسية الـ 13 في مقاطعة فوجيان))
730	《厦门市促进大数据发展工作实施方案》	((خطة تنفيذية لدفع تطور البيانات الضخمة في مدينة شيامن))
731	《厦门市大数据应用与产业发展规划（2015-2020年）》	((خطة تطوير تطبيقات وصناعة البيانات الضخمة في مدينة شيامن (2015-2020)))
732	【江西省】	مقاطعة جيانغشي
733	智慧新城	المدينة الذكية الجديدة
734	《促进大数据发展实施方案》（江西）	((خطة تنفيذية لدفع تطور البيانات الضخمة) (جيانغشي))
735	《江西省大数据发展行动计划》	((خطة العمل لتطوير البيانات الضخمة في مقاطعة جيانغشي))
736	【山东省】	مقاطعة شاندونغ
737	数创公社	كميونة الإبداع الرقمي
738	《山东省人民政府关于促进大数据发展的意见》	((توصيات من بلدية مقاطعة شاندونغ حول دفع تطور البيانات الضخمة))
739	《关于促进山东省大数据产业加快发展的意见》	((توصيات عن تعجيل تطور صناعة البيانات الضخمة في مقاطعة شاندونغ))
740	《山东省推进农业大数据运用实施方案（2016—2020年）》	((خطة تنفيذية لدعم تطبيق البيانات الضخمة في الزراعة في مقاطعة شاندونغ (2016-2020)))
741	《济南市数创公社2020发展行动计划》	((خطة عمل 2020 لتطوير كميونة الإبداع الرقمي في مدينة جينان))
742	《青岛市人民政府关于促进大数据发展的实施意见》	((ملاحظات تنفيذية من بلدية مدينة تشينغداو عن دفع تطور البيانات الضخمة))
743	【河南省】	مقاطعة خنان
744	河南国家大数据综合试验区	المنطقة التجريبية الوطنية الشاملة للبيانات الضخمة في مقاطعة خنان
745	《河南省人民政府关于推进云计算大数据开放合作的指导意见》	((توصيات إرشادية من بلدية مقاطعة خنان حول دفع الانفتاح والتعاون في الحوسبة السحابية والبيانات الضخمة))
746	《河南省云计算和大数据"十三五"发展规划》	((الخطة الخمسية الـ13 للحوسبة السحابية والبيانات الضخمة في مقاطعة خنان))
747	《河南省大数据产业发展三年行动计划（2018—2020年）》	((خطة العمل الثلاثية لتطوير صناعة البيانات الضخمة في مقاطعة خنان (2018-2020)))
748	《郑州市促进大数据发展行动计划》	((خطة العمل لدفع تطور البيانات الضخمة في مدينة تشنغتشو))

续表

序号	汉语	阿拉伯语
749	《郑州市人民政府关于促进大数据产业发展的若干意见》	((توصيات من بلدية مدينة تشنغتشو حول دفع تطور صناعة البيانات الضخمة))
750	【湖北省】	مقاطعة هوبي
751	智慧城市时空信息云平台建设试点	بناء تجريبي لمنصة سحابية للمعلومات الزمكانية للمدينة الذكية
752	《湖北省大数据发展行动计划（2016—2020年）》	((خطة العمل لتطوير البيانات الضخمة في مقاطعة هوبي (2016-2020)))
753	《湖北省云计算大数据发展"十三五"规划》	((الخطة الخمسية الـ13 لتطوير الحوسبة السحابية والبيانات الضخمة في مقاطعة هوبي))
754	《武汉市大数据产业发展行动计划（2014—2018年）》	((خطة العمل لتطوير البيانات الضخمة في مقاطعة هوبي (2014-2018)))
755	《武汉市人民政府关于加快大数据推广应用和促进大数据产业发展的意见》	((توصيات بلدية مدينة ووهان بتعجيل نشر وتطبيق البيانات الضخمة ودفع تطور صناعة البيانات الضخمة))
756	【湖南省】	مقاطعة هونان
757	《长沙市加快发展大数据产业（2017—2020年）行动计划》	((خطة العمل لتعجيل تطور صناعة البيانات الضخمة في مدينة تشانغشا (2017-2020)))
758	【广东省】	مقاطعة قوانغدونغ
759	珠江三角洲国家大数据综合试验区	المنطقة التجريبية الوطنية الشاملة للبيانات الضخمة في دلتا نهر اللؤلؤ
760	《广东省促进大数据发展行动计划（2016—2020年）》	((خطة العمل لدفع تطور البيانات الضخمة في مقاطعة قوانغدونغ (2016-2020)))
761	《广州市人民政府办公厅关于促进大数据发展的实施意见》	((ملاحظات تنفيذية من مكتب بلدية قوانغتشو حول دفع تطور البيانات الضخمة))
762	《深圳市促进大数据发展行动计划（2016—2018年）》	((خطة العمل لدفع تطور البيانات الضخمة في مدينة شنتشن (2016-2018)))
763	【广西壮族自治区】	منطقة قوانغسي الذاتية الحكم لقومية تشوانغ
764	《促进大数据发展的行动方案》（广西）	(خطة تنفيذية لدفع تطور البيانات الضخمة) (قوانغسي)
765	《脱贫攻坚大数据平台建设实施方案》（广西）	(خطة تنفيذية لبناء منصة البيانات الضخمة للتخفيف من حدة الفقر) (قوانغسي)
766	《南宁市大数据建设发展规划（2016—2020）》	((خطة تشييد وتطوير البيانات الضخمة في مدينة نانينغ (2016-2020)))
767	《钦州市加快云计算及大数据产业发展的实施方案》	((خطة تنفيذية لتعجيل تطور صناعة الحوسبة السحابية والبيانات الضخمة في مدينة تشينتشو))
768	【海南省】	مقاطعة هاينان
769	《海南省促进大数据发展实施方案》	((خطة تنفيذية لدفع تطور البيانات الضخمة في مقاطعة هاينان))
770	【重庆市】	مدينة تشونغتشينغ
771	重庆国家大数据综合试验区	المنطقة التجريبية الوطنية الشاملة للبيانات الضخمة في تشونغتشينغ

续表

序号	汉语	阿拉伯语
772	《重庆市大数据行动计划》	((خطة العمل للبيانات الضخمة في مدينة تشونغتشينغ))
773	【四川省】	مقاطعة سيتشوان
774	《四川省促进大数据发展工作方案》	((خطة عملية لدفع تطور البيانات الضخمة في مقاطعة سيتشوان))
775	《成都市大数据产业发展规划（2017—2025年）》	((خطة تطوير صناعة البيانات الضخمة في مدينة تشينغدو (2017-2025)))
776	《成都市促进大数据产业发展专项政策》	((سياسات مخصصة لدفع تطور صناعة البيانات الضخمة في مدينة تشينغدو))
777	《泸州市人民政府关于加快大数据产业发展的实施意见》	((ملاحظات تنفيذية من بلدية مدينة لوتشو لتعجيل تطور صناعة البيانات الضخمة))
778	【贵州省】	مقاطعة قويتشو
779	国家大数据（贵州）综合试验区	المنطقة التجريبية الوطنية الشاملة للبيانات الضخمة (قويتشو)
780	块数据城市	مدينة كتلة البيانات
781	中国数谷	وادي البيانات في الصين
782	贵阳·贵安大数据产业发展集聚示范区	المنطقة النموذجية لتطور صناعة البيانات الضخمة وتجمعها في قويانغ وقويآن
783	《关于加快大数据产业发展应用若干政策的意见》（贵州）	((توصيات حول سياسات دفع تطور وتطبيق صناعة البيانات الضخمة) (قويتشو)
784	《贵州省大数据产业发展应用规划纲要（2014—2020年）》	((الخطوط العريضة لخطة تطوير وتطبيق صناعة البيانات الضخمة في مقاطعة قويتشو (2014-2020)))
785	《贵州省发展农业大数据助推脱贫攻坚三年行动方案（2017—2019年）》	((خطة العمل لتوظيف البيانات الضخمة الزراعية للتخفيف عن حدة الفقر في مقاطعة قويتشو (2017-2019)))
786	《贵州大数据+产业深度融合2017年行动计划》	((خطة عمل 2017 للتلاحم المعمق بين البيانات الضخمة والصناعة في قويتشو))
787	《贵州省数字经济发展规划（2017—2020年）》	((خطة تطوير الاقتصاد الرقمي في مقاطعة قويتشو (2017-2020)))
788	《智能贵州发展规划（2017—2020年）》	((خطة تطوير قويتشو الذكية (2017-2020)))
789	《贵阳大数据产业行动计划》	((خطة العمل لصناعة البيانات الضخمة في قوي‌انغ))
790	《关于加快发展大数据产业的实施意见》（贵阳）	((ملاحظات تنفيذية حول تعجيل تطور صناعة البيانات الضخمة)) (قويانغ)
791	《中共贵阳市委关于以大数据为引领加快打造创新型中心城市的意见》	((توصيات لجنة الحزب الشيوعي الصيني في قويانغ بتعجيل بناء مدينة إبداعية مركزية على ضوء البيانات الضخم))
792	《中共贵阳市委 贵阳市人民政府关于加快建成"中国数谷"的实施意见》	((توصيات تنفيذية من لجنة الحزب الشيوعي الصيني وبلدية قويانغ بتعجيل بناء "وادي البيانات في الصين"))
793	《贵阳市大数据标准建设实施方案》	((خطة تنفيذية لبناء معايير البيانات الضخمة في مدينة قويانغ))

续表

序号	汉语	阿拉伯语
794	【云南省】	مقاطعة يونان
795	《云南省人民政府办公厅关于重点行业和领域大数据开放开发工作的指导意见》	((توصيات إرشادية من مكتب بلدية مقاطعة يونان حول عمليات فتح وتطوير البيانات الضخمة في القطاعات والمجالات المركزية))
796	【陕西省】	مقاطعة شنشي
797	陕西省西咸区创建软件和信息服务（大数据）示范基地	القاعدة النموذجية للبرمجيات والخدمات المعلوماتية (البيانات الضخمة) في حي سيشيان بمقاطعة شنشي
798	硬科技之都	عاصمة التكنولوجيا الصلبة
799	《陕西省大数据与云计算产业示范工程实施方案》	((خطة تنفيذية للمشروع النموذجي لصناعة البيانات الضخمة والحوسبة السحابية بمقاطعة شنشي))
800	《西安市大数据产业发展实施方案（2017—2021年）》	((خطة تنفيذية لتطور صناعة البيانات الضخمة في مدينة شيان (2017-2021)))
801	《西安市发展硬科技产业十条措施》	((عشرة إجراءات لتطوير صناعات التكنولوجيا الصلبة في مدينة شيأن))
802	【甘肃省】	مقاطعة قانسو
803	《关于加快大数据、云平台建设促进信息产业发展的实施方案》	((خطة تنفيذية لتعجيل بناء البيانات الضخمة والمنصة السحابية ودفع تطور صناعة المعلومات))
804	《甘肃省促进大数据发展三年行动计划（2017—2019年）》	((خطة العمل الثلاثية لدفع تطور البيانات الضخمة في مقاطعة قانسو (2017-2019)))
805	《兰州市人民政府关于促进大数据发展的实施意见》	((ملاحظات تنفيذية من بلدية مدينة لانتشو حول دفع تطور البيانات الضخمة))
806	【青海省】	مقاطعة تشينغهاي
807	《关于促进云计算发展培育大数据产业实施意见》（青海）	((ملاحظات تنفيذية بدفع تطور الحوسبة السحابية وإنشاء صناعة البيانات الضخمة) (تشينغهاي))
808	【宁夏回族自治区】	منطقة نينغشيا الذاتية الحكم لقومية هوي
809	《关于运用大数据开展综合治税工作实施方案》（宁夏）	((خطة تنفيذية حول توظيف البيانات الضخمة في سيطرة شاملة على الضرائب) (نينغشيا))
810	【新疆维吾尔自治区】	منطقة شينجيانغ الذاتية الحكم لقومية ويغور
811	《新疆维吾尔自治区云计算与大数据产业"十三五"发展专项规划》	((خطة مخصصة ضمن الخطة الخمسية الـ 13 لتطوير صناعة الحوسبة السحابية والبيانات الضخمة في منطقة شينجيانغ الذاتية الحكم لقومية ويغور))
812	数字基础设施	البنية التحتية الرقمية
813	网络基础	البنية التحتية الشبكية
814	宽带乡村	الأرياف على النطاق العريض
815	电信普遍服务	الخدمة الشاملة للاتصالات
816	宽带城市	المدن على النطاق العريض
817	三网融合	تلاقي الشبكات الثلاث (شبكة الاتصالات، شبكة الحاسوبات، شبكة الكبل التلفزيوني)

附录6 大数据名词汉阿对照 1023

续表

序号	汉语	阿拉伯语
818	国家空间数据基础设施	البنية التحتية الوطنية للبيانات الفضائية
819	互联网骨干直联点	نقاط الترابط الهيكلية المباشرة بالإنترنت
820	互联网协议第六版	النسخة السادسة لبرتوكول الإنترنت
821	天地一体化信息网络	الشبكة المعلوماتية تجمع الفضاء بالأرض
822	5G规模组网	الشبكة بمقياس 5G
823	量子保密通信骨干网	الشبكة الأساسية للاتصالات الكمية الآمنة
824	信息资源库	قواعد الموارد المعلوماتية
825	信息资源	الموارد المعلوماتية
826	政务信息资源	موارد المعلومات السياسية الإدارية
827	人口基础信息库	قاعدة البيانات الأساسية للسكان
828	脱敏人口信息资源	موارد المعلومات للسكان المجردة من الحساسية
829	法人单位基础信息库	قاعدة البيانات الأساسية عن الكيانات الاعتبارية
830	自然资源基础信息库	قاعدة البيانات الأساسية عن الموارد الطبيعية
831	地理空间基础信息库	قاعدة البيانات الأساسية عن الفضاءات الجغرافية
832	国土资源监管信息系统	نظام معلومات الموارد الأرضية الوطنية
833	社会信用信息库	قاعدة معلومات الائتمان الاجتماعي
834	全国公共信用信息公示系统	النظام الوطني للإفصاح عن معلومات الائتمان العام
835	统一社会信用代码	الرموز الموحدة للائتمان الاجتماعي
836	应用设施	المنشآت التطبيقية
837	一体化政务数据平台	المنصة المعلوماتية الموحدة للشؤون الحكومية
838	公共应用服务平台	منصة الخدمات للتطبيقات العامة
839	国家电子政务网络	الشبكة الوطنية للشؤون الحكومية الإلكترونية
840	国家政务数据中心	المركز الوطني لمعلومات الشؤون الحكومية
841	国家数据共享交换工程	المشروع الوطني لتشارك وتبادل المعلومات
842	国家公共数据开放网站	الموقع الوطني المفتوح للمعلومات العامة
843	【重要领域信息系统】	النظم المعلوماتية في المجالات الهامة
844	北斗卫星导航系统	نظام بيدو للملاحة القمرية
845	核岛控制系统	نظام التحكم في الجزيرة النووية
846	银联交易系统	نظام المعاملات " يونيون باي "
847	智能交通系统	نظام المرور الذكي
848	供水管网信息管理系统	نظام إدارة معلومات شبكة إمدادات المياه
849	社保信息系统	نظام معلومات الضمان الاجتماعي
850	内容分发网络	شبكة توزيع المحتويات

续表

序号	汉语	阿拉伯语
851	全国一体化大数据中心	المركز الوطني الموحد للبيانات الضخمة
852	信息基础设施防护	حماية البنية التحتية للمعلومات
853	关键信息基础设施	البنية التحتية للمعلومات المفتاحية
854	关键信息基础设施安全保护制度	نظام حماية البنية التحتية للمعلومات المفتاحية
855	美国关键信息基础设施保护制度	نظام حماية البنية التحتية للمعلومات المفتاحية في الولايات المتحدة
856	关键信息基础设施保护通告	إشعار بشأن حماية البنية التحتية للمعلومات المفتاحية
857	《关键基础设施信息保护法》	((قانون حماية البنية التحتية للمعلومات المفتاحية))
858	数据开放共享	انفتاح وتشارك البيانات
859	开放数据	البيانات المفتوحة
860	国家数据开放体系	النظام الوطني لانفتاح البيانات
861	数据孤岛	جزر البيانات
862	数据烟囱	مدخنة البيانات
863	数据开放	انفتاح البيانات
864	政府信息公开	الإفصاح عن معلومات الحكومة
865	政府数据共享	تشارك بيانات الحكومة
866	政府数据开放	انفتاح بيانات الحكومة
867	数据开放生态系统	النظام الإيكولوجي لانفتاح البيانات
868	数据开放统一平台	المنصة الموحدة لانفتاح البيانات
869	政府数据管理机构	مؤسسة إدارة بيانات الحكومة
870	政府数据开放评价机制	آليات تقييم انفتاح بيانات الحكومة
871	数据共享	تشارك البيانات
872	无条件共享	التشارك غير المشروط
873	有条件共享	التشارك المشروط
874	不予共享	التشارك المرفوض
875	开放政府	الحكومة المفتوحة
876	开放政府数据	انفتاح بيانات الحكومة
877	开放授权	التفويض المفتوح
878	开放数据授权协议	بروتوكول التفويض لانفتاح البيانات
879	开放数据政策模型	نموذج سياسية البيانات المفتوحة
880	中国开放数林指数	مؤشر البيانات المفتوحة في الصين
881	开放政府运动	حركة الحكومة المنفتحة

附录 6 大数据名词汉阿对照　1025

续表

序号	汉语	阿拉伯语
882	赫尔比希（Natalie Helbig）开放政府建设模型	نموذج هيلبيق لبناء حكومة منفتحة
883	《政务信息系统整合共享实施方案》	((خطة تنفيذية لدمج وتشارك نظم معلومات الشؤون الحكومية))
884	《公共信息资源开放试点工作方案》	((خطة تجريب انفتاح موارد المعلومات العامة))
885	《关于推进公共信息资源开放的若干意见》	((توصيات بدفع انفتاح موارد المعلومات العامة))
886	马赛克效果	أثر الفسيفساء
887	共享观	مفهوم التشارك
888	开放平台	منصة الانفتاح
889	【规划与标准】	التخطيط والمعيار
890	政府部门数据共享	تشارك بيانات الدوائر الحكومية
891	公共数据资源开放	انفتاح موارد البيانات العامة
892	数据资源清单	قائمة موارد البيانات
893	政府数据开放共享标准	معايير انفتاح وتشارك بيانات الحكومة
894	政府数据集	معايير انفتاح وتشارك بيانات الحكومة
895	元数据标准	معايير بيانات التعريف
896	政府数据共享开放目录	كاتالوج تشارك وانفتاح بيانات الحكومة
897	《流通领域电子数据交换规范》	((معايير تبادل البيانات الإلكترونية في التداول))
898	《社会治安综合治理基础数据规范》国家标准（GB/T 31000—2015）	((معايير البيانات الأساسية لإدارة الأمن الاجتماعي الشاملة (((GB/T 31000—2015
899	全国政务信息资源目录体系	نظام الكاتالوجات الوطني لموارد معلومات الشؤون الحكومية
900	《政务信息资源目录编制指南（试行）》	((المبادئ التوجيهية لإعداد كاتالوجات موارد معلومات الشؤون الحكومية (التجريبية)))
901	【平台】	المنصات
902	国家政府数据统一开放平台	المنصة الموحدة لانفتاح بيانات الحكومة الوطنية
903	数据开放网站	مواقع انفتاح البيانات
904	全国政务信息共享网站	مواقع تشارك معلومات الشؤون الحكومية في البلاد
905	北京市政务数据资源网	شبكة موارد بيانات الشؤون الحكومية لبكين
906	哈尔滨市政府数据开放平台	منصة انفتاح البيانات لبلدية هاربين
907	上海市政府数据服务网	شبكة خدمات البيانات لبلدية شانغهاي
908	无锡市政府数据服务网	شبكة خدمات البيانات لبلدية ووسي
909	浙江政务服务网	شبكة خدمات الشؤون الحكومية لتشجيانغ
910	海曙区数据开放平台（宁波）	منصة انفتاح البيانات لحي هايشو (نينغبو)

续表

序号	汉语	阿拉伯语
911	青岛政府数据开放网	شبكة انفتاح البيانات لبلدية تشينغداو
912	武汉市政务公开数据服务网	شبكة الخدمات لانفتاح بيانات بلدية ووهان
913	长沙数据开放平台	منصة انفتاح البيانات لمدينة تشانغشا
914	开放广东	قوانغدونغ المنفتحة
915	广州市政府数据统一开放平台	المنصة الموحدة لانفتاح بيانات لبلدية قوانغتشو
916	佛山市数据开放平台	منصة انفتاح البيانات لفوشان
917	深圳市政府数据开放平台	منصة انفتاح البيانات لبلدية شينتشين
918	深圳坪山区数据开放平台	منصة انفتاح البيانات لحي بينغشان بمدينة شينتشين
919	数说东莞	السرد الرقمي- دونغقوان
920	肇庆市政府数据开放平台	منصة انفتاح البيانات لبلدية تشاوتشينغ
921	梅州政府数据开放平台	منصة انفتاح البيانات لبلدية ميتشو
922	湛江数据服务网	شبكة خدمات البيانات لتشانجيانغ
923	数说·南海	السرد الرقمي- نانهاي
924	贵州省政府数据开放平台	منصة انفتاح البيانات لبلدية مقاطعة قويتشو
925	贵阳市政府数据开放平台	منصة انفتاح البيانات لبلدية مدينة قويانغ
926	社会和云·城市大脑	المجتمع والسحاب - دماغ المدينة
927	"云上贵州"系统平台	منصة نظام "قويتشو فوق السحاب"
928	数据治理体系与治理能力	نظام حوكمة البيانات والقدرة عليها
929	【治理数据化】	الحوكمة بالبيانات
930	互联网+政务服务	الخدمات الحكومية بأسلوب الإنترنت بلس
931	国家政务信息化工程	المشروع الوطني لمعلوماتية الشؤون الحكومية
932	政务信息资源目录	كاتالوج موارد معلومات الشؤون الحكومية
933	全国一体化的国家大数据中心	المركز الوطني الموحد للبيانات الضخمة
934	国家电子政务内网	الشبكة الداخلية للشؤون الحكومية الإلكترونية الوطنية
935	国家电子政务外网	الشبكة الخارجية للشؤون الحكومية الإلكترونية الوطنية
936	一体化政务治理体系	النظام الموحد لحوكمة الشؤون الحكومية
937	网络综合治理体系	نظام الحوكمة الشاملة للشبكة
938	信息惠民工程	مشروع المعلومات لمنفعة الجمهور
939	全国电子商务产品质量大数据应用中心	مركز تطبيق البيانات الضخمة لنوعية منتجات التجارة الإلكترونية الوطنية
940	《"十三五"国家政务信息化工程建设规划》	((الخطة الخمسية الـ13 لبناء مشروع معلوماتية الشؤون الحكومية في البلاد))
941	《推进"互联网+政务服务"开展信息惠民试点实施方案》	((تعزيز "الخدمات الحكومية بأسلوب الإنترنت بلس" لتنفيذ المشروع التجريبي لـ"المعلومات لمنفعة الجمهور"))

续表

序号	汉语	阿拉伯语
942	《"互联网+政务服务"技术体系建设指南》	((دليل بناء النظام التكنولوجي لـ "الخدمات الحكومية بأسلوب الإنترنت بلس"))
943	【管理机构与协调机制】	الهيئات المشرفة والآليات التنسيقية
944	【中央】	المركزية
945	"促进大数据发展部际联席会议"制度	نظام المجلس الوزاري المشترك لدفع تطور البيانات الضخمة
946	中国共产党中央网络安全和信息化委员会	اللجنة المركزية لأمن الشبكة والمعلوماتية للحزب الشيوعي الصيني
947	中央国家安全领导小组	المجموعة القيادية المركزية للأمن القومي
948	国家互联网信息办公室	المكتب الوطني لمعلومات الشبكة
949	国家信息中心	المركز الوطني للمعلومات
950	国家互联网应急中心	المركز الوطني لمواجهة طوارئ الإنترنت
951	国家电子政务内网建设和管理协调小组	المجموعة التنسيقية لبناء وإدارة الشبكة الداخلية للشؤون الحكومية الإلكترونية الوطنية
952	【地方】	المحلية
953	内蒙古自治区大数据发展管理局	هيئة تطوير وإدارة البيانات الضخمة بمنطقة منغوليا الداخلية الذاتية الحكم
954	辽宁省沈阳市大数据管理局	هيئة إدارة البيانات الضخمة بمدينة شنيانغ بمقاطعة لياونينغ
955	浙江省数据管理中心	مركز إدارة البيانات بمقاطعة تشجيانغ
956	浙江省宁波市大数据管理局	هيئة إدارة البيانات الضخمة في مدينة نينغبو بمقاطعة تشجيانغ
957	浙江省杭州市数据资源管理局	هيئة إدارة مصادر المعطيات في مدينة هانغتشو بمقاطعة تشجيانغ
958	安徽省合肥市数据资源局	هيئة موارد المعطيات في مدينة هيفي بمقاطعة آنهوي
959	湖北省黄石市大数据管理局	هيئة إدارة البيانات الضخمة في مدينة هوانغشي بمقاطعة هوبي
960	广东省大数据管理局	هيئة إدارة البيانات الضخمة بمقاطعة قوانغدونغ
961	广东省佛山市南海区数据统筹局	هيئة تنسيق المعطيات في حي نانهاي في مدينة فوشان بمقاطعة قوانغدونغ
962	广东省广州市大数据管理局	هيئة إدارة البيانات الضخمة في مدينة قوانغتشو بمقاطعة قوانغدونغ
963	四川省成都市大数据管理局	هيئة إدارة البيانات الضخمة في مدينة تشنغدو بمقاطعة سيتشوان
964	贵州省大数据发展管理局	هيئة إدارة تطوير البيانات الضخمة بمقاطعة قويتشو
965	贵州省贵阳市大数据发展管理委员会	مجلس إدارة تطوير البيانات الضخمة في مدينة قويانغ بمقاطعة قويتشو
966	云南省保山市大数据管理局	هيئة إدارة البيانات الضخمة في مدينة باوشان بمقاطعة يونان
967	云南省昆明市大数据管理局	هيئة إدارة البيانات الضخمة في مدينة كونمينغ بمقاطعة يونان
968	陕西省咸阳市大数据管理局	هيئة إدارة البيانات الضخمة في مدينة شيانيانغ بمقاطعة شنشي
969	甘肃省兰州市大数据社会服务管理局	هيئة إدارة الخدمات الاجتماعية بالبيانات الضخمة في مدينة لانشو بمقاطعة قانسو

续表

序号	汉语	阿拉伯语
970	甘肃省酒泉市大数据管理局	هيئة إدارة البيانات الضخمة في مدينة جيوتشوان بمقاطعة قانسو
971	宁夏回族自治区银川市大数据管理服务局	هيئة إدارة البيانات الضخمة والخدمات في مدينة ينتشوان بمنطقة نينغشيا الذاتية الحكم لقومية هوي
972	宁夏回族自治区中卫市云计算和大数据发展服务局	هيئة إدارة تطوير وخدمة الحوسبة السحابية والبيانات الضخمة في مدينة تشونغوي بمنطقة نينغشيا الذاتية الحكم لقومية هوي
973	【国外】	الأجنبية
974	美国大数据研发高级指导小组	الفريق التوجيهي الرفيع المستوى لتطوير البيانات الضخمة في الولايات المتحدة
975	美国大数据跨部门工作组	فريق العمل العابر للأقسام للبيانات الضخمة في الولايات المتحدة
976	英国政府数字服务小组	فريق الخدمات الرقمية للحكومة في بريطانيا
977	英国信息化基础设施领导委员会	المجلس القيادي للبنية التحتية المعلوماتية في بريطانيا
978	Data.gov 项目管理办公室	مكتب إدارة مشروع Data.gov
979	公共数据集团	مجموعة البيانات العامة
980	开放数据研究所	معهد بحوث البيانات المفتوحة
981	开放数据使用者团队	فريق مستخدمي البيانات المفتوحة
982	【专家委员会】	لجان الخبراء
983	国家互联网金融安全技术专家委员会	اللجنة الوطنية للخبراء لتكنولوجيا الأمن المالي الشبكي
984	中国计算机学会大数据专家委员会	لجنة خبراء البيانات الضخمة بالمعهد الصيني للكمبيوتر
985	国家大数据专业委员会	اللجة الوطنية التخصصية للبيانات الضخمة
986	国家大数据专家咨询委员会	اللجنة الوطنية الاستشارية لخبراء البيانات الضخمة
987	大数据安全专家委员会	لجنة خبراء أمن البيانات الضخمة
988	中国通信学会大数据专家委员会	لجنة خبراء البيانات الضخمة في المعهد الصيني للاتصالات
989	大数据发展促进委员会	لجنة دفع تطوير البيانات الضخمة
990	贵州省大数据产业专家咨询委员会	اللجنة الاستشارية لخبراء صناعة البيانات الضخمة بمقاطعة قويتشو
991	贵州省大数据标准化技术委员会	اللجنة التقنية للتوحيد القياسي للبيانات الضخمة في مقاطعة قويتشو
992	开放数据中心委员会	المجلس المركزي للبيانات المفتوحة
993	【联盟与协会】	الاتحادات والجمعيات
994	数字中国智库联盟	اتحاد المؤسسات الفكرية للصين الرقمية
995	中国网络安全产业联盟	اتحاد صناعة الأمن الشبكي في الصين
996	中国电子学会	المعهد الصيني لعلم الإلكترونيات
997	中国通信学会	المعهد الصيني للاتصالات

续表

序号	汉语	阿拉伯语
998	中国IT技术联盟	الاتحاد الصيني لتكنولوجيا المعلومات
999	中国信息化推进联盟	الاتحاد الصيني لدفع المعلوماتية
1000	中国互联网协会	جمعية الإنترنت في الصين
1001	数据中心联盟	اتحاد مراكز البيانات
1002	中国大数据技术与应用联盟	اتحاد تكنولوجيا وتطبيقات البيانات الضخمة في الصين
1003	中国企业大数据联盟	اتحاد البيانات الضخمة للشركات الصينية
1004	工业大数据应用联盟	اتحاد تطبيقات البيانات الضخمة الصناعية
1005	国家大数据创新联盟	الاتحاد الوطني لإبداع البيانات الضخمة
1006	首席数据官联盟	اتحاد كبار مسؤولي البيانات
1007	大数据联盟	مجموعة البيانات الحكومية
1008	中国大数据产业生态联盟	اتحاد الإيكولوجيا الصناعية للبيانات الضخمة في الصين
1009	中国大数据应用（西北）联盟	اتحاد تطبيقات البيانات الضخمة في الصين (شمال الغربي)
1010	中关村大数据产业联盟	اتحاد صناعة البيانات الضخمة في تشوانغقوانتسون
1011	天津市大数据联盟	اتحاد البيانات الضخمة في مدينة تيانجين
1012	石家庄大数据产业联盟	اتحاد صناعة البيانات الضخمة في شيجياتشوانغ
1013	山西省大数据发展联盟	اتحاد تطوير البيانات الضخمة في مقاطعة شانشي
1014	东北大数据产业联盟	اتحاد صناعات البيانات الضخمة في شمال شرقي الصين
1015	黑龙江省大数据产业联盟	اتحاد صناعة البيانات الضخمة في مقاطعة هيلونغجيانغ
1016	上海大数据联盟	اتحاد البيانات الضخمة في شانغهاي
1017	苏州大数据产业联盟	اتحاد صناعة البيانات الضخمة في سوتشو
1018	浙江省大数据应用技术产业联盟	اتحاد الصناعة لتكنولوجيا تطبيق البيانات الضخمة في مقاطعة تشجيانغ
1019	安徽省大数据产业联盟	اتحاد صناعة البيانات الضخمة في مقاطعة آنهوي
1020	山东大数据产业创新联盟	اتحاد الإبداع الصناعي للبيانات الضخمة في شاندونغ
1021	河南云计算大数据产业联盟	اتحاد صناعة الحوسبة السحابية والبيانات الضخمة في خنان
1022	广州大数据产业协同创新联盟	اتحاد الإبداع التعاوني لصناعة البيانات الضخمة في قوانغتشو
1023	重庆大数据产业技术创新联盟	اتحاد الإبداع التكنولوجي لصناعة البيانات الضخمة في تشونغتشينغ
1024	四川大数据产业联盟	اتحاد صناعة البيانات الضخمة في سيتشوان
1025	贵州大数据产业联盟	اتحاد صناعة البيانات الضخمة في قويتشو
1026	昆明大数据产业联盟	اتحاد صناعة البيانات الضخمة في كونمينغ
1027	中国光谷大数据产业联盟	اتحاد صناعات البيانات الضخمة في وادي البصريات في الصين
1028	陕西省大数据产业联盟	اتحاد صناعة البيانة الضخمة في مقاطعة شنشي
1029	甘肃省大数据产业技术创新联盟	اتحاد الإبداع التكنولوجي لصناعة البيانات الضخمة في مقاطعة قانسو

续表

序号	汉语	阿拉伯语
1030	中国信息协会大数据分会	فرع البيانات الضخمة لجمعية المعلومات الصينية
1031	北京大数据协会	جمعية البيانات الضخمة في بكين
1032	河北省京津冀大数据产业协会	جمعية صناعة البيانات الضخمة لمنطقة بكين وتيانجين وخبي في مقاطعة خبي
1033	山西省大数据产业协会	جمعية صناعة البيانات الضخمة في مقاطعة شانشي
1034	浙江省大数据科技协会	جمعية تكنولوجيا البيانات الضخمة في مقاطعة تشجيانغ
1035	杭州市云计算与大数据协会	جمعية الحوسبة السحابية والبيانات الضخمة في مدينة هانغتشو
1036	广东省大数据协会	جمعية البيانات الضخمة في مقاطعة قوانغدونغ
1037	深圳市大数据产业协会	جمعية صناعات البيانات الضخمة في مدينة شنتشن
1038	深圳市大数据研究与应用协会	جمعية بحوث وتطبيقات البيانات الضخمة في مدينة شنتشن
1039	东莞市大数据协会	جمعية البيانات الضخمة في مدينة دونغوان
1040	佛山市云计算大数据协会	جمعية الحوسبة السحابية والبيانات الضخمة في مدينة فوشان
1041	重庆市云计算和大数据产业协会	جمعية صناعة الحوسبة السحابية والبيانات الضخمة في مدينة تشونغتشينغ
1042	【研究机构】	المؤسسات الأكاديمية
1043	英国开放数据研究所	معهد البيانات المفتوحة في بريطانيا
1044	中国科学技术信息研究所	معهد المعلومات العلمية والتكنولوجية في الصين
1045	中国科学技术发展战略研究院	الأكاديمية الصينية للعلوم والتكنولوجيا التنموية
1046	中国信息通信研究院	الأكاديمية الصينية للاتصالات المعلوماتية
1047	中国电子信息产业发展研究院	المركز الصيني لتنمية صناعة المعلومات
1048	中国电子技术标准化研究院	الأكاديمية الصينية للتوحيد القياسي للإلكترونيات
1049	网络安全应急技术国家工程实验室	المختبر الهندسي الوطني لتكنولوجيا مواجهة طوارئ الأمن الشبكي
1050	国家信息技术安全研究中心	المركز الوطني لدراسات الأمن التقني المعلوماتي
1051	信息网络安全技术研发中心	مركز بحث وتطوير تكنولوجيا الأمن الشبكي
1052	大数据科学与工程国际研究中心	المركز الدولي لبحث علم وهندسة البيانات الضخمة
1053	中国国际经贸大数据研究中心	المركز الصيني لبحوث البيانات الضخمة عن الاقتصاد والتجارة الدوليين
1054	提升政府治理能力大数据应用技术国家工程实验室	المختبر الهندسي الوطني لتطبيقات البيانات الضخمة في رفع قدرة الحكومة على الحكم
1055	北京大数据研究院	معهد بكين لبحوث البيانات الضخمة
1056	深圳市大数据研究院	معهد شنتشن لبحوث البيانات الضخمة
1057	中国大数据和智慧城市研究院	معهد البيانات الضخمة والمدينة الذكية في الصين
1058	大数据战略重点实验室	المختبر المفتاحي لاستراتيجية البيانات الضخمة
1059	电子科技大学大数据研究中心	مركز بحوث البيانات الضخمة بجامعة العلوم والتكنولوجيا الإلكترونية

续表

序号	汉语	阿拉伯语
1060	教育大数据应用技术国家工程实验室	المختبر الهندسي الوطني للبيانات الضخمة التعليمية
1061	大数据系统计算技术国家工程实验室	المختبر الهندسي الوطني لتكنولوجيا الحوسبة النظامية للبيانات الضخمة
1062	大数据系统软件国家工程实验室	المختبر الهندسي الوطني لبرمجيات البيانات الضخمة
1063	大数据分析与应用技术国家工程实验室	المختبر الهندسي الوطني لتكنولوجيا تحليل البيانات الضخمة
1064	大数据流通与交易技术国家工程实验室	المختبر الهندسي الوطني لتكنولوجيا تداول وتبادل البيانات الضخمة
1065	大数据协同安全技术国家工程实验室	المختبر الهندسي الوطني لتكنولوجيا الأمن التآزري للبيانات الضخمة
1066	医疗大数据应用技术国家工程实验室	المختبر الهندسي الوطني لتكنولوجيا تطبيقات البيانات الضخمة الطبية
1067	综合交通大数据应用技术国家工程实验室	المختبر الهندسي الوطني لتكنولوجيا تطبيقات البيانات الضخمة المرورية الشاملة
1068	社会安全风险感知与防控大数据应用国家工程实验室	المختبر الهندسي الوطني لتطبيقات البيانات الضخمة لرصد وضبط المخاطر الأمنية الاجتماعية
1069	工业大数据应用技术国家工程实验室	المختبر الهندسي الوطني لتكنولوجيا تطبيقات البيانات الضخمة الصناعية
1070	空天地海一体化大数据应用技术国家工程实验室	المختبر الهندسي الوطني لتكنولوجيا تطبيقات البيانات الضخمة الشاملة عن الفضاء والأرض والبحر
1071	【交流平台】	منصات التواصل
1072	中国计算机学会大数据学术会议	مؤتمر البيانات الضخمة الأكاديمي للجمعية الصينية للكمبيوتر
1073	中国国际大数据产业博览会	المعرض الدولي لصناعة البيانات الضخمة في الصين
1074	中国大数据技术大会	المؤتمر التكنولوجي للبيانات الضخمة في الصين
1075	数据管理国际会议	المؤتمر الدولي لإدارة البيانات
1076	数据工程国际会议	المؤتمر الدولي لهندسة البيانات
1077	数据库领域著名国际会议	المؤتمرات الدولية الرفيعة المستوى في مجال قواعد البيانات
1078	世界互联网大会	مؤتمر الإنترنت العالمي
1079	数字中国建设峰会	مؤتمر القمة لبناء الصين الرقمية
1080	世界智能大会	المؤتمر العالمي للذكاء
1081	开放数据中心峰会	مؤتمر القمة لمركز البيانات المفتوحة
1082	CMRA"统计与大数据创新应用开放论坛"	الجمعية الصينية لدراسات السوق -المنتدى المفتوح للتطبيقات الإبداعية عن الإحصائيات والبيانات الضخمة
1083	"开放数据和创新：愿景与实践"国际研讨会	المنتدى الدولي عن" البيانات المفتوحة والإبداع: الرؤية والممارسة"
1084	交通大数据开放合作国际论坛	المنتدى الدولي للتشارك البيانات الضخمة المرورية والتعاون

续表

序号	汉语	阿拉伯语
1085	开放数据创新应用大赛（上海）	مسابقة تطبيق إبداعات البيانات المفتوحة (شانغهاي)
1086	大数据技术	تكنولوجيا البيانات الضخمة
1087	技术理念	المفهوم التكنولوجي
1088	技术	التكنولوجيا
1089	技术体	الكيان التكنولوجي
1090	技术进化	تطور التكنولوجيا
1091	技术元	عنصر التكنولوجيا
1092	技术域	المجال التكنولوجي
1093	技术基因	الجينات التكنولوجية
1094	技术自主论	الاستقلالية التكنولوجية
1095	自创生系统	نظام ذاتي المنشأ
1096	技术黑箱	الصندوق الأسود للتكنولوجيا
1097	珊瑚礁结构	هيكل الشعاب المرجانية
1098	技术进化树	شجرة التطور التكنولوجي
1099	技术发展定律	قانون تطور العلم والتكنولوجيا
1100	大数据技术观	النظرة إلى تكنولوجيا البيانات الضخمة
1101	机械主义	الآلية
1102	共生主义	التكافل\ التعايش في علم الأحياء
1103	技术体系	نظام التكنولوجيا
1104	数据采集	اكتساب البيانات
1105	【数据源】	مصادر البيانات
1106	数据仓库	مخزن\مستودع البيانات
1107	关系数据库	قاعدة البيانات العلائقية
1108	分布式数据库	قاعدة البيانات الموزعة
1109	【数据采集方法】	طرق جمع البيانات
1110	系统日志采集	اكتساب سجل النظام
1111	Flume 分布式日志系统	نظام السجل الموزع Flume
1112	Scribe 数据（日志）收集系统	نظام جمع البيانات (السجل) Scribe
1113	Kafka 分布式消息系统	نظام الرسائل الموزع Kafka
1114	Fluentd 数据收集框架	إطار جمع البيانات Fluentd
1115	Logstash 日志搜集处理框架	إطار معالجة السجلات وجمعها Logstash
1116	Chukwa 数据收集平台	منصة جمع البيانات Chukwa
1117	Zipkin 分布式跟踪系统	نظام التتبع الموزع Zipkin

续表

序号	汉语	阿拉伯语
1118	网络数据采集	اكتساب بيانات الشبكة
1119	Arachnid 网络爬虫	زواحف الشبكة Arachnid
1120	DPI 带宽管理技术	كنولوجيا إدارة عرض النطاق الترددي DPI
1121	DFI 带宽管理技术	تكنولوجيا إدارة عرض النطاق الترددي DFI
1122	数据库采集	اكتساب قواعد البيانات
1123	MySQL 关系型数据库	قاعدة البيانات العلائقية MySQL
1124	Oracle 关系型数据库	قاعدة البيانات العلائقية Oracle
1125	Redis 数据库	قاعدة البيانات Redis
1126	MongoDB 数据库	قاعدة البيانات MongoDB
1127	NoSQL 数据库	قاعدة البيانات NoSQL
1128	数据存储	تخزين البيانات
1129	单机存储技术	تكنولوجيا التخزين المستقلة
1130	网络存储技术	تكنولوجيا تخزين الشبكة
1131	直接连接存储	تخزين الاتصال المباشر
1132	网络连接存储	تخزين اتصال الشبكة
1133	存储区域网络	شبكة منطقة التخزين
1134	对象存储技术	تكنولوجيا تخزين الكائن
1135	分布式存储技术	تكنولوجيا التخزين الموزعة
1136	分布式共享	المشاركة الموزعة
1137	集群存储	التخزين العنقودي
1138	云存储技术	تكنولوجيا التخزين السحابي
1139	新型数据冗余技术	تكنولوجيا تكرار البيانات الجديدة
1140	大容量混合内存技术	تقنية الذاكرة المختلطة ذات السعة الكبيرة
1141	高密度混合存储技术	تكنولوجيا التخزين الهجين عالية الكثافة
1142	混合存储管理技术	تكنولوجيا إدارة التخزين الهجين
1143	数据分析	تحليل البيانات
1144	预测性分析	التحليل التنبؤي
1145	关联分析	تحليل الارتباط
1146	算法动态性分析	التحليل الديناميكي للخوارزمية
1147	数据流处理分析	تحليل معالجة تدفق البيانات
1148	数据信息感知分析	تحليل إدراك معلومات البيانات
1149	数据挖掘算法	خوارزمية تنقيب البيانات
1150	数据挖掘模型	نموذج تنقيب البيانات

续表

序号	汉语	阿拉伯语
1151	数据流编程模型	نموذج برمجة تدفق البيانات
1152	决策树算法	خوارزمية شجرة القرار
1153	机器学习算法	خوارزمية تعلم الآلة
1154	异常值分析算法	خوارزمية تحليل القيمة غير الطبيعية
1155	大数据溯源算法	خوارزمية تتبع البيانات الضخمة
1156	可视化分析	التحليل البصري
1157	几何投影技术	تكنولوجيا الإسقاط الهندسي
1158	面向像素技术	التكنولوجيا الموجهة نحو البكسل
1159	分层可视化技术	تقنية التصوير الهرمي
1160	基于图标可视化技术	تقنية التصوير على أساس الرمز
1161	基于图形可视化技术	تقنية التصوير على أساس الرسم البياني
1162	语义引擎	المحرك الدلالي
1163	自然语言分析	تحليل اللغات الطبيعية
1164	【数据质量和数据管理】	جودة البيانات وإدارة البيانات
1165	多源异构数据融合	اندماج البيانات المتعددة المصادر غير المتجانسة
1166	数据程序化交易	المعاملات الإجرائية للبيانات
1167	在线重构技术	تكنولوجيا إعادة التشكيل عبر الانترنت
1168	适应决策技术	تكنولوجيا القرار التكيفي
1169	网络化操作技术	تكنولوجيا تشغيل الشبكة
1170	数据应用	تطبيق البيانات
1171	【数据政务应用】	تطبيق إدارة البيانات
1172	天网工程	مشروع سكاينيت
1173	政府数据开放平台	منصة انفتاح البيانات الحكومية
1174	城市大脑	دماغ المدينة
1175	云城市	المدينة السحابية
1176	时空数据融合	اندماج البيانات المكانية والزمانية
1177	数据活化	تنشيط البيانات
1178	【数据商业应用】	التطبيق التجاري للبيانات
1179	云脑	الدماغ السحابي
1180	类人机器人	روبوت بشري \ شبيه بالإنسان
1181	5G 社会	مجتمع الجيل الخامس
1182	用户画像	شخصية المستخدم
1183	精准营销	التسويق الدقيق

续表

序号	汉语	阿拉伯语
1184	数据网贷	القرض على الشبكة
1185	量化投资	الاستثمار الكمي
1186	高频交易	التجارة العالية التردد
1187	【数据民生应用】	تطبيق البيانات لسبل العيش
1188	智慧课堂	الفصل الذكي
1189	可穿戴设备	الأجهزة القابلة للارتداء
1190	无人银行	بنك الخدمة الذاتية
1191	无人驾驶	تكنولوجيا القيادة الذاتية
1192	身份认证	المصادقة بالهوية
1193	全域网	الشبكة العالمية
1194	数据标准化	معايرة البيانات
1195	大数据标准体系	نظام معايير البيانات الضخمة
1196	信息技术大数据系统通用规范	المواصفات العامة لنظام البيانات الضخمة لتكنولوجيا المعلومات
1197	大数据技术标准规范	المواصفة القياسية لتكنولوجيا البيانات الضخمة
1198	ISO/IEC JTC1/WG9 大数据标准	معايير البيانات الضخمة ISO/IEC JTC1/WG9
1199	大数据技术评估标准	معايير تقييم تكنولوجيا البيانات الضخمة
1200	大数据基准和基准测试	معايير البيانات الضخمة واختبار المعايير
1201	大数据安全访问控制类标准	معايير التحكم في الوصول الآمن للبيانات الضخمة
1202	大数据资产管理标准化应用	التطبيقات الموحدة لإدارة أصول البيانات الضخمة
1203	数据管理能力成熟度评估模型	نموذج تقييم نضج القدرة على إدارة البيانات
1204	IOC 标准化技术参考模型	نموذج IOC المرجعي التقني الموحد
1205	【大数据标准机构】	مؤسسات معايير البيانات الضخمة
1206	大数据国家技术标准创新基地	قاعدة الابتكار في المعايير الوطنية للبيانات الضخمة
1207	大数据标准化技术委员会	اللجنة التقنية لمعايرة البيانات الضخمة
1208	全国信息技术标准化技术委员会	اللجنة الوطنية التقنية لمعايرة تكنولوجيا المعلومات
1209	全国信安标委大数据安全标准特别工作组	فرقة العمل للمعايير الأمنية للبيانات الضخمة التابعة للجنة الوطنية لأمانة معايرة تكنولوجيا المعلومات
1210	全国自动化系统与集成标准化技术委员会	اللجنة الوطنية التقنية للنظام الآلي وتوحيد التكامل
1211	全国音频、视频和多媒体标准化技术委员会	اللجنة الوطنية التقنية للتوحيد القياسي للصوت والفيديو والوسائط المتعددة
1212	全国智能运输系统标准化技术委员会	اللجنة الوطنية التقنية للإدارة الموحدة لنظام النقل الذكي

续表

序号	汉语	阿拉伯语
1213	中国通信标准化协会	الجمعية الصينية لمعايير الاتصالات
1214	技术伦理	الأخلاقيات التقنية
1215	伦理	الأخلاقيات
1216	技术统治论	نظرية الحكم التكنولوجي
1217	技术决定论	الحتمية التكنولوجية
1218	技术批判论	النظرية النقدية للتكنولوجيا
1219	机器人三定律	قوانين الروبوتية الثلاثة
1220	隐私保护伦理	أخلاقيات حماية الخصوصيات
1221	数据共享伦理	أخلاقيات تقاسم البيانات
1222	泳池模型	نموذج الحوض
1223	坑洞模型	نموذج الحفر
1224	器官投影说	نظرية إسقاط الأعضاء
1225	智能生命体	كائن ذكي
1226	大数据杀熟	ظاهرة تكليف الزبون القديم أكثر في عصر البيانات الضخمة
1227	大数据技术浮夸陷阱	فخ المبالغة لتكنولوجيا البيانات الضخمة
1228	欧盟隐私权管理平台	منصة إدارة الخصوصية بالاتحاد الأوربي
1229	大数据技术伦理	الأخلاقيات التقنية للبيانات الضخمة
1230	大数据技术伦理算法	خوارزمية الأخلاقيات التقنية للبيانات الضخمة
1231	大数据技术伦理治理	حوكمة الأخلاقيات التقنية للبيانات الضخمة
1232	大数据技术伦理机制	آلية الأخلاقيات التقنية للبيانات الضخمة
1233	大数据伦理规则体系	نظام قواعد أخلاقيات البيانات الضخمة
1234	大数据技术伦理数据管理协议	اتفاقية إدارة البيانات للأخلاقيات التقنية للبيانات الضخمة
1235	数字经济	الاقتصاد الرقمي
1236	数字经济体	الاقتصادات الرقمية
1237	新经济	الاقتصاد الجديد
1238	知识经济	اقتصاد المعرفة
1239	信息经济	اقتصاد المعلومات
1240	网络经济	اقتصاد الشبكات
1241	虚拟经济	الاقتصاد الافتراضي
1242	互联网经济	اقتصاد الإنترنت
1243	平台经济	اقتصاد المنصات
1244	智慧经济	الاقتصاد الذكي
1245	社群经济	الاقتصاد المجتمعي

续表

序号	汉语	阿拉伯语
1246	粉丝经济	اقتصاد المعجبين
1247	云经济	الاقتصاد السحابي
1248	技术经济范式	نموذج الاقتصاد التقني
1249	技术范式	النموذج التقني
1250	经济学范式	النموذج الاقتصادي
1251	数字化转型	التحول الرقمي
1252	产业数字化	رقمنة الصناعة
1253	数字化产业	الصناعة الرقمية
1254	零边际成本	التكلفة الحدية الصفرية
1255	创新	الابتكار والإبداع
1256	创新体系	نظام الابتكار
1257	数据驱动型创新体系	نظام الابتكار المدفوع بالبيانات
1258	创新动机	حوافز الابتكار
1259	创新边界	حدود الابتكار
1260	创新能力	القدرة الابتكارية / القدرة على الابتكار
1261	创新模式	نمط الابتكار
1262	原始创新能力	القدرة الابتكارية الأصلية
1263	痛客经济	الاقتصاد الطالب نقطة الألم
1264	【学术研究】	الدراسات العلمية
1265	《数字经济：智力互联时代的希望与风险》	((الاقتصاد الرقمي: الآمال والمخاطر في عصر الشبكات الذكية))
1266	《数字化密度指数》	((مؤشر الكثافة الرقمية))
1267	《数字经济》	((الاقتصاد الرقمي))
1268	《中国数字经济如何引领全球新趋势》	((كيف يقود الاقتصاد الرقمي في الصين اتجاهات عالمية جديدة))
1269	《数字经济展望 2017》	((توقعات الاقتصاد الرقمي 2017))
1270	【政策体系】	النظام السياسي
1271	《新兴的数字经济》	((الاقتصاد الرقمي الناشئ))
1272	《数字经济 2010 年法案》	((قانون الاقتصاد الرقمي لعام 2010))
1273	《数字单一市场战略》	((استراتيجية السوق الواحدة الرقمية))
1274	《联合国 2030 年可持续发展议程》	((خطة الأمم المتحدة للتنمية المستدامة لعام 2030))
1275	《二十国集团创新增长蓝图》	((خطة مجموعة العشرين للنمو المبتكر))
1276	《二十国集团数字经济发展与合作倡议》	((مبادرة مجموعة العشرين لتنمية الاقتصاد الرقمي والتعاون فيه))

续表

序号	汉语	阿拉伯语
1277	数据力与数据关系	قوة البيانات وعلاقة البيانات
1278	数据人	شخص البيانات
1279	经济人假设	فرضية الشخص الاقتصادي
1280	泰勒制	نظام تايلور
1281	激励理论	نظرية الحوافز
1282	机会主义行为	السلوك الانتهازي
1283	社会人假设	فرضية الشخص الاجتماعي
1284	差序格局	نمط التقارب والتباعد
1285	内隐人格理论	نظرية الشخصية الضمنية
1286	阿罗定理	نظرية أرو
1287	【数据人假设】	فرضية شخص البيانات
1288	数字化记忆	الذاكرة الرقمية
1289	数字化虚拟人	الشخص الافتراضي الرقمي
1290	数据监控	مراقبة البيانات
1291	信息机器理论	نظرية الآلة المعلوماتية
1292	弹性领导方式	أسلوب القيادة المرنة
1293	《单向度的人——发达工业社会意识形态研究》	((الإنسان ذو البعد الواحد: دراسة أيديولوجية في المجتمع الصناعي المتقدم))
1294	《机器人启示录》	((روبوبوكاليبس - الرؤيا النبوية للإنسان الآلي))
1295	数据力	قوة البيانات
1296	数据能力	قدرة البيانات
1297	数据处理能力	القدرة على معالجة البيانات
1298	数据采集能力	القدرة على جمع البيانات
1299	数据存储能力	القدرة على تخزين البيانات
1300	数据关联分析能力	القدرة على تحليل اقتران البيانات
1301	数据激活能力	القدرة على تنشيط البيانات
1302	数据预测能力	القدرة على التنبؤ بالبيانات
1303	非物质劳动	العمل غير المادي
1304	脑力劳动	العمل العقلي
1305	玩乐劳动	العمل الترفيهي
1306	受众劳动	عمل الجماهير
1307	无酬数字劳动	العمل الرقمي بدون الأجرة
1308	《免费劳动：为数字经济生产文化》	((العمل المجاني: إنتاج الثقافة للاقتصاد الرقمي))

续表

序号	汉语	阿拉伯语
1309	数据关系	علاقة البيانات
1310	【组织模式变革】	تغيير النموذج التنظيمي
1311	网络式组织	التنظيم الشبكي
1312	智慧型组织	التنظيم الذكي
1313	组织扁平化	تقليل المستويات التنظيمية
1314	组织结构柔性化	مرونة الهيكل التنظيمي
1315	组织虚拟化	المحاكاة الافتراضية للمنظمة / افتراضية المنظمة
1316	数据关系	علاقة البيانات
1317	数字剥削	الاستغلال الرقمي
1318	数字圈地	التسييج الرقمي
1319	数字原住民	المواطن الأصلي الرقمي
1320	《数字命运》	((المصير الرقمي))
1321	《大数据时代——生活、工作与思维的大变革》	((البيانات الكبرى - ثورة ستغير الطريقة التي نعيش، ونعمل، ونفكر بها))
1322	《财富的革命》	((الثروة واقتصاد المعرفة))
1323	数据交易	صفقة البيانات
1324	数据资产	أصول البيانات
1325	数据交换	تبادل البيانات
1326	数据确权	تأكيد حقوق ملكية البيانات
1327	数据定价	تسعير البيانات
1328	数据中介	وساطة البيانات
1329	数据服务	خدمة البيانات
1330	数据协作	تعاون البيانات
1331	数据分包	المقاولة الفرعية للبيانات
1332	数据代工	الشركة المصنعة المعدات، الأصلية للبيانات
1333	数据管理	إدارة البيانات
1334	数据运营	تشغيل البيانات
1335	数据保险	تأمين البيانات
1336	数据结算	تسوية البيانات
1337	数据定制	تخصيص البيانات
1338	数据资产管理	إدارة أصول البيانات
1339	数据交易市场	سوق التداول للبيانات
1340	数据资产交易市场	سوق التداول لأصول البيانات
1341	大数据交易所	بورصة البيانات الضخمة

续表

序号	汉语	阿拉伯语
1342	北京大数据交易服务平台	منصة بكين لخدمة تداول البيانات الضخمة
1343	河北京津冀数据交易中心	مركز خبي لتداول بيانات جينغجينجي
1344	上海数据交易中心	مركز شانغهاي لتداول البيانات
1345	江苏大数据交易中心	مركز جيانغسو لتداول البيانات الضخمة
1346	安徽大数据交易中心	مركز أنهوي لتداول البيانات الضخمة
1347	华中大数据交易所	بورصة وسط الصين (هواتشونغ) للبيانات الضخمة
1348	西咸新区大数据交易所	بورصة منطقة شيشيان الجديدة للبيانات الضخمة
1349	哈尔滨数据交易中心	مركز هاربين لتداول البيانات
1350	杭州钱塘大数据交易中心	مركز تشيانتانغ لتداول البيانات الضخمة بهانغتشو
1351	合肥大数据交易中心	مركز خفي للبيانات الضخمة
1352	青岛大数据交易中心	مركز تشينغدو للبيانات الضخمة
1353	武汉东湖大数据交易平台	مركز دونغهو للبيانات الضخمة بووهان
1354	武汉长江大数据交易所	مركز نهر اليانغتسي للبيانات الضخمة بووهان
1355	广州数据交易服务中心	مركز قوانغتشو لخدمة تداول البيانات الضخمة
1356	成都大数据交易平台	منصة تشنغدو لتداول البيانات الضخمة
1357	贵阳大数据交易所	بورصة قوييانغ لبيانات الضخمة
1358	大数据交易规则	قواعد تداول البيانات الضخمة
1359	《浙江大数据交易中心交易规则》	((قواعد التداول لمركز تشجيانغ لتداول البيانات الضخمة))
1360	《浙江大数据交易中心资金结算制度》	((أنظمة تسوية الأموال لمركز تشجيانغ لتداول البيانات الضخمة))
1361	《上海数据交易中心数据互联规则》	((قواعد ترابط البيانات لمركز شانغهاي لتداول البيانات))
1362	《贵阳大数据交易所 702 公约》	((اتفاقية ٧٠٢ لبورصة قوييانغ للبيانات الضخمة))
1363	《贵阳大数据交易所数据确权暂行管理办法》	((نهج الإدارة المؤقتة في تأكيد حقوق ملكية البيانات لبورصة قوييانغ للبيانات الضخمة))
1364	《贵阳大数据交易所数据交易结算制度》	((أنظمة تسوية تداول البيانات لبورصة قوييانغ للبيانات الضخمة))
1365	《贵阳大数据交易观山湖公约》	((اتفاقية قوانشانهو لتداول البيانات الضخمة في قوييانغ))
1366	产业链与价值链	سلسلة الصناعة وسلسلة القيمة
1367	战略性新兴产业	الصناعات الاستراتيجية الناشئة
1368	信息产业	صناعة المعلومات
1369	虚拟产业	الصناعة الافتراضية
1370	数字产业	الصناعة الرقمية
1371	电子信息制造业	صناعة المعلومات الالكترونية

续表

序号	汉语	阿拉伯语
1372	网络信息技术产业	صناعة تكنولوجيا المعلومات
1373	网络安全产业	صناعة الأمن الشبكي
1374	软件服务业	صناعة خدمات البرمجيات
1375	《"十三五"国家战略性新兴产业发展规划》	((الخطة الخمسية الثالثة عشرة لتنمية الصناعات الاستراتيجية الناشئة الوطنية))
1376	【传统产业升级】	ترقية الصناعة التقليدية
1377	定制化生产	الإنتاج حسب الطلب
1378	企业无边界	مؤسسة بلا حدود
1379	个性化营销	التسويق الشخصي
1380	柔性化生产	الإنتاج المرن
1381	智能制造	التصنيع الذكي
1382	网络化制造	التصنيع الشبكي
1383	分享制造	التصنيع التشاركي
1384	云制造	التصنيع السحابي
1385	【价值链升级】	ترقية سلسلة القيمة
1386	全球价值链	سلسلة القيمة العالمية
1387	无纸化通关	التخليص الجمركي بلا أوراق
1388	数字认证	الشهادة الرقمية
1389	价值链分工	تقسيم سلسلة القيمة
1390	消费升级	ترقية الاستهلاك
1391	知识付费	الدفع للمعرفة
1392	协同消费	الاستهلاك التعاوني
1393	电子支付	الدفع الإلكتروني
1394	泛娱乐	عموم الترفيه
1395	O2O消费	استهلاك من المتصل بالإنترنت إلى غير المتصل
1396	网络购物	التسوق عبر الإنترنت
1397	在线交易	التداول عبر الإنترنت
1398	新零售	التجزئة الجديدة
1399	无人超市	سوبرماركت غير مأهولة
1400	《国务院办公厅关于推动实体零售创新转型的意见》	((آراء ديوان مجلس الدولة بشأن تعزيز التحول الابتكاري للتجزئة المادية))
1401	【新电商】	التجارة الإلكترونية الجديدة
1402	电子商务平台	منصة التجارة الإلكترونية
1403	亚马逊电子商务	شركة أمازون للتجارة الإلكترونية

续表

序号	汉语	阿拉伯语
1404	电子世界贸易平台	منصة التجارة العالمية الإلكترونية
1405	阿里巴巴	موقع علي بابا
1406	京东	موقع جيه دي أو سوق جينغدونغ
1407	亚马逊	موقع أمازون
1408	数字包容性	الشمول الرقمي
1409	数字红利	المكاسب الرقمية
1410	数字鸿沟	الفجوة الرقمية
1411	《填平数字鸿沟》	((سد الفجوة الرقمية))
1412	《从数字鸿沟走向数字机遇》	((من الفجوة الرقمية إلى فرص رقمية))
1413	《电子欧洲：创建所有人的信息社会》	((أوروبا الإلكترونية: بناء مجتمع المعلومات للجميع))
1414	《G20数字化路线图》	((خارطة طريق الرقمنة لمجموعة العشرين))
1415	数字红利	المكاسب الرقمية
1416	包容性增长	النمو الاحتوائي
1417	可持续发展	التنمية المستدامة
1418	数字扶贫	التخفيف من حدة الفقر بالتكنولوجيا الرقمية
1419	新就业型态	أشكال التوظيف الجديدة
1420	灵活就业人员	العاملون المرنون
1421	《数字经济下的就业与人才研究报告》	((تقرير بحثي في التوظيف والمواهب في إطار الاقتصاد الرقمي))
1422	网约车	تأجير السيارة عبر الإنترنت
1423	【数字人才】	المواهب الرقمية
1424	首席数据官	كبير مسؤولي البيانات
1425	数据科学家	عالم البيانات
1426	大数据分析师	محلل البيانات الضخمة
1427	算法工程师	مهندس الخوارزمية
1428	系统工程师	مهندس النظام
1429	自动化工程师	مهندس الأتمتة
1430	软件工程师	مهندس البرمجيات
1431	信息系统管理工程师	مهندس إدارة نظم المعلومات
1432	数字素养	الإلمام الرقمي
1433	素养域	مجال الإلمام
1434	数字能力	القدرة الرقمية
1435	数字素养项目	مشروع الإلمام الرقمي

续表

序号	汉语	阿拉伯语
1436	老年人连通计划	خطة الترابط والتواصل بين المسنين
1437	数字工厂项目	مشروع المصنع الرقمي
1438	教育与培训 2010 计划	برنامج التعليم والتدريب لعام 2010
1439	21 世纪数字丝绸之路	طريق الحرير الرقمي للقرن الحادي والعشرين
1440	普惠经济	الاقتصاد الشامل
1441	共享金融	المالية التشاركية
1442	共享出行	النقل المشترك
1443	共享单车	الدراجة التشاركية / الدراجة العامة
1444	共享充电宝	مخزن الطاقة (باوربانك) التشاركي / مخزن الطاقة العام
1445	《共享型社会》	((المجتمع التشاركي))
1446	众包	التعهيد الجماعي
1447	InnoCentive	شركة انوسنتيف
1448	众创	الإبداع الجماعي
1449	众创空间	فضاء الإبداع الجماعي
1450	Fab Lab	فاب لاب
1451	Living Lab	ليفينغ لاب (لمجتمع الابتكار المفتوح)
1452	应用创新园区	منطقة الإبداع التطبيقي
1453	众筹	التمويل الجماعي
1454	众扶	الدعم الجماعي
1455	普惠金融体系	النظام المالي الشامل
1456	普惠贸易	التجارة الشاملة
1457	普惠科技	التكنولوجيا الشاملة
1458	数字金融	المالية الرقمية
1459	数字货币	العملة الرقمية
1460	货币	عملة
1461	货币本质观	رؤية نظرة حول ماهية العملة
1462	法定货币	عملة إلزامية
1463	法定数字货币	العملة الرقمية الإلزامية
1464	信用货币	عملة الائتمان
1465	主权货币	العملة السيادية
1466	超主权货币	العملة الفائقة السيادة
1467	加密货币	العملة المعماة / العملة المشفرة
1468	比特币	بيتكوين

续表

序号	汉语	阿拉伯语
1469	莱特币	لايتكوين
1470	瑞波币	ريبلكوين
1471	以太坊	إيثريوم
1472	竞争币	ألتكوين
1473	电子货币	العملة الإلكترونية
1474	网络货币	عملة الشبكة
1475	电子现金	النقد الإلكتروني
1476	电子钱包	المحفظة الإلكترونية
1477	电子支票	الشيك الإلكتروني
1478	电子信用卡	بطاقة الائتمان الإلكترونية
1479	数字货币时代	عصر العملة الرقمية
1480	数字金融系统	النظام المالي الرقمي
1481	基础设施	البنية التحتية
1482	互联网金融平台	منصة التمويل على الإنترنت
1483	互联网金融风险信息共享系统	نظام تبادل المعلومات عن مخاطر التمويل على الإنترنت/نظام تبادل المعلومات المتعلقة بمخاطر التمويل على الإنترنت
1484	全国中小企业股份转让系统	نظام النقل الوطني لأسهم المؤسسات المتوسطة والصغيرة
1485	支付系统	نظام الدفع
1486	票据支付系统	نظام دفع الفواتير
1487	银行卡支付系统	نظام الدفع ببطاقات البنك
1488	互联网支付系统	نظام الدفع عبر الإنترنت
1489	【中央证券存管与证券结算】	إيداع الأوراق المالية المركزية وتسويتها
1490	中央证券存管系统	نظام إيداع الأوراق المالية المركزية
1491	中国证券登记结算有限责任公司	الشركة الصينية ذات المسؤولية المحدودة لإيداع الأوراق المالية والمقاصة
1492	中央国债登记结算有限责任公司	شركة الصين المركزية ذات المسؤولية المحدودة للودائع والمقاصة
1493	银行间市场清算所股份有限公司	شركة محدودة لغرفة مقاصة السوق بين البنوك
1494	中央对手方（CCP）	الطرف النظير المركزي
1495	中央对手清算业务体系	نظام مقاصة الطرف النظير المركزي
1496	金融交易数据库	قاعدة البيانات للمعاملات المالية
1497	金融业态	أشكال التمويل
1498	大数据金融	تمويل البيانات الضخمة
1499	互联网金融	تمويل الإنترنت

续表

序号	汉语	阿拉伯语
1500	移动金融	التمويل المتنقل
1501	民主金融	التمويل الديمقراطي
1502	微金融	التمويل الميكروي
1503	普惠金融	التمويل الشامل
1504	市场主体	كيان السوق
1505	【金融企业】	المؤسسات المالية
1506	网联清算有限公司	شركة نت يونيون كليرنج (شركة المقاصة الصينية للدفع عبر الإنترنت)
1507	蚂蚁金服	مجموعة أنت فايننشال للخدمات المالية الصينية
1508	360金融	منصة 360 للتمويل
1509	京东金融	موقع جينغدونغ للتمويل
1510	陆金所	شركة المساهمة المحدودة لسوق تداول الأصول المالية الدولية بلوجيازوي شانغهاي "لوفاكس"
1511	【非金融企业】	المؤسسات غير المالية
1512	万得资讯	مؤسسة ويند للمعلومات
1513	中国人民银行征信中心	مركز تحقيق الائتمان التابع لبنك الشعب الصيني
1514	中国人民银行金融信息中心	مركز معلومات التمويل التابع لبنك الشعب الصيني
1515	中国金融教育发展基金会	صندوق الصين لتطوير التعليم المالي
1516	【金融决策机构】	هيئة صنع القرار المالي
1517	中国人民银行金融市场司	قسم الأسواق المالية لبنك الشعب الصيني
1518	中国人民银行支付结算司	قسم الدفع والتسوية لبنك الشعب الصيني
1519	中国人民银行征信管理局	قسم إدارة تحقيق الائتمان لبنك الشعب الصيني
1520	中国人民银行清算总中心	مركز المقاصة العام لبنك الشعب الصيني
1521	支付与市场基础设施委员会	لجنة الدفع والبنية التحتية للسوق
1522	数字金融模式	نموذج التمويل الرقمي
1523	网络融资	التمويل عبر الإنترنت
1524	金融脱媒	اللاوساطة المالية
1525	【众筹平台集资模式】	نموذج جمع الأموال لمنصة التمويل الجماعي
1526	股权众筹	التمويل الجماعي القائم على الأسهم
1527	债权众筹	التمويل الجماعي القائم على الإقراض
1528	回报众筹	التمويل الجماعي القائم على المكافآت / التمويل الجماعي المبني على المكافآت
1529	公益众筹	التمويل الجماعي القائم على المصلحة العامة
1530	【众筹平台运作模式】	نموذج التشغيل لمنصة التمويل الجماعي
1531	贷帮网运作模式	نموذج التشغيل لشبكة دايبانغ (شبكة المساعدة في الإقراض)
1532	天使汇运作模式	نموذج التشغيل لمنصة أنجل كرانتش

续表

序号	汉语	阿拉伯语
1533	大家投运作模式	نموذج التشغيل لمنصة داجياتو
1534	追梦网运作模式	نموذج التشغيل لشبكة دريمور
1535	人人投运作模式	نموذج التشغيل لمنصة رنرنتو
1536	P2P 网络借贷	منصة "الند للند" للإقراض على الإنترنت
1537	供应链金融	تمويل سلسلة التوريد
1538	【供应链金融融资模式】	نموذج التمويل لتمويل سلسلة التوريد
1539	保税仓融资	تمويل المستودع الجمركي
1540	融通仓融资	تمويل المالية والنقل والمستودع
1541	应收账款融资	تمويل الحسابات المستحقة القبض
1542	【供应链金融平台模式】	نموذج منصة تمويل سلسلة التوريد
1543	拍拍贷	بيبيداي (أول منصة صينية للإقراض الند للند على الإنترنت)
1544	O2O	نموذج من المتصل بالإنترنت إلى غير المتصل
1545	宜人贷	بيرنداي (منصة للاقتراض الائتماني وإدارة الثروات)
1546	第三方支付	الدفع عبر الطرف الثالث
1547	互联网支付	الدفع عبر الإنترنت
1548	银行卡收单	الاكتساب عبر البطاقة المصرفية
1549	移动支付	الدفع عبر الهاتف المحمول /المتحركة
1550	预付卡	البطاقة المسبقة الدفع
1551	【第三方支付商业平台】	منصة الدفع التجارية عبر الطرف الثالث
1552	PayPal	باي بال (PayPal)
1553	支付宝	علي باي (Alipay)
1554	银联支付	الدفع من خلال يونيون باي (UnionPay)
1555	拉卡拉支付	الدفع من خلال لاكالا (Lakala)
1556	微付通	وي فو تونغ (Wei Fu Tong)
1557	财付通	تن باي (Tenpay)
1558	汇付天下	هوي فو تيان شيا (ChinaPNR)
1559	【第三方支付商业模式】	نموذج الدفع التجاري عبر الطرف الثالث
1560	B2C	التجارة بين الشركة والمستهلك
1561	C2C	التجارة بين المستهلك والمستهلك
1562	快钱	إيزي موني
1563	信息化金融机构	المؤسسات المالية المعلوماتية
1564	【传统金融业务电子化】	الأعمال المالية التقليدية إلكترونيا
1565	网上银行	الخدمات المصرفية عبر الإنترنت

续表

序号	汉语	阿拉伯语
1566	手机银行	الخدمات المصرفية عبر الهاتف المحمول
1567	家居银行	الخدمات المصرفية المنزلية
1568	网络证券	الأوراق المالية عبر الإنترنت
1569	【基于互联网的创新金融服务】	الخدمات المالية المبتكرة القائمة على الإنترنت
1570	直销银行	البنك المباشر
1571	网商银行	ماي بنك (MYbank)
1572	众安在线	شركة تشونغآن للتأمين على الإنترنت
1573	余额宝模式	نمط يوي آه باو
1574	【金融电商模式】	نمط التجارة الإلكترونية المالية
1575	建行"善融商务"电子商务金融服务平台	منصة "شانرونغ بزنس" للخدمات المالية للتجارة الإلكترونية التابعة لبنك التعمير الصيني
1576	泰康人寿保险电商平台	منصة التجارة الإلكترونية لشركة تايكانغ للتأمين
1577	互联网金融门户	بوابة تمويل الإنترنت
1578	第三方资讯平台	منصة معلومات الطرف الثالث
1579	网贷之家	بيت القروض على الإنترنت
1580	和讯网	شبكة خشيون
1581	垂直搜索平台	منصة البحث العمودي
1582	融360	رونغ 360
1583	安贷客	موقع أندايكه (محرك البحث المخصص للاقترا)
1584	在线金融超市	السوبرماركت المالية على الإنترنت
1585	大童网	شبكة داتونغ
1586	格上理财	شركة قشانغ لإدارة الأموال
1587	91金融超市	سوبر ماركت 91 المالية
1588	软交所科技金融超市	السوبرماركت التكنولوجية المالية لبورصة البرمجيات والخدمات المعلوماتية
1589	【风险控制与监管】	السيطرة والرقابة على المخاطر
1590	风险控制	السيطرة على المخاطر
1591	风险	المخاطر
1592	金融风险	المخاطر المالية
1593	金融风险量化评估	التقييم الكمي للمخاطر المالية
1594	金融风险监控平台	منصة الرقابة على المخاطر المالية
1595	金融风险监测预警机制	آلية الرقابة والإنذار المبكر للمخاطر المالية
1596	互联网金融风控模型	نموذج الرقابة على مخاطر تمويل الإنترنت
1597	大数据金融风险控制体系	نظام الرقابة على المخاطر المالية للبيانات الضخمة
1598/1599	金融监管	الرقابة المالية

续表

序号	汉语	阿拉伯语
1600	【金融风险监管机构】	هيئة الرقابة على المخاطر المالية
1601	中国人民银行	بنك الشعب الصيني
1602	中国银行保险监督管理委员会	لجنة تنظيم المصارف والتأمين الصينية
1603	中国证券监督管理委员会	لجنة تنظيم الأوراق المالية الصينية
1604	全国互联网金融工作委员会	لجنة العمل الوطنية لتمويل الإنترنت
1605	中国互联网金融协会	الرابطة الوطنية لتمويل الإنترنت في الصين
1606	金融稳定理事会	مجلس الاستقرار المالي
1607	国际证监会组织	المنظمة الدولية لهيئات الأوراق المالية
1608	巴塞尔银行监管委员会	لجنة بازل للرقابة المصرفية
1609	【金融风险监管政策文本】	الوثائق السياسية لتنظيم المخاطر المالية
1610	《关于促进互联网金融健康发展的指导意见》	((الآراء التوجيهية حول تعزيز التنمية الصحية لتمويل الإنترنت))
1611	《关于加强非金融企业投资金融机构监管的指导意见》	((الآراء التوجيهية حول تعزيز تنظيم استثمار المؤسسات غير المالية في المؤسسات المالية))
1612	《网络借贷信息中介机构业务活动管理暂行办法》	((التدابير المؤقتة لإدارة الأنشطة التجارية للمؤسسات الوسيطة حول معلومات الإقراض عبر الإنترنت))
1613	《非金融机构支付服务管理办法》	((تدابير لتنظيم خدمات الدفع للمؤسسات غير المالية))
1614	《电子支付指引（第一号）》	(("إرشادات الدفع الإلكتروني" رقم 1))
1615	《互联网保险业务监管暂行办法》	((التدابير المؤقتة للإشراف على أعمال التأمين عبر الإنترنت))
1616	数字信用体系	نظام الائتمان الرقمي
1617	算法信用	الائتمان الخوارزمي
1618	信用	الائتمان
1619	信用链	سلسلة الائتمان
1620	信用风险	مخاطر الائتمان
1621	区块链信用技术	التقنية الائتمانية لسلسلة الكتل (البلوكشين)
1622	智能化合约	العقد الذكي
1623	时间戳认证	مصداقية الطابع الزمني
1624	点对点分布式系统	النظام الموزع من نقطة إلى أخرى
1625	分布式网络记账系统	نظام المحاسبة الموزع على الإنترنت
1626	区块链共识机制	آلية توافق الآراء لسلسلة الكتل
1627	区块链信用证	خطاب الاعتماد لسلسلة الكتل
1628	区块链信用评级	تقييم الائتمان لسلسلة الكتل
1629	信用证区块链联盟	تحالف سلسلة الكتل لخطاب الاعتماد

续表

序号	汉语	阿拉伯语
1630	社会信用体系	نظام الائتمان الاجتماعي
1631	【信用体系】	نظام الائتمان
1632	公共信用体系	نظام الائتمان العام
1633	企业信用体系	نظام الائتمان للمؤسسات
1634	个人信用体系	نظام الائتمان الشخصي
1635	FICO 信用评分系统	نظام فيكو لتقييم الائتمان
1636	全社会征信系统	نظام تحقيق الائتمان الاجتماعي
1637	统一社会信用代码制度	نظام رموز الائتمان الاجتماعي الموحد
1638	【社会信用信息服务机构】	أجهزة الخدمات لمعلومات الائتمان الاجتماعي
1639	第三方信用信息共享平台	منصة تقاسم معلومات الائتمان عبر الطرف الثالث
1640	公共信用信息服务平台	منصة الخدمات لمعلومات الائتمان العام
1641	互联网大数据征信平台	منصة تحقيق الائتمان البيانات الضخمة عبر الإنترنت
1642	小额信贷行业信用信息共享服务平台	منصة خدمة تبادل المعلومات الائتمانية لصناعة التمويل الأصغر
1643	中国银行征信中心个人信用信息服务平台	منصة خدمة معلومات الائتمان الشخصية لمركز المعلومات الائتمانية ببنك الصين
1644	信用社会	المجتمع الائتماني
1645	契约社会	المجتمع التعاقدي
1646	信用中国	ائتمان الصين
1647	信用城市	ائتمان المدينة
1648	信用社会制度	نظام الائتمان الاجتماعي
1649	守信联合激励制度	نظام الحوافز المشتركة للوفاء بالائتمان
1650	失信联合惩戒制度	نظام العقوبات المشتركة لفقدان الائتمان
1651	信用城市大数据平台	منصة البيانات الضخمة لمدينة الائتمان
1652	诚信森林	غابة الائتمان
1653	信用云	سحابة الائتمان
1654	数字公民	المواطنة الرقمية
1655	数据治理	حوكمة البيانات
1656	数字政府	الحكومة الرقمية
1657	【发展历程】	مسيرة التطور
1658	【政府 1.0】	حكومة 1.0
1659	政府网站	المواقع الحكومية
1660	管理信息系统	نظام المعلومات الإدارية
1661	自动化办公系统	الأنظمة المكتبية الأوتوماتيكية

续表

序号	汉语	阿拉伯语
1662	在线沟通	التواصل عبر الانترنت
1663	电子邮件	الرسائل الإلكترونية
1664	在线咨询	الاستشارة عبر الانترنت
1665	【政府 2.0】	حكومة 2.0
1666	信息公开	الإفصاح المعلوماتي
1667	网上服务	الخدمات عبر الانترنت
1668	在线双向沟通	التواصل المزدوج عبر الانترنت
1669	公共部门信息	معلومات القطاع العام
1670	政务微博	المدونات الحكومية الصغيرة\ الميكروبلوج الحكومية
1671	政民互动	التفاعل بين الحكومة والجمهور
1672	参与型政府	الحكومة التشاركية
1673	【政府 3.0】	حكومة 3.0
1674	虚拟政府	الحكومة الافتراضية
1675	服务政府	الحكومة الخدمية
1676	透明政府	الحكومة الشفافة
1677	政府流程再造	إعادة هندسة العمليات الحكومية
1678	公共部门内部业务流程再造	إعادة هندسة العمليات الداخلية للقطاع العام
1679	跨部门业务流程再造	إعادة هندسة العمليات التجارية العابرة للأقسام
1680	社会服务流程再造	إعادة هندسة عمليات الخدمات الاجتماعية
1681	"O2O"立体审批	الموافقة الثلاثية الأبعاد "o2o"
1682	政务 APP	تطبيقات الشؤون الإدارية
1683	【政务服务】	الخدمات الإدارية
1684	电子政务	الشؤون الإدارية الإلكترونية
1685	在线办公	العمل عبر الإنترنت
1686	政务数据资源	مصادر البيانات للشؤون الإدارية
1687	数据推送	دفع البيانات
1688	数据治理决策域	مجال صنع القرار في حوكمة البيانات
1689	电子治理	الحوكمة الإلكترونية
1690	电子选举	الانتخاب الإلكتروني
1691	数字民主	الديمقراطية الرقمية
1692	参与式治理	الحوكمة التشاركية
1693	参与型社会	المجتمع التشاركي
1694	数字利维坦	اللفياثان الرقميّ

续表

序号	汉语	阿拉伯语
1695	在线服务	الخدمات عبر الإنترنت
1696	电子证照	الرخصة الإلكترونية
1697	电子公文	الوثائق الرسمية الإلكترونية
1698	电子签章	التوقيع الإلكتروني
1699	数字证书	الشهادة الرقمية
1700	电子归档	الأرشفة الإلكترونية
1701	前置审批	الموافقة المسبَّقة
1702	一址多照	تراخيص متعددة لعنوان واحد
1703	并联审批	الموافقة الموازية
1704	数据管税	إدارة الضرائب بالبيانات
1705	电子税务	الضرائب الإلكترونية
1706	信用信息共享交换平台	منصة تقاسم وتبادل المعلومات الائتمانية
1707	企业信用信息公示系统	نظام الإعلان عن معلومات ائتمان الشركات
1708	项目并联审批平台	منصة الموافقة الموازية للمشاريع
1709	网上审批大数据资源库	مستودع البيانات الضخمة للفحص والموافقة عبر الإنترنت
1710	【案例】	الحالات والأمثال
1711	国家电子政务综合试点	المنطقة التجريبية الشاملة للشؤون الإدارية الإلكترونية الوطنية
1712	腾讯政务云 1 分钱中标	فوز سحابة الشؤون الإدارية لشركة تنسنت في المناقصة بـ0.01 يوان
1713	公共资产负债管理智能云平台	المنصة السحابية الذكية لإدارة الممتلكات العامة والديون
1714	政府领域智能客服机器人	روبوت ذكي لخدمة العملاء في المجال الحكومي
1715	"智信城市"计划	خطة المدينة الذكية الموثوق بها
1716	区块链政务	سلسلة الكتلة للشؤون الإدارية
1717	数字政府建设管理局	إدارة بناء الحكومة الرقمية
1718	"最多跑一次"	"مشوار واحد على الأكثر"، المقصود به الإصلاح في نموذج التعامل الإداري، والهدف، من ذلك تسهيل الإجراءات وتوفير الخدمات للشعب
1719	【管理监督】	الإدارة والإشراف
1720	大数据监管	رقابة البيانات الضخمة
1721	智能防控	التحكم والوقاية الذكيان
1722	大数据预测	توقعات البيانات الضخمة
1723	风险预警大数据	البيانات الضخمة للإنذار المبكر من المخاطر
1724	网络市场监管	مراقبة أسواق الشبكة
1725	全国电子商务监测中心	المركز الوطني لمراقبة الأعمال التجارية الإلكترونية
1726	网络交易大数据监管	مراقبة البيانات الضخمة للصفقات عبر الشبكة
1727	大数据打假	مكافحة التزوير بالبيانات الضخمة

续表

序号	汉语	阿拉伯语
1728	政务服务平台电子监察系统	نظام المراقبة الإلكترونية لمنصة الخدمات الإدارية
1729	大数据反腐	مكافحة الفساد بالبيانات الضخمة
1730	技术反腐	مكافحة الفساد بالتكنولوجيا
1731	微腐败	الفساد الميكروي
1732	数据铁笼	أقفاص البيانات
1733	网上举报	الإبلاغ عبر الإنترنت
1734	情绪数据	بيانات العواطف
1735	大数据司法	إقامة العدل بالبيانات الضخمة
1736	智慧法院	المحكمة الذكية
1737	杭州互联网法院	المحكمة عبر الإنترنت في هانغتشو
1738	人民法院大数据管理和服务平台	منصة خدمة وإدارة البيانات الضخمة لمحكمة الشعب
1739	互联网法庭	المحكمة عبر الإنترنت
1740	在线仲裁	التحكيم عبر الإنترنت
1741	微警务	الشرطة الميكروية: نمط شرطي معلوماتي جديد في متناول اليد
1742	智慧侦查	التحقيق القضائي الذكي
1743	【案例】	الحالات والأمثال
1744	云智办案通	تطبيق ذكاء السحابة لمعالجة القضايا
1745	互联网+公共法律服务	الخدمات القانونية العامة "الإنترنت بلس"
1746	"滴滴报警"	منصة "دي دي" لاستدعاء الشرطة
1747	金豆模式	نمط الحبّة الذهبية: طريقة متعددة القنوات لتجنيد السكان المتطوعين في الحوكمة الجماعية
1748	智慧检务	منصة الادعاء الذكية، لتعزيز الابتكارات العلمية والتكنولوجية في التعامل مع القضايا
1749	法律援助机器人	روبوت المساعدات القانونية
1750	智能城市	المدينة الذكية
1751	数字城市	المدينة الرقمية
1752	精细化网格管理	إدارة الشبكة الدقيقة
1753	新型智慧城市	المدينة الذكية الجديدة
1754	《新型智慧城市评价指标》	((مقاييس التقييم للمدينة الذكية الجديدة))
1755	智慧交通	المرور الذكي
1756	智慧交通系统	نظام المرور الذكي
1757	道路传感系统	نظام استشعار الطرق
1758	GPS数据系统	نظام البيانات العالمي لتحديد المواقع
1759	交通诱导系统	نظام التوجيه المروري

附录6 大数据名词汉阿对照

续表

序号	汉语	阿拉伯语
1760	智能交通云	السحابة المرورية الذكية
1761	智能公交	الحافلة الذكية
1762	浙江大数据公交	النقل العام على أساس البيانات الضخمة في تشيجيانغ
1763	智能停车	الإدارة الذكية لوقوف السيارات
1764	电子收费系统	نظام تحصيل الرسوم الإلكتروني
1765	智能车辆	السيارة الذكية
1766	自动驾驶汽车	السيارة الذاتية القيادة
1767	自动车辆控制	التحكم الأوتوماتيكي في السيارة
1768	【案例】	الحالات والأمثال
1769	综合交通出行大数据开放云平台	المنصة السحابية المنفتحة للبيانات الضخمة المرورية الشاملة
1770	智慧医疗	تكنولوجيا "WIT120" للتطبيب
1771	数字医院	المستشفى الرقمي
1772	远程医疗	التطبيب عن بعد
1773	在线接诊	علاج المرضى عبر الإنترنت
1774	电子病历	الأرشيف الطبي الإلكتروني
1775	大数据病源追踪	متابعة المصادر المرضية عبر البيانات الضخمة
1776	基因检测大数据	البيانات الضخمة في الفحوص الجينية
1777	临床决策系统	نظام دعم القرار السريري
1778	家庭健康系统	نظام الصحة العائلية
1779	电子健康档案	الأراشيف الصحية الإلكترونية
1780	智能看护	التمريض الذكي
1781	精准医疗	العلاج الدقيق
1782	高精度手术	العملية الجراحية الفائقة الدقة
1783	医用机器人	روبوت طبي
1784	【案例】	الحالات والأمثال
1785	杭州共享医院	المركز الطبي في هانغتشو
1786	广州IAB计划	خطة IAB في قوانغتشو (التكنولوجيا المعلوماتية، الذكاء الاصطناعي، التكنولوجيا الأحيائية وغيرها من الصناعات الاستراتيجية)
1787	智慧教育	التعليم الذكي
1788	在线开放课程	الدروس المفتوحة عبر الشبكة
1789	网络教育	التعليم عبر الشبكة
1790	教育云平台	المنصة السحابية التعليمية
1791	慕课	مناهج موك

续表

序号	汉语	阿拉伯语
1792	微课程	المحاضرة الميكروية
1793	终身电子学籍档案	ملف الطلاب الإلكتروني مدى الحياة
1794	电子书包	الحقيبة المدرسية الإلكترونية
1795	智慧校园	الحرم الجامعي الذكي
1796	智慧旅游	السياحة الذكية
1797	虚拟旅游	السياحة الافتراضية
1798	智慧景区	الموقع السياحي الذكي
1799	国家智慧旅游公共服务平台	المنصة الوطنية للخدمات العامة في السياحة الذكية
1800	智慧社会	المجمع الذكي
1801	智慧社区	المجمع الذكي
1802	智慧街道	الحية الذكية
1803	智慧物业管理	الإدارة الذكية للعقارات
1804	智慧养老	الرعاية الذكية للمسنين
1805	社区O2O	مجمع O2O
1806	智能小区	المجمع السكني الذكي
1807	【案例】	الحالات والأمثال
1808	贵阳"数治小区"	الإدارة الرقمية للمجمع السكني في قويانغ
1809	社会和云	المجتمع والسحاب
1810	【社会服务】	الخدمات الاجتماعية
1811	社保大数据	البيانات الضخمة للضمان الاجتماعي
1812	智慧就业	التوظيف الذكي
1813	大数据精准扶贫	التخفيف المستهدف من حدة الفقر بالبيانات الضخمة
1814	【案例】	الحالات والأمثال
1815	异地就医全国一卡通	البطاقة الوطنية للتمتع بالخدمات الطبية في كل البلاد
1816	北京市公共服务一卡通平台	منصة البطاقة للخدمات الاجتماعية في بكين
1817	厦门市民卡虚拟卡平台	منصة البطاقة الافتراضية لمواطني شيامن
1818	智能生活	الحياة الذكية
1819	智能家居	المنزل الذكي
1820	智能照明	الإضاءة الذكية
1821	数字电视	التلفزيون الرقمي
1822	智能影音	مشغل الفيديو والصوت الذكي
1823	体感设备	أجهزة الاستشعار الجسدي
1824	智能办公	مكتب الذكاء

续表

序号	汉语	阿拉伯语
1825	智能办公室自动化系统	النظام الأوتوماتيكي لمكتب الذكاء
1826	智能建筑	المبنى الذكي
1827	智能购物	التسوق الذكي
1828	虚拟试衣间	غرفة القياس الافتراضية
1829	智能购物机器人	روبوت التسوق الذكي
1830	无人零售	البيع بالتجزئة غير المأهولة
1831	智能社交	التواصل الاجتماعية الذكية
1832	智慧农业	الزراعة الذكية
1833	农业物联网	شبكة البضائع الزراعية
1834	物联网大田系统	"إنترنت الأشياء" لنظام الأراضي الزراعية
1835	农业机器人	الروبوت الزراعي
1836	【案例】	الحالات والأمثال
1837	石山物联网农业小镇	"إنترنت الأشياء" لمدينة شيشان الزراعية
1838	大圩物联网小镇	"إنترنت الأشياء" لمدينة داشيو
1839	智慧物流	نظام اللوجستية الذكية
1840	云物流	لوجستية السحابة
1841	虚拟物流	اللوجستية الافتراضية
1842	智能仓储	المستودع الذكي
1843	协同配送	التوزيع التعاوني
1844	无车承运人	شركة الناقل العام الخالية من الشاحنات
1845	货车帮	تحالف الشاحنات (منصة لوجستية)
1846	网络空间	الفضاء السيبراني
1847	网络社会	مجتمع الشبكة
1848	赛博空间	الفضاء السيبراني
1849	网民	مواطن الشبكة \نيتزن
1850	网上身份	الهوية الإلكترونية الموثقة (CTID)
1851	网络组织	المنظمة الشبكية
1852	对等共创生产	الابتكار من خلال الإنتاج المشترك
1853	点对点网络	شبكة الند للند
1854	议题网络	شبكة المواضيع المطروحة
1855	网络社区	المجمع الافتراضي
1856	网络论坛	نظام لوحة الإعلانات
1857	在线社交	التواصل الاجتماعي عبر الإنترنت

续表

序号	汉语	阿拉伯语
1858	博客	مدونة \ بلوج
1859	微博	ميكروبلوج
1860	微信	ويتشات (المنصة العامة)
1861	QQ	تنسنت (الرسائل الفورية)
1862	网络意见领袖	قائد رأي الشبكة
1863	网络去中心化	اللامركزية عبر الشبكة
1864	网络群体传播	الاتصال الجماعي بواسطة الكومبيوتر
1865	网络公关	العلاقات العامة عبر الشبكة
1866	网络舆论	توافق الأراء عبر الشبكة
1867	网络舆情	الرأي العام عبر الشبكة
1868	网络政治动员	التعبئة السياسية عبر الشبكة
1869	群体智慧	الذكاء الجماعي
1870	群体极化	الاستقطاب الجماعي
1871	网络暴力	التنمر السيبراني
1872	信息压力	الضغوط المعلوماتية
1873	网络成瘾	إدمان الإنترنت
1874	个人极端主义	التطرف الشخصي
1875	回音室效应	تأثير غرفة الصدى
1876	网络内容	محتويات الشبكة
1877	网络表演	العروض التمثيلية عبر الشبكة
1878	网络直播	البث الحي عبر الشبكة
1879	网络新闻	أخبار الشبكة
1880	网络二次创作	الإبداع المعاد عبر الشبكة
1881	网络小说	الرواية عبر الإنترنت
1882	网络游戏	الألعاب عبر الإنترنت
1883	网络中立	حيادية الشبكة
1884	网络人身攻击	الهجوم الشخصي عبر الشبكة
1885	网络信息诽谤	الافتراء عبر الشبكة
1886	网络犯罪	الجرائم عبر الشبكة
1887	电信网络新型犯罪	الجرائم الجديدة المتعلقة بالاتصالات عبر الشبكة
1888	互联网封锁	حظر الإنترنت
1889	信息共产主义社会	المجتمع الشيوعي المعلوماتي
1890	【舆情事件】	أحداث الرأي العام

续表

序号	汉语	阿拉伯语
1891	孙志刚事件	حادث سون تشيقانغ (حادث وفاة الطالب الجامعي المسجون)
1892	郭美美事件	حادث قوه ميمي (حادث التباهي بالثروات على ميكروبلوج)
1893	呼格吉勒图案重审	إعادة النظر في قضية الشاب هوغجيلتو (البالغ من العمر الـ 18 والمحكوم عليه ظلماً بالإعدام)
1894	上海外滩拥挤踩踏事件	تشتت شانغهاي 2014
1895	东莞扫黄	اكتساح الدعارة في دونغقوان
1896	昆山粉尘爆炸	انفجار مصنع كونشان في الثاني من أغسطس
1897	天津港"8•12"特大爆炸事故	حادثة 8.12 التفجيرية الكبرى في ميناء تيانجين
1898	朴槿惠闺蜜"干政"事件	فضيحة تدخل صديقة الرئيسة الكورية الجنوبية في السياسة
1899	山西和顺矿难"谣言"	شائعات عن كارثة منجم بلدة هيشون في مقاطعة شانشي
1900	AlphaGo对战李世石	الروبوت ألفاقو يتغلب على اللاعب لي سيدول
1901	德阳市长上网	عمدة دييانغ عبر الإنترنت (عمدة مدينة دييانغ الذي شرع في التسجيل والمصادقة على خدمة سينا ويبو للإدارة العامة)
1902	共享医生模式	أسلوب الطبيب التشاركي
1903	广西"证照分离"改革	إصلاح الفصل بين البراءة التجارية ورخصة التشغيل في قوانغشي
1904	广东"互联网+行车服务"	خدمة "قيادة السيارة عبر الإنترنت بلس" في قوانغدونغ
1905	政务"双微"标配	معيار التزود بـ "ميروبلوج وويتشات" في الإدارة السياسية
1906	广州"云治理"	الحوكمة السحابية في قوانغتشو
1907	大数据天眼盯紧网络广告	مراقبة الإعلانات التجارية على الشبكة بالبيانات الضخمة
1908	政府监管"伪共享"	مراقبة الحكومة على "المشاركة الزائفة"
1909	贵州大数据监测地灾隐患	رصد المخاطر الجيولوجية عبر البيانات الضخمة في قويتشو
1910	"刷单"入刑第一案	أول قضية جنائية لـ "الربح من خلال نشر التعليقات الكاذبة عبر الإنترنت"
1911	"小粉红"群体崛起	نهضة "القرنفلي الصغير" جماعات الشباب الوطنيين عبر الشبكة
1912	免押金信用租房	استئجار العقار بالائتمان دون الودائع
1913	中兴危机	أزمة (ZTE) معدات الاتصالات
1914	国际互联网治理	حوكمة الإنترنت الدولية
1915	全球网络空间治理	حوكمة عالمية للفضاء السيبراني
1916	网络政治	السياسة عبر الشبكة
1917	网络政治学	السياسة السيبرانية
1918	虚拟政治学	السياسة الافتراضية
1919	网络执政	الحكم عبر الشبكة
1920	数字政治	السياسة الرقمية
1921	代码政治	سياسة الكود
1922	网络主权	السيادة عبر الإنترنت

续表

序号	汉语	阿拉伯语
1923	领网权	السيادة الإقليمية للفضاء السيبراني
1924	国家和地区代码顶级域名	أسماء المجال العلوي لرموز الدول والمناطق
1925	通用顶级域名	أسماء المجال العلوي العام
1926	域名主权	سيادة اسم المجال
1927	规则制定权	سلطة صياغة القواعد
1928	《突尼斯议程》	((أجندة تونس))
1929	互联网名称与数字地址分配机构	مؤسسة توزيع الأسماء والعناوين الرقمية على شبكة الإنترنت
1930	关键互联网资源	موارد الإنترنت الحيوية
1931	深度数据包监测	فحص الحزمة العميقة
1932	海外网络传播	اتصالات الشبكة في الخارج
1933	数据外交	دبلوماسية البيانات
1934	数字殖民	الاستعمار الرقمي
1935	数字外交官	الدبلوماسي الرقمي
1936	跨政府网络	الشبكة المشتركة بين الحكومات
1937	跨国倡议网络	شبكة المبادرات العابرة للحدود
1938	网络自由主义	الليبرالية عبر الشبكة
1939	网络保守主义	المحافظة على الشبكة
1940	美国无授权窃听计划	برنامج التنصت غير المفوض في الولايات المتحدة
1941	信息社会世界峰会	القمة العالمية للمجتمع المعلوماتي
1942	联合互联网治理论坛	منتدى حوكمة الإنترنت في الأمم المتحدة
1943	互联网治理工作组	فريق العمل لحوكمة الإنترنت
1944	英国互联网观察基金会	صندوق مراقبة الإنترنت في بريطانيا
1945	数据安全	أمن البيانات
1946	数据风险	مخاطر البيانات
1947	【数据开放风险】	مخاطر انفتاح البيانات
1948	黑客	هاكر \ مخترق
1949	网络攻击	الهجوم الإلكتروني
1950	精准入侵	التدخل السيبراني
1951	恶意代码	شفرة خبيثة
1952	数据纠纷	النزاع على البيانات
1953	【数据流通风险】	مخاطر تداول البيانات
1954	数据损坏	إفساد البيانات
1955	数据泄露	تسرب البيانات

续表

序号	汉语	阿拉伯语
1956	数据窃听	اعتراض البيانات
1957	数据监听	رصد البيانات
1958	数据篡改	تحريف البيانات
1959	数据失真	تشوه البيانات
1960	数据丢失	فقدان البيانات
1961	数据失控	البيانات خارج نطاق السيطرة
1962	【数据应用风险】	مخاطر تطبيق البيانات
1963	隐私泄露	خرق الخصوصية
1964	数据滥用	إساءة استخدام البيانات
1965	数据误用	الاستخدام الخاطئ للبيانات
1966	数据侵权	خرق البيانات
1967	"邮件门"事件	تسريبات بريد هيلاري كلينتون
1968	"棱镜门"事件	فضيحة "PRISM"
1969	窃听海底光缆事件	التنصت على كابلات الغواصات
1970	"网络911"事件	مدونة \ بلوج انهيار نظام الشبكة في الولايات المتحدة 21 أكتوبر 2016
1971	iCloud泄露门事件	فضيحة تسرب الصور على iCloud
1972	脸书信息泄露事件	فضيحة تسرب بيانات مستخدمي فيسبوك
1973	京东数据泄露门事件	فضيحة تسرب بيانات مستخدمي موقع التسوق جينغدونغ
1974	支付宝实名认证漏洞	ثغرة مصداقية الاسم الحقيقي لـ "علي بي" بوابة الدفع الالكتروني
1975	酒店客户隐私泄露事件	فضيحة تسرب خصوصيات زبائن الفندق
1976	徐玉玉被电信诈骗案	قضية الاحتيال في مجال الاتصالات على التلميذة شيويويو
1977	清华教授遭网络诈骗案	قضية الاحتيال عبر الانترنت على أستاذ جامعة تشيغهوا
1978	数据安全防御	الدفاع عن أمن البيانات
1979	数据安全体系	نظام أمن البيانات
1980	信息安全	أمن المعلومات
1981	物理安全	الأمن المادي
1982	设备安全	أمن المعدات
1983	信息泄露	تسرب المعلومات
1984	物理隔离	العزلة المادية
1985	数据容错	معدل تسامح البيانات للأخطاء
1986	数据容灾	معدل تسامح البيانات للكوارث
1987	系统安全	أمن النظام
1988	运算安全	أمن الحوسبة

续表

序号	汉语	阿拉伯语
1989	存储安全	أمن التخزين
1990	传输层安全	أمن طبقة النقل
1991	产品和服务安全	أمن المنتجات والخدمات
1992	网络安全	أمن الشبكة
1993	应用安全	أمن التطبيقات
1994	战略安全	الأمن الاستراتيجي
1995	制度安全	أمن النظام
1996	技术安全	أمن التكنولوجيا
1997	个人隐私安全	أمن الخصوصية
1998	安全知识体系	نظام المعرفة الأمنية
1999	【安全理论】	نظرية الأمن
2000	安全系统论	نظرية نظام الأمن
2001	安全博弈论	نظرية اللعبة الأمنية
2002	安全控制论	علم التحكم الآلي للأمان
2003	哥本哈根学派安全化理论	نظرية الأمن لمدرسة كوبنهاغن
2004	威尔士学派安全理论	نظرية الأمن لمدرسة ويلز
2005	巴黎学派安全研究理论	نظرية الدراسات الأمنية لمدرسة باريس
2006	【安全模型】	نموذج الأمن
2007	安全博弈模型	نموذج ألعاب الأمن
2008	贝尔-拉普杜拉模型	نموذج بيل -لابادي‍ولا
2009	毕巴模型	نموذج بيبا
2010	克拉克-威尔逊模型	نموذج كلارك -ويلسون
2011	域类实施模型	نموذج تنفيذ فئة النطاق
2012	默克尔树模型	نموذج شجرة ميركل
2013	安全防御技术	تكنولوجيا الدفاع الأمني
2014	信息安全密码技术	تشفير أمن المعلومات
2015	对称加密	التشفير المتماثل (الخوارزمية)
2016	消息认证	مصداقية الرسائل
2017	数字签名	التوقيع الرقمي
2018	数据加密	خوارزمية تشفير البيانات
2019	信息隐藏技术	تكنولوجيا إخفاء المعلومات
2020	空域隐秘技术	تكنولوجيا الشبح الجوي
2021	变换域隐秘技术	تكنولوجيا تحويل النطاق الخفي

续表

序号	汉语	阿拉伯语
2022	数字水印技术	تكنولوجيا العلامة المائية الرقمية
2023	信息认证技术	تكنولوجيا مصداقية المعلومات
2024	访问控制技术	تكنولوجيا التحكم في الوصول
2025	防火墙技术	تكنولوجيا الجدار الناري
2026	网络安全协议	بروتوكول أمن الشبكة
2027	网络安全应急响应	استجابة طوارئ أمن الشبكات
2028	无线局域网安全防护	الحماية الأمنية للشبكة المحلية اللاسلكية
2029	容灾备份技术	تكنولوجيا النسخ الاحتياطي لاستعادة القدرة على العمل بعد الكوارث
2030	安全防御机制	آليات الحماية الأمنية
2031	【安全测评】	التقييم الأمني
2032	数据安全风险评估	تقييم مخاطر أمن البيانات
2033	国际信息安全测评认证体系	نظام تقييم وتوثيق أمن المعلومات الدولي
2034	中国信息安全测评认证体系	نظام تقييم وتوثيق أمن المعلومات الصيني
2035	【安全管理机制】	آلية إدارة الأمن
2036	数据库审计保护	حماية ومراجعة قاعدة البيانات
2037	数据版权管理	إدارة حقوق الطبع والنشر للبيانات
2038	数据分级分类管理	إدارة تصنيف البيانات
2039	账号权限管理及审批制度	نظام إدارة سلطة الحساب والموافقة عليها
2040	网络信息安全等级保护机制	آلية حماية مستوى أمن معلومات الشبكة
2041	大数据安全保障体系	نظام ضمان أمن البيانات الضخمة
2042	【个人隐私保护机制】	آلية حماية الخصوصية الشخصية
2043	数据运营主体脱密保障机制	آلية ضمان رفع السرية عن موضوع تشغيل البيانات
2044	个人隐私数据处理审查机制	آلية مراجعة ومعالجة بيانات الخصوصية الشخصية
2045	个人隐私数据流转登记机制	آلية تسجيل تدفق بيانات الخصوصية الشخصية
2046	个人数据跨境流动审查机制	آلية مراجعة تدفق البيانات الشخصية عبر الحدود
2047	个人隐私数据泄露举报机制	آلية الإبلاغ عن تسرب بيانات الخصوصية الشخصية
2048	个人隐私数据泄露溯源机制	آلية تتبع تسرب بيانات الخصوصية الشخصية
2049	个人隐私数据泄露责任追究机制	آلية المساءلة عن تسرب بيانات الخصوصية الشخصية
2050	数据国际治理	الحوكمة الدولية للبيانات
2051	数据主权（政治）	السيادة على البيانات (السياسة)
2052	数据霸权主义	هيمنة البيانات
2053	数字主权	السيادة الرقمية
2054	数据战争	حرب البيانات

续表

序号	汉语	阿拉伯语
2055	【数据跨境流动】	تدفق البيانات عبر الحدود
2056	刚性禁止流动模式	الحظر الصارم للتدفق
2057	柔性禁止流动模式	الحظر المرن للتدفق
2058	本地备份流动模式	وضع النسخ الاحتياطي المحلي لتدفق البيانات
2059	国际跨境数据流动信任机制	آلية ثقة تدفق البيانات الدولية عبر الحدود
2060	跨境流通数据资讯隐私权保护自律模式	نموذج الانضباط الذاتي لحماية خصوصية معلومات بيانات التداول عبر الحدود
2061	数据跨境流动分级分类管理标准	معايير إدارة تصنيف تدفق البيانات عبر الحدود
2062	【数据安全战略】	استراتيجيات أمن البيانات
2063	《国家网络空间安全战略》	((الاستراتيجية الوطنية لأمن الفضاء السيبراني))
2064	《全民监控》	((المراقبة الشاملة))
2065	数据资源安全网络	شبكة أمن موارد البيانات
2066	网络安全观	وجهة النظر لأمن الشبكات
2067	数据安全治理观	وجهة النظر لإدارة أمن البيانات
2068	数据安全管理组织	منظمة إدارة أمن البيانات
2069	国际互联网治理体系	نظام إدارة الإنترنت الدولي
2070	大数据隐私保护安全墙	جدار الحماية لخصوصية البيانات الضخمة
2071	数据安全新秩序	النظام الجديد لأمن البيانات
2072	【数据安全会议】	مؤتمرات أمن البيانات
2073	网络空间安全科学国际会议	المؤتمر الدولي لعلم الفضاء والأمن السيبراني
2074	慕尼黑安全政策会议	مؤتمر ميونخ للأمن
2075	首尔网络空间国际会议	مؤتمر سيول للفضاء السيبراني
2076	国际云计算大数据安全学术会议	المؤتمر الدولي لأمن البيانات الضخمة للحوسبة السحابية
2077	中国数据安全峰会	قمة أمن البيانات الصينية
2078	中国密码学与数据安全学术会议	مؤتمر الصين لعلم التشفير وأمن البيانات
2079	数权法	قانون حقوق البيانات
2080	数权	حقوق البيانات
2081	数权主体	موضوع حقوق البيانات
2082	控制者	مراقب /متحكّم
2083	处理者	معالج
2084	接收者	مستلم
2085	第三方	الطرف الثالث

续表

序号	汉语	阿拉伯语
2086	数权客体	موضع حقوق البيانات
2087	数据主权（法律）	السيادة على البيانات (القانون)
2088	数据共享权	حقوق تقاسم البيانات
2089	数据财产权	حقوق ملكية البيانات
2090	数据知情权	حقوق معرفة البيانات
2091	数据采集权	حقوق جمع البيانات
2092	数据使用权	حقوق استخدام البيانات
2093	数据修改权	حقوق تعديل البيانات
2094	数据被遗忘权	حق نسيان البيانات
2095	删除权	حقوق حذف البيانات
2096	数权制度	نظام حقوق البيانات
2097	数权法定制度	النظام القانوني لحقوق البيانات
2098	应然权利	الحقوق المثالية
2099	实然权利	الحقوق الفعلية
2100	法定权利	الحقوق القانونية
2101	数据所有权制度	نظام ملكية البيانات
2102	用益数权制度	نظام الانتفاع لحقوق البيانات
2103	主权利	الحقوق الرئيسية
2104	从权利	الحقوق الثانوية
2105	公益数权制度	نظام المصلحة العامة لحقوق البيانات
2106	公益数据	بيانات المصلحة العامة
2107	准公共物品	سلع شبه عامة
2108	共享制度	نظام التقاسم
2109	非排他性	غير حصرية
2110	共享社会	المجتمع التشاركي
2111	【数权法】	قانون حقوق البيانات
2112	【法律行为】	الأفعال القانونية
2113	处理	المعالجة
2114	剖析	التحليل
2115	认证	المصادقة
2116	拷贝	النسخ
2117	授权	التفويض
2118	注销	الإلغاء

续表

序号	汉语	阿拉伯语
2119	明示同意	الموافقة الصريحة
2120	默许统一	الوحدة الضمنية
2121	公开披露	الكشف العلني
2122	转让	النقل
2123	共享	التقاسم
2124	匿名化	إخفاء الهوية
2125	定分止争	تحديد الملكية وتسوية المنازعات
2126	【法律事件】	القضايا القانونية
2127	顺丰菜鸟大战	منازعة بين شركة س.ف إكسبريس (SF Express) وشركة تسي نيو للوجستيات
2128	腾讯华为"数据之争"	منازعة البيانات بين شركة تينسنت (Tencent) وشركة هواوي
2129	脉脉抓取使用新浪微博用户信息案	قضية شركة ماي ماي (Maimai) في الحصول على معلومات المستخدمين من موقع سينا ويبو(Sina Weibo)
2130	大众点评诉百度不正当竞争案	قضية دعوى موقع ديان بينغ (dianping) ضد بايدو للمنافسة غير العادلة
2131	【中国的数据权益保护】	حماية حقوق البيانات في الصين
2132	【法律】	القوانين
2133	《中华人民共和国统计法》	((قانون الإحصاءات لجمهورية الصين الشعبية))
2134	《中华人民共和国国家安全法》	((قانون الأمن الوطني لجمهورية الصين الشعبية))
2135	《中华人民共和国电子签名法》	((قانون التوقيع الإلكتروني لجمهورية الصين الشعبية))
2136	《中华人民共和国网络安全法》	((قانون الأمن السيبراني لجمهورية الصين الشعبية))
2137	【行政法规】	اللوائح الإدارية
2138	《中华人民共和国计算机信息网络国际联网管理暂行规定》	((الأحكام المؤقتة بشأن إدارة التوصيل الدولية لشبكة معلومات الكمبيوتر بجمهورية الصين الشعبية))
2139	《中华人民共和国政府信息公开条例》	((لوائح الإفصاح عن المعلومات الحكومية لجمهورية الصين الشعبية))
2140	《中华人民共和国计算机信息系统安全保护条例》	((لوائح حماية أمن نظم المعلومات الحاسوبية لجمهورية الصين الشعبية))
2141	《互联网信息服务管理办法》	((سبل إدارة خدمة معلومات الإنترنت))
2142	《信息网络传播权保护条例》	((لوائح حماية حق التواصل في شبكة المعلومات))
2143	《企业信息公示暂行条例》	((اللوائح المؤقتة عن إعلان معلومات المؤسسات))
2144	《中华人民共和国电信条例》	((لوائح الاتصالات السلكية واللاسلكية لجمهورية الصين الشعبية))
2145	《互联网上网服务营业场所管理条例》	((اللوائح الإدارية عن المواقع التجارية لخدمات الوصول إلى الإنترنت))
2146	《政务信息资源共享管理暂行办法》	((السبل المؤقتة لإدارة تقاسم موارد المعلومات الحكومية))

续表

序号	汉语	阿拉伯语
2147	《中华人民共和国无线电管理条例》	((لوائح إدارة الراديوهات لجمهورية الصين الشعبية))
2148	《科学数据管理办法》	((السبل الإدارية عن البيانات العلمية))
2149	【地方性法规】	اللوائح المحلية
2150	《山西省计算机信息系统安全保护条例》	((لوائح حماية أمن نظم المعلومات الحاسوبية لمقاطعة شانشي))
2151	《辽宁省计算机信息系统安全管理条例》	((لوائح إدارة أمن نظم المعلومات الحاسوبية لمقاطعة لياونينغ))
2152	《辽宁省信息技术标准化监督管理条例》	((لوائح رقابة توحيد تكنولوجيا وإدارة المعلومات لمقاطعة لياونينغ))
2153	《黑龙江省经济信息市场管理条例》	((لوائح إدارة سوق المعلومات الاقتصادية لمقاطعة هيلونغجيانغ))
2154	《湖南省经济信息市场管理条例》	((لوائح إدارة سوق المعلومات الاقتصادية لمقاطعة هونان))
2155	《广东省企业信用信息公开条例》	((لوائح الإفصاح عن معلومات الائتمان للشركات في مقاطعة قوانغدونغ))
2156	《广东省计算机信息系统安全保护条例》	((لوائح حماية أمن نظم المعلومات الحاسوبية لمقاطعة قوانغدونغ))
2157	《海南经济特区公共信息标志标准化管理规定》	((لوائح إدارة توحيد علامات المعلومات العامة في المنطقة الاقتصادية الخاصة بمقاطعة هاينان))
2158	《重庆市计算机信息系统安全保护条例》	((لوائح حماية أمن نظم المعلومات الحاسوبية لمدينة تشونغتشينغ))
2159	《贵州省信息基础设施条例》	((لوائح البنية التحتية للمعلومات في مقاطعة قويتشو))
2160	《贵州省大数据发展应用促进条例》	((لوائح تعزيز تطبيق وتطوير البيانات الضخمة لمقاطعة قويتشو))
2161	《贵阳市政府数据共享开放条例》	((لوائح فتح تقاسم البيانات الحكومية في مدينة قوييانغ))
2162	《贵阳市大数据安全管理条例》	((لوائح إدارة أمن البيانات الضخمة في مدينة قوييانغ))
2163	《陕西省公共信用信息条例》	((لوائح معلومات الائتمان العامة لمقاطعة شنشي))
2164	《宁夏回族自治区计算机信息系统安全保护条例》	((لوائح حماية أمن نظم المعلومات الحاسوبية لمنطقة نينغشيا ذاتية الحكم لقومية هوي))
2165	《新疆维吾尔自治区防范和惩治网络传播虚假信息条例》	((لوائح معاقبة ومنع نشر المعلومات الكاذبة عبر الإنترنت لمنطقة شينجيانغ الويغورية ذاتية الحكم))
2166	【部门规章】	القواعد الإدارية
2167	《个人信用信息基础数据库管理暂行办法》	((السبل المؤقتة لإدارة قاعدة البيانات الأساسية لمعلومات الائتمان الشخصية))
2168	《电子银行业务管理办法》	((سبل إدارة الخدمة المصرفية الالكترونية))
2169	《互联网视听节目服务管理规定》	((لوائح إدارة خدمة البرامج البصرية والسمعية عبر الإنترنت))

续表

序号	汉语	阿拉伯语
2170	《互联网医疗保健信息服务管理办法》	((سبل إدارة خدمة معلومات الرعاية الصحية عبر الإنترنت))
2171	《计算机信息网络国际联网安全保护管理办法》	((السبل الإدارية لحماية أمن التوصيل الدولي لشبكة المعلومات الحاسوبية))
2172	《规范互联网信息服务市场秩序若干规定》	((عدة أحكام حول تنظيم وترتيب سوق خدمة معلومات الإنترنت))
2173	《电信和互联网用户个人信息保护规定》	((أحكام حماية المعلومات الشخصية لمستخدمي الاتصالات والإنترنت))
2174	《气象信息服务管理办法》	((سبل إدارة خدمة معلومات الأرصاد الجوية))
2175	《网络出版服务管理规定》	((أحكام إدارة خدمة النشر عبر الإنترنت))
2176	《互联网新闻信息服务管理规定》	((أحكام إدارة خدمة معلومات أخبار الإنترنت))
2177	《互联网信息内容管理行政执法程序规定》	((أحكام بشأن إجراءات إنفاذ القانون الإداري في إدارة محتوى معلومات الإنترنت))
2178	《互联网域名管理办法》	((سبل إدارة أسماء نطاق الإنترنت))
2179	《电信业务经营许可管理办法》	((سبل إدارة الرخصة في تشغيل الاتصالات))
2180	《互联网药品信息服务管理办法》	((سبل إدارة خدمة معلومات الأدوية عبر الإنترنت))
2181	【地方政府规章】	اللوائح الحكومية المحلية
2182	《河北省地理信息交换共享管理办法》	((سبل إدارة تقاسم وتبادل المعلومات الجغرافية لمقاطعة خبي))
2183	《河北省政务信息资源共享管理规定》	((أحكام إدارة تقاسم موارد المعلومات الحكومية لمقاطعة خبي))
2184	《吉林省地理信息公共服务办法》	((سبل الخدمة العمومية للمعلومات الجغرافية لمقاطعة جيلين))
2185	《江苏省测绘地理信息成果管理规定》	((أحكام إدارة نتائج معلومات المساحة ورسم الخرائط والجغرافيا لمقاطعة جيانغسو))
2186	《江苏省政府信息化服务管理办法》	((سبل إدارة الخدمة المعلوماتية الحكومية لمقاطعة جيانغسو))
2187	《浙江省地理空间数据交换和共享管理办法》	((سبل إدارة تبادل البيانات الجغرافية المكانية وتقاسمها بمقاطعة تشجيانغ))
2188	《浙江省公共数据和电子政务管理办法》	((سبل إدارة البيانات العامة والحكومة الإلكترونية بمقاطعة تشجيانغ))
2189	《福建省政务数据管理办法》	((سبل إدارة بيانات الشؤون الحكومية لمقاطعة فوجيان))
2190	《湖南省地理空间数据管理办法》	((سبل إدارة البيانات الجغرافية المكانية لمقاطعة هونان))
2191	《海南省政务信息化管理办法》	((سبل إدارة معلومات الشؤون الحكومية لمقاطعة هاينان))
2192	《重庆市地理信息公共服务管理办法》	((سبل إدارة الخدمة العمومية للمعلومات الجغرافية لمدينة تشونغتشينغ))

续表

序号	汉语	阿拉伯语
2193	《四川省地理信息交换共享管理办法》	((سبل إدارة تبادل المعلومات الجغرافية وتقاسمها بمقاطعة سيتشوان))
2194	《贵阳市政府数据资源管理办法》	((سبل إدارة موارد البيانات الحكومية لمدينة قوييانغ))
2195	《青海省地理空间数据交换和共享管理办法》	((سبل إدارة تبادل البيانات الجغرافية المكانية وتقاسمها بمقاطعة تشينغهاي))
2196	【部门规范性文件】	الوثائق المعيارية للدوائر الحكومية
2197	《教育部科技基础资源数据平台建设管理办法》	((سبل إدارة بناء منصة بيانات للموارد الأساسية في التكنولوجيا من وزارة التربية والتعليم))
2198	《信息安全等级保护管理办法》	((سبل إدارة حماية مستوى أمن المعلومات))
2199	《互联网网络安全信息通报实施办法》	((السبل التنفيذية لنشر معلومات أمن شبكة الإنترنت))
2200	《国土资源数据管理暂行办法》	((السبل المؤقتة لإدارة بيانات موارد الأراضي))
2201	《中国极地科学考察样品和数据管理办法》	((سبل إدارة بيانات وعينات البحث العلمي الصيني للمناطق القطبية))
2202	《非银行支付机构网络支付业务管理办法》	((سبل إدارة خدمة الدفع عبر شبكة الإنترنت للمؤسسات غير المصرفية))
2203	《网络表演经营活动管理办法》	((سبل إدارة أنشطة أعمال الأداء عبر الإنترنت))
2204	《人力资源社会保障部政务信息资源共享管理暂行办法》	((سبل الإدارة المؤقتة لتقاسم موارد المعلومات الحكومية من وزارة الموارد البشرية والضمان الاجتماعي))
2205	《交通运输政务信息资源共享管理办法》	((سبل إدارة تقاسم المعلومات الحكومية للنقل والمواصلات))
2206	《公共互联网网络安全威胁监测与处置办法》	((سبل مراقبة ومعالجة تهديدات أمن شبكة الإنترنت العامة))
2207	【地方规范性文件】	الوثائق المعيارية المحلية
2208	《辽宁省政务信息资源共享管理暂行办法》	((السبل المؤقتة لإدارة تقاسم موارد المعلومات الحكومية لمقاطعة لياونينغ))
2209	《上海市政务数据资源共享管理办法》	((سبل إدارة تقاسم موارد البيانات الحكومية لمدينة شانغهاي))
2210	《上海市法人信息共享与应用系统管理办法》	((سبل إدارة تقاسم معلومات الأشخاص الاعتبارية ونظام التطبيق لمدينة شانغهاي))
2211	《浙江政务服务网信息资源共享管理暂行办法》	((السبل المؤقتة لإدارة تقاسم معلومات شبكة الخدمة الحكومية لمقاطعة تشجيانغ))
2212	《杭州市政务数据资源共享管理暂行办法》	((السبل المؤقتة لإدارة تقاسم موارد البيانات الحكومية لمدينة هانغتشو))
2213	《安徽省政务信息资源共享管理暂行办法》	((السبل المؤقتة لإدارة تقاسم موارد المعلومات الحكومية لمقاطعة آنهوي))
2214	《福建省政务信息共享管理办法》	((سبل إدارة تقاسم المعلومات الحكومية لمقاطعة فوجيان))

续表

序号	汉语	阿拉伯语
2215	《福州市政务数据资源管理暂行办法》	((السبل المؤقتة لإدارة موارد البيانات الحكومية لمدينة فوتشو))
2216	《山东省政务信息资源共享管理办法》	((سبل إدارة تقاسم موارد المعلومات الحكومية لمقاطعة شاندونغ))
2217	《湖北省地理空间信息数据交换和共享管理暂行办法》	((السبل المؤقتة لإدارة تبادل البيانات الجغرافية المكانية لمقاطعة هوبي))
2218	《湖南省政务领域信用信息记录征集管理暂行办法》	((السبل المؤقتة لإدارة جمع المعلومات الائتمانية الحكومية لمقاطعة هونان))
2219	《武汉市政务数据资源共享管理暂行办法》	((السبل المؤقتة لإدارة تقاسم البيانات الحكومية لمدينة ووهان))
2220	《广西政务信息资源共享管理暂行办法》	((السبل المؤقتة لإدارة تقاسم موارد المعلومات الحكومية لمنطقة قوانغشي))
2221	《贵州省政务数据资源管理暂行办法》	((السبل المؤقتة لإدارة موارد البيانات الحكومية لمقاطعة قويتشو))
2222	【国外的数据权益保护】	حماية حقوق البيانات خارج البلاد
2223	【美国】	أمريكا
2224	《信息自由法》	((قانون حرية المعلومات))
2225	《公平信用报告法》	((قانون الإبلاغ عن الائتمان العادل))
2226	《金融隐私权法》	((قانون حق الخصوصية للمعاملات المالية))
2227	《电子通信隐私法》	((قانون خصوصية الاتصالات الإلكترونية))
2228	《电信法案》	((قانون الاتصالات السلكية واللاسلكية))
2229	《隐私法案》	((قانون الخصوصية))
2230	《隐私权保护法》	((قانون حماية الخصوصية))
2231	《爱国者法》	((قانون باتريوت آكت))
2232	《联邦信息安全管理法》	((قانون إدارة أمن المعلومات الفيدرالية))
2233	《个人数据通知和保护法案》	((قانون إعلام وحماية البيانات الشخصية))
2234	《电报通信政策法》	((قانون سياسة الاتصالات الكبلية))
2235	《录像隐私保护法》	((قانون خصوصية التلفزيون الكبلي))
2236	《驾驶员隐私保护法》	((قانون حماية خصوصية السائق))
2237	《健康保险携带和责任法》	((قانون قابلية التأمين الصحي والمساءلة))
2238	《金融服务现代化法案》	((قانون تحديث الخدمات المالية))
2239	《儿童网上隐私保护法》	((قانون حماية خصوصية الأطفال عبر الإنترنت))
2240	《个人身份信息保护指南》	((دليل حماية معلومات الهوية الشخصية))
2241	《消费者隐私权法案》	((قانون خصوصية المستهلكين))
2242	《计算机欺诈与滥用法》	((قانون الاحتيال وإساءة استخدام الحاسوب))
2243	《数字千年著作权法》	((قانون الألفية للملكية الرقمية)) / ((قانون حقوق المؤلف للألفية الرقمية))

续表

序号	汉语	阿拉伯语
2244	《澄清域外合法使用数据法案》	((قانون توضيح الاستخدام القانوني الخارجي للبيانات))
2245	【俄罗斯】	روسيا
2246	《信息、信息技术和信息保护法》	((قانون المعلومات، وتكنولوجيا المعلومات، وحماية المعلومات))
2247	《关于〈信息、信息技术和信息保护法〉的修正案和个别互联网信息交流规范》	((التعديلات على "قانون المعلومات وتكنولوجيا المعلومات وحماية المعلومات والمعايير" لتبادل المعلومات الفردية عبر الإنترنت))
2248	【英国】	بريطانيا
2249	《数据保护法》	((قانون حماية البيانات))
2250	《个人数据保护法》（英国）	((قانون حماية البيانات الشخصية "بريطانيا"))
2251	《最低网络安全标准》	((الحد الأدنى لمعايير الأمن السيبراني))
2252	【德国】	ألمانيا
2253	《联邦数据保护法》	((القانون الاتحادي لحماية البيانات))
2254	《个人信息保护法》（德国）	((قانون حماية المعلومات الشخصية "ألمانيا"))
2255	【法国】	فرنسا
2256	《数据处理、数据文件及个人自由法》	((قانون معالجة البيانات، وملفات البيانات، والحرية الشخصية))
2257	《关于个人数据处理的个人保护法》	((قانون الحماية الشخصية لمعالجة البيانات الشخصية))
2258	【瑞典】	السويد
2259	《个人信息保护法》（瑞典）	((قانون حماية المعلومات الشخصية "السويد"))
2260	《个人数据法》（瑞典）	((قانون البيانات الشخصية "السويد"))
2261	【澳大利亚】	استراليا
2262	《隐私法》	((قانون الخصوصية))
2263	《个人控制的电子健康记录法》	((قانون السجلات الصحية الإلكترونية الخاضعة للرقابة الشخصية))
2264	【加拿大】	كندا
2265	《个人信息保护和电子文件法》	((قانون حماية المعلومات الشخصية والملفات الإلكترونية))
2266	【日本】	اليابان
2267	《电子计算机处理数据保护管理准则》	((المبادئ التوجيهية لإدارة حماية البيانات ومعالجة الحواسيب))
2268	《行政机关电子计算机自动化处理个人数据保护法》	((قانون حماية البيانات الشخصية في المعالجة الآلية لأجهزة الحاسوب الإلكترونية في الهيئات الإدارية))
2269	《关于行政机关所持有之个人信息保护审查会设置法》	((قانون إنشاء مجلس المراجعة لحماية المعلومات الشخصية التي تحتفظ بها الهيئات الإدارية))
2270	《关于保护行政机关所持有之个人信息的法律》	((قانون حماية المعلومات الشخصية التي تحتفظ بها السلطات الإدارية))

续表

序号	汉语	阿拉伯语
2271	《关于保护独立行政法人等所持有之个人信息的法律》	((قانون حماية المعلومات الشخصية التي تحتفظ بها الأشخاص الاعتبارية الإدارية المستقلة وغيرها))
2272	《信息公开与个人信息保护审查会设置法》	((قانون إنشاء مجلس المراجعة لنشر وحماية المعلومات الشخصية))
2273	《个人数据保护基本法制大纲》	((المخطط القانوني الأساسي لحماية البيانات الشخصية))
2274	《个人数据保护法案》	((قانون حماية البيانات الشخصية))
2275	《个人信息保护法》（日本）	((قانون حماية المعلومات الشخصية "اليابان"))
2276	《个人号码法》	((قانون الأرقام الشخصية))
2277	【韩国】	كوريا الجنوبية
2278	《个人信息保护法》（韩国）	((قانون حماية المعلومات الشخصية "كوريا الجنوبية"))
2279	《信息通信促进法》	((قانون ترويج المعلومات والاتصالات))
2280	《信用信息利用和保护法》	((قانون استخدام وحماية المعلومات الائتمانية))
2281	《位置信息使用与保护法》	((قانون استخدام وحماية معلومات المواقع))
2282	《政府机关个人信息保护法》	((قانون حماية المعلومات الشخصية للهيئات الحكومية))
2283	《信息通信网络利用和信息保护法》	((قانون استخدام وحماية شبكات المعلومات والاتصالات))
2284	《金融实名往来和秘密保障法》	((قانون ضمان سرية تبادل الأسماء الحقيقية المالية))
2285	【新加坡】	سنغافورة
2286	《个人信息保护法案》	((قانون حماية المعلومات الشخصية))
2287	【印度】	الهند
2288	《2000 年信息技术法》	((قانون تكنولوجيا المعلومات لعام 2000))
2289	《1993 年公共记录法》	((قانون السجلات العامة لعام 1993))
2290	《关于保护个人民管数据或信息的合理安全举措的规定》	((أحكام بشأن التدابير الأمنية المعقولة لحماية معلومات وبيانات الأفراد))
2291	《征信公司法》	((قانون الشركة لتحقيق الائتمان))
2292	【巴西】	البرازيل
2293	《网络治理法》	((قانون إدارة الشبكات))
2294	【瑞士】	سويسرا
2295	《个人数据法》（瑞士）	((قانون البيانات الشخصية "سويسرا"))
2296	【马来西亚】	ماليزيا
2297	《个人数据保护法》（马来西亚）	((قانون حماية البيانات الشخصية "ماليزيا"))
2298	【越南】	فيتنام
2299	《互联网服务及互联网在线内容管理、提供、利用规定》	((اللوائح المتعلقة بتوفير واستخدام وإدارة خدمات الإنترنت ومحتواها عبر الشبكة))

续表

序号	汉语	阿拉伯语
2300	【国际组织的数据权益保护】	حماية حقوق البيانات للمنظمات الدولية
2301	【联合国】	الأمم المتحدة
2302	《个人数据保护指南》(联合国)	((دليل حماية البيانات الشخصية "الأمم المتحدة"))
2303	《计算机化处理个人数据档案指导纲领》	((مناهج توجيهية لتنظيم ملفات البيانات الشخصية المعدة بالحاسبة الإلكترونية))
2304	《关于自动资料档案中个人资料的指南》	((دليل للوثائق الشخصية في ملفات المعلومات التلقائية))
2305	【经合组织（OECD）】	منظمة التعاون الاقتصادي والتنمية
2306	《关于隐私保护与个人数据跨境流动指南》	((دليل حماية الخصوصيات وتدفق البيانات الشخصية عبر الحدود))
2307	《个人数据保护指南》（经合组织）	((دليل حماية البيانات الشخصية "منظمة التعاون الاقتصادي والتنمية"))
2308	《电子商务消费者保护指导意见》	((إرشادات لحماية المستهلك في التجارة الإلكترونية))
2309	【世界银行】	البنك الدولي
2310	《征信通用原则》	((المبادئ العامة لجمع المعلومات الائتمانية))
2311	【亚太经合组织（APEC）】	منظمة التعاون الاقتصادي لدول آسيا والمحيط الهادي) إبيك
2312	《APEC 隐私保护纲领》	((منهج حماية الخصوصية لأبيك))
2313	《关于隐私保护和个人数据跨境流动指南》	((دليل حماية الخصوصيات وتدفق البيانات الشخصية عبر الحدود))
2314	《APEC 个人隐私工作指南》	((دليل العمل المتعلق بالخصوصية الشخصية لأبيك))
2315	《亚太经合组织隐私保护框架》	((إطار حماية الخصوصية لمنتدى التعاون الاقتصادي لدول آسيا والمحيط الهادي))
2316	《亚太经合组织隐私指南》	((دليل الخصوصية لمنتدى التعاون الاقتصادي لدول آسيا والمحيط الهادي))
2317	《"数据隐私探路者"项目》	((مشاريع "رائد خصوصية البيانات"))
2318	《跨境隐私执行计划》	((خطة تنفيذ الخصوصية عبر الحدود))
2319	《跨境隐私制度》	((قواعد الخصوصية عبر الحدود))
2320	【欧盟】	الاتحاد الأوروبي
2321	《欧洲个人数据保护和自由流动指令》	((توجيه حماية البيانات الشخصية وحرية حركتها في القارة الأوروبية))
2322	《隐私与电子通信指令》	((توجيه الخصوصية والاتصالات الالكترونية))
2323	《数据留存指令》	((توجيه الاحتفاظ بالبيانات))
2324	《保护关键基础设施打击恐怖主义》	((حماية البنية التحتية الحيوية لمكافحة الإرهاب))
2325	《电子通信个人数据处理及隐私保护指令》	((توجيه معالجة البيانات الشخصية وحماية الخصوصية في الخطابات الإلكترونية))
2326	《一般数据保护条例》	((اللائحة العامة لحماية البيانات))

续表

序号	汉语	阿拉伯语
2327	《关于电子通信领域个人数据处理和隐私保护的指令》	((توجيه معالجة البيانات الشخصية وحماية الخصوصية في قطاع الاتصالات الإلكترونية))
2328	欧盟数据保护监管局	((الهيئة التنظيمية لحماية البيانات بالاتحاد الأوروبي))/ ((المشرف الأوروبي لحماية البيانات))
2329	【欧洲理事会】	المجلس الأوروبي
2330	《关于个人数据自动处理的个人保护公约》	((اتفاقية حماية الأفراد بشأن المعالجة الآلية للبيانات الشخصية))
2331	【欧洲委员会】	مجلس أوروبا
2332	《个人数据自动化处理中的个人保护公约》	((اتفاقية حماية الأفراد بشأن المعالجة الآلية للبيانات الشخصية))
2333	《"美国-欧盟安全港"框架》	((إطار "المرفأ الآمن بين الولايات المتحدة والاتحاد الأوروبي"))
2334	《欧盟-美国隐私护盾》	((اتفاق درع الخصوصية بين الاتحاد الأوروبي والولايات المتحدة))
2335	【欧盟理事会】	مجلس الاتحاد الأوروبي
2336	《数据保护公约》	((اتفاقية حماية البيانات))
2337	大数据史	تاريخ البيانات الضخمة
2338	【知识、信息和数据】	المعرفة والمعلومات والبيانات
2339	【古代科学与知识】	العلم والمعرفة في العصور القديمة
2340	结绳记事	تسجيل الأحداث عن طريق ربط العقود "قبل اختراع الكتابة"
2341	河图洛书	(مخطط التنجيم) ختو (ومخطط الوريد) لوشو: مخططان سحريان في الصين القديمة لوصف التغير الفضائي بين السماء والأرض
2342	《九章算术》	((الفصول التسعة في فن الرياضيات))
2343	毕达哥拉斯学派	مدرسة فيثاغورس
2344	亚里士多德	أرسطو
2345	莱布尼茨	غوتفريد لايبنتس
2346	《几何原本》	((كتاب الأصول، وكتاب العناصر "لإقليدس"))
2347	《人类知识的起源》	((مقال عن أصل المعرفة البشرية))
2348	《元逻辑》	((ميتالوجيك))
2349	《新工具》	((الأدوات الجديدة))
2350	【近代科学与信息】	العلوم والمعلومات في العصر الحديث
2351	力学三定律	قوانين نيوتن الثلاثة للميكانيكا
2352	罗吉尔·培根	روجر بيكون
2353	《信息论》	((نظرية المعلومات))
2354	克劳德·艾尔伍德·香农	كلود إيلود شانون
2355	《密码学》	((علم التشفير))
2356	塞缪尔·莫尔斯	صمويل مورس

续表

序号	汉语	阿拉伯语
2357	沙普信号塔	برج تشابي للإشارة
2358	恩尼格玛密码机	آلة إنجما
2359	《信息简史》	((تاريخ موجز للمعلومات))
2360	【复杂性科学与数据】	علوم التعقيد والبيانات
2361	软系统方法论	منهجية النظم اللينة
2362	自组织理论	نظرية التنظيم الذاتي
2363	非线性动力学	الديناميات غير الخطية
2364	开放复杂巨系统	النظام العملاق المعقد والمنفتح
2365	圣塔菲学派	مدرسة سانتافي
2366	数据科学	علم البيانات
2367	《计算机方法的简明调查》	((التحقيق الموجز في منهجيات الحوسبة))
2368	约翰·阿奇博尔德·惠勒	جون أرتشيبالد ويلر
2369	《第三次浪潮》	((الموجة الثالثة))
2370	《大数据时代》	((عصر البيانات الضخمة))
2371	维克托·迈尔-舍恩伯格	فيكتور ماير شونبرجر
2372	《数据科学：拓展统计学的技术领域的行动计划》	((علم البيانات: خطة عمل لتوسيع تطبيقات التقنية في مجال الإحصاء))
2373	《为外存模型可视化而应用控制程序请求页面调度》	((ترحيل الصفحات التي تسيطر عليها التطبيقات من أجل التصور خارج النواة))
2374	《千兆字节数据集的实时性可视化探索》	((الاستكشاف البصري لمجموعات بيانات جيجابايت في الوقت الحقيقي))
2375	《大数据：下一个具有创新力、竞争力与生产力的前沿领域》	((البيانات الضخمة: المجال الأمامي القادم للابتكار والمنافسة والإنتاجية))
2376	《大数据促发展:挑战与机遇》	((البيانات الضخمة من أجل التنمية: التحديات والفرص))
2377	技术驱动力	القوة الدافعة للتكنولوجيا
2378	信息革命	ثورة المعلومات
2379	【第一次信息革命】	ثورة السلومات الأرلى
2380	语言	اللغة
2381	古埃及语	اللغة المصرية القديمة
2382	《劳动在从猿到人转变过程中的作用》	((دور العمل في تحول القرد إلى إنسان))
2383	【第二次信息革命】	ثورة المعلومات الثانية
2384	文字	الكتابة
2385	象形文字	الهيروغليفية
2386	楔形文字	الكتابة المسمارية

续表

序号	汉语	阿拉伯语
2387	腓尼基字母表	الأبجدية الفينيقية
2388	【第三次信息革命】	ثورة المعلومات الثالثة
2389	蔡伦改进造纸术	حسّن تساي لون تقنية صناعة الورق
2390	活字印刷术	الطباعة بالحروف المتحركة
2391	【第四次信息革命】	ثورة المعلومات الرابعة
2392	信号	الإشارة
2393	模拟信号	الإشارة التناظرية
2394	移动通信	الاتصالات المتنقلة
2395	无线电	الراديو
2396	电报机	آلة التلغراف
2397	电话	الهاتف\ التلفون
2398	电视	التلفزيون
2399	【第五次信息革命】	ثورة المعلومات الخامسة
2400	信息高速公路	طريق المعلومات الفائق السرعة
2401	蒂姆·伯纳斯·李	تيم بيرنرز لي
2402	万维网	الشبكة العالمية
2403	TCP/IP 协议	بروتوكول التحكم بالنقل/ وبروتوكول الإنترنت
2404	【第六次信息革命】	ثورة المعلومات السادسة
2405	C.H.Bennett	تشارلز هنري بينيت
2406	数字革命	الثورة الرقمية
2407	计算机技术	تكنولوجيا الكمبيوتر
2408	电子管计算机	الكمبيوتر المستخدم للصمامات المفرغة
2409	差分机	محرك الفرق
2410	分析机	المحرك التحليلي
2411	图灵机	آلة تورنغ
2412	IBM 601	آي بي إم 601
2413	ENIAC	إينياك
2414	Apple II	آبل 2
2415	CDC6600	سي دي سي 6600
2416	芯片技术	تقنية الشريحة الإلكترونية
2417	晶体管	ترانزستور
2418	集成电路	الدائرة المتكاملة / الدوائر الإلكترونية المتكاملة
2419	DRAM 存储器	ديناميكية ذاكرة الوصول العشوائي

续表

序号	汉语	阿拉伯语
2420	摩尔定律	قانون مور
2421	麦特卡尔夫定律	قانون متكالف
2422	吉尔德定律	قانون جيلدر
2423	【大数据技术】	تكنولوجيا البيانات الضخمة
2424	灾难备份中心	مركز النسخ الاحتياطي للتعافي من الكوارث
2425	IDS（入侵检测系统）	نظام كشف التسلل
2426	Spanner	قاعدة بيانات سبانر Spanner
2427	OLAP	معالجة تحليلية متصلة
2428	GFS	نظام الملفات العالمي
2429	Storm 框架	(إطار ستورم) لمعالجة البيانات الضخمة الموزعة في الوقت الحقيقي
2430	storm 计算框架	إطار ستورم في الحوسبة
2431	Storm 实时大数据计算框架	إطار ستورم في حوسبة البيانات الضخمة في الوقت الحقيقي
2432	Hadoop 分布式文件系统	(هدوب) (Hadoop) منصة الحوسبة الموزعة
2433	数字文明	الحضارة الرقمية
2434	【人脑时代】	عصر الدماغ البشري
2435	东方哲学	الفلسفة الشرقية
2436	象数思维	التفكير بالشعارات والأرقام
2437	《易经》	((كتاب التغيرات) / ((إجنغ))
2438	格物致知	اكتساب المعرفة من التأملات والتجارب
2439	程朱理学	مدرسة تشانغ تشو-الكونفوشية الجديدة
2440	心即理	العقل هو المبدأ (فلسفة وانغ يانغ مينغ)
2441	阳明心学	مدرسة يانغ مينغ للعقل
2442	唯识宗	مدرسة الوعي الوحيد
2443	《金刚经》	((السوترا الماسية))
2444	前定说	القدر
2445	《古兰经》	((القرآن الكريم))
2446	西方哲学	الفلسفة الغربية
2447	本体论	علم الوجود \ الأنطولوجيا
2448	《理想国》	((الجمهورية))
2449	《工具论》	((الأورغانون))
2450	《人类理智论》（洛克）	((مقال خاص بالفهم البشري))(جون لوك)
2451	《精神现象学》	((ظواهرية الروح))
2452	康德三大批判	النقود الثلاثة لـ إمانوئل كانت: نقد العقل المحض، نقد العقل العملي، نقد الحكم

续表

序号	汉语	阿拉伯语
2453	经验论	الفلسفة التجريبية / الإمبريقية
2454	《资本论》	كتاب ((رأس المال))
2455	【古代人文】	العلوم الإنسانية القديمة
2456	有神论	الألوهية
2457	多神论	تعدد الآلهة
2458	一神论	الديانات التوحيدية
2459	《圣经》	((الكتاب المقدس))
2460	"惟人万物之灵"	"الإنسان هو الجزء الذكي من الكون"
2461	"人是万物的尺度"	"الإنسان هو مقياس كل شيء"
2462	【电脑时代】	عصر الكمبيوتر
2463	【实验科学】	العلوم التجريبية
2464	决定论	الحتمية
2465	还原论	الاختزالية
2466	机械论	الميكانيكية
2467	概率论	نظرية الاحتمال
2468	理想模型法	طريقة النموذج المثالي
2469	思维科学	علم الوعي / علم المعرفة الداخلية
2470	逻辑学	علم المنطق
2471	归纳法	الاستقراء
2472	演绎法	الاستنباط
2473	三段论法	القياس المنطقي
2474	心理学	علم النفس
2475	《梦的解析》	((تفسير الأحلام))
2476	认知理论	النظرية المعرفية
2477	人类学	علم الإنسان / الأنثروبولوجيا
2478	【近代人文】	العلوم الإنسانية الحديثة
2479	进化论	نظرية التطور
2480	《物种起源》	((أصل الأنواع))
2481	《生命是什么》	((ما هي الحياة؟))
2482	人类中心主义	مركزية الإنسان
2483	《人类中心主义：一种现代观》	((مركزية الإنسان: نسخة حديثة))
2484	《为什么要保护自然界的变动性》	((لماذا الحفاظ على التنوع الطبيعي؟))
2485	文艺复兴	عصر النهضة

续表

序号	汉语	阿拉伯语
2486	《神曲》	((الملهاة الإلهية)) /((الكوميديا الإلهية))
2487	《蒙娜丽莎》	((الموناليزا))
2488	《大卫》	((تمثال داود))
2489	【云脑时代】	عصر الدماغ السحابي
2490	【学科融合】	اندماج العلوم
2491	复杂性科学	علم التعقيد
2492	混沌理论	نظرية شواش / نظريّة فوضى الكون / نظرية الشواشية
2493	协同理论	نظرية التآزر
2494	耗散结构理论	نظرية الهيكل المبدّد
2495	蝴蝶效应	تأثير الفراشة
2496	湍流实验	تجربة الجريان المضطرب
2497	麦克斯韦妖	عفريت ماكسويل
2498	未来学	علم المستقبليات / الدراسات المستقبلية /علم المستقبل
2499	《必然》	((الحتميات في تكنولوجيا المعلومات))
2500	《人类简史》	((العاقل: تاريخ مختصر للجنس البشري))
2501	《未来简史》	((الإنسان الإله :تاريخ مختصر للغد))
2502	《未来的冲击》	((صدمة المستقبل))
2503	《数字化生存》	((الحياة الرقمية))
2504	《块数据》（五部曲）	((البيانات الكتلية (الخماسية))
2505	【当代人文】	العلوم الإنسانية المعاصرة
2506	世界主义	الكوسموبوليتية / كوزموبوليتان /العالمية
2507	非人类中心主义	عدم مركزية الإنسان
2508	超人类主义	ما بعد الإنسانية \ الإنسانية العابرة
2509	《人机共生：谁是不会被机器替代的人》	((البشر فقط من يحتاجون للتمكين – الفائزون والخاسرون في عصر الآلات الذكية))
2510	《人是机器》	((الإنسان /الآلة))
2511	《基因伦理学》	((علم الأخلاق الوراثية))
2512	《弗兰肯斯坦——现代普罗米修斯的故事》	((فرانكنشتاين، أو برومثيوس الحديثة))
2513	《我，机器人》	((أنا روبوت))
2514	《银翼杀手》	((بليد رانر))
2515	《终结者》	((ترمنايتور))
2516	《三体》	((مشكلة الأجسام الثلاثة))

索　引

《1993 年公共记录法》	91, 393, 398
《2000 年信息技术法》	91, 396, 398
5G 规模组网	275
5G 网络	257, 357
《APEC 个人隐私工作指南》	204, 476
Arachnid 网络爬虫	258, 358
BB84 方案	131, 352, 436
BP 神经网络	257, 357
Chukwa 数据收集平台	176, 404, 462
Data.gov 项目管理办公室	141
DFI 带宽管理技术	141, 146
DPI 带宽管理技术	141, 146
DT 时代	132, 353, 436
E91 方案	132, 353, 436
FICO 信用评分系统	194, 421
Flume 分布式日志系统	193
《G20 数字化路线图》	83, 187, 410
GPS 数据系统	194
Hadoop 分布式文件系统	195
iCloud 泄露门事件	473
IDS（入侵检测系统）	195
IOC 标准化技术参考模型	215
《IT 韩国未来战略》	202
Kafka 分布式消息系统	193
KNN 法	274, 395
P2P 网络借贷	258, 358
RSA 方案	131, 436
Scribe 数据（日志）收集系统	193
Zipkin 分布式跟踪系统	193

《爱国者法》	90, 394, 397
安徽大数据交易中心	166, 214, 287, 402
安徽省大数据产业联盟	98, 123, 171, 282, 388
安徽省合肥市数据资源局	98, 104, 255
《安徽省政务信息资源共享管理暂行办法》	100, 143, 304, 414
安全保护条例	276
安全博弈论	242
安全博弈模型	242
【安全测评】	243
安全大数据	241, 313, 318, 392
安全防御机制	243
安全防御技术	242
【安全管理机制】	139, 243
安全规制	241
安全控制论	242
【安全理论】	242
【安全模型】	242
安全系统论	194, 242
安全知识体系	190, 242
《澳大利亚公共服务大数据战略》	202
《澳大利亚公共服务信息通信技术发展战略（2012—2015年)》	202
《澳大利亚云计算战略》	202
巴黎学派安全研究理论	242
北斗卫星导航系统	193
北京大数据交易服务平台	166, 176, 401
《北京市大数据和云计算发展行动计划（2016—2020年)》	103, 159, 227
北京市公共服务一卡通平台	105, 177, 277
北京市政务数据资源网	104, 255
贝叶斯网络分析	257, 357
比特币	34, 420
便携式计算模式	336
标准化技术委员会	278
博客	111

博客中国	421, 422
参与式治理	206, 477
产品和服务安全	242
产业	114
产业互联网	125, 390
产业联盟	123, 389
产业链与价值链	125
产业数字化	83, 125, 187, 390,
产业园	126
《长沙市加快发展大数据产业（2017—2020 年）行动计划》	103, 160, 227, 387
长沙数据开放平台	176, 404, 462
超数据时代	279, 382
超主权货币	94, 406, 420
成都大数据交易平台	166, 176, 405
《成都市促进大数据产业发展专项政策》	104, 121, 198, 365, 386
《成都市大数据产业发展规划（2017—2025 年）》	104, 121, 152, 386
程序自动控制系统	192
《澄清域外合法使用数据法案》	130
重庆大数据产业技术创新联盟	123, 171, 388
重庆国家大数据综合试验区	179, 300
重庆市大数据行动计划	104, 160, 227
《重庆市地理信息公共服务管理办法》	105, 140, 304, 310
重庆市计算机信息系统安全	105, 195, 244, 276, 412
《重庆市计算机信息系统安全保护条例》	105, 195, 244
重庆市云计算和大数据产业协会	105, 124, 389
创新模式	336
创新驱动发展战略	202
创新体系	190
创新型国家	179
垂直搜索平台	177, 404
从权利	94
促进	195
《促进大数据发展的行动方案》（广西）	131, 197, 227, 285, 365

《促进大数据发展实施方案》（江西）	131, 197, 284, 364
《促进大数据发展行动纲要》	134, 196, 284, 356, 363
存储安全	242
存储区域网络	258, 358
大家投运作模式	336
大容量混合内存技术	399
大数据	391
大数据安全保障体系	190, 243
大数据安全访问控制类标准	241
大数据安全专家委员会	241
大数据标准化技术委员会	215, 400
大数据标准体系	190
《大数据产业发展规划（2016—2020年）》	121, 152, 386
大数据产业联盟	281
大数据发展	283
大数据发展促进委员会	198, 285, 365
大数据反腐	287
大数据分析与应用技术国家工程实验室	135, 180, 440
大数据国家技术标准创新基地	180, 287, 400
大数据技术标准规范	399
大数据技术浮夸陷阱	399
大数据技术伦理	399
大数据技术伦理机制	400
大数据技术伦理数据管理协议	143, 400
大数据技术伦理算法	399
大数据技术伦理治理	206, 400
大数据技术评估标准	399
大数据交易规则	166, 402
大数据交易所	166, 167, 401
大数据交易中心	287
大数据金融风险控制体系	190
大数据科学与工程国际研究中心	135, 214, 288
大数据流通与交易技术国家工程实验室	135, 166, 180, 289, 401
大数据伦理规则体系	190

大数据生态系统	193
大数据时代	63, 279, 383
《大数据时代——生活、工作与思维的大变革》	270, 279, 291
大数据思维	289
大数据天眼盯紧网络广告	259, 359
大数据系统计算技术国家工程实验室	135, 180, 193
大数据系统软件国家工程实验室	135, 180, 193
大数据协同安全技术国家工程实验室	136, 180, 241
大数据隐私保护安全墙	243
大数据应用	292
大数据战略	201
大数据战略重点实验室	202
大数据资产管理标准化应用	144
大系统理论	192
贷帮网运作模式	267
《单向度的人——发达工业社会意识形态研究》	120, 385
道路传感系统	194
《德国 2020 高技术战略》	201
德阳市长上网	294
第三方信用信息共享平台	177, 405, 421
【第三方支付商业平台】	177, 462
第三方资讯平台	177, 217, 405
《第四次工业革命——转型的力量》	119, 384
点对点分布式系统	194
点对点网络	258, 358, 415
《电报通信政策法》	90, 393, 397
【电脑时代】	279
《电信法案》	130, 397
《电信和互联网用户个人信息保护规定》	413
电信网络新型犯罪	259, 359, 415
《电信业务经营许可管理办法》	140, 303, 310, 413
电子货币	420
《电子计算机处理数据保护管理准则》	144
电子科技大学大数据研究中心	214

电子商务大数据	313, 318, 392
电子商务平台	176, 405
《电子商务消费者保护指导意见》	86, 269
电子世界贸易平台	176, 405, 462
电子收费系统	194
《电子银行业务管理办法》	139, 281, 303, 412
电子政务	217
电子治理	206, 477
东北大数据产业联盟	123, 171, 281, 388
东莞市大数据协会	105
动态规划	267
对等网络	219, 257, 357
对象存储技术	399
多变量控制系统	192
多媒体计算模式	336
多目标规划	154, 267
《儿童网上隐私保护法》	91, 393, 397
发展	128
法	89
法案	129
法定货币	156, 420
法定权利	95, 408
法定数字货币	82, 157, 420
《法国大数据五项支持计划》	159, 456
《法国机器人发展计划》	159, 456
【法律事件】	473
反馈控制方法	219, 274, 362, 394
方案	130
《非金融机构支付服务管理办法》	139, 303, 309
非线性系统控制	192
《非银行支付机构网络支付业务管理办法》	140, 260, 304, 360, 414
腓尼基字母表	221
分布式存储技术	399
分布式共享	221

分布式网络记账系统	194, 258, 358
分层可视化技术	215, 399
分组数据	222
风险控制与监管	295
佛山市数据开放平台	104, 176
佛山市云计算大数据协会	105
【服务模式】	336
服务平台	223
服务政府	224
《福建省促进大数据发展实施方案（2016—2020 年）》	97, 131, 284, 364, 436
《福建省政务数据管理办法》	99, 140, 303, 310, 413
《福建省政务信息共享管理办法》	100, 141, 305, 311, 414
《福州市政务数据资源管理暂行办法》	105, 143, 255, 305, 414
复杂适应系统	193
《甘肃省促进大数据发展三年行动计划（2017—2019 年）》	98, 160, 198, 228, 285
甘肃省大数据产业技术创新联盟	99, 123, 171, 388
甘肃省酒泉市大数据管理局	98, 104, 142, 149
甘肃省兰州市大数据社会服务管理局	98, 104, 142, 148
纲要	133
高密度混合存储技术	399
高频交易	166, 401
哥本哈根学派安全化理论	242
《个人号码法》	90, 393, 398
个人计算模式	336
《个人身份信息保护指南》	204, 397
《个人数据保护法》	91, 393, 397, 398
《个人数据保护法案》	130, 398
《个人数据保护基本法制大纲》	398
《个人数据保护指南》（联合国）	204
《个人数据保护指南》（经合组织）	204, 475
《个人数据法》（瑞典）	90, 392, 398
《个人数据法》（瑞士）	91, 393

《个人数据通知和保护法案》	130, 397
《个人信息保护法》（德国）	397
《个人信息保护法》（韩国）	90
《个人信息保护法》（日本）	90, 393, 398
《个人信息保护法》（瑞典）	90, 392, 398
《个人信息保护法案》	130
《个人信息保护和电子文件法》	90, 392, 398
个人信用体系	190, 421
《个人信用信息基础数据库管理暂行办法》	143, 303, 448
个人隐私安全	242
工程	135
工程控制	135
工业	119
工业大数据	119, 313, 318, 392
工业大数据应用技术国家工程实验室	120, 136, 180, 293, 384
工业大数据应用联盟	120, 170, 293
工业互联网	119
《工业互联网发展行动计划（2018—2020年）》	120, 159, 226, 384, 456
工业云	119
工作方案	225
公共部门内部业务流程再造	296
《公共互联网网络安全威胁监测与处置办法》	244, 260, 304, 361
公共数据资源开放	255
《公共信息资源开放试点工作方案》	132
公共信用体系	190, 421
公共信用信息服务平台	177, 405, 421
公共应用服务平台	176, 404
公共云	110, 417
公共资产负债管理智能云平台	139, 177, 211
公开	137
《公平信用报告法》	90, 393, 397
公示	136
公钥密码系统	193
公益	137

公益数据	138
公益数权制度	95, 138, 191, 297
公益众筹	138, 419
供水管网信息管理系统	143, 193
【供应链金融平台模式】	177, 462
【供应链金融融资模式】	336
共享制度	191
股权众筹	95, 408, 419
《关键基础设施信息保护法》	90, 392
关键信息基础设施安全保护制度	191, 241
《关于保护个人民管数据或信息的合理安全举措的规定》	244
《关于促进国土资源大数据应用发展的实施意见》	196, 246, 363
《关于促进和规范健康医疗大数据应用发展的指导意见》	196, 268, 363
《关于促进互联网金融健康发展的指导意见》	198, 269
《关于促进山东省大数据产业加快发展的意见》	97, 121, 197, 364, 386
《关于促进云计算发展培育大数据产业实施意见》（青海）	121, 198, 247, 386
《关于个人数据处理的个人保护法》	91
《关于个人数据自动处理的个人保护公约》	298
《关于加快大数据、云平台建设促进信息产业发展的实施方案》	121, 132, 176, 198, 365, 386
《关于加快大数据产业发展的意见》（南京）	121, 386
《关于加快大数据产业发展应用若干政策的意见》（贵州）	121, 240, 386
《关于加快发展大数据产业的实施意见》（贵阳）	121, 247, 386
《关于加强非金融企业投资金融机构监管的指导意见》	269
《关于推进公共信息资源开放的若干意见》	85, 196, 239, 366
《关于推进水利大数据发展的指导意见》	86, 196, 268, 284, 366
《关于隐私保护和个人数据跨境流动指南》	204, 476
《关于隐私保护与个人数据跨境流动指南》	204

《关于运用大数据开展综合治税工作实施方案》（宁夏）	132, 437
《关于自动资料档案中个人资料的指南》	204
管理	139
管理规定	445
管理机构	446
【管理机构与协调机制】	141
管理技术	446
【管理监督】	141
管理局	147
管理条例	446
管理委员会	447
管理信息系统	143, 194
管理暂行办法	448
《广东省促进大数据发展行动计划（2016—2020年）》	97, 197, 227, 285, 365
广东省大数据管理局	98, 142, 149
广东省大数据协会	99
广东省佛山市南海区数据统筹局	98, 104
广东省广州市大数据管理局	98, 104, 142, 149
《广东省计算机信息系统安全保护条例》	99, 194, 243
《广东省企业信用信息公开条例》	99, 412
《广西政务信息资源共享管理暂行办法》	143, 305
广州IAB计划	160
广州大数据产业协同创新联盟	123, 171, 388
《广州市人民政府办公厅关于促进大数据发展的实施意见》	107, 247, 285, 365, 469
广州市政府数据统一开放平台	108, 176, 404
广州数据交易服务中心	166, 214, 402
归纳法	274, 395
规范	150
《规范互联网信息服务市场秩序若干规定》	413
规划	151
规划论	152
【规划与标准】	78, 153, 453

规则	155
规则制定权	95
贵阳·贵安大数据产业发展集聚示范区	125, 390
《贵阳大数据产业行动计划》	121, 160, 228, 386
《贵阳大数据交易观山湖公约》	166, 402
贵阳大数据交易所	165, 402
《贵阳大数据交易所 702 公约》	166, 402
《贵阳大数据交易所数据交易结算制度》	166, 191, 402
《贵阳大数据交易所数据确权暂行管理办法》	95, 144, 166, 303, 402
《贵阳市大数据安全管理条例》	105, 142, 244, 412
《贵阳市大数据标准建设实施方案》	104, 132
《贵阳市政府数据共享开放条例》	108
贵阳市政府数据开放平台	108, 176, 404
《贵阳市政府数据资源管理办法》	108, 140, 255, 304, 413
《贵州大数据+产业深度融合 2017 年行动计划》	121, 160, 228
贵州大数据产业联盟	123, 171, 282, 388
贵州省大数据标准化技术委员会	98, 215
《贵州省大数据产业发展应用规划纲要（2014—2020 年）》	97, 121, 134, 152, 356, 386
贵州省大数据产业专家咨询委员会	98, 125
贵州省大数据发展管理局	98, 142, 148, 285
《贵州省大数据发展应用促进条例》	99, 198, 285, 365
《贵州省发展农业大数据助推脱贫攻坚三年行动方案（2017—2019 年）》	97, 131, 227
贵州省贵阳市大数据发展管理委员会	98, 104, 142, 285
《贵州省数字经济发展规划（2017—2020 年）》	97, 152
《贵州省信息基础设施条例》	99, 412
贵州省政府数据开放平台	176, 404
《贵州省政务数据资源管理暂行办法》	100, 143, 255, 305, 414
国际互联网治理	206, 477
国际互联网治理体系	190, 207, 477
国际信息安全测评认证体系	190, 243
国际云计算大数据安全学术会议	243
国际战略	201

【国际组织的数据权益保护】	96
《国家创新驱动发展战略纲要》	134, 179, 202, 356
国家创新体系	179, 190
国家大数据（贵州）综合试验区	179
国家大数据创新联盟	170, 180
国家大数据战略	178, 201
国家大数据专家咨询委员会	180
国家大数据专业委员会	180, 298
国家大数据综合试验区	299, 455
国家电子政务内网	179, 218
国家电子政务内网建设和管理协调小组	144, 180, 218
国家电子政务外网	179, 218
国家电子政务网络	179, 218, 258, 357
国家电子政务综合试点	181, 218
国家公共数据开放网站	179
国家和地区代码顶级域名	181
国家互联网大数据平台	175, 179, 404
国家互联网金融安全技术专家委员会	180, 241
国家互联网信息办公室	180
国家互联网应急中心	180, 213
国家空间数据基础设施	179
《国家人工智能研究与发展战略计划》	159, 178, 201, 211
国家数据共享交换工程	135, 179
国家数据开放体系	179, 190
国家数据主权	95, 178, 407
《国家网络空间安全战略》	181, 202, 243, 260, 360
国家信息化发展战略	179, 202, 308
《国家信息化发展战略纲要》	134, 179, 308, 439
国家信息化体系	179, 189, 215, 308
国家信息技术安全研究中心	180, 213, 241
国家信息中心	180, 213
国家战略	202
国家政府数据统一开放平台	176, 404
国家政务数据中心	179, 213

国家政务信息化工程	135, 179, 215, 308
国家智慧旅游公共服务平台	177, 181, 208, 463
《国家中长期人才发展规划纲要（2010—2020年）》	134, 152, 356, 452
国土资源监管信息系统	300
《国土资源数据管理暂行办法》	143, 304
【国外的数据权益保护】	95, 408, 465
《国务院关于积极推进"互联网+"行动的指导意见》	86
《国务院关于深化"互联网 + 先进制造业"发展工业互联网的指导意见》	86, 119, 268, 474
哈尔滨市政府数据开放平台	108, 176
哈尔滨数据交易中心	166, 214, 402
《海南经济特区公共信息标志标准化管理规定》	141, 412
《海南省促进大数据发展实施方案》	97, 131, 197, 285
《海南省政务信息化管理办法》	99, 140, 301, 413
海曙区数据开放平台（宁波）	176
海外网络传播	259, 359
行业	119
杭州城市数据大脑规划	77, 152, 453
杭州钱塘大数据交易中心	166, 214, 402
杭州市建设全国云计算和大数据产业中心三年行动计划（2015—2017年）	103, 121, 160, 181, 227
杭州市云计算与大数据协会	105
《杭州市政务数据资源共享管理暂行办法》	105, 143, 255, 304
合肥大数据交易中心	166, 214, 402
《合肥市大数据发展行动纲要（2016—2020年）》	103, 134, 284, 356
和林格尔新区大数据特色产业基地	125
河北京津冀数据交易中心	166, 214, 401
《河北省大数据产业创新发展三年行动计划（2018—2020年）》	97, 122, 159, 227, 386
《河北省地理信息交换共享管理办法》	99, 140, 303, 310, 413
河北省京津冀大数据产业协会	99, 124, 389
《河北省政务信息资源共享管理规定》	99, 141, 413
河南国家大数据综合试验区	179, 300
《河南省大数据产业发展三年行动计划	

（2018—2020年）》	97, 122, 160, 227, 386
《河南省人民政府关于推进云计算大数据开放合作的指导意见》	86, 196, 269, 366
《河南省云计算和大数据"十三五"发展规划》	78, 97, 152, 453
河南云计算大数据产业联盟	123, 171, 282, 388
核岛控制系统	193
黑龙江省大数据产业联盟	98, 123, 282, 388
《黑龙江省经济信息市场管理条例》	99, 142
黑箱方法	274, 362, 394
恒值自动调节系统	192
呼和浩特	155
《呼和浩特市促进大数据发展应用若干政策》	103, 155, 197, 240, 284
《湖北省大数据发展行动计划（2016—2020年）》	97, 160, 227, 457
《湖北省地理空间信息数据交换和共享管理暂行办法》	100, 143, 305, 414
湖北省黄石市大数据管理局	98, 104, 142, 149
《湖北省云计算大数据发展"十三五"规划》	78, 97, 152, 285, 453
《湖南省地理空间数据管理办法》	99, 140, 303, 310, 413
《湖南省经济信息市场管理条例》	99, 142, 412
《湖南省政务领域信用信息记录征集管理暂行办法》	100, 143, 305
《互联网保险业务监管暂行办法》	303
互联网大数据征信平台	177, 405, 421, 463
《互联网服务及互联网在线内容管理、提供、利用规定》	141
互联网计算模式	336
互联网金融风险信息共享系统	194
互联网金融平台	176, 405
互联网平台	175, 404, 461
互联网全球治理体系	190, 206, 477
《互联网上网服务营业场所管理条例》	142
《互联网视听节目服务管理规定》	141, 412
《互联网网络安全信息通报实施办法》	244, 260, 304, 360, 413
《互联网新闻信息服务管理规定》	413, 445
《互联网信息服务管理办法》	139, 303, 309
《互联网信息内容管理行政执法程序规定》	144, 413
《互联网药品信息服务管理办法》	140, 303, 310

《互联网医疗保健信息服务管理办法》	139, 145, 303, 310
《互联网域名管理办法》	139, 303, 310, 413, 443
互联网支付系统	194
互联网治理	206
互联网治理工作组	207, 477
华中大数据交易所	166, 402
环保云	417
回报众筹	419
混合存储管理技术	141, 399
货币	156
货币本质观	157, 420
货车帮	157, 398
机构	157
《机器人新战略》	202
基于图标可视化技术	215, 399
基于图形可视化技术	215, 399
《吉林省地理信息公共服务办法》	99, 302, 413
几何投影技术	399
计划	158
《计算机方法的简明调查》	274, 362, 394
《计算机欺诈与滥用法》	91, 393, 397
《计算机信息网络国际联网安全保护管理办法》	139, 244, 260, 303, 360
计算思维	291
技术安全	242
技术范式	399
技术经济范式	399
技术决定论	400
技术伦理	400
技术批判论	400
技术体系	190
技术统治论	400
《济南市数创公社2020发展行动计划》	103, 160, 227
加密货币	420
加权平均法	94, 274, 395

家庭健康系统	194
《驾驶员隐私保护法》	91, 393, 397
监察	162
监管	163
国家电子政务内网建设和管理协调小组	306
《健康保险携带和责任法》	91, 393, 397
江苏大数据交易中心	166, 214, 402
江苏南通国际数据中心产业园	124, 213, 389
《江苏省测绘地理信息成果管理规定》	99, 141
《江苏省大数据发展行动计划》	97, 160, 227, 284
《江苏省云计算与大数据发展行动计划》	97, 160, 227, 284
《江苏省政府信息化服务管理办法》	140, 303, 306, 310
《江西省大数据发展行动计划》	97, 160, 227, 284
交互式计算模式	336
交换共享	229
【交流平台】	176
交通大数据	312, 392
交通诱导系统	194
交通云	417
《交通运输政务信息资源共享管理办法》	140, 304, 311
交易	163, 401
交易所	163
《教育部科技基础资源数据平台建设管理办法》	140, 177, 304, 310, 413
教育大数据	318, 392
教育大数据应用技术国家工程实验室	135, 180, 293
教育与培训 2010 计划	160
教育云	417
教育云平台	177
金融风险监管政策文本	313
金融风险监控平台	177, 405
《金融服务现代化法案》	130, 397
金融交易数据库	166, 402
金融决策机构	231
《金融实名往来和秘密保障法》	91, 393, 398

《金融隐私权法》	95, 393, 397, 408
金融云	417
京东数据泄露门事件	473
京津冀国家大数据综合试验区	179, 300
经济体	167
精细化网格管理	144
竞争币	420
静态数据	410
酒店客户隐私泄露事件	473
矩估计法	231, 395
卷积神经网络	257, 357
军民融合发展战略	202
开放复杂巨系统	195
开放平台	176, 404
开放授权	95, 215, 407
开放数据授权协议	315
开放数据中心峰会	214
开放数据中心委员会	213
科教兴国战略	202
科学大数据	313, 318, 392
《科学数据管理办法》	139, 303, 309
可视化分析	215
空天地海一体化大数据应用技术国家工程实验室	136, 180, 293
控制	169
控制系统校正	192
跨国倡议网络	259, 359
跨境流通数据资讯隐私权保护自律模式	95, 217, 408, 466
《跨境隐私执行计划》	160, 457
《跨境隐私制度》	191
跨政府网络	259, 359
块数据组织	214
宽带中国	232
昆明大数据产业联盟	123, 388
莱特币	420

词条	页码
《兰州市人民政府关于促进大数据发展的实施意见》	107, 365
老年人连通计划	160, 457
类脑机器人	233
冷数据	410
理想模型法	274, 395
《联邦大数据研究和发展战略计划》	159, 201, 456
《联邦数据保护法》	397
《联邦信息安全管理法》	90, 141, 244, 397
联合国互联网治理论坛	206, 477
联盟	169
联盟链	170
【联盟与协会】	170, 459
脸书信息泄露事件	473
量子霸权	94, 233, 407
《辽宁省计算机信息系统安全管理条例》	99, 142, 194, 243
辽宁省沈阳市大数据管理局	98, 141
《辽宁省信息技术标准化监督管理条例》	99, 142
《辽宁省政务信息资源共享管理暂行办法》	100, 414
临床决策系统	194
领网权	234
流数据	173
《泸州市人民政府关于加快大数据产业发展的实施意见》	107, 386, 469
《录像隐私保护法》	90, 393, 397
逻辑数据模型	315
逻辑思维	291
旅游大数据	313, 392
旅游云	175, 417
贸易	163
梅州政府数据开放平台	176, 404, 462
《美国大数据研究和开发计划》	159, 456
美国关键信息基础设施保护制度	191
《美国国家创新战略》	178
《美国国家宽带计划》	159, 178
《美国开放数据行动计划》	159, 226, 456

美国无授权窃听计划	95, 160, 408, 457
门户网站	235
密钥管理	139
面向像素技术	399
模糊系统理论	192
模型化方法	274, 362, 394
慕尼黑安全政策会议	243
《南京市促进大数据发展三年行动计划（2016—2018年)》	160, 197, 227, 284, 364
《南宁市大数据建设发展规划（2016—2020)》	78, 104, 152, 453
内蒙古国家大数据综合试验区	179, 300, 455
《内蒙古自治区促进大数据发展应用的若干政策》	197, 240, 284, 364
内蒙古自治区大数据发展管理局	141, 149, 285
《内蒙古自治区大数据发展总体规划（2017—2020年)》	152
《内蒙古自治区大数据与产业深度融合行动计划（2018—2020年)》	122, 159, 227, 386
《内蒙古自治区健康医疗大数据应用发展规划（2016—2020年)》	152, 293
内容分发网络	245, 357
《宁波市人民政府关于推进大数据发展的实施意见》	106, 196, 247, 469
《宁夏回族自治区计算机信息系统安全保护条例》	195, 244, 412
宁夏回族自治区银川市大数据管理服务局	104, 141
宁夏回族自治区中卫市云计算和大数据发展服务局	105, 285
牛顿法	274, 395
《农业部关于推进农业农村大数据发展的实施意见》	196, 247, 284
农业大数据	317, 392
农业农村大数据试点方案	131
欧盟隐私权管理平台	95, 405
批处理模式	336
朴槿惠闺蜜"干政"事件	472
票据支付系统	194
频域分析法	274, 395
平台	175, 403
平台经济	176, 405

词条	页码
普惠	178, 405
普惠金融	406
普惠金融体系	190, 406
普惠经济	406
普惠科技	399
普惠贸易	402
《企业信息公示暂行条例》	412
企业信用体系	190, 421
企业信用信息公示系统	194
《气象大数据行动计划（2017—2020年）》	159, 226
《气象信息服务管理办法》	139, 303, 413, 443
窃听海底光缆事件	473
《钦州市加快云计算及大数据产业发展的实施方案》	104, 122, 131, 387
青岛大数据交易中心	166, 214, 402
青岛市人民政府	106
《青岛市人民政府关于促进大数据发展的实施意见》	106, 197, 247, 285, 364
青岛市政府	108, 471
《青海省地理空间数据交换和共享管理办法》	100, 140, 304, 310, 413
清华教授遭网络诈骗案	260, 360
权	93, 406
《权力的终结》	95, 407
全国电子商务产品质量大数据应用中心	182, 213, 293, 318
全国电子商务监测中心	182, 214
全国高校大数据教育联盟	170, 182
全国公共信用信息公示系统	181, 193
全国互联网金融工作委员会	182
全国信安标委大数据安全标准特别工作组	318
全国信息技术标准化技术委员会	182, 400
全国一体化大数据中心	181, 213
全国一体化的国家大数据中心	179, 182
全国音频、视频和多媒体标准化技术委员会	319
全国政务信息共享网站	182
全国政务信息资源目录体系	181, 190
全国智能运输系统标准化技术委员会	320, 400

全国中小企业股份转让系统	182, 195
全国自动化系统与集成标准化技术委员会	193, 215, 400
全局数据	235
全球脉动计划	159
全球网络空间治理	206, 259, 359
全社会征信系统	194, 421
全域窄带物联网试点城市	321
群体极化	47, 236
群体智慧	209
群体智能	210
扰动补偿方法	237, 362
热数据	410
人才强国战略	202
人工智能	210
人工智能方法	210, 274, 362, 394
人类中心主义	214
《人力资源社会保障部政务信息资源共享管理暂行办法》	143, 304, 414
人民法院大数据管理和服务平台	144, 177
人脑时代	63, 383
人人时代	63, 382
人人投运作模式	336
人人网	422
容器技术	238
软交所科技金融超市	321
软系统方法论	195, 362, 394
瑞波币	420
若干意见	238
若干政策	239
三段论法	395
山东大数据产业创新联盟	123, 171, 388
山东省	96
山东省人民政府	101
《山东省人民政府关于促进大数据发展的意见》	197, 284, 364
《山东省推进农业大数据运用实施方案（2016—2020 年）》	

山东省政府	97, 366
《山东省政务信息资源共享管理办法》	101, 468
《山西省促进大数据发展应用的若干政策》	100, 141, 414, 444
山西省大数据产业协会	97, 231, 364
《山西省大数据发展规划（2017—2020 年）》	99, 124, 389
山西省大数据发展联盟	77, 452
《山西省计算机信息系统安全保护条例》	98, 459
删除权	99, 194, 243
陕西省大数据产业联盟	95, 465
《陕西省大数据与云计算产业示范工程实施方案》	98, 388
《陕西省公共信用信息条例》	98, 387
陕西省西咸区创建软件和信息服务（大数据）示范基地	99, 412
陕西省咸阳市大数据管理局	98
商业智能	98
上海大数据联盟	210
上海国家大数据综合试验区	171, 460
《上海市大数据发展实施意见》	179, 455
《上海市法人信息共享与应用系统管理办法》	1003, 469
上海市政府数据服务网	105, 414, 444
《上海市政务数据资源共享管理办法》	108, 471
上海数据交易中心	105, 414
《上海数据交易中心数据互联规则》	166, 401
《上海推进大数据研究与发展三年行动计划（2013—2015 年）》	166, 402
上海外滩拥挤踩踏事件	159, 456
设备安全	323
社保信息系统	240
社会安全风险感知与防控大数据应用国家工程实验室	193
社会信用体系	136, 440
《社会治安综合治理基础数据规范》国家标准（GB/T 31000—2015）	190, 421
社区云	179
身份认证	110, 417
深圳坪山区数据开放平台	246
	176, 404

《深圳市促进大数据发展行动计划（2016—2018 年）》	103, 365, 457
深圳市大数据产业协会	105
深圳市大数据研究与应用协会	105
深圳市大数据研究院	105
深圳市政府数据开放平台	108, 404
神经网络	257, 357
神经网络控制	257, 356
沈阳国家大数据综合试验区	179, 455
《沈阳市促进大数据发展三年行动计划（2016—2018 年）》	103, 364
审查会设置法	323
《生态环境大数据建设总体方案》	131, 436
失信联合惩戒制度	191, 421
《"十三五"国家战略性新兴产业发展规划》	78
《"十三五"国家政务信息化工程建设规划》	78
石家庄大数据产业联盟	123, 388
《石家庄市关于加快推进"大智移云"的实施方案》	103, 366, 436
《石家庄市人民政府关于推进大数据发展的实施意见》	106, 196, 469
石山物联网农业小镇	324
时空大数据	313, 318, 392
时域分析法	395
实然权利	95, 465
实施意见	246
世界智能大会	211
适应决策技术	399
守信联合激励制度	191, 421
首尔网络空间国际会议	260, 360
首席数据官联盟	170, 459
授权	95
数创公社	247
数据安全防御	242
数据安全风险评估	243
数据安全管理组织	144
【数据安全会议】	243
数据安全体系	190

数据安全新秩序	243
【数据安全战略】	202
数据安全治理观	207, 477
数据霸权主义	95, 408
数据版权管理	95, 408
《数据保护法》	91, 393
数据被遗忘权	95, 465
数据标准化	215
数据财产权	95, 407
数据采集	248
【数据采集方法】	374, 362
数据采集权	95, 407
数据程序化交易	166, 401
《数据处理、数据文件及个人自由法》	91, 393
数据代工	249
数据分级分类管理	139
数据工程国际会议	136, 441
数据共享开放目录	325
数据共享权	94, 407
数据管理国际会议	144
数据管理能力成熟度评估模型	144
数据国际治理	207, 477
数据活化	215
数据价值链战略计划	159, 456
数据价值体系	189
数据交易	166
数据交易市场	166, 401
数据开放生态系统	193
数据开放统一平台	176, 404
《数据科学：拓展统计学的技术领域的行动计划》	160, 457
数据跨境流动分级分类管理标准	141
数据流	173
数据模型	410
数据侵权	95, 408

《数据驱动经济战略》	201
数据权	94, 407
数据确权	95, 408
数据使用权	249
数据搜索	250
数据所有权制度	95, 408
数据修改权	252
数据引力	254
数据政务应用	326
数据知情权	95, 407
【数据质量和数据管理】	144
数据治理	477
数据治理决策域	206
数据治理体系与治理能力	190, 206
数据中心联盟	170, 213
数据主权（法律）	94, 407
数据主权（政治）	95, 465
数据资产管理	144
数据资产交易市场	166, 401
数据资源	254
数据资源安全网络	243
数据资源清单	255
数权	96
【数权法】	95, 465
数权法定制度	95, 408
数权共享	94, 407
数权客体	94, 407
数权制度	95, 408
数权主体	94, 407
《数字（化）战略 2025》	202
数字产业	125, 390
《数字单一市场战略》	202
数字福建（长乐）产业园	82, 389
数字化	185, 410

数字化产业	83, 390
数字化记忆	83, 410
《数字化路线图》	83, 410
《数字化密度指数》	83, 410
《数字化生存》	187, 410
数字化虚拟人	82, 410
数字化转型	83, 410
数字货币	82, 420
数字货币时代	279, 383
数字金融模式	82, 336
数字金融系统	82, 194
《数字经济：智力互联时代的希望与风险》	83, 383
《数字经济 2010 年法案》	130
《数字经济战略（2015—2018 年）》	202
《数字千年著作权法》	91, 393
数字信用体系	190
《数字浙江建设规划纲要（2003—2007 年）》	77, 356, 439
数字政府建设管理局	142
数字中国智库联盟	83, 459
数字主权	95, 408
顺序统计量法	274, 395
私有云	110, 417
思维科学	291
四川大数据产业联盟	123, 388
四川省成都市大数据管理局	98
《四川省促进大数据发展工作方案》	97, 365
《四川省地理信息交换共享管理办法》	100, 413
搜狐网	188, 422
苏州大数据产业联盟	123, 388
《算法时代》	63, 383
算法思维	291
随动系统	192
泰康人寿保险电商平台	177, 405
腾讯政务云 1 分钱中标	327

梯度下降法	274, 395
提升政府治理能力大数据应用技术国家工程实验室	135, 477
体系	189
天地一体化信息网络	257
天津市大数据联盟	105, 459
天使汇运作模式	336
天网工程	136, 441
条例	411
统一社会信用代码制度	191, 421
图数据	410
图形用户界面模式	336
推进	195
脱敏人口信息资源	215, 327
《脱贫攻坚大数据平台建设实施方案》（广西）	131, 436
万得资讯	217, 779
网际网络	199, 357
网络安全产业	125, 358
网络安全观	243, 360
《网络安全国家行动计划》	159, 357
网络安全和信息化	215, 357
网络安全协议	242, 360
网络安全应急技术国家工程实验室	135, 440
网络安全应急响应	243, 360
网络保守主义	260, 359
网络暴力	256, 415
《网络表演经营活动管理办法》	140, 360
网络成瘾	259, 415
《网络出版服务管理规定》	141, 360
网络存储技术	258, 358
网络二次创作	259, 415
网络犯罪	259, 359
网络分析法	257, 395
网络公关	259, 415
网络攻击	260, 359

网络购物	258, 358
网络化操作技术	258, 399
网络化制造	258, 358
网络货币	258, 420
网络基础	257, 357
网络交易大数据监管	258, 358
网络教育	258, 358
《网络借贷信息中介机构业务活动管理暂行办法》	143, 358
网络经济	258
网络空间	258
网络空间安全科学国际会议	243, 360
网络空间命运共同体	257, 357
网络恐怖主义	257, 357
网络连接存储	258, 358
网络论坛	259, 358
网络内容	259, 415
网络强国战略	202, 357
网络去中心化	259, 415
网络群体传播	259, 358
网络人身攻击	259, 359, 415
网络融资	258, 358
网络社会	258, 358
网络社区	259, 358, 415
网络市场监管	328, 415
网络式组织	258, 358
网络数据采集	258, 357
网络思维	257, 357
网络拓扑	257, 357
网络小说	259, 415
网络新闻	259, 359
网络信息安全等级保护机制	243, 360
网络信息诽谤	259, 359, 415
网络信息技术产业	258, 390
网络意见领袖	259, 415

网络游戏	259，359
网络舆论	259，415
网络舆情	259，415
网络证券	261，358
网络政治	262，359
网络政治动员	259，415
网络政治学	259，359
网络执政	259，359
网络直播	259，415
《网络治理法》	91，477
网络中立	259，415
网络主权	95，408
网络自由主义	260，359
网络综合治理体系	190，357
网络组织	258，415
网上审批大数据资源库	255
网易	422
威尔士学派安全理论	242，886
《位置信息使用与保护法》	90，393
文化大数据	313，392
无人……	109
无锡国家传感网创新示范区	179，328
无锡市政府数据服务网	108，472
无线局域网安全防护	243
武汉长江大数据交易所	166，402
武汉东湖大数据交易平台	166，462
《武汉市大数据产业发展行动计划（2014—2018年）》	103，387
《武汉市人民政府关于加快大数据推广应用促进大数据产业发展的意见》	107，365
武汉市政务公开数据服务网	104
《武汉市政务数据资源共享管理暂行办法》	105
物理安全	242
物联网大田系统	194，329
《西安市大数据产业发展实施方案	

（2017—2021 年）》	104, 122, 132, 226, 387, 437
《西安市发展硬科技产业十条措施》	104, 122, 387
西咸新区大数据交易所	166, 402, 403
系统安全	194, 242, 244
系统层次	192, 380
系统方法	192, 262, 274, 362, 394
系统工程	135, 192, 440
系统工程师	193
系统功能	192, 380
系统结构	192, 380
系统科学	192, 263
系统论	192, 263
系统模型	192
系统日志采集	193
系统识别	192
系统思维	193, 195, 291
系统相关性原理	192
系统响应	192
系统预测法	192, 274, 395
系统哲学	192, 378
系统整体性原理	192
《厦门市促进大数据发展工作实施方案》	103, 197, 284, 364, 436
《厦门市大数据应用与产业发展规划（2015—2020 年）》	103, 152, 293, 387, 453
厦门市民卡虚拟卡平台	177, 200, 322, 463
现代技术系统	193
线性规划	79, 152, 267, 452
线性离散控制系统	192
项目并联审批平台	177, 463
象数思维	291
《消费者隐私权法案》	95, 130, 408, 466, 505
小额信贷行业信用信息共享服务平台	177, 405, 421, 463
《新疆维吾尔自治区防范和惩治网络传播虚假信息条例》	260, 360

《新疆维吾尔自治区云计算与大数据产业"十三五"发展专项规划》	122, 153, 387, 453
新浪网	189, 421, 422
新浪微博	422, 513
新型数据冗余技术	39, 399
新型智慧城市	208, 418
《新型智慧城市评价指标》	208, 418
《新一代人工智能发展规划》	54, 211, 454
《信息、信息技术和信息保护法》	91, 393, 394, 397
《信息安全等级保护管理办法》	140, 244, 3311, 413, 444
信息安全密码技术	242
信息产业	122, 387, 391
《信息公开与个人信息保护审查会设置法》	90, 323, 398
《信息共享与信息安全国家战略》	178, 201, 241, 326
信息化金融机构	309
信息化与工业化融合	215, 308, 366, 384
信息惠民工程	135, 441
信息技术大数据系统通用规范	193, 399
《信息通信促进法》	198, 365, 398
《信息通信网络利用和信息保护法》	260, 361, 393
信息网络安全技术研发中心	213, 241, 258, 357
《信息网络传播权保护条例》	95, 260, 408, 465
信息系统管理工程师	141, 193
《信息自由法》	90, 392, 397
信用城市	421
信用城市大数据平台	177, 421, 463
信用货币	157, 420
信用社会	420, 421
信用社会制度	191, 421
【信用体系】	190
信用信息共享交换平台	177, 463
《信用信息利用和保护法》	90, 393, 398
信用云	421
信用证区块链联盟	171, 460

信用中国	420, 421
行动纲要	226, 228
行政机关	228, 229
《行政机关电子计算机自动化处理个人数据保护法》	90, 228, 398, 518
虚拟	111, 199
虚拟产业	126, 200, 390
虚拟经济	168, 200, 498
虚拟旅游	175, 200
虚拟社会	200
虚拟试衣间	200
虚拟物流	200
虚拟现实	59, 200, 378
虚拟政府	200
虚拟政治学	200, 512
虚拟组织	200, 215
循环神经网络	257, 357
《亚太经合组织隐私指南》	205, 476
盐城大数据产业园	125, 389, 390
演绎法	274, 395
扬雄周期原理	329, 330
一体化政务数据平台	176, 404, 461
一体化政务治理体系	190, 206, 477
医疗大数据应用技术国家工程实验室	136, 180, 293, 440
医疗云	417
移动互联网计算模式	336
以太坊	420
议题网络	259, 358, 415
异地就医全国一卡通	182
银联交易系统	166, 193, 401
银行卡支付系统	194
《隐私法案》	130, 397, 423
《隐私权保护法》	95, 397, 407, 466
应然权利	95, 407, 465
应用安全	242

《英国数据能力发展战略规划》	77, 154, 202, 452
《英国数字战略 2017》	83, 202
英国信息化基础设施领导委员会	309
用户画像	264
用益数权制度	191, 32, 408, 464
优化方法	274, 362, 394
【舆情事件】	424, 472, 474
语音云	417
预测性分析	264, 265
域名主权	94, 406, 408, 464
原始数据	59, 265, 367, 380,
云存储技术	399, 400
《云计算发展三年行动计划（2017—2019 年）》	159, 226, 456
《云计算发展战略及三大关键行动建议》	201, 226
《云计算行动计划》	159, 161, 226, 456, 458
云南省保山市大数据管理局	98, 104, 142, 149
云南省昆明市大数据管理局	98, 104, 142, 149
《云南省人民政府办公厅关于重点行业和领域大数据开放开发工作的指导意见》	269, 384, 467, 474, 506
【云脑时代】	60, 63, 279, 382, 521
运算安全	242, 265
运作模式	266
灾难备份中心	214
在线重构技术	399
在线交易	166
债权众筹	95, 406, 419, 464
战略	111, 200, 201, 203
战略安全	202, 242
【战略体系】	189, 202
【战略文本】	202
战略性新兴产业	125, 202, 387, 390, 391
张北云计算产业园	124, 125, 127, 389, 390
账号权限管理及审批制度	93, 95, 144, 191, 465
肇庆市政府数据开放平台	108, 176, 404, 462, 472

《浙江大数据交易中心交易规则》	155, 166, 214, 402, 403
《浙江大数据交易中心资金结算制度》	166, 191, 214, 402, 403
《浙江省促进大数据发展实施计划》	160, 197, 284, 364, 456
浙江省大数据科技协会	99, 100
浙江省大数据应用技术产业联盟	123, 171, 293, 388, 460
《浙江省地理空间数据交换和共享管理办法》	140, 303, 310, 413, 443
《浙江省公共数据和电子政务管理办法》	140, 218, 303, 310, 443
浙江省杭州市数据资源管理局	104, 142, 149, 255, 332
浙江省宁波市大数据管理局	104, 141, 149, 451
浙江省数据管理中心	98, 144, 213
《浙江政务服务网信息资源共享管理暂行办法》	143, 304, 414
征集	111, 203
整数规划	79, 152, 267, 452
《郑州市促进大数据发展行动计划》	103, 197, 285, 379, 457
《郑州市人民政府关于促进大数据产业发展的若干意见》	85, 107, 122, 197, 364
政策体系	190
《政府机关个人信息保护法》	91, 393
政府监管"伪共享"	705
政府领域智能客服机器人	211
政府数据管理机构	141
政府数据开放平台	176
政务服务平台电子监察系统	177, 463
政务数据资源	255
《政务信息系统整合共享实施方案》	132
《政务信息资源共享管理暂行办法》	143, 412
《政务信息资源目录编制指南（试行）》	204, 475
政务云	417
支付系统	194
知识推理	268
指导意见	268
指南	204
制度安全	191
制度信任	191

制造强国战略	202
治理	205
治理数据化	333
智慧城市时空信息云平台建设试点	176, 404
智慧法庭	208
智慧法院	208
智慧国 2015	208
智慧国家 2025	178
智慧检务	208, 417
智慧交通	208, 418
智慧交通系统	194, 418
智慧教育	208, 418
智慧街道	209, 418
智慧经济	208
智慧景区	208, 418
智慧就业	208
智慧课堂	201
智慧旅游	208, 418
智慧农业	209, 419
《智慧日本战略 2015》	202
智慧社会	209, 418
智慧社区	209, 418
智慧物流	209, 419
智慧物业管理	144, 418
智慧校园	208, 418
智慧新城	208
智慧型组织	202
智慧养老	209, 418
智慧医疗	208, 418
智慧侦查	208, 417
智能办公	194, 418
智能办公室自动化系统	194
智能办公自动化系统	212, 418
智能仓储	212, 419

索引	
智能场景	204
智能车辆	211, 418
智能城市	211, 418
智能防控	211
《智能革命》	211
智能公交	211, 418
智能购物	212, 418
智能购物机器人	212, 418
《智能贵州发展规划（2017—2020年）》	78, 453
智能合约	211
智能化合约	211
智能环保	211
智能计算	210
智能家居	211, 418
智能建筑	212, 418
智能交通	211
智能交通系统	193
智能交通云	211
智能教育	210
智能金融	210
智能经济	210
智能看护	211, 418
智能控制	210
智能控制方法	210, 362
智能农业	210
智能碰撞	211
智能商务	270
智能社交	212, 419
智能生活	211, 418
智能生命体	211
智能停车	211, 418
智能物流	210
智能小区	211, 418
智能医疗	211

智能影音	212, 418
智能照明	211
智能政务	211
智能制造	211
《智能制造发展规划（2016—2020 年）》	77, 452
《中共贵阳市委 贵阳市人民政府关于加快建成"中国数谷"的实施意见》	107, 469
中关村大数据产业联盟	123, 388
中关村大数据产业园	124, 389
中国 IT 技术联盟	170, 459
中国大数据产业生态联盟	123, 388
中国大数据和智慧城市研究院	208
中国大数据技术与应用联盟	170, 459
中国大数据应用（西北）联盟	171, 459
中国的数据权益保护	95, 408
中国电子技术标准化研究院	215
中国电子信息产业发展研究院	125, 390
中国共产党中央网络安全和信息化委员会	334
中国光谷大数据产业联盟	123, 388
中国国际大数据产业博览会	125, 390
中国国际经贸大数据研究中心	214
中国极地科学考察样品和数据管理办法	140, 413
中国科学技术发展战略研究院	202
中国密码学与数据安全学术会议	243
中国企业大数据联盟	170, 459
中国人民银行金融信息中心	214
中国人民银行清算总中心	214
中国人民银行征信管理局	142
中国人民银行征信中心	214
中国数据安全峰会	243
中国网络安全产业联盟	123, 170, 388
中国信息安全测评认证体系	190
中国信息化推进联盟	170, 196, 366, 459
中国银行保险监督管理委员会	143, 448

中国银行征信中心个人信用信息服务平台	463
中国证券监督管理委员会	143，448
《中华人民共和国电信条例》	412
《中华人民共和国电子签名法》	90，392
《中华人民共和国国家安全法》	90，392
《中华人民共和国计算机信息网络国际联网管理暂行规定》	143，360
《中华人民共和国计算机信息系统安全保护条例》	194，412
《中华人民共和国统计法》	90，392
《中华人民共和国网络安全法》	90，392
《中华人民共和国无线电管理条例》	142，412
《中华人民共和国政府信息公开条例》	412
中心	213
中央对手清算业务体系	190
中央国家安全领导小组	180
中央证券存管系统	194
众包	419
众筹	419
众筹平台集资模式	177，419，462
【众筹平台运作模式】	177，462
众创	216
众创空间	216，419
众扶	419
重要领域信息系统	193
珠江三角洲国家大数据综合试验区	179，455
主权货币	95，408
主权利	95，408
主权区块链	95，407
主权数字货币	83，95，407
主权数字政府	83，465
主数据	410
专家系统	193
专家咨询委员会	334
专项政策	271

追梦网运作模式	336
准公共物品	335
资讯	216
自创生系统	193
自动化办公系统	194
自动控制系统	192
自组织	214
综合交通出行大数据开放云平台	177, 463
综合交通大数据应用技术国家工程实验室	136, 440
综合平衡法	273
综合治税	275
组学大数据	313, 392
组织模式变革	335
组织虚拟化	200
最大似然法	274, 395
最低网络安全标准	244, 361
最小二乘法	274, 395
最优化方法	214, 362, 394

后 记

大数据时代的到来，标志着第四次工业革命的开始。机械化（18 世纪）、电气化（19 世纪）、信息化（20 世纪）和智能化（21 世纪）分别代表了四次工业革命发展的核心。人工智能、移动互联网、5G、IoT（Internet of Things）等大数据领域的相关技术正让计算机变得更智能，并推动万物互联的愿景走向现实。在大数据科技发展的滚滚洪流中，能激流勇进的国家必能占据科技发展的优势并赢得发展的先机。我们的大数据名词多语种翻译研究就是在这样的时代背景下展开的。我们尝试从大数据名词汉英、汉法、汉俄、汉西、汉阿的翻译角度推动相关名词在国家层面的多语种审定和命名，以提升我国在大数据名词研究方面的国际话语权。

感谢欣然作序的国内著名的三位专家学者。

感谢教育部语言文字应用研究所冯志伟研究员，他是中国术语学和计算语言学研究的先驱。冯先生一生致力于术语学和计算语言学的研究，先后获得该领域的国内外大奖，如联合国教科文组织奥地利委员会（Austrian Commission for UNESCO）、维也纳市（City of Vienna）和国际术语信息中心（INFOTERM）颁发的奥地利韦斯特奖；香港圣弗兰西斯科技人文奖；中国计算机学会 NLPCC 杰出贡献奖等。现今八十四岁的冯先生在过去的几十年里勤耕不辍，著述颇丰。在师从先生攻读博士学位期间，先生常告诫我们要踏踏实实做事、老老实实做人、勤勤恳恳待人，做人要有原则。"在科学探索的过程中，我们所知道的东西终究是有限的，而我们不知道的东西始终是无限的，要做到平生无悔！"

感谢全国科学技术名词审定委员会专职副主任裴亚军研究员。全国科学技术名词审定委员会是国务院批准成立的、经国务院授权的、代表国家审定和公布科技名词的权威性机构。钱三强等院士先后担任该委员会主任，副主任则由中共中央宣传部、科学技术部、中国科学院、教育部、国家市场监督管理总局、中国科学技术协会、中国社会科学院、中国工程院、中国人民解放军军事科学院、国家自然科学基金委员会、国家语言文字工作委员会等部门单位的负责同志担任。作为该委员会的专职副主任，裴亚军研究员积极推动大数据名词的多语种翻译研究，并多次莅临我校视察和指导工作，为我校按质保量完成术语研究的任务奠定了基础。

感谢全国政协委员、大数据战略重点实验室主任、北京国际城市发展研究院院长、中央党校国情国策研究中心连玉明研究员。多年来，连玉明研究员致力于向世界发出中国声音、讲好中国故事。他主编的《北京的长城》（中、英、法）得到北京 2022 年冬奥会和冬残奥会组织委员会支持，获列北京冬奥会赠阅书目，彰显了"以长城文化为介质连接中华文化精神和人类共同精神"的中国特色。在大数据研究领域，连玉明研究员积极倡导构建同我国综合国力和国际地位相匹配的大数据国际话语权。他多次聚焦数据确权立法，关注数据要素发展，提倡为数据确权提供系统化的法治保障。《大数据名词多语种翻译研究》中的大数据汉语母词就是由其所在的大数据战略重点实验室提供的。

感谢为本研究做出重大贡献的五位子课题负责人及其团队成员。

感谢法语团队负责人、联合国教科文组织原译审、法国棕榈叶二级勋章获得者、全国法国文学研究会副会长、广东外语外贸大学原校长、法语博士生导师黄建华教授。黄教授是中国辞书学会副会长兼全国双语词典专业委员会主任、国际词典学杂志 International Journal of Lexicography 编委、亚洲辞书学会（ASIALEX）首届会长，其在词典学领域的成就享誉国内外，是国内该学科早期的"领头人"。黄教授主持编写的《汉法大词典》（国家辞书编纂出版规划重大项目成果）是目前国内自主研编的最大型的汉法词典，2018 年荣获第四届中国出版政府奖图书奖；其代表作《词典论》在韩国等国家地区发行出版，反响热烈，获中国辞书学会授予的"辞书事业终身成就奖"。此外，黄教授还荣获多项国家级和省级称号："全国优秀教师""2022 中国高贡献学者""南粤杰出教师""广东省优秀社会科学家"等。

感谢俄语团队负责人、广东外语外贸大学西方语言文化学院院长、俄语博士生导师杨可教授。杨教授博士毕业于俄罗斯喀山国立大学（现喀山联邦大学），现任俄罗斯俄语世界基金会"俄语中心"（与广东外语外贸大学合作）主任、教育部外语教学指导委员会俄语分委员会委员、广东省外语教学指导委员会副主任委员。现任俄罗斯核心学术期刊《语言学与跨文化交际》（莫斯科大学学报系列）、《政治语言学》、《中小学俄语》和格鲁吉亚核心学术期刊《跨文化交际》的外籍编委。在国内外核心期刊发表俄语研究论文近百篇，出版代表性学术专著/译著 7 部，主持完成国家级、省部级科研和教改项目 10 项。

感谢汉语团队负责人、广东省第六届学位委员会汉语国际教育专业学位研究生教育指导委员会委员、广东外语外贸大学中国语言文化学院副院长、博士生导师于屏方教授。于教授曾在中国社会科学院语言研究所从事博士后研究，由国家公派到澳大利亚格里菲斯大学进行访学。现为国家社科基金、教育部社科基金等项目评审专家。现任广州市白云区人大代表。于教授主持完成国家社科项目 2 项，主持完成教育部、国家语委、全国科学技术名词审定委员会、中国博士后基金等省部级以上项目6项；出版代表性专著11部，在国内外期刊发表论文70余篇；荣获省部级奖项9项：包括第八届教育部高等学校科学研究优秀成果奖二等奖、广东省第八届哲学社会科学优秀成果奖二等奖、广东省高等教育学会第一届优秀高等教育研究成果奖三等奖、山东省第23次社会科学优秀成果奖二等奖等；多次荣获大学"优秀教师"等称号。

感谢西班牙语团队负责人、广东外语外贸大学吴凡教授。吴教授毕业于西班牙马德里自治大学，现为西班牙语系口译专业硕士生导师。她还是国际移民研究中心研究员、西班牙格拉纳达大学哲文系亚洲课题研究组研究员、全国科学技术名词审定委员会专家。曾多次受邀赴西班牙马德里大学、格拉纳达大学进行学术交流。主持参与国家社科基金重点项目、一般项目等省部级以上项目5项。出版西班牙语学术专著和教材6部，发表学术论文近20篇，担任多种西班牙语国际核心期刊匿名审稿人。

感谢阿拉伯语团队负责人、广东外语外贸大学副教授牛子牧博士。牛博士毕业于北京外国语大学阿拉伯学院（原阿拉伯语系），曾受邀赴卡塔尔多哈半岛电视台总部学习，并两次获得国家公派资格留学埃及开罗大学和美国杜克大学；先后任教于北京外国语大学、广东外语外贸大学；曾多次受邀赴埃及、黎巴嫩、阿联酋、科威特、巴林、美国等国进行学术交流；多年来一直从事阿拉伯研究与翻译，已出版专著/译著3部，发表阿拉伯语、英语论文十余篇，主持包括国家社科基金学术外译项目在内的省部级以上项目3项；获得埃及驻华大使馆教科文处颁发的"埃及文学翻译与研究奖"（2021）；现为全国科学技术名词审定委员会专家、广东省翻译专业人员职称评审专家、广东省高校教育教学工作专家、《广东外语外贸大学学报》审稿人。

感谢前言中所写的参与本研究的专家、老师和同学。

"以古为鉴，可知兴替"（《新唐书·魏徵传》）。以大数据为代表的第四次工业革命的到来，也意味着全球范围内科技革新和科技竞争的到来。每一次工业革命都会导致国家层面的激烈竞争，甚至会从竞争发展为对抗乃至战争，大数据革命也概莫能外。

"为天地立心，为生民立命，为往圣继绝学，为万世开太平。"（《横渠四句》）作为世界第二大经济体，我们的国家从来没有像今天这样接近世界舞台的中央。这也决定了我们的国家在第四次工业革命中将面临巨大的外来挑战和发展压力。如果要在"二十一世纪中叶达到中等发达国家水平"，除了需要在大数据等科学技术领域奋起直追外，我们还需要加强大数据和人工智能的研究。

时过境迁，世界已进入到以智能化为核心的 21 世纪发展阶段。中国要强盛、要复兴，就一定要大力发展科学技术，努力成为世界主要科学中心和创新高地。第四次工业革命将深刻影响国家的前途命运和人民的生活福祉。我国在发展的过程中遭受了强权军事挑衅和科技霸权打压，这不但不会阻止我们在军事和科技领域的发展，反而会激发我们奋发向上的斗志。"国君死社稷，大夫死众，士死制。"（《礼记·曲礼》）只有上下齐心，我们的民族才能冲破外族的围追堵截，以更加昂扬的姿态屹立于世界民族之林。

　　此书获国家社科基金重点项目资助，在此表示衷心感谢！

杜家利
于广东外语外贸大学
2023 年 10 月